光　启

新史学

译　丛

主编

陈　恒　陈　新

OXFORD

牛　津
历史著作史

从公元400年到1400年

The Oxford History
of Historical Writing

［英］萨拉·福特　［美］蔡斯·F.罗宾逊　主编

赵立行 刘招静 陈 勇 汪丽红 卢 镇 等译

第二卷（上）

上海三联书店

"光启新史学译丛"弁言

　　20世纪展开的宏伟历史画卷让史学发展深受其惠。在过去半个世纪里,历史研究领域延伸出许多令人瞩目的分支学科,诸如性别史、情感史、种族史、移民史、环境史、城市史、医疗社会史等,这些分支学科依然聚焦于人,但又深化了对人的理解。举凡人类活动的核心领域如经济关系、权力运作、宗教传播、思想嬗变、社会流动、人口迁徙、医疗进步等等都曾在史学的视野之内,而当代史家对这些领域的研究已大大突破了传统史学的范畴,并与普通人的日常生活息息相关。如今,一位普通读者也能够从自身生存状态出发,找到与历史作品的连接点,通过阅读历史,体悟人类过往智慧的种种精妙,进而在一定程度上主动去塑造自己的生活理念。通过阅读历史来定位我们的现在,通过历史研究为当下的种种决策提供依据,这已经是我们的现实中基于历史学的一种文化现象。不论是对物质生活或情感世界中细节的把握,还是期望对整个世界获得深邃的领会,当代历史学都提供了无尽的参照与启迪。这是一个史学的时代,也是一个人人都需要学习、参悟历史的时代。千百种貌似碎片化的历史专题研究、综合性的学术史研究、宏观化的全球史研究,都浸润着新时代的历史思维,为亿万读者提供了内涵丰富、层次多样、个性鲜明的历史读本。

　　微观史学或新文化史可视为一种新社会史学的重要方向,对此国内有不少译介,读者也较为熟悉。但新社会史学的研究远不止这两个方向,它在各方面的成就与进展,当然是我们这套译丛不会忽视的。除此之外,我们尤为关注代表着综合性史学思维的全球史,它是当代西方史学的重要分支,是新的世界史编纂方法和研究视角。

全球史的出现是一个非常重要的"历史性时刻"，它不仅是"从下往上看历史"新视角下所包括的普通民众，而且这标志着全球史已深入到前殖民，囊括第三世界的方方面面。为纠正传统西方中心论和以民族国家为叙事单位所带来的弊端，全球史自20世纪60年代诞生以来，越来越受到史学界的重视。全球史关注不同民族、地区、文化、国家之间的交往与互动，强调传播与接受，重视文化多元与平等，摈弃特定地区的历史经验，犹如斯塔夫里阿诺斯所说，要站在月球上观察地球，"因而与居住在伦敦或巴黎、北京和新德里的观察者的观点迥然不同。"

当代史学的创造力所在，可从全球史研究的丰富内涵中窥见一斑。全球史研究奠基在一种历史写作的全球语境之中，诉诸全球视野，构建起全球化叙事，突出历史上民族、国家、文化之间的交流、碰撞与互动。在当代史家笔下存在以下几种全球互动模式：一是阐述世界历史上存在的互动体系或网络，如伊曼纽尔·沃勒斯坦的《现代世界体系》（1974—1989年）、德烈·冈德·弗兰克的《白银资本》（1998年）、彭慕兰《大分流》（2000年）；二是关注生态与环境、物种交流及其影响的，如艾尔弗雷德·罗斯比的《哥伦布大交换》（1972年）、约翰·麦克尼尔《太阳底下的新鲜事：20世纪人与环境的全球互动》（2001年）；三是研究世界贸易、文化交流的，如卜正民的《维梅尔的帽子》（2008年）、罗伯特·芬雷《青花瓷的故事：中国瓷的时代》（2010年）、贝克特的《棉花帝国》（2014年）；四是以全球眼光进行比较研究的，这包括劳工史、移民史等，如菲力普·方纳的《美国工人运动史》（1947—1994年）、孔飞力的《他者中的华人：中国近现代移民史》（2009年）；五是审视区域史、国别史之世界意义的，如迪佩什·查卡拉巴提的《地方化欧洲》（2000年）、大卫·阿米蒂奇的《独立宣言：一种全球史》（2007年）、妮娜·布雷的《海市蜃楼：拿破仑的科学家与埃及面纱的揭开》（2007年）等；以致出现了所谓的跨国史研究。"跨国史"（transnational history）这一术语自20世纪90年代以来一直和美国历史研究的那些著作相关联。这一新的研究方法关注的是跨越边疆的人群、观念、技术和机构的变动。它和"全球史"（global history）相关，但又并不是一回事。"跨文化史"（transcultural history)或"不同文化关系"(intercultural relation)是与"跨国史"相匹配的术语,但研究者认为在阐明那些跨国联系时,这两个术语过于模糊。"跨国"这个标签能够使学者认识到国家的重要性,同时又具体化其发展过程。该方法的倡导者通常把这一研究方法区别于比较史学(comparative history)。尽管如此,他们认为比较方法和跨国方法彼此是互为补充的。(A. Iriye and P. Saunier, ed., *The Palgrave Dictionary of Transnational History*, Macmillan, 2009, p. 943)

全球史研究不断尝试以全球交互视角来融合新社会史学的微小题材,总体看来,这些新趋势和新热点在一定程度上纠正了全球史对整体性和一致性的偏好,为在全球视野中理解地方性知识乃至个体性经验做出了示范,同时凸显了人类历史中无处不在、无时不在的多样性与差异性。

本译丛是以当代历史学的新发展为重点,同时兼及以历史学为基础的跨学科研究成果,着眼于最新的变化和前沿问题的探讨。编者既期望及时了解国外史学的最新发展,特别是理论与方法上的新尝试和新变化,又要选择那些在研究主题上有新思路、新突破的作品,因而名之为"新史学译丛"。

近现代史学自18世纪职业化以来发展到今天,已经走完了一轮循环。时至今日,史学研究不再仅限对某一具体学科领域作历史的探讨,而是涉及哲学、文学、艺术、科学、宗教、人类学等多个领域,需要各个领域的专家协手共进。在一定意义上,史学是对人类文化的综合研究。这是一种现实,但更是一种理想,因为这意味着当代新史学正在努力把传统史学很难达到的最高要求当作了入门的最低标准。

历史演进总是在波澜不惊的日常生活里缓慢地进行着,无数个微小的变化汇聚累积,悄悄地改变着人类社会生活的整体面貌,因此,历史发展的进程,以长时段的目光,从社会根基处考察,是连续累进的。知识的创造同样如此,正如我们今天的全球史观,也是得益于人类漫长智识创造留给我们的智慧。历史研究虽然履行智识传播的使命,未来会结出什么样的智慧之果,我们很难知晓,也不敢预言,但愿它是未来某棵参天大树曾经吸纳过的一滴水,曾经进入过那伟大的脉络。无论如何，我们确信的是，通过阅读历史，研究历史，人们体验到的不仅仅是分析的妙处与思维的拓展，而且是在潜移默化中悄悄促进包容性社会的发展。

"光启新史学译丛"编委会
2017 年 9 月 1 日于光启编译馆

《牛津历史著作史》中文版
工作委员会

牛津历史著作史

　　《牛津历史著作史》是一套五卷本的,由众多学者合作编撰的学术著作,该书囊括了全球历史著作史。它是一部人类努力保全、再现和叙述过去的编年史,特别关注各国不同的传统,以及这些不同传统的突出要点及其与西方历史编撰的比较研究。每卷书都包涵着一个特殊的时期,尽量避免不恰当地突出历史分期的西方观念,各卷所包括的时间范围在逐步递减,这不仅反映了后来各卷自19世纪以来在地理空间的扩大,而且反映了历史活动的急剧增加。《牛津历史著作史》是第一部自起源以来覆盖全球的、集体合作完成的学术性历史著作史。

第一卷　从开端到公元 600 年
第二卷　从公元 400 年到 1400 年
第三卷　从公元 1400 年到 1800 年
第四卷　从公元 1800 年到 1945 年
第五卷　从公元 1945 年至今

　　《牛津历史著作史》在 2005 年至 2009 年写作期间得到阿尔伯达大学（the University of Alberta）研究部副部长和学术部副部长及该大学校长的慷慨资助，随后加拿大安大略省金斯敦的女王大学（Queen's University，Kingston，Ontario）给予了资助。

中文版序言

史学史的诞生、发展及其在中国的接受①

陈　恒

一部史学著作诞生之后，读者自然或有自己的评论与感想，这也意味着史学史的诞生。伴随历史著作的不断丰富、研究领域的不断扩展、著述风格与体裁的日益繁多，史学史逐渐成为史学本身的一个重要领域，一个重要分支学科。史学史是从历史学演进的视角来分析历史叙述方法、表现手段、理论基础的一门根基性学科，通过追溯各种历史学研究和著述形式的渊源、流派、成果及其在历史学发展中产生的影响，对各个时代的历史学家及其成就作适当评价。因此，通俗来说，史学史内蕴了历史学家的故事、历史学家文本的故事，或也可称为史学学术史。

但史学史真正成为今天历史学的一个重要分支学科，与两种学术发展存在着密切的关系：其一是人类悠久漫长的历史撰述传统及其留下的丰富遗产；其二是19世纪以来现代学科体系的逐渐形成和细分。因此，至19世纪末20世纪初，史学史研究在西方成为一个专门的学科领域，并伴随着近代的"西学东渐"，于20世纪20年代左右在中国逐渐形成和发展起来。

---

① 本文初稿后发给赵立行、彭刚、陈新、周兵、岳秀坤、洪庆明诸位教授审读，他们提出了不少很好的修改建议，在此特别鸣谢！

1

西方史学史的诞生与发展

关于历史是什么、历史学是什么、历史学家的任务是什么，以及为什么要撰写历史等问题，自古以来就不断有人在探讨。早在两千多年前，亚里士多德在《诗学》里就对历史学的方法路径提出了独到的见解。在他看来，历史是描述发生的事情，是编年式的，处理的是偶然发生的特定之事。普鲁塔克在《论希罗多德的恶意》中，对西方"史学之父"希罗多德的史学思想进行了尖锐的批评，他认为希罗多德的历史叙述中充满谎言，包含着反雅典的偏见，该文本可以说是西方世界针对史学家个体及其著作进行评判的最早作品。

从古典时代以降直至近代早期，西方论及历史和历史学的著作时有出现，其中不乏充满真知灼见或对后世影响深远的作品。古罗马作家琉善（Lucian，约 120—180 年）的《论撰史》流传至今，他认为："历史只有一个任务或目的，那就是实用，而实用只有一个根源，那就是真实。"罗马帝国晚期教父哲学家奥古斯丁的《上帝之城》可说是人类历史上的第一部历史哲学著作，对后世的历史观产生了至深的影响。在他看来，世界历史的进程是光明与黑暗、善与恶之间不断斗争的历史，是在上帝创造的时间框架里且按照上帝的意志有条不紊地展开的过程。尽管奥古斯丁撰写这部书的根本目的是为了驳斥异教徒，为基督教辩护，但他所阐释的历史观，在历史时间的概念框架、历史学的性质和目的方面，为中世纪史学奠定了基调，并一直主导着近代早期的基督教神学的历史撰述。直至 17 世纪后半期，路易十四宫廷神学家博叙埃（Jacques Bénigné Bossuet，1627—1704 年）所撰写的《世界历史讲授录》（1681 年），仍在申述着奥古斯丁的神学史观。①

但无论是对过去史著的评述，还是对史观的阐述，上述的诸多著作都还不属于我们今天意义上的史学史范畴。今天我们谈到的

---

① Jacques Bénigné Bossuet， *Discours sur l'histoire universelle，à monseigneur le dauphin pour expliquer la suite de la religion，et les changements des empires*，3Vols.，Paris：Bibliothèque catholique，1825 - 1826.

"史学史",对应的英文词一般是"Historiography",指的是学科意义上的历史学,而非"事实的历史",它包含两层意思,即对事实的历史进行研究和撰述的发展史,以及对研究事实的历史时运用的理论和方法。史学史指的是"对历史写作方式的研究,也即历史撰述的历史……当你研究史学史时,你不必直接去研究过去的事件,而是研究某个史学家著作里对这些事件不断变化的解释"。①我们按此定义去追根溯源,今天意义上的史学史于16世纪才朦胧出现。人文主义时代的法国人让·博丹(Jean Bodin,1530—1596年)撰写了流传广泛的《理解历史的捷径》,该书系统地阐述了进行历史撰写的框架、原则和方法。首先,他反对从《但以理书》中引申而来的基督教精致的四帝国说,代之以从地理环境出发来考察具体历史进程的世界史三阶段说;其次,他认为历史的形式有三种,即人类史、自然史和圣史,且应该首先关心人类史;再次,他倡导历史撰写要尽力秉持客观公正的原则,对史料要进行精心考证。②我们可以把该书视为西方史学方法论的先驱之作。1599年,法国历史学家拉·波普利尼埃尔(La Popelinière,1541—1608年)的历史三部曲(《历史著作史》《完美历史的观念》《新法国史的构想》),可以看作是西方史学史的开山之作。在博丹、拉·波普利尼埃尔等许多先行者之后,法国人兰格勒特·杜·弗莱斯诺伊(Lenglet du Fresnoy,1674—1755年)的《历史研究方法论》(1713年;1728年翻译成英文在伦敦出版)提供了许多历史著述的摘要,这份摘要是对博丹《理解历史的捷径》一书所附文献目录的扩充。③1777年,哥廷根大学授予了第一个历史学博士学位,历史学自此在知识体系中占有一席之地。

但直到19世纪初历史学在德国最早完成职业化进程而成为一门独立的学科,史学史研究才逐渐得到真正的重视。因为职业化的学科研究,需要梳理漫长发展史累积的遗产,以便从中寻获有用

---

① Michael Salevouris & Conal Furay, *The Methods and Skills of History: A Practical Guide*, 4th edition, Wiley-Blackwell, 2015, p.223.
② 张广智:《西方史学史》,第三版,复旦大学出版社2015年版,第114—115页。
③ 凯利:《多面的历史》,陈恒、宋立宏译,生活·读书·新知三联书店2003年版,第476页。

的材料和线索,或发现可供研究的主题,或学习借鉴视角和方法。在历史学职业化大约一个世纪后,欧美各国均出现了一股史学史研究的热潮,对历史学(尤其是近代以后的历史学科)进行某种系统的整理和总结,并产生了一系列流传后世的史学史作品,如傅埃特(Eduard Fueter,1876—1928年)的《新史学史》(1911年),古奇(G. P. Gooch,1873—1968年)的《十九世纪历史学与历史学家》(1913年),肖特威尔(J. T. Shotwell,1874—1965年)的《史学史导论》(1922年),班兹(H. E. Barnes,1889—1968年)的《历史著作史》(1937年),汤普森(J. W. Thompson,1869—1941年)的《历史著作史》(1943年),巴特菲尔德(Herbert Butterfield,1900—1979年)的《论人类的过去》(1955年),以及最近比较流行的布雷萨赫(Ernst Breisach)的《历史编撰:古代、中世纪和近代》(2007年第三版),等等。其中瑞士历史学家、新闻记者爱德华·傅埃特所写的《新史学史》(*Geschichte der neueren Historiographie*,München,1911,Zürich)是一本真正学术意义上的史学史通志,内容涵盖自宗教改革以来的欧洲史学著作。傅埃特注重思想观念对历史进程的巨大影响,但忽略了社会发展中的社会经济因素的作用。

逮及20世纪,伴随着史学研究本身的快速发展,出现了诸如法国的年鉴学派、英国的马克思主义历史学派、美国的社会科学史学派等流派,史学本体论、认识论和方法论均出现了革命性的变化,使得人们更须从不同的角度审视历史记述与研究的演变,分析历史研究背后方法路径和分析技术的应用,史学史研究也因此获得快速发展,成绩斐然。

从时间顺序来看,我们大致可以把20世纪以来的史学史研究分为以下三个阶段:1. 学科初始阶段(1903—1945年),这时的史学史大多是记述性的;[1]2. 学科史学史阶段(1945—1989年),史学

---

[1] 这一阶段的另一个特点是有关古代时期的专题史学史出现不少,如善迪斯(John Sandys,1844-1922)的《古典学术史》(*A History of Classical Scholarship: from Antiquity to the Modern Era*,1903)、奥姆斯特德(A. T. Olmstead,1880-1945)《亚述史学史》(*Assyrian Historiography: A Source Study*,1916)、维拉莫维兹(Ulrich von Wilamowitz-Moellendorff,1848-1931)《语言学史》(*Geschichte der Philologie*,1921。其实这是一部古典学术史)等。

史成为史学研究的一个重要领域;3. 全球史学史阶段(1989 年以来),史家以交流与融合的眼光看待全球史学史的发展。从著述体裁来看,我们大致可以把史学史论著分为以下三种类型:1. 书评和传记式的史学史,如古奇、汤普逊等人的著述;2. 通史的、断代的或专题的史学史通论,如普法伊佛(Rudolf Pfeiffer,1889—1979年)、布雷萨赫、凯利、伊格尔斯、约翰·布罗(John Burrow,1935—2009 年)等人的著述;3. 全球史学史,如劳埃德、沃尔夫等人的著述。当然还有诸如布克哈特、屈威廉、伯瑞、卡尔、芬利、莫米利亚诺、布罗代尔、格拉夫顿(Antony Grafton,1950 年—　)这类历史学家的自我反思,对史学史与史学理论的思考;也有克罗齐、科林伍德、海登·怀特等人从历史哲学层面对史学史与史学理论的思考。这些著述都从不同的层面对史学史研究作出贡献。

　　早期史学史著作也包含批评性的注释,但实际上,它们讨论的大多是历史学家个人及其著作,在本质上是记述式的。这在很大程度上已不能满足当今史学研究迅速了解自身学科本源与演进历程的需要。

　　史学思想史的出现弥补了这方面的不足,这是史学史编撰的另一条路径,也就是以一种更富有批判性和更具有分析能力的眼光重新审视历史编撰的史学史,以努力寻求 19 世纪欧洲历史编撰中的"一种深层结构内容"(《元史学》,第 IX 页)的海登·怀特为代表。怀特的《元史学》于 1973 年出版以后,就在学术界引发了广泛的讨论,针对此著有大量研究文章和评论,影响波及当今。怀特认为历史编撰是诗化性质的,以此为出发点,他否认历史学的科学性,认为历史学与自然科学是根本不同的。在他看来,史学自身的性质使得史学处于一种概念混乱状态,因而就其基本特征而言,史学不是科学而是艺术创作,所以叙事对史学来说是必不可少的。《元史学》一书就是用一套从其他学科借用的概念来阐明怀特观点的诗化过程。对于这种极端观点,赞成者有之,反对者有之,采中庸之道调和两派观点的亦有之。①

　　凯利(Donald R. Kelley,1931 年—　)的史学史三部曲(《多面

①　参见《书写历史》,上海三联书店 2003 年版。

的历史》《历史的时运》《历史前沿》），从希罗多德一直讲述到 20 世纪史学的发展。该书既有记述，又有分析，兼具上述极端观点的长处，这不但避免了平铺直叙所带来的肤浅，而且也避免了过于注重理论演绎所导致的玄奥。诚如前辈何兆武教授所说，"《多面的历史》所论述的，正是从古希腊的希罗多德下迄 18 世纪德国赫尔德的一系列西方历史学家对西方历史进程的理解或解释"①。新近由复旦大学张广智教授主编的六卷本《西方史学通史》大体也属于这一类型。

20 世纪中期之后世界格局发生急剧转变，全球一体化急剧加速。与此同时，从相互联系的观点撰写世界史，或从整体上探索人类文明的演进规律和发展动力，不断促使史学实践要体现全球视野；随着全球史的出现，全球史学史也出现了。早在 20 世纪 60 年代，学术界就关注全球史学史了。比如，1961—1962 年间，牛津大学出版社出版了一套《亚洲民族的历史著作》（*Historical Writing on the Peoples of Asia*），分别有南亚卷、东南亚卷、东亚卷和中东卷，②它是以 20 世纪 50 年代晚期在伦敦大学亚非学院召开的会议为基础编撰的，获得广泛好评，至今仍有很高参考价值。再比如西尔斯（David L. Sills）主编的《国际社会科学百科全书》（19 vols.，1968）第六卷中关于"历史编纂"的综合性文章，涵盖了有关伊斯兰、南亚和东南亚、中国和日本的简明叙述。巴勒克拉夫（G. Barraclough，1908—1984 年）的《当代史导论》（1964 年）、《当代史学主要趋势》（1978 年）中也涉及了非西方世界的历史写作。

全球史学史论述的主要特征是：1. 不仅论述史学本身发展的历史，也研究史学与社会环境之间的互动关系：注重史学形成的社会基础与文化基础，注重史学知识的传播与社会组织、学术体制之

---

① 何兆武"对历史的反思"，参见《多面的历史》，生活·读书·新知三联书店 2003 年版，第 3 页。

② 四卷分别是 1. C. H. Philips 主编《印度、巴基斯坦和锡兰的历史学家》（*Historians of India，Pakistan，and Ceylon*）；2. D. G. E. Hall 主编《东南亚历史学家》（*Historians of South East Asia*）；3. W. G. Beasley 和 E. G. Pulleyblank 主编的《中国、日本的历史学家》（*Historians of China and Japan*）；4. B. Lewis 和 P. M. Holt 主编的《中东的历史学家》（*Historians of the Middle East*）。

间的关系;2. 比较方法与全球视野:重视不同区域不同文化之间的史学互动,着重东西方比较研究,尤其是三大传统——地中海传统、儒家传统、伊斯兰传统——之间的比较研究,由此说明全球史学一些内在的本质特征;3. 注重传统与接受的关系,研究各种史学传统的内部传承与外部接受,且非常注重非西方史学传统研究;4. 力图避免"西方中心论",充分考虑西方以外的史学传统,不过度突出西方的分期概念;等等。

全球史学史代表人物主要有伊格尔斯(G. G. Iggers)、吕森(Jörn Rüsen)、劳埃德(G. E. R. Lloyd)、富克斯(E. Fuchs)、斯塔西提(B. Stuchtey)、沃尔克(M. Völkel)等人。其中《牛津历史著作史》主编、加拿大女王大学校长沃尔夫(D. R. Woolf)教授是极有影响的一位。

《牛津历史著作史》

《牛津历史著作史》[①]主编丹尼尔·沃尔夫 1958 年出生于伦敦,在加拿大的温尼伯(Winnipeg)接受教育,后去英国读书,1983 年在牛津大学获得近代史博士学位,导师为牛津大学圣彼得学院著名的历史学家吉拉德·艾尔默(Gerald Edward Aylmer,1926—2000 年)。[②] 毕业后,他先去加拿大埃德蒙顿的阿尔伯达大学任教,任该校历史与古典学系教授,文学院院长,现任加拿大安大略金斯顿女王大学教授。沃尔夫早年主要研究都铎王朝、近代早期英国文化史,后来专注史学史与史学思想研究,著述甚多,[③]成为史

---

① *The Oxford History of Historical Writing*, ed. by Daniel Woolf, Oxford University Press, 2011 - 2012.

② 博士论文为《1590—1640 年间英格兰历史思想的变化与延续》(*Change and Continuity in English Historical Thought*, *c. 1590—1640*),参加答辩的有牛津大学的凯斯·托马斯(Sir Keith Thomas,1933—   )、剑桥大学的昆廷·斯金纳(Quentin Skinner,1940—)等。

③ 其他方面的著作有 *Public Duty and Private Conscience in Seventeenth-Century England*, Oxford University Press 1993 (co-ed., with John Morrill and (转下页)

学史研究的领军人物。他早前出版的有关史学史、史学思想的著作主要有：《早期斯图亚特时代英格兰的历史观念》（*The Idea of History in Early Stuart England*，University of Toronto Press，1990）、《全球历史著作百科全书》（*Global Encyclopedia of Historical Writing*，Garland，1998）、《近代早期英格兰的阅读史》（*Reading History in Early Modern England*，Cambridge University Press，2000）、《往昔的社会传播：1500—1739 年间的英格兰历史文化》（*The Social Circulation of the Past：English Historical Culture 1500—1730*，Oxford University Press，2003）、《全球史学史》（*A Global History of History*，Cambridge University Press，2011）。五卷本《牛津历史著作史》内容大致如下：

卷数	时间范围	主编	章数	内　容
第一卷	从开端到公元600年	安德鲁·菲尔德、格兰特·哈代	26章	论述了古代世界主要历史传统，包括古代近东、古代希腊、古代罗马、古代东方和南亚的史学起源与发展。
第二卷	从公元400年到1400年	萨拉·福特、蔡斯·F.罗宾逊	28章	第一编是宏观论述，讲述了从朝鲜半岛到欧洲西北部的这一时期不同社会的历史著述的发展，特别突出宗教特性和文化特性。第二编是对第一部分的补充，侧重比较与主题，包括对历史题材风格、战争，特别是宗教的论述。

（接上页）Paul Slack）；*Rhetorics of Life-Writing in Early Modern Europe*，University of Michigan Press，1995（co-ed.，with T. F. Mayer）；*The Spoken Word：Oral Culture in Britain 1500‐1850*，Manchester University Press，2002（co-ed.，with Adam Fox）；*Local Identities in Late Medieval and Early Modern England*，Palgrave Macmillan，2007（co-ed.，with Norman L. Jones）；*A Global History of History*，2011 等。沃尔夫为六卷本《新观念史辞典》（*New Dictionary of the History of Ideas*，ed. by Maryanne Cline Horowitz，2005）所写的长篇导论"Historiography"是其全球史学史纲领性宣言，随后所出版的《全球史学史》《牛津历史著作史》都是这一思想的不断延展与深化。

卷数	时间范围	主编	章数	内　　容
第三卷	从公元1400年到1800年	何塞·拉巴萨、佐藤正幸、埃多尔多·托塔罗洛、丹尼尔·沃尔夫	32章	论述公元1400年到1800年间（即通常所称的"早期近代"）全球史学的发展。以叙述亚洲开始，叙述美洲结束，这个时期开始了真正意义的全球史学时代。侧重跨文化比较的方法。
第四卷	从公元1800年到1945年	斯图亚特·麦金泰尔、胡安·迈古阿西卡、阿提拉·波克	31章	第一编总述欧洲历史思想、史学职业化和史学机构的兴起、强化与危机；第二编分析了史学史怎样与各种各样的欧洲民族传统发生联系；第三编考察的是欧洲史学的"后裔"——美国、加拿大、南非、澳大利亚、新西兰、墨西哥、巴西和西属美洲——的史学发展。第四编讲述的是西方世界以外的史学传统，包括中国、日本、印度、南亚、阿拉伯世界和撒哈拉以南的非洲史学。
第五卷	从公元1945年至今	阿克塞尔·施耐德、丹尼尔·沃尔夫	33章	第一部分考察历史理论与跨学科的研究方法；第二部分论述的是世界各地民族史学、区域史学的发展。

　　《牛津历史著作史》是一套由众多知名学者合作编撰的、涵盖全球的史学史著作，全书由150篇专论组成，是迄今为止最为全面的、涵括整个人类史学文化传统的历史著作史。各卷主编都是各个领域的著名学者：第一卷主编是古典学家安德鲁·菲尔德（Andrew Feldherr）、汉学家格兰特·哈代（Grant Hardy），第二卷主编是教会史家萨拉·福特（Sarah Foot）、伊斯兰史家蔡斯·F. 罗宾逊（Chase F. Robinson），第三卷主编是拉美史家何塞·拉巴萨（José Rabasa）、史学理论专家佐藤正幸（Masayuki Sato）、早期近代史家埃多尔多·托塔罗洛（Edoardo Tortarolo）、总主编丹尼尔·沃尔夫，第四卷是澳大利亚史家斯图亚特·麦金泰尔（Stuart

Macintyre）、美洲史家胡安·迈古阿西卡（Juan Maiguashca）、史学史家阿提拉·波克（Attila Pók），第五卷主编是汉学家阿克塞尔·施耐德（Axel Schneider）以及总主编丹尼尔·沃尔夫本人。

另外，还有由迈克尔·本特利、约恩·吕森、格奥尔格·伊格尔斯、唐纳德·凯利、彼得·伯克等14位知名学者组成的顾问团队，提出指导性编撰建议，这些顾问还发挥自身的特长为该书贡献专题文章，这在一定程度上保障了丛书的编撰质量。全书各个专题论文的作者在学术界都有一定的影响，比如宾夕法尼亚大学伍安祖教授、德国汉学家闵道安（Achim Mittag）、印度裔历史学家迪佩什·查卡拉巴提（Dipesh Chakrabarty）、英国古典学家劳埃德、美国汉学家杜润德、史嘉柏、夏含夷等等，这些高水准学者的加入为整套丛书编撰质量提供了可靠的保障。因而该书出版后获得了广泛好评。伊格尔斯认为"此书魅力在于其内在的、深刻的跨文化研究方法"；彼得·伯克认为"沃尔夫的著作为我们提供了天才的史学史全球研究论述，该书结构明晰、内容平衡，作者尽量避免欧洲中心主义和当下意识这对孪生危险，强调使用多元路径研究过往"；唐纳德·凯利认为"这是内容丰富、论述全面的世界史学史著作。沃尔夫是这一领域公认的专家，他将年代与地理结合在一起，范围包括非洲、近东、远东以及欧洲和美国；他的这一研究方法非常有效"。

《牛津历史著作史》是一部按照编年顺序，注重各国史学传统，努力再现人类史学文化传统的史学史著作。全书力图避免西方中心观念，且注意比较研究，以全球眼光、平等价值看待各种史学文化传统，且非常注重非西方史学传统的研究，每一卷的历史分期都考虑到东西方的具体情况，在大时间框架内处理国别史学史、地域史学史、专题史学史。

各卷所包括的时间范围逐步递减，这不仅反映了后来各卷尤其是自19世纪以来，史学史考察对象在地理空间上的扩大，而且反映了历史学活动的急剧增加，"研究越来越接近现代时，这些研究时期就越来越缩小了，这不仅是因为存留的材料和著名的作者越来越多,而且是因为真正意义上的世界范围内的重要主题也越来越多"①。

编者尽量不采取传统的古代、中世纪、近代的历史分期,目的就是为了尽量避免不恰当地突出历史分期的西方观念。就"历史编撰来说,似乎一直完全是西方的发明或西方的实践。自从 20 世纪 90 年代晚期以来,出版了大量的历史著作,开始挑战史学史的欧洲中心论,亦挑战史学史那种固有的目的论。现在我们能以更广阔的视野为背景来研究欧洲史学事业了,这个视野有许多平行的——这一事实时常被忽略——相互影响的书写传统,比方说来自亚洲、美洲、非洲的历史"②。编者因此尽量回避自 19 世纪以来所形成的民族史传统,注重地方史、区域史、跨国史、洲际史的书写以及彼此之间的联系。特别突出三大传统及一些次要的独立传统。三大传统分别是地中海传统(源于古代希腊、罗马、希伯来等构成的西方传统)、伊斯兰传统和儒家传统。次要的传统包括古代印度、前殖民时代的非洲、拉丁美洲,以及南亚、东南亚的部分地区。

编者注重跨学科研究,改变过去史学画地为牢的局限,吸收艺术、考古、科学、社会科学等领域的研究成果与方法,注意吸收来自不同领域的专家、学者,尽可能全面、系统地反映人类史学成就。注重史学知识产生的社会背景,分析各种制度、机构对史学知识的影响。"历史记录同种族、社会、经济和政治意义上的权力运用之间有着一种密切的联系。这也许是在文章开始时提到的古老格言的另一种表达方式,即'历史是被胜利者所书写,尽管事实上很多时候也是被失败者(考虑一下修昔底德,印第安人阿亚拉,或一位失败的革命者、诗人和史学家约翰·弥尔顿)和那些被突然而不被欢迎的变化幻象所困惑的人们所书写'。"③

---

① *The Oxford History of Historical Writing*,vol. 1,p. x.
② *New Dictionary of the History of Ideas*,ed. by Maryanne Cline Horowitz,2005,p. ix.
③ *New Dictionary of the History of Ideas*,ed. by Maryanne Cline Horowitz,2005,p. lxxx.

编者淡化宏大叙述、宏大理论，侧重具体事物论述，尽量反映史学研究的前沿动态，并且设计了大事年表、原始文献、研究文献，增加了可读性。尽管近年来已经出版了不少有关历史著述的百科全书、辞典、手册、研究指南，从纯学术的角度以全球视野全面论述史学史的著作也间有问世，[①]但在编排形式多样、吸引读者方面都逊色于本丛书。

西方史学史研究在中国

明清之际，由于西学东传，西方世界的学术话语、概念、方法也逐渐影响到中国传统史学，到了晚清和民国时代更是如此，"过去的乾嘉学派，诚然已具有科学精神，但是终不免为经学观念所范围，同时其方法还嫌传统，不能算是严格的科学方法。要到五四运动以后，西洋的科学的治史方法才真正输入，于是中国才有科学的史学而言"[②]，自此以后，中国史学也开始不断融入世界，中国的史学史研究成为世界史学史的一个组成部分。

20 世纪以来，中国史学家慢慢重视中西史学史研究了，该领域逐渐成为独立的授课内容与研究主题。早在 1909 年，曹佐熙（1867—1921 年）为湖南中路师范学堂优级选科的学生讲授"史学研究法"，该课程讲义后成为《史学通论》一书。

---

① 近年来出版了一些富有启发性的，以跨文化比较研究为目的史学史著作，其中特别显著的是 *Turning Points in Historiography：A Cross‐Cultural Perspective*（ed. G. Iggers and Q. E. Wang, 2002）; *A Global History of Modern Historiography*（ed. Georg G Iggers, Q. Edward Wang, Supriya Mukherjee, 2008）; *Across Cultural Borders：Historiography in Global Perspective*（ed. E. Fuchs and B. Stuchtey, 2002）; *Western Historical Thinking：an Intercultural Debate*（ed. J. Rüsen, 2002）; *Historical Truth，Historical Criticism and Ideology：Chinese Historiography and Historical Culture from a New Comparative Perspective*（ed. H. Schmidt-Glintzer, A Mittag and J. Rüsen, 2005）等。

② 顾颉刚：《当代中国史学》，辽宁教育出版社 1998 年版，"引论"。

在新文化运动影响下，当时中国的不少大学设立历史系、史学系或史地系。1919年，北京大学校长蔡元培废文理法三科之分，改门为系，新建包括史学系在内的14个系。1920年，出任史学系主任的朱希祖（1879—1944年）提倡设立中国史学原理、史学理论等课程，并躬身为学生讲授"中国史学概论"，撰写成《中国史学通论》一书及其他一些史论文章。他还延请留学美国的何炳松（1890—1946年）为学生开设"史学方法论""史学原理"等课程，由此而引起何炳松翻译美国史学家鲁滨逊（James Harvey Robinson，1863—1936年）《新史学》（商务印书馆1924年）一事，而《新史学》则成为"本世纪初的一部著名史学译著"①。这一时期国内翻译了不少史学史著作，大多是由商务印书馆出版的，如朗格诺瓦（Langlois，1863—1929年）、瑟诺博思（Seignobos，1854—1942年）的《史学原论》（李思纯译，商务印书馆1926年）、绍特韦尔（Shotwell，1874—1965年）的《西洋史学史》（何炳松、郭斌佳译，1929年）、班兹（Harry Elmer Barnes，1889—1968年）的《史学》（向达译，商务印书馆1930年）、施亨利（Henri Sée，1864—1936年）的《历史之科学与哲学》（黎东方译，商务印书馆1930年）、班兹的《新史学与社会科学》（董之学译，商务印书馆1933年）、弗领（Fred Morrow Fling，1860—1934年）的《史学方法概论》（薛澄清译，商务印书馆1933年）等，这些著作为后来的中国西方史学史研究奠定了初步基础。

20世纪中国史学发展及其所取得的成就，就其整体来看，都是同吸收、借鉴西方史学的积极成果，尤其是马克思主义史学理论和方法方面的积极成果相联系的。从1924年李大钊出版《史学要论》到1930年郭沫若出版《中国古代社会研究》，标志着中国马克思主义史学的产生。新中国成立后，1952年全国高等学校的院系进行了大规模调整，把民国时期的英美高校体系改造为苏联高校体系，史学研究也进入了苏联模式时代，但毕竟还保留了自身的特

---

① 参见谭其骧《本世纪初的一部著名史学译著——〈新史学〉》，《何炳松纪念文集》，刘寅生、谢巍、何淑馨编，华东师范大学出版社1990年版，第74—75页。

色。这一时期，复旦大学的耿淡如（1898—1975 年）先生非常重视西方史学史的学科建设，他于 1961 年在《学术月刊》第 10 期上发表《什么是史学史？》一文，就史学史的定义、研究对象与任务进行了系统的概述，认为这门年轻的学科没有进行过系统的研究，"需要建设一个新的史学史体系"①。该文至今仍有参考价值。

据张广智先生说，②耿淡如先生从 1961 年开始就为历史系本科生开设外国（西方）史学史课程，并在《文汇报》上撰写《资产阶级史学流派与批判问题》（2 月 11 日）、《西方资产阶级史家的传统作风》（6 月 14 日）、《拿破仑对历史研究道德见解》（10 月 14 日）等文章，在《现代外国哲学社会科学摘要》上刊登他所翻译的索罗金的《论汤因比的历史哲学》（4 月 1 日）等文章，积极进行史学史研究推广工作。同年他开始翻译英国史学家古奇（G. P. Gooch，1873—1968 年）③的名著《十九世纪历史学与历史学家》，有部分章节油印，1989 年由商务印书馆作为"汉译名著"出版发行，四川大学谭英华教授（1917—1996 年）为该书作注，在学术界产生很大影响，至今仍是史学研究的必读书。④

1961 年 4 月 12 日，北京召开由周扬主持的高等学校文科教材编写会议，制订了历史学专业教学方案与历史教科书编写计划，耿淡如成为外国史学史教科书编写负责人。⑤ 同年底，在上海召开有复旦大学、北京大学、武汉大学、中山大学、南京大学等高校老师参

---

① 耿淡如：《西方史学史散论》，复旦大学出版社 2015 年版，第 175 页。

② 张广智教授为 1964 年耿淡如先生招收的新中国西方史学史第一届唯一的学生，也是"文革"前唯一一届的学生。

③ 古奇为英国著名外交家、史学史家，有关史学史的著述有《历史》（*History*，London 1920，属于 Recent Developments in European Thought 丛书之一种）、《近代史研究》（*Studies in Modern History*，London 1931）、《欧洲史研究文献，1918—1939 年》（*Bibliography of European History, 1918‑1939*，London 1940）、《历史概览与特写》（*Historical Surveys and Portraits*，Longmans 1966）等。

④ "文革"期间也有一些史学史著作翻译出版，如，德门齐也夫等著：《近现代美国史学概论》，黄巨兴等译，生活·读书·新知三联书店 1962 年版；《美国历史协会主席演说集：1949—1960》，何新译，商务印书馆 1963 年版，等等。

⑤ 1961 年 8 月 28 日刊登《耿淡如积极编写外国史学史教材》一文，介绍编写情况。

加的外国史学史教科书工作会议，决定由耿淡如负责编写"外国史学史"，田汝康负责编译"西方史学流派资料集"（该资料集即田汝康后来与金重远合作选编由上海人民出版社在1982年出版的《现代西方史学流派文选》一书，该书在20世纪80年代流传极广，为人们认识现代西方史学理论奠定了基础。两年之后的1984年，张文杰先生编选了由上海译文出版社出版的《西方历史哲学译文集》①。这两本书构成了20世纪80年代早期认识西方史学的两个重要窗口）。遗憾的是，由于"文革"，《外国史学史》的编写计划最终流产了。

"文革"后，百废待兴，外国史学史也得到了快速发展。郭圣铭（1915—2006年）的《西方史学史概要》（上海人民出版社1983年）便是这一时期的第一本西方史学史专著。郭圣铭先生是中国世界史研究的开拓者之一，长期致力于世界史的教学与科研，"文革"结束后不久就发表《加强对史学史的研究》（刊《上海师大学报》1978年1期），表明他对这门专业的重视。他在《西方史学史概要》中认为把"外国史学史"列为必修课程是一个必要的、正确的措施，对提高我国历史科学的研究水平和教学质量将发生深远的影响。②该书共计七章，自古代希腊史学一直讲述到20世纪初年的欧洲各国和美国史学；20世纪西方史学则限于当时的历史条件，论述不多，甚为遗憾。郭圣铭先生还培养了不少西方史学史的学生，其中一些已经成为名家，比如王晴佳教授。王晴佳到美国后跟随著名的史学史专家格奥尔格·伊格尔斯研究西方史学史，近年来著述颇丰，大力推广西方史学史研究。

郭圣铭先生的《西方史学史概要》出版，掀起了当代中国世界史学界外国史学史教材与专著出版的热潮，先后大致有：孙秉莹的《欧洲近代史学史》（湖南人民出版社1984年），刘昶的《人心中的

---

① 该书后来又以《历史的话语：现代西方历史哲学译文集》之名在2002年、2012年分别由广西师范大学出版社、中国人民大学出版社再版。
② 郭圣铭：《西方史学史概要》，上海人民出版社1983年版，第1页。

历史——当代西方历史理论述评》（四川人民出版社1987年），张广智的《克丽奥之路——历史长河中的西方史学》（复旦大学出版社1989年），宋瑞芝等主编的《西方史学史纲》（河南大学出版社1989年），徐浩、侯建新主编的《当代西方史学流派》（中国人民大学出版社1996年，2009年第二版），张广智、张广勇的《史学，文化中的文化——文化视野中的西方史学》（浙江人民出版社1990年，上海社会科学院出版社2013年再版），徐正等主编的《西方史学的源流与现状》（东方出版社1991年），史学理论丛书编辑部编辑的《当代西方史学思想的困惑》（中国社会科学出版社1991年），庞卓恒主编的《西方新史学述评》（高等教育出版社1992年），夏祖恩编著的《外国史学史纲要》（鹭江出版社1993年），杨豫的《西方史学史》（江西人民出版社1993年），王建娥的《外国史学史》（兰州大学出版社1994年），张广智的《西方史学散论》（台北淑馨出版社1995年），郭小凌编著的《西方史学史》（北京师范大学出版社1995年），鲍绍林等著的《西方史学的东方回响》（社会科学文献出版社2001年），王晴佳的《西方的历史观念》（华东师范大学出版社2002年），张广智主著《西方史学史》（复旦大学出版社2004年，已出第3版），何平的《西方历史编纂学史》（商务印书馆2010年），于沛、郭小凌、徐浩的《西方史学史》（高等教育出版社2011年），张广智主编的《西方史学通史》（六卷，复旦大学出版社2011年，国内迄今为止规模最大、最详细的一套史学通史），杨豫、陈谦平主编的《西方史学史研究导引》（南京大学出版社2011年），等等。

　　这期间还有不少断代、国别、主题史学史研究专著出版，表明史学史这门学科快速发展与深入研究已今非昔比。比如北京大学张芝联教授最早把法国年鉴学派介绍到中国，其《费尔南·布罗代尔的史学方法》（《历史研究》，1986年第2期）一文引起中国学界的广泛注意。南开大学杨生茂教授编选的《美国历史学家特纳及其学派》（商务印书馆1984年）引起了国内学术界对"边疆学派"的讨论，进而引发了人们去思考历史上的史学流派、史学思潮与比较研究。可以说1902年梁启超的《新史学》开启了中国的中西史学比较研究，后来者诸如胡适、何炳松、钱穆、柳诒徵、余英时、杜维运、汪荣祖、何兆武、朱本源、刘家和、于沛、陈启能等都比较重视这方面的研究。20世纪80年代华人学者汪荣祖就出版了中西史学比较研究巨著《史传通说》。近年来美国的伊格尔斯、王晴佳，德国的吕森等学者也关注中西史学的比较研究。

改革开放三十余年间，国家培养了大量人才，许多学者已经可以利用第一手原始文献进行系统研究，选题也越来越与国际史学界接轨。比如，姚蒙的《法国当代史学主流——从年鉴派到新史学》（香港三联书店与台北远流出版社1988年），田晓文的《唯物史观与历史研究——西方心智史学》（天津社会科学院出版社1992年），陈启能等著的《苏联史学理论》（经济管理出版社1996年），罗凤礼主编的《现代西方史学思潮评介》（中央编译出版社1996年），罗凤礼的《历史与心灵——西方心理史学的理论与实践》（中央编译出版社1998年），晏绍祥的《古典历史研究发展史》（华中师范大学出版社1999年），蒋大椿、陈启能主编的《史学理论大辞典》（安徽教育出版社2000年），王晴佳、古伟瀛的《后现代与历史学：中西比较》（山东大学出版社2003年），梁洁的《撒路斯特史学思想研究》（中国社会科学出版社2009年），王利红的《诗与真：近代欧洲浪漫主义史学思想研究》（上海三联书店2009年），程群的《论战后美国史学：以〈美国历史评论〉为讨论中心》（光明日报出版社2009年），王晴佳的《新史学讲演录》（中国人民大学出版社2010年），晏绍祥的《西方古典学研究：古典历史研究史》（上下卷，北京大学出版社2011年），张广智的《史学之魂：当代西方马克思主义史学研究》（复旦大学出版社2011年），姜芃的《世纪之交的西方史学》（社会科学文献出版社2012年），贺五一的《新文化视野下的人民历史：拉斐尔·萨缪尔史学思想解读》（社会科学文献出版社2012年），张广智的《克丽奥的东方形象：中国学人的西方史学观》（复旦大学出版社2013年），陈茂华的《霍夫施塔特史学研究》（上海人民出版社2013年），刘家和主编的《中西古代历史、史学与理论比较研究》（北京师范大学出版社2103年），张广智的《瀛寰回眸：在历史与现实中》（北京师范大学出版社 2015 年），白春晓的《苦难与伟大：修昔底德视野中的人类处境》（北京大学出版社 2015 年），等等。这些研究专著逐渐构筑了浩瀚的史学史学术之林。

这期间翻译的域外史学史著作也非常多，这些著作的引进大大促进了这一科学的快速发展，诚如周兵教授所言："在 20 世纪 80 年代再次出现了一股引进、译介西方史学理论的热潮，从而逐渐促成了今天中国西方史学史学科的基本状况。最近这一次的西方史学理论引进热潮，至今依然方兴未艾（或者可以说，如今对西方史学理论的引进已然形成了常态化），学界前辈、同行多为亲历者和参与者。"① 大致著作有卡尔的《历史是什么》（吴柱存译，商务印书馆 1981 年），克罗齐的《历史学的理论和实际》（傅任敢译，商务印书馆 1982 年），田汝康等选编的《现代西方史学流派文选》（上海人民出版社 1982 年），特纳的《美国历史学家特纳及其学派》（杨生茂编，商务印书馆 1983 年），张文杰等编译的《现代西方历史哲学译文集》（上海译文出版社 1984 年），柯林武德的《历史的观念》（何兆武等译，中国社会科学出版社 1986 年），巴勒克拉夫的《当代史学主要趋势》（杨豫译，上海译文出版社 1987 年），汤普森的《历史著作史》（谢德风译，商务印书馆 1988 年），米罗诺夫的《历史学家和社会学》（王清和译，华夏出版社 1988 年），古奇的《十九世纪历史学与历史学家》（耿淡如译，商务印书馆 1989 年），伊格尔斯的《欧洲史学新方向》（赵世玲、赵世瑜译，华夏出版社 1989 年），伊格尔斯的《历史研究国际手册：当代史学研究和理论》（陈海宏、刘文涛等译，华夏出版社 1989 年），勒高夫、诺拉的《新史学》（姚蒙编译，上海译文出版社 1989 年），巴尔格的《历史学的范畴和方法》（莫润先、陈桂荣译，华夏出版社 1989 年），米罗诺夫、斯捷潘诺夫的《历史学家与数学》（黄立萧、夏安平、苏戎安译，华夏出版社 1990 年），托波尔斯基的《历史学方法论》（华夏出版社 1990 年），王建华选编的《现代史学的挑战：美国历史协会主席演说集，1961—1988》（上

---

① 周兵：《国外史学前沿与西方史学史的学科建设》，《史学月刊》2012 年第 10 期。

海人民出版社 1990 年)，罗德里克·弗拉德的《计量史学方法导论》(王小宽译，上海译文出版社 1991 年)，罗德里克·弗拉德的《历史计量法导论》(肖朗、刘立阳等译，商务印书馆 1992 年)，张京媛主编的《新历史主义与文学批评》(北京大学出版社 1993 年)，何兆武主编的《历史理论与史学理论——近现代西方史学著作选》(商务印书馆 1999 年)，巴勒克拉夫的《当代史导论》(张广勇、张宇宏译，上海社会科学院出版社 1996 年)，埃里克·霍布斯鲍姆的《史学家：历史神话的终结者》(马俊亚、郭英剑译，上海人民出版社 2002 年)，伯克的《法国史学革命：年鉴学派 (1929—1989)》(刘永华译，北京大学出版社 2006 年)，凯利的《多面的历史》(陈恒、宋立宏译，生活·读书·新知三联书店 2007 年)，爱德华·卡尔的《历史是什么?》(陈恒译，商务印书馆 2007 年)，里格比的《马克思主义与历史学：一种批判性的研究》(吴英译，译林出版社 2012 年)，贝内德托·克罗齐的《作为思想和行动的历史》(时纲译，商务印书馆 2012 年)，约翰·布罗的《历史的历史：从远古到 20 世纪的历史书写》(黄煜文译，广西师范大学出版社 2012 年)，劳埃德的《形成中的学科——对精英、学问与创新的跨文化研究》(陈恒、洪庆明、屈伯文译，格致出版社 2015 年)，等等。

陈新、彭刚等人主持的"历史的观念译丛"和岳秀坤主持的"历史学的实践丛书"两套丛书系统地引进了西方史学史与史学理论研究名著，为这一学科未来发展奠定了扎实的基础。此外，还必须提到的是《史学史研究》《史学理论研究》，两本刊物在促进史学史学科发展方面发挥了巨大作用。《史学史研究》创刊于 1961 年，是国内唯一的有关史学史研究的学术刊物，第一任主编由已故著名历史学家白寿彝教授担任。《史学理论研究》是中国社科院世界历史研究所于 1992 年创刊的，是有关史学史与史学理论的专业性刊物。史学杂志是史学发展到一定阶段必然的产物，是史学持续发展的物质载体，也是史学普及的标志。杂志一方面以发表文章、评论、总结等为主，客观反映史学研究成果，另一方面还通过定主题、出专刊、约专稿等方式来左右或指引着史学研究，一些杂志甚至成为史学更新的强有力的武器,如法国的《年鉴》(1929 年创刊)、英国的《往昔与现在》(1952 年创刊)便是典型代表。近年来,国内学术界涌现出许多以辑刊为形式的学术连续出版物,正起着"史学更新"的作用,期待史学史在新时代环境下能取得更大发展。

　　学习研究史学史是一种文化传承,也是一种学术记忆。对于人类社会来说,记录历史是一种自然的、必要的行为,研究书写历史的方法,探究历史思想,勘探史学的传播更是必要的:历史之于社会,正如记忆之于个人,因为每个个体、每个社会都有自身的身份认同。以历史为基础的历史记忆建构了一种关于社会共同体的共同过去,它超越了其个体成员的寿命范围。历史记忆超越了个人直接经历的范围,让人想起一种共同的过去,是公众用来建构集体认同和历史的最基本的参照内容之一。历史记忆是一种集体记忆,它假定过去的集体和现在的集体之间存在着一种连续性。这些假定的集体认同,使历史的连续性和统一性能够得以实现,并作为一种内部纽带将编年史中呈现的各种事件串联起来,但又超越了人物传记和传记中呈现的某个伟人的寿命范围。[①] 这一切都取决于我们对往日信息的保存——信息消失,知识无存,历史遗失,文明不再。史学史是一座有无数房间和窗户的记忆大厦,每一个房间都是我们的记忆之宫,每一扇窗户则为我们提供一个观察往昔与异域的独特视角。

2015 年 10 月 8 日

于光启编译馆

---

① 杰拉德・德兰迪、恩靳・伊辛主编:《历史社会学手册》,李霞、李恭忠译,中国人民大学出版社 2009 年版,第 592 页。

总主编致谢

《牛津历史著作史》是历时弥久的呕心沥血之作,它由多人编纂,发表了不同的心声。作为总主编,我由衷感谢所有参加编辑的人员。首先,最应感谢的是各卷的编者,没有他们的参与,就不会有这套书。我很感激他们的参与,感激他们在坚持一些共同的目的和统一编辑原则基础上,表达他们自己对历史的看法。顾问委员会的很多成员也相继加入了编辑与著述行列,并完全奉献他们的时间与智慧。在牛津大学出版社,前任主席编辑鲁斯·帕尔(Ruth Parr)调查读者阅读情况而鼓动这一系列计划并付诸实施,推进实施。她卸任后,我和同事们从克里斯托弗·惠勒(Christopher Wheeler)那里获得了管理方面有效的帮助和支持,在编辑方面获得来自鲁伯特·康申思(Rupert Cousens)、赛斯·凯利(Seth Cayley)、马修·科顿(Matthew Cotton)和斯蒂芬·艾瑞兰(Stephanie Ireland)的帮助。我也特别要感谢牛津大学出版社工作小组和卡罗尔·柏斯蕾(Carol Bestley)。

这套著作如果没有我在实施这项计划中所工作的这两个研究机构的大力资金支持是不可能成功问世的。2002年至2009年中期,我在阿尔伯达大学工作,当时的研究部副部长和学术部的副部长及该校大学校长慷慨地资助了这个研究课题。我尤其要感谢加里·凯奇诺基(Gary Kachanoski)和卡尔·阿墨罕(Carl Amrhein),他们洞察这个项目的价值,并为这个课题提供资金,雇用大量研究助手,让很多研究生参与工作,并支付诸如图片和地图等出版费用。阿尔伯达大学提供大量的计算机设备和图书馆资源。可能最重要的是,它支持了关键性的埃德蒙顿会议(Edmonton conference)的召开。2009 年,在安大略省金斯顿女王大学,我成为主要负责人,为了推动这个课题有效开展,院方提供大量资金,并调用了研究图书馆;此外还特意地让一个杰出的研究助理同事、编辑助理伊恩·海斯凯斯(Ian Hesketh)博士服务了两年。我衷心感谢伊恩在细节方面科学严谨的态度,欣赏他为了确保文章内在统一性、各卷之间的平衡而毫不留情地删除多余文章(包括我自己的一些文章)的能力,如果没有这种删减能力,这些卷帙浩繁的著作是不可能很快出版的。一大批有能力的研究生参与了这个课题的研究,特别应提及的包括塔尼亚·亨德森(Tanya Henderson)、马修·诺伊费尔德(Matthew Neufeld)、卡罗尔·萨勒蒙(Carolyn Salomons)、特里萨·梅丽(Tereasa Maillie)和萨拉·沃瑞辰(Sarah Waurechen),最后一位几乎独自地完成埃德蒙顿会议复杂的后勤工作。我还必须感谢女王大学艺术与科学学院的院办,以及阿尔伯达大学历史系和古典系为研究提供空间。阿尔伯达大学的梅勒妮·马文(Melanie Marvin)和女王大学的克里斯廷·贝尔加(Christine Berga)为调研账目的管理提供帮助,此外我的夫人朱莉·戈登-沃尔夫(Julie Gordon-Woolf,她本人先前是研究管理者)也为支持这个项目提供了宝贵的建议。

前　言

总主编　丹尼尔·沃尔夫

　　半个世纪以前,牛津大学出版社就出版了一套名为《亚洲民族的历史著作》(*Historical Writing on the Peoples of Asia*)的丛书。该丛书由四卷构成,分别是东亚卷、东南亚卷、中东卷和南亚卷,它以 20 世纪 50 年代晚期在伦敦大学亚非研究院(the School of Oriental and African Studies)召开的会议为基础,经受了岁月的检验,获得了惊人成功;其中很多文章现今仍然被我们引用。这些书籍领先于其所处的时代,是出类拔萃与众不同的,因为在那个时代,历史著作史一直被认为是一种欧洲体裁的历史。事实上,史学史这种主题本身几乎就是一种主题——从 20 世纪早期到中叶这种典型的综述是诸如詹姆斯·韦斯特福·汤普森(James Westfall Thompson)、哈利·埃尔默·巴恩斯(Harry Elmer Barnes)这类历史学家的著述,他们是追随爱德华·富特(Eduard Fueter)在 1911 年出版的典范之作《新历史著作史》(*Geschichte der Neuren Historiographie*)的足迹——由杰出的历史学家对他们的学科和起源所做的概览。这部牛津系列书籍确实提供了许多人们更加迫切需要的观点,尽管多年来人们没有追随这种观点,在刚刚过去的 20 世纪最后那二十年或三十年里更加流行的研究方式,仍然将历史学当作完全是西方的发明或西方的实践。自从 20 世纪 90 年代晚期以来,大量的历史著作出版了,开始挑战史学史的欧洲中心论,同时挑战史学史那种固有的目的论。现在我们能以更广阔的视野为背景来研究欧洲史学事业了,这个视野有许多平行的——这一事实时常被忽略——相互影响的书写传统，比方说来自亚洲、美洲、非洲的历史。

《牛津历史著作史》就是在这种精神下孕育诞生的。它寻求的是涵盖全球的第一流的集体合作的历史著作史。它向半个世纪前的伟大先行者所取得的成就致敬，却也谨慎地寻求自己的方式，既不模仿也不取代。一方面，这套五卷本的集体著述范围涵盖了欧洲、美洲和非洲，以及亚洲地区；另一方面，这些分卷中的章节划分都是按照时间先后顺序编纂，而不是以地区划分的。我们决定采用前者，是因为不应该从孤立的观点来看待那些非欧洲——以及欧洲的——历史著作史。我们选择后者，目的是提供能达到一定数量的记叙性资料（即使这些叙述超过上百种不同的见解），从而让区域性的比较和对比在较长的时间段里更容易进行。

以下几点说明适合整套丛书，并一以贯之。第一，总体来说，整套书将按照从古至今的时间顺序来描述历史著作，每一卷均以其自身的角度去研究历史著作史的独特历史时期。当研究越来越接近现代时，时间跨度将越来越小，这不仅是因为存留的材料和著名的作者越来越多，而且是因为真正意义上的世界范围内的主要主题也越来越多了（比如在第一卷中不会提到美洲人；在第一卷、第二卷中也没有涉及非洲的非穆斯林人）。第二，尽管每卷写作的宗旨相同，而且这些著作都是五卷撰写团队和编辑团队内部和相互之间几年来不断对话、沟通的产物，但我们并没有试图要求每一卷采用共同的组织结构。事实上，我们追寻的是另外一种路径：各个编辑团队都是精心挑选的，这是因为专业知识的互补性，我们鼓励他们"用自己的方式"去选择他们所负责那卷的主题及结构形态——赋予他们推翻先前计划的权利，以便每一卷都能实现全球化这一雄心抱负。第三，也许是最重要的一点，我们强调这套丛书既不是一部百科全书，也不是一部辞典。多卷本的著述，如果目的是尝试研究每一个民族的传统（更不用说每一位历史学家了），那即便将五卷的规模发展为五十卷的规模恐怕也未必能如愿。因此，我们必须有所取舍，不能面面俱到，当我们尽力这样做以便在世界

x

范围内平衡涵盖范围和选择代表性时,毫无疑问必定会存在不足之处。读者希望在《牛津历史著作史》中找到一些特殊的国家或话题可能会失望,因为这远远超过我们这全部 150 章的容量,特别是在近十五年的时间里又出版了大量的参考文献,而且其中一些是全球视野的。我们为丛书的每一卷都编制了索引,不过我们视那种不断增加的索引为没有什么效果的,也是浪费纸张。同样,每一篇文章都提供了精心选择的参考书目,目的是给读者进一步深入阅读提供途径(在每一章的这个位置列举出这里所讨论的话题和来自这一时期的关键文献)。为了让读者对特殊地区或民族的政治和社会背景知识有一定的理解,一些章节包含了重要事件的大事年表,尽管在有的地方并非有必要这样处理。同时要说明的是,本丛书基本没有安排单独的章节来研究那些单个的"伟大的历史学家"(个别一两位例外),从司马迁、希罗多德到当下的那些大历史学家都是这样处理的;为了节省篇幅,我们在文内都省略了生卒年代,这些内容可以在每卷的索引内找到。

　　尽管每个小组都是独立工作的,为了保持一致性,遵守一些共同的标准也是必需的。为了达到这个目的,我们从一开始就拟定了不少凡例,希望在丛书编撰过程中都能得到遵守。最大的优点就是利用互联网,不仅鼓励学者在本卷内部相互交流,各卷之间进行交流,而且那些成稿的文章也可以发布到课题网站上让其他学者进行评论借鉴和学习。2008 年 9 月,在加拿大埃德蒙顿的阿尔伯达大学召开的高峰会议,大量的编辑和过半的专家们齐聚一堂,花费两天时间讨论一些出版的细节问题、图书内容和要旨问题。我们认为这次会议有一个很重要的"附加值"——对会议和丛书来说都是如此——那就是先前在各自地区和领域按部就班进行工作的学者彼此认识了,目的是以一种独特的,又是前无古人的方式撰写历史著作史,来追求这种共同的旨趣。作为该丛书的主编,我希望在这套丛书完成时,这些联系能继续不断维持下去,并在未来有进一步的合作研究。

　　在埃德蒙顿会议上,我们作出了几个关键性的决定,其中最重要的决定是为了避免不必要的主题重叠，而允许时间上的交叉重叠。各卷的年代划分是以日历为标准而不是以传统西方的"中世纪""文艺复兴"为标准的，这在一定程度上显得独断。因此关于古代的第一卷大约在公元600年结束，早于伊斯兰教的降临，但与后续的部分有所重叠。第二卷有关西方的部分是古代晚期和中世纪的部分，有关中国的部分（在每卷都特别突出另外一种历史书写主要传统）涉及的时间是从唐朝到明朝初期的历史。类似的情况在第四卷和第五卷，在第二次大战前后有所重叠。对于一些主题来说，1945年是一个合乎情理的分界线，但对别的一些主题就未必尽然了，比如在中国，1949年才是重要的转折点。某些特定话题，比如年鉴学派通常是不以1945年来划分的。另一个变化是，我们坚持用BC（公元前）、AD（公元）这种表达年份的方法；我们推翻了先前决定使用BCE（公元前）、CE（公元）来表达年代的方法，原因是这两种表达方式同样都是欧洲中心论的形式；BC（公元前）、AD（公元）至少已为国际惯例所采纳，尽管这有着基督教欧洲起源的味道。

在埃德蒙顿会议上，我们明确了如何处理这套丛书中的开头和后面的各两卷（第一卷和第二卷，第四卷和第五卷），同时将第三卷作为这前后四卷的衔接桥梁，该卷时间跨越范围是公元1400年到约1800年的几个世纪——这段时间在西方通常被称为近代早期（early modern）。另一个决定是，为了保证这套丛书价格相对合理，我们决定非常精选地使用插图，只是在能提升内在含义的地方才使用插图，比如处理拉丁美洲那些庆祝过去的图片。既然手头没有那些著名历史学家的真实肖像，因此在这个研究计划中有意回避那些史学史上一系列想象出来的璀璨明星也是适当的——无论西方还是东方，北方还是南方都是如此——从修昔底德到汤因比都是这样处理。

本卷虽然是此五卷本的第二卷，但它出版得最晚。编著者萨拉·福特和蔡斯·罗宾逊教授，分别是中世纪早期欧洲和伊斯兰中东的学者，他们收集了来自世界多个地区的专家就公元400—

1400 年期间的研究成果。正如他们在导言中所说,在这个非常漫长的时代,周期划分(在全球范围的项目中始终是一个挑战)尤其复杂(这就是为什么本卷与第一卷所涵盖的领域内容在最初的几个世纪是有重叠的,在一些章节中,在时间上又是第三卷的延伸)。

这里所涵盖的几个世纪见证了中国历史书写传统在唐朝时期的官方化,以及宋元时期末期的进一步重大创新;它还见证了附近的东亚和东南亚国家对中国史学的改编,尤其是日本、韩国和越南;另一个影响整个地区的因素是从印度和斯里兰卡传入的佛教。在其他地方,7 世纪和 8 世纪见证了伊斯兰教的出现和迅速扩张,以及用阿拉伯文、波斯文和其他文字书写历史的特别活跃的传统。

在欧洲,随着基督教世界在希腊东部和拉蒂纳西部之间的分裂,古代晚期产生了许多新的流派,从 6—8 世纪伟大的“野蛮”历史学家的作品开始,新的世界和教会历史,然后是国王、皇帝的事迹,或者强大的教会法学家,以及最后的 13 世纪开始出现的城市编年史以及它们反映的社会和经济生活的城镇。在整个千年中,移民、战争和贸易导致了一种文化的历史形式在其他地方的传播,尽管这种传播可能是有限的。例如,有些情况发生在对中国史书叙述模式的改编中,这种模式植根于儒家思想,也在东亚的其他地方,以及在作为诞生地中东以外的伊斯兰历史写作中,并最终延伸到了遥远的东南亚。在世界上许多地方,现存历史写作中使用的语言数量仍然相当有限,尽管地方语言的使用曾经很少见,但在本世纪的最后四分之一有所增加。在极少数情况下,征服者会采用被征服者的语言和史学,就像蒙古元朝在中国短暂统治期间所发生的那样。

福特和罗宾逊教授指出,这是个历史学家围绕着“民族”而不是“国家”(以及宗教和皇室、帝国或贵族王朝)来组织他们著作的千禧年。这些章节涉及地理范围与第一卷一样广,从远东开始,有中国、韩国、东南亚和日本,然后向西,包括印度、伊斯兰教和拜占庭,最后在西欧结束(第三卷就是这样),从而明确取消了欧洲史学的中心地位。

xii

本书后面几章按主题或体裁展开，探索从地方到世界，从以宫廷为中心到以宗教为中心的历史写作形式；在某些情况下，它们明确地比较了通常单独研究的史学传统，例如西方或东方的基督教世界和伊斯兰教（那里的接触比欧洲和东亚之间的接触更为频繁）。与此同时，本书的作者阐明了时代留给我们历史编纂亦熟悉亦模糊的问题，我们现代西方有一个长期的传统，对"中世纪"这个词的应用是有限的，一旦一个人离开欧洲基督教前往东方就不在此范围了。

目　录

第二编　体现过去的方式

撰稿人

达乌德·阿里(Daud Ali),宾夕法尼亚大学南亚研究系和历史系助理教授。著有 *Courtly Culture and Political Life in Early Medieval India* (Cambridge,2004), *Querying the Medieval:Texts and the History of Practices in South Asia* (Oxford,2000,与 Ronald Inden 和 Jonathan Walters 合著)。

斯韦勒·巴格(Sverre Bagge),卑尔根大学中世纪史教授,中世纪研究中心主任。著有 *Society and Politics in Snorri Sturluson's Heimskringla* (1991); *Kings, Politics, and the Right Order of the World in German Historiography c. 950 -1150* (2002); *From Viking Stronghold to Christian Kingdom:State Formation in Norway, c. 900 -1350* (2010)。

约翰·R.本特利(John R. Bently),北伊利诺伊大学日本史教授。著有 *Historiographical Trends in Early Japan* (2002),以及 *The Authenticity of Sendai Kuji Hongi* (2006)。

诺拉·贝伦德(Nora Berend),英国剑桥大学高级讲师。著有 *At the Gate of Christendom:Jews, Muslims and 'Pagans' in Medieval Hungary, c. 1000 -c. 1300* (2001),并担任 *Christianization and the Rise of Christian Monarchy:Scandinavia, Central Europe and Rus' c. 900 -1200* (2007)卷的主编。

瑞姆科·布鲁克尔(Remco Breuker),荷兰莱登大学朝鲜研究教授。著有 *Forging the Truth: National Identity and Creative Deception in Medieval Korea*(2008)及 *Establishing a Pluralist Society in Medieval Korea*,918–1170:*History*,*Ideology and Identity in the Koryŏ Dynasty*(2010)。

查理·F. 布里格斯(Charles F. Briggs),任教于佛蒙特大学历史系。著有 *Giles of Rome's 'De regimine principum'*:*Reading and Writing Politics at Court and University*,*c. 1275–c. 1525*(1999)和 *The Body Broken: Medieval Europe 1300–1520*(2011)。

穆里尔·德比(Muriel Debié),法国国家科学研究中心 IRHT(the Institut de recherche et d'histoire des textes)的研究学者,巴黎基督教研究所中 ELCOA(the Ecole des Langues et Civilisations de l'Orient ancien)主任。

邓百安(Anthony DeBlasi),纽约州立大学阿尔巴尼分校东亚研究系中国史助理教授。著有 *Reform in the Balance: The Defense of Literary Culture in Mid-Tang China* 及有关中国中古时期的文章。

纳迪亚·玛利亚·谢赫(Nadia Maria El Cheikh),贝鲁特美国大学历史教授。著有 *Byzantium Viewed by the Arabs*(2004)。其研究重点是阿拔斯王朝的性别史以及活动。

萨拉·福特(Sarah Foot),牛津基督教会教会史钦定讲座教授。著有 *Æthelstan: The First English Monarch*(Yale University Press,2011),*Monastic Life in Anglo-Saxon England*,*c. 600–900*(Cambridge University Press,2006),同时她在中世纪早期西方认识和利用历史方面有多项成果。

彼得·古兰(Petre Guran),东南欧研究所(布加勒斯特)研究员,专注于对拜占庭和中世纪东南欧社会及文化进行宗教人类学研究,并从事宗教思想和政治权力之间关系的研究。曾在罗马尼亚、法国和德国进行研究和教学,并在法国社会科学高等研究院完成了论文 *Royal Sanctity and Universal Power in the Orthodox Commonwealth* 的答辩(2003 年)。2004 - 2006 年任教于普林斯顿大学希腊研究中心。

蔡涵墨(Charles Hartman),纽约州立大学阿尔巴尼分校东亚研究系教授。著有 *Han Yu and the Tang Search for Unity* (1986),他关于中国史学编纂的文章刊登于 *Harvard Journal of Asiatic Studies*, *T'oung Pao*,以及 *Journal of Song-Yuan Studies*。

伊恩·赫斯基(Ian Hesketh),加拿大金斯顿王后大学历史系研究者。本卷的主编助理。著有 *Of Apes and Ancestors: Evolution, Christianity, and the Oxford Debate* (2009)和 *The Science of History in Victorian Britain: Making the Past Speak* (2011)。

康拉德·希尔谢勒(Konrad Hirschler),伦敦东方和非洲研究学院近中东历史高级讲师。著有 *Medieval Arabic Historiography* (2006), *Manuscript Notes as Documentary Sources* (2011),以及 *The Written Word in the Medieval Arabic Lands: A Social and Cultural History of Reading Practices* (2012)。

约翰·哈德森(John Hudson),苏格兰圣安德鲁大学历史学院法律史教授和院长,同时也是美国密歇根大学 William W. Cook 全球法学教授。著有 *The History of the Church of Abingdon*, 2 vols. (Oxford, 2002, 2007),和 *The Oxford History of the Laws of England*, vol. 2: 871 - 1216 (2012)。

马修·英尼斯（Matthew Innes），伦敦大学伯贝克学院历史教授。著有 *State and Society in the Early Middle Ages*（2000），*Introduction to Early Medieval Western Europe 300 -900*（2007），*The Carolingian World*（2011，with Marios Costambeys and Simon Maclean），and *Documentary Culture in the Early Middle Ages*（2012，with Warren Brown，Marios Costambeys，and Adam Kosto）。

安东尼·卡尔德里斯（Anthony Kaldellis），美国俄亥俄州立大学古典学教授。在拜占庭历史学家方面研究成果甚丰（研究和翻译），同时著有 *Hellenism in Byzantium*（2007）和 *The Christian Parthenon*（2009）。

格雷斯·科赫（Grace Koh），伦敦大学东方和非洲研究学院朝鲜文学讲师。目前致力于书稿（暂名）*Historical Vision and Literary Imagination：Private Inception and Public Reception of the Samguk yusa and Early Korean Narratives*。

詹姆斯·B. 刘易斯（James B. Lewis），牛津大学朝鲜史讲师。著有 *Korea and Globalization*（2002）和 *Frontier Contact between Chosŏn Korea and Tokugawa Japan*（2003）。

费利切·利普希茨（Felice Lifshitz），阿尔伯塔大学教授，从事妇女问题研究。著有 *Why the Middle Ages Matter*（2011），*Gender and Christianity in Medieval Europe*（2008），*Paradigms and Methods in Early Medieval Studies*（2007），*The Name of the Saint*（2005），以及 *The Norman Conquest of Pious Neustria*（1995）。

西奥·马尔滕·范林登（Theo Maarten van Lint），牛津大学亚美尼亚研究专业的卡洛斯特·古本金教授，以及彭布罗克学院的教师。研究领域为亚美尼亚对以西结王权观的接受，中世纪和近代诗歌、故事讲述及表演诗歌，以及 11 世纪诗人 Grigor Magistros Pahlawuni 的书信。

彼得·罗格（Peter Lorge），范德比尔特大学中世纪中国和军事史助理教授。著有 *War*，*Politics and Society in Early Modern China*，*900–1795*（2005），*The Asian Military Revolution*（2008），以及 *Chinese Martial Arts：From Antiquity to the Twenty-First Century*（2011）。

保罗·马格达里诺（Paul Magdalino），FBA，圣安德鲁大学拜占庭史退休教授、伊斯坦布尔科驰大学考古学和艺术史教授。著有 *The Empire of Manuel I Komnenos*，*1143 – 1180*（1993），*L'Orthodoxie des astrologues*（2006），以及 *Studies in the History and Topography of Medieval Constantinople*（2007）。

安德鲁·马沙姆（Andrew Marsham），爱丁堡大学伊斯兰史讲师。著有 *Rituals of Islamic Monarchy：Accession and Succession in the First Muslim Empire*（2009）。

梅瑞迪斯·L. D. 里德尔（Meredith L. D. Riedel），杜克神学院基督教史助理教授。

蔡斯·F. 罗宾逊（Chase F. Robinson），纽约城市大学研究生中心著名历史教授。他出版和主编了几部著作，其中有 *Empire and Elites after the Muslim Conquest*（2000），*Islamic Historiography*（2003）和 *The New Cambridge History of Islam*，vol. 1：*The Formation of the Islamic World*，*Sixth to Eleventh Centuries*（2010）。

乔纳森·谢泼德（Jonathan Shepard），曾任剑桥大学俄国史讲师以及彼得豪斯学院的职员。他与西蒙·富兰克林（Simon Franklin）合著了 *The Emergence of Rus 750 - 1200*（1996）；主编了 *The Cambridge History of the Byzantine Empire*（2008）；最近出版了 *Emergent Elites and Byzantium in the Balkans and East-Central Europe*（2011）。

托马斯·斯佐瑞奇（Thomas Sizgorich），加利福尼亚大学欧文分校历史副教授。著有 *Violence and Belief in Late Antiquity：Militant Devotion in Christianity and Islam*（2008）。完成本卷后他在 2011 年去世。

戴维·泰勒（David Taylor），牛津大学阿拉姆和叙利亚语讲师以及沃尔夫森学院的职员。

查尔斯·韦斯特（Charles West），谢菲尔德大学历史教师。著有 *Reframing the Feudal Revolution: Political and Social Transformation between Marne and Moselle 800 - 1100*（2013）。

约翰·K. 惠特莫尔（John K. Whitmore），美国密歇根大学东南亚研究中心副研究员，关注前近代东南亚和越南史，在该领域发表了一系列论文。

维托尔德·维特科夫斯基（Witold Witakowski），瑞典乌普萨拉大学闪米特语副教授。专门进行叙利亚和埃塞俄比亚研究，发表了有关叙利亚和埃塞俄比亚史学编纂的文章。

丹尼尔·沃尔夫（Daniel Woolf），加拿大金斯顿女王大学历史教授。本卷的总编。著有 *A Global Encyclopedia of Historical Writing*（1998），*The Social Circulation of the Past*（2003），以及 *A Global History of History*（2011）。

顾问委员会

迈克尔·昂-特温（Michael Aung-Thwin），夏威夷大学（University of Hawaii）

迈克尔·本特利（Michael Bentley），圣安德鲁斯大学（University of St Andrews）

彼得·伯克（Peter Burke），剑桥大学（University of Cambridge）

托因·法罗拉（Toyin Falola），德克萨斯大学（University of Texas）

乔治·G. 伊格斯（Georg G. Iggers），纽约州立大学布法罗分校（State University of New York，Buffalo）

唐纳德·R. 凯利（Donald R. Kelley），罗格斯大学（Rutgers University）

塔里夫·哈利迪（Tarif Khalidi），贝鲁特美利坚大学（American University，Beirut）

克里斯蒂娜·克劳斯（Christina Kraus），耶鲁大学（Yale University）

克里斯·劳伦斯（Chris Lorenz），阿姆斯特丹自由大学（VU University Amsterdam）

斯图亚特·麦金泰尔（Stuart Macintyre），墨尔本大学（University of Melbourne）

尤尔根·欧斯特哈默（Jürgen Osterhammel），康斯坦茨大学（Universität Konstanz）

伊拉里亚·波尔恰尼（Ilaria Porciani），博洛尼亚大学

（University of Bologna）

约恩·吕森（Jörn Rüsen），德国埃森高等人文学科研究院（Kulturwissenschaftliches Institut，Essen）

罗米拉·塔帕（Romila Thapar），德里贾瓦哈拉尔尼赫鲁大学（Jawaharlal Nehru University，Delhi）

导　论

萨拉·福特　蔡斯·F.罗宾逊

公元前 1000 年和公元 6 世纪后期之间,罗马和中华帝国类似的行政、财政和意识形态特征,或许表现出欧亚大陆两端的"第一次合流",在公元 6 世纪后期,地中海西方趋向政治多元中心主义,而东亚则阶段性地恢复了帝国统一,逐渐形成了不同的轨道。① 现在也许可以说,在强调结构而非偶然事件、可能事件和个体事件时,这种比较分析必然会漠视促成多重社会构成的差异;在这种意义上,它们是社会科学而非人文科学的活动。尽管如此,也不能粗暴地否认比较历史、全球史或历史社会学具有启示作用,尤其是因为它们起着避免欧洲中心论和目的论方法的功能,而这些论调根深蒂固,有时会让焦虑的西方重拾对其卓越成就和文化优越的信心。②

《牛津历史著作史》的写作,基于无可争辩的论点:全球各地所有时代的各种社会,都创作了大量值得了解的历史著作。这些著作涵盖的范围并非整齐划一,部分原因是并非所有社会所创作的历史著作都留存下来。缺乏书写系统(尽管他们有其他类似图像

---

① Walter Scheidel,'From the "Great Convergence" to the "First Great Divergence": Roman and Qin-Han State Formation and Its Aftermath', in Scheidel (ed.), *Rome and China : Comparative Perspectives on Ancient World Empires* (Oxford, 2009), 3 - 10.

② 最近的例子参见 Niall Ferguson, *Civilization : The West and the Rest* (London, 2011)。

的字符图形纪念方式)的南北美洲是明显的例证;在那里,如同撒哈拉以南的非洲,失去了口传历史就意味着失去了记述的历史。不太明显的例子来自有大量文字的萨珊波斯古代后期文化;与其拜占庭对手的军事竞争,其本身的状态,似乎都使它很少创作历史编纂意义上的作品,无论是"官方的"(中国意义上的)或是间接资助的(伊斯兰意义上的),这使现代历史学家利用少数民族或外来人所撰写的材料进行整合成为一项困难的任务。本卷偶或呈现出的不协调也源于现代学术本身的极度不平衡。对"西方兴起"的记述之所以有说服力,不仅因为它们是可靠的、讨巧的或熟悉的,也因为它们深深地进入了历史编纂的血脉之中。其中某些著作是比较新的,但其他著作可以追溯到文艺复兴和启蒙运动,汇编、记录和翻译那些历经沧桑、已经在文化上稳定的素材——希腊和罗马的"经典"、中世纪早期和晚期西方和拜占庭的分支(在很小的程度上),以及最后现代"科学"著作的兴起、繁荣和衰落。仍然比较遗憾的事实是,甚至对那些创作了卷帙浩繁的历史著作的非欧洲传统,我们的知识也根本是不完整的,如近东的伊斯兰和东亚的中国。本卷中存在的这些缺憾,反映出学术研究非常不均衡的分布以及不平衡的发展步伐,这是作为全球现象的历史著作研究的特征,特别是前近代时期。①

无论从分述还是集合的角度来看,本系列中的各卷都因此反映了领域不平衡的状态。作为 5 卷本的第二卷,本卷涵盖 400—1400 年的时期,因此与结束于 600 年的第一卷有所重合。那一卷的编辑者称其终结点是"人为设计的",情况确实如此:尽管 7 世纪的最初几十年见证了两个新强权,即穆斯林征服者和唐朝的兴起,同时有相关的历史编纂趋势,但 7 世纪的其他地方毫无意义。亚美尼亚文字大约发明于 405 年,其历史传统接踵而至。我们会看到,在 600 年前后拜占庭的历史撰述开始气力衰竭,只是在 8 世纪才又赶

---

① 就本卷一些其他方面而言(如斯里兰卡和哥伦布前的中美洲),还必须说明我们的委托并没有写出稿件。

了上来。朝鲜历史撰述的源头在时间上也早于 7 世纪的分水岭。某些撰稿人已经远远回溯到了 6 世纪和 5 世纪,以便追溯早期的发展和在某些情况下厘清源头。本卷的撰写大约结束于 1400 年,这有效地标志了欧洲霸权的兴起,这一发展现在越来越被置于更宽广的欧亚背景中来理解。^① 在一种情况(斯拉夫)下,撰稿实质上与下一卷所设定的编年重合。

当然,人们经常批评分期带有武断性;许多历史学家偏偏喜欢描绘跨越那些武断分期的连续性,从而打破分期。但是也有不同的观点,使前面的各卷与后面的各卷形成对比。1945 年的事件区分了第四卷和第五卷,具有全球性的意义,因为它们发生在 20 世纪快速全球化的世界,其中交通和科技以极快的速度将人口、商品和观念运送到很远的地方。在前近代时期发现一个"1945",标志一连串类似的具有改变世界意义的事件,也没有问题。在该时段早期出现的最类似的事件是塔拉斯之战(Battle of Talas),当时阿拔斯王朝的穆斯林军队在 751 年打败了朝鲜指挥官高仙芝(Kao Sien-Chih)指挥的唐朝军队;人们常说,这些俘虏将中国的造纸技术传入伊斯兰世界,但更清楚的是这场战争中止了中国向中亚的扩张主义。该时段后期出现的最类似的日期是 1206 年,当时一位名叫铁木真(Temujin)的蒙古人成为大汗(成吉思,Chinngis 或 Ghenghis),他在两个世代的征服活动创建了历史上最大的欧亚政治体,而且一些人称它是某种意义上的第一个"世界体系"。^② 尽管如此说,但无论 751 年还是 1206 年(远不如 400、600 或 1400 年)都不能说设定了或改变了历史编纂的趋势,在很大程度上跨越了各自独立发展的传统。确实,历史思想方面的先驱并不一定是引领潮流的人,哪怕在他们自己的传统中也是如此,最好的例子不是

3

---

① 如可参见 John Darwin, *After Tamerlane*: *The Rise and Fall of Global Empires*, *1400 - 2000* (London, 2007)。

② 更具争议的观点,参见 Janet L. Abu-Lughod, *Before European Hegemony*: *The World System AD 1250 - 1350* (Oxford, 1991)。

别人,正是无论在地理上还是思想上都是局外人的伊本·卡尔敦,
这位经常被引用的经济和社会科学思想之"父",在他 1406 年死后
的几个世纪才出现他的传人。

在 400—1400 年的前全球化时代,我们会看到历史撰述的多
样性是其定则。把那些糟糕的没有任何启示意义的比较放到一
边,人们可以自信地说,并没有在亚洲发现历史编纂合流的问题,
在全球更是如此。其他的不说,我们所能预料的是语言、方法、主
题、风格的各异,而且与我们的世界相比,在那个世界难寻同类的
东西。也应该指出不太明显的多样性形式;媒介就是其中之一。
在东部地中海,历史通常被书写在羊皮纸或牛皮纸上,而且,在 3
世纪,碑铭刻写的"习惯"(刻在石头上)已经急剧衰落。在 9 世纪
和 10 世纪,中国的造纸术占领了中东,廉价的新媒介排挤了伊斯
兰世界加工的兽皮和纸草,欧洲顽强地坚持到了 15 世纪。比较而
言,东南亚的历史书写在整个时期都是在石头和金属上完成的,在
11 世纪选择性地出现了纸。科技的传播即文化上的调和。

在本卷所涵盖的时期,历史撰述以极为不同的速度,沿着地
域、语言、宗教和文化的界限发展,总体上以学界迄今无法用系统
方法衡量的方式相互平行发展,交叉"授粉",横切或融合。之所以
如此,原因是非常复杂(而且难以理解)的,但是通过解释撰写者的
不同步性质以及突出身份、时间、语言和历史的交互作用,可以部
分回答这一问题。在进入他人,通常是邻居、旅行者或征服者的充
满种族性的历史著作时或之前,人类团体通常变成一个"民族";结
果至多只是混合,而且如 J. H. 埃利奥特(J. H. Elliott)描绘欧洲人
如何认知世界时指出的,"传统、经验和期望决定着视界"。[1] 但是,
通过他们自己创作的原型民族主义历史作品,"民族"被充实得更
加完满。种族进化是一个政治文化进程,而历史和语言是文化中
的关键要素。亚美尼亚历史撰述的根源可以追溯到其宗教-种族
进程,这些进程在 4 世纪和 5 世纪创造了亚美尼亚"民族"。罗斯

4

---

[1] J. H. Elliott, *The Old World and the New: 1492 -1650* (Cambridge, 1970), 20.

的历史撰述也类似,它出现在比较晚的 10 世纪。犹太人在这一时期基本上没有创作传统的——亦即年代记式的——历史,这表明一旦具有了历史,"民族"不一定通过自己来维持;这也就是为什么犹太传统出现在第一卷而非本卷的原因。同时,讲到科普特人,他们并没有撰写大量的历史,而是更多地选择用他们非基督徒的统治者的语言(阿拉伯语)而非自己的语言进行撰写。

尽管如上所言,仍然存在一些共通性,超越了作为本卷所涵盖期间历史著作环境的地域、语言、宗教和文化差异。不同地理区域的作者,选择不同的写作方式,以此来保存所记忆的互不联系的民族和地区的历史,但是他们都关注编年和时间的呈现,意识到地点与其记述的相关性,而且——在裁剪记述适应不同读者方面——通常都表现出对历史撰述所设定目的的自觉意识。

当然,在中国、希腊和讲拉丁语的世界,在本卷所涵盖的时期之前就已经存在着历史撰述的传统,但是在下面所要探讨的某些地区,我们才刚刚能够感知到可以觉察的历史意识,它是随着引入写作记述而出现的。早期尝试用书写方式来记忆某些重要的历史事件和人物,可以采用非记述的方式;本卷第一部分的某些章节,考察了在形成连贯的记述之前(参见惠特莫尔、本特利、希尔谢勒和贝伦德的章节)某些最初的铭文或国王系谱记录(这些记录用来体现或者赋予王室正统性,在许多情况下曾以口传记忆)的例子。书写媒介所提供的新机制,可以保存和传播以前通过口头方式(如通过背诵诗歌、英雄史诗传说或其他神话)保存的记忆,这大大刺激了许多地区的历史撰述,有时与书面圣典文本的传入联系起来。因此,在日本,最初历史记述的出现伴随着书面佛经的传入(参见本特利的章节);伊斯兰教的出现,证明在使阿拉伯语成为书面语言方面非常关键,这促进和体现了行政、意识形态和宗教的统一(参见罗宾逊的章节);在中欧,历史撰述兴起于政治和宗教的联合变化,尤其是基督教化(参见贝伦德的章节)。基督教随之带来的不仅仅是新的技术,还有变化了的文化态度,它引发了对被广泛接受的历史态度的重新思考(参见巴格的章节)。追溯民族记述的先

5

例是《圣经》所提供的，在《使徒行传》中对基督教会起源的记述，启示了中世纪许多基督教史学家（参见谢波德的章节）。在亚美尼亚，如西奥·范林登所揭示的，向书面记录的过渡证明是个复杂的过程，因为一段重要的间隔期隔开了基督教的官方引进以及构成亚美尼亚书写语言的字母的发展。尽管皈依后亚美尼亚人不能用本土语言写作而继续使用口传保存记忆的方式，但是当教士们运用伊朗的模式，使用基督教编年而非循环时间书写的救赎史替代了口传的前王英雄史诗时，现存的记忆模式逐渐发生了深刻的变化（参见布鲁克尔、科赫和刘易斯的章节）。因此不同信仰传统的作者们在书写中看到了保存记忆的手段，否则这些记忆就会被人忘却，他们也发现了某种机制，可以精确控制哪种有关历史事件的叙述能确定永恒的记录（参见福特、谢波德和本特利的章节）。

由于新的信仰带来了有关计算和呈现时间的新思想，编年史在很大程度上主导了本卷所包含的时期，这一点并不令人感到惊讶。在第二部分，安德鲁·马沙姆讨论了一组自我定义为通史的特定历史，因为其作者将故事的开端要么定位于创世之时，要么定位于非常遥远的过去，并且试图考察所有过去的时间，通常跨越宽广的地理范围。其他作者虽然将自己的考察限定在一个狭隘的时间框架内，但是仍然表现出对体现逝去时间的那些模式感兴趣，而且通常将时间用作组织素材的原则之一。系列的年代记、历史事件的列表，面对线性的年代序列按照年代安排情节，这代表了此类历史撰述最普遍的形式；此类例证广泛出现在本卷所探讨的从中国到斯堪的纳维亚，从波斯到苏格兰的几乎所有地区。尽管犹太-基督教和伊斯兰的一神论，都将时间理解为直线的而且根本上是末世论的（将过去和目前的时代置于一个向前移动的箭头上，其不可逆转地引导向末日），但该时期历史学家所使用的所有时间概念并非都是直线的。世代的时间、统治王朝的代代循环，或者某个特定民族或种族团体用不同的时间模式来组织历史文本，其中时间线索是垂直的而非平行的（参见韦斯特的章节）。循环的和直线的时间概念有时包含在主体是直线的框架内，这也能够为历史撰述添彩，达乌德·阿里在他撰写的章节中所表现的印度的事例,就是这方面的例证。尽管如此,不同的文化和宗教传统,对神的干预在决定人类命运、神圣力量如何影响世俗事件,以及世俗时间和神圣时间如何关联等方面所起的作用,持某些相同的观点。神的不悦通过各种自然的和人为的灾难表现出来,预示着未来的厄运。

除了考察呈现过去时间的不同方式外,历史编纂者还尝试了各种文学方式,发现哪种风格最适合表现他们试图保存的过去。在书写还是一个新奇事物的地方,作者们试图用书面形式记录那些已经通过口传方式记忆的信息,这也许可以部分解释为什么这一时期出现的那么多历史作品都非常类似列表(参见蔡涵墨、福特、韦斯特和谢赫的章节)中的情形;使用诗歌而非散文同样表明了材料的口头起源,它们最终都被写了下来。

本卷所考察的历史撰述的范围,突出的特征之一是所讨论的所有地区有多种风格;也许同样突出的是这种多样性如何横跨了相互独立的历史编纂传统。年代记和列表的编纂同样出现在中国、伊斯兰和西欧世界;统治者和地方强人的谱系和传记在所有地区都有编纂;通史则留存在拉丁语、希腊语、叙利亚语、科普特语、阿拉伯语和波斯语之中,这种方式也许反映了西部欧亚的独特趋向;利用书信集保存关于过去的信息以亚美尼亚、东欧和西欧为明证,而且许多历史学家和编年史家都将书信插入他们的记述中,以支持他们的部分论点(参见范林登、贝伦德、利普希茨和哈德森的章节)。许多因素影响了历史学家对风格的选择,包括文学模式的可利用性,当然也包括作者是否身在历史书写早就确立的传统中。

事实证明,一部新作品编纂的环境及作者心目中的读者对象,在其决定采取什么形式时同样重要。接受一种新宗教、军事危机、王朝动荡以及政治变革都启示着文学形式的推陈出新。例如,13世纪 30 年代,被教宗派往匈牙利当使节的意大利教士,采用致其庇护人信件的新奇形式,撰写了蒙古入侵匈牙利的目击记述,即《悼念》(Carmen Miserabile,参见贝伦德的章节)。费利切·利普希茨揭示了中世纪西方在罗马的后继蛮族国家中如何出现了不同的

7

历史记述,追溯了民族生成在塑造一个民族历史观方面的作用;7世纪中国形成的集权的士族国家导致了官方历史编纂的出现,那是国家官僚机构的一部分(参见蔡涵墨、邓百安的章节)。一些作者为了赞美当前的现实而塑造对过去的记述(甚至预言将来,参见布里格斯的章节),而其他人则视过去具有训诫作用。历史的教诲功能在中国和阿拉伯世界与东欧和西欧一样明显;在印度,历史的道德逻辑既讲给现在的也讲给将来的读者听(参见阿里的章节)。中国历史经常以史为鉴,使用更直接的褒贬工具来打磨那一形象,日本的作者也接受了同样的形象(参见蔡涵墨、邓百安和本特利的章节)。君主之鉴的例子,即用过去来劝诫(警告)当前统治者的文本,出现在所有地区,包括印度、俄罗斯、阿拔斯哈里发、拜占庭、法兰克(未来的法国和德国的一些地区)和爱尔兰。

当然历史撰述可以服务于多重目的,并可以诉诸比作者想象中更广泛的读者。促使某个时代的作者试图创造可用历史的动机,未必在后代那里继续引起共鸣,他们也许会利用那些早期的记述来满足当代的新需要(参见卡尔德里斯、英尼斯的章节)。官方的、国家委托的(或国家支持的)记述所呈现的历史事件的版本,不同于远离权力中心的个人作品编纂;在某些地区,人们必须区分以官僚语言编写的历史、宗教团体或机构赞助以及神圣语言编写的历史和以民族语言编纂的文本;在其他地区(包括希腊、伊斯兰和中国的世界),官僚语言、宗教语言和口语团体相互交叠。历史能够而且确实提供了消遣,这是不言自明的:世世代代都喜欢阅读或聆听对英雄勇武的赞美、国王和军事指挥官的荣耀,圣徒被赋予的超自然能力(参见范林登、卡尔德里斯和罗宾逊的章节)。寻求消遣的读者通常会找到它,尤其是在真实和虚幻的边界模糊的地方(参见卡尔德里斯和布里格斯的章节)。

分别来看,本卷的撰稿不仅意在向读者介绍 400—1400 年间全球史学编纂的不同特征和轨迹,也将介绍某些共同的方法和特征。第一部分着重那些区别,按照地理进行组织,而且由东向西,适当突出传统上被常见的欧洲中心主义的历史撰写方法边缘化的

那些传统。目的是为每个传统的主要风格和历史发展提供简约的
可读性强的概览，强调每种传统的不同特点。由于我们的目标是
考察不同文化而非每个国家的历史呈现，我们选择不对每个"国家
的"历史编纂进行个别交待。同样，尽管某个人（如比德或伊本·
卡尔敦）已经在历史编纂史上成为标志性的人物，这里也不适合用
专章叙述他们。例外的或特别重要的人物将在他们活动的背景中
被加以探讨。第二部分则尝试性地和实验性地考察跨越空间的共
性。总而言之，本卷旨在以文献证明前近代史学编纂家们的足智
多谋、各具巧思和独创性。这些人中的许多人所处的区域在传统
的视阈中都属于外围的或边缘的，而且他们都是在全球历史的过
渡时期进行写作：他们根源于庄严的古代文化，记录和解释了全球
向近代早期越来越一体化世界的过渡。

第一编

历史写作的诸传统：

400—1400 年

第一章　中国唐代历史方法的发展

蔡涵墨　邓百安

历史背景

中国历史的现代分期将600—1400年这一时间段定位为主要转型期,它最终发展出了构成"现代"中国政治、社会、经济和思想生活的主要内容,这一漫长而又复杂的时期中所完成的历史著作也与这些变化密切相关。因此,在探讨中国历史写作的本卷前两章中,我们首先在第一章对这一时期前半段(618—959年)的中国进行简要概述。

589年,隋朝结束了四百年国家分裂、列国争雄的局面,在秦朝于公元前221年第一次统一中国后,又一次在长安重建了中央集权的王朝中心。继后的唐朝(618—907年)继续推进了这一进程。早期唐朝的统治阶层主要以中国北部的士族为基础,他们因占有大量土地而操控了社会和政府。然后,从7世纪后期起,出现了一系列对这一统治阶层的挑战,逐步消解了士族的权威,并导致它最终消亡。首先是科举考试所保证的精英政治观念的逐步传播。由武则天女皇(690—705年在位)在683年所创始的最初的固定考试制度是关键的一步,她也是中国历史上唯一一位以自己的合法权威统治中国的女皇。尽管在唐朝通过科举一年只有十数人,也因此最初对士族统治构不成什么大的威胁,但是,到宋朝(960—1279年),它已成为选拔政府官员的主要机制。

第二种挑战来自外部雇佣军,后者构成了唐朝军事力量之大部。这些军队大都驻扎于北部和西部边境,到8世纪,朝廷开始无力控制他们。755 年,下辖现在北京东北地区的军事指挥官安禄山发动叛乱,攻占了唐朝的首都长安城。李唐王朝只是靠把全国大部分地区的实际统治权割让给其他藩镇,换取藩镇的支援来镇压叛乱,才幸存下来。一直到 763 年战争持续不断,进一步瓦解了士族的经济基础,削弱了其最初对政治和军事力量的控制。结果随着经济和政治权力让渡给地方藩镇,中央极度虚弱。在唐朝于 907 年寿终正寝后,整个 10 世纪上半叶,也就是五代时期(907—960 年),这些地方统治者仍然操纵着中国北部的政治生活。

第三种挑战与第二种相关,来自经济的迅速发展和商品化。从 8 世纪到 11 世纪早期,中国从以农业为基础的地方经济发展为农商兼营的联合区域经济。唐代中央政府的衰弱,也能够迫使自治藩镇发展专门化地区经济,与周边区域进行贸易,设计税种取代基于土地的税收。

士族对政府的控制,使其在唐代逐步集中到帝国首都。地方势力的增长以及经济的转变,削弱了士族这一阶层的财势和影响。在最后推翻唐朝的叛乱中这一阶层寿终正寝。摧毁士族的历史力量继续存在,到宋朝时产生了一个新的精英阶层。

中央集权的士族制国家在 7 世纪的全面出现,带来了一种官方的历史编纂,后者成为国家官僚政治的一部分。以唐为开端,每个王朝宫廷都维持着一个史馆,随着时间流逝,演化出正规化的程序,在理论上而且通常在实践中,将每日所产生的宫廷官方文献变成官方的王朝史。尽管这一过程在整个王朝中从不间断,但最终标准的"王朝史"通常是该王朝灭亡后由后继王朝完成的。细致了解官方历史编纂是这些章节的核心目标。所谓二十四史——始于司马迁《史记》、终于 1735 年《明史》的 24 部不同的历史,有 16 部都是在 600—1400 年间编纂的。系列王朝史整合起来所形成的概念,确实反映了 11 世纪以后中国前后相继的正统国家的官方历史。[①]

---

① 有关王朝史的基本信息,参见 Endymion Wilkinson, *Chinese History: A Manual* (Rev. edn, Cambridge, Mass., 2004),501 - 515。该书对学习任何时段中国历史的学生来说,都是基本参考书籍和指南。有关从隋到元的更广泛的原始资料,参见该书第 818—878 页。On-cho Ng 和 O. Edward Wang 的 *Mirroring the Past: The Writing and Use of History in Imperial China* (Honolulu, 2005)第 108—192 页详细考察了从唐到元的中国历史编纂。

中国历史编纂中的基本问题,600—959 年

中国关于时间和历史的观念是循环论的。所有现象都循环往复地出现。中国早期的《易经》典型地表达了这一概念。六十四卦——六个阳爻或阴爻可能排列的总数目——代表着自然和人类经验的全部。每一卦都是阴阳爻的临时组合,在持续无休止的循环变化中,它们很快就变成了别的组合。人们最初通过占卜,来及时获知当下自身在天道循环中所处的位置。这样的智慧使人能够明智地规划未来。如果这一智慧是个人的且关乎当前的境况,则这种洞察是心理上的。如果这种智慧是总体的且关乎过去,那么这样的洞悉——就传统中国意义上来说——就是历史性的。而且,由于自然和人类现象所服从的,都是变化背后相同的力量,所以它们是相互关联的——自然灾害(地震)反映了人类的灾祸(君主的死亡),反之亦然。尽管会零星出现吸引人的异见,但这些观点仍然是传统中国有关时间、变化和历史的核心概念。

唐朝第一位皇帝 623 年下达诏书,命令编纂此前五代的历史,其开场白就运用这些思想简明地定义了历史的目的:"史官记事,考论得失,究尽变通,所以裁成义类,惩恶劝善,多识前古,贻鉴将来。"[①]将历史视为典故汇编,与以历史为镜的观念紧密相连。现在的事件是过去所出现之模式的反映,过去那些模式所产生的结果,指明了未来的结局。在这种意义上,典故就意味着特殊的历史事件,可以成为所提出的未来行动步骤的论据、范式和理由。唐代的作者们继承了在政治辩论中运用典故的悠久传统。

除了《易经》,唐代史官继承了汉代五经中的两部史书的传统,这两部史书塑造了他们有关史家应当做什么以及应当如何做的观念。早期的传统错误地认为,孔子编纂了《尚书》并汇编了《春秋》。在其"古本"的结构中,《尚书》编选了中国最早历史时期国王和大臣们的五十篇演讲和文告。《春秋》是公元前 722 年至公元前 481 年鲁国的简明编年史。汉初的叙事传统赋予两部著作相同的内在

20

---

① 刘昫:《旧唐书》(945;北京:1975),第 2597 页。

5

品质,即"褒贬"。

"褒贬"这一中国历史写作的基本概念,是指人们察觉到史家(这里恐怕是指孔子)加诸其著作中的价值判断。然而,这两部著作,在表现历史学家如何处理材料以表达"褒贬"方面,提供了两种范式。《尚书》实质上是选编的范式,其中,史家根据其内在的正面和负面价值选择原始素材作为论题样本,以突出和强调他所选定论题的方式,将这些文本安排在一起,几乎不加编辑。在这样的范式中,史家逐字抄录已经存在的文本,通过选择原始材料内容以及有意识地并列素材,而将"褒贬"加入其中。

在《春秋》这一范式中,史家积极地编辑材料,创作出一部编年史。《春秋》训诂的独特特征,是假定孔子使用含蓄的语言标签编辑了他的素材,将对特定事物和人物的道德判断加到编年史中。例如,孔子用来指称符合道德正义的军事行为的术语,就不同于指称非正义行为的术语。因此,看似很"简单的"编年史的编纂,每一条目都表现了史家的评判。[①] 官方的王朝史,将材料分为"本纪"和"志",同时使用了两种范式。这一时期中国历史编纂的独特特征,是既寻求改善史学样式,同时又探索新样式,前者是要更新和优化古代的范式,而后者则是要结合编年史和专题史的特征。

从汉代开始不断发展的"褒贬"思想,在现代人的认识中,成为用来打磨历史之"镜"的既生硬又具说教性的工具。实际上,对其理论和实践方面的看法千差万别;贯穿整个时期,就"褒贬"在各种历史写作中的适当作用问题,反复出现各种争论。唐代早期的史家,凭借王朝的初兴以及维系君臣的士族纽带,对借助历史向皇帝讲真话这一根本思想十分在意。但是过了不到一个世纪,刘知几,这位颇具开创性批评中国传统历史编纂的人,就对同时代人是否在历史写作方面有能力达到古典标准持深深的保留态度。后来,韩愈也致信好友,哀叹当时的史家没有能力达到早期的标准。他认为,对所有史家而言,《春秋》均包含着有关褒贬的最完整、最基

---

① 详见 Wai-yee Li, 'Pre-Qin Annals', in Andrew Feldherr and Grant Hardy (eds.), *The Oxford History of Historical Writing*, vol. I: *Beginnings to AD 600* (Oxford, 2011), 415 - 439。

本的系列标准。然而,后来的史家甚至不能以善恶自明的方式忠实记录所发生的事情。这些无知又懒惰的史家如何能够清晰地表达褒贬?

韩愈的失望源自不同团体——不同"利害关系人"——在编史计划中目标的不一致。首先是该项工程的发起者皇朝和编纂者之间的紧张关系。唐代早期的历史编纂反映着君主渴望合法化以及他的大臣渴望用历史规劝君主的冲突。因此,太宗皇帝(626—649年在位)[①]在 646 年下令编纂《晋书》(晋的历史),而且亲自编写了几个段落。晋(266—420 年)曾是隋之前统治统一帝国的最后一个王朝;唐朝将其起源追溯到该王朝,并在后者的行政管理实践中寻求先例。但是史著的作者们,即 22 名年长顾问和文人组成的班子所构建的历史叙述,要在大量议题上向太宗"映射"他们长久坚持的政治建议,包括反对军事扩张,反对在地方管理中任命皇族成员。毋庸置疑,《晋书》是一项有关 7 世纪政治问题的议程表,而非有关 4 世纪的真实历史。[②]

韩愈所认同的问题之二是官僚的朋党之争,朋党之争是在韩愈的信件前几十年随着士族政府向官僚政府的过渡而真正开始的,在宋朝又不断加剧。争斗的官僚派系会对他们最近的历史作出对立的叙述(对历史的起源也是如此)。由于对官方历史编纂活动的控制,记述往往由胜利的派别一方主持,所以这一派别在掌权期间,就会编纂为自己辩护而毁谤对手的历史叙述。如果权力发生了转换,其敌人则以相反的立场记述。不了解这一现象就无法理解现存的材料。不幸的是,在唐代的官方材料中我们很难纠正这种派别偏见,因为除官方 945 年的《旧唐书》和 1060 年的《新唐书》外,几乎没有留下什么材料。

最后,韩愈承认,在史家作为书吏(仅仅以忠实地抄录已经存在的文本为己任)和通过加入评判进一步进行劝告之间,存在着紧张关系。汉字符号"史"(现代汉语"历史"的词根)最初的含义是

---

① 本书中有关中国古代的各种纪年,都依《辞海》所记,后文同。

② David McMullen, *State and Scholars in T'ang China* (Cambridge, 1988),169 - 170.

"雇员"或"仆人"的意思。随着文化教育的不断发展，"史"逐渐有了"书吏"的含义，暗指负责维持天文历法记录的小官员——司马迁就是如此。这一词汇演化到指称"历史"，意味着要在一般而言中立的文本中加上价值判断，只是到了 7 世纪才出现，那时官方宫廷编纂机构出现了，政府官员加入到历史写作之中，人们不愿意将这些视为仅仅从事"书吏"工作。尽管有了这些发展，但我们仍不能高估在中国历史编纂中机械地照抄已存文本的重要性，亦不能忽视逐字抄录文本和评判式处理文本之间恒定的紧张关系。下面我们会看到，官方史学编纂和创作王朝史通常被界定为抄写文本的训练。

官方史学编纂的原则和组织，600—1400 年

在 600—1400 年间，尽管王朝不断更替，但官方历史编纂却持续发展，所以本部分探讨官方历史编纂从唐到宋的持续发展。在中国，"官方历史编纂"指由"史馆"维持的历史创作和历史记录，史馆是中央王朝管理中的一个官僚单位。首次提及这个机构是在北齐王朝（550—577 年），7 世纪，在由宫廷学术机构和图书馆组成的庞大系统中，这个机构已经成为正规单位。一般而言有两种模式。首先，由于宰相这位中央王朝管理的最高官员，依常规同时是编史活动的监督者，所以实际上通常有隶属于中书省或门下省的不同的史馆，中书省和门下省是宫廷文件传达的两个重要中心，这两个行政单位都在宰相的直接控制之下。在唐朝的大部分时间和到 1082 年的宋朝期间，都是以这种模式运行。其次，到了 1082 年后，许多学术活动，包括历史编纂，都集中到秘书省，其监督者直接向皇帝报告。[1]

---

[1] 有关中期中国官修史书英文的基础研究，参见：Denis Twitchett, *The Writing of Official History Under the T'ang* (Cambridge, 1992), 5 - 30; William Hung, 'The T'ang Bureau of Historiography before 708', *Harvard Journal of Asiatic Studies*, 23 (1960 - 1), 93 - 107; Wang Gungwu, 'The *Chiu Wu-tai Shih* and History Writing during the Five Dynasties', *Asia Major*, 6: 1 (1957), 1 - 22; Karl A. Wittfogel and Feng Chia-sheng, *History of Chinese Society：Liao* （转下页）

在这两种模式下，"史馆"均无固定编制配额（即自己的官员）。最普遍的方式是在需要为特定项目配备人员时任命官员。"史官"一词是指任何为此类项目而任命的官员，所以它并不是指一个经过特殊史学训练和对历史感兴趣的人。然而，在科举考试中高中，开启了年轻官员升任高级宫廷职位的"快车道"，而这一快车道通常是从史官任命开始的。宋朝的大多数宰相都是作为"史官"开始其职业生涯的，而且因此很早就深谙历史写作、治理和政治统治之间的连锁关系。同时，主要的史家，尽管经常在官方史学编纂中任多种职务，但是他们仍然主动进行自己的历史创作，这经常发生在其担任省级官员期间或者在两次任命之间。

担任官方编史职务，能够接近历史档案，而出于个人兴趣和主动性，则有能力摆脱官僚的约束，这两者之间持续地相互作用，是现存"个人"历史著作的质量和性质的决定性因素。官方编纂的有关王朝史的定本，限于在有限的朝廷官员圈中流传，无论是印刷版还是手稿的更广泛流传，都由法令进行规定。然而，由于法令的执行断断续续，许多此类著作的副本在文人阶层中公开流传，在他们那里，对王朝史的了解对科举考生非常有利。

史官从事三种任务：（1）编纂前朝的历史，通常是紧挨着的前朝的历史；（2）编纂自己朝代的历史；（3）维护王朝的档案。大多数王朝在建立后不久就很快完成了第一项任务。完成前朝历史的编纂是自身正统性的要求，这种要求通常包括提供有关本朝起源的官方叙述。到636年，也就是建立王朝后的第十八年，唐朝已经完成了前五代史。974年，即建立王朝后的第十四年，宋朝完成了五代的历史。元朝是这种模式的例外。本土派别和中国化的蒙古派

（接上页）(Philadelphia，1949)，610 - 614；Hok-lam Chan，*The Historiography of the Chin Dynasty: Three Studies* (Wiesbaden，1970)； and Hok-lam Chan，'Chinese Official Historiography at the Yuan Court: The Composition of the Liao，Chin，and Sung Histories'，in John D. Langlois，Jr. （ed.），*China under Mongol Rule* (Princeton，NJ，1981)，56 - 106. 对宋代历史编纂并无可比的英文研究，但可以参见：John H. Winkelman，*The Imperial Library in Southern Sung China，1127 -1279* (Philadelphia，1974)。中文的全面研究参见蔡崇榜：《宋代修史制度研究》(台北，1993 年）；王盛恩：《宋代官方史学研究》(北京：2008)。

别之间的政治敌对，以及有关哪个王朝应被视为元朝正统前身的相关争论，将辽、金和宋朝历史的完成推迟到了1345年。①

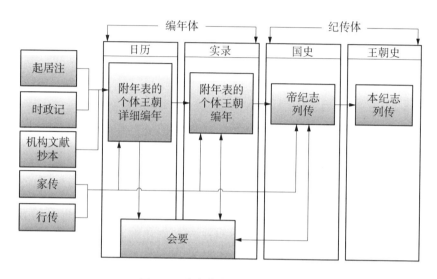

图 1.1　唐宋官方历史编纂流程

资料来源：该图表基于 Hirara Shigeki，'How to Analyse Political Material：A Preliminary Survey'，载于唐宋史料研究组编写的 *The Study of Song History from the Perspective of Historical Materials*（Tokyo，2000），108－128，AT 111。

　　宫廷历史编纂的主要功能是维持宫廷行政管理的记录，并将例行的官僚政治文件浓缩成"国史"。所附的图表（见图 1.1）描绘了其在12世纪达到最成熟阶段时的流程。"宫廷"——中华帝国的中央统治机关——包含着一系列皇帝和大臣之间的接见和会见，从黎明开始，通常持续到午后。② 将法令、备忘录和政策讨论等宫廷文件转化为"国史"的制度和步骤，在 7 世纪的唐朝初具雏形，在 12世纪的南宋时期则在复杂性和精致性方面达到了顶点。根据其成熟时的形态，这一进程始于"起居注"（Diary of Activity and Repose）

24

① 对该问题的详细考察参见本卷彼得·罗格在第二十三章的研究。
② Twitchett，*The Writing of Official History*，35－38.

和"时政记"（Record of Current Administration），前者记录君主每日的言行，后者则是宰相每月对行政事务的总结。法令也要求中央政府机构将自己管辖范围内的重要事件通告史官。① 以宋初为开端，开始每个月末从上述素材中编纂"日历"（daily calendar）。日历也包含着官员的传记草稿，插入到编年史中他们死亡的日期下。皇帝死亡后，日历就压缩成"实录"（veritable records），成为该皇帝统治时期的官方历史记录。两种体裁均使用严格的编年体（chronological format）。

25

有时作为某种策略，皇帝会命令编纂"国史"。国史利用从相继朝代的实录中获取的材料并将这一材料加工为纪传体（annals-biography format）。这一体裁包含"标准历史"的三个基本子项：本纪（the basic annals of each emperor）、志（topical monographs）和列传（biographies）。创作和维护国史是一个逐步积累的过程，在整个王朝期间一直持续，因为随时间演进，三个子项的内容都需要更新。从日历转变为国史要求进行大幅度浓缩，将共时性的细节变成延伸的历时性范围。随着一个王朝不断依时间演进，同时随着其政治和对过去的看法变得更复杂，这种浓缩的进程就变得更长；这一进程越长，当时的政治事件就越有机会使这一时期复杂化并决定浓缩的细节。

"本纪"是有关主要宫廷活动的高度浓缩的编年史，其精练性是模仿《春秋》。作为其浓缩程度的示例，人们可以考察第一位南宋皇帝高宗（1127—1162 年在位）的编年史。《高宗日历》完成于1176 年，是他于1162 年退位后的第十四年，有1 000 章内容。《高宗实录》完成于1202 年，是在他退位后的第四十年，含500 章。在现存《宋史》中的《高宗本纪》可能与13 世纪的《中兴四朝国事》高度重合，仅仅只有9 章。

"志"始于司马迁的《史记》，试图对本纪不连贯且简洁的特性进行弥补。志把一些文本，通常是同一主题的法令和备忘录聚集

---

① Twitchett, *The Writing of Official History*, 27 - 29.

起来,按照年代编排形成王朝制度简史。唐、宋时期,国史——以及由此演化出的公认的标准历史——都包含有志,记载国家仪式、音乐、历法、天文和科举制度。[1]"国史"中志部分的创作,往往交给有此专长的官员完成。11世纪20年代后,宋代独有的机构"会要所",通过保持对宫廷文献抄本和历史记录进行区分,并根据行政细分进行归档,大大促进了这一任务,这种细分条目与国史中志的主题高度重合。唐代和宋代各种版本的"会要"流传下来,并成为研究这些王朝的主要原始材料。[2]

26

尽管在起源上具有关联性,但是留存下来的"会要集"和王朝史中"志"的编撰特点还是有很大区别。一方面,会要是档案、参考资料集,编辑有条理而没有明显的说教式评论,通常是不完美的手稿传到现代并留存下来。因此,尽管里面充满了抄写传递的错误,但是由于相对缺少同期的编辑和加工,它们在留存下来的原始材料中最具政治中立性。另一方面,同时期从事在政治上总是被人诟病的"国史"编纂的史家,则选择和重写法令与政策备忘录,在志中呈现对特定行政问题的指向性回顾。

"列传"部分占据王朝史的大部分篇幅。[3] 那些将列传当作主要传记材料库进行查阅的学者们,发现比照现代传记的标准它们通常是不到位的。所以,在当时的历史编纂体系中理解它们的起源和目的非常重要。一位唐代的重要史家把王朝史中的本纪比作《春秋》,而把王朝列传比作官方对《春秋》的评论,这意味着本纪是王朝史的正式文本,而志和列传则应被作为对那一文本的评论。[4]这一观点说明唐宋时期在创作努力方面完全以本纪而非志和列传

① Twitchett,*The Writing of Official History*,198 - 236,详细考察了《旧唐书》中本纪和志的源头。Wilkinson,*Chinese History*,511 - 515,探讨正史中的志。

② Twitchett,*The Writing of Official History*,108 - 118;蔡崇榜:《宋代修史制度研究》,149 - 172;以及 Wilkinson,*Chinese History*,522 - 524。

③ 参见 Denis Twitchett, 'Chinese Biographical Writing', in W. G. Beasley and E. G. Pulleyblank (eds.), *Historians of China and Japan* (London, 1961),95 - 114。

④ Liu Zhiji, as cited in Twitchett,*The Writing of Official History*,64.

为重。

　　唐代插入"实录"和宋代插入"日历"的传记草稿起源于"家传"（family biographies）和"行传"（records of service），这些是去世官员的家族或年轻的同僚递交给史馆的。在宋代，后者是行政职员"印纸"（personnel dossiers）的润色版，其中宋代的每位官员都记录了他职业生涯的各种情形——职位、升职、绩效评估、奖励、申斥，等等。因此，"行传"是赞美式的，渲染其正面的地方，可以用来申请其死后的荣誉，而这会带来惠及后代的报酬和晋升。在国史编纂的每个阶段，官方编纂者都要负责核对这些草稿所记载的信息，但是几乎没有人有兴趣或耐力这样去做。结果在王朝史中对同一事件经常有相互冲突的记载，而这些段落使现代的历史学家有机会看到这种体裁的陈词滥调和传统主题背后的东西。

　　选择置入国史中的"传"来自"实录"，必要和可能的话对其进行修改，其中加上评价，概括此人对王朝的贡献。为直接表现"褒贬"，这些评价或者通过将他们归入标签式的组别来表现主题（如国戚、忠勇、儒家、文士、太监、奸臣、隐士），或者附添上正式的"论"。这些评价尽管大部分被现代史家忽略，但是它们通常揭示出当时的史家对这些主题的"理解"，而且能够提供重要线索，有助于我们破解特定的传记。

　　间接的学问通常使中国官方的史学编纂呈现一个无间断的过程。实际上，当时的史家在该进程的每个阶段都受挫，许多部分都搁置了很长的时间，这样就产生了覆盖范围上的缺口，有必要在后面的阶段来重新填补。例如，宫廷起居注（Court Diary）的完整性是接续该进程的基本材料。然而 11 世纪中期后，两位起居注的记录者的位置离宝座太远，听不到皇帝和大臣实际的讨论。结果，在接见之后，官员们会将他们记录的抄本和他们自己对会谈的概要交给起居注的记录者。另外，讨论更加敏感事务的"内部召见"时，起居注记录者不会出席。于是，宫廷起居注所记录的只是例行的、确定的事情。实质上宫廷起居注记录者是在取悦皇帝和宰相们的情况下发挥作用。

简言之，所留存的官方记录的范围、性质和特征直接取决于宫廷的活力和机构活动的力量，而这些在朝代和朝代之间以及在每个朝代内部都起伏很大。

许多学者都认为王朝史是"原始素材"。然而实际上，各个时期留存下来的正史是巨大的文本仓库，其中许多经过了改写、加工和重组，已经脱离了作为原始素材的源头和原初背景。因此，在使用官方中国历史作品时，研究者们首先要理解所研究时代在特定时刻中编史所处的环境。

唐代的史学编纂成就

前面的考察表明，唐代的史家在中古时期的史学编纂中引领了重要的发展。当然这些贡献与特定的历史作品无法分离。这些创新总体而言主要体现在四个方面。首先，唐代的史官全面完成了纪传体的王朝史，以此体例创作了几部全史。前面所描述的史馆也为唐本身的王朝史打下了必要的基础，该工作在唐最终崩溃后得以完成。其次，除了王朝史的范式，唐代史家创造了三种不同的写作制度史的方法，这些方法包括从对唐代官僚组织的基本描绘到制度的总体演化。他们也承认原始文献在说明帝国运作方面的价值，并创造了一种格式来保留那些看起来最重要的内容。第三，出现了自觉的历史意识，这种意识最主要反映在刘知几的生涯和作品中，在唐代继续得以发展。最后，唐代统治权的范围有助于兴起一种新型的历史写作类型：地方史。这最后一种类型在14世纪至19世纪晚期才达到其黄金时代。然而，这种体裁在唐、宋时期与中古时期史书的其他巨大转型并行不悖。

王朝史和唐代朝廷的使命

唐朝的前40年完成的8部王朝史，代表着对中国史学的持久贡献。尽管站在现代史学编纂标准的高度可能会诟病这些历史，

28

但是它们充分体现了那一时期的自信。[①] 作为唐代创建统一、辽阔和持久帝国之伟业的内容之一，就是要描述前代的分裂时期作为反衬。这些著作合起来，考察了以前王朝的历史并描绘了它们与唐代统一相反的四分五裂。大多数历史著作都是在帝国的委派下创作的，而且这一时期的政治注定了它们是以不同的速度完成的。《晋书》完成于 646 年，只花了两年时间就完成了，而其他著作则花费了几乎 20 年。[②]

　　《晋书》和《隋书》是重新统一了中心地区的早期王朝的历史，晋在三国时期之后，而隋则在六朝时期之后。太宗皇帝在 645 年下旨编写《晋书》，该著作替代了流传到唐朝的早期著作。编写该部史书是一项大工程，由 21 名学者组成的班子编纂，时任太宗宰相的房玄龄担任监修，[③]最终编成 130 卷。该文本遵循纪传体的形式，有帝纪、十一类志以及列传和载记。

29

　　然而，与《晋书》相比，《隋书》为唐代早期的政治精英们提供了更直接的经验教训。隋朝成就了非凡的历史使命，将四个世纪左右四分五裂的中心区域再次统一。唐代是在反王朝叛乱的混乱中崛起的，因此隋唐的过渡关乎唐自身的正统性，隋朝的发展轨迹甚至比晋朝更有力地提示了王朝力量和王朝寿命的关系问题。《隋书》清晰地表达了王朝史形式的核心情感：政治权力依赖于皇帝的品性以及他对时代需要的细心关注。

　　《隋书》如同《晋书》一样，也是编纂团体的产物，它是由唐太宗颇有学问的谏议大夫魏徵监修的。其文本要比《晋书》短，考虑到其统治时期较短，这可以理解，但相对而言它篇幅还算比较长的（平均每卷涵盖 2/3 年，而《晋书》每卷平均涵盖 1.2 年），这表明了前代隋朝的重要性。

---

① 参见 McMullen, *State and Scholars in T'ang China*, 165 - 170。
② Wilkinson 曾在他的 *Chinese History* 中以表格的形式排列了这一信息，具体见 p503 - 505。
③ McMullen, *State and Scholars*, 169 - 170.

该文本的内容没有什么特别之处。"帝纪"归纳了一些必要的经验教训：王朝的倾颓并非一日之所为。正如隋史家对隋朝开国皇帝隋文帝（581—604 年在位）的评论所述："稽其乱亡之兆，起自高祖，成于炀帝，所由来远矣，非一朝一夕。其不祀忽诸，未为不幸也。"①

该文本中的传记采用了当时王朝史的方法，为重要的官员作传，并补之以主题上可以整合的人物。现在《隋书》所包含的十类志完成于 656 年，很有价值地考察了整个分裂时期常见的主题，其论题包括礼仪、音乐、五行、律历、天文、食货、刑法、地理、百官、经籍。由于这些卷涵盖了整个分裂时期，《隋书》志是对那些朝代个别官方历史的主题性补充。有关经籍的志也为四重的目录分类体系（经、史、子、集）设定了先例，经籍还使学者得以重构现已佚失的文本的历史。

唐朝早期决定通过编撰前朝的定本历史为自己的王朝建立确立历史背景，是基于一种防止文化本身被割裂的概念框架。唐朝考证的学问和汉代（公元前 202—公元 220 年）的解释性历史都反映了对王朝统一的观照。班固的《汉书》已经描述了这一持久的帝国，而司马迁的《史记》则为从总体上思考帝国的发展提供了历史的合理性。在传播过程中两部著作都出现了文本错误，导致了对立的解释。唐早期的史家们运用传统的评论模式努力整合这些差异，在这一努力方面颜师古是位关键的人物。他的《汉书注》完成于 641 年，力图修正文本中的错误并对班固的大作提供明确的解释。张守节的《史记正义》以及孔颖达《五经正义》标题的类似，表明使儒家经典文本一致的愿望与一致性地理解早期王朝史之间有着密切的联系。②

唐代史家们并没有将标准历史的功能限于为皇帝百官提供镜鉴的教诲功能。吴兢首次撰写了后来在宋朝以"圣政"类型成为系

---

① 魏徵：《隋书》（北京：1973），第 2、56 页。

② 参见 McMullen, *State and Scholars*, 163 - 164, 173 - 175。

列著作的作品。他的《贞观政要》利用他从事实录和国史编纂的经验，有重点地教诲式地记述了太宗皇帝时期的宫廷讨论。《贞观政要》简洁地列举了唐朝政府早期的主要议题，并论证了皇帝自身如何行为以及如何决定帝国政策。

《贞观政要》分为50个论题章节，每个章节按照编年组织了太宗皇帝和他的顾问们口头和书面的对话。该著作将这些交流表现为贤明统治的模式。吴就将统治者的作用和他如何与官员们互动的章节作为开端。这些部分将皇帝树立为一种典型，他担心自己的局限性并努力获得官员们的建议。其次，该文本在有关官员善恶的章节，概括地描述了政府的运作。最后，作者就农业、刑事司法、税收、军队的使用以及皇帝在其他地方的巡查，探讨了政府的实际政策。对太宗皇帝和他的朝臣们的描绘，连贯一致地强调了他们的共治和和谐。

所谓的《旧唐书》是通过前述朝廷撰史功能生成和加工的材料而创作的首部王朝史。该书是在后晋刘昫宰相名义指导下由编撰组于945年完成的，它采用标准纪传体模式，包含200卷的内容，开始是20卷的本纪，接下来是30卷的志，其余的是150卷的传。编撰组作了一些重要的解释性结论，其中包括把武后当政时期（690—705年）包括在本纪之中，尽管其中严厉批评了她的统治，但是因此而承认她的统治是唐朝承继的一部分。

《旧唐书》的传也遵循了依据唐早期王朝史形成的经验而确立的熟知的范例，既有混合了依据年代编排的特定领域的重要人物传记（如宰相或将军），也有按照文人、烈女等常见的主题而组合的传记。该文献也增加了对唐史特别重要的部分，如一部分关于太监，两卷关于反王朝的叛乱。最后，也是我们下章要说明的，与大幅度改编的11世纪的《新唐书》相比，《旧唐书》逐字逐句地复制了原始文献，否则这些文献就会散失，这大大提高了它在现代学者心目中的价值。

后唐灭亡后政权的分裂，给宋朝早期的史家带来了困难的撰史问题。宋朝史馆完成的第一部王朝史是974年的《旧五代史》，它

31

所涵盖的是从 907 年到 959 年的时期，其文本历史颇为复杂。欧阳修的修订版很快就令 974 年的原始版本相形见绌，我们下章将会讨论。在接下来的几个世纪里，《旧五代史》逐渐不再流传，渐至湮灭。清朝（1644—1911 年）的学者依据明代大型类书《永乐大典》中的引用内容部分重构了该文献，现代学术在明代努力的基础上又大大进行了改善。①

《旧五代史》的使命是记录五个不同朝代的历史，有必要对纪传体稍加修正：每个王朝的纪和传部分都按照编年顺序组合在一起，接下来的志则探讨整个时期。该部著作也包括"僭伪"传记，其中所指的是基本上独立于五代的南中国诸国的统治者。②

唐代制度史

尽管"志"给官方史家提供了机会来考察既定王朝历史所涵盖时期的历史变化，但是纪传体强调个人行为和个人道德在历史上的相互作用。唐代史家也创作出一些作品，反映他们对唐政府非个人环境的兴趣。彼得·罗格在本卷的其他地方（第二十三章）讨论了这一时期的制度史。这里所要讨论的三部著作都是描绘制度史如何与更广的唐代史学编纂问题相关，通过记录帝国如何发挥功能，阐明制度对人类历史的影响。

《唐六典》系统性地概括了唐朝的政府。它是由唐玄宗（712—756 年在位）下令编纂，在宰相李林甫监修名义下于 738 年完成的，该文献依据古代周朝政府的六个机构作为编排原则，但清楚地反映了唐朝的行政管理的优先性。③《唐六典》包括两个层面的文本。

① 陈尚君：《旧五代史新辑会证》（12 卷）（上海：2005）主要基于宋代大典的引文基本上复原了该著作。
② 有关 11 世纪散失和留存著作的有价值的评论，参见 Johannes L. Kurz, 'A Survey of the Historical Sources for the Five Dynasties and Ten States in Song Times', *Journal of Song-Yuan Studies*, 33(2003), 187 - 224。
③ 参见 Twitchett, *The Writing Official History*, 101 - 103。

主要的文本列举每个官职在唐朝官僚系统中的人数和头衔,并简要描绘这些职位的职责。然而,该文本第二层面的内容是编撰者在字里行间的评论,这会引起现代历史学家极大的兴趣,并使得《唐六典》不只是一种系统图表,更是一部历史性的学术著作。这些评论详细记录了各种官职的起源和后续变化,必要时将这些源头追溯到唐以前的时期。这些评论也复制了唐代关于政府组织的立法,否则这些立法基本上都会湮没无闻了。

史家们也私自编写制度史。杜佑的《通典》完成于801年,是这方面最重要的代表。尽管本卷后文还将对之进行细致论述,但是在此也有必要对它的重要性进行某些讨论。杜佑创作这部著作的目的清晰地反映在该书的前言中,他主张对良好的政府而言,制度史不可或缺。他认为,社会的道德转变(凭借传统的"教化"理想)一定首先以人们物质上的富裕为前提。为了保证这些条件,人们必须确立适合的政府制度并聘用合格的官员。只有那样才能礼兴,并产生道德社会。为了构建他的论点,杜佑将国家实用主义的功能与帝国意识形态中的传统道德关怀结合起来。

33

《通典》是一部两百卷的皇皇巨著。正如前言所强调的,杜佑从食货开始,将食物和政府的基本联系追溯到词源上:

> 谷者,人之司命也;地者,谷之所生也;人者,君之所治也。有其谷则国用备,辨其地则人食足,察其人则徭役均。知此三者,谓之治政。[①]

以此为开端,杜佑开始了他的基本章节:食货、选举、职官、礼、乐、刑法、州部和边防。杜佑的次序表明,他将前三部分(食货、选举和官职)视为核心议题。后五部分则论述促进社会稳定的官职的功能。然而,尽管该著作以物质条件作为开篇,但杜佑对国家的理解并非只是唯物主义的,他的著作一半的内容是用来探讨礼制。

---

① 杜佑:《通典》(北京:1988),1.3。

由此看来,杜佑的著作代表着一个重要的过渡时期。他一方面是唐代世界的人物,强调礼的政治道德意义,但同时他又对国家权力的宇宙论解释持怀疑态度,而赞成进行物质和制度解释。① 而且,《通典》的内容代表着有关这些论题的历史观点。每一部分都从遥远的古代开始讲起,并把这一论点引入唐朝。换言之,杜佑将唐代的制度理解为漫长演化和历史进程的结果。

作为一个历史项目,《通典》具有几方面的意义。首先,无论在规模还是范围上,它都代表着制度史在复杂化方面的飞跃。《唐六典》保持聚焦于官僚机构本身,而且将其历史信息限定于评论。《通典》则进了一步,所探讨的主题越出了官僚体制的严格限制,将历史内容升格到主要文本中。在这一过程中,杜佑创造了一种新的历史类型。此后的目录学家认可了这种区别,将《唐六典》归入有关官职的目录类范畴,将《通典》归入行政史的范畴。《通典》的影响力在于它实质性地创造了"行政史"类型。在接下来的 1 100 年里,中国产生了其他九部行政通史,集合起来被称为"十通",这是对杜佑原创的最好献礼。

最后一部要在这里讨论的制度史同样也创造了一种新的类型。《唐会要》是一部具有复杂文本历史的著作,开创了文献集成的类型。继后宋代的史家将其改造为记录历史档案的模式,搜集供政府参考和运作的先例。《唐会要》目前的版本是961年宋朝官修本的重编本,但这一961年的作品是基于唐代创作的两部早期私人作品。因此,"会要"模式在9世纪和10世纪从私人行为变成了官方的活动,从而成为宋朝历史编纂的基本成分。目前的《唐会要》尽管在一定程度上歪曲了文本的历史,但仍然是反映9世纪中期唐代历史的主要素材。②

---

① David McMullen, 'Views of the State in Du You and Liu Zongyuan', in S. R. Schram (ed.), *Foundations and Limits of State Power in China* (Hong Kong, 1987), 65 - 66.

② 参见 Twitchett, *The Writing of Official History*, 109 - 118。

《唐会要》是一部长达百卷的大型著作,搜集了有关唐代政府方方面面的原始文献。其复杂的架构能使编纂者涵盖许多主题的资料。一个简单的例子就可以体现这部著作所涵盖的宽度。有些部分是关于帝号和称号、礼仪之争,宫廷程序规则、征兆,天灾,有关僧侣、官员聘任和科举的规定,税收制度的变化以及与非汉族团体的关系等。同《唐六典》不一样,《唐会要》特别关注的是政府运作的实际进程。而且,正如前面解释的那样,尽管它的范畴经常反映王朝史中志的内容,但它的文本相对没有后来政治控制的内容。所以,它的各个部分所揭示的不仅是唐代统治的演进和功能,也包括了官员讨论关键政策问题的方式。它因此代表了王朝制度史的第三方观点。

刘知几和批判性历史编纂学

唐代官方史学编纂的发展、历史写作的创新以及个人历史写作的增多,相应引发了对史家之技艺的批判性考察。早在西汉时期(公元前202—公元8年),司马迁在其著名的自传叙述中,已经雄辩清晰地表达了史家的使命意识。在唐代,系统性地思考所书写的历史取得了显著的发展,刘知几在710年完成的《史通》是最好的典范。①

刘知几在官方史书编纂工程方面有非常丰富的实践经验,而且他的著作探讨了广泛的历史和史书编纂问题。20卷的这部作品分成了内篇10卷和外篇10卷。内篇包含36篇现存的部分(3篇已经散失),外篇包含12篇。内篇首先讨论历史写作的形式。刘知几开始时便确定了历史写作的六种类型,从《尚书》经典到西汉时期的纪传体。此后,刘知几考察了历史写作的各种成分,如本纪、宗谱和传记。进而探讨具体的历史编纂技巧,考察诸如写作评价、分期和评论的主题。内篇也包含他对历史写作文字内容的评

35

---

① Edwin Pulleyblank, 'Chinese Historical Criticism: Liu Chih-chi and Ssu-ma Kuang', in Beasley and Pulleyblank (eds.), *Historians of China and Japan*, 136-151.

论,其中他批评了曲解记录的史家而赞颂那些他称其"秉笔直书"的史家。

外篇遵循的模式稍稍不同。这些篇章不是系统性地探讨特定的主题,而是收集了对包罗万象的主题所作的零散评论。例如第十二篇包含有对各种官方历史的 18 种评论,第十三篇对"疑古"有 12 种评论。

整体来看,《史通》就史官自身如何行为很好地呈现了连贯一致的观点。刘知几最主要的贡献是主张在历史记录中不偏不倚,他不断地谴责史家让自己的偏见影响历史。①《史通》指出,在唐代的史馆中政治压力是普遍的问题,这导致了进步缓慢和历史歪曲的现象。刘知几的独立精神本身也表现在他乐意探究令人敬仰的对象,例如他对经典中的叙述提出异议并挑战前辈的解释,针对超自然地解释历史事件,他也持相当怀疑的态度。

刘知几是一个严肃对待历史证据的人,尽管现代历史学家不一定接受他的理论或信条,他代表着宋代著名史家向方法论的迈进。除此之外,他的《史通》还让现代读者了解了中国历史编纂是如何利用 8 世纪早期的优势而出现的。刘知几将历史写作置于更加宽阔的背景之中,同当时的人在政府制度方面的做法别无二致。

大事年表/关键日期

公元 581—618 年	隋朝
公元 618—907 年	唐朝
公元 626—649 年	唐太宗在位
公元 645 年	玄奘和尚自印度返回并开始翻译梵文佛经
公元 690 年	武则天称帝,执掌皇权
公元 705 年	武则天退位,唐朝恢复

---

① McMullen, *State and Scholars*, 177.

公元 712—756 年	唐玄宗在位,普遍被视为唐朝的黄金时代	36
公元 734 年	李林甫任宰相	
公元 751 年	唐朝军队在塔拉斯河败给阿拔斯哈里发的军队	
公元 755—763 年	安禄山叛乱劫掠中国北部和中部。叛军占领唐朝首都长安,国家大部地区落入藩镇控制	
公元 762 年	著名诗人李白去世	
公元 770 年	著名诗人杜甫去世	
公元 780 年	两税法的颁布认可了半独立地方管理的重要性	
公元 805—820 年	唐宪宗时期中央权力的加强	
公元 835 年	甘露寺政变确保宦官操控唐朝宫廷	
公元 845 年	时间短但具毁灭性的会昌灭佛事件	
公元 907 年	最后的皇帝被迫退位,唐朝灭亡	
公元 907—960 年	五代时期	

主要历史文献

杜佑:《通典》(801 年);王文锦等点校(5 卷本,北京,1988 年)

房玄龄:《晋书》(644 年;10 卷本,北京,1974 年)

李林甫:《唐六典》(738 年);陈仲夫点校(北京,1992 年)

刘昫:《旧唐书》(945 年;16 卷本,北京,1975 年)

刘知几:《史通》(710 年);张振佩编,2 卷本(贵阳:1985 年)

王溥:《唐会要》(961 年;3 卷本,北京,1955 年)

魏徵:《隋书》(636 年;6 卷本,北京,1973 年)

吴兢:《贞观政要》(上海,1978 年)

薛居正:《旧五代史》(974 年;6 卷本,北京,1976 年)

参考书目

McMullen, David, *State and Scholars in T'ang China* (Cambridge, 1988).

Ng, On-cho and Wang, Q. Edward, *Mirroring the Past: The Writing and Use of History in Imperial China* (Honolulu, 2005).

Twitchett, Denis, *The Writing of Official History Under the T'ang* (Cambridge, 1992).

——'The T'ang Official Historian', in Twitchett, *The Historian, His Readers, and the Passage of Time: The Fu Ssu-nien Memorial Lectures 1996* (Taipei, 1997), 57 – 77.

Wang, Gungwu, 'The Chiu Wu-tai Shih and History-Writing during the Five Dynasties', *Asia Major*, (new series) 6: 1(1957), 1 – 22.

——'Some Comments on the Later Standard Histories', in Donald D. Leslie *et al.* (eds.), *Essays on the Sources for Chinese History* (Columbia, SC, 1973), 53 – 63.

Wilkinson, Endymion, *Chinese History: A Manual* (rev. edn, Cambridge, Mass., 2004).

37

赵立行 译、校

第二章　成熟时期的中国史学编纂：960—1368年

蔡涵墨

历史背景

宋朝（960—1279年）的创立者们进一步巩固了中央权力，清除了因唐朝权力分散而发展起来的藩镇。宋代的君主们，汲取了在华北200年军事管理的经验，制定出严格的政策，这些政策促进了也同时利用了经济的不断扩张。960年后的最初30年里，他们把这种模式扩张到全国，垄断和商业税逐步取代了农业产出的税收并成为政府财政的支柱。财富更广泛地分布着，加深了政府和经济的联系。为了管理他们的新国体，宋朝的皇帝们通过科举考试招募了一个新的官僚精英阶层，西方有关中国的作品通常称其为"文人"。唐朝的士族让位于宋朝的商人和官僚。

尽管宋朝将其经济和政治力量扩展到华南，但它从没有完成对北部所有传统"中国"地区的征服。宋朝在北部和西部与一系列所谓外来的或征服的王朝并存。总体来说，这些王朝的统治家族与宋朝不同，在民族上并不是汉族，其当地语言也非汉语，但是其统治结构在很大程度上明显受到唐朝模式的影响，包括受到唐朝史学编纂传统的影响。例如，源自蒙古联盟的契丹族，将自己的辽国（916—1125年）视为唐朝的后裔。源自满族的女真族，起来反抗他们的契丹君主，建立了自己的金朝（1115—1234年），并在1125

年同宋朝争夺对华北平原的控制权,将宋朝一分为二,即北宋(960—1127年)和重建的南宋(1127—1179年),前者定都开封,后者定都杭州。蒙古族遵循早期亚洲内陆民族的模式,在他们的中国土地上创建了王朝,元朝(1271—1368年)则在历史上第一次把现代中国的所有国土置于非汉族人的统治之下。[①]

历史方法,960—1400 年

宋朝从士族文化向文人文化的过渡,从根本上改变了中国的史书编纂,并引领它进入成熟时期,这一直持续到 13 世纪。尽管宋代的史学编纂理论和实践借鉴了唐代的模式,但主要是为了适应各级政府官方文献的激增以及 10 世纪后印刷术的传播。11 世纪作为主要思想和政治势力的文人的出现,导致了自司马迁以后第一部中国通史的问世,即司马光于 1084 年完成的《资治通鉴》。宋代的史书编纂,既包括在历史知识范围上大力拓展,也包括逐渐细致区分了官方和私人史学编纂以及历史知识和政府政策制定之间的互动。沿着司马迁的道路,李焘和李心传精心打造了确定的宋朝历史写作传统,并将其提高到精致化的水平,尤其关注对原始素材的组织和释读,这一点在欧洲文艺复兴之前以及中国在 11 世纪之前都未曾达到。而且,对应 12 世纪日益重要的地方管理,地方史作为一种独特的和永久的历史风格也相应成形。[②] 到王朝末期,人们对科举考试的参与度日益扩大,促使了新教学模式的产生,这确立了直到 12 世纪的教授历史的方式。

---

① 详细考察参见 Denis Twitchett and Paul Jakov Smith (eds.), *The Cambridge History of China*, vol. 5, Part One: *The Sung Dynasty and Its Precursors*, *907 - 1279* (Cambridge, 2009); and Herbert Franke and Denis Twitchett (eds.), *The Cambridge History of China*, vol. 6: *Alien Regimes and Border States*, *907 - 1368* (Cambridge, 1994)。

② 本章并不讨论地方史,精彩的探讨参见 James M. Hargett, 'Song Dynasty Local Gazetteers and Their Place in the History of *Difangzhi* Writing', *Harvard Journal of Asiatic Studies*, 56: 2(1996), 405 - 442。

唐以后的史家分享了其前辈的许多想法。司马光将人们所熟知的以史为"鉴"，用于其巨著《资治通鉴》的标题中，表明他期望这部著作有助于宋朝君主们治理国政。司马光编纂历史的方式，是将当下的政策问题置于历史循环往复的背景中——考察历史，从而确定与现在的情形相对应的一个历史点，了解从那个点开始此后会循环发生什么，从而获得某种见解帮助规划未来。以此来理解，历史就呈现为映照未来行为的全方位的镜子，大大有益于政策的形成。

宋史的作者们发展了历史和当下政策相关联的早期观念，宋时，援用"先例"成为政治辩论和主张中所运用到的主要修辞手法。政策的创始和变更需要去从历史中搜集恰当的先例。而且，由于政策发生了变化，所以也要形成新的历史解释和书写新的历史。①

宋朝的史家重新界定了"合法正统"的概念，而且使用它来复兴史学编纂。1040 年，欧阳修重新解释"正"的含义为"道德的继承权利"，而"统"则意味着"统一政治控制的事实"。②尽管学者们几个世纪以来一直争论如何将这些原则用于历史事件，但欧阳修将儒家道德标准植入历史正统的问题，开启了标准或"正统"中国通史的概念和可能性，而且因此革新了中国的史学编纂。

这种可能性是通过两种方式成形的。首先，在 11 世纪中期，宫廷史家已致力于重新编辑和完成七部已存的涵盖 420—589 年的王朝史的官方版本。这一项目的发起，对所形成的"正统"观念的默认，贯穿到 589 年隋朝再次统一之前的分裂时期。最后，1130 年四川眉山所印制的"眉山七史"，成为首次编印的统一系列王朝史。"十七史"这一词汇最初出现在 12 世纪初，是指一系列经过编纂并合成的合法王朝正统的"正史"。这些王朝现在构成为"正统的"中

---

① Robert M. Hartwell, 'Historical Analogism, Public Policy, and Social Science in Eleventh-and Twelfth-Century China', *American Historical Review*, 76(1971), 690 - 727.

② 对中国王朝合法性观念的评论，参见 Hok-lam Chan, *Legitimation in Imperial China：Discussions under the Jurchen-Chin Dynasty* (Seattle, 1984), 19 - 48.

国史，而且这十七史成为目前"二十四史"的核心。①

其次，北宋重新定义的"正统"以及将中国历史叙述为单线系列的正统王朝，使连续政治统一历法的形成成为可能。这种统一的编年基础，使在时空上跨越王朝界限来呈现历史变得简单了。由于每个相互抵触的王朝实体都用自己的年号来纪年，以此来保持自己的历法和自己的历史记录，编写通史既会在道德上出现问题（哪个君主是正统的？）也会在实践上遇到困难（哪一种历法是"真正的"历法？）。然而，11世纪在道德上重新定义"正统"，促使在中国历史的任何节点上都会出现一种在道德上正确的历法，因此能够使所有的素材都被校正到这一"正统的"历法中。司马光的《资治通鉴》是中国第一部囊括千年的编年体通史，首次显著体现了这种可能性。同时，"非正统的"日历和素材以及非儒教的价值体系（佛教和道教），在王朝史，即《资治通鉴》及其续编乃至与之相关的史书所记述的主体中国历史中都被边缘化或被忽略了。②

原始素材的问题

中古时期中国史的真正原始素材——原封不动留存到现在的当时之物——除了个别外，只有敦煌遗书、铭文和当时刊印的书籍。敦煌博物馆中手稿的价值尽人皆知，而且这些材料提供了管窥地方历史和管理的窗口，唐代的历史研究因而得以革新。在一手文献中再次细致地表现地方的历史和管理，要到很晚的年代。但是宋代并没有控制敦煌地区，所以这些文书并没有涉及宋代的问题。③

---

① 有关宋代的十七史请参见王鸣盛：《十七史商榷》（长沙：1937），1136—1139。

② 本章并不讨论该时期独特的佛教和道教历史编纂传统。相关内容，参见 Jan Yun-hua, 'Buddhist Historiography in Sung China', *Zeitschrift der deutschen morgenländischen Gesellschaft*, 114（1964），360‐381；和 Judith M. Boltz, *A Survey of Taoist Literature*（Berkeley, Calif., 1987），54‐136。

③ 有关敦煌遗书的基本情况介绍，参见 Endymion Wilkinson, *Chinese History：A Manual*（rev. edn, Cambridge, Mass., 2004），826‐835。

铭文主要是坟墓内外所铭刻的传记，也有寺庙和风景地的石刻，这一时期的铭文留存下来很多，而且发掘工作仍在进行。与通过王朝史和其他文学作品等文字传播的传记相比，它们提供了更加吸引人的资料，是有关某些个人的唯一历史素材，否则这些人就会湮没无闻。①

官方资助的木刻印刷在 10 世纪才真正开始，私人和商业的印刷则广泛确立于 12 世纪。然而，现存的宋版极为稀少。宋代印刷的大量书籍都不是以宋版留存下来的，而后来的再版则随意删节和修改文本内容。唐宋的大量历史文献（宫廷和人事管理的记录、文献以及铭文）都是借由不同时期的作者所编辑的文集得以保存下来。② 但是，这些文集只有一小部分有印本。例如，留存下来的有 741 位宋代作家的"文集"篇章。然而，最近对 405 种此类文集的珍本进行影印复制，其中宋版仅 50 种，而北宋版更是只有一件。③ 这些文集中的每一文本理论上都是原始材料，但是必须弄清每一文本的印刷和传播史以确定文本的精确性。

宋代文献的一种特别来源是被称为"宋会要"的资料汇编。正如前面一章所介绍的，这一文集源自当时宋代官方文献档案，而且在整个王朝时期这些档案不断更新。④ 但是，现存的版本辑自《永乐大典》，于 19 世纪编成。《永乐大典》是明代于 1408 年完成的大型百科全书，对此我们后面再详细讨论。所以，《宋会要》中的文献，尽管来自原始素材，但是已经过广泛编辑、摘抄、删减和再复制，而且使用时经常与其他平行材料进行协调。

41

---

① 有关介绍，参见 Valerie Hansen，'Inscriptions：Historical Sources for the Song'，*Bulletin of Song-Yuan Studies*，19(1987)，17 - 25。

② Robert M. Hartwell，'A Guide to Documentary Sources of Middle Period Chinese History：Documentary Forms Contained in the Collected Papers (*Wen-chi*) of Twenty-One T'ang and Sung Writers'，*Bulletin of Sung-Yuan Studies*，18(1986)，133 - 182.

③ 舒大刚主编：《宋籍珍本丛刊》，108 卷（北京：2004）。

④ 参见本卷前章有关唐宋官方史学编纂发展的考察。中文的全面评论见蔡崇榜：《宋代修史制度研究》（台北：1993）。

百科全书与现存材料

宋元时期有一种图书发展迅猛，中国称其为类书，而英文通常称为"百科全书"（encyclopedias）。许多此类著作都是中国史研究的基本素材。最初的设想是对以前存在的书籍和文献进行摘编，通过分类和转录供朝廷参考。南宋的学者改造了这种范式，将其设计为供所有层级教学使用的参考书和辅助用书，而且此类著作很快就成为商业出版商的支柱。对现代历史学家而言，三部留存下来的珍贵类书是 1013 年帝王下令编成的《册府元龟》、王应麟编的《玉海》和马端临于 1308 年完成的《文献通考》。本章将讨论前两部著作，马端临的著作将在本卷其他地方讨论。这些著作之所以对历史研究具有价值，是因为如同《会要》文集一样，它们保存了从许多著作中摘录的内容。包括国史、"实录"和"日历"，这些都没有以完整作品的形式保存下来。

《玉海》凡 200 卷，是为 13 世纪最具学识的学者准备"博学宏词"科的国家考试而设。南宋只有 40 名学者通过，1256 年和 1259 年最后通过的两个人是王应麟和他的弟弟。通过考试，和他直接任职于皇家图书馆及担任皇家文献的起草者职位有关。1242—1252 年间，王应麟偷偷从皇家图书馆抄录文献用作自己学习的资料，并按照主题根据年代组织起来，便于参考和检索。[①] 目前的《玉海》是他的后人在 1330—1340 年间印制的。这部著作分成了 21 个部分和 230 个子部，其中王应麟从宋代档案中抄录的宋代历史资料尤其丰富，而这些资料并没有在其他地方流传下来。

在这方面更加重要的是完成于 1408 年的巨著《永乐大典》（1403—1424 年）。这是中国所进行的最大的文字工程，2169 位学

----

① 此处原文疑误。《宋史·王应麟传》记其淳祐元年举进士，调西安主簿。丁父忧，服除，调扬州教授。"闭门发愤，誓以博学宏辞科自见，假馆阁书读之。宝祐四年中是科。"元代胡助作《玉海》序，称王应麟"尽读秘府所藏天下未见之书"。——编者

者用了四年时间分类和辑录了超过 7000 种上溯至周朝的原始著作。由于没有印刷，到 17 世纪原始手稿散失了，但是 1567 年的手稿抄本有 90％完好地流传到了 19 世纪，而其中大部分在 1860 年英法入侵北京时不是被劫掠就是被焚毁了。在 22877 卷中只有 800 卷，也就是不到原作的 3.5％留存了下来，另外偶尔有些卷浮出水面。

　　清代的宫廷文人在 18 世纪从仍然存在的 1567 年的《永乐大典》抄本中，通过摘录其引用的内容，重新编纂了 385 部著作。其中大部分是宋代的"原始"文献——李焘的《北宋编年史》、李心传的《南宋编年史》和《宋会要》。这些著作尽管并非真正意义上的原始资料，但是可以用来平衡 1345 年完成的宋代王朝史《宋史》中的文本内容。它们都是经过加工的原始文献集，每一部都经过独特的选择、编辑和传播而流传至今。因此，这些百科全书提供了观察原始素材的多重视角，否则这些材料就会湮没无闻。但是无论是百科全书还是从百科全书中重新编纂的著作，都不能被不加批评地用作原始材料。

宋代早期的百科全书

　　《册府元龟》共有 1000 卷，是宋代前 50 年在官方资助下所编纂的四部"百科全书"的最后一部。1005 年，也就是刚刚与北部辽国签订了《澶渊之盟》结束战争之后，第三位宋朝皇帝真宗（997—1022 年在位）命令编纂"历代君臣事迹"。[①] 皇帝本人在该项工作的执行、设定指导方针、控制内容和评论草稿方面都发挥了重要作用。这部著作完成于 1013 年，在皇帝所题的前言中，他描绘这项工

43

---

① 李焘：《续资治通鉴长编》，34 卷（1183；北京：1979—1995）61、1367。在北宋修史的大背景下对《册府元龟》的全面研究参见 Chia-fu Sung, ‘Between Tortoise and Mirror: Historians and Historiography in Eleventh-Century China ’, Ph. D. dissertation, Harvard University, 2010, ch. 2 (‘ The *Grand Tortoise* and the Encyclopedic Vision of History’), 82 - 143.

程是延续了他父亲在文学、哲学和医药方面的类似编纂，是王朝努力以使知识有益于当下和未来行政管理的方式来组织历史知识。

为此目的，该作品分成了 31 部，开始是"皇帝"，接下来是国家的其他首脑，结尾是外臣部。总序解释了各部在总体政府结构中，尤其是在真宗皇帝政府中的功能。这些部又相继分成 1104 门，每门都有分序，归纳了门的内容。虽然 31 部是行政管理的范畴，但许多门的标题都承载着浓厚的道德意味。这些道德范畴能使皇帝和编纂者们过滤作品的材料以为合适的道德范例，从而行使历史编纂的"褒贬"功能。每项文献在每个门中都按照编年排列，从中国历史之初一直到 959 年。早期的主要材料是周代的经典和汉代历史。然而，在后来的时期，编者们则大量引用了藏于开封皇家博物馆中的唐和五代的原始"实录"，当时开封是宋朝以及以前五代的首都。在 1013 年该著作完成后不久，朝廷就下令刊印。1015 年一场宫廷大火焚毁了皇家图书馆，从而使《册府元龟》成为今天"也许是唯一有关唐代的最丰富的资料，当然也是五代史最重要的资料"。①

这部著作的结构、其诸多的序言，尤其是定名为"国史"的部分，很好地反映了 11 世纪中期文学革命前宋代早期历史编纂的主题和价值——那就是初唐就有的经典的"褒贬"原则。历史编纂者们的忠实记录使得君主们小心言行，并为后代充当表率。但是真宗皇帝的视野如同唐朝早期的前辈一样，并不是宗派主义的。他的序言尤其提到要囊括佛教和道教的材料，"国史"的考察把道教宗师老子作为早期史家的楷模。这种观点既未忽视儒家也没有给予它特权。真宗皇帝开放平等地对待道德和政治正统的交集。他的序言承认，垂范者可以出自正统也可以出自"中间插入的"统治者，也就是说那些处于正统统治者之间的"非正统"统治者。同时，该著作的结构也把荣耀地位给予了君主和武将而非文官。从这种

44

① Denis Twitchett, *The Writing of Official History Under the T'ang* (Cambridge, 1992), 117.

意义上而言,这部著作代表着对欧阳修和司马光等文人史家历史观的反动。而且这种对立清楚说明了,为什么《册府元龟》尽管经过了皇家许可,但在后来却变得相对无闻。

欧阳修和文人历史

11 世纪,充分发展的文人个性不断演化,欧阳修也许是其中的焦点人物。他兴趣广泛,多才多艺,且是受聘的政府官员和政治人物,他体现着思想活力和政治实践的典型结合,而这是对宋代"复兴人物"——文人的定义。① 在欧阳修时代有大约两千名"官"。尽管只有一小部分选择效仿文人标准,但这一团体包括那些因在科举考试中高中而进入高官行列的人。在整个 11 世纪,这一人数少但颇有力量的官僚团体开始作为独立的知识分子发挥力量,甚至在极端的场合成为独立的政治角色——简言之,开创了独立的空间——他们与帝国相对,但又在帝国之内。

作为一名经学家,欧阳修开始学术性地批评周朝的"儒家"标准,这导致了对儒家准则进行重新定义,并努力将这些重新定义的原则应用到当时的行政管理中。在整个王朝时期,这种争论一直持续。作为一名作家,他发展和传播了"受古文启发的散文",有力、简约而灵活,该文体成为宋代多数政治和思想表述所选择的载体。作为一位史家,他通过严格运用"褒贬"技巧,试图以某种方式重新撰写刚刚逝去的宋以前的历史,从而支持和强调他有关宋代政治生活中文人价值作用的论点。

欧阳修将情感倾注到重新定义儒学以及将文学风格注入历史作品中,两部冠有他名号的历史著作都是重新撰述的作品。作为一名有独立意志的学者,早在 1036 年他就以自己的创造精神开始

---

① 经典的传记,参见 James T. C. Liu, *Ou-yang Hsiu: An Eleventh-Century Neo-Confucian* (Stanford, 1967);亦可参阅 Ronald Egan, *The Literary Works of Ou-yang Hsiu* (1007 – 1072)(Cambridge, 1984)。

45　　撰写《五代史记》(《新五代史》)，但是他拒绝宣布本书已经完成，并拒绝广泛传播。在他 1072 年去世后朝廷命令他的家人交出了手稿。到该世纪末，他的著作已经取代了 974 年朝廷史家所编纂的《旧五代史》。《新唐书》是官方资助的项目，945 年正式开始编纂，用于取代已经存在的《唐书》。经过漫长的 15 年的孕育，这部著作最后完成于 1060 年，其中欧阳修参与了 6 年。

　　欧阳修致力于取代的两部"旧"史(两者涵盖 618—959 年的时期)都是原始文献库，利用实录勉强连缀在一起，其中缺乏编纂者的监督，"褒贬"的运用也微乎其微。修订的动力来自一种普遍的看法，即两部著作都没有以考察当时问题的方式将文献化为历史。对朝廷而言，这些问题是 11 世纪 40 年代的西夏战争所引发的经济压力和军事问题。对欧阳修这位学者而言，这些问题是新文人身份的创新和定义。欧阳修发现，旧作品的道德模糊性以及它们提供的大量材料说明晚唐和五代社会非儒学的、特别官僚化的军事性质，令人生厌。它们是档案材料，而他要重新撰写以表达某些主张。

　　为此目的，《五代史记》——个人所编写的最后一部王朝史——将 974 年以前的历史裁剪一半。欧阳修去除了来自"记"的原始材料，模仿春秋笔法进行重写，并将其道德判断表现在每一个"事件"中。除了两个之外，他放弃了所有的"志"，因为这些志详细描绘了政府的结构和活动，其中许多在宋朝政府中仍然存在，而这正是他反对的。他把"传"组合起来表现确定的儒家道德范畴及其对立面。他大大拓展了编纂者评论的观念，而传统的王朝史模式只是将评论限于文中少数固定的地方。相反，欧阳修随心所欲地加入自己的评论。强烈的历史"现代主义"促使他加入许多此类评论，其中就边疆政策、政治派别之争、帝国继承以及王朝正统性，欧阳修提出了自己的意见。他发现五代的实践在所有方面都是有缺陷的，他用"呜呼"这样的词语引出他的评论，而不是用传统的"史家评说"。他"受古文启发的散文"将整部著作上下贯通一致，其中每个段落都传达着欧阳修一以贯之的信息——文人政府强于军事政府。①

按照白乐日（Etienne Balazs）的经典阐述，在中国，"历史是官僚写给官僚看的"。② 更确切地说，从唐朝早期开始，官方历史就是宫廷官员为宫廷使用而撰写的，而且 10 世纪的"旧"历史符合这种范式。但是欧阳修是为了更广大的文人读者而写的，这些读者包括了"朝廷官员"，只是后者对历史有着截然不同的兴趣。欧阳修大幅度重新定义的道德范畴是向一部分个体文士宣讲的，后者渴望确立区别于国家以及相互区别的个人身份。对欧阳修以及这些读者而言，历史是一系列个人道德剧，并不仅仅如《册府元龟》中那样是巨大的先例集，有些起作用，有些不起作用。相反，新的文人读者为历史中个人的品格所吸引。阅读历史成为一种心理活动，想象自己是历史剧中的演员，这种活动会充满希望地影响个人的发展并塑造其道德品行。史家和读者之间的这种新关系，挑战着国家决定历史的权威。这种挑战以及因此而形成的紧张关系，决定着此后史学编纂的进程。

司马光和《资治通鉴》

神宗皇帝（1067—1085 年在位）最终看到了欧阳修编的史书，他非常不悦，评论说欧阳修道德上的愤慨促使他哀叹所有的一切。③ 但是潜在的新读者和新历史目的的出现，以及国家需要思考前例的新范式，都为北宋史学巨著——同时也是有创意的史学经典

---

① Tze-ki Hon, 'Military Governance versus Civil Governance: A Comparison of the *Old History* and the *New History* of the Five Dynasties', in Kai-wing Chow, On-cho Ng, and John B. Henderson (eds.), *Imagining Boundaries: Changing Confucian Doctrines, Texts, and Hermeneutics* (Albany, NY, 1999), 85-105.

② Etienne Balazs, 'L'histoire comme guide de la pratique bureaucratique (les monographies, les encyclopédies, les recueils de statuts)', in W. G. Beasley and E. G. Pulleyblank (eds.), *Historians of China and Japan* (London, 1961), 78-94, at 82.

③ 李焘：《续资治通鉴长编》，263.6441—6442。

巨著——《资治通鉴》的出现铺设了道路，这一 294 卷的编年史叙述了从公元前 403 年到公元 959 年的中国历史。一直到 20 世纪，在西方史学编纂和马克思主义进入中国之前，司马光的历史以及其后的节略本、重排本和续写本，都为中国和西方提供了对中国历史的基本认知。甚至今天，对那些研究其所涵盖时期的中国历史的学者而言，它仍然是主要的参考资料。

同欧阳修一样，司马光堪称当时第一文人，1086 年最终升至宰相这一国家最高文官的职位。[①] 早在 11 世纪 60 年代，司马光作为太师，便以其能力赢得了英宗（1063—1067 年在位）的信任，司马光请求续写《春秋》以供帝王使用，认为标准历史笨拙的模式使之无法用作教谕。在被任命全面监修这项工程后，司马光得到两名助手、出入崇文院的权利和大臣的支持，在 1066 年开始了这项工作。皇帝支持这样的学者编纂历史著作，独立于朝廷正规的史学编纂机构，这种安排在宋朝历史上并无先例。

然而 1067 年，英宗去世，神宗上台，神宗信赖司马光所反对的王安石的"新法"，这一切导致了政治立场发生转变。王安石的"新"党和司马光领导的"旧"党之间的对立，主导了《资治通鉴》编纂期间的宋朝政治。1071 年司马光被迫接受了洛阳的一个闲职，但是皇帝允许他变换这项历史工程的地点，并继续资助编纂活动。完成的著作在 1084 年交付朝廷，神宗撰写了认同这部著作的序言。

《资治通鉴》通过从方法上和思想上整合官方和个人的史学编纂，开创了写作历史的新流派。该著作的编辑需要三个阶段。第一阶段，司马光和他的助手从标准历史和实录中搜集整理出一份详细的"事"的名录，并将其编辑成可能是表格形式的"总目"。然后他们不仅将官方资料，而且将所有可用的资料都梳理成相关的段落，在每一事件下进行编目。目前的著作根据名称引用了三百

---

① 最近的传记，参见 Xiao-bin Ji, *Politics and Conservatism in Northern Song China：The Career and Thought of Sima Guang*（Hong Kong, 2005）。

多种书刊,这些书刊大部分已经散失。第二阶段,每一位专精于某个特定时期的助手,将这些资料编辑成"长编"。如果许多不同的资料对应同样的事件,只要它们并不冲突,就抄录其中最珍贵和篇幅最长的,这部分内容含有其他版本的所有细节内容。如果其他版本包含着长版本所没有的其他细节,则助手就整合其他版本。然而,如果资料出现冲突,助手就要通过考察来确定他认为更可靠的版本,对其中的叙述进行抄录,但是要在注释中附添冲突的叙述及进行抉择的理由。第三阶段,司马光亲自压缩"长编",将有关资料冲突的注释重新撰写成"考异",并加上自己的评论。例如,有关唐代历史的原始"长编"有六百卷,而在定本中有关唐代的只有八十卷。①

《资治通鉴》采用了类似官方史学编纂的文本缩减和复制的方法,但是扩大了其文本基础,将私人的材料囊括了进来。迄今为止,对官方编纂的国史进行修订都存在问题,因为他们从中进行筛选的早期档案资料通常都消失了,这或许是无意导致,但经常是有意为之。在宋代,实录之下的唐史的官方材料几乎都没有保存下来。所以,欧阳修和其他人为了重塑唐史的范式,在《新唐书》中加入了私人的"轶闻"资料,而且在许多同时代的人看来,他们几乎不加批评地使用。"考异"不仅解决了如何将官方和非官方材料并置的问题,而且也开创了一个先例,在材料冲突时保留被"否定"的事件版本。最终形成的这种模式——青睐的事件版本用大铅字文本,而选择性的或解释性的阐述则用小铅字文本——清晰地向读者展示了史家进行抉择的过程。读者们不再是所保存先例的单纯阅读者,而是和史家一道,积极参与到理解历史的评估过程中。

毫无疑问,司马光最初设计史家和读者的对话目的是为了唯一的读者——英宗。然而,随着事件的揭示,以及随着司马光以英宗

---

① 英文中最全面描绘《资治通鉴》编纂的,参见 E. G. Pulleyblank, 'Chinese Historical Criticism: Liu Chih-chi and Ssu-ma Kuang', in Beasley and Pulleyblank (eds.), *Historians of China and Japan*, 135-166。

老师的身份作为政治圈内人士转而在神宗时期以反对派领袖身份成为政治圈外人，他推定的读者身份扩展到了文人读者，而这正是欧阳修梦想传达的对象。许多近代学者都认为，《资治通鉴》中的观点与司马光其他大量有关政治制度的著作都密切关联，有些人则走得更远，相信这部著作将"旧派"的政策投射到了早期中国历史上，努力对11世纪70年代被视为失败的政治议程进行政治辩解。① 毫无疑问，《资治通鉴》表明，理想化的政治结构在历史上具有一致的合理性，而这种结构与王安石的"改革"政策相左。

在司马光看来，国家是一种儒家等级结构，其中皇帝高高在上，许多等级分明的、相互联系的行政单位组成文职官僚机构，每个单位都严格规定了相互联系的职责。"旧"派推进这种结构（与更加灵活的、特别是"新"派所提倡的结构相对），因为它能够使得文人在面对君主和军人的力量时更好地控制政府。通过在整个历史中选择合适的"事件"，《资治通鉴》展示了那些足够明智、通过纳谏和拒绝军事扩张来改善统治的君主们。司马光虽然没有直接挑战理论上无限的君权，但他强调皇帝的主要职责是恰当地遴选资深的行政官员，而非直接或者允许其他人以其名义干涉下层官员的事务。皇帝的作用同所有其他官员的作用一样，在功能上都是确定的和限定的。每个层级的官员，包括皇帝，都只能与其直接的上下级发生关系。

49

南宋时期的史学编纂（1127—1279年）

司马光死后的历史时期见证了宋帝国力量的极盛，《资治通鉴》的政治和历史观不被人重视。然而，随着中原北部在1127年落入女真族之手，在杭州"复位的"王朝作为重建王朝的一项努力，在1133年重新印制了这部著作。接下来两百年每部重要的中国

---

① Ming K. Chan, ' The Historiography of the *Tzu-chih t'ung-chien*：A Survey'，*Monumenta Serica*，31(1974－1975)，2－38.

历史编纂著作都以某种方式回应着《资治通鉴》。这些回应可以从广义上分为两个范畴。第一，内在于司马光"考异"中的各种可能性，激发了李焘和李心传拓展这一批判性功能，并将其方法运用到当时宋史的材料中。他们所拥有的综合和比较官方和私人材料的精致技术能力，创造出混合官方和私人的历史编纂，试图对两组材料中的曲解内容加以控制和修正。他们努力的结果是形成了历史学术的标准，此后的五百年里这一标准再也没有被达到过。第二，司马光《资治通鉴》所针对的对象是扩大的文人读者群，这促使朱熹及其追随者在学习"道学"的活动中设计新的教育范式，精简司马光的著作并修正其呈现的结构，更好地将历史知识与他们的道德和政治改革计划结合起来。

司马光本人承认，他创作的著作庞大笨拙，其编年的模式无法让人们快速识别其主题，而正是通过这些主题，他希望能够联系不同的"事件"。因此他编纂了三十卷的"目录"作为索引和研究的辅助。他也许已经开始着手将其全文精简为八十卷的工作。在孝宗（1162—1189 年在位）统治的最初几十年里，将道论研究转变为文人教育的有力工具，进一步促使人们对《资治通鉴》的精简版本的需求，并就历史知识在道德教育中的地位问题，对北宋的观念进行更新。[①]

作为历史学家的朱熹——纲目模式

早在 12 世纪 60 年代，朱熹和他的弟子们就开始尝试修改《资治通鉴》。在他死后 19 年，也就是 1219 年刊印了《通鉴纲目》。朱熹在所完成的著作中到底做了什么具体的贡献，人们不太清楚，但是该著作的结构、目的，以及大部分的文字显然均出自他。新的"纲目"形式试图解决朱熹在司马光的著作中所发现的两个问题：

50

---

① 全面的考察参见 Tsong-han Lee, 'Different Mirrors of the Past: Southern Song Historiography', Ph. D. dissertation, Harvard University, 2008。

第一,前一著作的篇幅、严格的编年条例以及缺乏联系"事件"的线索,都让人们很难理解历史的因果关系;第二,这种困难妨碍迅速理解历史中的道德教训。因此,朱熹提取了一系列的"纲",并用春秋笔法进行重写,这样就把"褒贬"结论灌输进每一"事件"中。"纲"这一字形的主要含义是一根粗绳子构成框架,提举起网中更细小的绳子;而朱熹的"纲"可以确切地译为"大标题",它根据编年排列,提供了历史的结构或"轮廓"。1219 年的版本用大字型印刷了"纲"。"纲"的段落是按照编年固定的,"目"的段落与此不同,在"纲"之下隔了两倍行距,作者选择或整合不同时期的文本,形成一种叙述性的、有因果关联的顺序,阐明内在于标题的道德信息。"目"也摘录当时道论作者们的学问知识,支持"纲"的历史结论。

1241 年,宋朝将朱熹有关儒学经典的评论定位在官方正统,当元朝在 1313 年将他的学说视为复兴的科举考试的核心时,又再一次对其正统性进行了确认。《通鉴纲目》成为最主要的中国历史叙事,并成为历史研究的标准教育指南。在朱熹看来,通过研究和沉思儒学经典而形成个人道德观念,是所有教育的主要价值和目标。历史具有次要价值,是具体的例证,可以告诉人们道德所产生的后果,并因此而进一步确认了儒学经典的道德观念。纲目结构支撑着这种历史概念。"纲"并非真的是历史的"纲",而是教育人们在道德上正确行为的"纲"。"目"则提供了道德案例,让学生明白历史行为发生的道德背景。这样的"历史"理解反过来支持了经典的训诫。

尽管《通鉴纲要》的目的是揭示一般道德在历史中的呈现,但是它的内容也反映了 12 世纪的现实问题。朱熹在选择"纲"的时候所主要考虑的,是为统一的帝国政权确立一条清晰的传递路线(当时只有一位正统的皇帝),并清晰地分辨出,对王朝的衰落负有责任的是专制朝臣及其同僚。前面考虑的是要强化宋朝相对于北部边境外的辽和金在政治和文化上具有优越性的主张,后面考虑的则是道学在道德上优于国内政治对手的主张。尽管在细部和主旨方面朱熹与司马光不同，但是他同意司马光的是，等级制度是对抗独裁统治的壁垒，而且他在早期的中国历史中为这些价值观念寻求依据。

尽管清代的"考据学"最终削弱了《通鉴纲要》的权威性，而且现代史家也忽视了这部著作，但人们高度重视它对中国以及西方中国史概念的影响，则并不为过。18 世纪，耶稣会士根据《通鉴纲要》及其续集的满语译本，精心编纂了一本"中国通史"，这部著作在两个世纪里都是西方最详尽的中国历史记述。[①]

李焘和四川学派

对《资治通鉴》的不同反应来自遥远西部的四川省，在那里，历史学术和印刷的地方传统成熟于 12 世纪，并有两部著作问世，以现代的眼光来看，它们构成了宋代历史编纂的高峰。第一部是《续资治通鉴长编》，最初这部著作长达 1 000 卷，扩展了司马光的编年史，涵盖了北宋时期的历史（960—1127 年）。李焘独自一人，几乎没有得到官方的资助，在 12 世纪 40 年代构思了这一计划。在 1163—1183 年间，他分四批将自己的著作呈献给朝廷。李焘是一位博学的学者，在 23 岁时擢进士第。他交替担任过地方官员和短暂的四任京官，合计仅有八年时间，在这期间，他从事宫廷历史编纂工程。由于他的合集著作只残留一些片段，所以难以重新还原有关他生平、政治联盟和政策倾向方面的细节。然而，随着独裁的宰相秦桧死去以及 1162 年孝宗的继位，文人们普遍通过诉诸"祖宗之法"，即托名宋朝创建者们模糊的治国先例集，努力恢复北宋的政治制度，这成为李焘组织和实施《续资治通鉴长编》的背景。李焘的政治顾问们支持这些努力，并确保他被

---

① J. A. M. de Moyriac de Mailla, *Histoire générale de la Chine, ou annales de cet empire; traduites du Tong-Kien Kang-Mou*, 13 vols. (Paris, 1777 - 1785; repr. edn, Taibei, 1968).

任命为宫廷史官。

52 　《续资治通鉴长编》把司马光的方法论应用于北宋"国史"的文献中,试图使该王朝自身的历史更精确和更实用。在 12 世纪,这一历史尚在进行之中。北宋重要政治人物的后人仍有影响,至少尚存在着三个版本的《神宗实录》,而且最后也最关键的 1100—1127 年的实录还在编辑中。因此李焘的任务要远比司马光微妙,后者的《资治通鉴》止于 959 年,避免了直接评论自己的朝代。在朝廷,他致力于"权威的"国史;在家里,他同时致力于对那部历史进行私人评论。这种难以平衡的不安表现在他随陈词而上表的奏折中。他两次请求皇帝召集"编纂会议",并且希望该会议可以决定宋史诸多事件的权威版本,而他的《续资治通鉴长编》对此所呈现的是相互冲突的版本。这样的会议从来没有召开过,而李焘也从来没有跨越"长编"阶段而将其浓缩为权威的北宋史。对现代历史学家而言,《续资治通鉴长编》蕴含着多种用途。

李焘把司马光的"考异"发展成有力的学术工具,就文本和历史精确性问题发表自己的批评性意见。司马光把"考异"归入正本之外的单独著作,而且 13 世纪之前,两者并没有合并也没有一起印刷。相反,李焘则在单行距的正文间插入双倍行距的行间评论。遵循司马光的做法,李焘就每一"事件"都从他可得到的资料中有选择地辑录,构成他认为可信的版本。在评论中他收录了从中选取素材的整个资料文本,以及他所否定的文本,并说明这样选择的原因。这种结合,通过文本和评论的微妙互动,使李焘能够呈现考察和纠正官方和私人材料中偏见的依据。宋代文献一般都有准确的日期以及所经手官员的名号,这种精确性为李焘提供了强有力的分析工具,去比较有关同一事件的不同素材。李焘不是让宋代的官僚体制淹没他的历史任务,而是利用它来达到对资料的控制。例如,在 12 世纪 40 年代,也就是在他开始编《续资治通鉴长编》之前,他就编了所有在主要宫廷职位就职者的精确任职时期表。由于后来的作者通常无法重建最初精确的官僚制度,所以这份资料

可以使他能发现修改过的原始文献、伪造文件及"诽谤"。^①　

李心传和《建炎以来系年要录》

李心传，利用与李焘同样的四川学术传统，接受了《续资治通鉴长编》的模式，并将之运用于 1127 年后的宋史。经过 1196—1208 年间的努力，他编纂了 200 卷的《建炎以来系年要录》，涵盖了高宗（1127—1162 年在位）统治时期的历史事件。^② 在他卷帙浩繁的史书和其他主题的作品中，有其他两部仍然留存至今，先后完成于 1202 和 1216 年的《建炎以来朝野杂记》留下了两部分。最后，《道命录》是有关道学学问史资料的注释集。^③

在《建炎以来系年要录》中，李心传将李焘的批评方法运用于长达千卷的《高宗日历》。1176 年，在担任秘阁修撰仅两个月后，李焘本人在日历的序言中写道："虑及几多史家经三十载汇聚了如此庞大繁杂之文献，我个人岂敢保证其无错漏、矛盾及远离真相之处呢？"^④准确地说，李心传在《建炎以来系年要录》中给自己设定的就是这一任务，运用二百余种材料，解释日历中的曲解和篡改。当他不能对材料进行判定时，就简洁地注明该问题"留待将来考察"。这些严格的标准、保留相互冲突叙述的行为，以及他在承认能够或

---

① Charles Hartman, 'The Reluctant Historian：Sun Ti, Chu Hsi, and the Fall of Northern Sung', *T'oung Pao*, 89(2003), 100 - 148, 特别是 118—130, 它详细解释了李焘文本和评论的相互关系。

② John C. Chaffee, 'Sung Biographies, Supplementary No. 2：Li Hsin-ch'uan (1167 - 1244)', *Journal of Sung-Yuan Studies*, 24(1994), 205 - 215. 该文本包含着最详细的英文传记。亦可参阅 Charles Hartman, 'Li Hsin-ch'uan and the Historical Images of Late Sung Tao-hsüeh', *Harvard Journal of Asiatic Studies*, 61：2(2001), 317 - 358。

③ Charles Hartman, 'Bibliographic Notes on Sung Historical Works：The Original Record of the Way and Its Destiny (Tao-ming lu) by Li Hsin-ch'uan', *Journal of Sung-Yuan Studies*, 30(2000), 1 - 61. 运用《永乐大典》的引文重建了这一原始文献。

④ 引自马端临：《文献通考·经籍考》(1308；上海：1985)，第 21 卷 531 页。

不能从材料中推导出结论的坦诚，都使《建炎以来系年要录》成为留存至今的有关南宋早期历史的最重要资料。

李心传在《建炎以来系年要录》中的评论，经常在不同的段落之间建立联系，试图超越编年体的限制。他第二部留存下来的著作《建炎以来朝野杂记》，显然设想同《建炎以来系年要录》一起，成为调和相关材料的另一个载体。他仿照《宋会要》的分目将《建炎以来朝野杂记》分为 12 卷，接着进一步细分为独立的类，汇集和编排了《建炎以来系年要录》中的段落以及后来的文本，呈现南宋行政、教育、军事和经济制度的详细历史。《建炎以来朝野杂记》中独立的类，把《建炎以来系年要录》中平铺直叙的重要历史事件突出出来。《宋会要》和此类类书，不加区别地将重要的和琐细的事件混在一起，李心传的《建炎以来朝野杂记》则与此不同，它体现了选取适切细节的史学大家的眼光以及从那些细节中进行概括的掌控能力。他的注解，尤其是财赋卷和兵马卷中的注释，包含着大量的数字和统计资料，强化并情境化了现代人对南宋国家的理解。

李心传在不断恶化的经济和政治环境下，在远离都城和国家支持的四川，独立完成了其大部分著作。他的学术得到认可后，在 59 岁时被委以政府职位，并在 1231 年进京，间歇性地从事王朝历史编纂。1234 年，蒙古入侵四川，迫使他定居在东部。《建炎以来朝野杂记》对当时的宋朝制度持悲观态度，并批评南宋无力恢复华北。他最后一部留存下来的著作《道命录》，单纯地评估道学在宋代道德和政治复兴中的命运，并对该学派当时的领袖表示不满。

教育历史的兴起

尽管李焘和李心传都采用了编年体的形式，但是他们都没有遵循《春秋》的做法，将隐晦的道德标签嵌到正文之中。在材料、来源以及正文和评论之间关系方面的根本差异，将李焘和李心传的"编年"体同朱熹及其道学追随者们的"纲目"体区别开来。也许有人将这种差异贴上"纪实"对阵"教育"的标签。司马光和他的四川后继者们,通过把从鉴定过的原始素材中选取的内容分析性地并置起来,从而构建了每一"事件"的正文文本,而且这一过程反映了他们对那些材料的历史评价。他们的评论呈现了那些评价背后的文献和判断。对朱熹和他的后继者而言,"纲目"作品的正文就是集合了自己编造的公式化创作的标签,通常与原始素材没有直接的文本联系。评论是原始文本的拼贴(通常没有材料的来源),混合以前道学学者的二手评论,目的是支撑置入正文中的道德判断。前者是历史学问,后者是道德教育。

　　然而,正是后者在 13 世纪的流行,导致了前者的衰落。尽管《续资治通鉴长编》赢得了李焘同时代人的褒扬,但是朱熹反对在评论中引用他讨厌的材料,并鼓动反对这部著作。随着 13 世纪向前演进,印制类似《续资治通鉴长编》和《建炎以来系年要录》这样庞大的、具有争议的汇编几乎没有了商业利益。尽管刊印过《续资治通鉴长编》的摘要,其全本也可能在四川印刷过,但是其刻版并没有能够在 13 世纪 30 年代蒙古入侵中幸存下来。《建炎以来系年要录》也许在 1253 年刊印过,但是甚至到 14 世纪之前,元朝史家都找不到完整的复本。相反,印刷商与没有职业的学者们合力,对这些大部头的历史学术著作进行压缩、改编和改写格式,使之成为商业性的科举备考指南。①

　　这场运动产生了几种新的体例,将大型的"文献"汇编压缩和重新编排为"教育"指南,在这些新体例中有"纪事本末"。袁枢在 1174 年通过《通鉴纪事本末》开创了这一类型,把司马光的著作重新安排为 239 个类目,每个类目中把"事件"根据编年排列形成连贯的、有中心的叙述。这种设计能够让人们更快地入《资治通鉴》之门径,但是类目的选择又进一步把宏大叙事应用到以文人关怀

55

---

① Charles Hartman, ' Chen Jun's *Outline and Details*: Printing and Politics in Threeth-Century Pedagogical Histories ', in Lucille Chia and Hilde De weerds (eds.), *Knowledge and Text Production in an Age of Print*: *China*, *900 - 1400* (Leiden, 2011), 273 - 315.

和政治价值优先的中国历史中。诸如"后汉宦官之乱"和"唐创立者平定四方的战役"等类目，均突出了文人的看法，即把中国历史视为中央集权的、文人治理的王朝历史。

无论是《续资治通鉴长编》还是《建炎以来系年要录》都没有以原初的形式保留下来，两者都被收录进《永乐大典》，但这发生在其大部分文本散失，且其评论可能在 13 和 14 世纪与道学内容混杂之后。此时期道学在政治上的胜利，以及其以道德为基础的独特历史编纂规划，均导致了大规模的著作湮没无闻。它们的复原尽管不完善，但在最后 200 年里改变了宋史的研究。李焘和李心传个人的创造性和官方修史职业的结合、把握材料的高标准、对细节精确的热衷、对思想完整性和史家职业独立性的关注，都使他们的成就比宋代其他史家更接近现代职业历史学家。相对而言，人们之所以对他们的这一地位缺乏认可——相对于司马光作为史家普遍得到称赞——是因为其残存著作的文本状况不完善以及这些著作所聚焦的时间跨度太小。司马光的著作中国史家尽人皆知，与此不同，对李焘和李心传的著作的知晓只限于宋史专家的范围。然而，他们作为史家的成就使其位居各时代最伟大的史家之列。

大事年表/关键日期

公元 960 年	宋朝建立，定都开封
公元 1004 年	与北方的辽国议和
公元 1038—1044 年	宋与党项西夏王朝的战争
公元 1069 年	王安石发起改革新政
公元 1086 年	司马光废除诸多新政
公元 1100—1025 年	徽宗在位
公元 1115 年	金朝开始
公元 1125—1126 年	金占领开封；北宋结束
公元 1127 年	高宗宣布复位
公元 1138 年	南宋在临安建都

公元 1142 年　　　　　与北方金议和

公元 1161 年　　　　　金进犯宋境

公元 1162 年　　　　　高宗退位，孝宗继位

公元 1195—1201 年　禁道学

公元 1206—1208 年　金入侵宋未果

公元 1234 年　　　　　蒙古灭金朝

公元 1241 年　　　　　宋王朝纳"道学"为正统

公元 1260 年　　　　　忽必烈称帝，1271 年正式建元朝

公元 1276 年　　　　　蒙古占领临安，实际结束宋朝统治

主要历史文献

《册府元龟》（1013 年）；周勋初编（12 卷，南京，2006 年）。

李焘：《续资治通鉴长编》（1183 年；34 卷，北京，1979—1995 年）。

李心传：《建炎以来系年要录》（1208 年？；4 卷，北京，1998 年）。

李心传：《建炎以来朝野杂记》（1216 年；2 卷，北京，2000 年）。

欧阳修：《五代史记》（1702 年？；北京，1974 年）；英文翻译版：
Richard L. Davis, *Historical Records of the Five Dynasties* (New York，2004).

欧阳修、宋祁：《新唐书》（1060 年；20 卷，北京，1975 年）。

司马光：《资治通鉴》（1084 年；20 卷，北京，1956 年）。

脱脱：《辽史》（1344 年；5 卷，北京，1975 年）。

脱脱：《金史》（1344 年；8 卷，北京，1975 年）。

脱脱：《宋史》（1345 年；40 卷，北京，1977 年）。　　　　57

王应麟：《玉海》（1340 年；8 卷，上海，1988 年）。

徐松（辑）：《宋会要辑稿》（1936 年；8 卷，北京，1966 年）。

《永乐大典》（1408 年；10 卷，北京，1986 年）。

袁枢：《通鉴纪事本末》（1174 年；12 卷，北京，1964 年）。

朱熹：《资治通鉴纲目》（1219 年）；见《朱子全书》，卷 7—11（上海、合肥，2002 年）。

参考书目

Balazs，Etienne and Hervouet，Yves（eds.），*A Sung Bibliography*（Hong Kong，1978）.

Lee，Thomas H. C.（ed.），*The New and the Multiple：Sung Senses of the Past*（Hong Kong，2004）.

Ng，On-cho and Wang，Q. Edward，*Mirroring the Past：The Writing and Use of History in Imperial China*（Honolulu，2005）.

Wilkinson，Endymion，*Chinese History：A Manual*（rev. edn，Cambridge，Mass.，2004）.

58

赵立行　译、校

第三章 日本史学编纂的诞生和繁荣：从编年到传奇再到历史解释

约翰·R. 本特利

《古事记》和《日本书纪》

日本早期的历史编纂，"似乎"是在 8 世纪最初几十年里突然出现在历史舞台上的。三卷本的《古事记》(*Kojiki*) 在 712 年的第一个月献给了元明女皇 (Genmei，708—715 年在位)。日本第一部官方历史编年，即三十卷本的《日本书纪》(*Nihon shoki*) 是在 720 年的第五个月献给了元正女皇 (Gensho，715—724 年在位)。710 年的第三个月，首都已经迁到新地点奈良，因此，新历史的编纂，也许是通过确立永恒首都来效仿中国这一趋势的自然结果。然而，无论是针对这种简单的年代记还是对它的解释，都不能从其表面价值进行探讨。大多数学者都认同，681 年的第三个月天武大王 (Tenmu，672—686 年在位) 所颁布的法令，是编纂《古事记》和《日本书纪》的动力。据记载，天武曾经命令 12 位王侯和宫廷官员记录和核实《帝纪》(*Teiki*) 和各种古代记述。[1] 在《古事记》的前言中，编辑者太安万侣 (Ō no Yazumaro) 记录了天武所颁布的相关法令：我们听说各种机构所藏的《帝纪》和《本辞》(*Honji*) 手稿，由于附会了许多虚假的东西，已经偏离了真相……所以我们希望编辑

---

[1] 除非特别指明，所有的翻译均是作者的翻译。

和记录《帝纪》，考查并彻底深究有关"古事"的内容，剔除错误，确立真相，将这些内容传递给后代。(《古事记》,前言)颁布这些天皇敕令潜在的前提，是在《古事记》或《日本书纪》完成前存在着大量历史记录，表明至少在天武出现之前的几十年，已经有人开始了认真的历史编纂运动。

《日本书纪》的编纂者显然进行过编撰圣人传的尝试，在传记中声称，圣德太子(Shōtoku Taishi)不但被推测是日本第一部宪法的制订者，也是大量历史著作的最初编纂者。该事件发生在620年，在这一年，皇嗣（圣德）和大臣苏我马子(Shima)一起讨论国事，并记录了《天皇记》(Tennōki)和《国记》(Kokki)，以及（许多其他记录）。《天皇记》和《国记》是构成了真正的著作，还是只是一些标题，对早期历史编纂进程进行规定，对此存在着一些争论。[①] 或许我们能够确定的是，《日本书纪》的编纂者们很信任地把事实上已经存在，但在天武时代之前不知作者的历史著作，都归在圣德太子名下。梅泽(Umezawa)提出了引人注目的论据，证明在《古事记》和《日本书纪》之前就存在着完整的历史著作。[②] 因此，尽管天武颁布法令，要求纠正所发现的《帝纪》和《本辞》中的不确切之处，是出于政治动机，但是说在《古事记》和《日本书纪》之前就存在着大量历史著作，却是不容置疑的。

尽管不得不承认，学者们并不清楚关于日本历史编纂肇自何时，但大多数人都认可，到7世纪中叶，这一历史编纂就已开始。由于没有具体的反证，因此自然可以假设，当朝鲜半岛百济(Paekche)王国在6世纪将佛教及其成文经卷传到日本时，也同时

---

① 清楚的是，《日本书纪》的编纂者认为《天皇记》和《国记》是真正的书名，因为该记录说，几十年后，"苏我虾夷(Soga Omi Emisi)和其他人将要被判处死刑，所以他们将《天皇记》《国记》和其他宝物均付之一炬。船史惠尺(Fune Obito Esaka)迅速将即将烧毁的《国记》取出呈现给中大兄皇子(Naka no Ohoe)"。(645：6：13)。

② Umezawa Isezō, *Kiki hihan* (Tokyo, 1976)；and Umezawa, *Zoku Kiki hihan* (Tokyo, 1976).

传入了历史著作——包括中国的和百济的。① 这表明早期日本的历史编纂是经由百济过滤的中国史传。到了天武时代，百济这一过滤角色被去除了，日本史家直接以中国素材作为样板。在此，很自然的问题是，这一动向的政治动机是什么？约翰·S. 布朗利（John S. Brownlee）提出，帝国写作历史有很强的目的性，就是为了确立对可提高其地位的过去的理解。②

《古事记》由三卷构成：第一卷，"神的时代"；第二卷，"神武到应神"；第三卷，"仁德到推古"。表面上编纂者似乎将本国历史区分为三个阶段：神话、传说和历史——但这种观点太过简单。正如神野志隆光（Takamitsu Kōnoshi）所说，《古事记》的编纂者想要模仿中华帝国，主张拥有广大的地盘。所以在第一卷记录了神话的起源后，第二卷便概括了这一国家相对于周边地区的两阶段的创建过程：（1）神武统一了这一国家，并定都大和。后来王子大和武尊（Yamato Takeru）镇压了岛屿东西方地区的叛乱。（2）接着应神——通过他母亲神功的代理人——入侵了朝鲜半岛并制服了新罗。根据后来应神所吟诵的诗句，宫廷希望将新罗的邻居和主要敌人百济描绘为已经归降大和宫廷。③ 编辑《古事记》的政治目的可以说是描绘天照大神后裔所控制的巨大王国。然而我们注意到，《古事记》里根本就没有提到中国。这可能是因为这部书的编撰主要为了在国内流传，但也有观点认为，编撰者想要构造一个统一的王国，其中，天照大神的后裔占绝对统治地位，且独立于中国。④

《日本书纪》与《古事记》走的是同样的意识形态道路，但是它

60

① 参见 John R. Bentley, *Historiographical Trends in Early Japan* (Lewiston, 2002), 59 - 73。
② John S. Brownlee, *Political Thought in Japanese Historical Writing*: *From* Kojiki (712) *to* Tokushi Yoron (1712) (Waterloo, 1991), 9。
③ Kōnoshi Takamitsu, *Kojiki*: *tennō no sekai no monogatari* (Tokyo, 1995), 193 - 222. 大和是日本的古代名称，在这里交替使用。
④ 同上，222 - 223。

是更加复杂的编纂工程。"神的时代"部分被降格为 31 卷汇编的前两卷，但是起源于天照大神的统治家族的系谱得到了充分重视。神武天皇的统治被升格为一卷，其中他统一王国的故事被极力渲染，而且他接受了"统治大地的开国大王"的称号。这一称号后来也莫名其妙地被授予了第十代统治者崇神天皇（Sujin）。泷音能之（Takioto Yoshiyuki）认为，早期的历史编纂者试图将其简短的本土历史延长，以与长达几个世纪的中国历史媲美，将传说中的"开国"国王分给两个角色：神武和崇神。①

至少在表面上，我们可以说《日本书纪》的编纂者认为外交史始于神功王后，在对她的记述中，第一次引用了中国的记录，《魏志》引用了三次，晋朝的起居注引用了一次。这表明编纂者将原始倭国的女王卑弥呼——在《魏志》中有记载——等同于神功。早期的编纂者也非常注重百济的记录，对三部百济的历史总共引用了26 次。在继体（Keitai，大约 530 年）大王统治的末期，编纂者加上了下面阐释性的注释：

61　　　或本云：天皇廿八年岁次甲寅崩。而此云：廿五年岁次辛亥崩者，取百济本记为文。其文云：大岁辛亥三月，师进至于安罗营乞。是月，高丽弑其王安。又闻，日本天皇及太子皇子俱崩薨。由此而，辛亥之岁当廿五年矣。后勘校者知之也（531.11.5）。②

因此很清楚，《日本书纪》的编纂者更加注重百济编年史而非自己本土记述中的日历。这表明大和朝廷将百济历史视为标准，用这种标准串联自己的历史。③

---

① Takioto Yoshiyuki, *Kamigami to kodaishi no nazo o toku*：Kojiki *to* Nihon shoki（Tokyo，2005），87.

② 从《日本书纪》和其他后来历史中的引述都有日期模式（即年、月、日）。

③ 《日本书纪》的编纂者确实编辑了这些百济的引述，但是这些变化比其他更具美化性。如"倭王"变成了"天皇"，"倭地"变成了"赐福之地"。

第三章 日本史学编纂的诞生和繁荣：从编年到传奇再到历史解释

在此我们应该弄清楚的是，除了遵循同样的基本历史线索外，《古事记》和《日本书纪》是完全不同的著作，而且我们不应该试图将其混为一谈。①《古事记》建基于君主统治下的大王国，其文本基本上是内观的，关注皇室家族和在宫廷的其他家族及其谱系，包括两百个家族的名称和家系。而《日本书纪》列举的此类家族勉强过百。另一方面，《日本书纪》是更加外观的，关注统治家族，关注有权势的人在国内外占领地盘方面发生的事件，《日本书纪》是作为官方的朝廷史而编撰的。《古事记》更像是供国内流传的文学项目，包含 112 首诗歌，并对词语特别重视。这是混合中国古文和某些重要的宗教名词和动词的发音拼写而成的。下面一个简单的例子说明这种中文的杂交形式：如果代表中国古文用大写形式，如果代表发音指称本土日文词汇则用小写（其中中文书写的语义价值被忽略了，只有发音阅读是重要的）：三叹、诏云阿豆麻波夜 MITABI NAGEKASITE aduma paya TO NORITAMAPIKI（他三次叹息道，"aduya paya［噢，我的爱人］"）。

这种文本模式给人的印象是，也许《古事记》的某些部分最初是打算用来背诵的。这种复杂的语言结构使后人很难理解文本，因为后人都是经过训练用纯粹中国古文模式进行阅读和处理的。主要因为这个原因，在完成不到 1 个世纪的时间里，这部作品便淡出了人们的记忆。而另一方面，《日本书纪》是用优美的中国古文写成的，其编纂的目的是供中国和半岛的使节阅读。《日本书纪》由于是一部官方批准的史书，作为一种策略，朝廷向国际上呼吁，它的国家地位是独立于邻邦的政治体，所以有权得到平等的对待。

同《古事记》忽略中国不同，《日本书纪》有许多关于其重要邻邦的记录。然而，其内容并非《古事记》的编纂者们所收录的中国趣闻，而是他们有意忽略的内容。例如《宋书》记载倭国（大和）5 个不同的国王在 60 年间（421—478 年）都向宋廷派出使臣，其中最后

①　参见 Umezawa Isezō, *Kojiki to Nihon shoki no kenshō*（Tokyo，1988），61。

一位国王甚至送去一封(中文)长信,要求赐予某一称号,体现他的军功以及对日本列岛和朝鲜半岛某些领地的统治权。最终宋朝的皇帝满足了这位国王的部分要求,授予他一个相当简略的庄严称号,但是在《日本书纪》中并没有记载这一政治图谋。同样,就前述所引用《魏志》的三个片段而言,编纂者们信手略掉了女王的名字卑弥呼,而只是简单地称"倭的女王",使之与神功的联系更加明显。最后,编纂者们从来没有记载倭——大和向中国纳贡。能之总结说,《日本书纪》的编纂者们把大和描绘为与中国平等的国家,而且表明大和在朝鲜半岛有属国,它如同中国一样是个帝国,值得尊重。①

正如前面所说,大和王朝的史家受到中国历史观和历史编纂的启发和指导,②但这并不意味着他们照搬了一切。历史编纂者们充分意识到中国天授的观念:明君因这种授权而获得王位,昏君则会失去这种授权,从而出现动乱。新君通常以暴力的方式登上王位。很清楚,天武王朝的史家决意描绘,该王朝可以不间断地追溯到日本天照大神的世袭,这与中国的天授有着根本的区别。然而,中国关于天授的思想仍然可以在以宁德大王为起点的故事线索中找到。宁德被描绘为贤德之王(在该记录中中国的词汇"贤德"被用到四次)。该记录说,他任由自己的宫殿失修破烂,牺牲自己的生活质量而帮助百姓富裕。他的第四代孙武烈(Buretsu)后来被描绘为残忍罪恶的统治者,在有关后者记录的末尾这样说道:"他冬天穿得暖洋洋,忘记了瑟瑟发抖的百姓,他食不厌精,忘记了百姓的饥饿。"(506年3月,具体日期不详)在记录下一位统治者继体的篇首,是这样提到武烈的:他原本没有子女,所以没有继承人(507年,即位前记)。编纂者们以这样的方式描绘武烈失去了天的授权,被惩罚而无嗣。由于王位空缺,朝廷必须进行合适的变更。继

63

---

① Kōnoshi Takamitsu, *Kojiki: tennō no sekai no monogatari* (Tokyo, 1995), 223 - 225.

② 见本卷第一章蔡涵墨和邓百安以及第二章蔡涵墨的论述。

体登上前台，被记录为应神大王的第五代后裔，从而使另一位贤德之王的登基成为可能，正是《日本书纪》所主张的这一世系未间断地传到了天武。

另一个有趣地偏离中国编史传统的方面，是其中包含有大量的诗（或者是可称为歌的内容，正如记录所说明的，这些内容是可以歌唱的）。早期的日本社会将诗歌视为一种交流方式，是有助于解决冲突的（和平地或以武力），因此是传递历史的有价值的载体，因此《古事记》包含112首诗，而《日本书纪》包含128首诗，都用谐音写成。以《古事记》为例，其中的很多诗歌明显是爱情诗，通常是君主和王后或配偶之间进行交流的内容。但是在《日本书纪》的后半部分我们看到带有政治目的的诗歌，有些诗被称为"诅咒诗"，预言宫廷因滥用权力将会造成的恶果。例如有些诗歌，预言性地概括了专制苏我（Soga）家族的危险，在齐名（Saimei）王朝末期也出现了非常隐秘性的诗歌，其中谴责该王朝没有将百济从入侵的新罗—唐军队的魔爪下拯救出来。①

《日本书纪》的最后几卷，传说和荒谬的事件所占篇幅很少，因为其焦点转向了基于历史的国内外动荡的事件，随处出现的一些暗示，预示着社会出现了变化。这为天武提供了舞台，他的统治关乎宫廷的法律事务、继承以及权力巩固。皮戈特（Piggott）认为，在壬申之乱（672年）中取得胜利之后，他和妻子及继任人持统（Jitō）能够重整宫廷，引进基于唐律的律令（ritsuryō）制，②创造了"神皇形象"，将中国文化嫁接到基于神道的宫廷文化。③ 这要求史家在君主仍然在世，且史学编纂的各个阶段君主的直系继承人在位的

---

① 该诗的翻译见 John R. Bentley, 'Gengogaku-teki na takara o himeru *Nihon shoki* (Linguistic Gems to be Found in *Nihon shoki*)', *Kokubungaku: kaishaku to kyōzai no kenkyū*, 1(2006), 132 - 140。

② *Ritsuryō* 指日本接受的刑事和行政法典。

③ Joan R. Piggott, *The Emergence of Japanese Kingship* (Stanford, 1997), 127 - 128.

情况下，要清醒地知道对王权描绘什么以及该如何描绘。① 正是《日本书纪》的最后几卷，为后继的系列历史编纂方案提供了样板，这些方案最终形成了五部其他官方史书。这五部著作加上《日本书纪》构成了学界传统上所称的《六国史》。

64　　## 《续日本纪》

作为《日本书纪》影响日本历史编纂的证明，接下来几部官方历史的标题都含有"日本书纪"标题的缩略版（"日本纪"）：《续日本纪》《日本后纪》《续日本后纪》。也许可以说，《日本书纪》的真正遗产是开了中国式历史记录和史学编纂的先河。701年，朝廷颁布了《大宝律令》（*Taihō Code*），然后在718年颁布了《养老律令》（*The Yōrō Code*），后者是对前者微调的版本。这两部律令都是模仿《唐律疏议》（651—653年）。《养老律令》第二章第六目提到，负责修纂国史的是"中务省"（Ministry of Central Affairs）。而唐典中具体规定，有三种类型的记录——"起居注"、实录和国史——《大宝律令》和《养老律令》把君王气质描绘为神秘和神圣的，所以除了记录其法令和诏书的言辞以及君王的公开活动外，并不撰写宫廷起居注。② 因此，在最初，日本宫廷只修纂国史，后来有了实录。③

在此系列中，帝国下令编纂的第二部史书《续日本纪》呈现出不规则的特征，记录了两次内部的纷争，以及奈良时代（710—794年）两次独立作出的迁都决定。两次诏令的存在，一次在794年，一次在797年，证明完成编纂《日本书纪》续编的任务困难重重。根据这两个诏令，似乎在淳仁天皇（Junnin，758—764年在位）统治期间，正当藤原仲麻吕（Fujiwara Nakamaro）如日中天的时候，他发

---

① Joan R. Piggott, *The Emergence of Japanese Kingship* (Stanford, 1997), 128.

② 池田温（Ikeda On）说关于皇帝活动的记录并没有确立起来，所以这一记录并不存在。参见 'Chūgoku no shisho to *Shoku Nihongi* ', in *Shoku Nihongi*, vol. 3 (Tokyo, 1992), 642。

③ 该描绘基于：同上，626-649。

起了一项历史编纂的工程，记录自文武（Monmu，697—707 年在位）至 757 年，或者到孝谦天皇（Kōken）退位前那一年的王朝。这些诏令记载，这一工程的 30 卷草稿存放在宫廷。岸俊男（Kishi Toshio）指出，这一工程是为了纪念仲麻吕的祖父不比等（Fubito），在《日本书纪》（也是 30 卷）呈献给宫廷时他还在世。[1] 关于这一草稿，诏令指出："语多米盐（指琐碎细节），事亦疏漏。"（797.2.9）很可能藤原醉心于将宫廷变成小型的唐朝，编纂者们必须收录符合这一观念的事件，结果其他重要事件被忽视了。随着仲麻吕和他的军队在 764 年叛乱中毁灭，这一工程也被放弃了，未完成的草稿被束之高阁。

　　794 年的诏令指出，光仁（770—781 年在位）下令编纂史书，涵盖 758 年到 777 年这 20 年，后来编成了 20 卷，但是结果"唯存案牍，类无纲纪"（794.8.13）。因此，797 年再次下诏编纂，记录从 697 年到 791 年的事件。这一编年史基于以前的编纂工程，编纂者剔除多余，补充缺失，使文本符合中国历史的适当模式。坂本太郎（Sakamoto Tarō）概括说，这一编纂进程有三个阶段：（1）最初在淳仁时代编纂了（涵盖 697—757 年）30 卷；（2）光仁时代的编纂工程统一了第一阶段的文献，加上了 758—770 年的历史 20 卷；（3）加上了桓武统治时期的历史，重新编辑了 20 卷的光仁文本，整理成 14 卷。最终形成了 40 卷的著作。[2]

　　尽管上述的奈良王朝主要集中在"国史"，但清楚的是，有些宫廷史家保持了除宫廷起居注外的各种记录：702 年的第四个月，《续日本纪》提到了省督的记录；在 713 年的第四个月提到了各种佛教寺庙的耕田记录；713 年的下一个月提到了历史名录；724 年提到了佛教记录；730 年看到了税收记录。遗憾的是，这些记录都没有被引用。这些内容记录了地方发生的事件，将地方"记忆"中的东

65

---

[1]　Kishi Toshio, *Fujiwara Nakamaro* (Tokyo, 1987), 306.

[2]　Sakamoto Tarō, *Rikkokushi* (Tokyo, 1970), 176‑178; and John Brownlee, *The Six National Histories* (Vancouver, 1991), 95‑96.

西诉诸文字,看起来是可信的。下面所引用的内容尽管包含许多异想天开的东西,但其所作历史记录的基本背景是可信的:"方船之贡,府无空时,河图之灵,史不绝记。"(736.11.11)

《日本书纪》几乎逐字逐句地从大量中国材料中抄录了一些段落和文本,构建起其精确的编年故事,用从中国赞美帝王品性的作品中提取并储备的段落来介绍每一个君主,但在《续日本纪》中就几乎看不到这种"捏造"。《续日本纪》的编纂者大胆尝试用基于汉语的语法规则创建自己的中文文本,而非从中国的历史材料中照抄整个句子。① 因此,中国记录、传记的特征在《续日本纪》中并不明显。然而,这种感观上的缺陷在后来的历史中得到了矫正。

66

《日本书纪》和《续日本纪》的最显著差别之一,是对社会的描写。《日本书纪》自然具有神秘的性质,尽管也有动乱、战争或不公正,但在大部分例子中,都以神奇的、几乎是神意的方式对此进行讨论,向读者描绘君主确实是日照大神的后代,大和是被赐福之地。《续日本纪》则相反,费了大量笔墨描绘当时社会惨淡的一面。有两个具有说服力的例子。在第一个例子中,朝廷希望将首都从藤原迁到后人所称的奈良或平城。征召了劳动力建造宫殿和周边的都城,但是问题出现了。在711年9月,元明女皇颁布如下的命令:

> 顷闻诸国役民,劳于造都,奔亡犹多。虽禁,不止。今宫垣未成,防守不备,宜权立军营禁守兵库。(711.9.4)

这一法令描绘了那些被征召修建新都的百姓生活是多么艰难。这与宁德的故事形成鲜明对比,据说他为了百姓的福祉而牺牲了自己宫殿的维护。

相关的例子有关于劳力和兵士征召地的各省份。723年,大宰府,即九州的官府总部,向朝廷汇报:

---

① 参见 Kojima Noriyuki, *Jōdai Nihon bungaku to Chūgoku bungaku*, vol. 3 (Tokyo, 1962),1462 – 1470。

　　"日向、大隅、萨摩三国士卒，征讨隼贼，频遭军役。兼年谷
　　不登，交迫饥寒。谨案故事，兵役以后，时有饥疫。望降天恩，
　　给复三年。"许之。

　　《续日本纪》的另一个重要革新，是同《古事记》类似，包含着一
种混杂的文本，用来记录天皇诏令（宣命）。这些是用古体语言构
成，转换成一种混杂的汉语形式，然后在特定的活动中背诵。由于
这样的形式在《日本书纪》中并没有发现，所以很可能是《日本书
纪》的编纂们避免了这种混杂问题，因为他们的目标指向就是创
作雅致的汉文记录。[1] 不管出于什么原因，《续日本纪》的编纂们67
收录了 62 篇重要的诏令。有趣的是，神道的祷告文也有同样的混
杂文体，这说明天皇的诏令与祷告文具有同等分量且具有宗教意
义。[2] 这可能是向读者表明，君主确实是神的化身，或者如诏令的
词句所描绘的，是可见的神。

　　《养老律令》第二十一篇第一目（公式令）特别规定天皇诏令要
用某些语句写成，并在亲临的听众面前高声朗读，而帝国的法令则
要（用纯正的古汉语）写成并张贴。这一目基于唐律，后者规定，唐
朝皇帝的官方文件有七种不同的格式。不清楚的是，这五种日本
的格式是比照唐朝的七格式创作的，还是宫廷中本来就有五种不
同的格式，在唐朝的格式适用时，就直接用到日本的法典文本中。
前三种日本君主诏令的格式大致上语句相同："明神御宇日本天皇
诏旨云云。咸闻。"这些天皇诏令用于新君主登基、更改君主年号、
提升官阶、奖赏服务以及后来用于惩罚和处罚。尽管在后来的《六
国史》（Rikkokushi）记录中都可以找到这种诏令，但大约一个世纪
后，大多数诏令都变成了公式化的，朝廷也不能很好地理解了。在

---

[1] 从《日本书纪》的内部证据则可以证明这些帝国法令要早于《续日本纪》。在继
　　体六年（约 512 年），物部鹿鹿火（Mononobe Arakahi）受大王任命担任针对百济
　　国使团的帝国发言人。遗憾的是该法令的格式无从知晓。
[2] 这里有清晰的区别，因为祈祷文是为了王权而讲给神听的，但帝国法令则是为
　　了统治者而讲给人（国内或国外）听的。

《日本三代实录》(*Nihon sandai jitsuroku*)中,我们可以看到对这种状况的描绘:"二品仲野亲王,薨。亲王能用奏寿宣命之道,音仪词语足为模范。当时王公,罕识其仪。"(867.1.17)因此,到9世纪后期,大多数朝臣都已难以理解这种古体的语言。

同《古事记》和《日本书纪》类似,《续日本纪》也包含诗歌,但是与前两者相比诗歌数量大大减少。其反映的事实可能是,中国的史学编纂把文学和诗歌与真正的历史严格区分,而且到《续日本纪》时期,编纂者们努力更加紧密地追随中国的模式。尽管如此,《续日本纪》还是收录了八首诗歌。这些诗歌集中在三个王朝:圣武(724—749年在位)、称德(764—770年在位)和光仁时期。记录在光仁天皇当政之初的一首诗歌是咒语诗,不过它没有预示厄运,而是预示了吉祥,也就是光仁天皇的继位;因此,这首诗用来表明光仁王朝是事件发展的自然结果。

《日本后纪》

嵯峨天皇(809—823年在位)是恒武天皇(781—806年在位)的儿子,是聪颖的汉学学者。他统治时期深受中国文化影响,这表现在大量的编纂作品中。814年,他编纂了一本中国诗集《凌云集》(*Ryōunshū*)。815年一项编纂首都地区谱系和家族的工程——始于其父恒武时期——完工并被献给嵯峨。820年《光仁格》(*Kōnin kyaku*)和《光仁式》(*Kōnin shiki*)编成。《光仁格》收录了自701年《大宝律令》到819年颁布的正式诏令、法令、法律和条例。遗憾的是,这一文本散失了,只能通过一些引用片段才能了解其内容。《光仁式》也已经散失了,它包含着宫廷仪礼和朝臣规则。与这些给宫廷定立秩序的努力同时,嵯峨也下令编纂史书。人们相信,嵯峨希望模仿中国历史,编纂其父(792—806年在位)当政末年以及接下来其兄平城(806—809年在位)时期的史事。编纂活动开始于819年,但是成员的相继去世严重延误了这一工程。随着下令编纂的嵯峨的去世,在6年的时间里,编纂成员里有4位去世。下一位君主淳和(823—833年在位)重新组织了队伍,并要求把嵯峨统治的时期也纳入书中。该工程直到840年,即仁明(833—850年在位)统治时期才完成。只有嵯峨所任命的最初编纂队伍中的一个成员藤原绪嗣(Fujiwara Otsugu),目睹了这项工程所经历的21年的编纂历程。

该著作最初完成了40卷,涵盖了792—833年,但是这部手稿并没有广泛传播,所以只有其中的10卷流传到现在。学者们已经能够将散失的大部分内容修补起来,因为两部后来的著作,即菅原道真(Sugawara Michizane)的《类聚国史》(Ruijū kokushi,大约892年)和《日本纪略》(Nihon giryaku,大约11世纪),从《日本后纪》(以及其他著作)中引用素材并根据主题进行了编排。尽管这一资料可以看到且填补了很多空白,但下面对《日本后纪》的叙述特别针对现存的部分。

《日本后纪》风格上的一个有趣变化是包含了四品及以上朝臣的传记,收录进宣告他们死亡的条目中。尽管大部分传记都非常简单,但有趣的是,和气清麻吕在799年去世前,编写了非常详细的传记,其中包括许多描绘他先祖的篇幅。收录如此篇幅的传记,最有趣也是最主要的原因是该记述围绕强有力的人物道镜(Dōkyō,卒于772年)展开。道镜尽管是个平民,但靠阴谋登上皇位。朝廷一度派遣和气清麻吕前往八幡神庙去向神确定有关此事的旨意。神谕宣布,平民永不可能登上皇位。这一结果可能是编纂和气清麻吕关注的焦点,因为嵯峨已经决定加强天皇的地位和权威。但是编纂这些传记并不仅仅是为了赞美朝臣。坂本太郎指出,在这些传记中叙述死去的个人的缺点和长处是《日本后纪》的特点。①

《续日本后纪》(Shoku Nihon kōki)、《日本文德天皇实录》(Nihon montoku tennō jitsuryoku)、《日本三代实录》(Nihon sandai

69

---

① Sakamoto,*Rikkokushi*,237;and Brownlee,*The Six National Histories of Japan*,132.

jitsuroku)——"六国史"系列中的第四、第五和第六部——继续前面的史书所设定的模式。然而,这些史书,尤其是《续日本后纪》和《日本文德天皇实录》仅仅记录了一个天皇统治的时期,而非广阔的时代。《日本三代实录》正如其题目所表明的,记录了三个天皇的统治时期。布朗利指出,尽管有权势的藤原家族在编纂最后三部史书时提供了协助,但是这些书集中记录的是天皇及其宫廷事务。如后文所示,藤原家族的富裕和力量是以不同的历史记录风格而记录的。①

也许可以说,后来的这几部史书有意努力与中国传统相匹配,结果有了与自然现象有关的有趣条目,例如:"大风,折木杀草。记灾也。"(850.5.2)"雷。何以书之,记异也。"(850.12.14)"有水鸟,似鹭而小,不得其名,集殿前梅树。何以书之,记异也。"(851.3.27)"春寒殒霜。何以书之,记灾也。"(854.3.23)

以"六国史"的最后一部《日本三代实录》作为例证,可以恰当地说明由中国启发的历史编纂如何转变为刻板、枯燥和死气沉沉的风格。《三代实录》篇幅巨大,记录的信息细节详尽、千篇一律,粗糙的评论与完全重复的内容相匹配,几乎对天皇统治的每一年甚至每个月都毫不遗漏地进行记录。需要指出的是,到 9 世纪后期,中国历史编纂的模式已经不适合日本的需要,出现了发展新模式的趋势。随着人们相信皇室家族世袭不断地传自天照大神已经成为俗套,且确立了统治家族万古不变的传统,文人的兴趣已经从官僚宫廷的日常事务转向,更多地集中于围绕都城的强势人物以及周边郊区风头正劲的武士们所发生的文学故事。然而,与传统最大的割裂是这种新的模式会用日语进行书写。

---

① Brownlee, *Political Thought in Japanese Historical Writing*, 37.

历史传奇

正如布朗利指出的，858 年是日本历史编纂的关键一年。① 这一年，藤原良房（Fujiwara Yoshifusa）获得了摄政王之位，这大大削弱了天皇的统治。969 年发生了另外一件重要的事件，即设置了官职修下一部历史，完成了《新国史》（*Shin kokushi*）。与这些事件一道，中国风格的历史编纂凋谢了。取而代之的是许多用俗语写成的本土历史传说，而非古汉语写就的编年史。第一部此类的历史传奇是《荣华物语》（*Eiga monogatari*，下面简称《荣华》）。这部著作之所以重要乃基于许多原因，其中显著的原因是研究《荣华》的许多学者都相信作者是一位女性，叫赤染卫门（Akazome Emon）。② 这部著作另一个重要方面是它的读者群。尽管《六国史》打算给外国使节阅读，后来成为依据中国法典而定型的宫廷参考素材，但历史传奇供气格典雅的廷臣们阅读，这要求文本用日语写作，里面充满诗歌以及来自日常生活和围绕宫廷发生的故事。

《荣华》采用了中国式历史编纂的编年史框架，但是其并非编年史。同样有趣的是这部著作注意谱系，但又非名册。该传奇的开场白表明作者有历史传统的意识："自始以来，该国已历帝王六十余代，次第详述其王朝力所不逮，仅就最近之事述之。"③《荣华》始于天禄三年（887 年），即《日本三代实录》所记录的最后一年，表现出历史要不间断记载的意识。

然而清楚的是，《荣华》和接下来的著作并非历史，而是讲述历史的传奇。这种传奇涉及宫廷贵族的许多私人活动，包括婚姻和出生之类的事件。尽管其并非现代意义上的历史，但是许多条目

---

① Brownlee, *Political Thought in Japanese Historical Writing*, 42.

② 参见 William H. McCullough and Helen Craig McCullough, *A Tale of Flowering Fortunes：Annals of Japanese Aristocratic Life in the Heian Period*, 2 vols. (Stanford, 1980), i. 37 - 50, 围绕该传说作者的问题。

③ 同上，i. 69。

都提供了有关早期历史的有价值的信息，而这些信息显然被以前的编年史所遗漏了。关于《万叶集》(*Man' yōshū*)这一日本第一部本土诗集的起源，《荣华》记载道："天平五年，孝谦天皇治下，命左大臣橘及公卿大夫编《万叶集》。"①

针对这一传奇的批评之一是其不精确性或者记录马虎。正如威廉·麦卡洛(William McCullough)和海伦·麦卡洛(Helen Craig McCullough)指出的："其文本或其编年安排所暗含的日期有百分之十五到二十都与其他资料不符，而且清楚的是，几乎在所有情况下都是《荣华》的作者犯了错。"②该记录历史价值方面最大的问题是有意修饰和捏造事件。一个最明显的例子是 969 年 10 月 15 日的记录："正当所有人为即将到来的涤罪和感恩准备时，50 岁师尹(Morotada)去世的消息传来……其女芳子(Hōshi)(宣耀殿女御)、其子及所有其他亲属皆悲痛欲绝。"③事实上芳子在两年前就去世了，所以这一看来没有问题的条目变得有问题了。然而，人们可能会说，作者的目的和重点不是记录历史，而是重在描绘藤原家族中富裕且地位显赫的宫廷贤达，尤其是其家族的首领藤原道长(Michinaga)。芳子是天皇的女御，所以描绘她因父亲而悲伤比记述事实更加重要。另一方面，人们还可能会说，这些错误属于"智者千虑必有一失"。

在《荣华》之后不久，出现了被称为"四镜"的系列历史传奇，第一部是《大镜》(*Ōkagamai*)。将镜子来比喻历史的观念归功于中国史家司马迁，他说现在的人可以将过去的事件作为镜子来对两者进行判断。④尽管这四部著作与中国有明显的联系，但是与中国历史编纂没有什么共同之处。《大镜》处理的材料与《荣华》一样，皆

---

① William H. McCullough and Helen Craig McCullough, *A Tale of Flowering Fortunes*：*Annals of Japanese Aristocratic Life in the Heian Period*. (Stanford, 1980), i. 79.
② 参见同上，i. 33。
③ 同上，i. 102。
④ 参见本卷第一章。

71

关于藤原家族的兴起和繁荣，但是前者使用的是更具历史意识的框架。小插曲则根据某个重要人物，如皇帝、大臣或宰相等进行编排，并按照编年顺序排列。《荣华》是直线形地讲述历史事件，而《大镜》则是更具并列性的作品，根据人物及其参与的故事进行描绘。在所有这些"镜子"历史传奇中共同的编史设计是有一位讲述者：每部传奇都由一位老人或上了年纪的妇女来讲述。[①] 在此，口述传统和"集体"记忆的重要性似乎卷土重来。前文说过，在早期的日本，家族谱系和历史是口头传播的，这种传统在这些半历史性的传奇中以不同的形式再度出现。[②] 这种传统的历史传播方式，在古代叙述者的形式中找到了新角色。接下来的问题是，这些传奇和那些通常被归为"说话"（setsuwa）的作品有什么区别？正如海伦所说，这些传奇并非"整合起来虔诚地教导隐含的道德理论主张……而只是考察藤原道长的生涯及其重要性"。[③]

72

　　第二部著作《今镜》（*Ima kagami*）走得更远，它不再只是讲述显赫贵族家族的历史，而是讲述宫廷和世俗中连续性的主题。该传奇所涵盖的时段是 1025 年到 1170 年，这是一个变动和嘈杂的时代，包括 1156 年和 1160 年的冲突，但是传奇对此并没有叙述。正如布朗利所提到的，作者并没有提及这些动乱的意愿，[④]这部著作的主题是说宫廷的优雅超越时代。《今镜》的讲述者声称是《大镜》的讲述者之一世继（Yotsugi）的孙女，并一度为令人尊敬的作家紫式部（Murasaki Shikibu）服务；因此，其试图把这部著作与《大镜》联系起来，也许让人想起《日本书纪》《续日本纪》等连续的日本早期历史。同《日本书纪》一样，这些历史传奇在叙述中特别突出了诗歌。在《今镜》的第十卷有一个简单的例子：

---

① 在《大镜》中讲述故事的有两人，一个 190 岁，另一个 180 岁。

② Bentley, *Historiographical Trends in Early Japan*, 60 - 65.

③ Helen Craig McCullough, *Ōkagami: The Great Mirror* (Princeton, 1980), 17.

④ Brownlee, *Political Thought in Japanese Historical Writing*, 55 - 56.

摄津长官名范永（Norinari），前往大山深处某村庄，黄昏时下至一园。他四处游逛重复下列话语："多么深啊！"……同时外出的一位名为节信（Tokinobu）的卫兵应答道："日落时，人们能听到到处的钟鸣。"

范永应道："说这些多不适宜。"节信从井里抓了一只青蛙作宠物。当青蛙死后他制成了标本。①

第三部"镜子"是《水镜》，这是四部当中最缺乏趣味的，因为作者采用了与前两部相同的模式，但是讲述者机械重复了从《扶桑略记》（Fusō ryakki）中提取的资料，后者是一部日本佛教史，附带一些从《日本书纪》或"六国史"中引用的片段。最后一部是《增镜》（Masu kagami），它继续前面所提到的传统，但现在是概括后面要提到的所谓镰仓时期宫廷发生的事情。讲述者并列叙述朝廷（天皇）对抗影子朝廷（禅位天皇）和将军的事件。这部著作完成于 1368—1376 年之间。② 到此时，已经有许多历史编纂模式供作者借鉴："六国史"、历史传奇、武功传奇以及历史分析著作，如《愚管抄》（Gukanshō）和《神皇正统记》（Jinnō shōtōki），这两部著作后面会提到。正如乔治·铂金斯（George Perkins）所言，《增镜》的作者从《大镜》中获取线索，开始"运用虚幻传奇的雅致工具，将历史作品裁剪得适合贵族读者的口味"③。有趣的是，有些人相信那位负责讲述的老尼是后来加上的，用来模仿《大镜》和《今镜》，因为她在最初出现了，然后间歇地、生硬地出现在作品的某些地方。尽管如此，该部作品的目的是清晰的：描绘尽管幕府迁移到日本东部的镰仓，但朝廷及其影响仍保留在京都，充满生气且意义重大。④

①　Bentley，*Historiographical Trends in Early Japan*，193 - 194.
②　参见 George W. Perkins，*The Clear Mirror*：*A Chronicle of the Japanese Court during the Kamakura Period*（1185 - 1333）（Stanford，1998），261。
③　同上，16。
④　同上。

最后，或许把《吾妻镜》（*Azuma kagami*）放在这里介绍并不太恰当，因为尽管它与其他历史传奇一样在标题上都有"镜"字，但是它并非历史传奇。它是以镰仓幕府（存在于1192—1333年）为素材，用混杂的中文风格写成的编年史。它大约在1266年后编纂完成了最后的条目。该记录以编年为基础，让人想起"六国史"。它甚至像《续日本纪》或《日本书纪》那样包含一些诗歌。这部著作本身非常重要，因为它是有关镰仓幕府以及围绕1221年"承久之乱"所发生之重要事件的有限材料之一，当年后鸟羽天皇试图摆脱镰仓幕府获得自主权，但他的努力失败了，并因此而被放逐。

武士传奇

随着平安时代（794—1192年）文学热情的高涨，历史资料的主要读者朝臣们，开始渴望包含着文学内容，其中有传奇和诗歌，但仍然探讨历史的作品。在平安时代早期，关于佛教派别的争论非常激烈，一位天台宗的僧侣最澄（Saichō），数度说服他人在日本接纳天台宗。在他的著作《守护国界章》（*Shugo kokkai shō*）（818年）中，他宣布天台宗优于其他派别，因为它能保护国家，以此他向其他人进行呼吁。佛教思想开始出现在各种传统作品中，其中包括历史。

随着京都朝廷的统治影响力下降，首都的武士团体开始发挥更大的控制力。这导致了大量的军事运动，第一次是1156年的"保元之乱"（Hogēn Disturbance）。随着一系列强有力的武士团体追逐国家权力，文学开始关注他们的故事。《保元物语》（*Hōgen monogatari*）重新讲述天皇权力——在鸟羽（Toba）、崇德（Sutoku）和后白河天皇（Go-Shirakawa）（他们是天皇或一度禅位）之间、贵族权力——藤原忠实（Fujiwara Tadazane）的儿子藤原忠通和藤原赖长（Yorinaga）之间以及武士源为义（Minamoto Tameyoshi）的儿子之间的敌对故事。时至今日仍然不为人所知的作者轻视宫廷，蔑视他们的文学消遣，而对武士一成不变的品质如勇敢、忠诚和力量

74

则充满溢美之词。①

下一部传奇《平治物语》(*Heiji monogatari*),选取了《保元物语》所剔除的故事。该传奇叙述了 1159—1160 年的"平治之乱"。同《保元物语》一样,作者叙述了三个层面导致叛乱的密谋。《保元物语》和《平治物语》的最大区别是后者超越了简单重复那一复杂的传奇;作者现在还对良好统治的原则进行了考察,主要是基于儒家的理想。布朗利指出,口头背诵可以解释这些武士传奇的某些个性特征。他指出,在《保元物语》中,讲述者声称源义朝(Minamoto Yoshitomo)的军队由 1 700 名武士组成,然后实际提到了大约 100 个人的名字。如果该文本实际是用来朗诵的,那么一定是非常乏味的。我们推测,背诵这些人的名字很可能意味着这些人的后代是读者的一部分。②

最后的武士传奇非常著名,即《平家物语》(*Heike monogatari*)。该传奇并不像前两部传奇那样集中叙述某一个悲剧性的英雄,而是重述围绕一些个人而发生的大量情节,这些人在平氏和源氏之间长达 20 年的斗争中表现勇敢。其开场白众人皆知:"骄奢淫逸不长久,恰如春夜梦一场;强梁霸道终覆灭,好似风中尘土扬。"③在《平家物语》中,佛教的哲学思考非常清晰。作者并未赞扬源氏压倒性地战胜平氏的武功,而是对曾经雄霸一时的平氏的失败感到悲伤,并对他们的境况表示同情。④ 这部著作并未致力于进行深刻的政治评论,而是描绘围绕帝国统治者以及两个武士集团之间的三方阴谋。作者时刻想到他的读者,对许多战争场景描绘得非常细致,甚至细致到武士的服饰细节。然而,传奇最终的口吻是"万物皆空",人们必须信奉阿弥陀佛。如上所述,这些传奇显然是写下来供朗诵的,而且在《平家物语》中,佛教僧侣云游全国,边弹

---

① Delmer M. Brown and Ishida Ichirō, *Future and the Past: A Translation and Study of the Gukanshō, An Interpretive History of Japan Written in 1219* (Berkeley, 1979), 387 - 388.

② Brownlee, *Political Thought in Japanese Historical Writing*, 73.

③ Helen Craig McCullough, *The Tale of the Heike* (Stanford, 1988), 23.

④ Brownlee, *Political Thought in Japanese Historical Writing*, 74.

奏琵琶边诵读传奇。

分析史学的出现

随着后醍醐天皇起来对抗镰仓幕府，即所谓的"建武新政"（Kenmu Restoration，1333—1336 年），将军宣布后醍醐的表亲光严继为天皇，建立对立朝廷，从而出现了与南朝（后醍醐）对立的北朝（光严）。前所未有的王朝分立的缘起，以及不断增长的"末法时代"（mappō）思想的影响，即佛教所谓堕落和道德腐败，都对《愚管抄》的作者慈圆（Jien）产生了刺激。

《愚管抄》写于 1219 年，试图对过去进行政治分析，以免将来重蹈覆辙。慈圆是高级别的佛教僧侣，与幕府的创建者源义朝相识。慈圆用日语书写以面向更广大的读者，并描绘了朝廷不可避免的衰落。朝廷的衰落正与他的家族九条（Kujō）同步，该家族起步于源氏对平氏的胜利。《愚管抄》列举了加速朝廷衰落的弊端：忽略圣德太子的宪章、创设毫无用处的职位、贿赂、过分利用摄政和寺院住持，以及佛教僧侣的衰落。[①]

《愚管抄》首先对中国以及日本的统治者进行编年，这为慈圆揭示两个国家的"黄金时代"奠定了基础，这样他能够将其与现在进行并列叙述。然后慈圆把佛教思想映射到这一编年史中，表明神武时代与纯粹的佛教律法是一致的。然后他描绘在 1502 年后进入末法的衰弱时期，即朝廷的衰落时期。[②] 慈圆在他的著作中所使用的重要分析工具是把事件与"道理"（dōri，理性、原则）相联系。慈圆写道：

> 圣德太子为何延迟安排父亲的葬礼……醉心于屠戮人类的战争，而后才准备其父亲的葬礼呢？……在此我们得到了惊

---

① Brownlee, *Political Thought in Japanese Historical Writing*, 94.

② 参见同上，95-96。

人的真相：佛道已经被阻塞，太子认为他应移除障碍后方能考虑父亲的埋葬。[1]

由于慈圆在描绘各种事件时非常松散地使用"道理"一词，布朗利提请人们注意："每位读者都必须创制一种框架来包容慈圆的观念，因此会有许多可能的解释。"[2]慈圆在其历史编纂方面最独特的创新，是利用分期和原理来描绘和分析事件。他对表面看来死亡的皇廷的反应，就是要把过去描绘为尝试预言和改变未来的路径。

最后的记录是《神皇正统记》（1339年），其作者是北畠亲房（Kitabatake Chikafusa）。他对帝国的制度也非常感兴趣，因此他感到有责任撰写一部分裂王朝正统支脉的历史。就在建武新政时期镰仓幕府被推翻且社会陷入混乱和战争后不久，他撰写了这部著作。北朝和南朝武力相向，足利（Ashikaga）家族在幕府倒台后掌握了权力，它曾经支持北朝。北畠亲房撰写历史支持南朝的正统性，南朝也是两个派别中军事实力比较弱的一方。

与慈圆倾向于佛教相反，北畠亲房倾向于神道，他并没有将历史看成必然的衰弱过程。北畠亲房写道："尽管人们也许会忘记过去及其教训，但上天不会对正确的道路失察……罪恶不会持续长久，最终会灭亡，失序的世界最终会步入正轨。"[3]他以这样著名的话语作为他的史学作品的开场白："大日本为神圣之地。"[4]这为从神武到后村上天皇（Go-Murakami）97位各种"天皇"的帝国承袭奠定了基础。慈圆相信末法时代的宇宙仅仅为君主分配了100个位置，并说"现在已经是84位君主，剩下的不多了"。[5]北畠亲房对此进行反驳："我们也有'百国'的说法，但是我们不应该精确地指100

---

① Brown and Ishida, *Future and the Past*, 28-29.

② Brownlee, *Political Thought in Japanese Historical Writing*, 98.

③ H. Paul Varley, *A Chronicle of Gods and Sovereigns: Jinnō shōtōki of Kitabatake Chikafusa* (New York, 1980), 255.

④ 同上，49。

⑤ Brown and Ishida, *Future and the Past*, 19.

个……100 这个字符意思是无限，在'百官'（hyakkan）和百姓
（hyakushō）这样的词汇中我们可以看到这种用法。"①

在列举了天皇并就每一王朝进行详细描述后，北畠亲房从所谓
社会经济分析角度对帝国的衰落问题进行了评价。关于后醍醐王
朝，他写道：

> 随着后醍醐天皇的出现，国家的治理权出人意料地回归朝
> 廷，人们认为这为改正积年的罪恶提供了机会……现在那些地
> 产拥有者的财产也被纳入奖励有功之武士的土地之列。结果
> 大的世袭家族变得仅仅具有空洞的称号而已。②

他也诟病武士在导致传统体制破产方面的贪婪："这些日子里
流行的说法是，如果一名武士加入某一战斗或者损失了一名随从，
他的要求是'我的报酬是整个日本；半个国家可不够！'"③

北畠亲房也聪明地分析了后鸟羽天皇在"承久之乱"中的
失败：

> 由于在白河和鸟羽天皇时代，古代的统治方式已经明确衰
> 落了，而且在后白河时代出现了武装叛乱，且背叛的臣属们将
> 国家置于混乱之中……源赖朝（Minamoto no Yoritomo）通过他
> 自己的军队恢复了秩序；尽管帝国朝廷并没有恢复到其原有的
> 状态，在首都的战斗平息了，百姓的负担减轻了……承久事件并
> 不能被视为天皇的敌人发动叛乱并取得胜利。因为此时，反对
> 镰仓政权的时代还没有到来，上天明显不让后鸟羽的行动获得
> 成功。④

77

---

① Varley, *A Chronicle of Gods and Sovereigns*, 84.
② 同上，259。
③ 同上，260 - 261。
④ 同上，225。

因此，反对镰仓幕府的叛乱要在"上天认为合适"的时机进行：后醍醐天皇后来的建武复兴被描绘为"令人惊奇的上天行为"，[①]借此，北畠亲房不但论证了南朝的合法性，而且为帝国的统治传统以及武士回归其传统服从的角色进行辩护。

北畠亲房的著作使日本的历史编纂完成了一个循环。留存的最早期的日本历史著作围绕着君主的神圣统治而创作。随着这一政府的衰弱，朝臣们阅读半历史性的著作，其围绕贵族在首都的朝廷或在首都及其周边的武士的斗争而展开。随着冲突和斗争给日本造成的损失，慈圆和北畠亲房顺应时势记录和组织史料，分析冲突的原因，并提出未来避免冲突的路径。因此日本的历史编纂就不再是简单地记录过去：它已经变体为类似镜子一样的媒介，过去同样映照出现在和未来。

大事年表/关键日期

公元 607 年	首次记录日本的使节派往中国隋朝
公元 660—663 年	唐和新罗联军打败百济，日本海军在白村江被唐军打败
公元 672 年	壬申之乱；天武天皇打败了其侄子的军队取得胜利
公元 673 年	天武天皇登基，开始了用中国文化、法律和规则调整政府的进程
公元 710 年	在奈良建立了永久都城
公元 764 年	藤原仲麻吕叛乱失败，道镜实力大增
公元 794 年	在平安（今京都）建立永久都城
公元 858 年	藤原良房担任摄政王，强大帝国统治削弱
公元 1156—1160 年	保元和平治之乱导致首都的破坏
公元 1180—1185 年	1185 年源平之战源家重创平家

78

---

① Varley, *A Chronicle of Gods and Sovereigns*, 250.

公元 1192 年　　　　　镰仓幕府建立
公元 1333—1336 年　　建武新政导致王朝分立

主要历史文献

《荣华物语》（写于 1028—1107 年）；见《新编日本古典文学全集》第
　　三十一至三十三卷（日本，1995—1998 年）。

《愚管抄》（约 1220 年）；见《日本古典文学大系（新版）》第二十卷
　　（东京，1992 年）。

《平家物语》（约 1371 年）；见《新编日本古典文学全集》，第四十五
　　至四十六卷（东京，1994 年）。

《今镜》（约 1170 年）；《今镜：本文及总索引》，笠间书院编（东京，
　　1984 年）。

《神皇正统记》（约 1338—1341 年）；见《新日本古典文学大系（新
　　版）》第二十一卷（东京，1993 年）。

《古事记》（712 年）；见《新编日本古典文学全集》第一卷（东京，
　　2007 年）。

《增镜》（约 1368—1376 年）；见《日本古典文学大系》第二十一卷
　　（东京，1965 年）。

《日本后纪》（840 年）；见《讲谈社文库》（东京，2009—2010 年）。

《日本书纪》（720 年）；见《新编日本古典文学全集》第二至四卷（东
　　京，2001—2002 年）。

《大镜》（约 1030 年）；见《新编日本古典文学全集》，第三十四卷（东
　　京，1996 年）

《续日本纪》（797 年）；见《新日本古典文学大系》，第十二至十六卷
　　（东京，1989—1998 年）

参考书目

Bentley, John R. , *Historiographical Trends in Early Japan*

（Lewiston，2002）.

Brown，Delmer M. and Ishida Ichirō，*The Future and the Past：A Translation and Study of the* Gukanshō，*an Interpretive History of Japan Written in 1219*（Berkeley，1979）.

Brownlee，John S.，*The Six National Histories of Japan*（Vancouver，1991）.

—— *Political Thought in Japanese Historical Writing：From* Kojiki（*712*）*to* Tokushi Yoron（*1712*）（Waterloo，1991）.

Ferris，William Wayne，*Sacred Texts and Buried Treasure*（Honolulu，1998）.

神野志隆光：《古事记：天皇世界的物语》（东京：1995）。

——《古代天皇神话论》（东京：1999）。

Perkins，George W.，*The Clear Mirror：A Chronicle of the Japanese Court during the Kamakura Period*（*1185—1333*）（Stanford，1998）.

Piggott，Joan R.，*The Emergence of Japanese Kingship*（Stanford，1997）.

坂本太郎：《六国史》（东京，1970 年）。

滝音能之：《解开诸神和古代史之谜：〈古事记〉到〈日本书纪〉》（东京，2005 年）。

梅泽伊势三：《记纪批判》（东京，1976 年）。

——《续记纪批判》（东京，1976 年）。

——《古事记与日本书纪的研究》（东京，1988 年）。

Verley，H. Paul，*A Chronicle of Gods and Sovereigns：*Jinnō shōtōki of *Kitabatake Chikafusa*（New York，1980）.

赵立行　译、校

第四章　印度历史写作：
约 600—1400 年

达乌德·阿里

　　本章所要考察的 800 年既是多事之秋，也是南亚社会和文化演变的形成期。笈多王朝时期(350—550 年)开辟了经济、政治和文化发展的进程，在接下来的一千年里，这种发展进程几乎将次大陆的所有地区带入统一的历史轨道。这一时期有时被称为"中世纪早期"，见证了不同的武士血缘家族演化为以发达农业为基础的地区性或次地区性的"王朝组织"。这一时期印度历史上的王朝史特别复杂——主要的家族包括马尔克海德的拉什特拉库特(Rāṣṭrakūṭas of Malkhed)、德干地区和古吉拉特的遮卢迦(Chālukya)、坦贾武尔的朱罗王朝(Cholas of Tanjavur)和达尔地区的帕拉瓦(Paramāras of Dhar)。尽管地区变化不可避免地带来了改变的种子，但是某些经济、政治和文化特征把这些政治体联合成了一种具有凝聚力的"家园"，其特征是农业发展、非农业地区的农民化、精致宫廷文化的演进以及支持湿婆和毗湿奴信仰。从 11 世纪起，其历史始终和中亚有某种联系的北部印度，开始不断出现土耳其和阿富汗穆斯林的武士团体，随着穆斯林苏丹国在德里建立，该现象在 13 世纪达到鼎盛。这标志着次大陆的精英文化开始发生深刻的变形，最初是缓慢的，但是其影响非常深刻，只是到了后来的蒙古时期才完全实现。尽管在最初的 150 年里德里苏丹国在军事上迅速取得成功，政治上得以稳固，但是它受到各省叛乱的困扰，而且在来自中亚的蒙古攻击下最终急速崩溃，此后地方性的苏

75

丹实现独立。

这一时期关于过去的概念以及对过去的记述确实有了发展。但讽刺的是，尽管这一时期历史论述的数量和种类不断丰富，但是无论概念性的还是经验性的有助于我们说明这一文化的学术素材，还是零落的。确实，这一章的前提——印度的历史写作发展充分，配得上它自身的历史——就在 50 年前人们还很少考虑。这一总体印象源于长久存在的殖民假设，即"古代印度"没有任何特有的历史写作传统，这是其文化传统匮乏和文明发展受阻的标志。穆斯林时期，因其阿拉伯和波斯的编年史，情况有所好转，但是其最终被视为"外来文化"产品，并没有改变印度大陆缺乏历史意识的基本特征。这一立场如此顽固，即使 1961 年在 C. H. 菲利普（C. H. Philips）指导下出现了里程碑式的论文集《印度、巴基斯坦和锡兰历史学家》（*Historians of India，Pakistan and Ceylon*），都未能使其动摇（事实上还在一定程度上进一步强调了）。

我在此所关心的并不是持这些立场的史学或者它们最近（零散地）遭到的批评。但我们完全可以说，这些讨论所积累的效果、人们对殖民前南亚历史和文献再燃兴趣，都使所谓南亚缺乏历史写作传统或历史意识的观念，像简单的命题一样无法立足。应当指出的是，这一倾向的唯一例外，是"本土主义的"立场，由于深受后殖民研究的影响，它认为印度缺乏历史意识应被视为美德，历史是一种外来的欧洲的概念，牵涉认识论和物质方面的暴力。[①] 然而，密切接触早期材料的学者们，对印度早期历史写作问题，已经提出了一系列更为精准的观点。即使那些仍然坚持印度缺乏历史写作这种陈旧观点的人，也发展出了不依赖东方主义假设的更加精致的观点。例如，学者们称，与其说印度早期缺乏历史意识和历史写作，倒不如说婆罗门正统的认识论观点"贬损"或甚至"否认"它，而

---

① Ashis Nandy, 'History's Forgotten Doubles', *History and Theory*, 34(1995), 44‑66.

且其意识形态追求将《吠陀》置于历史"之外"。[①]

伴随着这些观点，人们强烈呼吁重新考察有关南亚过去的各种不同记述，从雕刻、"传记"到波斯编年，将其视为特殊的历史思维形式。[②] 进行此类考察的早期著名作品，是 1966 年 V. S. 帕塔克（V. S. Pathak）出版的，被人严重忽略的有关梵文历史传记的研究——下面在某些场合我会不断重新提到。[③] 最近，出现了一些围绕亚属的或"本土的"历史写作机理所进行的讨论。[④] 总体而言，这种文献解释了一种更具包容性的历史写作定义。然而，在急于肯定殖民印度之前存在历史写作，并修正东方主义的假设时，也存在着把某些殖民前的历史写作置于明显现代主义语境的倾向——促成这种状况的部分原因，是人们希望赋予印度比较早的现代性。因此许多探讨都努力证明印度具有"真正的"历史意识，要么就是在深受印度贬低者的困扰下直白地进行认识，要么就是用明显专

82

[①] 参见 Sheldon Pollock，'Mīmāṃsā and the Problem of History in Traditional India'，*Journal of the American Oriental Society*，109：4（1989），603 - 610；亦可参见 Roy W. Perrett，'History，Time and Knowledge in Ancient India'，*History and Theory*，38：3（1999），307 - 321。

[②] 有关雕刻参见：Daud Ali，'Royal Eulogy as World History'，in Jonathan Walters，Ronald Inden，and Ali，*Querying the Medieval：Texts and the History of Practices in South Asia*（New York，2000）；and Sheldon Pollock，'Making History：Kalyāṇi，A. D. 1008'，in *Śrīnāgābhinandanam：M. S. Nagaraja Rao Felicitation Volume*（Bangalore，1995）；关于波斯编年史参见 Blaine Auer，*Symbols of Authority in Medieval Islam：History，Religion，and Muslim Legitimacy*（London，2012）。

[③] V. S. Pathak，*Ancient Historians of India：A Study of Historical Biographies*（London，1966）。

[④] 尤其伴随着下列出版物：Velcheru Narayana Rao，David Shulman，and Sanjay Subrahmanyam，*Textures of Time：Writing History in South India*（Delhi，2001），有关该书最近所引发的争论见 *History and Theory*，46（2007），最著名的是 Pollock（同上，366 - 383）的评论和作者们的反应（同上，409 - 427）。同时参见 Raziuddin Aquil and Partha Chatterjee（eds.），*History in the Vernacular*（Delhi，2008）。由于该书所探讨的时期在我们考察的范围之外，所以对具体观点不再探讨。

属于当地人的"亚属"标记细致地探明。这些研究将某些文献赞美为"真正的"历史，同时将其他文献判定为虚构的、诗意的或传统的。然而，这种排他性的活动，导致元属（meta-generic）的历史与其他的对立再次出现，这种对立很早就排除了所有南亚有关过去的作品。[①] 而且，这种讨论背后潜在的相当实用主义的历史概念，无论如何都暴露出极度狭隘的一面，亚洲和欧洲的许多早期历史传统都被剔除出它的范围。由于这些原因，在此我选择用一组开放式的诊断方法，来理解各种历史论述。换句话说，目的不是辨别历史写作的真伪，而是鉴别各种有关过去的历史论述，理解它们的基本特征、前提、产生的环境，以及与权力的关系。

7—15世纪之间的南亚历史写作可以被方便地分成两个范畴，这非常广泛地界定了历史编纂材料的场景：用印度语写作和用波斯语写作。前者大部分是由用梵文写作的文献组成的，中期印度雅利安语和德拉威语也有某些重要的贡献。后者（本章所探讨的时期）所涵盖的几乎全部是与德里苏丹国有关的文献。德里苏丹于13世纪已经奠立，波斯语成为东部伊斯兰国家的通用语言，在达到雅致、官方化以及行政管理方面，已成为一种媒介。以这种方式在印度语和波斯语中间对历史论述进行区分，不利于给人以清晰的编年周期的印象。然而，在整个德里苏丹时期及以后，仍然以印度语写作，同样，我们要探讨印度的阿拉伯和波斯文献也早于13世纪。从14世纪起，本土语言在历史论述中发挥着越来越重要的作用，但是它们大都超出了本章所探讨的范围。

一些基本的特征和前提可以把这一时期的所有历史作品串联起来。历史记述，同总体的知识一样，预设了一个世界，其基本成分同现代历史写作所通常假定的现代"科学"宇宙不同。首先也是最基本的，被称为可知世界的基本要素是通过更加广泛的参数来衡量的。许多超人和"不可见的"力量和实体被臆测为日常生活

---

① 该方法的最大错误是采用19世纪历史学家所实际主张内容的表面价值，然后将其用作分析工具，去发觉那些显然与此相符的结构。

"装备"的一部分,并定期进入历史叙述中。在这样的叙述中,现代历史学家惯称的"历史主体"也通常是很复杂的——对许多作者而言,个人和集体主体通常与高层的或神圣的主体相纠缠(而非被后者抹杀)。其次,人们认为物质和非物质的宇宙都被注入了价值——一种强烈的重道德意识,存在于构成社会和自然界的社会和物质存在等级。价值和存在的这种联系——通常通过神学观念相连——赋予人类世界以历史和本体论的目的,历史叙述反映了这种价值结构。最后,当作者和读者从他们过去的世界回到现实中时,并没有特别强烈和特别的"中断"将他们分开。这并不是说没有对遥远过去的感觉或对"已发生事件"的意识,而是并没有将过去视为博物馆,没有将其视为与现代完全断裂的枯燥冗长的事件叙述。确实,人们认为,嵌入过去的各种形式的道德逻辑不仅沿用至今,而且有力量掌控未来。

梵文历史作品

该时期印度语言的思想性作品中,梵文作品具有压倒性的优势。这些作品的作者基本上都是婆罗门(尽管并非全部)——这些人接受梵语教育并拥有各种世俗或宗教的职位。理解他们作为"历史学家"的角色会出现问题,其部分原因是当时并没有与其他知识领域清晰区分开来的被认可为"历史"的独立"学科"或"流派"。最为接近历史这个名词、专指过去知识的是 *itihāsa-purāṇa*(历史传说-往世书)"传统",罗米拉·塔帕尔(Romila Thapar)对此进行过详细探讨。[①] 对当代评论家而言,这些作品是"传说"或"神话",但是名词 purāṇa(字义为"过去")和 itihāsa(字义为"真相")并没有理由将其作为相对于历史的"神话"。另一方面,在本章所探

84

---

① Romila Thapar, 'Historical Traditions in Early India: c. 1000 BC to c. AD 600', Andrew Feldherr and Grant Hardy (eds.), *The Oxford History of Historical Writing*, vol. 1: *Beginnings to AD 600* (Oxford, 2011),553 - 576.

讨的这一时段,它们基本上不会充分利用可以利用的叙述模式。许多宫廷诗人在被称为"艺术诗"(kāvya)的总体框架内撰写国王及其家族的历史。"艺术诗"是一种元体裁类型,包括散文、诗歌或戏剧,按照某种固定的美学规范运行。

这些不同体裁作品的作者所运用的创作方法是不同的。"往世书"的作者以过去的大圣哲讲述的方式来呈现自己的文本,从流传的有关昔日著名国王及有关圣哲和诸神系谱或编年的故事传说中大量汲取素材,加上可用的其他资料,连缀而成。"往世书"主要在口传环境中保存,其流传有赖于背诵者或者"吟游诗人"(Sūtas),他们会根据听众的需要插入或者略去大量的资料。[1] 因此"往世书"的"文本"传统非常不稳定。碑刻和宫廷诗则大部分是文字作品,基本上是某一位作者的作品——编年史家、颂扬者以及国王宫廷里的诗人。尽管所有这些作品都吸收了早期各种不同类型的叙述,但是几乎不进行标识。甚至当他们这样做的时候,也认识不到"原始素材"和"历史学家"之间的界限。作者们经常使用各种叙述方式把早期的材料结合进他们自己的作品中,以求行文连续和流畅,而不区别作者的身份及材料归属。[2] 这种对证据的处理,可以与法律和经典传统中类似的表达联系起来。[3]

---

[1] 参见 Ludo Rocher, *The Purāṇas* (Wiesbaden, 1986), 53 - 58。

[2] 关于并入编年史的讨论参见 Michael Witzel, 'On Indian Historical Writing: The Role of Vaṃçâvalîs', *Journal of the Japanese Association for South Asian Studies*, 2(1990), 1 - 57。

[3] 在该联系方面,人们会指向海登·怀特的观点,即社会中历史意识的发展在"一定程度上"与关注法律的功能有关,参见 Hayden White, *The Content of the Form: Narrative Discourse and Historical Representation* (Baltimore, 1987), 13 - 14。尽管梵语的法律传统有探讨和查验证据的复杂规则,它另外启示了诗人编年史家处理材料的类似方法,但应当指出的是,在法律辩论中所利用的"材料"并不会被记忆为"事件"或"事例",而是巨大的独立道德原则(nyāyas)传统,所以援用先例并不靠参照过去的"案例",而是依赖更加不定形的古代先贤的集体智慧——正如唐纳德·戴维斯所指出的,这意味着不同的历史假设:Donald Davis, 'Maxims and Precedent in Classical Hindu Law', *Indologica Taurinensia*, 33(2007), 52。

"往世书"是一种普世宇宙历史，由有神论的湿婆和毗湿奴教派中的内行人士所编纂。尽管某些更加古老的"往世书"可以追溯到公元 1 世纪，但是新"往世书"的创作以及现存作品的补充一直持续到公元 1000 年和 2000 年。而且，除了传统上列举的 18 部"大往世书"（*mahāpurāṇas*）外，陆续还出现了许多新的文本，尤其是在 600—1400 年期间。其中还必须包括被称为"小往世书"（*upapurāṇas*）的文本，它们通常与某些特定区域相关，以及关联某一具体神庙、住地（sthalapurāṇas，mahātmyas）甚至某一种姓团体。① 早期的"往世书"包括开天辟地和宇宙、诸神、圣哲以及著名的月亮王朝和太阳王朝国王的故事，而地方性和种姓的往世书在 16 世纪后非常普遍，针对类似的背景叙述特定地方和团体的历史。

"往世书"的普世宇宙框架对中世纪印度历史时代的清晰表达至关重要——不但"往世书"本身，其他文献也是如此。据"往世书"描绘，宇宙时间通过无数创世、退化和再生的循环往复而形成，每一往复构成永恒纪元（*manvantara*）层级的一部分，而且宇宙构成（即"劫"，*kalpa*）是伟大存在的实际生活韵律，其当然终结于至高神，在至高神那里，时间本身就是它的一个面相。② 在这样的宗教次序中，神性是高度"流溢的"，而且是无处不在的。毗湿奴特别与王权相联系，而且人们认为，无论在月亮还是太阳世系里，毗湿奴都在不同的时代化身自己来拯救世界于毁灭。尽管这种宇宙框架明显具有循环和永恒的性质，但时间也照例被定为线性的。"往世书"的作者们将自己理解为生活在一个道德堕落的黑暗时代，即外瓦施瓦塔纪（epoch of Vaivasvata）的卡利由迦（Kali-Yuga）时期。"往世书"的"古代"知识已经被比较道德的更早时代，也就是卡利由迦的开端所揭示，并为"吟游诗人"所保存。因此近来的历史，作者们是以未来时态来叙述，用的是预言而非对过去事件的描述。在这些叙述中，"往世书"之外的地方所叙述的伟大的古代太

---

① 关于往世书作品的不同，参见 Rocher，*Puranic*，67 - 80。

② *Viṣṇu Purāṇa* 1.3.6 - 7.

阳王朝和月亮王朝，被预言随着末世临近将在越来越恶化的环境下终结于卡利由迦时代。

"往世书"留下四项遗产，构成了中世纪早期印度对历史的看法。首先，他们不仅把听众的世界与以前古代国王和圣哲久远的过去相联系，而且与创世戏剧本身相连。只要往世书传统无处不在，则其对宇宙和纪元的关注就是日常生活中感觉到的"存在"。第二，过去和现在之间的联系通过谱系（vaṃśa）确立，塔帕尔称之为"往世书"思考过去的"震源"。[①]"往世书"及此后的许多文献，将过往构造成前后相继的人类生活。第三，它们将现在界定为道德堕落的时代，这种认识给俗世灌输了道德目的，对历史叙述中的人类而言具有不同的含义。最后，作为有神论的文献，它们清晰地表达了一种充满神力的历史观，这种神力不是看不见的指挥之手或者神圣天意，而是一系列体现在等级之中的存在或显现。因此神力不是基于一连串日常事件的供历史学家阅读的脚本，而是在历史叙述中可感知的、始终发挥作用的存在。人们经常看到它深深地卷入各种常见的人类事物之中。

"往世书"的这些特征在中世纪印度随处可见，但最明显的是在碑刻颂词（praśasti）和家族编年史（vaṃśāvalī）中。从大约4世纪起，整个次大陆的朝廷开始给婆罗门团体和庙宇颁发土地授予状——雕刻在铜束或石墙上——其前言是颂词，赞美捐赠的国王及其家族。这些雕刻的颂词通常采用华丽的诗体，大多数是由不为人所知的宫廷诗人和吟游诗人所作，赞美所述国王的业绩，从5世纪和6世纪起，渐渐开始上溯家族前几代。这些雕刻使用帝王年号的同时也使用大量纪年中的一种，其留存的数量和类型异常丰富，对现代历史学家而言，它们也许是重构中世纪早期印度王朝史的最重要的材料。[②]

---

① Romila Thapar, 'Genealogical Patterns as Perceptions of the Past', *Studies in History*, 7：1(1991)，35.

② 关于此类风格参见 Richard Salomon, *Indian Epigraphy：A Guide to the Study of Inscriptions in Sanskrit，Prakrit，and the Other Indo-Aryan Languages* (New York，1999)。

从公元 7 世纪起，许多家族将其自己追溯到"往世书"所提到的太阳王朝和月亮王朝的皇族，而敌对的君主则被描绘成无教养的卡利由迦国王的化身。在许多颂词中，国王被清晰地确定为往世的神，通常是与世俗王权有特别联系的毗湿奴的化身。一方面，这确实是虚构祖先尊贵并因此而合法化强势家族权威的手段，同时也暗示着某种对过去的理解——在卡利由迦时期已经消失的太阳和月亮皇系，会因迷失的或忽略的支系的出现而复活，这些家族可被赋予某一过往神的神性成分。

家族编年史是为某地区或家族而留存的王朝"编年史"，在结构上类似碑刻颂词，但风格不甚华丽。尽管其提供了复杂的往世起源的神话，经常穿插堕落的状态，揭示新家族的兴起，但是他们在特色上同颂词一样构成了一代代的世系。[1] 相对而言，与碑刻颂词不同的是，它包含着对其王室庇护人及其直接先辈煞费苦心的赞美，许多家族编年史中"近来"历史的内容，也就是在时代上接近其作品的内容，通常以简单的国王列表来叙述。这也许可以归因于这些文本的编纂，它们同碑刻不同，并非赞颂某一国王的典型颂词，而是由王室氏族本身保存的叙述，受制于一代人的不断补充，至多是为存有疑问的文本提供确定的日期。[2] 尼泊尔、拉贾斯坦、昌巴和喀拉拉王国保存了重要的编年史，其年代可以追溯到 1000 到 1500 年之间，尽管其多数处于不断添写的状态之中。[3] 应该指出的是，这种家族编年史的题材，有时也会用更具自我意识的诗意作品进行拓展，如凯尔哈纳（Kalhaṇa）的克什米尔编年史《王河》（Rājataraṅgiṇī）或斯里兰卡的佛教编年史《大编年史》（Mahāvaṁsa）和《海岛编年史》（Dīpavaṁsa），但也属于广义上的

---

① 其分析参见：Romila Thapar，'The Mouse in the Ancestry'，in Thapar，*Cultural Pasts*：*Essays in Early Indian History*（Delhi，2000），797 - 806。

② 关于家族编年史的编纂参见：Witzel，'Role of Vaṁçāvalīs'。

③ 关于昌巴参见：'The Chambā Vaṁśāvali'，ed. and trans. J. Ph. Vogel，in Vogel，*Antiquities of Chambā State*，pt. 1（Delhi，1994）；关于喀拉拉参见：*Muṣikavaṁśamahākāvyam*，ed. and trans. K. P. Menon（Delhi，1999）。

叙述模式,有时我们会发现它们嵌入专辑或叙述式宫廷诗之中。

　　更具自我意识的梵语文学作品,其特色是围绕某一具体军事征服或某一特定君主一生的事件进行叙述,因此通常被称为 carita(字义上是围绕某个人的"业绩"进行叙述,但通常是叙述他的一生)或 vijaya(字面意义是"胜利")。这些作品可以是散文体也可以是诗体,并跨越多种风格,包括散文故事(ākhyāyikā)、诗篇(kāvya)和史诗性宫廷诗(mahākāvya)。对本章所探讨的这一时期的作者们而言影响甚大的文本,或者说足以成为本考察之起点的是《戒日王传》(Harṣacarita)。这是一部散文故事类型的梵文散文作品,是 7 世纪初布舍菩地家族戒日王宫廷的诗人波那(Bāṇa)所作。① 该文献以华丽的风格叙述了戒日王子的一生,其特别关注的事件,是导致他同时登上了其父的坦尼沙王国王位(继他的兄长增王)以及以曲女城为基地的强大穆克里王国王位的事件。正如帕塔克(Pathak)指出的,《戒日王传》的中心主题是国王在政治上获得成功。其由女神或皇家命运之神拉芝修黎(rājyaśrī)为象征,这同时也是戒日王姐姐的名字,她嫁给了曲女城的国王,因罪恶的高达国王而成为寡妇,他的弟弟拯救了她。后来的宫廷诗歌包括比尔诃那(Bilhaṇa)的《超日王传》(Vikramāṅkadevacarita),这是 11 世纪后半期遮卢迦国王超日王六世(Vikramāditya VI,1076 - 1126 年在位)统治时期所创作的韵文诗,描绘其恩主与他的兄长娑密室伐罗二世(Someśvara II)争夺王位的故事;12 世纪末贾亚那卡(Jayānaka)的《普里特维拉贾的胜利》(Pṛthivīrājavijaya),赞颂查哈马纳国王普里特维拉贾对廓尔王朝穆伊兹·乌德-丁·穆罕默德(Muizz ud-Dīn Muhammad)军队的短暂胜利;《散文盛宴》(Gadyakarṇāmṛta),是宫廷诗人维德亚卡拉瓦廷(Vidyācakravartin)为他的恩主

① 《戒日王传》自称散文故事,对后来的修辞学者而言,它成为此种风格中最常被摘引的,尤其是故事(kathā),参见: S. K. De, *Some Problems of Sanskrit Poetics* (Calcutta, 1959),65 - 80。有关该文本的最重要的研究是 V. S. Agrawala, *The Deeds of Harsha: Being a Cultural Study of Bāṇa's Harshacarita* (Varanasi, 1969)。

曷萨拉国王拿那森哈二世(Narasiṁha II，1220—1235 年在位)所作，叙述针对马杜赖的潘迪亚的胜利；《马杜赖的征服》(Madhurāvijaya)，是王后甘嘎戴薇(Gaṅgadevī)在 14 世纪创作的韵文诗，赞美她的丈夫毗奢耶那伽罗王朝国王坎帕纳(Kampaṇṇa，1361—1374 年在位)征服马杜赖。以历史为主题的宫廷诗有两个著名的亚类型，一个类型是 śāstrakāvya，即通常用诗体写作的解释性论著，用插图说明恩主及其家族的历史和业绩；一个是 śleṣakāvya，即双向文本的诗歌，其通过双关语同时叙述传统故事以及某一世系或国王的业绩。①

这些宫廷故事的主题，同碑刻颂词一样，都典型地同王室的事业联系在一起。许多宫廷诗的重要主题，都是描述一位王子在有竞争对手的情况下如何取得王位。无论是《戒日王传》，还是《超日王传》都叙述长子失去了继承权，这样的文本是用来使权力争夺的内容合法化。② 在许多故事中另外一个重要的主题是征服，有时被描绘为"对四方的胜利"(digvijaya)，也是大多数铭文的主题，其中国王惩罚邻近君主的傲慢，从而获得全面统治。主权往往被人格化为命运女神(Śrī 或 Lakṣmī)。在诗的描绘中，女神被比作多变的女子，以类似《十日谈》的方式，从一个王室的竞争者到另一个竞争者那里。

最受欢迎的梵文历史诗是凯尔哈纳的《王河》，它在 12 世纪中叶诞生于克什米尔。同前面提到的许多文献不同，《王河》激起了

---

① 前者最著名的例子包括：Halāyudhade 的 *Kavirahasya*，该基于动词词根的文献，以诗句赞美庇护人拉什特拉库特国王克斯纳三世(940—956 年)；Hemacandra 的 *Dvyāśrayakāvya*，以梵语和帕拉里特语法，同时讲述了古吉拉特的遮娄其诸王，尤其是鸠摩波罗国王(1143—1172 年在位)的历史；还有 Vidyanātha 的 *Pratāparudrayaśobhūṣaṇa*，该文献是关于诗歌的，赞美卡卡提亚王朝的普拉塔帕鲁德拉(Pratāparudra，1289—1323 年)。最重要的解释性著作是 Sandhyākaranandin 的 *Rāmacarita*，它同时解释了《罗摩衍那》史诗的故事以及帕拉(Pāla)国王罗摩帕拉(Rāmapāla，1087—1141 年)的生涯。

② 关于《戒日王传》，参见：Devahuti, *Harṣa: A Political Study*(3rd edn, Delhi, 1998)；关于《超日王传》，参见 Pathak, *Ancient Historians of India*, 56–83。

89

文献学者和历史学家长久的兴趣,他们从中发现了早期印度所提供的最接近历史的内容。[1] 这主要基于其前无来者的导言诗句,探讨了其范围、素材和"方法"。凯尔哈纳承认,他是在参考了各种资料(现代历史学家称"材料")后撰写了他描述的内容,其中包括地方性的"往世书",过去的编年史和王表,碑刻、文献作品及庙宇资料。同样值得一提的是,凯尔哈纳赞美了诗人的力量,他们用自己的"心灵之眼"审视过去,将其呈现在读者面前,而且他们"将好恶放在一边","像一位仲裁者(stheya)那样叙述过去"。[2] 我们很难知道如何去阅读这些不同寻常的表述——我们应该将其理解为凯尔哈纳说出了次大陆文化圈子里流行的含蓄且普遍为人所知的原则呢,还是他描述了某些绝对新颖且完全限于克什米尔的内容呢?真相也许介乎两者之间。一方面,凯尔哈纳的文本似乎是类似次大陆其他地方也了解的"私人编年史"写作传统(尼泊尔最著名)的一部分,它允许不断地进行修改和补充。凯尔哈纳不仅提到了不再传世的私人编年史,而且在他之后我们只有不足五部以"王河"命名的传世作品——所有这些作品都可以追溯到 15 世纪和 19 世纪之间,分别由不同的作者完成——其中最著名的由觉纳热加(Jonarāja)、希瓦拉(Śrīvara)和苏卡(Śuka)撰写。[3]《王河》尽管并非某一特定家族的编年史,但同许多"私人编年史"一样,它不是颂词而是编年史。尽管他的父亲曾经担任戒日王(1089—1101 年在位)的大臣,但是凯尔哈纳(这里他有别于后来《王河》的作者,其中某些人受到宫廷庇护)并没有在罗哈拉(Lohara)宫廷里担任职务。相反,凯尔哈纳的《王河》本来是一部克什米尔地区的历史,从卡利

---

[1]　参见 Walter Slaje 最近的研究:'In the Guise of Poetry: Kalhaṇa Reconsidered', in Slaje (ed.), Śāstrārambha: Inquiries into the Preamble in Sanskrit (Wiesbaden, 2008), 207 - 244. 关于不同的观点参见 Narayana Rao, Shulman, and Subrahmanyam, Textures of Time, 254 - 261。

[2]　参见 Rājataraṅgiṇī 1.4 - 15。

[3]　人们对此关注极少,相关主要研究参见:Walter Slaje, Medieval Kashmir and the Science of History (Austin, 2004), 1 - 30,特别是 7—9。

由迦之始为开端,一直到他自己的时代。

但是与许多"私人编年史"文本不同,凯尔哈纳在使用以前的素材时似乎更具自我意识。当他的素材不合适时他甚至进行注释——如旃那陀二世(Gonanda II)之后的 35 个国王,他们的名字和事迹"因为家族传统(āmnāya)的毁灭而湮没在遗忘的海洋中"。[①]而且,《王河》具有自身文本的完整性。在后来几个世纪的延续过程中,所补充的部分就如同作者另外的文本。正如沃尔特·斯雷杰(Walter Slaje)和其他人所指出的,可能是由于这些文本构成了具有某些文学主张的艺术作品。[②] 就凯尔哈纳而言这一点再清楚不过了,因为他提到,他的"诗歌"带有某种"平静"(śānta)的"味道"(rasa),在 11 世纪,克什米尔的知识分子进一步理论化和拓展了这一美学观点。正是在这方面,能够将凯尔哈纳的作品与其他人的宫廷诗歌区别开来。凯尔哈纳不仅没有赞颂任何特定的君主或家庭,而且随着几个世纪的演变,该文本的叙述呈现出更加愚蠢和堕落的国王的世界。凯尔哈纳在这里基于与卡利由迦相关的道德堕落的比喻,但是与其他将特定家族或国王描绘为黑暗时代道德风向标的宫廷记述不同,凯尔哈纳认为克什米尔所有国王的一生都是愚蠢透顶的。

尽管这种愤世嫉俗的观点部分反映出他自己家族在宫廷中的起起伏伏,但文本毫无疑问有更大的观念阐发作用,这必须要进行说明。正如斯雷杰所指出的,其潜在的诗歌样板也许是《摩诃婆罗多》(Mahābhārata)(伟大的婆罗多战争的故事),11 世纪克什米尔的理论家安南德瓦哈纳(Ānandavardhana)和阿宾纳瓦古谱塔(Abhinavagupta)将其视为"平静味道"的体现,因为文本表现的长

90

---

① *Rājataraṅgiṇī* 1. 83. 对凯尔哈纳编辑方法的讨论参见 B. Kölver, *Textkritische und Philologische Untersuchungen zur Rājataraṅgiṇī des Kalhaṇa* (Wiesbaden, 1971);最近通过与 *vaṃśāvalis* of Nepal 所运用的方法进行比较,更清楚地讨论了凯尔哈纳编纂方法的,见 Witzel, 'The Role of Vaṃśāvalis', 26 - 43。

② Slaje, *Medieval Kashmir and the Science of History*, 8;亦可参阅 Slaje, 'In the Guise of Poetry'。

期战争和不断循环的命运产生出某种"厌世"，而这本身就是重要的精神情感。在这里，将其与《王河》进行比较是非常有益的。[①] 以这一观点来看，凯尔哈纳对好争吵的国王的叙述，是要表现政治成果徒劳无益，并帮助读者面对转瞬即逝的俗世产生平静的意识。非常有意义的是，凯尔哈纳通过前述宫廷诗歌中并不明显的强烈现实主义达成了这一目的。这显然并不仅仅在于生动甚至有时是耸人听闻的描写，更突出的是把眼光大量投向被美学论文视为"中等"或"低下"的人物类型——受贿的书记官、诡计多端的妓女及大量的盗贼、间谍和刺客——所有这些人都卷入了无休止的阴谋。尽管此类人物确实使人对故事产生现实主义的意识，但是他们的形象在为阿谀侵染的宫廷文学中基本并无先例。相反通常在以虚幻为背景的说教风格的"故事"中，这样的角色非常丰富。在克什米尔，11 世纪的克赛蒙德拉（Kṣemendra），尤其是索马德瓦（Somadeva）已经为凯尔哈纳提供了清晰的范本。如果情况属实，则具有讽刺意味的是，最具"现实主义的"梵语历史叙述也许大量借鉴了虚构的"故事"文学，而非具有历史地位的宫廷赞美诗。

　　不仅在克什米尔，此类的题材界限开始模糊不清。在西印度，部分在马尔瓦的帕拉马拉王朝和古吉拉特的乔卢基所赞助的耆那教文学的影响下，传统宫廷记述开始折射出新的历史性并拓展了视野。诗人帕德玛古普塔·帕里马拉（Padmagupta Parimala）编写了《新维克拉玛传》（*Navasāhasāṅkacarita*），以赞美他的庇护人帕拉马拉国王达拉的辛德胡拉贾（Sindhurāja of Dhārā，995—1010 年在位）。这位诗人描绘国王辛德胡拉贾的英雄事迹以及他向纳迦（蛇）家族的公主萨斯普拉哈（Śaśiprabhā）的求婚，后者的住处位于地下的薄伽瓦蒂城（Bhogavatī）。国王在狩猎时与这位公主坠入爱河，在她被卫兵带到了地狱后，国王继续追逐。辛德胡拉贾见到了她的父亲纳迦国王，国王要求他前往自己的死敌魔鬼瓦吉蓝库萨

---

① 参见 Slaje，*Medieval Kashmir and the Science of History*，225 - 229。

（Vajrāṅkuśa）的都城拉特那瓦提（Ratnavatī），从欢乐园的一个池塘里取回金莲花。辛德拉胡贾在维迪亚达茹阿国王（住在喜马拉雅山的神仙）的帮助下，打败了瓦吉蓝库萨，带着莲花返回，因此赢得了萨斯普拉哈的爱情。不同寻常的是，诗人在叙述中用特别为梵语"故事"文学保留的要素来描绘其健在的庇护人——魔法变形、动物形象和蛇公主。有人指出，该叙述中的要素也许委婉地指当时的政治形势。① 然而，并非神仙的出现，而是它们在故事中的功能，标志着宫廷历史叙述的变化。与宫廷文献中的往世神话注重表面价值判断不同，《新维克拉玛传》中的超自然情节，引入了与当时的现实对应的解释，根据帕塔克的说法，诗人有意将这些事件掩盖在"半透明的几乎魔幻般的面纱之下"。②

　　从 13 世纪开始，耆那教的学者也创造了全新的历史讲述形式。首先我们拥有大量并非国王的颂扬式的生平故事——而是关于朝臣、商人和僧侣。其中最显著的是著名朝臣瓦斯图帕拉（Vastupāla）和特杰帕拉（Tejaḥpāla）的传记，他们为 13 世纪古吉拉特瓦赫拉王朝的拉瓦纳普拉萨达（Lavaṇaprasāda）和维拉达瓦拉（Vīradhavala）国王服务。③ 萨万南达（Sarvānanda）的《雅盖杜传》（Jagaḍūcarita）编写于同一世纪，描绘著名的地方商人的一生事迹，而且还存在几部有关耆那教白衣派（Śvetāmbara order）僧侣的传记，其中最著名的当属博学的雪月（Hemacandra）。④ 除了传记之外，耆那教作者们也创造了更短的散文叙述体，被称为"prabandhas"，用来叙述杰出人物的故事。此类著作中最著名的是

---

① 参见 Pratipal Bhatia, *The Paramāras*（*c. 840 - 1305 AD*）（Delhi, 1967), 59 - 73。

② Pathak, *Ancient Historians of India*, 149 - 151.

③ 参见 Vijaya Muni（ed.），*Kīrtikaumudī of Someśvaradeva and Sukṛtasṁkīrtana of Ariśṅha*（Bombay, 1961）；以及 Chimanlal Dalal（ed.），*Vasantavilāsamahākāvya of Bālacandra Sūri*（Baroda, 1917）。

④ 与雪月有关的僧侣传记选译，见 Georg Bühler, *The Life of Hemacandrācārya*, trans. M. Patel（Santiniketan, 1936）。

莫路图恩贾（Merutuṅga）的《故事中的愿望石》（*Prabandhacintāmaṇi*），这是 1305 年在瓦赫拉（Vāghela）宫廷里编纂的。在叙述了往昔著名皇帝的故事，尤其是著名的国王超日王后，莫路图恩贾转向了晚近国王的生活逸事，特别是古吉拉特和马尔瓦（Malwa）等敌对王国的国王们。他的故事细节丰富，达到了梵语文学所未有的高度，包括其他资料所证实的日期和事件。然而，这些内容与看似刻意的历史时代错误和神话传说内容又混杂在一起，谢尔登·波洛克（Sheldon Pollock）称之为某种尚未命名的"魔幻现实主义"。[①] 这种奇妙的混合源于这些故事的道德性质。然而，马尔瓦波雅国王（Bhoja，1011—1055 年在位）的故事保留了耆那教的教诲，后来出现在一系列的文学描述中。波雅国王的例子也许是一个最好的文献案例，描述一个可由历史验证的地方国王逐渐进入整个次大陆民众记忆的巨大宝库。这种传统在一个全新政治和历史编纂格局中——德里苏丹——进行演进，也许是值得注意的。

波斯语的历史写作

早在 8 世纪，西北部印度曾经是一个阿拉伯、西亚和印度文化交汇的地区。在先知死后仅仅 4 年，阿拉伯人就出现在信德的港口，而且到 711 年，倭马亚王朝的将军已经征服了该地区。在 11 世纪伽色尼王国（Ghaznavids）征服该地区前，信德一直在阿拉伯人手里。这里早期的文献，尤其是信德的文献，大都以阿拉伯文写成，不仅包括圣训评注，也包括著名的传记选（*tabaqat*）和伊斯玛仪派文献。更向北在伽色尼帝国，伽色尼的文人阿尔-比鲁尼（al-Biruni）用阿拉伯文撰写了有关印度及其民族的著名

---

① Sheldon Pollock, *The Language of the Gods in the World of Men：Sanskrit, Culture and Power in Premodern India* (Berkeley, 2006),184.

研究。[1]

11 世纪伽色尼王国在军事上加强了与北部印度的互动和交流，此时他们和后继者古尔王朝（Ghurids）在旁遮普确立了权力根基，12 世纪进一步向东推进。印度人、阿拉伯人、中亚突厥人和阿富汗人长久以来就相互熟悉。这些阿富汗帝国进入旁遮普后的重新组合，最终因在 13 世纪初建立了独立的德里苏丹国而达到高潮。"德里苏丹"现在是指从 13 世纪到 16 世纪莫卧儿王朝出现期间统治自德里开始大片北部印度地区的一系列突厥和阿富汗世系，给人的印象好像它是一个强大而连续的帝国。其实在最初以及整个 13 世纪前半叶，苏丹的稳定都是暂时的，当时德里苏丹只不过是一个有力的要塞国家，与广阔的伊斯兰世界和地方社会都缺乏联系。但是当突厥和阿富汗移居者在北部印度扎下根来，就出现了更加复杂的社会结构，而且文人和受教育的专业宗教人士（ulema）阶层和"耍笔杆子的人"（ahl i qalam），成为为我们提供有关苏丹一手材料的主要作者。在整个 13、14 世纪，中亚伊斯兰土地上的人继续前来并定居在德里和南亚的其他地方，部分原因是受到蒙古劫掠者的驱赶，同时也是因为南亚的苏丹国闻名于世的财富以及所能提供的碰运气的机会。波斯人在该地区所确立的名声，加速了对这些文人学士的接纳。苏丹的诗人和编年史家就是从这些阶层的人中选拔的——而且他们随身带来了波斯世界丰富的思想和文学遗产。

几乎所有有关德里苏丹的历史论述都是用波斯文编纂的，这种语言甚至早在 9 世纪起就逐渐主导了伊斯兰亚洲的宫廷文化。更加特别的是，德里继承了伽色尼和塞尔柱的文化，在他们的庇护下，丰富的波斯宫廷文化在 11 世纪繁荣起来。伽色尼苏丹马哈茂

93

---

[1] 阿尔-比鲁尼的名作是 the *Kitab Taḥqiq mā lil-Hind min maqulah maqbulah fi al-'aql aw mardhulah*（即理性头脑所接受的和所拒绝的），是为伽色尼宫廷而作。某些学者认为，波斯文献《列王之书》赞颂倭马亚军队 8 世纪征服信德，是基于阿拉伯的原始材料。

德(Maḥmūd)最著名的事迹是他攻击了北部印度,劫掠了印度神庙,在他统治时期,菲尔多西(Ferdowsi)的《列王之书》(Shah-nama)得以完成。该著作描绘了伊斯兰以前以及伊朗穆斯林国王们的英雄事迹,而且清晰地表达了自己的目的:"希望有一位来自东方的结合了伊朗和伊斯兰统治理想的统治者。"①这一作品为许多从印度角度写作的波斯作家们在主题和风格上都提供了重要的灵感——尽管德里苏丹的波斯历史并没有试图将印度伊斯兰前的历史与将伊斯兰教引入次大陆的英勇前奏交织在一起。毫无疑问,这是因为,印度的精英们与伊朗不同,从没有大规模改变信仰(至少在我们所述的时期),因此要求不要同化他们的过去。同时,苏丹国的精英们通常回望中亚及以外的地方寻求他们的身份认同。

阿拉伯通常用来指称历史的词汇是塔里克(taʾrīkh),这一词汇表示一种主题而非一种风格。从伊斯兰文化的萌芽期,历史就被认为特别重要,原因是它在记录伊斯兰早期社团所发生事件中所起的作用,以及它在澄清穆罕默德言行录方面明显的效用。② 这些功能使得历史写作与宗教权威、团体身份认同以及法律都密切结合。苏丹历史学家齐亚丁·巴拉尼(Ziyaʾ al-Din Barani)在他的著作《菲鲁兹·沙王朝史》(Taʾrikh i Firuz Shahi,约 1357 年)的开篇中对此进行了肯定。在对历史研究的七种益处进行阐释时,巴拉尼指出,除了通过先知的事迹熟悉信仰外,"历史是圣训科学的孪生子:帮助厘清和确定讲述传统者的可靠性"。③ 对巴拉尼来说,历史的重要作用在于能够提供政策的渊薮,确保苏丹和维齐尔度过困难时期,能够总体上有助于理性的运用和道德的发展。尽管或者更精确地说由于有这些意识形态的包袱,但作为有关过去之知识的历史记述非常复杂。它在诗歌和散文方面跨越了多种风格和

① Julie Scott Meisami, *Perisan Historiography to the End of the Twelfth Century* (Edinburgh, 1999),41.

② Chase F. Robinson, *Islamic Historiorgaphy* (Cambridge, 2003),15 - 16.

③ 参见 Peter Hardy, *Historians of Medieval India: Studies in Indo-Muslim Historical Writing* (London, 1960),22 - 23。

类型,使得不可能对历史写作进行单一的或全面的文学分类。① 尽管历史没有特定的或不变的形式,然而现代学者已经能够从不同的角度标示出历史记述的各种类型。以此为标准,以形式主义的立场,区分出包括历史叙述的两大范围也许是有益的:伊斯兰的散文式通史或特定区域的历史,以及地区帝国的王朝史和自觉的文学作品,包括通常运用散文的颂扬式的传记作品,有时被称为"马纳齐布"(manāqib),以及各种其他的风格。②

　　第一个范畴有时被视为"通史"或"编年史",包括历史学家经常使用的文献,以重新构建德里苏丹的政治和社会史。本章所探讨的时段中最为重要的是 1209 年穆达毕尔(Fakhr-i Mudabbir)编写的《系谱》(Shajara-i Ansab),呈现德里苏丹库特布丁·艾伊拜克(Qutb al-Din Aibak),以及胡实健尼(Minhaj al-Siraj Juzjani)的《纳斯里通史》(Tabaqat-i Nasiri),这部著作是 1259—1260 年中为德里苏丹纳希尔丁·马哈茂德(Nasir al-Din Mahmud)所作。这两部文献在结构和风格上大相径庭。前者只有部分刊行,由 137 张谱系表组成,前言是长篇的导论,包含简单的叙述,从描绘宇宙、七大星域、先知开始,快速转移到加兹尼和拉合尔的历史以及库特布丁·艾伊拜克的崛起。这种叙述与胡实健尼的作品形成鲜明的对比,后者是相互有关联的传记故事集(tabaqat),而非一系列系谱表。尽管作品是按照编年顺序编排的,开头是先知,然后是四大哈里发,结束于他自己的时代以及蒙古对伊斯兰亚洲的劫掠,但是《纳斯里通史》的 23 章实际上是按照相互有关系的群组进行划分的。这种结构有时会导致从不同的角度来看待同一个事件。③《纳斯里通史》同《系谱》一样,都把德里的苏

95

----

① 说明见 Auer, *Symbols of Authority*, 22。
② 一定程度上更加细致的分类,参见下列讨论: Peter Hardy, 'Some Studies in Pre-Mughal Muslim Historiography', in C. H. Philips (ed.), *Historians of India, Pakistan and Ceylon* (London, 1961), 116;以及 Sunil Kumar, *The Emergence of the Delhi Sultanate* (Delhi, 2007), 366 - 377。
③ 这一点参见 Kumar, *Emergence of the Delhi Sultanate*, 368,并始终用作重新了解苏丹政体性质的起点。

丹视为穆斯林团体的模范领袖。

值得考察的最后一部历史是巴拉尼的《菲鲁兹·沙王朝史》，它是 1357 年为菲鲁兹·沙·图格鲁克苏丹（Firuz Shah Tughluq，1351—1388 年在位）而作。与胡实健尼不同，后者是从古尔迁移过来的，而巴拉尼那一代知识分子和作家则出生在北部印度。他担任穆罕默德·伊本·图格鲁克（Muhammad bin Tughluq，1324—1351 年在位）的宫廷顾问（nadīm），但是当菲鲁兹·沙·图格鲁克继位后他处于失宠的那群朝臣之中，正是在菲鲁兹·沙统治时期巴拉尼完成了写作。巴拉尼的编年史具有明显的说教色彩，倾向于把过去视为明智举动和愚蠢举动的连续剧，由于该特征非常明显，所以历史学家们倾向于将其著作归入"说教"（或 Furstenspiegel）的历史。这种说法是存在一定问题的，我们知道，历史的伦理维度是所有印度波斯历史写作的特征，其中原因不仅如此，而且因为巴拉尼本人还写了另外一本"君主镜鉴"风格的作品《管理世界的法令》（Fatawa-i Jahandari）。[①] 而且，巴拉尼清楚地视自己在继续《纳斯里通史》的历史记录，在赞美了这部著作之后，他说自己的写作是从胡实健尼结束的地方，也就是巴勒班（Balban）统治时期开始。《菲鲁兹·沙王朝史》这部印度波斯历史，第一次将自己清晰地与德里苏丹过去的编年传统联系起来。

具有自觉文学性质的探讨历史的作品可以归入第二类历史记述范畴。这样的作品在萨曼王朝、塞尔柱王朝和伽色尼王朝的宫廷文学中可以找到有影响力的先例。在南亚所编纂的第一部，也是我们能够看到的最早有关早期苏丹王国史的历史故事，是哈桑·尼扎米（Hasan Nizami）的《光荣业绩的顶点》（Taj al-Ma'athir）。尼扎米是土生土长的尼沙布尔人（Nishapur），在苏丹伊杜

---

① 参见 Mohammad Habib and Afsar Salim Khan，*The Political Theory of the Delhi Sultanate*（Allahabad，1960）。该文本的"劝告"（*nasihat*s）表现为加兹尼的马哈茂德对他的"儿子们"的口头训诫。参见 Nilanjan Sarkar，'"The Voice of Mahmūd"：The Hero in Ziya Barani's *Fatawa-i Jahandari*'，*Medieval History Journal*，9：2（2006），327 - 356。

米什(Iltutmish，1210—1136年在位)时期迁到伽色尼然后再到德里。《光荣业绩的顶点》的编纂用来赞美印度古尔王朝苏丹的军功,并通过广泛使用文学人物以及大量展示当时有关各种宫廷科学的知识,来体现波斯文学内容的不断精致化。后来,从1289年直到1325年去世一直在卡尔基和图格鲁克王朝宫廷创作的著名诗人阿米尔·胡斯劳(Amir Khusrau),写作了大量以历史为主题的赞颂诗和长篇故事诗(masnavi),其中包括《两大仁慈之星的汇合》(*Qiran al-Sa'dayn*),描绘苏丹凯科巴德(Muizz al-din Kaiqubad)与其父博格尔汗(Bughra Khan)的争吵和和解;《胜利的关键》(*Miftah al-Futuh*)描绘苏丹卡尔基(Jalal al-din Khalji)的军事胜利;《杜瓦尔·拉尼和齐泽尔·可汗》(*Duwal Rani Khizr Khan*)描绘卡尔基之子与印度王纳尔瓦拉的卡尔纳(Karna of Narhwala)之女的爱情悲剧;《九重天》(*Nuh Sipihr*)描绘印度斯坦的国家;《图格鲁克之书》(*Tughluq Namah*)描绘苏丹吉亚斯丁·图格鲁克(Ghiyath al-din Tughluq，1321—1325年在位)在1320年针对胡斯劳·可汗(Khusrau Khan)的胜利。诗歌风格通常用于神话和浪漫故事,阿米尔·胡斯劳使用它来探讨时间有限的或"地方性"的环境,非常新颖又富于影响力。[①] 尽管这些著作因用诗的格式而为现代历史学家所忽视,但是它们展示了印度宫廷历史意识的地方化和成熟。

　　另一个新颖的波斯文学风格是"伊萨米"的《苏丹的胜利》(*Futuh Salatin*),这是在更大的历史画卷上创作的更宏大的诗歌,但在波斯诗歌绚丽的风格下,它明显继承《列王之书》的风格。《苏丹的胜利》于1349—1350年创作于德干巴赫曼尼王朝第一个独立的苏丹宫廷,开篇叙述伽色尼和古尔的军事战役,并叙述了直到自己时代的苏丹国的历史,对一些关键的统治者,如著名的苏丹卡尔

[①]　关于这些作品参见：Sunil Sharma, 'Amir Khusraw and the Genre of Historical Narratives in Verse', *Comparative Studies of South Asia*, *Africa and the Middle East*, vol.22：1-2(2002),112-118。

基(1296—1316 年在位)等进行了专门的赞颂。除了这些精心创作的诗歌故事外,还有一些以文学为导向的散文作品,赞美各位苏丹的一生。阿米尔·胡斯劳是《胜利的宝库》(*Khazain al Futuh*)的作者,详细叙述了卡尔基时期所发生的事件和征服。我们至少还有两部"马纳齐布"风格的作品,它们是从 14 世纪流传下来的,都是赞美菲鲁兹·沙·图格鲁克的品德(manāqib)——匿名作品《菲鲁兹·沙传》和沙姆斯丁·西拉吉·阿费夫(Shams al-din Siraj ʿAfif)的《菲鲁兹·沙史》(*Taʾrikh-i-Firuz Shahi*)。这些作品是非同寻常的,因为其风格通常与苏非派长老和宗教学者相关联。后一部文献也许是现在已佚失的更大作品的一部分,其中也包括其他图格鲁克苏丹的章节。[①] 两者都用与梵文传记故事类似的传统方式将菲鲁兹·沙描绘为理想人物和至高穆斯林统治者。同梵文一样,对统治者高度程式化的描绘,通常更多地是向我们讲述宫廷或历史学家不断演绎的价值观,而非讲述实际的事件本身。

97

　　人们普遍认识到,这一时期波斯语的历史写作具有明显的教训主义的倾向。在巴拉尼看来,历史的题目具有天生的高贵性,因为其有助于发展人们的辨别力,提供好、坏行为的例子(以及其结果),产生诸如忍耐和顺从的道德。确实,赞颂风格的作品也有潜在的教益目的,因为赞美杰出人物总是伴随着责难恶人。然而,历史论述中的道德化倾向,特别利用了拘泥于宗教原文的过往历史。布莱恩·奥尔(Blaine Auer)已经证明了历史学家在描绘德里苏丹时,是如何不断提到他们的善事或蠢事,并在他们和"神圣过去"人物之间的情势建立起象征和比喻的关系。通过明确和清晰的比较,伊斯兰前的先知、穆罕默德、上帝的挚友以及早期的哈里发们被用作德里苏丹的样板。一方面,这具有在过去和现在建立道德联系的功能,另一方面,也通过与过去的这种联系,合法化和圣化苏丹的权威。举例而言,胡实健尼利用约瑟夫的故事作为他故事的框架,描绘库特布丁·艾伊拜克死后伊杜米什的沙姆西亚

---

① 关于该文献参见:Hardy, *Historians of Medieval India*,40‑55。

(Shamsiya)世系,强调伟人的低下出身(无论约瑟夫还是伊杜米什都在年轻时代被卖为奴隶),而且强调这样的事实,即伊杜米什具有上帝选择他统治的标记。[①] 这样的创新使遥远的过去继续出现在对如今的历史理解中。

随着苏丹王国的势力在 13 世纪末的拓展,穆斯林的各省定居地在德里的南部和东部逐渐建立起来。这些"地方"中心最初忠于中央,渐渐脱离德里而巩固了自己的势力范围。在西蒙·迪哥比(Simon Digby)所谓的苏丹王国"地方化"过程中,地方上的主张成为 14 世纪后期的特征。[②] 当蒙古帖木儿 1398 年劫掠了德里时,苏丹王国只剩下了其过去势力的躯壳。15 世纪是一个地方政治发展的时代,在马尔瓦、古吉拉特、孟加拉和德干出现了分立的苏丹王国,这已经超出了本章所探讨的范围。一直到 16 世纪,德里始终充当政治中心,但是波斯的文学和历史写作在此已经衰落,新确立的"地方"苏丹王国成为著名的文学创作中心。一直到 16 世纪后半叶,德里才恢复成为著名的波斯文化中心,那时莫卧儿实行了自觉的波斯化政策。在莫卧儿时期,波斯的历史论述进入了一个全新的阶段。

98

面向新的过往

如本章所述,用来呈现文本的语言广泛分化给人们造成了某种印象,即存在两个各自相互独立的历史写作传统和领域。然而,本章至少探讨了 300 年的历史,波斯和梵文的历史传统是在相互极其接近的过程中完成各自循环的,虽然接近并不必然导致熟悉或沟通。阿尔-比鲁尼在 11 世纪就印度居民的信仰和仪式作了著名的叙述和分析,其中他呈现了往世的时空观念,除此之外,两大历

---

① 　Auer, *Symbols of Authority*, 41.

② 　Simon Digby, 'Before Timur Came: Provincialization of the Delhi Sultanate through the Fourteenth Century', *Journal of the Economic and Social History of the Orient*, 47: 3(2004),298 - 356.

史编纂传统间没有任何正式的了解——或者就这点而言，没有任何可辨别的不明确影响或互动。举例而言，11 世纪和 12 世纪在北部印度，梵语宫廷文化并没有随着波斯文化的出现立即有任何变化或波动。穆斯林被用许多传统的名字所指称（*mleccha*，*turuṣka*，*yavana*），他们只是简单地与那些争权夺利的地方王朝并列，不加置评就被一笔带过。[①] 甚至在《普里特维拉贾的胜利》中，与罗摩比肩的查哈马纳国王普里特维拉贾三世，与弥离车（*mlecchas*）的国王进行斗争以赢得幸运女神。波斯的叙述将印度教置于老生常谈的修辞之中，尽管这种用法被民族主义历史学家拿来证明伊斯兰的浩劫，但是也许这些用法基于已经确立的惯例而非实际互动。有许多不同的方法来解读这种意识形态和历史编纂的状况。早一代民族主义时代的历史学家，把这些叙述解读为印度"中世纪"时期文明冲突的一部分，用一种模式来表现在史诗性地编纂"征服"与"抵抗"方面存在冲突。[②]

然而，更晚近的作品提出了相反的看法，即在已经确立的梵文和波斯历史编纂传统中来体现新的现实，应当被视为政治文化的交互"转化"或同化，而非强调它们的根本不可通约性。这些无缝的同化，在实践中并非没有经过大量变形的交互作用。德里苏丹重新利用大量柱子来纪念征服活动并展示对过去的熟知，很可能是借用了当地的仪式，正如维查耶纳伽尔国王们在 15 世纪接受某些服装类型是因为接受了波斯的宫廷礼仪。[③] 穆斯林和印度教精英文化广泛转变为多中心的、可转变的、具有等级层次的、可通约

[①] 参见 B. D. Chattopadhyaya, *Representing the Other？ Sanskrit Sources and the Muslims*（Oxford，1998）。

[②] Aziz Ahmad, 'Epic and Counter-Epic in Medieval India'，*Journal of the American Oriental Society*，83：4（1963），470 – 476.

[③] 参见 Finbarr Flood, *Objects of Translation：Material Culture and Medieval Hindu-Muslim Encounter*（Princeton，NJ，2009），246 – 255；以及 Philip Wagoner, '"A Sultan among Hindu Kings"：Dress, Titles, and the Islamicization of Hindu Culture at Vijayanagara'，*Journal of Asian Studies*，55：4（1996），851 – 880。

的仪式和表现——某一复杂的居住区的多侧面——是逐渐进行却不可阻挡的进程，它的起点是 14 世纪。在历史写作层面上，从 15 世纪可以觉察到这种转变，那时西印度吟游诗人和宫廷的记述传统相互作用，创造出与帝国穆斯林中心相关的新的结合物。[①] 仔细研究这些文本，会削弱过去对"征服"和"抵抗"史诗的两分，而且随着我们进入南亚的近代早期，会看到更加复杂的历史编纂色彩。[②]

99

大事年表/关键日期

公元 606—647 年	卡瑙季国王戒日王统治
公元 630—643 年	玄奘访印
公元 712 年	倭马亚王朝的阿拉伯军队征服信德
公元 800 年	拉什特拉库特王朝征服北部印度
公元 973 年	卡亚尼的遮卢迦王朝打败了马尔凯德的罗什多罗拘多
公元 1000—1026 年	加兹尼的马哈茂德发动对北部印度的连续攻击
公元 1010 年	朱罗国王罗阇一世完成坦贾武尔的大神庙
公元 1148 年	诗人克什米尔的凯尔哈纳编写《王河》

[①] 参见 Ramya Sreenivasan, 'Alauddin Khalji Remembered: Conquest, Gender and Community in Medieval Rajput Narratives', *Studies in History*, 18: 2 (2002), 275-296。

[②] 对这一主题的批评和修正参见 Michael Bednar, 'Conquest and Resistance in Context: A Historiographical Reading of Sanskrit and Persian Battle Narratives', Ph. D. dissertation, University of Texas at Austin, 2007。亦可参阅 Romila Thapar, *Somanatha: The Many Voices of History* (Delhi, 2004)。有关南亚参见 Cynthia Talbot, 'Inscribing the Other: Inscribing the Self: Hindu-Muslim Identities in Pre-Colonial India', *Comparative Studies in Society and History*, 37: 4 (1995), 692-722; and Philip Wagoner, 'Harihara, Bukka and the Sultan: The Delhi Sultanate in the Political Imagination of Vijayanagara', in David Gilmartin and Bruce Lawrence (eds.), *Beyond Turk and Hindu: Rethinking Religious Identities in Islamicate South Asia* (Tallahassee, 2000), 300-326。

公元 1192 年	布里陀毗罗阇被古尔的穆罕默德打败
公元 1206 年	奴隶出身的库特布丁·艾伊拜克建立德里苏丹
公元 1298 年	马可·波罗访问印度
公元 1310 年	阿拉丁·卡尔基征服南印度诸王国
公元 1320 年	图格鲁克家族在德里掌权
公元 1336 年	维查耶纳伽尔帝国建立
公元 1347 年	巴赫曼尼苏丹国在德干建立
公元 1398 年	帖木儿劫掠德里

100

主要历史文献

Afif, Shams al-din Siraj, *Ta'rikh i Firuz Shahi* (*c.* 1398).

Amir Khusrau, *Khaza'in al-Futuh* (*c.* 1312); trans. Muhammad Habib as *The Campaigns of Alauddin Khalji：Khazainul Futuh of Amir Khusraw* (Bombay, 1931).

Bāṇa, *Harṣacarita* (*c.* 650); trans. E. B. Cowell and F. W. Thomas as *The Harsa Carita of Bana* (Delhi, 1968).

Barani, Ziya' al-Din, *Ta'rikh i Firuz Shahi* (*c.* 1354/7).

Bilhaṇa, *Vikramāṅkadevacarita* (*c.* 1065 – 1088).

'The Chambā Vaṁśāvali', trans. and ed. J. Ph. Vogel, in Vogel, *Antiquities of Chambā State*, pt. 1 (Delhi, 1994).

Hasan Nizami, *Taj al-Ma'athir* (*c.* 1217 – 1229); trans. Bhagway Saroop as, *Tajud din Hasan Nizami's Tajul Ma'athir* (Delhi, 1998).

Isami, *Futuh al Salatin* (*c.* 1349 – 1350); trans. A. M. Husain, *Futūḥ al Salātīn*, 2 vols. (Delhi, 1967, 1977).

Jayānaka, *Pṛthivīrājavijaya* (*c.* 1191).

Kalhaṇa, *Rājataraṅgiṇī* (*c.* 1148 – 1149); trans. and ed. M. A. Stein as *Kalhaṇa's Rājataraṅgiṇī：A Chronicle of the Kings of Kashmir*, 3 vols. (repr. edn, Delhi, 1988).

Merutuṅga, *Prabandhacintāmaṇi* (*c.* 1305).

Minhaj al-Siraj Juzjani, *Tabaqat-i-Nasiri* (*c.* 1259 – 1260).

Padmagupta, *Navasāhasāṅkacarita* (*c.* 1000).

The Viṣṇu Purāṇa, ed. and trans. H. H. Wilson (1840; Delhi, 1980).

参考书目

Ali, Daud, 'Royal Eulogy as World History', in Jonathan Walters, Ronald Inden, and Ali, *Querying the Medieval: Texts and the History of Practices in South Asia* (New York, 2000).

Auer, Blaine, *Symbols of Authority in Medieval Islam: History, Religion, and Muslim Legitimacy* (London, 2012).

Bednar, Michael, 'Conquest and Resistance in Context: A Historiographical Reading of Sanskrit and Persian Battle Narratives', Ph. D. dissertation, University of Texas at Austin, 2007.

Gilmartin, David and Lawrence, Bruce (eds.), *Beyond Turk and Hindu: Rethinking Religious Identities in Islamicate South Asia* (Tallahasse, 2000).

Hardy, Peter, *Historians of Medieval India: Studies in Indo-Muslim Historical Writing* (London, 1960).

Kumar, Sunil, *The Emergence of the Delhi Sultanate, 1192 – 1286* (Delhi, 2007).

Nandy, Ashis, 'History's Forgotten Doubles', *History and Theory*, 34(1995), 44 – 66.

Narayana Rao, Velcheru, Shulman, David, and Subrahmanyam, Sanjay, *Textures of Time: Writing History in South India* (Delhi, 2001).

Pathak, V. S., *Ancient Historians of India: A Study in Historical Biographies* (New York, 1966).

Philips, C. H. (ed.), *Historians of India, Pakistan and Ceylon* (London, 1961).

Pollock, Sheldon, 'Mīmāṁsā and the Problem of History in Traditional India', *Journal of the American Oriental Society*, 109: 4 (1989), 603 – 610.

—— 'Making History: Kalyāṇi, A. D. 1008', in *Śrīnāgābhinandanam: M. S. Nagaraja Rao Felicitation Volume* (Bangalore, 1995).

Sharma, Sunil, 'Amir Khusraw and the Genre of Historical Narratives in Verse', *Comparative Studies of South Asia, Africa and the Middle East*, 22: 1 – 2(2002), 112 – 118.

Slaje, Walter, *Medieval Kashmir and the Science of History* (Austin, 2004).

—— 'In the Guise of Poetry: Kalhaṇa Reconsidered', in Slaje (ed.), *Śāstrārambha: Inquiries into the Preamble in Sanskrit* (Wiesbaden, 2008).

Talbot, Cynthia, 'Inscribing the Other: Inscribing the Self: Hindu-Muslim Identities in Pre-Colonial India', *Comparative Studies in Society and History*, 37: 4(1995), 92 – 722.

Thapar, Romila, 'Genealogical Patterns as Perceptions of the Past', *Studies in History*, 7: 1(1991), 1 – 36.

—— 'The Mouse in the Ancestry', in Thapar, *Cultural Pasts: Essays in Early Indian History* (Delhi, 2000), 797 – 806.

Witzel, M., 'On Indian Historical Writing: The Role of Vaṁçâvalîs', *Journal of the Japanese Association for South Asian Studies*, 2 (1990), 1 – 57.

102

赵立行　译、校

第五章　王权、时间和空间：
东南亚的历史编纂

约翰·K.惠特莫尔

　　有关过往历史的写作是对时间和空间的重新组织，因为作者试图对他们所生活的现实提供或构建某些定义。对东南亚而言，这些世纪并没有向我们呈现出我们所谓的书面历史形式。然而，确实有个别类型的史籍，在时间和空间上，把"过去"整体带到"当下"。某种"现代性"，或者说聚焦于"当下"，似乎是整个东南亚的典型特征，①尤其是在早期，过往会因为某种特定目的的突然出现，我所集中探讨的就是这些例子。

　　这十个世纪中南亚历史编纂的主题，可以简单分成三个非常清晰的且在该时期演化而成的范畴。第一个范畴是铭文，主要是刻于石上的（也刻在金属上）的资料。有关自 7 世纪起兴起于此地的所有古典政治组织，这些是残存的主要书面资料。在 13 世纪和 14 世纪，这些作品在大部分地区都逐步消失了。第二个范畴是两个特定地区的王室所留下的纸面作品（或者书写于棕榈叶等其他材料上），即 11 世纪一直到 14 世纪的东爪哇（这个地区在 14 世纪被称为满者伯夷〔Majapahit〕）和北越（即大越〔Đại Việt〕王朝）。在这两个王朝中，我们看到了具有不同意识形态的学者，他们各为自己的国王撰写文本。最后，在我们所考察的这一时期的末尾，也就是

---

① O. W. Wolters, 'Southeast Asia as a Southeast Asian Field of Study', *Indonesia*, 58(1994),3.

在 13 世纪和 14 世纪，随着国际商路将强劲的普世意识形态（伊斯兰教和小乘佛教）深深地带入这些地区，岛屿上是伊斯兰教，陆地上是小乘佛教，各地开始编纂自己的历史，并将这些历史融入这些宗教的广阔宇宙观之中。

103

铭文

早期东南亚的碑刻多用于重要历史时刻，记录特定的行为（庙宇献祭、土地捐赠等）和预测未来，但并不记录过去。随着时代的发展，尽管这些石头和金属版本身逐渐成为历史的标记，但是它们很少专门评论所标记事件以前的历史。然而，这些碑铭偶尔会以系谱的形式追溯王室或大臣的过去，意图解释和合法化目前的状态。同历史一样，这些系谱的编纂和构建是为了呈现目前的现实。

吴哥（现在的柬埔寨）的谱系反映了这些趋势。它们并非普通谱系，所提供的信息会让人感到困惑，当用标准的欧洲（或中国）有关承袭的观念来衡量时尤其如此。迈克尔·维克里（Michael Vickery）曾经考察了包含有这些信息的碑刻，比较了吴哥时期（9—12 世纪）碑刻的内容和我们所知的前吴哥时期（7—8 世纪），发现记录与我们的所知几乎无法匹配。[①] 尽管维克里通过许多努力和解释试图让这两者一致，但他指出这是徒劳的。每个时代都有自己的逻辑，它们几乎无法匹配。要让这些碑刻所提供的信息具有意义，需要明确它们的目的，而其目的并不是要从后面的年代追溯前面的年代以建立直接的联系。相反，这些碑刻的作者延伸到过去去构建谱系，是为了赋予他们的国王和朝臣合法性。

这一进程开始于 7—8 世纪今称柬埔寨的地方。到 7 世纪后半

---

① Michael Vickery, 'Some Remarks on Early State Formation in Cambodia', in David G. Marr and Anthony C. Milner (eds.), *Southeast Asia in the Ninth to Fourteenth Centuries* (Singapore, 1986), 102–111; and Vickery, *Society, Economics, and Politics in Pre-Angkor Cambodia* (Tokyo, 1998), 260–270.

叶,碑刻开始列举贵族和王室前代的名录。几十年过后,在 8 世纪,出现了一则谱系追溯到婆罗门家族混填(Brahman Kaundinya)和纳迦族(蛇)公主索玛(Naga Princess Soma)的神圣起源传说。在这一时期的早期,大约有 17 个反映承袭的谱系留存下来,这些谱系通常通过女性建立联系,它们似乎反映了通过母系继承酋长(pon)到通过父系继承地方性首领职位(mratan)的转变。实质上,在王朝时代,这些碑刻同时通过父系和母系来追溯遥远的神圣合法性和直接的人间合法性。

　　经历了几代人后,王室或贵族集团之间的竞争越来越激烈。阇耶跋摩二世(Jayavarman II,802—834 年在位)被视为第一位伟大的吴哥统治者(9 世纪早期),他开始创建自己的帝国,然而,他的父系后代似乎并没有承袭他。继承的原则并不为人了解,但是除了纯粹的力量外,继承原则似乎同时包含母系和父系的关系,目的是构建比某个人的前辈或对手们更深远的谱系。这一方面意味着,在 947—948 年,需要创造一种可以追溯到雷希·坎布(Rishi Kambu)和玛拉(Mara)的神话,即追溯到印度和当地土著在远古的结合。更具体而言,它要在比以前统治者所追溯的谱系更高更远的起点上建立直接的生物学联系。祖先,尤其是最早源头的祖先,成为王室世袭地位的标志。其中,继承似乎是沿着亲属图(伴随着因父子垂直权力主张而来的紧张关系)平行滑动,这些谱系通过父系或母系的联系,或者追溯到深远的过去,或者沿着上升的结构向上追溯,以夸大每一个国王的权力要求。

　　因此,因陀罗跋摩(Indravarman,877—889 年在位)放弃了自己直系的祖先,而努力寻找比自己的祖先"更加古老的血统"(引自维克里的话)。[①] 他的继承者,即儿子耶输跋摩(Yasovarman,889—900 年在位)构建了一个世系,其最终源头比对手阇耶跋摩二世更早更高。半个世纪后的罗贞陀罗跋摩(Rajendravarman,944—968 年在位)继续"增加这一金字塔的高度",继续追溯居于顶点的

104

---

① 　Vickery, 'Some Remarks on Early State Formation in Cambodia', 104.

祖先,让系谱更错综复杂。用维克里的话说,"构建不断增高的金字塔谱系,是为了确立针对同时代人的优先地位"。[①]

这些王室谱系,可以通过与同皇家有亲属关系的大臣的族谱进行核对。这些铭文因不同的目的而被放在一起,各自标识着自身的地位,纠正着皇家的权力主张,并让我们看到后者如何运作来远远超越具有同样主张的对手(或相关)家族。随着国王及其继承人获取王位,他们会重新编制对自己有利的谱系并使其更高更深远。后来的吴哥国王比如苏利耶跋摩一世(Suryavarman I,1002—1050年在位)会说坎布世系及其继承人一直延续到他们自己。随着在这条线上不断出现更新,这样的说法会一直延续发展到最后一位伟大的统治者阇耶跋摩七世(1181—1218年在位)。

维克里的著作是有关早期东南亚铭文和谱系方面最详尽的。该地区的其他地方可以用来进行比照。往东面,我们会遇到相关联的占城(Champa,如今的越南中部)的状况,在几个世纪中,这里以平行的方式与柬埔寨的事件频繁互动。占城的各种谱系之间无论在时间还是空间上本身就存在差异。[②]占城的国王统治了大量不同的地区,所以其国王所处地点不同,其正统性观念也不同。第一代的国王在北部(阿马拉瓦蒂〔Amaravati,靠近现在的岘港〕)。在六、七和八世纪早期(碑刻7,9,12,20),国王认为自己与恒河女神(Ganga)相联,其中无论父系还是母系都与特定的婆罗门/刹帝利有关系。在 7 世纪中期(铭文 12),经由妹妹的一位外孙所建立的关系是高棉(Khmer)君主,而且其线索追溯到混填和索玛,因此占城的统治者意识到了当时的高棉系谱,也许也以此为基础与之竞争。

在 8—9 世纪的大部分时间里,其势力转向了南部(宝瞳龙

---

① Vickery,'Some Remarks on Early State Formation in Cambodia',106。

② R. C. Majumdar, *Champa：History and Culture of an Indian Colonial Kingdom in the Far East*, *2nd -16th Century A. D.* (1928；Delhi, 1985),35 - 37,40,42,45,46,56 - 60,62 - 65,93,96 - 101,113,123. 在正文中插入数字表示个别的铭文。

〔Panduranga〕，靠近潘郎市），在那里的碑刻中并没有发现谱系。
在 875、909 和 911 年，它重新回到北部的阿马拉瓦蒂，同时处于
湿婆和佛教的体制之中，其碑刻（碑刻 31、39、42、43）反映了与
恒河一系不同的谱系，这一系谱追溯到摩诃提婆（Mahadeva）。摩
诃提婆将波利怙（Bhrgu）派到占城，后者的儿子优珞阇（Uroja），
即"世界之王"，促成了国王的登基。然而碑刻（碑刻 31）强调国
王通过他"许多前世"的苦行，靠自己获得了王位，"而非传自他的
祖父或父亲"。也许正是这位具有地方贵族血统的因陀罗跋摩国
王（875—约 898 年在位），掌控了回到阿马拉瓦蒂的占城，成为
万王之王。在这一谱系中，因陀罗跋摩国王用波利怙和优珞阇两
位神的名字替代了早期恒河世系的两位国王，这样就从字面上将
自己的世系提升到他们的世系之上，而且直溯摩诃提婆。大臣们
及其母系与过去王室的联系被特别提及，这样的谱系可能巩固了
统治阶层中的各种关系。

　　12 世纪中期，体现正统性的系谱出现了有趣的转变。1140 年
和 1143 年的碑刻（碑刻 69、71）在时间上进行追溯时不是通过王
权，而是通过前世，也就是通过再生。因陀罗跋摩在上述 875 年的
碑刻中（碑刻 31）曾经声称他来自前世的美德成就他登上王位，而
非通过他直接的祖先。此时的阇耶因陀罗跋摩三世（Jaya
Indravarman III，1139—1145 年在位）对此非常熟悉，说他已经三
次担任国王（包括上述神话中的优珞阇），现在再一次无可非议地
担任国王，而且他在北部（阿马拉瓦蒂）和南部（古笪罗）都发表了
声明，并非靠过去先人的美德而是凭借其跨越世代的精神实质，让
他成为占城之王（以前的经历确实有价值！）。也许是自己缺乏合
乎正统的祖先，所以他抛弃了生物意义上的占城历史上的谱系，而
寻求优珞阇神化身的精神演化。接下来的统治者阇耶诃黎跋摩一
世（Jaya Harivarman I，1149—1166 年在位）在他 1150 年代的碑刻
中（碑刻 72、74）同样声称自己是优珞阇的化身，这也是他第四次担
任国王，但更胜一筹的是，他指出了自己直系王室祖先们出生高
贵，出自婆罗门和刹帝利两大种姓。对于他来说，最值得书写的是

106 他个人针对吴哥高棉军队及其山区盟军和越南人的军事胜利。

大部分的战斗都发生在地处占城中部地区的维贾雅(Vijaya),这里与吴哥有联系。在 12 世纪后期和 13 世纪早期高棉统治占城后,正是维贾雅兴起而成为占城的新统治地区。① 后高棉时代的统治者都严格保持其直接祖先、祖父、父亲和弟弟的谱系(碑刻 94—95),每个人都是"伟大的万王之王"。下一世纪南部的最后一个碑刻(碑刻 112)也只是讲到国王的直系家族。

向西到蒲甘(Pagan,现在的缅甸),那里的碑刻也有表示王室正统的谱系。② 这个帝国兴起较晚,由阿尼鲁达(Aniruddha,1044—1077 年在位)所创立。其国王们首次给争霸的混乱状态带来了秩序,然后宣布他们与最初的宇宙之王摩诃三摩多(Mahasammata)有关,正是后者首次给混乱的宇宙设定了秩序。(据知,江喜陀王〔Kyanzittha,1084—1111 年 在 位〕和那罗波帝悉都〔Narapatisithu,1173—1210 年在位〕王时期也是如此)他们因此使自己因获取王位而实行的暴力合法化。尽管强调因果报应(Kamma)意味着个人美德胜过基于亲缘的继承,但还是要考虑血统。王室努力巩固摩诃三摩多世系的血统,将长公主嫁给了显然是王储的同父异母的弟弟。同柬埔寨一样,这一世系包括宇宙太阳父系和纳迦(蛇)母系之间的结合,王室的每一对婚配都会重新上演这一结合。因此而形成的这一单一系谱得以维护,并调整来适应新的政治现实(即现实继承的不同类型)。从 12 世纪中期起,每一次继承的中心舞台上都站着王后和她的长女。具有前者的血统也好,特别是与后者缔结姻缘也罢,都会提供正统性并维持皇家世系。

---

① John K. Whitmore, 'The Last Great King of Classical Southeast Asia: "Che Bong Nga" and Fourteenth-Century Champa', in Tran Ky Phuong and Bruce M. Lockhart (eds.), *The Cham of Vietnam: History, Society, and Art* (Singapore, 2011), 168 - 203.

② Michael Aung-Thwin, *Pagan: The Origins of Modern Burma* (Honolulu, 1985), 10, 57, 63 - 64, 153 - 159, 237.

第五章　王权、时间和空间：东南亚的历史编纂

因此，在蒲甘，同吴哥和占城相互矛盾的谱系（以及化身）不同，只有一种谱系。爪哇国最初在中部（马塔兰〔Mataram〕）后来在东部（满者伯夷），那里并没有谱系，反而强调地域一体化，强调空间而非时间。简·维斯曼·克里斯蒂（Jan Wisseman Christie）坦率地指出："爪哇的国王没有像柬埔寨（或占城和缅甸）那样将谱系刻在石头上，或者通过确认他的正统性而在碑刻中提到与他的先人的关系。"[①]在中部爪哇有一个早期的王表（10世纪早期），但是这只是王表，并没有寻求任何关系。最有价值的是它将不同的地域、个人苦行的力量（sakti）结合在一起的能力。爪哇的碑刻是现实主义的，用来记录特定的事件，尤其是与土地占有有关的内容。另外一个东爪哇的王表更加重要，因为它讲述了中部力量的瓦解以及它通过战争在新统治者爱尔朗加（Airlangga，1016—1045年在位）时的复兴。这一事件清楚或明确地成为接下来几个世纪的历史背景。总体来说，爪哇碑刻所强调的似乎不是上溯（祖先），而是后继（后裔），强调未来而不是过去。

总体而言，在东爪哇，其重点不是时间而是空间。在碑刻中，王室管理土地的荣光不断增加，爱尔朗加被视为"爪哇岛'曼达拉'（maṇḍala）的保护伞"。[②]国王们从他们作为权力中心的奠基之地，努力扩大他们对爪哇曼达拉（Yavadwipa maṇḍala）的保护（庇护）。维持所有这些地方成为一体是王室的主要目标。在某些地方，谱系倾向于在时间上向前追溯，而爪哇的文字记录则倾向于向外拓展，在空间上与其整合，这就意味着有了依据时间的通道，从而与过去的国王联系起来。

①　Jan Wisseman Christie, 'Negara, Mandala, and Despotic State: Images of Early Java', in Marr and Milner (eds.), *Southeast Asia in the Ninth to Fourteenth Centuries*, 73 - 76, at 73；以及 Boechari, 'Epigraphy and Indonesian Historiography', in Soedjatmoko et al. (eds.), *An Introduction to Indonesian Historiography* (Ithaca, 1965), 36 - 73。

②　Christie, 'Negara, Mandala, and Despotic State', 74。

宫廷作品

除了上述零散的碑刻外,就我们所知,只有东爪哇和南越两个宫廷创作过篇幅稍大的作品。这些作品提供了探究各自地区历史的不同路径,这些路径反映了碑刻中利用过去的那些方式。

在东爪哇,清晰而又明确的核心事件是前述碑刻所提到的 11 世纪爱尔朗加的统一,以及他死后随之出现的两个儿子对王国的分化。这一王国的分化频繁出现在接下来三个世纪的爪哇宫廷作品中,它们所强调的是在地理上和在社会层面统一这一地域。尽管爱尔朗加的行为一直是其描绘的背景,但与爪哇的碑刻相同,它聚焦于空间而非时间。

在考察古老的爪哇"卡卡文"(*kakawin*),即 11—14 世纪东爪哇的诗歌文学时,我们看到了印度史诗作品,尤其是《摩诃婆罗多》(*Mahābhārata*)的地方化。[①] 从一开始,即在公元 1000 年左右,宫廷中就会朗诵这些史诗,此后在爱尔朗加时期,随着他所取得的伟大胜利和王国的统一,诗人坎瓦(Kanwa)撰写了《阿朱那的婚姻》(*Arjunawiwaha*)庆祝这一事件。该文献描绘失败中的阿朱那如何在一座山上获得了"苦行的力量",而且在众神的帮助下重新获得胜利和自己的王国。该传说强调社会(男性、女性)的结合,并随之而强调了爪哇的景色;阿朱那以这种精神和物质层面的胜利,给人类生活带来井然的秩序,并统一了自然和社会的世界。保护和维护这一王国或世界,是东爪哇统治者的职责和目标。阿朱那或爱尔朗加的成就,是通过这一"苦行的力量",统一了自然和超自然的王国,消除了分裂。所运用的诗性语言,将空

108

---

①   Kenneth R. Hall, 'Traditions of Knowledge in Old Javanese Literature, c. 1000 - 1500', *Journal of Southeast Asian Studies* (*JSEAS*), 36:1(2005),1 - 27;以及 Tony Day,*Fluid Iron*:*State Formation in Southeast Asia* (Honolulu, 2002),64 - 65,180,197 - 199,207 - 209,236 - 253。

间和时间、风景和人类活动结合起来，并通过仪式性的背诵的力量，阐明大地和社会本来的样子。这一文献体现了爪哇国王们的承袭。

然而，爱尔朗加将国土分给儿子们，从而为后面几个世纪的梦魇埋下了种子。祖先的二分，就成了要解决的问题。《阿朱那的婚姻》随时间而不断传递，既是一种提醒也是解决该问题的手段。成为毗湿奴，即维护者和化解者是其目标所在。100年后，在12世纪中期，出现了两位诗人先后撰写的《婆罗多的战争》(Bhāratayuddha)，第一位诗人是赛达(Sedah)，第二位是帕努鲁(Panuluh)。这一作品同样取材于《摩诃婆罗多》，同样探讨的是自然风景和宫廷的结合，而将潜在的分裂放在一边。它的象征是花园——自然与社会结合，为一切提供了圆满。国王和王后以节制和自律的方式共同努力，保证了这一结合并因此保护了王国，借此达成了所渴望的国土统一。

这种抵制潜在分裂的主题，两个世纪后在东爪哇的满者伯夷王国达到高潮。该王国是建立在两分的基础上的，即富裕的农业内地及其神庙和该时代繁荣的国际商业，其中东爪哇是商业网络中的重要结点。此时出现了《森林篇》(Parthayajna)，它组合了三个世纪以前的《阿朱那的婚姻》，其中心是阿朱那以及他承担保护世界职责时修行的人神合体。他旅至大山是在爪哇行进，他的胜利则是消弭分裂。这部著作超越了11世纪的文本，将国王的胜利与圣哲所教导为达成该目标所应实行的适当仪式行为结合起来。在这里，英雄和擅长仪式的人以国王和他的祖父的形式结合，从而达成了联合。

随之在13世纪的六七十年代出现了两部主要的文献，进一步描绘这一主题，即普拉潘佳(Prapanca)的《爪哇史颂》(Nāgarakrtāgama or Désawarnana)和旦多拉尔(Tantular)的《阿朱那的胜利》(Arjunawijaya)，两部作品都是诗人为他们的统治者哈雅·伍路克(Hayam Wuruk，1350—1389年在位)所作。

这些作品是用作毗湿奴的祈祷文，所以寻求与他结合，并让他佑护王国的统一。"世界的维护者"与得到"世界背弃者"帮助的"世界破坏者"斗争，并依靠他与王后结合的力量而获得胜利。国王在此使王国发展（或维持），并见证了它和神庙的繁荣；国王的权威因此得以确立，与他的祭司和王后处于和谐之中——他们不能分离。其背后潜在的是爱尔朗加，他最初的胜利和他王国嗣后的分裂，以及兄弟们之间和得到其贵族家族支持的宫妃中间潜在的竞争和分离。

《阿朱那的胜利》通过神话或宇宙传说来描绘国王和他的王国，而《爪哇史颂》描绘的是真正的国王哈雅·伍路克以及他在真正的王国中的历程。诗人讲到某地的一个神庙，在这个神庙所在地，爱尔朗加分裂了他的王国，三个世纪后，也是在此，国王的祖母举行仪式重新统一了王国。在这里从空间上所描绘的满者伯夷，以统一、稳定和繁荣为特征，是几个世纪以来为达成风景、神庙、社会和爪哇宫廷的和谐而长期努力的顶点。然而，正如神话文献继续指出的，在这种荣耀的统一背后，始终存在着人类争斗和分裂的可能。

在《须陀须摩王》（Sutasoma）（这是《阿朱那的胜利》作者旦多拉尔后来的作品）中最后陈述了这种观点。他通过集中描绘湿婆和佛陀，印度教和佛教的密宗融合，构建了囊括整个王国的神秘曼荼罗，克服了各种障碍并确保了统一。这里所描绘的国王将过去、现在和将来联系在一起，保护宇宙，保卫真理（dharma），是宇宙的统治者（cakravartin），是体现了爪哇的曼荼罗。同占城的碑刻中的记述一样，他是毗卢遮那这位世界主人最后的化身，他的王后是从过去到现在这一统一之流的一部分。从过去到现在之流中也体现出，通过父系和母系而形成的满者伯夷王系联系了以前的100多年，并且与未来相联系（但结果并非如此）。

对时间和空间的这些信仰，在14世纪的石头和文本中都有所体现。东爪哇的苏莱瓦纳神庙（Surawana）、贾戈神庙（Jago）和帕纳塔兰神庙（Panataran）的浅浮雕，与上述"语言的神庙"（Candi

Bahasa），即"卡卡文"所讲述的故事非常类似。① 苏莱瓦纳和贾戈的浅浮雕描绘《阿朱那的胜利》和《森林篇》，突出了国王的形象和他苦行的力量，这种力量是通过密宗仪式以神秘的形式获得的，用来维持曼荼罗的统一，而就在哈雅·伍路克上台之前创作的帕纳塔兰神庙浮雕，则描绘了《罗摩衍那》和潜在的分裂与混乱，同苏莱瓦纳的场景彼此附和。

随着满者伯夷在 14 世纪早期重新陷入冲突，这种潜在可能很快就变成了现实。农业和商业、内陆和沿海的两分进一步加剧了分裂。继续强调空间整合而非时间上的分裂主题，仍然是爪哇宫廷的基本事实，甚至满者伯夷的伟大也无法摆脱这种威胁。

另一方面，大越宫廷聚焦于时间而非空间。同吴哥、占城和蒲甘的碑刻一样，宫廷及其写作者都通过时间和继承来寻求正统性，每个王朝都在时间上将其统治大地的源头向前追溯。这里要提到的是中国对该地域的巨大影响，在近千年的时间里，它都是这个地域，即现在大越的最高统治者。这种紧密的联系尽管并非支配性的，但是它使越南倾向于不向东南亚其他王国开放。特别是自 11 世纪早期起，中国的父系朝廷模式对越南的统治阶层越来越具有吸引力，因此，与该地区其他王国不同，男性血统（宗族）主导了升龙（现在河内）朝廷。②

在 11 世纪晚期，这里出现了《终极故事集》（*Báo Cự'c Truyện*），这本书我们只能看到片段，主要来自 14 世纪的《越甸幽灵集》（*Việt Điện U Linh Tập*）。③ 我们所知的 11 世纪的文献表明，人们努力引

110

---

① 亦可参阅 Peter Worsley，'Narrative Bas Reliefs at Candi Surawana'，in Marr and Milner（eds.），*Southeast Asia in the Ninth to Fourteenth Centuries*，335 – 367。

② O. W. Wolters，'Lê Văn Hêu's Treatment of Lý Than Tôn's Reign（1127 – 1137）'，in C. D. Cowan and Wolters（eds.），*Southeast Asian History and Historiography*（Ithaca，1976），203 – 226。

③ Keith W. Taylor，'Authority and Legitimacy in Eleventh-Century Vietnam'，in Marr and Milner（eds.），*Southeast Asia in the Ninth to Fourteenth Centuries*，143 – 145，156 – 161；Olga Dror，*Cult，Culture，and Authority*：*Princess Liễu Hạnh in Vietnamese History*（Honolulu，2007），14 – 17.

用过去来创造一位与地方精神力量相连的佛教国王典范。这部著作显然出自一位佛教学者之手,要把 11 世纪中期实行统治的李朝(1009—1225 年)的奠基国王们与可知的早期"统治者"联系起来。第一位"统治者"是中国汉朝后期的当地中国官员士燮,后来越南人称其为"Sĩ Vương"(士王)。在国际化佛教背景下,随着汉朝在北部的崩溃,他和他的家族使南越稳固而又繁荣。据说,士的灵魂曾经出现在唐代另一位强有力的官员高骈(越南人称为 Cao Vương,即曹王)面前。这位 9 世纪的人物保护了北部低地免遭高地的侵略。这两位国王连同强有力的地方神灵一起,重造了地方固有的精神,随着后来形成大越王国并定都升龙,这种精神被地方国王传承下去。这部文献深深扎根于中、越过去的政治和宗教力量之中,这种力量既来自佛教也来自本土,在新的统治中心,随着时间逐渐涵盖了空间,即地域的结合,它有助于为新君主创造一种王权的传统。

　　李朝的前三任统治者确立了大越的君主制,且在此时确立了历史传统,在他们之后的第四任李朝国王仁宗(Nhân-tông,1072—1127 年在位)及其母后将不断发展的禅宗(Thiền)从皇家私人宫殿推广到公共王室宫廷。这位强烈崇尚佛教的君主为已经存在的历史潮流加入了新的元素,将大越与大师和僧侣门徒的继承联系起来,这些僧侣遵循或是直接来自印度,或者是经由中国僧侣传到升龙的释迦牟尼佛的"达摩"。越南的僧侣宋卞(Thông Biện)编纂了《佛僧合集》(*Chiêu Đôi Lục*),包含了这一新的历史传统,它保存在 14 世纪的《禅院杰出人物概略》(*Thiền Uyên Tập Anh*)中。①

　　此后,权力转移到母后们、她们的家族(地方豪强)和宫廷大臣

---

① John K. Whitmore, 'Why Did Lê Văn Thịnh Revolt? Buddhism and Political Integration in Early Twelfth Century Đại Việt', in Kenneth R. Hall (ed.), *The Growth of Non-Western Cities*, *Primary and Secondary Urban Networking*, *c. 900 - 1900* (Lanham, MD, 2011),113 - 131.

手里。12 世纪的文献《史记》(Sử' Ký)(取名来自著名的汉代文献司马迁的《史记》)①反映了权力方面的这些变化。我们对此也仅仅了解一些零散的片段,主要来自 14 世纪的《越甸幽灵集》,这是 14 世纪上半叶的一位宫廷人物多善(Đỗ Thiện)编写的。其中,他强调辅佐统治者的角色而非统治者本人,而且作者的庇护人毫无疑问是像他同时代的人多安武(Đỗ Anh Vũ)那样有权势的大臣。回溯 11 世纪,多善选择了在历史上和精神层面起关键扶持作用的人,他们帮助维持着王国,并因此而在他自己的时代扮演了朝廷权贵的角色。

同时,在宫廷之外(或与宫廷竞争)开始出现一些文人的声音。也许从不断成长的沿海地区(及其中国居民)那里,随着新的沿海(和中国血统的)的陈朝(Trần)控制了首都和王国,这些声音甚嚣尘上。首先(很可能是在 13 世纪上半叶),出现了陈佛(Trần Phổ)撰写的《越记》(Việt Chí),但我们对此几乎一无所知。也许该著作最初是对(已经废黜的)李朝记录的编纂,且增加了对前一世纪的外部评论。最后在 1272 年,出现了新王朝的官修编年史,涵盖了直到李朝结束时他们自己地域的历史(它采用的是中国的方式,尽管越南人选择了司马光《资治通鉴》的编年体而非司马迁《史记》的纪传体)。该著作的作者是沿海的学者黎文休(Lê Văn Hưu),他设定了新时代的思想方式。② 在他的《大越史记全书》中,他将该王

112

① Taylor, 'Authority and Legitimacy in Eleventh-Century Vietnam', 165 – 167; Taylor, *The Birth of Vietnam* (Berkeley, 1983), 151 n, 308, 318, 319, 342 – 343, 354; Taylor, 'Voices Within and Without: Tales From Stone and Paper about Đỗ Anh Vũ', in Taylor and John K. Whitmore (eds.), *Essays Into Vietnamese Pasts* (Ithaca, 1995), 75.

② Taylor, *The Birth of Vietnam*, 144 n. 270 – 271, 282 – 284, 316, 334, 351 – 352; Taylor, 'Voices Within and Without', 71 – 78; Taylor, 'Looking Behind the Vietnamese Annals: Lý Phật Mã and Lý Nhật Tôn in the *Việt Sử' Lêô'c* and the *Đại Việt Sử' Ký Toàn Thư'* ', *Vietnam Forum*, 7(1986), 49 – 63; Wolters, 'Lê Văn Hêu's Treatment of Lý Thân Tôn's Reign (1127 – 1137)'; Wolters, 'Historians and Emperors in Vietnam and China: Comments Arising Out of Lê Văn　(转下页)

国的历史从东汉（大约公元 200 年）上推至该王朝开始时期（大约公元前 200 年），而且将大越视为蒙古威胁时期"南部"抵抗"北部"的关键。特别是，他从公元前 2 世纪中国南方的统治者赵佗（越南语为 Triệu Đà）的时代开始自己的编年史，赵佗正好体现了南部的抵抗。黎文休也赞扬了士燮和高骈，强调他们针对北部和西部的威胁保卫和维护了王国。因此，尽管陈朝的中国化色彩很浓，而且学者在其中发挥着固定的作用，但是，他们在该编年史中的立场是强烈反对中华帝国在自己大地上的影响的。黎文休也以明确的语句指责前代李朝的文化：太温和、太宽厚、没有体系、不合礼仪、无知。佛教及其早期时代土生土长的模式不应该得到宽容，中国的知识和价值体系，尤其是对父系的强调，反而应该进一步加强。

从 14 世纪初起，随着大越王朝开始付出大量努力通过佛教正统将分散的各地整合起来，其意识形态浪潮发生了转向。该正统是地方竹林（Trúc-lâm）派别的禅宗学派。大越的君主特别贵族化和具有威仪，从 13 世纪后期经过 14 世纪前 30 年，他拣选了宋卞（Thông Biện）的佛教架构，并用之将全国各地许多佛教类型整合成为该地神灵力量保佑的统一思想体。陈明宗在他的诗歌中大力提倡其王国和宇宙的"一元"（dharmadhatu）。佛教档案员李济川（Lý Tế Xuyên）在 1329 年所写的文献《越甸幽灵集》中描绘了过去的神灵崇拜，这些崇拜有效地保护了君主、王国和宗教。特别是 1337 年的佛教文献《禅院杰出人物概略》，把过去几个世纪流传下来的分散和分立的越南佛教成分，捏合成一致的禅宗整体，强调信仰体

（接上页）Hêu's History, Presented to the Trâ`n Court in 1272', in Anthony Reid and David Marr (eds.), *Perceptions of the Past in Southeast Asia* (Singapore, 1979), 69 - 89; John K. Whitmore, 'The Vietnamese Scholar's Views of His Country's Early History', in Kenneth R. Hall and Whitmore (eds.), *Explorations in Early Southeast Asian History* (Ann Arbor, 1976), 194 - 197; Whitmore, 'The Rise of the Coast: Trade, State, and Culture in Early Đại Việt', JSEAS, 37: 1 (2006), 114 - 119; and Yu Insun, 'Lê Văn Hêu and Ngô Sĩ Liên: A Comparison of Their Perception of Vietnamese History', in Nhung Tuyet Tran and Anthony Reid (eds.), *Việt Nam: Borderless Histories* (Madison, 2006), 45 - 71.

系和王国的"一元"，与爪哇的"须陀须摩"（*Satisoma*）别无二致，都是支撑王权的。同时，大越的君主利用了历史，即以师徒传承的方式通过时间追溯到印度和佛陀。①

　　甚至在大越的君主和贵族极力通过强调竹林学派的禅宗来整合其地域的时候，沿海地区的学者也在德高望重的教师朱文安（Chu Văn An）的领导下，提倡中国古典学问和深厚的历史。为此，他们拒绝永恒以及竹林学派目前的趋向。在越来越悲惨的境况下，为了改革社会，需要重提古代，首先是中国，然后是越南。这些学者强调学校和中国古典，促使君主在政府方面沿着中国的道路进行改变。君主以陈朝的方式进行回应，强调南北的分立，贬低这些"苍白学者"的观念。然而，随着 14 世纪的骚动越来越激烈，朝廷开始向学者们开放。当占城在 20 年的时间里（1370—1390 年）进行统治并几乎毁灭了大越时，情况尤其如此。

　　上述情况所导致的文明危机，引发了越南神话和历史概念的重构。与此同时，在南部以权臣黎季犛为首出现了新的政治势力，他也是中国血统。政治和历史编纂的力量将会并行发展，并为大越君主的正统性创造新模式。现在，历史的模式重新回归赵佗和公元前 2 世纪以前，致力于研究几千年以前的中国古典时代。新的越南历史，与北部一样，将自己与中国的神话直接联系起来，如《南部历史怪异传说》（*Lĩnh Nam Trích Quái*）和《越编年史》（*Việt Sử' Lử'o'c*）所反映的，越南历史从著名的汉族英雄周公那里得到确认，而且在文郎（Văn-lang）这个地方数世纪以来经历了 18 代雄王的更替。当黎季犛在 1400 年获得王位后，他把自己的姓改为"胡"（Hồ），将自己的谱系与中国古代联系起来，为自己的国家重新命名

① O. W. Wolters, 'Minh-tông's Poetry of Sight, Light, and Country', in Wolters, *Two Essays on Đại-Việt in the Fourteenth Century* (New Haven, 1988), 54 - 164; Keith W. Taylor, 'Notes on the *Việt Điện U Linh Tập*', *Vietnam Forum*, 8 (1986), 26 - 59; Taylor, *The Birth of Vietnam*, 352 - 354; Dror, *Cult, Culture, and Authority*, 14 - 30; and Cuong Tu Nguyen, *Zen in Medieval Vietnam : A Study and Translation of the* Thiên Uyên Tập Anh (Honolulu, 1997).

为源自遥远古代的大虞（Đại Ngu）。[1]

大越的编年史与李朝、陈朝和胡朝等王朝的正统性紧密纠缠在一起，而且体现了其重要的意识形态成分，首先是佛教，然后是中国古典思想。它们也反映了每个王朝的地理基础，首先是河流上游，然后是沿海。每一部编年史选择一个特定的起点，每一部都从该起点向后追溯。同时与北方（中国）及其成分的联系是不断变化的。李朝的佛教王权反映出一种纠结的地区性中越关系类型，陈朝强调北方和南方的区别并选取了赵佗这个人物，体现南方对北方入侵的抵抗。最后，胡朝则包容了不断发展的越南沿海古代文人传统，与中国的传统并列、并行和相互联系。

普世信仰与地方史

爪哇和越南的官修史书在 14 世纪已经长足发展，而其他类型的历史作品才在东南亚刚刚兴起。这些类型基于前面几个世纪中发展起来的海上商业网络，以及这些商业和交通路线所促成的意识形态类型。其中有两条路线特别重要。第一条是第一次出现的主要的东西路线，将中国沿海同中东和地中海联系起来。[2] 这一线路已经存在了一千多年，而且随着伊斯兰的兴起，在旅途上会看到越来越多的穆斯林商人的身影。它主要包括东南亚的岛屿世界，尤其是马六甲海峡周围。另外，有一条穿越孟加拉湾的更具地区性色彩的线路，把斯里兰卡及其小乘佛教与东南亚大陆，特别是那里出现的泰政权（孟，muang）联系起来。

这些发展的出现，源于岛屿和大陆上典型的大帝国（吴哥、蒲甘、满者伯夷）的衰落和崩溃。在整个岛屿世界，地方港口兴起，与

---

[1] Taylor, *The Birth of Vietnam* 351, 354 - 357; Taylor, 'Looking Behind the Vietnamese Annals'; Dror, *Cult, Culture, and Authority*, 21 - 29; and John K. Whitmore, *Vietnam*, *Hồ Quý Ly, and the Ming*, *1371 - 1421* (New Haven, 1985).

[2] Stewart Gordon, *When Asia Was the World* (Cambridge, Mass., 2007).

苏门答腊上的室利佛逝王国、爪哇岛上的满者伯夷争夺商业控制权。渐渐地，从北部苏门答腊的萨穆德拉/巴塞开始，这些地方性和竞争性的港口接纳了伊斯兰教，一方面是扩大自己的商业目标，同时也巩固其不断壮大的王国的统治力量。在大陆，取代帝国控制而出现的地方势力，尤其是泰公国，接纳了小乘佛教，一方面是作为与外部世界联系的纽带，而且也像岛屿一样，以巩固内部的权威和合法性。在这两种情况下，都逐渐开始出现编年史，在特定宗教的普世背景下讲述地方的故事。这两种情况都提高了地方上的权威，并使自己成为更大世界的一部分，尤其是成为宇宙的一部分。

　　尽管我们不知道 1400 年前有关这两种传统的文献有什么流传下来，但是随后出现的文献反映了早期出现的该思想的根源。就岛屿世界而言，有北部苏门答腊地区的《巴赛列王传》(*Hikayat Raja-Raja Pasai*)，在这里，出现了人们目前所知最早的土生土长的伊斯兰教。[①]虽然萨穆德拉/巴塞地区的编年史完成于 15 世纪（所知最早的马来编年史），但是它似乎反映了上一个世纪的历史编纂渊源。该编年史表明，萨穆德拉/巴塞是在满者伯夷广泛的势力和影响下，在富于竞争性的海峡地区内部，在其他地方势力中间等复杂的背景下崛起的。这一文献早期的主题是，地方统治者基于与其血统和祖先有关的地位积累和魔幻般的能力，使得地方权威不断发展。这种能力使他的港口具有吸引人的力量，依靠这种吸引力增加财富和地区影响。这反过来使该港口和该统治者进入贸易和伊斯兰的世界。随着该统治者魔幻般的转变，本土的和国

115

---

①　Kenneth R. Hall，'Upstream and Downstream Unification in Southeast Asia's First Islamic Polity：The Changing Sense of Community in the Fifteenth Century *Hikayat Raja Raja Pasai* Court Chronicle'，*Journal of the Economic and Social History of the Orient*，44：2(2001)，198 - 229；A. Teeuw，'*Hikayat Raja-Raja Pasai* and *Sejarah Melayu*'，in John Bastin and R. Roolvink (eds.)，*Malayan and Indonesian Studies* (Oxford, 1964)，222 - 234；and A. H. Hill，'The Chronicles of the Kings of Pasai'，*Journal of the Malayan Branch of the Royal Asiatic Society*，33：2(1960)，1 - 215.

外的，内部的和外部的相互混合，一度使萨穆德拉/巴塞在地方上，在充满活动力的穆斯林信仰和势力的时空范围内，特别是在"乌玛"之内，居于非常重要的地位。

兴起于 14 世纪的历史编纂演进的目的，是让人们意识到，地方和社团是强大宇宙性世界宗教的一部分，是其焦点。它将地方社会整合在一个以统治者及其宫廷和仪式为中心的严格的地位、尊严和力量的等级体系下。以同样的方式，我们在北部大陆的高原谷地上的文献中，也看到了普世宗教的地方化，以及地方在时空上与该宗教宇宙范围间的联系。这里不是伊斯兰教和麦加，而是小乘佛教和斯里兰卡。在这些北部山谷的地方政权和泰公国，涌现出现在被称为传说（*tamnan*）的文献，为他们的存在和他们的统治者提供合法性。[1]

与上述的港口文献一样，这些"孟"的文献也特别关注本土的仪式、普世宗教和统治者名录。正如其起源神话所描述的，"孟"产生于地方，但存在于小乘佛教的宇宙时空中，与释迦牟尼佛（甚至更早的佛）和佛教的诞生地南亚次大陆有着联系。我们能看到的"孟"的直接历史是统治者（chao muang，诏孟）的承继，这些人的行为将地方和普世、"孟"和佛联系起来。清迈/兰纳（Chieng Mai/Lan Na，现在泰国北部）早期的编年史表明这种风格出自 14 世纪，反映了早期年代的文化和价值。特别是《清迈编年史》（*Tamnan Phun Muang Chieng Mai*）详细描绘了该"孟"的形成，包括其地方的神灵崇拜，其与印度王权概念的联系，以及在与其临近地区其他"孟"竞争中的合法性（如萨穆德拉/巴塞和其他港口）。当时相同等级中的个人领导能力和策略至关重要。所有这些在整个山区"孟"都与

116

---

[1] David K. Wyatt, 'Chronicle Traditions in Thai Historiography', in Wyatt, *Studies in Thai History* (1976; Bangkok, 1994), 3 - 16; Wyatt, 'Southeast Asia "Inside Out" 1300 - 1800: A Perspective From the Interior', in Victor Lieberman (ed.), *Beyond Binary Histories* (Ann Arbor, 1999), 246 - 254; and Charnvit Kasetsiri, 'Thai Historiography from Ancient Times to the Modern Period', in Reid and Marr (eds.), *Perceptions of the Past in Southeast Asia*, 156 - 160, 170, 419.

兴起的小乘佛教逐渐联系起来。该佛教与斯里兰卡联系紧密，并在编年史中逐渐成为地方广阔的时空背景。

所有这些有关过去的写作方式，从铭文系谱到东爪哇和北越的官方文献，再到出现的地方的但普世的岛屿港口和山区"孟"编年史，都为东南亚近代早期更大规模的历史编纂设定了基础。随着古典帝国衰落以及强有力的国家不断兴起，同时随着写作和读写能力的发展，王室需要对他们的统治和他们的王国进行解释和确认。这里所简要描绘的早期作品萌芽，在相互竞争的宫廷越来越多的情况下，会成为更加详尽的文本，这些文本会逐渐并入该地区主导性的国家及其宏大的历史传统中。

大事年表/关键日期

公元6—8世纪	占城首都建基于北部（阿马拉瓦蒂）
公元7—10世纪	中爪哇（马塔兰）成为王室所在地
公元8—9世纪	占城中心转移到南部（宝瞳龙）
公元802年	阇耶跋摩二世将高棉首都西移到吴哥地区
公元889年	耶输跋摩将高棉首都定在吴哥
公元9—12世纪	占城的中心重返北部（阿马拉瓦蒂）
公元1002—1050年	苏利耶跋摩一世将高棉扩张到西部
公元1010年	李太宗将大越首都定于升龙（今河内）
公元1016年	爱尔朗加合并了岛屿东部的爪哇王权（1045年分立）
公元1044年	阿尼鲁达在缅甸建立了蒲甘王国
公元1181—1218年	阇耶跋摩七世将高棉帝国扩张到东部
公元12—15世纪	占城王权以中部为基地（维贾雅）
公元1225年	沿海陈氏家族取得大越王权
公元13世纪后期	清迈/兰纳小乘佛教王国（泰国北部）建立；巴塞，北苏门答腊第一个东南亚伊斯兰政体建立

主要历史文献

Báo Cực Truyện（late 11th cent.）; see Lý Tế Xuyên, *Việt Điện U Linh Tập*.

Đỗ Thiện, *Sử Ký*（1st half 12th cent.）; see Lý Tế Xuyên, *Việt Điện U Linh Tập*.

Hikayat Raja Raja Pasai（15th cent.）; A. H. Hill, 'The Chronicles of the Kings of Pasai', *Journal of the Malayan Branch of the Royal Asiatic Society*, 33: 2（1960）, 1 - 215.

Kanwa, *Arjunawiwaha*（1st half 11th cent.）; Poerbatjaraka, 'Ardjuna Wiwaha', *Bijdragen tot de Taal-, Land-, en Volkenkunde*, 82（1926）, 181 - 305; I. Kuntara Wiryamartana, *Arjunawiwaha*（Yogyakarta, 1990）.

Lê Văn Hu'u, *Đại Việt Sử Ký*（1272）; absorbed into *Đại Việt Sử Ký Toàn Thu'*（1697）, 4 vols.（Hanoi, 1998）.

Lĩnh Nam Trích Quái（1380s; Saigon, 1961）.

Lý Tế Xuyên, *Việt Điện U Linh Tập*（1329; Saigon, 1960）; *Departed Spirits of the Việt Realm*, trans. Brian E. Ostrowski and Brian A. Zottoli（Ithaca, NY, 1999）, http://www.einaudi.cornell.edu/SoutheastAsia/outreach/resources/departed/departedspirits.pdf.

Parthayajna（early 14th cent.）.

Prapanca, *Nāgarakrtāgama* or *Désawarnana*（1365）; T. G. Th. Pigeaud, *Java in the Fourteenth Century: A Study in Cultural History*, 5 vols.（The Hague, 1960 - 1963）; S. O. Robson, *Désaw-arnana（Nāgarakrtāgama）by Mpu Prapanca*（Leiden,

1995）．

Sedah and Panuluh, *Bhāratayuddha* （mid - 12th cent.）; S. Supomo, *Bhāratayuddha： An Old Javanese Poem and Its Indian Sources* （New Delhi，1993）．

司马光：《资治通鉴》(11 世纪中叶)；20 卷(北京：1995)．

司马迁：《史记》(公元前 1 世纪早期)；10 卷本(北京：1996)．B. Watson, *Records of the Grand Historian of China*，3 vols.（New York，1994）．

Tamnan Phun Muang Chieng Mai （early 19th cent.）；（Bangkok，1971）; *The Chieng mai Chronicle*，trans. D. K. Wyatt and Aroonrat Wichienkeeo （Chieng Mai，1995）．

Tantular, *Arjunawijaya* （2nd half 14th cent.）；S. Supomo, *Arjunawijaya： A Kakawin of Mpu Tantular*，2 vols.（The Hague，1977）．

——*Sutasoma* （late 14th cent.）；S. Santoso，'Buddhakawya-Sutasoma： A Study in Javanese Wajrayana'，Ph. D. dissertation，Australian National University，1968．

Thiền Uyển Tập Anh （1337）；Cuong Tu Nguyen, *Zen in Medieval Vietnam： A Study and Translation of the* Thiền Uyển Tập Anh （Honolulu，HI，1997）．

Thông Biện, *Chiếu Đối Lục* （c. 1100）；non-extant.

Trần Phổ, *Việt Chí* （early 13th cent.）；non-extant.

Việt Sử' Lêọ'c （1380s；［Huề］，2005）．

参考书目

Aung-Thwin, Michael A.，*Pagan ： The Origins of Modern Burma* （Honolulu，HI，1985）．

Briggs, Lawrence Palmer, *The Ancient Khmer Empire* （Philadelphia，1951）．

118

Chandler, David P. and Mabbett, Ian W. , *The Khmers* (Oxford, 1995).

Coedes, Georges, *The Indianized States of Southeast Asia*, trans. Susan Brown Cowing (Honolulu, HI, 1968).

Hall, Kenneth R. , *A History of Early Southeast Asia: Maritime Trade and Societal Development*, *100 – 1500* (Lanham, Md. , 2011).

—— and Whitmore, John K. (eds.), *Explorations in Early Southeast Asian History: The Origins of Southeast Asian State-craft* (Ann Arbor, Mich. , 1976).

Lieberman, Victor, *Strange Parallels: Southeast Asia in a Global Context*, *c. 800 – 1830*, 2 vols. (Cambridge, 2003 – 2009).

Mannikka, Eleanor, *Angkor Wat*, *Time*, *Space and Kingship* (Honolulu, HI, 2000).

Marr, David G. and Milner, Anthony C. (eds.), *Southeast Asia in the Ninth to Fourteenth Centuries* (Singapore, 1986).

Miksic, John N. , *Historical Dictionary of Ancient Southeast Asia* (Lanham, Md. , 2007).

Smith, Ralph B. and Watson, Wm. (eds.), *Early South East Asia: Essays in Archaeology*, *History*, *and Historical Geography* (Oxford, 1979).

Tarling, Nicholas (ed.), *The Cambridge History of Southeast Asia*, vol. 1, pt. 1 (Cambridge, 1992).

Taylor, Keith W. , *The Birth of Vietnam* (Berkeley, 1983).

Vickery, Michael, *Society*, *Economics*, *and Politics in Pre-Angkor Cambodia: The Seventh-Eighth Centuries* (Tokyo, 1998).

Whitmore, John K. , *Vietnam*, *Hồ Quý Ly*, *and the Ming*, *1371 – 1421* (New Haven, Conn. 1985).

Wolters, O. W. , *Early Indonesian Commerce: A Study of the Origins of Sri Vijaya* (Ithaca, NY, 1967).

——*Two Essays on Đại Việt in the Fourteenth Century* (New Haven,
Conn. 1988).

——*History, Culture, and Region in Southeast Asian Perspectives*,
rev. edn (Ithaca, NY, 1999).

Wyatt, David K. , *Thailand: A Short History* (New Haven, Conn.
1984).

赵立行　译、校

第六章 朝鲜的历史写作传统

瑞姆科·布鲁克尔　格雷斯·科赫　詹姆斯·B.刘易斯

朝鲜地处欧亚大陆东端肥沃且多山的半岛,是中国的外围国家,它调整中国的文化、政治、经济和外交模式来适应半岛的特殊性。这些调整大都传到了日本列岛。有关朝鲜半岛居民的详细记载出现在3世纪以后的中国历史中,而且从4世纪开始,他们就没有了有关自己的记录。直到15世纪中叶朝鲜才发明了自己的文字,但既用中文写作,也接受用单个的中文字符写朝鲜文。对完全不同的语言的掌握,也随之使他们对中国的文明准则变得非常熟悉,他们可以选择使用或放弃这些准则以适应当地的环境。但需要告诫的是:使用中文并不意味着其内容总是或有时遵循中国历史编纂原则和社会的准则。有意违反这些准则使朝鲜半岛的人们有空间发展自己的身份,而这是我们的主题。我们对历史编纂考察的范围从4世纪到15世纪,跨越三国(高句丽、百济、新罗,4世纪—668年)、新罗统一(668—935年)和高丽王朝(918—1392年)时期以及朝鲜王朝(1392—1910年)时期。

进行详尽考察是不可能的,主要是因为我们不能讨论知其有但并不存在的书籍和记录。我们下面要讨论的文本常有"古代记录"和其他类似的标题,但是战争和岁月又使我们无缘睹其真容。我们选择了四种现存的著名文献——一通碑文、两部官方历史、一部私人历史——来揭示中心议题,即使用雄霸该地区的中国文化模式来记录朝鲜半岛的地方历史。第一种文献即广开土大王(King Kwanggaet'o)的石碑(公元414年),这是半岛民族最著名的碑文记录,描绘了朝鲜半岛和日本列岛间的国际政治。第二种文献是《三国史记》(*Samguk sagi*,1145/1146 年),这是朝鲜半岛现存最早的官方通史;第三种是《三国遗事》(*Samguk yusa*,13 世纪后期),这是半岛现存最古老的非官方通史;第四种文献是《高丽史》(*Koryŏsa*),这是编写于 1451 年的有关 918—1392 年间的官方历史,这部著作衬托出这些早期文献,并为新的历史认同设定了起点。

120

铭文:广开土大王的石碑

半岛多铭文记录,其跨度从 5 世纪早期一直到 12 世纪。对于主要处于裸露的花岗岩顶部的石头而言,尽管在其上刻字很困难,但还是通过认真实践,在有韧性的石头上实现了。现存的碑刻包括土地界碑、僧俗人物传,一般刻在石头上,也有在铜铃上的可移动雕刻。尤其著名的碑刻包括北部高句丽王国(传统上是从公元前 37 年开始到公元 668 年彻底灭亡)的广开土大王碑,[①]以及南部新罗(传统上是从公元前 58—公元 935 年)真兴王(King Chinhŭng)555 年在今天首尔附近北汉山(Mount Pukhansan)上所立的石碑。[②] 其他碑文篇章包括保存在日本的大量铜铃,证明了从古代开始半岛和日本列岛之间存在着复杂的联系和贸易。

广开土大王碑高逾六米,四周都有碑刻,位于鸭绿江对岸现中国境内。从 3 世纪早期到 6 世纪早期,这里是高句丽王国的第二首都,如今联合国教科文组织将其列入世界遗产。从 427 年起,该都城迁到了平壤。在广开土大王(391—413 年在位)及其两个后嗣统治的盛期,该王国的边界向北拓展到哈尔滨(也许远到阿穆尔河),

---

① 亦称"好太王碑"。它是重达 30 吨的矩形花岗岩石板,高 6.4 米,周长约6.3 米,四周刻着 1802 个中国古代汉字。参见:Takeda Yukio(ed.),*Kōkaito ōhi genseki takubon*(Tokyo,1988),是关于石碑文字的拓片集。

② 该石碑通常被称为"新罗真兴太王巡狩碑"(*Silla Chinhŭng-wang sunsubi*)。其内容叙述国王下令税收减免,但该石碑用来指示王国远至西北的范围。

向西到辽东,向东到海,向南在半岛上越过现在的首尔。该石碑是414年广开土大王的儿子为纪念其父而立,其碑文分三部分,是半岛民族所编写的现存最早的传记。第一部分叙述国王世系的创建神话,从远古英雄(朱蒙国王)的完美形象一直到广开土大王。朱蒙国王是一个准历史人物,最早期的国王之一,后面几个世纪将其称为"朝鲜"王国的"创建者",在文献资料中他被称为朱蒙(Chumong)或东明(Tongmyŏng)。有关这方面最著名的朝鲜作品是李奎报(Yi Kyubo)的《东明王篇》(*Tongmyŏng'wang p'yŏn*),[①]这位英雄的完美形象及其对外开拓也出现在5世纪同期的中国史书《后汉书》中。

第二部分叙述广开土大王的军事开拓,描绘其南北的战役。引发南下战争的最重要事件是东南(新罗)和西南(百济,传统上是公元前18世纪—公元660年)地区曾经臣服的国家在391年遭到了入侵,地盘缩小,侵略者(倭)被认为来自日本列岛。反抗侵略的战争获得了一系列胜利。第三部分也是最后一部分是授予守墓人的土地名录,以使这些人可以保护和照料国王的陵墓——附近一座大型阶梯状金字塔形的坟墓。

高句丽王国,在广开土大王及其儿子治下,5世纪早期达到极盛,是部分由半岛民族所建立的东北亚第一个重要国家,并拥有最早的重要"朝鲜"王国的尊贵地位。该碑文的重要性超出了半岛。13世纪后期,日本的历史学家推测,391年的入侵者来自日本列岛,是由中央权威政治机构派遣的,该机构在关西地区形成,拥有足够的力量发动对外侵略,而且这一政治权威是日本现代帝国一系的祖先。随着入侵的日期为朝鲜半岛上这一独立的材料所确认,19、20世纪的日本历史学家认为,他们能够为早期日本国家的形成确立年表。

也许对朝鲜半岛和日本列岛的人们而言,最重大的意义莫过于

---

① 参见 Richard Rutt(trans.),'The Lay of King Tongmyŏng',*Korea Journal*,13:7(1973),48-54。

发展出了非中国风格的王权和合法性概念,依据石碑所记录的创建神话,王权的源头和类型是统一的官僚政治国家。朱蒙国王是天地结合的产物,除了精于骑马射箭外,还拥有控制自然界的力量。这种神圣或半神圣起源的主题,是半岛所有其他创建神话的特征,同样也是日本创建神话的中心主题。[①] 尽管从周王朝(传统上是公元前 1046—前 256 年)建立开始起,中国古代王权的特征就具超然性和仲裁性,但是统治者理论上要对他们的统治负责,而且政治正当性越来越依赖天的概念,他们通过天意来扩大认可度。直到中世纪朝鲜高丽时期,当国王主动利用儒家哲学来合法化自己统治的时候,世俗的王权思想才取代了半岛准神圣的王权性质。在有关半岛的多重创建神话和日本列岛的中心创建神话中,其领导人都是"大人物",拥有超越世俗王国的特质。关于王权的想象在东北亚人们那里,是通过口传的形式传递的,其最早的记录存在于广开土大王碑的血统神话中。

　　尽管广开土王的石碑在朝鲜碑刻中具有举足轻重的地位,但是,也许早在 7 世纪到 9 世纪后期就失去了地位。尽管在近代以前,它对朝鲜历史意识的发展并没有直接的作用,但是石碑上所表达的半神性的王权观念却从古代就弥漫于这一地区。在近代,石碑在证明日本对朝鲜半岛实行帝国主义方面的作用凸显出来。在 19 世纪 80 年代,一个在满洲里南部工作的日本军事间谍重新发现了它,他从一位光顾古玩市场的当地中国人那里购买了该石碑的拓本。这一拓本被带回东京,在那里,如前面提到的,人们用公元 391 年的入侵来帮助日本历史学家确定日本国家最早的纪年。更加重要的是,极端的日本帝国主义者用公元 391 年的入侵事件"证明"古代日本控制了朝鲜半岛大部,因而古代日本的控制应当重新确立。日本确实占领了朝鲜,而且从 1910 年至 1945 年将其当作

①　关于中国王权的萨满起源参见：Julia Ching, *Mysticism and Kingship in China*：*The Heart of Chinese Wisdom*（Cambridge, 1997）；and Ching, *Chinese Religions*（Basingstoke, 1993）。

殖民地。1945 年后,后殖民时代的朝鲜历史编纂认为有必要认真对待战前日本侵略主义的主张,并努力进行回击,甚至宣称该石碑是日本伪造的。但并没有证据能够证明存在着恶意捏造,而且日本和朝鲜的学者都反对这种看法。①

《三国史记》

《三国史记》(1145 或 1146 年)是朝鲜半岛现存最早的正式史籍。② 广开土大王碑等更早的碑文记录能够提供君主传记,并可从中窥见从单个国家的视角观察到的国际关系,但是《三国史记》成功地开始了从最早三个朝鲜王国的多重视角观察半岛全史。该记录开始于传说中的创建时期(新罗为公元前 58 年,高句丽为公元前 37 年,百济为公元前 18 年),经过新罗在 7 世纪 60 年代和 70 年代的半岛统一,③一直到 936 年新罗的结束。《三国史记》的约 14 位编纂者是 12 世纪受过教育、具备世界眼光的人,是高丽王朝的官员,饱经中国历史编纂原则的熏陶,以侍奉过三代国君的著名政治家金富轼(Kim Pusik)为首。他们模仿的是司马迁的《史记》(撰于公元前 104—前 91 年),后者为整个东亚设定了历史编纂的标准模式。通过采用《史记》的样式,他们谋求记录半岛,并以历史的形式界定半岛的身份,让在汉文化圈里活动的人都全面了解。《三国史记》编排了 50 卷,其中包括标准的中国

① 有关日朝学者一致认同的观点,见日朝文化基金会的电子出版物中 Hamada Kōsaku and Kim T'aeshik 的文章,网址：http：//www. jkcf. or. jp/history/first/report1. html（2011 年 2 月 14 日访问）。有关 20 世纪日本帝国主义和朝鲜民族主义论述中就古代朝鲜史问题的广泛讨论,见 Hyung Il Pai, *Constructing 'Korean' Origins：A Critical Review of Archaeology, Historiography, and Racial Myth in Korean State-Formation Theories* (Cambridge, Mass. , 2000)。

② 现存最古老的完整版本是 1512 年的木刻版,为 Yi Pyŏng'ik 先生和玉山书院 (Oksan Academy)珍藏。

③ 关于统一战争的研究参见：John C. Jamieson, 'The *Samguk Sagi* and the Unification Wars', Ph. D. dissertation, University of California, Berkeley, 1969。

历史组成部分：28 卷本纪，根据年份记录三个王国中每个王国发生的事件；3 卷年表，列举王室的事件；9 卷志，描绘政府官职、交通和居住方面的禁止奢侈规则、仪式和地名录；10 卷列传是重要政治人物的传记。[①]

　　中国古典的历史编纂规则避开了明显的意识形态，以利于记录允许对动机、决断、行为和结果进行道德剖析的政治事件。分析和即兴评论（《三国史记》中有 31 例）专注于解释道德教训，可以为政治领袖们提供可仿效和应受谴责的行为。褒贬则为国王、他的朝臣和政府提供指导。

　　《三国史记》的典型特征是讲述者的多样化（三个王国三个讲述者），这让历史充满偶然性、模糊性和矛盾性，超越了思想的一致性。在三个叙述者那里偶尔也会关注同一事件，但有时因为材料的缺乏，使编纂者不得不调换某一叙述者的观点。15 世纪初和 20 世纪早期的思想家，批评《三国史记》在实用主义和古典儒教框架中所表现出的多重性和模糊性。权近（Kwǒn Kǔn）从新儒学的角度批评攻击它的前提，即以偶然性塑造现实。1400 年左右的朝鲜新儒学思想家试图通过谴责佛教而构建一种新的乌托邦的现实。他们寻求围绕新儒学的一元论而把政治生活和仪式生活结合起来。古典儒学聚焦于行为，新儒学则神化个体思想的纯净，因为个体思想与形而上的现实相连，因此要为社会福祉甚至更广的世界担负更多的责任。他们想要否定偶然性，将思想意志确立为现实的主要塑造者。但统一和纯净为《三国史记》的综合性多重视角所破坏，该文本成了批评攻击的靶子。[②]

124

---

① Edward J. Shultz, 'An Introduction to the *Samguk Sagi*', *Korean Studies*, 28 (2005), 1 - 13. 亦可参见 'The *Samguk Sagi* Translation Project', ongoing at the University of Hawai'i (http://www2.hawaii.edu/~dkane/Samguk.htm)。

② 参见 Remco E. Breuker, *Establishing a Pluralist Society in Medieval Korea, 918 - 1170* (Leiden, 2010), 317 - 349; 以及 Breuker, 'Writing History in Koryǒ: Some Early Koryǒ Works Reconsidered', *Korean Histories*, 2:1(2010), 57 - 84 (www.koreanhistories.org)。

同样,20 世纪的申采浩(Sin Ch'aeho)致力于肃清日本殖民和外国的影响,以确保朝鲜自身的纯正,他采用的方法包括谴责《三国史记》的中国中心主义。申论述说,《三国史记》剥夺了朝鲜人自己的身份,因为编纂者太依赖中国的材料并接受中国中心的观点。从理性和儒学的角度探讨国内和国际的政治史,而牺牲地方神话、古代口传故事、诗歌和佛教徒虔诚的故事,而这恰是更权威的《三国遗事》的特征,所以《三国史记》的中国中心主义十分明显。为了创作一部不成功的中国史,金富轼和他的同事牺牲了本土传统,献媚中国及其文化标准。具讽刺意味的是,几个世纪前权近等新儒学批评家还批评《三国史记》大不敬,因为它使用专称中国皇帝的词汇称呼朝鲜国王。20 世纪申采浩谴责《三国史记》献媚中国标准,其变化源自在日本的控制下朝鲜从 1905 年或 1910 年至 1945 年丧失了主权。对民族自豪感的打击驱使他为重获和纯化理想朝鲜身份而奋斗。考虑到日本殖民统治对朝鲜实行了文化灭绝政策,民族主义者关注朝鲜身份情有可原,但是这种民族主义的关注模糊了《三国史记》真正具备的东西。

实际上,《三国史记》并没有去除所有的方法论,而且其文本不断地强调需要记录和考虑朝鲜半岛所编写的多样的历史。尽管其方法是包容性的,但文本所关注的几乎全是统治精英的政治和制度生活。其中几乎没有农民,也几乎没有提到社会下层。妇女确实被提到过,那是因为她们本身是政治人物或者政治人物的妻子和母亲。当努力实现政治史的恒久作用——为统治家族提供政治合法性——以及为高丽精英人物提供范例,以维护和加强自身并保护王国抵御外部压力时,带有半岛渊源的遗产和传统就会凸显出来。① 这就是作为政治和社会指南的历史,其起源和观点的多元性反映了 12 世纪高丽时代的复杂性。

125

① Shultz, 'An Introduction to the *Samguk Sagi*', 8 - 9.

《三国遗事》

通常被翻译成《三国遗事》的著作①是一种记述和故事的汇编，其以朝鲜三国时期为中心，集合性地呈现了与世俗和佛教历史有关的广泛的信息。该著作的作者曾被认为是禅宗高僧一然（Iryǒn），编纂的日期与高丽时期忠烈王（King Ch'ungnyǒl, 1274—1308 年在位）统治时期有很多重合。直到 20 世纪早期，作者和成书日期才被真正确定下来，那时，崔南善（Ch'oe Namsǒn）等朝鲜学者指明一然是主要的编纂者。崔的看法所基于的事实是，一然作为作者的官衔全称和"名字"在第五卷的开始已经有说明了。② 这一事实，加上《三国遗事》中包含大量与佛教有关的资料，证明崔的推测合乎道理，而且在当今朝鲜学术界一直接受这一观点。

《三国遗事》留存下大量不同的木刻和印刷版本：旧的木版印刷、壬申（1512 年）版、摹本和现代排字版。③ 在所有木刻版中，壬申版是现存最早的"全本"，其中大多数复制摹本和 20 世纪制作和传播的现代排字版，都基于这一版本。尽管在现存的"全本"中有

126

---

① 尽管这一译名被广泛使用，但也有其他替代性方案，如"三国的附添材料"。参见 Keith Pratt and Richard Rutt，以及 James Hoare 的附添材料：*Korea：A Historical and Cultural Dictionary*（Richmond，1999），400 - 401；and 'Remnants of the Three Kingdoms'，in David McCann，*Early Korean Literature*（New York，2000），15。

② 为什么一然的名字仅仅出现在这一部分而没有出现在其他部分，要使这一点说得通，崔推测作者的名字也许在每一册或每一部分都已经指明，但是后来由于某种未知的原因被遗漏了。没有进一步进行怀疑，他提供了基于一然墓志铭的传记材料，将该材料的原始内容置于崔的导言之后（崔的现代排字版），参见 Ch'oe Namsǒn，'Samguk yusa haeje'，in *Chŭngbo Samguk yusa*（1954；repr. edn，Seoul，1990），4 - 7 中的作者（*ch'anja*）部分。

③ 关于不同版本的细目参见 Chungang Sŭngga Taehak Pulgyosahak Yǒn'guso，*Chŭngbo Samguk yusa yǒn'gu nonjŏ mongnok*（Seoul，1995），13 - 16；以及 Ha Chŏngnyong，*Samguk yusa saryo pip'an*（Seoul，2005），38 - 60，关于每个版本的细节以及不同版本语言和内容的详细比较研究见该书第一章 33—150 页。

某些不连贯的特征,但该著作由王朝编年（王历）和其后的 138 个专论组成,专论分成 8 个章节（总体 9 个章节）,又分成 5 卷（fascicle）。为了修正不连贯的内容,①崔南善提供了一种卷和章节的划分模式,这种划分被广泛接受并被用作现代的"标准"格式（见下表）。② 这些卷题目广泛,每一章节都体现为由许多故事所表现的特定主题。

崔南善提供的《三国遗事》的卷、章对应表

卷一	1. Wangnyŏok	王历	Royal chronology	
	2. Ki'i	纪异	Records and anomalies or	36 个专论
卷二	Ki'i[continued]	续"纪异"	Recording anomalies	23 个专论
卷三	3. Hŭngbŏp	兴法	Rise of Buddhism	6 个专论
	4. T'apsang	塔像	Pagodas and Buddhist relics	31 个专论
卷四	5. Ŭihae	义解	Hagiographies	14 个专论
卷五	6. Shinju	神咒	Divine incantations	3 个专论
	7. Kamt'ong	感通	Spiritual response and communion	10 个专论
	8. P'iŭn	避隐	Seclusion/Reclusive monks	10 个专论
	9. Hyosŏn	孝善	Filial piety and virtue	5 个专论

该汇编开始于"王历",这是有注解的表格;根据在位年代罗列中国早期王国、朝鲜的百济、高句丽、新罗三国、驾洛国（Karak）、统一的开罗以及后三国（新罗、后高句丽、后百济,892—936 年）。其余的章节是由叙事故事组成的。第一卷包括

---

① 不连贯的特性表现在：(1)没有第一卷的标记。(2)尽管标志出第二卷,但是并没有专题名称来表示该部分的条目。这些条目似乎是"纪异"的继续。(3)"塔像"被标记了出来,但是并没有数字标识正式确认它是一个专题。

② 参见 Ch'oe Namsŏn, 'Samguk yusa haeje', 2-4。

"纪异"的第一部分,始于檀君(Tan'gun[①]——传说中朝鲜族的祖先)和他建立的古朝鲜。接下来的叙述将读者带往文武大王和新罗统一之前的时期。第二卷是"纪异"的继续,开始于文武大王(King Munmu)登基(661年),导向了后三国时期,并包括对南部小公国驾洛的叙述。第三和第四卷叙述有关遗迹、僧侣和其他有关佛教的事务,佛教在4世纪左右被介绍到三国,并逐渐在8世纪确立为流行的宗教。尽管卷三和四并不包含教条教义,但每个章节都探讨有关佛教的主题。第五卷是传说和潜在宗教和道德主题的混合之作。

127

　　这部著作包含有关世俗和佛教史以及传说、神话、圣人传、神灵传说、逸事和地方传说的记录。除了叙述历史故事和逸事之外,有许多条目还记述了超自然和非自然的"奇妙"故事。《三国遗事》也传播了大量抒情的篇章,包括14首"乡歌"(*hyangga*)——用老式语言体系"乡札"(*hyanggch'al*)[②]抄写的歌曲——和颂歌。从某些记述中所运用的朝鲜和中国文献的参考书目,我们可以总结说编纂者们查阅了当时留存的文献。那些没有文献参考书目的地方,我们可以推测这些故事是编纂者们记录口头叙述或口头传播故事的结果。

　　相对于高丽和早期朝鲜所创作的类似文本,《三国遗事》的结

---

① 尽管至少从高丽中期起,檀君就被普遍视为传说中整个朝鲜民族的祖先,但对他是历史人物还是神话人物经常会产生质疑。官方主持编纂的历史如《东国通鉴》(1485年)等,都把基于《檀君记》等早期记录的檀君时期定于戊辰年,即传说中的皇帝尧即位后25年,换算为公元前2333年,这在20世纪通常被定为"朝鲜国"的创立之年。

② "乡札"和"吏读"(*idu*)类似,都是一种书写系统,为了抄写的目的用中国汉字写成朝鲜词句。该系统若非高丽时期创造,也是在高丽时期使用的。三国时期使用"乡札"的例子仅仅保存在"乡歌"中。"乡札"是一种复杂的系统,其中中国汉字被用来代表中朝的发音或者与汉字具有同样意思的朝鲜单词发音,但关于什么时候使用什么音(中朝或朝鲜的),现存例子的有限,令试图构建其统一使用规则的现代学者很感挫败。对"乡札"和"吏读"的简要描述参见:Pratt and Rutt, *Korea：A Historical and Cultural Dictionary*,180。

构和形式都相对比较松散，甚至在一定程度上是奇怪和罕见的。[1]
《三国遗事》的编纂者们可能利用了大量的文献实例，所以也具有
类似的杂录色彩。《三国史记》则遵循中国标准历史的风格和结
构，有纪、表、书、列传等。《三国史记》的全部内容都集中于政治和
世俗历史；而且其条目基于以前存在的有关朝鲜三国时期的材料
（朝鲜的和国外的）。[2]《海东高僧传》（*Haedong Kosŭng chŏn*）（约
1215 年）尽管只留存了一部分，但堪比其他中国佛教高僧传的传
统，而且留存的部分（最初两章）按照一定方法编排，并聚焦于佛教
僧侣和传统。[3] 李承休的（Yi Sŭnghyu）《帝王韵纪》（*Chewang
un'gi*）是完全以诗体形式编写的帝王的本纪，开始于中国的统治
者，但主要以编年次序描绘朝鲜的统治者及其传统。它可以与其
他叙事诗作品媲美，包括李奎报的《东明王篇》（1193 年）。[4] 那些
被称作杂录的作品，如李仁老（Yi Illo）的《破闲集》（*P'ahan chip*）
（1214 年）、崔滋（Ch'oe Cha）的《补闲集》（*Pohan chip*）（1254 年）和

---

[1] 日本的文献《今昔物语集》（*Konjaku-monogatari shū*，*c.* 1120，作者未知）是与《三国遗事》最为类似的作品，因为它同时探讨了佛教和世俗历史。但是与《三国遗事》不同，《今昔物语集》采用某种系统化的模式，因此清晰地呈现和强调了中心主题——即佛教对世俗生活的影响、重要性和吸收。参见：Marian Ury, *Tales of Times Now Past*：*Konjaku-monogatari*（Berkeley, 1979）；and Bernard Frank（trans. and intro.），*Histoires qui sont maintenant du passé*（*Konjaku-monogatari shū*）（Paris, 1968）。

[2] 参见 Shultz, 'An Introduction to the *Samguk Sagi*', 1 - 13；Kenneth Gardiner, '*Samguk Sagi* and its Sources', *Papers on Far Eastern History*, 2(1970), 1 - 41；and Jonathan W. Best, *A History of the Early Korean Kingdom of Paekche*（Cambridge, Mass., 2006）。

[3] 第一卷包含简要的导论性叙述（"传记居下位"），描绘佛教的建立及其在朝鲜的传播，接下来是朝鲜八位高僧的圣传（三位高句丽人、两位新罗人，三位外来人）；第二卷描绘前往海外（中国和印度）的新罗僧侣。有关该文本历史的简要讨论以及如何将《海东高僧传》与类似的中国文本传统进行比较，参见 Peter H. Lee, *Lives of Eminent Korean Monks*：*The* Haedong Kosŭng Chŏn（Cambridge, Mass., 1969），1 - 7。

[4] 有关《帝王韵纪》和《东明王篇》的进一步的资料，以及高丽时期创作的其他版本形式的历史叙述，参见：Kim Kŏn'gon *et al.*, *Koryŏ sidae yŏksasi yŏn'gu*（Sŏngnam, 1999）。

李齐贤（Yi Chehyǒn）的《益斋乱稿》（*Ikchae chip*）（约 1342 年），也许在形式和内容上并无次序，但是它们同样都是由逸闻故事、个人沉思所组成，这些内容基于与作者同时代的各种个人逸事和事件——这些著作的名字本身就说明，作者写作这些东西是为了个人消遣或者表达"漫无边际的"思想。

与同时代的这些著作相比，《三国遗事》文本独树一帜，它把其他著作中通常另外或分别处理的各种不同形式和主题整合到一起。例如，"古朝鲜"是《三国遗事》的第一个叙述条目，它综合了不同风格的叙述（神话的和历史编纂的），并融合了天上和地上的，或神灵和人类的现实。随着我们继续阅读，在整个文本中都可以发现理性儒学历史编纂叙述和神话叙述或奇异故事的交织。而且佛教材料和内容也出现得越来越多，并逐渐取代了世俗的历史叙述；政治人物逐渐为宗教人物所取代；在越来越多的条目中普通人开始出现并成为主角。然而，这种取代的方式并不一定是连贯的或符合图示的。历史编纂叙述在最初的章节（纪异）比其他章节中更容易找到。但即使如此也是零散出现的；尽管在后来的章节中越来越难觅踪影，但是仍然会偶尔重现。

尽管该著作作为文本，其结构设计不规则，但是有些重要主题还是明显具有连贯性的。其总体的主题可以定位为社会政治、世俗史、佛教史或通俗历史。①《三国遗事》开始描绘世俗历史，涵盖有关宫廷、社会和文化方面的大量细节。接下来，它描绘佛教史，其中传达佛教作为国教的作用及作为玄奥信仰体系的特征。最后，该著作最末的各章节，一起描绘通俗历史或民众的世界观，以及它们影响民众生活的路径。这部著作通过探讨政治、宗教和社会领域，提供了有关过去的全面的观点，其中包含范围广泛的人类生活场面。

然而，《三国遗事》并不符合其写作时代所接受的确定的"历史

129

---

① "历史"一词用来宽泛地指所记录的"已经发生的"所有事件，而与探究这些事件"在实际生活中是否真正发生"等问题的"史实性"无关。

编纂"惯例：它的编纂并非来自宫廷的命令；其章节划分和安排不符合该作品所处时代惯常的形式；尽管许多章节基于早期的资料，但是所利用的某些资料已经被认为是存在问题的，尤其是那些由百姓而非合法政治机构成员所撰写的资料。而且，该著作没有前言，且对作者和作品最初的日期存在各种不同的理解（在一定程度上仍然如此）。评价的标准可以因不同时期而不同；但是考虑到无论传统还是现代学派的朝鲜历史学家都始终欣赏"事实"，所以《三国遗事》因包含大量神话故事，通常不被接纳为历史。在朝鲜时期，构成著作内容之大部分的怪异叙述，注定与新儒家的"真相"和道德规则分道扬镳。《三国遗事》正是因此而遭到批评。在正式的参考书目中它经常被忽略，专业读者视其为错误百出的非正统文本。①

　　到了 20 世纪，它成了留存下来的含有有关三国时期历史记录和信息的两部著作之一（另一部是《三国史记》），这一事实就已经表明《三国遗事》会引起极大的关注，并已经被用作历史文献。尽管人们以极大的兴趣接受了它，甚至将其视为国宝，但《三国遗事》异常的叙述给历史学家带来了很多问题。尽管有些历史学家将这些故事的功能重新评价为"作者有意识的历史方法"，借此为其正名，称其为实现劝说目的的历史方法，②而一些历史学家根本无视这些叙述。但是，该文本能够为那些寻求真实朝鲜的人提供很多东西。

　　现代学者通常理所当然地认为《三国遗事》是某种重要的历史

130

---

① 　在大量主要的官方编纂作品中都可以找到例证，如：*Samguksa chŏryo* (1476)，*Tongguk t'onggam*，*Sinjŭng Togguk yŏji sŭngnam* (1530)，and *Tongsa kangmok* (1778)。

② 　例证包括：Yi Kibaek, *Han'guk kojŏn yŏn'gu—Samguk yusa wa Koryŏsa pyŏngji* (Seoul, 2004)；Kim Sanghyŏn, 'Samguk yusa e nat'anan Iryŏn ŭi pulgyo sagwan', *Han'guksa yŏn'gu*, 20(1978)，244 - 245；Kim T'aeyŏng, 'Samguk yusa e poi'nŭn Iryŏn ŭi yŏksa insik e taehayŏ', in Yi Usŏng and Kang Man'gil (eds.), *Han'guk ŭi yŏksa insik* (*sang*) (Seoul, 1976)，175 - 195；and Pak Chint'ae *et al.*，*Samguk yusa ŭi chonghapchŏk yŏn'gu* (Seoul, 2002)。

和文学文本,但是经常忽略一点,即该著作在现代是作为朝鲜"创立的文本"而重新出现的——它被置于民族想象力的中心。一经传播,《三国遗事》就有了持续不断的吸引力。几个世纪里许多朝鲜人都向它请教,将其作为朝鲜历史的想象宝库。如何使用它构建历史想象力,这揭示出不同时期对其不同解释背后的意识形态建构。无论前近代还是近代对《三国遗事》的研究,都不仅揭示出读者对文本内在特征和作者用意的解释,而且也揭示出读者群体的外在习惯和意识形态,这促使和刺激了意识形态驱动下的解释行为,通过某种选择和解释原则而达成。正是这种选择和解释行为,给某一文本创造和赋予了含义和意义。这些原则引发了历史方法的问题,其实质上预先决定、优先考虑或抛弃了某部作品作为历史文献的价值。

在这样的结合处,我们应该考虑的是,"正统"和"非正统"、"事实"和"虚构"之间的界限通常是由文化习俗,而非这些范畴中内在的东西所决定的。《三国遗事》为继后朝鲜时期的史学家所批评,并不被承认为正统历史,但20世纪及此后的现代学者,则将此文献举证为某种历史"真相",它涵盖了许多不同层面的人类经验。其包含了历史记述和故事,有展示客观性的注释,以及有历史参考文献,都表明编纂者(们)打算撰写历史。但是该文献并不仅仅叙述"发生了什么"——它探索和解释早期人们普遍的感觉、倾向和信仰。不仅如此,它帮助我们了解这些内容是如何产生的,它们是如何在过去的人类生活中展现的。这部著作没有追随传统的解释和形式,而是结合了不同的历史和文学论述,表现在不同层面支配人类生活的不确定的归属和源头。例如,和习俗有关的病原学传说和故事,为我们提供了一个社会文化层面的信息。或者,该著作并没有体现单一的文学风格,但是它包括了许多明确的文学写作类别,其中有诗歌、颂词和专论。它对佛教的巨大力量和对精神世界的干预的描绘,都例证了社会的精神深受宗教信仰的影响,将超凡的壮举接纳为人类正常经验的一部分。可以说,通过在一部著作中整合了各种不同的主题成分和不同的文学叙述形式,《三国遗

131

事》展现出一种对历史的认识，该历史为神话故事和宗教信仰所支撑，通过相信人类、神灵和文化相互联系而发挥作用。不同的风格和叙述形式暗示了多重现实的存在，而且"事实"和"虚构"的结合证明了这些现实或多重"世界"之间的共存和相互联系——可以说，这是《三国遗事》这一文献所展示的历史观的基础。

《高丽史》

高丽时期大约持续 500 年(918—1392 年)，但是现存的材料非常有限。总体上，《高丽史》被视为这整个时期最重要的材料，但事实上它是 1451 年朝鲜官方编纂的著作。说它是有关高丽时期的重要资料，是因为编纂者明显使用了已不存世的高丽时期的文献。《高丽史》表现了高丽历史的多重画面，集中描述了宫廷和首都的日常生活，后面各卷则是大人物的传记和某些重要主题的分论。《高丽史》共 139 卷，分为：46 卷世家，或称中国臣属国的记录；50 卷传；39 卷志；2 卷表；2 卷目录。[①] 它是按照经典的"纪传体"(kijŏnch'e)形式编纂的，在形式上以统治者及其大臣为中心来写作历史。

该著作并无完整版本留存下来，但是通过将现存的残缺版本（活字和木刻版本）整合起来，已经复原出了完整版本。尽管它在近代以前朝鲜历史编纂中具有重要地位，但是还没有出现基于严格复原版本的完整评述版。[②]

这一前代历史的官方编纂（在东亚政治思想中，这是确立正统

---

① 今天主要使用的版本，也是可以得到的最佳版本，是亚细亚文化社(Asea Munhwasa)1972 年出版的版本，该版本基于国立首尔大学奎章阁档案馆（前朝鲜国皇家图书馆）所保存的"文献藏本"(Ŭrhae chabon)。尽管如此，在重构完整版本的时候，该版本并没有利用可用的最佳局部版本，而且某些地方文本的印刷质量非常糟糕。参见：No Myŏngho, 'Kyujanggak sojang Koryŏsa, Koryŏsa chŏryo, Koryŏ sidae munjip', Kyujanggak, 25(2002), 1 - 47。

② No Myŏngho, 'Kyujanggak sojang Koryŏsa, Koryŏsa chŏr'yo, Koryŏ sidae munjip', 3.

不可或缺的步骤)持续了非常长的时间——差不多有 60 年。拖延的原因主要是高丽(尤其是 13 世纪之前)与朝鲜早期的文化和意识形态存在着巨大差异。这些差异又因编纂者在政治和意识形态方面的争论而进一步加剧。[①] 在朝鲜王朝确立后不久,郑道传(Chŏng Tojŏn)就开始了高丽史编纂的最初尝试,他是这一新国家最主要的思想家和哲学家。他的《高丽国史》(Koryŏ kuksa,1395年)在某些方面遭到广泛批评:把传统上用来指称自身的高丽国的术语去除,但这在中国立刻就被视为对"大国"的亵渎;同时它不知羞耻地重新撰写了公认的历史事实;而且它的内容也非常贫乏。世宗(1418—1450 年在位)曾经评价说"没有比这部历史更加糟糕的了"。[②] 正是在世宗治下,《高丽史》的编纂获得很大进展。世宗能够随心所欲,是因为《高丽国史》不复存世。《高丽史》被认为是一部有关前朝的官方历史,但没有以前历史的严重缺陷。金宗瑞(Kim Chŏngsŏ,因政治纠葛,他的名字后来被从编纂者名录中剔除了)和郑麟趾(Chŏng Inji)领导着一个助手团队,后者编纂材料、精简冗长的文献、检索原始文献资料,并为每任君主撰写历史评论。然而,《高丽史》并未能成功地在整体上摆脱《高丽国史》的影响;它抄录了后者的前言,而且编纂者的历史观非常相近。[③] 它在许多方面都可能是 14 世纪后期《高丽国史》的精致版和扩编版。

　　为与这一遗产保持一致,《高丽史》清楚地表现了朝鲜王朝早期的政治和思想前提——其程度超过当时大多数其他历史著作。在很大程度上,《高丽史》编纂中有意识进行了意识形态选择。例如,尽管高丽的做法(尤其是面对中国来构想自己时所使用的词汇)明显错误,但是历经了长期激烈而正式的讨论后决定,应该原

---

① Pyŏn T'aesŏp, Koryŏsa ŭi yŏn'gu (Seoul, 1982); and No Myŏngho, 'Koryŏsa, Koryŏsa chŏryo', in Han'guk yŏksaga-wa yŏksahak, ed. Cho Tonggŏl, Han Yŏngu, and Pak Ch'ansŭng (Seoul, 1995),123 - 137.

② 同上,124。

③ Pyŏn T'aesŏp, Koryŏsa ŭi yŏn'gu, 7 - 18.

样照录，坚持历史研究的儒家历史编纂原则：秉笔直书（*pujak isul*）。① 这一原则在《高丽史》的导论中进行了清晰表述，但是当这一立场的倡导者赢得了这场争论后，大多数将高丽称为帝国、将高丽统治者称为皇帝或天子的参考书目都被剔除了。对现存碑文的考察结果证实了这一点。例如，对朝鲜时代的新儒学编纂者而言，一个明显的问题是如何在《高丽史》中建构高丽时期日常的事件（主要与统治者、首都和精英阶层有关）。编纂者渴望强调朝鲜对中国明朝的从属性，但是《三国史记》等高丽时期的历史著作却带来了问题。后者使用"本纪"来指称新罗、百济和高句丽或者三国记录的事件，但是在中国历史中"本纪"这一词汇只用于记录天子的有关事件。《高丽史》的这些新儒学编纂者不能沿用这一词汇在"本纪"的范畴内记录与高丽国王有关的事件。因为意识形态的原因（朝鲜王国臣服于中国皇帝，高丽也一定如此），朝鲜时期的编纂者被迫把这些事件放到"世家"（*Sega*）中，这对臣属的王国来讲是恰当的用语，但如此一来马上就使高丽的历史变了模样。该文献因此而失去了很多线索，来表明高丽曾经与朝鲜是性质不同的社会，相对于满洲之于中国，性质完全不同。②

　　另一个相关的问题是时代变迁。5 个世纪以前高丽就已经确立，理解原始的高丽素材并将其压缩成可读的段落以适应新儒学的框架，是一件令人生畏的工作。编纂者所遇到的挑战，一部分是在意识形态方面难以用新儒学框架表现高丽的史料，另外，想要重新获得对 500 年前的事件的看法以及将高丽时期的史料置于其自身的历史背景中，实际处理起来很困难。③

　　《高丽史》包含有各种不同的志，分别是"天文志""历志""五行志""地理志""礼志""乐志""舆服志""选举志""百官志""兵志""刑

---

① Pyŏn T'aesŏp, Koryŏsa *ŭi yŏn'gu*, 42 - 58.

② No Myŏngho, '*Koryŏsa, Koryŏsa chŏryo*', 123 - 137; and Pyŏn T'aesŏp, Koryŏsa *ŭi yŏn'gu*, 46 - 49.

③ No Myŏngho, '*Koryŏsa, Koryŏsa chŏryo*', 123 - 137.

法志"，但令人惊讶的是它缺乏单独的佛教志。佛教在高丽时期的重要性以及就《高丽史》的正式结构而言，决定着理论上这部史书当包含佛教志，这一欠缺让人难以解释。甚至在朝鲜时代这样的新儒教环境下，尽管佛教已经并非国家支持的意识形态，但是在社会生活中仍然发挥着重要作用。这种忽略与中国明朝史家编纂的元朝官方史《元史》形成鲜明对比。《高丽史》的编纂者在许多方面均以《元史》为模板，但在佛教志方面是个例外。

134

　　同样的新儒学世界观，不但可能阻碍了编纂者将佛教收入其中，而且也改写了与其礼仪相关的高丽史。事实上，《高丽史》中有关礼的部分，是理想化的高丽仪礼（以新儒学观为出发点）。尽管细心的读者仍能从该历史的礼仪描绘中概括出高丽特定的世界观，但这些描绘已经被迫陷入僵硬的新儒学框架，几乎没有给曾经很重要的道家礼仪留出空间。后者在地位上大大下降，且对之仅仅进行了简要概括。① 当然，佛教仪礼的重要性和频繁性被轻描淡写，而且许多与山、河等重要名物有关的不同仪式也被弄混了。②

　　另外一个清晰地代表《高丽史》信奉新儒学历史观的表现形式，是附加在每位统治者后面的历史评论。部分评论来自高丽后期的学者和政治家，如李齐贤（Yi Chehyǒn）等。而其他则是由编纂者匿名撰写的。在这些评论中强烈表现了褒贬的历史编纂思想，它将各高丽国王在位期间的所有事件浓缩并直指国王的个人德行，以新儒学的政治伦理进行臧否。

　　尽管存在这些问题，但幸运的是，朝鲜的统治者明白他们的职责在于编纂一部从公元 918 年到 1392 年的历史。由于高丽时期史料的缺乏，对《高丽史》的历史编纂意义评价再高也不为过。而且，尽管由于曲解许多原始材料偶尔会造成混乱，但是大

---

① Kim Ch'ǒrung, 'Koryǒ kukka chesa ǔi ch'eje wa kǔ t'ǔkching', *Han'guksa yǒn'gu*, 118(2002), 135-160.

② Hǒ Hǔngsik, '*Koryǒsa* chiriji e shillin myǒngso wa sanch'ǒn tanmyo wa ǔi kwan'gye', *Han'guksa yǒn'gu*, 117(2002), 63-90.

量的原始材料却在《高丽史》中保存了下来——或者通过与其他（铭文）材料的比较而得以重建。最终《高丽史》成为这一时期的历史记录。

任何对《高丽史》的讨论都要同时提到《高丽史节要》（*Koryŏsa chŏryo*）（1451年），这是一部同时代的官方高丽史，用"编年史"的方式编成，计35卷（只有编年，没有传或志），是由编纂《高丽史》的同一批史家中的某些人编成的。《高丽史节要》包含着大量《高丽史》所没有的材料，人们认为它是《高丽史》的姊妹篇，不仅是因为它包含许多补充性的信息，而且更重要的是，它是从大臣和官员而非君主的观点来撰写的。[①] 两部历史著作加起来，提供了其他历史著作无法匹敌的高丽时期的场景（以及朝鲜时代早期的历史编纂氛围）。总而言之，《高丽史》和《高丽史节要》在近代以前的朝鲜历史编纂中居于中心地位。

结论

这四部记录都表达了半岛身份意识的增强。广开土大王碑体现了高句丽作为半岛本身的权威，它将自己的祖先追溯到天，使用了自己的统治名称，并公开攻击中国，最终在668年屈服于中国和新罗的联军。《三国史记》虽然披着中国官方历史的外衣，但表现的是高丽王国，其认为自己在三国时代的遗产几乎可以与中华帝国媲美。尽管编纂者乐于与中国保持良好关系，但是他们所使用的语言非常不正统，甚至从中国的角度来看有些傲慢。把三国视为多重或多极世界的看法部分具有追溯性，而且表明了高丽王国的自我概念。清楚的是，它广泛汇编了本土的传统和世俗历史，并标明三国和高丽本身都是专注于佛教的社会。更加重要的是，对于历史是由哪些记录构成的问题，《三国遗事》将其视野拓展到了

① Pyŏn T'aesŏp，'*Koryŏsa，Koryŏsa chŏryo* ŭi ch'ansu pŏmnye'，*Hanguksa yŏn'gu*，46(1984)，49 - 59.

病原学、救世学,甚至超自然的叙述,同时加入了天和地,以展示生动的、几乎无限的想象空间,在那里人类世界、精神世界和文化世界相互渗透。尽管因其非正统的倾向在朝鲜时代遭到否定,但是《三国遗事》作为朝鲜的源头在 20 世纪再次被提出。最后,我们来审视一下《高丽史》,这是一部由新儒学思想家所拟定的历史,他们试图通过直接否定其很多特性而限制高丽时期的多重性、多样性和彻底的非正统性。《高丽史》揭示了从开放式宽容向单一的、一元论的原则的激进转变。公平地讲,15 世纪的新儒学有自己对正常社会和国家的看法,他们几乎被前代王国的不规则性弄得张皇失措,最终他们意识到可以简单地回顾性地重新撰写历史,清除或模糊那些令人尴尬的内容。事实上,对朝鲜历史编纂而言,从公元400 年到 15 世纪是一个重要的和成型的时期。《高丽史》是 15 世纪后的历史创作的预演,这些著作用新的世界观创造了一个新的朝鲜。

136

大事年表/关键日期

公元前 2333—前 1122 年	檀君朝鲜(传说)
公元前 1122—前 194 年	箕子朝鲜(传说)
公元前 194—前 108 年	卫满朝鲜
公元前 57—公元 668 年	三国时期
公元前 57 年—公元 668 年	新罗
公元前 37 年—公元 668 年	高句丽
公元前 18 年—公元 660 年	百济
公元 668—935 年	新罗统一时期
公元 698—926 年	渤海
公元 918—1392 年	高丽王朝
公元 1270—1351 年	蒙古统治朝鲜
公元 1392—1910 年	朝鲜王朝
公元 1592—1598 年	日本入侵

公元 1627—1637 年　　　　满族入侵

主要历史文献

Iryŏn（traditional attribution），*Samguk yusa*（traditional compilation date in 1280s；oldest extant publication 1512；Seoul，1973）.

Kim Pusik，*Samguk sagi*（Kaesŏng，1145；Seoul，1985）.

Koryŏsa（1451；Seoul，1983）.

Koryŏsa chŏryo（1451；Seoul，1983）.

King Kwanggaet'o stele（AD 414）.

参考书目

Best，Jonathan W.，*A History of the Early Korean Kingdom of Paekche：Together with an Annotated Translation of the Paekche Annals of the Samguk sagi*（Cambridge，Mass.，2006）.

Breuker，Remco E.，*Establishing a Pluralist Society in Medieval Korea，918－1170*（Leiden，2010）.

Ching，Julia，*Chinese Religions*（Basingstoke，1993）.

——*Mysticism and Kingship in China：The Heart of Chinese Wisdom*（Cambridge，1997）.

Ch'oe，Namsŏn，'Samguk yusa haeje'，in *Chŭngbo Samguk yusa*（1954；repr. edn，Seoul，1990）.

Ha，Chŏngnyong，*Samguk yusa saryo pip'an*（Seoul，2005）.

Hamada，Kosaku，'4 seiki no Nikkan kankei'，2002－2005，Nikkan Bunka Kōryū Kikin（accessed at http：//www. jkcf. or. jp/history/first/report1. html）.

Kim，Kŏn'gon *et al.*，*Koryŏ sidae yŏksasi yŏn'gu*（Sŏngnam，1999）.

Kim，Sanghyŏn，'Samguk yusa e nat'anan Iryŏn ŭi pulgyo sagwan'，

137

Han'guksa yŏn'gu, 20(1978),19 - 60.

Kim, T'aeshik, '4 segi ŭi Han'il kwangyesa: Kwanggaet'o wang-
nŭng pimun ŭi Waegun munje rŭl chungsim ŭro', 2002 - 2005,
Nikkan Bunka Kōryū Kikin (accessed at http: //www. jkcf. or. jp/
history/first/report1. html).

Kim, T'aeyŏng, 'Samguk yusa e poi'nŭn Iryŏn ŭi yŏksa insik e
taehayŏ', in Yi Usŏng and Kang Man'gil (eds.), *Han'guk ŭi
yŏksa insik*(*sang*)(Seoul, 1976),175 - 195.

McCann, David, *Early Korean Literature* (New York, 2000).

No, Myŏngho, '*Koryŏsa*, *Koryŏsa chŏryo*', in *Han'guk yŏksaga-
wa yŏksahak*, ed. Cho Tonggŏl, Han Yŏngu, and Pak Ch'ansŭng
(Seoul, 1995),123 - 137.

——'Kyujanggak sojang *Koryŏsa*, *Koryŏsa chŏryo*, *Koryŏ sidae
munjip*', *Kyujanggak*, 25(2002),1 - 47.

Pai, Hyung Il., *Constructing 'Korean' Origins: A Critical Review
of Archaeology, Historiography, and Racial Myth in Korean
State-Formation Theories* (Cambridge, Mass., 2000).

Pak, Chint'ae *et al.*, *Samguk yusa ŭi chonghapchŏk yŏn'gu* (Seoul,
2002).

Pyŏn, T'aesŏp, Koryŏsa ŭi yŏn'gu (Seoul, 1982).

——'*Koryŏsa*, *Koryŏsa chŏryo* ŭi ch'ansu pŏmnye', *Hanguksa
yŏn'gu*, 46(1984),49 - 59.

Rutt, Richard (trans.), 'The Lay of King Tongmyŏng', *Korea
Journal*, 13: 7(1973),48 - 54.

Takeda, Yukio, 'Studies on the Kwanggaito Inscription and Their
Basis', *Memoirs of the Research Department of the Tōyō Bunko*,
47(1989),57 - 89.

Takeda, Yukio (ed.), *Kōkaito ōhi genseki takubon* (Tokyo, 1988).

Shultz, Edward J., 'An Introduction to the *Samguk Sagi*', *Korean
Studies*, 28(2005),1 - 13.

Yi，Kibaek，*Han'guk kojŏn yŏn'gu—Samguk yusa wa Koryŏsa pyŏngji*（Seoul，2004）.

赵立行　译、校

第七章　科普特和埃塞俄比亚历史写作

维托尔德·维特科夫斯基

在近 1 700 年的时间里,埃及和埃塞俄比亚的基督徒都因教会的纽带紧紧联系在一起。从埃塞俄比亚的第一任主教在 4 世纪 40 年代被亚历山大宗主教封圣起,直到 1951 年埃塞俄比亚东正教会正式结束对科普特东正教会的依赖止,这种联系都始终保持着。前者对后者的长期忠诚,使得文化领域尤其是文学领域的联系益发紧密。所以同时探讨这两种历史编纂传统是便利之举。①

"科普特文学"(包括历史编纂)这一词汇并非如人们所想的那样仅仅指"用科普特文所写的文学作品",而是指"科普特人所写的文学作品"。因此可以明白科普特文学是用两种文字写成的:一是用科普特文本身,即用最后阶段的古埃及语言,它使用基于希腊语的原初字母,但借用现代希腊文的 7 个字母进行拓展,表达希腊语中不存在的发音;二是用阿伯拉文,大约公元 700 年后科普特语作为埃及人的语言开始失去地位,在阿拉伯当局的压力下,埃及人开始使用他们国家新主人的语言。阿拉伯语完全取代科普特语花了大约几个世纪的时间,但无论如何,在大约 1100 年后,使用科普特文字的新作品未再出现。作为一种口头语言它一直使用到 17 世纪。所以,科普特人的文学作品可以进一步按所使用的"科普特文"和"科普特-阿拉伯文"来细分。

---

① 在诺巴迪亚、马库里亚和阿劳迪亚等基督教王国,并没有留下历史编纂记录,这些地区位于科普特埃及和埃塞俄比亚之间。

科普特文的科普特历史编纂①

在科普特文学中，历史写作似乎并不特别发达。也许有人以科

139 普特文学的保存状况来反对这种说法，说现在留存给我们的，只是曾经编纂过的作品的一部分。但即便如此，现在所留存的以及后来用阿拉伯文撰写或翻译的著作，也并没有保留已经散佚著作的片段、参考书目或者线索。② 而且，现在所残留的科普特文的历史编纂保存极其糟糕，如果不是翻译成阿拉伯文，我们几乎对它们一无所知。

可以识别的只有两部著作：一部教会史和一部编年通史。然而，人们应该记住，在科普特文的历史编纂开始之前，埃及已经有了用希腊文写作的历史。有一部著作，尽管只是在后来的各种类型的著作，如历史著作（索佐门的《教会史》）、圣徒传等中留下一些引用的片段，但人们认可它是留存下来的著作。这部著作有时被称为《亚历山大里亚主教史》（*History of the Episcopacy of Alexandria*）③或《亚历山大里亚（教会）史》（*Alexandrian [Ecclesiastical] History*）④

科普特文总体的历史编纂，尤其是教会史的风格，似乎始于对恺撒利亚的优西比乌斯的《教会史》的翻译。不清楚当时是否进行了全本翻译，因为如果有译本的话也并没有留存下来。所仅存的

---

① 使用萨伊迪（Saidic）方言，即上埃及方言。

② 举例来说，叙利亚的历史编纂与此相反，那里有更多关于已散失历史作品的信息。

③ Alberto Camplani, 'L'*Historia ecclesiastica* en copte et l'historiographie du siège épiscopal d'Alexandrie: à propos d'un passage sur Mélitios de Lycopolis', in Nathalie Bosson and Anne Boud'hors (eds.), *Actes du huitième Congrès International d'Études Coptes, Paris, 28 juin - 3 juillet 2004*, vol. 2 (Leuven, 2007), 417: *Histoire d'Épiscopat d'Alexandrie*.

④ Tito Orlandi, 'Ricerche su una storia ecclesiastica alessandrina del IV sec. ', *Vetera Christianorum*, 11(1974), 268: *storia ecclesiastica alessandrina*; and Alessandro Bausi, 'La *Collezione aksumita* canonico-liturgica', *Adamantius*, 12(2002), 55: *Storia alessandrina*.

优西比乌斯著作的片段（卷 6，章 30、32）经过了改编，有时候改编量很大，①并融合进科普特文的《教会史》中，②其中这些片段似乎是最古老的章节，整本著作，包括非优西比乌斯的第二节，都是由 5世纪索哈杰白修道院（White Monastery of Sohag）的抄写员米纳斯（Menas）所编纂。③ 与优西比乌斯的著作不同，科普特《教会史》的主题主要是亚历山大里亚地方的教会史，就此来说它也许受到了希腊文《教会史》的影响，而且后者似乎被当作材料来使用。④ 然而，科普特文的某些章节不可避免地会涉及埃及之外的人和事。所残留部分涵盖了从彼得牧首（300—311 年在任）到提摩太二世埃娄罗斯（Timothy II Ailouros，457—477 年在任）时期，⑤甚至在 5

140

---

① 参见 Johannes Den Heijer，'À propos de la traduction copte de l'*Histoire ecclésiastique* d'Eusèbe de Césarée: nouvelles remarques sur les parties perdues'，in Marguerite Rassart-Debergh and Julien Ries（eds.），*Actes du IVe Congrés Copte*，*Louvain-la-Neuve*，5 - 10 *Septembre 1988*，vol. 2: *De la linguistique au gnosticisme*（Louvain，1992），185 - 193，有关探讨奥利金那一章节的例子。

② 英文初版（科普特文本仍未出版）见 W. E. Crum，'Eusebius and Coptic Church Histories'，*Proceedings of the Society of Biblical Archaeology*，24（1902），68 - 84；其他手稿的发现和出版为：*Storia della chiesa di Alessandria*，2 vols.，ed. and trans. Tito Orlandi（Milan，1968 - 1970）；and Orlandi，'Nuovi frammenti della *Historia ecclesiastica* copta'，in S. F. Bondi（ed.），*Studi in onore di Edda Bresciani*（Pisa，1985），363 - 383。

③ David W. Johnson，'Further Remarks on the Arabic History of the Patriarchs of Alexandria'，*Oriens Christianus*，61（1977），114 - 115；最早的手稿片段源自 7 世纪，保存在 the Österreichische Nationalbibliothek：Theofried Baumeister，'Koptische Kirchengeschichte: zum Stand der Forschung'，in Rassart-Debergh and Ries（eds.），*Actes du IVe Congrès Copte*，117。

④ Alberto Camplani，'L'*Historia ecclesiastica* en copte et l'historiographie du siège épiscopal d'Alexandrie'，420 - 423。

⑤ *Storia della chiesa di Alessandria*，trans. Orlandi；Orlandi，'Nuovi frammenti della *Historia ecclesiastica* copta'；and David W. Johnson，'Further Fragments of a Coptic History of the Church: Cambridge OR. 1699 R'，*Enchoria: Zeitschrift für Demotistik und Koptologie*，6（1976），7 - 17. 然而，还有一些属于科普特教会史的资料没有出版，保存在剑桥大学图书馆和开罗的法国东方考古研究所，见 Baumeister，'Koptische Kirchengeschichte'，117。

世纪后（一直到 11 世纪 50 年代）还被后来的历史学家续写，这些人的名字可以在各种修订的注解中找到。[①] 然而，这些后来的内容并没有保存在科普特文中，而仅仅存在于阿拉伯译本中（参见后文）。因此，其所确立的趋向就是连续地为亚历山大教廷编年，先是用希腊文，然后用科普特文，最后用阿拉伯文，一直到近代社会。

科普特文的其他历史编纂作品是奈桥（Nikiu）主教约翰的《编年史》。[②] 约翰是三角洲另外一个不太知名的教廷——尼罗河西部河湾一个岛屿上的主教。他在 689 年参加了牧首的选举，后来在693—700 年成为该地区修道院的管理人，因为将强奸处女的一名僧侣殴打致死而被解除了这一职务。[③] 他似乎是在被强迫退职后开始撰写《编年史》的，可能死于 700 年前后，因为《编年史》就止于该日期之前。

然而，该著作的原始语言版本并没有保留下来，只有埃塞俄比亚的译本。赫尔曼·佐藤堡（Hermann Zotenberg）出版了这部著作，他认为，它是部分用希腊文部分用科普特文编成的。然而，西奥多·诺德克（Theodor Nöldeke）指出埃塞俄比亚版本中"t"和"d"含混不清。由于这种含混不清是科普特文而非希腊文、阿拉伯文或埃塞俄比亚文的特征，所以这表明其原始版本一定是用科普特文编纂的。[④] 13 世纪这部著作被翻译成了阿拉伯文，其中也没有保留原始文本，后来在 1602 年从阿拉伯文翻译成了埃塞俄比亚文。

---

① 目录参见：Johannes Den Heijer, 'Coptic Historiography in the Fāṭimid, Ayyūbid and Early Mamlūk Periods', *Medieval Encounters*, 2(1996), 74。

② John, Bishop of Nikiu, *Chronique de Jean évêque de Nikiou*, *texte éthiopien*, trans. Hermann Zotenberg (Paris, 1883); trans. R. H. Charles as *The Chronicle of John, Bishop of Nikiu* (London, 1916).

③ R. Aubert, '695. Jean, évêque monophysite de Nikiou, auteur d'une Histoire universelle (fin du VIIe siècle)', *Dictionnaire d'Histoire et de Géographie Ecclésiastiques*, 27(2000), 379.

④ Theodor Nöldeke, Review of John, Bishop of Nikiu, *Chronique*, ed. Zotenberg, *Göttingische gelehrte Anzeigen* (1883), 1367.

　　奈桥的约翰的著作是编年通史,叙述从创世一直到 7 世纪的世界史,也涵盖了伊斯兰对埃及的征服。在形式和风格上可能与约翰·马拉拉斯(John Malalas)的著作而非优西比乌斯的《编年史》有关联:它没有编年条目,也没有纵向结构(那是优西比乌斯编年类型的特征),它甚至几乎没有提供任何日期。约翰很快地处理了原始时期的历史,然后继续叙述希腊和罗马的历史,对那些迫害基督徒的皇帝们表现出浓厚的兴趣。约翰所使用的素材来自西西里的狄奥多拉(Diodore of Sicily)①、约翰·马拉拉斯、安条克的约翰、《复活节编年史》(*Chronicon Paschale*)、阿盖西阿斯(Agathias)以及苏格拉蒂斯·苏格拉斯提库斯(Socrates Scholasticus)有关教会事务的著作。② 从历史的角度来看最重要的部分,即穆斯林-阿拉伯征服埃及的故事(7 世纪 40 年代),占据了该文本四分之一的篇幅,是约翰的原创。

阿拉伯文的科普特历史编纂

　　在阿拉伯文的科普特历史编纂中,最大型最主要的著作是《圣教会列传》(*Siyar al-biʾah al-muqaddasah*),但该著作经常被人们按照传统标题称为《亚历山大里亚牧首的历史》(*History of the Patriarchs of Alexandria*〔*HPA*〕)。我们前面提到过,科普特文的《教会史》被翻译成了阿拉伯文,经过编辑后融入了这部著作。《亚历山大里亚牧首的历史》的编纂者们也使用了其他素材,包括历史和圣徒传记材料。就前者而言,我们可以确定有阿夫里卡努

① Jean-Michel Carrié, 'Jean de Nikiou et sa Chronique: une écriture "égyptienne" de l'histoire ?' in Nicolas Grimal and Michel Baud (eds.), *Événement, récit, histoire officielle: L'écriture de l'histoire dans les monarchies antiques: Colloque du Collège de France . . . 2002* (Paris, 2003),155-172, on 161.

② Antonio Carile, 'Giovanni di Nikius, cronista bizantino-copto del VII secolo', *Felix Ravenna*, 4: 1-2(1981),113-114; and P. M. Fraser, 'John of Nikiou', in Aziz S. Atiya (ed.), *The Coptic Encyclopedia*, vol. 5 (New York, 1991), 1367.

斯的《编年史》和索佐门（Sozomen）的《教会史》。①

依据一直到 20 世纪 70 年代人们都坚持的观点，并主要基于 13 世纪的作者阿布尔·巴拉卡特·伊本·卡巴尔（Abu'l Barakat ibn Kabar）所提供的信息，《亚历山大里亚牧首的历史》开始于塞维鲁·伊本·阿尔-穆卡发（Sawirus〔Severus〕ibn al-Muqaffa'）这位阿须蒙因（Ashmunayn）的主教（10 世纪），后来许多不同的作者进行续编，一直持续到近代时期。然而，幸赖戴维·约翰逊（David Johnson），尤其是约翰内斯·德恩·海耶尔（Johannes den Heijer）的研究，现在弄明白上述作者的归属是错误的。针对亚历山大里亚教廷历史，第一位史料编纂者是马哈布·伊本·曼苏尔·伊本·穆法里及（Mawhub ibn Mansur ibn Mufarrij），他是该城的一位执事，也是穆斯林统治埃及的高级官员。② 他曾经在几个埃及修道院的图书馆里搜集材料，但是由于不熟悉科普特文，他让一位同事，即执事阿布·哈比比·米凯伊勒·伊本·巴蒂尔·阿尔-达曼忽里（Abu Habib Mikha'il ibn Badir al-Damanhuri）翻译科普特文的资料。从 1088 年起，他们合作搜集、翻译和编辑最初的 65 篇传记，马哈布本人还编纂了第 66、67 篇传记（克里斯托多罗斯和西里尔二世传）。似乎从阿拉伯文《亚历山大里亚牧首的历史》现存的各种注释中，我们差不多可以列出科普特文《教会史》的完整作者名单。

《亚历山大里亚牧首的历史》的材料价值无可比拟。除了关于科普特教会牧首和教会本身的信息外，它还提供了有关埃及非教会的历史信息，以及邻近地区，包括努比亚（仍然是基督教的）和埃

① Johannes Den Heijer, 'À propos de la traduction copte de l'*Histoire ecclésiastique* d'Eusèbe de Césarée: nouvelles remarques sur les parties perdues', in Rassart-Debergh and Ries (eds.), *Actes du IVe Congrès Copte*, 109.

② David Johnson, 'Further Fragments of a Coptic History of the Church'; and Johannes den Heijer, *Mawhub ibn Manṣur ibn Mufarrig et l'historiographie copto-arabe: Étude sur la composition de l'*Histoire des Patriarches d'Alexandrie (Louvain, 1989).

塞俄比亚的信息。

　　另外一部实际上早于《亚历山大里亚牧首的历史》的历史编纂著作，是萨伊德·伊本·巴特里克（Sa'id ibn Batriq）的《年代记》。他是默基特派（Melkite，即卡尔西顿派〔Chalcedonian〕），事实上是其团体在亚历山大里亚的牧首（933—940 年），被称为优提齐奥斯（Eutychios）。当选之前他曾经是医生，写过一些医学著作。这部《年代记》尽管很早就开始了，但是完成于他当选牧首之后，该作品本身的名字是《珍珠链》（Nazim al-Jawhar）。这是一部编年通史，涵盖了从创世到阿拔斯哈里发阿拉迪（al-Radi）统治时期（934—940 年）。其最初的版本被称为亚历山大里亚版，以西奈的手稿为代表（阿拉伯历 580 年），之后的抄写者和编者进一步丰富，添加了各种注释。后来的安条克版本是首次出版的版本。① 据出版亚历山大里亚版的米切尔·布雷迪（Michel Breydy）的说法，它纯粹是以前所知资料的汇编，伊斯兰以前的大部分内容都是传说。② 而且，在穆斯林时期的历史中，也几乎没有基于穆斯林史料的原始内容。就优提齐奥斯的非历史编纂目的而言，该版指出，在每个团体都要维护自己身份的时代，《年代记》的编纂带有辩护色彩，而回溯它的过去是达到目的的途径之一。③

　　在扩展的版本中，该著作中有关埃及政治、社会和经济史以及基督教努比亚和埃塞俄比亚的信息富有价值，因为若无该著作，这

---

① Eutychios, *Eutychii patriarchae Alexandrini Annales*, ed. L. Cheikho, B. Carra de Vaux, and H. Zayyat, 2 vols. (Paris, 1906 - 1909).

② Michel Breydy, *Études sur Sa'id ibn Batriq et ses sources* (Louvain, 1983)；and Eutychios, *Das Annalenwerk des Eutychios von Alexandrien：Ausgewählte Geschichten und Legenden kompiliert von Sa'id ibn Batriq um 935 A. D.*, trans. Michael Breydy (Louvain, 1985).

③ Sidney H. Griffith, 'Apologetics and Historiography in the Annals of Eutychios of Alexandria：Christian Self-Definition in the World of Islam', in Rifaat Ebied and Herman Teule (eds.), *Studies on the Christian Arabic Heritage in Honour of Father Prof. Dr Samir Khalil Samir S. I. at the Occasion of his Sixty-Fifth Birthday* (Leuven, 2004), 65 - 89.

些信息将不会为人所知。证明该著作中存在的诸多手稿是一大热点,后来用阿拉伯文写作的历史学家,无论是基督徒还是穆斯林,都经常使用这本著作,例如,阿尔-马克里齐(14 世纪),使用者甚至还包括拉丁十字军史家提尔的威廉(12 世纪)。该著作在 11 世纪被一位默基特派史家雅赫亚·b. 萨伊德·阿尔-安塔基(Yahya b. Sa'id al-Antaki,安条克人)续写。[①]

尽管最近的研究成果否定了塞维鲁为《亚历山大里亚牧首的历史》的作者,但他仍然是一位重要的作者和历史学家,事实上是第一位主要的科普特-阿拉伯文作家。他生活在 10 世纪,因此与优提齐奥斯是同时代的人,还与后者进行过辩论。他曾经在政府部门担任过书记官,但过了一段时间他放弃了这份职业而成为一名僧侣。他作为知识分子的名声——他经常在穆斯林官员面前的论辩中通过攻击非基督徒或其他基督徒(包括萨伊德·伊本·巴特里克[Sa'id ibn Batriq])论辩家来维护自己的信仰——为他赢得了阿须蒙因主教的职位。他撰写了几部神学著作,但只有一些内容流传了下来。

但是写于 950 年的《宗教会议篇》(Kitab al-majami)流传了下来。这是一部对优提齐奥斯反科普特正教论文的回应,全书分两部分。尽管第一部分充满论辩性,[②]但第二部分虽不能说没有论辩的内容,但是更具历史编纂的特征。它主要叙述尼西亚宗教会议,很少谈论其他宗教会议。塞维鲁尤其谈论了宗教会议的日期和参加该宗教会议的主教的人数。他报道了阿里乌斯被革出教门,认为这归咎于后者的三神说,其中两个神是被"创造的",[③]同时他还叙述了后者不名誉的死亡方式。

---

① Eutychios, *Eutychii patriarchae Alexandrini Annales*, vol. 2,关于他参见本卷的第八章。
② Sawirus (Severus) ibn al-Muqaffa, *Réfutation de Sa'id Ibn-Batriq* (*Eutychius*), (*Le livre des Conciles*), ed. and trans. P. Chébli (Paris, 1905).
③ 同上。

关于犹太起源的著作《约斯芬》(*Yosippon*,或 *Yosephon*),被有趣地汇入科普特-阿拉伯历史编纂中,因为其将作者错认为约瑟夫·本·格里安(Yosef Ben Gorion,即约瑟夫斯·弗拉维乌斯),这一点也明显反映在其阿拉伯文的名称《约瑟夫·伊本·格里安之书》(*Kitab Yusuf ibn Kuryun*)中。[①] 然而,《约斯芬》是 953 年在南部意大利写作的,是对约瑟夫斯《犹太古代史》(*Antiquitates Judaicae*)的改编。[②] 11 世纪一位也门犹太人扎卡里亚·伊本·萨伊德(Zakariya ibn Saʿid)将其翻译成阿拉伯文,并在近东的犹太人社团中传播。随着时间流逝,它进入了埃及基督教徒的圈子,在那里几乎获得了教规的地位,可以佐证的事实是,它经常被抄写在《圣经》手稿上。它的流行很可能基于这样的事实,即尽管它的部分内容是传说性的(如关于罗马古代王朝的犹太起源),但却是唯一涵盖了第二圣殿期犹太历史的历史著作。它被后来的科普特历史学家用作素材,对这些人我们回头会再进行叙述。其阿拉伯版本两次跨越了宗教的界限,因为它也被穆斯林阅读。[③]

144

《埃及教会和修道院的历史》(*Taʾrikh al-kanaʾis wa-l-adyurah*)是古文物历史编纂的典范之一,是一种地志学的考察,包含许多历史信息,以章节安排探讨特定教会和修道院。长期以来它被认为是一位名叫阿布·萨利赫(Abu Salih)的亚美尼亚人的作

---

① 尽管希伯来原文的著作已经出版,*Sēpher Yosiphon* (*Yosippon*),ed. D. Flusser, 2 vols. (Jerusalem,1978-1980),但阿拉伯的译本没有出版;埃塞俄比亚语的版本见后面。

② 关于约瑟夫斯,参见:Jonathan J. Price,'Josephus',in Andrew Feldherr and Grant Hardy (eds.),*The Oxford History of Historical Writing*,vol. 1:*Beginnings to AD 600* (Oxford,2011),219-243。

③ 伊本·卡尔敦是著名的阿拉伯历史学家,他了解约瑟夫·伊本·格里安的作品,并在他多卷本的通史《世界历史》(*Kitab al-ʿIbar*)有关第二圣殿期的章节引用了其大部分内容,在这方面他没有其他材料。见 Walter J. Fischel,'Ibn Khaldūn and Josippon',in *Homenaje a Millás-Vallicrosa*,vol. 1 (Barcelona,1954),587-598。

品，①只是在最近，当它的全文被萨姆伊利·阿尔-色雅尼（Samu'il al-Suryani）出版后，②才弄明白这位亚美尼亚人只是其某部手稿的主人（仅包括三分之二的内容），而真正的作者是一位教士阿布·阿尔-马卡利姆·萨德拉赫·哲吉斯·伊本·马苏德（Abu al-Makarim Sa'dallahibn Jirjis ibn Mas'ud）。然而关于作者的问题是非常复杂的。约翰内斯·德恩·海耶尔发现从著作中可以辨别出四个层面的资料，跨越两个世纪，从 12 世纪中期到 14 世纪中期，所以《埃及教会和修道院的历史》不可能仅仅是一个人的作品。阿布·阿尔-马卡利姆仅仅是作者之一，比其他人更知名而已，我们甚至无法确定他生活的年代。

《埃及教会和修道院的历史》基于几种素材编成：《亚历山大里亚牧首的历史》，优提齐奥斯的《历史》，另一位用阿拉伯文写作的默基特的《编年史》，叙利亚马格堡的阿加皮乌斯（Agapius，亦作 Mahbub［马赫布卜］）、穆斯林的历史学家阿尔-塔巴里（al-Tabari）的作品。

富瓦的主教尤萨布（Yusab，13 世纪）和他的著作《牧首的历史》（*Ta'rikh al-aba' al-batarika*），在 20 世纪 80 年代其手稿被发现和出版前几乎不为人所知。③他的著作重复了《亚历山大里亚牧首的历史》的主题，但似乎以更简洁的方式表现了 103 个人的传。只有等到对尤萨布的著作进行了详细分析之后才能给出适当的评论。

我们利用下面两部历史编纂作品来探讨编年史风格。第一部是阿布·沙克尔（Abu Shakir）的《年表》（*Kitab al-tawarih*）。

---

① *The Churches and Monasteries of Egypt and Some Neighbouring Countries Attributed to Abu Salih the Armenian*, ed. and trans. B. T. A. Evetts (Oxford, 1895).

② Abu al-Makarim, *Tarih al-kana'is wa-l-adyurah fi al-qarn al-thani 'ashar al-miladi*, ed. Samu'il al-Suryani, 4 vols. (Dayr al-Suryan, 1984); trans. of vol. 1: Abu al-Makarem, *History of the Churches and Monasteries in Lower Egypt in the 13th Century*, trans. Anba Samuel, Bishop of Shibin al-Qanatir (Cairo, 1992).

③ Yusab, usquf [bishop] Fuwa, *Tarih al-aba' al-batarika*, ed. Samu'il al-Suryani and Nabih Kamil (Cairo, *c*. 1987) (according to den Heijer, 'Coptic Historiography in the Fatimid', 81, n. 61).

他是旧开罗穆拉克(Mu'allaqa)教堂的执事,同时也在埃及的民事部门工作。他至少创作了两部神学作品,一部科普特语言和词汇著作,[①]但他主要因《年表》而著名。[②] 该著作分成 51 章,其中 47 章研究天文、年表、日历(计算)及相关主题,只有 4 个长篇的章节(第 48—51 章)有关历史编纂。这些章节叙述了总体的历史,从创世开始,接下来是《圣经》所揭示的早期长老和犹太民族的历史,结合了古代近东民族(巴比伦、亚述、波斯等)的历史,继之以希腊、罗马和拜占庭的历史,所以这些都是按照优西比乌斯的《编年史》的模式,而且也基本上依赖他的材料。第 49 章包含穆斯林的历史,采用哈里发和其他统治者的系列传记形式,其中特别关注埃及的统治者。第 50 章包含亚历山大里亚牧首的历史,而第 51 章则是关于宗教会议的历史。

　　作者提供了有关他的资料的信息,[③]若无这些信息,人们对这些材料有些了解,有些则无法了解,就我们所知的资料而言,可以发现《亚历山大里亚牧首的历史》《约瑟夫·本·格里安之书》(即《约斯芬》)、优提齐奥斯的《年代记》和阿加皮乌斯的《编年史》。另一方面在其参考书目中也发现了不为人所知的著作,如哈纳·法姆·阿尔-达哈布(Yuhanna Fam al-Dhahab,即伪约翰·克瑞索斯托莫斯)的《编年史》(*Tarih*)或《(伪)伊皮法纽编年史》(*Tarih Abfaniyus*)。由于克瑞索斯托莫斯和伊皮法纽都没有写过编年史,所以这些作者信息是错误的。[④] 同样是在 13 世纪,也就是在这

<page number>145</page number>

---

① Adel Y. Sidarus, *Ibn ar-Rāhibs Leben und Werk: ein koptisch-arabischer Enzyklopädist des 7. /13. Jahrhunderts* (Freiburg im Breisgau, 1975), 63 - 182.

② 词语 *tārīh*(sg. of *tawārīh*)有多重含义:年代、纪元、日期、年表、编年、历史、史书。

③ 我们这里感兴趣的是历史编纂部分的材料。关于日历计算方面的资料参见 Sidarus, *Ibn ar-Rāhibs Leben und Werk*, 33 - 34;以及 Den Heijer, 'Coptic Historiography in the Fāṭimid, Ayyūbid and Early Mamlūk Periods', 85 - 86。

④ 有关更多的未知的素材参见:同上, 85 - 86;以及 Witold Witakowski, 'Ethiopic Universal Chronography', in Martin Wallraff (ed.), *Julius Africanus und die christliche Welchronistik* (Berlin, 2006), 291 - 292。

部著作编纂之后，一位匿名的摘编者编了一个简明版，名称与该部著作相同，从 1653 年起，欧洲称之为《东方编年史》（*Chronicon Orientale*）。① 它采取了优西比乌斯编年史的形式（即用平行的纵列来表现材料）。尽管很长时间里许多学者都视其为阿布·沙克尔的《年表》原著，但现在这种观点被人们否定了。

另外一部此类风格的历史编纂文献是吉尔吉斯·伊本·阿尔-阿米德·阿尔-马肯（Jirjis ibn al-Amid al-Makin）的《神圣集》（*Al-majmu'al-mubarak*）或《普世编年史》。② 追随其父的脚步，他成了开罗军部（*dīwān al-jayš*）的书记官。在他的职业生涯中他经历了一些挫折，甚至以莫名的原因两次入狱。退休后他移居大马士革并在那里去世。

也许正是在那里，在 13 世纪 60 年代后他撰写了《神圣集》。该著作可以分为两个部分，分别是前伊斯兰时期和伊斯兰时期。前一部分始于创世和亚当，一直叙述到拜占庭皇帝希拉克略（610—641 年在位）十一年。第二部分始于穆罕默德，一直到 1260 年和马穆路克苏丹拜巴尔（1260—1277 年在位）登基。尽管对资料的分析仍需深入，但清楚的是，其中使用了早期基督徒的阿拉伯编年史，最重要的是阿布·沙克尔的著作。其他可以辨识的资料有《约斯芬》《亚历山大里亚牧首的历史》、穆齐发的《宗教会议篇》、阿加皮乌斯的《编年史》、优提齐奥斯的《年代记》以及伪伊皮法纽和伪克瑞索斯托莫斯的作品。由于所有这些都可以在阿布·沙克尔那里找到，所以不确定阿尔-马肯是直接使用了它们还是转引，需要做更多的研究来说明这一点。③ 不为人所知的资料（也许阿布·沙

① Petrus Ibn ar-Rahib, *Chroncon orientale*, ed. and trans. L. Cheikho (Louvain, 1903).

② Aziz S. Atiya, 'Makin, ibn Al-Amid, Al-', in Atiya (ed.), *The Coptic Encyclopedia*, vol. 5,1513.

③ Sidarus, *Ibn ar-Rāhibs Leben und Werk*, 45, 发现从优提齐奥斯和阿加皮乌斯那里直接引用的内容；Den Heijer, 'Coptic Historiography in the Fāṭimid, Ayyūbid and Early Mamlūk Periods', 91, 发现了从《亚历山大里亚牧首的历史》那里引用的内容。

克尔没有使用)是《上埃及的历史》(*Tarih li-ba'd al-Sa'diyyin*)。[1]

　　根据克劳德·卡恩(Claude Cahen)的观点,伊斯兰部分一直到920年的内容,都是对阿尔-塔巴里杰作的缩写,但吉尔吉斯并没有自己进行缩写,而是使用了已经存在的简写本,这在伊本·阿尔-瓦斯里(Ibn al-Wasil)的《有益的历史》(*Tarih salihi*)中也可以了解,除非两位史家相反都使用了另外不为人所知的素材。[2] 关于阿尤布王朝(1168—1250年)和马穆路克的内容是吉尔吉斯的原创,其价值在于提供了有关穆斯林埃及政治和军事事务的信息。[3] 这部编年史被阿尔-穆法达尔·伊本·阿比-法达伊勒续写到1300年左右,他可能是阿尔-马肯最大的侄子。

埃塞俄比亚的历史编纂

　　同非洲的大多数国家不同,埃塞俄比亚可以为自己历史悠久的文献传统而自豪。当时这个国家被称为阿克苏姆,在4世纪中期被基督教化,并因此而被带入地中海文明圈。我们所探讨的埃塞俄比亚历史编纂作品是用埃塞俄比亚古典语言,或者称"埃塞俄比亚的拉丁语"(Ge'ez)写成的。大约在1000年左右人们不再讲这种语言,但此后用作书面语言(一直到19世纪),而且一直是埃塞俄比亚教会的礼拜语言。

147

　　埃塞俄比亚的文献全部是原创性的,事实上相当一部分是由翻译组成的。所翻译文献的原本通常来自现存埃及的文献,但明显任何一部著作都不能确定地说直接翻译自科普特文本。阿克苏姆

---

[1]　Sidarus, *Ibn ar-Rāhibs Leben und Werk*, 85. 在埃塞俄比亚版(见后面): *wa-la 'lay Gəbṣ yəbelu*, "上埃及人说……(戴克里先统治了19年)"。

[2]　Claude Cahen, 'Al-Makin Ibn al-'Amid et l'historiographie musulmane: un cas d'interpénétration confessionelle', in J. M. Barral (ed.), *Orientalia Hispanica sive studia F. M. Pareja octogenario dicata*, vol. 1 (Leiden, 1974), 158 - 167.

[3]　Claude Cahen and R. G. Coquin, 'Al-Makin b. al-'Amid Djirdjis', *Encyclopaedia of Islam*, new edn, vol. 6 (Leiden, 1991), 144.

时期（大致在公元 1000 年左右）的早期翻译来自希腊文，而中世纪时期则翻译自阿拉伯文。就历史编纂而言，除了一部来自希腊文之外，其余翻译都来自阿拉伯文。在该时期之后的一些翻译也在该卷中一并探讨。

其历史编纂传统始于皇家雕塑，某些雕塑来自阿克苏姆接纳基督教之前。无论这些还是基督教时代的雕塑，都是炫耀阿克苏姆国王的功绩，尤其是军功。其中最著名的是埃扎那（Ezana，约 330—370 年在位）国王时期的雕塑，在他统治时期，埃塞俄比亚正式接纳了基督教：埃扎那早期的雕塑包含着向异教神祈祷的内容，而后期的雕塑则是基督教的。[①] 它们讲述了埃扎那针对各个民族的军事战役，例如在异教时期对贝沙（Bedja）部落（厄立特里亚北部和苏丹东南部）的进攻，在基督教时期对努巴（即努比亚）的进攻。

一直到很晚的年代都难觅阿克苏姆时代其他类型历史写作的踪影。然而，在 20 世纪 90 年代发现了一部 14 世纪的手稿，其中包含着被人们称为《阿克苏姆教会礼拜集》（*Aksumite Canonico-Liturgical Collection*）的内容。阿里桑德罗·鲍西（Alessandro Bausi）指出了这一汇编的存在，他认为，其中保留在手稿中的一些片段，探讨埃及教会内部的米利都派（4 世纪 20—30 年代，来自来科波利斯的米利都），具有历史编纂的特点。[②] 事实上，它译自前面提到的希腊文的《亚历山大里亚教会史》。根据阿尔伯托·坎普兰尼（Alberto Camplani）的研究，埃塞俄比亚文献中还有一个片段来自同样的素材，被《亚历山大里亚大主教彼得的殉难》（*Martyrdom of Peter, Archbishop of Alexandria*）所引用。[③] 这并不意味着《亚

---

① E. Bernand, A. J. Drewes, and R. Schneider, *Recueil des inscriptions de l'Éthiopie des périods pré-axoumite et axoumite*, 2 vols. (Paris, 1991), nr. 185,187 (heathen gods), 189 (Christian).

② Bausi, 'La *Collezione aksumita* canonico-liturgica', 54-56.

③ Camplani, 'L'*Historia ecclesiastica* en copte et l'historiographie du siège épiscopal d'Alexandrie', 419-420; and Getatchew Haile, 'The Martyrdom of St Peter Archbishop of Alexandria', *Analecta Bollandiana*, 98(1980),85-92.

历山大里亚教会史》全本都从希腊语翻译成了埃塞俄比亚文，但也
不能排除这种可能性。然而，由于它显然并非连贯统一的叙述（如
优西比乌斯的著作），而是故事片段和文献抄录的汇编，所以能够
很容易被分割开来，所形成的片段分别传播到埃塞俄比亚，并进入
独立的作品、圣徒传和其他作品中。[①]

这些碑刻可被视为王朝编年史历史编纂类型的先声，在 14 世
纪演化为全本的历史编纂作品，但那时是用手写体记录的。人们
所知的第一部王朝编年史是国王阿姆达·塞约恩（Amdä Ṣəyon，
1314—1344 年在位）的编年史，一位英国翻译者将其定名为《阿姆
达·塞约恩的光辉胜利》（*The Glorious Victories of Amda
Seyon*）。[②]它并没有全面叙述国王的统治，而是限于描绘他对抗穆
斯林伊法特苏丹国（Muslim Sultanate of Ifat）的屠杀而获得的战功
（如许多碑刻一样），后者是在基督教埃塞俄比亚的南部和东部逐
步壮大的。阿姆达·塞约恩直接继承人的编年史不为人所知，但
是这种风格后来得以延续，下一部保存下来的编年史是札拉·雅
各布（Zär'a Ya'əqob，1434—1468 年在位）的，但它的全面展开不在
本章探讨的年代范围之内。

从上面我们可以推断，在阿克苏姆时期和自《阿姆达·塞约恩
的光辉胜利》开始的时期之间，在历史编纂证据（也在其他素材）方
面存在着一段实质性的空白。对这一间歇期，或者说埃塞俄比亚
的"黑暗时代"，人们几乎一无所知。后来的历史编纂者努力编制
涵盖整个埃塞俄比亚历史的国王列表。卡尔洛·孔蒂·罗西尼

148

---

① 这类似于该汇编资料在西方用希腊语和拉丁语传播时所出现的情况；Orlandi，
'Ricerche su una storia ecclesiastica alessandrina del IV sec.'，and Camplani，
'L'*Historia ecclesiastica* en copte et l'historiographie du siège épiscopal
d'Alexandrie'.

② *The Glorious Victories of Amda Seyon*，trans. G. W. B. Huntingford（Oxford，
1965）；and ed. and trans. Manfred Kropp as *Die siegreiche Feldzug des Königs '
Amda-Seyon gegen die Muslime in Adal im Jahre* 1332 *n. Chr.*（Louvain，
1994）.

(Carlo Conti Rossini)把这些列表(他所知道的有86种)分成八组,无论在国王名字和数量方面它们都各不相同。[1] 然而他发现,在耶库诺·阿姆拉克(Yəkuno'Amlak,1270—1285年在位)统治之后它们之间有了某种一致性,因此他推测这些王表是在这位国王统治之后编纂的。自然不能去评说它们对前述的时期而言具有何种历史价值,只是从历史的观点来看这并不是太重要的议题。统治者的列表可被称为最原始的历史编纂形式,在任何"国家"的文献史中都有填补空白的功能,因而即使对这些"空白"时期的其他事实一无所知,它们也能提供该国家继续存在的证据。

阿姆达·塞约恩国王所属在埃塞俄比亚历史中属于相对晚近的王朝,该王朝在1270年获得政权。它传统上被称为"所罗门王朝",因为根据传说,它是由曼尼里克(Mənəlik)国王所创建,即所谓的所罗门王国和"南方的"王后的儿子,该王后就是示巴(Sheba)女王。曼尼里克的后代据信统治着这个国家,一直到"篡权的"扎格维(Zagwe,10—11世纪)王朝将他们赶下台,但是在1270年所罗门王朝"重新获得"权力。这一传说被编纂在名为《诸王的辉煌》(*Kebra Nagast*〔*Kəbrä Nägäst*〕)的作品中,该作品基于多种材料,包括基督教阿拉伯的、叙利亚的和犹太人的,是由阿克苏姆城的一位高级教士伊萨克(Yəsḥaq)在14世纪初所编纂的。编纂这部成为埃塞俄比亚民族史诗的作品的目的,是为1270年扎格维被赶走后所出现的新王朝提供合法性。"复兴的所罗门"王朝的第一位国王是上面提到过的耶库诺·阿姆拉克。

《诸王的辉煌》尽管具有明显的传说特征,但是应当将其视为历史编纂著作。考虑到埃塞俄比亚基督教的基础最可能是犹太教,[2] 所以《诸王的辉煌》在该国的流行也就不足为奇。在那里,该传说的真实性从未遭到质疑,相反,它成为埃塞俄比亚民族认同的

---

① Carlo Conti Rossini, 'Les listes des rois d'Aksoum', *Journal Asiatique*,10:14 (1909),263-320.

② 不是所有的学者都接受此理论。

149

一部分。不管这些前提是真是假,埃塞俄比亚确实认为自己属于犹太-基督教文明的范畴,并因此而在总体历史中找到某种位置,把自己当作以色列古代王国的直接后裔。这种现象与我们所知的许多欧洲国家近代前的民族传说并没什么不同,如将不列颠人看成布鲁图斯后裔的观念等。

它同时对历史编纂也具有意义,因为它似乎促使了将《约斯芬》翻译成埃塞俄比亚文(14 世纪)。在埃塞俄比亚,它被起名为《犹太史》(*Zena Ayhud*)。根据初步的考察,与希伯来原始文本相比,埃塞俄比亚译本有一些变动,尤其是在地名方面。[①]《约斯芬》的第一章是亚当后裔列表,并叙述了"诺亚诸子平分大地"的内容,这源自希波吕托斯(Hippolytus,3 世纪希腊)的《编年史》。在译本中列表限于雅弗的儿子们。在希伯来文本中出现了很多地名和人种名,而埃塞俄比亚译本没有机会进行识别,如丹麦人、克罗地亚人、拉奇特人(Lechites,即波兰人)。这些在埃塞俄比亚文本中并没有出现,因为它的编者穆拉德·卡米尔(Murad Kamil)说,它几乎是逐字逐句从阿拉伯文翻译而来,而后者似乎与希伯来文本不同。[②] 埃塞俄比亚文本包含"亚历山大的故事",而在一些希伯来手稿中则没有此内容。

一旦觉醒了,埃塞俄比亚需要在周围的世界中固定他们的历史,这显然要求进一步的素材,这一点几乎不可能通过埃塞俄比亚自身的历史学家来满足,它必须要引进,如《犹太史》所表明的,从基督教埃及引进最为便当。另外前面介绍过的四部著作,也被译介过来。

宗教历史编纂首当其冲,所以最早的翻译是塞维鲁·伊本·阿尔-穆齐发的《宗教会议篇》。已知最早的手稿来自 14 世纪(科利奇维尔,明尼苏达,HMML 1883),其他三部著作是在我们该章所探讨的时段之后被翻译过来的。如我们前面所提到的那样,奈桥

---

① Witakowski, 'Ethiopic Universal Chronography', 287 – 288.

② *Des* Josef ben Gorion (Josippon) *Geschichte der Juden . . .* , ed. Murad Kamil (New York, 1938).

的约翰《编年史》的埃塞俄比亚译本（1602 年）是人们所知的唯一的形式。约翰被称为约翰内斯·马达波尔（Yohannes Mädäbbər），是对阿拉伯语"监督者"（mudabbir）一词的误抄，在退休之前约翰一直担任这个职务。最后，还有两部后来的科普特-阿拉伯编年通史保存下来（但未出版）。

阿布·沙克尔的名字在埃塞俄比亚语中是 Abušakər Wäldä（相当于……的儿子）Abi Ǝlkəräm Peṭros Mänäkos Ǝbnəlmähaddəb。他的著作是在萨尔撒·丹加尔（Särṣä Dəngəl，1563—1597 年在位）统治时期由著名作家和阿拉伯文翻译家阿基曼德里特·恩巴廓姆（Enbaqom）翻译的，他本人是一名来自也门皈依基督教的阿拉伯人。《年表》在埃塞俄比亚语中被简单地称为《阿布·沙克尔》（Abušakər）。历史编纂的章节是第 48—53 章的内容。尽管无论是阿拉伯的文本还是埃塞俄比亚的文本都没有出版，但是阿德尔·希达鲁斯（Adel Sidarus）确定第 51—52 章一定是埃塞俄比亚文本加上去的，因为阿拉伯原本只有 51 章，结尾部分是宗教会议的历史，这部分内容在埃塞俄比亚文本中是第 53 章。[1] 所加的章节包括：（第 51 章）亚历山大里亚、安条克和君士坦丁堡默基特派牧首列表，（第 52 章）从亚当到摩西的长老编年。

《阿布·沙克尔》在埃塞俄比亚很常见，尽管原因在于其日历部分而非历史编纂。已知有许多手稿，最古老（大英博物馆 Or.809）的可以追溯到 17 世纪上半叶，最近的是 1911/1912 年（Collegeville，MN，HMML 192）。这些手稿的文本似乎并不统一，有些手稿，例如 Ms. Brit. Libr. Or 809，漏掉了第 49 章（即伊斯兰的历史），后期手稿中呈现的牧首名录是新增过的，历史编纂的章节包括以表格呈现的材料等。[2]

---

[1] Sidarus, *Ibn ar-Rāhibs Leben und Werk*, 30. 同时参见 chs. 54 - 59，但其中包括着有关各种年表问题的其他论文。

[2] 参见 Witakowski, 'Ethiopic Universal Chronography', 299 - 301 中出版和翻译的对开本。

吉约吉斯·瓦尔达·阿米德(Giyorgis Wäldä 'Amid,即吉尔吉斯·伊本·阿尔-阿米德)的《编年史》是在勒布纳·丹加尔(Ləbnä Dəngəl,1508—1540 年在位)统治时期翻译成埃塞俄比亚文本的,在该版本中定名为"瓦尔达·阿米德的历史(或编年史)"。这部著作在埃塞俄比亚传播很广,有不少手稿(已知大约有 10 部)从 17世纪一直保存到 1921 年或 1922 年。同时它也经常被用来编纂其他文献,例如当作埃塞俄比亚皇家编年史和一些汇编的前言,如《亚历山大里亚西里尔传》《约翰·克瑞索斯托莫斯传》和《伊皮法纽传》。[①]

151

结论

尽管某些著作在两者那里都被保存了下来,但是环境的不同导致科普特和埃塞俄比亚历史编纂传统出现了差异,我们可以通过指出这两种环境进行最后总结。

科普特人所处的生活环境和社会政治地位,决定了他们的历史编纂没有发展出皇家编年史风格,而在许多其他历史编纂传统中,君主制度及其宣传、合法性和其他需要刺激了该编年史的出现。然而,随岁月流逝,科普特人必须将其主体的"市民"和穆斯林历史纳入教会历史写作之中,因为在完全脱离对有关国家事务进行叙述的情况下,后者是无法写作的,虽然它并没有改变历史编纂的目的,即仍然是教会史。实际上教会是科普特人唯一的中枢机构,这与埃及的穆斯林居民相反。在这方面,他们与叙利亚的历史编纂具有某些相同的特征。

相反,在埃塞俄比亚,市民历史编纂一直比较发达,尽管在我们所考察的这一时期资料并不完备。这里教会历史编纂的类型几乎不存在。也许埃塞俄比亚教会并非独立这一事实,可以对此给出解释。对伊本·阿尔-穆齐发的《宗教会议篇》的翻译绝非出于

---

① Witakowski,'Ethiopic Universal Chronography',297.

对历史的兴趣,而是对宗教教义的兴趣,不管愿意不愿意,宗教教义必须依赖历史的论证。在此人们也许看到某种与拜占庭历史编纂的类似性,在宗教冲突时期之后,一直到 6 世纪,并没有产生严格意义上的教会历史著作,教会事件的信息被植入市民历史编纂著作之中。

明显的是,尽管数百部作品都是从科普特-阿拉伯文献翻译过来的,其中包括三部编年通史,但是《牧首的历史》并非如此。似乎大量的圣徒故事(其历史编纂目的是有限的)就能满足埃塞俄比亚人的宗教兴趣,圣徒故事中许多都是僧侣的传记,他们属于埃塞俄比亚这片土地。

大事年表/关键日期

公元 1000 年	阿克苏姆王国(厄立特里亚和埃塞俄比亚北部)
约公元 330—约 370 年	阿克苏姆国王埃扎那
公元 4 世纪 40 年代(公元 4 世纪中前期)	埃塞俄比亚基督教化
公元 641 年	穆斯林阿拉伯征服埃及
约公元 700 年	科普特语作为口语开始消失
公元 933—940 年	萨伊德·伊本·巴特里克(优提齐奥斯)任亚历山大里亚默基特牧首
公元 969—1171 年	埃及法蒂玛王朝统治
约公元 1000 年	Geʿez,这种古典埃塞俄比亚语口语不再使用,但仍然是文学和礼拜语言
公元 11 世纪 50 年代	科普特语不再是科普特的文学语言
公元 1168—1250 年	阿尤布王朝统治埃及
公元 1250—1517 年	马穆路克统治埃及
公元 1270 年	扎格维王朝在埃塞俄比亚的统治结束,耶库诺·阿姆拉克的政变导致"所罗门"王

152

朝上台

公元 1314—1344 年	阿姆达·塞约恩,埃塞俄比亚国王
公元 1332 年	针对伊法特苏丹国的战役
公元 1508—1540 年	埃塞俄比亚国王勒布纳·丹加尔在位

主要历史文献

Eutychios (Saʿ id ibn Batriq), *Annals* or *Nazim al-Jawhar* (10th cent.); *Eutychii patriarchae Alexandrini Annales*, ed. L. Cheikho, B. Carra de Vaux, and H. Zayyat, 2 vols. (Paris, 1906 – 1909); trans. Michael Breydy as *Das Annalenwerk des Eutychios von Alexandrien: Ausgewählte Geschichten und Legenden kompiliert von Saʿid ibn Batriq um 935 A. D.* (Louvain, 1985).

Die siegreiche Feldzug des Königs ʿAmda-Seyon gegen die Muslime in Adal im Jahre 1332 *n. Chr.*, ed. and trans. Manfred Kropp (Louvain, 1994); English trans. G. W. B. Huntingford as *The Glorious Victories of Amda Seyon* (Oxford, 1965).

John, Bishop of Nikiu, *Chronique de Jean évêque de Nikiou*, *texte éthiopien*, ed. and trans. Hermann Zotenberg (Paris, 1883); trans. R. H. Charles as the *Chronicle of John, Bishop of Nikiu* (London, 1916).

Kebra Nagast: Die Herrlichkeit der Könige, ed. and trans. Carl Bezold (Munich, 1905); English trans. E. A. Wallis Budge as *The Queen of Sheba and Her Only Son Menyelek* (London, 1922).

Siyar al-biʿah al-muqaddasah, ed., trans., and ann. B. Evetts as *History of the Patriarchs of the Coptic Church of Alexandria*, 4 vols. (Paris, 1904 – 1915); trans. Yassa ʿAbd al-Masih, Aziz S. Atiya, and O. H. E. Burmester as *History of the Patriarchs of the Egyptian Church*, *Known as the History of the Holy Church*, vol. 2, pt. 1 – 3, vol. 3, pt. 1 – 3, vol. 4, pt. 1 – 2 (Cairo, 1943 –

1974）.

Sévère Ibn al-Moqaffa', *Réfutation de Saïd Ibn-Batriq* (*Eutychius*), (*Le livre des conciles*), trans. P. Chébli (Paris, 1905).

——*Histoire des conciles* (*seconde livre*), ed. and trans. L. Leroy; a study of the Eth. version S. Grébaut (Paris, 1911).

Storia della chiesa di Alessandria, vol. 1: *Da Pietro ad Atanasio*; vol. 2: *Da Teofilo a Timoteo II*, trans. Tito Orlandi (Milan, 1968–1970).

Yosippon or *Kitab Yusuf ibn Kuryun*, the edn of the Ethiopic trans. Murad Kamil as Des Josef ben Gorion (Josippon), *Geschichte der Juden* ... (New York, 1938).

参考书目

Atiya, Aziz S., 'Makin, ibn Al-'Amid, Al-', in Atiya (ed.), *The Coptic Encyclopedia*, vol. 5 (New York, 1991),1513.

Aubert, R. '695. Jean, évêque monophysite de Nikiou, auteur d'une Histoire universelle (fin du VIIe siècle)', *Dictionnaire d'Histoire et de Géographie Ecclésiastiques*, 27(2000), col. 379.

Baumeister, Theofried, 'Koptische Kirchengeschichte: zum Stand der Forschung', in Rassart-Debergh and Ries (eds.), *Actes du IVe Congrès Copte*, 115–124.

Bausi, Alessandro, 'La *Collezione aksumita* canonico-liturgica', *Adamantius*, 12(2006),43–70.

Bernand, E., Drewes, A. J., and Schneider, R., *Recueil des inscriptions de l'Éthiopie des périodes pré–axoumite et axoumite*, 2 vols. (Paris, 1991).

Breydy, Michel, *Études sur Saïd ibn Batriq et ses sources* (Louvain, 1983).

Cahen, Claude, 'Al-Makin Ibn al-'Amid et l'historiographie musul-

mane: un cas d'interpénétration confessionelle', in J. M. Barral
(ed.), *Orientalia Hispanica sive studia F. M. Pareja octogenario
dicata*, vol. 1 (Leiden, 1974), 158 - 167.

—— and Coquin, R. G., 'Al-Makin b. al-' Amid Djirdjis',
Encyclopaedia of Islam, new edn, vol. 6 (Leiden, 1991),
143 -144.

Camplani, Alberto, 'L'*Historia ecclesiastica* en copte et
l'historiographie du siège épiscopal d'Alexandrie: à propos d'un
passage sur Mélitios de Lycopolis', in Nathalie Bosson and Anne
Boud'hors (eds.), *Actes du huitième Congrès International
d'Études Coptes, Paris, 28 juin -3 juillet 2004*, vol. 2 (Leuven,
2007), 417 - 424.

—— 'A Syriac Fragment from the *Liber historiarum* by Timothy
Aelurus (CPG 5486), the *Coptic Church History*, and the
Archives of the Bishopric of Alexandria', in Paola Buzi and
Camplani (ed.), *Christianity in Egypt: Literary Production and
Intellectual Trends: Studies in Honour of Tito Orlandi* (Rome,
2011), 205 - 226.

Carile, Antonio, 'Giovanni di Nikius, cronista bizantino-copto del
VII secolo', *Felix Ravenna*, 4: 1 - 2(1981), 103 - 155.

Crum, W. E., 'Eusebius and Coptic Church Histories',
Proceedings of the Society of Biblical Archaeology, 24(1902),
68 - 84.

Den Heijer, Johannes, *Mawhūb ibn Manṣūr ibn Mufarriġ et
l'historiographie copto-arabe: Étude sur la composition de
l'* Histoire des Patriarches d'Alexandrie (Louvain, 1989).

—— 'À propos de la traduction copte de l'*Histoire ecclésiastique*
d'Eusèbe de Césarée: nouvelles remarques sur les parties perdues',
in Rassart-Debergh and Ries (eds.), *Actes du IVe Congrès Copte*,
185 - 193.

—— 'Coptic Historiography in the Fāṭimid, Ayyūbid and Early Mamlūk Periods', *Medieval Encounters*, 2(1996), 69 – 98.

Fraser, P. M. , 'John of Nikiou', in Aziz S. Atiya (ed.), *The Coptic Encyclopedia*, vol. 5 (New York, 1991), 1366 – 1367.

Haile, Getatchew, 'The Martyrdom of St Peter Archbishop of Alexandria', *Analecta Bollandiana*, 98(1980), 85 – 92.

Griffith, Sidney H. , 'Apologetics and Historiography in the Annals of Eutychios of Alexandria: Christian Self-Definition in the World of Islam', in Rifaat Ebied and Herman Teule (eds.), *Studies on the Christian Arabic Heritage in honour of Father Prof. Dr Samir Khalil Samir S. I. at the Occasion of his Sixty-Fifth Birthday* (Leuven, 2004), 65 – 89.

Johnson, David W. , 'Further Fragments of a Coptic History of the Church: Cambridge OR. 1699 R', *Enchoria: Zeitschrift für Demotistik und Koptologie*, 6(1976), 7 – 17.

Johnson, David W. , 'Further Remarks on the Arabic History of the Patriarchs of Alexandria', *Oriens Christianus*, 61 (1977), 103 –116.

Nöldeke, Th. , Review of Zotenberg, *Göttingische gelehrte Anzeigen* (1883), 1364 – 1374.

Orlandi, Tito, 'Ricerche su una storia ecclesiastica alessandrina del IV sec. ', *Vetera Christianorum*, 11(1974), 268 – 312.

—— 'Nuovi frammenti della *Historia ecclesiastica* copta', in S. F. Bondi (ed.), *Studi in onore di Edda Bresciani* (Pisa, 1985), 363 – 383.

Rassart-Debergh, Marguerite and Ries, Julien (eds.), *Actes du IVe Congrés Copte, Louvainla-Neuve, 5 – 10 septembre 1988*, vol. 2: *De la linguistique au gnosticisme* (Louvain, 1992).

Sidarus, Adel Y. , *Ibn ar-Rāhibs Leben und Werk: ein koptisch-arabischer Enzyklopädist des 7. /13. Jahrhunderts* (Freiburg im

Breisgau，1975）.

Witakowski，Witold，'Ethiopic Universal Chronography'，in Martin Wallraff（ed.），*Julius Africanus und die christliche Welchronistik* （Berlin，2006），285 - 301.

赵立行　译、校

第八章 叙利亚和叙利亚-阿拉伯历史撰述：约500—约1400年

穆里尔·德比 戴维·泰勒

19世纪后期叙利亚首批经严格鉴定的历史文献出版后，有关历史时期、地域和团体的资料得以定期拓展，否则这些内容靠现存的资料很难得到证明。与此同时，学者也对现有文献进行了有益的考察。但对叙利亚历史编纂所进行的综述类成果则很少见，而且对编纂传统的整体考察尚属空白。本章拟填补这个空白。

对不熟悉该领域的人而言，某些导言性的评论是有帮助的。叙利亚语是一种亚美尼亚语的书面方言（因此与希伯来语和阿拉伯语接近），在基督教前的埃德萨（现在土耳其东南部的乌尔法）公民行政机构中发展成为官方语言，而且在早期被地方教会接纳为礼拜、《圣经》翻译和其他文学作品的语言。当地社会精英阶层也通过私人教师接受希腊教育，这种状况似乎在伊斯兰统治后仍然持续了一段时间，因此在本章所探讨的时间范围内，教会内部的学者们和历史学家有潜在的通向希腊的途径。由于埃德萨的传教士散布到整个美索不达米亚，向东进入伊朗、中亚和中国（630年左右到达），向北进入亚美尼亚，向南进入阿拉伯和印度（在公元后最初几个世纪到达），向西进入现在的黎巴嫩和叙利亚（那里希腊语是主要的教会语言），他们随身带去了叙利亚语并传授给皈依者，然而后者在非宗教环境中仍然讲他们本土的语言和方言，因此其作用类似于拉丁语在北非和西欧古代后期的教会，或希伯来语在犹太散居民族中所发挥的作用。出于这样的原因，在近东和伊朗之外，

第八章 叙利亚和叙利亚-阿拉伯历史撰述：约500—约1400年

几乎没有叙利亚文的历史作品留存下来。从 8 世纪起，教会的学者们逐渐开始使用阿拉伯文进行历史创作，而且自 9 世纪起——除了人尽皆知的一个例外——只有叙利亚东正教会继续因这种特定的作品类型而使用叙利亚语。[①]

使用叙利亚语的基督徒主要集中在美索不达米亚北部，在罗马（后来的拜占庭）帝国和波斯（帕提亚和继后的萨珊）边界的两端，是伊斯兰之前近东帝国争霸中的一条地质构造断裂带，正是在该拥有市民和教会记录地区的大城市中——埃德萨、尼西比斯（今努赛宾）、阿米德（迪亚巴克尔）、卡尔卡（基尔库克）、阿贝拉（埃尔比勒）——诞生了大多数叙利亚文的历史作品。7 世纪时阿拉伯征服并改变了这条美索不达米亚边界（在西北部产生了一条新的拜占庭伊斯兰边界，平分了安纳托利亚），将叙利亚教会置于单一政治统治之下。但是在 10 世纪后，拜占庭重新征服了梅利泰内（Melitene，现在的马拉蒂亚），叙利亚基督徒被邀请居住在那里。[②] 这引发了叙利亚-希腊文学联系和交流的新时期的到来。禁欲主义和后来的修道主义是该区域叙利亚基督教的特征。而修道院——尤其是那些设有大型图书馆的——成为历史写作的重要地点。

叙利亚历史编纂是罕见的非国家、非帝国的历史写作范例。它完全是在基督教教会组织内部创作、抄录和保存的。然而，使用叙利亚语的基督徒分成了许多敌对的教派和团体，其源于 5 世纪的神学争论以及政治地理边界，由于这两种因素都强烈地影响了支撑历史作品的动机和它所采取的形式，所以历史学家需要对这些敌对的叙利亚教派有某些了解。由于 5 世纪基督徒有关基督自身

---

① 例外是 11 世纪东方教会的尼西比斯的埃利加，他创作了双语的叙利亚-阿拉伯历史。

② 参见 Gilbert Dagron，'Minorités ethniques et religieuses dans l'Orient byzantin à la fin du Xe et au XIe siècle：l'immigration syrienne'，*Travaux et Mémoires du Centre de Recherche d'Histoire et Civilisation byzantines*，6(1976)，177 - 216；reprinted in Dagron，*La romanité chrétienne en Orient：héritages et mutations*（London，1984），ch. 10。

神性和人性关系的争论，使用叙利亚语的教会分裂了。所有教派都承认，基督是完美的神和完美的人，但是关于如何对此进行明确的表达相互分歧很大。那些坚守4世纪后期和5世纪早期安条克神学家教义的人，①在431年的以弗所宗教会议后，逐渐被罗马帝国的敌对者谴责为"聂斯托利派"（Nestorians），②对这一名词现在已避而不谈，因为它在神学意义上既不准确又充满轻蔑。现代学者倾向于使用"东叙利亚人"指称古代该教会的成员，而用"亚述人"指称他们现在的后裔。③ 在波斯帝国，公元后最初两个世纪基督教得以传播，现在已经完全确认，安条克教义的追随者组成了主要叙利亚团体，457年他们西部的最后支持者埃德萨的希巴（Hiba of Edessa）主教之死，加上489年帝国下令波斯的埃德萨派别关闭，许多教士和教会领导人跨越边境到尼西比斯等城市避难，建立了扩大的教派网络。④ 该独立的"东方教会"通过伊朗和亚洲而传播，大多是不断掀起的侵略浪潮带来的结果，它们是远离中央政府控制地区的修道院和图书馆的所在地，正是在这一教会，留下了一些古代手稿，虽然数量相对较少。

第二个主要的用叙利亚语的教会，是那种拒绝451年帝国卡尔西顿宗教会议（连同近东许多使用希腊语的人、埃及的科普特人、埃塞俄比亚人和许多亚美尼亚人）并强调耶稣升天后神性和人性合一的教会。该教会现在被称为叙利亚正教会，现代学术界称其为非卡尔西顿派或

---

① 最著名的是4世纪塔苏斯的迪奥多拉（Diodore）和他的学生摩普绥提亚的狄奥多拉（Theodore）。

② 在聂斯托利之后是迪奥多拉（Theodore）的一名学生，他也是428—431年君士坦丁堡的大主教，431年被免职。

③ "亚述人"是当时东方教会成员的自我描绘，也因此为现代学者所使用，但该称呼通常被认为太易造成时代错乱而不用于古代后期和中世纪的教会。在谈论基督论时，逐渐使用"安条克两性论"这一词汇。16世纪起那些与罗马天主教会结合的部分亚述人则接受了"迦勒底人"的名称。

④ 参见 Adam H. Becker, *Fear of God and the Beginning of Wisdom: The School of Nisibis and Christian Scholastic Culture in Late Antique Mesopotamia* (Philadelphia，2006)。

第八章 叙利亚和叙利亚-阿拉伯历史撰述：约500—约1400年

西叙利亚教会，其成员被称为一性论者（Monophysites 或 Miaphysites）。[①] 该派别主要限于罗马帝国，在那里，它遭到定期的迫害，导致讲希腊语的一性派团体彻底地消失了，随后这些团体出现了各种希腊语的一性派历史。只有在美索不达米亚以及讲希腊语的中心地，教会努力从迫害中生存下来，甚至有所扩展。因为从6世纪起，其传教活动传播到萨珊美索不达米亚。叙利亚正教在埃及沙漠也拥有一所修道院，在9世纪附设了一所大型图书馆，一直到现在都未受战争和自然灾害的破坏。[②] 结果，现存的反卡尔西顿的叙利亚历史文献在数量上大大超过了其他教会，后者主要的图书馆和学术中心都处于薄弱的肥沃新月地带或库尔德山区。

第三个教会团体是接受了卡尔西顿宗教会议并一直作为帝国教会一部分的团体（现在的拜占庭正教会），因此其追随者被称为卡尔西顿派或默基特派（源自叙利亚语 malkā，即"皇帝"或"国王"的意思）。[③] 在该教会，礼拜和神学方面，阿拉伯语和希腊语逐渐取代了叙利亚语。在我们所考察的这一时期，还有一个对叙利亚历史编纂具有重要意义的第四也是最后一个团体——马龙派（Maronites），它是从北叙利亚来的西叙利亚团体，尽管到7世纪它已经在黎巴嫩山很好地建立起来，但是关于它的起源和早期历史仍然存在着争论。[④]

158

[①] "一性论"（Miaphysite）一词（"一性"取自亚历山大里亚的西里尔的主要基督论观点）在学术作品中逐步取代了"Monophysite"（也是"一性"的意思，但以前不加区别地贬称极端的优迪克派和温和的反卡尔西顿派）。"雅各派"一词（在雅各·布尔多诺之后，是6世纪主要的教会复兴派）已不再使用。

[②] 参见 Sebastian Brock, 'Without Mushe of Nisibis Where Would We Be? Some Reflections on the Transmission of Syriac Literature', in Rifaat Ebied and Herman Teule（eds.）, VIIIth Symposium Syriacum, Journal of Eastern Christian Studies, 56（2004）, 15 - 24。

[③] 参见 Sidney H. Griffith, The Church in the Shadow of the Mosque: Christians and Muslims in the World of Islam（Princeton, 2008）, 137 - 139。

[④] 马龙派历史学家称自己是5世纪僧侣马龙的后代，并称自己一直是卡尔西顿派。非马龙派的人倾向于关注这样的事实，即从7世纪起，他们明显追随帝国颁布的"一志论"（"一种意志"），甚至在帝国教会放弃该原则后也如此。自1182年起，马龙派与罗马天主教会正式融合。

尽管早在 5 世纪，某些希腊文的历史文献就翻译成了叙利亚文，但是原创的叙利亚编年史和历史的编纂从 6 世纪始不间断地持续到 14 世纪，并没有像希腊同行那样（约 630—约 720 年）表现出类似的历史编纂断裂。在西叙利亚，最著名的著作产生于 6 世纪（以弗所的约翰、伪撒迦利亚、伪约书亚）、8 世纪（埃德萨的雅各、祖克宁）和 9 世纪（狄俄尼索斯，《819 年前的编年史》）。在这些世纪里东叙利亚的作者们同样不断地进行创作，但是我们只能看到他们的一小部分作品：巴哈德沙巴（Barhadbeshabba）、6 世纪卡卡·德拜特·斯劳克（Karka d-Bet Slok）的历史和阿贝拉（Arbela）的历史，从 7 世纪起，费奈克的约翰（John of Phenek）及其著名的《库希斯坦编年史》（*Khuzistan Chronicle*）保存下来，但至少七部教会史现在散失了，只是通过后来的目睹者才为人所知。玛迦的托马斯（Thomas of Marga）的修道院史《撒巴里索修女院的历史》（*History of the Convent of Sabrisho*）和《创建者篇》（*Book of Founders*）创作于 10 世纪中叶，在之前有六部文献现在都散失了。尼西比斯的埃利加（Elijah of Nisibis）的著名编年史是用叙利亚文编纂的最后一部东叙利亚文献（尽管其部分用阿拉伯文写成）。在 10 世纪，叙利亚正教历史写作出现了明显的断裂，在 11 世纪开始恢复，并因 12 世纪《大米切尔编年史》（*Chronicle of Michael the Great*），即《1234 年前的编年史》（*Chronicle to 1234*）和 13 世纪巴哈布拉优斯（Barhebraeus）的编年史而繁荣起来。属于叙利亚传统的作者用阿拉伯文写成（部分）的最早的现存著作，可以追溯到 10 世纪早期。[①] 这些阿拉伯文著作（《塞厄特编年史》，马格堡的阿加皮乌斯、阿米尔·伊本·马塔，尼斯比斯的埃利加）基于（现在通常都散失了）叙利亚素材，但一个例外是巴哈布拉优斯创作了他自己叙利亚编年史的阿拉伯文独立改编本（两者都留存下来）。在 14 世纪萨利巴·伊本·于汉娜（Saliba ibn Yuhanna）的著作之后，并没有

① 基督教阿拉伯语历史作品是科普特历史学家所创作的，它完全独立于叙利亚-阿拉伯文献，本卷第七章对此进行了表述。

出现著名的叙利亚或叙利亚-阿拉伯文编年史家。巴哈布拉优斯的《王朝史》(*Historia dynastiarum*)是个例外，据说是在马拉哈(Maragha)的穆斯林朋友请求下创作的，所以它比起其最初的叙利亚作品，包含更多的伊斯兰材料，①除此之外，所有叙利亚-阿拉伯历史文献都是由叙利亚正教之外的教会成员编写的，他们特别强烈地迷恋继续使用叙利亚文。

表 8.1 叙利亚传统的代表历史著作示例。该表中现已散失的著作用斜体标出；②阿拉伯语文献用黑体标出。③

时期	卡尔西顿派	一性论派	东叙利亚
6世纪	History of Edessa and Amid of 506 (Pseudo-Joshua) Chronicle of Edessa of 540	Extracts about Amid，(502 and 560) Extract on Amid (505/6) Ecclesiastical History of Pseudo-Zacariah (569) Ecclesiastical History of John of Ephesus (589)	History of the Fathers of Barhadbeshabba of Bet 'Arabaye History of Arbela History of Karka d-Ber Slok(end of 6th cent.)
7世纪	Melkite Chronicle of 641 Maronite Chronicle of 664	Composite Mesopotamian chronicle of 636	Khuzistan Chronicle [or 'Anonymous Chronicle of Guidi'](c. 660?) John of Phenek, Ktaba d-Rish Mellé

① 参见 Lawrence I. Conrad, 'On the Arabic Chronicle of Barhebraeus: His Aims and His Audience', *PdO*, 19(1994), 319 - 378; François Micheau, 'Biographies de savants dans le Mukhtasar de Bar Hebraeus', in Marie-Thérèse Urvoy and Geneviève Gobillot (eds.), *L'Orient chrétien dans l'empire musulman* (Paris, 2005), 251 - 280; and Samir K. Samir, 'L'utilisation d'al-Qifṭī par la chronique arabe d'Ibn al-'Ibri (†1286)', *PdO*, 28(2003), 551 - 598。

② 因篇幅原因许多已知存在但现在散失的文献不在表格之列。完整表格参见：Muriel Debié, *L'Écriture de l'histoire en syriaque: transmission interculturelle et construction identitaire entre hellénisme et islam* (Leiden, forthcoming)。

③ 尼西比斯的埃利加的编年史部分用叙利亚语，部分用阿拉伯语写成，这用黑体和普通体混合表示。同样，巴哈布拉优斯用叙利亚语创作了他的世界编年史，但也创作了阿拉伯语的改编本。

时期	卡尔西顿派	一性论派	东叙利亚
8世纪	*History of Theophilus of Edessa （695 - 780）, maronite*	Chronicle of Jacob of Edessa （710） List of the caliphs of 715 Chronicle of the disasters of 716 Extract on the year 763/4 Zuqnin Chronicle of 775 （Pseudo-Dionysios）	*Church Histories of Bar Sahde of Karka d-Bet Slok* *Gregory of Shushter* *Simeon of Kashkar* *Mar Atqen* *Theodore bar Koni*
9世纪		Chronicle of Tur ‘ Abdin of 813 Chronicle of Qartmin of 819 *Chronicle of Dionysios of Tel-Mahré（818 - 845）* Chronicle of 846	Monastic History of Mar Sabrisho of Bet Qoqa （pre-850） Monastic History of Thomas of Marga （850） Isho ‘ dnah of Basra （850?） Book of the Founders, and Ecclesiastical History **Hunayn b. Ishaq （808 - 873?）**
10世纪	**Agapius of Menbij, melkite** **Qays al-Maruni**	*Chronicle of Simeon of Nisibis （c. 950?）*	**Ya ‘qub b. Zakariyya al-Kashkari** **Abridged History of the Church（c. 10th-11th cent.）**
11世纪		*Chronicle of Ignatios of Melitene（d. 1094）*	**Nestorian History, or Chronicle of Séert （11 cent. ?）** ‘ **Amr b. Matta, Kitab al-Majdal** **Chronicle** of Elijah of Nisibis （1008 - 1046）

时期	卡尔西顿派	一性论派	东叙利亚
12 世纪		*History of Basil Bar Shumana of Edessa*（*d. 1169*） *History of Dionysios bar Salibi of Amid*（*d. 1171*） Chronicle of Michael the Syrian（patr. 1166—1169）	
13 世纪		Chronicle of Edessa of 1234 **Chronicles** of Barhebraeus（1225/6—1286）	
14 世纪			Saliba ibn Yuhanna, Asfar al-Asrar

作为拜占庭、萨珊以及此后伊斯兰帝国内部少数民族的文学 160
作品，叙利亚（叙利亚-阿拉伯）对世俗历史的叙述始终是一些非统
治者的主题——经常是遭到虐待的主题，尽管他们经常卷入世俗事
件而且有时在当时皇帝和哈里发（见后面）的宫廷里受到欢迎，但
是很少被允许进入政治权力和决策的核心圈。如果说他们写作庶
民的历史则有些言过其实，但它确实是非精英的历史。西叙利亚
卡特铭（Qartmin）的《819 年编年史》（*Chronicle of 819*）和《846 年
编年史》（*Chronicle of 846*）是理解希沙姆（Hisham ibn ·Abd al-
Malik，723—743 年在位）统治时期倭马亚王朝政策的有用资料，
而《祖克宁编年史》是关于阿拔斯王朝叙利亚政策的丰富素材，但
是它们的编写并非为了评判、解释这些政策，或者抬高这些统治者
的名声，而是阐述这些政策的后果和对被统治者的影响。作为宗
教上的少数民族，他们的史家不仅努力对他们独特的经历以及影
响他们团体的内外事件进行历史描述，而且为他们继续独立存在

161 进行辩护，并描绘他们忠实地维护着前 5 个世纪的教会及其伟大的神学家。西叙利亚非卡尔西顿派和类似的东叙利亚派总是称他们自己为"正统"，而且他们的史学编纂是支持他们主张的有利经验证据。在叙利亚继续着教会史的编纂，因为对叙利亚人而言，教义问题一直是——而且仍然是尚处于争论中的问题，并且因为在古代后期和中世纪近东，这些过去的宗教争论——如同现代欧洲的犹太人——仍然具有实际后果，会影响他们日常的生活状态，甚至影响他们生存的机会。尤其对叙利亚正统派而言，撰写他们在叙利亚的身份形成的历史进程，也有助于在叙利亚语言和他们的身份之间打造联系，这种联系一直没有中断。

文学风格和叙利亚历史撰述

大多数现存的叙利亚历史编纂由散文编年史和史书构成，这些是我们在此考察的重点。其中不仅有散文历史编纂风格的几种亚类型，而且也有诗歌和碑刻形式的史学编纂范例。叙利亚语的诗歌历史编纂非常罕见，从来没有达到 12 世纪希腊君士坦丁·马纳塞斯（Constantine Manasses）《诗体历史》（*Metrical History*）的长度。这些留存下来的范例关注圣徒的生活（半世俗化的英雄可以与此相联，如基督教化的亚历山大大帝），[①]修道院的历史以及记述某些天灾人祸（如地震、日食月食、瘟疫、大屠杀和城市劫掠）。[②] 尽管前两个诗歌类型的目的，明显是用于公众在圣徒节日或修道院的守护神日进行吟诵，但是有关天灾人祸诗歌的礼拜背景并不明显。4 世纪后期的诗歌界强烈支持在礼拜中使用它们，包括使用叙利亚人伊费莱姆（Ephrem）关于尼科米迪亚地震或关于朱利安皇帝的诗歌，以及将它们收入礼拜赞美诗集。在后期，编写关于历史主题的诗歌很可能是用于会众在礼拜之外诵读，或者用于私人阅读。

---

① 我们将会看到，在叙利亚传统中圣徒传和历史编纂之间有着非常紧密的联系。

② 参见 David Bundy, 'Interpreter of the Acts of God and Humans: George Warda, Historian and Theologian of the 13th Century', *The Harp*, 6：1(1993), 7 - 20；以及 Alessandro Mengozzi, 'A Syriac Hymn on the Crusades from a Warda Collection', *Egitto e Vicino Oriente*, 33(2010), 187 - 203。

第八章　叙利亚和叙利亚-阿拉伯历史撰述：约500—约1400年

在叙利亚教会中诗歌是普遍用于神学的文学形式,而且直至今日（2012年）仍然是该地口头历史中流行且充满感情的形式。[1]

碑刻传递历史资料,而铭文则是历史写作的手段,就此而言,最著名的例子是叙利亚教会的成员所制的西安碑（即大秦景教流行中国碑,西安指中国唐代都城长安,现西安市）。该碑立于781年,[2]它用中文写成,上面刻着见证者的叙利亚语"签名",叙述始于635年的东方教会中国传教团建立和发展的历史。它还包含一则叙利亚基督教信条,这一信条显然借鉴了道教和佛教的术语。这种对当地思想背景的开放非常重要,因为这一迷人的碑刻本身当然属于中国历史编纂传统,从中可以找到许多参照物。人们经常说或者暗示说叙利亚教会在思想上是保守的,但是这进一步的证据却指向了相反的方向,反过来解释了其接纳有益和可行新方法的巨大能力。

在本土的叙利亚传统中,为人所知的主要铭文历史写作范例,是8世纪后期的短小文献,刻在幼发拉底河畔恩奈施的叙利亚圣塞尔吉乌斯正教堂（Syrian Orthodox Church of St Sergius）墙壁上。[3]它提供了耶稣诞生（或受胎）和去世的日期、阿拉伯人进入幼发拉底河流域的年份、阿拉伯内战的开始、一次灾荒和日食、拜占庭再次征服和奴役当地叙利亚的正教以及哈里发阿尔·马赫迪（al-Mahdi）反基督教的行动,包括一个基督教阿拉伯部落的强制皈依。人们唯一知道的另外一个范例是未经整理刊行的19世纪的

---

[1] 参见 Alessandro Mengozzi, 'Suraye wa-Phrangaye: Late East-Syriac Poetry on Historical Events in Classical Syriac and Sureth', *Journal of Assyrian Academic Studies*, 22: 1(2008), 3-14; 以及 Yulius Y. Çiçek (ed.), *Seyfe: Das Christen-Massaker in der Turkei, 1714-1914* (Glane, 1981), 这是一部从1714年到1964年迫害时期的经典诗歌集。

[2] 参见 Peter Yoshiro Saeki, *The Nestorian Documents and Relics in China* (Tokyo, 1937); Max Deeg, 'Towards a New Translation of the Chinese Nestorian Document from the Tang Dynasty', in Roman Malek (ed.), *Jingjiao: The Church of the East in China and Central Asia* (Sankt Augustin, 2006), 115-131。

[3] Andrew Palmer, 'The Messiah and the Mahdi: History Presented as the Writing on the Wall', in Hero Hokwerda, Edmé R. Smits, Marinus M. Westhuis (eds.), *Polyphonia Byzantina: Studies in Honour of Willem J. Aerts* Groningen, 1993, 45-84.

铭文，描绘牧首摩苏尔的乔治（George of Mosul，卒于 1705/6 年）的生平，[①]但这更具传记性而非历史编纂性质。

叙利亚历史编纂突出的形式包括散文编年史和历史。这些包括普世编年史（尤其是在西叙利亚或叙利亚正教传统中）和限定时期的历史，前者整合了创世以来的世俗和教会历史，它们也包括制度史，如东叙利亚的修道史和教派史，也有少量的地方史。为了理解它们的独特性，首先需要了解它们的起源。

叙利亚历史写作范式

作为罗马帝国基督教化的一部分，这种新宗教被结合进源自希腊罗马的传统历史写作形式。到 4 世纪，幸赖尤里乌斯·阿夫里卡努斯（Julius Africanus）和恺撒利亚的优西比乌斯，犹太民族的历史被同化进基督教历史中，[②]把被基督徒称为《旧约》的《圣经》内容，某些伪经文本和希腊化犹太历史学家的作品用作原始素材。[③]世界历史因而在创世有了起点（尽管正式的时间和历史仅仅开始于亚当和夏娃被逐出天堂），从这里开始，经由《圣经》谱系和对历代长老、士师和其他犹太国王和统治者的叙述，一个相对的编年得以确立。然而，叙利亚历史学家从没有主动地使用世界纪年，即拜占庭希腊所接受的纪年体系"创世纪元"（Anno Mundi），尽管他们对此非常了解，相反他们使用基督教前的塞琉古纪年，从塞琉古帝国之始开始纪年，他们认为这是塞琉古一世内卡托（Seleucus I

163

---

① Hero Hokwerda, Edmé R. Smits, Marinus M. Westhuis（eds.），*Polyphonia Byzantina: Studies in Honour of Willem J. Aerts* Groningen, 1993, 74。

② 参见 William Adler, *Time Immemorial: Archaic History and its Sources in Christian Chronography from Julius Africanus to George Syncellus* (Washington, DC, 1989)；以及 Adler, 'Jacob of Edessa and the Jewish Pseudepigrapha in Syriac Chronography', in John C. Reeves (ed.), *Tracing the Threads: Studies in the Vitality of Jewish Pseudepigrapha* (Atlanta, 1994), 143-171。

③ 西方历史学家对什么或应该由什么构成历史有自己清晰的观念，所以他们并不总是对此持认同态度。伪撒迦利亚编年史的各种现代欧洲语言译本，都省略或者概括了该文献的开始部分，因为它主要是基于伪造材料和伪经写成的。

Nicator)在公元前 311 年返回巴比伦的日子,10 月初是新年之始（如同马其顿王朝）。一直到现在为止这种纪年系统都在叙利亚文献和出版物中使用（伊斯兰历纪年也同样较少见到使用,但自 19 世纪开始,它经常与根据基督教纪年所确定的日期平行使用）。对塞琉古纪年的强烈坚持,而不使用后来民族和帝国的纪年系统,可能反映了讲叙利亚语的人们独特文化起源的意识、叙利亚-希腊化对他们历史和文学的强烈影响以及对他们古代和故乡之根的持续意识。

　　这种被《圣经》历史所同化的后果,是大多数叙利亚作者——除了叙利亚的米迦勒——对与以色列选民的《圣经》记述无直接关联的国家不感兴趣,也对埃及和美索不达米亚等与《圣经》记述没有关系的时期不感兴趣。然而,一些地方史,如地方圣徒传——麦弗卡特的马卢达（Maruta of Maipherkat,约卒于 420 年,后来被伊斯兰的城市史所使用[1]）主教传——确实一鳞半爪地记述了亚述城市的建立,或亚述社会精英阶层的祖先（如卡卡·德拜特·斯劳克的历史）。亚述国王的名字保存于其中的这些扭曲的形式也表明,这种信息来自口传传统而非书面资料。

164

　　优西比乌斯的历史编纂观念是神意为基督和福音的到来而预备了世界。因此基督教和地中海地区的世界观感兴趣于早期的王国和帝国,它们主要作为解释和基督教化先知但以理（《但以理书》：2：31—45）观念的手段,其中尼布甲尼撒看到一座大雕像被毁——金头,银的上部躯干和手臂,青铜的下部躯干和大腿,铁的腿部和铁、泥混合的脚——被但以理解释为在尼布甲尼撒的巴比伦帝国后将出现一系列帝国。尽管具体的解释细节各异,但是大多数基督教作家,包括优西比乌斯都认为,所谓的后来的帝国是指中波斯帝国,然后是亚历山大帝国和诸希腊帝国,再后是罗马帝国。就这样一个帝国被另一个帝国取代,直到出现基督教光大的完美载体出现,即罗马帝国,

---

[1]　参见 Harry Munt, 'Ibn al-Azraq, Saint Marūthā, and the Foundation of Mayyāfāriqān (Martyropolist.)', in Arietta Papaconstantinou, Muriel Debié, 以及 Hugh Kennedy (eds.), *Writing 'True Stories'：Historians and Hagiographers in the Late Antique and Medieval Near East* (Turnhout, 2010),149 - 174。

随着其皇帝最终皈依基督教，罗马帝国将取代以色列而成为被选中的国家。从某种层面上讲，这当然只是在基督教借用犹太制度、文献和神学方面所弥漫的替代论的一部分（一性论的叙利亚历史学家特别在意表现他们的祭司团体是犹太长老和祭司的直接后代，也许是回应卡尔西顿派对他们合法性的攻击），但是它对叙利亚历史的写作具有深刻影响。

这样的体系中并没有给处于文明世界之外的那些东部叙利亚基督徒、伊朗萨珊波斯的忠诚居民、罗马古代的敌人们保留位置。依据所有西方基督徒对但以理的解释，在上帝的神圣设计中波斯帝国只是通向诸希腊和此后罗马帝国的垫脚石，而对那些在东部的人而言，波斯帝国则是这样一个持续存在的现实，它不但从未屈服于罗马的大帝国，而且通常通过不受惩罚地攻击其东部省份来羞辱罗马帝国。它也是各色类型基督教的故乡，所以当胡斯劳沙二世帕尔韦兹（Shah Khusrau II Parvez，590—628 年在位）在 603 年对罗马帝国发动致命攻击时，陪伴他的是东方的牧首撒巴里索一世，这绝非出于偶然，后者每天恳求上帝让波斯战胜罗马。因此但以理和优西比乌斯的帝国更替的模式在主要的东叙利亚历史编纂传统中发挥不了任何作用。然而，针对此类排除一切的表述还需要附添一些限定条件。大约在 690 年或 692 年，为了回应第二次伊斯兰内战的混乱，可能也是为了回应"阿卜杜·阿尔-马立克"（Abd Al-Malik）向两河流域非穆斯林强征大幅增加的税收，一位匿名的西部叙利亚的作者写了一份伪造的文献，假托出自 4 世纪主教奥林匹斯的梅笃丢斯（Methodius of Olympus），[①]该文献把穆斯林解释为末日的传令官，其标志是敌基督的出现，它被罗马最后的皇帝打败以及帝国皇冠最终交还给上帝。[②] 这种伪美多迪乌斯的启示显然属于优西比乌斯的史学编纂传统，无论对西方（在那里它被翻译成希腊文并因此而翻译成许多其他语

---

① 不能确定该匿名作者是叙利亚的卡尔西顿派还是反卡尔西顿的一性论者。

② 参见 Gerrit J. Reinink，*Die syrische Apokalypse des Pseudo-Methodius*（CSCO 540 -541；Louvain，1993）；and Reinink，'Ps. -Methodius：A Concept of History in Response to the Rise of Islam'，in Averil Cameron and Lawrence I. Conrad（eds.），*The Byzantine and Early Islamic Near East*，vol. 1：*Problems in the Literary Source Material*（Princeton NJ，1992），149 - 187。

言)还是东方(在这里它被东部叙利亚的作者传抄和研究)都产生了巨大的影响,尽管其对东叙利亚历史编纂的影响微乎其微。另一个例外是东叙利亚的作者尼西比斯的埃利加,他在 11 世纪创作了普世编年史,利用了许多西叙利亚的素材,所以也受到优西比乌斯范式的影响。

罗马帝国内部反卡尔西顿的一性派具有不同的历史编纂问题。他们同卡尔西顿派一样,也相信但以理帝国更替以罗马为顶点的范式,而且这些属于罗马东部帝国历史的叙利亚基督徒兼具希腊和罗马双重身份。[①] 但是他们发现自己处于尴尬的位置,不仅不再接受帝国教会和皇帝本人的神学教义,而且被帝国当作"异教徒"受到迫害。因此直到 451 年卡尔西顿宗教会议之前,他们的历史写作都几乎与希腊卡尔西顿派没有区别,但此后他们所写作的主要是他们自己教派的历史,偶尔提到其他教会的成员——这种行为如同在他们的神学作品中一样,意在表明是他们而非帝国教会的非正统首领,才是早期教会的真正后裔。这种行为当然是难以察觉的,因为对皇帝公开批评是背叛和应受惩罚的行为(尽管这并没有妨碍希腊作家普罗科庇乌斯创作他诽谤性的《秘史》)。但是这种行为以及 6 世纪正式禁止用希腊文写作、传抄和阅读一性论著作这一事实,都有助于解释为什么反卡尔西顿的历史学家——尤其是以弗所的约翰等以君士坦丁堡的帝国宫廷为基地的人——选择用叙利亚文而非用作为首都和公务语言的希腊文写作,它也有助于解释他们为什么创作了如此多的历史作品(尽管在这里也要考虑影响叙利亚一性论手稿保存的因素)。处于罗马和萨珊边界两端的讲叙利亚语的团体,在基督论争论达到高潮并获得深厚政治影响的 6 世纪开始写作历史,绝非是机缘巧合。

最后,但以理的历史范式对阿拉伯征服和伊斯兰兴起后的所有近代基督徒都会产生很大的问题。这似乎并不存在于但以理的早期解释中,除非它被解释为启示之前的事件的一部分——确实一些

166

---

① 参见 Muriel Debié,'Syriac Historiography and Identity Formation', in Bas ter Haar Romeny (ed.), *Religious Origins of Nations? The Christian Communities of the Middle East* (Leiden, 2009), 93 - 114。

叙利亚作者，尤其是 7 世纪后期的作者如此进行解释，那时出现了大量期待未来基督教罗马帝国在该地区重新恢复的启示录文本。当一切都清楚了，世界末日并非近在咫尺后，许多叙利亚历史学家继续使用他们所继承的伊斯兰之前的历史写作范式。这些似乎都是用来供他们在自己的教会团体内部使用——巴哈布拉优斯创作的世界史是唯一的阿拉伯版本范例——这不仅是这些著作通常用叙利亚文写成（穆斯林很少对此进行研究），[1]或很少被非基督徒读者修改，也因为新的穆斯林统治者大都拒绝卷入有关谁是基督教合法分支的基督教内部争论（通常伴随地方财产所有权的问题）。叙利亚传统确实融进了伊斯兰的历史编纂（见后面最后部分），但是几乎总是通过叙利亚-阿拉伯历史写作，比较而言，可以发现这些作品经常被伊斯兰作者所引用，后者没有能力将他们感兴趣的资料从其基督教神学背景中抽离出来。

东西叙利亚基督徒对但以理有关上帝为人类订立神圣计划的范式作出的不同反应，只是他们历史写作产生差异的一个方面。另一方面源自他们所接受的希腊历史编纂范式不同。对所有基督教历史学家而言，主要的人物当然是恺撒利亚的优西比乌斯，无论他的《教会史》还是《编年史》都被从希腊文翻译成叙利亚文，尽管通过叙利亚与希腊学问和文献的接触，他的历史编纂影响要早于著作的翻译，但是前一部早在 5 世纪，后一部最晚在 7 世纪都已经翻译完成（叙利亚所翻译的其他希腊历史著作片段，如苏格拉蒂斯和狄奥多里特的著作，也都保留下来，此外也有马拉拉斯等偶尔直接影响的证据，但是这些内容所提供的是历史资料，而非历史编纂范式）。优西比乌斯的两部历史著作都对叙利亚历史编纂产生了重大影响，尽管由于我们上面讨论的原因，其影响在东西叙利亚作者那里不尽相同。在东方，优西比乌斯的《教会史》仅被用作历史资料素材，且在尼西比斯的埃利加之前《编年史》没有任何影响。然而，在西部叙利亚历史学家那里，《教会史》不仅是资料，也是被

---

① 因此上述的叙利亚的主教麦弗卡特的马鲁达传是当地教士为了伊本·阿尔-阿兹拉格口头翻译成阿拉伯文的，这导致了某些混乱。Munt 的解释参见：'Ibn al-Azraq, Saint Marūthā, and the Foundation of Mayyāfāriqān（Martyropolis）'.

广泛使用的历史编纂范式。在这些圈子里，《编年史》也提供了影响巨大的范式，它大量抄录和挖掘了国王和统治者的目录以及他们的在位年代，使用了按编年顺序排列的教规——它在 7 世纪埃德萨的雅各布的著作和 12 世纪叙利亚米迦勒的编年史中影响特别大，而且它与拉丁和其他西方传统形成鲜明对比，后者了解这些教规，但是忽略了《编年史》的第一部分"时间记录"——尤其是区分了世俗和教会的历史。埃德萨的雅各布（Jacob of Edessa）清楚地创作了优西比乌斯《编年史》的续编，而且他依次影响了后来的作者，但是其原始著作现在散失了，仅有简略的摘抄本保留下来。雅各布的著作模仿优西比乌斯的著作，有一个中间列，内容是按顺序排列的教规的日期，而且两边紧靠着这些日期——如同脊柱外的肋骨——是关于历史资料的简短叙述，左边有关世俗历史，右边有关教会历史。这导致叙利亚正教历史写作传统出现了独特的特征（开始于泰尔-马赫来的狄奥尼修斯的 9 世纪编年史），即一种双重编年的模式，区分了教会和世俗历史。这种纵列结构有时保存了下来，如叙利亚人米迦勒 12 世纪的大型编年史，它分成两到三个纵列——世俗史、教会史，第三列用来记述感兴趣的其他当代事件。其他文献，如《1234 年编年史》将（君士坦丁后）的世俗和教会历史分成两部分，在教会史部分（首先书写）之后是世俗历史，稍后巴哈布拉优斯将它们分成独立的两卷。

比较而言，东部叙利亚历史编纂并无兴趣写作世俗的历史——最能与世俗历史对应的是并不典型的尼西比斯的埃利加的作品以及 7 世纪匿名的《库希斯坦编年史》，但甚至在这里，其编排原则也并非波斯国王的统治而是大主教，即东方教会的"牧首"。尽管在萨珊时期大量的教会上层主教和学者都是从索罗亚斯德教那里皈依来的受过教育的上等人，许多繁荣的修道院和基督教团体都使用叙利亚祈祷文和其他宗教文献的伊朗语译文，且无论法典还是通俗的文学文本都是从伊朗文翻译成了叙利亚文，但是伊朗历史编纂对东部叙利亚历史编纂也没有明显的影响痕迹。在《库希斯坦编年史》等许多历史中，经常使用源自伊朗非教会的历史信息——这使这些文献对现代研究萨珊帝国和伊斯兰征服的历史学家至关重要——但是似乎这些信息来自口头而非书面资料。

167

东部叙利亚历史写作的独特特征——整个历史时期,哪怕一度开始用阿拉伯文写作时——是它主要由圣徒和殉道者、主教、修道院创建者和教士组成。东叙利亚历史的结构是一连串的传记,通过所描绘人物的相互关系而串联在一起,无论这些人物是教士还是教徒,是早期主教还是修道院长的继任者。让习惯于其他历史编纂传统的读者感到突兀,或许也感到违反语感的是,这些文献几乎没有固定的日期(有些全无日期,有些仅有少量),而且缺乏有关在位国王的线索。清楚的是,它们的创作并非用来与其他历史文献进行对比或在编年上进行协调,而是确立那些对创建尊贵的机构——无论是一座城市、教堂、修道院还是学校——有贡献的人的圣洁和智慧,从而把某些美德赋予他们的继任者和机构本身。同时,它们是保证所描绘机构和历史写作本身具有权威性和有效性的工具,因为它们是一连串见证这一真理的人,而在西叙利亚传统中,则通常是辨识和引用提供证明的早期权威素材。[①] 除了艾绍·达纳(Isho 'dnah)的《创建者篇》(*Book of Founders*,也被称为 *Book of Chastity*)等文献附有修道院创建者的名单外,所叙述的人物生平细节通常是选择性的——那些与他们的出身、教士、宗教训练和此后的职业相关的内容——但是他们仍然比纯粹的人物传记要丰富。很可能这样的历史写作是从叙利亚地方性的圣徒传中自然产生、发展出来的,后者自 3 世纪后期起繁荣于伊朗世界,以回应萨珊频繁的迫害浪潮,而这成为地方圣徒崇拜的基础,以及地方教俗自尊和身份地位的源泉,也有人说,在希腊化哲学派别的历史中也可以发现希腊模式,其中,能够确立权威教士的师承关系并一直延伸到最初的创建者被认为至关重要。由于早期基督教异教研究者也采用这些方式,如 4 世纪萨拉米的埃皮法尼乌斯(Epiphanius of Salamis)对基督徒异端进行了谱系式的考察——所有异端的源头被认为是行邪术的西门(Simon Magus)[②]——所以东叙利亚的这种历史编纂也具有潜在的护教动机。

---

① 在某些东部叙利亚文献中,如玛迦的托马斯的修道史,给出了这些传记的作者或来源。
② 参见《使徒行记》8：9－24。

第八章　叙利亚和叙利亚-阿拉伯历史撰述：约 500—约 1400 年

叙利亚历史写作的变体

古代后期和中世纪的历史编纂，无论在叙利亚还是在拉丁和希腊，其突出特征是大量早期的传统历史类型融合为"编年史"，把只是从留存的资料中编辑而成的事件按照时间进行排列，对事件的描绘或长或短，但通常缺乏对事件的权威思考或分析。应当记住，在本章所考察的时期内并无"历史学家"这一职业——在叙利亚也无特定的词汇来指称这一职业，只有"时代的记录者"[①]——因为历史写作只是临时的活动，从事者是这里所提到的所有叙利亚作家，他们还有自己的教职和其他学术写作，包括神学、圣经注释、法律或语法。伪约书亚（Pseudo-Joshua，506 年）的西叙利亚史——详细叙述了波斯近期对北部美索不达米亚的入侵，两方的军事胜败，他们在控制阿拉伯、匈奴和哥特辅助军队方面的困难——不仅是叙利亚传统中最接近希腊政治史模式的——密切关注人类和自然的因果关系（与神意干涉相对），引入虚构的对话，并岔开主题——也是此种类型的唯一范例。那时在叙利亚传统中没有希腊传统中的世俗历史——在希腊，这种历史也随着提奥菲拉克特·西莫卡塔（Theophylact Simocatta）而在 630 年结束——编年史类型对历史的吸收大都清晰地反映在教会史中。在 6 世纪后半叶进行创作的以弗所的约翰（John of Ephesus）是效仿优西比乌斯的著作创作教会史的最后一位叙利亚作者，从后者那里他也接受了"皇帝批判"（Kaiserkritik）传统（其本身基于《圣经》对以色列国王的处理），其中把赞成其一性论事业的皇帝描绘得繁荣昌盛，而反对者则面临灾难和悲惨死亡。伪撒迦利亚的历史（Pseudo-Zachariah，569 年）——尽管它翻译和改编了撒迦利亚·苏格拉斯提库斯（Zachariah Scholasticus）的希腊《教会史》——在其风格中混合了，而且事实上在形式和风格上接近以创世为开端的普世编年史。这确实成为西叙利亚编年史家最流行的写作历史方式。甚至短小的编年史，即文本条目很简短的编年史，也呈现为普世编年史，从创

169

[①]　*Makteb zabnē*, or *maktbānā d-zabnē*，毫无疑问效仿希腊的"编年史家"。

世开始，简要叙述人类的历史，一直到更接近的历史时期，此时他们的兴趣限定和集中于自己的地区和教会，如《846 年编年史》（*Chronicle of 846*）、《马龙派编年史》（*Maronite Chronicle*，664 年）以及篇幅较长的《祖克宁编年史》（*Zuqnin Chronicle*，775 年）。

　　然而，东叙利亚人以基督或君士坦丁，即第一位基督教皇帝为历史开端，只有 7 世纪后期费奈克的约翰（John of Phenek）和他的《世界历史要点》（*Ktaba d-Rish Mellé*）是个例外，他同伪梅笃丢斯（Pseudo-Methodius）一样，受第二次伊斯兰内战的驱使，思考世界末日的到来，因此也思考它的开端。东叙利亚人写作"教会史"，探讨从开端到自己时代的教会历史，也就是探讨"天主教"或普世教会的历史，然后探讨东部教会，即前者合法继承者的历史。后面部分的探讨范围因此变得非常狭窄，没有任何普世的眼光。"经院的"历史编纂传统也在东部教会发展起来，其极为关注经院，包括它们的创建者、教士等，如著名的《尼西比斯经院的历史》（*History of the School of Nisibis*）。① 但是所有的东叙利亚文献，包括 6 世纪的《巴哈德沙巴的历史》（*History of Barhadbeshabba*）、9 世纪玛迦的托马斯的修道院史《撒巴里索修女院的历史》，以及艾绍·达纳的《创建者篇》，都探讨东部教会中经院的历史以及师徒的更替。这表明东叙利亚的神圣教育神学不仅对他们理解历史，而且对他们写作历史都有深刻影响。② 以玛迦的托马斯为例——其部分内容是与包含在 7 世纪《神圣教父天堂》（*Paradise of the Holy Fathers*）中的埃及僧侣传说相对应的两河流域卷，是阿纳尼绍（Ananisho）用叙利亚语根据帕拉迪乌斯（Palladius）的《罗西艾克史》（*Lausiac History*）和其他各种汇编编纂而成，修道院编年史也

---

① 英译本见：Adam H. Becker, *Sources for the Study of the School of Nisibis* (TTH 50；Liverpool，2008)。

② 参见 Richard A. Norris, *Manhood and Christ: A Study in the Christology of Theodore of Mopsuestia* (Oxford，1963)，173 - 189；Gerrit J. Reinink, 'Paideia: God's Design in World History According to the East Syrian Monk John bar Penkaye', in Erik Kooper (ed.), *The Medieval Chronicle*, vol. 2: *Proceedings of the 2nd International Conference on the Medieval Chronicle. Driebergen/Utrecht 16 - 21 July 1999* (Amsterdam and New York，2002)，190 - 198。

主要是由相关联的传记组成,但有关基督教内部和修道院内部的斗争和当时当地的生活,它们都有丰富的信息资料。[1] 比较而言,他们并没有记述重大政治事件和运动,所以尽管在马尔·西瑞阿库斯和拉班·卡伯利尔(Mar Cyriacus and Rabban Gabriel)所述的奇迹中介绍了一位来自塔伊曼的阿尔-阿兹德家族的名叫阿穆兰·伊本·穆罕默德('Amran ibn Muhammad)的专制人物的到来和最终死亡(实际上是他的五代孩子们的命运),以及在抵抗他试图占领修道院领地方面所取得的实际胜利,但是偶尔阅读玛迦的托马斯的著作的人,不会猜想到阿拉伯曾经征服了该地区并引入了新宗教。

在6世纪,出现了少量用叙利亚文撰写的纪念某个城市及其最初居民和英雄(殉道者和神圣教士)的地方史。卡卡·德拜特·斯劳克的历史尽管采用了一些断章取义的材料,但却是唯一一部回忆其亚述起源、相继的帝国如何在这里强行安置各种团体,以及其城寨和城墙建造的历史。[2] 在以弗所的约翰《教会史》的第三部分可以发现类似的更简短的叙述,其中有波斯和罗马帝国边境地区达拉城建造的传说。在对其可靠性经过数年的怀疑之后,[3]阿贝拉的历史现在总体上为历史学家所接受,应当被添入这一组著作中。某个圣徒的生平经常包含有关地方史、教堂建造、磨坊和城寨的重要资料,[4]其他历史集中于与该著作创作的地区有关的时间,如埃德萨,但是前面提到的东叙利亚地方史似乎特别在意确立其古代起源、它们早期的基督教化以及其殉道者和圣人的光荣,部分原因是市民的荣耀,但也似乎是为了推行他们的主张,让他们的城市上升到东部教会大主教区的等级,它们的地位对地方教会的力量和地位具有重要意义。

171

---

[1] 参见 Cynthia Jan Villagomez, 'The Fields, Flocks, and Finances of Monks: Economic Life at Nestorian Monasteries, 500 – 850', Ph. D. dissertation, University of California, Los Angeles, 1998。

[2] 参见 Jean Maurice Fiey, 'Vers la réhabilitation de l'histoire de Karka D'Bét Slok', *AnBoll*, 82(1964), 189 – 122。

[3] 参见 Christelle Jullien and Florence Jullien, 'La Chronique d'Arbèles: Propositions pour la fin d'une controverse', *OC*, 85(2001), 41 – 83。

[4] 作为范例,有叙利亚正教的 *Life of Simeon of the Olives*(尚未出版)。

叙利亚的历史撰写者

人们屡屡暗示并有时清晰地表述，叙利亚的历史编纂——与同时期西部的历史编纂大致类似——是轻信且未经训练的僧侣的作品，他们与世隔绝，在自己的小屋中胡乱涂写。但是，哪怕我们快速考察一下留下名字的那些叙利亚历史学家的传记内容，就会发现这并非事实。相反，浮现出的画面是创作叙利亚历史作品的作者，即僧侣，都出生在当时基督教社会和政治的精英家庭。出自名门当然不能保证历史写作完美无瑕，但是因富裕而受到的教育使他们可以运用多种语言的资料，而社会地位高则使他们拥有特殊路径，接触官方的档案和材料、显赫家族的历史并能与教俗统治者建立私人关系。由于出自这样的家庭，他们经常获得高级教职也就不足为奇了。所以在叙利亚历史学家中有教士，如修道院史的作者拜特·廓恰（Bet Qoqa，850 年前）和玛迦的托马斯（活跃于850 年）；有主教和大主教，如以弗所的约翰（卒于 589 年）、巴哈德沙巴（活跃于 600 年）和埃德萨的雅各布（卒于 709 年）、尼西比斯的埃利加（卒于 1046 年）、梅利泰内的伊格纳提奥斯（Ignatios of Melitene，卒于 1094 年）、狄奥尼修斯·巴·萨利比（Dionysios bar Salibi，卒于 1171 年）、凯伊沙姆的伊万尼斯（Iwannis of Kaishum，卒于 1171 年），也许也包括卡卡·德拜特·斯劳克历史和阿贝拉（Arbela）历史的作者；助理牧首（起源上是萨珊帝国叙利亚正教的独立副牧首，后来是伊拉克及外部伊斯兰东部省份的助理牧首），如巴哈布拉优斯（卒于 1286 年）及其弟弟巴尔骚马（Barsauma）；甚至还有两位牧首，泰尔·马赫来的狄奥尼修斯（Dionysios of Tel-Mahré，卒于 845 年）和叙利亚的米迦勒（卒于 1199 年）。在这些作者中，有些也一度担任更有势力之人的秘书——例如玛迦的托马斯担任东叙利亚牧首亚伯拉罕二世的秘书——这使他们可以接近官方通信并能够参加重要的会议。其他主教则被纳为正式的随从，在旅行中陪伴教会上层。《1234 年前的编年史》的作者就是如此，他在 1189 年被纳为助理牧首乔治（叙利亚的米切尔的侄子）的随从，陪伴后者参观塔格里特（Tagrit）和东部教区。同许多其他语言

172

和地区的历史写作不同，叙利亚的历史几乎不会由俗人、公务人员、朝臣或士兵书写。其中一个明显的例外是埃德萨的提奥菲鲁斯（Theophilus of Edessa），他服务于哈里发阿尔·马赫迪（al-Mahdi，约744—785年），担任他的宫廷占星家（担任为军事占星的特定职责）并创作了现已遗失的编年史。[①]

　　这些地位较高的人物不仅是古代历史的誊写者和他们自己时代的见证者，而且也通常是当时事件的亲历者。他们的地位意味着他们许多人与世俗当局有着密切的联系，但总体而言，相较在拜占庭帝国，这些人在伊斯兰王国中更是如此，因为在拜占庭那里，他们作为"异端"的地位成为一种障碍。在这方面，一个早期的例外是6世纪的一性论者以弗所的约翰，[②]尽管他因为卡尔西顿的迫害而被赶出了阿米达（Amida，今迪亚巴克尔），但最终在君士坦丁堡成为朝廷的宠臣。查士丁尼皇帝任命他担任一个传教团的首领，让小亚细亚的异教徒皈依，他是当时异教徒幸存者的主要见证人，也通过宫廷而接触了希腊历史资料，目击叙述了针对波斯、哥特和阿瓦尔的军事战役，同时也能够与自伊朗和东方归来的使节们交谈。自536年起在君士坦丁堡流亡期间，他密切接触了一性论的牧首亚历山大里亚的狄奥多西（Theodosius of Alexandria），加上他自己的叙利亚社会等级，使他具备了有关新一性论教会形成的新观点，并接触到了他们的主要信件、法令和会议决议。

　　另外一个有趣的例子是9世纪出身于富裕家族的泰尔——马赫来的狄奥尼修斯——被其领地所在地区而非其主教区的人们如此称呼——他与自己的弟弟提奥多西奥斯一道在肯奈施莱（Qenneshré）修道院接受教育，这是叙利亚正教学术的重地，在这里他们获得了叙利亚、希腊和阿拉伯的学问。[③] 818年他当选为安条

---

① 其著作的最大限度复原，参见：Robert G. Hoyland, *Theophilus of Edessa's Chronicle and the Circulation of Historical Material in Late Antiquity and Early Islam* (TTH 57；Liverpool，2011)。

② 参见 Jan J. van Ginkel, 'John of Ephesus: A Monophysite Historian in Sixth-Century Byzantium', Ph. D. dissertation, University of Groningen, 1995。

③ 参见 Rudolf Abramowski, *Dionysius von Tellmahre，jakobitischer Patriarch von 818 - 845: zur Geschichte der Kirche unter dem Islam* (Leipzig, 1940)。

克一性论派牧首并撰写了一部编年史,尽管该编年史现在已经散失,但被后来的作家们大段引用。狄奥尼修斯提到他的弟弟因学问而被埃米尔阿布德·阿拉·伊本·塔希尔(Abd Allah Ibn Tahir,约 798—844/845 年)请教,同时说他也被哈里发阿尔-马蒙(al-Ma'mun,卒于 833 年)视为朋友。他定期游历大马士革、巴格达和福斯塔特(Fustat,现在南部开罗),目的是请求穆斯林统治者的支持和帮助,来对付自己教会内部的敌对派别,寻求取消其他穆斯林统治者对自己不利的法令。而且,这种关系具有互利性,因为 832 年他被哈里发派到埃及南部去平息那里发生的科普特基督徒叛乱,那里远离他正式管辖的区域。狄奥尼修斯的教育和社会地位不仅使他可以接近穆斯林精英阶层,并直接熟悉国际事务,而且使他可以利用富有且有影响的基督教精英阶层的私人家族史,如互有关系的莱萨弗耶(Resaphoyé)、泰尔-马赫来和埃德萨的古莫耶(Gumoyé)家族。[①] 这些家族史提供了宝贵的细节,让人们了解地方上的敌对(经常造成悲剧的结果)、财产的转移以及隐匿宝藏的故事(这些宝藏最终被发现但被浪费在骏马和猎狗身上),但也叙述了他们继续为新的政治首领服务,以阿散那西奥斯·巴尔·古莫耶为例,他作为埃及的统治者(685—704 年)阿巴德·阿尔-阿齐兹·伊本·马尔万('Abd al-'Aziz Ibn Marwan)的收税官,变得越来越富裕,所以招致了敌对的基督教精英阶层的妒忌,如大马士革卡尔西顿派的曼苏尔家族(大马士革的约翰属于该家族),后者为叙利亚的哈里发收税。这些材料几乎完全未为现代历史学家所利用,它们揭示出基督教精英阶层积极涉足教俗政府,也揭示了他们的历史学家所关注和关心的内容。

也许对西方学者来说最著名的叙利亚历史学家是 13 世纪的巴哈布拉优斯,他也出自名门。[②] 他的父亲是医生,在 1243 年或 1244 年梅利泰内的围攻中他曾经医治蒙古人亚萨乌尔(Yasaur),

<hr>

① Muriel Debié, 'The Christians in the Service of the Caliph: Through the Looking Glass of Communal Identities', in Fred Donner and Antoine Borrut (eds.), *Christians, Jews, and Zoroastrians in the Umayyad State* (forthcoming).

② 参见 Hidemi Takahashi, *Barhebraeus: A Bio-Bibliography* (Piscataway, 2005)。

他的母亲出身贵族。在叙利亚正教、东方教会和穆斯林教师的指导下，他在梅利泰内、安条克、大马士革和的黎波里学习了叙利亚语、阿拉伯语、医学和哲学，刚刚20岁就被立为主教。蒙古人占领阿勒颇后，他遭到囚禁，在那里他尝试与旭烈兀（Hulagu，波斯汗国的创立者）谈判，他活了下来并在1264年成为牧首助理。此后他的根据地在阿塞拜疆的马拉哈（Maragha），即汗国的都城和重要文化中心，在那里他与政府的重要人物和那希尔·阿尔-丁·阿尔-图斯（Nasir al-Din al-Tusi）等学者过从甚密，并遇到了跨越蒙古帝国前来利用此地建立大型图书馆的学者们。对巴哈布拉优斯而言，历史写作只是他涵盖当时科学所有领域的学术活动之一，但是这直接源自他的精英教育以及他在当时作为世界事件中心的教会中的地位。

174

叙利亚历史写作的素材

对基督徒和犹太作者而言最早期的历史素材是《圣经》；叙利亚历史学家将《摩西五经》视为一部摩西所写的历史著作。《新约》《旧约》因而被视为关于远古无法追忆时代的可靠信息来源。由于许多历史学家同时也是神学家，他们运用解经技巧从《圣经》文本中摘录资料，而这也包含对不同《圣经》版本的比较性资料鉴别方法（希伯来版、撒玛利亚版、希腊译本，叙利亚别西大译本，每个版本都为《旧约》时间提供了不同的年代），或是直接进行，或是通过前辈的作品。

通常能够确定他们资料的来源：欧波来姆斯（Eupolemus）等犹太希腊化作家或写作埃及历史的曼涅托（Manetho），考察亚述时期的拜洛索斯（Berossus），都是通过优西比乌斯的著作以及亚历山大·波里希斯托（Alexander Polyhistor）和阿比德诺斯（Abydenos）而为叙利亚的米切尔所知。约瑟夫斯和尤里乌斯·阿夫里卡努斯很可能是直接和间接了解的。优西比乌斯在编年史（亚历山大里亚的阿尼亚诺斯和神秘的安德罗尼克斯）、教会史（苏格拉蒂斯、索佐门、提奥多莱特、狄奥多里特、埃瓦格里乌斯·苏格拉斯提库斯）方面的后继者，为叙利亚历史学家所熟知和利用。撒迦利亚·苏格拉斯提库斯的《教会史》被 6 世纪的所谓伪撒迦利亚在其历史中总结和改编。6 世纪马拉拉斯的希腊编年史，尤其是有关安条克的部分，为同时代的以弗所的约翰所利用，由于后者的作品是在君士坦丁堡创作的，所以前者的痕迹在接下来依靠后者著作的那些作品中可以见到，如叙利亚的米切尔、《1234 年前的编年史》和巴哈布拉优斯。叙利亚的历史和编年史也被他们的后继者用作素材，最明显的是泰尔-马赫来的狄奥尼修斯的编年史，这部著作被叙利亚的米切尔和《1234 年前的编年史》大量抄录和改编，而《埃德萨和阿米德的历史》则被所谓伪约书亚抄录和改编，后者的著作现在仅仅保存在篇幅更大的《祖克宁编年史》中。

东部叙利亚的历史编纂建基于圣徒生平组成的圣徒传记，其中大部分现已完全散失。叙利亚正教历史不太依赖圣徒传，但其宗派身份部分是通过一性派事业的早期殉道者和圣徒的生平来塑造的（奇怪的是，叙利亚的圣徒传很少关注伊斯兰统治下的"新殉道者"，这与希腊和阿拉伯的传统不同）。东叙利亚的作者们也经常使用杜撰的文献，如《以弗所七个睡眠者的传说》（*Legend of the Seven Sleepers of Ephesus*）或《12 法师的历史》（*History of the Twelve Magi*），以及《亚历山大大帝的历史》（*History of Alexander the Great*）等传说。

在埃德萨等城市中创作的叙利亚历史作品有时会参考在城市档案库中发现的文献，但更经常的是参考有关教会政策的信件，它们也可能保存在教会档案中。历史学家很少像巴哈布拉优斯引述蒙古旭烈兀信件那样引用世俗的信件。

叙利亚基督教作者们会使用某些穆斯林的素材：尼西比斯的埃利加使用了穆萨·阿尔-花剌子密（Musa al-Khwarizmi）现已散佚的史书；阿尔-塔巴里的《先知和国王史》（*Taʾrikh al-rusul wal-muluk*）；阿尔-苏利（al-Suli）和萨比特·b. 希南（Thabit b. Sinan），就希南而言，埃利加只引述了他 9 世纪和 10 世纪的某些素材。大多数编年史都使用了哈里发列表或其他穆斯林的素材，否则就不会被当作或被直接称为"阿拉伯的著作"。巴哈布拉优斯在用阿拉伯语改编自己的世界史时使用了大量穆斯林历史学家的作品，如11 世纪的赛义德·阿尔-安达卢西（Saʿid al-Andalusi）、12—13 世纪

175

的作者阿尔-基夫提(al-Qifti)、伊本·阿尔-阿提尔(Ibn al-Athir)、阿塔·马立克·阿尔-古瓦依尼('Ata' Malik al-Ghuvayni)、纳西尔·阿尔-丁·图斯。可以想到的是,穆斯林历史学家也引述叙利亚—阿拉伯的文献,例如,10 世纪默基特派马格堡的阿加皮乌斯(Agapius of Menbij)被其同时代的马苏迪(Mas'udi)和 13 世纪的伊本·沙达德(Ibn Shaddad)引述。确实,只是通过这些引述我们才知道所述的某些历史存在,如 10 世纪的历史学家盖斯·阿尔-马鲁尼(Qays al-Maruni)和雅各布·b. 扎卡里亚·阿尔-卡什卡里(Ya'qub b. Zakariyya al-Kashkari),征得同意后马苏迪引用了他们的著作。这会提醒我们,在拜占庭和伊斯兰帝国及其历史编纂上,尽管现代的学术分科和大学系科结构经常将叙利亚基督徒和他们的历史著作视为异国局外人,但事实大相径庭。叙利亚历史作品是这些王国史书的内部资料来源,这一点得到了他们同时代非叙利亚人的认可,但它们有自己的关注点和议题。

大事年表/关键日期

公元 431 年	以弗所宗教会议,拜占庭谴责聂斯脱利派
公元 451 年	卡尔西顿宗教会议,拜占庭谴责一性论
公元 489 年	受芝诺皇帝之命关闭埃德萨的波斯学校
公元 502—506 年	国王卡瓦德时期波斯入侵两河流域北部
公元 602—628 年	拜占庭—萨珊战争
公元 634—638 年	阿拉伯征服叙利亚和两河流域
公元 638 年	唐太宗皇帝下令在中国宽容东部教会
公元 7 世纪 40 年代	阿拉伯征服波斯
公元 651 年	叶兹德格尔德二世之死和波斯萨珊王朝的终结
约公元 680—692 年	第二次伊斯兰内战
公元 750 年	倭马亚哈里发败于阿拔斯哈里发
公元 934 年	拜占庭重新征服梅利泰内
公元 1098—1150 年	十字军埃德萨国
公元 12 世纪 70 年代	萨拉丁领导下的阿尤布王朝在埃及和叙利

主要历史文献

有关各种文本版本及翻译的完整细节参见后面参考书目中的 Debié，*L'Écriture de l'histoire en syriaque*.

Agapius of Menbij：text and French trans. A. A. Vasiliev as *Kitab al -'Unvan，histoire universelle écrite par Agapius（Mahboub）de Membidj*（PO 5. 4，7. 4，8. 3，11. 1；Paris，1910 - 1915）.

'Amr b. Matta，*Kitab al-Majdal（Book of the Tower）*，together with Saliba ibn Yuhanna，*Asfar al-Asrar（The Book of Mysteries）*：text and Latin trans. H. Gismondi as *Maris Amri et Slibae De patriarchis Nestorianorum Commentaria*，4 vols.（Rome，1896 - 1899）.

Barhadbeshabba，*History of the Fathers*：text and French trans. F. Nau and M. Brière as *L'Histoire de Barḥ adbešabba 'Arbaïa*，2 vols.（Patrologia Orientalis 23. 2，9. 5；Paris，1913，1932）.

Barhebraeus，Chronicles：text and English trans. of Syriac world chronicle，E. A. W. Budge as *The Chronography of Gregory Abû'l Faraj ... commonly known as Bar Hebraeus，being the First Part of his Political History of the World*，2 vols.（London，1932）；Arabic version and Latin trans. E. Pococke as *Historia compendiosa dynastiarum，authore Gregorio Abul-Pharajio*，2 vols.（Oxford，1663）；text and Latin trans. of ecclesiastical chronicle，J. B. Abbeloos and T. J. Lamy as *Gregorii*

Barhebraei, *Chronicon Ecclesiasticum*, 3 vols. (Louvain, 1872 -
1877).

Chronicle of Edessa of 540: text and Latin trans. I. Guidi,
Chronicon Edessenum, in *Chronica minora*, vol. 1 (CSCO 1 - 2;
Paris, 1903), 1 - 13 (text) and 1 - 11 (trans.); German trans.
and comm. L. Hallier, *Untersuchungen über die Edessenische
Chronik* (Texte und Untersuchungen 9. 1; Leipzig, 1892).

Chronicle of Edessa of 1234: text ed. J. -B. Chabot as *Chronicon
anonymum ad annum Christi 1234 pertinens*, 2 vols. (CSCO 81 -
82; Paris, 1920, 1916); Latin trans. of part 1, J. -B. Chabot
(CSCO 109; Paris, E Typographeo Reipublicae, 1937), French
trans. of part 2, A. Abouna (CSCO 354; Louvain, 1974).

Chronicle of Séert: French trans., *Histoire nestorienne inédite*:
(*Chronique de Séert*), part I. 1, ed. and trans. A. Scher and J.
Périer, (Patrologia Orientalis 4. 3; Paris, 1908); part I. 2, ed.
and trans. Scher and P. Dib (PO 5. 2; Paris, 1910); part II. 1,
ed. and trans. Scher (PO 7. 2; Paris, 1911); part II. 2, ed. and
trans. Scher and R. Griveau (PO 13. 4; Paris, 1919).

Elijah of Nisibis, *Chronicle*: text ed. E. W. Brooks and J. -B.
Chabot as *Eliae Metropolitae Nisibeni opus chronologicum* (CSCO
62*, 62**; Paris, 1910, 1909); French trans. L. J. Delaporte as
La Chronographie de Mar Élie bar - Šinaya, *métropolitain de
Nisibe* (Paris, 1910).

History of Arbela: text and French trans. A. Mingana as *Sources
Syriaques*, vol. 1 (Mosul, 1908), 1 - 156; German trans. P.
Kawerau as *Die Chronik von Arbela* (CSCO 467 - 468; Louvain,
1985).

History of Karka d-Bet Slok: text ed. P. Bedjan as *Acta martyrum
et sanctorum syriace*, vol. 2 (Leipzig, 1891), 507 - 535; partial
German trans. G. Hoffmann as *Auszüge aus syrischen Akten
persischer Märtyrer* (AbhKM 7. 3; Leipzig, 1880), 43 - 60.

Isho'dnah of Basra, *Book of the Founders*; ed. and French trans. J. -

177

B. Chabot as *Le Livre de la Chasteté composé par Jésusdenah，évêque de Baçrah*（Rome，1896）.

Jacob of Edessa，*Chronicle*：text ed. E. W. Brooks，*Chronicon Jacobi Edesseni*，in *Chronica minora*，vol. 3（CSCO 5；Paris，1905），261 - 330；trans. E. W. Brooks as 'The Chronological Canon of James of Edessa'，*ZDMG*，53（1899），261 - 327（corrigenda 534 - 537，550）.

John of Ephesus，*Ecclesiastical History*：text ed. E. W. Brook as *Iohannis Ephesini Historiae Ecclesiasticae pars Tertia*（CSCO 105；Paris，1935）；English trans. R. Payne Smith as *The Third Part of the Ecclesiastical History of John Bishop of Ephesus now first translated from the original Syriac*（Oxford，1860）.

John of Phenek，*Ktaba d-Rish Mellé*：［Only part of its 15 chapters edited］；P. de Menasce，'Autour d'un texte syriaque inédit sur la religion des Mages'，*BSOAS*，9（1937 - 1939），587 - 601［ed.，ch. 9］；A. Mingana，'Bar Penkayé'，in *Sources Syriaques*，vol. 1（Mosul，1908），1 - 171［ed.，chs. 10 - 15］，172 - 203［French trans. of ch. 15］；S. P. Brock，'North Mesopotamia in the Late Seventh Century：Book XV of John Bar Penkāyē's Rīš Mellē'，*Jerusalem Studies in Arabic and Islam*，9（1987），51 - 75；rpr. in Brock，*Studies in Syriac Christianity*（London，1992）.

Khuzistan Chronicle：text and Latin trans. I. Guidi as *Chronicon anonymum*，in *Chronica minora*，vol. 1（CSCO 1 - 2；Paris，1903），15 - 39（text），and 13 - 32（trans.）；English trans. S. P. Brock，to be published in the series Translated Texts for Historians（TTH）.

Michael the Syrian，*Chronicle*：text and French trans. J. -B. Chabot as *Chronique de Michel le Syrien patriarche Jacobite d'Antioche（1166 -1199）*，4 vols.（Paris，1899 - 1924；repr.，Piscataway，2009，with new photographic facsimile of sole manuscript）.

Pseudo-Joshua，*Chronicle*：text ed. J. -B. Chabot as *Incerti auctoris chronicon anonymum Pseudo-Dionysianum vulgo dictum*，vol. 1

（CSCO 91；Paris，1927），235 - 317；English trans. F. R.
Trombley and J. W. Watt as *The Chronicle of Pseudo-Joshua the
Stylite*（TTH 32；Liverpool，2000）.

Pseudo-Zachariah，*Ecclesiastical History*：text ed. E. W. Brooks，
Historia Ecclesiastica Zachariae Rhetori vulgo adscripta，2 vols.
（CSCO 83 - 84；Paris，1919，1924）；English trans. G.
Greatrex，R. R. Phenix，and C. Horn as *The Chronicle of
Pseudo-Zachariah Rhetor*：*Church and War in Late Antiquity*
（TTH 55；Liverpool，2011）.

Thomas of Marga，*Monastic History*：ed. and English trans. E. A.
W. Budge as *The Book of Governors*：*The Historia Monastica of
Thomas*，*Bishop of Margâ A. D. 840*，2 vols.（London，1893）.

Zuqnin Chronicle of 775（Pseudo-Dionysios）：text ed. J. -B.
Chabot，*Incerti auctoris chronicon anonymum Pseudo-Dionysianum
vulgo dictum*，2 vols.（CSCO 91，104；Paris，1927，1933）；
English trans. A. Harrak as *The Chronicle of Zuqnin*，*Parts III
and IV*，*A. D. 488 - 775*（Toronto，1999）.

178

参考书目

Brock，Sebastian，‘Syriac Historical Writing：A Survey of the Main
Sources’，*Journal of the Iraqi Academy*（*Syriac Corporation*），5
（1979 - 1980），296 - 326；rpr. in Brock，*Studies in Syriac
Christianity*（Aldershot，1992），ch. 1.

—— ‘Syriac Sources for Seventh-Century History’，*BMGS*，2
（1976），17 - 36；rpr. in Brock，*Syriac Perspectives on Late
Antiquity*（London，1984），ch. 7.

Conrad，Lawrence I. ，‘Syriac Perspectives on Bilād al-Shām during
the ‘Abbāsid Period’，in Muhammad al-Bakhit and Robert Schick
（eds. ），*Proceedings of the Fifth International Conference on
Bilād al-Shām during the ‘Abbāsid Period*（*132 - 451/750 -
1059*）（Amman，1991），1 - 44.

—— ' The Conquest of Arwād: A Source-Critical Study in the Historiography of the Early Medieval Near East ', in Averil Cameron and Conrad (eds.), *The Byzantine and Early Islamic Near East*, vol. 1: *Problems in the Literary Source Material* (Princeton, NJ, 1992), 317 – 401.

Debié, Muriel, ' L'héritage de la Chronique d'Eusèbe dans l'historiographie syriaque', *JCSSS*, 6(2006), 18 – 28.

—— (ed.), *L'historiographie syriaque* (Études syriaques 6; Paris, 2009).

—— ' Syriac Historiography and Identity Formation ', in Bas ter Haar Romeny (ed.), *Religious Origins of Nations? The Christian Communities of the Middle East* (Leiden, 2009), 93 – 114; also published in *Church History and Religious Culture*, 89 (2009), 93 – 114.

—— ' Writing History as "Histoires": The Biographical Dimension of East Syriac Historiography', in Arietta Papaconstantinou, Debié, and Hugh Kennedy (eds.), *Writing ' True Stories ': Historians and Hagiographers in the Late Antique and Medieval Near East* (Turnhout, 2010), 43 – 75.

——*L'Écriture de l'histoire en syriaque: transmission interculturelle et construction identitaire entre hellénisme et islam* (Leiden, forthcoming).

Ginkel, Jan J. van, 'John of Ephesus: A Monophysite Historian in Sixth-Century Byzantium ', Ph. D. dissertation, University of Groningen, 1995.

Harrak, Amir, ' Ah! The Assyrian is the Rod of My Hand! Syriac Views of History after the Advent of Islam ', in Jan J. van Ginkel, Heleen L. Murre-Van den Berg, and Theo M. van Lint (eds.), *Redefining Christian Identity: Cultural Interaction in the Middle East since the Rise of Islam* (Leuven, 2005), 45 – 65.

Hoyland, Robert G. , *Seeing Islam as Others Saw It: A Survey and Evaluation of Christian, Jewish and Zoroastrian Writings on*

Early Islam (Princeton, 1997).

Palmer, Andrew, *The Seventh Century in the West-Syrian Chronicles* (TTH 15; Liverpool, 1993).

Robinson, Chase F., 'The Conquest of Khūzistān: A Historiographical Reassessment', *BSOAS*, 67(2004), 14 - 39.

Teule, Herman G. B., 'Tarīkh: Historiographie chrétienne en langue arabe', *Encyclopédie de l'Islam*, 10(2002), 837 - 839.

Watt, John W., 'Greek Historiography and the "Chronicle of Joshua the Stylite"', in Gerrit J. Reinink and Alexander C. Klugkist (eds.), *After Bardaisan: Studies in Continuity and Change in Syriac Christianity in Honour of Professor Han J. W. Drijvers* (Leuven, 1999), 317 - 327.

Weltecke, Dorothea, *Die 'Beschreibung der Zeiten' von Mor Michael dem Großen (1126 - 1199): Eine Studie zu ihrem historischen und historiographiegeschichtlichen Kontext* (Leuven, 2003).

—— 'A Renaissance in Historiography? Patriarch Michael, the *Anonymous Chronicle ad a. 1234*, and Bar 'Ebrōyō', in Herman Teule and Carmen Fotescu Tauwinkl (eds.), *The Syriac Renaissance* (Leuven, 2010), 95 - 111.

Witakowski, Witold, 'The Chronicle of Eusebius: Its Type and Continuation in Syriac Historiography', *Aram*, 11/12 (1999/ 2000), 419 - 437.

——*The Syriac Chronicle of Pseudo-Dionysius of Tel-Maḥrē: A Study in the History of Historiography* (Uppsala, 1987).

179

赵立行　译、校

第九章　从朗诵到书写和解释：
亚美尼亚历史著作的
趋势、主题与界域

西奥·马尔滕·范林登

起初，伊朗文化对亚美尼亚人的渗透，并没有达到让后者成为其代表的程度。在萨珊时期（the Sasanian period），亚美尼亚人便具备了一种自我意识，即意识到他们自己是基督徒亚美尼亚人，如果以亚美尼亚人早期同伊朗的联系作为背景，这种意识就更加明显……虽然人们近年关注了亚美尼亚宣告基督教化1700周年庆典，但仍未仔细研究亚美尼亚人从其真正祖传文化中走出来的历史进程。①

罗伯特·W. 汤姆森（Robert W. Thomson）

梅斯罗布·马希托特斯（Mesrop Maštoc'）于公元405年左右发明了亚美尼亚字母，而在这之后也即在5世纪中期，亚美尼亚历史编撰出现。亚美尼亚历史编撰同基督教在亚美尼亚的传播和防卫紧密相连。314年左右，国王特达特（Trdat）宣布基督教为国教。②由于亚美尼亚自阿黑门尼德时代（Achaemenid times）起一直处于伊

---

① Robert W. Thomson, 'Armenian Ideology and the Persians', in *La Persia e Bisanzio*: *Atti del convegno internazionale*, *Roma*, *14-18 ottobre 2002* (Rome, 2004),373-389, at 373-374.

② 关于亚美尼亚早期史、历史地理和文学方面的简明论述，见 Richard G. Hovannisian (ed.), *The Armenian People from Ancient to Modern Times*, vol. 1： （转下页）

朗文化宗教圈内，所以由亚美尼亚教会推动而出现的面向西方（a Western orientation）的这一取向，意味着一种思想观念类型的改变，这种改变将主导亚美尼亚的历史编撰。由于经常成为东西方强大邻邦角逐的对象，所以历史上曾有各类王朝统治亚美尼亚，其中最后一个王朝，即安息王朝（the Aršakuni，Arsacid），起源于帕提亚，在公元 1 世纪掌权。萨珊人（the Sasanians）在 224 年左右推翻了伊朗的帕提亚王朝（the Parthians in Iran），由此造成了两大王朝内部各大王族间的分歧与不和；其后不到一个世纪，亚美尼亚选择皈依基督教，又加剧了分歧与不和。安息王朝在亚美尼亚的统治持续到 428 年，这一年，亚美尼亚的贵族（*naxarars*）要求萨珊人的万王之王（King of Kings）取缔这一君主政权。如此，一名被萨珊统治者任命的官员（a *marzpan*，governor）统治了亚美尼亚。约 387 年，亚美尼亚分裂，位于幼发拉底河以西的诸片区域奉罗马为宗主。390 年左右，国王阿尔萨克三世（Aršak III）死，无王位继承人。该河以东的部分，要比幼发拉底河以西的诸片区域广大得多，落入了萨珊帝国之手。萨珊人信奉拜火教（Mazdeism），该教为琐罗亚斯德教（Zoroastrianism）之一种。在一些亚美尼亚贵族的支持下，萨珊人几次试图将这种信仰重新加诸亚美尼亚这个年轻的基督教民族。最严重的一次强加信仰在 451 年的阿巴拉伊村战役（the Battle of Avarayr）中达到了高潮。自此往后，抵抗不断，直到 484 年人们获准拥有宗教自由时才得停止。此番宗教斗争在亚美尼亚

181

（接上页）*The Dynastic Periods：From Antiquity to the Fourteenth Century*（Basingstoke and London，1997），尤其是罗伯特·H. 休森（Robert H. Hewsen）、詹姆斯·罗素（James Russell）、尼娜·加尔索伊安（Nina Garsoïan）、罗伯特·汤姆森（Robert Thomson）和彼得·考（Peter Cowe）做出的贡献。关于亚美尼亚历史的精彩地图及相关论述，见 Robert H. Hewsen，*Armenia：A Historical Atlas*（Chicago and London，2001）。亚美尼亚使徒教会（The Armenian Apostolic Church）将亚美尼亚归宗基督教的时间定在 301 年，但对于亚美尼亚的归宗年份有其他几种不同意见，参见 Jean-Pierre Mahé，'Il Primo secolo dell' Armenia cristiana（298 - 387）：dalla letteratura alla storia'，in Claude Mutafian（ed.），*Roma-Armenia*（Rome，1999），64 - 72。

的历史编撰中留下了深刻的印记,而且还导致在更为广大的亚美尼亚社会与文化领域,亚美尼亚历史编撰长期不接受伊朗元素。[1]当阿拉伯人入侵并摧毁萨珊帝国时,政治情势发生了剧变,亚美尼亚也因此在 650 年左右被阿拉伯控制。随着伊斯兰教的到来,亚美尼亚历史编撰的形成时期渐告结束。

双重传统

将史事书写成文并不是亚美尼亚人记住其丰功伟绩的最早或唯一方式。诸种史诗故事、诗歌和传说的痕迹得以保存,意味着这里存在着一种通过演唱诗人(gusans)来传递记忆的良好传统,同时还意味着其核心是伊朗模式(Iranian models)。这些古代文化的代表并没有随着基督教的传入而消失。事实上,那些以基督教视角来书写亚美尼亚历史的人必须依靠外部的成文素材,或者依靠这种口头相传的有关亚美尼亚前基督教时代的历史信息。亚美尼亚在 314 年左右正式接纳基督教却未发展出一种用来书写亚美尼亚语的字母,这种字母是在 405 年被发明出来的。在 405 年发明字母和在 443—450 年间编纂第一部原创的亚美尼亚作品——克里温(Koriwn)的《马希托特斯传》(*Vark῾ Maštoc῾i*)之间,有着一个非常有趣的间隔期。因此,用亚美尼亚文字书写历史,比亚美尼亚归宗基督教晚了一个半世纪。4 世纪的情形和 5 世纪文本对 4 世纪情形的描述,都能使我们很好地了解亚美尼亚人在生活诸多方面是如何开始基督教化这一漫长进程的。[2] 这些文本记录了一个新近皈依基督教的国家之兴衰变迁,这个国家在过去的几个世纪里,官

182

---

[1] 参见 Nina G. Garsoïan, 'Reality and Myth in Armenian History', in *The East and the Meaning of History* (Rome, 1994), 117 - 145; and Garsoïan, 'The Two Voices of Armenian Mediaeval Historiography: The Iranian Index', *Studia Iranica*, 25(1996), 7 - 43;两者都重印在 Garsoïan, *Church and Culture in Early Medieval Armenia* (Aldershot, 1999), XII and XI.

[2] 参见 Mahé, 'Il Primo secolo dell'Armenia cristiana'.

方行政语言一直是阿拉姆语（Aramaic）和希腊语，它的礼拜活动则用希腊语和叙利亚语，即阿拉姆语的埃德萨方言。由于无法用本土语言进行写作，亚美尼亚人继续依靠古老的记忆保存模式，如今，他们编排史诗以叙述基督徒国王和贵族的生平，同时拓展圣徒传素材以填充人们效仿的诸圣徒传记。

以上诸种情形引发了一系列书写传统与口传传统之间、基督教传统和琐罗亚斯德教传统之间，以及由教士群体建立的传统和由演唱诗人群体建立的传统之间的冲突。既有的记忆方式与传统发生了深刻的变化：享有神圣荣光的勇敢国王的口传史诗，被有关救赎的成文历史取代，伊朗模式被希腊模式取代，循环时间被编年取代。

历史著作的形成时期

让-皮埃尔·马艾（Jean-Pierre Mahé）在 1992 年的一篇文章中描述了亚美尼亚历史著作传统的形成与发展，如今看来令人信服，并获得了普遍认同。[①] 阿拉伯入侵之前便发展起来的亚美尼亚历史编撰传统，在最初阶段便具有如下特征：圣经式的、民族的、统一的和马米科尼扬式的（Mamikonean），亦即它围绕安息王国（the Arsacid kingdom）灭亡后王国内的一个显贵家族而展开。它的另一特征便是作为护教的殉道士范例（the paradigm of martyrdom）。以上诸种特征都值得我们分别对之给出一番简要说明。

马艾写道："亚美尼亚语文献的这一历史性使命，大致可以从克里温这位先驱历史学家在 443 年左右写作其《马希托特斯传》时解读《圣经》的方式中得到解释。"克里温是从安条克的视角进行解读的，他强调《圣经》文本的历史维度，与亚美尼亚早期《圣经》译者的翻译精神相一致，并视《圣经》为一部关系到上帝创世、为人类提供拯救的史书。克里温选择安条克解释视角，是要与埃梅沙的优

---

① Jean-Pierre Mahé, 'Entre Moïse et Mahomed： réflexions sur l'historiographie arménienne', *Revue des Etudes Arméniennes*, 23(1992), 121 - 153.

西比乌斯（Eusebius of Emesa）在《圣经旧约前八书》（*Octateuch*）中阐明的翻译原则相结合。该书在 5 世纪早期被译成亚美尼亚语，提倡灵活清晰的意译（ad sensum）而非照字面但含义不清的逐字逐句翻译。[1] 克里温视自己为基督徒历史学家，通过为现已惠及全人类的神圣恩典提供最新范例，传承《圣经》的血脉。[2] 马艾总结道："如此，正如上帝所见证的，受洗之后的亚美尼亚人的历史具有了和《圣经》一样的价值与合法性。"[3]

早期亚美尼亚历史编撰的民族性方面，体现在其包容性的特点上。通过将《圣经》奉为自己的先导（和文学范式），它预示着一种根本性的转向：它与那种承载着民族记忆的口传英雄史诗彻底决裂，一个新的过去被嫁接到此种记忆之上，包含着上帝拯救世界计划的历史。克里温表现后者的方式，是指出摩西、诸先知和诸使徒通过《圣经》翻译如今都讲亚美尼亚语。在归宗基督教之前直至亚美尼亚字母发明和继后的《圣经》翻译期间，一直在亚美尼亚意识范围之外的东西，现在成了人们所熟悉的、自己的东西。我们必须将克里温的描述视作一种纲领性观点，而非局限于 5 世纪中期的情势。后世历史学家如（很可能）6 世纪的叶里舍（Ełišē）在其《瓦尔丹与亚美尼亚战争史》（*Vasn Vardanay ew Hayocʿ paterazmin*〔History of Vardan and the Armenian War〕）中，就重申了这一点。叶里舍声称自己是阿巴拉伊村战役（451 年）时期的人，此时的他称基督教为祖传宗教，事实上这一资格更应属于琐罗亚斯德教。然而，正是这一看法决定了亚美尼亚人对自己形象的勾勒，而且基督教确实成为亚美尼亚人身份的核心要素。

早期亚美尼亚历史编撰的统一性特征来自它不间断的连续性，

---

[1] Jean-Pierre Mahé, 'Entre Moïse et Mahomed: réflexions sur l'historiographie arménienne', *Revue des Etudes Arméniennes*, 23(1992), 124 – 125, 144.

[2] 同上，125。与此相似的观点可在拉丁圣徒传记和历史编纂中找到，例如马艾举出的例证：J. Fontaine, *Sulpice Sevère*, *Vie de Saint Martin*, vol. 1 (Paris, 1967)。

[3] Mahé, 'Entre Moïse et Mahomed', 125.

第一批历史学家正是带着这种连续性，在他们前人停住的地方开始起步，并没有对前辈所涉及的时期进行另外的解释。5 世纪《史诗历史》(*Buzandaran patmut'iwnk'*) 的作者将自己的作品描绘为亚美尼亚历史编撰大厦墙上的一块砖，而这一宏伟建筑很可能是建立在他未明确提及的诸作品之上，如耶稣基督的使徒之一、可能曾在亚美尼亚布道且死后葬于此地的圣达太(St Thaddeus)的圣徒传记系列；阿伽桑格罗斯(Agathangelos)的《亚美尼亚人史：圣格列高利的生平与历史》(*Patmut'iwn：Vark' ewpatmut'iwn srboyn Grigori*)，该作品描述通过圣格列高利这位启示者，特达特国王与整个亚美尼亚国家归宗基督教。《史诗历史》在阿伽桑格罗斯中断的地方继写，描绘了从 330 年到 387 年的历史，此大致为马希托特斯开始活动的时间，据克里温的描述，其活动在亚美尼亚字母的发明和翻译《圣经》时达到高潮。[1] 同样，拉扎尔·帕尔佩兹(Łazar P'arpec'i)认为他的那部将时间大致扩展到 485 年的《亚美尼亚人史》(*Patmut'iwn hayoc'*)，是《史诗历史》的延续。[2] 然而，他对后者的风格和表现出的学识匮乏很是不满，认为它和人们所推测的作者，即一位来自拜占庭的叫珀斯托斯·比臧达兹(P'awstos Biwzandac'i)或珀斯托斯(Pawstos from Byzantium)的人并不相称，不应该再归诸他的名下。

　　在将早期亚美尼亚历史编撰和马米科尼扬家族的名字关联的同时，马艾强调了这些贵族在亚美尼亚发挥的核心作用，即政治上，他们是摄政者和国王拥立者，军事上他们是主将，政治、军事两方面的世袭权力皆为马米科尼扬家族内部成员所享有。他们的地

184

[1]　Nina G. Garsoïan, *The Epic Histories (Buzandaran Patmut'iwnk')* (Cambridge, Mass. , 1989); Robert W. Thomson, *Agathangelos：History of the Armenians* (Albany 1976); and Thomson, *The Lives of Saint Gregory：The Armenian, Greek, Arabic, and Syriac Versions of the History Attributed to Agathangelos* (Ann Arbor, 2010). 早期的各位作者并不认为克里温的《马希托特斯传》是历史著作。

[2]　Mahé, 'Entre Moïse et Mahomed', 128 - 129.

位反映在历史编撰中，这促进了民族性甚或统一性历史的写作。

此外，马米科尼扬家族还体现了为维护基督教信仰而具备的坚忍与殉教精神，这将证明是贯穿亚美尼亚历史的一条指导性原则。从马加比家族（the Maccabees）抵御塞琉古王朝（the Seleucids）所确立的范例中，人们认识到这样一种原则。在《史诗历史》中，这种原则被首次提及，而在叶里舍的《瓦尔丹与亚美尼亚战争史》中，它得到了最大程度的展现，作品将瓦尔丹·马米科尼扬（Vardan Mamikonean）这位军队主将（sparapet）及其在阿巴拉伊村战役中的态度和死亡，置于这样的光芒之中。对叶里舍来说，合乎德性的行为与殉教是和民族的存续联系在一起的。瓦尔丹和他的众将士（Vardanank'）被祝为圣徒，同时在亚美尼亚教会重大事件表中占有重要地位。① 自圣徒传记开始，亚美尼亚历史编撰就在一个并非用亚美尼亚语保存的核心文本中呈现了殉道，他们便利地将其定名为《圣格列高利传》（Life of St Gregory），而阿伽桑格罗斯的《亚美尼亚人史》就是从这一文本发展而来。虽经受折磨和经年遭禁"深洞"修道院（the Xor Virap〔Deep Pit〕），他仍坚定信仰，并最终结出了硕果：国王和他的子民都投入了上帝的怀抱。②

以上诸方面部分勾勒了早期的历史编撰记录。将新历史嫁接到旧历史上，并通过替换而使一个民族在基督之中得到统一，使之成为基督教共同体（the commonwealth of Christianity）的一部分，这体现了基督教征服亚美尼亚的一个大胆的方面。无论是在人们的阅读写作中，还是在实际社会中，这一征服都是一个旷日持久的过程，而非仅限于那场由圣格列高利和国王特达特发起的声称要涵

---

① Robert W. Thomson, 'The Maccabees in Early Armenian Historiography', *Journal of Theological Studies*, 26(1975), 329 - 341; with reference at 336 n. 1 to H. Delahaye, *Les Passions des Martyrs et les genres littéraires*, 2nd edn (Bruxelles 1966), 134 - 135, 163 - 165; repr. in Thomson, *Studies in Armenian Literature and Christianity* (Aldershot, 1994), VII; Thomson, *Ełishē: History of Vardan and the Armenian War* (Cambridge, Mass., 1982), 11 - 14.

② Thomson, *The Lives of Saint Gregory*.

盖整个亚美尼亚及其居民的运动，尽管阿伽桑格罗斯的《亚美尼亚人史》展现了这样一幅画面。[①] 当克里温把亚美尼亚异教地区仍然存在和人们对基督教信仰一知半解这两种情形视作发明字母的直接动力时，他的做法是现实主义的。但是，当他宣称一个新的开始和一个"新的过去"时，他有意将亚美尼亚的口传传统搁置一边。[②]

　　《史诗历史》是关于这一时期的最佳素材，描述了从 330 年到 387 年的事件，在基督教成为亚美尼亚官方宗教，而亚美尼亚的书写传统却没能随之发展起来的历史阶段里，这一时期大致占了其中一半的时间。《史诗历史》使此前相互分离的三个叙述线索（three separate strands of narrative）集合到了一起，即王朝史、马米科尼扬历史和教会史。如果说教会史基于圣徒传记一类素材，那么前两者则源自分别称作《安息王朝事功》（an *Aršakuni Geste*）和《马米科尼扬家族事功》（a *Mamikonean Geste*）的史诗材料。[③] 《史诗历史》很可能成书于 5 世纪 70 年代，其所关涉的事件可上溯至 140～80 年前。尼娜·加尔索伊安这样描述《史诗历史》的材料来源，以及它在亚美尼亚历史文献中的地位：

　　　　不管最终发端于什么，口耳相传（Oral transmission）……是解决《史诗历史》的材料来源这一问题的关键所在……它们的作者似乎在任何意义上都不是有学问之人，或者不曾寻求将他们的叙述建立在书面成文的证据之上。正如作品的名称所显示的，作者的主要信息来自活生生的、有关亚美尼亚就近过去的口传传统，以及自己时代的诗人——表演者（*gusans*）仍在

①　Thomson, *Agathangelos*，§757 - 866；以及 Thomson, *The Lives of Saint Gregory*，§757 - 866.

②　Jean-Pierre Mahé, 'Koriwn, *La Vie de Maštoc*, traduction annotée', *Revue des Etudes Arméniennes*，30（2005 - 2007），59 - 97，at 68（V. 3）with n. 78；cf. Gabrielle Winkler, *Koriwns Biographie des Mesrop Maštoc*: *Übersetzung und Kommentar*（Rome，1994），122（Koriwn II，§28）.

③　Garsoïan, *Epic Histories*，30 - 35.

讲述的诗歌故事。结果作者就成了我们了解浩瀚的早期基督教亚美尼亚口传文学的主要来源。除此之外，我们几乎没有其他路径。①

和克里温不同，任何一位想要从源头开始描述亚美尼亚历史，并且把基督教来临之前有关君主和国家的悠长历史囊括其中的人，都必须考虑那些更为久远的传统，并以完全不同的视角呈现。②相形之下，我们对直至早期基督教阶段的亚美尼亚社会的了解要更丰富一些，这一情形将得到如下这一图景的证实，而该图景出自《史诗历史》，以严厉拒斥（stern rejection）的方式加以呈现：③

186

因为自从他们享有基督徒之名的古代时期起，基督教就只是（仿佛是）某种人性宗教；而且他们并没有以虔诚的信仰接受，而是出于某种人类的愚昧和受人胁迫的情形。（他们并没有）带着恰当的理解，带着希望和信仰（去接受基督教），只有那些在某种程度上熟悉希腊语或古叙利亚语学问的人（才能）对这一宗教的部分内容略知一二。至于那些没有学习技能、属于普罗大众的人们——贵族以及农民阶层，即便身边有精神导师（spiritual-teachers）没日没夜地坐着，向（他们的大脑）激流暴雨般倾泻猛灌自己所有的教导和训诲，也还是没有任何人能够记住自己所听到的哪怕只言片语，没能记住一个词，没能记住半个词，没能记住一个最微小的记录，没能记住哪怕一点蛛丝

① Garsoïan, *Epic Histories*, 30, 30–31 n. 138; on *Buzandaran*, a compositum containing *buzand*-meaning 'reciter of epic poems, bard'，参见同上，14，quoting Anahid Perikhanian, 'Sur arm. *buzand*', in Dickran Kouymjian (ed.), *Armenian Studies in Memoriam Haïg Berbérian* (Lisbon, 1986),653–658.

② Mahé, 'Entre Moïse et Mahomed', 144 指出民间传说和口头传统进入历史编撰，后又伴随有圣经注释和其他知识形式,这使得它成为一个内涵极为丰富的文类。

③ Garsoïan, *Epic Histories*, 84–85 (III. 13).

马迹！因为他们把全身心都放在了那些虚荣和无用的事物上，就像那些在孩提与年幼时期全身心投入游戏的小男孩们一样，全然不顾有用和重要的事情。所以，顶着一颗颗野蛮脑袋的他们，就在诸种怪僻的行为和异教习俗当中，用粗鄙的思想消耗着自己。他们精心呵护自己的诗歌（their songs，*erg*）、传说（legends，*arʿaspel*）和史诗（epics，*vipasanutʿiwn*），[1]相信它们，并且以同样的方式，在恨意、相互恶毒的嫉羡中，在怀着报仇雪恨之心的敌对中，坚守它们。他们之间恶言相向，他们不仅欺骗同伴，还欺骗兄弟。朋友向朋友设圈套，亲戚向亲戚设圈套，家庭向家庭设圈套，族人向族人设圈套，姻亲向姻亲设圈套。[2]在这里，人们会发现男性渴望饮下同伴的血，会发现由于不可救药的行事方法和无意义的思维方式，他们很愿意伤害他人。他们在黑暗中像做出淫秽下流动作一样，举行那些古老的异教诸神仪式，甚至有人在自己身上做着那种用来满足肮脏污秽性欲的动作。所以，他们并没有听取智慧的劝诫，也没有遵从他们的精神导师所传授的上帝诫命（the Commandments of God），而是对这些导师的批评怀恨在心，虐待、杀害这些导师。

此处引文呈现了该作品中的两个口传特性要素。作者间接提到了《以赛亚书》（*the book of Isaiah*）中的内容，很有可能是凭着自己的记忆引用了它们。此外，他还运用了一些能让我们发现其中有口头创作模式（an oral mode of composition）的写作程式（formulae），例如："他们也还是没有任何人能够记住自己所听到的哪怕只言片语，没能记住一个词，没能记住半个词，没能记住一个最微小的记录，没能记住哪怕一点蛛丝马迹！"[3]这段文字还提到了

---

① Garsoïan, *Epic Histories*, 30 - 35, 310 - 311 nn. 4 - 19.

② 参见 Isa. 3：5, 19：2。

③ Garsoïan, *Epic Histories*, 590 - 591.

诗歌、传说和史诗故事，而这些相较于基督教的教导，都是更加为大多数人所喜爱的。

《史诗历史》还进一步提供了有关非基督教习俗的例子，比如偶像崇拜、出于占卜目的而进行的抽签或抓阄、为模仿受难并"希冀再度复活"而举行的丧葬哀悼活动，以及希望那些拥有超自然力量的狗（the Aṙalezk'，supernatural dogs）能使被谋杀的穆歇·马米科尼扬统帅（sparapet Mušeł Mamikonean）重新活过来的愿望。[①] 诸种非基督教的信念和行为（Non-Christian beliefs and practices）在 4 世纪都是切实存在的，而在 5 世纪甚至更晚的时候，它们仍将继续存留。[②]

因此，早期亚美尼亚历史"编撰"具有双重特性：成文的和口耳相传的；并且在它的口传成分里，只有那些间接传播的片段才传给我们。[③] 这意味着口耳相传这一繁荣发达的历史写作类型（genre of historical writing），可能会被同时期至少从事写作的部分人士认为是不完整的，而且因时间和地点不同，它很可能会被认为是带有一定偏见的。

阿伽桑格罗斯所描述的对基督教的暴力抵抗在后续时期同样发生。此时期亚美尼亚的贵族们情愿执行信仰拜火教的萨珊人的命令。许多人继续寻求娱乐，而演唱诗人和他们的诗歌、传说与史诗，则寻求保存英雄之勇敢（the heroic valour，kajut'iwn）和国王之

187

---

① Garsoïan, *Epic Histories*, 51 nn. 239 - 240.

② 参见 James R. Russell, *Zoroastrianism in Armenia* （Cambridge，1987）；and Russell, *Armenian and Iranian Studies* （Cambridge and Boston，2004）。

③ 书面成文素材具有可被口耳相传的可能性，这显示了它们和传统的、有关可歌可泣的人与事的口头纪念形式之间有着一种竞争态势。"尤其是将之与《史诗历史》中的某些素材相比，人们有时感觉到假如不说出来的话，这些成文素材会占有最大的优势。"Robert W. Thomson，'Armenian Literary Culture through the Eleventh Century'，in Richard G. Hovannisian（ed.），*The Armenian People from Ancient to Modern Times*，vol. 1 （London，1997），207.

超自然荣光的记忆。① 在亚美尼亚字母发明以前，已经身为基督徒的国王和贵族的功绩，也是以这种方式记录的。这为演唱诗人和他们创作形式的基督化进程开辟了道路。这一进程的充分展开将花上几个世纪的时间，并没有完全消除传统的口头写作（the traditional oral composition）和阻止非基督教素材的流传（transmission of non-Christian material）。

　　这种对口传传统不可避免的依赖所引发的矛盾，在莫夫谢斯·克勒纳兹（Movsēs Xorenac‘i）的《亚美尼亚人史》（*Patmut‘iwn Hayoc‘*）中能深切感受到。② 他对编年史（chronology）的偏爱和对成文资料（written sources）的依赖，对中世纪阶段余下的时间里的亚美尼亚历史编撰的意义将是决定性的（defining）。作为该作品诞生源泉的那种教育形式，是由广布于东地中海世界的希腊语学校提供的，这种教育起先是异教性质的，后来变成了基督教性质的，这种情形使得亚美尼亚人在发明亚美尼亚字母之后不久，便能够生产出所涵广泛、翻译与原创并存的高质量文献。然而，当克勒纳兹责怪他的赞助人兼庇护人斯姆巴特·巴格拉图尼（Smbat Bagratuni）时，这种理想的不足之处便十分明显地暴露出来，因为后者对其他类型的故事感兴趣："那么，在这些淫秽下流、荒诞不经的彼乌拉斯布·阿兹达阿克（Biurasp Azhdahak）的寓言故事中，你能找到什么样的乐趣呢？你为什么要为了那些荒唐、杂乱无章且彼此矛盾、愚蠢低能出了名的波斯故事（Persian stories）来麻烦我们呢？……它们肯定不是高贵、精美、富含蕴意、将诸事件的意义以寓言方法蕴藏其中的希腊寓言（Greek fables）吧？"在本书三卷的第

---

① 关于"英雄之勇敢"（*kajut‘iwn*）和"国王之超自然荣光"（*p‘ařk‘*）的伊朗背景与超自然意谓，见 Garsoïan，*Epic Histories*，534‑535，552。

② Robert W. Thomson, *Moses Khorenats‘i: History of the Armenians* (Ann Arbor, 2006). 过去人们一度将这部亚美尼亚文学中的杰作的成书时间定在 5 世纪，这种做法引发了诸多讨论。近期一项合理的研究将该作品的最终版本的时间定在 775 年之后；Nina G. Garsoïan, 'L'Histoire attribuée à Movsēs Xorenac‘i: que reste-t'il à en dire?' *Revue des Etudes Arméniennes*, 29(2003‑2004), 29‑48。

一卷和第二卷之间，克勒纳兹另外设置了一个插曲（an extraordinary intermezzo），由此将那些波斯寓言（the Persian fables）分离开来，并就这些波斯寓言向他的赞助庇护人解释，他把赞助庇护人的好奇巧妙地归因于他青春年少。①

在莫夫谢斯那里，人们会看到，作者对口耳相传式材料的态度是有所变化的。有时候，在缺乏更加值得信赖的材料时，莫夫谢斯遗憾地撷取那些有关前基督教时代亚美尼亚历史的材料，作为其叙述的基础，而在使用伊朗语材料时，情况就不是这样。斯姆巴特和其他普通信众可能并没有做出这样的区分。莫夫谢斯的确引用了他自己所听到的那些非基督教诗歌和史诗故事残篇，这些诗歌和残篇与《史诗历史》一道，构成了有关它们的尽管牵强却最为重要的证据。② 在接下来的多个世纪里，人们对它们依然感兴趣：直至进入 10 世纪，拥有教士身份的作者依旧谴责前基督教时代的葬礼；而且据人们所知，那些被演唱诗人用来取悦贵族阶层甚至国王的宴会，也在这一时期举行。

人们想知道，那些流传下来的诗歌、传说以及史诗故事中的非基督教内容，会在何种程度上依然主导着演唱诗人的节目单。亚美尼亚文化及其各种制度的逐渐基督教化，影响了这些记录英雄勇武与神授王室之荣耀的载体，就像它也影响了其赞助人一样。我们在某些历史学家和教会教士那里发现的、针对演唱诗人的负面态度，可能会导致我们忽略这样一种发展情形。莫夫谢斯·达斯库兰兹（Movsēs Dasxuranc'i）7 世纪晚期至 10 世纪的混合式作品——《高加索阿尔巴尼亚人史》（Patmut'iwn Ałuanic' ašxarhi），也许反映了这种逐渐基督教化的结果。③ 该作品描述了亚美尼亚人东北方邻居的兴衰变迁，而这些邻居自公元 1 世纪至 6 世纪时处

---

① Thomson, *Moses Khorenats'i*, 123 - 125 at 123. 参见 Edward Gulbekian, 'Movses Xorenac'i's Remarks to His Patron', *Le Muséon*, 97(1984), 59 - 79.

② Thomson, *Moses Khorenats'i*, 9 - 11, 116 - 120 (I. 30 - 1).

③ C. J. F. Dowsett, *The History of the Caucasian Albanians* (London, 1961).

于帕提亚安息人的一支的统治之下，并且据说在亚美尼亚传教士的作用下，皈依了基督教。这些人所使用的字母据称是由梅斯罗布·马希托特斯发明的，而他们的教士集团则从属于亚美尼亚教士团体。[①] 该书第二卷描述了 7 世纪王公元歇尔（Prince Ĵuanšēr）的伟业，其中包含一篇王公被谋杀后吟唱的字母的挽歌，有些学者认为，该卷是一位"吟唱诗人"的作品（'vēp'，传奇）。该书的某些部分还包含有信函副本，或者一些带有教父口吻的表述，此外，它还包括一段圣徒传记，重点述说一具真十字架的发现。[②] 这段圣徒传记讲述了虔诚者元歇尔（the pious Ĵuanšēr）的生平和他年纪轻轻就被选当高加索阿尔巴尼亚最高军事统帅的事情，以及他在应对希腊人、波斯人和阿拉伯人时所表现出来的军事实力和外交智慧。在终其一生的大部分时间里，他都表现得既虔诚又谦卑："按照上帝的旨意，幸运的元歇尔在这动荡的生涯中统治了这片土地。"[③]在这种情况下，他"出发前往山区，为的是整个年度的庆祝活动；在训练有素的吟游诗人的陪伴下，他很高兴地花时间做了土地调查"。[④]此处对"训练有素的吟游诗人"出现在敬畏上帝且拥有大批随从的

189

---

① Hewsen, *Armenia*, 40. 关于语言及相关文学成就的新近研究，见 Jost Gippert, Wolfgang Schulze, Zaza Aleksidze, and Jean-Pierre Mahé（eds.）, *The Caucasian Albanian Palimpsests of Mount Sinai*（Turnhout, 2008）。

② Dowsett, *Caucasian Albanians*, 107 – 149（II. 17 – 35）; *vēp*（'romance'）, at p. 109 n. 3,引自 H. N. Akinean, 'Movsēs Dasxuranc'i（called Kałankatuac'i）and his History of the Albanians', *Handēs Amsoreay*, 67（1953）, 169。Dowsett, *Caucasian Albanians*, 109 n. 3 倾向于这样一种观点："有关元歇尔（Ĵevanšēr）的篇章……其构成部件（episodes）很明显要归功于吟唱诗人的抒情特质（the lyricism of the bards），而非编年史家对真实性的追求（the veracity of the chroniclers）。"这种描述接近那些有关史诗故事的特点的表述。第 129 页的这一表述"现在我该讲些什么，现在我该讲些什么？"（'Now what shall I relate, now what shall I recount?'）, 和约翰·克里索斯托姆（John Chrysostome）在布道中的表述转换非常相似。

③ Dowsett, *Caucasian Albanians*, 137（II. 32）。

④ 同上，142（II. 34）。在考订本中，"诗人—表演者"一说（the *gusans*）位于下一句的句首。

统治者身边一事的不经意评论，让人觉得这事情已成常态。他们会用诗歌和史诗故事取悦这位王公，而且他们自己可能还会就他的生平谱写出颂词或史诗故事。

回到都城帕尔托（Partaw）之后，为庆祝"光荣十字架"日（the feast of the Exaltation of the Cross），他在自己的装饰华丽的礼拜堂里作祷告。但是，

> 备受赞誉和爱戴的元歇尔，这位怀着渴念的将军，用他万能的智慧使所有人都服从他的权威，享受着这个世界上所有的好东西，并为自己的智慧感到骄傲。但是后来，这位受人爱戴和享有光辉荣耀的人，却因身陷恶行而变得虚荣和空虚寂寥，荣耀尽失，这只因他触犯了上帝的诫命。一切都变成了一张蜘蛛网（cf. Job 8，14），精彩辉煌遽然消失。[1]
>
> ……怀有背叛之心的瓦拉佐伊（Varazoy）……盘算着他的死期，酝酿着邪恶的想法，引诱他沾上淫荡行径，用欺骗言语说服他，让他耽溺于淫乐。当这位王公在入夜时分现身于自己的宫殿，沿着穿过花园花坛的小径走路时，他仅身带一把佩刀而未带护盾，而全副武装的护卫军则立于宫殿大门，无所关心，无所担心，沉沉入睡。

瓦拉佐伊起事，这位王公反击。"但那一至高无上的力量抛弃了他，把他交到了自己所养的、自己最喜爱的人手中。"[2]瓦拉佐伊让这位王公身负致命之伤。元歇尔因背离上帝之道而遭受上帝抛弃的情形，在《圣经》中能找到一个类似模型，而在《史诗历史》中也能找到类似的例子：其中，那位国王因做出与自己身份不符的事情，失去了他的神授荣耀。

此处这一有关元歇尔的光辉伟业的部分，以一首亚美尼亚世俗

---

① Dowsett, *Caucasian Albanians*, 142.

② 同上，144（II. 34）。

诗歌收尾，而这首诗歌在自从人们接受基督教以来的时间里，是我们所有的、最早的亚美尼亚世俗诗歌；在形式上，它是一篇字母挽歌，用来表达对这位王公的歌颂之意和死亡哀悼之情。就在紧挨着它的前面内容里，达斯库兰兹对它的作者进行了一番描述：

> 伟大的贵族与举国上下同聚，以沉痛之心、悲切之声哀悼这位王公。一位名叫多塔克（Dawt'ak）的演讲者出现了。他精于艺术创作，长于想象操演，熟于慷慨诗歌唱赋；他用丰富、雄辩的演说将自己的讲演表达得相当出色；他的口就像某位一切都已准备就绪的作家的笔。在进入王廷后，他待了很长的时间。当这位伟大的将军突遭刺杀的可怕消息传遍我们的东部领地时，他便开始以离合诗/藏头诗的形式（in acrostic form），向这位值得尊敬的元歇尔吟唱这首挽歌。[1]

正如演唱诗人那样，多塔克发挥着自己作为一名宫廷诗人的角色。他是一位行旅诗人（a travelling poet），一名基督徒——或者他至少吟唱基督教诗歌，并且接受诗歌创作教育。他也许会被人们视作一名基督徒演唱诗人，为基督徒贵族们表演。查尔斯·多赛特（Charles Dowsett）认为它明显具有这样一种可能性：诸多有关元歇尔的文段，构成了"向这位王公所做的公开表达的一部分，而这种公开表达可能就是由那位多塔克完成的"。[2] 以我之见，在元歇尔的圈子里，混合着口传传统和书写传统的背景和叙述技巧。呈现在我们面前的这一例证，反映了亚美尼亚文化基督教化所促成的结果。其中，亚美尼亚文化已经从它的"祖传文化"中产生"蜕变"。[3]

190

---

[1]　Dowsett, *Caucasian Albanians*, 145（II. 34）.

[2]　同上，129 n. 4.

[3]　此处的评论并非针对高加索阿尔巴尼亚的实际特征，而是针对它在亚美尼亚语材料中的呈现。

因此，早期亚美尼亚历史著作并不像它自诩的那样，代表着全部的观点和态度。因人们追随古老的琐罗亚斯德教，或偏好通过演唱诗人、其宴饮上的作品以及其他特别重要场合来传播文化记忆，故而引发了各种潜在的矛盾，这些矛盾均可以在这些文本中找到。而要找到这些矛盾，我们必须依赖一种记忆保存模式所留下的蛛丝马迹，这些蛛丝马迹即使没有彻底消失，也几乎被遗忘了。

书写历史与支持神学

在早期看似统一的历史撰述中，我们能发现一种更为深层的对立情形，这一情形存在于卡尔西顿和非卡尔西顿基督教（Chalcedonian and non-Chalcedonian Christianity）之间。受这种情形影响而出现的紧张不安状态，奠定和刺激了伊斯兰教到来后的时期所编纂的作品。早期的对抗式写作都旨在针对亚美尼亚前基督教时代留下的信仰残余，只有伊兹尼克（Eznik）在 5 世纪所著的《驳诸教派》（*Etc ałandoc'*）是个例外，它除了考察希腊哲学家和拜火教徒外，还考察了马吉安派（the Marcionites）。[1] 当卡尔西顿宗教会议（451 年）通过的决议开启了亚美尼亚诸教派之间的裂痕后，这一情形改变了。尽管 6 世纪的亚美尼亚宗教会议触及了卡尔西顿会议有关基督二性论的决议，但正是 7 世纪早期的格鲁吉亚和亚美尼亚教会之间的分裂，迫使亚美尼亚教会（the Armenian Church）明确反对卡尔西顿决议。[2] 然而，只有等到 726 年的曼兹科特会议（the council of Manazkert）之后，大公牧首奥伊内兹家族的约夫哈内斯三

---

[1] 作为一种信仰，琐罗亚斯德教的残余依然存在；在 12 世纪，内尔谢斯·希诺尔哈利（Nersēs Šnorhali）提及有关"太阳的孩子"（the Children of the Sun）的内容。见 Russell, *Zoroastrianism*, 515 - 539。Cf. Louis Maries and Charles Mercier, *Eznik de Kołb: De Deo*（PO, XXVIII, 3 - 4；Paris 1959）。

[2] 参见 Nina Garsoïan, *L'eglise armenienne et le grand schisme d'Orient*（Louvain, 1999）。

世（Yovhannēs III Ōjnecʻi，717—728 年在位），才使教会的神学拥有一个最终可靠的立足点。

　　7 世纪的亚美尼亚历史著作的重要性，在于它无意中说明了国家在教义上的摇摆不定。尽管那部包含 5—13 世纪亚美尼亚教会官方信函的合集——《教函集》(the Girkʻtʻltʻocʻ)反映了教会领袖所赞同的神学观点，但它删除了 618—703 年这一时段里的任何教函，在这一时期，亚美尼亚教会的非卡尔西顿神学正面临着人们的严重质疑。不过，还是有一部关乎亚美尼亚历史的叙述作品留存了下来，这一作品问世的时间可追溯至 7 世纪末，且其撰述视角是卡尔西顿式的，但仅留存在后来的希腊文译本中。因此，《亚美尼亚史述》(The Narratio de Rebus Armeniae)表现了一种颇有价值的神学观点，尽管几个世纪里在不断变动的亚美尼亚领土内部和外部都不断呈现出对这种观点的信奉，但它并未成为主流。① 此外，当阿拉伯的力量衰退之时，希腊正教会的牧首佛提乌斯（Photius，858—863，877—886 年在职）也运用这一文本，同亚美尼亚教会达成了和解。它还是阿尔瑟尼·萨巴列里（Arseni Sapareli）在不早于 1004 年所创作的格鲁吉亚语论著——《关于格鲁吉亚人与亚美尼亚人的分离》(Ganqopisatvis kartvelta da somexta)一书的资料来源。这代表了一种更加具有对抗特质的观点，即谴责亚美尼亚教会的反卡尔西顿立场。② 这一由非亚美尼亚素材所体现的亚美尼亚少数派意见的例证，也许佐证了阿尔瑟尼所解释的、后来被阿伽桑格罗斯加以重复的、有关启示者圣格列高利的幻象和预言。

191

---

① 　参见如 V. A. Arutjunova-Fidanjan，'The Ethno-Confessional Self-Awareness of Armenian Chalcedonians'，REArm，21(1988 - 9)，345 - 363。

② 　Zaza Aleksidze and Jean-Pierre Mahé，'Arsen Sapareli：Sur la separation des Géorgiens et des Arméniens'，REArm，32(2010)，59 - 132，63 - 83（关于阿列克希兹〔Aleksidze〕对该作品成书时间的讨论）。阿列克希兹对该作品的成书时间作出了判断，而我们却把它归在了"阿尔瑟尼·萨巴列里"名下，将这二者放在一起，会引发时间顺序上的混乱，但人们还是习惯于把它归在"阿尔瑟尼·萨巴列里"名下。

预言提到，某些人会脱离信仰，而另外一些人则会持之以恒；前者由那些身上的羊毛自雪白色变成黑色的人来代表，而后者则由羊毛色泽依旧的人来代表。萨巴列里将亚美尼亚教会的核心人物塑造为事件发生之前的卡尔西顿信徒，而将那些继承格列高利遗产的非卡尔西顿教徒，也即占据主流地位的亚美尼亚教会，塑造成误入歧途的人。[①]

乌克塔内斯（Uxtanēs）10 世纪的《亚美尼亚史》（*Patmut‘iwn Hayoc‘*），在对《教函集》中包含两大教会分裂的信函部分进行再解释时，维护一种截然相反的观点。乌克塔内斯坚定地站在亚美尼亚教会决议一边。这三部著述——希腊文的《史述》、萨巴列里的格鲁吉亚文作品和乌克塔内斯的亚美尼亚文著作，都为我们提供了对基督教过往进行重新解释的例证，这在亚美尼亚历史编撰中逐渐发展成了一个重要议题。

涉及亚美尼亚人与格鲁吉亚人之间关系问题的另一部修订作品，是大约 13 世纪早期对《格鲁吉亚语编年史》（*K‘art‘lis C‘xovreba*）所做的亚美尼亚文改编。[②] 这一亚美尼亚文本经过了大量删减，不过它还是有一些拓展，它引入了那些在亚美尼亚历史编撰中被人们阐述得更多的问题，或者在格鲁吉亚掌控着亚美尼亚的大片土地的时期，意在将亚美尼亚人置于有利的地位。试举一个例子就够了。在格鲁吉亚文本提到国王米利安（Mirian）同意既崇奉波斯神又崇奉传统诸神时，亚美尼亚文本则提到他仅崇奉前者；该亚美尼亚文本声明，格鲁吉亚人已宣布"若让我们和祖先的仪式

192

---

① 参见 Thomson, *Agathangelos*, 281,291 - 293；Thomson, *Lives of St Gregory*, 342 - 343,350 - 351（§§740,753 - 754）；and Aleksidze and Mahé, *Arsen Sapareli*, 90,109（§VII, 1）。阿伽桑格罗斯更愿意看到希腊基督教在亚美尼亚的影响力胜过更早时期叙利亚基督教的影响力；参见 Garsoïan, *Epic Histories*, 46 - 47。

② Robert W. Thomson, *Rewriting Caucasian History：The Medieval Armenian Adaptation of the Georgian Chronicles. The Original Georgian Texts and the Armenian Adaptation*（Oxford, 1996）。

相分离,还不如让我们去死"。如此,它重申了叶里舍关于维护先祖习俗的核心观念。[1]

神学方面的争论在一性论派(miaphysite)的著述《无名氏编年史》(Ananun Žamanakagrut'iwn)中得到了进一步缓和。蒂姆·格林伍德(Tim Greenwood)似乎成功地将这一作品归在皮龙·提拉卡兹名下,其成书时间则追溯至686年9月到689年或690年9月之间。它由两部分构成,且都是从希腊文翻译而来:它是一部梗概式普世编年史,和那部由亚历山大里亚的阿尼亚努斯(Annianus of Alexandria)所著的、业已失传的《编年史》(Chronography)相近;此外,它还是一部教会史概要。研究表明,以往的学术探讨都低估了"基督一志论"(monotheletism)在亚美尼亚所发挥的作用。[2]

伊斯兰教到来后作为历史著作之构成部分的预言、神启和挽歌

当我们考量伊斯兰教到来后的亚美尼亚历史著作时,几个特征就会显现出来,即:神启观念、预言、幻象和挽歌。在这一时期的整个历史著作中,并不是所有这些特征都会以同样的情形出现。它们中的一些在更早的作品中也能找到,这些作品构成了我们所确认的原创著述或者其后的添改作品和翻译作品的组成部分。它们所涵盖的事件范围通常扩及亚美尼亚之外。

伊斯兰教的到来带来了这样一个难题:为什么阿拉伯人也即现在的穆斯林,突然打乱了事物原有的有序状态?这一问题首先在7世纪的《赛贝奥斯的史述》(Patmut'iwn Sebeosi)中得到了说明。这位身份不明的作者所运用的两种解释方法都是《圣经》式的:它所引用的各种诗句,都提及"来自南方的危险";它还诉诸但

---

[1] Robert W. Thomson, *Rewriting Caucasian History*, pp. xlviii, 76–77.

[2] Tim Greenwood, '"New Light from the East": Chronography and Ecclesiastical History through a Late Seventh-Century Armenian Source', *Journal of Early Christian Studies*, 16:2(2008), 197–254.

以理的有关"四野兽代表四王国"的预言。"赛贝奥斯"（Sebēos）将他们解释成希腊人、波斯人、北方民族和穆斯林。[1] 他预期末日真的即将来临，并相信敌基督（the Antichrist）已栖身大地。"赛贝奥斯"是第一个发出神启讯号的人，但在整个亚美尼亚世界，他也许并不是唯一这样做的人，因为莫夫谢斯·达斯库兰兹的（Movses Dasxuranc'i）《高加索阿尔巴尼亚人史》（Patmut'iwn Ałuanic' ašxarhi）在前半部分就包含了与之相似的材料，其时间可初步定在630年代。[2] "赛贝奥斯"将穆斯林对圣地的征服解释成基督徒自身罪孽的结果，正因如此，他们丧失了自己原有的地位，正如犹太人因反对基督而有的遭遇那样。而阿拉伯人贞洁又谦恭，所以上帝暂时将圣地的占有权交给了他们。

考虑到穆斯林对基督徒的迫害，勒温德（Łewond）（8世纪晚期）未能秉持"赛贝奥斯"的立场，而是预言亚美尼亚将要从穆斯林的统治下解放出来。这一总的解释框架伴随着两大新王国的形成而得到确证，这两大新王国是：北边以阿尼城和卡尔斯为中心的巴格拉提德王朝（870年代），南边以范湖为中心的瓦斯布拉坎（Vaspurakan）的阿尔克鲁尼王国（the Arcruni kingdom，908年）。这两大王国在11世纪早期和中期被拜占庭吞并，不久以后，它们又遭到塞尔柱人的入侵。这些都构成了阿里斯达克斯·拉斯蒂维尔特兹（Aristakēs Lastivertc'i）《历史》（Patmut'iwn，约1080年）的叙述主题。阿里斯达克斯在很大程度上按照《旧约》

---

[1] Robert W. Thomson，'Christian Perception of History：The Armenian Perspective'，in J. J. van Ginkel，H. L. Murre-van den Berg，and T. M. van Lint (eds.)，*Redefining Christian Identity：Cultural Interaction in the Middle East since the Rise of Islam* (Leuven，2005)，38.

[2] Tim W. Greenwood，'Sasanian Echoes and Apocalyptic Expectations：A Re-evaluation of the Armenian History Attributed to Sebēos'，*Le Muséon*，115 (2002)，323 - 397，特别是 375 - 388。詹姆斯·霍华德·约翰斯顿（James Howard Johnston）在其著 James Howard Johnston，*Witnesses to a World Crisis：Historians and Histories of the Middle East in the Seventh Century* (Oxford，2010)，70 - 137 中将"赛贝奥斯"和达斯库兰兹的作品视作史料。

样例，对降临在亚美尼亚人身上的灾难进行描述，亚美尼亚人的再度不敬神，自然招致了经由外族施以的神圣惩罚。阿里斯达克斯并没有预言一位神启的世界皇帝来进行救赎；他的历史观是道德化的，即一个人可以通过背弃罪孽而重新获得神圣眷恩。①

伪美多迪乌斯（Pseudo-Methodius）7 世纪晚期的叙利亚神启在亚美尼亚具有影响力。而斯德帕诺斯·奥尔贝勒安（Step'anos Ōrbelean）13 世纪晚期的作品——《西瓦尼克区史》（Patmut'iwn nahangin Sisakan〔History of the Province of Siwnik'〕）引用了这一神启，它是以附录的形式加以引用的，而这则附录正是附在专门献给 8 世纪学者斯德帕诺斯·西瓦内兹（Step'anos Siwnec'i）的那一章之后。神启提到，罗马人（拜占庭人）在战胜以实玛利人（穆斯林）后，会带来和平。而在这之后，歌革（Gog）和玛革（Magog）会毁灭世界，接着"地狱之子"会现身，为基督再临铺平道路；基督再临会使不虔敬者绝灭，而使正义者如光明之星般上升。②

早期历史学家围绕预言所做的发挥，成为用来型构解释模式的更进一步方式。在《史诗历史》（IV. 13）中，牧首内尔赛斯（Nersēs）说道："我看到了一种景象（a vision），堕落和毁灭正向这个命中注定的亚美尼亚王国逼近。"内尔赛斯预言了 387 年亚美尼亚在罗马人和萨珊人之间的分裂。10 世纪的《圣内尔赛斯传》（Patmut'iwn S. Nersisi Part'ewi Hayoc'hayrapeti，有后续修订）将这一预言扩展成有关 428 年安息王国陷落、150 年后（实际上在 614 年）波斯人对耶路撒冷和十字架（Jerusalem and the Cross）征服的预言；当十字架

194

---

① Robert W. Thomson, 'The Concept of "History" in Medieval Armenian Historians', in Anthony Eastmond（ed.）, *Eastern Approaches to Byzantium*（Aldershot, 2001）, 95 - 96；及 Thomson, 'Aristakes of Lastivert and Armenian Reactions to Invasion', in R. G. Hovannisian（ed.）, *Armenian Karin/Erzurum*（Costa Mesa, 2003）, 73 - 88。

② Thomson, 'Christian Perception of History', 42；参见 Greenwood, 'Sasanian Echoes', 383。

要交给希腊人的时候，以实玛利人会取代他们成为圣城的统治者。在罗马人到来之前希腊人会一直臣服于他们，这群罗马人被称作法兰克人（Franks），他们会占领耶路撒冷。在几个世纪里，亚美尼亚会备受折磨，而弓箭手一族则会入侵。弓箭手一族经常被用来指蒙古人（the Mongols），但也被用来指塞尔柱人（the Seljuks）。①

事情的核心在于由罗马人/法兰克人带来的解放，而这一核心在 12 世纪的埃德萨的马修（Matthew of Edessa）的《编年史》（Žamanakagrut'iwn）中，有了详细的说明，该书的叙述年限上起951 年，下至 1136 年。该作品按照四个时期划分结构，而这四个时期又是根据两个幻象来划分，这两个幻象为约夫哈内斯·克泽恩（Yovhannēs Kozeṙn）这位牧灵者分别于 1029 年（或 1030 年）和1036 年（或 1037 年）获得。② 正如马修所讲述，克泽恩的幻象要归功于伪美多迪乌斯，因为他承诺在罗马人之王（the king of the Romans）的统治下最终会实现繁荣，而这位罗马人的王指的就是伪美多迪乌斯的最后一位世界皇帝。和赛贝奥斯一样，马修也运用了但以理的有关四王国的梦境。对他来说，要想将距今很近的过往纳入幻象所指定的框架，继而归纳出它的特点是不容易的：它既不是一段对所犯罪孽进行持续性惩罚的时期，也不是一段明确预示着神圣救赎的时期。③

托夫玛·阿尔克鲁尼（T'ovma Arcruni）10 世纪的《阿尔克鲁尼家族史》（Patmut'iwn Tann Arcruneac'）运用古典方法，对瓦斯布拉坎的一个特定区域和该地区占统治地位的家族的发达史，展开了

---

① Thomson, 'Christian Perception of History', 42 - 43.
② 马修进行历史写作的方法在 Tara L. Andrews, *Prolegomena to a Critical Edition of the Chronicle of Matthew of Edessa*, *with a Discussion of Computer-Aided Methods Used to Edit the Text*, D. Phil. thesis, Oxford, 2009, 51 - 87 中有阐发；参见 Thomson, 'The Concept of "History" in Medieval Armenian Historians', 96 - 97。
③ Andrews, *Prolegomena to a Critical Edition of the Chronicle of Matthew of Edessa*, 59 - 65.

叙述。他是第一个提及并引用莫夫谢斯·克勒纳兹作品的人。托夫玛将阿尔克鲁尼家族的先祖追溯至亚述（Assyria），堪比莫夫谢斯（Movsēs）为其巴格拉提德王朝赞助人追溯的犹太谱系。托夫玛将自己从早期历史学家那里得来的意象用于描述更晚近的事件：叶里舍已使用《马加比书》(the Book of the Maccabees)模式来描述萨珊人的对手，而轮到他自己时，对手则变成了穆斯林。他写史的目的和莫夫谢斯的很接近：旨在寻求此世的名声，而写作的方法则会考虑到"准确性、可靠性、严格的年代顺序和文雅性"，而这一切都是莫夫谢斯所赞许和支持的。莫夫谢斯本人是一位沉浸于希腊文化和古代晚期学术与修辞的人。①

　　莫夫谢斯对精确年代顺序的关注反映在了斯德帕诺斯·塔罗内兹（Step'anos Taronec'i）的《普世史》(Patmut'iwn tiezerakan，约1004年）中，后者又被人们称作"歌者、讲述者和朗诵者"阿索里克（Asołik）。莫夫谢斯不仅用到了优西比乌斯的《教会史》(Ecclesiastical History)，而且还受到了他所著《编年史》(Chronology)的影响。阿索里克的作品由三卷构成，正像莫夫谢斯的作品那样，三卷中的头两卷总体上都是事件列举，第二卷内容有所拓展；到了第三卷，开始放弃列举而描述巴格拉提德王朝。该作品的目标在于留给后人一个信息来源，以帮助他们行走在真理之道上，直到末日的来临。阿索里克将自己的写作建立在他所列举的亚美尼亚前辈历史学家之上，而他所追随的则是拉扎尔·帕尔佩兹。②

　　阿尼城的塞缪尔（Samuel of Ani）的《编年史》(Žamanakagrut'iwn)叙述至1182年，该书后来有各种更新。它分成两个部分，第一部分对应前基督时期，第二部分对应后基督时期。第二部分全部按年代顺序展开，效仿优西比乌斯的《编年史》(Chronicle)，以并

195

---

① Thomson,'The Concept of "History" in Medieval Armenian Historians', 92.

② 同上，93-94。

排两栏的形式分布。① 他所用的比较方法的宗旨是,即便文献中所载的时间不同,也要保持连贯一致。这种比较方法在 13 世纪瓦尔丹·阿列维尔兹(Vardan Arevelc'i)的《历史汇编》(*Hawak'umn Patmut'ean*)中也能找到。这表明作者运用了对《圣经》进行评注的方法,其中,引用前后相继的评论者的评注内容,从而全面展示所诠释的观点。②

阿伽桑格罗斯关于国王特达特和启示者格列高利拜访罗马皇帝康斯坦丁和教宗优西比乌斯(Eusebius)(后来的西尔维斯特〔Silvester〕)并结盟的描述,在诸个世纪里不断有新的内容添入。尽管更早的国王特达特一世(Trdat I)确实造访过皇帝尼禄(Nero),但这一故事所基于的事实基础并不清楚。在十字军征服耶路撒冷之后,在业已发生变化了的政治环境里,这一点变得尤其重要。对于亚美尼亚一方来说,罗马教会日益成为关注的焦点。当大亚美尼亚(Greater Armenia)的反拉丁化情势依然强劲的时候,在亚美尼亚西里西亚王国(the Armenian kingdom of Cilicia)中,一个亲拉丁派别开始发挥重要作用。两个文献都是出自 12 世纪晚期的西里西亚:归在萨拉米斯的埃皮哈尼乌斯(Epihanius of Salamis)名下的一则讲道词,给这个故事的核心部分加上了一个内容——国王特达特等人造访耶路撒冷;在造访期间,他们自己把这些神圣的地方进行了分割。③ 在《爱与睦的信函》(*Dašanc' t'ułt'*)中,康士坦丁和特达特之间的协约同伪美多迪乌斯通过罗马王获

---

① 参见 Karen Mat'evosyan, *Samuel Anec'i: The Manuscripts of his Chronology and the Newly Found Additions* (Erevan, 2009, in Armenian). 参见 Robert W. Thomson, 'Medieval Chroniclers of Ani: Hovhannes, Samvel, and Mkhitar', in Richard G. Hovannisian (ed.), *Armenian Kars and Ani* (Costa Mesa, 2011), 65-80.

② Thomson, 'The Concept of "History" in Medieval Armenian Historians', 94-95, 98-99.

③ Thomson, 'Christian Perception of History', 43-44. 参见 Thomson, 'Constantine and Trdat in Armenian Tradition', *Acta Orientalia Academiae Scientiarum Hungaricae*, 50(1997), 277-289; Thomson, *Lives of Saint Gregory*, 79-87。

救的观念相关联。13 世纪的几位历史学家将这一故事接续下去。基拉科斯·甘雅克兹（Kirakos Ganjakec'i）引入了一个重要主题："他们说圣格列高利在圣墓上悬挂了一盏灯，并通过祷告要求上帝，在神圣的复活节这一天，这盏灯不用可见光就能点亮，而这就是这一天到来的讯号。"①基拉科斯本人了解大亚美尼亚一带的蒙古人。他的《亚美尼亚人史》（*Patmut'iwn Hayoc'*）叙述至 1266 年，196 采用有关世界末日的神启素材来理解他们在历史中的意义。② 在其他著作中，人们进一步讨论已被加以各种解释的蒙古人出现这一问题，其中包括斯德帕诺斯·奥尔贝勒安的《西瓦尼克区史》（*Patmut'iwn nahangin Sisakan*，1299 年）和斯姆巴特·斯巴拉佩特（Smbat Sparapet）的《编年史》（*Taregirk'*），而斯姆巴特·斯巴拉佩特是西里西亚国王赫图穆一世（Hethum I）的兄弟，并担任军事统帅。③

结论

　　在此次考察将要结束之时，我们可以一一重申这三大主题。在接受基督教以后，亚美尼亚历史著作的形成时期见证了记忆和历

---

① Thomson，'The Concept of "History" in Medieval Armenian Historians'，98；Thomson，'The Crusades through Armenian Eyes'，in Angeliki E. Laiou and Roy P. Motaheddeh（eds.），*The Crusades from the Perspective of Byzantium and the Muslim World*（Washington, DC, 2001），71 - 82；K. A. Melik'-Ōhanǰanyan，*Kirakos Ganjakec'i：History of the Armenians*（Erevan，1961，in Armenian），11；Zaroui Pogossian，*The Letter of Love and Concord：A Revised Diplomatic Edition with Historical and Textual Comments and English Translation*（Leiden，2010）.

② 参见 Zaroui Pogossian，'Armenians, Mongols and the End of Times：An Overview of 13th-Century Sources'，in Sophia Vashalomidze, Manfred Zimmer, and Jürgen Tubach（eds.），*Representation of the Mongols in the Caucasus：Armenia and Georgia*（Wiesbaden，2012）。感谢伯格茜安博士（Dr Pogossian）的好意，是她任由我使用她尚未出版的文章。

③ 参见 Bayarsaikhan Dashdondog，*The Mongols and the Armenians*（1220 - 1335）（Leiden，2011）。

史解释之目的与方法的急剧转向,它首先要求拒斥演唱诗人,然后逐渐使之基督教化。在早期文本中,我们可以探察到,基督徒历史学家和那些仅仅是逐渐基督教化了的亚美尼亚人是彼此对立的。亚美尼亚教会最终选择的是一种非卡尔西顿立场,而这并不能掩盖持卡尔西顿立场的亚美尼亚人以及其传播不广的史著不断出现的事实。伊斯兰教的到来要求人们用新的方法探询历史,这些方法在诸种神启、梦境和预言中可以找到,在形塑和解释历史著作方面,它们将逐渐发挥重要的作用。

人们通常认为,亚美尼亚历史著作属于具有一定篇幅且能吸收各种表达方式的散文体叙事(prose narratives)。然而这忽略了那些具有更长篇幅的诗歌的存在,这种诗歌以格里戈尔·玛吉斯特罗斯·巴拉乌尼(Grigor Magistros Pahlawuni)的《上帝大能之所为》(*Magnalia Dei*,约 1045 年)为模本写成,该书用千个诗行概述了《圣经》中的救赎史,自亚当一直写到帕提亚人格列高利(Gregory the Parthian)使亚美尼亚皈依基督教,而后者正是玛吉斯特罗斯的家族声称的世系开端。[1] 内尔赛斯·斯诺尔哈利(Nersēs Šnorhali)的《史诗故事》(*Vipasanut'iwn*),完全按照早期历史学家的路径,将他家族史放在救赎进程不断展开的格局之中。这些通常带有 8 音节诗行、时常有"- in"形式单韵的诗歌形式,在大型的挽歌中有过运用;这些挽歌创作于重大事件发生后不久,例如内尔赛斯·斯诺尔哈利的《埃德萨陷落挽歌》(*Ołb Edesioy*,1145)、格里戈尔·特雷(Grigor Tłay)的《耶路撒冷被占挽歌》(*Ban ołbergakan vasn aṙman Erusałemi*,1189)和阿拉克尔·巴里谢兹(Aṙak'el Bałišec'i)有关君士坦丁堡陷落的悼文,这一悼文同样包含神启素材。[2] 像许多

---

① Abraham Terian, *Magnalia Dei*: *Biblical History in Epic Verse by Grigor Magistros. The First Literary Epic in Medieval Armenian*. Critical Edition with Introduction, Translation and Commentary (Louvain, 2012). 感谢特里安教授让我使用他尚未出版的著作。

② A. K. Sanjian, 'Two Contemporary Armenian Elegies on the Fall of Constantinople, 1453', *Viator*, 1(1970),223 - 261.

散文体史述一样，这些挽歌不仅描述了事件，而且还将这些事件置于一个解释性框架中，即上帝通过外部的力量惩罚罪孽，以及人们对拯救的渴求不断强烈，而这通常都发生在政治解放之前。斯诺尔哈利将他的希望放在法兰克人身上，而格里戈尔·特雷则为王公列翁二世（Levon II）这位未来的君主喝彩，将之视作亚美尼亚人和其他基督徒的解放者。因此，这些著作很契合亚美尼亚人的"经典"史述中所体现的历史哲学。

大事年表/关键日期

约公元 52—428 年	安息王朝
公元 301—314 年	启示者格里戈尔·鲁萨沃里特斯使国王特达特和亚美尼亚人皈依基督教
公元 353—373 年	伟大的内尔赛斯担任大公牧首
公元 384—389 年	罗马帝国与萨珊帝国将亚美尼亚分割
公元 405—406 年	梅斯罗布·马希托特斯发明亚美尼亚字母
公元 428—654 年	波斯与拜占庭统治时期
公元 654—884 年	阿拉伯统治时期
公元 717—728 年	霍夫哈内斯·奥伊内兹担任大公牧首
公元 885—1064 年	亚美尼亚的巴格拉提德王国时期
公元 908—1022 年	亚美尼亚的阿尔克鲁尼王国时期
公元 1012—1018 年	突厥人首次侵入亚美尼亚
公元 1064—1236 年	塞尔柱人统治时期
公元 1073—1375 年	亚美尼亚西里西亚国家
公元 1102—1173 年	内尔赛斯·希诺尔哈利在世；1166—1173 年为大公牧首
公元 1198 年	王公列翁二世加冕为亚美尼亚西里西亚国王列翁一世
公元 1236—1317 年	蒙古人统治时期
公元 1254 年	国王赫图穆一世前往卡拉克鲁姆，同蒙古

人缔结和约

公元 1387—1403 年　　帖木儿三次入侵亚美尼亚

主要历史文献 [1]

Agathangelos，*Agathangelos：History of the Armenians*，trans. Robert W. Thomson(Albany，1976).

—— *The Teaching of Saint Gregory*，rev. edn and trans. Robert W. Thomson(New Rochelle，NY，2001).

—— *The Lives of Saint Gregory：The Armenian，Greek，Arabic，and Syriac Versions of the History Attributed to Agathangelos*，trans. Robert W. Thomson (AnnArbor，2010).

Aristakēs Lastivertc'i，*Aristakes Lastiverdsi：Histoire d'Arménie*，trans. M. Canard and H. Berbérian (Brussels，1973).

Asołik，*Histoire universelle par Etienne Açogh'ig de Daron* (Books 1 and 2)，trans. E. Dularier (Paris，1883).

—— *Histoire universelle par Etienne Asołik de Tarôn* (Book 3)，trans. Frédéric Macler (Paris，1917).

Buzandaran Patmut'iwnk' (P'awstos Buzand)，*The Epic Histories attributed to P'awstos Buzand (Buzandaran Patmut'iwnk')*，trans. Nina G. Garsoïan(Cambridge，Mass.，1989).

Ełišē，*Elishe：History of Vardan and the Armenian War*，trans. Robert W. Thomson(Cambridge，Mass.，1982).

Koriwn，*Vark' Maštoc'i：Bnagir，jeŕagrakan ayl ěnt'ert'uacner，ašxarhabartargmanut'iwn，aŕajaban，canot'ut'iwnner*，trans. M.

---

① 有关一手文献和二手文献的基本要目,见 Robert W. Thomson，*A Bibliography of Classical Armenian Literature to AD 1500* (Turnhout，1995)；Thomson，'Supplement to *A Bibliography of Classical Armenian Literature to AD 1500：Publications 1993 - 2005*'，*Le Muséon*，120(2007)，163 - 223。

Abełean (Erevan, 1941); repr. edn with introd. K. Maksoudian (Delmar, NY, 1985), containing alsorepr. edn of *The Life of Maštoc'*, trans. B. Norehad (New York, 1964).

—— 'Koriwn, La *Vie de Maštoc'*, traduction annotée', ed. and trans. Jean-Pierre Mahé, *Revue des Études Arméniennes*, 30(2005 – 2007), 59 – 97.

—— *Koriwns Biographie des Mesrop Maštoc': Übersetzung und Kommentar*, ed. and trans. Gabrielle Winkler (Rome, 1994).

Łazar P'arpec'i, *The History of Łazar P'arpec'i*, trans. Robert W. Thomson (Atlanta, GA, 1991).

Movsēs Dasxuranc'i (Kałankatuac'i), *The History of the Caucasian Albanians by Movses Dasxuranc'i*, trans. C. J. F. Dowsett (London, 1961).

Movsēs Xorenac'i, *Histoire de l'Arménie par Moïse de Khorène*, trans. Annie Mahé and Jean-Pierre Mahé (Paris, 1993).

—— Moses Khorenatsi, *History of the Armenians*, rev. edn and trans. Robert W. Thomson (Ann Arbor, 2006).

La Narratio de Rebus Armeniae, ed. and comm. G. Garitte (Louvain 1952).

—— 'La Narratio de Rebus Armeniae (traduction française)', trans. Jean-Pierre Mahé, *Revue des Études Arméniennes*, 25 (1994 – 1995), 429 – 438.

Rewriting Caucasian History: The Medieval Armenian Adaptation of the Georgian Chronicles. The Original Georgian Texts and the Armenian Adaptation, trans. and introd. Robert W. Thomson (Oxford, 1996).

Sebēos, *The Armenian History attributed to Sebeos*, trans. Robert W. Thomson, historical comm. James Howard Johnston, assistance from Tim Greenwood, 2 parts (Liverpool, 1999).

Smbat Sparapet, *La Chronique attribuée au connétable Smbat*, trans.

Gérard Dédéyan (Paris，1980).

199　T 'ovma Arcruni，*Thomas Artsruni：History of the House of the Artsrunik'*，trans. Robert W. Thomson (Detroit，1985).

Uxtanēs，*Deux historiens arméniens，Kirakos de Gantzac；Oukhtanes d'Ourha*，trans. M. F. Brosset (St Petersburg，1870 – 1871).

—— *Bishop Ukhtanes of Sebastia：History of Armenia*，part 2：*History of the Severance of the Georgians from the Armenians*，trans. Zaven Arzoumanian (Fort Lauderdale，1985).

参考书目

Aleksidze，Zaza and Mahé，Jean-Pierre，'Arsen Sapareli *sur la Séparation des Géorgiens et des Arméniens*'，REArm，32(2010)，59 – 132.

Dowsett，C. J. F.，'Armenian Historiography'，in Bernard Lewis and P. M. Holt (eds.)，*Historians of the Middle East*，(London，1962)，259 – 268.

Finazzi，Rosa Bianca and Valvo，Alfredo (eds.)，*La diffusione dell'eredità classica nell'età tardoantica e medievale：Il 'Romanzo d'Alessandro' e altri scritti* (Alessandria，1998).

Garsoïan，Nina G.，*Armenia between Byzantium and the Sasanians* (Aldershot，1992).

—— *Church and Culture in Early Medieval Armenia* (Aldershot，1999).

—— *Studies on the Formation of Christian Armenia* (Aldershot，2010).

Greenwood，Tim，'Armenian Sources'，in Mary Whitby (ed.)，*Byzantines and Crusaders in Non-Greek Sources，1025 – 1204* (London，2007)，221 – 252.

Hannick, Christian, 'La chronographie grecque chrétienne de l'antiquité tardive et sa réception dans l'historiographie arménienne', in Finazzi and Valvo (eds.), *La diffusion dell'eredità classica nell'età tardoantica e medievale*, 143 – 155.

Kouymjian, Dickran (ed.), *Movsēs Xorenac'i et l'historiographie arménienne* (Antélias, 2000).

Mahé, Jean-Pierre, 'Entre Moïse et Mahomet: Réflexions sur l'historiographie arménienne', *Revue des Études Arméniennes*, 23 (1992), 121 – 153.

—— 'La rupture arméno-géorgienne au début du VIIe siècle et les réécritures historiographiques des IXe-XIe siècles', in *Il Caucaso: Cerniera fra culture dal mediterraneo alla Persia (secoli IV-XI)*, vol. 2 (Spoleto, 1996), 927 – 961.

Muyldermans, Joseph, 'L'historiographie arménienne', *Le Muséon*, 76(1963), 109 – 144.

Sarkissian, G., 'Storiografia armena di età tardoellenistica', in Finazzi and Valvo (eds.), *La diffusione dell'eredità classica nell'età tardoantica e medievale*, 248 – 256.

Thomson, Robert W., *Studies in Armenian Literature and Christianity* (Aldershot, 1994).

—— 'The Writing of History: The Development of the Armenian and Georgian Traditions', *Il Caucaso: Cerniera fra Culture dal Mediterraneo alla Persia (Secoli IV-XI)*, vol. 1 (Spoleto, 1996), 493 – 520.

—— 'Constantine and Trdat in Armenian Tradition', *Acta Orientalia Academiae Scientiarum Hungaricae*, 50(1997), 277 – 289.

—— 'The Crusaders through Armenian Eyes', in Angeliki E. Laiou and Roy P. Motaheddeh (eds.), *The Crusades from the Perspective of Byzantium and the Muslim World* (Washington,

DC，2001），71 – 82.

Thomson，Robert W.，'The Concept of "History" in Medieval Armenian Historians'，in Anthony Eastmond (ed.)，*Eastern Approaches to Byzantium* (Aldershot，2001)，89 – 99.

——'Christian Perception of History：The Armenian Perspective'，in J. J. van Ginkel，H. L. Murre-van den Berg，and T. M. van Lint (eds.)，*Redefining Christian Identity：Cultural Interaction in the Middle East since the Rise of Islam* (Leuven，2005)，35 – 44.

Topchyan，Aram，*The Problem of the Greek Sources of Movsēs Xorenac'i's History of Armenia* (Leuven，2006).

刘招静　译　赵立行　校

第十章　拜占庭历史著作：500—920 年

安东尼·卡尔德里斯

本章所探讨的几个世纪可以分成三个历史阶段，每个阶段包括 140 年：(a)公元 500—640 年，即古代晚期末，也即历史编撰以多种类型走向繁荣的阶段；[①](b)640—780 年，即拜占庭奋力抵御阿拉伯人征服，鲜有文本留存下来的时期；(c)780—920 年，即国家秩序与文学得以恢复的时代，在这一时期，人们重新整合了那些更为古老的传统，并为新的发展局面奠定了基础。

公元 500 年，在西部陷落以后，东部帝国主要是以讲希腊语为主的基督教社会，而其政治或民族意识则明显是罗马式的。[②] 因此，历史学家获得的"可用过去"(usable past)就变得复杂，它由各种不成比例的成分构成，这些成分界定着不同的文化地带。即便作为基督徒，拜占庭人也拥有两种历史传统，其历史意义并不相同：一种是存在于《旧约》中的象征性的民族历史，它通过文本为人所知并且已经终结；另一种是教会历史，它是直接而鲜活的。作为

---

① 这一时段的历史学家要多于此处我们所能论及的，而我们的重点是要关注那些存留下来的作品，至少部分而言是如此。有关其他作品，感兴趣的读者可参考我们引证在参考书目中的那些研究。此外，本章的脚注主要用于展示一些特定的内容：参考书目中所包含的各类版本、译本和相关研究成果，包含了对每位作者的基本讨论。

② Fergus Millar, *A Greek Roman Empire*: *Power and Belief under Theodosius II*, *408 - 450*（Berkeley, 2006）；以及 Anthony Kaldellis, *Hellenism in Byzantium*: *The Transformations of Greek Identity and the Reception of the Classical Tradition*（Cambridge, 2007）, Ch. 2。

罗马人，他们将自己的国家和世俗社会追溯至早期帝国与共和国，并由此回溯至诸王时代，最终到达特洛伊。这是一种与众不同的过去，而且人们并不清楚如何才能将两者整合起来（事实上它们从未得到整合）。此外，作为罗马人，他们并未将希腊包括进自己的历史；然而，由于他们的语言是希腊语，文学模式是希腊式的，所以他们又必然地加入到了希腊历史当中，即便在把自己当作罗马人或基督徒来加以书写时，情形也是如此。正是这些不同部分之间的相互作用和影响（宗教的或政治的，象征性的或实际存在的，完成的或终结的），以及文学形式对历史内容的效用，形塑了拜占庭早期历史编撰的演进历程。

大致说来，用于书写历史的文学形式（不管是罗马式的、基督教式的，还是两者的结合）按照所涵盖范围依照降序排列的话，有普世编年史（the universal chronicle），它从开端（不管如何定义）到时下，将不同民族所具有的各种传统作共时性安排；其次为聚焦于某个特定时期、某场战争或某个王朝的记述；再者就是传记。

到 6 世纪初，人们创作完成了最后一批明显具有异教观念的历史著作。米勒托斯的赫西吉奥斯（Hesychios of Miletos）的《罗马通史》（*Roman and General History*），以亚述国王贝罗斯（Belos, king of Assyria）为开端，以 518 年皇帝阿纳斯塔西奥斯（Anastasios）去世为终点。该书的内容划分与罗马史上的主要阶段相对应：特洛伊、罗马城的建立、共和国以降至恺撒时代、帝国时期。该著有趣的地方在于，它赋予普世编年史这一撰述形式以罗马倾向。它似乎并不包含基督教素材。留存下来的部分，只有一些简短的残篇和一长段有关君士坦丁堡重建之前拜占庭历史的内容。它们的价值并不高，大多都是传说、充满幻想的迹象和异教奇迹，此外它们还轻视编年史。然而，它们直截了当。在有关拜占庭的段落中，赫西吉奥斯赋予这座城市一段和罗马城史并行的历史，这使得它以君士坦丁堡（新罗马）的形象重新出现在世人面前。通过用异教神话来重塑其地貌，赫西吉奥斯将君士坦丁堡打造成了一座异教城市，即便是在展开对君士坦丁的叙述中，也抹去了其基督教色彩。如此一来，如果说在形式上它还是一部历史的话，那么在内容和写作意图上，它都更接近那些异教的古风作品了，如马克罗比乌斯（Macrobius）的《农神节》（*Saturnalia*）和埃奥阿内斯·利多斯（Ioannes Lydos）的《月份论》（*On the Months*）。[①]

我们看到，赫西吉奥斯以很明显的异教眼光来看待君士坦丁。在 5 世纪晚期 6 世纪早期担任君士坦丁堡府库官的佐西莫斯（Zosimos）所撰写的论战式异教作品《新史》（*New History*）中，我们发现了一种与此相反的情形。这一作品涵盖了罗马自奥古斯都至公元 410 年的历史，共分六卷，其中最后一卷尚未完成。在 9 世纪，佛提乌斯（Photius）声称佐西莫斯效仿的是欧那庇厄斯（Eunapios）的反基督教史（今已佚失）。欧那庇厄斯的著作所涵盖的时间是 270 年至 404 年，是对德克西波斯（Dexippos）著作的续编，后者的撰述自神话时代始，至 270 年终。佐西莫斯用几页的篇幅，概括了从奥古斯都到公元 235 年的历史；从 235 年至 270 年这一时期，他所仰赖的是德克西波斯的叙述，这使他的史书成为现存有关这些困顿之年的最重要记载；270 年至 404 年这一时期，他所仰赖的是欧那庇厄斯的叙述；404 年至 410 年这一时期，他所仰赖的则是奥林匹奥多罗斯（Olympiodoros）的叙述。他作为一名历史学家，或者说作为没有批评精神的概述者，没有获得多高的声望。他的叙述细节、年代体系甚至有关个人的看法，都随着他在前述诸位作者之间的转换而发生改变。不过，在选择所叙述的年代方面他却是自己独创的，这意味着他知道自己想要证明什么。在序言中，他向我们展示了一种有关罗马历史的有趣看法。通过诉诸波里比乌斯（Polybius），这位讲述罗马人如何在不到 53 年的时间里征服世界的作者——佐西莫斯解释道，正是诸神使得这一切成为可能。"如果说波里比乌斯告诉我们罗马人如何在短时期内赢得了

[①]　Anthony Kaldellis，'The Works and Days of Hesychios the Illoustrios of Miletos'，*Greek*，*Roman*，*and Byzantine Studies*，45(2005)，381 - 403.

他们的帝国，那么我想要说的是，他们如何在同样短的时期内，因自己所犯的罪行而失去这一帝国"(1.57)，所以，我们需要一部"新的"历史。[1] 佐西莫斯相信，罗马败落是因为放弃了自己的诸神。正是针对这一点以及一些个人和军事上的不足，佐西莫斯指责君士坦丁。这样，佐西莫斯就成了探讨"罗马帝国衰亡"的首位历史学家。也因为罗马帝国衰亡，他指责基督教，他的这一观念在现代仍有回响。[2] 针对他的带有敌意的、围绕君士坦丁边疆政策的论述，军事历史学家们也仍然在全力寻求处理方法。

佐西莫斯的序言所包含的第二个怪异的成分，是它对君主制（the monarchy）的谴责，认为君主制为一种无效的、潜在腐败的统治形式，这可能和成功的共和国（the victorious Republic）形成对照（不过佐西莫斯至少还拥有一位帝国英雄——尤里安〔Julian〕，是他暂时恢复了各种崇拜）。[3] 佐西莫斯尽管有各种缺陷，但他是最后一位持公开异教和含蓄共和观念的罗马历史学家。

最后，值得注意的是达玛斯基奥斯（Damaskios）在517—526年所撰的《哲学史》（*Philosophical History*）（此前名为《伊西多罗斯传》〔*Life of Isidoros*〕），该作品和晚期的异教式历史编撰相连。在查士丁尼关闭学校时，达玛斯基奥斯是柏拉图学园（the Platonic Academy）的最后一位负责人。该作品以残篇的形式留存下来。尽管是以叙述的形式写成，但它是一部有关后期柏拉图主义的群体传记和地形地名词典。在笔调上，它并不是一部圣徒传记。在9世纪，佛提乌斯提到达玛斯基奥斯"并没有遗漏任何一位他大加赞赏并觉得毫无缺陷的人"。该文本最新近的一位编订者称他为"古代晚期柏拉图主义方面的社会历史学家，他运用群体传记方法来突出社会和精神变迁"，而且，"就其结果来看，《哲学史》确实是对

---

[1] Warren Treadgold, *The Early Byzantine Historians* (New York, 2007), 111.

[2] 参见 Walter Goffart, 'Zosimus, The First Historian of Rome's Fall', *American Historical Review*, 76(1971), 412-441. 在这一点上，该文有点夸大其词。

[3] François Paschoud, 'La digression antimonarchique de préambule de l' "Histoire nouvelle"', in Paschoud, *Cinq études sur Zosime* (Paris, 1975), 1-23.

当时教育体制的讽刺"。① 该著值得一提是因为 5 世纪末达玛斯基奥斯的同行们在政治和社会上发挥了重要作用。他写道："的确，政治为行善事和英勇行为提供了极大的可能性。"②

　　基督教史学传统在迈克尔·惠特比（Michael Whitby）那里已得到比较完整的探讨。③ 然而，这一传统在 6 世纪到底有多大活力仍值得进行评述。扎克里亚斯（Zacharias）（后来的米蒂利尼〔Mytilene〕主教）的《教会史》（Ecclesiastical History）所涉年限为450—491 年，它被翻译成古叙利亚文并将所述年份扩展到 569 年。在该世纪末，安条克的欧瓦格里奥斯（Euagrios of Antioch）撰写了另一部《教会史》（Ecclesiastical History），所涉年限为 428 年至 594年，其原本得以传世。编年史得到更新，例如马赛里努斯·科迈斯（Marcellinus Comes）用拉丁文续写优西比乌斯-哲罗姆的编年史，将其从 378 年拓展至 518 年，后又拓展至 534 年。安条克的埃奥阿内斯·马拉拉斯（Ioannes Malalas of Antioch）用更为流行的希腊文撰写大部头编年史，所涉年限从上帝创世到 527 年（后拓展至 565 年），该书满含奇特的信息并引用其他那些不为人知的素材。这部作品只有梗概性的东西留存下来。尽管人们对这一作品特别关注，并且有人相信其作者代表了 6 世纪人们的精神样态，然而在近期的研究中，人们还是认为马拉拉斯是一位伪造者、剽窃者和虚构者。④ 7 世纪，《复活节的编年史》（the *Paschal Chronicle*）涵盖了自亚当至 630 年的整个时期，为后世提供了特别有用的信息。

204

---

① Polymnia Athanassiadi, *Damascius*：*The Philosophical History*（Athens, 1999），41 - 42; and Photios, *Bibliotheke* cod. 181（here T 3, pp. 334 - 341）.

② Fr. 124; cf. Polymnia Athanassiadi, 'Persecution and Response in Late Paganism：The Evidence of Damascius', *Journal of Hellenic Studies*, 113(1993),1 - 29.

③ Michael Whitby, 'Imperial Christian Historiography', in Andrew Feldherr and Grant Hardy（eds.）, *The Oxford History of Historical Writing*, vol. 1：*Beginnings to AD* 600（Oxford, 2011），346 - 371.

④ Treadgold, *The Early Byzantine Historians*, 246 - 256.

在550—640年间，最重要的史料要数模仿修昔底德等古代历史学家所撰写的军事与外交叙述。贝利萨留（Belisarios）将军的秘书、古代与中世纪最为出色的历史学家之一普罗科庇乌斯（Prokopios），就查士丁尼对抗波斯人、汪达尔人和哥特人的战争，以及由匈奴人和斯拉夫人发动的在巴尔干的劫掠，进行了叙述，其所聚焦的时间是527年至551年。身兼律师与诗人的阿加提亚斯（Agathias）将普罗科庇乌斯的作品续编到559年，其著作大约写于580年。阿加提亚斯的撰述又继而被米南德（Menandros）加以续编，米南德的著作写于皇帝莫里斯（Maurikios，582—602年在位）统治时期，涵盖的时间是558年至582年（他的作品留下不少篇章，有些篇幅很长，但皆为残篇）。这一链条上的最后一位史家是塞奥菲拉克托斯（Theophylaktos），他在希拉克略（Herakleios，610—641年在位）治下写作，作品涵盖的时期是莫里斯王朝，他的写作时间正值希拉克略于628年打败波斯之后或7世纪30年代晚期阿拉伯人征讨东方之时。[①] 这一历史编撰路上的接力赛还将继续，虽然一直到1453年帝国终结之时，中间存在偶尔的搁延，有各种各样的传统，以及存在各自不同的文学形式，但并没有什么大的隔阂或鸿沟。使得这一切成为可能的是罗马国家的延续和罗马社会的内聚力。在这些著述的每一页上，几乎都会出现"罗马人"；而"基督徒"却几乎从未出现过，即使这些罗马人同时也都是基督徒。

古典风格的史家聚焦于战争，详细而戏剧性地描绘了战役、围攻和战斗。他们尽管大都来自外省，但在职业上均为身处都城的

[①] 关于普罗科庇乌斯，参见 Averil Cameron, *Procopius and the Sixth Century* (London and New York, 1996); Anthony Kaldellis, *Procopius of Caesarea: Tyranny, History, and Philosophy at the End of Antiquity* (Philadelphia, 2004); Cameron, *Agathias* (Oxford, 1970); Kaldellis, 'The Historical and Religious Views of Agathias: A Reinterpretation', *Byzantion*, 69 (1999), 206 - 252; 以及 Michael Whitby, *The Emperor Maurice and His Historian: Theophylact Simocatta on Persian and Balkan Warfare* (Oxford, 1988).

秘书人员和律师。① 只有普罗科庇乌斯拥有直接战争经验。由于
和贝利萨留共同置身东方、非洲和意大利，他获得了撰写自己那部
《战争史》(Wars)的动力和途径，尽管他撰写此部作品的能力来自
他所接受的古典教育。在呈现、材料组织和语言运用上，他们都追
随古代的史家。正如在修昔底德那里一样，叙述是编年式的，并按
照军事前线加以划分（例如，意大利或巴尔干地区）。普罗科庇乌
斯将此发挥到极致，把一场戏剧分化到不同的部分中。他的后继
者从中进行了变更，逐年逐年地叙述或直到一个地方的行动有了
认可的结果为止。一方面，军事叙述因外交而得到补充；另一方
面，又因人种志而加以补足。由于置身都城，历史学家们能够咨询
外交官并参考诸种记录。例如，查士丁尼的外务大臣佩特罗斯·　205
帕特里基奥斯(Petros Patrikios)经常出现在这些史著中；他还留下
了备忘录，当米南德在征引一份关键材料——562 年同波斯缔结的
条约(fr. 6.1)时，可能使用过它。② 需要记住的是，修昔底德同样
引用了雅典和斯巴达之间缔结的条约（见第五卷）。作为一位将军
的秘书，普罗科庇乌斯直接了解有关帝国外交活动的知识，并且很
可能起草过一些文件，他后来在《战争史》中引用过（以更具文学色
彩的形式）这些文件。

　　人种志传统来自希罗多德而非修昔底德。在古代晚期，同新的
民族接触通常会包含敌意，这使得历史学家在书写域外风俗和充
满异域情调的远方他地时，能够模仿或对抗他们的前辈。阿加提
亚斯在波斯宫廷的线人给了他大量有关萨珊风俗和历史的知识。③

---

① Geoffrey Greatrex, 'Lawyers and Historians in Late Antiquity', in Ralph W.
　　Mathisen (ed.), *Law, Society, and Authority in Late Antiquity* (Oxford, 2001),
　　148 - 161.
② Panagiotos　　　Antonopoulos, 　　*Πατρίκιος: Ὁ βυζαντινὸς διπλωμάτης, ἀ ξιωματοῦ χος*
　　καίσυγγραφέας (Athens, 1990).
③ Averil Cameron, 'Agathias on the Sassanians', *Dumbarton Oaks Papers*, 23 - 24
　　(1969 - 1970), 67 - 183; and C. Questa, 'Il morto e la madre: Romei e Persiani
　　nelle "Storie" de Agatia', *Lares*, 55(1989), 375 - 405.

人种志尽管并不严格与主题相关,也成了必不可少的东西。塞奥菲拉克托斯就曾偏离主题,谈到了中国(7.7-9)。[①] 人种志的扩展反映了此一时期日益中央集权化的诸国之间有着密集的外交往来,而且也反映了历史学家能够获得这些材料的事实。因此,在这些史著中,我们了解的有关边疆和外部地域的信息,都超过了对帝国内部生活的了解,当然宫廷是个例外,但即便是对宫廷的了解,也仅从外交视角获得,或者是发生了宫廷密谋或暴乱。除此以外,国内有关自然灾害比如瘟疫和地震的报道,也同样遵循古典范式。[②]

我们依赖这些史著获取真实的内容,但必须意识到它们也是文学性的作品。它们不是用6世纪的希腊口语写成,而是用阿提卡方言(the Attic dialect),这通常比古代作家们所使用的语言版本更加难懂。这意味着当时的现实被人们用正式的习语加以描述,并通常与古典词汇对应,不过,对应词汇时历史真实并不一定遭到扭曲。[③] 这种写作方式创造出一种距离感,有利于人们展开批判性思维。不过,它也将人们的写作拉入了古典作品的意识形态轨道。例如,我们必须记住的是,在公元6世纪,人们称之"城邦"(a polis)的东西,并不似它在公元前时代里的对应物。此外,叙述必须带有戏剧性,有悬念、逆转、讽刺和希罗多德式宿命论的手法。历史既要有用,也要有趣。[④] 然而,当普罗科庇乌斯很有可能要把自己的写作用作阅读目的时,阿加提亚斯和塞奥菲拉克托斯却意在把自

206

---

① Zhang Xu-shan, Η Κίνα και το Βυζάντιο(Ioannina, 1998).

② Anthony Kaldellis, 'The Literature of Plague and the Anxieties of Piety in Sixth-Century Byzantium', in Franco Mormando and Thomas Worcester (eds.), *Piety and Plague: From Byzantium to the Baroque* (Kirksville, Miss., 2007),1-22.

③ 如 G. Soyter, 'Die Glaubwürdigkeit des Geschichtschreibers Prokopios von Kaisareia', *Byzantinische Zeitschrift*, 44 (1951), 541 - 545; and Jakov Ljubarskij, 'New Trends in the Study of Byzantine Historiography', *Dumbarton Oaks Papers*, 47(1993),131-138, at 132。

④ Anthony Kaldellis, 'Agathias on History and Poetry', *Greek, Roman, and Byzantine Studies*, 38(1997),295-305.

己的作品也用作在都城进行表演的目的。① 所以,他们赋予作品中人物(特别是战前的将军们)的演说内容,和那些正反方的法律辩论,实际上都成了作者本人的修辞炫耀。如此,这些作者如同庭前的演说家们一样,向人们展示他们的学问和技艺。这种带表演性质的展示,可能也通过其他方式形塑了这些文本,以阿加提亚斯这一都城的顶尖文学人物而论,情形尤其如此。在一些段落中,阿加提亚斯将事实性陈述巧妙地转化成神话和传说,诱导读者们的思路转到熟悉的典故上来。② 也有可能存在的一种情况是,他详细记载地震,部分原因是普罗科庇乌斯"承担了"瘟疫部分。撰写历史是在为一个人的文学和修辞的修养里增添东西;它并不是一种职业。

　　然而,这种社会学—文学式分析,限定了人们对这些历史学家之目标的认识,即他们的目标远非娱乐和爱好。他们选词用语慎重。试举一例:那些战前演说和作者的总体叙述构成共鸣,帮助读者理解其间的动机和策略;尽管人们知道那些奇闻异事并不是历史性的东西,然而它们还是具有象征意义;并且,过去的事件成了人们用来间接地、巧妙地谈论当下的密码。③ 在更深层面上,学者们越来越将这些历史学家视作深思熟虑的评论家,他们评论自身所处时代的事件,识别出那些同政策、宗教和社会价值观相连的关键性主题;对此,他们在自己的叙述过程中有过巧妙的反思。这里,普罗科庇乌斯是其中最为出色的一位。他是唯一一个围绕一位活着的皇帝展开叙述的人,而且他写作的目的是要揭露查士丁尼治下的腐败、无能和罪行。在《战争史》中,他通过运用包括演说

① Joseph D. C. Frendo, 'History and Panegyric in the Age of Heraclius: The Literary Background to the Composition of the Histories of Theophylact Simocatta', *Dumbarton Oaks Papers*, 42(1988), 143 - 156.

② Anthony Kaldellis, 'Things Are Not What They Are: Agathias *Mythistoricus* and the Last Laugh of Classical Culture', *Classical Quarterly*, 53(2003), 295 - 300.

③ Kaldellis, *Procopius of Caesarea*; and Frendo, 'History and Panegyric', 151 - 153.

词在内的各种文学技巧,通过巧妙地提到"满含"他暗指观点的古代文本,隐晦地表达出前述意思,而在《秘史》(*Secret History*)中,他则公开地进行表达,《秘史》作为独特的报道,列举了查士丁尼治下的罪行和恶习,对《战争史》进行了补充。普罗科庇乌斯还暗示道,历史部分取决于人的努力奋斗,但更主要还是受运气而非天意支配。在《波斯战争》(*Persian War*)中,他似乎将罗马战争的衰败和政治自由的丧失同人们在宗教上的奴性(religious servility)联系起来。①

阿加提亚斯的《历史》(*Histories*)的更深层主题,并没有深深嵌入他的叙述之中,但它们具有更明显的哲理性。在序言中,他将历史展示成哲学的侍女,而哲学的目的则是要灌输政治与道德美德。然而在第五卷他揭示出,这可以通过将不幸虚假地表现成神圣惩罚来达成(5.4)。我们现在意识到,这一点已影响了他对地震的叙述:我们始终都理解吗?② 塞奥菲拉克托斯用哲学女王和她的历史女儿之间的一则对话,来为自己的著述作序。从他的叙述这一方面来看,这其中的意谓还有待人们去发掘。然而,人们一度指责他有些地方行文冗长而又令人费解,但现在人们认识到,塞奥菲拉克托斯是通过撰述一位结局悲惨的善良但有缺陷的统治者,以及撰述世界将在何时崩溃,而将悲剧性质和伤感共鸣注入自己的叙事。③

这些历史学家是独立的作者。他们并没有受命于宫廷,他们的观点是微妙的。在序言中,阿加提亚斯承认撰写死人的事情比较容易。普罗科庇乌斯撰写他所厌恶的现实政权则更加勇敢和少

① Anthony Kaldellis, 'Prokopios' *Persian War*: A Thematic and Literary Analysis', in Ruth Macrides (ed.), *History as Literature in Byzantium* (Aldershot, 2010), 253 - 272.

② Kaldellis, 'The Historical and Religious Views of Agathias'.

③ Stephanos Efthymiades, 'A Historian and his Tragic Hero: A Literary Reading of Theophylaktos Simokattes' *Ecumenical History*', in Macrides (ed.), *History as Literature in Byzantium*, 169 - 186.

见。就宗教而言，只有塞奥菲拉克托斯是地道的基督徒。他是第一个在自己的叙述中使用布道词的人（4.16），为自己创造了有趣的展演机会。普罗科庇乌斯和阿加提亚斯讨论宗教时，就好像他们是中立的局外人。我相信他们是这样的。他们所有人都是老练的作家，都利用古典作品，每一个人都用自己的方式，创作出悲剧性的或哲理性的历史作品。它们值得细细研读。

在此一时期，希腊语是主要的但并不是唯一的历史编撰语言。得以传世的第一部古叙利亚语历史作品是所谓的《伪约书亚修士的编年史》(Chronicle of Pseudo-Joshua the Stylite)，它是一部有关瘟疫与战争的叙述，这些瘟疫与战争，于 494—506 年间重创了埃德萨（Edessa）及其郊外地区，其中最严重的是 502—506 年的波斯战争。它是一部地方编年史（a local chronicle），旨在将虔敬主义(pietism)（战争和瘟疫是神圣惩罚）和有关行政与地方社会的详情结合为一体。编年史的形式只是一种表象；事实上它是一种连续的叙述，是一部政治史，它对教理之争不感兴趣，深受希腊传统影响，而且和此时的其他拜占庭著述一样，眼光是罗马式的（尽管"叙利亚文"如今是一门独立的学科，但在拜占庭帝国中并没有排他性的同一性）。①

在 7 世纪早期的波斯和阿拉伯征服运动之后，叙利亚传统在帝国之外继续存在。与此相反，在 6 世纪，拉丁语传统在内部的影响逐渐缩小，因为就连帝国性行政和法律都开始使用希腊文。然而，直到该世纪中期，人们仍可用拉丁文进行历史写作。前面我们提到了马赛里努斯·科迈斯的编年史，其作者是查士丁尼的一位廷臣。② 官方的赞助与庇护也有助于解释由弗拉维乌斯·科勒斯科尼乌斯·科里普斯（Flavius Cresconius Corippus）所写的那部史诗作

---

① Frank R. Trombley and John W. Watt, *The Chronicle of Pseudo-Joshua the Stylite* (Liverpool, 2000), pp. xi-lv.

② 关于语言学背景，见 Brian Croke, *Count Marcellinus and his Chronicle* (Oxford, 2001), 86 - 88。

品，该作品描绘拜占庭将军埃奥阿内斯·特洛格力塔（Ioannes Troglita）于549年所领导的北非战役（模仿维吉尔），他所写的另一部史诗作品则描绘了565年查士丁二世（Justin II）的登基。尽管两部作品都未被充分认识，但在战争和外交两方面，它们分别都是重要的叙事材料（尤见第三卷中查士丁接纳阿瓦尔人的内容）。① 此时期的一部显得怪异的作品是约达尼斯（Jordanes）的《哥特史》（Getica）。约达尼斯是大约在551年活跃于君士坦丁堡、具有哥特血统的罗马官员。他的作品赞同查士丁尼反对哥特人的战争，却又同时歌颂哥特人的历史。在很长一段时期内，人们都相信约达尼斯仅仅抄袭了卡西奥多鲁斯（Cassiodorus）的《哥特人史》（History of the Goths），因而不值得将之当作一位历史学家认真对待。他将哥特人的历史向前追溯了成千上万年，把他们的历史同斯基泰人（the Skyths）和格泰人（Getae）的历史相融合，而且叙述了他们如何同亚马逊人（Amazons）之类的民族作战。然而，和赫西吉奥斯一样，这部充满想象力的作品蕴含了这样一个要点，即将哥特人纳入古典历史和文学的轨道，并赋予哥特人以文学上的合法性。关于《哥特史》的文学和意识形态维度，人们众说纷纭，争论不一。②

　　希腊和拉丁学问的混合，体现在埃奥阿内斯·利多斯的古物研究著作《论罗马国家的地方保安官》（On the Magistracies of the Roman State）中。利多斯是君士坦丁堡的拉丁语教授，此外还是一位执政官辖区的民事官员。他用希腊文写作，却深深依赖拉丁学术和术语。尽管来自小亚细亚，但他还是致力于在帝国使用拉丁语，拒绝在行政管理中使用希腊语。《论地方保安官》探询了帝国当时的许多制度，包括官职、徽章和头衔，尤其是任期，并向前追溯

---

① Yves Moderan，'Corippe et l'occupation byzantine de l'Afrique：Pour une nouvelle lecture de la *Johannide*'，*Antiquités africaines*，22（1986），195‐212；以及 Averil Cameron，*Flavius Cresconius Corippus in laudem Iustini Augusti minoris*（London，1976）。

② Brian Croke，'Jordanes and the Immediate Past'，*Historia*，54（2005），473‐494，参考文献见注释2。

至共和国乃至诸王时代。对于拉丁古物研究而言这是一座宝矿，其中提及的所有的东西几乎都消失了，不过有趣的是利多斯的史学论点，他认为，罗马诸王以及后来的诸位皇帝都是暴君，罗马史上唯一自由的时期就是共和国时代。这一论点似乎暗指查士丁尼，后者所进行的改革废止了诸多为利多斯所珍视的传统，例如执政官制度。作为一位古物研究者，利多斯还配合其他查士丁尼工程，例如编辑罗马法，以及在修辞上尊重罗马传统。不过在宗教和共和主义方面，他则更接近佐西莫斯。[①]

6 世纪的文学产出异常丰富，个中原因尚待人们探究。它体现了大多数的古代文学类型，同时还有一些新尝试。尤其是历史写作，涵盖了从普世编年史（罗马式的或基督教式的）、古典化历史、传记、历史史诗、人种志到古物研究的所有类型。人们也使用古叙利亚语和拉丁语，有些作者是异教徒（尽管只从希腊的角度来看）。许多史学思想都受到古代哲学的影响，尤其受到柏拉图的影响。

所有这一切都在 7 世纪中期戛然而止。我们必须等到 780 年，这一传统才在传世材料中重新启动。毁灭性的战争、罗马五分之三疆域面积的永久性丧失、国家与社会的军事化、那些培养了学者文人的地方精英们的消失，以及缺乏对高等文化的赞助，都导致了一场突如其来的衰落。此外，"对发生在收缩的东部边境上没完没了的军事失利，没有哪个城市编年史家会感兴趣……也没有赞助人有兴趣委托他人尴尬地记述这些失败"。[②]

[①] Anthony Kaldellis, 'Republican Theory and Political Dissidence in Ioannes Lydos', *Byzantine and Modern Greek Studies*, 29(2005), 1 - 16; Kaldellis, 'The Religion of Ioannes Lydos', *Phoenix*, 57 (2003), 300 - 316; and, in general, Michael Maas, *John Lydos and the Roman Past*: *Antiquarianism and Politics in the Age of Justinian* (London, 1992).

[②] Michael Whitby, 'Greek Historical Writing after Procopius: Variety and Vitality', in Averil Cameron and Lawrence I. Conrad (eds.), *The Byzantine and Early Islamic Near East*, vol. 1: *Problems in the Literary Source Material* (Princeton, 1992), 25 - 79.

当然,有一些事件被人们记录并保存了下来,其中包括尼基弗鲁斯(Nikephoros)和塞奥法内斯(Theophanes)所使用的 630 年(《复活节编年史》的时间下限)以降历史时期的材料。对那些散失的材料进行界定既复杂又充满臆测。① 最好是就此绕过它们。如果说出自此时期的许多文本都具有史学价值,那么此时却鲜有我们所称的历史著作。有一个例外,那就是塞萨洛尼基的圣德米特里奥斯(St Demetrios of Thessalonike)的奇迹集。② 第一部汇编被归在埃奥阿内斯(Ioannes)名下,他是 7 世纪早期该城的主教,该作品尽管确实提到了 6 世纪晚期蛮族人对该城市的威胁,但那些事件只是传统治愈故事以及夸赞该圣人美德的背景。与此相反,7 世纪后期匿名编纂的第二部汇编,基本上是一部有关阿瓦尔人和斯拉夫人围攻这一城市的军事叙述,在汇编中作者详述了敌人的器械。尽管这部汇编的目的也在于赞扬德米特里奥斯,并且旨在让读者相信该城的拯救归功于他而非市民的努力,但它同时是一部地方编年史和有关巴尔干历史的关键史料。在序言中,作者甚至借用约瑟夫斯(Josephus)有关围攻耶路撒冷的叙述作为自己的模本。它当然有别于人们通常可在拜占庭见到的那种史撰,比如,与普罗科庇乌斯及其他作者不同,在他的叙述中几乎没有出现"罗马人",而只有"基督徒",即便这些基督徒也是罗马人。这一文本在人们有关拜占庭历史编纂的研究中鲜有涉及,主要原因在于人们对拜占庭历史编纂类型的界定过于狭窄。

在历史材料和历史写作之间存在着一条界限。第二部汇编的作者当然把自己想象成历史学家,并且精于军事叙述。在这

---

① Cyril Mango and Roger Scott in *The Chronicle of Theophanes Confessor*:*Byzantine and Near Eastern History AD* 284 - 813, trans. Mango and Scott (Oxford, 1997), pp. lxxxii-xci.

② Paul Lemerle, *Les plus anciens recueils des miracles de Saint Démétrius et la pénétration des Slaves dans le Balkans*, 2 vols. (Paris, 1979 - 1981), i. 168 - 169;参见 James C. Skedros, *Saint Demetrios of Thessaloniki*:*Civic Patron and Divine Protector*, *4th -7th Centuries CE* (Harrisburg, Penn. , 1999), ch. 4。

方面存在先例。在 5 世纪晚期，圣塞克拉（St Thekla）奇迹的汇编者将自己置于希罗多德传统之中。① 尽管他较少关注战争，但还是讲述了包括个人叙述在内的许多故事，这些故事向人们展示了古代晚期塞琉古（Seleukeia）的社会情状。《圣阿尔特米奥斯的奇迹》（*Miracles of St Artemios*）以同样的方式展示了 7 世纪的君士坦丁堡。② 如果说严格意义上的历史文本没有从拜占庭那里留存下来，那么此作品中的一章可以被用作这一类的历史文本。许多圣徒的"传记"也是如此，尤其是那些活跃于宫廷或卷入教会争端的诸圣徒的传记，他们所卷入的教会争端，不可避免会成为政治事务。在《圣小史蒂芬传》（*Life of St Stephanos the Younger*）中，我们可以一睹君士坦丁五世（Konstantinos V，8 世纪中期）治下的都城、宫廷和君士坦丁堡的政治，而《欧提米奥斯牧首传》（*Life of Patriarch Euthymios*）则是一部 10 世纪早期的宫廷编年史。③ 人们应该把它们作为历史著作形式而加以更多的关注，毕竟，10 世纪的历史学家相信它们正是这样的作品，而且在自己的叙述中广泛依赖这些作品。④

　　严格意义上的历史编撰传统最终会得到恢复，但构成它的一些要素却被延迟或消失了。在本章所讨论的这个时期，将不再会有以高调的阿提卡风格写成的、以某个单独王朝或几年战争为主题的古典化史著，不再会有古物研究，也不会有人种志。后者在整个后期拜占庭历史编撰中奇妙地消失了，或鲜有出现，对此，人们鲜

210

---

① Scott Fitzgerald Johnson, *The Life and Miracles of Thekla*: *A Literary Study* (Washington, DC, 2006), 113 - 120.

② Virgil S. Crisafulli and John W. Nesbit, *The Miracles of St. Artemios*: *A Collection of Miracle Stories by an Anonymous Author of Seventh-Century Byzantium* (Leiden, 1997).

③ Apostolos Karpozilos, Βυζαντινοί ίστορικοί καί χρονογράφοι, 2 vols. (Athens, 1997 - 2002), ii. 170 - 182; and Alexander Kazhdan, *A History of Byzantine Literature*, 2 vols. (Athens, 1999 - 2006), i. 183 - 198; ii. 103 - 111.

④ Anthony Kaldellis, *Genesios*: *On the Reigns of the Emperors* (Canberra, 1998), pp. xxiii-xxiv.

有注意（也没有解释）。中期的拜占庭作家几乎对诸如阿拉伯文化等不置一言（相反，我们了解阿提拉的帐篷布局、匈奴人都吃些什么，等等）。

另一个发展情形就是政治史与教会史的逐渐融合。在古代晚期，两者大体上是分离的。优西比乌斯（Eusebius）所界定的教会史和古代史家的军事与政治趣味相反（卷5，序言）。然而，他的后继者尤其是5世纪早期的苏格拉蒂斯（Sokrates）（卷5，序言），却不得不承认政治史和教会史两个领域不能分离，尤其是在一个基督教帝国里。至6世纪晚期，欧瓦格里奥斯在自己的《教会史》中复制了普罗科庇乌斯《战争史》的几部分内容，而即便塞奥菲拉克托斯这位最后的古典史家，也在自己的记述中使用了一则布道词。到了尼基弗鲁斯和塞奥法内斯时代（约800年），政治史和教会史两个领域慢慢融合。

尼基弗鲁斯（二十几岁时他是皇帝的秘书，在806—815年担任君士坦丁堡的牧首）的《简史》（*Short History*），用65页的篇幅讲述了602—769年的事情。该著作在塞奥菲拉克托斯停笔的地方开始，且意在追求高调，仅就此而言，它就是塞奥菲拉克托斯的著述的续编（然而鲜有演说词，也没有人种志）。关于福卡斯（Phokas，602—610年在位）和君士坦丁二世（Konstas II，641—668年），它都只有一句话涉及。"就其整个动机和目的来看，尼基弗鲁斯所做的，就是要将少量用希腊'俗语'写成的编年史材料，改述为古代希腊语……在第一部分，他费尽心机地掩盖'编年史元素'，甚至（令我们感到莫大遗憾的是）隐瞒了几乎所有的年代。"[①] 除了有关第六次大公会议（680—681年）的一则声明外，他关于希拉克略王朝（610—711年）的说明总体上都是世俗性质的。它的路数并不很像宗教史，但与普罗科庇乌斯相比此类成分要多。他说明了利奥三世治下圣像破坏（Iconoclasm）的起源以及早期阶段的情形。当利奥五世后来再次引入这种异端思潮时，作为牧首的他

---

① *The Chronicle of Theophanes Confessor*, 6.

将会加以抵制。尼基弗鲁斯关于君士坦丁五世这位成功皇帝的看法，渲染了强烈的仇恨圣像破坏的色彩。在此，我们拥有了第一部站在教义派别立场上撰写的罗马国家史。

在这一时期，历史编撰方面伟大的不朽之作分别是格奥尔吉奥斯·辛克罗斯（Georgios Synkellos）的编年史（从上帝创世到 284 年）和听告解者塞奥法内斯（Theophanes the Confessor）的编年史（284—813 年）。对于格奥尔吉奥斯，除了知道他是牧首塔拉西奥斯（Tarasios）的秘书外，我们对他的生平知之甚少。他的《编年史选编》（*Chronographical Selection*）篇幅超过了 500 页，完成于 810 年左右，是迄今为止这方面最大、最具雄心的工程，也是他多年心血的成果。该作品的主要目标在于将《旧约》和教会的历史简化为一个有序的、年代准确的年表。所以，《圣经》年表是它的骨架，接下来与之相整合的，是埃及、巴比伦和后来希腊与罗马的年表。格奥尔吉奥斯以论战的方式将"道成肉身"（the Incarnation）的时间定在创世（*anno mundi*）5500 年，并拒斥了贝洛索斯（Berossos）所持的观念，即巴比伦在大洪水之前就已存在：如果他和各位埃及作家（曼涅托〔Manetho〕）所讲的故事与《圣经》中的类似，那么他们必定复制了《圣经》中的内容。所以，事件的时间排序就从上帝创世开始，不过，他们还打算把所有已知的传统都放进同一个时间框架，例如用希伯来、埃及和罗马的日历（尽管罗马城尚未建造）来计算大洪水。格奥尔吉奥斯的作品中有关希腊化的部分也聚焦于东方，追踪犹太人而非罗马人的历史。它关于帝国历史的叙述包括公元纪年，并且聚焦于犹太人和教会（行传、耶路撒冷之围、诸基督教作家和主教，以及迫害）。

格奥尔吉奥斯尽管在某些方面批评过去的编年史家，但对他们有很强的依赖。事实上，某些人的作品总体上都是通过他的引文才被人们知晓的（例如尤里乌斯·阿夫里卡努斯〔Julius Africanus〕和阿尼亚诺斯〔Annianos〕），尽管人们对于他是否通过一手材料了解这些史家，是否亲自在东方旅行，以及是否运用过那些充当中间媒介的古叙利亚语研究成果等问题仍充满争议。[①] 然而，我们还可以用其他方法来估量其作品的意义。首先，它意味着只有在拜占庭而且在 9 世纪开始之后，人们才能对包括埃及、美索不达米亚、希腊和罗马在内的古代历史有一种大概的、共时性的认识，而这对于现代以前的西方来说，都是不可能的。"古代历史"对于某些拜占庭人来说并不仅仅是希腊和罗马，它是整个近东。其次，虽然在非圣经民族之上加上了一个圣经式框架，但编年反过来还是将圣史历史化，对《圣经》进行切割，并将这些片段强行植入最终以希腊为源头的叙事模式、史学关注和时间计算之中。

格奥尔吉奥斯显然是要将他的编年史延续至当前时代，但由于病患而搁浅。按照他的朋友塞奥法内斯的说法，"他将自己已经写就的书遗赠给我，并提供给我材料，意在让我完成缺失的部分……我没有写下任何属于我自己的文字，而是在古代史家那里做了筛选……并且将每年发生的事件都各自准确归位，毫无混淆地排列起来"。关于赠给塞奥法内斯的材料达到了什么程度，人们仍存争议，不过它并不影响我们应该如何解读以及如何评量这一著述。塞奥法内斯的编年史（以其惯有名称称之）用 500 页的篇幅，囊括了自戴克里先（Diocletian，284 年即位）至米哈伊尔一世（Michael I，813 年被废）时期的情形。每一年都依据上帝创世、道成肉身、罗马皇帝执政、波斯或阿拉伯统治者以及教会五大牧首中的每一位标注了时间。"按照这种方式，读者也许就能知道在每位皇帝在位的哪一年、发生了什么事情，不管是军事方面的、教会方面的，还是民事方面的，不管是普通大众的，还是其他任何类型的。"如此，该著也就代表了旨在将罗马历史传统和教会历史传统融为一体的首度尝试。这一点比尼基弗鲁斯的做法更加突出。只有在塞奥法内斯

---

① William Adler, *Time Immemorial：Archaic History and its Sources in Christian Chronography from Julius Africanus to George Syncellus*（Washington，DC，1990），ch. 5；以及 Adler and Paul Tuffin in *The Chronography of George Synkellos：A Byzantine Chronicle of Universal History from the Creation*，trans. Adler and Tuffin（Oxford，2002），pp. lx-lxxxiii。

的撰述中，罗马历史和教会历史才会在一个年份条目下并列存在；它们各自都有不同的出处，而非彼此融合为一个有机的概念。10世纪的帝王传与此比较接近。

塞奥法内斯的作品是 7 世纪和 8 世纪之间这一空白期的主要资料来源，许多研究都曾试图确定他的资料来源（而他却很少这样做），并尝试确定他记述年代的精确性。此外，人们还关心他的编年史是否超过了它的各部分加起来的总和。将他的文本与作为他的材料来源的文本（就那些能被识别出来的材料文本而言，多在630 年之前）两相比较，他似乎确实编订了他所拥有的彼此迥异的材料，但这只是在一定程度上而言。① 所以，他的文本在语言学意义上来说是混合式的，依材料而定。有时候，他保留了同一个名字的不同拼法。使用彼此间有冲突的材料也会带来某种程度的不和谐问题。因此利奥三世这位圣像破坏皇帝在 396 年被认为是虔诚的，但在 399 年又被认为是不虔诚的。当塞奥法内斯抄录诸如普罗科庇乌斯所写的连贯记述（有关 6 世纪）时，某些条目叙述了多年的事件。他倾向于以对待圣像的态度而非根据统治功绩来评判8 世纪的各位皇帝，这在评判利奥三世和君士坦丁五世时往往更具实质性意义。故而，具有讽刺意味的是，塞奥法内斯在叙述的末尾（502 年）将利奥五世赞誉为虔诚的人，并提及他继米哈伊尔一世之后即位的事情，因为利奥五世不久后就恢复了圣像破坏运动，并且迫害塞奥法内斯本人（使他成为忏悔者）。在 809—813 年间，叙述条目有所变长，并且恶意遣责皇帝尼基弗鲁斯一世（Nikephoros I），然而，后者并非异端。人们针对他的恨意源自他增加税收这件事情。不管塞奥法内斯是否撰写了这些篇章或他的材料（或者是格奥尔吉奥斯？），我们至少了解了同时代人对近期事件的看法，而这方面的最后一个存世样例就是普罗科庇乌斯的《战争史》。

213

---

① Ilse Rochow, 'Malalas bei Theophanes', *Klio*, 65(1983), 459 - 474；以及 Jakov Ljubarskij, 'Concerning the Literary Technique of Theophanes the Confessor', *Byzantinoslavica*, 56(1995), 317 - 322。

此时期在修道院环境中所撰的最后一部普世编年史出自另一位格奥尔吉奥斯之手，这位格奥尔吉奥斯又被称作"修道士"（Monachos）或"罪人"（Hamartolos，一种传统称谓；塞奥法内斯也称自己为罪人）。这部编年史写于843年至872年间（对此人们意见不一），并有多个手稿版本留存下来。不同的版本也许是由作者完成的，当然也会由抄录者完成，其后，该著的时间下限被延伸到了10世纪中期，但其撰述的风格已是完全不同。格奥尔吉奥斯的历史是从上帝创世开始，到842年结束，总篇幅达800页，大体都是通过汇编其他材料来完成的。神化的虚构人物和近东诸王，早在概览式的第一卷中就进入了叙事内容。第二至五卷重述了《圣经》的历史。第六至七卷所涉近东的记述自尼布甲尼撒国王（Nebuchadnezzar）始，至塞琉古诸王终。第八卷从恺撒到君士坦丁之父。第九卷涉及了从君士坦丁至米哈伊尔三世的诸位皇帝（后面各卷在篇幅上逐渐变长）。

格奥尔吉奥斯并不打算在最初的几卷中将各民族传统按照共时性样式安排，他的编年史有超过一半篇幅是在讲罗马历史。它的结构安排奇特，它是一系列按照年代顺序编排组织起来的关于个人的条目，比如《圣经》中的各位族长和罗马的各位皇帝，这些条目都不是传记式叙述，它们为格奥尔吉奥斯提供了岔开主题转而叙述其他各种事情的机会。这些离题的叙述（大多数是扩展引用教父著作）和充当条目名称的人物之间很少有关联。格奥尔吉奥斯的描述漫无边际，将之称作"意识流"式历史编撰是恰当的。[1] 在每个叙述条目中，一件事情会引出另一件事情；而在几行叙述中，作者会从法老过渡到凤凰。在关于亚历山大的叙述条目中，话题偏离到了犹太神父所穿的衣服、印度的婆罗门和亚马逊人。而从阿塔那修（Athanasios）和塞奥多勒托斯（Theodoretos）那里开启的题外话"异教—无神论"，则被随意放在了有关西鹿（Serouch）这个《旧约》小人物的叙述条目中。有关克劳迪一世（Claudius I）的叙述

---

[1] S. Efthymiades, pers. comm.

条目的确是一个关乎错误的修道形式（犹太的和希腊的修道形式）和正确的修道形式（基督教的修道形式）问题的选编。对于这样的规划安排，格奥尔吉奥斯在序言中有过模糊的解释，它摒弃那种希腊式的精妙，且不论这种精妙是学术上的、体裁风格上的，还是哲学上的，而向人们许诺要讲述有利于灵魂的故事。"他也并不是不愿意涉及那些有关性的奇遇……他并非历史学家，也不应该被当作历史学家来解读。他的读者是在寻找娱乐，而且他们在奇闻异事、奇迹现象和恶人暴行方面获得了快感……格奥尔吉奥斯是一位虔诚的娱人之人。"①

9 世纪期间，当代史的历史写作得到加强，但相关作品却没有直接或完整地流传下来。其中有格内西奥斯（Genesios）和塞奥法内斯作品的各种续编者们在 10 世纪所用的有关 9 世纪的历史材料，以及各种版本的"西蒙"（Symeon）编年史。② 例如，助祭依格纳提奥斯（Ignatios the Deacon）所著的史作也即一部诗作和由米哈伊尔二世送给虔诚者路易（Louis the Pious）的一份"官方"说明，就都提到了那场由斯拉夫人托马斯（Thomas the Slav）发动的、旨在反对米哈伊尔二世的长时间叛乱（821—823 年）。这些内容只能从既存的（10 世纪的）记录中看见，却无法加以充分地重构。③ 从 9 世纪流传下来两份史作残篇，过去，人们一度认为这两份残篇来自同一则材料，然而现在有许多人认为，两份残篇的出处、写作意图和撰述风格都不相同。第一份即《关于尼基弗鲁斯皇帝及其埋骨保加利亚的情形》（*About the Emperor Nikephoros and How He Leaves His Bones in Bulgaria*）（学者们称之为《811 年编年史》），叙述的是尼基弗鲁斯一世（Nikephoros I）在 811 年所遭遇的失败。该作品对

214

---

① Kazhdan, *Byzantine Literature*, ii. 43 - 52；参见 H. -A. Théologitis, 'La forza del destino: Lorsque l'histoire devient littérature', in Paolo Odorico, Panagiotis A. Agapitos, and Martin Hinterberger (eds.), *L'écriture de la mémoire: La littérarité de l'historiographie* (Paris, 2006), 181 - 219, at 196 - 219。

② 参见 ch. 11 by Paul Magdalino in this volume。

③ Paul Lemerle, 'Thomas le Slave', *Travaux et Mémoires*, 1(1965), 255 - 297。

这位皇帝怀有敌意，然而却像书写圣徒传一样对待阵亡的士兵。这份记述可能是 865 年之后写成的，因为它提到了保加利亚人改宗信仰之事（除非这是一种篡改）。第二份残篇即《亚美尼亚人利奥的编年史》(the Scriptor Incertus de Leone)，叙述的是米哈伊尔一世和利奥五世两朝（811—820 年），它也聚焦于同保加利亚的关系和战争。[①]

我们所关注的这段时期，以埃奥阿内斯·卡米尼亚特斯（Ioannes Kaminiates）所作的一部独特叙事《塞萨洛尼基被占》(The Capture of Thessalonike)（占领者为阿拉伯人，时间在 904 年）作为终点。卡米尼亚特斯是一位教士，他在塞萨洛尼基的陷落中被俘，并和其他犯人一起被带往叙利亚，在那里，他最终被人赎出。他的书（以信件和恳求的形式）别具新意，因为它通过目击者详述了在外省新近发生的事件，而且它的大多数内容都是用第一人称写成。该书以对塞萨洛尼基及其领地的浮夸描述（an ekphrasis，即生动刻画）开始，讲述了这座城市被围和遭受洗劫的情形。它最后以一篇个人记述（a personal account）收尾，讲述一个人被囚敌舰，舰船穿越爱琴海的情形。卡米尼亚特斯知道圣德米特里奥斯的奇迹，但在这个时候，这位圣徒并不在意这位市民的祈祷，因为他们罪孽深重（10,22）。[②]

在了解《塞萨洛尼基被占》这部作品和它那带修辞色彩的、小说般的特色方面，此时期的历史著作几乎都没有为我们留下什么可作前期准备的东西。对于历史编纂的演进原则甚至坐标，我们都不太了解，当然它肯定不是沿直线方向发展的。至于格奥尔吉奥斯·辛克罗斯和塞奥法内斯为何要写他们所写的东西、他们在什么时候写，我们都不清楚，也没有什么东西供我们参考了解。此

215

---

① Paul Stephenson，'"About the Emperor Nikephoros and How He Leaves His Bones in Bulgaria"：A Context for the Controversial *Chronicle of 811*'，*Dumbarton Oaks Papers*，60(2006)，87 - 109，评论了这方面的学术研究情况。

② Joseph D. C. Frendo，'The *Miracles of St. Demetrius* and the Capture of Thessaloniki'，*Byzantinoslavica*，58(1997)，205 - 224．

外,他们的学问并没有被后世之人模仿(例如调和性和编年格式)。塞奥法内斯并没有"合乎逻辑地"趋向格奥尔吉奥斯修士,同样,格奥尔吉奥斯修士也没有"趋"向卡米尼亚特斯。我们必须记住的是,拜占庭作家并不一定会响应那些离他们最近的前辈,反而会响应古代的传统。夸张一点说,这意味着任何一种文本都可能在任何时刻涌现,这要取决于一个人所选择模仿的范本。这些范本可以离自己很近,也可以离自己很远。未来的牧首佛提乌斯在 9 世纪中期撰写了有关古代史家和新近史家的评论,从这些评论中,我们可以看到这种接受情形。佛提乌斯判断诸史家的依据是他们的撰述风格和学术基础,这让人觉得人们似乎可以从中选择所想要的模本(虽然这都只是些不完整的模本)。① 另一方面,如果人们把眼光放长远些(例如从 800 年到 1150 年),就能看到历史编纂在文学方面的演进,其中的变化都是逐渐发生的,而且建立在不断累积的成就的基础之上。② 现在,我们便开始鉴赏这些文本的文学内涵。③ 如果把研究继续进行下去,人们就可以知道,那种关于拜占庭历史著作维持甚至提升了古代标准的说法,都是经得起多种新标准的衡量的。

大事年表/关键日期

公元 527 年　　　　查士丁尼即位

公元 532 年　　　　君士坦丁堡的尼卡暴动

公元 533—553 年　拜占庭在西方的再征服战争(北非、意大利)

---

① S. Efthymiades, *Φώτιος Πατριάρχης Κωνσταντινουπόλεως: Βιβλιοθήκη, ὅ σα τῆς ἱστορίας (Ἀνθολογία)* (Athens, 2000).

② 如 Jakov Ljubarskij, 'Man in Byzantine Historiography from John Malalas to Michael Psellos', *Dumbarton Oaks Papers*, 46(1992), 177 - 186。

③ Jakov Ljubarskij et al., '*Quellenforschung* and/or Literary Criticism: Narrative Structures in Byzantine Historical Writings', *Symbolae Osloenses*, 73(1998), 5 - 73.

公元 541 年　　　　查士丁尼时代的瘟疫首度爆发

公元 602 年　　　　福卡斯在一次反叛中推翻莫里吉奥斯并登上皇位

公元 610 年　　　　希拉克略在一次反叛中推翻福卡斯并建立了希
　　　　　　　　　拉克略王朝

公元 636 年　　　　阿拉伯人在雅穆克战役中打败拜占庭人，夺取
　　　　　　　　　了巴勒斯坦和叙利亚

公元 641 年　　　　阿拉伯人占领了亚历山大里亚

公元 698 年　　　　阿拉伯人最终占领迦太基

公元 730—787 年　拜占庭第一次圣像破坏运动时期

公元 815—843 年　拜占庭第二次圣像破坏运动时期

公元 867 年　　　　巴西尔一世谋杀了米哈伊尔三世并建立马其顿王朝

公元 904 年　　　　阿拉伯入侵者短暂占领塞萨洛尼基

216　主要历史文献

Agathias, *Agathiae Myrinaei Historiarum libri quinque*, ed. Rudolf
　　Keydell (Berlin, 1967); trans. Joseph D. Frendo as *Agathias：
　　The Histories* (Berlin, 1975).

Georgios Monachos, *Georgii Monachi Chronicon*, ed. Carolus de
　　Boor, rev. Peter Wirth, 2 vols. (Stuttgart, 1975).

Georgios Synkellos, *Georgii Syncelli Ecloga Chronographica*, ed.
　　Alden A. Mosshammer (Leipzig, 1984); trans. William Adler
　　and Paul Tuffin as *The Chronography of George Synkellos：A
　　Byzantine Chronicle of Universal History from the Creation*
　　(Oxford, 2002).

Ioannes Lydos, *Ioannes Lydus：On Powers or The Magistracies of
　　the Roman State*, ed. and trans. Anastastius C. Bandy (Philadel-
　　phia, 1983).

Jordanes, *Jordanis Romana et Getica*, ed. Theodor Mommsen (Ber-

lin，*1882＝MGM AA* vol. 5）；trans. Charles Christopher Mierow as *The Gothic History of Jordanes*（Princeton，1915）.

Kaminiates，*Ioannes，Ioannis Caminiatae de expugnatione Thessalonicae*，ed. Gertrud Böhlig（Berlin，1973）；trans. David Frendo and Athanasios Fotiou as John Kaminiates：*The Capture of Thessaloniki*（Perth，2000）.

Menandros，*The History of Menander the Guardsman*，ed. and trans. Roger C. Blockley（Liverpool，1985）.

Nikephoros，*Nikephoros，Patriarch of Constantinople：Short History*，ed. and trans. Cyril Mango（Washington，DC，1990）.

Prokopios，*Procopii Caesariensis opera omnia*，ed. J. Haury，rev. G. Wirth，4 vols.（Leipzig，1962－1964）；trans. Henry Bronson Dewing as *Procopius*，7 vols.（Cambridge，Mass.，1914－1940）.

Theophanes，*Theophanis Chronographia*，ed. Carolus de Boor，2 vols.（Leipzig，1883－1885）；trans. Cyril Mango and Roger Scott as *The Chronicle of Theophanes Confessor：Byzantine and Near Eastern History AD 284－813*（Oxford，1997）.

Theophylaktos，*Theophylacti Simocattae Historiae*，ed. Carolus de Boor，rev. Peter Wirth（Stuttgart，1972）；trans. Michael and Mary Whitby as *The History of Theophylact Simocatta*（Oxford，1986）.

Zosimos，*Zosime：Histoire nouvelle*，ed. François Paschoud，4 vols.（Paris，1971－1989）；trans. Ronald T. Ridley as *Zosimus：New History*（Sydney，1982）.

参考书目

Hunger，Herbert，*Die hochsprachliche profane Literatur der Byzantiner*，2 vols.（Munich，1978），i. 285－359.

Karpozilos, Apostolos, *Βυζαντινοὶ ἱστορικοὶ καὶ χρονογράφοι*, 2 vols. (Athens, 1997 – 2002).

Kazhdan, Alexander, *A History of Byzantine Literature*, 2 vols. (Athens, 1999 – 2006).

217 Macrides, Ruth (ed.), *History as Literature in Byzantium* (Aldershot, 2010).

Marasco, Gabriele (ed.), *Greek and Roman Historiography in Late Antiquity, Fourth to Sixth Centuries A. D.* (Leiden, 2003).

Odorico, Paolo, Agapitos, Panagiotis A., and Hinterberger, Martin (eds.), *L'ecriture de la mémoire: La littérarité de l'historiographie* (Paris, 2006).

Treadgold, Warren, *The Early Byzantine Historians* (New York, 2007).

刘招静　译　赵立行　校

第十一章 拜占庭历史著作：
900—1400 年

保罗·马格达里诺

在拜占庭历史著作史上，900 年和 1400 年这两个时间点并非是任意划分出来的。10 世纪和 14 世纪分别标志着大规模记录历史这一连续性传统的开启和结束。直到 10 世纪中叶，才有不下 3 位作家开始认真尝试续写帝国史，而这一帝国史在塞奥法内斯那里终结于利奥五世（Leo V）813 年登基之日，而且只有编年史家乔治修士将其粗略地拓展到了 843 年圣像破坏运动结束之时。在时间的另一端，在 1354 年之后的一个多世纪里，也即在尼基弗鲁斯·格勒格拉斯（Nikephoros Gregoras）和约翰·康塔库泽诺斯（John Kantakouzenos）选择结束对自己时代的历史叙述时，其他历史学家才受触动去记录以 1453 年君士坦丁堡陷落为限的历史事件。而在这两端之间，平均每隔 20 年就有一系列的彼此相互联系的历史著作产生。

从 900—1400 年间留传下来的希腊语历史著作基本有 31 部，这些著作都是在拜占庭世界（不包括拉丁语区）里创作出来的。这是个大概数目，因为它包含的那些编年史有不同的手稿版本，这些版本的数量可能是分开计算的，又或者，这些编年史和其他编年史几乎是完全重叠的，还有可能是，某些编年史内嵌在其他编年史中。在这些编年史中，还包括一部著作，其作者尼克塔斯·乔尼亚特斯（Niketas Choniates）"发行了"（published）不止一个版本。① 除此之外，还包括一些严格说来可能并不算历史著作的作品，因为它们以演说或信函的形式记录了若干有限的片段，并将之置于一种由愧悔、请求、颂扬或谴责构成的修辞语境中。然而，处于这一边界地带的其他著作并没有被包括进来，尽管它们也蕴含了丰富的历史信息，它们是 10 世纪依格纳提奥斯和优希米奥斯两位牧首的圣徒传记，以及尼基弗鲁斯·布勒米德斯（Nikephoros Blemmydes）的那部自我封圣的自传。② 人们知道，有相当数量的其他作品也存在于世，或是因为留存下来的作品提到了它们，又或是因为两部或两部以上的既存作品可以向前追溯至同一个源头。当然，这个源头已失，不可考究。这一散失文献的界限模糊不清，因为人们并不清楚，按照拜占庭的标准，那些撰史者们自己所用的文献材料，会在何种程度上被人们当作历史作品。

219

在中世纪拜占庭人的眼里，这些参照标准是什么？是什么区分了良史和劣史？此处我们所探讨的几乎所有著作，都在标题上称自己是历史类作品。除了"历史"（*historia*）这个词本身，还有"作品"（*syngraphe*）、"编年史"（*chronikon，chronographia*）、"记述"（*diegesis，aphegesis*）、"汇报"（*ekthesis*）或者朴实的"记"（*biblos*）等特定词汇。虽然这些术语不是同义词，但在使用上鲜有精确的区分，通常都是混合使用，或者和其他词一起使用，从而使作品有资格被称为"简述"（*syntomos*）、"概要"（*epitome，synopsis*）或"精选"

① Alicia J. Simpson, 'Before and After 1204: The Versions of Niketas Choniates' *Historia*', *Dumbarton Oaks Papers*, 60(2006),189 - 222.

② Nikephoros Blemmydes, *Nicephori Blemmydae autobiographia*, ed. Joseph Munitiz (CC, Series graeca 13; Turnhout, 1984); Blemmydes, *A Partial Account*, trans. Munitiz (Louvain, 1988); Life of Euthymios: *Vita Euthymii Patriarchae CP*, ed. and trans. Patricia Karlin-Hayter (Brussels, 1970); Life of Ignatios: *Patrologia Graeca*, ed. J.-P. Migne, 105, cols. 488 - 573;参见 Symeon A. Paschalides, 'From Hagiography to Historiography: The Case of the *Vita Ignatii* by Nicetas David the Paphlagonian', in Paolo Odorico and Panagiotis Agapitos (eds.), *Les Vies des saints à Byzance: Genre littéraire ou biographie historique?* (Dossiers byzantins 4; Paris, 2004),161 - 173。

(*ekloge*)，或者如尼基弗鲁斯·布里恩尼奥斯（Nikephoros Bryennios）那样，干脆称之为"史事"（*hyle historias*）。表述的变化非常普遍。我们在辨别历史著作时，也可以根据这样的线索来进行，比如借助历史著作和其他历史作品的明确关联或实际联系，不管这种联系表现为一方对另一方的内容提炼，或是表现为一方对另一方的续写，还是表现为双方对同样的事件有不同的看法。

最重要的是，界定历史文献要考察其目的和方法，正如拜占庭历史学家通常在用来介绍其著作的序言中所阐明的那样。[①] 历史是有用和有益的，因为它使过去人们的行为事迹免于湮没，保存下来让后人从中吸取教益，后人会模仿这些事例而趋善避恶。历史学家的使命在于清晰地记录事实真相，同时又使其信息丰富。有人坚持认为，应该采取中间路线，既不过简也不过繁，但大多数人都强调在记录必要的内容时需要简洁和简单。以夸张的言语、详尽复杂的演说和诸种描绘形式展开的文学修饰，不仅掩盖或模糊了事实，还会使这些事实有被诸种正面或负面价值判断扭曲的风险。历史学家应该避免那种源自个人动机的褒贬做法。所以，在他的事实陈述中，那种起说服作用的修辞没有用武之地。正如米哈伊尔·阿塔勒亚特斯（Michael Attaleiates）所指出的，"论述不是论战式的，所以需要修辞方法，但它是历史性的"。[②] 最后，拜占庭历史学家喜欢强调他们自身的可靠性：如果他们正在撰写古代的历史，那么他们会事先做大量的研究，比对他们的材料来源，留下必要的，舍弃多余的；假如撰写的是近来的和当前的历史，那么他们要么亲眼目睹过这些事件，要么就从那些值得信任的观察者中获取自己想要的信息。

这些规定几乎一成不变地出现在这个序言或那个序言中，属于

---

① 总体参见 Iordanis Grigoriadis, 'A Study of the *prooimion* of Zonaras' Chronicle in Relation to other 12th-Century Historical *prooimia*', *Byzantinische Zeitschrift*, 91 (1998),327 – 344。

② *Miguel Ataliates*, *Historia*, ed. and trans. Inmaculada Pérez Martin (Nueva Roma 15; Madrid, 2002),5 – 6.

因袭的陈词滥调。而严格说来，这些规定并不能成为后续文本内容的正确指南。拜占庭历史学家易用褒贬修辞的做法是出了名的。约翰·斯基里茨（John Skylitzes）是 11 世纪晚期的作家，他哀叹自 9 世纪乔治·辛克罗斯和塞奥法内斯撰述编年史以来，历史写作已经每况愈下。一方面，有些历史学家只不过在排一些皇帝的列表，而"忽略了大多数基本事件"。另一方面，如果说其他人提到了某些行为事迹的话：

> 那么他们所作的叙述，也没有真正的中心，是在伤害而非帮助他们的读者。提奥多尔·达福诺帕特斯（Theodore Daphnopates）、帕夫拉戈尼亚人尼克塔斯（Niketas the Paphlagonian）、约瑟夫·格内西奥斯（Joseph Genesios）和马纽埃尔（Manuel）等君士坦丁堡人，来自弗里吉亚的助祭尼基弗鲁斯（Nikephoros the Deacon from Phrygia）、来自小亚（西部）的列奥（Leo）、与前述提奥多尔同名的掌管着塞巴斯蒂亚教会（the church of Sebasteia）的希德（Side）主教提奥多尔（Theodore），以及那位基兹科斯的主教德米特里奥斯（Demetrios bishop of Kyzikos）和修士约翰，每个人都把自己的议题放在头等重要的位置。他们有的人赞颂某个皇帝，有的人谴责某个牧首，而有的人则赞扬自己的某个朋友，他们打着历史写作的幌子达成了自己的目标。他们和前面提到的那位身上担负着上帝使命的人（乔治·辛克罗斯和塞奥法内斯）毫不沾边，他们根据自身时代的或不久前发生的事情，详细撰写了各部历史作品：在这些人中间，有的心怀同情，有的带着敌意，有的旨在取悦，而有的则只是奉命行事。每个人都在书写他自己的历史作品，然而对于同一件事的表述却各不相同。他们把读者弄得头晕眼花，迷惑不解。①

---

① John Skylitzes, *Ioannis Scylitzae synopsis historiarum*, ed. I. Thurn (CFHB 5; Berlin and NewYork, 1973),3 - 4;我的翻译稍有异于凯瑟琳·霍尔莫（转下页）

斯基里茨所提到的那些史作，都无法明确认定了，但是，他所描述的那些倾向，却很容易从现存的文本中看到。试举两个最极端的例子：巴西尔一世的孙子、出生于紫室里的君士坦丁七世（Constantine Ⅶ Porphyrogenitus）在 10 世纪中叶口述的《巴西尔一世传》（the Life of Basil Ⅰ）和由科穆宁王朝阿列克西奥斯一世（Alexios Ⅰ Komnenos，1081—1118 年在位）的女儿安娜（Anna）所写的《阿列克西奥斯纪》（the Alexiad），都以偏袒的立场来表现自己的主题，就这一点而言，它们都算是圣徒传记式作品。不过，在各自所作的序言中，两位作者都特地宣扬自己所写的是历史作品：巴西尔一世的立传者所采用的方法，是将自己的作品置于拜占庭全朝皇帝实录的项目背景下，而安娜所强调的则是对自己的父亲不偏不倚的态度和致力于展现事实真相的努力。他们两位对自己所提供信息的史实性，都有着清晰的意识。《巴西尔一世传》的作者考虑到了要让自己的编年准确无误。他为自己简要叙述巴西尔的东方战斗的做法进行了一番辩护，辩护的理由首先在于这一叙述确实能够反映所发生的一连串事件，而接下来的另一个理由则是，他不会想出一些很细节性的叙述策略来，因为一旦运用这些策略，记录就不可信了。[①] 其言外之意是说，一部出色的史作应当深入这样的细节，而且观察者们应当本着深入的目的来记录这些细节。有趣的是，接下来的几乎所有历史著作，都对远征和战斗进行了详细描述，尤其是那位身陷宫闱、富有才智的公主安娜所撰的《阿列克西奥斯纪》。

221

假如撰写这一类型史著的作者，的确严肃认真地把自己当历史学家来对待，那么我们又该如何解释他们不偏不倚的理论与他们

（接上页）斯（Catherine Holmes）的翻译，关于霍尔莫斯的翻译，参见 Catherine Holmes, *Basil II and the Governance of Empire*（976 - 1025）（Oxford 2005），123 - 124。

① *Theophanes Continuatus*, ed. I. Bekker（Bonn, 1838），279 - 280.

带有偏向的实践之间的明显矛盾呢？最简单的一种解释是：这种理论和实践之间的差异在于，那些标签、规定和历史著述的叙述模式或方法，都是一种伪装和掩饰，目的是为他们好恶的腔调和个人与政治追求赋予骗人的自尊。这是斯基里茨给出的解释，而且这种解释会被用到所有已知的拜占庭历史学家身上去。不过，斯基里茨有他自己的动机，而人们也可以提出这样一个问题，即按照媒介和信息与对历史体裁的任意运用这二者之间的粗陋二分法，人们是否能够恰当地概括出某种远比他描绘的更为普遍的趋势。对此要做一些条件说明。

首先，主观动机和客观视域之间的矛盾，是所有历史写作当中都存在的根本性问题。因此从这个角度来看，拜占庭作家也许是格外透明、无所遮掩而不是特别不诚实的。其次，他们在追求自己的个人议题时的开放性和一致性，表明他们并不是在有意欺骗，而是对历史事实真相的看法和古代或现代的范式不同。正如罗杰·斯科特（Roger Scott）所注意到的，拜占庭历史编撰"是宣传或广告的一个分支（尽管它是诚实的广告）"，①它建立在基督教史观的基础之上，将历史看作上帝计划根据天意来展开的过程。过去诸位统治者的良善和胜利之举是真实的，因为它们是正当的，因为它们既宣示了上帝的眷顾，又吸引了上帝的眷顾。这就是历史必须提供给人们的主要镜鉴；这种镜鉴不是不言自明的，要想让人们理解它，就必须借助某种吸引力和说服艺术的力量，就像教会执事列奥在自己的序言中所写的，史书必须再度激活过去。② 所以，第三点就是，历史写作不能避免褒贬修辞和其他各种文学技巧，这些技巧是人们在刻画人物、戏剧化处理故事情节和解释事件起因时需要用到的。因为，除了和精确年代相结合之外，历史是文学而非科

---

① Roger Scott,'The Classical Tradition in Byzantine Historiography', in Margaret Mullett and Scott (eds.), *Byzantium and the Classical Tradition* (Birmingham, 1991),71.

② Leo the Deacon, *Historia*, ed. C. B. Hase (CSHB; Bonn, 1828),4.

学,且著史者并不仅仅是历史学家。他们之所以写史,是因为培养他们的人教导他们要写很多其他的东西。证据显示,他们中的大多数人都是这么做的。

事实上,在拜占庭帝国中期,历史编撰已变得越来越不具有独立性和封闭性特征。除了和官方演讲及圣徒传记有明显的关联,以及援引了《圣经》和古典作品尤其是荷马作品外,它还借鉴了古代的传奇甚至科技文献。正如我们所看到的,对战役和战斗的详尽描绘已成为 10 世纪中期以降历史写作的常规特色,这肯定与此一时期军事手册的流行有关。[①] 基督教的世界观几乎使任何一个宗教主题都对历史编撰开放。9 世纪以"正教的胜利"(the Triumph of Orthodoxy)为主题撰写编年史的乔治修士,在历史细节上着意很少,但对布道词和《圣经》评论却引用甚丰。由米哈伊尔·格里卡斯(Michael Glykas)撰写的 12 世纪历史中,有超过三分之二的内容都是对《圣经》历史的评论,其中有对上帝创世的特意强调,而这种强调即源自他对科学的兴趣。14 世纪的天文学家兼历史学家尼基弗鲁斯·格勒格拉斯也认为,自然世界的运行是构成历史的必不可少的一部分。[②]

关于斯基里茨的批评所要作的第四个也是最后一个说明是,它全面反对一种类型的历史写作。他所批评的所有那些以历史作掩护撰写宣传物的作家,写出来的都是一些针对最近某个短暂时期的文学史。而他眼中那两位报道事实既简明又公正,堪称此方面模范的作家——乔治·辛克罗斯和塞奥法内斯,则都是编年史家,他们彼此之间所叙述的,是从上帝创世起直到 9 世纪的世界历史。就拜占庭式历史观念和历史编纂在拜占庭文献中的地位而言,一个很关键的事实是,拜占庭历史著作是由编年史和历史这两个独

222

① 关于近期编译版本,见如下译作的导言部分。*The History of Leo the Deacon*,trans. Alice-Mary Talbot and Denis Sullivan(Washington, DC, 2005),4 - 7。

② Armin Hohlweg, ' Astronomie und Geschichtsbetrachtung bei Nikephoros Gregoras', in Werner Seibt (ed.), *Geschichte und Kultur der Palaiologenzeit* (Vienna, 1996),51 - 63.

特的传统构成的。随着 6 世纪晚期埃瓦格里乌斯（Evagrius）的出现，作为拜占庭早期第三个历史著作类型的教会史走向了终结，虽然尼基弗鲁斯·克桑索布罗斯（Nikephoros Xanthopoulos）在 1320 年左右独自一人恢复过这类历史写作，但它最终还是没能再次形成一种持续的、独立的传统。

　　然而，基督教编年史和世俗历史之间的区分仍然持续存在，这大致相当于西方拉丁语世界"编年史家和历史学家"之间的区分。它以查士丁尼时代普罗科庇乌斯和马拉拉斯两位作家彼此迥然有别的作品为代表，在 9 世纪之交尼基弗鲁斯所撰的《简史》（the Short History）和乔治·辛克罗斯所撰且由塞奥法内斯续写的编年史中，再度浮出水面。① 此后，它一直持续到拜占庭灭亡及以后的时期。一些学者近来开始质疑这种区分是否有意义或用处，尤其是针对中世纪而言，他们还提倡关注个别探讨而非风格类型。② 当然，随着每一位作者拓展其编年史或历史写作模式，其间会发生诸多的革新与变化。不过，就算考虑了它们所具有的一切弹性，这些模式从根本上讲仍未被打破；它们没有彼此融合，也从来没有变得真正类似。它们的显著特征可以标示如下：

223

1. 历史	2. 编年史
以少量手稿的形式留存下来，通常不多于一个稿本。	具有深厚的手稿传统，但那些代代相承的抄写者/汇编者使它们发生了诸多变化。
精英/博学的读者群。	大众读者群。
阿提卡式语言，长时期，复杂的句法。	简单，中低等语言，短时期。

---

① 见本卷第十章。

② 尤其参见 Jakov Ljubarskij *et al.*，'*Quellenforschung* and/or Literary Criticism：Narrative Structures in Byzantine Historical Writings'，*Symbolae Osloenses*，73（1998），5 - 73；and Alexander Kazhdan，*A History of Byzantine Literature（850 -1000）*，ed. Christine Angelidi（Athens，2006）。

对古典作品的频繁引证和暗示，作者的感叹语，直接引语形式的文段，描述和刻画。

简要的、压缩的、事实的报道。

发达的、相联系的、有主题的叙述。

对不相关的、彼此不相联系的信息之连续报道。

传记结构：以帝王在位时期为主要划分单元或单位。

编年结构：按照年代条目组织信息。

年代指涉不规则，且叙述顺序通常是依主题而行，而非按年代展开。

确切的以及有时痴迷的关注点模糊不清；年表。

聚焦于"行为事迹"。

聚集于事件，包括自然现象。

考察近期的拜占庭历史，从大约距作者生活要早一代人的时间开始。

考察世界历史，从上帝创世（一般将时间定在基督诞生前 5500 年）开始，视拜占庭历史为罗马历史的延续。

来自古典作品的启示和惯例。

来自基督教的启示和惯例。

书写源自作者自身的经历和其他见证人的口头证据；有时候也来自同时代的人著述。

信息主要取自更古老的史作和编年史作品，人们将之加以比较、摘录、提炼或者在做较小编校工作的同时，将之吸纳。

作者干预自己的叙述。

叙述几乎完全不受个人感情影响。

　　无疑，有相当数量的作品属于第一列。它们包括了从 10 世纪到 14 世纪几乎所有主要的叙述材料，构成了相互重叠且未曾中断的著述序列：格内西奥斯、塞奥法内斯·康提努阿图斯、助祭列奥；米哈伊尔·普塞洛斯的《编年史》；米哈伊尔·阿塔勒亚特斯、安娜·康姆内纳、约翰·基纳摩斯（John Kinnamos）、尼克塔斯·乔尼亚特斯、乔治·阿克罗波利特斯（George Akropolites）、乔治·帕吉梅雷思（George Pachymeres）、尼基弗鲁斯·格勒格拉斯、约翰·坎塔库尊。它们还包括由约翰·卡门尼亚特斯（John Kameniates）、优希塔西奥斯（Eustathios）和约翰·阿纳戈诺斯特斯分别于 902 年、1185 年和 1430 年撰写的有关塞萨洛尼卡被围的三部叙述作品。[①] 在这一系列作品中，主要的"反常之作"当属《塞奥法内斯·康提努阿图斯》（*Theophanes Continuatus*），它是一部匿名之作，是一部至少包括 4 个文本的汇编，其中一个文本总体上都是借鉴国务大臣西蒙的编年史；该作品的更大部分内容还关注距离作者生活时代较远的一个时期。此外，人们应当注意的是，"手稿传播"这一标准更适用于那些更早期的文本，而非从 12 世纪晚期开始书写的文本，这主要是因为在 1204 年十字军洗劫君士坦丁堡之后，人们所复制的手稿更有机会留存下来。有三部作品不好做简单的归类。一部是保存在一份单独手稿（西奈山希腊语手稿〔Sinaiticus graecus〕，1117 年）中且归名于普塞洛斯的《简史》（*Concise History*）。[②] 一方面，从其涵盖长时段（从罗马创建到巴西尔二世在位时期）、依赖更古老史作、对"事迹"（deeds）不感兴趣、简要记录信息时不作连续叙述等诸个特点来看，它都类似于一部编年史。另一方面，它又有严格的传记式结构，同时缺乏年表，而且总体内容都是世俗性质的，另外，最重要的一点是，它完全忽略了《圣经》式的历史，这些特点又使它和编年史传统分离开来。它还考察了福卡斯王朝的皇帝尼基弗鲁斯二世（Nikephoros II Phokas，963—

---

① John Anagnostes, ed. D. Tsaras（Thessaloniki, 1958）; Eustathios, *La espugnazione di Tessalonica*, ed. St. Kyriakides, trans. V. Rotolo（Palermo, 1961）; English trans.（with Greek text）J. R. Melville Jones, *Eustathios of Thessaloniki*（Byzantina Australiensia 8; Canberra 1988）; 以及 John Kameniates, *Ioannis Caminiatae de expugnatione Thessalonicae*, ed. Gertrud Böhlig（CFHB 4; Berlin and New York 1973）; trans. D. Frendo and A. Fotiou, *The Capture of Thessaloniki*（Byzantina Australiensia 12; Canberra 2000）。

② John Duffy and Efstratios Papaioannou, 'Michael Psellos and the Authorship of the *Historia Syntomos*: Final Considerations', in Anna Avramea, Angeliki Laiou, and Evangelos Chrysos（eds.）, *Byzantium, State and Society*（Athens, 2003）, 219 - 229.

969 年在位），其考察方法显示，它受到了一部传记体历史的影响，这部传记体历史旨在赞颂福卡斯家族。如果该文本是出自普塞洛斯之手，那么它的特色可以用这样的事实进行解释，即它正好填补了普塞洛斯另外两部史著之间的编年空白。这两部史著分别是：一部从上帝创世起到耶稣道成肉身的极简普世编年史，[①]一部围绕作者自身时代展开的历史（*Chronographia*）。

　　另一部作品介于两种类别之间，那就是约翰·斯基里茨的《历史概要》（*Historical Summary*），它叙述的时间范围为 813—1057 年，后来，该作品又有了一次增补，这次增补可能就是斯基里茨所做，经过增补，该作品的叙述年限延伸至 1078 年。《历史概要》以乔治·辛克罗斯和塞奥法内斯的做法为模本，并且正如我们所看到的那样，它自称是这两位作者所撰作品的合格续篇，因为它按照这两位的方法概括了那些后继者的作品，虽然这些作品达不到两位作家的标准。从这个意义上来说，《历史概要》是一部编年史。它大体上是简要的，而且在"11 世纪"这一部分还包含了具有纯粹编年史风格的年代条目。和"典型的"编年史一样，它借由几部手稿留存了下来，并且免不了要被人们篡改。而稍晚出现的另一位编年史家乔治·克德勒诺斯（George Kedrenos），则把它逐字逐句地纳入了自己有关上帝创世以来历史的叙述之中。然而，该著所概括总结的都是历史著作，而且它关注的大体都是"事迹"，特别是战争事迹。最后，在 14 世纪，艾诺斯的埃弗赖姆（Ephraim of Ainos)的《编年史》（*Chronicle History*）用大约 9 600 行 12 音节诗，概括总结了迄至 1261 年的罗马和拜占庭帝国历史。该著作有三大材料来源，包括佐纳拉斯（Zonaras）的非典型编年史和乔尼亚特斯与阿克罗波利特斯分别所撰的史著。[②]

225

　　所有在 10—14 世纪产生的其他历史著作都可被归为编年史，

---

① *Michaelis Pselli Theologica*，vol. 1，ed. Paul Gautier (Leipzig, 1989)，445 - 447.

② Ἐφραὶμ τοῦ Αἴνου χρονογραφία，ed. Odysseus Lampsidis, 2 vols. （Athens, 1984 - 1985).

其原因或在于它们的框架都是自上帝创世以来的世界历史，以及它们都是建立在一堆更早时期的匿名历史编纂基础之上，又或者是因为它们是由那些经典的编年条目组成，总体上和莫内姆瓦西亚（Monemvasia）①、特赖比宗（Trebizond）②和爱奥阿尼纳（Ioannina）③的地方编年史一致。但是，虽然它们中间的几乎所有作品都显示出某些"历史"类型的特点，然而这中间却没有一部作品结合了"编年史"参数表中所列的所有标准。如同在早些时期一样，当大量编年史基于官方剖析、口头报道和同时期人的著述来探讨近期的历史时，它们各自的末尾篇章事实上都变成了历史作品。国务大臣兼编者西蒙的编年史和约翰·左纳拉斯的《历史》很明显都属于这一类型，其中前者是 813—948 年间的主要原始材料，而后者则可追溯至 12 世纪中期到晚期之间；《历史》在结尾部分原创性地描绘了科穆宁王朝的阿列克西奥斯一世的统治时代。

在塞奥法内斯的编年史中，我们已然能够看到，一种根据皇帝在位时期所做的划分正叠加于编年史网格之上。在国务大臣兼编者西蒙和伪西蒙（Pseudo-Symeon）编纂的 10 世纪经典编年史（以两个版本传播）中，以及在乔治·克德勒诺斯于 1100 年左右编纂时通过增添斯基里茨作品而形成的大体相同的文本中，这一编年史

---

① *Cronaca di Monemvasia*: *Introduzione*, *testo critico*, *traduzione e note*, ed. and trans. Ivan Dučev (Palermo, 1976).

② Michael Panaretos, *On the Emperors of Trebizond*, *the Grand Komnenoi*, ed. Odysseus Lampsidis, *Μιχαὴλ τοῦ Παναρέτου, Περὶ τῶν Μεγάλων Κομνηνῶν* (Athens, 1958).

③ Anonymous, *Chronicle of Ioannina*, ed. S. Cirac-Estopañán, *Bizancio y España*: *el legado de la basilissa Maria y de los déspotas Thomas y Esaú de Ioannina*, 2 vols. (Barcelona, 1943), ii., also ed. Leandros I. Vranousis, in *Ἐπετηρὶς τοῦ Μεσαιωνικοῦ Ἀρχείου* 12, Academy of Athens (Athens, 1965), 57 - 115.

网格已变得不再连贯一致。① 此后，在 12 世纪通过非常个性化的方式体现世界历史叙述框架的三部作品中，这种网格彻底消失了，三部作品已反映出作者在其他方面的文学兴趣。在总数超过 6 600 行的 15 音节诗句中，君士坦丁·马纳塞斯（Constantine Manasses）针对上帝创世以后直到 1081 年的事件，进行了一番有趣的、充满道德教喻和奇闻异事的论述。其论述多有描述性特点和感情化评论，并借用了妒忌和命运的力量。与之相反，教会法学家约翰·左纳拉斯的史作则对高质量的原始素材进行了无矫饰但很合时宜而且具有批判性质的摘编，其素材包括罗马帝国时期蒂奥·卡西乌斯的《罗马史》（the Roman History of Dio Cassius）。该著作的引人注目之处在于，它对罗马国家宪制的发展给予了密切的关注，并对"专横的"君王提出了自己的批评，这些君王破坏了他们各自所享权力的公共属性，而这种属性内在于帝国君主政体的共和源头之中。它以一则对阿列克西奥斯一世模棱两可的评论收尾，阿列克西奥斯一世是一位有能力且随和的君主，不过，他用自己那套基于家族建立起来的奖赏与授勋体制，破坏了帝国的宪制。较之稍晚问世的米哈伊尔·格里卡斯的编年史，在对帝国历史的叙述中，主要就更早时期的历史作品进行了一番并不引人注目的重述，其中就包括左纳拉斯的作品，不过在此之前，该编年史针对《圣经》特别是《创世记》所带来的诸种问题作了一系列回应。作者以说教的方式频繁提及"亲爱的读者"（the dear reader），而且事实上他的许多答案，也都能在他那部回答许多著名人物的提问的集子中找到。

后来的编年史并没有效仿这些创新范例。这些编年史主要体现在三部彼此密切相关的文本中，而这些文本的诞生时间是在 13 世纪晚期，其中最为人们所知的是《编年史概要》（the Summary

226

---

① *Georgius Cedrenus Ioannae Scylitzae ope*, ed. I Bekker, 2 vols. (CSHB; Bonn, 1838)；参见 Luigi Tartaglia, 'Meccanismi di compilazione nella *Cronaca* di Giorgio Cedreno', in F. Conca and G. Fiaccadori (eds.), *Bisanzio nell'età dei Macedoni: Forme della produzione letteraria e artistica* (Milan, 2007), 239 - 255.

Chronicle），这部作品被归入基兹科斯主教西奥多尔·斯库塔里奥特斯名下，不过这并没有什么依据。① 尽管《编年史概要》从 11 世纪末到 1261 年的叙述总体上都在展示主流文学史，但作者在叙述上帝创世以后直到 1081 年这段历史时，采用的仍然是典型的编年史风格或方法。作者似乎已从那些即便不同于但也类似于左纳拉斯、马纳塞斯和格里卡斯所用编年史的作品中获取了信息。不过，与 12 世纪的作者不同，他仍然密切追随自己所用素材的风格样式。在这方面，他的作品可能标志着一种对传统实践的有意回归，当然这种回归是守旧式的。编年史旨在从长时段和上帝行事的视角来看待人类成就和帝王政治，就此而言，它生来就是守旧的，它没有为美化、分析权力运作或特别荣宠某个人留下空间。所以，国务大臣兼编者西蒙和约翰·左纳拉斯这两位历史学家，双双选择了以编年史的形式来写作，也就不是一件纯属巧合的事情了。他们两人都有意识地降低马其顿王朝的巴西尔一世和科穆宁王朝的阿列克西奥斯一世的帝王形象，而这两位都是拜占庭帝国中期开创主要王朝的人。在对待拜占庭帝国末代王朝的建立者巴列奥略王朝的米哈伊尔八世（Michael VIII Palaiologos）时，《编年史概要》的作者如法炮制。这位编年史家尽管吸收了乔治·阿克罗波利特斯那部旨在叙述 1204—1261 年历史的《历史》一书，但他还是通过削减和篡改，把该文本对巴列奥略王朝的米哈伊尔的赞美，转变成对拉斯卡利斯王朝和牧首阿尔塞尼奥斯（Arsenios）的颂扬，需知拉斯卡利斯王朝正是被米哈伊尔废黜，而牧首阿尔塞尼奥斯则谴责了这一废黜行为。②

227　　　“历史学家”总体上都认为自己的主人公所遇到的成功和失败

---

① Ed. Konstantinos Sathas in Μεσαιωνική Βιβλιοθήκη, VII（Paris，1894；repr. Athens，1972）. 其他文本参见 Theodori Scutariotae Chronica，ed. Raimondo Tocci（CFHB 46；Berlin and New York，2009）；以及 Konstantinos Zafeiris，'A Reappraisal of the Chronicle of Theodore of Kyzikos'，Byzantinis che Zeitschrift，103（2010），772 - 790。

② 参见 Ruth Macrides，George Akropolites：The History（Oxford，2007），65 - 71。

都是命中注定的,这一点和"编年史家"没什么不同。此外,他们有义务记录地震、暴风雨和自然界的奇事,而有时候,他们则赋予这些被记载的对象以天意。然而,从总体上来看,他们的聚焦点是个体的人(individuals),而且他们的目的是要让连贯叙述意义上的选择和行为,具有因果式的联系。这就为他们实现改变和革新提供了更大的空间,尽管他们承诺要"效仿"修昔底德所开创的那些范式。在格内西奥斯的作品和《塞奥法内斯·康提努阿图斯》(*Theophanes Continuatus*)的无名氏续篇中,由君士坦丁七世命令编纂的宫廷历史有了革新,其革新表现在经过三个世纪的断裂期之后,有关世俗历史的新式传记体叙述得以复苏。其创新之所以能够实现,并不是因为它简单地模仿了某位古代史家,或是混合模仿了某几位古代史家,而是因为它把各种"宣传性"媒介——圣徒传记、褒贬修辞与有关理想统治者的文学等技巧都和 9 世纪早期著名人物的浪漫故事结合了起来。这两部作品的初衷是要为时间下限为 813 年的塞奥法内斯的《编年史》提供一个续篇,适度骇人听闻地说明一下巴西尔一世的前任们的愚蠢和失败,并以此为序幕,对巴西尔通过谋杀米哈伊尔三世来获取权力的做法进行赞美或辩护。格内西奥斯走得更远,他对巴西尔在位时期也进行了简要叙述。不过,君士坦丁七世显然不满足于这一点。在一部汇编作品中,他接续《塞奥法内斯·康提努阿图斯》组织编纂了其祖父的单独"传记";后来,这部汇编作品通过增添有关巴西尔后继者的章节,把时间下限延伸到了 963 年,其中包括对君士坦丁七世的激情洋溢的叙述。

如前所述,《塞奥法内斯·康提努阿图斯》一书的扩展版,已成了传记结构式历史著作链条中的首要一环,而这一链条一直延续到了 14 世纪都未曾中断。正如看似越来越有可能发生的那样,各位作者都意识到了他们是在同一种传统中进行写作,不过,没有任何迹象表明他们感觉到了前辈对自己的束缚;恰恰相反,他们所有人似乎都选择了适合自己写作路径的结构、风格、内容和评论标准,并且以此来记录皇室的行为事迹。

尽管英雄传记仍然是"默认的"的写作结构单元，但所有那些运用这种结构单元的作者，还是使它得到了提升发展，超越了那种展示帝王美德的固定模式。在有关对巴西尔一世和君士坦丁七世的描绘中，我们见过这种模式。这些作者创造出了更富戏剧性和延展性的叙事，用更多的细节来充实它们，尤其在汇报对话内容和军事战役时更是如此。那种完美模式越来越得益于荷马和普鲁塔克而非圣徒传记。这在多部皇帝传记中都表现得非常明显，而这些传记都是围绕科穆宁王朝的阿列克西奥斯一世也即那位在 1070 年代拜占庭国家迅速衰落之后又使之复兴的皇帝而展开的：其女婿尼基弗鲁斯·布里恩尼奥斯（Nikephoros Bryennios）所作的《史料》（the Historical Materials），描述了他早期在登位之前所建立的功勋，而安娜·科穆宁娜所作、书名引人联想的《阿列克西奥斯纪》，则用 15 长卷的篇幅，讲述了这位皇帝毕其一生的故事。至于那些围绕有雅量、勇敢、鼓舞人心的领袖所作的史诗描绘，则要在约翰·基纳摩斯有关阿列克西奥斯之孙曼努埃尔一世（Manuel I）的史作中才会达到巅峰与高潮。在 10 世纪，随着助祭列奥对伟大的征伐皇帝福卡斯家族的尼基弗鲁斯二世和吉米斯基家族的约翰一世（John I Tzimiskes）的描写，这种史诗般的描绘就已经开始了。尽管事实上后者谋杀了前者，但他们两位还是双双成了列奥史著中的英雄，这部作品接续了《塞奥法内斯·康提努阿图斯》以降的帝王传记序列。此外，他还对吉米斯基家族的伟大对手罗斯王子斯维亚托斯拉夫（Sviatoslav）展开了英雄般的描绘，这意味着《阿列克西奥斯纪》中的反英雄人物即罗伯特·圭斯卡尔德和波西蒙德这对诺曼人父子，起到了衬托阿列克西奥斯之持续胜利的作用。

在乔治·阿克罗波利特斯有关尼西亚帝国（the Empire of Nicaea）的历史作品中，这种史诗般的描绘有过短暂再现，这个拜占庭国家是第四次十字军东征中拉丁人征服君士坦丁堡之后在小亚细亚西部建立起来的。阿克罗波利特斯将巴列奥略王朝的米哈伊尔这位流放中的末代统治者，描绘成一位注定要当君王的高贵英雄，而这位英雄通过他自己与生俱来的才智和勇气，挫败了所有嫉恨他的阴谋,并在 1261 年收复了君士坦丁堡。自那以后,巴列奥略王朝时期的帝国便落入了一种迅速萎缩的糟糕状态,这种状态根本不利于用史诗和赞颂的方式来描绘那些灾难不断临头的统治者们。唯一的例外是前任皇帝坎塔库尊家族的约翰六世(John VI Kantakouzenos),他为自己在帝国政治中所采取的最终酿成灾难的干预行为,写了一篇辩解文。他的回忆录从安德洛尼卡二世(Andronikos II)和其孙子安德洛尼卡三世(Andronikos III)之间展开的内战(1321—1328 年)开始,然后考察了安德洛尼卡三世独自为帝的那段时期(1328—1341 年),而在此一时期,坎塔库尊扮演了那股隐藏在王座背后的力量。接下来描绘的是内争外患的时期,而导致这一局面的,就是坎塔库尊对帝国权力的篡夺(1341年),回忆录的结尾则讲述了这位皇帝在 1354 年退位的情形。这一用第三人称写成的自传体历史,在拜占庭文学中有自己的特殊地位。这部作品蕴含了很高的古典学问,而且同时期的历史学家尼基弗鲁斯·格勒格拉斯基本上也赞成坎塔库尊对诸个事件的看法,至少他们为皇帝支持教会中的静修者会(the Hesychast party)一事有过争吵。这两方面的特点弥补了它的两个缺陷:毫无保留的利己之心和自我辩解行为。不过,格勒格拉斯和阿克罗波利特斯不同,他并不打算撰写赞颂式传记。

阿克罗波利特斯同格内西奥斯和《塞奥法内斯·康提努阿图斯》的相似之处在于,他对尼西亚早期统治者的简要的、负面的或中性的描绘,都是为突出他的英雄,即在位的皇帝,并为他登上皇位而辩护。从表面上看,在更早时期的两位历史学家那里,我们可以辨识出一种与之相似的表现模式,他们都率先考察了 11 世纪的第三个 25 年里帝国面临政治与军事危机的时期。米哈伊尔·普塞洛斯和米哈伊尔·阿塔勒亚特斯,都在自己著作的结尾,分别对自己系列中最后的皇帝,即杜卡斯王朝的米哈伊尔七世(Michael VII Doukas)和博塔内亚特斯家族的尼基弗鲁斯三世(Nikephoros III Botaneiates)大加赞美。但是,人们对此已有疑问,这些过了头的、好得简直不真实的描绘,与围绕较早王朝所进行的那些敏锐而

229

又更加微妙的讨论迥然不同，它是完全严肃而真诚的呢，还是反映了这些作家的真实兴趣？[①]普塞洛斯和阿塔勒亚特斯更深层的关切，是要解释帝国的力量、声名和伟大的巴西尔二世（976—1025年在位）治下的广大疆域，要解释它们为什么都衰退了。他们的传记式考察，在反映各自好恶的同时，也揭示了帝国近期统治者的脆弱权力基础和有缺陷的权力心理，正是这些促使他们及他们的谋士们做出了错误的决定。

普塞洛斯原本是以伊萨克一世退位（1059 年）结束他的《编年史》的，但他还是进行了延伸，意在为自己在两位杜卡斯王朝皇帝君士坦丁十世（Constantine X，1059—1068 年）和米哈伊尔七世（Michael VII，1068—1071 年）治下所扮演的角色进行辩护。他将那些优先考虑国家财政与军事利益的行动者理想化了。他理想中的英雄是巴西尔二世，在这位皇帝之后，一切都在走下坡路。他笔下有瑕疵的英雄分别是：因病患和充满负罪感的虔敬而逐渐瘫痪的米哈伊尔四世（Michael IV）、叛军指挥官乔治·马尼亚科斯（George Maniakes）以及伊萨克一世，其中后者在财政改革计划中表现得过于冲动，否则就值得人们赞扬。而他所认为的反英雄，则是友善、挥金如土、寻欢作乐和追逐名望的莫诺马库斯家族的君士坦丁九世（Constantine IX Monomachos，1042—1055 年在位）。君士坦丁九世经历了自己任上的种种危机，而他借以渡过此类危机的，与其说是良善的治理，还不如说是自己的好运气。虔敬还是不虔敬，在帝王的成功与失败中并不起作用，而且普塞洛斯完全排除了作为原因的天意。他将判断上的失误视作心理上的而非道德上的弱点，而且他用"健康"而不是"正义"这一标准来分析国家的腐败。他用古代政治思想中的那种隐喻式语言，把国家理解成一个有机的政治体，它由一种良好的财政与赞助体系来维系，而且军队

---

① Dimitris Krallis, 'Attaleiates as a Reader of Psellos', in Charles Barber and David Jenkins（eds.），*Reading Michael Psellos*（The Medieval Mediterranean 61; Leiden, 2006），167 - 191.

和官僚之间构成了公正平衡的关系。在他清晰地表述有关国家管理的诸原则，而且这种表达要比其他任何拜占庭史家更为清晰且富于哲学意味时，他并没有让那些名称、日期、地点和事件之类的细节把自己的哲学分析和心理学描绘打乱。他把围绕战争的叙述缩减到最少。这使他既成为一位现代人眼里的出色评论家，又成为一位并不令人满意的信息提供者。11 世纪的史著所呈现的事实和逻辑，总体上必须从阿塔勒亚特斯和斯基里茨更为传统的叙述作品中归纳出来。

阿塔勒亚特斯从传统宗教的角度来解释政治上的失败，把它解释成上帝对不服从行为的神圣惩罚，正如他将地震和可怕奇观解释成上帝发怒的明证一样。不过，他对上帝神圣正义的认知，并不纯粹是基督教式的或圣经式的。他指出，当突厥人的侵略深入帝国心脏地带时，那种认为突厥人是在代表上帝对东部边界地区占优势地位的异教人群进行审判的观点就不正确了。与此相反，上帝的神圣旨意是要一种非忏悔式的、自然的正义，它要用战争的胜利来回酬所有那些宗教信仰中的人们，特别是过去的异教罗马人和当下不信仰（基督）教的突厥人，因为他们连根拔除了自身所处社会中的非正义情形。事实上，他不止一次地把这类神圣的惩罚称为"报应"（nemesis），其中隐含的意思是，引发这种惩罚的东西不是人们多么缺乏虔诚，而是他们在施展违反自然法——包括战争法则——的权力时过于自负。因此，他的作品中的主角即迪奥根尼斯家族的罗马诺斯四世皇帝（Romanos IV Diogenes）是一位悲剧英雄，他在曼兹科特战役中所采取的用心良苦和积极的举措最后都归于失败，并把自己的帝国部队引向了灾难。他的行动之所以如此，就是因为他草率傲慢，反应过度。不过，罗马诺斯还是被刻画成了一位受猜忌阴谋和背叛行为所害的人。他的那些带有悲剧色彩的缺陷，正是缘于他把阿塔勒亚特斯基本上赞赏的品性发挥得过了头。他绝不是要倡导人们去被动服从上帝的意志，而是要赞扬那种大胆有力的行为。为此，他特别表扬了那些帝国军中的"法兰克"士兵。

后来的两位作者可被归为以衰落为主题的史家，其中尼克塔斯·乔尼亚特斯所关注的历史时段是 1118 年至 1207 年，而乔治·帕吉梅雷思的史作则是从尼西亚帝国开始，当讲述至 1307 年时，便戛然而止。这两位作者从各自所描绘的理想人物也即科穆宁王朝的约翰二世（John II Komnenos，1118—1143 年在位）和瓦塔齐斯家族的约翰三世（John III Vatatzes，1222—1254 年在位）开启自己的篇章。两位人物所代表的是一种优雅、合乎德性的状态，自此以后，尽管有两位伟大但道德上有欠缺的继任者——科穆宁王朝的曼努埃尔一世（1143—1180 年在位）和巴列奥略王朝的米哈伊尔八世（1259—1282 年在位）施展自己的非凡才能和远见卓识，使国家享有了最初的相对稳定，但帝国还是没能避免走下坡路。大体上可以说，后来以衰落为主题的史家将阿塔勒亚特斯的那种道德化了的病因学与普塞洛斯所创的那种权力心理解剖学结合了起来。乔尼亚特斯用先后几代拜占庭统治者所犯的罪孽，来解释帝国在 1204 年滑向崩溃的情形，这些统治者不仅总体上代表着拜占庭社会在道德上的腐败，而且还对他们所掌握的绝对权力陶醉不已，侵吞公共与神圣资源，假装拥有无谬智慧，仅凭莫须有的猜忌嫌疑就除掉服从者中最聪明和最优秀的人，遇事只问卜卦占星者一族，却又不信赖神意。这种解释重拾左纳拉斯的做法，即从宪政角度关注国家的公共福利，并重拾阿塔勒亚特的观念，即认为司法不公的报应就是天谴。乔尼亚特斯还将"上帝帮助自助之人"这一原则发挥到这样一种程度：强调是安德洛尼卡一世（1183—1185 年在位）和他的那些继任者即伊萨克二世（1185—1195 年在位）和阿列克塞三世（1195—1203 年在位）使各位帝王及 12 世纪晚期的帝国（有关这一领域，他是唯一的拜占庭史料来源）走向了湮灭的结局，而并非他本人的残暴僭主统治，需知他和他的那些继任者成天无所事事，贪图享乐，最终遭致他人的反叛和入侵。

在约翰二世之后，乔尼亚特斯叙述中的那些仅有的英雄人物所扮演的都是些次要角色：将军安德洛尼克斯·康托斯特法诺斯（Andronikos Kontostephanos）、参加十字军的德意志人国王康拉德三世（Conrad III）和腓特烈·巴巴罗萨（Frederick Barbarossa）。他的其他描述，都笼罩着一层灰色的且变换不定的阴影，而且还带着一种悲喜剧的嘲讽和趣闻轶事色彩。不过，尽管他的描绘既老练又微妙，他还是用一位《旧约》先知所具备的那种热烈情怀来向人们传递他的讯息，并用一种充满感情的激烈言辞来反对拜占庭的恶习和野蛮人的残暴；当他叙述 1204 年的事件时，上述的恶习和残暴不断加剧。与之相反，在一个世纪后进行写作的乔治·帕吉梅雷思虽然持有一种教会观点，而且此时期的帝国也已处于一种悲剧性状态，然而他还是没有进行公开的说教，而是通过精心叙述各种动机和结果，来表达自己的评论意见。在对政治情状和结构性原因进行冷静分析这一点上，他甚至超过了普塞洛斯。他围绕巴列奥略王朝的米哈伊尔上台一事的描绘，堪称一项旨在展示马基雅维利式雄心和治国才能的出色研究。尼基弗鲁斯·格勒格拉斯是下一代史家，在一篇从 1204 年开始的宏大叙事（a grand narrative）中，他把灾难叙事的时间下限延伸到了 1354 年。他对米哈伊尔八世和安德洛尼卡二世在位时期的叙述，大体都受惠于帕吉梅雷思。在将所发生的事情都归因于上帝神意这一点上，格勒格拉斯的意识比以往任何一位史家都要更清晰而坚定。在他看来，神意不仅是一种神圣审判的力量，还是一种"命运"，其不可预知的行为方式，只有其自己才能解释得清楚。

　　然而，如果认为拜占庭史著仅仅是在史诗叙述、衰亡主题叙述或两者的结合中冷冰冰地寻求因果关系，那么这就犯了一种解读上的错误。作为文学性的史著，它们中间充满了偶然的描述、趣闻轶事、猎奇内容和更长篇幅的、脱离主题或枝蔓性的内容，而这些显然是为了供人们娱乐消遣。在这些史著中，作者通常突出对他们来说趣味性要盖过其政治因果关联的问题和事件：阿塔勒亚特斯关于雷德斯托斯（Raidestos）地区谷物贸易的叙述就是如此；安娜·科穆宁娜就学习与教育所展开的脱离主题或枝节性的内容，也是如此；帕吉梅雷思围绕教会事务展开的长篇叙述，同样是如此；而格勒格拉斯在静修者论争中针对其对手而展开的更长篇抨击性演说，亦是如此。这些作者还常常彰显他们自己。人们发现，这些史著作者的自我展示成为此时期拜占庭文学的显著特点之一，拜占庭的历史写作也不外乎这一趋势。它确实为我们提供了有关拜占庭文学自我主义的两个著名案例：一是米哈伊尔·普塞洛斯的《编年史》，在其中，作者将自己的教育和职业生涯放在了他所撰 14 世纪帝王传记的中心位置；另一个则是政治回忆录，其中约翰·坎塔库尊回顾了帝国自 1321 年到 1354 年的历史，而这种回顾是通过他自己一生的视角来展开的。这两位作者都是极端的例子，不过我们可以看到，那种驱使他们去突出自身的动机，在其他历史学家身上也不同程度地发挥了作用，例如在强调他们自己和昔日"贤"帝的亲密关系的同时，拉开自己和那些名声不好的王朝的距离；又如，他们宣扬自己的学问，而在他们看来，正是这种学问使自己获得了发挥政治影响力的资格；再就是，他们确立各种凭证，连同各种内部消息，一起证明自己所记录的事件有多么不可挑剔。

接下来留待人们去做的，是要用本考察阐明的三个参数，去更加准确地厘定拜占庭帝国中期历史写作的地位，如信息的文字传播、作者的兴趣和国家的政治命运。让我们简要考察一下这些历史学家的材料来源、社会地位、他们同政治权力的关系和他们工作的官方或非官方地位。

材料分为两种：信息材料和灵感与风格样式材料。信息材料的范围包括从古老历史到个人经验和历史学家的观察，前者本身通常具有高度派生性，由撰写早期历史的编年史家进行整合；后者则是撰写自己时代的事情。在这两端之间，还存在着各种各样的口头与成文文献，其作者本身难以识别。显见的例外是前述的安娜·科穆宁娜，她提到自己综合运用了见证者的报道、自己偶尔听到的父亲的谈话，以及某些年老士兵的诚实但粗糙的回忆录。但这显然不是事情的全部。她逐字逐句地引用了帝国文档，而这些东西一定来自国家档案馆。她和那位诺曼诗人阿普里亚的威廉（William of Apulia）似乎都使用了同一则意大利语材料，用它来描绘父亲和罗伯特·圭斯卡尔德之间的战争。[1] 此外，人们还认为她继承了丈夫尼基弗鲁斯·布里恩尼奥斯所搜集或汇编的部分材料，这种看法也符合逻辑，因为正是从自己的丈夫那里，她接手了撰写阿列克西奥斯传记的任务。安娜在直接援引行政文档一事上，表现得非同寻常（尽管援引和平条约曾是一种古代传统），不过包括她本人在内的所有历史学家，都表现出对其他种类官方文献的熟悉程度，这些官方文献是为了赞美和宣扬帝国的事件才创作的。在这当中，我们还应特别提及一下那些报道帝国胜利之事的时事通讯。[2] 如果说安娜提及的那类自传性战争回忆录没法得到证实，那么由那些杰出的军事指挥官所撰的赞颂式传记作品，则可在 10 世纪和 11 世纪史家的材料中识别出来。[3]

就历史叙述而言，最显而易见的灵感材料来自那些古代作家，而非仅仅是历史学家。有教养的拜占庭人把他们视作语言、风格和叙述技艺的典范。而最不明显的是历史学家自己的那些拜占庭前辈们，从相当遥远的普罗科庇乌斯，到最近甚至同时代的那些记录相同事件的人，都包括在内。他们彼此之间完全没有相互引证的情况，而且那么多的历史著作都是以单个手稿的形式留存下来的，这些事实给我们的最初印象是，拜占庭历史学家彼此间是相互忽视的。然而，随着我们研究的文本增多，我们获得的共鸣也在增加，而且越来越明显的是，各种并行展开的叙述之间，有一种并不和谐的关系，这种关系能反映出某位史家是在有意回应另一位史家。所以，当我们假设阿塔勒亚特斯已阅读过普塞洛斯的作

---

[1] Graham A. Loud, 'Anna Komnena and her Sources for the Normans of Southern Italy', in Loud and Ian Wood (eds.), *Church and Chronicle in the Middle Ages*: *Essays Presented to John Taylor*(London, 1991), 41 - 57.

[2] Paul Magdalino, *The Empire of Manuel I Komnenos*, *1143 - 1180* (Cambridge, 1993), 313 - 314；以及 Macrides, *George Akropolites*, 37, 232, 235。

[3] Athanasios Markopoulos, 'Byzantine History Writing at the End of the First Millennium', in Paul Magdalino (ed.), *Byzantium in the Year 1000* (Leiden, 2003), 192 - 196；以及 Holmes, *Basil II and the Governance of Empire*, 111, 268 - 298。

品时，阿塔勒亚特斯就会对我们生出额外的意义。乔尼亚特斯重新拾起并发展了助祭列奥和普塞洛斯的措辞用语，并使历史事件报道发生了新的变化，而这一事件很可能是他首先在基纳摩斯那里遇到的。① 通过进一步研究，人们一定会揭示出他们之间的诸多联系。

233　　如果考察一下这些历史学家所从属的社会、文化和职业背景，我们就会对那种紧密的互文传统（intertextual tradition）有更深的印象。此时期所有的历史作品都是在君士坦丁堡或君士坦丁堡附近写成的，而它们的作者和帝国宫廷以及帝国管理事务，都有着一种长期而密切的联系，只有关于塞萨洛尼卡被围的地方编年史和目击报道是明显的例外，不过这种例外微不足道。格内西奥斯及《塞奥法内斯·康提努阿图斯》的原作者显然都身在宫廷，而且还担任着君士坦丁七世的随从。助祭列奥和帕吉梅雷思这两位被任命的教会人士，分别为享有领地治权的教士和首辖区教会教士。安娜·科穆宁娜是皇帝的女儿，而约翰·康塔库泽诺斯则是一个更大的王室家族的成员，日后他会当上皇帝。马纳塞斯和格勒格拉斯则依赖帝王和贵族的庇护。其他所有被我们了如指掌的人，都是职业官僚，其中就包括约翰·佐纳拉斯和米哈伊尔·格里卡斯，他们在从事创作时都是修士。尤其突出的是，从 11 世纪到 13 世纪的一系列历史学家，都在审判领域身居高位，包括普塞洛斯、阿塔勒亚特斯、斯基里茨、左纳拉斯、乔尼亚特斯和阿克罗波利特斯。

　　所以，拜占庭历史学家或多或少都是从内部视角并且通过相互

---

① Stephanos Efthymiadis, 'Niketas Choniates and Ioannes Kinnamos: The Poisoning of Stephen IV of Hungary (13 April 1165)', *BZ*, 101(2008), 21 - 28. 参见 Choniates, *Nicetae Choniatae historia*, ed. Jan-Louis van Dieten (CFHB 11; Berlin and New York, 1975), 209; Psellos, *Chronographie*, ed. Emile Renauld, 2 vols. (Paris, 1928; repr., 1967), i. 153, 445; 以及 Leo the Deacon, *Historia*, 83 - 84. 关于阿塔勒亚特斯的内容，参见 Krallis, 'Attaleiates as a Reader of Psellos'.

关联的方式来书写拜占庭国家的历史的。那么，他们是在书写官方历史还是宫廷历史呢？处于这个系列末端的坎塔库尊比较特殊，他从一位前任皇帝的视角来考察自己的一生。我们说阿克罗波利特斯的历史作品明显是一部替米哈伊尔八世作宣传的作品，而阿塔勒亚特斯和普塞洛斯两位，则以注释的形式对他们想要取悦的皇帝进行了空洞、夸张的褒扬，并以此结束自己对衰落主题的叙述。虽然我们这么认为，但他们中间只有格内西奥斯及《塞奥法内斯·康提努阿图斯》的原作者明确指出，他们是受在位皇帝的命令来从事创作的。此外也有人以天才般的眼光指出，斯基里茨是在制造一种微妙的宣传形式，借此为阿列克西奥斯一世宣传，而他据以实现这一目标的方法，就在于他能够激励同时代的年轻辈们以忠诚效劳的方式，刻画巴西尔二世治下的那些军事贵族。[1] 然而，在其他历史学家当中，没有人为了表扬自身创作时代的政体而进行写作。事实上，他们对死去的帝王进行理想化处理，就意味着他们对当下的现实有了批评，而这二者之间的差异，从根本上来讲就在于他们应该把帝国由盛转衰的进程回溯到哪儿，它距今有多远。他们的历史作品是在宫廷圈子里完成的，但他们所写的历史并没有多少是宫廷历史。尽管它们的作者运用了自己当官时所能运用的行政、宣传话语，但它们仍然不是官方记录。毋宁说，它们是围绕宫廷和官僚精英的集体记忆而写就的个人记录；通过个人的、文学化的、令人心酸的表达，它们让人想起了那些曾经为大家所共享的而如今已逝去的政治经验。

大事年表/关键日期

234

| 公元 945—959 年 | 君士坦丁七世亲政，其文化赞助和文献汇编工程标志着"马其顿王朝文艺复兴"的鼎盛时期 |

---

[1]　Holmes，*Basil II and the Governance of Empire*，ch. 4.

公元 961—1025 年	福卡斯家族的尼基弗鲁斯二世、吉米斯基家族的约翰一世和巴西尔二世等诸位军人皇帝治下的帝国边界之扩张；征服并消灭"保加利亚第一帝国"
公元 1025—1081 年	诸皇帝短暂统治时期，其统治带有一种总体上民事为先的特质；帝国边界遭受新敌的威胁和渗透，他们是意大利的诺曼人、巴尔干的佩切尼格人和东方的塞尔柱突厥人
公元 1071 年	罗马诺斯四世在曼兹科特战役中战败、被俘，引发内战和外敌入侵；突厥人占领小亚
公元 1081—1180 年	阿列克塞一世（终于 1118 年）、约翰二世（1118—1143 年）和曼努埃尔一世（1143—1180 年）等科穆宁王朝诸皇帝治下，帝国内部统一得到恢复，边界稳定得以维持
公元 1095—1096 年	关于第一次十字军东征的布道；此次东征在 1099 年占领耶路撒冷
公元 1180—1204 年	阿列克塞二世一方的少数派，引发新一轮内部篡权和外敌入侵；保加利亚第二帝国建立
公元 1198—1199 年	关于第四次十字军东征的布道；此次十字军于 1203 年转向君士坦丁堡，并于 1204 年占领、洗劫了该城
公元 1204—1261 年	君士坦丁堡的拉丁帝国；小亚西部、本都和希腊北部的拜占庭"流亡政府"展开对拜占庭遗产的争夺，加入这场争夺的还有"保加利亚第二帝国"
公元 1261 年	尼西亚帝国皇帝巴列奥略王朝的米哈伊尔从拉丁人手中夺回君士坦丁堡
公元 1261—1282 年	巴列奥略王朝的米哈伊尔八世（终于 1282 年）治下拜占庭帝国的有限复苏，随后是其王朝继任者治下的帝国衰落、崩溃和灭亡

公元 1282—1328 年 安德洛尼卡二世的灾难性统治；塞尔维亚人在巴尔干的扩张；几乎整个小亚的丧失；奥斯曼人国家开始出现

公元 1321—1362 年 又一轮内战和外敌入侵，此种局面仅在安德洛尼卡三世短暂的统治时期（1328—1341 年）得到缓解，而这使拜占庭帝国的疆域缩小至君士坦丁堡及其他一些孤立的城镇和岛屿

主要历史文献

Akropolites, *George Georgii Acropolitae opera*, ed. August Heisenberg I (Leipzig, 1903; repr. Stuttgart 1978); trans. Ruth Macrides, *George Akropolites*: *The History* (Oxford, 2007).

Attaleiates, Michael, *Miguel Ataliates*, *Historia*, ed. and trans. Inmaculada Pérez-Martín (Nueva Roma 15; Madrid, 2002).

Bryennios, Nikephoros, *Nicéphore Bryennios*, *Histoire*, ed. and trans. Paul Gautier(CFHB 9; Brussels, 1975).

Choniates, Niketas, *Nicetae Choniatae historia*, ed. Jan-Louis van Dieten, 2 vols. (CFHB 11; Berlin and New York, 1975); trans. Harry Magoulias, *O City of Byzantium*: *Annals of Niketas Choniates* (Detroit, 1984).

Genesios, *Iosephi Genesii Regum libri quattuor*, ed. Anneliese Lesmueller-Werner and Hans Thurn (CFHB 14; Berlin and New York 1978); trans. Anthony Kaldellis, *Genesios*, *On the Reigns of the Emperors* (Byzantina Australiensia 11; Canberra 1998).

Glykas, Michael, *Michaelis Glycae Annales*, ed. I. Bekker (CSHB; Bonn, 1836).

Gregoras, Nikephoros, *Nicephori Gregorae Byzantina historia*,

235

vols. 1 - 2, ed. L. Schopen (Bonn, 1829 - 1830); vol. 3, ed. I. Bekker (Bonn, 1855); German trans. Jan-Louis van Dieten, *Rhomäische Geschichte* (Stuttgart, 1973).

Kantakouzenos, John, *Ioannis Cantacuzeni eximperatoris historiarum libri* IV, ed. L. Schopen, 3 vols. (Bonn, 1828 - 1832).

Kinnamos, John, *Ioannis Cinnami epitome rerum ab Ioanne et Manuelis Comnenis gestarum*, ed. A. Meineke (CSHB; Bonn, 1836); trans. Charles M. Brand, *John Cinnamus, Deeds of John and Manuel Comnenus* (New York, 1976).

Komnene, Anna, *Annae Comnenae Alexias*, ed. Diether Roderich Reinsch and Athanasios Kambylis, 2 vols. (CFHB 40; Berlin and New York 2001); trans. E. R. A. Sewter, *The Alexiad of Anna Comnena* (Harmondsworth, 1969).

Leo the Deacon, *Leontis Diaconi Caloensis historiae libri decem*, ed. C. B. Hase (CSHB 11; Bonn, 1828); trans. Alice-Mary Talbot and Denis F. Sullivan, *The History of Leo the Deacon* (Washington, DC, 2005).

Manasses, Constantine, *Constantini Manassae breviarium chronicum*, ed. Odysseus Lampsidis, 2 vols. (CFHB 36; Athens, 1996).

Pachymeres, George, *Georges Pachymérès, Relations historiques*, ed. and trans. Vitalien Laurent and Albert Failler, 5 vols. (CFHB 24; Paris, 1984 - 2000; vols. 1 - 2 repr. 2006).

Psellos, Michael, *Michaelis Pselli Historia syntomos*, ed. and trans. Willem Aerts (CFHB 30; Berlin and New York, 1990).

—— *Chronographie*, ed. Emile Renauld, 2 vols. (Paris, 1928; repr. 1967); ed. S. Impellizzeri, trans. S. Ronchey, 2 vols. (Milan, 1984); trans. E. R. A. Sewter and Michael Psellus, *Fourteen Byzantine Rulers* (Harmondsworth, 1966).

Skoutariotes, Theodore, *Theodori Scutariotae Chronica*, ed. Raimondo Tocci (CFHB 46; Berlin and New York, 2009).

Skylitzes, John, *Ioannis Scylitzae synopsis historiarum*, ed. Hans
Thurn（CFHB 5；Berlin and New York，1973）；continuation ed.
I. Tsolakis（Thessaloniki，1968）；trans. John Wortley, *John
Skylitzes：A Synopsis of Byzantine History*（Cambridge，2010）.

Symeon Magister and Logothete, *Symeonis Magistri et Logothetae
Chronicon*, Version A, ed. Stefan Wahlgren（CFHB 44/1；Berlin
and New York，2006）；Version B, ed. V. M. Istrin, *Khronika
Georgja Amartola v drevnem slavjanorusskom period*, vol. 2
（Petrograd，1922），1 – 65（from Vat. Gr. 153）；see also
Athanasios Markopoulos, 'Le témoignage du Vaticanus gr. 163
pour la période entre 945 – 963', *Σύμμεικτα*, 3(1979)，83 – 119.

Theophanes Continuatus, *Ioannis Cameniata*, *Symeon Magister*,
Georgius Monachus, ed. I. Bekker（Bonn，1838），3 – 484.

Zonaras, John, *Ioannae Zonarae epitome historiarum*, ed. M.
Pinder and Th. Büttner-Wobst, 3 vols.（Bonn，1841，1897）.

参考书目

Barber, Charles and Jenkins, David（eds.）, *Reading Michael
Psellos*（The Medieval Mediterranean 61；Leiden，2006）.

Burke, John, Betka, Ursula, and Scott, Roger, *Byzantine Narra-
tive：Papers in Honour of Roger Scott*（Melbourne，2006）.

Gouma-Peterson, Thalia（ed.）, *Anna Komnene and Her Times*
（New York and London，2000）.

Grigoriadis, Iordanis, *Linguistic and Literary Studies in the* Epitome
Historion *of John Zonaras*（Βυζαντινά Κείμενα και Μελέται 26；
Thessaloniki，1998）.

Holmes, Catherine, *Basil II and the Governance of Empire*（976 –
1025）（Oxford，2005）.

Hunger, Herbert, *Die hochsprachliche profane Literatur der*

Byzantiner, 2 vols. (Munich, 1978), i. ch. 4.

Kaldellis, Anthony, *The Argument of Psellos' Chronographia* (Leiden, 1999).

—— 'The Corpus of Byzantine Historiography: An Interpretive Essay', in Paul Stephenson(ed.), *The Byzantine World* (London and New York, 2010), 211 - 222.

Karpozilos, Apostolos, *Βυζαντινοὶ ἱστορικοὶ καὶ χρονογράφοι*, vols. 2 - 3 (Athens, 2002 - 2003).

Kazhdan, Alexander, *A History of Byzantine Literature* (850 - 1000), ed. Christine Angelidi (Athens, 2006).

Laiou, Angeliki E. , 'Law, Justice and the Byzantine Historians: Ninth to Twelfth Centuries', in Laiou and Dieter Simon (eds.), *Law and Society in Byzantium, Ninth-Twelfth Centuries* (Washington, DC, 1994), 151 - 185.

Ljubarskij, Jakov *et al.* , ' *Quellenforschung* and/or Literary Criticism: Narrative Structures in Byzantine Historical Writings' [with comments by D. Ye. Afinogenov, P. A. Agapitos, J. Duffy, M. Hinterberger, E. Jeffreys, A. Littlewood, C. Rapp, J. O. Rosenqvist, L. Rydén, P. Speck, W. Treadgold], *Symbolae Osloenses*, 73(1998), 5 - 73.

Macrides, Ruth, 'The Historian in the History', in Constantinos N. Constantinides, Nikolaos M. Panagiotakes, Elizabeth Jeffreys, and Athanasios D. Angelou (eds.), *ΦΙΛΛΕΛΛΗΝ: Studies in Honour of Robert Browning* (Venice, 1996), 205 - 224.

—— (ed.), *History as Literature in Byzantium* (Farnham, 2010).

—— and Magdalino, Paul, 'The Fourth Kingdom and the Rhetoric of Hellenism', in Magdalino (ed.), *The Perception of the Past in Twelfth-Century Europe* (London, 1992), 117 - 156.

Magdalino, Paul, *The Empire of Manuel I Komnenos, 1143 -1180* (Cambridge, 1993).

Markopoulos, Athanasios, 'Η Χρονογραφία τοῦ Ψευδοσυμεὼν καὶ οἱ πηγές της'', Ph. D. dissertation, Ioannina, 1978.

—— 'Byzantine History Writing at the End of the First Millennium', in Paul Magdalino (ed.), *Byzantium in the Year 1000* (Leiden, 2003),183 - 197.

—— *History and Literature of Byzantium in the 9th - 10th Centuries* (Aldershot, 2004).

Nilsson, Ingela and Nyström, Eva, 'To Compose, Read, and Use a Byzantine Text: Aspects of the Chronicle of Constantine Manasses', *BMGS*, 33(2009),42 - 60.

Odorico, Paolo, *Thessalonique: Chroniques d'une ville prise. Jean Caminiatès, Eustathe de Thessalonique, Jean Anagnostès; textes preesentés et traduits du grec* (Toulouse, 2005).

—— Agapitos, Panagiotis, and Hinterberger, Martin (eds.), *L'écriture de la mémoire: La littérarité de l'historiographie* (Dossiers byzantins 6; Paris, 2006).

Scott, Roger, 'The Classical Tradition in Byzantine Historiography', in Margaret Mullett and Scott (eds.), *Byzantium and the Classical Tradition* (Birmingham, 1991),61 - 74.

Signes Codoñer, Juan, *El período del segundo iconoclasmo en Theophanes continuatus: análisis y comentario de los tres primeros libros de la crónica* (Amsterdam, 1995).

刘招静　译　赵立行　校

第十二章　伊斯兰历史著作：8—10 世纪

蔡斯·F.罗宾逊

约 870 年，一位名叫阿布·贾法尔·阿尔-塔巴里（Abu Ja'far al-Tabari）的年轻学者在巴格达北部的萨马西亚区定居，并且显然要在同一所房子里住上 50 多年。他终其一生都是一个书生气十足的单身汉。[①] 直到三十岁前后，他都只是里海南岸阿莫勒镇（Amul）的一名本地人。他生在这里的一个有地产者家庭。这个家庭很富有，父母足以对他进行教育投资：作为一个孩子，他能够在该镇的顶级学者门下学习；而且按照他自己的说法，七岁的时候，他便能记诵《古兰经》（the Qur'an）了。对此，后来的传记作家都有记录。一年后，他有幸带领穆斯林同胞进行祷告。他的才学超出了他所在的市镇：阿莫勒这个地方在严肃学问方面并没有什么名声。就此而论，那个将阿莫勒四周环绕、多山且让人无法接近的省

[①] 关于细节，参见 Claude Gilliot, 'La formation intellectuelle de Ṭabari (224/5 - 310/839 - 923)', *Journal Asiatique*, 276(1988), 201 - 244; Gilliot, 'Les oeuvres de Ṭabari (mort en 310/923)', *Mélanges de l'Institut Dominicain d'Etudes Orientales du Caire*, 19(1989), 49 - 90; Franz Rosenthal, *General Introduction, and From the Creation to the Flood*, vol. 1 of *The History of al-Tabari* (Albany, 1988); Hugh Kennedy (ed.), *Al-Tabari: A Medieval Muslim Historian and His Work* (Princeton, 2008); 以及 Chase F. Robinson, 'al-Tabari', in Michael Cooperson and Shawkat M. Toorawa (eds.), *Arabic Literary Culture, 500 -925* (Dictionary of Literary Biography, 311; Detroit, 2005), 332 - 343。我对前述著述的利用，所采取的是一种比较灵活的方式。

区——塔巴里斯坦（Tabaristan）（"塔巴里"〔Tabari〕由此而来），也不曾有过这方面的名声。事实上，塔巴里斯坦人在伊斯兰教的头两个世纪里，花了不少时间来抵抗叙利亚和伊拉克哈里发的统治，下决心要维护他们所享有的某些自主权，这便导致了一种地方性的扎伊迪伊斯兰教（Zaydi Islam）的出现，该教派属于什叶派的一支（塔巴里本人有时候也被人指控为同情什叶派的人，不过对此好像没什么有力的证据）。在地方教育缺乏的情况下，塔巴里离开故地，寻找新的地方。在大约855年到870年间的学习过程中，他广泛游历，跟随那些杰出的波斯人、伊拉克人、叙利亚人和埃及人学习。从广泛游历中获取知识，已成为他向帝国汲取学问教益的诸种方法之一。①

在巴格达定居意味着游学经历的结束和一种不受干扰的学问生活的开始。尽管某些记述表明，塔巴里曾经辅导过一位维齐尔的儿子学习，但作为一个依靠自己家乡阿莫勒的租金过活从而能够在经济上独立的人，他也许足可衣食无忧，从而没必要长时间受雇于人，不管是国家雇他还是个人雇他。他似乎真的把自己所有的时间都花在了研究、写作和免费教学上。他还有很多东西要学。870年，巴格达在世人眼中已是世界上领先的、最有文化的城市之一。单单在城市东部，似乎就有不下一百家书店存在，人们只能想象，在这个地方会有多少家图书馆、多少个沙龙和多少个教学圈子在开办。在巴格达的这些非正式的但却具有世界性特质的圈子里，塔巴里在第一次现身时，定然还是个天真的乡巴佬。自从762年至763年建成为阿拔斯王朝傲视天下的都城以来，巴格达就吸引了整个地中海地区、中东以及中亚大部分地区的人们，这些人既身怀技艺，又拥有知识，他们想碰碰运气，同时又野心勃勃。此时

239

---

① 关于这方面的一些例子，参见 M. Bernards, 'Ṭalab al-ilm Amongst the Linguists of Arabic during the 'Abbasid Period', in James E. Montgomery (ed.), 'Abbasid Studies: Occasional Papers of the School of 'Abbasid Studies, Cambridge 6 - 10 July, July 2002 (Leuven, 2004), 33 - 46。

此刻,这里的情况似乎已不同于以往了。不过,待到 923 年塔巴里故去之时,他已向世人证明,他就是这个城市里蓬勃发展的学者团体中的一名佼佼者,他著述丰厚,这为他赢得了当时顶尖学者的地位。在他死后的两三代人中,他都被人们当作一位博学者、正统典范和早期伊斯兰学术的最后一位巨人来加以怀念。

据说,塔巴里历经 40 年的时间,每天都写作 40 页(folios)。虽然统计结果令人难以置信,但毫无疑问他异常勤奋,才智敏锐,具有影响力。保守统计,真正属于他的著作就有 27 部之多,而它们所涵盖的主题有法理、圣训(hadith,见后文)、神学、释经学、梦境诠释和历史学,除此之外,还有更多主题。他的著述有很多已经失传,特别是他海量的法律学术作品。但即便如此,他还是奠定了自己作为法学家的最初名声。据说,他的一本法律作品原稿长达2 500 页。不过,他的许多研究成果还是保存了下来,其中就包括了两部不朽之作。正是凭借这两部作品,他的名声至今流传。

第一部就是他的《古兰经》解释,即《古兰经经注》(Tafsir),其标准版本长达 30 卷,记载了 38 000 条圣训;在其所属的类型中,它向来被人们誉为最伟大的作品。而第二部则是他的《历代先知和帝王史》(Ta'rikh al-rusul wa'l-muluk)。在自己还是一名十几岁的青少年时,塔巴里就已经着手这一作品了,不过直到七十几岁时才写完。该作品以阿拉伯语文本形式(8 054 个印刷页,印刷密度很高)分 15 卷出版发行(包括相对简短的续篇和索引)。如今,它已被译成英文版,共计 40 卷。[①] 该著作是一部普世史,所述从上帝创世开始,到 914 年或 915 年结束,它似乎一举成名,成为伊斯兰历史著作的巅峰之作——这部作品是有关前伊斯兰和伊斯兰史主题的最后一部作品,也是该方向的最完整作品;它的作者有着虔诚的

---

① *Ta'rikh al-rusul wa'l-muluk*, 15 vols. (Leiden, 1889 - 1901);英文版译为 *The History of al-Tabari*, ed. Ehsan Yarshater, 40 vols. (Albany, 1985 - 2007);关于该(阿拉伯文)版本的历史,见 Franz-Chistoph Muth, *Die Annalen von aṭ-Ṭabarī im Spiegel der europäischen Bearbeitungen* (Frankfurt am Main, 1983)。

宗教信仰，对于这种信仰，人们无可指摘；而它所用的材料，也是最权威的、最可信的。到 10 世纪中期，这一作品受到历史学家同行和书目学家的广泛赞誉。至该世纪末，它被人们系列性地摘编和续写，并被译成波斯文。在接下来的几个世纪里，普世史史家们会经常性地且大量地利用塔巴里的作品中有关早期伊斯兰方面的资料。此外，即便是那些撰写规模小得多的作品的历史学家，例如撰写自己出生地城市或寄居地城市史的史家，也都从塔巴里的写作范式中受到启发。[①] 毋庸赘言，伊斯兰历史编撰会一直延续下去，而且在 500 年之后，最终会产生像伊本·卡尔敦这样的人。伊本·卡尔敦恰好也直接或间接地（通过他那位最著名的摘编作家——伊本·阿西尔〔Ibn al-Athir〕）借鉴了塔巴里的著作。然而，有关伊斯兰最初三个世纪的权威记录已经完成。我们可以说，塔巴里在某些方面标志着伊斯兰历史编撰起始阶段的结束。[②]

　　塔巴里取得了令人瞩目的成就，他向世人展示了自己卓尔不群的能力和能量，同时也展示了他的写作环境。他的出生要比 809 年至 813 年间的那场内战晚整整一代人的时间，而他所接受的初等教育，则是在我们的材料所称的"米哈奈"（miḥna）背景下完成的。"米哈奈"指的是一段长达 20 多年的时期，在这段时期内，不断有哈里发尝试通过劝服和压制来强制推行他们的神学统一政策。这种尝试失败了。在"米哈奈"之后，出现了更为自信果决的逊尼派学者团体，这使得各位哈里发逐渐被迫接受了他们的神学与法学观点。塔巴里还亲身见证了 9 世纪 60 年代和 70 年代之间

---

① 参见 Chase F. Robinson, 'A Local Historian's Debt to al-Ṭabarī: The Case of al-Azdi's *Ta'rīkh al-Mawṣil*', *Journal of the American Oriental Society*, 126 (2006), 521 – 536。

② 关于《历代先知和帝王史》一书的很粗疏的波斯语"翻译"，参见 A. C. S. Peacock, *Medieval Islamic Historiography and Political Legitimacy: Bal'amī's Tārīkhnāma* (London, 2007); 以及 Julie Scott Meisami, *Persian Historiography to the End of the Twelfth Century* (Edinburgh, 1999), 23 – 36。该书后被译成奥斯曼土耳其语（Ottoman Turkish）。

的几年动荡岁月,而此时帝国都城已经在 836 年沿着底格里斯河向北迁到了萨马拉(Samarra),在这里,诸位哈里发被一群军事精英直接又残暴地控制着。结果,在 9 世纪 60 年代又发生了一场内战。与此同时,在这个政治体的中心,政治和社会层面的动荡还导致了各省份的分离,例如到了 905 年,埃及就已摆脱萨马拉和巴格达的控制,享受着长达 20 多年的财政与政治独立;而当都城还在叙利亚(661—750 年)和伊拉克(从 750 年起)时,这些省份是要向首都定期进贡的。

这意味着塔巴里在完成其史作的手稿(至少在 906 年至 907 年,其中一部分已经面世)时,正审视着两个彼此相关的进程。一个顺利推进的进程是,在他于 923 年死去之前,一群逊尼派学界精英正在涌现,这群精英将其宗教权威建立在掌握和守护圣训的基础上,并且用传统主义文化来抵御理性主义观点,而后者在一定程度上都使圣训从属于理性的解释学。[1] 塔巴里本人在这一进程当中,或者说在阐明后"米哈奈"时期的圣训派伊斯兰教方面,成了一位重要人物。870 年,六位最著名的圣训搜集者中最具权威的布哈里(al-Bukhari)去世,恰在此时,塔巴里在巴格达建立了自己的家园。对此,下文将有更多涉及。而此处我们只需要说,塔巴里汇编其大部头的《历代先知和帝王史》所遵循的主要方法既无比恢宏又无比精妙,就此而言,我们可以称它为圣训派历史编纂,意即通过隐含或含蓄的作者观点,将那些互不关联、互相交叠甚至有时候彼此冲突的解释,搜集、编辑并组织到同一个编年结构之中,而这个结构证明了上帝要实施拯救的承诺。

第二个进程是指帝国秩序的瓦解,这仍然处于初始阶段。帝国秩序最初确立于 7 世纪晚期 8 世纪早期,是指一种统一状态,通过语言、币制、军事力量和具有强大向心力的政治理论维系在一起。对此,塔巴里当然只是一位旁观者,但他无论如何是一位敏锐的观察者。由于他选择的是要将那些观察到的结果都记录在《历代先

---

[1] 有关诸传统和传统主义的更多内容,见下文。

知和帝王史》中，所以我们在更大的范围内了解到了我们所知道的大部分早期伊斯兰历史。尽管人们近来已经开始运用当时的读者所运用的那种文学情感去阅读塔巴里的《历代先知和帝王史》，[①]但对于塔巴里如何将自己有关当时国家衰落的叙述和有关伊斯兰教起源的叙述精确地联系起来，人们还是模糊不清的。当然，他所处的时代是一个哈里发权力极端萎缩的时代，而这一情状在 9 世纪 60 年代那场让巴格达的众多城区变成废墟的内战中，已经以一种极具灾难性的方式显示出来了。可以这么认为，这场堪称 9 世纪 60 年代时代特征的政治混乱，使塔巴里倾向于展开一项大规模而又很细致的文献汇编工程："他死后，任它洪水滔天（*après lui，le déluge*）。"也许，这场政治混乱还特别衬托出这样一种时代背景：阿拔斯王朝绝对主义统治的崩溃，引发了一场宗教与政治焦虑。更为清楚的是，在 9、10 世纪，经济活力和政治力量已向埃及和伊朗呼罗珊及中亚河中地区（Transoxiana）转移，这使得过去一度用来支撑伊拉克历史写作的诸种富余资源和勃勃雄心，都转向了那些新的赞助和消费中心。从任何合理的标准来看，塔巴里都取得了绝无仅有的辉煌成就，但是在他死后，巴格达只出现了少量不那么重要的历史学家。在阿拉伯语世界，历史编纂的未来将主要寄托在叙利亚和埃及身上。

　　毫无疑问，塔巴里的《历代先知和帝王史》在重构早期伊斯兰方面起到了奠基性作用。这一作品散落于欧洲和中东各大图书馆，人们对它的编辑工作始于 1879 年，终于 1901 年，既耗时又艰辛。尽管人们能够读到 10、11 和 12 世纪图书馆所拥有的数百部抄本，然而没有一部全本流传至 19 世纪。我们看到，那部记述倭马亚哈里发（Umayyad caliphate，661—750 年）的优秀之作，也即尤

242

---

① 可参见如 Tayeb El-Hibri, *Reinterpreting Islamic Historiography：Hārūn al-Rashīd and the Narrative of the Abbasid Caliphate* (Cambridge，1999)；以及 El-Hibri, *Parable and Politics in Early Islamic History：The Rashidun Caliphs* (New York，2010)。

里乌斯·维尔豪森（Julius Wellhausen）的《阿拉伯王国及其衰亡》（*Das arabische Reich und sein Sturz*），在第二年便得以出版发行，这并非巧合。这部作品大量借鉴了塔巴里的《历代先知和帝王史》。[①]尽管维尔豪森的《阿拉伯王国及其衰亡》代表着 19 世纪对 9 世纪历史学的东方主义重构，然而正如许多建立在该作品基础上的著作所表明的，这样一部用早期材料叙述而成的宗教-政治史综合之作，至今都无人超越。[②]

对于塔巴里的这种巨大创造力和权威性，我们该如何解释？他在哪些方面代表了早期伊斯兰历史编撰的传统？他又在何种意义上标志着一种起始阶段的结束？接下来，我将试图通过勾勒这种传统从起源直至 10 世纪末的展现历程，来回答这些彼此相关的问题。

关于起源的一种看法[③]

在 7 世纪之交，阿拉伯语在近东地区还只是一种仅占次要地位的语言。总体上，它还只是那些生活在阿拉伯半岛和邻近叙利亚草原上的游牧人群与半游牧人群的口头语言。阿拉姆语（Aramaic）在长达千年左右的时间里，一直是近东地区的通用语言（*lingua franca*）。作为这一通用语的"远房表亲"，阿拉伯语并没有什么神圣的经卷可以称道，也没有什么真正的学问可以记载。它和希腊

[①] Julius Wellhausen，*Das arabische Reich und sein Sturz* (Berlin，1902)；trans. Margaret Graham Weir as *The Arab Kingdom and Its Fall* (Calcutta，1927).

[②] 维尔豪森称赞穆罕默德实现了一种"对阿拉伯人的俾斯麦式统一"（a 'Bismark-like unification of the Arabs'），对此，可见 Suzanne L. Marchand，*German Orientalism in the Age of Empire* (Cambridge，2009)，188 and *passim*。

[③] 关于针对早期传统的近期讨论，见 Fred M. Donner，*Narratives of Islamic Origins：The Beginnings of Islamic Historical Writing* (Princeton，1998)；以及 Chase F. Robinson，*Islamic Historiography* (Cambridge，2003)；另见 R. Stephen Humphreys，*Islamic History：A Framework for Inquiry* (Princeton，1991)，69 - 90。更为传统的解释可见 Tarif Khalidi，*Arabic Historical Thought in the Classical Period* (Cambridge，1994)；以及 Abd al-Aziz Duri，*The Rise of Historical Writing among the Arabs* (Princeton，1983)。

语、希伯来语或拉丁语几乎没法相提并论。

在 6、7 世纪，阿拉伯的那些多岩沙地并非完全没有产出。在此时期，当然也有写作活动发生，那些刻在岩石上的成千上万的线条、乱画和涂鸦可以证明。很明显，人们把那些简单的契据、协定和条约也写了下来。近来所发现的一处涂鸦，甚至可能准确无误地提到了第二任哈里发——欧麦尔·本·阿尔-卡塔布('Umar bin al-Khattab，634—644 年在位）。最早流传下来的文献例证之一来自穆罕默德时代，这就是人们所说的"麦地那宪章"（Constitution of Medina）。它是由穆罕默德在 622 年抵达麦地那之后不久，向人们口授的一系列条款，通过被晚近得多的历史著作和圣训加以引用，得以流传下来。[①] 就 7 世纪的国家统治情形而论，这一文本材料能够流传着实是一个例外。我们所拥有的最早的阿拉伯语书籍是《古兰经》，其诗句据说最初是刻在石头、骨头和树皮上的。尽管它提到其他"书籍"，然而就"书籍"而论，它通常指的就是我们所普遍理解的"成文经卷"。至于更加具有现世意味的书籍，我们在阿拉伯西部地区几乎没有听说过，因为书籍知识——亦即宗教的、哲学的或历史的学问，又或此方面的文学学问，看起来并不具备诗歌所享有的那种社会声望。阿拉伯西部地区的部落文化，无论是游牧性质的还是半游牧性质的，就物质的角度而言都比较普通，且相对而言较少具有社会区分：所存在的一些剩余财富并没有流向各位作者和抄写人那里，也没有流向书籍或图书馆。此外，历史所涉及的就是部落史，或者正如人们所说的，就是争夺的部落史。这些部落史通过部落讲述人而口头进行传播，也正因为这一点，它们都具有可塑性的特征。只有在它们有用时才会被保留，而若受情势所迫，它们就会被人们遗忘或被改造。在这里，几乎没有什么书面或成文文化，对于口述历史也不加什么控制。结果是，

243

---

① 在这方面的研究目录中，最为新近且详尽的代表要数 Michael Lecker, The 'Constitution of Medina'：Muhammad's First Legal Document（Princeton，2004）。

在大多数时候，我们所真正拥有的都是些未经证实的故事。[①] 所有这些，连同我们缺乏严肃认真的考古学这一令人可悲的事实，都以某种方式向人们解释了为何我们对于伊斯兰教诞生前夕的麦加和麦地那，几乎都没有什么可信的资料。我们所知道的资料主要来自伊斯兰教之外的非穆斯林，又或来自研究 9、10 世纪的穆斯林古物学家，他们搜集了大量可疑的材料，而大多数都与诗歌有关。[②]

人们常说，伴随着 7 世纪头几十年所发生的各种事件，事情发生了戏剧性的变化：历史的真空得到填补，因为对穆罕默德一生和对他的密友所作的生动清晰的描述，以及意在保留他言语的引证和他口述给文士的信函，都取代了人们有关部落习俗的相对模糊的印象和有关部落战事的年代不清的说明——总之，取代它们的是一系列完整的或详细程度不一的事件记录，这些事件构成了大约从 610 年到他去世的 632 年间穆罕默德在阿拉伯西部地区所肩负的宗教和政治使命。我们几乎可以清晰地了解我们所能想象的任何事情：从公开讲话和战斗，到私下的、个人的事情——他喜欢吃什么、不喜欢吃什么；他在剔牙时发出了什么声响。事情到这里还没有结束：关于从他去世那一悲痛时刻起所发生的早期伊斯兰政治状况，尤其是关于历次征服、内战和王位继承情形，人们所作的记录和叙述都非常详尽，令人印象深刻；而塔巴里本人则花了数百页的篇幅来叙述针对叙利亚、巴勒斯坦、伊拉克、美索不达米亚北部和伊朗的征服。艾哈迈德·本·亚哈亚·拜拉祖里（Ahmad b. Yahya al-Baladhuri）所写的那部《征服诸地》（the *Futuh al-buldan*）是一部专题著述，描述征服、条约和所获得的据点，以及征服必然要确定的行政管理与官僚传统，这部专著原本可能是要被当作一本

244

---

① 关于给人启发的、与之相似的现时代例证，见 Andrew Shryock, *Nationalism and the Genealogical Imagination：Oral History and Textual Authority in Jordan* (Berkeley and Los Angeles, 1997).

② 参见 G. R. Hawting, *The Idea of Idolatry and the Emergence of Islam：From Polemic to History* (Cambridge, 1999).

管理者手册来写的。① 简言之，作为宗教传统和政治秩序的伊斯兰教的起源，就这么被记录下来了。

人们认为，肇自穆罕默德和"圣书"（the book of God）的信仰激发了人们在态度和行为上的革命性变化，这一现象可以为我们解释为何 6 世纪的叙述的质量与数量和 7 世纪相比存在那么大的反差。"圣书"是穆罕默德死后由人汇集整理的、关于他的诸种启示的汇编。如今，它被人们称作《古兰经》。② 神启不仅革新了伊斯兰教以前的异教，还通过将穆罕默德及其阿拉伯信众置于一个划分为创世、神启和终结的时间模式中，树立起人们的一种历史意识。《古兰经》意义上的"时间"，既是普世性的，也是道德性的，如此，它便取代了前伊斯兰时代的那种多神教叙事的非时间特性。事实上，《古兰经》中已有教导："有理解能力的人"能从过去吸取教益。③更为严格的宗教顾虑当然也发挥了作用，特别是自穆罕默德被人们当作正义典范的那一刻起，情形就更是如此了；结果，他的示范性言行被人们加以保存，起初还只是口头保存，但很快就有了有条理的识记和书面记录。阿拉伯-伊斯兰学问的出现也属于这种情形，直接或间接地同国家的赞助结合在一起。阿拉伯人相信他们的那位说阿拉伯语的上帝，并且背诵的是阿拉伯语《古兰经》。作为 7 世纪的征服者，他们建立了一种神权政治秩序，这种秩序打上了深深的阿拉伯主义烙印。所以，维尔豪森将之称作"阿拉伯帝国"（Arab empire）也就一点儿也不唐突了：至 7 世纪末，该帝国官

① Al-Balādhuri, *Futūḥ al-buldān* (Leiden, 1866)；若要通览这方面的所有细节，见 D. R. Hill, *The Termination of Hostilities in the Early Arab Conquests* (London, 1971)，当然，该书相对而言未能提供一种批判性考察；关于对同一材料的颇为不同的看法，见 Albrecht Noth, 'Futūḥ-History and Futūḥ Historiography: The Muslim Conquest of Damascus', *al-Qanṭara*, 10(1989), 453 – 462。

② 传统且流行的观点是该文本是在这位先知死去的一代人时间里，经人加以汇集、确定和赋予权威的，但有大量的证据显示，它在一段时期内仍然是变动不居的；关于相对新近的讨论，见 Alfred-Louis de Prémare, *Aux origines du Coran* (Paris, 2004)。

③ Khalidi, *Arabic Historical Thought*, 8 - 10。

僚阶层的语言越来越阿拉伯化,并且其铸币也几乎清一色地成了阿拉伯式铸币。在一个世纪的时间里,阿拉伯-伊斯兰学术在广泛领域产生了大量的精雅学问,其中就包括历史学。

审读这些作品后人们就会发现,从 7 世纪早期的目击者到 8 世纪晚期和 9 世纪的"历史学家",历史材料的传播或多或少都具有连续性,就好像历史思维和文学形式的发展在一定程度上未曾间断过一样。到 8 世纪末,我们可以说历史编纂已然成熟,许多重要的历史编纂类型得以产生。此时伊本·伊夏克(Ibn Ishaq)已经故去,有人认为,他撰写了一部先知传记(阿拉伯语单数形式为 sīra),而这部传记属于最早的先知传记之一。阿布·米哈纳夫(Abu Mikhnaf)和赛义夫·本·欧麦尔(Sayf b. 'Umar)也已故去,他们跻身于 7 世纪历史研究领域的权威之列,其著作最常被人们引用。阿布·米哈纳夫是库法(Kufa)本地人,广受现代学者尊敬。据说,他围绕早期哈里发王朝的一系列事件,撰写了大约 40 个题目,如《叛教战争记》(Kitab al-Ridda)(此战于 632 年也即先知故去之年在阿拉伯爆发)和《侯赛因被杀》(the Kitab Maqtal Husayn)(其为先知之孙和第三任什叶派伊玛目)。赛义夫·本·欧麦尔经常遭到人们的尖锐批评,被视为一名什叶派事业的极端党徒。据说他撰写了大约 30 个此类题目。还有许多类似的例证。800 年,阿布·哈桑·阿尔-马达伊尼(Abu al-Hasan al-Mada'ini)已年过四十,据说他撰写了不下 400 个题目,涉及各种历史话题,诸如先知生平、历次征服和第一及第二次内战等。正是诸如此类的书籍,填充了塔巴里在巴格达的书铺;其中有一些明显是多卷本,而另外一些则是单一主题的专著或小册子。①

总体意义上的主要学问中心和特定意义上的新兴历史编纂中心,都位于伊拉克的巴士拉(Basra)、库法和巴格达等城市。749 年至 750 年,阿拔斯"革命"(The Abbasid "revolution")爆发,而且,从阿拉伯古莱什部落(Quraysh)的阿拔斯支系中产生的哈里发,取代

---

① 关于更长篇幅的讨论,见 Robinson, Islamic Historiography, 30 - 38。

了以叙利亚为根基的倭马亚王朝,而阿拔斯的统治主要仰仗来自伊朗东部的非阿拉伯士兵,以及那些精通萨珊霸权主义和统治传统的管理者和官僚。所以,叙利亚以及它的那些小规模游移宫廷也就被抛弃了,转而投向萨珊帝国在伊拉克的心脏地带。尽管库法和巴士拉在征服时期就已建立,然而伊拉克的城市化直到现在才开始爆发式发展,原因就在于此时的伊拉克能从印度洋贸易和哈里发的赞助中获益。伊本·伊夏克为塔巴里撰写穆罕默德主题提供了最重要的材料,他是唯一一个向塔巴里提供这种材料的人。伊本·伊夏克似乎很早就来阿拔斯治下的库法讲学了(如果在倭马亚王朝晚期和阿拔斯王朝早期这一背景下阅读伊本·伊夏克所重构的先知生平,并暂且假设作品的某个修订本优于另一个修订本,那么阅读就会为循环性问题所困扰:我们了解的有关那一背景的内容,基本上都来自那些保存伊本·伊夏克作品的同类资料集)。[①] 阿拔斯王朝在伊拉克有数个基地,巴格达只是其中最早和最壮观的一个。为了得到伊拉克诸城所提供的学习、教学、阅读和抄书的机会,历史学家、语文学家、法学家、语法学家和其他许多人士自然而然都被吸引到了这里。然而,帝国庞大,穆斯林则在幅员辽阔的伊斯兰世界里忙碌着,进行阅读、讲学、争论、抄写复制和撰写叙事:从安达卢西亚和北非(特别是在科尔多瓦和凯鲁万;由于两到三代人之后才征服此地,所以这些中心发展较晚)、埃及、巴勒斯坦和叙利亚(位于开罗的前身福斯塔〔Fustat〕、耶路撒冷、大马士革和霍姆斯〔Hims〕)、伊朗(位于伊斯法罕〔Isfahan〕、赖伊〔Rayy,今德黑兰南部〕和加兹温〔Qazwin〕),到伊斯兰东部例如马福(Marv)、布哈拉(Bukhara)和撒马尔罕(Samarqand),都在其中。早期伊斯兰时代的叙利亚似乎在 8 世纪时便具有了相当强大的历史写作传统,然而在 8 世纪晚期和 9 世纪,这一传统基本上都被伊拉克历史编纂日益增强的喧闹声吞没了。

246

---

① 关于革命政治对革命记忆的影响,见 Jacob Lassner, *Islamic Revolution and Historical Memory* (New Haven, 1986)。

　　许多学者都有这样的倾向，即他们不仅接受大量过滤了传说材料或奇迹材料的传统叙事，而且还接受我在前文已有勾勒描绘的那种演化模式，之所以如此，其中一部分原因在于材料相当宏富，另一部分原因在于其细节可靠，对真实性通常有声明，而且（很明显的是）它对不同的、补充性的、有时互相矛盾的记述都加以认真保存，此外，还因为权威学者有时候会直言不讳，为我们了解那些主角人物提供有利线索，而这些主角人物在这一传统中大体都是受尊重的（包括穆罕默德自己）。促成学者们如此倾向的最后可能也是最重要的一个原因是，无论是在总体的东方主义之中，还是在具体的早期伊斯兰研究之中，都潜藏着一种偏执的实证主义。这样，所能产生的结果就是：一种非常详尽的能对流传下来的 9、10 世纪传统进行自由采纳的先知传记得以诞生；与之一起诞生的还有更一般意义上的著作，这种著作旨在详细重构 7 世纪的历史。[1] 如先知如何清洁他的牙齿？这一传统给出的答案是：他通过咀嚼嫩枝。[2]

　　然而，针对人们所付出的这一切辛劳，针对其中的发展情状和人们的繁冗表述，特别是针对人们从中得到的印象——7 世纪历史已经连续不断地流传到了 8 世纪晚期和 9 世纪，我们需要保留自己

---

[1]　经典之作有 W. Montgomery Watt, *Muhammad at Mecca* (Oxford, 1953)；以及 Watt, *Muhammad at Medina* (Oxford, 1956)。我们在理解早期伊斯兰教方面的进步意味着许多学者所称的"可靠材料"（reliable data）会减少；结果是，以前述经典之作的标准而论的各概要式叙述得以产生；最新近也最具争议的例子要数 Fred M. Donner, *Muhammad and the Believers at the Origins of Islam* (Cambridge, Mass., 2010)。新近一项有关早期伊斯兰教的解释，遵循了百年史料批评中未曾有过的路数，见 Mahmoud M. Ayoub, *The Crisis of Muslim History* (Oxford, 2005)。在更为新近的尝试中，有学者重启这一问题，并基于对《古兰经》和"一种基督教化了的希贾兹传统"（Tradition in a Christianised Hijaz）的细致解读，做了一番详细的重构工作，对此，可见 Tilman Nagel, *Mohammed*: *Leben und Legende* (Oldenbourg, 2008)。

[2]　关于此方面的讨论，见 Wim Raven, 'The Chew Stick of the Prophet in *Sīra* and *Hadīth*', in Anna Akasoy and Raven (eds.), *Islamic Thought in the Middle Ages*: *Studies in Text, Transmission and Translation in Honour of Hans Daiber* (Leiden, 2008), 593 - 611。

的意见,而且需要对之进行一番说明。在接下来的篇章里,我会做到这两点。现在,就让我们转向那些主要的历史著作类型,至 9 世纪中期,这些历史著作类型都已有所发展。

叙事与传统主义

不熟悉早期伊斯兰历史编撰的读者,可能会对许多东西感到惊讶。在(通常)模糊不清的中东地区,人们会遇到来自语言、人名、地名和地理方面的各种困惑,而这些困惑正是由那些叙述 7 世纪、8 世纪和 9 世纪历史的阿拉伯语文本带来的。除开这些困惑,想必最令人惊讶的就是前述传统所具有的可被我们称作"个体性"和"复合性"的叙述特质了。

247

由于习惯了某个作者的独唱(一如人们在古典传统中经常发现的),或者也许习惯了由一定程度上层次均衡的材料所形成的合奏(一如人们在同时期古叙利亚语史学传统中发现的),且两种情形都会通过经常或不经常的引用而加以强调(通常为演讲词、信函、急件和类似的东西),所以阅读伊斯兰历史著作的读者,通常会因他们在早期伊斯兰史料中经常碰到的东西而惊讶万分:将各种互不相干的记述串联起来,每一个记述都归于目击者,或者那些借其在"历传"(isnād)前置语中的权威而进行报道的人,"历传"断定我们所讨论的叙事是通过口传、耳听、口述记录或复写而传递下来的。"我听说的就是这个样子,某某说,根据权威如此这般,某某说……"——典型的"历传"就是这样说的,但是通常也会使用"集体历传"(这里举出的是身份不明的"他们说"一词)。即便在历史学家使用书面材料时,也像他们经常做的那样,所运用的术语通常也用来描述口头传播。之所以如此,部分原因在于口头传播享有很高的声望,而之所以在很大程度上又归结于这种声望,是因为书面传播经常会借助口头传播来加以调和。例如,那些由塔巴里汇集在其《先知和国王史》中的许多材料,就是他在数年前还做学生时从别人那里听来的。那时,他把从人们的口授、讲演和教学中得到的材料，抄写在了自己的笔记本上。一位学者的笔记本，很像今天我们所使用的笔记本电脑，这通常成了一个人的宝贵财富。事实上，书籍通常由它们的作者通过口授而"发布"，而这些东西常常借助口授再现，随后抄写的学生会通过"回读"（read back）口述的内容来确保其准确性。这里我们应该指出的是，早期历史与法律传统就具有这种口头性的特点，更准确地说，口头性可以被描述为"听—说—写"的混合型实践，而许多学者对未经口头调和的书面语言都保持一种极度的不信任态度。[①] 尽管关于这方面的证据很少，但是不管书商们采取何种实用方法和捷径来满足都市市场的需求，学者们都还是通过搜集那些据说已被作者或作者授权的传播者学习过的主题，来宣示自己的权威。因此，书籍传播的口头特征反映出了历传的口头特性。

所以，当同时期那些正在使用古叙利亚文或希腊文进行写作的历史学家大都不愿意征引他们的材料或运用历传素材时，穆斯林历史学家可以说已经将材料征引上升到了叙事原则的高度："传述—历传"单元（*khabar-isnād*）成为早期史学传统的基本组成，而这一传统正是被人们保存在了传世的 9、10 世纪史料当中。尽管存在例外情况，但以塔巴里的《历代先知和帝王史》为样例的那种颇具名声的历史叙述方式，都对这些叙述进行了大规模汇编，其数多以千计，当然在性质上彼此之间既有佐证又有冲突。这些叙述都是被那些孜孜不倦却又很挑剔的"作者—汇编者"挑选出来的，这些"作者—汇编者"用来表达自身观点的方法与其说是通过自己的口来说，还不如说是通过编排并偶尔评论他们所选择的"传述"材料：在每一个明确表示同意的地方，通常都会有一处（或两处）模糊的认同；这种模糊的认同通过连续叙述、重复叙述或省略叙述来达成。所以我们可以说，这些"作者—汇编者"，尤其是那些撰写年代

---

① 关于口头性质与文本性质两相交织下的著述实践，参见 Gregor Schoeler，*The Oral and the Written in Early Islam*，trans. Uwe Vagelpohl and ed. James E. Montgomery（London，2006）。

记和传记（见下文）的人，就这样"创作"出了书籍。其中，他们重新创作的内容很少，更多的是把以前存在的叙事再度展现、编辑和重新编排进某个框架之中。换言之，"作者身份"（authorship）并不取决于一个人所撰写的散文的质量、其观点的原创性或对论辩所做研究的深度，而是取决于他的材料的巧妙度和全面性，以及用来安排全体叙述的叙事结构。因此，作者身份的操作原则大致介于我们所说的"写作"也即"编纂"和"编辑"或"编写"之间。

那么，对于这一早期传统的与众不同之处也即人们热衷于搜集和复制（有时候规模很大）的情形，和与此相应的作者们都不太爱发声甚至羞于发声的情况，我们又该如何解释呢？

对于这一十分复杂的问题，我们所能提供的简单答案就是"传统主义"（traditionalism），也即一组彼此之间紧密交织的观念，这组观念认为，由于时间的流逝使人们无法准确而充分地理解自己的对象（不论是《古兰经》中所启示的上帝旨意，还是对人类历史的理解），所以知识就需要被保存，而不是被探掘。[①]（这自然不是那些更专心投入理性主义研究的人所提出的观点，比如那些哲学家和辩证神学家；这两种人都不会撰写很多历史著作。）当然，这种说法有点简单化了，因为通过运用特定的阐释程序，人们在文本当中还是能够发现事实和真相的。当然，那种认为过去的实践和留存下来的文献保存了日后会丢失的事实的观点，并不是早期伊斯兰所独有的东西，同样，那种深深怀恋过去的做法，也并不是早期伊斯兰所独有的东西。另外，那种由圣人教导并与成文圣典一起流传的口头律法观念，也不是伊斯兰所独有的东西，因为拉比犹太教显然也包含了这样的东西（至于早期穆斯林究竟在多大程度上受到了拉比犹太人和其他犹太人的影响，目前人们仍没有定论；这样的影响看起来似乎是双向的）。真正让伊斯兰拥有独特之处的，是那种能够让过去参与到传统主义历史编撰中来的规模和原创性，而不是那些博学的人运用自身长久的记忆和纯熟的口耳相传技巧对

---

① Robinson, *Islamic Historiography*, 83 - 97.

过去表示尊重，或将过去加以传播。

　　伊斯兰语境中的传统主义意味着学者要尽可能严格地传播有关过去的观念，在传播时，要借助那些值得信赖的权威人士的威望，他们的信仰越古老、越准确、学术声誉越高，那么情况就会越好；他们所借助的权威人士的数量越多、权威人士越值得信赖、所援引的叙述越多且越可靠，那么情况也会越好。由于伊斯兰传统成为了占支配地位的政治传统，所以穆斯林传统主义历史学家便具备了两样东西，而这两样东西在他们的犹太同行那里是缺乏的：强烈的动机，即和政治力量相并行的合法化使命；以及属于政治精英阶层的各种文化资源。塔巴里远不是一位宫廷里的溜须拍马者，但他的思想和社会世界却是阿拔斯式的。

　　这个世界的传统主义规则是由"传统主义者们"（*muhaddi-thūn*，字面意思为"那些传播圣训的人"）定下的。有些历史学家也搜集和传播圣训，只要有可能，他们都会遵循这些规则，哪怕是按照较低的标准来进行（在将历传方法运用到前伊斯兰历史和非伊斯兰历史中时，无论在逻辑上还是在实际层面上，人们都受到了限制；同样重要的是，人们几乎没法指望非穆斯林人士能够拥有穆斯林人士那样的诚实信誉）。无论在篇幅（正如我们所见到的，有超过7000个印刷页，而且每页密度很高）还是在性质（由成千上万个分散叙述东拼西凑起来）方面，塔巴里的《历代先知和帝王史》都反映出作者所受过的训练和所具有的脾性。由于全面受到传统主义理想的影响，塔巴里将自己的任务更多地当作一种认真保存、整理、拣选和组织材料的工作。特别是在9、10世纪，那些最受这一传统尊敬、援引最多和效仿最多的历史学家，也都成了那些态度上相当勤勉和行事正统审慎的人。从手稿记录和其他接受方式来看，那些远离这类实践的人，例如那些摒弃了历传这一"传播链"的人，形象都是模糊不清的；这种"传播链"旨在确保传播能从这一可信的传播者向那一可信的传播者运行，从而达到代代相传的效果。在这方面，有一个很好的例子，那就是一个叫雅库比（al-Ya'qubi）的10世纪初期的历史学家兼地理学家，他所撰写的两卷本简明世界

249

史作品——《历史》(*Ta'rikh*)有意避免把历传当作序言中的参考书目。雅库比的作品在这一传统中几乎没留下什么痕迹。①

　　这里值得强调的是，伊斯兰历史编撰在 8 世纪晚期和 9 世纪变成了传统主义式的。②几乎毋庸赘言的是，许多很早时段的穆斯林就尊崇先知（穆罕默德），并因为早期共同体的光辉历史而感到自豪。事实上，除非承认先知的灵性启示及其魅力至少在某种程度上发挥了作用，人们才能理解伊斯兰最初的一个世纪：毕竟，除了族群性和语言使用情况外，能将穆斯林和非穆斯林一神论者区分开来的，主要就是他们将预言的轨迹延伸到了上帝的代言人穆罕默德那里；穆罕默德向众人宣讲一种信仰，这种信仰不仅拒斥异教，还纠正并完善此时期诸种反复无常的一神教。也就是说，在一种加以规制的和有规划的怀旧意义上，通过实际的法律格言和历史材料传播，或通过展示作为传播智慧的二手观点（通常通过反向推演和伪造碑文归属，其中有有意为之的，如伪造历传，也有出于疏忽大意的），倭马亚王朝晚期、阿拔斯王朝早期的人们创造了传统主义。正如前面所提到的，那些对圣训加以整理汇编的伟大作品可追溯至 9 世纪晚期和 10 世纪早期，但那种附带"历传"的做法，却从 8 世纪中期开始似乎就已经变得日益系统和严格了。就我们所能辨别的前传统主义历史编纂阶段而言，人们的叙述呈现出篇幅更长和逻辑更连贯的特点，至少在某些情况下，我们能看到这两个特点；在这些叙述中，有的着实反映出了那种人们期待在口传历史中见到的引人入胜的叙事类型；和这些叙述相比，那些通常借助传统主义素材流传下来的叙述在篇幅和逻辑上都要逊色一筹。③

250

───────────────

① Al-Ya'qūbi, *Ta'rikh* (Leiden，1883).

② 这一说法表露了我对早期伊斯兰传统性质问题争议的看法，关于此方面的更多细节，见下文。

③ 一种基于形式批判的假设认为，构成这一传统最早层面的东西是片段式的；关于人们对这一假设的评论，见 Chase F. Robinson，'The Study of Islamic Historiography: A Progress Report'，*Journal of the Royal Asiatic Society*，series 3，7：2(1997)，199—227.

更确切地说，把作为历史学家的作者—汇编者和那些搜集先知与非先知圣训的人们区分开来的，到底是什么呢？大致说来，传统主义者搜集圣训是因为它们具有法律和道德上的重要意义：和《古兰经》一起，先知的"逊奈"（sunna）逐渐成为沙利亚（shari'a）道德—法律话语的另一（在某些方面更加重要的）来源；这种话语被人们普遍理解为"伊斯兰法"。历史学家（通常为 akhbārīs，字面意思为"报告的传播者"〔purveyors of reports〕）搜集有关过去的叙述，尤其是有关过去的宗教—政治和军事事件，因为在这些叙述当中也包含有要吸取的教训、要传达的道德规范、要树立的样板、要确立的先例和要提供的消遣。不仅如此，过去还成了一种值得保存的记录，不论这种记录是有关神意对人类事务的指导（正如普世史中所展示的那样），还是有关先知传道的要旨（一如先知传记中的那样），或是有关先知追随者所进行的辉煌征服（一如征服题材专著所展现的那样），甚至是有关整个帝国学术团体的谱系（正如我们将要看到的、显示在人们的群体传记中的）。一些历史学家的确怀有人们所称的论辩兴趣，他们当中有许多人至少都有一种含蓄的认识论，这种认识论支撑着他们面对确证的事实和矛盾的态度：尽管伊本·卡尔敦出类拔萃，但他还是回顾并吸取了一种历史编纂传统，这种传统具有一个鲜明的特色，即它所包含的那些 10 世纪作品，已经偏离了传统主义式历史编纂的轨道。诸如马苏迪（al-Mas'udi）和伊本·米斯凯韦（Ibn Miskawayh）这样的 10 世纪作家，在文学和哲学方面都雄心勃勃。或许更为重要的是，在 12、13 世纪，这种历史编纂传统已经打破了自己的传统主义锚地。[①] 到了伊本·卡尔敦时代，围绕同时期历史所展开的写作已经变得更加稳定和自信了，而由传记作家和自传作家所进行的相关实践则尤其能够证明这一点。这一发展情状和那种旨在将历史编纂塑造成一门独立学科的尝试有某些关系，而这种尝试正是那些进行自我描

---

① 正如康拉德·希尔谢勒在本卷第十三章所表明的。

述的"历史学家"所展开的。[①] 所有这一切都表明，相较于近代早期的或现代的标准而言，伊斯兰历史编纂一直都处于很低的层次，然而和同时期的欧洲与拜占庭历史编撰标准比起来，它又要高明许多。

251

现在，在这一传统可以辨识的最初几个阶段，穆斯林历史学家撰写、搜集、汇合、编订和组织安排他们的材料，所用方法不一，其中就包括可以称之为单一主题专著（single-topic monographs）的作品，而一个特别流行的主题就是对外征服史，对外征服史有时候是狭义的（例如导致某一单个省区投降的战役），而有时候其涵义则要宽泛得多。关于前一类型，有幸传世的一个例证就是埃及人伊本·阿卜杜勒-哈卡姆（Ibn 'Abd al-Hakam）所著的《征服埃及》（Futuh Misr）；[②] 而有关后一类型的例子则已经提到过了，那就是谱系学家—历史学家拜拉祖里（al-Baladhuri）所写的《征服诸地》。单一主题专著将在前述这一传统的形成时期得以留存下来，但它却是后来 8 世纪和 9 世纪的显著特色之一，这一时期出现了三种颇有声望的历史写作形式，每种形式都颇具弹性，可以容纳各种素材。我们可以实用性地将这三种形式定义为传记、群体传记和年代记。

此处的"传记"，我所指的是单一主题、独立成书的专著，它始终不变地讨论一位男性精英，而这位男性精英通常就是先知本人；有时候则是其他人，比如学者和统治者。它对应的阿拉伯术语通常是"sīra"（道），表达主体人物行为的示范性。关于"群体传记"，我所指的是一种对男性群体（偶尔也有女性群体）的模式化传记汇编——有时是篇幅浩繁的多卷本汇编，这些人构成了这样或那样的团体或范畴，例如一个法律学院，一种学术技艺，抑或一门职业，比如审判官或圣训传播者。此处这一术语的涵义比较宽松：指"一代

---

① Robinson, *Islamic Historiography*，特别是 166 - 170。

② Ibn Abd al-Hakam, *Futūḥ Miṣr wa-akhbāruhā* (New Haven, 1922); partial trans. Albert Gateau, *Conquête de l'Afrique du nord et de l'Espagne*, 2nd edn (Algiers, 1948).

人"的阿拉伯术语是"*ṭabaqa*"，指"传记条目"的阿拉伯术语是
"*tarjama*"，指"有学之士汇编"的通常是"*rijāl*"（字面意思为"男人
们"，一直指那些传播圣训的男人）；所有这些术语都可以用来描述
这些汇编作品，典型的是，这些作品的编排顺序要么按照年代（特
别是按照一代又一代人的顺序），要么按照字母。所谓"年代记"，
我指的是根据时间顺序比较明确地编排的作品，同样典型的是采
用两种时间顺序中的一种：要么根据年代，也即按照年份条目，要
么根据哈里发的在位时期。其对应的阿拉伯术语为"*ta'rikh*"（"注
明日期"），该术语一般也用来为历史编纂起名。由于传记最先出
现，所以为便利起见就从传记开始。①

　　像群体传记和年代记一样，传记在 8 世纪中期至晚期已开始发
端，但其最初几个阶段还无法完全复原。早期重要人物有乌尔
瓦·本·祖拜尔（'Urwa b. al-Zubayr），他可能是第一个对先知领
导的战役有特别兴致的人，还有祖合里（al-Zuhri），他同为麦地那城
居民，有时候人们相信他写过一部有关先知的作品；不过他写的内
容只是通过后来作者的引用才得以流传下来。② 现存最早的传记
为伊本·希沙姆（Ibn Hisham）所写，但该作品被人们更准确地理解
为对传统上被誉为首部大部头先知传的校订、删改和改写，而首部
传记的作者就是我们前面提到的伊本·伊夏克。伊本·伊夏克当
然是撰写先知战役方面的权威，这种新兴类别被人们称作
"*maghāzī*"（"袭击"〔raids〕，也即穆罕默德领导的旨在反对非穆斯
林阿拉伯人的诸次袭击），有时候又被叫作"*sīra-maghāzī*"（袭击之
道）。有关自成一体的"袭击"类作品样例，留存在瓦奇迪（al-
Waqidi）所撰的《袭击纪》（*Kitab al-maghazi*）中。我们传统上理解
的"纪"（book），是一种含有固定和未公开内容的作品，这些内容由

---

① 接下来，我将主要借鉴 Robinson, *Islamic Historiography*, 61 - 66。
② 关于祖拜尔和祖合里，见 Gregor Schoeler, *The Genesis of Literature in Islam*：
From the Aural to the Read, rev. and trans. S. Toorawa (Edinburgh, 2009), 40 -
45。

其作者或代表作者的人以授权的版本公开发布，至于伊本·伊夏克是否撰写过这样的"纪"，目前我们仍不清楚；假如他撰写了，那么显然是他自己把它口授给学生们的。伊本·希沙姆手里有一个伊本·伊夏克所作"纪"的版本（假若我们设想有这么一个东西的话），这个版本是通过一位叫巴卡伊（al-Bakka'i）的学者传播给他的，但根据多个不同的校订版本来看，这种"袭击之道"已经传播开去了，而塔巴里就使用了其中一个校订版本。至于伊本·伊夏克所撰的那部书的篇幅和主题范围，我们同样不清楚，而且有迹象表明，他的传记材料仅仅只是一部规模大得多的作品中的一部分而已，这部作品也许是一部普世史。假如伊本·伊夏克的成就因此而难以衡量的话，那么我们还有伊本·希沙姆的：它是一部材料丰富且满含雄心的作品，按照标准的埃及语版本分两卷成书，内容涵盖四个部分，汇集了有关穆罕默德生平的（相当）丰富且有质感的叙述。其优点是还有英文译本。①

　　在这一短时期内，亦即在 9、10 世纪，先知传记似乎抑制了其他大多数传记类型的发展和壮大，而据我们所知，这些传记类型早在 8 世纪晚期和 9 世纪的时候就已经问世了；除倭马亚和阿拔斯王朝的哈里发外，早期哈里发的传记似乎很早就特别流行了。然而那种为有学之士，特别是为以其名字命名法律学派的人撰写传记的传统，就显得没那么模糊难辨，至少在 9、10 世纪时是如此，这一传统在 9 世纪末 10 世纪初就已结出了果实。这方面最好的一个例证就是艾哈迈德·伊本·罕百里（Ahmad ibn Hanbal，卒于 855 年）的传记，而罕百里法律学派（the Hanbali school of law）就是以他的名字命名的，这部传记由他的儿子阿布·法德勒·萨利赫（Abu Fadl Salih）所写。此外还有阿布·哈尼法（Abu Hanifa，卒于 767年）的传记集丛，而哈乃斐学派（the Hanafi school）就是以他的名字

---

① Ibn Hisham, *al-Sira al-nabawiyya*, ed. Mustafa al-Saqqa, Ibrahim al-Ibyari, and Abdel Hafiz Shalabi (Cairo, numerous editions); trans. Alfred Guillaume as *The Life of Muhammad* (London，1955).

命名的。这些作品总体上篇幅不大，与伊本·希沙姆所写的传记相比，很少被人们传抄，相对而言兴趣面也狭窄。自 12 世纪起，传记在重要性和复杂性方面将会大大提升，而到了传记作家为活着的男性作传时，它们的最重要发展阶段便已到来，这方面的例子莫过于萨拉丁（Saladin，卒于 1193 年）；为了他，一位身居高位的管理人兼文学家（巴哈丁）伊本·沙达德（〔Baha'al-Din〕Ibn Shaddad）撰写了一部传记。①

像古代晚期其他传统中的传记例子一样，伊斯兰传记具有选择性而非综合性特点；其描述性特征和规定性特征也几乎相当，人们阅读传记既为了获取灵感和教益，同时也为了保存或纪念。它的主题是一位理想人物、一种灵感启发、一种示范和一种指引。一个非先知传记案例就是艾哈迈德·伊本·罕百里的传记，它可能以其出生为起点，而以其死亡为终点。但该传记作品有差不多十分之九的内容是就艾哈迈德一生中的某一事件，进行冗长的、详尽的和颇具争议的讨论：这一事件即所谓的"米哈奈"。正如我们前面所看到的，米哈奈指最初由哈里发马蒙（al-Mamun，813—833 年在位）发起，试图把一种神学教义即《古兰经》是被创造出来的这一认识强加给人们的事件。在罕百里法律学派成员的眼里，他们的学派所据以命名的那位英雄已经勇敢地抵御了哈里发的"审讯"，并且在哈里发代言人的手里遭受了各种严刑拷打。因此，这一传记较少将艾哈迈德当作一个人来看待，而是更多地将他当作一位清心寡欲的传统主义式英雄。诸如此类的构建定然是有倾向性的；其他材料告诉我们的是，艾哈迈德可能已经向哈里发的那些人屈服了。②

我这里所说的群体传记是指多少有些刻板的传记信息汇编，这

---

① The *Sīrat Ṣalāḥ al-Dīn* (Cairo, 1962); trans. D. S. Richards as *The Rare and Excellent History of Saladin* (Aldershot, 2001).

② Michael Cooperson, *Classical Arabic Biography*: *The Heirs of the Prophets in the Age of al-Ma'mūn* (Cambridge, 2000); and Christopher Melchert, *Ahmad ibn Hanbal* (Oxford, 2006).

些信息通常都是以两种方式中的一种来加以组织安排的。第一种或许同时也是最引人注目的一种编排方式是编年式，亦即按照一代代人的顺序（宽泛理解）来加以安排。这里的第一代人便是指穆罕默德那代人（或差不多同时代人）。对此，一个有效的阿拉伯术语就是"塔巴卡"（ṭabaqa，复数形式为ṭabaqāt），也即"等级，阶层或代"。当然，这些都是随着时间的变化而在数量上不断累增的：一个9世纪的"塔巴卡"作品包含三代，而一个15世纪的"塔巴卡"作品则包含28代。第二种同时也是较少引人注目的一种，则是字母顺序（尽管由于大家都明白的原因，这样的安排通常都是从穆罕默德那里开始的）；对此，一个有用的阿拉伯术语就是"mu'jam"。这些作品加起来就构成了一部部传记词典。由于它们看起来比较次要，而且仅在最宽疏的意义上才成其为历史编撰作品，所以我这里先把它们放到一边。

　　"群体传记"也起源于8世纪晚期和9世纪。[1] 最早的例子已经找不到了，现存最早的要数伊本·萨德（Ibn Sa'd）的作品，在此一时期，该种文类显然已经有了较好的发展：从编订本情况来看，伊本·萨德的《各主要阶层纪》（Kitab al-Tabaqat al-kabir）似乎分8卷或10卷成书，不过不管属于何种情况，它都是一部颇有成就的作品。它借鉴了难以数计的材料，既按编年方法也按地理范畴将各种传记组织到一个框架中。[2] 至于准确说到底是什么促生了这一文类，目前尚不清楚。如果说第一种（今已失传）例子完全致力于为圣训学者立传，那么人们就会将之归于传统主义的兴起，但它们似乎也涉及非圣训学者，因此最有可能的是，这一文类反映出文学和文化专业化是分散出现的这一情形，在早期伊斯兰教时代的

254

① Wadad al-Qadi, 'Biographical Dictionaries: Inner Structure and Cultural Significance', in George N. Atiyeh (ed.), *The Book in the Islamic World: The Written Word and Communication in the Middle East* (Albany, 1995), 93–122; and Chase F. Robinson, 'Al-Mu'āfa b. 'Imrān and the Beginnings of the Ṭabaqāt Literature', *Journal of the American Oriental Society*, 115(1996), 114–120.
② Ibn Sa'd, *Kitāb al-Ṭabaqāt al-kabīr*, 9 vols. (Leiden, 1904–1940; Beirut, 1957–1968); partial trans. Aisha Bewley as *The Women of Madina* (London, 1995).

伊拉克诸城市中，情形尤其如此。伊本·萨德的群体传记汇集了各种传记——有的长达数十页，有的则只有一两行；这些传记关乎有学之士特别是那些学习圣训的人，而这些人就生活在伊斯兰教出现的头两个世纪里。但9、10世纪的那些其他例子则汇集了有关歌者、诗人和法学家的传记，当然这还只是提到了最普遍常见的范畴。有些传记的篇幅相对适中，只有一卷。尽管如此，篇幅在这里似乎仍显得重要，这和传记的情形不同。布哈里的9世纪作品——《大历史》(al-Ta'rikh al-kabir)有大概一万两千名圣训学者的条目。由于这个原因，也即它们拥有很大的篇幅且使用起来相对容易，那些"塔巴卡"式和传记词典类的群体传记作品，经常被伊斯兰学术领域的社会史家们当作宝藏来加以开发。①

　　有关先知的各个传记，特别是那些归在伊本·伊夏克和伊本·希沙姆名下的传记作品，在重构先知穆罕默德之生平和早期共同体方面，已经变得十分宝贵。不过，还是得仰赖那些通常保存了各种资料和素材的年代记作品，学者们才得以写出有关伊斯兰教的政治与宗教—政治史著作。

　　早期伊斯兰年代记认可两种占主要地位的编纂类型。第一种是编年史，其所涉年代自然是按照阴历来算，从622年开始，在这一年，穆罕默德从麦加"迁徙"(hijra)至麦地那；伊斯兰教之前的历史则按照各种方式加以安排，其中就包括借助使用非穆斯林年历。第二种则可被称作王朝年代记，对此，传统上称作"基于哈里发的定年方法"(ta'rīkh al-khulafā')，但人们偶尔也会用到其他方案，比如根据维齐尔的职业生涯来厘定年代。（这里存在着交集，即一些作品集合了编年和王朝年代两种编排方法；值得一提的是，从13世纪开始年代记将会和群体传记相混合。）两种类型都能适应各种

---

① 关于这方面的一些例子，参见 Humphreys, *Islamic History*，189 - 194；以及 Robinson, *Islamic Historiography*，71 n. 22. The Estudios Onomástico-biográficos de al-Andalus (Madrid)，近来其数量已达15卷，这意味着围绕这一文献我们还可以做多少工作。

怀着莫大雄心的普世史，也能适应那些眼界相对狭窄的城市地方史。可以说，早期最复杂的地方年代记就是由那位名叫阿兹迪（al-Azdi）的学者撰写的，其内容关乎他的出生地摩苏尔镇（Mosul），该镇位于今伊拉克北部。该书三部分内容中，只有第二部分流传了下来，它所叙述的是 2 世纪和 3 世纪早期的伊斯兰教。[1] 地方史写作更多地采取群体传记形式。

这些地方史同样发端于 8 世纪早期。基于某种理由，我们可以认为在这两种叙述模式中，王朝年代记最先出现，它的那种以哈里发为中心或焦点的框架，反映出早期伊斯兰教的政治与法律思想中包含着一种哈里发中心主义。不管情况如何，从最早时期算起，这方面最大又是最富成就的是雅库比的作品。他的两卷本《历史》有意避免使用历传式分散叙述（isnād-equipped akhbār），并呈现出一部明显具有天主教色彩的普世史。[2] 很明显，它从上帝创世开始（现存手稿的纲要/标题已经轶失），首先叙述的是前伊斯兰时期欧亚大陆历史的片段；此后，这部两卷本著作从第二卷开始，便转向最能完美反映上帝秩序的宗教政治运动史，即哈里发体制。现存最早的编年史是由卡利法·本·凯亚特（Khalifa b. Khayyat，他也是一部早期"塔巴卡"作品的作者）所写的。即便按照同时代的标准来看，他的信息也特别朦胧不清。他的这部惜墨之作和其他同类型作品一样传世很少，是唯一以北非语手稿本子流传下来的。其散文式简洁文风和密集的行政管理素材，表明它使用了行政长官、指挥官、裁判官和类似当职者的清单。

255

---

① Al-Azdi, *Ta'rīkh al-Mawṣil* (Cairo, 1967); Chase F. Robinson, 'A Local Historian's Debt to al-Ṭabarī: The Case of al-Azdi's *Ta'rīkh al-Mawṣil*', *Journal of the American Oriental Society*, 126(2006), 521 - 536; 关于地方史的更广泛论述，参见 Robinson, *Islamic Historiography*, 138 - 142; 以及 Franz Rosenthal, *A History of Muslim Historiography*, 2nd edn (Leiden, 1968), 139 - 148.

② 关于早期伊斯兰传统中的普世史，参见 Bernd Radtke, *Weltgeschichte und Weltbeschreibung im mittelalterlichen Islam* (Beirut and Stuttgart, 1992); 以及 Robinson, *Islamic Historiography*, 特别是 134—138.

在早期阶段,编年史方面的最出色例子要数塔巴里的普世史。该书在 910 年左右逐渐散落于大多数手稿之中。它的名声和影响力都很大,以至于在 10 世纪和 11 世纪,还几乎没有哪个人敢贸然模仿它。而我们所拥有的一系列关于该作品的后续和梗概之作,全都攀附利用这一几近即时经典的文本。人们有理由将它与那位世界主义化了的理性主义者马苏迪所写的《黄金草原》(*Muruj al-dhahab*)并列,称它为以任何语言形式写就的、前现代历史编撰作品中的最伟大作品之一。此外,该作品还是我们据以考察 7 世纪、8 世纪和 9 世纪一个统一国家之兴衰更替的最好材料来源。作者以多种方式处理他的材料:有时候,他忠实地全面抄录,而有时候,他则摘录、提炼和改造。虽然他和其他学者一样,也借鉴传统主题、固定模式和各种陈词滥调,但他并不杜撰或虚构。这就是说,他的确有时候强行抹掉了那些令人尴尬或引发争议的事情,其中最佳的例证就是他抹掉了导致阿拔斯哈里发上台的某些最残忍的暴力行径。事实上,由于该著作所叙述的早期历史既颇具争议又具有里程碑式意义——除了穆罕默德先知时代及其开启的诸政治事件,还有哪个历史时刻要比它更加伟大?——所以,它将规定性内容和描述性内容、论战性内容和事实性内容、神话、传说以及模式化等东西都自由混用。①

问题与结论

所以,假如这些就是 9 世纪历史著作的主要类型的话,那么它们又是如何变成这样的呢?对于那一传统的最早几个阶段,我们又能做出怎样的确切描绘呢?我已经指出,前面勾勒的那种进化式重构模式,难免会遭到人们的批评,而且需要作出说明。

这里必须强调的是,对早期层面的内容我们是通过推测进行探究的,因为 8 世纪晚期或 9 世纪早期左右的作品都是通过一份手稿

---

① 关于塔巴里,唯一对此有雄心而又充分的讨论的是 Boaz Shoshan,*The Poetics of Islamic Historiography*:*Deconstructing Tabari's History* (Leiden,2005)。

留存下来的，而手稿要比其表面上的作者晚几个世纪。例如，直到
人们在沙特阿拉伯偶然发现一个长期被人们忽视的手稿箱盒，而
该箱盒中藏有两份手稿残篇时，赛义夫·本·欧麦尔的作品才被
人们知晓。[①]（这样的发现来得太过偶然了，以致人们都无法想象
是否还会有更多的东西有待去发现。）这一抄本是单个样本，具备
"困难"这一词汇本身所含有的所有内涵。在另外的情况下，我们
则拥有过多的手稿和版本，因而也就拥有了在理解记录、传播、写
作和作者身份等方面它们带给我们的所有挑战。伊本·伊夏克所
写的有关穆罕默德的传记通过几个9世纪的校订本流传下来，其
中最著名的要数巴卡伊的本子。如我们所知，该本子被记录在了
伊本·希沙姆的先知传记中。那么，准确说来我们又将如何告诉
人们伊本·伊夏克的作品在哪个地方结束，而他的"传播者们"又
在哪里起笔呢？考虑到在这些校订本之间存在的所有分歧，我们
又能在何种程度上才可以就"传播者们"一说言之成理呢？[②]为了
区分编订者和复制抄写者这两类人所做的工作，我们可以就此展
开一番富于耐心且细致刻苦的尝试。[③]但是，要想出一批研究成
果，并以此重构8世纪历史写作的社会学（更不用说弄清楚7世纪
的诸般细节了），我们还差得很远。我们缺乏一种早期手稿证据，

---

① Sayf b. ʿUmar, *Kitāb al-ridda waʾl-futūḥ: A Facsimile Edition of the Fragments Preserved in the University Library of Imam Muhammad Ibn Saʿud Library in Riyadh* (Leiden，1995).

② 关于伊本·伊夏克和他的"传播者们"的例子，见 Schoeler, *The Genesis of Literature in Islam*，71 - 73。

③ 所以，会有一篇长达80页的文章来证明归在祖合里名下的那35部有关单组事件的叙述，很可能都来自同一个资料来源——他自己；参见 Nicolet Boekhoff van der Voort, 'The Raid of the Hudhayl: Ibn Shihab al-Zuhri's Version of the Event', in Harald Motzki (ed.), *Analysing Muslim Traditions: Studies in Legal, Exegetical and Maghazi Hadith*(Leiden, 2010),305 - 384。类似的方法还可以运用到征服史传统中，不过在很大程度上由于历传方法被人们更加零散地运用，所以其结果要显得更加不确定；关于这方面的一个持平论断，见 Jens J. Scheiner, *Die Eroberung von Damaskus: Quellenkritische Untersuchung zur Historiographie in klassisch-islamischer Zeit* (Leiden, 2010).

它可以使我们穿越那层存在于现存版本中的由编订、涂改和修饰构成的遮掩幕布。

257　　这一切意味着，描述这些 8 世纪和 9 世纪早期的论题基本上都属于推理式做法：我们对 8 世纪历史编撰文类的认知，基本上都来自 9、10 世纪人们所做的征引和归名工作。这种推论一部分来自传记词典和其他传记目录作品，在这方面，关键的材料来源是一份长长的、带有批注解说的书单，是由一位巴格达书商兼作者伊本·阿尔-纳迪姆（Ibn al-Nadim，或干脆就叫纳迪姆）编纂的。[①] 如果没有他的作品和少数其他传记目录，我们对前塔巴里时代历史编撰的了解就会贫乏得多。在更大程度上，我们的推论来自后继历史学家对今已失传的作品的大量利用，其中最好的例证莫过于塔巴里的《历代先知和帝王史》本身，因为该著所涉及的直至 9 世纪中期的许多内容，都类似对现今已失传诸作品的拼接。现代学者有时候根据这些引文来重构那些今已失传的作品，不过在判断它们最初的篇幅和组织结构上，人们仍然只是猜测，其中原因恰恰在于，我们对确定作者身份、文献引证和文本删除的诸原则知之甚少，而这些原则又支撑着引文出现于其中的那些后期作品。[②] 人们经常假设，塔巴里仅仅是通过把从演说词或读物中复制或撷采过来的叙述拼接起来，编制成自己的作品。虽然这类情况一定发生过，但为了达到各种叙述效果和政治目的，他还编订、拼接、重新编排和概括浓缩了手头的材料，这同样也是事实。归在伊本·伊夏克名下的传记材料则以多个校订本的形式流传下来；它们之间互不相同。例如，塔巴里手中的伊本·伊夏克校订本就明显不同于经过伊本·希沙姆涂抹更改过的那个校订本。就我们现有的知识储备而言，或许比较保险的做法是，假设从来就没有存在过一部单

---

① 有关《群书类述》（the *Fihrist*）的各个版本和翻译，我们可以继续改善提升；不过，初习者还是可以有效利用这一作品：Bayard Dodge, *The Fihrist of al-Nadim*, 2 vols. (New York, 1970)。

② Ella Landau-Tasseron, 'On the Reconstruction of Lost Sources', *al-Qanṭara*, 25 (2004), 45 - 91.

独而又权威的伊本·伊夏克传记版本，而那些将作品价值和社会地位建基于"作者身份"的文化态度，是在他死后才发展起来的。

就其揭示 8、9 世纪传统时所体现的准确度而言，我在开篇之初就已勾勒描绘的那种演化模式并不具有说服力。该模式曾经被用来说明人们对 7 世纪的了解要远多于对 6 世纪的了解，但同样，人们还是不免要批评那一传统，在过去的 30 年里，情形尤其如此。[1]这使我们认识到，我们对于穆罕默德和原初伊斯兰教的了解，并不像 20 世纪 50 年代和 60 年代的许多著作所想象的那样多。[2] 因为书面传播所赖以进行的那些口述基础，很明显是不牢靠的，而且那些传播活动或行为随着时间的推进也会跟着演变。人们对于早期传统的批评异常纷繁和深入，所以尽管过去大多数学者都曾认为该传统具有真实性和准确性，但眼下即便是那些最坚决为它们辩护的人，其辩护也要建立在仔细整理各种传统资源的基础上。[3] 这里应该指出的是，这种批评是历史学式的而非社会学式的：鉴于口述表达和口头文化在古代晚期阿拉伯西部地区的重要性，最早期的穆斯林都会保存那些使他们与众不同的文化活动，而实际上，他们所有人都是参与部族文化的阿拉伯人，这种部族文化具有高度的口传特性：毕竟，它不仅仅是一种用来传播诸种价值的方法，而且还是一种价值观；在后征服时期的各个省份里，在周围那些文学

258

---

[1] John Wansbrough, *The Sectarian Milieu*: *Content and Composition of Islamic Salvation History* (Oxford, 1978); Wansbrough, *Quranic Studies* (Oxford, 1977); Albrecht Noth and Lawrence I. Conrad, *The Early Arabic Historical Tradition*: *A Source-Critical Study* (Princeton, 1994); Patricia Crone and Michael Cook, *Hagarism*: *The Making of the Islamic World* (Cambridge, 1977); and Crone, *Slaves on Horses*: *The Evolution of the Islamic Polity* (Cambridge, 1980).

[2] 关于对非伊斯兰素材的研究，见 Robert G. Hoyland, *Seeing Islam as Others Saw It*: *A Survey and Evaluation of Christian*, *Jewish and Zoroastrian Writings on Early Islam* (Princeton, 1997)。

[3] 可参见 Harald Motzki, 'The Murder of Ibn Abi'l-Huqayq: On the Origins and Reliability of Some *Maghazi* Reports', in Motzki (ed.), *The Biography of Muhammad*: *The Issue of the Sources* (Leiden, 2000), 170-239；亦可见下文。

共同体中，阿拉伯人能够保存这种价值观。就致力于准确性这一点而言，人们的批评已经过时了。

　　事件发生得越早，历史也就离我们越远，它也就越具有范式的特质，当然这样一来，学者们之间的争议也就越大，我们姑且把持有争议的学者分别称作"极繁派"（maximalists）和"极简派"（minimalists）。总体而言，前者日益通过细致分析各种叙述和"传播之链"，接受8世纪晚期、9世纪和10世纪极为丰富的历史编纂遗产的框架及某些细节。后者一般倾向于怀疑这种框架，并且拒斥其中诸多或者全部细节。他们之间最为激烈的争论聚焦于先知传记①和征服史方面。② 这些争论既缘于证据稀少，亦缘于所运用的模式，而且彼此之间并没有达成共识的迹象。因而"极繁派"在通常

---

① 关于这方面的一个总览式考察，见 Francis Edwards Peters，'The Quest for the Historical Muhammad'，*International Journal of Middle East Studies*，23 (1991)，291‑315；该文献如今已日渐过时，但仍然有用；更为详尽的讨论可见 Ibn Warraq（ed.），*The Quest for the Historical Muhammad*（Amherst，NY，2000）；该文献所采取的是一种颇为"极简派的"立场（a severely 'minimalist' position）；另参见 Gregor Schoeler，*Charakter und Authentie der muslimischen Überlieferung uber das Leben Mohammeds*（Berlin，1996），trans. Uwe Vagelpohl as *The Biography of Muhammad*（London，2011）；该文献驳斥的是一种"极繁派"观点（a maximalist view）；亦见 Robert Hoyland，'Writing the Biography of the Prophet Muhammad：Problems and Solutions'，*History Compass*，5(2007)，581‑602。

② 关于我所说的"极简派"，进一步例证可见 Lawrence I. Conrad，'The Conquest of Arwād：A Source‑Critical Study in the Historiography of the Early Medieval Near East'，in Averil Cameronand Conrad（eds.），*The Byzantine and Early Islamic Near East*，vol. 1：*Problems in the Literary Source Material*（Princeton，1992），317‑401；关于一些既能确证又能质疑伊斯兰传统的混合式结论，见 Chase F. Robinson，'The Conquest of Khūzistān：A Historiographic Reassessment'，*Bulletin of the School of Oriental and African Studies*，67(2004)，14‑39，repr. in Fred M. Donner（ed.），*The Expansion of the Early Islamic State*（Aldershot，2008）（with same pagination）；关于对非伊斯兰素材的研究和用来证明伊斯兰传统之可信度的论据，可见 James Howard‑Johnston，*Witnesses to a World Crisis：Historians and Histories of the Middle East in the Seventh Century*（Oxford，2010）。

情况下从丰富的传记资料中获取材料和慰藉，而这种资料以令人印象深刻的细节详细描绘穆罕默德的布道、对待犹太人的政策和反对多神教徒的运动。一位"极简派"却认为，有关穆罕默德的出生、孩提时期和成年初期，我们并不知道任何可称得上历史知识的东西，只有传说、神话或争论。[①]"极繁派"强调该传统的保守性，尤其是该传统的文本与口头传播模式，这种传播模式将 8、9 世纪的叙述定位于 7 世纪或至少 8 世纪，"极简派"则带着怀疑论的口吻进行回应：内在于该传统的材料意在保存大量详尽的历史，可是我们获得这一历史的形式不仅要晚，而且还满含前后不一致之处、矛盾之处、不可信之处和荒谬之处，以至于发现和识别出一种所谓的真理"核心"本身就是荒谬的。与此同时，该传统的外部材料在许多情况下要比内部材料在时间上早得多，但是，它们对发生在阿拉伯和伊拉克的事情了解得太少，所以不适合用于细致的重构工作，而且无论如何，它们（通常也是一神论的）所保证的东西颇具争论性，因而它们在塑造穆罕默德时所出现的问题不亚于伊斯兰传统。总而言之，"极简派"认为那些丰富的东西总体上都是不可靠的，而相对说来可靠的东西又总是太少。所以，要想辨识与分离出可靠的记述，就需要艰苦的工作，而这种工作直到最近才开始认真开展。

　　此处不是详细描述人们对早期伊斯兰史学传统展开批判的地方。我们只需要这样说就够了：它部分是基于更早时期针对早期伊斯兰法展开的材料甄别工作，这已经向我们展示了先知逊奈教义（穆罕默德的示范行为）是如何只在第二个伊斯兰世纪里（自 8 世纪早期至 9 世纪早期）才出现的。这种传统认为，穆罕默德的同时代人和他的追随者从一开始就传播圣训。虽然现代学术在某些情况下能将某些传统的源头上溯至 7 世纪晚期，然而对于将先知逊奈的成熟教义定位于伊斯兰时期的最早阶段的做法，人们没有任何疑问：将穆罕默德当作法律上的典范进行塑造，是在穆罕默

259

---

① 见 Michael Cook，*Muhammad*（Oxford，1983）。

德逝后大约 1 个世纪进行的。至于构成这种律法的圣训如何被人们改造成 7 世纪的模样，人们持有这样或那样的见解，这些见解在 20 世纪 70 年代和 80 年代延伸到了我们对历史编撰的理解之中。这种批评还借鉴了人们对于先知传记和征服史的材料甄别研究，这些研究尤其揭示了伊斯兰 2—3 世纪的争论、教义学说和文本形式是如何形塑了人们有关 1 世纪的历史记忆的。那些无法被 8 世纪的穆斯林权威获得的细节，在一定程度上为 9 世纪的穆斯林权威所了解了：人们认为，传记精确度的提升得益于二手成果的进步，也即人们通过一系列努力从杂乱无章的细节中提炼出了意义，而非得益于那些残留的可靠记忆。那些以某种文体进行记忆并被当作事件转述的内容，都是一种经过回收和重新包装了的故事，如年代记和传记之类文体的文本特征都隐含着历史的复杂性。

260　　人们有关穆罕默德的文学塑造在最大程度上体现了这一问题。我们可以指出的是，那些在先知传中被人们普遍理解成先知"历史"的内容，都是在 8、9 世纪时被释经者们创造出来的，他们借鉴了各种经由口头传播的故事和叙述，由此尝试弄懂那些因时间流逝而难以理解的《古兰经》术语和段落。通过赋予诗文以历史情境，而后者又来自大量口头流传的故事，"历史"得以产生，这是原始的伊斯兰教经过更广泛的历史化之后在释经学上的表现，这种历史化发生于 8、9 世纪，因为历史学家几乎都是在接触古代后期非穆斯林历史著作的情况下，通过创造叙述细节和推导编年，才提高了自身作品的标准。① 与此同时，那些一神论式预言模式也在发

① Patricia Crone, *Meccan Trade and the Rise of Islam* (Princeton, 1987), 203 - 230；参见 Marco Schöller, *Exegetisches Denken und Prophetenbiographie*：*Ein quellenkritische Analyse der Sīra-Überlieferung zu Muḥammads Konflikt mit den Juden* (Wiesbaden, 1998)；and Robinson, *Islamic Historiography*, 18 - 24. 关于人们在其中将《古兰经》加以明晰明确化的古代晚期历史语境，见 Angelika Neuwirth, *Der Koran als Text der Spätantike*：*Eine europäischer Zugang* (Berlin, 2010)。

挥作用,将穆罕默德塑造成一种角色,这一角色尽管源自他在阿拉伯西部地区的历史经历,但这种经历已经同《圣经》中的诸般先例结合在了一起。对此,一个明显的例证就是,它确证了穆罕默德传统出生年代的传说材料。[①] 最后,在宗派和部落层面上展开的工作影响到了有关早期历史的型构,不管早期历史与先知有关与否。尽管人们不能总是将名字与从事重塑工作的人对应起来,而且历史"学派"也不那么容易被识别出来,但在某些情况下,下面这些人还是可以做到的:赛义夫·本·欧麦尔,这位我已经提到过了,他是一位著名的库法部落利益代言人;其他人则事先明确承诺自己是什叶派、倭马亚派或阿拔斯派。

在对传统上大家所描绘的伊斯兰教发端情状产生怀疑方面,修正派挑起了有时带有恶意的争论,不过他们的材料批判方法几乎没什么新意,而在过去的 150 多年时间里,这种方法已经证明了自己在《圣经》研究领域的用处。没有哪位严肃认真的希伯来圣经史家会怀疑底本假说,正如没有哪位严肃认真的《新约》史家会怀疑《路加福音》和《使徒行传》的联合作者的身份一样。人们在早期伊斯兰教研究上小题大做的行为似乎是政治—学术性的:一方面,"极繁派"和"极简派"所持的立场所代表的,不过就是围绕伊斯兰教起源问题所共同开展的实证主义重建工作的不同形态;另一方面,人们所展开的那场更具根本性意义的认识论批判,也使这一争论发生了变化,特别是自 20 世纪 70 年代中期那些最具挑衅意味的修正主义式作品出版以来,情形尤其如此,这些作品和人们对"东方主义"的批判几乎同步,而"东方主义"的出名源于爱德华·

---

① 关于穆罕默德的出生,见 Lawrence I. Conrad, 'Abraha and Muḥammad: Some Observations Apropos of Chronology and Literary Topoi in the Early Arabic Historical Tradition', *Bulletin of the School of Oriental and African Studies*, 50 (1987),225‐240;更多有关《圣经》形式或模式的内容,见 Uri Rubin, *The Eye of the Beholder: The Life of Muhammad as Viewed by Early Muslims* (Princeton, 1994);以及 Rubin, *Between Bible and Qur'an: The Children of Israel and the Islamic Self-Image*(Princeton, 1999)。

261　萨义德(Edward Said)于 1978 年出版的《东方主义》(*Orientalism*)。

与近东地区其他同类型传统相比,伊斯兰传统在何种程度上更不可靠呢?古代晚期那些用拉丁文、古叙利亚文和希腊文进行写作的历史学家,当然也提供了一些并非纯粹不偏不倚的历史叙述。他们的写作也包含了夸张、论战、偏见和文学虚构。在这方面,嵌入式修辞(Embedded rhetoric)就是典型例证:演说、致辞和信函通常遍布于这些传统中,尽管它们保留了原始素材,但其功能明显是文学性的,它们允许演讲者通过诸如改变语调等方式而置入动机、刻画角色、使单色调叙事变得多彩,或者介绍来龙去脉。在伊斯兰教情境中,那些发布于哈里发宫廷的看起来真实的文献材料,在时间上可以追溯至 8 世纪中期,不过很显然我们再也不能追溯得更早了。① 一个明显的事实是,自 9 世纪晚期以后,这些材料保存了如此多的文献,因而至少在部分程度上它们的设计都已经档案化了。

不过,在早期伊斯兰传统和其他同类型传统之间,还是存在着反差:尽管阿拔斯王朝早期库法和巴士拉这两个地区的"书写"权威不得不严重依赖口传故事②、列表和其他材料碎片,但诸如阿米亚努斯·马赛里努斯(Ammianus Marcellinus)、普罗科庇乌斯或"柱头修士约书亚"这样的作者(这里仅提及三位),还是能够借鉴那些久远的历史编撰传统,后者可以指导他们的写作实践,并制约他们对材料的接受情状。他们许多人都是教会人士,又或受雇于罗马或拜占庭国家,同时这些作者大都参加或目睹了自身所描述的各大事件,所以他们的叙述对于现代历史学家来说都是非常有用的。他们也许并非不偏不倚,但是至少他们是知情之人,而且和所发生的事件就处在同一个时代。或许,在皇帝莫里斯是否真的撰写了

---

① 参见 Andrew Marsham, *Rituals of Islamic Monarchy*: *Accession and Succession in the First Muslim Empire* (Edinburgh, 2009)。

② 参见 S. Toorawa, *Ibn Abī Ṭāhir Ṭayfūr and Arabic Writerly Culture*: *A Ninth-Century Bookman in Baghdad* (London and New York, 2005)。

《战略与战术》(*Strategikon*)这件事情上,拜占庭学者们还保留着不同的意见,但所有人都有可能同意的是,某位皇帝有可能很出色地完成了这一任务。不过,穆斯林历史学家却从零开始:他们的历史写作实践和传统代表了一个辉煌的世纪,但这都是在诸个事件发生了之后才成型的,对于这些事件,他们的实践和传统已逐渐开始"记录";另外,那些把前述诸个事件加以编排的人,都是专业化了的学者,而非哈里发、指挥官和政府官员。难以想象一位早期的哈里发会撰写一部军事手册,更不用说撰写一部有关他所承担战役的历史著作了。(一个人可能会在9世纪早期委托制作一本手册,不过这又是另外一回事了。)各位创造7世纪历史的人们,无论是哈里发、指挥官还是行政长官,都没有把自己或其他人所做的事情加以出版;相反,他们讲述故事,如果他们没有讲述故事(或者他们的故事没有被记住,从而没有通过系列性重述而得到重塑),人们就讲述有关他们的故事。

　　总而言之,对自己所了解的穆罕默德,极简派会说些什么呢?先知穆罕默德也许要比希波主教奥古斯丁(Augustine, bishop of Hippo)晚生两个世纪,然而我们对他终其一生(大约60年)的了解,远逊于我们对奥古斯丁摇摆于基督教和摩尼教之间的那三十年的了解。至于情况为何如此,答案如今应该是很明显的了。奥古斯丁的传记可以全部依赖于几乎毫无争议的、涉及其教育成长经历的系列事实——他在哪里生活、旅行、学习,他见过谁,以及他都想些、写些什么,而这一切又是因为我们拥有他的《忏悔录》(*Confessions*),该书只是他在4世纪晚期5世纪早期完成于罗马非洲行省的众多著述之一。相较而言,穆罕默德似乎没什么文化:相传,他是通过天使加百列这一口传媒介得到了神的启示,这些启示在他死后被编成《古兰经》;人们通常说穆罕默德又转而将这些启示口授给了那些做笔录的人。不管怎样,人们对于他写了一部自传而其他人也写了有关他的传记,甚或在日记里记下了他的言说或行为,都不会有什么疑问,因为不论是传记还是日记,在7世纪的阿拉伯西部地区都还没有发展成一种文学实践或文学类型。最

262

终，这些文类还是出现了，不过到了它们真正出现的时候，有关那些创造了或见证了阿拉伯历史的阿拉伯人的记忆，都已随着人们所讲述的故事和传说而黯然失色了，原因就在于这些讲述故事和传说的人基本上都身处阿拉伯之外，没有创造或见证过阿拉伯的历史。[①] 让一个已经远去且令人感到困惑的过去产生意义，这样的重任会落在他们的身上，也会落在第二阶段的历史学家身上。被人们标榜为 7 世纪历史的那种东西，清晰地反映出他们的勤勉、独创性和勃勃雄心，相形之下，这种东西所反映的那一久已消失的历史真实性，就没有这么清晰了。

这种成就令人印象深刻。伊斯兰教的头三个世纪构成了人类历史上最具原创性的阶段之一，此时，政治、语言、智识、宗教和文化传统都已大规模产生、转型和得到传播。在八或十代人的时间里，一种宗教（伊斯兰教）、一个帝国（哈里发国家）和一种语言（阿拉伯语），甚至有理由说一个民族（阿拉伯人），都被创造出来。几乎不言自明的是，在地方层面上，变化通常是温和的或者很小的。例如，对于皈依伊斯兰教这一情形，人们在大多数情况下必须用几个世纪的时间作为衡量尺度，而不是用几个十年来衡量。不过毫无争议的是，从公元 7 世纪到 10 世纪，无论是政治形态还是文化形态，都发生了决定性的转变。在 7 世纪头二十年出生的人，谁都不会了解那些很早就已确立的宗教和政治模式，其中最明显的就是被罗马和波斯两大帝国加以分割的近东地区，很快就将消散；没有人会知道使这一帝国消散的人是阿拉伯人，因为历史上的阿拉伯人在很长一段时期内都处于文明世界的边缘地带；也没人知道这些阿拉伯人会声明在他们中间诞生了一位先知，他们将以这位先知的名义统治大半个文明世界。人们该如何解释这些巨变呢？

---

① 关于传记和自传，见 Robinson, *Islamic Historiography*,特别是 61 - 66, 95 - 96；关于自传，见 Dwight F. Reynolds (ed.), *Interpreting the Self: Autobiography in the Arabic Literary Tradition* (Berkeley and Los Angeles, 2001)。

第十二章　伊斯兰历史著作：8—10世纪

早期穆斯林理解的方式是撰写所谓的"救赎史"（salvation history），也就是一系列叙事，这些叙事最初写于8、9世纪，构造神意引导人类事物这一基础性神话内容。[①] 这种神话开始于阿拉伯西部地区，它的主要构成要素就是一些信仰，这些信仰被人们当作发生于时空中的事件也即历史来加以叙述。其主要事件包括：穆罕默德受召成为上帝的最后一位先知；他在麦加和麦地那两地接受了一系列启示，而这些启示后来被汇编和固定在《古兰经》之中，以及他对那场宗教—政治运动的构建，而他所采取的方式就是向人类直接或间接地施予神助，从而建立起他的跨阿拉伯地区的权威；此后，他把如今由哈里发所体现的伊斯兰统治，播及北非、中东和中亚部分地域。对于这些身在9、10世纪却要撰写帝国7、8世纪历史的穆斯林来说，早期政治体就像它之前的征服情形一样，同神圣计划的最近阶段别无二致，这一神圣计划从上帝创世开始，经先知时代，最终结束于世界末日。[②] 穆斯林是上帝的造物，同时也是其工具，他们中的每个人都因自己的拯救问题而向上帝负责；在集体层面上，他们又因需要构建和维持一种尘世秩序而向彼此负责，而该种尘世秩序能够引导所有信众获得他们各自的拯救，其获救最初通过哈里发的充满魅力的义务履行，其后才通过维持"沙利亚"设定的、符合上帝意志的世俗秩序。总之，用来理解历史的框架完全是宗教式的，一如帝国的宪政框架也完全是宗教式的，也就是说，它们都是一些事实，这些事实讲述了穆罕默德的个人魅力和成功经历；此外，它们还讲述了古代晚期这一历史背景，而正是在这一背景中，各种事件得以发生。

当我们把这些叙述称作"拯救史"或"神话"时，我们并不是说它们就一定不能保存文本段落，不论是以目击证词的形式，还是以同时期人叙述的形式，又或以文献材料的形式。它们是真实的，也

---

① 关于详细且含蓄的讨论，见 Wansbrough, *The Sectarian Milieu*。
② 关于早期和古典时代穆斯林对帝国的看法，见 Patricia Crone, *Medieval Islamic Political Thought* (Edinburgh, 2004)。

就是说，它们就像自身所声称的那样，是真实的。① 此外，我们也不能说构成它们的那些元素没有历史学意义上的准确性，当然这是在如下这种意义上说的：这些元素通过激发人们的自信心的方式，展示了各种事件。之所以如此认为，是因为它们彼此之间或明或暗地相互证明，而且在更宽泛的意义上，它们还合乎各种模式，而这些模式都是合理的。考虑到人们在过去大约一代人的时间里所取得的进步，我们几乎没法反对格雷戈尔·肖厄勒尔（Gregor Schoeler)的看法，即先知生命历程的"主要轮廓"，是可以辨识探察的。② 凡是理性且熟悉所有证据的历史学家，都不会怀疑穆罕默德的存在，不会怀疑许多阿拉伯人把他认作一神教先知系统里的一位先知，不会怀疑他真正相信并接受了后来写入《古兰经》的启示，也不会怀疑阿拉伯军队在一系列战役战斗中打败了拜占庭人与萨珊人，从而奠定了伊斯兰教在跨大半个地中海和中东地域的统治地位。除非有人还抱着一种过度的、极端的怀疑态度，③要不然这一切都无可争议。当然，相对而言，这一切所告诉我们的还是有些偏少，这也是为什么有人会质疑那些材料并不如自身所声称的那样"真实"的原因：先知传记是一座可供开采的资料宝藏，反映着早期穆斯林在塑造穆罕默德先知生涯的过程中，是如何将那些《圣经》中的先例用作自

264

---

① 有关此方面，唐纳作了一个总体概述，值得赞赏。该概述见于 Donner, *Narratives of Islamic Origins*；关于更加宽泛、较少定论且更具理论性质的讨论，见 Chase F. Robinson, 'Reconstructing Early Islam: Truth and Consequences', in Herbert Berg (ed.), *Method and Theory in the Study of Islamic Origins*(Leiden, 2003),101 - 134。

② Schoeler, *The Biography of Muhammad*, 2.

③ 见 Yehuda D. Nevo and Judith Koren, *Crossroads to Islam* (Amherst, 2003)；在该著中，我们可获取来自考古学方面的灵感；关于某些批判性的看法，见 Chase F. Robinson, 'Early Islamic History: Parallels and Problems', in H. G. M. Williamson (ed.), *Understanding the History of Ancient Israel* (Oxford, 2007), 87 - 102. 关于另一部更重文本基础的、苛评的著述，见 Karl-Heinz Ohlig and Gerd-R. Puin, (eds.), *Die dunklen Anfänge: Neue Forschungen zur Entstehung und frühen Geschichte des Islam* (Berlin, 2005)。

身基础的；①我们可以以同样的方法掌握那些征服史，从而阐明倭马亚王朝哈里发统治时期(661—750 年)的社会与财政金融史；②至于那部有关宫廷和哈里发历史的《诸帝评传》(*Kaiserkritik*)，则可以告诉我们很多有关政治思想特点的内容。③ 总之，这些材料能够告诉我们许多东西，只不过我们需要仔细倾听。

大事年表/关键日期

约公元 610 年	穆罕默德宣布他在麦加和麦地那接受了最早几道启示
公元 632—634 年	第一任哈里发阿布·贝克尔在位时期；"叛教战争"爆发
公元 634—644 年	第二任哈里发欧麦尔·本·阿尔-卡塔布在位时期：征服非洲东北部、肥沃新月地带和伊朗高原
公元 644—656 年	奥斯曼在位时期，其统治因他被人暗杀而告终
公元 656 年	奥斯曼被人暗杀，引发第一次内战；骆驼之战
公元 656—661 年	阿里·本·阿比·塔里布在位时期，其统治因他被人暗杀而告终
公元 680 年	先知之孙侯赛因在卡尔巴拉被倭马亚王朝军队杀害
公元 744—750 年	第三次内战；该战随着阿拔斯革命的到来、倭马亚王朝哈里发统治的崩溃而结束
公元 754—775 年	曼苏尔在位时期；至 766 年，巴格达这座"圆形城

265

① So Rubin, *The Eye of the Beholder*; and Rubin, *Between Bible and Qur'ān*.

② 见 Chase F. Robinson, *Empire and Elites after the Muslim Conquest* (Cambridge, 2000), ch. 1；关于更多讨论，可见 Noth and Conrad, *The Early Arabic Historical Tradition*；Werner Schmucker, *Untersuchungen zu einigen wichtigen bodenrechtlichen Konsequenzen der islamischen Eroberungsbewegung* (Bonn, 1972)；以及最近的 Fred Astren, 'Re-reading the Arabic Sources: Jewish History and the Muslim Conquests', *Jerusalem Studies in Arabic and Islam*, 36(2009), 83 - 130.

③ So El-Hibri, *Reinterpreting Islamic Historiography*.

市"最终建成

公元 767 年	先知穆罕默德传记作家伊本·伊夏克去世
公元 786—809 年	哈伦·拉希德在位时期
公元 809—813 年	哈伦·拉希德之子阿明和马蒙之间爆发内战；巴格达于 812 年被围
公元 820 年	伊斯兰法的系统化处理者、沙斐仪法学院所据以命名之人——沙斐仪去世
公元 833—852 年	"米哈奈"时期：诸任哈里发强加《古兰经》的"创制"原则
公元 833—842 年	穆阿台绥姆在位时期；哈里发宫廷移至萨马拉，直至 892 年
公元 855 年	罕百里法学院所据以命名之人、圣训"文件"的汇编者（该"文件"搜集了 28 000 个先知传统，共有 50 卷）——艾哈迈德·伊本·罕百里去世
公元 870 年	六位"正典"圣训搜集者中的第一位布哈里去世
公元 923 年	法学家、释经学家和历史学家塔巴里（生于 839 年）去世

主要历史文献

al-Azdi, *Ta'rikh al-Mawsil* (Cairo, 1967).

Baladhuri, *Futuh al-buldan* (Leiden, 1866).

al-Dinawari, *al-Akhbar al-tiwal* (Leiden, 1888).

al-Fasawi, *Kitab al-ma'rifa wa'l-ta'rikh* (Beirut, 1981).

Ibn 'Abd al-Hakam, *Futuh Misr wa-akhbaruha* (New Haven, 1922); partial trans. Albert Gateau, *Conquete de l'Afrique du nord et de l'Espagne*, 2nd edn (Algiers, 1948).

Ibn A'tham al-Kufi, *Kitab al-Futuh* (Hyderabad, 1975).

Ibn Hisham, *al-Sira al-nabawiyya*, ed. Mustafa al-Saqqa, Ibrahim al-Ibyari, and Abdel Hafiz Shalabi (Cairo, numerous editions); trans. Alfred Guillaume as *The Life of Muhammad* (London, 1955).

Ibn Sa'd, *Kitab al-Tabaqat al-kubra*, 9 vols. (Leiden, 1904 – 1940; Beirut, 1957 – 1968).

Khalifa b. Khayyat, *Ta'rikh* (Beirut, 1977).

al-Mas'udi, *Muruj al-dhahab*, 7 vols. (Beirut, 1966 – 1979).

Sayfibn 'Umar, *Kitab al-ridda wa'l futuh and Kitab Jamal wa-masir 'A'isha wa -'Ali* (Leiden, 1995).

al-Tabari, *Annales quos scripsit Abu Djafar Mohammed ibn Djarir at-Tabari: Introductio, glossarium, addenda et emendanda*, 15 vols. (Leiden, 1879 – 1901); full English trans. as *The History of al-Tabari*, ed. Ehsan Yarshater, 40 vols. (Albany, 1985 – 2007); partial trans. Theodore Nöldeke, *Geschichte der Perser und Araber zur Zeit der Sasaniden* (Leiden, 1879).

al-Ya'qubi, *Ta'rikh* (Leiden, 1883).

266

参考书目

Abbott, Nabia, *Studies in Arabic Literary Papyri*, vol. 1: *Historical Texts* (Chicago, 1957).

Donner, Fred M., *Narratives of Islamic Origins: The Beginnings of Islamic Historical Writing* (Princeton, 1998).

al-Duri, Abd al-Aziz, *The Rise of Historical Writing Among the Arabs*, ed. and trans. Lawrence I. Conrad (Princeton, 1983).

Humphreys, R. Stephen, *Islamic History: A Framework for Inquiry* (Princeton, 1991).

Khalidi, Tarif, *Islamic Historiography: The Histories of Mas'udi* (Albany, 1975).

—— *Arabic Historical Thought in the Classical Period* (Cambridge,

1994).

Lassner, Jacob, *Islamic Revolution and Historical Memory* (New Haven, 1986).

Muth, Franz-Christoph, *Die Annalen von at-Tabarī im Spiegel der europäischen Bearbeitungen* (Frankfurt am Main, 1983).

Noth, Albrecht and Conrad, Lawrence I. , *The Early Arabic Historical Tradition: A Source-Critical Study* (Princeton, 1994).

Radtke, Bernd, *Weltgeschichte und Weltbeschreibung im mittelalterlichen Islam* (Beirut and Stuttgart, 1992).

Robinson, Chase F. , *Islamic Historiography* (Cambridge, 2003).

Rosenthal, Franz, *A History of Muslim Historiography*, 2nd edn (Leiden, 1968).

Shboul, Ahmad A. M. , *Al-Mas'udi and his World* (London, 1979).

Shoshan, Boaz, *The Poetics of Islamic Historiography: Deconstructing Tabari's History* (Leiden, 2005).

刘招静　译　赵立行　校

第十三章　伊斯兰的阿拉伯与波斯传统：11—15 世纪

康拉德·希尔谢勒

中间时期的伊斯兰历史著作直接从早期伊斯兰传统中发展而来，而且后者的遗产仍深深镌刻在人们借以撰写和再现 11 世纪至 15 世纪历史的诸种方式之中。不过，历史学家也开始开拓新的撰述风格和撰述文类，他们转向那些过去被人们忽略的方面，不但因为他们生活的社会面貌发生了改变，而且历史写作也变成了一种更加自觉，且在某种程度上也更加自信的文化活动。最重要的是，驱动早期历史学家开展工作的那些问题，比如阿拔斯王朝哈里发统治的合法性问题，变得越来越不那么重要，中间时期的历史学家把注意力转向了那些新的、更加多样化的主题，这种情状被贴切地描述为"想象和构建过去之方式的巨变"。① 此外，在过去几十年里，现代学者用以探讨"中间时期"（约 1000—1500 年）的各类问题，与借以分析早期伊斯兰时期的问题相比，也已经有了本质的区别。比如，原始材料的可靠性和拯救史对于历史叙述的影响等问题，对于研究中间时期的人们来说，都不具有中心或核心地位。相反，诸如学术性的历史著作和其他通俗的文化活动领域之间的关系等问题，才是人们分析的焦点所在。最后，必须强调的是，相较于早期伊斯兰时代和现代伊斯兰时代这两个时期，我们对中间时

① R. Stephen Humphreys *et al.*, 'Ta'rikh', in P. J. Bearman *et al.* (eds.), *Encyclopaedia of Islam*, 2nd edn (Leiden, 2000, online version: http://brill-online. nl/subscriber/entry? entry=islam_COM - 1184).

期的许多历史学家还缺乏最基本的研究。当然，这一研究领域最终肯定会跟上步伐。[①]

268 **阿拉伯语与波斯语历史著作**

中间时期"巨变"的最突出要素，是东部波斯语写作和西部阿拉伯语写作这两大领域在语言学上的日益分化。如果说阿拉伯语仍然保持着它在马格里布（Maghreb）和伊斯兰中部诸地（埃及、大叙利亚、美索不达米亚和阿拉伯半岛）的优势，那么波斯语则在伊朗和更接近东部的地域逐渐取代了阿拉伯语的位置，从而成为历史写作的首选语言。波斯语地位的上升是一个长达几世纪的缓慢过程。它始于 10 世纪中期，而这时候正是中央集权化的阿拔斯王朝统治走向终结之时。继后政治权威的区域化，导致形成了诸多波斯与伊朗王朝，诸如位于河中和呼罗珊的萨曼王朝（the Samanids in Transoxania and Khurasan）、位于伊朗和伊拉克的布维希王朝（the Buyids），以及地域上涵盖了自北印度到伊朗一带的伽色尼王朝（the Ghaznavids）。伴随着这些政治上的变动和新任统治者的庇护，波斯语文学得以"复兴"，并开始促成阿拉伯语这一历史写作通用语言的日渐消亡。这种分离并不仅仅是语言学上的技艺问题，不如说它开启了两种历史著作传统的发展，这两种传统尽管最初仍彼此间紧密相连，但渐渐在文类和风格上走上了不同的

---

① 对于那些以阿拉伯语为写作语言的地域性的历史学家而言，这是特别相关的。尽管我们围绕马格里兹（al-Maqrizi）这样的史家的研究相对而言要更加出色（参见 *Mamlūk Studies Review*，7：2［2003］中的文章），然而我们还是有待用一整部专著去讨论他。对于伊本·阿萨吉尔（Ibn 'Asakir）这样的杰出史家，詹姆斯·E. 林赛（James E. Lindsay）的编著中已有讨论：James E. Lindsay（ed.），*Ibn 'Asakir and Early Islamic History*（Princeton，2001）。不过，林赛的讨论明显聚焦于阿萨吉尔对早期时段研究的贡献，而非聚焦于他自己所处时代的情形。

道路。[①]

　　最重要的是，阿拉伯语历史著作和波斯语历史著作的分离导致了不同叙述结构的产生：如果说前者倾向于保留准确的年表和更早时期作品的编年结构，以用来组织历史叙事的话，那么用波斯语进行写作的历史学家，则通常对各事件的准确年表并不那么感兴趣。与之相伴随的是，这种对精确编年顺序漠不关心的态度，为用波斯语写成的、更为连贯和更加统一的叙事铺平了道路，而许多阿拉伯语文本依然在某种程度上采用编年式清单方式来处理各种离散的、往往也非常不同的事件。[②] 当我们把志费尼（Ata-Malik Juvayni）的著名波斯语编年史和中间时期的杰出阿拉伯语编年史家马格里兹（al-Maqrizi）的作品进行比较时，我们就能清晰地看到这种差异。前者避免使用一种呆板的编年顺序，并且一再使用"倒叙"手法和其他文学手段来引入并不符合事件顺序的材料。[③] 与此相反，马格里兹的编年史则根据各个年代、月份和偶尔出现的日

269

[①]　关于这一时期的历史编纂情形，蔡斯·F. 罗宾逊提供了最为出色的概览式评述：Chase F. Robinson, *Islamic Historiography* (Cambridge, 2003)。关于波斯文历史编撰，参见 Julie Meisami, *Persian Historiography to the End of the Twelfth Century* (Edinburgh, 1999)；Judith Pfeiffer and Sholeh A. Quinn, *History and Historiography of Post-Mongol Central Asia and the Middle East: Studies in Honor of John E. Woods* (Wiesbaden, 2006)；Charles Melville (ed.), *Persian Historiography* (London, 2012)；以及 Elton Daniel *et al.*, 'Historiography', in Ehsan Yarshater (ed.), *Encyclopaedia Iranica* (London and New York, 2003, online version: http://www. iranica. com/articles/ historiography), especially sections 'iv. Mongol period' (Charles Melville) and 'v. Timurid period' (Maria Szuppe)。关于阿拉伯文历史编纂，参见 Tarif Khalidi, *Arabic Historical Thought in the Classical Period* (Cambridge, 1994)；以及 Franz Rosenthal, *A History of Muslim Historiography*, 2nd edn (Leiden, 1968)。

[②]　关于波斯文编年史中的叙述特质，参见 Marilyn R. Waldman, *Toward a Theory of Historical Narrative: A Case Study in Perso-Islamicate Historiography* (Columbus, 1980)。

[③]　Juvayni, *Tarikh-e jahan-goshay*, ed. Mirza Qazvini, 3 vols. (Leiden, 1911 - 1937)；trans. John A. Boyle as *Genghis Khan: The History of the World Conqueror*, 2nd edn (Manchester, 1997)。

期，严格依照编年顺序来处理各大事件，而这导致了断裂的叙事。①
两种传统之间的第二个主要区别则在于，波斯语历史文本逐渐表
现出各种更加富有雄心的文学特质。基于前述例证，我们可以这
么认为：志费尼用其编年史创作出了一部波斯文散文体文学巨著，
而同样的评价就不适用于马格里兹的作品了，就其自身的文学特
质而论，马格里兹的作品相当沉闷乏味。在某种程度上，这和波斯
语传统中的各位历史学家的社会背景有关，相较于他们的阿拉伯
文作者同行，这些历史学家在更多时候是以宫廷官员的身份在工
作。这些"廷臣—历史学家"（courtier-historians）在其官方文档和编
年史的写作中，都运用了一种大家普遍通用的宏大风格，如此一
来，那些作者特别是那些身居高等秘书职位的作者，就会在自己的
历史作品中展示自身的文学才能。

　　有关后种趋势的例证也可以在各位撰写阿拉伯文著作的作者
中找到，例如 12 世纪的伊马德丁（'Imad al-Din）就撰写了《叙利亚
闪电》（Al-Barq al-Shami）。伊马德丁用一种押韵散文和辞藻颇为
华丽的语言来撰写这一作品。这类写作手法的运用表明他有意证
明自己在文学上具有雄心。伊马德丁的情况当然不是个案，但即
便如此，大多数有学养的阿拉伯语历史著作的作者如伊本·阿西
尔（Ibn al-Athir）、马格里兹和伊本·塔格里比尔迪（Ibn
Taghribirdi），还是倾向于用一种平实易懂的语言来进行写作。② 在
波斯语传统中，情况则恰恰相反。大家把运用一种颇具文学素养
的语言当成写作的标准，而不是把它看作一种例外。这方面的主
要例证就是 14 世纪的史著——谢哈布-阿尔-丁·瓦萨甫（Shehab-

---

①　Al-Maqrizi, *Kitab al-suluk li-ma'rifat duwal al-muluk*, ed. Muhammad M. al-Ziyada *et al.*, 4 vols. (Cairo, 1934 - 1973).

②　Ibn al-Athir, *The Chronicle of Ibn al-Athir for the Crusading Period from al-Kamil fi 'l-ta'rikh*, trans. Donald S. Richards, 3 vols. (Aldershot, 2006 - 2008); al-Maqrizi, *Kitab al-suluk li-ma'rifat duwal al-muluk*; and Ibn Taghribirdi, *Al-Nujum al-zahira fi muluk Misr wa-al-Qahira*, ed. Fahim Shaltut *et al.*, 16 vols. (Cairo, 1929 - 1972).

al-Din Wassaf)的《地域之分与时代之变》(*Tajziyat al-amsar wa-tazjiyat al-a'sar*)。该作品非常流行，而且和伊马德丁的作品不同的是，它对未来几代历史学家的写作都产生了广泛的影响。① 在东部地区，历史叙事中的这种日益提升的"文学"特质，不仅表明了一种风格上的进展，还表明了它所具有的非同一般的意义。这种意义在历史史诗这一文类中曾有展示。对此，阿卜杜拉·哈特菲(ʻAbd-Allah Hatefi)的颇具影响力的作品就是一个例证：它赞美帖木儿(Timur，卒于 1405 年)这位中亚和伊朗东部统治者的各种行为事迹。②

　　然而，阿拉伯文历史著作和波斯文历史著作传统仍然彼此间相连。之所以如此，部分原因在于它们都是从早期同一种历史写作实践中发展而来。对于这种彼此间的密切联系，第一部占主要地位的波斯文历史作品，也即塔巴里的阿拉伯文普世编年史的翻译本，就是一个例证。不过，这一作品并不仅仅是一个翻译本，它的作者也即萨曼王朝的巴拉米(Balʻami)，通过忽略口述者的传递线索并削减叙述同一事件的不同版本的数量，将塔巴里的阿拉伯文记述重新设计和调整，使之成为一部典型的、更为连贯的波斯文叙事。③ 这两种叙事传统重要的共同点在于，它们都运用了相似的伊斯兰叙事，这些叙事将历史置于"穆斯林共同体的诞生与后续发展"这一框架之中。这些叙事迥异于或者至少不那么相融于诸般伊朗历史叙事，也迥异于或至少不那么相融于那些波斯语作家最初的倾向，即利用新萨珊帝国的主题，进行修辞点缀和提供范例式

270

---

① ʻImad al-Din al-Isfahani, *Al-Barq al-Shami*, ed. Falih Husayn (Amman, 1987)（该著作参见 Lutz Richter-Bernburg, *Der syrische Blitz*：*Saladins Sekretär zwischen Selbstdarstellung und Geschichtsschreibung* [Stuttgart, 1998])；Wassaf, *Tarikh-e Wassaf*, lith. edn (Bombay, 1853).

② ʻAbd-Allah Hatefi, *Timur-name-ye Hatefi*, ed. Abu Hashim H. Yushaʻ(Madras, 1958).

③ Balʻami, *Tarikhnamah-i Tabari*, ed. Muhammad Rawshan, 2 vols. (Tehran, 2001). 关于这一作品，参见 Andrew C. S. Peacock, *Mediaeval Islamic Historiography and Political Legitimacy*：*Balʻamī's Tārīkhnāma* (London, 2007).

的故事讲述。菲尔多西（Ferdowsi）的波斯文作品——《列王记》（*Shah-nama*），不仅成为运用此类伊朗文历史写作模式的不朽例证，而且也是中间时期早期阶段接受这种观点的最后一部历史著作。如今，用波斯文进行写作的历史学家已停止（至少暂时性停止，直至蒙古人统治时期）在写史过程中去参考前伊斯兰时代的伊朗统治者传统，而是转而把伊斯兰叙事当作主导性的模式。

两种传统渐渐开始共享一种更具特色的也即越来越具有地方性特点的史学视野。在这种视野中，历史学家开始把目光聚焦于某一个特定的城镇或地区。某种程度上，这种越来越地方化的历史写作是由政治权威的地方化引起的，而政治权威的地方化又是最先导致阿拉伯语和波斯语传统裂痕加深的原因之一。[①] 举例来说，波斯文地方编年史的高峰时期发生在蒙古人统治时期以前，而且发生在诸多小公国组成的高度地方化的政治结构之中。在 11 世纪，地方史和地区史（local and regional histories）当然不是什么新现象，在古典时期，人们就已经写出了几部特定城镇史，例如伊本·阿比·塔希尔·塔伊富尔（Ibn Abi Tahir Tayfur）的《巴格达史》（*Ta'rikh Baghdad*）和阿兹迪的《摩苏尔历史》（*Ta'rikh al-Mawsil*）。[②] 然而，中间时期的历史学家并不仅仅开始撰写更大数量的地方史和地区史，他们还使自己所写的这些著作在篇幅上变得更加宏大。以大马士革为例，我们如今就有伊本·阿尔-卡拉尼西（Ibn al-Qalanisi）的《大马士革史续篇》（*the Dhayl Ta'rikh Dimashq*），而在接下来的一个世纪里，阿布·沙玛（Abu Shama）也写了一部类似的历史。[③] 在东部地域，类似的地方编年史也有人撰写，里海沿岸诸省的情形就是明证。在这里，我们发现了一种地方性传统，它从蒙古人统治时期

271

---

① 关于地方史著作，见本卷第 22 章。

② 关于这两部著作，只有一部分内容保存了下来，见：Ibn Abi Tahir Tayfur, *Baghdad fi ta'rikh al-khilafa al-'abbasiya*, ed. 'Izzat Husayni (Cairo, 1949)；以及 al-Azdi, *Ta'rikh al-Mawsil*, ed. 'Ali Habiba (Cairo, 1967)。

③ Abu Shama, *Al-Dhayl 'ala al-rawdatayn*, ed. Muhammad al-Kawthari (Cairo, 1947).

以前开始,加上埃斯凡迪亚尔(Ebn Esfandiyar)的那部 13 世纪早期的
《贝哈克史》(*Tarikh-e Bayhaq*),一直延续到 15 世纪下半叶查希尔·
阿尔-丁·阿尔-穆拉什(Zahir al-Din al-Mar'ashi)的编年史。[①] 所有这
些阿拉伯语和波斯语地方编年史,都显示出人们对其所在地区更宽
广政治领域的兴趣。不过,这些编年史作者的主要贡献还在于,他们
都尽可能详细地记述了各自所在家乡的政治与文化生活。

随着那些以波斯语为写作语言的地域在 13 世纪中期并入蒙古
帝国,波斯文历史著作才清晰地呈现出与阿拉伯文历史著作截然
不同的特征。以此而论,波斯语已然从重要的历史著作语言转变
成在东部地域占优势地位的语言。而蒙古人的历次征服运动,无
论是在中间时期历史著作的主题上还是在风格上,都留下了深深
的印记。历史学家和政治精英之间特别紧密的联系,保证了各位
作者充分了解波斯历史传统地理边界外的蒙古政治状况。这方面
的一个主要例证便是志费尼,他既是行政长官,也是历史学家。他
能够将自身的蒙古行旅经历,纳入自己那部具有影响力的编年
史。[②] 同样,拉施德丁(Rashid-al-Din)在伊儿汗国(the Ilkhanate)所
享有的高官显位,也使他处于一种相当有利的位置,在这个位置
上,他不仅可以用自己的那部普世编年史来讨论伊儿汗国,而且还
可以用它来讨论整个蒙古帝国。[③]

---

① Charles Melville, 'The Turco-Mongol Period', in Melville (ed.), *Persian Historiography*(London, 2012); Melville, 'Persian Local Histories: Views from the Wings', *Iranian Studies*, 33:1(2000), 7 - 14,以及此次"地区史"专号下的其他文章;另外还有 Beatrice F. Manz, 'Local Histories of Southern Iran', in Pfeiffer and Quinn (eds.), *History and Historiography of Post-Mongol Central Asia and the Middle East*, 267 - 281. Al-Mar'ashi, *Tarikh-e Tabaristan u Ruyan u Mazandaran*, ed. 'Abbas Shayan (Tehran, 1954 - 1955); *Tarikh-e Gilan u Daylamistan*, ed. Manuchihr Sutudah (Tehran, 1969)。

② Juvayni, *Tarikh-e jahan-goshay*.

③ Rashid-al-Din, *Jame' al-tawarikh* (on editions cf. Charles Melville, 'Jāme' al-tawārik'', in Yarshater (ed.), *Encyclopaedia Iranica*, http: //www. iranica. com/articles/jame-al-tawarik)。

随着蒙古人的崛起，一些历史学家也开始重新组织伊朗历史叙事。有关这一趋向，早先时段的最好例证就是穆斯塔菲（al-Mostawfi）的普世史。穆斯塔菲也是一位政治家兼历史学家，将蒙古人纳入了前伊斯兰和伊斯兰时代波斯历史的解释框架之中。穆斯塔菲的视野并不封闭隔绝，而且在蒙古统治时期，参考光荣的萨珊历史已经蔚然成风。[①] 除了那些确立已久的伊斯兰元素和新近引入的突厥—蒙古元素外，与波斯的潜在关系也成了一种关键要素，运用这种要素，人们可以赋予那些新来的蒙古统治者以政治合法性。此外，这种参考他人著作的做法的回归，还使人们对菲尔多西的《列王记》再次产生兴趣，需知这一作品在志费尼的编年史和此时期其他许多波斯文作品中，都是一个非常重要的参考对象。而自蒙古人统治时期以后历史著作的重新定位情形，也明显体现在了历史学家开始具备的一种意识之中；在这种意识中，伊朗被当成了一个地理实体；如今，这种意识已更加清晰。这方面的一个最引人注目的例子就是纳赛尔-阿尔-丁·巴伊察威（Naser-al-Din Bayzawi）的作品。他在自己的那部 13 世纪的蒙古普世史（他唯一的波斯语作品）中，展示了"伊朗之地"这一清晰的概念。[②]

作为传记的历史

身处伊斯兰传统中的历史学家将传记辞典这一相当于现代"名人录"（Who's Who）的前现代之物看作历史作品（ta'rikh），这和他们看待编年史的情形并无二致。"历史作品"这一术语涵盖了各种文类，而编年史和群体传记就十分符合这些文类，若考察一下下列

---

① Al-Mostawfi, *Tarikh-e gozida*, ed. 'A. Nava'i (Tehran, 1960); and Assadullah S. Melikian-Chirvani, 'Conscience du passé et résistance culturelle dans l'Iran Mongol', in Denise Aigle (ed.), *L'Iran face à la domination Mongole* (Paris, 1997), 135 – 177.

② Melville, 'The Turco-Mongol Period', Naser-al-Din Bayzawi, *Nezam al-tawarikh*, ed. Mir H. Mohaddeth (Tehran, 2003).

著作的标题，情形显而易见：伊本·阿萨吉尔（Ibn ʿAsakir）的《大马士革史》（*Taʾrikh madinat Dimashq*）是一部纯粹的传记辞典，而伊本·阿尔-卡拉尼西（Ibn al-Qalanisi）则直接用传记辞典称呼他的编年史。就像编年史一样，这些传记辞典也越来越多地采纳一种地方性和地区性写作视域。回到"大马士革"的例子，我们就能看到，伊本·阿萨吉尔的《大马士革史》就明显具备一种独特的地区性视域，这一视域所关涉的是该市镇的各位学者和贵族。由达哈比（al-Dhahabi）撰写的《伊斯兰教历史与名人学者讣闻》（*Taʾrikh al-Islam wa-wafayat al-mashahir wa-al-aʿlam*）所包含的大部分都是传记，在这一作品中，那种地区性视域焦点也表现得十分明显。虽然如标题所声称的，该作品为一部普世史，然而它所包含的那些传记，却清楚表明了该作品所关注的焦点在于叙利亚的情形，甚至是大马士革的情形。在其他许多市镇和地区，例如叙利亚的阿勒颇（Aleppo）（伊本·阿尔-阿迪姆〔Ibn al-ʿAdim〕所著《阿勒颇史精粹》〔*Zubdat al-halab fi taʾrikh Halab*〕）、埃及（伊本·塔格里比尔迪〔Ibn Taghribirdi〕所著《关于埃及和开罗诸王的考察》〔*Al-Nujum al-zahira fi muluk Misr wa-al-Qahira*〕）和呼罗珊的贝哈克（冯多克〔Ebn Fondoq〕所著《贝哈克史》〔*Tarikh-e Bayhaq*〕），类似的传记作品也有出现。[①] 各编年史和传记辞典中所包含的这种详细而又丰富的材料，向我们展示了诸位作者所具有的一种日益明显的地区化地理—政治视域，并向我们表明了在这些作者和他们所描述的诸多事件与人物之间，存在着一种密切的关联。

---

① Ibn ʿAsakir, *Taʾrikh madinat Dimashq*, ed. Salah al-Din al-Munajjid and Sukayna al-Shihabi, 68 vols. (Damascus, 1951 -). 关于 Ibn al-ʿAdim，参见 David Morray, *An Ayyubid Notable and his World* (Leiden, 1994)。关于传记辞典，参见 Paul Auchterlonie, ʻHistorians and the Arabic Biographical Dictionary: Some New Approaches', in Robert G. Hoyland and Philip F. Kennedy (eds.), *Islamic Reflections, Arabic Musings: Studies in Honour of Professor Alan Jones* (Cambridge, 2004), 186 - 200; 以及 R. Stephen Humphreys, *Islamic History: A Framework for Inquiry* (London, 1995), 187 - 208。

在中间时期的各种历史著作类型中,传记辞典这一类型所经历的历史转型最为引人注意。除了有地方性、地区性传记辞典兴起外,第二个趋势就是它们的数量以前所未有的幅度增加,而且各作者所撰作品的篇幅也在明显加长。由哈提卜·阿尔-巴格达迪(al-Khatib al-Baghdadi)所写的 11 世纪的《巴格达史》,就包含了差不多 7 800 个词条,而伊本·阿萨吉尔所写的《大马士革史》,更包含了一万多个词条;另外,达哈比所撰的 14 世纪作品——《伊斯兰教历史》则包含了成千上万个小传,涵盖了他家乡那些最不知名的"学者"。① 至于像阿勒颇这样的次级城市,伊本·阿尔-阿迪姆也能轻而易举地将八千多个相关人物汇集一处。② 和这种数量上的增长相伴随的,是各作者写作主题的多样化趋势:例如,一种更加专门化的辞典开始在这时候出现,萨法迪(al-Safadi)围绕各盲人学者所展开的叙述,就是一个例证。③ 第三个主要的发展趋势就是,传记辞典开始超越编纂宗教学者传记的传统界限。这方面的一个例子就是伊本·赫里康(Ibn Khallikan),他在自己所编的辞典中,除了常见的法学家、审判官、释经学者等外,还理所当然地囊括了诗人、朝廷官员、数学家和医生等个人。④ 这种情况促使有关专业人群的传记辞典开始出现,而这些人群至今尚未得到人们的系统考察,伊本·阿比·乌塞比阿(Ibn Abi Usaybi'a)有关医生群体的作品就是一例。⑤ 历史学家撒开了一张更大的著述网,这种趋势也使人们在写作中越来越

----

① Al-Khatib al-Baghdadi, *Ta'rikh Baghdad aw madinat al-salam*, 14 vols. (Cairo, 1931). 仅达哈比那部长达 70 卷的作品的最后 10 卷,就包含了大约 6 300 个词条。

② Morray, *An Ayyubid Notable and his World*, 146. 关于伊本·阿迪姆,这里提供的只是一个估算数字,因为他的作品只有四分之一传于后世。

③ Al-Safadi, *Nakt al-himyan fi nukat al-'umyan*, ed. Tariq Tantawi (Cairo, 1997)。

④ Ibn Khallikan, *Wafayat al-a'yan wa-abna' al-zaman*, ed. Ihsan 'Abbas, 8 vols. (Beirut, 1968–1972). 关于伊本·赫里康(Ibn Khallikan),参见 Hartmut Fähndrich, 'The Wafayat al-A'yan of Ibn Khallikan: A New Approach', *Journal of the American Oriental Society*, 93:4(1973),432–445。

⑤ Ibn Abi Usaybi'a, '*Uyun al-anba' fi tabaqat al-atibba*', 3 vols. (Beirut, 1998).

把妇女纳入自己的考察范围：在 15 世纪，萨哈维（al-Sakhawi）的一部聚焦于埃及的辞典——《探察 9 世纪的人群》（*Al-Daw' al-lami'li-ahl al-qarn al-tasi'* ），就围绕妇女群体在书中单独辟出了一卷。[①]

这样一种丰富多样的传记辞典传统的存在，可以说是阿拉伯文形式的伊斯兰历史著作的最鲜明特色。尽管拉丁欧洲、南亚和中国的历史著作中有可对照的写作类型，但只有在此时期的阿拉伯文历史著作中，传记辞典这一类型才能逐渐享有这样一种支配性地位。在过去，人们把这一发展归因于圣训研究所带来的意义和人们对文本传播者生平感兴趣这一事实，其目的就是要鉴别先知传统的可靠性。不过，在中间时期，圣训传播总体上已采用书面成文的形式，而且学者们也已开始参考书面的文集而不是依赖那些口头传播谱系。结果，原本对于评估口头传播线索的可靠性来说非常关键的传播者个人传记，如今就变得不那么重要了，而圣训研究也不再是创作此种规模传记辞典背后的主要驱动力。对于传记辞典的持续增长和日益多样化的趋势，我们还需要通过其他因素才能更好地做出说明，这些因素包括：地方自豪感（以地方性传记辞典为例）、为取代（普世）编年史中记载的统治者历史而推出的新历史编撰尝试，以及此类材料所具有的社会效用。[②] 关于其社会效用，人们的论证焦点主要在于传记辞典所发挥的社会功能，这种功能可以和其他传统中文献材料所发挥的功能媲美。正如在拉丁欧洲和中国契约文书和特许状对于确保精英的地位代代相传下去特别关键一样，传记辞典也能证明个人之间的那些非正式关系，而正是这种非正式关系，确保了中东社会的稳定。这种非正式的关系和传记辞典在如下这种社会中发挥着至关重要的作用：在这种社

274

---

① 关于妇女和传记辞典，参见 Ruth Roded, *Women in Islamic Biographical Collections*：*From Ibn Sa'd to Who's Who* (Boulder, 1994)。

② 关于政治史，参见 Wadad al-Qadi, 'Biographical Dictionaries as the Scholars' Alternative History of the Muslim Community', in Gerhard Endress (ed.), *Organizing Knowledge*：*Encyclopaedic Activities in the Pre-Eighteenth Century Islamic World* (Leiden, 2006), 23 - 75。

会里，正式的、可以继承的身份地位所发挥的作用有限；同样，在这种社会里，人们都不太愿意保存诸如契约文书和特许状之类的文献。也正是在传记辞典中，市民精英阶层怀着确保自身未来的动机记住了他们的过去，当然这种过去也是一种非常切近的过去。①

尽管传记辞典在阿拉伯文历史著作中的地位特别重要，然而它们在东部世界却只发挥着一种相对边缘化的作用。这种波斯传统中的边缘化作用，一定程度上在语言学的二分状态中得到了反映，而这种二分状态，就出现在东部各地域自身内部。虽然我们有了关于各城镇的传记辞典，而这些城镇就在那些以波斯语为写作语言的各地域上，比如布哈拉、内沙布尔（Nishapur）和伊斯法罕（Isfahan），然而这些传记辞典还是和那些通常用阿拉伯文写成的编年史形成了鲜明的对照。② 例如，呼罗珊的历史学家冯多克就用波斯文撰写其地方编年史，然而为了撰写他对一部传记辞典的续篇，他转而用上了阿拉伯文。另外，让人感到惊异的是，关于东部各地域的传记辞典通常都没有传播开去，而且它们留存下来的也相对较少，这意味着它们并没有获得和阿拉伯语世界的那些传记辞典一样的文化地位。最后，东部各地域写成的诸种辞典和那些圣徒传记式作品一起，发展出了一种在社会观上与其他体裁显然有别的文体。在这些圣徒传记式作品中，我们几乎看不到市民精英阶层的存在，然而正是这些导师（shaykhs）和他们在普通百姓当中选拔的追随者，起到了核心般的作用。

275

① 关于文档材料问题，见 Andreas Görke and Konrad Hirschler（eds.），*Manuscript Notes as Documentary Sources*（Beirut，2011）。另参见 Michael Chamberlain，*Knowledge and Social Practice in Medieval Damascus*，*1190 - 1350*（Cambridge，1994），1 - 26；关于针对王室/贵族管家所享地位问题的评析，见 Marina Rustow，'A Petition to a Woman at the Fatimid Court（413 - 414a. h. /1022 - 1023 c. e.）'，*Bulletin of the School of Oriental and African Studies*，73（2010），1 - 27。

② 波斯文译本通常只有在更晚近的阶段才得以产生，例如玛法鲁基（al-Mafarrukhi）有关伊斯法罕的 11 世纪作品，就是在 14 世纪被译成波斯文的。参见 Jürgen Paul，'The Histories of Isfahan：Mafarrukhi's Kitab Mahasin Isfahan'，*Iranian Studies*，33：1（2000），117 - 132。

第十三章 伊斯兰的阿拉伯与波斯传统：11—15 世纪

自 12 世纪往后，以传记辞典形式展开的历史写作，可以说进一步推动了一种新的历史写作文类的发展，这种文类就是在世者的传记。这些作品是"一部部专著"，它们聚焦于某个特定的个体，尤其是某一位统治者。在这类作品中，最早受到同代人称赞的统治者就是阿尤布王朝的统治者萨拉丁（Salah al-Din/Saladin，卒于1193 年）。此类传记的作者都是跟随在这位统治者左右的高层官员，例如叙利亚人伊本·沙达德（the Syrian Ibn Shaddad）就撰写了《萨拉丁的卓越史》（*Al-nawadir al-Sultaniya wa-al-mahasin al-Yusufiyya* 〔*Rare and Excellent History of Saladin*〕），而另一位则是伊马德丁，他是前述《叙利亚闪电》一书的作者。该种文类的出现和那些伪历史性大众叙事（pseudo-historical popular narratives）的兴起也有密切的关联。如我们所见，在这些叙事中，活跃于舞台中央位置的是它们的史诗英雄。历史性传记和大众史诗这两大文类，都在更为广阔的历史背景下，称颂着个体所获得的功勋。这两种文类之间的关联，在那些以早期马穆鲁克统治者巴贝尔（Baybars，卒于 1277 年）为英雄角色的大众史诗中，和同样以他为撰述主题的学术性传记——伊本·阿卜杜勒—查希尔（Ibn 'Abd al-Zahir）的《盛开的花园》（*Al-Rawd al-zahir fi sirat al-Malik al-Zahir*）中，都得到了很好的展现。这些统治者传记并不单单作为一部部专著而存在，有时候还和编年史紧密交织在一起，例如在艾尼（al-'Ayni）所写的作品中就是这样。艾尼是埃及的另一位高层管理者，他写了一部有关马穆鲁克苏丹穆艾亚德·谢赫（al-Mu'ayyad Shaykh，卒于 1421 年）的编年史传记。[1] 在东部各地域，有关个体的传记仅在 15 世纪晚期帖木儿王朝治下才开始大量涌现，例如柯凡达米尔（Khvandamir）就对他的赞助兼庇护人——帖木儿王朝时

---

[1] Al-'Ayni, *Al-Sayf al-muhannad fi sirat al-Malik al-Mu'ayyad*, ed. Fahim Shaltut (Cairo, 1967). 关于马穆鲁克时期的传记，参见 Peter M. Holt, 'Literary Offerings: A Genre of Courtly Literature', in Thomas Philipp (ed.), *The Mamluks in Egyptian Politics and Society* (Cambridge, 1998), 3-16。

期的诗人与政治家米尔-阿里·希尔·纳瓦依（Mir-‘Ali Shir Nava'i，卒于1501年）表达过自己的称颂和赞扬。①

历史学家与执政精英

那种使高级官员创作出越来越多的阿拉伯文传记的发展趋势，在中间时期有了进一步的进展，也就是说，撰写历史作品的各位作者与政治及军事精英们越走越近。此时期，在那些以阿拉伯文为撰述语言的中心地域上，政治权威都掌握在人们所称的"军事荫庇型国家"（military patronage states）手中。诸如塞尔柱、阿尤布和马穆鲁克等王朝家族，都来自高加索和中亚一带的武士精英阶层。他们的统治有一个共同特点，即他们是依据才能（awqāf）来精细地分配"伊课塔阿特"（iqṭā‘āt）（一种临时性的、可以撤销的特定税收分配）和职业机会，从而与强大的军事及市民家族建立起一种荫庇关系。② 在这样一种社会—政治框架中，其大多数成员都属于市民精英阶层的历史学家，都和政治—军事领袖进一步拉近了距离；如今，他们中的许多人都位居这两个团体的边缘地带。在马穆鲁克时期，作为"人民的儿子"（awlād al-nās）也即作为马穆鲁克军事精英后代的无数作者，都加强了上述这一趋势。被排除服兵役后，他们开始涉足市民精英阶层的职业行当，并经常撰写历史著作。得益于自身的身份背景和对突厥语知识的掌握，他们不仅能够身处一种独特的位置并对马穆鲁克国家政治情况加以报道，还可以感觉到自己同执政精英们的观点非常接近。③

276

---

① Ghiyath-al-Din Khvandamir, *Makarem al-akhlaq*, ed. Muhammad A. ‘Ashiq (Tehran, 1999).

② Michael Chamberlain, 'Military Patronage States and the Political Economy of the Frontier, 1000 – 1250', in Youssef M. Choueiri (ed.), *A Companion to the History of the Middle East* (Malden, Mass., 2005), 135 – 153.

③ Ulrich Haarmann, 'Arabic in Speech, Turkish in Lineage: Mamluks and Their Sons in the Intellectual Life of Fourteenth-Century Egypt and Syria', *Journal of Semitic Studies*, 33(1988), 81 – 114.

第十三章　伊斯兰的阿拉伯与波斯传统：11—15 世纪

许多历史学家都享有这种夹缝之中的位置，而当中间时期的阿拉伯文历史写作呈现出一种新的方向时，这种位置表现得最为明显。人们把这种新的方向描述为一种"体制"（siyāsa）视野，其特征是聚焦于国家统治或管理。得益于新的社会地位，历史学家对自己能在编年史中加以自豪地展示的那种国家政治情形，有了细致入微的理解。① 在"传记辞典"这一文类中，上述"体制视域"由数量更多的宫廷官员所体现，除了宗教学者外，他们开始崭露头角。比如，在由"人民的儿子"伊本·塔格里比尔迪所写的那部以埃及为聚焦点的辞典——《纯净之春》（Al-Manhal al-safi wa-al-mustawfa ba'da al-wafi）中，各位宫廷官员都处于舞台的中心位置。② 对于撰写波斯文历史著作的历史学家来说，模式并不相同，因为传统上人们是在更趋近宫廷的位置上展开历史写作，而宗教学者在历史知识的生产方面所扮演的角色也没有那么重要。由于在东部地域以内出现了这种语言学上的分离倾向，所以整个中间时期的廷臣——历史学家所扮演的那种突出角色都有了进一步的强化。那些身处《古兰经》诠释、法律和圣训等宗教科学领域的专家，都继续用阿拉伯文进行写作。相反，人们把波斯语用作狭义上属于"非宗教科学"领域的撰述语言，特别是那些流行于宫廷的文类语言，比如历史著作语言。因此，东部的历史学家特别是蒙古人和帖木儿统治时期的历史学家，都越来越少地出自宗教学术界，而是更直接地与宫廷相连，比如充当他人的秘书、管理员或发挥其他作用。那些牢牢立足于宗教科学研究的历史著作作者（例如前面提到的巴伊察威，一位只创作了一部单独的编年史的 13 世纪沙斐仪派法学家和艾沙里派神学家），在数量上仍只占少数。

然而，历史学家和执政精英在两种传统中的彼此间接近，并不意味着历史著作就转向了一种仅仅是为权力阶层提供合法性的活

---

① Khalidi, *Arabic Historical Thought in the Classical Period*, 182 - 231.

② *Al-Manhal al-safi wa-al-mustawfa ba'da al-wafi*, ed. Muhammad Amin *et al.*, 9 vols. (Cairo, 1984 - 1990).

动,也并不意味着历史学家就此失去了他们身为作者的能动性。[1]
即便是那些被标榜为"颂词式"作品的王朝史,也通常表达出一些
有悖于统治者期许的观念。在不同的执政者家族间游移这一做法
使众作者能够保持一种回旋的余地,正如伊本·卡尔敦的例子所
表明的,在整个职业生涯中,伊本·卡尔敦巧妙地为北非和穆斯林
西班牙政权的大多数政治中心服务。尽管学者们都处于受庇护、
受雇用的位置,但他们并不受军事与政治精英们的严格控制,而是
保有一种相当程度的独立自主性。[2] 与此同时,荫庇体制也没有包
罗一切,而那些被排除在荫庇体制之外的作者,也还是能继续创作
颇具批评性的历史叙述作品,埃及作家马格里兹就是这样。[3] 历史
著作的普及化促成了那些相当独立的作品的创作,而我们也一再
遇到那些背景平平的历史学家,诸如大马士革人伊本·托格(Ibn
Tawq),他的活动就远离了政治和军事精英们的关系网络。

　　许多历史学家融入了政治与军事精英阶层,促使 14 世纪起出
现了一种新的发展,其可以被恰当地称为"百科全书时代"(the
encyclopedic age),而且它影响了诸多知识领域的作品。历史学家
开始撰写综合性著作,使用一些能够反映他们立场的标题,并时常
包含诸如"调查、理解、控制和完善"之类的动词。[4] 尽管普世编年
史已经确立完善,且大部头作品也已成为伊斯兰历史著作的标准
特征,但大量的百科全书式作品表明在中间时期的后续阶段出现
了一种新的趋势,伊本·塔格里比尔迪所著的《关于埃及和开罗诸
王的考察》与马格里兹所著的《诸执政王朝认识指南》(Kitab al-
suluk li-ma'rifat duwal al-muluk)等编年史,就是这一趋势的例证。

---

[1]　对此,可参见 Konrad Hirschler, *Medieval Arabic Historiography*: *Authors as Actors* (London, 2006)。

[2]　Carl F. Petry, 'Scholastic Stasis in Medieval Islam Reconsidered: Mamluk Patronage in Cairo', *Poetics Today*, 14(1993), 323 - 348.

[3]　Konrad Hirschler, 'The Pharaoh-Anecdote in Premodern Arabic Historiography', *Journal of Arabic and Islamic Studies*, 10(2010), 45 - 74.

[4]　Khalidi, *Arabic Historical Thought in the Classical Period*, 184.

这一百科全书式的倾向，也促进了前述传记辞典类作品在数量上的增长，如达哈比所著的《伊斯兰教历史》和《贵族传》(Siyar al-a‘lam al-nubala’)、萨法迪所著的《讣文综汇》(Al-Wafi bi-al-wafayat)以及萨哈维所著的《探察 9 世纪的人群》等大部头作品。这些作者都有意将这些著作写成供人参考的书目，且不管它是编年史还是辞典；他们同时为学者和普通读者提供有关过去的概况。关于这些作品，最好的例证莫过于埃及作家努瓦伊里(al-Nuwayri)所撰的那部不朽的百科全书——《关于各知识分支的最高愿景》(Nihayat al-arabfi funun al-adab)。他以一部普世史来结束该百科全书作品。①

278

　　另外，诸多历史学家的这种“体制”转向，还深化了那个用阿拉伯语或波斯语撰写的、在伊斯兰编年史中已发展成熟的主题：在“王朝”和“王朝统治”意义上享有中心地位的“国家”概念。在伊本·卡尔敦的著作中，“国家”是个中心概念：在其中，它构成了政治行为的终极目标，并同他的另外两个关键概念即“群体团结”(asabīya)和“文明”(umrān)紧密联系在一起。② “国家”这一术语在不那么理论化的思考中也显得很关键，而且历史学家通常也会按照惯例，致力于将当前的王朝书写进合法伊斯兰统治者的世系中。那些借助外部征服来获取权柄的王朝，诸如蒙古人王朝和马穆鲁克王朝，都在这方面给撰写历史著作的各位作者提出了相当大的挑战。不过，各位作者通过引入“国家”这一术语的反义词即“内乱”(fitna)或“内斗”和神命注定，能够将各自的王朝呈现为可能存在的最佳选择。“国家”主题的显著性在许多历史著作的标题中都得到了反映，其中“国家”这一术语频频出现，比如在阿布·沙玛的《两朝统治纪》(Kitab al-rawdatayn fi akhbar al-dawlatayn)一

---

① Al-Dhahabi, Siyar al-a‘lam al-nubala’, ed. Shu‘ayb al-Arna’ut et al. , 25 vols. (Beirut, 1981 - 1988); and al-Nuwayri, Nihayat al-arab fi funun al-adab, 33 vols. (Cairo, 1923 - 1998).

② Ibn Khaldun, The Muqaddimah: An Introduction to History, trans. Franz Rosenthal (Princeton, 1967).

书中就是如此。王朝史所享有的这种突出地位，也影响了编年史的组织架构，例如伊本·塔格里比尔迪就将他的编年史按照马穆鲁克苏丹的统治时期来加以划分，编年结构则屈居次级地位。

与我们所赋予这一话题的现代意义不同，与国家相比不太重要的主题就是"十字军东征"。① 除 12 世纪的叙利亚作家哈姆丹·本·阿卜杜勒-阿尔-拉希姆（Hamdan b. ʿAbd al-Rahim）所写的《昔日法兰克人的叙利亚征途》(Sirat al-Afranj al-kharijin ila bilad al-Sham fi hadhihi sinin)一书外，人们并未专门就这些事件撰写阿拉伯文著作。然而，这部作品已经失传，而且似乎它一直没有什么价值，因为当时的其他阿拉伯文献并没有引用过其内容。中间时期的历史学家并没有为"十字军东征"或"十字军"杜撰一个新词，而是用指称拉丁欧洲人的标准种族词汇"法兰克人"来加以标识。只有当"十字军征战"牵涉到该地区的政治发展时，编年史家才会提到它们。至于那种旨在将十字军东征纳入一个更大的框架也即波及西班牙和西西里的"欧洲的扩张"这一框架的尝试，则只有少数几个作家参与其中，例如苏拉米（al-Sulami）和伊本·阿西尔；此外，这种框架在此时期的编年史中，也从未引起过人们的共鸣。即便是那些在欧洲宫廷里花费了大量时间的历史学家，例如叙利亚人伊本·瓦希尔（Ibn Wasil，身处阿普里亚的斯托弗宫廷〔the Stauffer court in Apulia〕），在欧洲历史或十字军征战背景方面，也几乎没有描述什么。② 如果说有哪次外部入侵和这些历史学家有关，那么它就是

① 阿拉伯文编年史的欧洲译本通常聚焦于这个单一的维度或方面，由此给人造成一种错误的印象是，这些文本都以和十字军征战有关的事件为中心议题。最突出的例子当然是 Amin Maalouf, *The Crusades through Arab Eyes* (London, 2006)。不过，同样属于这一类型的学术著作还有汉密尔顿·吉布（Hamilton Gibb）对伊本·卡拉尼西的地方性编年史——《大马士革编年史》(local Damascus chronicle)的翻译，该译作名为 *The Damascus Chronicle of the Crusades* (London, 1932)。

② 关于苏拉米，参见 Niall Christie, 'Motivating Listeners in the Kitab al-Jihad of ʿAli ibn Tahir al-Sulami (d. 1106)', *Crusades*, 6(2007), 1–14；关于伊本·瓦希尔，参见 Hirschler, *Medieval Arabic Historiography*。

蒙古人在东方的入侵。例如，伊本·阿西尔就围绕蒙古人的西进撰写了大篇文字。在这些篇幅中，他用相当夸张的手法描绘了人们对这些新近征服者的想象：残暴。显然，他将入侵和救赎史上的事件相比较，然而他却忽略了入侵和十字军东征之间的对比与关联。[①] 只有在 19 世纪晚期，"十字军东征"才成为中东地区回忆中的核心主题，人们才逐渐开始撰写有关十字军东征的阿拉伯历史。[②]

流行的历史与历史的普及

王朝史以及由此而来的政治史所获得的这种显著地位，和另一种相反的发展情状相并行，这在阿拉伯文历史著作中体现得尤为明显。在中间时期，一些作者开始对关乎日常生活事件的主题兴趣日浓。因此，各种文本开始将范围更广的人群的信息囊括其中。[③] 在上述由阿布·沙玛、伊本·托格和马格里兹所写的作品中，以及在各编年史作品如伊本·伊雅斯（Ibn Iyas）的《往事独察》（*Bada'i al-zuhur fi waqa'i al-duhur*）中，撰述视野较之以往几个世纪的编年史要开阔得多。这一发展情状表明，传记辞典相较于以往能够收录更多的人物。[④] 如今，在各种记述中，大众的诉求与不满已开始凸显，而大众文化也值得人们去评点，而且那种位居顶层

280

① Ibn al-Athir, *The Chronicle of Ibn al-Athir for the Crusading Period from al-Kamil fi 'l-ta'rikh*, trans. Donald S. Richards, 3 vols. (Aldershot, 2006 - 2008), iii. 202 - 204.

② 关于围绕十字军征战的现代历史编撰的发展情况，参见 Carole Hillenbrand, *The Crusades: Islamic Perspectives* (Edinburgh, 1999), 589 - 616。

③ 关于在这种材料基础上展开的经典政治史研究，参见 Ira Lapidus, *Muslim Cities in the Later Middle Ages*, 2nd edn (Cambridge, Mass., 1984)；关于文化史研究，参见 Boaz Shoshan, *Popular Culture in Medieval Cairo* (Cambridge, 1993)。

④ Abu Shama, *Al-Dhayl 'ala al-rawdatayn*; Ibn Tawq, *Al-Ta'liq: yawmiyat Shihab al-Din Ahmad ibn Tawq, 834 - 915 / 1430 - 1509*, ed. Ja'far al-Muhajir, 2 vols. (Damascus, 2000 - 2002); al-Maqrizi, *Kitab al-suluk li-ma'rifat duwal al-muluk*; Ibn Iyas, *Bada'i al-zuhur fi waqa'i al-duhur*, ed. Muhammad Mustafa, 9 vols. (Cairo, 1960 - 1975).

军事、政治精英之下的"小"政治阶层（minor politics）也开始崭露头角。在某种程度上，这种历史普及化情形和上述地方性历史著作的兴起存在关联，而这种地方性历史著作也为展示这类信息提供了更大的空间，写作这种地方性历史著作的作者，更倾向于报道自己家乡的日常生活之事。不过，我们也必须在中间时期那一更广阔的文化实践与精神状态转型过程中，也即在学术性历史著作和流行性史诗的合流趋势中考察上面这种趋势。围绕虚构的或部分虚构的英雄人物如达哈特·西玛（Dhat al-Himma）、安塔尔（Antar）、赛义夫·伊本·迪西·雅赞（Sayf ibn Dhi Yazan）和拜伯尔斯等撰写而成的史诗作品，最终跻身于历史性叙事作品的行列，而且特别流行。这些大众历史作品的特点是语言都很简单；与精英阶层人士所写的那类历史著作比起来，它们所使用的口语更加流行。[1] 诸如此类的历史普及化过程属于一种双向发展情形，其中，大众史诗变得更加具有历史性（从而得以用书面的形式记录下来），而编年史也变得对城市中心的民众更感兴趣，而且部分采用了大众史诗所使用的语言。[2]

---

[1] 关于这一文类，参见 Stefan Leder，'Religion，Gesellschaft，Identität—Ideologie und Subversion in der Mythenbildung des arabischen，Volksepos'，in Christine Schmitz（ed.），*Mensch—Heros—Gott*：*Weltentwürfe und Lebensmodelle im Mythos der Vormoderne*（Stuttgart，2007），167–180；Udo Steinbach，*Dāt al-Himma*：*Kulturgeschichtliche Untersuchungen zum arabischen Volksroman*（Wiesbaden，1972）；Peter Heath，*The Thirsty Sword*：*Sirat ʿAntar and the Arabic Popular Epic*（Salt Lake City，1996）；Driss Cherkaoui，*Le roman de ʿAntar*：*une perspective littéraire et historique*（Paris，2001）；Lena Jayyusi，*The Adventures of Sayf ben Dhi Yazan*：*An Arabic Folk Epic*（Bloomington，1997）；Thomas Herzog，*Geschichte und Imaginaire*：*Entstehung，Überlieferung und Bedeutung der Sirat Baibars in ihrem soziopolitischen Kontext*（Wiesbaden，2006）；Marina Pyrovolaki，'Futuh al-Sham and Other Futuh Texts：A Study of the Perception of Marginal Conquest Narratives in Arabic in Medieval and Modern Times'，D. Phil. thesis，Oxford University，2008。

[2] 关于马穆鲁克历史编撰的普及化问题，参见 Ulrich Haarmann，*Quellenstudien zur frühen Mamlukenzeit*（Freiburg，1969）一书开启的讨论。

第十三章　伊斯兰的阿拉伯与波斯传统：11—15世纪

　　这些大众流行的历史作品在文本传播上相当不稳定，在传播中，叙述者和抄写者总是修订和彻底改动这些文本。相反，那些学术性著作特别是那些和早期穆斯林共同体的神圣历史相关的学术性著作，总体上都是口耳相传，然而在早期时段，它们就相对固定了，而且有了非常确定的书名和目录。① 通常情况下，这些著作都是通过诵读会（reading sessions）来实现它们的传播。在诵读会上，一位获权可以教授某本书的作者或学者，向人们大声朗读这本指定的书。所有参加这类活动的人员在活动结束后，都获得授权自己传播这本书。在早期就很明显的是，上述活动的一些参与者实际上投身到了写作活动中。一些人会跟着事先随身携带的抄本进行阅读，而另外一些人则在诵读会上抄录。在中间时期，这一趋势继续存在，而学术界的伊斯兰历史著作则转变成了一种以书本形式为主的文化，因此那些口耳相传的内容已逐渐减少，留存下来的主要是一些有关昔日活动的僵化内容。毫无疑问，人们仍然就某些历史著作，特别是那些含有有关穆斯林共同体起源材料的著作，举行诵读会。即便如此，一个明显的事实是，历史领域的知识传播，大体上都是建立在书写实践基础上。这一变化和8世纪以降中东一带纸张的引入，以及继后这一相对便宜且易于生产的写作材料的传播同步发生。到1000年，纸张在所有地区都可获得，并且在这个时候取代了羊皮纸等其他写作材料，甚至被用来书写《古兰经》。②

　　以固定书籍形式实现的历史著作的日益书面化传播，同样也反映在各种图书馆的馆藏中，在这里，这些作品得到了很好的展示。关于阿拔斯王朝巴格达城的智慧宫（Dar al-Hikma）、倭马亚王朝科尔多瓦城的图书馆和法蒂玛王朝开罗城的藏馆等早期图书馆，我

281

---

① 关于早期时段，参见 Gregor Schoeler, *The Genesis of Literature in Islam：From the Aural to the Read*（Edinburgh, 2009）；以及由蔡斯·F.罗宾逊在本卷中所写的第十二章。

② Jonathan Bloom, *Paper before Print：The History and Impact of Paper in the Islamic World*（New Haven, 2001）.

们都有来自记述材料的间接证据。① 这种证据已然表明，像塔巴里的普世编年史这样的历史著作，已经得到了广泛传播和普及，但在数据信息方面却令人信心顿失。例如，一份 11 世纪早期的报道提到开罗图书馆里这部作品有 20 个副本，而 13 世纪早期的材料则提到同一时期这一藏本更多得多。② 随着那些更小的、但数量上更多的捐赠型图书馆扩大分布，我们对中间时期的了解有了提升，因为人们可以得到记录证据。例如，位于大马士革陵的一个当地小型图书馆在 13 世纪中期的一份图书馆馆藏目录，就显示了在其所藏的大概两千部著作中，有 80 部作品的标题是历史类的。这些作品包括一些经典著作，如塔巴里的编年史，还包括阿兹迪、欧麦尔、伊本·阿德汗（Ibn A'tham）和拜拉祖里的有关早期伊斯兰征服运动的编年史，此外还包括伊本·阿西尔、伊马德丁和伊本·沙达德等 12、13 世纪的作者所撰写的作品。③ 从捐赠记录（endowment records）等其他材料来看，历史著作的普及情况也是显而易见的，其中，一份 16 世纪早期开罗爱资哈尔清真寺（the Cairene Azharmosque）一个小型藏馆藏书情况的文献，就记录了 250 部著作中大概有 25 部的标题为“历史”。④

282　　　伴随着历史著作的传播和普及而来的，是中间时期历史学家的自我观念的逐渐变化，这一变化与众不同。一如历史学反思的兴

---

① 关于对中世纪图书馆的总体论述，参见 Anke von Kügelgen, 'Bücher und Bibliotheken in der islamischen Welt des "Mittelalters"', in Michael Stolz and Adrian Mettauer（eds.）, *Buchkultur im Mittelalter*: *Schrift*, *Bild*, *Kommunikation*（Berlin and New York, 2005）, 147 - 176。

② Al-Muasabbihi, 'Nusus da'i'a min akhbar misr', ed. Ayman F. Sayyid, *Annales Islamologiques*, 17（1981）, 1 - 54, at 17; Abu Shama, *Kitab al-rawdatayn fi akhbar al-dawlatayn al-Nuriya wa-al-Salahiya*, ed. Ibrahim al-Zaybaq, 5 vols. （Beirut, 1997）, ii. 210.

③ 对此，参见 Konrad Hirschler, *The Written Word in the Medieval Arabic Lands*: *A Social and Cultural History of Reading Practices*（Edinburgh, 2012）。

④ Endowment record 'Ali al-Abshadi al-Azhari, 919/1513: 'Abd al-Latif Ibrahim, *Dirasat fi alkutub wa-al-maktabat al-islamiya*（Cairo, 1962）.

起所表明的,历史著作的各位作者不仅越来越有自我意识,而且在他们的学术追求上,也变得比以往更加自信。例如,各种历史著作的导言表明,各位作者在通常情况下都自豪地称自己为历史学家。一位名叫伊本·赫里康的人在他的传记辞典的导言中能够自信地声称,他对历史的兴趣持久不减:"自我年轻时候起,我就一直热衷于有关古人及其生卒年代的那些记录……所以,我阅读这个领域的书籍,并且从大师的传播中受益。"①把学者称为历史学家,不仅出现在了人们的自我描述中,还越来越多地用在描述学者的传记词条中。"历史学家"(Historian)一词开始和学者传记中那些历史悠久的术语如"释经者"(exegete)、"法律学家"(jurisprudent)和"语法学家"(grammarian)一起出现,且平起平坐。历史活动的地位的提高,也表现在伊斯兰的学科标准中,自 10 世纪起,历史便获得了一种新的地位。阿尔法拉比(拉丁名为阿文纳萨尔[lat. Avennasar])和托希迪(al-Tawhidi)等早期哲学家对各门科学的归类,还没有把历史当成一个独立的知识领域。②然而,自 11 世纪起,对各门科学的教育分类发生了转变,开始更固定地把历史归入独立的学科。

　　这种新的自信和自觉,最终导致 14 世纪起人们对历史技艺首次进行实质性的史学反思。以阿布·法兹尔·巴伊哈奇(Abu al-Fazl Bayhaqi)的《巴伊哈奇所著历史》(Ta'rikh-e Bayhaqi)为例,历史著作的导言或叙事中的简要论述就已预先包含了有关写史方法和写史目的的陈述。但是,只等伴随着 14 世纪两部史学著作的出版,历史才牢牢树立了它在诸学科中的地位;这两部史学著作的出版大概用了四年,而针对诸种学科,人们也需要从理论层面加以讨论。第一部就是由伊本·卡尔敦所撰的著名的《导论》(Muqaddimah),他在这部作

---

①　Ibn Khallikan, *Wafayat al-a'yan wa-abna'al-zaman*, i. 19 - 20.

②　Osman Bakar, *Classification of Knowledge in Islam: A Study in Islamic Philosophies of Science* (Cambridge, 1998); and Marc Berge, 'Épitre sue les sciences d'Abu Hayyan al-Tawhidi', in *Bulletin d'études orientales*, 18 (1963 - 1964), 241 - 298.

品的导言中提出了一种政治史理论框架；更重要的是，他综合了前几代人就"为何人们应该去研究历史"和"应该避免犯什么样的错误"等问题而撰写的著作。[①] 正当身在北非的伊本·卡尔敦将他的史学思想付诸文字时，更东面的一位不知名的学者也开始着手同样的工作。1381—1382 年，伊吉（al-Iji）出版了他的著作《宝石》（*Al-Tuhfah*），这部著作和伊本·卡尔敦的作品不同，较少关注历史写作的实践性，而是着眼于作者的历史哲学。这两种史学反思并不是一种孤立现象，在 15 世纪，出现了大批伊本·卡尔敦和伊吉的后继者。比如卡菲亚吉（al-Kafiyaji），他在 1463 年写作了《历史著作简编》（*Al-Mukhtasar fi 'ilm al-ta'rikh*），这是第一部严格意义上的史学专论；又如萨哈维（al-Sakhawi），他撰写了《对历史批评者的公开反诘》（*Al-I'lan bi-al-tawbikh li-man dhamma al-ta'rikh*）。[②]

这种自信表现在了历史著作风格的渐变之中。最重要的是，为了使叙述更加连贯，阿拉伯语编年史开始放弃那种基于分散的传述——历传单元组织文本的做法。在这些著作中流行的严格编年史体系，当然会降低作者创作连续叙事的可能性。然而，无论在历史著作的导言中还是在它们的正文中，作者的声音都变得更加突出和大胆。作者声音的提高既包括作者能够决定如何组织安排历史事件，也包括作者能够决定如何赋予历史事件以新的意义。文本回旋余地的增加，使作者能够以更加个性化的方式创作文本，对比那些记录了中间时期同一历史事件的各部著作，它们足可体现这些作者是如何利用这一余地的。[③] 除了历史著作的组织安排，那

---

① 比较 Aziz al-Azmeh, *Ibn Khaldun：An Essay in Reinterpretation*（London，1990）。

② 关于这些历史编撰类著作，参见 Franz Rosenthal, *A History of Muslim Historiography*（Leiden，1968）。

③ 关于中间时期的这个问题，参见 Hirschler, *Medieval Arabic Historiography*。有关早期时段的这方面主要研究成果，参见 Fred M. Donner, *Narratives of Islamic Origins：The Beginnings of Islamic Historical Writing*（Princeton，1998）；Tayeb el-Hibri, *Medieval Arabic Historiography*（Cambridge，1999）；以及 Boaz Shoshan, *The Poetics of Islamic Historiography：Deconstructing Tabari's History*（Leiden，2005）。

种越来越多地使用第一人称"我"并将自传成分加入正文的做法，也彰显了作者的独特存在。伊本·阿尔-贾伍兹（Ibn al-Jawzi）在他的普世史中按事件发生顺序记载自己在巴格达声名鹊起的事情，而阿布·沙玛在他的地方编年史——传记辞典中，则详细描绘了自己在大马士革的个人生活，至于阿布·阿尔-菲达（Abu al-Fida'），则详细展示了他在自己的家乡——叙利亚北部的哈马（Hama）为重新确立自己的统治而付出的种种努力。[1] 这种发展情形在 15 世纪晚期 16 世纪早期的历史著述中达到了顶峰；它们类似于日记记述，旨在将作者置于舞台中央位置，例如伊本·托格和伊本·图伦（Ibn Tulun）的编年史就是如此。[2]

在前述两部作品中，后一部作品充当了中间时期的终点，不仅如此，它还把历史著作引向了奥斯曼传统。本章内容是以中间时期早期的语言学转型为起点，同样，向奥斯曼、萨法维（Safavid）和其他诸种传统的转变也以类似的变化为特征。例如，在东方，随着 15 世纪帖木儿王朝治下的察哈台语（Chaghatay）作为文学语言的流行，以及 1500 年左右写成的、东南亚穆斯林历史著作的早期范例之一《马来纪年》（*Sejarah Melayu*）的传播，新的语言进入了历史标准。在西部各地域，随着奥斯曼对阿拉伯语写作区域的征服以及在 15 世纪创作出最早一批编年史，奥斯曼土耳其语继续保持着它的优势。到了中间时期的最后时刻，历史著作的实践与理论已然出现，无论以新语言形式还是以波斯文和阿拉伯文形式出现的诸历史著作传统，都依旧受到这种历史著作实践与理论的深刻影响，不过，它们很快就会有新的方向。

284

---

[1] Ibn al-Jawzi, *Al-Muntazam fi tawarikh al-muluk wa-al-umam*, ed. Suhayl Zakkar, 13 vols. （Beirut, 1995 – 1996）; Abu Shama, *Al-Dhayl ʿala al-rawdatayn*；以及 Abu al-Fida', *The Memoirs of a Syrian Prince：Abu ʿl-Fida, Sultan of Hamah*, trans. Peter M. Holt （Wiesbaden, 1983）。

[2] Ibn Tawq, *Taʿliq*；以及 Ibn Tulun, *Mufakahat al-khillan fi hawadith al-zaman*, ed. Muhammad Mostafa, 2 vols. （Cairo, 1962 – 1964）。

大事年表/关键日期

公元 10 世纪 70 年代	伽色尼王朝在呼罗珊和阿富汗取代了沙曼王朝
公元 10 世纪 50 年代	塞尔柱人在伊拉克和伊朗西部取代布维希人
公元 1071 年	塞尔柱人在曼兹克特战胜拜占庭帝国
公元 11 世纪 90 年代	塞尔柱帝国的区域化(从叙利亚到呼罗珊)
公元 11 世纪 90 年代	阿尔摩拉维王朝征服安达卢斯
公元 1099 年	第一次十字军征服耶路撒冷
公元 12 世纪 70 年代	萨拉丁治下阿尤布王朝取代埃及和叙利亚的法蒂玛王朝与塞尔柱王朝
公元 1212 年	阿尔摩哈德人在托洛萨的拉斯纳瓦斯战役中战败
公元 13 世纪 20 年代	蒙古察合台帝国在中亚的形成
公元 13 世纪 50 年代	马穆鲁克王朝取代埃及和叙利亚的阿尤布王朝
公元 1258 年	蒙古人征服巴格达;伊儿汗国在波斯和伊拉克的形成
公元 1291 年	法兰克的阿克城陷落
公元 14 世纪 50 年代	伊儿汗国的区域化
公元 14 世纪 70 年代	帖木儿帝国在伊朗和中亚的形成
公元 1405 年	帖木儿之死;部分区域化
公元 1453 年	奥斯曼人征服君士坦丁堡
公元 1492 年	格拉纳达投降
公元 1501 年	萨法维王朝在伊朗的崛起
公元 1517 年	奥斯曼人征服阿拉伯中东地区

主要历史文献

Abu al-Fida', *The Memoirs of a Syrian Prince*: *Abu 'l-Fida*, *Sultan of Hamah*, trans. Peter M. Holt (Wiesbaden, 1983).

Abu Shama, *Kitab al-rawdatayn fi akhbar al-dawlatayn al-Nuriya wa-al-Salahiya*, ed. Ibrahim al-Zaybaq, 5 vols. (Beirut, 1997).

Al-'Ayni, *Al-Sayf al-muhannad fi sirat al-Malik al-Mu'ayyad*, ed. Fahim Shaltut (Cairo, 1967).

Al-Dhahabi, *Ta'rikh al-Islam wa-wafayat al-mashahir wa-al-a'lam*, ed. 'Umar 'A. Tadmuri, 52 vols. (Beirut, 1987 – 2000).

Ebn Fondoq, *Tarikh-e Bayhaq*, ed. Ahmad Bahmanyar (Tehran, n. d.).

Ferdowsi, *Shah-nama*, ed. E. Bertels, 9 vols. (Moscow, 1960 – 1971).

Ibn 'Abd al-Zahir, *Al-Rawd al-zahir fi sirat al-Malik al-Zahir*, ed. 'Abd al-'Azizal-Khuwaytir (al-Riyad, 1976).

Ibn Abi Usaybi'a, *'Uyun al-anba'fi tabaqat al-atibba'*, 3 vols. (Beirut, 1998).

Ibn al-Athir, *The Chronicle of Ibn al-Athir for the Crusading Period from al-Kamil fi 'l-ta'rikh*, trans. Donald S. Richards, 3 vols. (Aldershot, 2006 – 2008).

Ibn al-Jawzi, *Al-Muntazam fi tawarikh al-muluk wa-al-umam*, ed. Suhayl Zakkar, 13 vols. (Beirut, 1995 – 1996).

Ibn Khaldun, *The Muqaddimah*: *An Introduction to History*, trans. Franz Rosenthal, 3 vols. (Princeton, 1967).

Ibn Khallikan, *Wafayat al-a'yan wa-abna'al-zaman*, ed. Ihsan 'Abbas, 8 vols. (Beirut, 1968 – 1972); partial trans. de Slane/ Syed Moinul Haq (Karachi, 1961).

Ibn Shaddad, *The Rare and Excellent History of Saladin by*

285

Baha'al-Din Ibn Shaddad，trans. Donald S. Richards（Aldershot，2001）.

Ibn Taghribirdi，*Al-Nujum al-zahira fi muluk Misr wa-al-Qahira*，ed. Fahim Shaltut et al.，16 vols.（Cairo，1929－1972）.

Ibn Tawq，*Al-Ta'liq: yawmiyat Shihab al-Din Ahmad ibn Tawq*，*834－915/1430－1509*，ed. Ja'far al-Muhajir，2 vols.（Damascus，2000－2002）.

'Imad al-Din al-Isfahani，*Al-Barq al-Shami*，ed. Falih Husayn（Amman，1987）.

Jovayni，*Tarikh-e jahan-goshay*，ed. Mirza Qazvini，3 vols.（Leiden，1911－1937）；trans. John A. Boyle as *Genghis Khan: The History of the World Conqueror*，2nd edn（Manchester，1997）.

Al-Maqrizi，*Kitab al-suluk li-ma'rifat duwal al-muluk*，ed. Muhammad M. al-Ziyada et al.，4 vols.（Cairo，1934－1973）.

Al-Mostawfi，*Tarikh-e gozida*，ed. 'A. Nava'i（Tehran，1960）.

Al-Safadi，*Al-Wafi bi-al-wafayat*，ed. Hellmut Ritter et al.，30 vols.（Istanbul and Beirut，1931－1997）.

——*Nakt al-himyan fi nukat al-'umyan*，ed. Tariq Tantawi（Cairo，1997）.

Al-Sakhawi，*Al-Daw' al-lami' li-ahl al-qarn al-tasi'*，12 vols.（Cairo，1934－1936）.

Wassaf，*Tarikh-e Wassaf*，lith. edn（Bombay，1853）；redacted version ed. 'Abd al-Muhammad Ayati，*Tahrir-e Tarikh-e Wassaf*（Tehran，1967）.

参考书目

Al-Azmeh，Aziz，*Ibn Khaldun: An Essay in Reinterpretation*（London，1990）.

Cobb，Paul M.，*Usama ibn Munqidh*：*Warrior-Poet of the Age of Crusades*（Oxford，2005）.

El-Hibri，Tayeb，*Reinterpreting Islamic Historiography*：*Harun al-Rashid and the Narrative of the ʿAbbasid Caliphate*（Cambridge，1999）. 286

——*Parable and Politics in Early Islamic History*：*The Rashidun Caliphs*（New York，2010）.

Hirschler，Konrad，*Medieval Arabic Historiography*：*Authors as Actors*（London，2006）.

Kennedy，Hugh（ed.），*The Historiography of Islamic Egypt*（*c. 950 - 1800*）（Leiden，2001）.

Lindsay，James E.，*Ibn ʿAsakir and Early Islamic History*（Princeton，2001）.

Meisami，Julie，*Persian Historiography to the End of the Twelfth Century*（Edinburgh，1999）.

Melville，Charles（ed.），*Persian Historiography*（London，2012）.

Morray，David，*An Ayyubid Notable and his World*（Leiden，1994）.

Pfeiffer，Judith and Quinn，Sholeh A.（eds.），*History and Historiography of Post-Mongol Central Asia and the Middle East*：*Studies in Honor of John E. Woods*（Wiesbaden，2006）.

Robinson，Chase F.，*Islamic Historiography*（Cambridge，2003）.

Shatzmiller，Maya，*L'Historiographie Mérinide*：*Ibn Khaldun et ses contemporains*（Leiden，1982）.

Waldman，Marilyn R.，*Toward a Theory of Historical Narrative*：*A Case Study in Perso-Islamicate Historiography*（Columbus，1980）.

刘招静　译　赵立行　校

第十四章 过去与现在的塑造：罗斯历史编撰，约900—约1400年

乔纳森·谢泼德

罗斯编年史，内容大多涉及11世纪末以来王公的活动，城镇集会，入侵者，虔诚的男性、（特别是）女性等方面。在整个这段时期的现存"历史著作"中，这类编年史占据了大多数。编撰工作是在少数几个中心城市完成的，它们只关注各自所在的区域，断断续续地呈现"罗斯土地上"所发生事件的概况。它们既没有明确地表达也没有隐晦地暗示一种源自真实信息之流的历史发展哲学。显著的例外是《往年纪事》（*The Povest' Vremennykh Let*，罗斯最早的编年史）：它既是一部编年史，同时又是一部历史，还试图超越所记录的时代来回答一些根本性的问题。同时，这本书的编纂者还对统治精英阶层提出了一些训诫。因而，《往年纪事》可以说既后无来者，同时又影响深远：后无来者是因为后来没有任何一部著作清楚地表达过罗斯作为一个国家应被整合在一起的观念；影响深远是因为它的文本被整合进了罗斯后来直至16世纪的编年史中。因此，同其他反映精神层面和物质层面业绩的记录一样，《往年纪事》值得关注，同时我们也应回顾大致同一时期编纂的源头性作品。11世纪与12世纪早期的作者所培育的嫩芽在后来很少生根，因而对于这些编年史写作，本文只进行简要论述。至于除编年史外的其他历史作品，本文只讨论蒙古入侵之后的那段时期，主要是对灾难的回忆、圣徒传或者带有末世论色彩的作品。

蒙古入侵之前的罗斯

《往年纪事》和伊拉里翁的《关于律法与恩典的布道》

《往年纪事》大概成书于 12 世纪早期，不过，经考证，在此之前至少有一个版本流传①。有人认为，以 988 年前后大公弗拉基米尔·斯维亚托斯拉维奇（Vladimir Sviatoslavich）皈依拜占庭教会为中心，对过去的事件进行盘点，是 11 世纪由大公和教会的领导层所发起的，后来这一盘点在《往年纪事》中尘埃落定。② 毫无疑问，基辅大主教伊拉里翁（Ilarion）是在 1050 年左右创作完成了他的《关于律法与恩典的布道》（Slovo o Zakone i Blagodati）。在这本书中，他把"统治者中的使徒"皈依基督教以及他对基督教的强行推广置于一个更广阔的背景之中。由于意识到基督教在北部地区的传播进展缓慢，伊拉里翁运用新瓶装新酒的比喻，利用《圣经》历史及神学试图说明基督的新教义就是为诸如罗斯这样的新国家而准备的。③ 他将大公对基督教的推广描述成既是偶像崇拜的失败，同时又是基督教"恩典"对于《旧约》"律法"的胜利，最后圆满地结束上帝对人类的计划：当今的统治者——雅罗斯拉夫（Iaroslav）正继续着父亲弗拉基米尔的工作，扮演着所罗门之于大卫的角色。④《往年纪事》缺乏一些神学上的味道与修辞上的优雅，不过它却试图不仅从地理与编年方面，而且也从文化方面，把罗斯的起源置于上帝的伟大计划之中。罗斯作为一个民族，名列雅弗在《旧约》中

288

---

① Vladimir Iakolevich Petrukhin，' Kak nachinalas' Nachal'naia Letopois'？' *Trudy Otdela Drevnerusskoi Literatury*（heteafter *TODRL*），57（2006），33 - 41.

② Dimitri Sergeievich Likhachev，*The Great Heritage*：*The Classical Literature of Old Rus*（Moscow，1981），81 - 90.

③ Ilarion，*Slovo o Zakone I Blagodati*，in *Biblioteka Literatury Drevnei Rusi*，ed. Dimitri Sergeievich Likhachev，15 vols.（St Petersburg，1997 -），i. 38.

④ 同上，i. 50。

所提到的那些民族之列。① 作为斯拉夫人的代言人，他们同其他斯拉夫族群的联系被置于更近的历史时期之内。书中有很大一部分篇幅详细记述了 9 世纪下半叶拜占庭传教士为摩拉维亚人（Moravians）所创造的斯拉夫字母与宗教文学。在详述 988 年前后弗拉迪米尔的皈依时，《往年纪事》声称罗斯是一个"新基督教民族"。为了这个目标及弄清楚一些历史情节，《往年纪事》利用了修道僧乔治（George the Monk）的普世编年史，以及从拜占庭叙事作品和推测为宗教经典作品（有时是伪造的）中摘录的内容汇编。上帝预定计划之下的"选民"观念与拜占庭的和其他受《旧约》启示的叙事作品所反映的观念，有一定相似之处。源自《圣经》的主旨和世界历史都被置于具有某种历史基础的事件之中：女大公奥尔加（Olga）在君士坦丁堡的受洗被比拟为示巴女王对所罗门的访问，而且可能是受到伊拉里翁的影响，《往年纪事》声称奥尔加在洗礼时取名海伦娜（Helena），"正如古时皇后，君士坦丁大帝的母亲"。②

289　这样，罗斯统治家族的受洗丝毫不逊色于第一位基督教皇帝的洗礼。但是，即便弗拉迪米尔的皈依是一个转折点，与伊拉里翁的布道相比，将罗斯皈依看作神圣时刻的延伸，这一主旨并没有贯穿在《往年纪事》中。《往年纪事》的编纂者表现出对于事实的兴趣，努力尝试回答一些本质性的问题。

　　"罗斯领地何时出现，最初统治基辅的是哪位大公，罗斯领地如何形成？"

　　卷首提出的这些问题，正是《往年纪事》打算回答的。在《往年纪事》这本书的开篇，作者提供了地理与人种方面的解释；书的大部分篇幅也都集中在一个家族，即罗斯"大公"留里克（Riurik）后裔的活动方面。尽管在前基督教时代，少数非留里克世系的个人也

---

① *Povest' Vremennykh Let*，ed. Dimitri Sergeievich Likhachev and Varvara Pavlovna Adrianova Peretts，2nd edn rev. Mikhail Borisovich Sverdlov（St Petersburg，1996）（hereafter *PVL*），7 - 8.

② *PVL*，29.

曾拥有"大公"的合法权威，但其创作的前提是只有留里克的后裔才具有合法的统治权。为争取将罗斯的历史嫁接到世界历史的进程之中，《往年纪事》的编纂者还从拜占庭历史中吸取了大量内容，不过这些资料对于罗斯的起源问题并没有什么帮助。由于缺乏本土文字，使得《往年纪事》的编纂者在阐释当前民族与罗斯"土地"的起源，或者他们怎样落入留里克及其后裔统治之手等问题时，显得缺乏资料。为此，编纂者采取了两项策略。首先，把关注的焦点集中在第聂伯河中部地区，强调主要城镇——基辅的地理位置以及住在那里的斯拉夫部落——波洛尼安(Poliane)族，自久远的时代开始便具有得天独厚的优势。波洛尼安人与周围的斯拉夫人、卡扎尔人(Khazar)相比具有优势，它曾从后者那里强征贡品。波洛尼安人可以说是天命所归：正如古埃及人为他们曾经的奴隶——以色列人所打败一样，因此现在卡扎尔人臣服于罗斯人。在这里和其他地方，《往年纪事》事实上都将波洛尼安人等同于罗斯人。其次，为赋予留里克的统治以合法性，《往年纪事》充分利用了留里克及其"臣民"的外来者身份：他们曾经是来自瓦兰吉(Varangian)部族(如斯堪的纳维亚人)的罗斯人，与瑞典人、英格兰人、哥特兰岛人(Gotlander)以及其他"海外民族"同宗；他们受土著部落——斯拉夫人与芬兰人(Finn)的邀请，来到了这里，成为他们的统治者，并为他们提供"秩序"。[①] 这种在其他文化中发现的社会契约类的故事，其变体被用来论证留里克及罗斯"人民"作为外来民族行使统治权的合法性。这两大论据回答了《往年纪事》提出的有关地理以及政治统治两方面的合法性问题，但它们刻意回避了如下问题，即波洛尼安斯拉夫人究竟是什么原因"现在被称为罗斯人"。《往年纪事》的编纂者也意识到他们与摩拉维亚人、捷克人以及波兰人同属一个语系，因而断言他们现在之所以被称为罗斯人是因为"瓦兰吉人"(Varangian)，"尽管最初他们都是斯拉夫人"，而"斯拉夫人与

290

---

① *PVL*, 13.

罗斯人是一个民族"。[①]

这些试图把第聂伯河中部地区的地方主义、统治家族的斯堪的纳维亚起源及其与斯拉夫语言的联系融合在一起的手法，显得相当拙劣，引发了现代一些诸如罗斯种族来源的争论。对于我们的论述而言，关键的地方在于《往年纪事》在回答它所提出的问题时所表现出来的那种固执。编纂者们试图追溯他们那个时代统治家族的祖先及其优势地位是怎样取得的，也试图记述其他民族及对手是怎样归顺进来的。不过，他们的兴趣主要集中于第聂伯河的中部地区及其居民，因为这里即使在前基督教时代便已经是权力的核心地区了。一个记录圣安德鲁在黑海周边地区游历情况的拜占庭文本，经过他们的改编之后，变成圣安德鲁旅行到了第聂伯河地区，还向未来基辅城所在的那座山祈福，在那里立起了一座十字架；与此相对，对于占据未来诺夫哥罗德所在区域的斯拉夫人，他们洗澡的习惯和自我鞭笞的行为却让圣安德鲁觉得很怪异。[②] 有关基辅优越地位的证明文件因此得以巧妙地建构起来。

《往年纪事》的视角与基辅洞窟修道院的视角

按照实际情况来说，《往年纪事》并不完全切合拜占庭或拉丁基督教时代历史写作的主流类型。它更类似于《盎格鲁-撒克逊编年史》。[③] 大公的权威被视为必不可少，因而相应地，书中对于 10 世纪时归顺的斯拉夫和芬兰部落缴纳的贡赋予以了详细记载。针对"希腊人"的远征也一样，据说后者在威吓之下，不得不缴纳贡税。言外之意在于大公的统治权到了哪里，哪里就成为"罗斯土

---

① *PVL*，15，16；and Anatolii Pavlovich Tolochko，'*The Primary Chronicle's "Ethnography" Revisited . . .*'，in Ildar H. Garipzanov *et al.*（eds.），*Franks, Northmen and Slavs：Identities and State Formation in Early Medieval Europe*（Turnhout，2008），169 - 188，at 180 - 183.

② *PVL*，9.

③ 参见本卷第 17 章。

地"的一部分。但是,《往年纪事》并不只是一部"王朝史"。除了给罗斯"定位"以外,《往年纪事》还公开宣称要记录真相,[①]为此它有意识地详细记录了自认为的事实。即便基督徒的统治者弗拉基米尔被描绘成所罗门那样的君主,书中还是花费一定篇幅描写了他皈依前夕的贪婪、背叛行为和军事上的失败,这些与其说是圣徒传记的传统主题(异教徒见到曙光之前的行为方式),毋宁说是一种全面报道的尝试。同样,《往年纪事》也不是一部比德风格的"教会史"。有关第一任大主教的报道是一带而过的,甚至到了 11 世纪下半叶他们的事迹也只是被顺便提及。如果说它有一个较为持久的视角的话,那只能是基辅洞窟修道院的视角了。在源自该修道院的另外一部文献中,把它的一位会友内斯特(Nestor)称为"编年史家"。[②] 无论内斯特是不是《往年纪事》的编纂者,从僧侣及赞助人提供的信息判断,一些编辑和整理的过程确实发生在这里。《往年纪事》的视角便受此影响,从它的字里行间可以看出,编者对于基辅的地形地貌,甚至是修道院的布局都十分熟悉。洞窟修道院会友,"如照亮罗斯的灯塔",花费许多篇幅详细描写了修道院的起源,僧侣的苦行生活以及修道院奠基者狄奥多西乌斯院长任期上的诸多事件。在讲到狄奥多西乌斯的遗骸被转移到一所教堂,游牧的波洛韦茨人(Polovtsy)于 1096 年 5 月 20 日洗劫修道院的时候,作者使用了第一人称。[③]

291

《往年纪事》前面三分之二的篇幅讲述了王朝统治下的罗斯,首先作为一个政治上的实体,然后作为一个"基督教民族"是如何形成的。尽管在前基督教时代,非留里克世系的大公确实存在,但是在此处,上帝统治下的罗斯人构成一个民族的观念日渐取得优势。《往年纪事》也承认,在写作这本书的时候,一些说斯拉夫语和

① PVL,50.

② Kyjevo-Pecherskii Pateryk, ed. Dmitrii Ivanovich Abramovich (Kiev, 1931),部分重印并附有导言,见 Dmitrij Tschiżewskij (Munich, 1964),126.

③ PVL,89-90,97-98.

芬兰语的部落仍然拒不服从大公的权威，也不履行基督教仪式。不过，罗斯最凶恶的敌人却是草原上的游牧民族——不信神的以实玛利人（Ishmaelites）——而且，为争夺权力和土地，大公之间爆发争权夺利的斗争，这为游牧民族于 1090 年代进入罗斯打开了方便之门。由于大公的家族即为罗斯的象征，他们之间的自相残杀也就显得尤为可悲。洞窟修道院的陷落被说成是因为大公奥列格·斯维亚托斯拉维奇（Oleg Sviatoslavich）拒绝援助堂兄抵抗"异教徒"。"上帝派来惩罚基督徒"的波洛韦茨人，正是帕塔拉（Patara）的伪美多迪乌斯（Pseudo-Methodios）预言里提到的那些民族。在他们之后，"世界末日之时"，即将到来的是歌革（Gog）和玛各（Magog）率领的"不洁民族"，他们曾遭马其顿的亚历山大因禁。[①]因而，一定程度而言，《往年纪事》可作为时代的缩影，让人回想起内部安定平和的时代——特别是弗拉基米尔受洗之后至其子雅罗斯拉夫统治达到极盛的那段时期。当前大公们的不和所造成的影响则是灾难性的。[②]

大公过去的行为是当下的典范：弗拉基米尔·莫诺马赫的《劝诫》以及鲍里斯与格列布祭仪

在罗斯历史上，由于既没有得到普遍认可的继承统绪，同时又缺乏教会主持之下进行的就职仪式，这就使得为大公塑造行为典范成为必须。阿博特·丹尼尔（Abbot Daniel）留下的关于 1106 年至 1108 年前往耶路撒冷朝圣的记录，为我们传达了一种王室家族位居上帝及其子民之间的观念。丹尼尔首先列举了那些最重要的王公，说他们的名字都镌刻在圣墓之上。然后，丹尼尔说他为"罗

292

---

① *PVL*，98，107 - 108；Leonid S. Chekin，'Godless Ishmaelites: the Image of the Steppe in Eleventh-Thirteenth-Century Rus''，*Russian History*，19(1992)，9 - 28，at 12 - 15.

② 关于《往年纪事》中的末世主题，其名字（往年）可能就暗示耶稣向门徒宣布的"时节"（Acts，1：7），参见 Igor Nikolaevich Danilevsky，*Povest' Vremennykh Let: Germenevticheskie Osnovy Izucheniia Letopisnykh Tekstov*（Moscow，2004），235 - 240，257 - 258 and nn. 43 - 44 on 372。

斯的王公及所有基督徒"念了 50 遍弥撒，为"死去的人"念了 40
遍。[1] 问题只在于如何为人数迅速增加的王公安排合理的次序。
两种解决方法都专注于对过去的描述：其一，由自吹自擂的王公编
纂，通过开导儿子的方式来记录自己的成就；其二，为王公间的交
往树立圣徒似的理想，让所有人去遵循。

　　弗拉基米尔·莫诺马赫（Vladimir Monomakh）的《劝诫》
（Pouchenie）是写给"儿子们或任何碰巧听到这篇冗文的人"，[2]它也
因此被人们称为莫诺马赫的"自传"，其中包括了他的事迹和游历。
强身派基督教（Muscular Christianity）与从某部拜占庭集锦作品中
摘选的内容相互混杂：施舍、去教堂礼拜以及宗教虔诚与锻炼和早
起等生存技巧并存；违背面对十字架所发的誓言，无论誓言的对象
是作为同盟的大公还是其他人，都会使灵魂受损。勤奋工作，敬畏
和荣耀上帝，将会导向成功：莫诺马赫详细叙述了"13 岁以来我在
旅行与打猎途中所经受的苦难"，[3]记录下来那些血淋淋的伤口以
及反对"异教徒"波洛韦茨人的诸次远征。这些话所针对的对象主
要是他的几个儿子，目的是确保他们在上帝的庇护之下，也能取得
诸多丰功伟绩。这样，准修道士的纪律、个人的道德与神的庇护、
胜利结合在一起，《劝诫》这篇文章成功地将莫诺马赫描绘成了一
位既具有模范作用，同时又经验丰富的人。该文章的编纂经历了
两个，也可能是三个阶段。最早的一部出现在 1100 年前后，当时
莫诺马赫还只是佩列亚斯拉夫（Pereiaslavl）大公，不过他已开始谋
划继承基辅王位。他反复面对十字架上的誓言，缘由是 1097 年在
留别克（Liubech）各大公之间曾立誓保持继系统绪：根据这一誓
言，在其堂兄斯维雅托波尔克（Sviatopolk）死后，有权继承基辅王位
的人可能就是他莫诺马赫。莫诺马赫还把受人尊敬的王城——切

---

① Abbot Daniel, *Khozhdenie*, in *Biblioteka Literatury Drevnei Rusi*, ed. Dimitri
　 Sergeievich Likhachev, 15 vols. (St Petersburg, 1997), iv. 116.

② 文本见 *PVL*，98。

③ 文本见 *PVL*，102。

尔尼戈夫（Chernigov）让给了另一位堂兄奥列格·斯维亚托斯拉维奇。通过以道德口吻来粉饰权力政治并通过详细列举个人的功绩，莫诺马赫的《劝诫》成功地把他耐心等候继承基辅王位，塑造成是一种美德。对于斯维雅托波尔克违背留别克协议，向他发出的一同进攻两位上级大公的邀请，他予以严词拒绝，此举具有同样的效果：《劝诫》的第二次编纂可能就是源自此次事件。对于此，文章予以了特别强调。① 最后的部分散见于四旬斋期间的祈祷书与其他宗教文本的摘选之中，成书的时间显然在 1117 年，在莫诺马赫违背誓言，即斯维雅托波尔克的长子应该在莫诺马赫逝世之后继承基辅王位这一誓言之后不久。② 莫诺马赫的《劝诫》实际上是一种政治宣言，他把自己在战争上的领导权以及政治上的自我克制均记录在案，使得其"大公之镜"的功用更为普遍化——同时也把他凌驾于所有其他堂兄之上的道德优势神圣化。

弗拉基米尔·斯维亚托斯拉维奇的两个儿子，鲍里斯（Boris）与格列布（Gleb）在父亲死后不久即遭谋杀，成为断断续续持续了十年之久的王朝斗争的牺牲品。在此之外的历史事实仍模糊不清，不过可能的煽动者应该是他们的同父异母兄弟——斯维雅托波尔克，后者最终为雅罗斯拉夫所罢黜和杀害。11 世纪末，围绕鲍里斯与格列布逐渐发展出来一种复杂的祭祀仪式，将他们尊奉为"殉道者"，基督非暴力教导的效仿者，同时也是如今保护所有罗斯人的武士和大公。《往年纪事》宣称它详细记录了 1015 年降临在他们身上的那些事变，还把有关他们的祭仪出现的时间说成是在该世纪末，另外还把 1072 年他们的遗物被转移到一所新教堂这一事

---

① 文本见 *PVL*，98；并参见 A. A. Gippius，'Sochineniia Vladimira Monomakha：Opyt Tekstologicheskoi Rekonstruksii'，*Russkii Iazyk v Nauchnom Osveshchenii*，2：6（2003），66‑99，at 91‑92。

② Alesandr Vasil'evich Nazarenko，'Vladimir Monomakh i Kievskoe Stolonasledie：Traditsiia i Popytka Reformy'，*Drevneishie Gosudarstva Vostochnoi Evropy*（hereafter *DGVE*）2004 god（Moscow，2006），279‑290，at 284‑285，288‑289；and Gippius，'Sochineniia Vladimira'，86‑87，90，92。

件记录下来。① 此次迁移之后不久，其他的文本也相继出现，如：《神佑殉道者鲍里斯与格列布生平及殉难读本》(*Chtenie o Zhitii i o Pogublenii Blazhennuiu Strastoterptsa Borisa i Gleba*)，在这本书中，编年史家内斯特以拜占庭文学为模板，详细记录了他们的"殉教"；《神圣殉道者鲍里斯与格列布的生平、受难及颂词》(*Skazanie i Strast' i Pokhvala Sviatuiu Mucheniku Borisa i Gleba*)中记录了他们死后至作品写作时期的一些奇迹故事。在关于仪式形成的确切时间以及由谁发起等问题上，学者之间仍然存在分歧；不过我们现存最早的证据大部分只能追溯到 11 世纪下半期。《神佑殉道者鲍里斯与格列布生平及殉难读本》中出现的奇迹都发生在雅罗斯拉夫大公统治时期，因而有人认为在他们殉道之后不久，雅罗斯拉夫及某个美索不达米亚的约翰制定了这种仪式；此外，最早的官方手稿却将仪式的形成归因于约翰。② 争论不可能得到彻底解决，可以想象，两方面的观点都有道理：在与势力强大的兄弟兼大公的斗争中，雅罗斯拉夫可能提倡过此种祭仪，目的是为了积极检举自己在长期个人统治的过程中(1036—1054 年)出现的一些过失；然后，当雅罗斯拉夫后裔之间的矛盾激化时，该祭仪又重新受到重视。1072 年圣徒遗物的迁移进一步激起圣徒崇拜的热潮。可以肯定的是，鲍里斯和格列布在整个罗斯均被尊奉为圣徒，洞窟修道院僧侣以及大公的虔诚便是明证。对两者遗物的记录甚至被收录进一些源自《旧约》的礼拜仪式读本辑录当中。③ 相比之下，那些试图通过传记(Lives)或圣徒言行录等形式把奥尔加和弗拉基米尔尊奉为

294

---

① PVL，78.

② Ludolf Müller, 'O Vremeni Kanonizatsii sviatykh Borisa i Gleba', *Russia Mediaevalis*, 8(1995), 5 - 20, at 5 - 7, 18 - 20; Andrzej Poppe, 'Losers on Earth, Winners from Heaven: The Assassinations of Boris and Gleb in the Making of Eleventh-Century Rus'', *Quaestiones Medii Aevii Novae*, 8(2003), 133 - 168, at 136, 160 - 164.

③ Boris Andreevich Uspensky, *Boris I Gleb: Vospriatie Istorii v Drevnei Rusi* (Moscow, 2000), 6 - 10, 22 - 39.

"圣徒"的努力，在 13 世纪却毫无进展。[1] 鲍里斯和格列布没有抵抗杀害他们的凶手，这一传说以及两者的同父异母兄弟败于雅罗斯拉夫之手，连同他们墓地上出现的第一批奇迹，把罗斯土地上发生的事件与《圣经》联在一起，成为神圣时代的延伸。两兄弟作为理想而又杰出的罗斯大公的光辉形象，相对于伊拉里翁记录弗拉基米尔皈依事件的优雅文体来说，显然更能增添民众对统治家族宗教似的虔诚。[2] 他们的反面便是斯维雅托波尔克，人们称他为"受诅咒者"，正如该隐（Cain）一般。那些旨在建立独夫统治的大公有时会被指责为第二个斯维雅托波尔克。不过鲍里斯和格列布对长兄的恭顺和尊敬也树立起圣徒般的榜样。从这一点来说，祭仪有助于增强低级大公应该遵从高级大公的呼声。圣徒言行录把两兄弟描绘成亚伯（Abel）那样的无罪者，他们的不抵抗正如耶稣基督一样。

确切地说，那些开启《往年纪事》写作的问题，由谁所提，在什么时候提的，我们并不清楚。不过这些问题却勾勒出该文本的总体轮廓。它很可能成书于 12 世纪初。11 世纪中期，洞窟修道院僧侣杰里米（Jeremy）所津津乐道的"罗斯土地受洗"，如今早已湮没无闻，南部一些城市如基辅，因为大公之间的争权夺利而遭受蛮族入侵的苦难。对罗斯起源以及与起源相关著述的普遍好奇似乎推动了《往年纪事》所提供的概述的出现。但是，在此之外剩余下来的，则毫无疑问源自弗拉基米尔·莫诺马赫。尽管他到 1113 年才继承基辅王位，不过在此之前 10 多年的时间里，基辅实际上处于他与堂兄斯维雅托波尔克的共治之下，主要是由于后者缺乏政治

---

[1] Gerhard Podskal'sky 从不同的角度讨论了有关他们崇拜的证据，见 *Khristianstvo i Bogoslovskaia Literatura v Kievskoi Rusi*（988 – 1237gg.）（St Petersburg, 1996），198 – 207，380 – 381；另外见 Boris Andreevich Uspensky, '*Kogda byl kanonizirovan Kniaz' Vladimir Sviatoslavich?*', *Palaeoslavica*, 10：2（2002），271 – 281。

[2] Monica Morrison White, '*Military Saints in Byzantium and Rus*', 900 – 1200', Ph. D. thesis, Cambridge, 2004.

上的或军事上的天赋。莫诺马赫是鲍里斯与格列布祭仪的积极赞助者，正是他负责把两人的遗物于1115年迁移到一所新建的教堂。同时代的一部故事集把此事称为"一项辉煌的奇迹"，并对莫诺马赫投以赞许的眼光。很可能这部故事集就是受莫诺马赫委托而写成的。① 洞窟修道院的记事传统也需要为它的目的服务。《往年纪事》之得以编纂成现在这种形式，很可能就是在他的赞助下持续进行的。《往年纪事》以目击的方式真实呈现了1097年导致高级大公瓦西里科（Vasil'ko）失明的阴谋事件：当时的基辅大公，堂兄斯维雅托波尔克显得怯懦、偏信和背信弃义，失明也被说成是真正的殉道。斯维雅托波尔克违背面对十字架所发的誓言则使得他的恶行更为丑陋。莫诺马赫这一面则哀叹道："我们的父辈和祖父辈是真的关心罗斯大地，而我们则打算毁掉它。"② 此时期的其他记录则借莫诺马赫之口呼吁大公之间团结一致：他既保持了与蛮族作战的先民传统，同时，1103年他还制定了针对蛮族的新战争策略，计划发动春季攻势，以起到攻其不备的效果。另外，莫诺马赫《劝诫》里的自传部分所传递出来的宗族这一主题亦非偶然。实际上，《劝诫》已经被录入1096年的《往年纪事》之中，同时还附录了一封他于同年写给堂兄奥列格的信和一篇祈祷文，后者类似于一种"资料汇编"，内中记录了当时所发生的各种事件。在儿子同奥列格的军队作战身亡之后，莫诺马赫写了这封信。他回想起"睿智的祖父辈们所处的时代"，并提议既往不咎，双方以圣十字架作为见证，达成和解，③《往年纪事》中也有类似观点。

　　事实上，我们不能把《往年纪事》简简单单地说成是莫诺马赫的喉舌：它也对斯维雅托波尔克给予了某些肯定，记录下他对洞窟修道院的访问以及对狄奥多西乌斯墓的尊敬。不过，它构筑过去

295

---

① *Uspenskii Sbornik* XI-XIIIvv., ed. Sergei Ivanovich Kotkov et al. (Moscow, 1971),70.

② *PVL*,112.

③ *PVL*,105 - 106.

以及当代历史的方式，与莫诺马赫的方式十分相像，这一点确实是不证自明的。这本书于 1115 年左右编纂完成，它可能吸收利用了 1091 年前后成书的一个老版本以及洞窟修道院建立以来所保留的编年史。1116 年，该书的一个抄本由维杜比奇修院院长西尔维斯特抄写完成，同时他还署上了自己的名字。这所修道院是由莫诺马赫父亲建立的。很明显，西尔维斯特的抄本很快就得到增补，此即为劳伦西亚版（Laurentian version）《往年纪事》的前身，它同样转录了插入进来的莫诺马赫著作中的一些"资料"。这个增补本很可能就是西尔维斯特自己所创，它貌似源自于大公姆斯季斯拉夫（Mstislav）于 1117 年委托编订的新版《往年纪事》。该版本后来被他的父亲莫诺马赫从诺夫哥罗德转移到了基辅附近的别尔哥罗德（Belgorod）。[①]

因此，旨在"构筑罗斯过往"的一系列写作和修订工作都发生在莫诺马赫登上基辅王位之后不久。这位伟人的话语、劝告和行为大部分都在 1113 年之前定格，那时他只是在名义上尊奉斯维雅托波尔克为"兄长"，因此如果说他在装饰鲍里斯与格列布的圣祠方面超过了斯维雅托波尔克的话，那么也只是多少重复了两位圣徒的作用而已。正是与莫诺马赫堂兄的竞争驱动他们去纪念大公的形象和行为。一旦登上基辅王位，并做好安排，能让姆斯季斯拉夫顺利继位之后，[②]莫诺马赫就开始真正实施有效的霸权统治。在莫诺马赫继承基辅王位之后，为他的行为和格言做记录看起来并不是当务之急，一方面是因为他的文学品位，同时他的身体直到 1125 年逝世时依然很健硕。这种把大公的统治权置于光辉历史传统之中的做法也颇具争议：弗拉基米尔·斯维亚托斯拉维奇使徒

---

① 重现《往年纪事》定本的过程毫无疑问只能是一种假设：参见 PVL，352，359 - 366，541，584 - 585（Commentary）。我们所遵循线索的提供人为 A. A. Gippius，'K Probleme Redaktsii Povesti Vremennykh Let. I'，*Slavianovedenie*（2007）no. 5 20 - 44；以及 Gippius，'K Probleme Redaktsii Povesti Vremennykh Let. II'，*Slavianovedenie*（2008）no. 2，3 - 24。

② Nazarenko，'Vladimir Monomakh'，284 - 285。

般的功绩是不可复制的，鲍里斯和格列布祭仪以及《往年纪事》之中所确立的主色调并不能为专横的独夫统治者提供多少典范。不过，把自己写进祭仪故事之中似乎看起来更有前景，上述奇迹故事集表明这正是莫诺马赫的目的。[①]

"历史的终结"？

《往年纪事》并非12世纪早期编订的唯一一部罗斯历史概览。鲍里斯与格列布的奇迹故事集后来也出现了一些增补本，一些有关礼拜仪式的书籍亦变得更详尽。不过，人们依然希望把两位圣大公的遗骸留在基辅附近的维什戈罗德（Vyshgorod），不要转移他处或打扰他们：因而对于他们在尘世的事迹再没有什么好说或好写的了。与此同时，洞窟修道院仍然在编订相关的言行录，礼拜仪式也在继续，不过，圣徒传记作品的"溪流"这时似乎已经干涸。这正是两位教友——西蒙与玻利卡普（Polycarp）于13世纪初收集起来的大量材料留给我们的一种印象。只有少部分故事出现在12世纪中期或更晚：该资料集歌颂了修道院的建立与开创者们的苦行和虔诚，记录了许多事件，包括狄奥多西乌斯在院长任期内所做的各种模范行为以及他与大公之间的交往。这个资料集最终被命名为《帕特里克》（Paterik），不禁让人回想起沙漠隐士的言行录以及其他圣徒传记辑录。[②] 13世纪中期，体现罗斯政治结构的配置，皈依基督教之后的规矩以及本土出现的救赎指南都已经牢固确立起来。《往年纪事》的权威解释并不那么容易得到修正。对罗斯历史的任何细致呈现，均不能指望达到比"时代书册"（tract for the times）更大的效果：大公家族各个分支的人口都不可避免地增加了，诸多势力弱小的大公开始在辽阔的地点确立自己，而基辅和诺

---

① *Uspenskii Sbornik XI-XIIIvv.* 70.

② *The Paterik of the Kievan Caves Monastery*, trans. Muriel Heppell (Cambridge, Mass., 1989), pp. xvii-xxii, xxix-xxxiii.

夫哥罗德则成为王朝主要成员之间争端的原因。几乎每个人在宝座上待的时间都很短，以至于没有内容来支撑宏大的叙事或来不及为他们的统治留下纪念。稳定或者说某种王朝延续，开始向如切尔尼戈夫这样的政治中心倾斜。后者虽历史悠久，但却缺乏所赋予基辅的"卓越"历史内涵——《往年纪事》帮助了这一建构。自10世纪晚期以来，在基辅就出现了拥有教堂居民的都主教，因而罗斯土地绝非某种激进的"替代历史"（alternative history）的写作之地。这种"替代性"历史是要赞美切尔尼戈夫和其他所谓的古代中心。

上层政治文化依旧充满活力。不过，历史如今都是以更为生动的诗歌形式展现出来，这一点我们可以从《伊戈尔远征记》（*Slovo o Polku Igoreve*）判断出来。这本书以英雄的失败为主题，详细记述诺夫哥罗德与谢韦尔斯克（Seversk）两城的低级大公——伊戈尔·斯维亚托斯拉维奇（Igor Sviatoslavich）于1185年发动的一场针对波洛韦茨人的远征。由于写出来是为了给伊戈尔同时代人看的，因而诗人在书中高度赞扬了伊戈尔及其武士们的勇敢，不过也批评了他们的自负，正是这种自负导致伊戈尔为独享"古时的荣誉"，孤军深入大草原，而不是与其他大公合兵一处。现在，为了同异教徒战斗，所有罗斯大公都应该紧密团结在基辅大公周围；他们应该摒弃奥列格·斯维亚托斯拉维奇的所作所为：后者"用他的剑激起了大公之间的争斗"，而且还不愿意参加针对波洛韦茨人的共同行动。① 同时，这本书还表达了一种归属感与回归过去的团结的使命感——基辅拥有对整个罗斯的领导权，这个罗斯包括诺夫哥罗德，沃伦河上的弗拉基米尔（Vladimir-in-Volynia）以及一直延伸到东北边界的（穆斯林）伏尔加和保加尔等地区；甚至多瑙河边的少女也对伊戈尔返回基辅表示庆祝！通过这种方式，部分也是出于同样

---

① *Slovo o Polku Igoreve*，ed.，Lev Alexandrowich Dmitriev and Dimitri Sergeievich Likhachev，2ⁿᵈ edn（Leningrad，1967），48，51，56；and Likhachev，*The Great Heritage*，180 - 185.

的原因，《伊戈尔远征记》对罗斯的时空定位，可以说与《往年纪事》一样雄心勃勃。现在，对于《伊戈尔远征记》最初编订时间的疑虑已经消除，因为其术语同在诺夫哥罗德以及其他一些城市发掘出来的桦树皮文书（birchbark letters）完全吻合。12 世纪，这些文书沿着城市网络迅速发展，所关注的也都是一些有关所有权、债务以及情感顿悟等主题。尽管诗人表面上说是写给精英阶层的，不过从内容看来，它们的写作者可能已经领会了《伊戈尔远征记》所传递的信息。为此，政教精英阶层容纳了博学之士与精通写作的人。克林·斯莫里亚蒂奇（Klim Smoliatich）就是这样一种人。他与僧人托马斯一起负责进行宫廷中的"风格转换"。后者曾批评他更像名"哲学家"，暗示他喜爱希腊作品胜过《圣经》。① 这种写作才能也颇得赏识：1147 年，基辅大公伊贾斯拉夫（Iziaslav）任命克林担任罗斯大主教，不过最后计划流产了。

　　现在，充斥着主教与修道僧的宫廷在基辅之外的其他许多城市也已经开始出现，这可以视为罗斯政治分裂的一个征象。在我们的编年史中，记载下了登基、自相残杀的争斗以及大公的废立等事件，另外它对会议与战争的记载也极为详尽。事实上，至 12 世纪末，对事件的记载变得越来越详细，写作历史的地方也越来越多，如基辅、诺夫哥罗德、罗斯托夫（Rostov）、克利亚济马河上的弗拉基米尔（Vladimir-on-Kliazma），以及 13 世纪早期以后的加利奇（Galich）等地。② 这些历史写作都服务于大公及其直系亲属的现实目的，有时候也服务于维护它们的僧侣。写作的内容包括：大公的

298

---

① Simon Franklin, *Sermons and Rhetoric of Kievan Rus'* (Cambridge, Mass., 1991), pp. lviii-lxiii (Introduction); and Franklin, *Writing, Society, and Culture in Early Rus, c. 950-1300* (Cambridge, 2002), 225-227.

② 参见如 Dimitri Sergeievich Likhachev, *Russkie Letopisi i ikh Kul'turnoe-Istoricheskoe Znachenie* (Moscow and Leningrad, 1947), 268-280; Iurii Aleksandrovich Limonov, *Letopisanie Vladimiro-Suzdal'skoi Rusi* (Leningrad, 1967), 185; 以及 Mykola Fedorovych Kotliar, *Galitsko-Volynskaia Letopis': Tekst, Kommentarii, Issledovanie* (St Petersburg, 2005), 36-37 (Introduction)。

诞辰与祭日、重要教士的死亡、由谁发起争论、由谁建立了一所修道院或者死后葬在哪里等。作品预想的读者属于这个环境,而为大公以及基督教历史上具有里程碑意义的事件确立时间,这可以提供一些有用的参照点。大公的死亡之所以是值得记诵的事件,是因为它提供了一种方式,可以连篇累牍地讨论他的基督教道德,这些议论可能来自葬礼上的赞美诗,也可能来自 12 世纪末期的宗教文本,不过内容是从更早期的编年史中摘录过来的。① 在诺夫哥罗德,没有一个大公或大公家族的分支能够对该城实施不间断的统治,权力也更为分散。正因如此,这里的编年史写作可以说更加充满活力:城市统治者以及其他一些低级官职履职的日期也都被纷纷记录下来,甚至内部纷争的煽动者、牺牲者以及"叛徒"的名字也都记录在案。写作诺夫哥罗德编年史的教士们都清晰地表达出某种集体的意识。他们在对大公的谴责、对重要的地方家族所作出的贡献以及偶然对行为进行道德评判等方面,显得极为自由。②

不过,这时期的历史写作并未对大公的统治以及父死子继的继承统绪进行整体评价,也没有试图重写罗斯的起源或以积极的笔调描写新政治、文化和经济中心的发展。这些地区的范围十分广泛,其中一些地区只是最近(12 世纪末和 13 世纪)才皈依基督教的。正统的过去——历史,记录的应该是基辅地位的上升,并对王室家族内部出现的和谐协作予以祝福。《伊戈尔远征记》的作者也持同样的观点。

这时,一位远离基辅并试图凭一己之力达成目标的强势大公,发现古代的王城及其前辈们仍然值得回忆。同时代的教士,确切地讲,安德烈·波戈留布斯基(Andrei Bogoliubsky,卒于 1174 年)对东北罗斯的统治,得到了当时教会人士的赞扬——确切地说是在

---

① Anatolii Pavlovich Tolochko,'Pokhvala ili Zhitie?' *Palaeoslavica*,7(1999),26 - 38.

② Timofei Valentinovich Gimon,'V kakikh sluchaiakh imena Novgorodtsev popadali na stranitsy Letopisi (XII-XIII vv.)?' *DGVE 2004 god* (Moscow,2006),291 - 333.

礼拜用书中。安德烈制定了波克罗夫节（festival of Pokrov），纪念一位圣徒对上帝之母的幻象以及后者留在布莱克那伊（Blachernae）教堂的面纱：戴着面纱的她不仅保护着君士坦丁堡，而且现在也保护着克利亚济马河上的弗拉基米尔的王座。此时，很可能就是在安德烈生前，人们还编纂了一本奇迹故事集，用以庆祝节日中心的圣象（以童贞女"弗拉基米尔"闻名于世）：安德烈将这幅圣象从基辅带到他自己的城市，将其安放在圣母升天大教堂里面，而这所教堂正是由他捐建给上帝之母的，在那里，所有的病人都可以被治愈。还有一个文本，很可能就是安德烈自己杜撰的，详细记载了一次节日庆典，庆祝他在圣象的保护之下，于 1164 年 8 月 1 日战胜伏尔加-保加尔人（Volga-Bulgars）。据说这一天在君士坦丁堡也举行了同样的节日庆典，以庆祝曼努埃尔一世·科穆宁（Manuel I Komnenos）于"同一天"战胜"萨拉森人"。[①] 从中可以看出，安德烈对拜占庭政治文化中的某些因素重新加以编排，目的是尝试在罗斯东北地区建立一种新的权力基础，并使之合法化。理所当然地，赞助世俗人士来记录他权力上升的过程——即古典或现代意义上的"历史"——并不在他的计划范围内。不过，编年史写作仍然在继续。安德烈拥有自己的私人编年史家，他的弟弟"大窝"（Bignest）弗谢沃洛多维奇德（Vsevolod Iurevich，卒于 1212 年）曾出钱赞助编纂活动，以记录基辅南部地区发生的事件。

299

蒙古时代和后蒙古时代
鞑靼人的征服

以克利亚济马河上的弗拉基米尔为基地的大公们，对罗斯北部地区的有效统治一直持续到 13 世纪。与此同时，许多以斯摩棱

---

① Ellen S. Hurwitz, *Prince Andrej Bogoljubskij : The Man and the Myth* （Florence, 1980）, 54 - 84, 90 - 93；Dimitri Sergeievich Likhachev (ed.), *Slovar' Knizhnikov i Knizhnosti Drevnei Rusi*, 3 vols. (Leningrad, 1987 -), i. 37 - 39, 416 - 418, 421 - 423；and Podskal'sky, *Khristianstvo*, 231.

斯克（Smolensk）以及更远的南部地区作为权力基础的大公却为了争夺对基辅的控制权争斗不已。该城的魅力在当时仍未消失。未来事变的征象出现于1223年，当时一支蒙古大军突然出现在东方，并在卡尔卡河（Kalka）打败南部地区的一些大公。1237年，蒙古人再次发动攻击，首先攻陷并洗劫了里亚赞（Riazan），之后就轮到罗斯颇具象征意义的城市斯克利亚济马河上的弗拉基米尔：该城大公尤里·弗谢沃洛多维奇被斩首示众。南部诸城市成为下一个进攻目标。1240年，蒙古人使用攻城炮攻击并蹂躏了基辅，之后基辅作为王城的地位再也未能恢复。不久之后，更西部的一些城市，如沃伦河上的弗拉基米尔也被迫屈服。蒙古人要求幸存下来的所有大公投降，前往他们可汗所在的首府朝拜，另外他们还开始有系统地征收贡赋。为此目的，他们任命了税收官员，进行了人口财产调查。不过，即便完全满足他们的要求也不一定能确保安全：1246年，尤里的继任者——弗谢沃洛多维奇，便死于他听从召唤前往金帐汗国（Golden Horde）进行第二次朝拜的过程中。尽管蒙古人及其说土耳其语的同盟者——鞑靼人，有意维持进贡国的繁荣，不过，定期的劫掠与破坏活动还是一直在持续。

异教徒征服罗斯虽然打破了农业定居区域与大草原地区存在的平衡，不过却没有让历史写作发生翻天覆地的变化。东北地区以及诺夫哥罗德的编年史家早已把卡尔卡河的战败解释为预示着世界末日的到来，蒙古人后来的入侵则重新燃起了人们对于帕塔拉的伪美多迪乌斯预言的兴趣。教士如今掌握着上帝发怒的第一手证据，试图以此来敦促民众进行普遍性的忏悔。他们还为那些因为信仰而牺牲的新殉道者们写作传记。其中就有一个关于切尔尼戈夫大公米哈伊尔（Mikhail）的传记作品，据说当朝贡的大公抵达金帐汗国以后，他们被要求在圣火之间行走，而米哈伊尔因为拒绝这样做而惨遭杀害。1237年之后不久，一位目击者记录下了里亚赞的毁灭，他谴责了大公之间的斗争，还批评他们"缺乏智慧"。这类编年史的写作仍然在这里持续，诺夫哥罗德、罗斯托夫、克利亚济马河上的弗拉基米尔等城市的作家用非常详细的笔调记

300

录了诺夫哥罗德以及罗斯大公之间相互残杀的争斗。在西南地区丹尼尔·罗曼诺维奇（Daniel Romanovich，卒于1264年）的宫廷里，大公为夺取对加利西亚-沃伦（Galicia-Volynia）的控制权而展开的各项斗争都被一一详细地记录下来。写作编年史的目的就是为了纪念他取得的各项成就。编年史对于他跪倒在可汗拔都（Batu）面前，宣誓像他的"奴隶"那样上缴贡赋的行为也确实予以了记录，不过并不是十分热心。实际上，可汗无论指派谁担任克利亚济马河上的弗拉基米尔城的大公，谁便自然地获得一项权利，赋予他名义上的高级王权；低级大公的王权同样得到确认。编年史还把"劫掠"以及税官的敲诈勒索说成是鞑靼人的"压榨"或者是大公之间内斗的结果，而不是将其置于外族统治的更广阔的背景之中。

鞑靼人统治范围的轮廓与他们在大草原上居住有某种关联。他们不愿意占据北部的森林地区，更乐意让那些罗斯大公充作代理人。不过，对于持续数个世纪之久的鞑靼人统治这样一个历史事实，编年史作品却缺乏记载，这既非偶然，也并非因为无知。如果更加仔细地阅读13世纪末期和14世纪的资料的话，我们不仅会发现大公们对金帐汗国首府的朝拜有多么频繁，而且还会发现他们对沿途的旅程，更多的是对鞑靼精英阶层的风俗、姓名以及地位等有多么熟悉。① 可汗的统治给罗斯人投下的阴影还可以从罗斯文本把成吉思汗（Genghiz Khan）家族的领袖称为"沙皇"（tsars）这一点反映出来。这个术语通常用来指代合法的高级领导权，以前常与拜占庭帝国的皇帝联系在一起。② 与此相对，非成吉思汗家族的贵族仅仅只是一名"大公"（kniaz'）。亚历山大·涅夫斯基（Alexander Nevsky）记录了他对拔都可汗的一次朝拜活动。这份记录为我们展示了这样一种潜在的理论逻辑：拔都是"东方强有力

① Charles J. Halperin, '"*Know Thy Enemy*": *Medieval Russian Familiarity with the Mongols of the Golden Horde*', *Jahrbücher für Geschichte Osteuropas*, 30 (1982), 163－175.

② Michael Cherniavsky, '*Khan or Basileus*', *Journal of the History of Ideas*, 20 (1959), 459－476.

的可汗，上帝把从东到西的许多民族都置于他的统治之下"。[①] 面对或是归顺拔都或是国土遭毁灭的选择，大公亚历山大选择了归顺。如此一来，正如所有其他由上帝所降下的天灾一样，鞑靼人事实上也是一种信仰的约定。因此，与鞑靼统治阶层的合作就不仅仅是一种实际的政治考量：他们地位的上升正是上帝的旨意。

301

  1280 年代左右写成的《亚历山大·涅夫斯基传》(*Life of Aleksandra Nevsky*)详细记录了亚历山大的选择。该书的作者与亚历山大的儿子以及罗斯教会领袖——大主教基利尔二世(Kirill II，约 1250—1281 年)的关系都很密切，而且很可能就是基利尔自己：他在亚历山大的王城——克利亚济马河上的弗拉基米尔待了很长一段时间。《涅夫斯基传》对亚历山大与鞑靼关系的记载向我们暗示抵抗比无所作为更坏。该书也强调指出了亚历山大对西方入侵者的反抗。这些反抗活动包括他在上帝的庇护之下，于涅瓦河(1240 年)战胜瑞典人，于冰上激战(Battle of Ice，1242 年)战胜条顿骑士团等。通过诸如此类的作品，高级教士试图号召信徒起来反抗"拉丁"派的假基督徒以及压迫者，然而，他们却认为鞑靼人的统治不可避免。只要宗教教义与仪式仍然保持纯洁，只要教士保持自律并引导俗信徒，真正的基督徒是能够获得回报的。这个回报如果不一定出现在尘世之中的话，那么在天上他们就一定能得到。大主教基利尔还采取措施，设法澄清了教士与俗信徒各自的行为规范，并利用斯拉夫语的译本对教会法令集进行了改写，促进其传播。这本被誉为"舵手之书"的斯拉夫语译本，是在一次讨论教会记录的宗教会议上发布出来的。从基督教的观点来看，鞑靼人的统治恰恰为他们提供了一次新机会，他们可以利用这次机会来向民众灌输正确的宗教观念，同时禁止拉丁基督教异端。在这个过程中，亚历山大·涅夫斯基的传记自有其妙用：它为大公们的行为提供了标准，而这个标准源自于最近的历史时期。

---

① Iurii Konstantinovich Begunov，*Pamiatnik Russkoi Literatury XIII Veka* '*Slovo o Pogibeli Russkoi Zemli*'，(Moscow and Leningrad，1965)，192.

在鞑靼人的阴影之下争夺历史

从属民必须支付沉重的赋税,必须为远方进行的战争提供人力资源这一方面来看,蒙古和平(pax mongolica)有其残酷的一面。金帐汗国的统治者也未能免于内部的争斗。但是,在前面 60 年的时间里或者说在 14 世纪,统治权仍牢牢地掌握在他们的首府——位于伏尔加河下游的撒莱(Sarai)手中。蒙古人把特权不仅仅授予理应获得的大公,而且还授给教会的领导者。这些特权包括广泛的司法审判权,税收豁免权以及他们的扈从为其服兵役的权利等。作为回报,他们必须为可汗及其家庭祈祷。在这种景况看起来不会发生多大变化的情况下,人们仍然在传抄《亚历山大·涅夫斯基传》的手稿,它的风格和内容也影响到后世大公的传记写作。一些小公国不仅为其统治者的行为撰写编年史,他们还庆祝国家的光复。因此,《拔都摧毁里亚赞纪事》(*Povest' o Razorenii Riazan' Batyem*)对早期的一份记录进行了润色,对里亚赞的沦丧表示哀悼,同时也赞扬了大公英格瓦·英格瓦雷维奇(Ingvar Ingvarevich)所从事的收复工作。

特维尔(Tver)城大公们的野心更大。1305 年,米哈伊尔出钱赞助编年史编纂。这次编纂不仅囊括了《往年纪事》的内容,而且还一直延续到他自己的时代。米哈伊尔有自己的理由:过往大公王位继承的先例有助于他争取克利亚济马河上的弗拉基米尔的王权。米哈伊尔的父亲雅罗斯拉夫曾经在那里实行过统治,而现在米哈伊尔是他这一代人中地位最高的大公。在特维尔,文学生活很兴盛,有位作家甚至将米哈伊尔抬举为"自己领地内的沙皇"。人们还认为米哈伊尔曾经指责大主教彼得,说他犯下了买卖圣职罪。但是,当可汗决定收回米哈伊尔的特权时,事情又不得不回到现实。1318 年,米哈伊尔在遭受了酷刑之后,被斩杀于金帐汗国。此后不久,一位特里尔的作家写作了一本名为《特里尔人米哈伊尔纪事》(*Povest' o Mikhaile Tverskom*)的书,以纪念这一事件。在这

302

本书里,他将米哈伊尔描写成了一个为信仰而受难的人;另外,他还从伊拉里翁的《论律法与恩典》以及有关鲍里斯和格列布的各种著作中摘录了许多内容。[①] 编年史的写作仍然在继续,这其中包括了一份目击者的记录,描写了1327年发生的一次暴动,目的是反对鞑靼官员的盘剥。不过,这种过度的自信使特里尔丧失了与大主教以及可汗建立特殊关系的机会,最终的受益者属于米哈伊尔的堂兄弟们,他们属于该家族的一个敌对的分支。虽然在血缘亲疏方面处于劣势,所盘踞的城市自然资源也有限,但是莫斯科的诸位大公却努力地克服了这些困难,向可汗寻求占据最高王座的权力,即对克利亚济马河上的弗拉基米尔的统治权。第一位接受这一王座的莫斯科大公,最终在朝拜可汗的时候丧失了性命。不过他的弟弟伊凡(Ivan)最终于1331年获得了这个头衔,而且没多久就证明了该头衔的价值:他征收的赋税之多,为他赢得了"钱袋"这一绰号。

1325年,伊凡开始在克林姆林宫修建圣母升天大教堂,目的是求取后者的保护,正如安德烈·波戈留布斯基为他的城市克利亚济马所做的工作一样。用这种贡献求助于过去的岁月,既保险又不失野心。由于大公的优势地位完全是名义上的,而且实际上取决于可汗的好恶,因而在著作中详细阐释莫斯科的野心是非常危险的。对伊凡来说,幸运的是,大主教彼得选择在莫斯科定居,并敦促他在那里建立教堂,甚至是他的墓穴。《神圣大主教彼得传》(*Zhitie Sviatogo Petra Mitropolita*)编纂于1326年,当时彼得刚逝世不久。书中详细记录了墓穴周围发生的奇迹,为我们呈现出一种独特的莫斯科视角。[②] 1339年,君士坦丁堡正式将彼得追认为圣徒,他的神龛也因此成为朝圣的地点。

---

① Vladimir Andreevich Kuchkin, *Povesi o Mikhaile Tverskom* (Moscow, 1974), 224-234, 239-244.

② *Zhitie sviatogo Petra mitropolita*, in Makarii, *Istoriia russkoi tserkvi*, ed. Aleksandr Vasil'evich Nazarenko et al, 9 vols. (Moscow, 1994-1997), iii, 415-417, at 416-417.

第十四章 过去与现在的塑造：罗斯历史编撰，约900—约1400年

另一方面，修道院团体在森林地区的大发展正日益改变着罗斯的定居模式。这些森林地区虽然距离遥远，但仍然处于如莫斯科这类城市的管辖范围之内。一个个可能成为圣徒的修道者为信徒们提供了强大的感召力。这些人试图通过严格的自我节制以及编纂文本的方式，重建埃及"隐士之父"的"沙漠"。在14世纪的罗斯，最著名的修道僧为谢尔盖（Segrei，卒于1392年）。为了追求独处，他和自己的弟弟一起来到了靠近拉多尼兹（Radonezh）的荒野，在那里建造了一所木头小屋和礼拜堂。谢尔盖还将自我节制与传道的热情结合起来，因而吸引了众多信徒，后来他把修道者组织起来，建立了一种严格的集体退隐方式。谢尔盖的传记作品——《拉多尼兹人圣谢尔盖传奇》（*Zhitie Prepodobnogo Sergiia Radonezhskogo*）详细记录了谢尔盖修道院或者说圣三位一体修道院的建立及其传播。该书据说是由"智者"埃皮法尼（Epifanii）写作的，目的是为了把谢尔盖尊为圣徒。[1] 在圣徒的周围，隐居场所开始建立，信徒也聚集起来，然后他们分散开来，去寻找新的隐居地，这本是圣徒传记作品的一种传统写作手法，不过它也反映了罗斯北部地区修道运动的现实：谢尔盖建立的网络传播范围又远又广。与此同时，另外一位圣徒斯蒂芬则把主要精力放在彼尔姆（Perm）地区，开始向说芬兰语的民众传教，并着手把一些重要的文献翻译成芬兰语，为此他还专门发明了一种字母表。1396年，斯蒂芬逝世之后不久，埃皮法尼便把他的这些事迹写入另外一本"传记"，即《彼尔姆人圣斯蒂芬传记》（*Zhitie Sviatogo Stefana Permskogo*）。这本书既用到了书面文献，同时也用到了作者自己收集的材料。在这本书中，作者把斯蒂芬拿来与使徒以及距今更近一些的一位传教士，即君士坦丁堡的西里尔进行了对比。[2] 大约就是在这个时间，

303

① John Meyendorff, *Byzantium and the Rise of Russia*（Cambridge，1981），133 - 134；Likhachev（ed.），*Slovar' Knizhnikov*, ii. i. 330 - 331.

② Epifanii, *Zhitie sv. Stefana Episkopa Permskogo*, ed. Vasilii Grigor'evich Druzhinin（St Petersburg，1897），69.

斯蒂芬逝世了。基利尔的精力则集中于诺夫哥罗德东北部的白湖（White Lake，Beloozero）。他的隐居既吸引了当地的农民，也吸引了他之前修道院里的僧侣前来修道，以至于这里的人口日益增长，逐渐使得为修道者提供生活必需品成为当务之急。基利尔建立的修道院，即基利尔-白湖修道院图书馆的藏书，颇能反映基利尔的目的。他以历史注释的方式，让学生更清楚地理解已翻译过来的拜占庭文本。他还编纂了一部百科全书。在这本书里，历史、医学、天文知识与教义教规等交互融合在了一起。这些教规还包括一份有关"僧侣团体"的规则，这些团体是建立在埃及、巴勒斯坦以及阿托斯山（Mount Athos）的一种半隐居的小规模团体。① 基利尔这样的修道运动领袖确实发挥了开创性的作用，他们给遥远的森林地区带去了一种新的生活。这种生活以敬神作为第一要义，然后才是读书写字。14 世纪，在阿托斯、君士坦丁堡以及其他东正教的核心区域，那些自我意识强，同时又对自己要求严格的僧侣非常热衷于为他们的导师以及其他当代人写作传记，圣徒传记及其他作品因而得以在说希腊语和斯拉夫语的世界里广泛流传。除了在精神方面的远大抱负之外，圣徒传记作品所描述的生活方式以及苦修的仪式还进一步弥补了修道规章和其他制度文本的不足；重温著名圣徒的经历便成为通往天堂的阶梯。追随或远或近的过去的写作范例将会孕育出"一个北部的底比斯"，②即一个修道团体网络，通过早期教父和洞窟修道院院长狄奥多西乌斯而设定了自己的准则。

在仪式上以及在关乎贞洁的宗教文本的精确性方面，对纯洁的关注因为世界末日的期许（见下述）而进一步加强。不过，修道运动的领袖仍在其文本所描述的世界与周遭的世界之间寻找相似点。无论如何，组织化的修道团体需要权威人士的配合。作为圣

---

① *Entsiklopediia Russkogo Igumena XIV-XVvv.* , ed. Gelian Mikhailovich Prokhorov (St Petersburg, 2003), 158 - 164（text）, 345 - 351（commentary）.

② George P. Fedotov, *The Russian Religious Mind*, 2 vols.（Cambridge, Mass. , 1946 - 1966）, ii. 257.

三位一体修道院的院长，谢尔盖与莫斯科大公之间联系密切。他是德米特里(Dmitri)的告解者，而且还为后者的两个儿子施行了洗礼。对于那些希望使自己的城市受到上帝庇护的大公而言，他们也欢迎那些与之亲近的圣人得到更高一级的权力。与此同时，谢尔盖还与君士坦丁堡大主教保持通信，后者呼吁整肃不赞成严峻修道生活的僧侣。因此，在罗斯的各个修道院，支持院长的权威，和支持拜占庭帝国皇帝和教会的结合，具有一定的联系。从历史的角度来看，罗斯大公的行为同样是值得称颂的。当新近被任命为基辅及全罗斯大主教的基普里安(Kiprian)进入莫斯科遭到德米特里大公(卒于 1389 年)代理人阻扰的时候，他立即给谢尔盖和西奥写信，后者于 1378 年 6 月担任西蒙诺夫(Simonov)修道院院长。在这封信中，除了详述自己最近所遭受的屈辱外，他还提到了禁止虐待教士以及任命权归主教这两条"令人敬畏的基督教习俗和法律"。基普里安希望谢尔盖和其他"尊敬的长老和院长"能够熟知这些条款："难道没有人阅读这些神圣的教规吗？"[①]因为考虑到这种规则是在一种完全不同的社会里制定出来的，在实施的时候，势必说起来容易做起来难，所以谢尔盖很明显并没有被他的话语打动：直至 1390 年，基普里安才毫无争议地在莫斯科走马上任。不过，在最终确定大主教的候选人方面，德米特里仍继续寻求获得君士坦丁堡宗主教的批准。因而，尽管一位意志坚定同时又足智多谋的大公能够阻止他们，但那些来自神圣宗教会议、宗主教以及皇帝的判例和约定俗成的规定，虽然源自远方的异域，但仍然具有一定的权威。

权力更迭，顿河上的胜利(1380 年)和迫近的厄运

14 世纪末，权力的强弱正在发生转变，不过却是沿着相反的

---

① 文本见 Gelian Mikhailovich Prokhorov, *Povest' o Mitiae：Rus' i Vizantiia v Epokhu Kulikovskoi buvy* (Leningrad, 1978)，196,201。

方向。作为可汗—沙皇重要的贡赋征收人，莫斯科大公曾经因此而繁荣兴盛。该城的市场和教会也是一样。大公德米特里尚未成年的时候，由大主教亚历克斯（Alexei）掌握实权，担任摄政。后来，至 1367 年，据特里尔大公米哈伊尔的编年史记载，德米特里"用石头为莫斯科城修建了城墙，而且……开始进攻那些不顺从的大公，特里尔大公米哈伊尔就是其中之一"。[①]米哈伊尔与德米特里一直都在争夺克利亚济马河上的弗拉基米尔的统治权。米哈伊尔也曾多次前往金帐汗国朝贡以期获得这项权力。面对所有这些挑战，德米特里都能够成功应对。1375 年，米哈伊尔最终认可了德米特里作为"长兄"的地位。不过，米哈伊尔的桀骜不驯却引发了深刻的变化。自 14 世纪初期以后，在西方，立陶宛人（Lithuanians）已经占据了罗斯西部的大部分领地，一直把他们的统治权扩展到了基辅。大公爵奥尔加德（Olgerd）征服了罗斯当地的一些太子党，并给予特里尔的米哈伊尔以军事援助，不过这种援助并没有取得任何实质性的成果。在莫斯科东南部，自 1360 年代以来，金帐汗国的统治便因为继承权争夺而受损：由于可汗的朝廷陷入竞争之中，这激起了特里尔的米哈伊尔等大公起而争夺对莫斯科的控制权。通常，德米特里都可以通过贿赂的方式收买他，不过金帐汗国的"大麻烦"确实引发了思想和军事两方面的一系列问题。

　　1370 年代晚期，德米特里大公征集了一支军队，前往进攻金帐汗国的军事强人马迈公（Mamai）。曾几何时，为了取得后者的好感，德米特里与米哈伊尔之间展开了长期的竞争。这位马迈公以前是可汗王权背后的权力支柱，现在则在一位势力更加强大的统治者的逼迫之下，要求东北罗斯地区向他表示直接的臣服。这位统治者即成吉思汗可汗家族的后裔脱脱迷失（Tokhtamysh）。1380 年，在其他公国军队的帮助之下，德米特里于顿河附近的库利科沃

---

① *Rogozhskii Letopisets*, in *Polnoe Sobranie Russkikh Letopisey* (hereafter *PSRL*), xv. col. 84.

(Kulikovo)打败了马迈公。在鞑靼人的"压迫"面前，罗斯大公所采取的这种联合抵抗活动，可以说是前所未有的事情。不过很快，在几年的时间里，脱脱迷失就开始逼近莫斯科，德米特里闻风而逃，莫斯科沦陷。脱脱迷失要求后者献出大量贡赋，并为他的军队提供士兵。德米特里一一照办。作为回报，他获得了克利亚济马河上的弗拉基米尔的统治权。如此，德米特里的卓越地位仍然建立在承认可汗的君权、获得他的认可、取得征收贡赋以及发行货币等权力的基础之上。1382 年以后，先是德米特里，然后是巴西尔一世（卒于 1425 年）在他们发行的货币上，写下了"脱脱迷失苏丹，万岁！"的铭文。[①] 德米特里在库利科沃取得的胜利后来在必胜主义者的文本里被大书特书，后者以"库利科沃团体"（Kulikovo cycle）而闻名。不过，即便是这些文本中最早的版本，也在一代人以后方才编订完成。[②] 成吉思汗家族的皇室权威与罗斯地区的政治结构之间，联系得太过紧密，这使任何直接的对抗都显得不太明智。权势人物仍然觉得，承认罗斯对可汗的忠诚，甚至是承认罗斯为可汗帝国的一个组成部分，这些举措都是值得的。[③]

　　出于同样的理由，罗斯早期历史中的一些勇者大公与圣徒也备受尊崇。14 世纪中期，出现了一部颇为奢华的手稿，制作者很可能是诺夫哥罗德的手工匠人。这部手稿名为《西尔维斯特文集》（Sil'vestrovskii Sbornik）。它收集了许多有关鲍里斯与格列布的文

① 巴西尔的货币同时也宣布自己是全罗斯土地上的高级大公。1399 年，"脱脱迷失"的字眼开始从货币上消失。不过，从 1408 年开始，一些承认鞑靼人统治地位的象征又开始出现。Thomas S. Noonan, 'Forging a National Identity: Monetary Politics during the Reign of Vasilii I', in Anna M. Kleimola and Gail D. Lenhoff (eds.), *Culture and Identity in Muscovy (1359 – 1584)* (Moscow, 1997), 495 – 529, at 495, 500 – 503.

② M. A. Salmina, 'K Voprosu o Datirovke "Skazaniia o Mamaevom Poboishche"', *TODRL*, 29(1974), 98 – 124; Likhachev (ed.), *Slovar' Knizhnikov*, ii. ii. 376 – 379.

③ Charles J. Halperin, '*Tsarev Ulus*: Russia in the Golden Horde', *Cahiers du Monde Russe et Soviétique*, 23(1982), 257 – 263.

献，在所有有关他们的插图文本中，这是我们知道的目前残存下来的最早的一个版本。在诺夫哥罗德，除了对当下发生事件的记录之外，对古代编年史的抄写工作也一直在继续。防护心理进一步加强了这种地方自豪感——需要把诺夫哥罗德的自治风俗说成是对过去传统的延续。诺夫哥罗德也受到了来自立陶宛人和莫斯科大公的威胁。同样，诺夫哥罗德大公德米特里·康斯坦丁诺维奇（Dmitri Konstantinovich of Nizhnii Novgorod）之所以寻找援手也是有原因的，他的公国落入了莫斯科的势力范围，而且他还暴露在鞑靼人侵袭的威胁之下。1377 年，受德米特里的邀请，教士拉夫连季（Lavrenty）抄写了特维尔的编年史，该编年史是后者于 1305 年编纂完成的。而特维尔的版本，即劳伦西亚版的编年史，是《往年纪事》现存最早的版本。

尽管莫斯科针对罗斯北部地区的大公采取进攻性政策，但针对立陶宛人和鞑靼人本质上处于守势。立陶宛公爵奥尔加德和大多数立陶宛贵族一样，仍然是异教徒。不过，这时他已经开始在古切尔尼戈夫地区，为他的儿子们安排职位。这一举措引起了一系列连锁反应：莫斯科教会领导人号称"基辅和全罗斯大主教"，而且还把西南罗斯地区的大部分东正教居民也看作自己的教徒。1386 年，奥尔加德的继任者雅盖洛（Jagiello）在与波兰王位的女继承人完婚的同时，皈依了天主教。克列沃联合（Union of Krewo），即波兰—立陶宛的联合促成了这桩婚姻，使拉丁人的宗教邪恶与可怕的军事力量结合起来。不过，丧钟看起来最有可能来自大草原。1395 年，莫斯科人不得不面对来自帖木儿（Tamerlane）的威胁。后者在高加索山脉附近击败脱脱迷失之后，率领大军继续北进。为保卫莫斯科，巴西尔一世命令基普里安取来"弗拉基米尔的童贞女"。该圣物自安德烈·波戈留布斯基时代以来，一直保存在克利亚济马河上的弗拉基米尔。后面的一部编年史宣称，帖木儿在看到上帝之母带领一支天兵保卫莫斯科的异象之后，选择了撤退。同时代的编年史更少一些夸张，不过有关圣象的记录确实滋长了

306

人们的希望。[1]

大公们所关心的事情在于利用集体记忆来为自己的霸权披上合法的外衣，或仅仅是为了求得政治生存。巴西尔一世命令画师装饰克利亚济马河上的弗拉基米尔的圣母升天大教堂。该教堂由其父亲重建，他通过这种方式，向世人宣称他们对这一古老王座的继承完全是神圣的。还有一位次一级的大公——谢尔普霍夫（Serpukhov）的弗拉基米尔——要求拜占庭艺术兼哲学家赛奥法尼斯（Theophanes）把莫斯科城绘制在自己宫殿内的墙壁上。对于这些不朽的教堂、城市以及神赋的权力之间的联系，作家埃皮法尼进行了揭示：他说服赛奥法尼斯为他画一幅查士丁尼圣索非亚大教堂的图画，然后把这幅画传给莫斯科的一些圣像画师来临摹。[2] 14世纪，诺夫哥罗德人以及一些来自如斯摩棱斯克等城市的个别市民把他们访问君士坦丁堡期间所耳濡目染的圣物、神龛以及奇迹等都一一详细地记录下来。[3] 不过，这些壁画和巡游并没有尝试对自弗拉基米尔皈依以来的发展进行整体的概括。

只是到了大主教基普里安的时候，才开始对历史进行合理的编排，以确定写作时的正确顺序。基普里安出生于保加利亚，对斯拉夫语非常熟悉。此外，他还在阿托斯山待过一段时间。后来，他出任君士坦丁堡大主教的高级助手，执行过多次外交使命，深受罗斯所处特殊环境的影响。在此基础上，他曾设想创建出一个理想的、世界性的基督教秩序，该秩序以"帝王之城"（沙皇格勒，Tsargrad）为基础。在罗斯，他学以致用，他的目的一方面是为了确保教义的准确性，另一方面则是为了把仪式书与那些得到拜占庭认可的书结合在一起。当基普里安首次准备进入莫斯科的时

307

---

① *Nikonovskaia Letopis'*, in *PSRL*, xi. 159 - 160, 250 - 253; *Moskovskii Letopisnyi Svod*, in *PSRL*, xxv. 223 - 225.

② Epifanii, *Pis'mo k Kirillu tverskomu*, in *Biblioteka Literatury Drevnei Rusi*, ed. Likhachev, vi, 440 - 442, at 442.

③ George P. Majeska, *Russian Travelers to Constantinople in the Fourteenth and Fifteenth Centuries* (Washington, DC, 1984).

候，曾遭到德米特里的故意阻拦，此举激发他向谢尔盖写信。基普里安采取的第一项策略就是重塑大主教彼得的"传记"（《神圣大主教彼得传》），通过这位圣人般的前辈来反衬自己的地位。莫斯科是一个充满了荣耀的城市，大公伊凡也很虔诚，但是彼得却是自己心甘情愿地选择住在这座城市的，伊凡"对他处处体贴照顾"。此前彼得就战胜了一位信仰非正统教义的对手，还当着君士坦丁堡权威人士的面，粉碎了一次针对他的诽谤性指控。这些插曲都带有基普里安个人经历的味道，传记最后以彼得如何帮助他离开君士坦丁堡（1380 年）结束：在他向彼得祈祷，请求他帮助之后，他的恐惧瞬间烟消云散，他因而得以顺利离开君士坦丁堡，最终抵达莫斯科和"你的王座"。后者是对彼得"奇迹频发的墓地"的尊称。①

不过，基普里安借助历史以及教会法的做法并没有打动大公德米特里，后者更倾向于选择一位自己熟悉的北方人来担任大主教的职位。但最终，基普里安得以再次获得任命，担任莫斯科大主教。在此之后，他开始和巴西尔一世保持密切的合作。与此同时，在莫斯科，为了颂扬"罗斯荣耀主教的崇高王座"，他开始从真正"全罗斯"的意义上来看待自己的头衔。对于立陶宛统治下的东正教信徒，他也予以关注，同时他还同立陶宛及波兰领导人保持着十分友好的关系。大公爵维特弗特（Vitovt，卒于 1430 年）的军事武功，促成了立陶宛—波兰联合体中立陶宛人的复兴，为立陶宛的进一步扩张开拓了前景。1391 年，随着巴西尔与维特弗特之女的联姻，双方达成了暂时的妥协。接下来的十年间，维特弗特的野心主要集中于诸如斯摩棱斯克这样的公国，集中于反抗金帐汗国的"十字军东征"。1399 年，在沃尔斯克拉（Vorskla）河畔，针对金帐汗国的远征失败。尽管在立陶宛人统治的地区，东正教徒受到来自拉丁主教的强大压力，但基普里安仍然反对在那里设置一个独立的

① Prokhorov, *Povest' o Mitiae*, 204 - 215, at 211 - 212,215; Likhachev (ed.), *Slovar' Knizhnikov*, i. 164 - 165.

大主教辖区。1396 年，他提议在罗斯的某个合适的地方——很可能就是立陶宛，举行一次全体会议，目的是把拉丁教会与东正教会重新统一起来。这一计划在会议地点的选择方面很大胆，但是却让人回想起过去的时代：那时会议主要是在皇帝的主持之下召开的，会后会通过一些具有普遍约束力的教会法令。

前面我们已经提到基普里安倾向于把自己等同于前任彼得。不过，他并不是有关罗斯近期历史的唯一学者。大约 14 世纪末，有人觉得有必要把颁发给教会的一系列委任状翻译过来。15 世纪早期，很可能就是在特维尔，编年史的编纂工作开始进行。但是，正是基普里安监督了这一杰出的历史写作壮举。《往年纪事》及其 1305 年的续写本，内容都得到了扩充，对事件的叙述一直持续到 1408 年（基普里安逝世两年之后）。这套书后来以《三位一体编年史》(*Troitskaia Letopis'*) 而著称于世。基普里安把罗斯塑造成一个统一基督教区域的幻想，推动了对全罗斯历史的书写工作，而且这个工作还是从罗斯的起源开始的。在叙述立陶宛统治区域最近所发生的事件时，《三位一体编年史》就是把罗斯看成一个整体，莫斯科主教辖区则是神圣的中心。这套书的语气中充满了教谕的味道。它还把战场上奥尔加德的节制与莫斯科人的嗜酒如命进行对比，敦促那些身为大公的读者，从《往年纪事》中多吸取教训。它还对 1390 年以来的事件进行了长篇累牍的叙述，这其中包括他在莫斯科所从事的传教工作，他对立陶宛的访问以及在那里任命东正教的主教等活动。[①] 作为灾难时期的产品，基普里安的《三位一体编年史》与那些最先描述罗斯土地的历史作品具有许多相同之处。此外，“全罗斯”所指代的范畴，与《三位一体编年史》编纂时期巴西尔硬币上镌刻的铭文是一致的。[②]

308

---

① *Troitskaia Letopis'*, ed. Mikhail Dimitrievich Priselkov (Moscow and Leningrad, 1950), 402, 403, 439 - 441, 443 - 444, 446 - 449, 457 - 459; Likhachev, *Russkie Letopisi*, 295 - 305; Iakov Solomonovich Lur'e, *Dve Istorii Rusi 15 veka* (Paris and St Petersburg, 1994, 57 - 62).

② Noonan, 'Forging a National Identity', 500 - 503.

新视角逐渐在这些注重细节的编年史当中显现出来，出于对世界末日的期待，编年史中开始充斥着对非同寻常的一些现象的记录。当自上帝创世以来的第七个千禧年结束时（即1492年），便是世界末日到来之时。在整个东正教世界里，在那些学识渊博的教士当中，充满了对世界末日的期待。[1] 大草原地带新近发生的一些巨变进一步加深了这种焦虑心态；基普里安自己也相信最后的审判临近了。自14世纪末以来，那些"特别关注启示录"的文本逐渐在罗斯地区编纂并流行开来，15世纪则见证了末世论作品的滥觞。[2] 编年史写作还在继续。1437年之前不久，在莫斯科之外的主教辖区内，很可能是在诺夫哥罗德，一些人完成了一部重要的、以全罗斯为背景的历史著作的编纂。在这部书中，许多当下的事件被说成了是早期大公的行为或者是圣徒的先例，以此来强调罗斯土地上信仰的一致性。除此之外，征兆也被详细地记录下来，目的是为将来发生的事件寻找蛛丝马迹。

309

大事年表/关键日期

公元10世纪中叶	女大公奥尔加在君士坦丁堡受洗
约公元988年	弗拉基米尔大公受洗，拜占庭大主教落户基辅
1015年	弗拉基米尔逝世，他的两个儿子，即鲍里斯、格列布遭谋杀，为期十年的王朝争斗开始
公元1097年	留别克会议

---

[1] Dimitrii I. Polyviannyi, *Kul'turnoe Svoeobrazie Srednevekovoi Bolgarii v Kontektse Vizantiisko-Slavianskoi Obshchnosti IX-XV Vekov* (Ivanovo, 2000), 219 - 227; Donald M. Nicol, *Church and Society in the Last Centuries of Byzantium* (Cambridge, 1979), 98 - 105.

[2] Andrei L'vovich Iurganov, *Kategorii Russkoi Srednevekovoi Kul'tury* (Moscow, 1998), 306 - 309, 320 - 321; and Michael S. Flier, 'Till the End of Time: The Apocalypse in Russian Historical Experience before 1500', in Valerie A. Kivelson and Rovert H. Greene (eds.), *Orthodox Russia: Belief and Practice under the Tsars* (University Park, Penn., 2003), 127 - 158, at 132 - 135.

第十四章　过去与现在的塑造：罗斯历史编撰，约 900—约 1400 年

公元 1113—1125 年　　基辅大公弗拉基米尔·莫诺马赫取得在罗斯的霸权

公元 1157—1174 年　　克利亚济马河上的弗拉基米尔大公安德烈·波戈留布斯基取得在东北罗斯的霸权，成为罗斯土地上的权势人物

公元 1185 年　　伊戈尔大公发起针对草原游牧部落波洛韦茨人的远征

公元 1177—1212 年　　克利亚济马河上的弗拉基米尔大公"大窝"弗谢沃洛多维奇取得在东北罗斯的霸权

公元 1237—1240 年　　蒙古入侵与征服罗斯

公元 1246 年　　切尔尼戈夫大公米哈伊尔，在朝拜拔都可汗期间罹难

公元 1252 年　　亚历山大·涅夫斯基接受可汗的任命，获权统治克利亚济马河上的弗拉基米尔公国

公元 1304 年　　特维尔大公米哈伊尔·雅罗斯拉维奇接受任命，获权统治克利亚济马河上的弗拉基米尔公国

公元 1318 年　　米哈伊尔大公朝拜金帐汗国期间，遭受凌辱，罹难

公元 1326 年　　大主教彼得在莫斯科逝世；不久之后，彼得传记编订，记述了彼得墓地所发生的许多奇迹

公元 1331 年　　莫斯科大公伊凡——"钱袋"伊凡一世接受任命，获权统治克利亚济马河上的弗拉基米尔公国

公元 1362 年　　莫斯科大公德米特里——顿河德米特里，接受任命，获权统治克利亚济马河上的弗拉基米尔公国

公元 1375 年　　君士坦丁堡任命基普里安担任基辅以及全罗斯阿列克谢大主教的永久继承者；1378 年，基普里

	安逝世
公元 1380 年	库利科沃战役
公元 1389 年	德米特里大公逝世，其子巴西尔一世（卒于 1425 年）继位

主要历史文献

The Chronicle of Novgorod，*1016 - 1471*，trans. Robert Michell and Nevill Forbes，introd. C. Raymond Beazley（London，1914）.

Epifanii，*Zhitie sv. Stefana Episkopa Permskogo*，ed. Vasilii Grigor' evich Druzhinin（St Petersburg，1897）.

The Hagiography of Kievan Rus'，trans. Paul Hollingsworth （Cambridge，Mass.，1992）.

Ilarion，*Slovo o Zakone i Blagodati*，in *Biblioteka Literatury Drevnei Rusi*，ed. Dimitri Sergeievich Likhachev，15 vols. to date（St Petersburg，1997 -），i. 26 - 56.

Kotliar，Mykola Fedorovych，*Galitsko-Volynskaia Letopis'*：*Tekst*，*Kommentarii*，*Issledovanie*（St Petersburg，2005）.

Kyjevo-Pecherskii Pateryk，ed. Dmitrii Ivanovich Abramovich （Kiev，1931）；partial repr. with introd. Dmitrij Tschiżewskij （Munich，1964）.

The Paterik of the Kievan Caves Monastery，trans. Muriel Heppell （Cambridge，Mass.，1989）.

Povest' Vremennykh Let，ed. Dimitri Sergeievich Likhachev and Varvara Pavlovna Adrianova-Peretts，2nd edn rev. Mikhail Borisovich Sverdlov（St Petersburg，1996）.

The Russian Primary Chronicle，trans. Samuel Hazzard Cross and Olgerd P. Sherbowitz-Wetzor（Cambridge，Mass.，1953）.

Russian Travelers to Constantinople in the Fourteenth and Fifteenth Centuries，ed. and trans. George P. Majeska（Washington，DC，

1984).

Sermons and Rhetoric of Kievan Rus', trans. Simon Franklin (Cambridge，Mass.，1991).

参考书目

Angold，Michael（ed.），*The Cambridge History of Christianity*，vol. 5：Eastern Christianity (Cambridge，2006).

Chekin，Leonid S.，'The Godless Ishmaelites：the Image of the Steppe in Eleventh-Thirteenth-Century Rus'', *Russian History*，19(1992)，9-28.

Crummey，Robert O.，*The Formation of Muscovy，1304-1613* (London，1987).

Danilevsky，Igor Nikolaevich，*Povest' Vremennykh Let：Germenevticheskie Osnovy Izucheniia Letopisnykh Tekstov* (Moscow，2004).

Fedotov，Geroge P. *The Russian Religious Mind*，2 vols.（Cambridge，Mass.，1946-1966).

Fennell，John Lister Illingworth，*The Crisis of Medieval Russia，1200-1304* (London，1983).

——and Stokes，Antony Derek，*Early Russian Literature* (London，1974).

Franklin，Simon，Writing，*Society and Culture in Early Rus，c. 950-1300* (Cambridge，2002).

——and Shepard，Jonathan，*The Emergence of Rus，750-1200* (London，1996).

Halperin，Charles J.，'The Russian Land and the Russian Tsar：The Emergence of Muscovite Ideology，1380-1408'，*Forschungen zur Osteuropäischen Geschichte*，23(1976)，7-103.

——*Russia and the Golden Horde：The Mongol Impact on Medieval Russian History* (Bloomington，Ind.，1985).

——'The East Slavic Response to the Mongol Conquest', *Archivum Eurasiae Medii Aevi*, 10 (1998 – 1999), 98 – 117.

Hurwitz, Ellen S. , *Prince Andrej Bogoljubskij: The Man and the Myth* (Florence, 1980).

Likhachev, Dimitri Sergeievich, *Russkie Letopisi i ikh Kul'turnoe-Istoricheskoe Znachenie* (Moscow and Leningrad, 1947).

Lind, John H. , 'Problems of Ethnicity in the Interpretation of Written Sources on Early Rus'', in Juhani Nuorluoto (ed.), *The Slavicization of the Russian North: Mechanisms and Chronology* (Helsinki, 2006), 246 – 258.

Lur'e, Iakov Solomonovich, *Dve Istorii Rusi 15 veka* (Paris and St Petersburg, 1994).

Martin, Janet, *Medieval Russia, 980 – 1584*, 2nd edn (Cambridge, 2008).

Meyendorff, John, *Byzantium and the Rise of Russia* (Cambridge, 1981).

Obolensky, Dimitri, *The Byzantine Commonwealth: Eastern Europe 500 – 1453* (London, 1971).

Pelenski, Jaroslaw, *The Contest for the Legacy of Kievan Rus'* (Boulder, Col. and New York, 1998).

Perrie, Maureen (ed.), *The Cambridge History of Russia, vol. 1: From Early Rus' to 1689* (Cambridge, 2006).

Podskal'sky, Gerhard, *Khristianstvo i Bogoslovskaia Literatura v Kievskoi Rusi (988 – 1237gg.)* (St Petersburg, 1996).

Prokhorov, Gelian Mikhailovich, *Povest'o Mitiae: Rus'i Vizantiia v Epokhu Kulikovskoi bitvy* (Leningrad, 1978).

Romanchuk, Robert, *Byzantine Hermeneutics and Pedagogy in the Russian North: Monks and Masters at the Kirillo-Belozerskii Monastery, 1397 – 1501* (Toronto, 2007).

Rukavishnikov, Alexandr, 'Tale of Bygone Years: The Russian

Primary Chronicle as a Family Chronicle', *Early Medieval Europe*，12(2003)，53 – 74.

陈　勇　译　赵立行　校

第十五章　中欧历史著作（波希米亚、匈牙利和波兰），约950—1400年

诺拉·贝伦德

　　中欧地区历史著作的出现，与10世纪晚期至12世纪复杂的政治、宗教变迁紧密联系在一起，这些变迁包括国家组织的出现以及统治者对基督教的引入。基督教组织、教士以及国王的赞助可以说是地方历史著作出现的前提条件。它们之间的关系不仅只是孰先孰后的问题：在写作的目的和主题方面，历史著作可以宣扬和支持基督教统治者及新宗教的权威。在西欧历史著作的影响之下，年表、事迹、编年史（大多数时候都是些兼具两种甚或多种写作风格的混合形式）以及圣徒传记等也都被引入进来。波希米亚和匈牙利的圣徒传记同时也受到了拜占庭风格的影响。几乎所有著作的作者都是移民过来的或者是当地的基督徒。直至14世纪，世俗身份的作者才开始零星地出现。大部分著作都使用拉丁文，不过在波希米亚的古老教会里，斯拉夫语在写作圣徒传记方面，以及捷克方言在14世纪，都扮演着重要角色。

　　10世纪晚期和12世纪这段时间，上述所有类型的历史著作都在这一地区出现。13、14世纪期间，开始表现出对贵族的关注，以及在波兰对地方的关注，而新的写作风格，如王室传记，也随之出现。在所有这三个国家里，历史著作的发展主要或者说完全与整个这段时期统治者的宫廷有关。与西欧相比，这里历史写作风格的差异和历史著作的数量都要更少一些。最后，"民族"史的写作

占据主流,在叙述过程中,也更加偏重于统治家族的历史。

中欧地区出现的第一种历史写作类型是年表。它主要是一些按照年代顺序,对每年发生的各种事件所做的简短记录。最早出现的年表没有一部保存下来,不过,它们的存在或多或少地由学者们从理论上进行了确证。证据主要来自后来的历史著作,其中插入了年表的内容。波希米亚地区最早的年表出现于 10 世纪末,由布雷诺夫(Břevnov)修道院和布拉格主教教会编纂;波兰则出现于 970 年代的格涅兹诺(Gniezno);克拉科夫(Cracow)出现于 1040 年左右。尽管欧洲当时一个普遍特征是年代记与编年史逐渐成为了同义词,但是,在整个这段时期内的波希米亚及波兰,许多修道院、主教辖区和宫廷中心仍然在写年代记。因此,后来的一些年代记实际上是编年史的续编。中世纪匈牙利唯一幸存的编年史名为《博索尼安编年史》(*Annales Posonienses*,其名源自波佐尼〔Pozsony〕,即今斯洛伐克的布拉迪斯拉发〔Bratislava〕),时间跨度为 997—1203 年,不过内容却被篡改了。很可能它们收录了 997—1060 年间本笃派鲍诺哈尔玛(Pannonhalma)修道院的编年史。但是,其中的第一部分可能是由国王创建的费黑瓦(Fehérvár)教堂联合会写作的,由此这部年代记便与皇家教会而非修道团体联系在了一起。[1]

第一批编年史出现于 12 世纪初期。它们的出现与王室宫廷紧密联系在一起,叙述内容也是王宫政治组织的历史,焦点在于王朝。诺伯特·克尔森(Norbert Kersken)对它们之间的相似之处进行分析之后指出:它们都是叙事史;尽管它们宣称叙事是从民族或国家的起源开始说起,但是在作者的叙述之中,明显偏重于对当时历史事件的记录;它们所强调的是国家机构的历史,同时在叙述的时候,各自使用自己的一套历史分期;它们既利用了地方上的口述

313

---

[1]　Gyula Kristó, *Magyar Historiográfia I*: *Történetírás a középkori Magyarországon* (Budapest, 2002), 28 - 29. Norbert Kersken, *Geschichtsschreibung im Europa der* '*nationes*': *Nationalgeschichtliche Gesamtdarstellungen im Mittelalter* (Cologne, Weimar, and Vienna, 1995),包含有关中欧历史编纂的全部参考书目;我在注释中只是标志了某些最近的著作。

材料，同时也使用了古典时代以及中世纪早期的历史著作。从献呈文书以及著作本身可以推断它们写作的对象和目的。写作国家机构或王朝的历史，实际是试图影响当下的政治环境，加强统治者的权力。

科斯马斯（Cosmas）是布拉格大教堂院长，精英阶层的一员，曾求学于列日，后来因为外交使命，前往意大利、德意志以及匈牙利地区游历。他的《捷克编年史》（*Chronica Boemorum*），留存下来了一些 12 和 13 世纪的手稿。其使用的资料包括口述、圣徒传记、教会的特权书以及当地（现已佚失的编年史）或其他地方（普吕姆的雷吉诺编年史〔Regino of Prüm's Chronicle〕及其续编）的历史文献。他对波希米亚起源的记录，材料来源混杂，包括口述传统、古典文献的影响以及他那个时代的传统及各种政治事件。这部捷克叙事史利用优雅的拉丁风格写作而成，编年史的内容显示作者不仅熟稔古典作品，而且还广泛征引。例如，书中引用的内容，分别来自于奥维德、维吉尔、塞勒斯特、《圣经》以及捷克谚语。科斯马斯还借用历史角色之口，直接发表演说。在所有早期的文本之中，他的历史最接近编年史。该书共分为三部分：第一部分从传说中的起源至 1038 年，内容包括首领博赫姆斯（Boemus）领导之下的定居生活、前普热美斯（pre-Premyslid）黄金时代、王朝起源的神话（如民众决定选举一位统治者；里布舍〔Libuše〕嫁给传说中的王朝创立者——普热美斯）、波希米亚早期的历史等。尽管他对传说中的过去（前基督教时代），持一种积极态度，不过，他这样做的目的主要是为了强调其异教的本质。第二部分内容涉及 1038—1092 年间统治者的所作所为，第三部分包括从内战到 1125 年之前的历史事件。科斯马斯的著作把民族、地区以及王朝的历史结合在了一起，不过，他着重强调的是王朝的历史。尽管科斯马斯并非宫廷史家，尽管他代表的是教会的观点（他甚至与主教亚罗米尔〔Jaromír〕一起反对统治者），但是，由于身处王朝内斗的环境之下，他的作品实则是在呼吁建立强大而又公正的公爵权力。它对后来捷克历史写作的影响，持续了近两百年的时间。对于记录波希米亚的起源及

314

其早期历史而言，它对历史写作模式的影响则更为久远。

　　佚名者加卢斯（Gallus Anonymous）可能是克拉科夫公爵波列斯瓦夫三世（Bolesław III）宫廷里的一名僧侣，他写作了《波兰王公编年史及大事记》（*Cronicae et gesta ducum sive principum Polonorum*，约 1112—约 1117 年）。现存最早的三部手稿源自 14 世纪末期。加卢斯这个名字则源自 16 世纪，不过并不能确定。文本自身是有关创作日期与创作者等信息的唯一来源：他是一名僧侣，一定不是波兰人。人们普遍认为他来自法国北部，来波兰之前，他很可能在匈牙利的一所修道院居住过一段时间。这部著作通常使用的名称在第一册书的导言前面就已经出现了，因而它可能是原有的或后来增加上去的。佚名作者写作了一部波兰史，记述了从它的起源到作者自己时代的历史，叙述重心尤其集中在波列斯瓦夫三世身上，叙述过程中使用了带有韵脚的散文体，把押韵的部分与诗歌结合在了一起。虽然这部作品通常被称为"事迹"（gesta），但实际上风格更为灵活多变。它的材料来源多样化，既包括书面文本，其中可能包括一些现已佚失的编年史，这些文本很少留存下来，同时也包括一些口传材料（王朝传说以及亲历者的证词等）。作者也提到了武士之歌、民歌和葬礼上的赞美诗。不过，有学者指出武士之歌是由作者自己创作出来的，然后作者把这些歌曲记录在一部拉丁译本之中。[①]"事迹"使用了古典时代的传记、奇迹故事、目击者的记录，同时也包括虚构的演说、统治者的"信件"等。它还引用了塞勒斯特、维吉尔、奥维德、贺拉斯、波伊提乌、苏尔比基乌斯·塞维鲁（Sulpicius Severus）、艾因哈德、雷吉奥及其他作者的作品以及《圣经》。一些学者认为，这部作品并没有完成，原因可能是政治环境的变化以及加卢斯的赞助人垮台。

---

① Piotr Dymmel, 'Traces of Oral Tradition in the Oldest Polish Historiography: Gallus Anonymous and Wincenty Kadłubek', in Anna Adamska and Marco Mostert (eds.), *The Development of Literate Mentalities in East Central Europe* (Turnhout, 2004), 346 - 363, at 350.

这部书共分三部分，第一部分记录至波列斯瓦夫三世的母亲怀孕，第二部分从波列斯瓦夫三世降生至兹比格涅夫（Zbigniew）的战败，第三部分则涉及之后至 1113 年——波列斯瓦夫三世的所作所为。第一册书首先对地理环境予以了介绍，然后开始叙述有关王朝起源的神话：耕夫皮雅斯特（Piast）之子谢莫维特（Siemowit）怎样在神的帮助之下，从一位邪恶大公——波皮耶（Popiel）的手中夺取权力。王朝的建立也是波兰历史的开始。尽管加卢斯强调的是王朝的神圣合法性，但是他同时也提供了一部有关一个民族，即波洛尼（Poloni）族的叙事史。在对皮雅斯特的后裔进行记录的同时，这部书也记录了他们皈依基督教的历史。许多地方都涉及与邻国的关系：神圣罗马帝国，捷克人以及波美拉尼亚人（Pomeranian）的征服等。"事迹"展现的都是一些经过精心筛选的事件，强调的是臣民对其"天然领主"的忠诚以及神明对统治者的庇护。由于这部书是要献给波兰主教以及波列斯瓦夫三世的大臣们，所以有人推测，它很可能是因为受统治者或宫廷里某个人的委托而创作出来，作为"辩护手册"献给波列斯瓦夫三世的；它也是最早的新型纪念性文本之一。① 1112 年，内战结束之后，波列斯瓦夫三世强制命令自己的同父异母兄弟兹比格涅夫刺瞎自己的双眼。波列斯瓦夫的公开忏悔和朝圣仍然不足以赎罪。由此，通过对统治者行为的关注，通过对统治家族历史的记录，这部书为我们呈现出整个国家的历史。作者记录王室家族的打猎活动和军事胜利的目的，是为了突出他们崇尚武力的美德。作者还花费大量的篇幅来描写波列斯

① *Gesta principum Polonorum*: *The Deeds of the Princes of the Poles*, ed. and trans. Paul W. Knoll and Frank Schaer, 2nd rev. edn (Budapest and New York, 2007), p. xxxi; T. N. Bisson, 'On not Eating Polish Bread in Vain: Resonance and Conjuncture in the Deeds of the Princes of Poland (1109 - 1113)', *Viator*, 29 (1998), 275 - 289; Przemystaw Wiszewski, *Domus Bolezlai*: *Values and Social Identity in Dynastic Traditions of Medieval Poland* (*c*. 966 - 1138) (Leiden and Boston, 2010); *Gallus Anonymous and his Chronicle in the Context of Twelfth-Century Historiography from the Perspective of the Latest Research*, ed. Krzysztof Stopka (Cracow, 2010).

瓦夫三世取得的各项荣耀，使得全书看起来略显比例失调，把后者描写成波兰的复兴者，完成了波列斯瓦夫一世未竟的事业。有效的统治和对挑战的克服实际意味着扩张以及对地区的统治。

　　第一部《匈牙利大事记》(*Gesta Hungarorum*)并没有保留下来，不过，学者已经开始尝试从现存 14 世纪的版本中重建这部推测最早的"事迹"(Urgesta)，证据一是来自文本自身的内容，另外则基于吸纳进其他留存记述中的早期版本，这些内容都被吸纳进了其他留存下来的叙事史当中。由于缺乏有力的证据，不可能达成任何确定性的结论。11 世纪下半期和 12 世纪初这段时间里，任何国王统治时期，都有可能是第一部"事迹"写作的时间：安德烈一世(András I，1046—1060 年在位)，萨洛蒙(Solomon，1063—1074 年在位)，拉斯洛一世(László I，1077—1095 年在位)以及卡尔曼(Kálmán，1095—1116 年在位)。每种情况下，同时发生的政治事件都有可能影响历史写作，如内战之后局势的巩固，对前代统治者或王室家族某个分支政治角色的评价发生变化等。大部分学者都认为其中有一部编年史写作于卡尔曼统治时期，不过一些人在其中看到了第一部"事迹"，其他一些人则把它视为首部匈牙利编年史的修订版。拉斯洛一世至卡尔曼统治时期被普遍视为历史编纂学(包括圣徒传记)的基础阶段。那时，在同时代的政治环境(如与皇帝和教宗的关系，内部的竞争等)之下，王国和王朝的历史记忆开始形成。最早的"事迹"可能始于伊斯特万一世(István I，即斯提芬)统治时期(997—1038 年)，内中记录了匈牙利人的基督教化，突出的是统治家族的重要性，只不过关于它的内容仍存在争议。[1]

　　通常，圣徒传记在一定程度上被视作一种政治表述，而且为我们提供了有关地方历史的最初版本，后来的历史学家可对其加以使用或改编。人们也经常强调中世纪历史与圣徒传记之间的联

316

---

[1] Kristó, *Magyar Historiográfia*, 30 - 36; and László Veszprémy, 'The Invented 11th Century of Hungary', in Przemystaw Urbańczyk (ed.), *The Neighbours of Poland in the 11th Century* (Warsaw, 2002), 137 - 154.

系：它们的宗教观点一致，作者都是基督徒，文本之间也相互借用。一些重要的例子为我们展现了圣徒传记的政治意义。在波希米亚，同时用古斯拉夫文和拉丁文写作的几部圣瓦茨拉夫（Sts Václav，温塞斯拉斯〔Wenceslas〕）和卢德米拉（Ludmila）的圣徒传记，对波希米亚基督教历史而言意义重大。[①] 围绕这些文本创作的日期，包括古斯拉夫和拉丁传说的优势地位问题，以及基督教典籍《圣温塞斯拉斯、圣卢德米拉及其祖母的生平与殉教》（*Vita et passio sancti Wenceslai et sancte Ludmile, ave eius*）的创作日期，出现了许多争论。人们把基督教文本的创作日期追溯到了 992—994 年，作者是一位僧侣，据说曾是普热美斯王朝的成员。不过，有一些学者指出，这些传说是在 12 世纪末、13 世纪或 14 世纪期间伪造出来的。当前学术界的观点倾向于认可该文本的可靠性，因此，它对基督教与国家出现的记载要早于科斯马斯。这本书还描写了斯瓦夫礼拜语言的使用，而且引入了波希米亚普热美斯王朝是大摩拉维亚王国继承者的观念，在后来科斯马斯的书中，这种联系被弱化了。基督教徒把波里维（Borivoj）的皈依归因于美多迪乌斯，这样实际上等于是在政治上宣告，波希米亚的基督教化以及国家的出现，源自于摩拉维亚王国而非德意志。查理四世（Charles IV）也写了一部温塞斯特斯传记，在书中极力提倡对该王朝及波希米亚保护者的崇拜。在没有王朝崇拜的波兰，一位多明我修会僧人凯尔恰的文森特（Wincenty of Kielcza）撰写了《圣斯坦尼斯瓦夫生平大事记》（*Vita Maior of St Stanisław*，1261 年前）。在书中，他提出正如殉教主教遭肢解的身体奇迹般地死后完整复原一样，分裂的波兰也势必重新统一。在匈牙利，拉斯洛一世为了寻求统治的合法性，于 1083 年召集了一次宗教会议，把匈牙利首位国王圣伊斯特万（St István）、国王的儿子伊姆雷（Imre，埃默里克〔Emeric〕）以

---

① Marie Bláhová, 'The Function of the Saints in Early Bohemian Historical Writing', in Lars Boje Mortensen (ed.), *The Making of Christian Myths in the Periphery of Latin Christendom* (*c. 1000-1300*) (Copenhagen, 2006), 83-119, at 90.

及数名教士追封为圣徒。伊斯特万的传记尤其有助于实现历史写作的目的,书中把他描写成了匈牙利王国、匈牙利基督宗教和基督教会的建立者,王室权力也源自他。在追封圣徒与 11 世纪早期这段时间,一共编纂了三部圣徒传记,这些书把匈牙利之皈依基督教以及匈牙利的历史置入救恩的历史框架之中。尤其值得一提的是,第三部传记的作者哈特维克(Hartvik)伪造了一份教宗的授权书,授予伊斯特万依据法律进行统治的权力,同时,教宗还给伊斯特万送来了皇冠以对抗德意志人对王权的要求。哈特维克把各种故事都穿插进来,试图证明匈牙利独立于教宗与皇帝的地位。①

317

　　整个这段时期,人们仍在继续写作编年史。不过,在波希米亚,科斯马斯有关捷克历史的观点仍然占据主导,而在匈牙利和波兰,人们构建出版本完全不同的历史。在 12、13 世纪,历史作品中集体意识的表述,时而被错误地冠之以"民族情感"的表达。实际上与此相反,这些文本代表的是来自上层的集体观念,满足的是拥有政治权利的他们的利益。13、14 世纪也以新的发展为特征,即贵族利益的萌生以及新写作风格的出现。

　　在波希米亚,历史写作繁荣发展。作者通常都是宫廷圈里博学的教士(不过,直到 14 世纪为止,没有一部著作是由统治者委托编纂的),他们是许多历史事件的亲历者。科斯马斯的继承者写作了有关 12 世纪以后他们自己时代的年代记(与编年史已经没有什么区别了)。佚名教士维舍拉德(Vyšehrad)续写到 1142 年,基本上算是一部有关索别斯拉夫一世(Soběslav I)统治的编年史。1170年代,萨扎瓦(Sázava)僧侣写了一部有关自己所在修道院建立以后的修道院编年史,还将这部历史与直到 1162 年的历史事件结合

---

①　Gábor Klaniczay, *Holy Rulers and Blessed Princesses: Dynastic Cults in Medieval Central Europe* (Cambridge, 2002); László Veszprémy, 'Royal Saints in Hungarian Chronicles, Legends and Liturgy', in Boje Mortensen (ed.), *The Making of Christian Myths*, 217 - 245.

在一起。这些作者便是所谓的第一批后继者。另一部编年史由布拉格僧侣文森特（Vincent）创作于 1171—1173 年，内容涉及 1140—1167 年这段时间，即弗拉迪斯拉夫二世（Vladislav II）的统治时期。13 世纪初，米莱夫斯科（Milevsko）的普瑞莫斯特滕森修道院（Praemonstratensian Monastery）院长、德意志人格拉赫（Gerlach，雅洛赫〔Jarloch〕）续写到 1198 年（其中有很大一部分内容是关于泽里夫〔Želiv〕修道院院长郭查克〔Gottschalk〕的事迹）。所谓科斯马斯的第二次续集其实是一部年代记的汇编，写作地点在布拉格的圣维特斯（St Vitus）修道院，所涉及的历史时期为 1196—1283 年，内容包括有关鄂图卡二世（Otakar II）的鄂图卡编年史（Annales Otakariani），这部著作记录了他死后数年的历史。其他一些修道院的年代记和编年史也在 12、13 世纪编纂完成。科斯马斯之后最重要的著作是《兹布拉斯拉夫编年史》（*Chronicon Aulae Regiae*，or *Zbraslavská kronika*）。1305 年，兹布拉斯拉夫的西多会院长奥托开始写作这部著作，目的是记录修道院的历史，为修道院的建立者瓦茨拉夫二世（Václav II）增添荣耀，内容涵盖了 1253—1294 年这段历史时期。后来，身为僧侣以及当时兹布拉斯拉夫修院院长的季陶（Zittau，即兹塔夫斯基〔Žitavský〕）人彼得续写了这部著作，不过他也将其转变成一部有关波希米亚历史的著作，时间直至 1338 年。这部著作有五份手稿留存下来。它们是用优美的拉丁文写成的，因而这部编年史不只是一部叙事性的记录，而且还反映了修道院与王庭之间的联系——在瓦茨拉夫二世及卢森堡的约翰统治期间，该修道院是宗教和政治中心。

新历史写作开始出现于 13 世纪的匈牙利和波兰，这部分或全部都与统治者的目标和利益有关。无论匈牙利的第一部"事迹"于何时开始出现，它后来都得到反复的续编和重写，人们都认为这些续编的工作源自"最早的事迹"。12、13 世纪的续写者并非简简单单地增加有关自己时代的内容了事，在当前政治需要的驱使之下，他们还对前面的内容进行了大幅修改。学者推测，增补和重写工作是在不同阶段完成的：一部完成于盖佐二世（Géza II，1141—

318

1162 年在位）或伊什特万三世（István III，1162—1172 年在位）统治时期，一部在贝拉三世（Béla III，1172—1196 年在位）或安德烈二世（András II，1205—1235 年在位）统治时期，最后一部可能是由大师阿科什（Ákos，从 1244 年至逝世，阿科什一直都是王室礼拜堂的一员；1248—1261 年，任女王的总理大臣；他同时还是新兴土地贵族中的一员）于 13 世纪末创作完成。首次的历史重写工作之所以成为必须，原因在于不同的王室分支登上了王位，他们是阿尔莫什（Álmos）之子贝拉二世（Béla II）的后裔，后者被国王卡尔曼刺瞎了双眼，因而对卡尔曼个性的描写必须进行修改，用一种更负面的眼光来看待他。为了使阿尔莫什分支的继承合法化，这一版本赞成通过继承和加冕而非通过是否合适来确立承袭的优先性。下一阶段则与如下需求有关，即强调统治权的基础在于是否适合而非正统性：贝拉三世违反常规，在大主教埃斯泰尔戈姆（Esztergom）拒绝为他举行加冕礼之后，由大主教科洛乔（Kalocsa）为其加冕。在克里斯托（Kristó）看来，重写也使这部著作在风格上发生了变化，从一部编年史变成了一部"事迹"，即"基督教匈牙利事迹"。[1] 他还借此推断作者接受西欧学校教育的背景以及他对文学的了解。第二次重写之后，学术界对于是否有一位或更多续写者的问题莫衷一是。不管怎样，很可能就是在 13 世纪期间，事迹中增加了有关异教过去的历史；伊什特万的妻子——女王吉塞拉（Gizella）变成了一个负面形象，实则是对梅兰人格特鲁德（Gertrude of Meran）的一种隐晦的谴责（格特鲁德是安德烈二世的王后，后来为反叛的贵族杀害），作者还列出了一份所赞赏的移民贵族的名单。现代历史学家拿"事迹"的风格与朝廷颁发的宪章的风格做了一项对比。"事迹"的作者都是教士，在朝廷里担任各种职位，有几个人甚至还是王室的书记员。

　　一位所谓匿名匈牙利人所创作的第一部现存的《匈牙利大事

---

① Gyula Kristó, *A történeti irodalom Magyarországon a kezdetektől 1241 - ig* (Budapest，1994)，99.

记》(*Gesta Hungarorum*)代表了一种全新的风格：它完全致力于叙述匈牙利人异教的过去，特别是对匈牙利的征服史。① 大部分学者都认为"事迹"写作的时间在 1200 年左右，不过仍有少部分学者认为时间应该在 13 世纪中期（唯一一部留存的手稿可以追溯到这个时期，不过却是一部手抄本，不是原本）。围绕作者身份展开的大量推测并没有为我们带来精准的身份认定。唯一可以确定的事实是他乃国王贝拉（据学者推测，应该是贝拉三世）的书记员。他把西徐亚人(Scythians)——传说中匈牙利人的祖先，变成了令人望而生畏的武士，其勇敢也使他们成为值得尊敬的先祖，而非西欧史料中记载的令人生厌的野蛮人。他还将玛各说成是匈奴人阿提拉以及匈牙利人共同的祖先，这成为 13 世纪匈奴-匈牙利身份思想的转折点。从他的"事迹"看来，他可能接受过法国和意大利的学校教育，熟知达勒斯·弗里吉乌斯(Dares Phrygius)的特洛伊历史、普吕姆人雷吉诺的编年史、西徐亚人的起源史、亚历山大大帝的传说故事以及《事迹》所证实的一部有关书信和骑士文学写作的范本。

所谓的《匈牙利—波兰编年史》(*Chronicon Hungarico-Polonicum*)于 1230 年左右在大公卡尔曼的宫廷里编纂完成。卡尔曼是贝拉四世的弟弟，后者的妻子萨洛梅亚(Salomea)乃克拉科夫公爵之女。匈奴和匈牙利人直至拉斯洛一世统治时期的历史，一定程度上也包括波兰人的历史，②大部分都是虚构出来的。1266 年，斯帕拉托(Spalato，斯普利特〔Split〕)修道院执事长、

---

① *Anonymous and Master Roger. Anonymi Bele regis notarii Gesta Hungarorum. Anonymous，Notary of King Béla，The Deeds of the Hungarians*，ed. and trans. Martyn Rady and László Veszprémy；and *Magistri Rogerii Epistola in miserabile carmen super destructione Regni Hungarie per tartaros facta*：*Master Roger's Epistle to the Sorrowful Lament upon the Destruction of the Kingdom of Hungary by the Tatars*，ed. and trans. János M. Bak and Martyn Rady（Budapest and New York，2010）.

② Ryszard Grzesik，*Kronika wegiersko-polska*：*Z dziejów polsko-wegierskich kontaktów kulturalnych wśredniowieczu*（Poznań，1999）.

意大利人托马斯（Thomas）完成了他的《萨罗纳和斯普利特主教史》（*Historia Salonitanorum atque Spalatinorum pontificum*），记录了从罗马直到他自己时代斯普利特的历任主教以及城市的历史。[①]

　　科扎的西蒙主教（Master Simon of Kéza）的《匈牙利大事记》于 1282—1285 年间编纂完成，这本书发展完善了有关匈牙利人起源的神话。[②] 后来遗失的一部中世纪手抄本成为了现代版本的基础。西蒙可能并非自由出身，在一所意大利大学里接受教育，是拉斯洛四世的宫廷教士。他利用并改编了早期的"事迹"，他还对包括史诗在内的许多西欧史料进行了重新诠释，并深受教会法和罗马法的影响。由于其著作以匈奴人是匈牙利人祖先这样的观念为基础，所以西蒙在阿提拉和他的帝国身上为匈牙利人找到了荣耀先祖的原型。这一时期每一个人都渴望超越法兰克人传说中的特洛伊先祖，如此一来，把虚构的异教历史以积极的态度重新写入历史著作之中，就成为匈牙利历史的基本观点。西蒙历史的第一部分是关于匈奴人的历史，匈牙利人的征服因而就成为他们重新取得依据继承权本该属于他们的那块土地的统治权力。著作的第二部分，在叙述匈牙利历史的时候，他集中描写那些胜利的战争、国王以及贵族的历史。另外，他还按照征服者的后裔或移民贵族的后裔这两个标准，对后两者进行了区分。他还对非自由出身的匈牙利人的存在进行了解释，说他们的祖先都是一些犯下违背共同体利益的罪人，他们也因此被剥夺了自由。

320

[①] *Thomae archidiaconi Spalatensis*, *Historia Salonitanorum atque Spalatinorum pontificum*: *Archdeacon Thomas of Split*, *History of the Bishops of Salona and Split*, ed. and trans. Olga Perić, Damir Karbić, Mirjana Matijević Sokol, and James Ross Sweeney (Budapest and New York, 2006).

[②] *Simonis de Kéza*, *Gesta Hungarorum*: *Simon of Kéza*, *The Deeds of the Hungarians*, ed. and trans. László Veszprémy and Frank Schaer, with a study by Jenö Szücs (Budapest, 1999).

在波兰，文森特·卡德卢别克（Wincenty Kadłubek）写作了一部新史，即《波兰著名大公和国王事迹编年史》（*Cronica de gestis 〔illustrium〕 principum ac regum Polonie*）。文森特可能是在法国接受的教育，后来，他来到"公正者"卡齐米日二世（Kazimierz II，也称卡西米尔〔Casimir〕）公爵的宫廷，成为公爵的心腹之一，后者委派他写了这部著作。1208 年，他获任克拉科夫主教，晚年退隐到西多修会。他的这部历史著作，内容广博，共分四卷，涵盖了从传说中的起源到 1202 年的历史。其中，前三卷采用了对话的形式，对话的双方分别为格涅兹诺大主教简（Jan，1146—1166 年在任）与克拉科夫主教马特乌什（Mateusz，1143—1166 年在任）；最后一部则把自己描述为是在传播前辈的知识。传统上，人们把前三部书的日期追溯到 1190 年代，最后一部书则追溯到 1217 年或 1218 年以后，不过，最近，人们把最后一部的成书日期也定在了 1208 年之前。文森特使用类比的方法，把波兰的历史与古典时代以及《圣经》联系在一起。另外，在对加卢斯（Gallus）的著作进行修改和润色之后，对其加以利用，不过却没有明确说明这一点。他使用的其他资料还包括书面文献、口传资料、众多古典和基督教作家的著作以及罗马法和教会法等。在这样一个分裂的时代，他的历史却突出强调作为整体的波兰史（尽管强调的是小波兰的传统），这实际上与卡齐米日的政治野心存在着很大的关联。他的书可以说是一部有关波兰历史以及权力斗争的政治道德专著。他强调建立由所有波兰人组成的"民众王国"（*res publica*）。他还赞美了前基督教时代波兰人的美德，用虚构的史前历史来提升波兰人的地位。他虚构了许多前皮雅斯特王朝统治者，波兰人还被说成是汪达尔人（Wandalus）的后裔，同时他还虚构说波兰人战胜了亚历山大以及尤利乌斯·恺撒。通过这种方式，他把一种更加光辉的异教过去植入波兰历史之中。他删除了有关谢莫维特（Siemowit）通过神圣选举当选为国王的历史，代之以他是通过自身的高尚道德而成为统治者的这一思想。与加卢斯不同，他的著作流传甚广：有 37 部手抄本留存下来，后世编年史家也大量使用它，从而塑造了一种有关波兰早期直至最近的历史观念。它还成为教授修辞学的手册以及中世纪晚期的政治著作。

佚名匈牙利作家的著作《匈牙利大事记》表达了贵族的利益。为了证明在作者自身所处的时代，贵族对土地占有的正当性，作者把他们对土地的权利说成是其祖先在七位首领的带领之下，经过一系列的战争，征服了这片土地的结果。后来在部落会议上，全体首领同意将土地赐给他们的先祖，他们对土地的权利因而得到了进一步的确认。贵族与统治者的利益并不冲突，相反，他们之间的关系具有契约性质，源自征服之前的血誓。佚名作者的资料并不是来自真实的史料，而是来自口头的传统以及民众中间有关地名的词源学解释。他的大部分故事都是虚构出来的，当然是以自身所处时代的历史环境作为基础，另外，他还把自己时代的情况写入了 10 世纪。阿科什大师版的《匈牙利大事记》声称，所有贵族家族在征服这块土地的过程中均扮演了十分重要的角色。科扎的西蒙则代表了低等贵族的观点，他创造了一种“共同体”(*communitas*)理论：所有贵族都属于一个政治实体，所以低等贵族也应该分享政治权利。共同体应该掌控实权，选举国王，为此，西蒙甚至虚构了阿提拉的选举。正如诺伯特·克尔森指出的，与大多数欧洲历史叙述不一样的地方在于，匈牙利编年史把更多前基督教时代的历史神圣化了，从而损害了对当下历史的讨论。不过，它们的计划一直都是为当下服务的。①

在波兰，文森特·卡德卢别克及之后的作者为贵族在历史中的政治角色提供了政治计划。政治分裂也为波兰历史的重构提供了新需求，这次重构是以特定地区，以皮雅斯特王朝统治家族的历史为核心的。统一之后，对各种带有地方观念，服务于地方利益的波兰历史的综合概括工作仍然在继续。这些历史著作中的许多材料，有些是来自文森特·卡德卢别克的编年史，有些是对这部编年史的续写。《波兰与西里西亚编年史》(*Chronicon Polono-*

321

---

① Kersken, *Geschichtsschreibung*, 686 - 689, 764 - 773.

Silesiacum）成书时间可能在 1280 年代，目的是为弗罗兹瓦夫（Wrocław）地区亨里克四世（Henryk IV）公爵的宫廷利益服务，集中书写了该王朝西里西亚分支的历史。《波兰大公编年史》（*Chronica principum Polonie*，约 1385 年），据称出自贝奇约的彼得（Peter of Byczyna）之手，其对波兰历史的描述一直持续到 1382 年，内容涉及皮雅斯特王朝各分支的历史。至于这本书写作的目的是不是为了支持下西里西亚公爵卢德维克（Ludwik，路易一世）继承波兰王位的需求，学者之间还存在争论。西里西亚地区一所西多修道院的"编年史档案"（chronicle-cartulary）也包含了一些有关西里西亚公爵的历史叙述。① 另有两部著作的特征在于集中关注民众的历史。《波兰编年史》（*Chronica Polonorum*）或《邓泽尔兹瓦编年史》（*Chronicle of Dzierzwa*）编纂于 14 世纪初的小波兰地区，作者可能是克拉科夫的一名方济各僧侣。写作服务于瓦拉迪斯劳一世（Władysław I Łokietek）夺取王位的目的。这是第一部将波兰人说成是雅弗（Japhet）后裔的编年史，它还描述说汪达尔人的后裔定居在了所有斯拉夫人的土地上，目的是为了宣称一种共同的斯拉夫起源说。所谓的《大波兰编年史》（*Chronica Poloniae maioris*）对波兰历史的叙述止于 1272 年或 1273 年，部分内容残存于 14 世纪晚期的一部编纂作品中。它代表了一种国家统一的思想。这些 13 世纪的史料是用编年史的风格编起来的。其作者和写作日期均存在争论，有一种假设更倾向于认为它出自 13 世纪末的一位作家之手，但却在 14 世纪时遭到篡改；另有人认为确实存在一部著作，一部由扎恩科夫的简柯（Janko of Czarnków）编纂而成的作品。这个人曾担任执事长，在 14 世纪 70—80 年代任王国的副首相，他的作品至少部分反映了卡齐米日三世向东扩张的政治举措。它采纳了波兰人是斯拉夫人共同后裔的思想，还进一步发展说莱赫（Lech）、切赫（Čech）和罗斯三兄弟分别为三个民族的祖先，各民族的名字

322

---

① Piotr Górecki, *A Local Society in Transition*：*The Henryków Book and Related Documents*（Toronto，2007）.

也由此而来。

新安茹王朝试图通过对匈牙利编年史的进一步重塑来维护自己的合法性。有两部 14 世纪的编年史较为著名，一部完成于 1333—1334 年（属于布达编年史〔Chronicle of Buda〕系列），另一部自 1358 年才开始编纂。对于第一部编年史作品，一些学者认为作者有好几个，内容是对 1272—1333 年或 1334 年的早期"事迹"的续写。其他人则认为作者只有一个，一种说法是约翰，他曾于 1323—1331 年担任匈牙利西多修会大主教。现在唯一能肯定的事情是有一位或更多来自布达的西多修会的僧侣参与了写作。一些文本反应的是安茹王朝的立场，宣扬了他们继承匈牙利王位的合法权利；同时，它也对于涉及西多修会的事件予以了特别的关注。增补本虽囊括了 1272—1332 年之间的历史，不过它对 1317—1332 年之间的事件却是使用编年史的风格来记录的。雅弗的莱姆普罗特（Nemprot，宁录〔Nimrod〕）世系被视为是匈牙利人的祖先。有些版本包含的内容持续到 1342 年。一些历史学家声称，另一位西多僧侣，同时也是王室的告解神父和出使教宗的使节——雅诺什（约翰）·科提（János Kétyi），曾写作一部详尽的历史，其中事关 1345—1355 年之间历史的部分留存了下来，可能也是对布达编年史的续写。另一部 14 世纪的编年史作品（插图编年史系）亦有数件抄本留存，其中一部为《插图编年史》（*Chronicon Pictum*，1358 年之后不久编纂）。这部作品以流传下来的早期的编年作品为基础，比之 14 世纪早期的有关"事迹"的著作更为详尽。它将源自卡姆（Cham）的莱姆普罗特剔除出祖先名录，目的是为了保存更为荣耀的雅弗的世系。通过这样的方式，它对祖先的名录进行了更正。有一种观点认为这本书的作者是马克·卡尔提（Mark Kálti）。14 世纪中期，此人先是在王后的，然后又转入国王的礼拜堂。路易大帝（King Louis the Great）命人为这部编年史制作精美的插图抄本（它就是因此而得名的），然后作为礼物送给了法国国王。一位与匈牙利、奥地利以及波希米亚宫廷有联系的诗人——米格尔恩的海因里希（Heinrich of Mügeln，亨利）于 14 世纪中期编纂了一部具有德语和拉丁语韵脚的匈牙利编年史。

在波希米亚，伴随着方言历史著作的兴起，创新以及为贵族利益代言两者交织在一起。经济与政治方面的考量促使统治者鼓励德意志移民迁入，而且为在帝国内部同日耳曼王公进行竞争，他们还采取了认同日耳曼文化的政策。与此相对，贵族则拥抱捷克，由此导致了方言文学、圣徒传记以及历史的繁盛。捷克语的"圣普罗科比生平"（St Procopius，约 1350 年）就是一部反日耳曼的小册子：普罗科比逝世之后又返归修道院，将那些曾驱逐捷克人的日耳曼僧侣驱逐出去。由一名匿名的贵族作家写作完成的所谓的达利米尔编年史（Dalimil Chronicle，约 1308—1314 年，将作者归于虚构的"达利米尔"是数个世纪之后的事）使用了捷克方言的韵律来写作波希米亚的历史。[①] 事件都是以编年史的顺序呈现出来的，一直写到作者自己的时代，字里行间清晰地显示出对日耳曼影响的不满。这里反日耳曼的情绪相较早期的一些拉丁编年史更为强烈。这部著作站在下层贵族的立场上进行写作，并试图构建捷克人的身份认同，这些都旨在向卢森堡的约翰国王传达一个明确的信息：该作品维护贵族的特权，视贵族为政府的基石，并迫使国王与他们结成联盟。该部作品声称其任务的核心在于共同体，捷克即波希米亚。编年史虽以科斯马斯及其续写者为基础，不过却彻底地改变了科斯马斯有关波希米亚早期历史的传说。它同时还引入了共同的斯拉夫起源的思想，发展了波希米亚作为摩拉维亚大帝继承者的观念。14 世纪，这部作品被转译为德文和拉丁文。

不过，查理四世（1347—1378 年在位）的宫廷也鼓励利用方言进行写作。因此，拉德林的普里比克·普勒卡瓦（Pribík Pulkava of Radenín）将其波希米亚史的第六版（约 1374 年）翻译成了捷克语。据称查理才是真正的作者，至少他积极地参与了编年史的创作过

---

① Marie Bláhová, *Staročeská kronika takřečeného Dalimila v kontextu středověké historiografie latinského kulturního okruhu a její pramenná hodnota*, vol. 3: *Historický komentář. Rejstřík* (Prague, 1995).

323

程：为普里比克提供信息和资料，并参与到史料的编排中来。这部编年史反映了查理本人的历史观。这只是查理宫廷历史写作宏伟计划的一部分，对于其政治思想与统治合法性至关重要，得到统治者的赞助和积极参与，在一定程度上与波希米亚成为帝国中心有关。这些作品均集中于最近的历史以及当下，有些甚至试图将波希米亚的历史囊括进世界历史的框架之中。这些作品中没有一部受到欢迎或得到广泛传播。查理还委托怀特米尔（怀特穆尔，Weitmühl）的贝尼斯·科拉比斯（Beneš Krabice of Weitmil）重写布拉格弗朗西斯的编年史。后者为布拉格圣维图斯修道院的一名教士，是扎特茨（Žatec）的执事长。该作品是科斯马斯作品的续编，它在材料方面严重依赖季陶人彼得的作品。现有两部修订本留存于世（1341 年或 1342 年，1353 年或 1354 年），第二部献给了查理。贝尼斯的《布拉格教会编年史》（Cronica ecclesie Pragensis），内容涉及 1283—1374 年的历史，它很可能既利用了统治者本人提供的材料，同时也利用了之前的编年史资料。查理还委托他的宫廷牧师——方济各修会的乔万尼·达·马利诺利（Giovanni da Marignolli，马利诺拉的约翰，因记述了他在中国和印度的传教之旅而闻名于世）写作一部波希米亚历史。乔万尼的《捷克编年史》（Cronica Boemorum）旨在将波希米亚的历史融合进世界历史之中，为此目的，他甚至为查理创造了一位特洛伊人的祖先。不过，他的历史书中的波希米亚部分主要是通过对早期编年史的编纂完成的，显示出乔万尼缺乏对波希米亚历史的了解。奥帕托维奇（Opatovice）修道院院长勒普拉奇（Neplach）在其《罗马与捷克编年简史》（Summula chronicae tam Romanae quam Bohemicae，截至 1360 年）中也试图整合帝国与波希米亚的历史。最后的这两部著作均为在中欧写作世界史的鲜有尝试。[①]

324

这时也出现了新风格的历史作品。1243—1244 年左右，来自阿普里亚（Apulia）的牧师罗杰利乌斯（Rogerius）使用给雅各布写信

---

① Martin of Opava('the Pole')在教宗宫廷里工作。

的方式,将自己亲身经历的蒙古入侵匈牙利的事件记录了下来,即《悼念》(*Carmen miserabile*)。他于 1232 年作为教宗代表——佩克拉拉人雅各布(Jacob of Pecorara)的牧师来到捷克,并担任过瓦拉德(Várad)的执事长。这部著作既记录了作者亲身经历的事件,同时也掺杂了他对国王与贵族之间产生不和的原因分析。正是这种不和导致了匈牙利最终落入蒙古人之手。[①] 14 世纪末,雅诺什(约翰)·阿普罗德(János Apród,也被称为库库雷〔Küküllei〕,有一种译法把他担任库库诺〔Küküllö〕执事长的头衔错误地译为他的家姓)写作了一部国王路易一世的传记,即《匈牙利国王路易一世编年史》(*Chronica Ludovici I regis Hungarorum*)。此人曾任王庭的抄写员,埃斯泰尔戈姆副主教的代理人以及国王的牧师(1364—1382 年在任)。他很可能在 1364 年便结束了第一部分的写作,第二部分则在国王逝世之后才完成。他的著作集中记录国王的行为,特别是国王发动的军事远征,以期增加后者的荣耀。最后,查理四世的自传亦是中世纪少有的王室自传之一。它记录了查理通往权力之路,最后以他登上王位而告终。一些学者指出这部著作是由几个部分拼凑而成的,常常被视为"国王的镜子"(King's Mirror)。一种观点认为这部著作实际是自传、查理对后继者的布道以及 1342 年之后的六章内容合并的产物,而且这六章还是由他人增补进来的。[②] 另一种观点则认为这部著作是统一的整体(最后的六章除外),是由查理创作,目的是为了塑造正确的生活典范,以宗教范式来对抗其父及自己时代突出的骑士和宫廷范式。[③] 著作显示了查理统治的合法性以及神明对他的庇护。

① 'Magistri Rogerii Epistola', in *Anonymus and Master Roger*, 132 - 227.

② Ferdinand Seibt, 'Foreword', in *Karoli IV Imperatoris Romanorum Vita Ab Eo Ipsa Conscripta: Autobiography of Emperor Charles IV*, ed. and trans. Balázs Nagy and Frank Schaer (Budapest, 2001), pp. xxix-xxxvi.

③ Eva Schlotheuber, 'Die Autobiographie Karl IV. und die mittelalterlichen Vorstellungen vom Menschen am Scheideweg', *Historische Zeitschrift*, 281: 3 (2005), 561 - 591.

第十五章　中欧历史著作（波希米亚、匈牙利和波兰），约 950—1400 年

所有三个国家历史著作的诞生都与基督教的引入以及基督教国家的兴起有关联。在其诞生过程中，外来僧侣以及在外国接受教育的僧侣扮演了重要的角色。不过，他们不仅仅只是抄袭，同时也根据情况做了改变：西方的典范激发了地方性历史作品的编纂。同时，历史也与统治者的宫廷紧密相连。绝大部分著作都是由与宫廷有密切联系的人或在统治者的委托之下编纂完成的。波希米亚与波兰两地的对比也反映了这一点。在波希米亚，布拉格始终325在历史作品的编纂过程中占据支配地位；与此相对，在波兰，新历史编纂中心不断出现，原因是它们都随宫廷所在地的迁移而变化。因此，尽管民族史的编纂大多来自 13 世纪，但是历史主要还是带有王朝立场的国家史。为超自然征象所环绕的统治权的起源也是王朝历史的一部分。在现代历史学里，寻找王朝传说中的历史内核已经为分析神话传说中所蕴含的统治权的合法性所取代。这些传说有些可以追溯到前基督教时代。除了后来极少数的例外，焦点全部集中于特定的王朝。多数情况下，历史著作的书写都源自于危机或政治变动，表达或反映了当时的主题。只有少数几种写作风格幸存（匈牙利最为显著），特别是普世编年史几乎完全不存在。

由于没有外部资料为我们提供有关地方口传传统的信息，因而很难确定口传传统对早期历史著作（包括前基督教时代）的影响究竟有多大。一些编年史家提到了许多这样的资料，其他人却对此视而不见。他们可能用到了口传传统，不过却不愿意承认。但是，同样，他们也可能捏造一些故事，然后冒充是民间传说。这些作品当然不是流传数个世纪之久的传统的最终定本，只是基督教作家创造性活动的成果。后世作品也具有这种创造性特征：现存的很多作品都是通过一系列重写、增补以及添写等活动而成形的，其他一些著作则是汇编的产物。很多后世文献中所包含的材料（整合的方式已不能确定）最初都是在早期写作完成、却未能单独保留下来的资料。

　　对过去的考察有显而易见的转换。[①] 大部分早期作品都对异教的过去视而不见或用消极的眼光来描述它们。与强调特定政权的基督教历史联系在一起，将圣徒传记用来作为政治表述，这没有什么可奇怪的。到 13 世纪，异教退出宗教活动，自那时起（波希米亚更早），为了政治的目的，人们对异教传统重新予以整合。异教历史被描述为包含有正面的，甚至是受神明感召的人物与事件。该转变归因于通过博学的探究来寻找充满荣耀的先祖以及使之得名的英雄。前者大部分都不是源自特洛伊的先祖（14 世纪有一些例外）。在匈牙利和波希米亚，领土的获取也是史前史的一部分；然而在波兰却并未发展出此类的传说。该阶段末期，写作风格与作者开始多样化。14 世纪的波希米亚在这方面的表现尤其突出，在那里，方言历史作品与世俗的作者开始出现，这都要归因于统治者亲日耳曼的统治政策。

326

大事年表/关键日期

公元 9 世纪—1306 年	普热美斯王朝，波希米亚的统治者
公元 9 世纪晚期—1301 年	阿尔帕德王朝，匈牙利的统治者
公元 10 世纪—1370 年	皮雅斯特王朝，波兰的统治者
公元 11 世纪 30 年代	波兰的异教徒叛乱
公元 1046 年	匈牙利的异教徒叛乱
公元 1091 年	匈牙利与克罗地亚君合国
公元 1138 年	波兰开始分裂为独立的小公国
公元 1198 年	波希米亚建立王国
公元 1222 年	匈牙利《黄金诏书》颁布

---

① Dániel Bagi, 'Heidentum und Christentum in den Urgeschichtsdarstellungen der ersten historischen Synthesen Ostmitteleuropas im Mittelalter-Eine historische Region und zwei Modelle', *Zeitschrift für Ostmitteleuropa-Forschung*，54：2 (2005),159 - 173.

公元 1226 年	马佐维亚的康拉德一世安置条顿骑士团
公元 1241—1242 年	蒙古入侵匈牙利、波兰和摩拉维亚
公元 1278 年	杜恩克鲁特战役,神圣罗马帝国皇帝鲁道夫一世(哈布斯堡王朝)与匈牙利的拉斯洛四世打败波希米亚国王鄂图卡二世
公元 1320 年	瓦拉迪斯劳·洛基德克加冕,波兰重新统一
公元 1335 年	捷克、匈牙利与波兰统治者在维舍格勒会见
公元 1386 年	雅德维嘉与约盖拉结婚,波兰与立陶宛统一在一起
公元 1415 年	在康斯坦茨会议上,扬·胡斯遭受火刑
公元 1436 年	捷克人与神圣罗马帝国皇帝兼匈牙利国王西吉斯蒙达成和平协议,胡斯战争结束
公元 1456 年	雅诺什·匈雅提保卫贝尔格莱德,抵抗奥斯曼人入侵
公元 1466 年	条顿骑士团与波兰达成《土伦和约》

主要历史文献

Scriptores Rerum Hungaricarum, ed. Imre Szentpétery, 2 vols. (Budapest, 1937-1938 repr. edn, Budapest, 1999).

Fontes Rerum Bohemicarum, ed. Josef Emler, Josef Simák, and Václav Novontný, 7 vols. (Prague, 1871 - 1932; nova series Prague, 1997 -).

Monumenta Poloniae Historica, ed. August Bielowski, 6 vols. (Lwów and Cracow, 1864 - 1893; repr. edn, Warsaw, 1960 - 1961; nova series Cracow and Warsaw, 1946 -).

Central European Medieval Texts，ed. János M. Bak，Urszula
327 Borkowska，Giles Constable and Gábor Klaniczay (Budapest，1999 -).

参考书目

Kersken，Norbert，*Geschichtsschreibung im Europa der ʻnationesʼ*：
Nationalgeschichtliche Gesamtdarstellungen im Mittelalter
(Cologne，Weimar，and Vienna，1995).

Nechutová，Jana，*Die lateinische Literatur des Mittelalters in
Böhmen* (Cologne，Weimar，and Vienna，2007).

Szovák，Kornél，ʻLʼhistoriographie hongroise à lʼépoque arpadienneʼ，
in Sándor Csernus and Klára Korompay (eds.)，*Les Hongrois et
lʼEurope*：*Conquête et intégration* (Paris and Szeged，1999)，375 -
384.

Wenta，Jarostaw (ed.)，*Die Geschichtsschreibung in Mitteleuropa*
328 (Toruń，1999).

陈 勇 译 赵立行 校

428

光　启
———
新史学
———
译　丛

主编

陈　恒　陈　新

编辑委员会

OXFORD

牛 津
历史著作史

从公元400年到1400年

The Oxford History
of Historical Writing

[英] 萨拉·福特 [美] 蔡斯·F.罗宾逊 主编

赵立行 刘招静 陈勇 汪丽红 卢镇 等译

第二卷（下）

上海三联书店

The Oxford History of Historical Writing: 400-1400

published in English in 2011. This translation is published by arrangement

with Oxford University Press. Shanghai Joint Publishing Company Limited

is solely responsible for this translation from the original work and Oxford

University Press shall have no liability for any errors, omissions or

inaccuracies or ambiguities in such translation or for any losses caused by

reliance thereon.

目　录

第二编　体现过去的方式

第十六章 东南欧斯拉夫语历史著作：1200—1600 年

彼得·古兰

虽然本书旨在研究中世纪这一时期的历史著作，不过本章主要涉及的时期却是从 1200 年至 1600 年，因为东南欧的社会与政治现实为我们勾勒出这样一种延后的时间表。后一阶段，即 17 世纪初，标志着使用斯拉夫语表达其文化的中世纪社会的终结。巴尔干社会慢慢经历了民族建构的进程，并采用母语作为文学表达语言（塞尔维亚语、保加利亚语以及罗马尼亚语）。历史的演进使我们可以把 1600 年作为本章内容分析的时间下限。这种时间划分的另外一个主要原因在于 9—10 世纪保加利亚的大部分文学作品都是通过罗斯的文学创作活动而为我们所知的，这已经在本书的其他章节另行叙述。[①] 本章的时间起点以 12 世纪末在拜占庭领土上使用斯拉夫语作为文化语言的新国家诞生作为标志。[②] 这些国家最初都是一些面积狭小的自治领地，位于半岛的西北部，处于地方领主及王公的领导之下。最终，在斯特凡·尼曼雅（Stefan Nemanja，1166—1196 年在位）的带领之下，他们之中势力最为强大的拉什卡（Raška，在中世纪拉丁历史文献中被称为拉西亚

---

① 参见第十四章乔纳森·谢泼德的论述。

② 不过，所谓的《迪奥克拉编年史》必须被排除在中世纪南斯拉夫历史编纂学之外，因为最近的研究成果证明，它是由一位本笃派僧侣索兰·布简（Solange Bujan）于 16 世纪编纂完成的，'La Chronique du prêtre de Dioclée: Un faux document historique', *Revue des études byzantines*, 66(2008), 5-38。

〔Rascia〕）开始脱颖而出，从而开启了通向中世纪塞尔维亚王国的道路。在斯特凡·杜桑（Stefan Dušan）尝试创建希腊-塞尔维亚帝国（1345—1355 年）之后，其领地再一次为豪强所瓜分，直至后来为奥斯曼人一个一个地征服。斯梅代雷沃（Smederevo）的陷落以及随之而来的乔治·布拉科维奇（George Brancović）专制统治的垮台，标志着中世纪塞尔维亚独立王国历史的终结。不过，直至 16 世纪初，王朝的后裔仍然在该地区的历史中扮演着一定的角色，仍然支持文学创作。最重要的是这些作品包括真正的编年史。与西部以及位于哈伊莫斯山脉（Haemus-mountains）及本都（Pontus）海岸的中巴尔干地区的发展相对应，因拜占庭帝国的苛捐杂税而引起的地方领主的反叛导致了弗拉科-保加利亚（Vlacho-Bulgarian）政治实体的诞生。至 13 世纪中期，该实体强烈抱持其作为 9 世纪保加利亚帝国继承者的立场。在那之后，它多次分裂为相互竞争的政治实体，其中最重要的中心仍然是特尔诺沃（Tŭrnovo）、维丁（Vidin）及杜布罗迪奇（Dobrotić）专制君主国。至 14 世纪末或 15 世纪初，所有这些实体均被征服。

本章的时间下限以两个罗马尼亚大公国为标准，即瓦拉几亚（Wallachia）与摩尔达维亚（Moldavia）。在那里，宫廷文化对中世纪斯拉夫方言的使用一直持续到 17 世纪初。这类文学在所有方面均表现出一种"典型的"中世纪思维。当宫廷圈里罗马尼亚语开始取代斯拉夫语的时候，我们就已经处于近代的开端，我们的研究也止步于此。除了语言之外，促进这些巴尔干国家统一的因素还包括其对拜占庭基督教的拥护。①

因而，本章所讨论的历史作品都处于东南欧东正教的氛围之中，并使用不同的斯拉夫方言作为表达方式（保加利亚语、塞尔维

---

① Dimitri Obolenshy, *The Byzantine Commonwealth：Eastern Europe，500 - 1453* (New York，1982)；John V. A. Fine, *The Late Medieval Balkans：A Critical Survey from the Late Twelfth Century to the Ottoman Conquest* (Ann Arbot，1987).

亚语以及罗马尼亚语）。那些属于匈牙利王国的地区例外，在那里，历史著作都是用拉丁文书写的。斯拉夫作品处于拜占庭影响范围之内，因而与同时代的希腊作品拥有许多共同特征，即所谓的"短纪事"，[①]其中至少有一部作品被翻译成了斯拉夫语。

如果说与同时期的希腊、拉丁以及阿拉伯历史编纂学相比，斯拉夫语编年史和年代记的数量与质量都不佳的话，那么它的长处在于利用别样的写作风格呈现历史思想与事件。这些写作风格包括圣徒传记、手稿里的旁注、传说、劝诫录与论辩作品等。一些作品，如《塞尔维亚国王与大主教传》(*Životi kraljeva i arhiepiskopa srpskih*)被康斯坦丁·马纳塞斯(Constantine Manasses)在保加利亚沙皇的宫廷里翻译成斯拉夫语的《编年史纲要》(*Synopsis Chronike*)；有关奥斯曼征服以及君士坦丁堡陷落的各种斯拉夫文的记录，《内亚戈耶·巴萨拉布给儿子狄奥多西的劝诫》(*Admonitions of Neagoe Basarab to his Son Theodosius*)，17 世纪的罗马尼亚语译文翻译为"Invățăturile lui Neagoe Basarab către fiul său Teodosie"；只有罗马尼亚语译文留存下了摩拉维亚斯拉夫语编年史以及瓦拉几亚的重编斯拉夫语编年史等，都证明了中世纪时期斯拉夫历史思想的活跃。本研究的任务就是解释它们的特殊性。

330

作为历史思维的圣徒传记：以塞尔维亚为例

四部圣徒传记系列的出现标志着塞尔维亚历史撰述的开始，这些作品包括：《圣西蒙传》，由萨瓦(Sava)在其兄弟——塞尔维亚大王公(grand župan)的请求之下创作；[②]另一部《圣西蒙传》(*Žitije svetoga Simeona*)，由西蒙的次子、时为塞尔维亚的大王公(1199—

① Peter Schreiner, *Die byzantinischen Kleinchroniken*, vols. 1 – 3 (Viena, 1975, 1977,1979).

② *Spisi Sveti Save*, ed. V. Ćorović, Zbornik IJKSN 17(1928); Sveti Sava, *Sabrani spisi*, ed. D. Bogdanović(Belgrade, 1986).

1217 年在位），后来成为第一位塞尔维亚加冕国王的斯特凡（1217—1227 年在位）所撰写。[①] 第三部圣徒传记是《圣萨瓦传》（*Žitije svetoga Save*），由萨瓦的门徒多门提伽（Domentijan）于 13 世纪中叶创作，[②]其中也包括有关西蒙生平的部分内容。1264 年左右，有关西蒙的部分得到修订和再版，以《圣西蒙传》单独成册。在这本书里，多门提伽全面发展了君主崇拜的思想与两头政治的观念，即国家与教会共同统治社会。循着这项策略，第四本圣徒传记——《圣萨瓦传》，由阿托斯山（Mount Athos）希兰达（Hilandar）修道院的僧侣特奥多希杰（Teodosije）于 13 世纪末或 14 世纪初撰写，[③]它把两位圣徒的生平事迹合并到一本书里。[④] 13 世纪的这类带有历史与政治色彩的圣徒传记的写作手法，到了 14 世纪，仍然在王室与教会圣徒传记集里得以延续。这部传记集名为《塞尔维亚国王与大主教列传》（*Životi kraljeva i arhiepiskopa srpskih*），由大主教达尼洛二世（Danilo II）及他的一位匿名续写者编纂完成。[⑤]这种强势帝王崇拜的特殊之处在于所有的国王都因为其修道的品德而受到赞扬，他们都打算或确实在其临终之时穿上了修士的衣

---

① *Zitije simeona Nemanje od Stefana Prvovenčanog*, ed. V. Ćorović, *Svetosavski Zbornik II*, (Belgrade，1938).

② Domentijan, *Život svetoga Simeona i svetoga Save*, ed. Dj. Dančić（Belgrade，1865).

③ Teodosije Hilandarac, *Život svetoga Save—napisao Domentijan*, ed. Dj. Dančić（Belgrade，Državna Štamparia，1860）.编纂者把特奥多希杰的作品误认为是多门提伽的。Teodosije, *Žitije svetog Save*, modern Serbian trans. Ljubomir Mirković, rev. Bogdanović（Belgrade，1984）.

④ 关于这些文本的德文翻译，参见 Stanislaus Hafner, *Serbisches Mittelalter*：*Altserbische Herrscherbiographien*, vol. 1（Graz，1962）；关于塞尔维亚君主圣徒的基础书籍，参见 Boško Bojović, *L'idéologie monarchique dans les hagio-biographies dynastiques du Moyen Age serbe*（Rome，1995）.

⑤ Arhiepiscop Danilo, *Životi kraljeva i arhiepiskopa srpskih*, ed. Dj. Dančić（Belgrade，and Zagreb，1866），参见 Table 16. 1（below）for the content；German trans. St Hafner, *Serbisches Mittelalter*：*Altserbische Herrscherbiographien*. *Danilo II und sein Schüller*：*Die Königsbiographien*（Graz，Wien，and Köln，1976）.

服,他们的死亡被视作其一生中最杰出的成就,因而进行了长篇累牍的叙述。① 大部分圣徒传记都是由所谓圣徒的同时代人编写的,因而,它们其中也包含了丰富的历史事实。不过,在直接的目击者,如圣萨瓦编写的有关其父圣西蒙的事迹,与特奥多希杰的标准版之间还是存在很大的差异。但是,其目的看起来是一样的:用宗教思想取代部族主义。这种思想最强烈地表现在其深深地植根于宗教神话及其对东正教的强烈辩护中。② 在这种神话里,整个社会都被视为一个修道团体。多次提到的异端——常被比作"黑暗"与"狼群"——不能理解为是指西方基督教会,因为在塞尔维亚,亲天主教的政策曾反复出现,而且在其领地上还建有一个拉丁主教辖区(巴尔,Bar)。实际上,它是指主张二元论的鲍格米勒(Bogomil)异端。③ 萨瓦的两头政治体系被视为唯一能有效对抗鲍格米勒异端的方法,之前的希腊僧侣不具备阻止其扩散的传教能力。所有的圣徒传记作者都认为只有建立一个强大的斯拉夫教会才能够应对这项挑战:这就是圣徒萨瓦的使命。

这种写作风格的终结也正是塞尔维亚世界梦的开始,当时斯特凡·杜桑开始宣称自己是塞尔维亚与希腊帝国的皇帝(1345 年)。同时,杜桑还建立了塞尔维亚教会,该教会作为一个独立机构,拥有自己的教阶。这引起了巴尔干半岛的新思想领导者——静修士

331

---

① Petre Guran, 'Invention et translation de reliques — un cérémonial monarchique?' *Revue des études sud-est européennes* (hereafter as RESEE), 1 - 4(1998), 195 - 229; Guran, 'Aspects et rôle du saint dans les nouveaux États du Commonwealth byzantin', in Laurențiu Vlad (ed.), *Pouvoirs et mentalities: A la mémoire du professeur Alexandru Duțu* (Bucharest, 1999), 45 - 69; and I. R. Mircea, 'Les "vies de rois et archevêques serbes" et leur circulation en Moldavie: Une copie inconnue de 1567', *RESEE*, 4(1966), 393 - 412.

② A. -E. Tachiaos, 'Le monachisme serbe de saint Sava et la tradition hésychaste athonire', in *Hilandarski Sbornik*, I(1966), 83 - 89.

③ Steven Runciman, *The Medieval Manichee: A Study of the Christian Dualist Heresy* (Cambridge, 1947); and Dimitri Obolensky, *The Bogomils: A Study in Balkan Neo-Manichaeism* (Cambridge, 1948).

的默默反对。因而，杜桑从未赢得人们的崇拜，而且在《塞尔维亚国王与大主教列传》里，达尼洛的一名续写者也只是给他插入了一份简短的通报，这并没有导致圣徒传记（*synaxarion*）的出现。尼曼雅王朝的终结（1371 年）也与这种思想的消逝相一致。

依据对政治术语的研究，同时代历史著作引发的疑问在于拜占庭模式的帝国思想是否在 13 世纪的塞尔维亚扩散开来。[①] 但是，实际该问的问题在很大程度上应是拜占庭外交学里发展起来的王族理论是否确实得到了斯拉夫历史学著作的认可。齐兰达（Chilandar）的基础图（foundation chart）予以了肯定的回答。在此意义上，确实存在一种"拜占庭模式"，它被输出来加强拜占庭共同体内的结构体系，不过，这并不是拜占庭的"翻版"，而是一个新的产物。它产生于基督教的土壤之中，并通过基督教的渠道传播开去。社会应由国家与教会共同管制的双重政体观念就属于这种类型。

332

科索沃（Kosovo）战役之后（1389 年），与奥斯曼帝国对抗过程中发生的政治与军事悲剧，导致在 14 世纪末及整个 15 世纪出现了一种新的带有英雄色彩的圣徒传记。在这些作品里，国王和大公都被奉为殉教者。拉扎尔·雷别贾诺维奇（Lazar Hrebeljanović）被追封为圣徒就是这种风格的典型。后者在科索沃战争期间（1389 年）为奥斯曼人俘获，在战场上遭斩首。在他死后不到 20 年的时间里，大约出现了九部不同的著作，共同纪念这位圣君。[②]

15 世纪，塞尔维亚的衰落恰好与持续编纂的数种圣君传记相一致，这些传记包括：格列高利·坎布拉克（Grigorij Camblak）的

---

① Dumitru Năstase, 'L'idée impérial en Serbie avant le tsar Dušan', *Da Roma alla Terza Roma：Roma fuori da Roma：istituzioni e immagini*，5(1985)，169 - 188；Leonidas Mavromatis, *La foundation de l'empire Serbe：Le kralj Milutin* (Thessaloniki, 1978).

② 参见后文中的表 16.1 B. Bojović, 'La littérerure autochtone (hagiographique et historiographique) des pays yougoslaves au Moyen Âge', *Études balkaniques：Cahiers Pierre Belon*，4(1997)，58 - 60.

《斯特凡·德康斯基传》(*Žitije Stefana Dečanskog*)、①绰号为"哲学家"的科斯特勒克(Kostenec)的康斯坦丁(Konstantin)的《斯特凡·拉扎勒维奇传》(*Žitije Stefana Lazarevića*)、②耶路撒冷人尼孔(Nikon)编纂的《格利卡手札》(*Gorički Zbornik*)、③布拉科维奇(Brancović)家族最后成员的简短评述等。所有这些著作在风格方面各不相同，而且与之前的圣君传记也存在很大的差异。与此同时，首次出现的历史记录与编年史著作有取代圣徒传记的倾向，如双连画和王室家谱、摩拉维卡(Moravica，塞尔维亚的一部分，不能与摩拉维亚相混淆)匿名作者的《塞尔维亚国王与大主教传》(*Žitija i žiteljstva kraljeva i careva srpskih*)和 15 世纪的塞尔维亚编年史，④就后者而言，尽管从《斯图德尼察编年史》(*Studenički letopis*)到《切提尼耶编年史》(*Četinjski letopis*)出现了大幅度的变化，但都与下面要讨论的罗马尼亚的例子相类似。因此，《塞尔维亚国王与大主教传》最古老的手抄本出现在摩尔达维亚的斯波尔尼克(Sbornik)，由斯拉蒂那的伊萨伊雅(Isaia of Slatina)所抄写，就没有什么好奇怪的了。⑤

这些著作中最值得一提的是《斯特凡·拉扎勒维奇传》，作者为保加利亚学者科斯特勒克的康斯坦丁。尽管这部著作的目的是为了给君王的封圣做准备，以此使其与圣君的光荣传统联系在一起，不过，它的风格和方法却与《塞尔维亚国王与大主教传》或格列高利·坎布拉克所著、辞藻华丽的《斯特凡·德康斯基传》有着显著的差异。康斯坦丁主要是模仿普鲁塔克的传记，他试图提供尽

① Muriel Heppel, *The Ecclesiastical Career of Gregory Camblak* (London, 1979); Bojović, *L'idéologie monarchique*, 613 - 635.

② Vatroslav Jagić, 'Konstantin Filosofi i njegov život Stefana Lazarrevića despota srpskoga', Glasnik Srpskog učenog društva, 42(1875), 223 - 328, 372 - 377.

③ B. Bojović, *L'idéologie monarchique*, 209 - 301.

④ Ljubomir Stojanović, *Stari srpski rodoslovi i letopis* (Belgrade, 1927).

⑤ Emil Turdeanu, *La littérature bulgare au XIVe siècle et sa diffusion dans les Pays Roumains* (Paris, 1947), 161.

可能详尽的信息,并用一种骑士的风范来描写君王。①

从黎明到黄昏:保加利亚斯拉夫语历史编纂学中的普世编年史与末世论

    13 世纪,在特尔诺沃教会墙壁上镌刻着有关四十名殉道者的碑文,除此之外,保加利亚沙皇的宫廷里并没有编修编年史的证据留存下来。我们没有发现任何与塞尔维亚的情形类似的东西,在保加利亚也没有圣君传。1211 年的保加利亚教会会议反倒成为推动历史记录出现的重大事件。这次会议是为了处理宗教问题,这个问题也同样困扰着塞尔维亚教会,即二元论异端,如鲍格米勒派。现存鲍里尔(Boril)沙皇的"决议"手稿(会议决议集,包括有关真信仰的强制性规则和规章、革除教籍者的名单以及正教帝王和主教的名单等)于 1211 年会议之后颁行,在 14 世纪得到进一步扩充,其中我们发现附加了一份教会时间表和保加利亚主教与沙皇的名单。② 前保加利亚帝国的一项重要遗产就是所谓的希腊计时法(*Elinskii Hronograf*)、《圣经》摘录的编纂以及拜占庭编年史部分片段。这些编年史可能作于 10 世纪左右,都是以马拉拉斯(Malalas)和哈马托罗斯(Hamartolos)的作品作为基础的。

    在伊凡·亚历山大(Ivan Alexander,1331—1373 年在位)的领导之下,特尔诺沃新中央集权开始复苏,这使重新统一前一世纪保加利亚帝国内部的大部分分裂势力成为可能;这个新实体也开启了一个文化繁盛与相伴而来的重视历史书写的时代。最重要的创作是对 12 世纪的作品《编年史纲要》进行了斯拉夫语的翻译,该作

---

① Bojović, *L'idéologie monarchique*, 639 - 663.

② Turdeanu, *La littérature bulgare*, 141 - 147; Mihail G. Popruženko, *Sinodik Carja Borila* (Sofia, 1928).

品是由拜占庭作家康斯坦丁·马纳塞斯用韵文写作而成的。[1] 该翻译作品完成于 1340 年代伊凡·亚历山大的宫廷,编年史的译者在相应的年代下面附上了一些有关保加利亚第一帝国历史的信息,内容基本摘录自约翰·佐纳拉斯(John Zonaras)的拜占庭编年史。现有两部 14 世纪的抄本留存,一部先是存放于之前的莫斯科宗教会议图书馆,现在则存放在国家图书馆;另外一部存放在梵蒂冈图书馆,梵蒂冈抄本装饰有 69 幅微型画(共 109 个场景,11 幅画占了满页)。这部抄本中的 19 幅画涉及保加利亚历史的许多方面。莫斯科手抄本延续了马纳塞斯编年史中所包含的帕塔拉人美多迪乌斯(Methodius of Patara)提出的观念,即君主统治的到来与世界末日。[2] 历史观念涉及人类存在的所有维度,从人类诞生到物质世界的最后终结。因此,这种历史编纂学的观念不是记录事实,而是在上帝创世的大氛围之下去发现一个既定社团的形而上的位置。因而,我们应该从拯救型社会而非生存型社会的角度去理解此类圣徒传记。这两种思想观念是由 13 世纪的西方学者创造出来用以区分宗教与政治团体的,其中生存型社会就是现代民族国家的原型。[3] 这些概念也适用于 14、15 世纪巴尔干的政治、宗教环境,不过并不是朝着差别日益扩大、日益独立的方向稳步发展,而是相反:面对奥斯曼人的入侵,拯救型社会开始与生存型社会融合并取代了它。南斯拉夫的历史编纂通过逐步结合末世论思想,阐释了这一进程。

　　拯救型社会与生存型社会的交融也发生在虚构的圣徒传记里,

334

[1]　Turdeanu, *La littérature bulgare*, 17; *Cronica lui Constatin Manasses*, ed. I. Bogdan (Bucharest, 1922).

[2]　Petre Guran, 'Genesis and Function of the Last Emperor-Myth in Byzantium', *Bizantinistica: Rivista di Studi Bizantini e Slavi*, 8(2006), 273-303.

[3]　Alain Boreau, *La religion de l'Etat: La construction de la République étatique dans le discours théologique de l'Occident médiéval* (1250-1350) (Paris, 2006).

如《白尔拉木与约萨法特传》^①(*Povest' o Varlaame i Ioasafe*)以及特尔诺沃人尤锡米乌斯(Euthymius of Tǔrnovo)创作的有关君士坦丁大帝及其母海伦娜(Helena)的《颂词》(14 世纪最后 15 年)等修辞性作品。^② 前一本书必定是在 12、13 世纪就已经有了译本,因为它在塞尔维亚君主思想形成的过程中扮演了重要的角色,而且还在 14 世纪的保加利亚流传甚广。

14 世纪末出现了一种新意识,即奥斯曼帝国将日益成为巴尔干历史的主角。最早尝试对这一新事实进行整合的是一部简短的斯拉夫编年史。在一部 16 世纪的摩尔达维亚手稿里(这部混杂的手稿是由巴亚的罗曼〔Roman of Baia〕和斯拉蒂那的伊萨伊雅抄录的,最初收藏在波卡艾夫〔Pocaev〕修道院,后来转移到基辅神学研究院),罗马尼亚哲学家约安·波格丹(Ioan Bogdan)发现了这部编年史。^③ 他称之为佚名保加利亚编年史,但后来却证明这是一部希腊版编年简史的斯拉夫译本,作者是拜占庭学者兼僧侣约翰·克尔塔斯迈诺斯(John Chortasmenos)。作者主要描述了奥斯曼帝国的兴起及其对巴尔干半岛的蚕食,并把失败的责任归于巴尔干的统治者,认为主要原因在于他们不愿意支持拜占庭皇帝。另外,作者还对约翰六世·康塔克泽诺斯(John VI Kantakouzenos)请求这些统治者帮助阻止土耳其人入侵欧洲的呼吁予以了特别的

---

① *Povest' o Varlaame i Ioasafe*:*Pamjatnik drevnerusskoj perevodnoj literatury XI-XII vv.*, ed. I. N. Lebedeva (Leningrad, 1985). 巴拉姆与约萨芙传奇影响了圣萨瓦的精神选择及其传记的文学表达方式。Vojislav Djurić, ' Le nouveau Joasaph', *Cahiers Archéologiques*, 33(1985), 99 - 109.

② Emil Kalužniacki, *Werke des Patriarchen von Bulgarien Euthymius (1375 - 1393), nach den besten Handschriften herausgegeben* (Vienna, 1901).

③ Ion Bogdan, 'Ein Beitrag zur bulgarischen und serbischen Geschichtsschreibung', *Archiv für Slavische Philologie*, 13 (1891), 526 - 536; Ioan Bogdan, *Vechile cronice moldoveneşti până la Urechia* (Bucharest, 1891); Dumitru Năstase, 'Unité et continuité dans le contenue des manuscrits dits miscellanées ', *Cyrillomethodianum*, 5(1981), 22 - 48; I. Dujcev, 'La conquête turque et la prise de Constantinople dans la littérature slave de l'époque', *Medioevo bizantino-slavo*, vol. 3 (Rome, 1971), 360 - 366.

关注，并着重介绍了奥斯曼人对君士坦丁堡的第一次围攻（1394—
1402 年）。编年史定是在蒂斯马纳（Tismana）修道院翻译出来的
（蒂斯马纳位于瓦拉几亚，在那里，巴尔干修道院体系的一名成
员——圣尼科迪默斯〔Saint Nicodemos〕建立了一个重要宗教团
体），①因而有了一个新名字，即《蒂斯马纳编年史》（*Chronicle of
Tismana*）。②

　　西巴尔干的征服与罗马尼亚公国的发展促使绝大部分知识分
子向多瑙河北部迁移。正如埃米尔·图尔戴阿努（Emil Turdeanu）
指出的一样，中世纪保加利亚的大部分文学作品都保存在瓦拉几
亚与摩尔达维亚的修道院里。③

有关君士坦丁堡陷落的斯拉夫文献

　　无论斯拉夫叙述者掌握了何种有关 1453 年君士坦丁堡被围与
最终陷落的历史信息，这些信息都被他们糅合在一起，目的是把它
们纳入自己的历史之中，并使这些事件以一种有意义的方式与他
们的历史联系在一起。圣索非亚神光升天的故事最鲜明地体现了
这一进程。该事件由涅斯托尔·伊斯坎德尔（Nestor Iskander）在
《君士坦丁堡纪事》（*Povest' o Car'grade*）中予以了报道。在 16 世
纪的斯拉夫语历史编纂中，这是一部有关君士坦丁堡陷落的主要
文献。④ 以伊凡·塞米奥诺维奇·佩雷维托夫（Ivan Semionovič

① Emil Lăzărescu, *Sf. Nicodim de la Tismana* (Bucharest, 1970).

② Dumitru Năstase, 'Une chronique byzantine perdue et sa version slavo-roumaine (la chronique de Tismana, 1411 - 1413)', *Cyrillomethodianum*, 4(1977), 100 - 171; Năstase, 'La chronique de Jean Chortasmenos et le dernier siècle de l'historiographie byzantine', *Summeikta*, 8(1989), 389 - 404.

③ Emil Turdeanu, *La littérature bulgare au XIVe siècle et sa diffusion dans les Pays Roumains* (Paris, 1947).

④ *Povest'o Car'grade (ego osnovanii i vzjatii Turkami v 1453 g.) Nestora-Iskandera XV v.*, ed. Archimandrite Leonid (St Petersburg, 1886).

Peresvetov)的名义出版这部"纪事"以及三部其他文本,[①]揭示出所有重构历史记录的思想价值,并对奇异的征兆给出了进一步阐释。这三部文本即《书的故事》(*Povest' o knigah*)、《穆罕默德苏丹的故事》(*Povest' o care sultane*),以及《宏愿》(*Velikaia Čelobitnaja*)等。最后一部书再现了与瓦拉几亚军阀式君主彼得鲁(Petru the Wallachian Voevod)的对话。

据称,斯拉夫编年史是一位名叫涅斯托尔·伊斯坎德尔的人所创。他是一名来自罗斯的基督教俘虏,后被强制皈依伊斯兰教,围城期间在奥斯曼人的军队里服役。

336

表 16.1:南斯拉夫历史文献概览:按年代顺序排列

这里引用的一些文献并没有使用原稿的名称,原因在于原稿要么已经残缺不全,要么就是已辨认出来的原始资料只是一部长篇文本中的一个片段。在现代东南欧语言中大部分编者的书名都是编者所用的现代语言(塞尔维亚语、保加利亚语或罗马尼亚语)中既定的惯称,可以直接用于英文译文中。

最前面的黑体字指代一种类型或同类主题的资料。插入的斜体黑体字指代中世纪文献最初的或重编后的标题,后面方括号里的内容是笔者对该标题的英文翻译,最后则是该文本的中世纪作者。每种现代版本的引用使用的都是编者的语言。若中世纪文本本身就是从希腊文翻译过来的话,那么希腊文标题放在最前面,斯拉夫语的翻译放在后面。征引资料所遵循的编年顺序,与它们在该章出现的顺序一致。

希腊计时的译本

M. Weingart,*Byzantské kroniky v literatuře církevněslovanské*,vols. 1 - 2 (Bratislava,1922 - 1923).

Synopsis Chronike by **Constantine Manasses**(12 世纪的希腊语译本);**14 世纪的斯拉夫语译本**:*Premudrago Manasia letopisca Sobranie letno*. *Constantinou tou Manasse Sinopsis Hronike*,Bekker(Corpus Scriptorum Historiae Byzantinae;Bonn,1837).

---

① D. S. Likhachev,*Sočinenija Ivana Peresvetova*(Moscow and Leningrad,1956); A. A. Zimin,*I. S. Peresvetov in ego sovremenniki*(Moscow,1958);以及 Werner Philipp,*Ivan Peresvetov und seine Schriften zur Erneuerung des Moskauer Reiches* (Königsberg,1935),Ivan Peresvetov 推荐的英译本片段参见'*A source Book for Russian History*,vol. 1,ed. G. Vernadskii(London,1972),161 - 164.

续　表

Cronica lui Constatin Manasses, *traducere mediobulgară*, ed. I. Bogdan (Bucharest, 1922).

H. Boissin, *Le Manasses moyen-bulgare* (Paris, 1946).

Letopista na Konstantin Manasi, photographic reproduction of the Vatican manuscript, ed. Iv. Dujčev (Sofia, 1963).

Mihail Moxa, *Cronica universală*, ed. G. Mihăilă (Bucharest, 1989)：近代早期马纳塞斯著作和其他史学编纂素材的罗马尼亚语译本。

　　Chronographikon syntomon by patriarch Nicephorus. 各种标题的斯拉夫语译本：*Istorikii* **in Constantine's of Preslav translation**；*Letopisec v kratce ot Avgusta daže do*

Konstantina i *Zoia* **in Sviatoslav's** *Sbornic* (1073)；*Skazanie v' kratce s' šcim ot Adama do mnešnego vremene rodom* 或 *Hr'stianstii carie* 斯拉夫-罗马尼亚手稿。

Nicephori Archiepiscopi Constantinopolitani Opuscula Historica, ed. C. de Boor (Leipzig, 1880；New York, 1975)；ed. and trans. C. Mango as *Nikephoros Patriarch of Constantinople*, *Short History*：*Text*, *Translation and Commentary* (CFHB 13；Washington, DC, 1990).

B. St. Angelov, *Iz starata bulgarska*, *ruska i srbska literatura*, vol. 2 (Sofia, 1967).

Ioan Bogdan, *Cronice inedite atingătoare de istoria românilor* (București, 1895)

Chronikon syntomon by Georgios Hamartolos

（a）所谓保加利亚的哈玛托罗斯，在俄罗斯流传的斯拉夫译本称为 *Vremennik'* or *Vremennyia kniga*, ed. V. M. Istrin, *Knigy vremennyia i obraznyija Georgija Mniha* (Petrograd, 1920).

（b）所谓塞尔维亚的哈玛托罗斯，流传为 *Letovnik'*，存在于几部塞尔维亚-斯拉夫语以及斯拉夫-罗马尼亚语手稿中。

Alexandriada

　　Život Aleksandra Velikoga (izdac Vatroslav Jagić；Zagreb, 1871).

　　Povest' o Varlaame i Ioasafe [**Legend of Barlaam and Josaphat**]，大马士革的约翰(John Damascene)传统上被视为希腊语译本的翻译者，原著很可能源自埃维隆的尤锡米乌斯(Euthymius of Iviron)。

　　Die Schriften des Johannes von Damaskos：VI/2 Historia animae utilis de Barlaam et Ioasaph (*spuria*). *Text und zehn Appendices*, ed. Robert Volk (Berlin and New York, 2006).

　　斯拉夫语译本：*Povest' o Varlaame i Ioasafe*：*pamjatnik drevnerusskoj perevodnoj literatury XI-XII vv.*, ed. I. N. Lebedeva (Leningrad, 1985)　337

　　Sinodik Carja Borila [**Sinodik of Tsar Boril**]

Popruženko, Mihail G., *Sinodik Carja Borila* (B'lgarski Starini 8；Sofia, 1928).

Serbian Princely Hagiography：
  Život svetoga Simeona i svetoga Save(《圣西蒙和圣萨瓦传记》)

Spisi Sveti Save, ed. Vladimir ćorović(Zbornik za istoriju, jezik i književnost srpskog naroda 17; Belgrade, 1928).

Sveti Sava, *Sabrani spisi*, ed. D. Bogdanović(Belgrade, 1986).

Žitije Simeona Nemanje od Stefana Prvovenčanog, ed. V. Ćorović, *Svetosavski Zbornik*, vol. 2 (Belgrade, 1938).

Domentijan, *Život svetoga Simeona i svetoga Save*, ed. Dj. Dančić(Belgrade, 1865).

Teodosie Hilandarac, *Život svetoga Save—napisao Domentijan*, ed. Dj. Dančić (Belgrade, 1860) (erroneous identification by the editor).

Teodosie, *Žitije svetog Save*, modern Serbian trans. L. Mirković, rev. D. Bogdanović(Belgrade, 1984).

  Životi kraljeva i arhiepiskopa srpskih(现代学者在引用该文本的时候, 通常
  使用如下的拉丁文标题, 即 *Vitae regum et arhiepiscoporum Serbiae*)
其他版本：
Životi kraljeva i arhiepiskopa srpskih：napisao arhiepiscop Danilo i drugi, ed. Dj. Dančić(Belgrade and Zagreb, 1866); *Life of the King Uroš the Great*, 其引言部分有一些关于拉多斯拉夫(Radoslav)和弗拉迪斯拉夫(Vladislav)两位国王的简短评述; *Life of King Dragutin*; *Life of Queen Helen* (of Anjou); and *Life of King Milutin*; Lives of the archbishops Arsenije, Sava II, Danilo I, Joanikie I, Jevstatie I; 如今, 对于上述这些有关加科夫(Jakov)、耶夫斯塔蒂耶二世(Jevstatije II)和萨瓦三世(Sava III)生平的简短评述是否可以归之于达尼洛(Danilo)的问题仍然存争论。达尼洛的第一位续写者描写了斯蒂凡·德康斯基、达尼洛自己和斯特凡·杜桑的生平事迹。第二位续写者编写完成了《大主教约阿尼基耶一世、萨瓦和埃弗雷姆生平事迹》(*Lives of the Patriarchs Joanikije I, Sava, and Efrem*)一书。

  Žitije Stefana Dečanskog by Grigorij Camblak［**Life of Stefan Dečanski**］
Stare srpske biografije XV i XVII veka：Camblak, Konstantin, Pajsije, trans. L. Mirković(Srpska književna zadruga; Belgrade, 1936).

Grigorij Camblak, Književni rad u Srbiji, ed. Damian Petrović(Prosveta i Srpska književna zadruga, Beograd, 1989).

Žitije Svetoga Kneza Lazara［**Life of Lazar Hrebeljanović**］
Anon., *Prološko žitije kneza Lazara* (1390 – 1393), in Dj. Radojičić, 'Pohvala knezu Lazaru sa stihovima', *Istorijski časopis*, 5(1955), 251 – 253.

Patriarch Danilo III, *Slovo o knezu Lazaru* (1392 – 1393), in V. Ćorović, 'Siluan i Danilo II, srpski pisi XIV-XV veka', *Glas srpske kraljevske akademije*, 136(1929), 83 – 103.

Anon. , *Žitije kneza Lazara* (1392 - 1398), in S. Novaković, 'Nešto o knezu Lazaru', *Glasnik srpskog učenog društva*, 21(1867),159 - 164.

Anon. , *Slovo o knezu Lazaru* (1392 - 8), in A. Vukomanović, 'O knezu Lazaru', *Glasnik društva srbske slovesnosti*, 11(1859),108 - 118.

Jefimija monahinja, *Pohvala knezu Lazaru* (1402), in L. Mirković, 'Monahinja Jefimija', *Hrigčanski život*, 1：9 - 10(1922),539 - 540.

Anon. , *Služba knezu Lazaru* (1402 - 1404), in *Srbljak*, 2(1970),143 - 199.

Anon. , *Pohvalno slovo knezu Lazaru* (1403 - 1404), in Dj. Dančić, 'Pohvala knezu Lazaru', *Glasnik društva srbske slovesnosti*, 13(1861),358 - 368.

Anon. (or Stefan Lazarević), *Natpis na mramornom stubu na Kosovu* (1403 - 1404), in Dj. Sp. Radojičić, 'Svetovna pohvala knezu Lazaru i kosovskom junacima', *Južnoslovenski filolog*, 20(1953 - 1954),140 - 141.

Andonius Raphael of Lepanto, *Vrse mislni knezu Lazaru* (1420), in Lj. Stojanović, 'Stare srpski hrisovulji, akti, biografije, letopisi, tipici, pomenici, zapisi, i druge', *Spomenik*, 3(1890),81 - 88.

Kachanovskii, V. V. , *Istoriia Serbii s'poloviny XIV do kontsa XV v.* (Kiev, 1899),349 - 359.

Žitije Svetoga Kneza Lazara, trans. Djordje Trifunović(Belgrad, 1989). 338

Trifunović, Djordje, *Srpski srednjovekovni spisi o knezu Lazaru i Kosovskom boju* (Kruševac, 1968).

Popović, Justin, *Život svetog cara Lazara：otisak iz Žitija svetih za juni* (Ćuprija, 1989).

Žitije i žizn' pris'nopom'nimaago, slovustaago, blagoč'stivaago gospodina despota Stefana

Jagič, Vatroslav, 'Konstantin Filosof i njegov život Stefana Lazarevića despota srpskoga', *Glasnik Srpskog učenog društva*, 42(1875),223 - 328, 372 - 377.

关于乔治·布拉科维奇(George Brancović)及其家族的文本

Stare srpske biografije XV i XVII veka：Camblak, Konstantin, Pajsije, trans. L. Mirković(Srpska književna zadruga；Belgrade, 1936).

Stojanović, Ljubomir, *Stari srpski rodoslovi i letopisi* (Belgrade, 1927).

Žitija i žiteljstva kraljeva i careva srpskih

Žitia i nadel'stva sr'bskhy' gospod；kol po kim' koliko car'stvova(《塞尔维亚领主的生平及其统治：继承统续及其统治时间》). Lj. Stojanović, 'Stari srpski hrisovulji, akti, biografije, letopisi, tipici, pomenici, zapisi, i druge', *Spomenik*, 3(1890),93 - 97.

Stariji Letopisi, Mladji Letopis(新旧塞尔维亚编年史)

《斯图德尼察编年史》(*Studenčki letopis*)始自 15 世纪下半期，参见 Ljubomir Stojanović, *Stari srpski rodoslovi i letopisi* (Belgrade, 1927).

《切提尼耶编年史》——《斯图德尼察编年史》的长篇和增补本，直至 1572 年才出现，参见 Niko S. Martinovič, *Četinjski letopis* (Četinje，1962)．

15 世纪塞尔维亚和保加利亚的历史著作：

Kalužniacki，Emil, *Aus der panegyrischen Literatur der Sudslaven* (Vienna，1901)．

Pohvalnoe Slovo za sv. Konstantin i Elena ［Eulogy of Saints Constantine and Helena］ **by Euthymius patriarch of Tǔrnovo**

Kaluzniacki，Emil, *Werke des Patriarchen von Bulgarien Euthymius* (1375 – 1393)，*nach den besten Handschriften herausgegeben* (Vienna，1901)．

Stara bulgarska literatura (IX-XVIII v.) v primeri，prevodi i bibliografija (*Istorija na Bulgarskata Literatura v primeri i bibliografija*)，ed. B. Angelov and M. Genov，vol. 2 (Sofia，1922)．

Žitija Ivana Rilskago（里拉的伊凡传）

Jordan Ivanov，'Vladislav Gramatik：Prenasjane teloto na sv. Ivan Rilski ot Tǔrnovo v Rilskija monastir'，*Duhovna kultura*，1：3 – 4(1920)，211 – 216．

Jordan Ivanov，*Žitija na sv. Ivana Rilsko*，s uvodni beležki (Sofia，1936)．

Chronicle for the years 1296 – 1413 **or the Bulgarian Chronicle or Chronicle of Tismana**（后续编纂者如此称谓）：这是一部已佚失拜占庭编年史的斯拉夫语译本，在仅存的手稿里并无标题，近来的学者倾向于认为其作者为约翰·克尔塔斯迈诺斯（**John Chortasmenos**）。

Ion Bogdan， ' Ein Beitrag zur bulgarischen und serbischen Geschichtsschreibung'，*Archiv für Slavische Philologie*，13(1891)．

Dumitru Năstase，'Une chronique byzantine perdue et sa version slavo-roumaine (la chronique de Tismana，1411 – 1413)'，*Cyrillomethodianum*，4(1977)，100 – 171．

Nestor-Iskander，Povest'o Car'grade

Povest'o Car'grade (ego osnovanii i vzjatii Turkami v 1453 g.) *Nestora-Iskandera XV v.*，ed. Archimandrite Leonid (St Petersburg，1886)．

Iorga，N.，'Une source négligée de la prise de Constantinople'，in *Contributions à l'histoire de Byzance et des pays post-byzantins* (Bucharest，1927)，59 – 129．

Likhachev，D. S.，*Sočinenija Ivana Peresvetova* (Moscow and Leningrad，1956)．

Zimin，A. A.，*I. S. Peresvetov in ego sovremenniki* (Moscow，1958)．

A Source Book for Russian History，vol. 1，ed. G. Vernadskii (London，1972)，161 – 164：fragmentary English translation of Ivan Peresvetov's recommendations．

Nestor-Iskander，*The Tale of Constantinople*，ed. and trans. Walter K. Hanak and Marios Philippides (New Rochelle，Athens，and Moscow 1998)．

斯拉夫-罗马尼亚编年史

Ioan Bogdan，*Vechile cronice moldoveneşti până la Urechia*（Bucharest，1891）；
and P. P. Panaitescu，*Cronicile slavo-române din secolele XV-XVI publicate de
Ion Bogdan*（Bucharest，1959）. 前述两个版本确认为摩尔达维亚地区的斯
拉夫语编年史，其编者最初使用罗马尼亚语标题，后来又在斯拉夫语通行的
区域改为了斯拉夫语标题。

Letopiseţul anonim al Moldovei［摩尔达维亚佚名编年史］；斯拉夫语标题：*Sii
leatopisec ot toli nača sen*，*proizvoleniem Božiem*，*Moldavskaa zemlja*；第二个
标题：*Moldavstii carie*，in Panaitescu，6 - 14.

Putna I［普特纳匿名编年史，第一版］，斯拉夫语标题：*Skazanie v kratce o
moldavskih gospodareh*，in Panaitescu，43 - 47

Putna II［普特纳匿名编年史，第二版］，斯拉夫语标题：*Skazanie v kratce o
moldavskih gospodareh*，in Panaitescu，55 - 60

Cronica lui Macarie［马卡列编年史］，in Panaitescu，77 - 90，无斯拉夫语标题，
出现了两份手稿，分别为《普特纳编年史》第一版和第二版的续篇。该文本
起篇就提到过去的匿名编年史家们，作者意图追随这些人的脚步。

Cronica lui Eftimie［埃夫蒂米耶编年史］，in Panaitescu，109 - 116，无斯拉夫
语标题，亦为早前编年史的续篇。该文本有如下一些副标题：*Carstvo Iliaša
Mahmeta*；*Carstvo Štefana Mladago*；*Carstvo Alexandra voevodi doblago i
novago*.

Cronica lui Azarie［阿扎列编年史］，in Panaitescu，129 - 139，无斯拉夫语标
题，是《马卡列编年史》的另一个续本。

Cronica moldo-rusă，*Skazanie vkratce o moldavskih gosudareh*，in Panaitescu，
154 - 156；reproduces ch. 13 of the *Voskresenskaja letopis*，in *Polnoe Sobranie
Russkih Letopisei*，vol. 7（St Petersburg，1856），256 - 259.

Cronica sîrbo-moldovenească，Slavonic incipit：*Ot s'zdania že mirou do leta sih
carie 6867 let*，in Panaitescu，189 - 191.

Cuvântul pentru zidirea Sfintei Mănăstiri Pângăraţi

Petre Ş. Năsturel，'Le Dit du monastère de Pângăraţi'，*Bulletin de la
Bibliothèque Roumaine de Freiburg*，10（1983），387 - 420.

圣尼芬传（Life of Saint Niphon）：希腊语原版（gr. ms. Dyonisiu 610），来自斯拉夫版本的斯拉夫语译本和罗马尼亚语译本

Viaţa sfântului Nifon：*O redacţiune grecească inedită*，ed. and Romanian
trans. Vasile Grecu（Bucharest，1944）.

Vie de saint Niphon patriarche de Constantinople，ed. Tit Simedrea
（Bucharest，1937）.

Via ţa Sfântului Nifon, in G. Mihăilă and D. Zamfirescu（eds.）, *Literatura română veche*, vol. 1（Bucharest，1969）.

Neagoe Basarab，*Învăţăturile lui Neagoe Basarab către fiul său Theodosie*（《内亚戈耶·巴萨拉布给儿子狄奥多西的劝诫》），无斯拉夫语标题，因为仅存的手稿只是一部残篇。

斯拉夫语版本：*Învăţăturile lui Neagoe Basarab către fiul său Theodosie*：*Versiunea originală*, ed. Gheorghe Mihăilă（Bucharest，1996）.

罗马尼亚译本：Neagoe Basarab, *Învăţăturile lui Neagoe Basarab către fiul său Theodosie*, ed. Florica Moisil and Dan Zamfirescu，原版斯拉夫语的新译本由 Gheorghe Mihăilă 完成。引言和注脚分别由 Dan Zamfirescu and G. Mihăilă（Bucharest，1970 and 1971）两位学者完成。希腊语译本：*Învăţăturile lui Neagoe Basarab Domnul Ţării Româneşti*：*Versiunea grecească*, ed. Vasile Grecu（Bucharest，1942）.

340

这一信息源自该编年史的一些罗斯抄本，其中最早的抄本可追溯到 1512 年。从上述半页纸的自传中，我们还可以推测，涅斯托尔·伊斯坎德尔后来逃离了奥斯曼人的军营，进入城里，参加基督教阵营作战。5 月 29 日之后，他再次逃离君士坦丁堡，削发为僧。在一生快要结束时，他开始写自己的回忆录，具体日期不详。事实上，他重写编年史的目的只有一个，即把伊斯坎德尔的编年史变成一份目击者记录。论述君士坦丁堡陷落的绝大多数现代学术作品，都多多少少认为伊斯坎德尔的记录是可信的。然而，在 16 世纪所有重要的罗斯编年史中，该部编年史始终是以佚名记录的面貌出现；在 16 世纪中期及后来的手稿里，它又被说成是伊万·佩雷斯维托夫（Ivan Peresvetov）的作品；在 17 世纪的罗马尼亚译本里，它仍然以一部论述陷落问题的佚名记录形象出现。[1] 目前尚无充足的理由来驳斥这一假设，即伊斯坎德尔的自传是后来附加到佚名文件里去的。涅斯托尔·伊斯坎德尔的编年史所面临的问题源自于围城这一事件本身所存在的巨大错误或混乱。在 1453 年 4

---

[1]　N. Iorga, 'Une source négligée de la prise de Constantinople', in *Contributions à l'histoire de Byzance et des pays post-byzantins*（Bucharest，1927），59 - 129；I. Dujcev, *La conquête turque et la prise de Constantinople dans la littérature slave de l'époque*, *Medioevo bizantino-slavo*, vol. 3（Rome，1971），333 - 487.

月和 5 月的君士坦丁堡，这位所谓的目击者看到了同时代的其他
文献所未曾记录的一些内容：为一群主教及众多教士紧紧包围着
的君士坦丁堡大主教、皇后、君士坦丁的妻子以及他们的三个女
儿；他称君士坦丁为约翰八世之子。他的大事年表与尼可洛·巴
尔巴罗（Nicolo Barbaro）及一些主要的希腊文献的记录相悖，在他
的记录里，月的日期无法对应周的日期。最让人感到惊奇的地方
在于它高度赞赏默罕默德二世（Mehmet II）进入君士坦丁堡：他不
仅睿智、宽容，而且还敬仰希腊皇帝君士坦丁；总之，它给人们传递
的信息是默罕默德二世的到来是为了阻止对城市骇人听闻的攻
击，恢复其之前的尊荣地位，并为受迫害的基督教团体提供保护。
无论在某些手稿的记述中是否附有关于君士坦丁堡陷落的长篇预
言列表，该文献都强调了基督徒对这一事件的欣然接受以及该事
件在上帝计划里的天然位置。

斯拉夫-罗马尼亚历史编纂学：瓦拉几亚

尽管没有关于瓦拉几亚的斯拉夫语编年史作品留存下来，然
而，对 17 世纪罗马尼亚编年史的批判性分析表明，这些作品都是
从 16 世纪的斯拉夫语原著翻译过来的。[①]　不过，在 15 世纪的瓦拉
几亚，曾有一些斯拉夫文本流传：前述约翰·克尔塔斯迈诺斯编年
史的斯拉夫译本，1620 年米哈伊尔·默克萨（Mihail Moxa）用罗马
尼亚语写作的《普世编年史》（*Cronograful*），都曾用其作为资料来
源；[②]另一部独立的历史著作，即 15 世纪的《德拉库拉的故事》
（*Skazanie o Dracule Voievode*），[③]是由费奥多·库里锡恩（Feodor
Kuricyn）用罗斯-斯拉夫方言编纂而成。作者曾任莫斯科大公伊凡

341

①　Matei Cazacu, ' La littérature slavo-roumaine (XVe-XVIIe siècles)', *Etudes Balkaniques*, *Cahiers Pierre Belon*, 4(1997), 100：斯拉夫编年史创作于 16 世纪，当时在 Radu of Afumați, Alexandru Mircea, and Mihnea II 治下。从"勇者"迈克尔（1593—1601）开始，瓦拉几亚的宫廷编年史直接用罗马尼亚文编纂。

②　Mihail Moxa, *Cronica universală*, ed. G. Mihăilă (Bucharest, 1989).

③　P. P. Panaitescu, *Cronicile slavo-române din secolele XV-XVI publicate de Ion Bogdan* (Bucharest, 1959), 200 – 207; Matei Cazacu, *Dracula* (Paris, 2004).

三世的大使。在写作这本书时，他采用了许多有关"穿刺王"弗拉德（Vlad the Impaler）暴行的口头及书面证据做基础。1517 年，瓦拉几亚大公内亚戈耶·巴萨拉布委托僧侣加布里埃尔（Gabriel）、阿托斯山的普罗托斯（Protos of Mount Athos），写作一部名为《君士坦丁堡大主教尼冯传》（*Life of Nifon Patriarch of Constantinople*）的作品。[①] 该作品记录了许多 1504—1517 年间有关瓦拉几亚的重要细节以及对大公内亚戈耶的赞美词。在 17 世纪，它还被用作瓦拉几亚的罗马尼亚编年史的资料来源。在瓦拉几亚写作的最重要的斯拉夫著作是归于大公内亚戈耶本人创作的作品，即《内亚戈耶·巴萨拉布给儿子狄奥多西的劝诫》（*The Admonitions of Neagoe Basarab to his Son Theodosius*）。"劝诫"是大公写给儿子及其他后继者的，包括一些宗教方面的内容，其他则是有关政治举措方面的内容，它主要是通过对历史作品的摘编创作而成，这也就意味着其目的是为了给统治者提供借鉴。所摘编的作品包括：《圣经》国王传记，特尔诺沃人尤锡米乌斯的《君士坦丁大帝颂词》（*Pohvalnoe Slovo*）、《白尔拉木与约萨法特传》（*Life of Barlaam and Josaphat*）及其他基督教君主传记。这部作品与马基雅维里的《论提图斯·李维的前十书》具有相同的功效：敦促统治者从对历史的研习中发现治国之策。不过，在瓦拉几亚，这种研习所借助的是在斯拉夫译本中得到的思想武器。

斯拉夫-罗马尼亚历史编纂学：摩尔达维亚

由于偶然的原因，有几本 15、16 世纪摩尔达维亚宫廷年代记的校订本留存了下来，这使得我们能够借此研究东南欧地区斯拉夫历史编撰学的演变过程。最古老层面史学编纂（15 世纪下半叶）的代表作为《摩尔达维亚匿名编年史》，它有两个名称，即 *Sii*

[①] *Vie de saint Niphon patriarche de Constantinople*，ed. Tit Simedrea（Bucharest, 1937）；new edn by G. Mihăilă and D. Zamfirescu, *Literatura română veche*, vol. 1（Bucharest, 1969）；and Petre Ș. Năsturel, 'Recherches sur les redactions—greco-roumaines de la Vie de Saint Niphon II patriarche de Constantinople', *RESEE*, 5：1 - 2（1967），41 - 75.

leatopisec ot toli nača sen，*proizvoleniem Božiem*，*Moldavskaa zemlja* 和 *Moldavstii carie*。第一位编者约安·波格丹错误地将其看作是比斯特里察（Bistriţa）修道院的年代记，但实际上这部编年史是苏恰瓦（Suceava，摩尔达维亚大公驻地）宫廷年代记的校订本，可能写作于斯特凡三世（1457—1504 年在位）统治末年。[①] 另外，哈特曼·锡德尔（Hartman Schedel）在其《普世编年史》（*Weltchronik*），又叫《纽伦堡编年史》（*Nuremburg Chronicle*）中，用到了苏恰瓦宫廷的年代记。稍晚些时候（16 世纪二三十年代），在普特纳的王室机构里（编者按：普特纳一世和普特纳二世），修道院年代记开始编纂，它们使用了同样的资料，更晚的一部 16 世纪末摩尔达维亚年代记的波兰译本，同样用到了 15 世纪摩尔达维亚的这份历史资料（编者按：《摩尔达维亚的摩尔达维亚-波兰编年史》〔*Moldavian-Polish Chronicle of Moldavia*〕）。[②] 这份资料的焦点集中于两个方面：其一，政治和军事事件，在其中，摩尔达维亚大公曾扮演了重要的角色；其二，摩尔达维亚与中欧政治势力的关系。[③]

另一类编年史更倾向于摩尔达维亚在东南欧背景下的一体化，更强调弗拉齐（Vlach）民族的起源。所谓的东南欧背景指的是晚期拜占庭帝国与奥斯曼帝国。《摩尔达维亚大公简史》（*Skazanie vkratce o Moldavskyh Gosudareh*）就属于这种类型。在现代历史学中，通常称其为《罗马与弗拉哈塔传奇》（*Legend of Roman and Vlahata*）。这本书追溯了摩尔达维亚人的起源。该文本似乎像是罗斯《沃斯科列辛斯基修道院编史》（*Voskresenskaja Lietopis*）中附加的第十三章，[④] 在书中，弗拉齐被说成是罗马人的后裔，但是后来却为了东正教的缘故，抛弃了旧罗马。如此，民族-语言的起源与宗教忠诚便被统一在了一起。另一部简史，编者称之为《莫尔德-塞尔维亚编年史》（*Cronica sârbo-moldovenească*）），以"从创世到帝

---

① Panaitescu, *Cronicile slavo-române*，1 - 14.
② 同上，164 - 177.
③ Ştefan Andreescu, 'Les débuts de l'historiographie en Moldavie', *Revue Roumaine d'Histoire*，12：6（1973），1017 - 1035.
④ *Polnoe Sobranie Russkih Letopisei*，vol. 7（St Petersburg，1856），256 - 259；Panaitescu, *Cronicile slavo-române*，154 - 156.

王统治时代共计 6 867 年”作为开始，内容涉及 1359—1512 年间的历史。它叙述了自 14 世纪中期到 16 世纪早期，奥斯曼苏丹在巴尔干半岛对基督教统治的镇压。①

　　三部 16 世纪的摩尔达维亚编年史，均以其作者的名字命名，分别是马卡列（Macarie）、埃夫蒂米耶（Eftimie）和阿扎列（Azarie）编年史，②它们都强调总体历史（如罗马、希腊）与地方史（如塞尔维亚、摩尔达维亚）的连续性。他们的作品在语言和风格方面均模仿康斯坦丁·马纳塞斯创作的拜占庭韵文编年史的斯拉夫译本。更重要的是，所有这些编年史均收录于各种手稿之中。在这些手稿里，总体史与圣史（sacred history）占据着核心地位。僧人——斯拉蒂那的伊萨伊雅于 1561 年抄录的手稿（基辅神学研究院图书馆，116 号，欧列姆·波查艾夫〔Olim Počaev〕修道院）包括以下几个组成内容：《帕斯凯利亚》（Paschalia）、《拉丁与希腊教会分裂纪事》（Tale of the Separation of the Latin and Greek Churches）、一些反拉丁的辩论作品、尼基弗鲁斯（Nikephoros）的《简史》、一种版本的《旧塞尔维亚编年史：1355—1490 年》（Mladji Letopis，1355—1490）、《蒂斯马纳编年史》（Chronicle of Tismana）、约翰·克尔塔斯迈诺斯所著 1296—1413 年短纪事的斯拉夫译本、有关 15 世纪摩尔达维亚的普特纳的修道院年代记（普特纳一世），以及 16 世纪的马卡列的与埃夫蒂米耶的编年史。

　　彼得堡国家图书馆馆藏手稿 O/XVII/13，于 16 世纪末抄录完成。它同样包括数个方面的内容：尼基弗鲁斯的《简史》、有关 15 世纪摩尔达维亚的普特纳修道院年代记（普特纳二世），以及 16 世纪的马卡列与阿扎列编年史。20 世纪，学者彼得·纳斯图内尔（Petre Năsturel）及杜米特鲁·纳斯塔塞（Dumitru Năstase）认为 16 世纪修道院思想家的这种史学架构是摩尔达维亚试图以拜占庭帝

---

① Polnoe Sobranie Russkih Letopisei，189‐191。

② 同上，129‐139（Azarie），109‐116（Eftimie），77‐90（Macarie）。关于 Macarie 亦可参阅 Sorin Ullea，'Osurprinzătoare personalitate a evului mediu românesc: cronicarul Macarie'，Studii şi cercetări de istoria artei，32(1985)，14‐48。

国继承者的姿态自居的标志。[①] 约安·波格丹在图尔恰的"老信徒社团"图书馆（Old Believers Community）发现的手稿（现藏罗马尼亚研究院图书馆，藏号：BAR 649）也由数个部分组成，即《编年史纲要》（*Synopsis Chronike*）、以色列国王列表以及一部《摩尔达维亚匿名编年史》，该编年史的斯拉夫语名称为 *Moldavstii Carie*。

圣徒传记与有关修道院建立的故事，作为一种颇受欢迎的历史思维形式一直都在被使用，在宫廷意识形态中也一直扮演着一定的角色。[②] 这与塞尔维亚及保加利亚早期历史时期的情况一样。16 世纪晚期出现的《庞加拉迪修道院的故事》（*Cuvântul pentru zidirea Sfintei Mănăstiri Pângăraţi*）为我们提供了又一则事例。[③]

1600 年左右，在政治与意识形态方面，瓦拉几亚与摩尔达维亚进入了一个新时期，它要求使用罗马尼亚语作为宫廷史学用语。不过，学术界对于格里戈雷·乌雷凯（Grigore Ureche）的《摩尔达维亚编年史》（*Letopiseţul Ţării Moldovei*）最初是不是使用斯拉夫文编纂完成的仍然存在争论。[④] 罗马尼亚学者坚持认为它代表了该民族史学意识的萌芽，不过，该问题仍需要另行探究。

344

结论

从对东南欧斯拉夫文历史编纂学的快速检视中，一个共同的特

① Petre Ş. Năsturel, 'Considérations sur l'idée impériale chez les Roumains', *Byzantina*, 5(1973), 395 – 413; Dumitru Năstase, 'L'idée impériale dans les pays roumains et le "crypto-empire chrétien" sous la domination ottomane: Etat et importance du problème', *Summeikta*, 4(1981), 201 – 250; Năstase, 'Imperial Claims in the Romanian Principalities, from the 14th to 17th Century: New Contributions', in Lowell Clucas (ed.), *The Byzantine Legacy in Eastern Europe* (New York, 1988), 185 – 224.

② Petre Guran and Bernard Flusin (eds.), *L'empereur hagiographe: Culte des saints et monarchie byzantine et post-byzantine* (Bucharest, 2001).

③ Petre Ş. Năsturel, 'Le Dit du monastère de Pângăraţi', *Bulletin de la Bibliothèque Roumaine de Freiburg*, 10(1983), 387 – 420.

④ N. A. Ursu, 'Letopiseţul Ţării Moldovei până la Aron Voda, opera lui Simion Dascalul', *Anuarul Institutului de Istorie A. D. Xenopol*, 26: 1(1981), 363 – 379.

征开始显现,它同时也解释了当地社会历史意识的发展为何缓慢的原因。该特征即我们所谓的"对帝国的怀旧情绪"。斯拉夫语系中的拜占庭基督教,通过其最初的代言人,即修道院学者,继续把自己描述成一个拯救型社会。在朝向末世目标发展的历史进程中,该社会还时常与生存型社会相一致。因此,地方史的意义就在于它在多大程度上参与了经文实现的过程。

大事年表/关键日期

公元 1198 年	保加利亚第二帝国建立
公元 1199 年	圣西蒙逝世
公元 1204 年	第四次十字军东征占领君士坦丁堡,并将其作为拉丁帝国的首府
公元 1236 年	圣萨瓦逝世
公元 1241 年	鞑靼人入侵东南欧
公元 1259 年	米哈伊尔八世征服君士坦丁堡,将其重建为拜占庭帝国的首都
公元 1282 年	斯特凡·乌若什二世·米卢廷夺取塞尔维亚王位
公元 1345 年	斯特凡·杜桑宣称建立塞尔维亚帝国
公元 1353 年	土耳其人占领加利波利
公元 1371 年	基尔蒙战役在玛利卡河爆发
公元 1389 年	科索沃战役
公元 1396 年	尼科波利斯战役,保加利亚完全为土耳其人所征服
公元 1402 年	土耳其人围攻君士坦丁堡失败
公元 1444 年	瓦尔纳战役
公元 1453 年	君士坦丁堡沦陷;拜占庭末代帝王逝世
公元 1457—1504 年	摩尔达维亚大公斯特凡大帝在位,其在东欧的主要对手为苏丹默罕默德二世
公元 1512—1521 年	瓦拉几亚大公——内亚戈耶·巴萨拉布在位
公元 1527—1546 年	摩尔达维亚大公——帕特鲁·拉雷斯在位

公元 1526 年	莫哈奇战役
公元 1529 年	围攻维也纳
公元 1538 年	"高贵者"苏莱曼在东欧发动战役，占领摩尔达维亚
公元 1571 年	勒班陀战役

345

主要历史文献

南斯拉夫历史文献见前表 16.1

参考书目

Birnbaum, Henrik and Speros, Jr. , Vryonis (eds.), *Aspects of the Balkans: Continuity and Change: Contributions to the International Balkan Conference Held at UCLA, October 23 – 28*, 1969 (The Hague and Paris, 1972).

Bojović, Boško, *L'idéologie monarchique dans les hagio-biographies dynastiques du Moyen Age serbe* (Rome, 1995).

Dujčev, Ivan, *Medioevo bizantino-slavo*, 3 vols. (Rome, 1965 – 1971).

Djurić, Vojislav, 'Le nouveau Joasaph', *Cahiers Archéologiques*, 33 (1985), 99 – 109.

Fine, John V. A. , *The Late Medieval Balkans: A Critical Survey from the Late Twelfth Century to the Ottoman Conquest* (Ann Arbor, 1987).

Guran, Petre, 'Aspects et rôle du saint dans les nouveaux États du Commonwealth byzantin', in Laurenţiu Vlad (ed.), *Pouvoirs et mentalities: A la mémoire du professeur Alexandru Duţu* (Bucharest, 1999), 45 – 69.

—— 'Genesis and Function of the Last Emperor-Myth in Byzantium', *Bizantinistica: Rivista di Studi Bizantini e Slavi*, 8 (2006), 273 – 303.

Heppel, Muriel, *The Ecclesiastical Career of Gregory Camblak*

（London，1979）.

Mavromatis，Leonidas，*La fondation de l'Empire serbe：Le kralj Milutin*（Thessaloniki，1978）.

Năstase，Dumitru，'Unité et continuité dans le contenue des manuscrits dits miscellanées'，*Cyrillomethodianum*，5（1981），22 - 48.

—— 'La chronique de Jean Chortasmenos et le dernier siècle de l'historiographie byzantine'，*Summeikta*，8(1989),389 - 404.

Năsturel，Petre Ş.，'Recherches sur les redactions—greco-roumaines de la Vie de Saint Niphon II patriarche de Constantinople'，*RESEE*，5：1 - 2(1967),41 - 75.

—— 'Considérations sur l'idée impériale chez les Roumains'，*Byzantina*，5(1973),395 - 413.

Obolensky，Dimitri，*The Byzantine Commonwealth：Eastern Europe，500 - 1453*（New York，1982）.

—— *Six Byzantine Portraits*（Oxford，1988）.

Philipp，Werner，*Ivan Peresvetov und seine Schriften zur Erneuerung des Moskauer Reiches*（Königsberg，1935）.

Podskalsky，Gerhard，*Theologische Litertur des Mittlealters in Bulgarien und Serbien，865 - 1459*（Munich，2000）.

Stănescu，Eugen，*Studii istorice sud-est europene*，vol. 1（Bucharest，1974）.

Thomson，Francis J.，*Gregory Tsamblak：The Man and The Myths*，in *Slavica Gandensia*，25：2(1998),5 - 149.

Turdeanu，Emil，*La littérature bulgare au XIVe siècle et sa diffusion dans les Pays Roumains*（Paris，1947）.

Ullea，Sorin，'O surprinzătoare personalitate a evului mediu românesc：cronicarul Macarie'，*Studii şi cercetări de istoria artei*，32（1985），14 - 48.

346

陈　勇　译　赵立行　校

第十七章　西欧年代记与编年史

萨拉·福特

自我主耶稣基督道成肉身以来的919年，在兰斯（Reims）降下了一场罕见的冰雹。冰雹比鸡蛋还大，比人的半个手掌还宽。不过，在其他一些地方，人们甚至见过更大的冰雹降下。这年，兰斯地区酒的产量为零或者产量极少。北方人摧毁、破坏和消灭了滨海库尔奈（Cournouaille）的布列塔尼地区的一切。布列塔尼人（Bretons）遭劫持，并被出售，其他逃出来的人则遭到驱逐。马扎尔人（Magyars）袭击了意大利及法兰西的部分地区，即罗退尔（Lothar）的王国。①

兰斯的弗洛多阿尔（Flodoard of Reims）

这部文字简短、文体生硬同时内容又无足轻重的年代记，描述的是公元919年在整个西欧发生的事件。它在形式、风格及内容等方面可以说是年代记体裁的典型代表。至10世纪早期，在讲拉丁语的西部地区，一种书写过去的固定模式开始出现，上述年代记完全符合这种模式。与中世纪早期的年代记作者一样，该作者也关注极端天气，聚焦法兰克族及其邻居所遭受的疾苦，尤其那些战

---

① *The Annals of Flodoard of Rheims*，919（1），ed. Phillipe Lauer as *Les annales de Flodoard*，*publiées d'après les manuscrits*，*avec une introduction et des notes* (Paris，1906)；trans. Bernard S. Bachrach and Stephen Fanning as *Annals of Flodoard* (Toronto and Plymouth，2004)，3.

争造成的不幸。尽管大多数年代记的编辑者都是匿名的,不过这本书我们倒可以确定。弗洛多阿尔,身为西法兰克兰斯天主教会的僧侣及教士会成员,于 919 年左右,开始对自己时代所发生的故事逐年进行记录。这种做法实际上是延续了兰斯教会写作年代记的固有传统。该传统最早是由大主教兴克马(Hincmar)开启的。[①]弗洛多阿尔还有其他一些圣徒传记及历史作品存世,如一部有关基督胜利的伟大史诗及他的《兰斯教会史》(*Historia Remensis ecclesiae*)。后者描写了自兰斯这个城市建立至他自己时代的历史。这些作品都采用了不同的文学风格。这些文本表明他是一个很有想法的文体学家和修辞学大师,不过他的年代记却因为体裁的原因而在文体方面受到更大的限制。每年的条目自圣诞节开始,弗洛多阿尔一般都会按照严格的编年顺序把 12 个月内发生的事件记录下来,他的一些延伸记录表明他对于解释事件最终结果感兴趣,同时也对事件的因果关系有一定的关注。[②] 无论对这些年代记而言,还是对我们时代所有类型的年代记而言,时间都是核心的组织原则,正是在其中,事件得到解释。通过逐年计算自基督道成肉身以来的时间流失,年代记作者试图把他们自己时代的事件绘制在上帝为人类设计的更大的地图之上。毫无疑问,每一位编纂者都明白他的图式会超越自己的时代继续发展到不确定的未来,最终以耶稣基督的第二次降临为顶点。[③] 正如伯纳德·巴克拉克(Bernard Bachrach)与斯蒂芬·范宁(Stephen Fanning)所认为的那样,在这种末世论的思想氛围之中,弗洛多阿尔也试图利用他的年

347

---

① Bachrach and Fanning, *Annals of Flodoard*, pp. viii-ix; Janet L. Nelson, 'The Annals of St-Bertin', in Margaret T. Gibson and Nelson (eds.), *Charles the Bald: Court and Kingdom* (2nd rev. edn, London, 1990), 23 - 40.

② Bachrach and Fanning, *The Annals of Flodoard*, p. xi.

③ Rosamond McKitterick, 'Constructing the Past in the Early Middle Ages', *TRHS*, 6th ser., 7 (1997), 101 - 129; Sarah Foot, 'Finding the Meaning of Form: Narrative in Annals and Chronicles', in Nancy Partner (ed.), *Writing Medieval History* (London, 2005), 88 - 108 at 97.

代记来说明，"上帝是怎样通过其在人间的代理人来影响弗洛多阿尔生活于其中的世界的"。[1]

　　弗洛多阿尔的这些编年史为我们提供了有趣的案例研究，因为它们需要我们挑战对中世纪早期西方历史著作及历史意识发展进程的传统理解。作为一种体裁，年代记通常被视为一种原始形式（一些人甚至认为它是非文学、非叙事的）的文学。[2] 在有关西方历史写作进化发展的叙事之中，年代记先于编年史而产生——后者对事件的记录更广泛，而且还把类似的事件按照年代顺序编排在一起——而编年史又先于"真正的历史"而出现。[3] 由于缺乏历史意识，同时又不具备真正历史叙事的绝大部分特征，年代记与编年史因而被认为只是利用了一种时间框架，这决定了其在文学形式方面的插曲性及在表达方面的极简主义。它们用无可避免的并列式风格，把那些看起来毫无关联的事件，在一种没完没了的时间序列中进行叙述，即"然后，然后，然后……"。[4] 一些年代记作品集有正式的起始时间，通常都固定在宗教年表中的某个特殊的时刻，如道成肉身这一年，或作品主题所描述的那个民族历史的某个显著时刻，所谓的《法兰克王室年鉴》（*Annales regni Francorum*）就是这种情况。[5] 其他的作品——如弗洛多阿尔的作品，其起始时间的选择没有其他原因，仅仅是出于作者的突发奇想，要将特定年代所发生的事件用文字永久记录下来。然而，许多年代记却缺乏明显的时

348

---

① 　Fanning and Bachrach, *Annals of Flodoard*, p. xi；比较本卷查尔斯·韦斯特撰写的第二十四章。

② 　Antonia Gransden, *Historical Writing in England c. 550 - c. 1307*（London, 1974），29.

③ 　R. Lane Poole, *Chronicles and Annals：A Brief Outline of their Origin and Growth*（Oxford, 1926）；C. W. Jones, *Saints Lives and Chronicles in Early England*（Ithaca, NY, 1947），26，34；Michael McCormick, *Les annales du haut moyen age*（Turnhout, 1975）. 关于对这一观点的批评，参见 Foot, 'Finding the Meaning of Form'。

④ 　比较 Hayden White, *The Content of the Form*（Baltimore, Md. 1987），5 - 11。

⑤ 　Bernard Walter Scholz, *Carolingian Chronicles*（Ann Arbor, Mich. 1972）.

间起点,所有的年代记都没有正式的结尾。一些年代记经由好几代不同的书写员进行续写,而有一些则从最初编写它们的基督教社团被转移到新的写作中心,如《法兰克王室年鉴》。[①] 另有一些年代记没有什么特别理由便停止写作了,在此之后,再没有人把新历年里发生的事件添加上去了。当然,这种突然的"终结"是有意所为还是纯属巧合,仍不能确定。

兴克马所编纂的年代记终止于882年,当弗洛多阿尔919年开始在兰斯从事年代记写作时,他并没有打算把前辈那些未曾记录的空白年份补充完整。弗洛多阿尔的年代记与众不同,相对《法兰克王室年鉴》的编纂者以及加洛林王室传记的续写者而言,其关注面更窄,编纂时萦绕于脑中的更多是对地方事务的关注。[②] 作者的地理观念反映出政治环境的变动不定,其他一些王公家族的势力开始上升,填补了因888年最后一任帝王逝世之后加洛林王室衰微而引起的权力真空。[③] 尽管他的一生经历了多次政治变动,兰斯教会也多次分裂,但是弗洛多阿尔仍然继续编纂他的年代记;他的作品于966年突然中断,这一年的条目典型反映了作者的旨趣和风格:"966年,国王罗退尔迎娶艾玛(Emma)——前意大利国王之女。大主教奥戴里库斯(Odelricus)把拉根诺尔杜斯(Ragenoldus)伯爵逐出教会,原因是他执意占有兰斯教会的庄园(villae)。该伯爵和他的手下还劫掠了该教区的一些地方,抢劫并焚烧了它们。"[④]某些手稿附添消息说,弗洛多阿尔死于该年春天,享年73岁。[⑤]

通过将其内容置于神启的时间框架内而使西方编年史具备的总体时间观和关联性,通常会因所关注的地理范围狭窄和地方观念浓厚而大打折扣。不过,弗洛多阿尔的核心关注点虽然是兰斯

---

① 例如 the *Annales regni Francorum* continued as the *Annals Bertiniani* and the *Annals of Fulda*;参见后文。

② Fanning and Bachrach, *Annals of Flodoard*, pp. xi-xiii.

③ 同上,pp. xvi-xxvi。

④ *Annals of Flodoard*, 966(48 AB), trans. Fanning and Bachrach, 68.

⑤ Fanning and Bachrach, *Annals of Flodoard*, pp. x-xi.

教会,但该教会及主教(弗洛多阿尔很熟悉)在当代政治中的重要性,却给予他远比同时代许多教士更广的视角和更大的能力将兰斯自身关注的问题置于更广阔的图景之中。无论是地方领主或因领土野心而与教会利益起冲突的王公,或是那些非基督徒的外来者(如北方人或维京人),只要他们因为劫掠教会的土地、伤害僧侣而违背了教会的利益,他都迅即予以谴责。在弗洛多阿尔眼中,非基督徒——无论是维京人、马扎尔人还是萨拉森人,都得不到恩典,不过,他同时也对一些基督徒的行为提出了批评,如"骗子"提奥巴尔德(Theobald, the Trickster),图尔伯爵或一些基督教领袖,如兰斯大主教休(Hugh)等。① 弗洛多阿尔还对记录具有宗教意义的事件、教士的行为以及奇迹故事等特别感兴趣,这一点同中世纪早期的许多年代记作者,而且确实也与此时期其他历史记述作者一样。他的年代记充斥着许多奇迹故事,以及上帝插手其同时代人的生活的事例。他还经常记录反常的天文现象,自然环境中出现的异常事件或动植物身上发生的古怪行为。前者很可能预示着后者:922 年,天空中同时出现了三个太阳,此即地震出现的信号,同年晚些时候,果然发生了地震。②

弗洛多阿尔的年代记,围绕西法兰克王国一座著名教堂中一名教士的社交圈所关注之事,进行了点滴记载,就此而言,它确实非常真切。其根据年代顺序的编排且作者不发表意见,使得它们从外表看起来显得不偏不倚,让我们洞悉了在教会团体内部是如何认知外部城市、王国乃至世界事务的,同时也可以使我们大致了解周边居民主要对农业的关注。这种印象有多大的误导性是显而易见的,因

---

① *Annals of Flodoard*, 946(28E), 947(29I), 948(30A), trans. Fanning and Bachrach, 44 - 47.

② *Annals of Flodoard* 922(4F, 4H), trans. Bachrach and Fanning, 7;比较 956 年瘟疫的爆发(38B),61 - 62。进一步讨论编年史家对自然现象的兴趣,参见 Sarah Foot, 'Plenty, Portents and Plague: Ecclesiastical Readings of the Natural World in Early Medieval Europe', in Peter Clarke and Tony Claydon (eds.), *God's Bounty? The Churches and the Natural World* (Woodbridge, 2010),15 - 41。

为我们可以比照弗洛多阿尔的其他历史作品,特别是他的《兰斯教会史》,来阅读其年代记。① 在后一部著作中,他表现得远非一个中立、缺乏热情的观察者,相反,他能够使用经过筛选的证据来推进某项具体的目标,而且在论辩时也表现得极富修辞技巧。因此,若非在传统观念里,人们认为年代记在历史文本的层次结构里地位低下,我们未能断言,在编纂其年代记的过程中同样的专业技巧并未发挥同等的作用。在转向探究西方基督教世界里那些按照编年顺序书写历史的其他事例之前,我们应该首先澄清一些概念问题。在讨论中世纪历史编纂学时,年代记与编年史应该包括进来吗,或者我们必须将它们视为一种不完全的历史,一种用书面形式表现过去的早期尝试,但它并未能清晰地表现历史? 此外,年代记和编年史代表了不同的文学范式吗,或者中世纪作家是否把所有按照时间框架编排起来的、关涉过去的文本视作同样一种类型?②

定义与范式

在中世纪的拉丁西方,历史(historia)这个词并不只限于指代历史编纂学;从字面上而言,该名词仅仅表示“故事”的意思,它涉及多种类型的文本,包括叙事、圣徒传记、经文注解以及诗歌等。尽管我们可以把诸如弗洛多阿尔这样的作家说成是历史学家,不过,作家本人却用“历史”这个词来指代其对兰斯教会的记录,因而,他并没有称呼自己为历史学家。专业历史学家的观念在他的时代并不存在,同时代的伊斯兰世界也一样。③ 然而,中世纪作家也意识到“历史”可以代表一种文学,一种特殊类型的叙事风格,而

---

① Flodoard, *Histoire de l'eglise de Reims*, ed. M. Lejeune (Reims, 1854 - 1855; repr. *Revue du Moyen Âge* Latin, 37 - 38〔1981 - 1982〕); Michel Sot, *Un historien et son église au Xe siècle: Flodoard de Reims* (Paris, 1993).

② 如 Gransden 所讨论的,*Historical Writing in England*, 29。

③ D. M. Deliyannis, 'Introduction', in Deliyannis (ed.), *Historiography in the Middle Ages* (Leiden, 2003),2 - 3,6.

且他们还知道这种文体传统的古典学定义,该定义与西塞罗在《论演说家》中所概述的一样。① 4 世纪希腊作家优西比乌斯(Eusebius)对他自己的著作所作的历史与编年史的两分法(拉丁文分别翻译为"historia"与"chronicon")显然也与这种古典学定义相适应:历史,他说,指代一种持续不断的叙事,而编年史则是一种按照年代顺序进行记录的方式。② 公元 6 世纪,卡西奥多罗斯(Cassiodorus)尽管在意大利进行创作,但在其《论神圣文献与世俗文献》(Institutiones)一书中(562 年),他对优西比乌斯提出的两种文体之间的主要差别做了更有助益的概述,认为编年史"只是历史的影子、时代的简短提示单"。③ 在致力于文法研究的《词源学》一书的第一册中,7 世纪的西班牙主教——塞维利亚的伊西多尔(Isidore of Seville)从根本上对这两种类型的著作做了区分——fabulae(传奇),指代故事与虚构的记录;historiae(历史),指代实际发生的事件的记录。他对历史与年代记的区分并不是基于它们的形式或叙事结构,而是建立在各自所处理的主题基础之上:"历史记载的是关于我们所见的那些时代;而年代记所记载的却是关于我们时代无法了解的岁月。"在解释各种类型的历史体裁时,他并没有提到编年史;相反,他把编年史置于他对时间单位的记录中(例如,从一个小时、一天、一个星期、一个月开始)。编年史对他而

351

---

① T. P. Wiseman, 'Practice and Theory in Roman Historiography', *History*, 66 (1981), 375 - 393 at 375 - 376. 亦可参阅 D. N. Dumville, 'What is a Chronicle?' in Erik Kooper (ed.), *The Medieval Chronicle II* (Amsterdam and New York, 2002), 1 - 27 at 2, 关于古典希腊有关纯粹事件记录以及解释事件如何发生的哲学记述间的区别。

② Bernard Guenée, 'Histoires, annales, chroniques: Essai sur les genres historiques au Moyen Age', *Annales: Economies, sociétés, civilisations*, 28 (1973), 997 - 1016; Bert Roest, 'Medieval Historiography: About Generic Constraints and Scholarly Constructions', in Roest and Herman Vanstiphout (eds.), *Aspects of Genre and Type in Pre-Modern Literary Cultures* (Groningen, 1999), 47 - 61.

③ Cassiodorus, *Institutiones*, II. xvii. 2, trans. L. W. Jones as *An Introduction to Divine and Human Readings by Cassiodorus Senator* (New York, 1946), 116.

言，只是一种描写或者说解释这个世界岁月的方式。①

　　尽管这些区分很清楚，不过，中世纪书写历史的拉丁作家未必完全采纳，他们反倒是常常在一本书里混合使用多种体裁。这种情况很普遍，以致一些当代学者怀疑中世纪早期的人们是否真正意识到了界限分明的历史编纂体裁。②一门心思描绘中世纪西欧按照年代顺序编纂的素材，可能因此会给大量现存的历史文献强加上某种其作者都意识不到的固定题材观念。此章有意识地忽略了中世纪早期西方出现的那些范围更为广阔的历史，这些著作的作者包括比德（Bede）、图尔的格列高利（Gregory of Tours）以及费利切·利普希茨（Felice Lifshitz）和将会在下一章加以探究的约达尼斯（Jordanes）；③同样忽略了一些中世纪晚期的历史作品，这些作品的作者包括弗赖辛的奥托（Otto of Freising）或马姆斯伯里的威廉（William of Malmesbury）；其他被忽略的作品还包括法国的编年史以及查理·布里格斯（Charles Briggs）将会加以考察的十字军东征史。④相反，此章只关注那些以时间箭头作为核心组织原则的文本。

　　由于按照年代顺序组织历史记录的创作活动历史悠久，远超此章所考察的范围，因而中世纪编年史以及年代记的编纂者拥有许多可资借鉴的文学范式。其中，罗马时期的年代记以及通史或世界史与这个论题有着特别重要的相关性。后者对于中世纪的教士具有相当大的吸引力，因为他们试图把久远的过去与最近的过去所发生的事件，一律放置在单一同时又包罗万象的编年结构之中。

①　Isidore, *Etymologiae*, I. xliv. 4；ed. W. M. Lindsay, 2 vols.（Oxford, 1911）；trans. Stephen A. Barney, W. J. Lewis, J. A. Beach, and Oliver Berghof as *The Etymologies of Isidore of Seville*（Cambridge, 2006）, 67；Deliyannis, 'Introduction', 3 - 4；Foot, 'Finding the Meaning', 89；Faith Wallis, *Bede*：*The Reckoning of Time*（Liverpool, 1999）, pp. lxvii-lxix, 353 - 355.

②　Felice Lifshitz, 'Beyond Positivism and Genre：" Hagiographical" Texts as Historical Narrative', *Viator*, 25（1994）, 95 - 113.

③　参见费利切·利普希茨撰写的本卷第十八章。

④　参见查理·F. 布里格斯撰写的本卷第十九章。

因此,尽管传统观点认为年代记(这种形式的作品历史更悠久,可以回溯到古典时代)直至公元 7 世纪或 8 世纪才开始在拉丁西方出现,①但中世纪编年史的写作却可以追溯到公元 4 世纪早期。3 世纪早期编纂完成的优西比乌斯的《编年史》,为西方教士们提供了一种重要的范式。在这些人中间流传着哲罗姆(Jerome)的译本,译者还把从亚伯拉罕诞生开始至公元 325 年结束的叙事作品扩展到了公元 378 年。在许多地方,哲罗姆－优西比乌斯范式一直在延续,如公元 452 年编纂的所谓《高卢编年史》(*Chronica Gallica*),或阿奎丹人普罗斯珀(Prosper of Aquitaine)的《编年史》(扩展到了公元 455 年)。② 西班牙作家奥罗修斯(Orosius)也选择把他的《反异教史》(约公元 417 年)从创世开始写起;另外,他还历数了自亚当、夏娃被逐出伊甸园之后人类所面临的其他一系列灾难。通过这种方式,他得以用一种长远的眼光来看待罗马世界新近爆发的灾难——特别是哥特人于公元 410 年洗劫罗马。③

　　古典时代结束以后,在中世纪的基督教世界和伊斯兰世界,写作世界或者说普世编年史的传统一直持续,该传统对于西方年代记与编年史的发展可能产生了某些影响。世界或普世编年史作为

---

① McCormick, *Les Annales du haut moyen age*; and Rosamond McKitterick, *Perceptions of the Past in the Early Middle Ages* (Notre Dame, Ind., 2005), 7-33. 进一步参见后文并比较穆里尔·德比和戴维·泰勒在本卷第八章有关古典后期叙利亚事例的讨论。

② M. I. Allen, 'Universal History 300-1000', in Deliyannis (ed.), *Historiography in the Middle Ages*, 20-24; Brian Croke, 'The Origins of the Christian World Chronicle', in Croke and A. M. Emmett (eds.), *History and Historians in Late Antiquity* (Sydney, 1987), 116-131; Stephen Muhlberger, *The Fifth-Century Chroniclers: Prosper, Hydatius and the Gallic Chronicler of 452* (Leeds, 1990).

③ Orosius, *Historiae aduersus paganos*, ed. and trans. Marie-Pierre Arnaud-Lindet, 3 vols. (Paris, 1990-1991); Allen, 'Universal History', 26-27; 比较 Michael Whitby, 'Imperial Christian Historiography', in Andrew Feldherr and Grant Hardy (eds.), *The Oxford History of Historical Writing*, vol. 1: *Beginnings to AD 600* (Oxford, 2011), 346-370; 以及本卷的第二十一章。

一种不同的体裁尽管非常有趣，不过，它们不同于其他中世纪的编年史，值得我们在本册书的其他地方对其进行更细致的独立研究。① 此处我关心的是详述那些在时空方面距它们的作者更近的事件，它们按照自耶稣道成肉身以后所流失的时间线进行编排。尽管我们曾经提到过，要对死板地去区分年代记和编年史两种体裁的正确性进行质疑，但是，传统的正统观点把年代记既视为编年史的原始形态，同时也视为后一种形式的先驱，因此，我们应该从年代记开始探讨。

中世纪西方年代记写作的起源

年代记——对一年中重要（或者值得纪念的）事件的记录，可算是最早的历史写作的形式之一。在巴比伦、古典时代的地中海以及近东世界里，这种写作形式已经为人所知。不过，现代历史学家却认为，只有到了狄奥尼修斯·艾西古（Dionysiac Exiguus）制作的计算复活节日期的表格流传之后，即公元7世纪或8世纪，拉丁西方才开始出现第一部年代记。R. 莱恩·普尔（R. Lane Poole）认为：

> 几乎从一开始，复活节表格就是从耶稣基督道成肉身那一年开始起草，它们被用来作为一种框架结构，人们凭此来记录有关历史事件的信息。这些（狄奥尼修斯的）附带信息的表格代表了最早类型的中世纪编年史。经过后来的发展变化，它们变成名为年代记的一种更为精细的作品。两者之间能够很容易地区分出来。②

353

---

① 参见本卷第二十一章。

② R. Lane Poole, *Chronicles and Annals：A Brief Outline of their Origin and Growth* (Oxford, 1926), 26；Poole 的观点为 McCormick 所重复，*Les annales du haut moyen âge*。

普尔相信,年代记结构和形式的出现,源于留在表格上(或边缘上)的空白处,这些空白的最初目的并不是记录过去发生的事件,而是通过记录循环往复的仪式年(liturgical year)里的起伏以设定未来的韵律。[①] 因此,复活节表格的特征也就成为年代记的定性特征:上帝时间之矢上流逝的每一年都要记录下来;每一年都要在表格里占据一行;因此,简短至关重要。由于受到稿页空间以及19年循环有限时间范围的限制,年代记的内容受到很大的限制;只有编年史这样一种更加完善的体裁才有可能提供范围更为广泛、时间更为久远的叙事。[②] 在普尔以及那些追随他的人看来,正是从不列颠群岛开始,年代记这种文学风格得以扩散到欧洲其他地区,并通过公元8世纪盎格鲁-撒克逊人的传教活动,把它带到了法兰克人的世界。[③]

近些年来,有几位学者对这种年代记起源的观点提出了挑战。他们指出,这种体裁最先出现在中世纪早期的不列颠是多么不可能。古典时代晚期,许多地方都留存有那些附带历史信息的复活节表格,时间远远早于狄奥尼修斯·艾西古把这些表格与耶稣基督道成肉身结合起来之前。例如,它们不仅出现在阿奎丹的维克多留斯(Victorius of Aquitaine)于457年编订的周期表的抄件中,后者将时间扩展到公元532年,而且还出现在早期的复活节表格中,这些表格并未按照19年的基本样式来绘制。[④] 凯尔特世界写作年代记的历史要早于英格兰,在狄奥尼修斯计算复活节时间的表格引入这里之前;我们可以看到,从古典时代晚期至中世纪早

---

① Poole, *Chronicles and Annals*, 28; McKitterick, *History and Memory in the Carolingian World* (Cambridge, 2004), 97.

② Poole, *Chronicles and Annals*, 48; Dumville, 'What is a Chronicle?' 5.

③ Poole, *Chronicles and Annals*, 27 - 41; Denis Hay, *Annalists and Historians: Western Historiography from the 8th to the 18th Centuries* (London, 1977), 4 - 45; Gransden, *Historical Writing in England*, 129 - 130.

④ C. W. Jones, 'The Victorian and Dionysiac Paschal Tables in the West', *Speculum*, 9(1934), 408 - 421; Kenneth Harrison, *The Framework of Anglo-Saxon History to AD 900* (Cambridge, 1976), 45.

期,年代记的编纂实际上存在连续性,该风格的扩散与基督教的传播相一致。① 就起源而言,年代记从概念上与中世纪早期制作列表的狂热具有非常密切的联系。正如列表似乎曾在公元 7 世纪和 8 世纪促成阿拉伯人一样。教会制作了一连串国王或主教和修道院院长、死者(为的是在做弥撒以及在公共祈祷的时候能够记得住)、②土地捐赠或佃户交纳的租金等各种列表,同一教士也同样会列举最近发生的(甚或更久远的过去发生的)一系列值得纪念的事件。③ 不过,把列表的制作视为中世纪早期思维方式的典型特征,无助于确定年代记这种题材是否源起于复活节表格里或边缘处的注释。

年代记是从复活节表格里的注释发展而来,这种观点被广为接受,但它存在一个缺点,即其作为证据的手稿性质。例如,正如罗莎蒙德·麦基特里克(Rosamond McKitterick)指出的一样,与保存着年代记但与复活节计算毫无关系的最早的手稿相比,包含着复活节表并附有历史信息的手稿在时间上要晚。她认为传统观点大大低估了作为一种历史写作方式的公元 8 世纪的法兰克年代记,同时也未能认识到,随着法兰克人意识到自身在上帝神圣计划中的地位而出现的基督教历史的直线发展进程,与基督的年代之间有着重要联系。在她看来,"拥有年度记录的复活节表格只是合理

---

① Dumville, 'What is a Chronicle?' 7. 亦可参阅 Daibhi O'Croinin, 'Early Irish Annals from Easter Tables: A Case Restated', *Peritia*, 2(1983), 74 - 86, 他坚持狄奥尼修斯前爱尔兰复活节表中的年代标记, 尽管这维持了传统的理解, 即年代记来自复活节表的注释。

② 例如考察 *Annales necrologici* of Fulda。开始于 779 年, 在富尔达创建后 30 年, 按照基督纪年连续记录了那一年死去的僧侣。正如 Janneke Raaijmakers 指出的, 僧侣们因此而"将自己的过去嵌入到时间序列中, 其中基督既是始也是终, 使他们的历史成为救赎史的一部分"。这些年表既构成了也象征着活着的僧侣团体的身份认同, 保存了他们的集体记忆, 并保持希望, 所有的会众将来会重新结合: 'Memory and Identity: The *Annales necrologici* of Fulda', in Richard Corradini, Rob Meens, Christina Pössel, and Philip Shaw (eds.), *Texts and Identities in the Early Middle Ages* (Vienna, 2006), 303 - 321 at 320 - 321.

③ Dumville, 'What is a Chronicle?' 9; and Foot, 'Finding the Meaning', 94.

地适应了年代记的观念";它们从另一个侧面体现了地方对中央王朝记述宫廷记录的回应。① 年代记究竟是源自复活节表格里的页边注释,还是源自独立的年代记记录,这种"鸡和蛋"谁先谁后的争论,蕴含着一种以进化的方式来理解拉丁西方历史著作发展模式的观念,现在需要对这种观念进行修正。尽管我们不会反过来接受有关中世纪西方历史著作诞生的"大爆炸"理论,但我们应该承认,在以书面形式记录过去的各种早期尝试之间存在着更紧密的共生关系,我们还应该接受这种观点,即复活节年代记及简短的年代记录,对应着分别抄自复活节计算表的公元年代序列,服务着各自不同的目的。正如乔安娜·斯托里(Joanna Story)指出的那样,在公元 8 世纪晚期和 9 世纪的法兰克创作的所谓小年代记:

> 为那种具有细微差别的、叙事性的加洛林历史记录的发展,提供了平台;复活节表格提供了一种刚性结构,把当前的法兰克与整个基督教的过去联系在一起。同时,它也提供了一种系统的、编年性的台阶,经由古代的帝王们回溯到基督自身的诞生(以及死亡)。与众不同的是,作为一种历史表达方式,该表格还提供了一条通往未来的路径,因为它们不仅包含了复活节过去的幽灵,而且还包括了那些即将到来的复活节的幽灵。②

355

人们同样可以如此看待《盎格鲁-撒克逊编年史》(*Anglo-Saxon Chronicle*)的诸种源头,其中,那些年代记的首个校订本(具有同一血统)所辑录的累积的英国历史,预示了未来几代将要发生的事

① McKitterick, *History and Memory*, 97 - 104, at 99;这代表着她在'Constructing the Past', 110 - 114 中所提出的观点的进一步说明;亦可参阅 Joanna Story, 'The Frankish Annals of Lindisfarne and Kent', *Anglo-Saxon England*, 34 (2005), 59 - 109 at 73。

② Story, 'The Frankish Annals of Lindisfarne and Kent', 74; cf. McKitterick, *Perceptions of the Past*, 68.

情；它们是未来的影子，将来有一天，英国终将处于西撒克逊国王的荣耀统治之下。①

　　因此，拉丁西方历史著作的发展，相比普尔所设计的那种整齐划一、循序渐进的文学发展路径，实际显得更为混乱。自公元 4 世纪以后，在晚期罗马帝国及其边境地区的许多地方，复活节表格中的空白处显然成为各种信息的储藏室，无论这些信息是偶然间被忆起，然后再放入相应的时间位置，还是被系统地插入进来的(也可能是回顾)。② 为了宗教庆典，复活节表上最初汇集了统计资料(与历法以及天文计算相关)，在仪式结束后，复活节表适合作为信息储藏库的功能并未减弱，仍然继续吸纳此类材料。③ 然而，公元 8 世纪和 9 世纪开始编写的扩展的年代记系列，并不需要以复活节记录这种模式为基础。加洛林世界的史学编纂纲要里，不同风格文本原稿的传播为我们清晰地揭示出，人们对年代记以及范围更为宽泛的史学记录，在推动法兰克人身份认同感的形成和确定过程中所发挥的作用，有了更加清晰的理解。④ 我们也不再需要遵循普尔和麦基特里克提出的论点，他们认为短小、精悍的记录，出现的时间要早于那些范围更宽泛、准叙事型的记录(从史学方面而言也更原始)。不仅仅只有后者才表现出对创世以来宽泛时间范围的兴趣。⑤ 复活节表格之所以能够吸纳许多值得纪念的事件信息，主要是因为它们与末世论年表之间的联系，该年表向后延伸的话，远远超过表格本身的日历年度，直至耶稣道成肉身之年(因此可能一直回溯到上帝创世之时)；向前追溯可至未知的将来以及时间的最后终结。这种与神圣年表的本质联系代表了编年史与年代记的

---

① 　Foot，'Finding the Meaning'，101.

② 　O'Croinin，'Early Irish Annals from Easter Tables'.

③ 　Dumville，'What is a Chronicle?' 9；Story，'The Frankish Annals'，84，90.

④ 　Helmut Reimitz，'The Art of Truth：Historiography and Identity in the Frankish World'，in Corradini *et al.* (eds.)，*Texts and Identities in the Early Middle Age*，87 - 103.

⑤ 　*Contra* McCormick，*Les annales du haut moyen âge*，13.

典型特征,它们在本质上的差别并不在于基本的概念框架,而在于
每一年度里所记录的内容数量。

356

　　然而,并非所有年代记的目的都一样。一些年代记,写作目的
是在每年年末摘要概述每一年里发生的主要的或最值得纪念的事
件;另一些年代记,编者写作的目的是通过参照一两件非同寻常的
事件来确定某个特殊的年份。这两种年代记读起来便不一样。同
样,同时代或接近同时代的编年史家,他们编写年代记的目的也不
同于那些试图构建(或重新构建)遥远过去年度事件的作者。不
过,有一个特征把所有中世纪时期的年代记作品都统一了起来,
即:它们的外在形式以及自觉地按照时间框架编排材料。年代记
仔细设计了(慎重而又精挑细选)人们个人和集体行动的时刻,或
记录了那些与奔驰向前,同时又不断消逝的时间之矢相交叉的自
然力量。它们的外形也许看起来很简单,不过,按照它们自己的方
式,年代记同样可以高度修辞化,也可以成为本质上的基督论文
本。它们与编年史有什么大的差别吗?

编年史和年代记

　　在 1200 年左右为其《编年史》写就的、并被后人广泛引用的前
言里,坎特伯雷的杰维斯(Gervase of Canterbury)试图把编年史从
历史中区分出来,不过却很纠结,因为至 12 世纪末,这两种风格彼
此之间已经大体相当。他认为,历史学家的行事既广泛又高雅,而
编年史家的行事则简单、按部就班而且简略:

　　　　编年史家是在年份之内细数着耶稣道成肉身的年、月、日,
　　简略地叙述国王或贵族发生在这段时间之内的活动,同时也记
　　录时间、预兆或奇迹。但是,也有许多编年史或年代记的作者
　　超出了这些限制……,因为,当他们想编纂一部编年史的时
　　候,他们却以历史学家的方式行事。他们对本应该说得言简意

赅、写得简单的内容，却试图进行详细的阐释。①

在扩展编年史的形式方面，作者超越了它们简明扼要的特征，目的不是为了娱乐或转移注意力，而是为了记录那些值得记录的事件，为子孙后代记录它们。② 编年史与年代记这两种风格之间的区别是如此模糊，以至于每一种都能有效地实现同样的目的，这在杰维斯的时代并不是什么新奇的事情；在他的时代之前，要想明确区分这两种体裁同样很困难。迈克尔·麦考密克（Michael McCormick）最先从普吕姆人雷吉诺（Regino of Prüm）的《编年史》里意识到了这一点（该编年史在公元 908 年前不久编纂完成）；作者看似是要写作一部类型相当传统的通史作品，这部作品把《法兰克王室年鉴》整合成了一部涵盖 818 年至 906 年历史的记录。③ 在麦考密克看来，11 世纪的赫斯费尔德人兰珀特（Lampert of Hersfeld）方才身处年代记与编年史的十字路口，因为他试图将有关授职权危机的记录（创作于 1077 年至 1080 年）塑造成年代记模型，并以总体史作为开场白。④ 但是，这真的代表了一种已有事物状态的变化吗？年代记与编年史究竟有无根本差别呢？

一系列被称为《法兰克王室年鉴》的年代记作品，长期以来都被视为查理曼宫廷的产物，并在其子"虔诚者"路易的宫廷里继续

357

---

① Gervase of Canterbury, *Chronicle*, prologue, ed. William Stubbs, 2 vols. (London, 1879 - 1880), i. 87 - 88. 参见 Chris Given-Wilson, *Chronicles*: *The Writing of History in Medieval England* (London and New York, 2004), 1, 21.

② Janet Coleman, *Ancient and Medieval Memories*: *Studies in the Reconstruction of the Past* (Cambridge, 1992), 299.

③ Simon MacLean, *History and Politics in Late Carolingian and Ottonian Europe*: *The Chronicle of Regino of Prüm and Adalbert of Magdeburg* (Manchester, 2009), 9 - 10.

④ McCormick, *Les annales du haut moyen âge*, 19; Lampert of Herzfeld, *Annales*, ed. Oswaldus Holder-Egger, *Lamperti Monachi Hersfeldensis Opera* (Hanover and Leipzig, 1894), 1 - 304.

编写。该作品突兀地把公元 741 年查理·马特，这位加洛林诸王祖先的逝世作为开端，没有序言，它以单调、简朴的语调陈述说："查理，宫相逝世了。"[①]只有通过阅读后来的记录——或对法兰克历史后来的发展有所了解——读者方才有可能知道查理·马特的逝世是如何开启法兰克人历史新时代的。发展中的编年史，并不是随着事件的演进对其逐年进行记录，而是按照不同的时间段，由三位不同的作者共同探讨了从 741 年至 829 年里的加洛林时代，正如编年记录突然开始一样，在这一年，记录戛然而止。[②] 与其年代记风格不符的地方在于，这些年代记与复活节表格里的记录之间存在很大的不同；每一笔记录不仅仅包含一些古怪的评论，以此确保能够记住那些具有里程碑意义的关键事件，而且还提供了一份概要，综合论述了这一年需要讨论的所有事件。由于事件本身并不能自然而然地将自己安排在一个历年的范围内，对事件的叙述同样不能。因此，从句法上而言，故事常常会持续到新一年的开始，因公元日期的变化而引起的人为中断，逐渐变成只不过是标点符号而已。对其进行通读的时候，我们更应该将其视为统一的整体，而不是一套互不相干的历史记录，这样我们就会发现，《法兰克王室年鉴》为我们呈现了一部独特的、经过精心设计的故事。这部故事把法兰克人说成是上帝的选民，并且还特意地把他们的命运与加洛林家族联系在一起。后者最初只是宫相，后来成为了国王。这部故事的核心主题即国王及其行为，他们这些行为的实施"与法

---

① Royal Frankish Annals, *s. a.* 741; trans. Scholz, *Carolingian Chronicles*, 37.

② McKitterick, *History and Memory*, 101 - 111; Joaquin Martinez Pizzaro, 'Ethnic and National History ca. 500 - 1000', in Deliyannis (ed.), *Historiography in the Middle Ages*, 43 - 87 at 73; 但是参见 Roger Collins, 'The Reviser Revisited: Another Look at the Alternative Version of the Annales Regni Francorum', in A. C. Murray (ed.), *After Rome's Fall: Narrators and Sources of Early Medieval History* (Toronto, 1998), 191 - 213, 他认为在法兰克王室编年史背后并非直线和一致的传统。

兰克人的利益一致,得到他们的赞同,而且是在他们的支持下进行的"。① 当这部年代记的续写工作逐渐由那些不再属于王室成员的书吏来进行的时候,依照负责编写工作的那些人的兴趣和关注点,它们开始呈现出一些不同的特征。

358

《圣波尔廷年代记》(*Annals Bertiniani*)最初是由特鲁瓦(Troyes)主教普鲁登提乌斯(Prudentius)编纂完成的。该书正好拾取了《法兰克王室年鉴》于公元830年中断之后的故事;因而,他的年代记的开篇仍继续诉说着路易皇帝的所作所为,甚至都没有觉察到有为首句话的主角"他"确定身份的必要。② 公元861年,普鲁登提乌斯逝世之后,兰斯主教兴克马接手记录工作,该年代记也开始逐渐变得更多反映作者自身个性以及他对同时代加洛林统治者时常远非正面的看法。不过,正如我们前面所指出的那样,882年兴克马逝世之后,无人再续写这部著作。在东法兰克王国,编写完成了一部相当独立的《法兰克王室年鉴》的续写本,现在一般被称为《富尔达年代记》(*Annals of Fulda*);其编年顺序不仅反映了活跃于莱茵河东部的那些作者不同的地理视角——他们关注的是不同的邻居,而且还反映了对加洛林王室内部竞争,特别是"虔诚者"路易诸子之间矛盾的另类理解。③ 其他续本还包括:由宫廷图书管理员杰瓦尔德(Gerward)编纂完成的《克桑滕年代记》(*Annals of Xanten*)以及《圣瓦斯特年代记》(*Annals of St Vaast*)。后者提供的有关9世纪下半叶的观点更加地方化和区域化,另外,它还特别阐释了斯堪的纳维亚人在9世纪的入侵对地方社会的影响。④

---

① McKitterick, 'Constructing the Past', 117, 126 - 127; McKitterick, *History and Memory*, 113 - 116.

② *The Annals of St-Bertin*, trans. J. L. Nelson (Manchester, 1991), 21.

③ R. Corradini, 'Die Annales Fuldenses—Identitätskonstruktionen im ostfränkischen Raum am Ende der Karolingerzeit', in Corradini *et al.* (eds.), *Texts and Identities*, 121 - 136. 富尔达的年代记编纂者对奇迹和超自然的东西异常感兴趣: *The Annals of Fulda*, trans. Timothy Reuter (Manchester, 1992), 10。

④ Paul Edward Dutton, *Carolingian Civilization: A Reader*, 2nd edn (Toronto, 2004), no. 74.

　　所有这些文本均被现代历史学家视为年代记系列。不过，如何将它们与现在学者混乱地称为《盎格鲁-撒克逊编年史》的、集合了各种年代记条目的不同校订本，从根本上区别开来呢？这套编年史首先是在威塞克斯国王阿尔弗雷德的宫廷圈里或与宫廷圈有密切联系的地方编纂完成的，时间直至891年。它囊括了从最初的公元前60年（朱利乌斯·恺撒征服不列颠的日子，因此，不列颠的历史从此刻开始首次与罗马帝国其他地区的历史交织在一起）至891年之间的历史。很明显，最初的编纂者（这也很可能是团队努力的结果）拥有早期收集的年代记材料可资利用；一些5世纪末早期及6世纪初期的记录每隔19年重复一次，这表明其中一些材料源自狄奥尼修斯复活节表中的记录。因为在那里，每隔19年发生一次循环。[①] 在前述林第斯法恩（Lindisfarne）与弗兰克（Frankia）的年代记里，我们已经遇到过一些证据，证明存在仔细标注日期的早期资料集。[②]

　　正如我们现在所了解的一样，《盎格鲁-撒克逊编年史》是一部汇编起来的年代记，曾经拥有不同的起源，汇编它的目的是为了诉说一个特殊的故事，一个看起来与《法兰克王室年鉴》极为不同的故事。如果说后者讲述的是一个王朝的兴起和胜利，叙述的中心在于这个家族帝国的胜利以及法兰克人的稳步扩张的话，那么《盎格鲁-撒克逊编年史》可以说为一个民族创造了一种有关起源的传说。盎格鲁人只是在阿尔弗雷德国王击败了维京国王古斯鲁姆（Guthrum）之后，才新近统一在西撒克逊人的统治之下；同时，英格兰南部又在两个民族之间发生了分裂，即附属于丹麦异教徒的东部与附属于基督教英格兰的西部，因而，这里需要有一部历史。英国人的多重起源，盎格鲁-撒克逊英格兰建立起来的各民族及其王国既独立又多元的历史，都被集中在一起设计成了一个故事，即不可阻挡地走向当前统一的故事，而这正是编年史所赞扬的（886年

359

----

① 　Harrison, *The Framework of Anglo-Saxon History*, 127 - 128；复本包含495—527年；19世纪相继的时间周期则从494年至512年以及从513年至531年。
② 　Story, 'The Frankish Annals', 94.

的年代记最明显，它描述了盎格鲁人全面服从阿尔弗雷德的过程）；因而，它们还指向了一个更加光荣的未来，在那里，在西撒克逊的统治之下，所有的势力共同分享和平的生活。[①] 到了10世纪和11世纪，《编年史》似乎出现了不同的声音。学术界通常认为这正好反映了一些负责维持地方记录的团体对地方的忠诚，或11世纪日益增长的政治忠诚。[②] 续写本不仅在内容方面有所不同，而且在手稿获取额外资料的方式方面也不一样。有时候，一些年代记的续写大体上都是按照一年的时间作为基础，不过，其他时候，整个记录的编写都具有回顾的性质。902年至924年出现的记录简编，以前一直被称为"麦西亚记录"（*Mercian Register*），最近则被重新命名为《埃塞尔弗莱德年代记》（*Annals of Æthelflæd*）。它可能是由一位僧侣编纂完成的。该名僧侣生活在埃塞尔弗莱德的侄子、国王阿尔弗雷德的孙子国王埃塞尔斯坦（Æthelstan）的宫廷圈之中。他的青年时代是在埃塞尔弗莱德的宫廷圈里度过的，而且在征服丹麦法区的战役里，他还可能发挥过一定的作用。这部年代记对该战役赞赏有加。[③] 983年至1022年的另一组年代记，对于埃塞尔雷德（Æthelred）统治时期发生的事件，一律给予了令人沮丧的描述。它们的编纂很明显是回顾性的，可能正如西蒙·凯恩斯（Simon Keynes）曾经指出的一样，其创作是由某个人（可能在伦敦）于1022年左右完成的。这一版本的事件（保存在三部独立的手稿中，这些手稿的形式基本上一样）看起来在最初的年度记录基础上重

[①] Foot, 'Finding the Meaning', 99 - 102.

[②] 如 Charles Plummer 所讨论的，*Two of the Saxon Chronicles Parallel*, 2 vols. (Oxford 1892 - 1899); Michael Swanton (ed. and trans.), *The Anglo-Saxon Chronicles*, 2nd edn (London, 2000); Pauline Stafford, 'The Anglo-Saxon Chronicles, Identity and the Making of England', *Haskins Society Journal*, 19 (2007), 28 - 50.

[③] Pauline Stafford, 'The Annals of Æthelflæd: Annals, History and Politics in Early Tenth-Century England', in Julia Barrow and Andrew Wareham (eds.), *Myth, Rulership, Church and Charters: Essays in Honour of Nicholas Brooks* (Aldershot, 2008), 101 - 116.

新进行了编纂。作者因此重写了历史，有意识对记述进行了改编，目的是记录下英国最终失败的结局以及 1016 年为克努特（Cnut）所征服的命运。[1]

360

正如尼古拉斯·布鲁克斯（Nicholas Brooks）新近所提出的，我们应该把这些年代记称为"旧英国王室年代记"，在这些年代记中，我们发现不同体裁均被融合进了一种外表同质的形式之中。[2] 有些记录所提供的只是一些简短的说明，附在某个自基督纪年便开始计算的日期后面。不过，即便是在续写到 891 年的第一版修订本里面，偶尔也会出现一些比较长的、辞藻较为华丽的段落，如基涅武甫（Cynewulf）和基涅赫德（Cyneheard）的故事。该故事虽然是被插入到了 755 年的年代记里面，不过，事实上，它所包含的事件信息已经不止一年了。[3] 许多有关阿尔弗雷德统治的年代记记录也很长，例如 871 年的记录。在这一年，由于兄长埃塞尔雷德逝世，阿尔弗雷德继承王位，此时正值丹麦战争最糟糕的时候，仅这一年便交战 9 次。10 世纪时，偶尔有些记录是用韵文而非散文的形式书写的。第一部这样的诗标志着爱德华之子——埃塞尔斯坦及其兄弟埃德蒙（Edmund）的胜利，他们在一个名叫布鲁南博尔（Brunanburh）的地方[很可能就是柴郡的布莱姆（Bromborough）地区]击溃了一支由挪威人与苏格兰人组成的联军。为了强调此次胜利的重大意义，诗歌把战役置于可能是最长的时间背景之中，把它描述成是自日耳曼人首次向不列颠岛迁移以来，英国军队所取得的胜利中最大的一场：此前"从来没有一支军队曾遭受刀剑如此

---

[1] S. D. Keynes, 'The Declining Reputation of King Æthelred the Unready', in David Hill (ed.), *Ethelred the Unready: Papers from the Military Conference* (Oxford, 1978), 157 - 170.

[2] Nicholas Brooks, '"Anglo-Saxon Chronicle" or "Chronicles"? Time for a Change of Name and for a New Approach?' 2009 年在 Newfoundland 的 ISAS 会议上宣读的论文。感谢 Brooks 教授提供此文。

[3] *Anglo-Saxon Chronicle*, s. a. 755; Stephen D. White, 'Kinship and Lordship in Early Medieval England: The Story of Sigeberht, Cynewulf and Cyneheard', *Viator*, 20(1989), 1 - 18.

大规模的屠杀"。① 这首诗以及其他收录到这部《编年史》中的记录都服务于用"国家化的叙事"来塑造西撒克逊王朝胜利的目的,并强调英国全民族的命运均与这个王朝联系在一起。②

有一些年代记保存着完全不同类型的信息,所讲述的不是关于事件,而是关于王朝建立的故事;通过一脉相承的年代记,各英格兰王国不同皇家世系的谱系纷纷出现了。③ 最引人注目的是《编年史》的 A 手稿(剑桥,圣体学院 MS 173,Corpus Christi College),它就是以可能的王室世系表作为开始的。文章一开始就写道:"自基督诞生以后,又过了 494 年,这一年,塞尔迪克(Cerdic)及其子坎里克(Cynric)登基了。"该文本对自塞尔迪克到阿尔弗雷德大帝登基以后的威塞克斯统治者一一追溯:"那时,他 23 岁,距他来自不列颠的祖先首次征服西撒克逊以来,已经过了 396 年。"④这份世系表(在一些独立于《编年史》之外的手稿里也有几份幸存下来)既记录了每一位国王在位的年限,同时也记录了他们的出身以及他们与塞尔迪克的关系。

世系表在编年体形式中嵌入了一种与对应年代记结构的线性序列不同的时间观,这种新的时间观即血缘的或王朝的时间顺序。世系,正如加布里埃尔·施皮格尔(Gabrielle Spiegel)曾经指出的一样:"使时间变得世俗化,它的时间观建立在血缘基础之

361

① *Anglo-Saxon Chronicle*,s. a. 937;并参见 Sarah Foot,*Æthelstan*:*The First King of England*(London and New Haven,2011),169 - 172。

② Thomas Bredehoft,*Textual Histories Readings in the Anglo-Saxon Chronicle*(Toronto,2001),102;Janet Thormann,'The Anglo-Saxon Chronicle Poems and the Making of the English Nation',in Allen J. Frantzen and John D. Niles(eds.),*Anglo-Saxonism and the Construction of Social Identity*(Gainesville,Fla.,1997),60 - 85.

③ 例如 Northumbria in 547,Mercia in 626,or Kent under the year 694。

④ 正如 Dorothy Whitelock 指出的,396 年这个数字是错误的。如果我们从威塞克斯王国建立,即从塞尔迪克登基后 6 年计算,即在大约 500 年或者从 *adventus Saxonum* 传布的 449 年,我们无法计算得到阿尔弗雷德登基的 871 年:Whitelock(ed.),*English Historical Documents I*,*c. 500 - 1042*,2nd edn(London and New York,1979),148 n. 1.

上，从而把现在与过去之间的联系转变成了一种真正的联系，并通过繁衍一代代传递下去。"①我们也可以用线性的方式来构建血缘时间，不过，如果上帝道成肉身的时间看起来一直沿着水平线的方向在向前发展的话，那么王朝后裔的血缘线索就更像是一条降下来的垂直线了。它们都以繁衍性时间这一与以往不同的比喻，也就是说，在这样的时间里，一个世代的人坐在前代的膝盖上，来表示时间的距离和时间的推移。世系既解释了当前的社会现实，同时又解释了当前的政治现实，因而，人类的繁衍也能起到某种形式的因果解释的作用；②对世世代代的记录既能给予当前时刻以合法性，同时又能对其加以解释，另外还可以隐晦地指向将来。在一份追溯过去的父系家族世系里，每一个男人都会是某位国王的父亲，不过，在一份展望未来的王室世系表中，正如《盎格鲁-撒克逊编年史》A 手稿的前言所述，每一位国王自身便是一位新国王的祖先。正如克雷格·戴维斯（Craig Davis）曾经指出的那样，王室世系表（在这部合成的年代记里，在有关 855 年至 858 年的部分，插入了一份严格依照传统组织起来的世系表，它把阿尔弗雷德的父亲——埃塞尔沃夫〔Æthelwulf〕的世系不仅追溯到传说中的神王沃丁〔Woden〕，而且甚至超越他，从挪亚一直追溯到"亚当，第一个人以及我们的父，即基督"）成为了"正统的西撒克逊世界观的脊梁，以及线性的矩阵，在这种矩阵之上，不同的文化传统得以融合在一起"。它把王室的家系与上帝在世界中创造秩序直接联系在一起，从而为西撒克逊的政治权威提供了直接的源泉。这个源泉不是源自一位堕落的异教神明，或日耳曼英雄时代的英雄，而是一位其权威永不会被挑战的神明遗传下来的、血统

---

① Gabrielle Spiegel, ' Genealogy: Form and Function in Medieval Historical Narrative', *History and Theory*, 22（1983），43－53 at 49. Hugette Taviani-Carozzi 认为，这些谱系有助于将异教徒和基督徒的过去融为一体，将神话和历史联系起来：'De l'histoire au mythe: la généalogie royale anglo-saxonne', *Cahiers de civilisation médiévale*, Xe-XIIe siècles, 36（1993），355－373.

② 同上，50－51。

纯正的后裔。① 其发展的顶点就是两种观点的融合，即自基督道成肉身以来上帝永恒的创造时间，以及人类的生物时间，即一代代延续下去的种子。

362

在这组年代记里还出现了其他代表时间的模式。例如，它们有时候使用情节式年表（episodic chronology），它以某一重要事件发生以后的多少多少年作为计算年数的方式。这些重要事件包括罗马建城、王朝统治的开始，或者世界的创造等。② 许多记录反映出来的是一种循环的时间观，它把时间视为一个圈（cursus），一种犹如宗教仪式及自然界中的季节一样不断反复的循环，从冬天到冬天，从庆祝基督的诞生到他的受难和复活，尽管直到 8 世纪和 9 世纪的加洛林年代记里才开始出现有关仪式举行时间的描述。③ 英国《编年史》最引人瞩目的地方在于其从冬天到冬天的那种岁月感，这是一种在农业以及季节方面反复发生的循环"圈"，从而把岁月的流逝固定在一种与个体相关的年代学之中，这比那种抽象而又绝对的计算系统要可靠得多。例如，人们也许会认为复数冬天的使用乃是一种借代手法，代指全年的流逝，正如 A 手稿前言的第一句话所说的那样："在那一年，即基督诞生以后的第 494 个冬天……"④因此，人们很可能认为这些年代记只是把宗教仪式和农业方面的循环"圈"与基督时间的直线箭头相交的地方，图示性地标识出来。⑤

---

① Craig R. Davis, 'Cultural Assimilation in the Anglo-Saxon Royal Genealogies', *Anglo-Saxon England*, 21(1992), 23 - 36 at 35.

② D. E. Greenway, 'Dates in History: Chronology and Memory', *Historical Research*, 72(1999), 127 - 139.

③ McKitterick, 'Constructing the Past', 114.

④ 诗歌中更常用的修辞，比较 David Klausner, 'Aspects of Time in the Battle Poetry of Early Britain', in Tom Scott and Pat Starkey (eds.), *The Middle Ages in the North West* (Oxford, 1995), 85 - 107。

⑤ *Chronicle* 的阿宾登手稿之前有有关教会节日的古英语诗歌 *Menologium*，这可以巩固不同时间概念间明显的联系。André Crépin, 'Etude typologique de la *Chronique anglo-saxonne*', in Daniel Poirion (ed.), *La Chronique et l'histoire au Moyen Age: Colloque des 24 et 25 mai 1982* (Paris, 1984), 137 - 148 at 145.

从这层意义上而言,"旧英国王室年代记"并非只是解释英国是如何沿着下面的线索来到当前的时间点的,即从上帝创世,基督的道成肉身,一直延续到末日审判,甚至还越过这个阶段一直发展到奥古斯丁所说的永恒时间。它们还把该民族置于一种生物学的、繁衍性的时间框架之内,该框架既包括了他们过去的非基督教时期,同时也包括了得救之路被开启之后的那些年月。与此同时,它还使这两者都得以合法化。随着盎格鲁-撒克逊人的皈依,基督时间也来到了他们中间;它把他们引导到一种绝对的、一直向前运行的时间之矢中。这与他们那种与生俱来的、相对而又循环的个人时间观念有着一定的差异。在后者的观念里面,年月是按照季节以及一代人的寿命来计算的。通过把英国置于神圣的时间框架之中,这些年代记得以把该政治国家转变成为一个精神团体,一个尤其蒙受上帝恩惠的团体。这种神圣的时间框架,无论是向前追溯还是向后延伸,都远远超过了人类的观念范畴。"旧英国王室年代记"因而代表了循环的、直线的、生物学的以及情节式的等各种时间计算方法的融合;一旦其他计算时间的方法与之相符合,它们就把不相关联的事件和时刻都标示在图表之上,就像给坐标配位一样。通过把这些事件都放置在具体的时间之中,它们为英国创造了历史。

363

有关西方中世纪早期的各种年代记资料汇编,学术界出现了各种各样的观点。针对这些观点的这篇分析文章却无助于澄清年代记与编年史之间的区别;它甚至只会使得该问题更难以理解。也许,我们应该遵循坎特伯雷的杰维斯提供给我们的线索,从根本上区分两种形式的文本,即按照时间之矢组织起来的文本以及那些采用修辞性的话语模式、并显示出对因果关系和原因解释有所兴趣的文本。对因果关系和原因解释感兴趣通常都被视为是真正意义上的历史学的特征。正如杰维斯指出的一样,按照时间顺序组织起来的文本证明比那种内容更广泛、视野更开阔的历史简短得多,不过,我们也已经看到,远在他之前,这种区分便已经开始失效。在本卷书中,查理·布里格斯有一个章节专门探讨了有助于开启一个新历史编纂时代的西欧历史写作的萌芽。[1] 在这个时代，虽然年代记的编写仍然在继续，不过，人们会看到，在表现过去的模式方面，多样化的趋势在进一步加深，而体裁则变得更加模糊不清。沃伦·布朗（Warren Brown）对书记员之所以编纂特许权登记簿的动机进行了分析，他的论点同样可以应用在此时期的编年史家和历史学家身上。所谓的特许权登记簿，即一种文本抄件的合集，内容涉及土地赠予以及赠给某个修道院或大教堂的特权等。他指出："每一次编纂活动都体现了一种有意或无意的尝试，试图对源自过去的信息加以选择和组织，以满足当前的需要；每一次都体现了一种尝试，试图对源自当前的信息进行选择和组织，以满足未来可能的需要。"[2]

结论

中世纪的作者使用不同体裁创作了这些文本。由于意识到人类的记忆并不可靠，所以他们寻求以书面形式保存信息，目的是用这种方式来确保这些信息能够幸存下来，以促进下一代的利益。[3]普吕姆的雷吉诺把他的《编年史》献给了奥格斯堡主教阿达尔贝洛（Adalbero），在这本书里他说下列情形在他看来是不相称的：自从希伯来人、希腊人、罗马人以及其他民族的历史学家通过著述把有关他们自己时代所发生事件的信息传递给下一代后，"有关我们自己的时代的事情却一直默默无闻，即便是最近发生的事也是如此，

---

[1] Norbert Kersken，'High and Late Medieval National Historiography'，in Deliyannis（ed.），*Historiography in the Middle Ages*，181 - 215 at 181 - 182；同时参见本卷的第十九章。

[2] Warren Brown，'Charters as Weapons：On the Role Played by Early Medieval Dispute Records in the Disputes They Record'，*Journal of Medieval History*，28（2002），227 - 248 at 230.

[3] 这一事例来自一则特许状，记录国王埃塞尔雷德授予他的亲兵埃塞尔维格在牛津郡阿尔德雷的土地；*Charters of Abingdon Abbey*，ed. S. E. Kelly，Anglo-Saxon Charters，VIII-IX（Oxford，2000 - 2001），no. 125（S 883；ad 995）。

就好像人类的活动在我们的时代终止了一样，或者好像人们并没有做出什么值得纪念的事情"，或者说没有人有能力用书面的形式将这些事迹记录下来。① 奥尔德里克·维塔利斯（Orderic Vitalis）（盎格鲁-诺曼历史学家）宣称，他是为了后代的利益才写作《基督教会史》的，以免有关当前事件的知识"随着世界变化莫测，从现代人的记忆中慢慢消逝，就好像冰雹或雪融化于湍急的河水，为水流所冲刷殆尽，永不回返一样。"② 由于大部分的作者都抱持着这样一种基本的观点，即尘世所发生的一切都是上帝意志的反映，所以，编年史和历史都从根本上记录了上帝的意志在尘世的表现；写作历史的目的是"已经做过的事情也许可以显示那看不见的神"。③ 没有什么地方能比上帝对自然世界的操控更能显现那看不见的上帝了，因而，这个主题也更深入地反映了大部分年代记作者与编年史家的内心。

364

中世纪早期的作家相信，上帝的手和意志操控着所有的事件以及自然现象；他们对于寻常的与非寻常的（奇迹般的）事件一律不加以区分，因为在他们看来，创造者和他的创造物是不可分割的。自然灾害和灾难之所以发生，是因为上帝想让尘世或上天以一种特殊的方式来运转，正如尘世极其丰产或气候特别宜人同样也反映了神的意志一样。④ 编年史家之所以偏向于详细记录前者也因此变得更容易解释了：自然的力量——风暴、彗星、瘟疫，或者好收成——所有这些随时都在提醒人类观察者们末日审判终将会到来，

---

① Regino of Prüm, *Chronicle*, book 1, preface, trans. MacLean, 61.

② *The Ecclesiastical History of Orderic Vitalis*, ed. and trans. Marjorie Chibnall, 6 vols. (Oxford, 1969 - 1980), iii. 285; quoted by Carl Watkins, 'Memories of the Marvellous in the Anglo-Norman Realm', in *Medieval Memories*: *Men*, *Women and the Past*, 700 -1300, ed. Elisabeth van Houts (London, 2001), 92 - 112 at 113.

③ *The Historia pontificalis of John of Salisbury*, ed. and trans. Marjorie Chibnall (Oxford 1986), 3; and Watkins, 'Memories of the Marvellous', 113.

④ Robert Bartlett, *The Natural and the Supernatural in the Middle Ages* (Cambridge, 2008), 7 - 12, 18 - 20, 23 - 29. 亦可参阅我的'Plenty, Portents and Plague'.

终将在来世等着所有人。作为中世纪年代记作家和编年史家惯用手法的一部分,天上的各种迹象和预兆之所以得到记录,不仅仅是因为他们在天文学方面的兴趣(尽管通常情况下确实是这样[①]),更是因为观察者相信这些都是上帝对尘世未来意图的反映。坏消息在这些文本中四处弥漫,这使得它们有时候看起来似乎像是一连串的灾难:地震、饥荒、洪水、虫灾,以及人和动物的死亡等,所有都能给普通民众带来痛苦。在记录了炎热夏季一系列溺亡事例之后,奥尔德里克·维塔利斯犹豫不决地向人们描绘了看似明显的神学讯息:

> 我并不能阐释成就万物的神的计划,我也不能解释事物隐藏的原因,我仅仅只是为了我的僧侣同胞的利益而从事年代记的写作……为了未来一代人的利益,我把我所看到或听到的事件都做了记录。[②]

不过,在这里,奥尔德里克也有所掩饰,因为在他的文本中存在着一种道德灌输,同样的道德责任也支配着此时期那些按照年代顺序编排起来的有关过去的著作。

中世纪作者把那些按照年代顺序组织起来的、有关过去的著作视为一种独立体裁,认为它既不同于传说(fabulae,虽位于过去,但却不是建立在真实记录的基础之上),也不同于历史(historiae,历史的体裁更先进,内容更广泛,辞藻也更华丽。另外,历史不仅仅只是叙述发生了什么事,它同时也会提出一些见解或诠释,所针对的对象不仅包括发生了什么事,而且还包括它们为什么会发生)。尽管如我们引用坎特伯雷人杰维斯的话说,在我们的时代,历史与

---

① 参见 *the Natural and the Supernatural in the middle ages*,29 - 31(有关 837 年在四旬斋节观测哈雷彗星);并比较 Bartlett, *The Natural and the Supernatural*,51 - 59(on eclipses)。

② *History of Orderic Vitalis*,vi. 437;Watkins,'Memories of the Marvellous',93 - 94.

编年史之间的区分正变得越来越模糊,但是由于编年史只寻求对事件进行描述,人们认为它既不会寻求解释,也不会传授道德讯息,所以编年史还是被认为不配历史的标签。内容和目的方面的不同区分了历史和编年史,但相对于这方面的不同,形式的不同更加明显。编年史和年代记之所以不同于其他有关过去的叙述性作品,原因在于它们建构于其上的传统不一样,该传统一般都会从基督道成肉身之年开始记录时间的流逝;它们与时间之矢不可分割地融合在一起,成了它们的定义性特征。不过,时间的箭头是沿着两个水平方向发展的:向后,当然是回溯到公元1年,即基督诞生之年,这是一个固定的坐标,从这里所有其他的坐标方才得以计算出来。不过,更重要的是,时间箭头也会向前延伸,通过作者本身亲历过的当前事件,越过当下进入未来,在那里只有一件事可以肯定:最终,时间会终止,紧随而来的是末日审判。比德、奥尔德里克以及其他作家写作历史的目的,明显是为了鼓励善良的人们去学习正义之士的榜样,激励恶人改邪归正,以免落入受诅咒的命运。[①]不过,我们不应该就此认定,在年代记与编年史记录中缺乏同样的道德关切。它们之所以经常、反复地记录天国里发生的事件以及破坏尘世的黑色灾难,如我们在开篇曾加以引用的弗洛多阿尔记录的冰雹,所有这些都服务于同样的目的:让读者或听众的思想都集中于日益临近的末日审判。那些阅读编年文本的读者不亚于历史的读者,也时常被提醒保持警觉。"所以,你们要警醒,因为那日子、那时辰,你们不知道。"(马太25:13)

主要历史文献

Anglo-Saxon Chronicle: *Two of the Saxon Chronicles Parallel*, ed.

---

① Bertram Colgrave and R. A. B. Mynors, *Bede's Ecclesiastical History of the English People* (Oxford, 1969), prologue, 2 - 3; *History of Orderic Vitalis*, iii. 251.

C. Plummer，2 vols.（Oxford，1892 - 1899）；modern editions of the different manuscript versions of the *Anglo-Saxon Chronicle* 的不同手稿版本正在出版。见 The Anglo-Saxon Chronicle：A Collaborative Edition（*Cambridge*，1983 -），已经出版的有：*vol. 3，ASC MS A，ed. J. Bately*（1986）；*vol. 4，ASC MS B，ed. S. Taylor*（1983）；*vol. 5，ASC MS C，ed. K. O'Brien O'Keeffe*（2001）；*vol. 6，ASC MS D，ed. G. Cubbin*（1996）；*vol. 7，ASC MS E，ed. S. Irvine*（2004）；*vol. 8，ASC MS F，ed. P. S. Baker*（2000）；*for G* see Die Version G der angelsächsischen Chronik：Rekonstruktion *und Edition*，ed. A. Lutz（Munich，1981）；最好的现代译本见 The Anglo-Saxon Chronicle：A Revised Translation，*ed.* D. Whitelock with D. C. Douglas and S. Tucker（*London*，1961）.

Annales de Saint-Bertin，publiées pour la Société de Histoire de France（série antérieure *1789*），*ed. Félix Grat，Jeanne Vielliard，and Suzanne Clemancet*；*introd. and notes Léon Levillain*（*Paris*，1964）；*trans. J. L. Nelson as* The Annals of St-Bertin（*Manchester*，1991）.

Annales regni Francorum（*741 - 829*）qui dicuntur Annales Laurissenses maiores et Einhardi，*ed. Friedrich Kurze*（*Scriptores rerum germanicarum in usum scholarum*，6；*Hannover*，1895）；*trans. Bernhard Walter Scholz as* Carolingian Chronicles（*Ann Arbor，Mich.*，1972）.

Bede，Bede's Ecclesiastical History of the English People，*ed. and trans. Bertram Colgrave and R. A. B. Mynors*（*Oxford*，1969）.

Flodoard，Les annales de Flodoard，publiées d'après les manuscrits，avec une introduction et des notes，*ed. Philippe Lauer*（*Paris*，1906）；*trans. Bernard S. Bachrach and Stephen Fanning as* The Annals of Flodoard of Rheims（*Toronto and Plymouth*，2004）.

Gervase of Canterbury，Chronicle，*ed. William Stubbs*，2 *vols.*

(*London*, 1879 - 1880).

The Ecclesiastical History of Orderic Vitalis, *ed. and trans. Marjorie Chibnall*, 6 *vols.* (*Oxford*, 1969 - 1980).

Orosius, Historiae aduersus paganos, *ed. and trans. Marie-Pierre Arnaud-Lindet*, 3 *vols.* (*Paris*, 1990 - 1991).

Regino, Chronicon, *ed. F. Kurze as* Reginonis abbatis Prumiensis Chronicon cum continuation Treverensi (*Monumenta Germaniae Historica*, *Scriptores rerum Germanicarum in usum scholarum separatism editi*; *Hanover*, 1890); *trans. Simon MacLean as* History and Politics in Late Carolingian and Ottonian Europe: The Chronicle of Regino of Prüm and Adalbert of Magdeburg (*Manchester*, 2009).

参考书目

Bredehoft, Thomas, *Textual Histories Readings in the Anglo-Saxon Chronicle* (Toronto, 2001).

Collins, Roger, 'The Reviser Revisited: Another Look at the Alternative Version of the Annales Regni Francorum', in A. C. Murray (ed.), *After Rome's Fall: Narrators and Sources of Early Medieval History* (Toronto, 1998), 191 - 213.

Croke, Brian, 'The Origins of the Christian World Chronicle', in Croke and A. M. Emmett (eds.), *History and Historians in Late Antiquity* (Sydney, 1987), 116 - 131.

Davis, Craig R., 'Cultural Assimilation in the Anglo-Saxon Royal Genealogies', *Anglo-Saxon England*, 21(1992), 23 - 36.

Deliyannis, D. M. (ed.), *Historiography in the Middle Ages* (Leiden, 2003).

Dumville, D. N., 'What is a Chronicle?' in Erik Kooper (ed.), *The Medieval Chronicle II* (Amsterdam and New York, 2002),

1 – 27.

Foot, Sarah, 'Finding the Meaning of Form: Narrative in Annals and Chronicles', in Nancy Partner (ed.), *Writing Medieval History* (London, 2005), 88 – 108.

Given-Wilson, Chris, *Chronicles: The Writing of History in Medieval England* (London and New York, 2004).

Guenée, Bernard, 'Histoires, annales, chroniques: Essai sur les genres historiques au Moyen Age', *Annales: Economies, sociétés, civilisations*, 28(1973), 997 – 1016.

Hay, Denis, *Annalists and Historians: Western Historiography from the 8th to the 18th Centuries* (London, 1977).

McCormick, Michael, *Les Annales du haut moyen age* (Typologie des sources, fasc. 14; Turnhout, 1975).

McKitterick, Rosamond, *Perceptions of the Past in the Early Middle Ages* (Notre Dame, Ind. 2005).

O'Croinin, Daibhi, 'Early Irish Annals from Easter Tables: A Case Restated', *Peritia*, 2(1983), 74 – 86.

Poole, R. Lane, *Chronicles and Annals: A Brief Outline of their Origin and Growth* (Oxford, 1926).

Spiegel, Gabrielle, 'Genealogy: Form and Function in Medieval Historical Narrative', *History and Theory*, 22(1983), 43 – 53.

Story, Joanna, 'The Frankish Annals of Lindisfarne and Kent', *Anglo-Saxon England*, 34(2005), 59 – 109.

陈 勇 译 赵立行 校

第十八章　政治身份的变迁：西欧蛮族继承者国家的历史叙事

费利切·利普希茨

前言：西欧后罗马时代身份的不确定性

《蛮族历史的叙述者》(*Narrators of Barbarian History*)一书，是对约达尼斯(Jordanes)的《哥特史》(*Getica*)、都尔的格雷戈里的《历史》(*Historiae*)、比德(Bede)的《英吉利教会史》(*Historia Ecclesiastica*)，以及执事保罗(Paul the Deacon)的《伦巴第人史》(*Historia Langobardorum*)展开的颇具开创性的研究。在书中，作者沃尔特·戈法特(Walter Goffart)抛弃了之前广为流传的观点，即认为蛮族的历史叙事属于风格类似的、有种族倾向的民族历史。[1] 民族史，"旨在充分解释现有世俗权力的合法性"，这类性质的历史叙事自然充斥于 11 世纪和 12 世纪的西欧。[2] 然而，蛮族继承者国家与近代西欧民族国家之间在谱系方面的连续性，不管结

---

[1] Walter Goffart, *The Narrators of Barbarian History* (A. D. 550 – 800): *Jordanes, Gregory of Tours, Bede and Paul the Deacon* (Princeton, 1988; 2nd edn, Notre Dame, Ind., 2005).

[2] Lars Boje Mortensen, 'Stylistic Choice in a Reborn Genre: The National Histories of Widukind of Corvey and Dudo of St. Quentin', in Paolo Gatti and Antonella Degl'Innocenti (eds.), *Dudone di San Quintino* (Trento, 1995), 77 – 102, at 81.

果是普遍存在,抑或只是幻想,都不能扭曲我们对紧挨罗马后的几个世纪的认识。① 那时存在普世历史的连续性传统(通常是以编年史的形式),这些历史见证了这样一种观点,即认为"过去发端于创世之初,涵盖了自有人类以来至自己生活时代的历史,它们均被绘制于一幅世界范围的油画之上"。② 但是那种把历史视为单一的、蛮族领导的后罗马国家之故事的观念仍十分罕见。我们将在这章探讨其中的原因。

369　　　人们设想在 5 世纪的高卢存在着"身份危机",这种"身份危机"不仅仅只是这个前罗马帝国行省的独特现象,同时也不局限于公元 5 世纪。③ 我们可以毫不夸张地说,知识分子群体确实沉沦了,陷入"后殖民时代的混沌"之中不能自拔。④ 公元 476 年西罗马帝国的崩溃,加上东罗马帝国宫廷仍在君士坦丁堡牢固挺立这一事实,引发了帝国与其(或之前的)西部行省之间争论不休的关系。在四分五裂的西部,数个世纪之中,蛮族统治者始终不愿意接受有象征意味的君主称号,始终拒绝发行印有他们姓名或头像的金币就是一个显著的例子。与此同时,在前西部帝国的边境内外,统帅罗马军队的徽章仍被视作政治合法性的象征。⑤ 但是,(东)罗马帝国军队与管理人员实际上的缺位,又给现有环境带来大量体制方面的含混不清。未来的历史学家不能确定他们是不是仍然在罗马

---

① Joaquín Martínez Pizarro, 'Ethnic and National History ca. 500 - 1000', in Deborah Mauskopf Deliyannis (ed.), *Historiography in the Middle Ages* (Leiden, 2003), 43 - 88, at 43 - 47.

② Rosamond McKitterick, *Perceptions of the Past in the Early Middle Ages* (Notre Dame, Ind. , 2005), 22.

③ John Drinkwater and Hugh Elton (eds.), *Fifth-Century Gaul: A Crisis of Identity?* (Cambridge, 1992).

④ Nicholas Howe, 'Anglo-Saxon England and the Postcolonial Void', in Ananya Jahanara Kabir and Deanne Williams (eds.), *Postcolonial Approaches to the European Middle Ages: Translating Cultures* (Cambridge, 2005), 25 - 47.

⑤ Matthew Innes, *Introduction to Early Medieval Western Europe, 300 - 900: The Sword, the Plough and the Book* (London and New York, 2007), 63 - 137.

帝国的政治框架之内来进行他们的写作。在这种情形下，撰写西欧蛮族继承者国家的世俗政治叙事史是无法想象的。

体制方面的含混不清是缓解边界内外蛮族王国之间潜在紧张局势的有效机制，但是它也造成历史学家的无所适从，他们发现自己无法掌控变化多端的政治现实。比方说，474年，汪达尔王国与君士坦丁堡签署"永久和平条款"（Treaty of Eternal Friendship），在条约里，后者承认了前者；那么在这之后，双方统治者之间究竟是怎样一种关系呢？汪达尔王国是否仍属于帝国的一部分，如果是的话，那么它又是怎样的一部分？对于这些问题，谁又能解释得令双方都感到满意呢？这种体质上的晦暗不明有助于解释为何汪达尔王国尽管拥有发达的城市、富裕的庄园，也仍然保持着罗马帝国文献记录的实践，但却没有出现一位历史学家。[①] 489年，狄奥多里克（Theoderic）在皇帝芝诺（Zeno）的支持之下，在意大利创建哥特王国，该王国的地位也同样变动不明。狄奥多里克以拉文纳作为首都，以帝国西部的总督身份来施行统治，直至其于526年逝世；公元497年，狄奥多里克的总督身份还得到了皇帝阿纳斯塔修斯（Anastasius）的正式承认。自公元511年以后他还有效地控制了伊比利亚地区的哥特王国以及高卢的大部分地区。狄奥多里克的王国繁盛一时，但是其统治阶层却不得不考虑其身份，究竟是"哥特国王的仆人，抑或是罗马帝国的官员，因此，西部地区只是暂时处于哥特人的管辖之下"，[②]或者他们可能只是西部帝国开始复苏

370

---

① 虽然"继承国家"未出现历史学家，但却出现了尼西亚-阿里乌教义分歧，具体可参见主教 Victor of Vita's *History of the Vandal Persecution*, trans. John Moorhead（Liverpool，1992）。

② Innes, *Introduction*，151. 在狄奥多里克统治后期，意大利-罗马元老贵族卡西奥多罗斯（Cassiodorus）写作了12卷有关哥特人的历史书（篇幅不确定）。参见 Brian Croke, 'Latin Historiography and the Barbarian Kingdoms', in Gabriele Marasco（ed.），*Greek and Roman Historiography in Late Antiquity: Fourth to Sixth Century A. D.*（Leiden，2003），349 - 389，at 358 - 367。但是，卡西奥多罗斯的著作已经佚失，因此我不能估算它在多大程度上可以被视为蛮族继承国的历史。

的见证者。[1]

查士丁尼皇帝发动了旷日持久的战争(始于 535 年),试图把意大利高卢与北非的汪达尔王国置于帝国的直接控制之下,从而摧毁了两个原本繁荣昌盛的政治实体;在这样的情况下,对于蛮族王国世俗历史编纂学的出现而言,环境变得更为不利。有一部编年史作品,成书于查士丁尼统治鼎盛时期的拉文纳,不过现今只有只言片语保留下来;该书作者"强烈地意识到了帝国的统一与东西部帝国之间的联系",对于哥特王国则不置一词。[2] 在最严酷的战争结束(直到 554 年)之后,确实在整个 7 世纪,拉文纳的东罗马总督,拜占庭在诸如西西里等其他一些地方的据点,以及帝国对于意大利半岛教义与教会事务的经常性干预等,都留给人们一种印象,即意大利可能是属于一个不朽帝国的行省。但是,这样一种身份认同又因为如下两个事实而被证明是虚假的,即北部地区实际处于法兰克诸王的控制之下,而南部则处于众多伦巴第国王、女王和公爵的实际控制之下,后者的入侵始于 568 年。

6 世纪 90 年代,"人们仍然不清楚伦巴第王国是能永久存续下去呢,还是如烟一样迅速飘散"。[3] 但是,伦巴第统治者却坚持不懈地努力,试图获得帝国对他们的承认;这种认可最终在 680 年的条约中被颁赐给了伦巴第人。这一事件表明——在某种程度上——对于生活(以及历史写作)而言,(东)罗马帝国仍然是意大利最主要的政治组成。但是,在整个 7 世纪,帝国权力正在不断地消逝,最后仅存的一点自负,也只是让半岛居民身处永恒的身份危机之中。罗马主教的政治野心,除帕维亚的王庭外至少 35 个伦巴第伯爵治下的万花筒般拼接起来的城市单位,伦巴第人及其属民之间

---

[1] Brian Ward-Perkins, *The Fall of Rome and the End of Civilization* (Oxford, 2005),58.

[2] Croke, '*Latin Historiography*', 357 (concerning the *Excerpta Valensiana*).

[3] Walter Pohl, 'Gregory of Tours and Contemporary Perceptions of Lombard Italy, in Kathleen Mitchell and Ian Wood (eds.), *The World of Gregory of Tours* (Leiden, 2002),131 - 143, at 142.

第十八章　政治身份的变迁：西欧蛮族继承者国家的历史叙事

在有关尼西亚-阿利乌斯教义方面存在的分歧，以及 589 年至 7 世纪 40 年代帝国政府实际处于女人的控制之下（即铁乌德琳达〔Theudelinda〕及其女甘德佩尔佳〔Gundperga〕），都造成这种情况进一步恶化。[1] 在这种环境之下，人们能正确识别"蛮族继承国家"的轮廓并创作其历史吗？

让我们把目光转向墨洛温王朝时期的高卢。法兰克国王克洛维（Clovis）政府的建立，似乎得益于 6 世纪初期他从皇帝阿纳斯塔修斯手里获得了执政官职位。在高卢地区，墨洛温统治者后来取代了罗马各行省的统治者，不过，他们仍然处于罗马传统的框架之内，一直寻求从东部帝国那里获得授权，以至于公元 6 世纪高卢唯一的编年史家——阿旺什的马里乌斯（Marius of Avenches）留给人们这样一种印象，即法兰克王国的统治仍然完全从属于罗马帝国；而甘特拉姆·博索（Guntram Boso）则使用这样貌似合理的理由逮捕了主教马赛的提奥多尔（Theodore of Marseilles），指控后者用阴谋让法兰克王国完全臣服于查士丁尼。[2] 不过，克洛维及其继承者也对一些蛮族部落行使一些"帝国权力"（*imperium*），他们自相矛盾地宣称自己为"奥古斯都"，而在他们使用这个头衔的时候并不暗含任何独立于君士坦丁堡的宣示意义。[3] 皇帝莫里斯（Maurice）付给法兰克国王希尔德贝尔特（Childebert）50 000 块金币，要求后者把伦巴第人从意大利驱逐出去。当时人究竟如何理解希尔德贝尔特与皇帝莫里斯之间的这种关系？希尔德贝尔特也确实领军进入了意大利，但在获得伦巴第人的效忠宣誓以后便撤军了，皇帝莫

371

---

[1]　Innes，*Introduction*，246.

[2]　同上，273 - 285；*The Chronicle of Marius of Avenches*，in *From Roman to Merovingian Gaul：A Reader*，trans. Alexander Callander Murray（Peterborough，2000），100 - 108；Goffart，*Narrators*，204；and Gregory of Tours，*The History of the Franks*（hereafter *HF*），trans. Lewis Thorpe（London，1974），VI. 24，p. 352。

[3]　Pohl，'Gregory of Tours，142；Steven Fanning，'Clovis Augustus and Merovingian *Imitatio Imperii*，in Mitchell and Wood（eds.），*The World of Gregory of Tours*，321 - 335.

里斯因而要求退款。① 对于 6 世纪政治事件的观察者而言，如何识别法兰克"继承者国家"的身份势必是一件极其困难的事情。

体制方面的模糊不清虽困扰着大陆，但却从未影响到不列颠。早在 5 世纪初，罗马军队与管理者便已离开了那里，伴随而来的是来自君士坦丁堡方面长达数个世纪的漠不关心。但是，另有一些其他因素也导致了书面历史作品的长期缺乏；随着城市生活的崩塌，货币、乡间豪宅和市场的消失，以及所有生活物质条件的衰退，书写文化面临的压力开始显著地显现。② 精英阶层不再有闲暇来创作或赞助历史叙事，关键性的范式——即基督教与犹太教经典——也因为非一神论（异教）宗教信仰形式的胜利（公元 7 世纪）而不得不被放弃。新政治秩序建立在掠夺和贡税体系而非市民社会的基础之上，其对历史叙事没有任何需要，而且后者在如此的竞争关系里也并非什么有力的武器。在爱尔兰，有关继承者国家的历史叙事依旧不存在；那里实际上处于一个无国家的状态，国王所拥有的是个人化而非地区性的权力。③

372

约达尼斯与东罗马帝国：政治连续性之下的历史编纂学成果

与前罗马帝国在西欧地区的行省相比，帝国东部享有政治方面的连续性，与之相伴随，以国家为中心的世俗历史叙事传统也一

---

① Gregory of Tours, *HF* VI. 42，p. 375.

② 纪达斯（Gildas）的著作创作于公元 500 年左右，他是目前所知唯一的一位在羊皮纸上书写公元 5 世纪或 6 世纪不列颠叙事史的作者；他的充满道德说教的小册子《不列颠之侵略和征服》（*De excidio Britanniae*）仍然延续了维塔的维克多（Victor of Vita）作品的风格，实际上仍是持续不断的谩骂；不过，在纪达斯的作品里，与之相关的是有关佩拉纠（Pelagius）教义的争论，而非尼西亚-阿里乌斯主义的冲突。参见 *Gildas: The Ruin of Britain and Other Documents*, ed. and trans. Michael Winterbottom (London, 1978)；Croke, 'Latin Historiography', 376 - 378；以及 Karen George, *Gildas's De Excidio Britonum and the Early British Church* (Woodbridge, 2009).

③ Innes, *Introduction*, 338.

第十八章　政治身份的变迁：西欧蛮族继承者国家的历史叙事

并延续下来,只在大约630—720年这段时间有过约一个世纪的断层。[①] 关于这个断层,我们后面会讨论。在此断层中,罗马(拜占庭)帝国失去大片领土,为阿拉伯军队所占据,几乎到了崩溃的边缘。正如沃伦·特里高德(Warren Treadgold)所言,对潜在的历史学家来说"近乎"关键的问题是不确定性;一旦帝国复兴,不确定性消失,世俗历史写作的传统也将随之复苏。[②]

早在查士丁尼登基(527年)之前,这种世俗历史叙事的传统就已经涉及至少七位"新古典历史学家"。毫无例外,这些历史学家都记录了皇帝及帝国官员在面对帝国内外的蛮族军队和蛮族将领时所采取的应对措施。[③] 恺撒利亚的普罗科庇乌斯(Prokopios of Caesarea)是查士丁尼统治时期(527—565年)最著名的历史学家,(6世纪40年代—6世纪50年代)他创作了两部重要的叙事史作品,其中一部(《战史》)几乎完全集中于帝国对汪达尔和哥特王国的(再)征服活动。[④] 不过,在君士坦丁堡,普罗科庇乌斯还有许多同行,他们的作品全都涉及帝国、帝国的统治者及其在外交事务等方面的后续历史;其中还包括一些说拉丁语的本土作者为东部地区其他一些说拉丁语的读者所写作的拉丁文历史著作。[⑤] 马赛里努斯伯爵(Count Marcellinus)即为其中一位说拉丁语的作者,他的《年代记》(编年史)对西部事务着墨甚多,最后以拜占庭对汪达尔人控制之下的非洲地区的征服而结束;后来,时间很可能在6世纪50年代中期左右,一名匿名的说拉丁语的作者续写了这部历史,主题是哥特战争。[⑥]

对于那些在6世纪中期的君士坦丁堡进行创作的历史学家而

---

① Warre T. Treadgold, *The Early Byzantine Historians* (New York and London, 2007),348 - 349.

② 同上,349。

③ 同上,79 - 120。

④ 同上,176 - 226。

⑤ 同上,227 - 278。

⑥ 同上,234。

言，约达尼斯的作品与他们的作品风格完美契合。《哥特史》
(Getica)只是三部分历史著作里面的第三部分，第一和第二部分讲
述的是罗马人的征服史，最后以查士丁尼"皇帝的凯旋"而宣告结
束；对于查士丁尼，约达尼斯的赞美之词溢于言表。① 约达尼斯的
拉丁文历史作品似乎服务于查士丁尼的意大利政策，目的是为了
向那里的意大利——罗马人以及高卢人同时传递这样一个信息，他
们即将以被征服者的身份重返荣耀帝国的怀抱。长期以来，意大
利式的帝国已经为希腊的帝国所取代，而高卢人直至其历史终结
仍然是来自寒冷北方的蛮族人。② 但是，我们仍没有理由借此把约
达尼斯降低到查士丁尼代言人的地位。皇帝本人属于东部帝国说
拉丁语的少数人；约达尼斯的拉丁文著作并不仅仅是为了谄媚皇
帝，而且还很有可能影响到皇帝的决策。约达尼斯的三部曲成书
于551年3月或3月之后的几个月。③ 此时，查士丁尼在西部帝国
实施的策略，变得日益残暴和具有压迫性，政策的失败已经再明显
不过了。为免于完全臣属的身份，哥特抵抗者一直坚持战斗（直至
552年7月）。约达尼斯的叙事史既表达了对当前策略的控诉，同
时又提出了其他一些可供选择的方法。《哥特史》明确指出哥特同
盟者为罗马帝国作出了不仅数量众多而且是长期的贡献，他们因
此值得被尊崇为合作者（即便是地位低下的合作者），没有必要被
视为敌人而遭到镇压。如果罗马和哥特人之间的历史关系得到尊
重而不是践踏，那么使战争取得对有关各方都有利的结局则永远
都不算晚。

---

① Jordanes, *The Gothic History of Jordanes in English Version*, trans. Charles Christopher Mierow (Princeton, 1915), LX. 315 - 316.

② Goffart, *Narrators*, 101 - 104, 108; and Walter Goffart, 'Jordanes's *Getica* and the Disputed Authenticity of Gothic Origins from Scandinavia', *Speculum*, 80 (2005), 379 - 398, at 395 - 396.

③ Brian Croke, 'Jordanes and the Immediate Past', *Historia: Zeitschrift für alte Geschichte*, 54(2005), 473 - 493 (in March 551); Goffart, 'Jordanes's *Getica*, 395(就在551年3月后）。

第十八章　政治身份的变迁：西欧蛮族继承者国家的历史叙事

约达尼斯的书探讨了查士丁尼及其首席军事统帅纳尔塞斯（Narses）在 6 世纪 50 年代所推行的帝国与蛮族关系的政策，这种探讨没有前例。在整部《哥特史》里面，哥特人都被描述成附属民族，或同盟者，或帝国的朋友，只是处在他们自己首领的统治下而已。在约达尼斯看来，自哥特人抵达西徐亚（Scythia）开始，就通常作为罗马的辅助部队，打败了他们所遇到的所有敌人，以至"长期以来，只要没有哥特人，罗马军队要想进攻其他民族已经成为一件很困难的事情……（确实），正是得益于哥特人的帮助，（君士坦丁）才得以建立以他名字命名的著名城市，并与罗马相媲美；他们还与皇帝达成了停战协议，并为后者提供了 4 万名战士，帮助他进攻其他民族"。①

哥特国王与罗马皇帝之间的关系并不总是平缓的，但每一次危机之后，他们都会"重新恢复古老的同盟关系"或恢复到"之前的友好状态"；当他们共同抵制匈奴人阿提拉（Attila）的时候，这种情况最为明显。② 最终，芝诺皇帝把狄奥多里克收为养子，并授予他帝国执政官的职位；后者占领了意大利，不过却是以"芝诺的赠赐和礼物"的方式。③ 临终之际，狄奥多里克祈求哥特人"一定要与东罗马皇帝维持和平，并获得他的好感，把他当作仅次于上帝的存在"，④但是仅仅几年之后，查士丁尼便发动了进攻。任何读过《哥特史》的人，当他们看到纳尔塞斯准备发动或已经发动针对意大利的新攻势的时候（551 年 4 月），都会意识到当前的政策偏离了约达尼斯所描述的那种行之有效的模式。不过，没有证据表明约达尼斯的观点对罗马的决策产生过影响，因为查士丁尼的军队使用铁拳，在破坏性的进攻政策方面越走越远。

374

---

① Jordanes, *The Gothic History*, XXI. 111 - 112.

② 同上, XXXIV. 177, XXXVI. 184 - XLIII. 228, LII. 271。

③ 同上, LVII. 291。

④ 同上, LIX. 304。

既非恶意亦非妒忌：图尔的格列高利及其拒绝结盟的政策

从 573 年开始直到其（可能）594 年逝世，格列高利一直担任图尔主教一职，是后罗马时代拉丁欧洲第一位活跃的历史学家。他的十卷本名著只是简单地命名为《历史》，后世则以《法兰克人史》对其相称。[①] 不过，格列高利却绝对无意为作为一个民族或作为后继国家统治者的法兰克人撰写一部历史。他的写作既不是以民族，也不是以政治实体作为开始，而是以表白他的（天主教）宗教信仰作为开始。[②] 他拒绝为法兰克人的起源及其早期国王的历史编纂前后一贯的故事，相反，他有意识地描绘了相互矛盾的传统，想以此来说明自己并不能确定所报道的内容。[③] 世俗政治实体并未得到格列高利的认同，他试图重新定位其读者的道德方向，最终与自己的方向相匹配。

图尔的格列高利以"虔诚"（Gottgefälligkeit）程度作为标准，以此来衡量每一位法兰克的国王与王后。所谓"虔诚"，即指他们的行为能在多大程度上取悦上帝。格列高利所采纳的上帝的判断标准，也正好反衬了他自己所采纳的标准。对于格列高利而言，关键性的准则即在于王室与上帝的仆人，也就是和他一样的僧侣之间相对顺畅的关系。[④] 格列高利还有点虚伪地引用了萨鲁斯特（Sallust）的一段话，论述为什么成为历史学家是一件困难的工作："因为如果你对任何不道德行为都进行批评的话，大部分读者都会

---

① Goffart, *Narrators*, 119 - 127.

② Gregory, *HF* I. preface, pp. 67 - 69.

③ 同上，II. 9, pp. 120 - 125；Helmut Reimitz, 'Die Konkurrenz der Ursprünge in der fränkischen Historiographie', in Walter Pohl (ed.), *Die Suche nach den Ursprüngen: Von der Bedeutung des frühen Mittelalters* (Vienna, 2004), 191 - 210。

④ Martin Heinzelmann, *Gregor von Tours* (538 - 594), '*Zehn Bücher Geschicht*': *Historiographie und Gesellschaftskonzept im 6. Jahrhundert* (Darmstadt, 1994), 80.

认为你是一个充满了恶意或甚至是妒忌的人。"①尽管格列高利喜欢进行嘲讽,但实际上他既无恶意也不妒忌。他认真地对待自己在权贵面前宣扬真理的权力(追寻圣经里先知的脚步)——这对自身蓄积力量而言并非偶尔有效的策略。② 格列高利是元老贵族的后裔,他的家族在高卢地区长期扮演着重要角色。在其《法兰克人史》里,格列高利个人的首次露面出现在一次针对国王希尔佩里克(Chilperic)的强烈抗议中。这次事件发生在鲁昂召开的一次高级教士集会上,当时为了反驳一群谄媚者、一群通敌叛国的主教,格列高利大声宣告说:"你们不能再保持沉默了。你们必须大声说出来,当着国王的面历数他的罪恶,以免灾难的发生;在这种时刻,你们必须为国王的灵魂负责。"③

375

　　格列高利并不把自己局限在历数国王的罪行方面,因为(他一开始就告诉我们)"许多大事件不断发生,有些好,有些坏"。④ 不过,格列高利的真正目的却在于说明好事与坏事的比例并不对等。可怕的事情占据了主导,格列高利使其读者陷入永无变化的黑暗的威胁之中,一旦身陷其中,人们会不可避免地萌生期待好事发生的欲望。"在经历诸多争吵和战争之后",罗马贵族埃提乌斯(Aetius)"最终为他的兄弟们所打败,落得绞死的下场",在这样的时刻,我至少开始期待讲述一件奇迹,即使我自己没有经历过;当勃艮第的西吉斯蒙德(Sigismund of Burgundy)国王居然在午宴勒死自己的儿子时,我极度渴望一件奇迹发生。⑤ 当读者们潜在地陷入黑暗之中时,又有谁不会欢迎(而且确实是渴望)出现诸如正直的圣徒为囚犯们打开了脚镣之类的事情呢? 这能通过少数几个闪

---

① Gregory, *HF* IV. 13, pp. 208 – 209.

② Heinzelmann, *Gregor von Tours*, 81 – 83.

③ Gregory, *HF* V. 18, p. 277. 关于格列高利的写作背景,参见 Ian Wood, 'The Individuality of Gregory of Tours', in Mitchell and Wood (eds.), *The World of Gregory of Tours*, 29 – 46, at 32 – 34.

④ Gregory, *HF* pref. , p. 63.

⑤ 同上,II. 7, III. 5, pp. 118, 165.

光点使人们从连绵不休的暗杀与出卖等事变里摆脱出来。① 既然读者已经随着图尔主教及其价值观走得这么远，那么只需要再向前迈出一小步，便会进而质疑世俗司法权威的合法性了。②

图尔的格列高利总是对世俗政体及其统治者嗤之以鼻。亚德里亚堡战役（Battle of Adrianople，378 年），皇帝瓦伦斯（Valens）战亡，这件事对于格列高利来说没有任何"政治"意义，其唯一的意义在于证实了上帝施之于统治者身上惩罚的效力，后者的双手沾满了圣徒的鲜血。③ 因为在格列高利看来，无论是罗马帝国，还是"蛮族继承者国家"，两者都不重要，只有在"国家"的定位含混不清的时代，他才能写作一部超然的史书。例如，他那个时代的诸王对法兰克的统治均借助于伯爵官员（comital officials）和具有明确司法和居住功能的宫廷，能够从财政与赋税中获益、任命主教、召集会议、罚没财产，甚至惩治臣属的判逆罪。然而，格列高利的政治术语与约达尼斯差别不大，因为双方都以帝国框架作为背景。④ 格列高利把意大利描述成"处在皇帝的统治之下"，但与此同时，他又花费大量篇幅描写了伦巴第各公爵和诸王的活动，并强调指出法兰克人在波河以北的意大利居于统治地位。⑤ 这种制度方面的模糊不清，实际是"后殖民时代无序状态"下的典型特征，它阻碍了在法兰克（以及其他地方）的其他人编纂有关西欧蛮族继承者国家的历史，但格列高利却丝毫不受影响。

376

墨洛温王朝对法兰克的牢固控制一直持续到下个世纪，当时国

---

① 例如同上，IV. 19，X. 6，pp. 215,553。

② William S. Monroe, 'Via Iustitiae：The Biblical Sources of Justice in Gregory of Tour's, in Mitchell and Wood（eds.），*The World of Gregory of Tours*，99-112，at 108-111.

③ Gregory, *HF* I. 41, p. 92.

④ Matilde Conde Salazar and Cristina Martín Puente, 'La Denominación del gobernante en los Historiadores Latinos de la Antigüedad Tardía：Estudio Léxico'，*Emerita：Revista de Lingüística y Filología Clásica*，72(2004)，267-286，特别是283—284。

⑤ Gregory, *HF* I. 9, p. 203；Pohl, 'Gregory of Tours', 132,137-139.

第十八章　政治身份的变迁：西欧蛮族继承者国家的历史叙事

王达戈伯特（Dagobert）仍然对文德（Wends）、伦巴第、阿瓦尔（Avars）、保加利亚、哥特以及撒克逊等地区具有一定的影响力。我们不能把达戈伯特误认为是那个摇摇欲坠的、以君士坦丁堡为中心的帝国的臣属。即便是帝国自身，其世俗历史的创作也因为大片领土遭阿拉伯军队占据而陷入停顿。但是，法兰克王国的历史写作仍未摆脱传统的窠臼，即（连续的）普世历史的传统。弗雷德加尔（Fredegar）不仅身居高位，而且还是一位世俗的作者，其创作活动很可能发生在约 660 年左右的勃艮第地区（当时仍是纽斯特里亚的一部分），其编纂作品中有很多片段出自更古老的编年史（比如哲罗姆，海达休斯〔Hydatius〕以及塞维利亚的伊西多尔等）以及图尔的格列高利的著作，其涵盖的时间范围从创世一直到 584 年，紧接着的是对许多事件的原创性探讨，其中便包括了有关法兰克人的许多事件，时间从最初的 642 年一直持续到 660 年左右。[①] 弗雷德加尔对普世编年史的修正，也仅限于它对世俗权威的敌对立场与图尔的格列高利的立场有着惊人的相似之处，后者的作品可能确实促使他在自己的作品里添加了很多有关墨洛温王朝的可怕秘闻。[②] 另一方面，格列高利所极力倡导的"拒绝选边站队"对弗雷德加尔没有丝毫约束力。例如，弗雷德加尔也同样知道并使用了博比奥的约拿斯（Jonas of Bobbio）有关科伦班（Columbanus）与布

[①] 对弗雷德加尔历史的权威性研究，完全视其作者为一位编者，而非一位叙事型的历史学家（尽管弗雷德加尔通常都会对其选用的史料进行严格的加工处理），这部作品被视为一部编年史或一部作品集。参见 Roger Collins, *Die Fredegar-Chroniken* (Hannover, 2007), 1 - 4, 24 - 26, 38 - 46, 特别是 33。

[②] 例如，弗雷德加尔记载说，勃艮第的铁乌德里克在最终征服了其兄弟的奥斯特拉西亚王国以后，命令一位不知姓名的人，抓起他小侄子的脚，把他的头摔碎在了石头上。而在弗雷德加尔的笔下，墨洛温王朝的人似乎有着家族内部残杀的癖好。例如，法兰克女王铁乌德琳达及其丈夫伦巴第的阿吉努尔夫（Agilulf of the Lombards）国王射杀了女王的兄弟（当他正在马桶上排便的时候遭一箭穿心），原因只是出于妒忌，因为后者深受伦巴第人的喜爱。参见 'Fredegar on Frankish History, A：584 - 642', in *From Roman to Merovingian Gaul*, 447 - 490, at 465, 459。

伦希尔特(Brunhild)女王之间斗争情况的大量记录,他也因此参与推动了对一圣徒的崇拜,该圣徒代表着不与刚愎自用世俗统治者合作的美德。不过,虽然弗雷德加尔与格列高利一样也能偶尔赞美一下那些确实值得赞美的国王(如克洛塔尔〔Chlothar〕),但是,其编年史总的基调更倾向于煽动反对世俗统治者的反叛,而非激励人们向后者效忠。①

无论出于什么原因,也无论最终的动机如何,在与世俗统治者的关系方面,在法兰克的历史学家们当中,逐渐形成了一种独特的超然物外的立场。至 7 世纪中期,法兰克的政治架构,无论是就"内部"而言,还是在王室与帝国之间的关系方面,本来都有利于有关墨洛温治下蛮族继承国家的历史记述概念化。但是,弗雷德加尔却仍然固守着普世历史的传统,既不愿意支持自己的统治者,也不愿意就某一政治单位的历史有什么值得关注的问题进行狭隘定义。那时仍然没有一位法兰克历史学家愿意把他们的观点和认同感与世俗国家结合在一起,这恰与"新古典历史学家"形成鲜明对比,诸如东部的约达尼斯,以及在东部帝国最艰难的时刻,那些突然出现在帝国西部的叙事作者。② 这一艰难时刻同样标志着随之而来的拜占庭历史创作的停滞(约 630—约 720 年)。在此期间,一

---

① 关于克洛塔尔的记录,参见 *From Roman to Merovingian Gaul*, 467。

② 弗雷德加尔的历史著作,其叙述的重心已经转移到了记录法兰克国王及其人民的历史,参见 Helmut Reimitz, 'The Art of Truth: Historiography and Identity in the Frankish World', in Richard Corradini, Rob Meens, Christina Pössel, and Philip Shaw (eds.), *Texts and Identities in the Early Middle Ages* (Vienna, 2006), 87 - 104, at 91 - 95。该世纪中期前后,一位匿名的编纂者对图尔的格列高利的《历史》进行了编纂,编辑出版了一部缩略本;长期以来,人们都认为这套书已经把主教的道德说教转变成了一部真正的"法兰克国王的历史"(*Gesta regum Francorum*);但对于此种观点,雷米兹认为这套精简版的历史并不能代表朝向"法兰克历史"的转变。Reimitz, 'Social Networks and Identities in Frankish Historiography: New Aspects of the Textual History of Gregory of Tours' *Historiae*', in Richard Corradini, Max Diesenberger, and Reimitz (eds.), *The Construction of Communities in the Early Middle Ages: Texts, Resources and Artefacts* (Leiden, 2003), 229 - 268, at 231 - 240.

直折磨着西欧那些潜在历史学家的身份危机突然自行消释，以致拉丁文创作者在历史上首次可以较为容易地构思蛮族继承者国家的历史了。不过，这时仍需要迈出第二步，既全身心地投入民族国家的怀抱，同时进一步缩小叙述的焦点，而在当时的法兰克，这些步骤仍未实施。这时出现了两位历史学家，既塞维利亚的伊西多尔以及韦尔茅斯－杰诺修道院的修士比德（Bede of Monkwearmouth－Jarrow），他们打破了当时越来越受追捧的拉丁历史传统，转向叙述蛮族继承者国家的历史，因此开启了西欧政治史学的新篇章。

伊西多尔与比德：与君主结盟和聚焦民族

在托莱多（Toledo）的哥特王国统治之下，有关西欧地区蛮族建立的国家，其拉丁文历史作品逐渐发展起来。雷奥韦吉尔德（Leovigild）国王几乎统一了整个伊比利亚半岛，取得对各色地区精英的控制权，并采用罗马式的王权结构，发行以自己名字命名的货币，同时他还积极提倡古老的阿里乌斯派的基督教传统，以此来对抗尼西亚教派，而他的绝大多数臣民都属于尼西亚教派的信徒。瑞卡尔德（Reccared）皈依正统教会（589 年）为哥特王国发展为完全制度化的实体扫清了道路，这一政治实体拥有自己的首都（托莱多），国王由选举产生（经由托莱多的主教们选举产生），王权由上帝所授并代表上帝行使行政职能的思想观念也已经形成，加冕仪式亦发展成熟（在加冕典礼上，新国王需要接受托莱多大主教的涂油礼）。最后，公元 7 世纪 20 年代，在西塞伯特（Sisebut，612—621 年在位）与苏茵提拉（Suinthila，631 年逝世）两位国王任内，他们清除了东罗马帝国在伊比利亚半岛的政治飞地，由此终结了长期困扰蛮族统治者（及其潜在历史学家）的体制方面模糊不清的难题；塞维利亚的伊西多尔主教写作了一部《哥特史》（*Historia Gothorum*），从事实上"宣布哥特王国已经从拜占庭帝国的统治之下独立出来"。①

　　在后罗马时代的西方,塞维利亚的伊西多尔是首位在这样一种框架之下进行创作的重要知识分子;在该框架之下,他可以把自己生活于其中的王国(regnum)概念化为一个拥有主权的政治单位;但是,王国的叙事史却并非因此必然从他的笔端流淌出来。② 伊西多尔是第一个有意识地把自己与国王的利益绑定在一起的人;他与这些国王之间存在一种"密切的工作关系";确实,他很可能就是在苏茵提拉的授意下才开始进行创作的。③ 伊西多尔变成了哥特王朝历史学的积极提倡者;他对哥特王朝的这种忠诚源自他作为难民与战争孤儿的亲身经历;因为查士丁尼的无情入侵,伊西多尔被迫与其家庭分离,变得流离失所。公元625年,苏茵提拉成功地把拜占庭人驱逐出西班牙;因为这件事,伊西多尔对苏茵提拉不乏溢美之词,这种赞美饱含个人化的共鸣。伊西多尔对东罗马帝国的敌意也有宗教方面的原因;在他看来,希腊的基督徒在很多方面都具有异端的倾向。因此,在他的整部叙事史里,伊西多尔都把哥特人描写成罗马人的敌人;与罗马之间虽存在短暂的同盟关系,但很快便会因为前者的后悔而破裂。④

----

① J. N. Hillgarth, Historiography in Visigothic Spain, *in La storiografia altomedioevale*, 10 - 16 aprile 1969 vol. 1 (Spoleto, 1970), 261 - 311, at 296 - 297. Isidore, ' History of the Goths ' (hereafter HG), in *Conquerors and Chroniclers of Early Medieval Spain*, trans. Kenneth Baxter Wolf (Liverpool, 1990), 81 - 110. 关于伊西多尔, 托莱多的王权以及伊西多尔历史的精简版(沃尔夫翻译本, 我讨论的是非精简版), 可参见 Jacques Fontaine, *Isidore de Séville*: *Genèse et originalité de la culture hispanique au temps des Wisigoths* (Turnhout, 2000), 14, 101, 129 - 132, 134 - 135, 224 - 227, 229, 372 - 374, 376。

② 590年左右, 比克拉诺的约翰(John of Biclaro)曾为优西比乌斯-哲罗姆的普世历史写了一个续本, 这本书突出强调了雷奥韦吉尔德与瑞卡尔德两人的统治, 不过作者并没有把哥特王国的历史作为其叙述的主题。参见 John of Biclaro, 'Chronicle, in *Conquerors and Chroniclers*, 61 - 80)。

③ Wolf, *Conquerors and Chroniclers*, 14.

④ 例如381年, 哥特人与友善的狄奥多西皇帝之间曾经建立短暂的合作关系, 但很快, 至公元382年, "哥特人便拒绝接受与罗马之间签订的和约的保护, 推举阿拉里克(Alaric)作为他们的国王。他们把臣服于罗马视为身份卑微的象征"。(Isidore, HG, 87 - 88)

第十八章　政治身份的变迁：西欧蛮族继承者国家的历史叙事

伊西多尔创作了长短两个版本的哥特史。[1] 两个版本都在附录里描写了哥特人迫使汪达尔人和苏维汇人离开西班牙，从而征服整个伊比利亚半岛的过程；两个版本的编排也都使用了西班牙纪元，这是一种只在伊比利亚半岛使用的独特纪年系统。[2] 不过，只有较长的（晚期的）那篇里才出现了那种持续且有目的的王朝史，一种"系统化的努力，试图把哥特人在最近所取得的军事与宗教成就投射到整个哥特历史的范畴当中，它从《圣经》记载的哥特人的起源开始，直至苏茵提拉的胜利（对于后者，塞维利亚的主教真的就只剩下赞美了）"。[3] 长篇历史的前言部分有一篇赞美词，把西班牙比作"各行省当中的女王……世界的骄傲和装饰"，[4]结尾部分则是一篇简要性的回顾，赞美了哥特人的美德和功绩；书中花费大量篇幅讲述国王以及其他统治者的功绩。伊西多尔用这样言简意赅的语言总结"西班牙蛮族继承者国家"的历史：

> 哥特人起源于玛各……，后来因为受到匈奴人的攻击而被迫离开故土，他们穿过多瑙河，臣服于罗马人。但是，当他们对不公平的待遇忍无可忍的时候，他们拿起了武器……抵达西班牙，他们把那里建成自己的故乡，确立了统治权……他们发动大规模的战争……以致于罗马自身也陷入囚禁的枷锁，不得不臣服于胜利的哥特人：所有民族的女主人都像侍女一样服侍哥特人。欧洲所有的民族都害怕他们……绝大部分哥特人都不愿意依靠条约和贡品来实施统治，哥特人的自由主要来自于战争而非和平的祈愿……哥特人非常擅长作战……他们喜欢拿起武器进行操练，喜欢在战斗中相互角逐……臣服哥特人之后，罗马人的士兵也开始为哥特人服务；人们可以看到哥特

379

---

① Fontaine, *Isidore*, 224 - 227.
② Wolf, *Conquerors and Chroniclers*, 21.
③ 同上，15；Isidore, *HG* chs. 62 - 64, pp. 107 - 108。
④ 同上，81 - 83。

人受到来自许多民族乃至整个西班牙的尊敬。[①]

伊西多尔主教不能容忍任何说战争是错误的言行,他好战的呼号,给战争活动披上了一层神圣的外衣,这与图尔的格列高利恰恰形成鲜明的对比;后者对那些极力规避战争,吁求和平,并严禁进行大屠杀的各国国王赞不绝口。结果,伊西多尔视王室战争为荣耀的思想,而非格列高利拒绝结盟的思想,逐渐发展成为欧洲历史学传统里的核心内容。

在伊西多尔所倡导的史学突破发生数十年之后,不列颠群岛的环境也开始发生变化,该地区随后也成为历史叙事作品的发源地之一。确实,在公元 700 年左右的诺森布里亚(Northumbria)王国,发生了一场完全意义上的史学复兴,它最初以该地区(乃至整个不列颠岛)"清晰的阶层化社会等级"的出现作为基础,包括稳定的、基督教化的精英阶层开始出现,他们既有经济实力进行赞助,同时又能从史学叙事作品的创作活动中获利。[②] 不过,另一史学创作的传统促进因素也同样推动了诺森布里亚的史学复兴,即争论。在英格兰,第一部历史叙事作品的创作(地点在林迪斯法恩〔Lindisfarne〕)是为了纪念当地一位爱尔兰传教士——圣库斯伯特(Cuthbert,687 年逝世)的事迹;而在此之后不久创作完成的第二部作品(地点在惠特比〔Whitby〕),其目的是为了赞颂教宗格列高利一世的功绩,他在公元 600 年之后不久,就把罗马的传教士派遣到了英格兰。就基督教是如何进入英格兰问题而出现的这两个不同观点(但并不是不可调和的观点),开启了有关该议题的历时短暂但喷发式的历史创作活动。[③] 韦尔茅斯-杰诺修道院的比德是当时最了不起的学者,在此次历史学著作集中涌现之际,他共创作了四部作品(占到总数的一半),最后(731 年)以《英吉利教会史》一

380

---

①　Wolf, *Conquerors and Chroniclers*, chs. 66 - 70, pp. 108 - 110.

②　Innes, *Introduction*, 349 - 354.

③　Goffart, *Narrators*, 256 - 257.

书而宣告结束（该书的名称出现在这部著作自传性质的注释里）。[1]
在这本书中，比德高度赞扬了国王（也包括一些女王）对不列颠群
岛基督教会的发展所做出的贡献。

与伊西多尔一样，比德也与他那个时代的各国国王走得很
近；他创作时"身在王室修道院，眺望着王室的港湾，而且王宫
也显然在他目力所及之处"。[2] 在比德看来，所谓政治体是指这
样一种共同体，"国王在其中扮演重要角色，在神的面前，他们能
有效地代表其民众"，[3]比德的政治体观念及其与王室积极结盟的
策略，致使他的历史作品与约达尼斯和伊西多尔两人的作品同属
一个类型；不过，在杰诺修道院僧侣的笔下，国王及其他社会精英
阶层几乎全部都是好人，而且常常是彻彻底底的圣人；就这一点
来说，比德的描述甚至超越了上述两个作者。[4] 但是，比德加在王
室聚光灯上的那层玫瑰色滤光板，实际并没有聚光灯自身来得重
要；众多盎格鲁-撒克逊王国的小国王，实际只相当于一些小的公
爵领地首脑，不久之后发生的历史事件很快就会证明，这些公爵
领地在小股维京部队面前不堪一击；但是他们沐浴在聚光灯温暖
的光线下，在羊皮纸卷上看起来像是非常强有力的人物——至少
比德是这样告诉我们的——他们能不费什么力气就改变臣民的
传统宗教信仰，而这正是诺森布里亚国王埃德温的众多功绩之一

---

① Bede, *Ecclesiastical History of the English People* (hereafter *HE*), trans. Leo Sherley-Price, rev. R. E. Latham, with an introd. by D. H. Farmer (London, 1990),330.

② Richard Morris, *Journeys from Jarrow* (*Jarrow Lecture* 2004) (Jarrow, 2007),6 -8.为证实比德"王室政治"(royal politics)的许多细节，有很多文章发表，其中，最近的一篇参见 Eric J. Goldberg, 'Bede and the Ghost of King Ecgfrith',是一篇提交给中世纪研究国际学术会议的论文，会议举办地点在西密歇根大学，Kalamazoo, Mich., May 2008。

③ N. J. Higham, (*Re*-) *Reading Bede*: *The Ecclesiastical History in Context* (London and New York, 2006),148-169, at 71.

④ 诺森布里亚的埃德温(Edwin)国王是比德笔下标准化国王形象的突出代表。参见 Bede, *HE* II. 9, p. 12 and II. 12, pp. 125-128。

(如果非要举一个例子来说明的话)。但是,在比德看来,面对不列颠群岛持续数个世纪之久的混乱局面,小国国王的权力是完全真实而且特别合适的。(相对于伊西多尔)比德的君主主义的立场并非源自个人的亲身经历,而是来自他对家乡在后殖民主义的无序状态下所面临困难的了解;而且比德相信,这种无序状态终将会被跨越。"从他自认为是无序状态的反面或必胜的一面出发进行写作,比德才能获得一种连续性的叙述线索,把自罗马军团撤出到自己时代盎格鲁-撒克逊基督教繁盛这些年的历史串联起来。"①

第一卷开篇第一章就讲述,随着罗马人的撤退,创造有序世界的努力也随之停止,其中包括不列颠的伏提庚王(Vortigern)以土地作为交换,邀请盎格鲁人(Angles)、撒克逊人(Saxons)和朱特人(Jutes)进入不列颠,以帮助他来维持社会的安定。② 当后者推翻其主人的统治之后,"选民"——即英国人,他们像犹太人一样,属于"立约的民族"——的统治逐渐在不列颠确立起来,社会秩序回归的机会也随之一同显现。③ 但是,上帝的计划只有在这种社会秩序变成为基督教的社会秩序以后才算真正实现,在此过程中,国王的角色不可或缺。因此,国王一直都是传教士们的第一个目标;在比德的笔下,国王可以召集议会,建立修道院,向教堂和教士们提供资助,甚至还可以亲身劝导臣民皈依基督教,等等。比德把奥斯维(Oswy)国王和惠特比宗教会议置于整个历史舞台的中心:国王受圣灵的感召,召开了一次宗教会议,命令到场的每一位基督徒轮流发言,并作出了有关复活节日期的最终决议,该决议立即得到与会

①　Howe, 'Anglo-Saxon England', 28‐30, at 28.

②　Bede, *HE* I. 15, pp. 62‐63.

③　同上, I. 14, pp. 62‐63。引自 Patrick Wormald, 'The Venerable Bede and the "Church of the English"', in Wormald and Stephen Baxter (eds.), *The Times of Bede: Studies in Early Christian Society and its Historian* (Oxford, 2006), 207‐228, at 216。从他最重要的变革,即引入公元纪年系统这件事中,我们可以看到上帝的计划对比德历史观念的重要影响。

者的一致同意。[①]

　　比德的《教会史》以同等的篇幅描绘英国各王国和英国教会，作为教会得以生长和繁荣的必不可少的土壤，是国王统治所提供的。更重要的是，比德的"教会史"成为了英格兰蛮族继承者国家的历史，呈现给我们的是作为整体的历史，而不是诺森布里亚、麦西亚（Mercia）以及肯特（Kent）等众多小国家的历史。比德在其前言的结尾部分，呼吁所有看到或听到"我们民族的历史"的人，都统一在上帝的真理与拉丁语言的旗帜之下，而且他的著作以一篇赞美词（正如伊西多尔所做的一样）作为开篇，极力赞美英国富饶的自然和人力资源。[②] 虽然有关诺森布里亚王国的部分占去了叙事史 52% 的篇幅，[③]但是比德独特的才能就在于他能把部分设计成为整体，这一策略（如同伊西多尔的尚武精神一样）终将成为欧洲历史编纂学的核心，通过这种方法，从过去的混乱里编排出连贯的情节来。正如帕特里克·沃尔默（Patrick Wormald）评论的那样，"英国是独特的'人群'或'国家'……他们拥有独特的教会以及独特的基督教历史"。[④] 英格兰也拥有自己的"继承者国家"，自 6 世纪一直不间断地延续到比德自己时代的高度王权，将其凝聚为一个长久的政治统一体。[⑤] 下面的这段话选自比德对诺森布里亚王国历史的记载（内容涉及埃德温和奥斯瓦尔德两位国王），它鲜明地体现了比德叙述史的所有主要特征：

　　　　这时候，诺森布里亚人在他们的国王埃德温的带领下接受了基督教信仰……作为他皈依信仰并最终将前往天国的征兆，

① Bede，*HE* III. 26，pp. 186 - 192.

② 同上，引自 preface，p. 43 and I. 1，p. 45。

③ Goffart，*Narrators*，251 - 252.

④ Patrick Wormald，'Bede，the *Bretwaldas* and the *Gens Anglorum*'，in Wormald and Baxter（eds.），*The Times of Bede*，106 - 134，at 118；亦可参阅 Wormald，'The Venerable Bede and the "Church of the English"'，225 - 226.

⑤ Bede，*HE* II. 5，p. 111.

382

　　埃德温国王极大地扩展了他的尘世王国的领土面积,将大片领地纳入自己的统治之下,土地上的居民不是英国人就是不列颠人……诺森布里亚人皈依基督教这件事的发生,得益于他们的国王与肯特国王结成的同盟……后来,当奥斯瓦尔德国王打算把战争胜负交给上天来决定的时候,他立起圣十字架,匍匐在地,向上帝祈求,吁求上帝向那些信奉他、并处在急迫需求中的人们提供帮助。……在整个伯尼西亚(Bernicia)地区,那时还没有任何基督教信仰的标志,没有教会,也没有祭坛;至新基督教领袖奥斯瓦尔德统治时期,因受信仰的感召,他竖立起圣十字架的旗帜……奥斯瓦尔德把不列颠的所有民族和省份都纳入自己的统治之下,这些人说四种不同的语言,即不列颠语、皮克特语、爱尔兰语和英语。虽然奥斯瓦尔德的权势如此隆盛,但是面对穷人和陌生人,奥斯瓦尔德仍一直保持着令人惊叹的谦卑、友善和慷慨……后来,奥斯瓦尔德战死沙场,人们把他的手和胳膊切了下来,它们一直没有腐烂,完好地保存到了今天。它们被当作令人尊敬的圣物,保存在圣彼得教堂的一个银匣子里……①

　　比德的《英吉利教会史》与塞维利亚的伊西多尔的《哥特史》一样,是一部赞美蛮族继承者国家的叙事史作品。但是,比德的作品走得更远。比德终究是一位《圣经》经文的注释者,理解神圣经典的冲动从某种意义上而言是其所有作品的关键。② 比德的叙事"复杂且多层面,他相信圣经也是如此",在多个面向发挥着功用(如历史的、字面意义上的、神秘的、寓意的以及道德的层面,等等);③我在这里的讨论仅仅只抓住了其文本在表面上的含义。塞维利亚的

---

① Bede, *HE* II. 9, pp. 117 - 118; III. 2, pp. 144 - 145;以及 III. 6, p. 152.

② Scott DeGregorio, 'Introduction: The New Bede', in DeGregorio (ed.), *Innovation and Tradition in the Writings of the Venerable Bede* (Morgantown, WV, 2006),1 - 10,特别是5.

③ Higham,(Re -)*Reading Bede*, 98.

第十八章　政治身份的变迁：西欧蛮族继承者国家的历史叙事

伊西多尔是第一个"蛮族历史的讲述者"，而比德有关英国蛮族继承者国家的叙事史则是拉丁欧洲第一部世俗历史佳作。

加洛林世界：在复兴后的西部帝国里身份模糊的历史编纂

8世纪，当东罗马帝国因遭受阿拉伯军队的破坏而处于风雨飘摇时，当墨洛温王朝开始了其连续第三个百年的统治时，世俗历史来到了法兰克地区。匿名的《法兰克人史》（通常把它的创作时间追溯到727年）用这样的话作为卷首语："让我们来谈一谈法兰克国王统治的开始，谈一谈国王及其臣民的起源和活动。"[①]这本书创建了一种线性的、聚焦的历史，集中记述法兰克国王、女王及宫相的历史（对于王权承续的谱系尤其看重），最初主要是以图尔的格列高利的作品为基础（同时也加入了许多原创性的篡改），自达戈伯特一世（约603—639年）上台以后，则完完全全变成了原创。该书作者揭示了法兰克权贵的腐化堕落，性格缺陷以及各种蛮横行为（包括但不限于通奸、谋杀、背叛、饕餮、酗酒、一直盛行的家族冲突以及无病呻吟等），其目的就是为了与俨然已成为法兰克历史叙事的核心特征保持一致。尽管作者的叙事手法仍存在缺点，尽管这位身在苏瓦松（Soisson）的《法兰克人史》匿名作者，大多数证据都取材于纽斯特里亚周围地区，但是它"坚定地表明了法兰克人的团体身份"。[②]作者写作《法兰克人史》的目的之一是为了"在墨洛

383

---

① 'The Anonymous History of the Franks（LHF）1 - 5', in *From Roman to Merovingian Gaul*，595 - 596，at 595. 亦可参阅 the selections in 'Kings and Mayors：The Anonymous *History of the Franks*（LHF）and the Frankish Kingdom, a. 639 - 727', in *From Roman to Merovingian Gaul*，491 - 498。

② Rosamond McKitterick, '*Akkulturation* and the Writing of History in the Early Middle Ages', in Dieter Hägermann, Wolfgang Haubrichs, and Jörg Jarnut with Claudia Giefers（eds.）, *Akkulturation：Probleme einer germanisch-romanischen Kultursynthese in Spätantike und frühem Mittelalter*（Berlin and New York, 2004），381 - 395，at 393. 关于创作的地点（最后可能的候选地是苏瓦松的圣母玛利亚修女院），参见 McKitterick, '*Akkulturation*'，385；John J. （转下页）

温家族的实际权力日益为加洛林家族的宫相所侵蚀的时刻,巩固新该家族统治的合法性"。① 但是,未来毕竟属于加洛林家族,因为公元771年,宫相丕平(Pippin)废黜墨洛温王朝的末王,自己攫取了王衔。

丕平篡位不久,在其叔叔希尔德布兰德(Childebrand)伯爵的资助下,旋即开始了《法兰克人的历史和事迹》(*Historia vel Gesta Francorum*)一书的编纂,在希尔德布兰德之子——尼伯龙(Nibelung)的怂恿下,该书一直续写到了768年(丕平的两个儿子查理曼〔Charlemagne〕与卡洛曼〔Carloman〕继承王位之年)。② 希尔德布兰德委托编纂的叙事史很明显是一部法兰克人的历史作品,目的是庆祝合法化新国王的登基,同时压制任何反对新王朝的迹象。③ 另一方面,伴随加洛林帝国的扩张主义,尼伯龙的续写者可能已经遭遇到身份认同感混乱且模糊不清的痛苦,这促使他最终把叙事史的续写工作终止在了768年,距他自己生活的时代可能有十年时间或者是更久。④ 国王丕平首先领军进入意大利,目的是保护教宗国免受伦巴第人的侵害;后来在756年和774年,其子查理攻占了伦巴第王国,但这只是最终导致法兰克从一个蛮族继承者国家转变成帝国的数次征服活动之一,(公元800年)查理成为了"统治罗马帝国的法兰克人和伦巴第人之王"。我们很难再想象

(接上页)Contreni, 'Reading Gregory of Tours in the Middle Ages', in Mitchell and Wood (eds.), *The World of Gregory of Tours*, 419 - 434(在这本书的第423页,其指出作者是一位世俗贵族妇女);Janet L. Nelson, 'Gender and Genre in Women Historians of the Early Middle Ages', in Nelson, *The Frankish World*, *750 -900* (London, 1996),183 - 197;以及 Richard A. Gerberding, *The Rise of the Carolingians and the Liber Historiae Francorum* (Oxford, 1987),150 -159 (for Soissons, but denying female authorship).

① McKitterick, '*Akkulturation*', 387.
② Collins, *Die Fredegar-Chroniken*, 4 - 7,82 - 83, and 89;关于这部著作现存手稿的清单,亦可参见 pp. xiv-xv,长期以来,这部著作都被误认为是弗雷德加尔《编年史》的续写本。
③ 同上,91 - 93,95。
④ 同上,91 - 92,95 - 96。

第十八章　政治身份的变迁：西欧蛮族继承者国家的历史叙事

出比这更含混不清的表述方法了，因此，毫不奇怪的是，在之后两百年的时间里，再也没有人尝试写作一部有深远影响的、法兰克王国的历史；直至弗勒里的艾穆安（Aimoin of Fleury）开始写作他的《法兰克人的事迹》（Gesta Francorum）一书时（1000 年左右）——但并未完稿——这种局面才宣告结束。① 相反，在 9 和 10 世纪，我们目睹了大量概略本、续本、增补本、缩略本、扩展本以及（古老的）叙事史的再编本，这些书籍从未反映出"身份稳定的静态现实"，而是"构成了解决冲突与变化身份进程的一部分"。②

在法兰克帝国的框架内进行历史创作的所有著作当中，还有最后一部叙事史值得我们关注，即执事保罗的《伦巴第人史》（Historia Langobardorum）；这部著作记述了伦巴第人及其统治者数个世纪的迁徙历程、爆发的战争、经历的挫折以及取得的胜利等，涵盖了自他们传说中的发源地斯堪的纳维亚至利乌特普朗德（Liutprand，712—744 年在位）国王逝世这段时间的历史。③ 保罗标示出了伦巴第人从斯堪的纳维亚半岛迁移出来，一直到国王利乌特普朗德逝世为止这段时间的发展轨迹，其内容与人们预想的蛮族继承者国家的历史完全吻合。保罗通过在整部著作中首次使用公元纪年（568 年）标示伦巴第人离开潘诺尼亚（Pannonia）前往攻占意大利的时刻，从而赋予其特别重要的意义。④ 他花费大量篇幅描写女王铁乌德琳达位于蒙扎（Monza）的宫殿；该宫殿建于狄奥多里克大帝宫殿的遗址之上，拥有许多装饰壁画，向外人展示伦巴第人的各项成就；他还花费大量篇幅描写《罗特尔法典》（Rothari's Edict），这是伦巴第人的第一部成文法典。⑤ 他描述了伦巴第人怎

---

① Mortensen, 'Stylistic Choice', 83 and 86（不过，这里对该现象出现的原因有不同的理解）。

② Reimitz, 'The Art of Truth', 95.

③ Paul the Deacon, *History of the Lombards* (hereafter *HL*), trans. William Dudley Foulke (Philadelphia, 1907; repr. with an introd. by Edward Peters, 2003).

④ 同上，II. 7, p. 64。

⑤ 同上，IV. 21 - 22, IV. 42, pp. 166 - 167,195 - 198。

样从罗马与法兰克军队或联合，或单独发动的攻击里幸存下来的经过；因为在数个世纪的时间里，后两者不屈不饶地努力，试图"把意大利从伦巴第人的手中解放出来"，以维持他们的"自由"。[1] 他还写道，内部的混乱以及大片领土遭"撒拉森人国家"占据，最终使得（东）罗马帝国转变为仅仅是自命不凡的"希腊人"的政治组织，而"罗马人"拒绝承认这个嗜血的异教统治者。[2] 在叙事史的最后一卷里，保罗记录了利乌特普朗德与法兰克统治者查理·马特（Charles Martel）之间结成的反撒拉森同盟，歌颂了利乌特普朗德征服帝国在半岛的飞地的活动（目的是为了反对皇帝列奥〔Leo〕发动的、针对救世主及其圣徒的圣像破坏运动），高度赞扬了利乌特普朗德的许多美德（并对他的逝世表示了哀悼），并提醒人们需要提防"邪恶的不和"。[3]

保罗的创作活动无论是发生在拉奇斯（Ratchis，744—749 年在位）还是德西德里乌斯（Desiderius，756—774 年在位）统治时期（保罗曾在他们位于帕维亚的宫廷里生活和工作过），或者是发生在艾斯图尔夫（Aistulf，749—756 年在位）征服拉文纳总督区，进逼罗马教宗国的当下（目的是为了统一伦巴第人控制下的意大利），我们都会马上明白他的叙事史是有关伦巴第继承者国家的历史。确实，8 世纪中期的伦巴第王国已经发展成熟，它不仅摆脱了帝国的控制，而且在后罗马时代的西方拉丁世界里，还与法兰克人结成了同盟；但是，在保罗开始进行创作的时候，应该在 784—796 年之间

---

[1] *History of the Lombards*，III. 17，22，29，31，V. 5 - V. 11，pp. 117 - 118，126，136 - 137，141 - 145，216 - 223，at pp. 137，217。

[2] 同上，IV. 46，p. 200；V. 13，p. 226；VI. 10 - 13，pp. 258 - 260；VI. 34，p. 277. 此时正是"拜占庭历史编纂学的空档期"，它确实促进了《伦巴第人的起源》（*Origo gentis Langobardorum*）这部著作在伦巴第意大利的出现；这是一部有关伦巴第国王和女王的、语言简略、按照编年顺序排列的秘史作品，很可能创作于格里莫尔德（Grimoald，662—671 年在位）统治时期。关于文本，可参见同上，315 - 321。

[3] 同上，VI. 24，p. 270；VI. 46 - 49，pp. 287 - 293；VI. 53 - 54，pp. 296 - 298；VI. 58，pp. 303 - 308。

第十八章　政治身份的变迁：西欧蛮族继承者国家的历史叙事

的某个时期,这一切都不复存在,因为公元 781 年,伦巴第王国变成了法兰克人的附属王国,处在查理曼的儿子丕平的统治之下,首府设在维罗纳(Verona)。

针对保罗的《伦巴第人史》,学者们提出了许多截然不同的观点。戈法特(Goffart)认为保罗进行创作的时间应该在 8 世纪 80 年代晚期或 8 世纪 90 年代,目的是为了劝说伦巴第公爵贝内文托的格里莫尔德三世与法兰克人结成同盟,同时回绝希腊人,但是他从未打算完成这部著作。[①] 这种把保罗的目标定得如此狭窄的观点,恰与罗莎蒙德·麦基特里克(Rosamond McKitterick)的宏观路径形成鲜明对比,后者认为保罗代表伦巴第人写作了一本完整的著作,该书创作时间应该在 8 世纪 80 年代中期,很可能是在查理曼的授意下开始进行创作的,目的是为了让(在法兰克和丕平宫廷里的)法兰克人更深入地了解伦巴第人;不过,写作的方式要让人觉得法兰克人统治伦巴第人是一件正义的事情。[②] 近来,沃尔特·波尔(Walter Pohl)宣称他解开了这个谜,指出正是保罗有意让自己保持这种神秘感的,并且他还说,这部著作的成功之处和魅力多数应归功于它的矛盾心理;保罗是一位没有派别立场的思想家,他能够更加全面地看待事情的好坏。[③] 所有这些有关保罗的解释,都不符合我所认为的保罗在书写蛮族继承者国家方面的历史地位。

保罗站在他的立场来进行创作,所有历史学家都这样,但是,

---

① Goffart, *Narrators*, 332 - 346,430.

② Rosamond McKitterick, 'Paul the Deacon and the Franks', *Early Medieval Europe*, 8(1999),319 - 339,特别是 327,330,334,338。

③ Walter Pohl, 'Geschlechterrollen und Frauenbilder bei Paulus Diaconus', in Robert Rollinger and Christoph Ulf with Kordula Schnegg (eds.), *Frauen und Geschlechter：Bilder-Rollen-Realitäten in den Texten antiker Autoren zwischen Antike und Mittelalter* (Vienna, 2006),355 - 364, at 355；Walter Pohl, 'Heresy in Secundus and Paul the Deacon', in Celia Chazelle and Catherine Cubitt (eds.), *The Crisis of the 'Oikumene'：The Three Chapters and the Failed Quest for Unity in the Sixth-Century Mediterranean* (Turnhout, 2007),243 - 264, at 244 - 245,263.

他的身份（个人与政治两个层面）比我们迄今为止所谈到的任何人都要复杂。保罗本身就有伦巴第贵族背景，他还曾经先后担任过阿达佩尔佳（Adalperga）和罗特鲁德（Rotrud）两人的指导老师；前者是伦巴第国王德西德里乌斯的女儿；后者是德西德里乌斯的征服者——查理曼之女；在为查理曼服务的过程中，保罗就居住在查理曼的宫廷里（781—785 年），在此期间，他创作了至少一部公开

386

亲加洛林王朝的著作。对此，他在《伦巴第人史》里还不忘提及说："这是一本有关梅斯（Metz）主教的著作。"① 在《伦巴第人史》里，加洛林王朝的首次亮相毫无疑问涉及他们的"宗教虔诚"，因为（在保罗看来）"法兰克人的统治权扩展到其他民族是上天的旨意"。② 保罗的创作仍属于民族史体裁，在这方面，伊西多尔、比德以及其他许多匿名的法兰克历史学家是其先驱，但是，保罗创作时的背景却大不一样了，这时，后殖民时期的混沌状态以一种让人意想不到的方式结束了：他的蛮族王国为复兴中的帝国所归并了。作为一名历史学家，保罗有责任来记录帝国统治下的（曾经的）伦巴第继承者国家（现在是丕平的意大利王国）。面对挑战，他泰然自若，灵活运用自己在王国和帝国内部的"双重身份"来消除敌意。

当保罗在法兰克（如果此时还不能称作"罗马"帝国的话）帝国框架内，描写（不管创作时间是 8 世纪 80 年代还是 90 年代）意大利伦巴第附属国的结构时，他的这种写法不乏反对者：即伦巴第独立主义者，贝内文托南部地区，坚持独立主政的教宗以及仍不愿放弃意大利的拜占庭人（包括他们在地方上的同盟者）。③ 对于该独特的政治单元而言，保罗的叙事史符合民族史的要求，"他试图充分解释当前世俗权力的合法性"，④ 同时又极力避免让支持沦为阿谀奉承，而在其他一些亲法兰克的意大利思想家的作品里，我们可

---

① Goffart, *Narrators*, 334–335,338；Peters, 'Introduction', in *History of the Lombards*, pp. xii-xiii；Paul the Deacon, *HL* VI. 16, p. 263.

② 同上，VI. 16, p. 262。

③ Goffart, *Narrators*, 345.

④ Mortensen, 'Stylistic Choice', 81.

以很明显地发现阿谀奉承的倾向，如阿奎莱亚的帕乌利努斯（Paulinus of Aquileia），他在其复活节赞美诗《帝国王室》（*Regi regum*）（776 年左右）里，竟然把尘世间查理国王的活动，拿来与上帝在天上王国的救世活动相媲美，而且还说意大利人对查理曼的"解放"之举深表感激。① 执事保罗竭力避免使用这些夸大其词的话语；查理和丕平确实是合法的统治者，但他们并不是救世主。

保罗从未隐藏这一事实，即政治忠诚是一件非常复杂的事情。他赞赏公爵德罗克图尔夫特（Droctulft）的所作所为，后者是一名武士，拥有士瓦本（Swabia）和阿勒曼尼人的血统，而且是在伦巴第人中间成长起来的，但是他却"热爱罗马人的旗帜和共和国的徽章"，以致他会为了帝国而战，反对统治半岛的伦巴第人。② 围绕本尼迪克（Benedict）和斯科拉丝蒂卡（Scholastica）的遗骸究竟在哪里这个问题，保罗竟然下了一个令人难以想象的断语。按照他的说法，一些法兰克人到了卡西诺山（Monte Cassino）并盗走了圣徒们的骸骨，但是他们的嘴、眼睛以及其他肢体——尽管已经腐烂了——却仍然"与我们在一起"。③ 在数个世纪的时间里，对于斯科拉丝蒂卡与本尼迪克的遗骸，出现了不少争论；疑问在于他们的遗骸究竟是全部或部分保留在法国（分别位于勒芒〔Le Mans〕和弗勒里〔Fleury〕），还是可能一直保存在卡西诺山。④ 实际上，保罗一面认可法兰克的主张（作为神的恩典落在法兰克人一边的标志），同时一面又通过维护本内文托的圣口和眼来削弱这一主张，然后同时

387

---

① Francesco Stella, 'Il ruolo di Paolino nell'evoluzione della poesia politica e religiosa dell'Europa carolingia alla luce delle recenti attribuzioni', in Paolo Chiesa（ed.）, *Paulino d'Aquileia e il contributo italiano all'Europa carolingia*：*Atti del Convegno Internazionale di Studi Cividale del Friuli-Premariacco*, 10‐13 *ottobre 2002*（Udine, 2003）, 439‐452, at 446.

② Paul the Deacon, *HL* III. 18‐19 pp. 118‐120.

③ 同上，VI. 2 p. 251。

④ Walter Goffart, 'Le Mans, St. Scholastica, and the Literary Tradition of the Translation of St. Benedict', *Revue Bénédictine*, 77（1967）, 107‐141，特别是 107‐108, 118‐125。

又通过器官腐烂的形象消解前面的削弱行为,然而,在最后的分析里,他留给那些认真的读者以理由,重新考量应该持有圣徒身体的哪一个部分。嘴和眼睛即便是已经腐烂,但仍然拥有真正持久的力量,因为除了眼睛所见和嘴巴所说,也就是说除了他们对于后罗马时期的欧洲蛮族继承者国家的看法和阐述外,我们的历史学家还能留下什么其他东西吗?

我们需要另外写一篇论文,来探讨本章讨论的(历史学家)的所见所言是否符合后罗马欧洲的历史"现实",也就是说,所讲述的政治实体的骨架是否与对它们的思维论述相一致。盎格鲁-撒克逊王室不可能完全按照比德划定的路线行事,在比德的笔下,他的国王和女王们的活动都具有示范功能,他们的所作所为势必成为当下以及未来统治者们的典范(同时,它也帮助比德把王室权威树立为历史发展进程的核心要素。)在图谱中的另一端,法兰克王室也不可能如图尔的格列高列及其继承者的叙事史中所表现的那样残酷和冷血。比德对君主的同情可以用一种方法很好地达成,而格列高利的野心则需要截然相反的方法来成就。同样急切但相互反向的需求,导致伊西多尔与约达尼斯两人在情节设置方面也出现了类似的对立。面对因查士丁尼发动哥特战争而导致的政治断层,由于两者分站两边,结果,在伊西多尔的笔下冷酷和交战的哥特—罗马关系,与约达尼斯爱与友谊的描述形成鲜明对比。当然,所有叙事史作品中都同样存在着可确认的谎言和神话。例如,约达尼斯的自我身份认同(首先是作为一名哥特人)可能就是虚构的,它显示出来自作者方面明智的谨言慎行,因为作者对现政权持批评态度,而该政权的首脑(查士丁尼)与斯大林(Stalin)有的一比。[1] 至于神话,约达尼斯的《哥特史》被接纳的过程,几乎就完全

① Goffart, *Narrators*, 46, 104 - 105; Goffart, ' Jordanes's *Getica* ', 393 - 398; Averil Cameron, ' History as Text: Coping with Procopius ', in Christopher Holdsworth and T. P. Wiseman (eds.), *The Inheritance of Historiography, 350 - 900* (Exeter, 1986), 53 - 66, at 55.

第十八章　政治身份的变迁：西欧蛮族继承者国家的历史叙事

是一个故事，讲述自 7 世纪中期以来，拉丁欧洲的创作者们是如何把这本书的开始（也是传说中的）部分视为证据，证明各蛮族起源于斯堪的纳维亚半岛的。[①] 但是，我选择了不在这一章讨论这些问题，而是继续聚焦于后罗马西欧有关蛮族继承者国家的历史记述传统，至公元 800 年时，这一传统不仅深厚、复杂，而且还已经牢牢地扎下了根。

大事年表/关键日期

公元 411 年	汪达尔人、苏维汇人和阿兰人定居西班牙；罗马军队与行政管理人员撤离不列颠的传统时间
公元 418 年	哥特人以同盟者的身份定居高卢南部，以图卢兹为首都
公元 429 年	受罗马叛军之邀，汪达尔人和阿兰人在首领盖塞里克的带领下进入非洲
公元 439 年	汪达尔人攻占迦太基，征服整个北非
公元 442 年左右	汪达尔王国获得条约的承认
公元 452 年	哥特人打败苏维汇人，开始统治西班牙
公元 474 年	君士坦丁堡与汪达尔人签订"永久和平协议"
公元 476 年	士兵因为军饷问题发动叛乱；罗马军队统帅奥多亚克废黜罗慕路斯·奥古斯图卢斯（西罗马帝国最后一任皇帝）
公元 489 年	哥特国王狄奥多里克应东罗马帝国皇帝的邀请，侵入意大利
公元 493—526 年	狄奥多里克统治意大利
公元 496 年	托比亚克战役，克洛维带领法兰克人打败阿勒曼尼人；传统上，人们认为克洛维在这

---

① Goffart,'Jordanes's *Getica*'.

	一年皈依了基督教
公元 507 年	武耶战役，克洛维带领法兰克人打败哥特人，占据高卢南部大部分地区
公元 533—534 年	贝利萨留率领拜占庭军队攻占汪达尔人控制的北非
公元 534 年	法兰克人攻占勃艮第
公元 551 年	拜占庭人占领西班牙南部海港城市
公元 535—554 年	"哥特战争"：拜占庭军队进攻意大利
公元 568 年	伦巴第人的国王阿尔博因领军侵入意大利北部
公元 624 年	哥特人攻克拜占庭人在西班牙的最后一块属地
公元 636 年	雅姆克战役，阿拉伯人战胜拜占庭人；拜占庭人撤出叙利亚
公元 638 年	阿拉伯人攻占耶路撒冷
公元 640—642 年	阿拉伯人攻占埃及
公元 674—677 年	阿拉伯海军封锁君士坦丁堡
公元 680 年	伦巴第人与拜占庭帝国签订正式的和平协议
公元 698 年	伊斯兰军队攻陷拜占庭帝国在北非的首府——迦太基
公元 751 年	伦巴第人攻陷拉文纳；墨洛温王朝末代国王被宫相丕平送进了修道院，后者加冕成为法兰克人的国王
公元 774 年	丕平之子查理征服伦巴第王国
公元 781 年	查理任命儿子丕平为意大利国王
公元 800 年	在罗马，查理接受了教宗列奥的加冕，成为"统治罗马帝国的法兰克人和伦巴第人之王"

主要历史文献

Bede, *Bede's Ecclesiastical History of the English People*, ed. and
trans. Bertram Colgrave and R. A. B. Mynors (Oxford, 1969).

The Fredegar Chronicles and the Liber Historiae Francorum, in 389
Quellen zur Geschichte des 7. und 8. Jahrhunderts, ed. Andreas
Kusternig and Herbert Haupt (Ausgewählte Quellen zur deutschen
Geschichte des Mittelalters 4a; Darmstadt, 1982).

Gregorii episcopi Turonensis Historiam libri X, ed. Bruno Krusch
(Monumenta Germaniae Historica, Scriptores Rerum Merovingi-
carum 1. 1; Hannover, 1937), available online at http: //www.
mgh. de.

Isidore of Seville, *Las Historias de los godos, vándalos y suevos de
Isidoro de Sevilla: estudio, edición crítica y traducción*, ed. and
trans. Cristóbal Rodríguez Alonso (Colección Fuentes y estudios de
historia leonesa 13; León, 1975).

Jordanes, *De origine actibusque Getarum* eds. Francesco Giunta and
Antonino Grillane (Fonti per la storia d'Italia pubblicate dall'Istituto
storico italiano per il Medio Evo, no. 117; Rome, 1991).

Paul the Deacon, *Historia Langobardorum*, ed. Ludwig Bethmann
and Georg Waitz (Monumenta Germaniae Historica, Scriptores
Rerum Langobardicarum et Italicarum 1; Hannover, 1878),
available online at http: //www. mgh. de.

参考书目

Collins, Roger, *Die Fredegar-Chroniken* (Hannover, 2007).

Croke, Brian, 'Latin Historiography and the Barbarian Kingdoms',
in Gabriele Marasco (ed.), *Greek and Roman Historiography in
Late Antiquity: Fourth to Sixth Century A. D.* (Leiden, 2003),

349 – 389.

Fontaine, Jacques, *Isidore de Séville*: *Genèse et originalité de la culture hispanique au temps des Wisigoths* (Turnhout, 2000).

Goffart, Walter, *The Narrators of Barbarian History* (A. D. 550 – 800): *Jordanes, Gregory of Tours, Bede and Paul the Deacon* (Princeton, NJ, 1988; rev. edn, Notre Dame, Ind. , 2005).

Heinzelmann, Martin, *Gregor von Tours* (538 – 594), '*Zehn Bücher Geschichte*': *Historiographie und Gesellschaftskonzept im 6. Jahrhundert* (Darmstadt, 1994).

Higham, N. J. , (*Re -*)*Reading Bede*: *The* Ecclesiastical History *in Context* (London and New York, 2006).

Holdsworth, Christopher and Wiseman, T. P. (eds.), *The Inheritance of Historiography, 350 -900* (Exeter, 1986).

Innes, Matthew, *Introduction to Early Medieval Western Europe, 300 – 900*: *The Sword, the Plough and the Book* (London and New York, 2007).

McKitterick, Rosamond, *Perceptions of the Past in the Early Middle Ages* (Notre Dame, Ind. , 2005).

Mitchell, Kathleen and Wood, Ian (eds.), *The World of Gregory of Tours* (Leiden, 2002).

Nelson, Janet L. , 'Gender and Genre in Women Historians of the Early Middle Ages', in Nelson, *The Frankish World, 750 -900* (London, 1996),183 – 197.

Pizarro, Joaquín Martínez, 'Ethnic and National History ca. 500 – 1000', in Deborah Mauskopf Deliyannis (ed.), *Historiography in the Middle Ages* (Leiden, 2003),43 – 88.

Reimitz, Helmut, 'Social Networks and Identities in Frankish Historiography: New Aspects of the Textual History of Gregory of Tours' *Historiae*', in Richard Corradini. Max Diesenberger, and Reimitz (eds.), *The Construction of Communities in the Early*

390

Middle Ages：Texts，Resources and Artefacts（Leiden，2003），229 – 268.

—— 'The Art of Truth：Historiography and Identity in the Frankish World'，in Richard Corradini，Rob Meens，Christina Pössel，and Philip Shaw（eds.），*Texts and Identities in the Early Middle Ages*（Vienna，2006），87 – 104.

Treadgold，Warren T.，*The Early Byzantine Historians*（New York and London，2007）.

Wormald，Patrick，*The Times of Bede：Studies in Early Christian Society and its Historian*（Oxford，2006）.

陈　勇　译　赵立行　校

第十九章　历史、故事和共同体：拉丁基督教世界描绘过去，1050—1400 年

查理·F.布里格斯

　从 11 世纪初开始，从一些中心，尤其是从修道院发源的历史写作的涓涓细流，开始汇聚成一条拥有许多不同支流的大河。史学的扩张趋势就其本身而言，只是欧洲加速增长这一漫长过程中的一朵浪花而已，粗略算起来，该进程大约从 1000 年开始一直持续到 14 世纪头几十年。一个政治分裂、人口稀少、农村占主导、经济未经整合的社会，经过内乱后幸存下来，历经法兰克帝国解体，以及 9—11 世纪初来自北非、欧亚草原和斯堪的纳维亚的入侵，在一定程度上受到新政治和经济条件刺激，也因为一段时间内气候的改善，展露出新的生机。野心勃勃的贵族世系试图加大对领地和人口的控制，与此同时想方设法使其地位和行为合法化。他们与地方教会和修道院建立物质和精神上的亲缘纽带，并在祖传地产、新获得的土地或边境地区资助建立新的基地。主教和修道院长在促成这些功绩的过程中往往扮演积极的角色，他们还致力于教会改革，改革发端于勃艮第克吕尼（Cluny）的本笃修道院改革，旋即被教宗接手，该运动最初获得德意志"罗马"皇帝们的支持，此后随着 1073 年格列高利七世（Gregory VII）登上教宗宝座，开始了与皇帝们的斗争。

改革的精神激发了修道生活中创新试验的周期性涌现，在 11、12 世纪之交出现了西多修会、加尔都西修会（Carthusians）和更具

教牧倾向的律修会修士（regular canons）等禁欲团体，然后在 13 世
纪初出现了托钵僧（mendicant friars）。为了扩大影响、巩固权力，392
再度崛起的教宗建立了日益复杂的行政机器，规定并强化共同信
仰和宗教实践。这些都促进了学校和教育机构的增长，使之从城
镇文法学校发展成为修道院学校、教堂学校，以及培养官员、法律
专家、神学家和神父的大学。辖地和城镇政府在法律和管理方面
对专业人士类似的需求，也推动了这一趋势，与此同时，迅速扩张
的商业区域同样要求更强的读写和计算能力。共同体——无论是
机构的、地方的、领地的，还是行业的或专业的——增多、成长和联
合，给史学编纂带来的必然结果，就是史学写作中心、机会、模式和
历史作品的读者数量都开始激增。然而，急剧而且快速的变化，同
样刺激了历史叙述的渴望，以此使世系、机构和政治（所有这些几
乎都是新近产生的）合法化，稳定领土的扩张和征服，保护受到威
胁的既定利益，而且通过回顾共同起源，诵读值得纪念的事迹、垂
范得体的举止以及揭示神的影响和未来命运等，加强共同体间的
联系纽带。

　　得益于其本质上的混合性和多样性，历史成为特别适合这些目
的的载体。"历史"（Historia）是证据与故事、文献与虚构、教师与
演员。历史叙述不阈于狭隘的学科艺术或科学的学术规范，但依
旧附属于语法和修辞，历史记述一度具有强烈的文学性，但接受时间
顺序规则的辖制；尽管史学与文学之间的亲子关系允许其从业者大
量创作，但是他们所叙述的故事却具有额外"真实的"力量，因为史学
家自身作为观察者或者透过可靠的见证者、文献和权威叙述过去之
事件。这种真实性的宣称使得历史叙事有别于神话、传奇、传说，即
便其部分内容或大部分内容，甚至有时几乎全是编造的。[①] 创作的

---

① Antonia Gransden，'Prologues in the Historiography of Twelfth-Century England'，
in Gransden，*Legends*，*Traditions and Histoy in Medieval England*（London，
1992），125 - 129；Monika Otter，'Functions of Fiction in Historical Writing'，in
Nancy Partner（ed.），*Writing Medieval History*（London，2005），109 - 130，at
111 - 112.

灵活性也与史学家的处境有关，因为他通常是为了完成某个职责或某项任务，再好一点也不过是带着渴望和严肃的目的完成任务，它作为历史学家的角色并非职业性的。相反，就他们的职业而言，史书作者往往是修士或教士，有时是商人或士兵，有些情况下又是公职人员、艺人，或纹章官。中世纪历史编纂学因其跨学科和不专业的特点，近来在当代"科学的"专业历史学家那里得到的评价甚低，他们挑剔其有偏见、没有规范、年代错置、不尊重事实真相，嘲笑其轻信奇迹、寓言或传说。如果需要发掘中世纪历史，这些当代职业学者首先相信文献和档案；如果手头没有或资料不足，他们就会以猜疑的眼光解读这些编年史家的作品，以便从带有文学修饰和传说的糟糠中挑出真相之麦。

然而过去两代人以来，在 19 世纪实证主义的愿景中，历史学家和文学学者转换了观点，将这些作家及其文本所作的"工作"置于显著的位置。因此，人们对类型角色，语言和表达，史学家、赞助者和潜在听众之间的关系，制约历史学家实践的制度、教育和话语规定，文本的创作和接受的环境等因素更加敏感。最近的研究不再试图将历史写作从其他叙述方式中独立出来，或试图在中世纪编年史中寻找"真"史，而是尝试循其自身逻辑去阅读中世纪史学。

不应该仅仅因为历史既不是一门学术学科也非一种职业，就认为历史写作不必遵循某种广义的定则。通过在学校学习拉丁语法和修辞开始对这些定则的学习，学生们朗读、背诵和注释经典，然后尝试亲自模仿。他们念诵的几部书——如维吉尔的《埃涅阿斯纪》（Vergil's *Aeneid*）、卢坎的《法尔萨利》（Lucan's *Pharsalia*）、萨鲁斯特的《喀提林阴谋》（Sallust's *Bellum Catilinae*）和《朱古达战争》（*Bellum Jugurthinum*），以及瓦勒留·马克西姆斯（Valerius Maximus）的《名事名言录》（*Factorum ac dictorum memorabilium libri IX*）都被当作历史。学生们从小习惯将《圣经》的大部分内容当作历史来读，特别是《旧约》（从《创世记》到《以斯帖记》）被称为"历史书"（*libri historici*）的部分，以及《新约》（《福音书》和《使徒传》）和次经中《马喀比书》。因此，历史学家从孩提时代和青年时

代就浸染了古代和《圣经》历史的语言和形象；而且，由于学习要求
他们考虑所读内容的道德含义，他们对历史叙述的修辞、范例和道
德说教功能，产生了强烈的感觉。这有助于解释为什么中世纪史
学在今天看来是时间错乱的。我们将过去看成已死的、已逝的和
久远的，因此我们努力去重新建构它；中世纪作者和读者也知道过
去的已经过去了——他们对年代和周期如此感兴趣，怎么能说他们
不知道呢？——但是对他们而言，依然强烈感觉到过去就是现
在，其原因恰恰在于历史的前车之鉴和教训在当今作用巨大。[①]　394
然而，也许最重要的是，他们的学习和范式给他们灌输了历史具
有神圣目的的意识，并确立了这样的定义，即历史真相不仅仅是
我们所说的事实，当然其中包含事实，还应包含"必然"是真实的
东西。因此根据这一逻辑，《出埃及记》和福音书中的奇迹必然是
真的，就如同埃涅阿斯史诗般的旅程和罗慕路斯建立罗马城一样
都必然是真实发生过的。

另外，史学家总是在史学撰述传统内写作，在通过亲历和目击
者的讲述添加自己的材料之前，他们都是抄录和编辑早前历史。
这有时呈现为习以为常的甚或是家族式的面貌。修道院至少通常
留意续写年代记[②]，这种活动在有些情况下发展成为一种历史写作
传统，例如，在圣阿尔班（St Albans），修士马修·帕里斯（Matthew
Paris）开始酝酿《大编年史》（*Chronica majora*，约始于 1240 年），是
续写他的前辈温多弗的罗杰（Roger of Wendover）的《历史之花》
（*Flores historiarum*，完成于 1234 年）。1259 年帕里斯去世后，虽
然直到 14 世纪后期，他的修士同伴无人能与其才华比肩，但还是
将这一传统延续到了 14 世纪，此后，托马斯·沃兴翰（Thomas

---

① Janet Coleman, 'The Uses of the Past (14th-16th Centuries)：The Invention of a
Collective History and Its Implications for Cultural Participation', in Ann Rigney
and Duowe Wessel Fokkema（ ed. ）, *Cultural Participation*：*Trends since the
Middle Ages*（Amsterdam, 1993）,21-37.
② 有关年代记参见本书萨拉·福特撰写的第十七章。

Walsingham)重新恢复了他们修道院作为史学撰述中心的名望。[①]
更令人印象深刻的还是紧靠巴黎北部的圣丹尼斯修道院的皇家史
学编纂传统。该传统可以上溯至修道院长絮热（Suger），他为路易
六世写了一部皇家传记，即《胖子路易传》（Vita Ludovici Grossi
regis，约 1140 年），并给路易七世传开了个头；另外絮热的门徒之
一德伊的奥多（Odo of Deuil）随同路易七世参加了第二次十字军东
征，撰写了《路易七世东进历程》（De profectione Ludovici VII in
Orientem，1150 年代）。然而，正是路易七世的儿子"奥古斯都"腓
力二世（Philip II Augustus）的伟大胜利，激发圣丹尼斯的修士们几
乎成了法国的官方撰史人，这一编纂活动孕育了俗语的《法国大编
年史》（Grandes Chroniques de France），这部著作在 1270 年代由普
里马（Primat）开始，一直持续到 15 世纪。[②]

城镇也发展出了历史写作传统。热那亚首开先例，建基于贵族
商人、海军指挥官、政治家卡法罗（Caffaro）的"年代记"，它按年代
记录该市从 1099 年至 1163 年的事件。他的编年史几乎成了该市
的官方历史，此后人们继续匿名续编，直到雅各布·多利亚（Jacopo
Doria）接手续写了 1280—1293 年的事件。在 12 世纪，伦巴第和托
斯卡纳的一些城市开始编撰年代记，而且在 13 世纪，博隆纳和佩
鲁贾均设立各自城市的正式官方记录。[③] 佛罗伦萨的维兰尼把

395

[①] Antonia Gransden, *Historical Writing in England c. 550 to c. 1307* (Ithaca,
1974),356 - 379; Gransden, *Historical Writing in England II*, *c. 1307 to the
Early Sixteenth Century* (Ithaca, 1982),5,118 - 156.

[②] Elisabeth Carpentier, 'Les historiens royaux et le pouvoir Capétien: d'Helgaud de
Fleury à Guillaume le Breton', in Jean-Philippe Genet (ed.), *L'historiographie
médiévale en Europe* (Paris, 1991),129 - 139; Gabrielle M. Spiegel, *Romancing
the Past: The Rise of Vernacular Prose Historiography in Thirteenth-Century
France* (Berkeley, 1993); Spiegel, *The Past as Text: The Theory and Practice of
Medieval Historiography* (Baltimore, 1997),83 - 137; Bernard Guenée, *Histoire
et culture historique dans l'Occident médiéval* (Paris, 1980),338 - 342.

[③] Chris Wickham, 'The Sense of the Past in Italian Communal Narratives', in Paul
Magdalino (ed.), *The Perception of the Past in Twelfth-Century Europe*
(London, 1992),173 - 189; Jacques Heers, 'Le notaire dans les villes （转下页）

历史写作变成了家庭职责，其开端是乔万尼编写的《新编年》（Nuova Cronica），乔万尼将该城的历史叙述到 1348 年（此年他死于瘟疫），他的兄弟马提奥（Matteo）（续编到 1363 年）和侄子腓力珀（Filippo，续写到 1364 年）进行了续编①。

　　历史学家也是在某个风格传统中写作。例如，所有中世纪通史作者都遵循由优西比乌斯-哲罗姆和奥罗修斯（Eusebius-Jerome and Orosius）的历史、奥古斯丁的《上帝之城》（De civitate Dei），以及 7 世纪塞维利亚的伊西多尔的《辞源》（Etymologiae）所确立的传统，即这样的教会史必须考虑自创世以来的全部历史，包括异教的、《圣经》的和基督教的，历史被划分为 6 个阶段，最后一个时代始于基督降临，6 个时代有 4 个成功的世界帝国：巴比伦（或亚述）、波斯、希腊和罗马。② 中世纪通史编年者都必须以这一大堆东西作为开端，然后再开始添加从其他权威文本、个体观察者和口述文字中获得的资料，一直延续到作者所在时代；而他的工作又会被后来的编年史家所延续。

　　美因茨的马利努斯·斯科特（Marianus Scotus）编纂的普世编年史就是如此，这部作品编至 1082 年或 1083 年他去世时，之后由他人续写了 3 年，也许是他的美因茨修士同伴所为。然后，土生土长的洛林人赫里福德（Hereford）主教罗伯特（Robert）的机构将这个版本带到了英国。罗伯特的朋友、同为主教的伍斯特的伍尔夫斯丹（Wulfstan of Worcester）得到一个抄本，为《编年史中的编年》（Chronicon ex Chronicis）一书中大陆通史部分提供了资料，12 世纪

（接上页）italienes, témoin de son temps, mémorialiste et chroniquer', in Daniel Poirion (ed.), *La chronique et l'histoire au Moyen Age* (Paris, 1984), 73 - 84; and Guenée, *Histoire et culture historique*, 338 - 339.

① Christian Bec, 'Sur l'historiographie marchande à Florence au XIVe siècle', in Poirion (ed.), *La chronique et l'histoire*, 45 - 72;以及 Denys Hay, *Annalists and Historians: Western Historiography from the Eighth to the Eighteenth Centuries* (London, 1977),80。

② 参见本书安德鲁·马沙姆撰写的第 21 章。

头十年伍斯特主教堂修道院编成了该书,初始作者是某个叫"弗洛伦斯"(Florence)的修士,完成者是修士约翰(monk John)。在此基础上,伍斯特的修士们从几个来源增加英国的资料,包括比德,阿瑟(Asser)的《阿尔弗雷德大帝传纪》(*Vita Ælfredi regis Angul Saxonum*),数量众多的圣徒传记,《盎格鲁-撒克逊编年史》(*Anglo-Saxon Chronicle*),还有坎特伯雷修士埃德默(Eadmer)编写的当代史《新历史》(*Historia Novorum*,1121 年)。另外,我们返观大陆,马利努斯的编年史还为让布卢的西吉贝特(Sigebert of Gembloux,1112 年)的通史奠定了基础,西吉贝特的通史又成为多明我修士博韦的文森特(Vincent of Beauvais)1244 年、1256 年(或 1259 年)在巴黎撰写的百科全书式著作《历史之镜》(*Speculum historiale*)的重要来源。一个世纪以后,英国切斯特地区圣沃伯格(St Werburgh)的修士兰纳夫·希格登(Ranulf Higden),其百科全书式的通史《世界全史》(*Polychronicon*,1352—1363)就以博韦的文森特和伍斯特的约翰等创作的文本为基础①。

撰写通史在一定程度上可以被看成建立和维持共同体的策略。在伍斯特的约翰编纂编年史背后,我们可以看到他将伍斯特礼拜仪式与普世教会仪式连接起来的意图。② 比之更有抱负的是弗赖辛的奥托(Otto of Freising)所编的《双城史》(*Chronica sive Historia de duabus civitatibus*,1146 年)。这位德国贵族主教在巴黎经过几

---

① Martin Brett, 'John of Worcester and His Contemporaries', in R. H. C. Davis and J. M. Wallace-Hadrill (eds.), *The Writing of History in the Middle Ages: Essays Presented to Richard William Southern* (Oxford, 1981), 101 - 126; Brett, 'The Use of Universal Chronicle at Worcester', in Genet (ed.), *L'historiographie médiévale*, 277 - 285; Monique Paumier-Foucart, 'Ecrire l'histoire au XIIIe siècle: Vincent de Beauvais et Helinand de Froidmont', *Annales de l'Est*, ser. 5: 33 (1981), 49 - 70; PaumierFoucart, 'La compilation dans le Speculum historiale de Vincent de Beauvais: le cas de Hugues de Fleury', in Genet (ed.), *L'historiographie médiévale*, 51 - 66; 以及 Gransden, *Historical Writing in England II*, 43 - 57.

② Brett, 'Use of Universal Chronicle', 281 - 285.

年在校学习获得大量知识，试图搞清楚以往无数的历史兴亡和当前困境的原因。这篇著作的创作紧随德意志皇帝与教宗之间的主教叙任权之争而开始，这场争斗从 1070 年代延续到 1122 年，加重了威尔夫(the Welfs)和霍亨斯陶芬(the Hohenstaufen)两大家族之间持续的斗争，而且这部著作意识到基督教世界看上去到处都是难解的纷争，因此奥托在混乱的表象下寻找历史意识。他首先在罗马教会和奥古斯丁上帝之城的一致性中找到了这种意识；尽管那位非洲主教把选民的天上之城与其在人间的显现区分开来，但奥托却把两者结合起来，因此把所有的天主教基督徒都纳入统一的圣徒团体。奥托认为另一囊括全部基督徒的共同体，是完成《双城史》时他异母兄弟霍亨斯陶芬家族的康拉德三世所统治的神圣罗马帝国。在奥托看来，帝国近来以及之前的苦难历史恰恰是世界不可避免地走向衰落的明证。为了搞清楚这一过程，他借用了奥罗修斯四个世界帝国的概念，将之与西进运动，亦即"帝国迁移"(*translatio imperii*)联系起来。根据这一"帝国迁移"说，普世的君王制度始于东方，持续西移，如今抵达了它的终点。既然每个帝国都经历兴起、兴盛和衰落，既然毫无疑问奥托本人生活在最后一个帝国的衰落期，那么他当然是《启示录》中末日迫近的见证人："因此，世界的苦难甚至呈现在世界主要政权中，而且罗马的衰落预兆了世界体系的分崩离析。"根据政治权力的转移，奥托另增加了两个转移，一个是"文化转移"(*translatio studii*)，"从埃及向希腊转移，接着转移到罗马，最后到高卢和西班牙"，还有宗教转移，基督教修道主义发源于埃及沙漠，如今繁荣于西方。[①] 事实上，对奥托

397

---

① Serge Lusignan, *Parler vulgairement : les intellectuels et la langue française aux XIIIe et XIVe siècles*, 2nd edn (Paris, 1987), 159 - 160. 文化转移的概念由圣维克多的休(Hugh of St Victor)(死于 1141 年)在巴黎首次明确提出，他在《关于阅读的研究》(*Didascalicon*)第三册第二章这样描述："埃及是文艺之母，文艺由此出发依次抵达希腊和意大利。"奥托很有可能受到了他在巴黎的研究启迪，并意识到托莱多(Toledo)是学术专著从阿拉伯文翻译为拉丁文的中心枢纽，他在休的路线图上增加了第三段转移，即去往高卢和西班牙。

而言,修道团体在他的时代(奥托本人是西多修士)的繁殖和普及十分鲜明,因此宗教具有获得力量和活力的特质。[1]

在皇帝外甥腓特烈一世(Frederick I,1152—1190 年在位)继位后,奥托看到《启示录》所谓的预兆有所延缓,这一良性转折促使一度灰心的主教再次拿起了史家之笔开始撰写《腓特烈传》(*Gesta Friderici imperatoris*),1158 年奥托去世后由拉赫温(Rahewin)续写完成。在奥托撰写的头两卷中,他煞费苦心,一方面为不时激烈敌对的教宗和皇帝遮掩,一方面强调他们的友好和共同目标。奥托的记述始于 1073 年,此时距腓特烈继位还有很长时间,他极少谈及主教叙任权之争本身,而是将关注的焦点放在了皇帝与其他世俗统治者的关系上。当他转向晚近历史时,将教宗和皇帝的关系描绘成一贯和谐协作,这通常与罗马城的人形成鲜明对比,后者被他描绘成反叛者,与教会和帝国这种建制良好、充满和谐的普世权威作对。[2]

到 1300 年,一个皇帝统治下的普世基督教世界的幻想再难为继。随着 1250 年腓特烈二世去世,以及教宗和卡佩王室旁系安茹的联盟中断了霍亨斯陶芬家族传承,所谓普世基督教帝国只剩虚名。如果说佛罗伦萨人但丁在他的《论世界帝国》(*Monarchia*,约 1318 年)中依然梦想恢复普世君主制,那么,巴黎的编年史家让·德·圣维克多(Jean de Saint-Victor)在他的《历史记忆》(*Memoriale historiarum*,创作于 1309—1322 年之间)中则采用了一种历史观点,即自治王国的多样性优于帝国的统一性。[3] 在他看来,尽管

398

---

① Otto of Freising, *The Two Cities*: *A Chronicle of Universal History to the Year 1146 A. D. by Otto*, *Bishop of Freising*, trans. Charles C. Mierow, ed. Austin P. Evans and Charles Knapp (New York, 1956), 94 - 95, 445 - 449. 亦可参阅 Beryl Smalley, *Historians in the Middle Ages* (London, 1974), 100 - 104。

② Otto of Freising, *The Deeds of Frederick Barbarossa by Otto of Freising and His Continuator*, *Rahewin*, trans. Charles C. Mierow (New York, 1952)。

③ Dante Alighieri, *Monarchia*, ed. and trans. Richard Kay (Toronto, 1998);以及 Mireille Schmidt-Chazan, 'L'idée d'empire dans le *Memoriale historiarum* de Jean de Saint-Victor', in Genet (ed.), *L'historiographie médiévale*, 301 - 319。

476 年罗马帝国灭亡之后帝国在君士坦丁堡得以延续，但是西部被若干个独立的蛮族王国瓜分，其居民的起源和独立政治身份可追溯至罗马帝国开始（让认为始于尤利乌斯·恺撒）之前某个无法确定的时期。西罗马帝国随着 800 年查理曼加冕恢复了，然而与恺撒的帝国大不相同，因为：（1）帝国是分裂的（查理曼的加冕并未能终结拜占廷帝国）；（2）皇帝的职位是选举产生的；（3）教宗可以合法罢免皇帝。为了使人们理解最后这一点，让在叙述 1191 年亨利六世继承帝位时，对加冕仪式进行了令人诧异且完全虚构的描绘：

> 教宗带着皇帝和皇后进了教堂，里面正在举行庄严的弥撒，教宗先是亲自给皇帝祝辞加膏，接着给皇后涂油。做完这些，教宗坐在宝座上，把帝国皇冠放在脚中间，皇帝低下头，从教宗脚下戴上了皇冠，皇后如法炮制；紧接着，教宗用脚踢皇冠，将它从头上踢到了地上，以示如果皇帝犯错，教宗有权罢免[皇帝]；出席的红衣主教们捡起皇冠，带着敬意戴在皇帝头上，皇后同样如此。①

因此，在让看来，1245 年英诺森四世（Innocent IV）合法地对腓特烈实施了罢免，就意味着帝国终结，世界又回到分裂独立王国这种原初的自然政治状态。真正数得着的政权当然是法国，1296—1303 年期间国王"美男子"腓力四世（Philip IV）与教宗卜尼法八世（Boniface VIII）就司法权和统治权冲突不断。尽管腓力是此次冲突的真正赢家，但让指出法国在业已灭亡的查理曼帝国之前的存在，为法国脱离帝国和教宗控制获得独立提供了历史根据。一代人之后，巴黎知识分子让·卡布乔（Jean Corbechon）和尼科尔·奥兰姆（Nicole Oresme）进一步利用历史证明法国是基督教世界众国之首。他们将论据基于弗赖辛的奥托的"文化转移"架构，这一架构

---

① Paris，Bibliothèque nationale de France MS latin 15011，fol. 404r：quoted in Schmidt-Chazan，'L'idée d'empire'，312。

是从博韦的文森特那里接受而来的，后者直接取材于较早的海里南·德·弗洛芒（Hélinand de Froidmon，逝于 1215 年）编年史。海里南的书放弃将西班牙作为终点，指定巴黎作为文化从罗马转移到法国的地点，并将转移的时间定在查理曼时期，从而把文化转移与帝国转移绑在了一起。卡布乔翻译了巴勒莫·安格里库斯（Bartholomeus Anglicus）《事物的属性》（*De proprietatibus rerum*，1372 年），在法语译本序言中他补充说正是查理曼本人是"法国荣耀的国王……学习诸多学科"，他"拥有从罗马传播和译介到巴黎的学问"。[①] 在亚里士多德《伦理学》（*Ethics*，1370 年）的法文译本序言中，译者奥兰姆将"文化转移"等同于语言翻译，因此主张正如罗马人把希腊著作翻译成本土拉丁文本一样，法国人现在应当把它从拉丁文翻译成法文，从而使法文变为博学之文化的新文字。弗赖辛的奥托所说的拉丁基督徒的普世团体，通过帝国转移和文化转移这一历史上的传统主题，因此而演变为法国的特殊团体。

大约同时期的英国，兰纳夫·希格登的《世界全史》（*Polychronicon*）将通史传统变为民族史。弗赖辛的奥托四个世界帝国的主体叙述，在希格登数字序列的编年框架中，仅被列为其中的一个选项：

（1）两种状态（status rerum）：从创世到基督，从基督之后到世界末日。

（2）世界三个时代：律法之前、律法时代和圣恩时代。

（3）四大世界帝国：或依次在长老治下（亚当到摩西）、士师治下（摩西到扫罗）、国王治下（扫罗到所罗巴伯）、"主教"治下（从所罗巴伯到基督）。

（4）五大普世宗教（自然崇拜、偶像崇拜、犹太教、基督教

---

① Serge Lusignan, 'La Topique de la *translatio studii* et les traductions françaises de textes savants au XIVe siècle', in Geneviève Contamine (ed.), *Traduction et traducteurs au Moyen Age* (Paris, 1989), 303 - 315, at 309.

和伊斯兰教）。

　　（5）六个时代。①

　　希格登将《世界全史》分成七卷，先按世界六阶段讲地理和历史遗迹。但是直到基督时期的最初五个阶段，只占了第二和第三卷，余下四卷都是希格登的主要兴趣所在，即不列颠和英格兰历史。希格登的通史因此只是一种媒介，用于把英国人的历史与所推测的《圣经》和古典源头联系起来。

　　在做这一切时，希格登脚踏在熟悉的地面上。通史越接近当代史就通常越本地化，而且将蛮族的起源与某个神秘的过去联系起来，这至少在卡西奥多罗斯时期就开始了，后者宣称哥特人是《圣经》中玛各人（Magog）和古代斯基泰人（Scythians）的后裔②。但是，正是维吉尔的《埃涅阿斯纪》为继承罗马的蛮族后裔们自创起源神话提供了最有力的框架。在 7 世纪编纂的归于"弗雷德加尔"名下的编年史里，法兰克人已经变成了特洛伊·弗朗乔（Trojan Francio）③的后裔。两个世纪之后，威尔西门·奈尼乌斯（Welshman Nennius）确信埃涅阿斯的某个后裔布鲁图斯（Brutus）是不列颠人的先祖，而《出埃及记》中法老的女儿斯克塔（Scota）是苏格兰人的祖先；而《萨克森史》（*Res gestae Saxonicae*）的作者威都坎（Widukind）认为本民族的祖先应当追溯到亚历山大大帝军队中的希腊士兵。④

400

①　Ernst Breisach, *Historiography*: *Ancient*, *Medieval*, *and Modern*, 2nd edn (Chicago, 1994), 148; Chris Given-Wilson, *Chronicles*: *The Writing of History in Medieval England* (London, 2004), 116, 238.

②　Hans-Werner Goetz, 'On the Universality of Universal History', in Genet (ed.), *L'historiographie médiévale*, 247 - 261.

③　J. M. Wallace-Hadrill, *The Long-Haired Kings* (Toronto, 1982), 79 - 82.

④　Nennius, *British History and the Welsh Annals*, ed. and trans. John Morris (London, 1980), 20 - 21; Leah Shopkow, *History and Community*: *Norman Historical Writing in the Eleventh and Twelfth Centuries* (Washington, DC, 1997), 112 - 113.

在接下来的几个世纪，历史学家不仅把特洛伊祖先安到了卡佩王朝头上，还安给了法国北部许多贵族世系。[①] 到 13 世纪中叶，像图尔奈（Tournai）的菲利浦·摩斯克斯（Philippe Mouskès）的《韵文编年史》（*Chronique rimée*）那样，宣称"我们都是特洛伊人"[②]的做法很普遍。数十个意大利城镇也都利用特洛伊起源神话；1325 年帕多瓦历史学家阿尔贝提诺·穆萨托（Albertino Mussato）指出他的城市"是由流亡的安特诺（Antenor）建立的另一个特洛伊"，佛罗伦萨人乔万尼·维兰尼（Giovanni Villani）吹嘘说他和其他市民的血统都"来自显贵的祖先和令人尊敬的家族，比如古老而伟大的特洛伊人，勇敢而高贵的罗马人"。[③] 这些神话清晰地确立了一个民族的古老性，将其系谱与基督徒最敬重的人物（因为古典先祖们自身都是诺亚子孙的后裔）和异教文本的权威联系了起来。古老性不仅确保了一个民族的声望，而且还通过将起源置于遥远的过去而减少了对身份认同的质疑。

在这些起源神话中我们可以再次辨识出"转移"的主题，尽管如今是某个民族的运动，方向也经常是向西的。同样，神话也是关于征服的故事，因为在任何情况下，都是传奇创建者及其子民占领

---

① Bernard Guenée, 'Les généalogies entre l'histoire et la politique: la fierté dêtre Capétien, en France, au Moyen Age', *Annales: Economies, Sociétés, Civilisations*, 33(1978), 450 - 477, at 452; Heather J. Tanner, *Families, Friends and Allies: Boulogne and Politics in Northern France and England*, c. 879 - 1160 (Leiden, 2004), 267; Colette Beaune, *The Birth of an Ideology: Myths and Symbols of Nationhood in Late-Medieval France*, trans. Susan Ross Huston, ed. Frederic L. Cheyette (Berkeley, 1991), 236; R. E. Asher, *National Myths in Renaissance France: Francus, Samothes and the Druids* (Edinburgh, 1993), 12 - 13.

② Beaune, *Birth of an Ideology*, 226.

③ Ronald G. Witt, *In the Footsteps of the Ancients: The Origins of Humanism from Lovato to Bruni* (Leiden, 2003), 148; Hay, *Annalists and Historians*, 81. 维兰尼和侄子腓力珀甚至把佛罗伦萨人的起源追溯到阿塔兰忒，达耳达诺斯的父亲，特洛伊的建立者: Hans Baron, *In Search of Florentine Humanism: Essays on the Transition from Medieval to Modern Thought*, 2 vols. (Princeton, 1988), i. 54 - 55。

已经被其他种族，有时是巨人族所占领的土地。然而悖论的是，这
些神话也讲述延续和共同体的故事，通过将土著居民与征服者同
化而使征服、强占和镇压合法化，从而缓解征伐造成的断裂。在扩
张和征伐的时代，这样的故事必然特别有吸引力，引人入胜，因此
在中世纪中期的伟大征服时代——诺曼征服之初，有关起源的历史
讲述和历史写作普遍增多也就不奇怪了。

　　诺曼底本身只是 10 世纪初由丹麦侵略者发动的一次并不古老
的征服结果，在诺曼底的威廉夺取英格兰王权许多年以前，理查一
世（Richard I）大公的一位俗家随员圣昆丁的都铎（Dudo of Saint-
Quentin），写了一部赞颂理查及其祖先的历史。[①] 都铎的《第一代
诺曼大公行录》（*Libri III de moribus et actis primorum Normanniae
ducum*，大约作于 1015 年前）确实提到了诺曼人的特洛伊起源，其
古老的特洛伊祖先的漫游已经预示了他们前往法国北部的航程和
冒险。1066 年威廉的贪功冒险，很快就出现了修士朱密日的威廉
的《诺曼大公行录》（*Gesta Normannorum ducum*，1070—1071 年），
曾当过兵的普瓦提埃教士威廉（William）的《威廉行事录》（*Gesta
Guillelmi II ducis Normannorum*，约 1077 年），也许还应该包括《哈
斯丁战役之歌》（*Carmen de Hastingae Proelio*）和贝叶挂毯（Bayeux
Tapestry）的图史（大约写于 1077—1082 年之间）等满是褒扬和自
我辩护的历史记述。[②] 全部都是威廉及其同伴的颂词。威廉的事
业是正义的，因为他是盎格鲁-撒克逊最后一任（他们认为的）国王
"忏悔者"爱德华合法指定的继承人。至于哈罗德，则是背誓者以
及篡位者。在哈斯丁战役中诺曼人战胜竞争对手得益于勇敢无畏
且谨慎的精神，此后，除了伦敦的一帮"背叛者"之外，英国没有太

---

① 参见本卷查尔斯·韦斯特撰写的第二十四章。
② 关于其年代参见 R. H. C. Davis，'William of Poitiers and his *History of William
the Conqueror*'，in Davis and Wallace-Hadrill（eds.），*Writing of History*，71 -
100，at 74 - 75；亦可参阅 Gransden，*Historical Writing in England c. 550 to
c. 1307*，94 - 103。

多异议就接受了新国王。①

当然诺曼和法国北部的精英取代当地僧俗两界几乎全部统治精英,以及随后英国主流文化轨迹从来自大西洋北部和斯堪的纳维亚转向西欧,注定会引起深远和动荡不安的变化。一方面修道院和大教堂之间古老的精神上的亲缘关系和赞助关系被打破,另一方面随着时间推移,英国旧贵族同诺曼人一起支持来自大陆的修道院长和主教就任。旧的情感网络和生活记忆之库消失了,被新的领导者取代,后者未必意识到或同情建立已久的所有权和惯例。② 对他们而言,新来者及其后代必须与新的多民族、语言混杂的祖国(因为盎格鲁-诺曼"帝国"不仅包括英格兰和诺曼底,还包括部分威尔士)以及其他基督教世界相妥协。盎格鲁-诺曼国王(从威廉一世到斯蒂芬,1066—1153 年)征服和统治时期同时发生了教会改革、第一次和第二次十字军东侵,以及被称为"12 世纪文艺复兴"的教育文化繁荣。这些发展共同促成了英国和诺曼底历史写作繁荣和创新的时代,征服之后仅仅过了一代人,这一时代就开始了。

修道院的作者是第一批利用历史编纂的记录功能和团体构建功能来缓和并指导当前变化趋势的人。③ 保存北英格兰最重要圣徒圣库斯伯特遗骨的达勒姆(Durham)大教堂,似乎就是其中的代表,其中,1083 年诺曼主教圣加来的威廉(William of St Calais)决定将达勒姆从在俗教团大教堂(secular canons)改成本笃修道院,以及

---

① Stephen Morillo (ed.), *The Battle of Hastings: Sources and Interpretations* (Woodbridge, 1996), 17 - 27; R. H. C. Davis and Marjorie Chibnall (eds.), *The 'Gesta Guillelmi' of William of Poitiers* (Oxford, 1998), 150 - 151.

② 正如理查德·萨瑟恩(Richard Southern)所言:"在文化与贵族社会层面,从蛮族国家兴起到 20 世纪,欧洲没有一个国家像英国 1066 年之后一样在如此短的时间内经历了如此激烈的变革。"'Aspects of the European Tradition of Historical Writing, 4: The Sense of the Past', in Robert J. Bartlett (ed.), *History and Historians: Selected Papers of R. W. Southern* (Oxford, 2004), 66 - 83, at 69. 有关征服对社会记忆和历史撰述的影响参见 Elisabeth van Houts, *Memory and Gender in Medieval Europe 900 - 1200* (Toronto, 1999), 123 - 142。

③ Southern, 'Sense of the Past', 71 - 72.

从 1099 到 1128 年兰纳夫·弗兰巴德（Ranulf Flambard）强夺的主教职位，都加剧了大征服带来的痛苦效果。出于"自我保护的实际冲动"，圣库斯伯特教会集体邀请其最具才华的史学家西蒙，在《达勒姆教堂起源发展史》（*Libellus de exordio atque procursu istius*，*hoc est Dunhelmensis*，*ecdesie*）中讲述了一个持续、统一和神圣力量的故事，该书从圣库斯伯特 6 世纪发端于林迪斯法恩岛开始，一直讲述到 1096 年圣加来的威廉去世。[①] 相似的动机也可见于当时伍斯特（Worcester）、坎特伯雷（Canterbury）和马尔姆斯伯里（Malmesbury）的史学努力，最后一个地区幸运地征召可以说是 12 世纪方法论上最成熟的史学家马尔姆斯伯里的威廉（William of Malmesbury）为其效劳。威廉的母亲是英国人，父亲是诺曼人，混血使他对大征服造成的团体和身份认同问题特别敏感，毕生致力于重构一部连续的英国史，从 449 年第一批盎格鲁-撒克逊人半传说式的抵达，一直到 1142 年。在写给亨利一世女儿玛蒂尔达（Matilda）的《英国诸王史》（*Gesta regum Anglorum*）的献词中，他强调了血统和精神上的延续性，其中提到她从母亲玛蒂尔达（Matilda）那里继承了盎格鲁-撒克逊王室的直系血统，以及同马尔姆斯伯里的英国守护圣徒奥尔德赫姆（Aldhelm）之间的血缘亲情。然而谈及大征服时，他不能掩饰自己对于它在英国造成灾难性后果的失望："英国变成了一个外国人的居住场所和外国血统领主的游戏场。今天的英国人没有一位伯爵、主教或修道院长；新面孔四处享受英格兰的富庶，啃噬她的命脉，也看不到结束如此悲惨事件的任何希望。"[②]

403

---

① David W. Rollason, 'Symeon of Durham and the Community of Durham in the Eleventh Century', in Carolina Hicks (ed.), *England in the Eleventh Century* (Stamford, 1992), 183 - 198; William M. Aird, 'The Political Context of the *Libellus de Exordio*', in David W. Rollason (ed.), *Symeon of Durham*: *Historian of Durham and the North* (Stamford, 1998), 32 - 45. Quotation from Southern, 'Sense of the Past', 73.

② William of Malmesbury, *Gesta Regum Anglorum*: *The History of the English Kings*, ed. and trans. R. A. B. Mynors, R. M. Thomson, and M. Winterbottom, 2 vols. (Oxford, 1998 - 1999), i. 414 - 417.

另外,威廉的著作宽广深刻的史学兴趣也非常显著。作为一个古典拉丁和罗马史的忠诚学者,他编辑了一部篇幅宏大的文学精粹集锦《博学之人》(*Polyhistor*),搜集了罗马帝国史卷,现保存在博德莱安博物馆(Bodleian Library)的手稿集中。[①] 同样的好古倾向还体现在《格拉斯顿伯里教堂古史》(*De Antiquitate Glastoniensis*,1129—1135年)一书中,其中他详细分析了特许状证据,以此论证格拉斯顿伯里修道院的辉煌时代。最近和当时发生的事件也将他的注意力从本土历史转移出来。他特别关注探讨第一次十字军东征,差不多占了《英国诸王史》近12%的篇幅。[②] 与威廉同时代的奥德里克·维塔利斯(Orderic Vitalis)在《教会史》(*Historia ecclesiastica*)中,同样明显地表现出对更广阔世界的迷恋,同威廉一样,维塔利斯也是跨海峡结合出生的孩子。他出生在英国,只会说英语,但被身为法国人的父亲派到诺曼底当修士。尽管一直存有从祖国流亡的意识,且始终对英国人怀着同情之心,但奥德里克欣然接受自己所在的圣埃夫鲁(Saint-Evroul)修道院团体的友谊,也接受总体上在盎格鲁-诺曼王国内,以及所有拉丁基督世界,包括新征服圣地的广大本笃修道院团体的友谊。[③]

修士历史学家的著作主要面向的读者群是修道士,因此他们的著作在传播时主要限于修道院,这没有什么值得奇怪的。然而还有大部分身为在俗人员的历史学家,他们试图寻找更大范围且更具世俗意义的读者。在盎格鲁-诺曼疆域内,有些作者试验创新,将拉丁历史话语和俗语史诗两者的惯习融合创造出"传奇历史"

404

---

① Oxford,Bodleian Library MS Arch. Seld. B. 16. 手稿和《博学之人》参见 Rodney M. Thomson, *William of Malmesbury* (Woodbridge, 1987),7,48‐61,66‐67,189‐198。

② 同上,178‐188;William of Malmesbury, *Gesta Regum*, i. 592‐707。

③ Lucien Musset, 'L'horizon géographique, moral et intellectuel d'Orderic Vital, historien Anglo-Normand', in Poirion (ed.), *La chronique et l'histoire*, 101‐122;以及 Marjorie Chibnall, 'A Twelfth Century View of the Historical Church: Orderic Vitalis', in Chibnall, *Piety, Power and History in Medieval England and Normandy* (Aldershot, 2000), ch. 1.

（romance history）。第一位作此尝试的是一位具有威尔士或布列塔尼血统的居住在牛津的神父，叫蒙茅斯的杰弗里（Geoffrey of Monmouth），1136 年他用拉丁文撰写了一部古代不列颠传奇史——《不列颠诸王史》（*Historia regum Britanniae*）。鉴于不列颠在盎格鲁-撒克逊之前的历史存在大段空白，同时为了回应达勒姆的西门和马尔姆斯伯里的威廉所激发的重建一部连续史的愿望，杰弗里自己负起重任，从纪达斯、奈尼乌斯，以及威尔士口传传统的片言只语中，为民众构建起一部丰富的英雄史。为了证明自己构建的真实性，这位修辞技巧大师称自己仅仅扮演着谦卑的翻译者角色。杰弗里解释说，尽管脑海里一直想着对"基督道成肉身之前生活在当地的，或基督诞生后的亚瑟王及其之后的国王们"所知甚少，但他知道"这些人的事迹永远值得赞颂"，因此："牛津的副主教华尔特，一个擅长演讲艺术的人……，送了我一本用不列颠语写的非常古老的书。这本书，非常诱人地组成了一个连续且有序的叙事，讲述了从第一任不列颠国王布鲁图斯一直到卡德瓦拉德（Cadwallader）所有人的事迹。"[1]

　　杰弗里想要人们把他的传奇历史看作历史，"它被当作历史：除了极少数异议外，拉丁世界马上就认为它是真的，并广泛接受。"[2]部分地受到这一拉丁语传奇历史的启示和影响，在该书完成之后不久，在俗教士杰弗里·盖玛（Geoffrey Gaimar）着手用盎格鲁-诺曼式的法语诗体撰写一部《英国史》（*Estoire des Engleis*，约

① Geoffrey of Monmouth, *The History of the Kings of Britain*, ed. Lewis Thorpe (London, 1966), 51.

② Christopher Brooke, 'Geoffrey of Monmouth as an Historian', in Brooke, David Luscombe, Geoffrey Martin, and Dorothy Owen (eds.), *Church and Government in the Middle Ages*: *Essays Presented to C. R. Cheney on his Seventieth Birthday* (Cambridge, 1976), 77 - 91, at 77 - 78; Gransden, *Historical Writing in England c. 550 to c. 1307*, 202. 根据最新的统计，现存 215 份手稿，比任一中世纪拉丁历史都多：Peter Damien-Grint, *The New Historians of the Twelfth Century Renaissance*: *Inventing Vernacular Authority* (Woodbridge, 1999), 46. 拉丁历史写作的其余手稿清单见 Guenée, *Histoire et culture historique*, 250 - 252.

1139 年）。尽管盖玛的历史本来包括了从伊阿宋（Jason）和金羊毛（！）到 1100 年亨利一世继位的不列颠历史，但是流传至今，有关盎格鲁-撒克逊前史的资料已经遗失。所余大部分是"盎格鲁-撒克逊编年史的诺曼-法语翻译……充满了传说，迎合贵族的意图鲜明"。[①] 然而盖玛还是明确将传奇历史与纯粹虚构的消遣做了一定区分，在叙述中频繁插入真实断言，并诉诸渊博的拉丁权威；他的历史，如同其他拉丁著作一样，也是为了铭记过去的事迹，教化并提升读者的德行。这一切都说明他的"法语社会精英"受众想要真实的和有一点"学术性"的历史；同时，这部历史书中的历史事件是由盎格鲁-撒克逊人完成的，这一事实会让人们得出结论，截至1130 年代的受众们"尽管说法语……有着法国人的风格和举止"[②]，但是其自我认定为英吉利人。

12 世纪余下的时间里，来自英格兰或者与英吉利有关系的历史学家仿照盖玛用俗语诗体撰写历史书，其中最著名的是与英格兰亨利二世宫廷有些关系的卡昂吏员韦斯（Wace）。[③] 韦斯编了两部历史，《布鲁特传奇》（*Roman de Brut*，1155 年），该书重述了蒙茅斯的杰弗里的故事，和《罗洛传奇》（*Roman de Rou*，1160—1174 年），这是一部关于诺曼底大公和盎格鲁-诺曼国王的历史，是在圣昆丁的都铎、朱密日的威廉、马尔姆斯伯里的威廉所著拉丁文史书，以及丰富的口头证据基础上撰写的。尽管后一部著作历史性更强，但前者更成功，抄本更多，流布更广，影响了所有盎格鲁-诺曼的诗体历史[④]。

---

① Gransden, *Historical Writing in England c. 550 to c. 1307*, 210.

② Damien-Grint, *New Historians*, 143 - 171; John Gillingham, 'Gaimar, the Prose *Brut*, and the Making of English History', in Jean-Philippe Genet (ed.), *L'histoire et les nouveaux publics dans l'Europe médiévale (XIIIe-XVe siècles)* (Paris, 1997), 165 - 176, at 173.

③ 俗语赞助者亨利二世及其与韦斯的关系参见 Jean-Guy Gouttebroze, 'Henry II Plantagenêt, patron des historiographes anglo-normands de langue d'oïl', in *La littérature angevine médiévale* (Angers, 1981), 91 - 105。

④ 关于《罗洛传奇》参见 Matthew Bennett, 'Poetry as History? The *Roman de Rou* of Wace as a Source for the Norman Conquest', *Anglo-Norman Studies*, 5(1983), 21 - （转下页）

它就像所追随的蒙茅斯的杰弗里的拉丁语历史一样十分盛行，因为读者都想听骑士制度下古代英雄的事迹，主要是亚瑟王和圆桌骑士的事迹。

　　杰弗里·盖玛和韦斯站在英格兰所谓"布鲁特传统"（Brut tradition）的开端。流传下来的盖玛的四个手稿抄本，都以韦斯有关英国的材料为前言。[②] 第一次转述布鲁特故事（仅仅是杰弗里和韦斯的）的，是莱亚门（Layamon）用中古英语创作的《布鲁特》（*Brut*，13 世纪上半叶），接着 1300 年前后进行转述的，是彼德·朗格托夫特（Peter Langtoft）的盎格鲁-诺曼诗体编年史以及无名氏的盎格鲁-诺曼散文体《布鲁特》。朗格托夫特的编年史此后为伯恩的罗伯特·曼宁（Robert Mannyng of Bourne）用中古英语编写的《英格兰编年史》（*Chronicle of England*，1338 年）提供了主要素材，而散文体《布鲁特》则凭借原本的盎格鲁-诺曼版本找到现成的读者，其现存下来的 50 个手稿抄本，也被翻译成拉丁文（15 个手稿抄本）和中古英文（168 个手稿抄本，1480—1528 年之间至少印了 13 次）。历史不会在这一传统上停滞不前。朗格托夫特将历史写到英国当时的统治者爱德华一世（Edward I），把它作为国王征服威尔士和对苏格兰发动战争正当性的依据（*pièce justificative*），而散文体《布鲁特》写到 1272 年。之后《布鲁特》一直重复持续到 15 世纪，成为英国拥有的最接近"官方"历史的作品。有关英格兰和不列颠历史的版本，当然是中世纪晚期和文艺复兴时代某些英国男女首先认同的。[③] 在这样

406

（接上页）39；以及 Elisabeth van Houts, 'Wace as Historian', in K. S. B. Keats-Rohan (ed.), *Family Trees and the Roots of Politics* (Woodbridge, 1997), 103 - 132.

② Gillingham, 'Gaimar', 167。

③ 有关"布鲁特传统"，参见 Gillingham, 'Gaimar', 165 - 176；Gransden, *Historical Writing in England c. 550 to c. 1307*, 476 - 486；Gransden, *Historical Writing in England II*, 73, 220；Lesley Johnson, 'Robert Mannyng's History of Arthurian Literature', in Ian Wood and G. A. Loud (eds.), *Church and Chronicle in the Middle Ages: Essays Presented to John Taylor* (London, 1991), 129 - 147；John Taylor, *English Historical Literature in the Fourteenth Century* (Oxford, 1987), 110 - 132；以及 Lee W. Patterson, 'The Historiography of Romance and the Alliterative Morte Arthure', *Journal of Medieval and Renaissance Studies*, 13(1983), 1 - 32。

的历史中"事实"与"虚构"没有区分地混淆在一起，尽管古怪的历史学家们对《布鲁特》故事中他们视为难以置信的内容投以偏见的目光，但绝大部分历史学家和读者都接受这些有用的虚构是绝对真实的。①

传奇历史与本土历史的相互作用不仅局限于英国。与蒙茅斯的杰弗里和盖玛同时代的一位匿名作家，用拉丁文撰写了《武功歌》(chansons de geste)曾赞美的查理大帝和罗兰传奇的历史（约1140年）。因声称是罗兰的同伴龙塞瓦(Roncevaux)的主教特平(Turpin)所著，所以通常被称为《伪特平(Pseudo-Turpin)编年史》，该书虚构的查理大帝及其骑士的圣战功绩，几乎与杰弗里的《不列颠诸王史》一样流行。奇妙的是，这部拉丁散文描绘的内容半个世纪之前曾是法语史诗的主题，以至少6部散体历史著作的面目重新进入法国，它们都是为13世纪最初30年法国-弗莱芒(Franco-Flemish)贵族创作的。这些最早一批用法语散文体（或者说除了《盎格鲁-撒克逊编年史》之外的欧洲真正的俗语散文体）撰写的史学文本，每一版本都刻意诋毁史诗和传奇历史充满谎言，因为，他们中最早的一位作者，尼古拉·德·森利斯(Nicolas de Senlis)指出："许多人曾经听到〔查理大帝史〕的讲述和传唱，但是歌者和游吟诗人传唱和讲述的不是别的而是谎言。没有一个押韵的故事是

---

① 12世纪后半期，历史学家纽堡的威廉(William of Newburgh)和威尔士的杰拉德(Gerald of Wales)特立独行地表达了对蒙茅斯的杰弗里的猜疑之情。前者在《英国编年史》(History of English Matters，1199年)中令人震惊地瞧不起不列颠人，认为他们不值得拥有如此高贵的过去，而杰拉德在其书《威尔士周游记》(1190s/1214)中尽管认为杰弗里理应被诅咒，但毕竟还是大量地使用了杰弗里的历史：Nancy Partner, Serious Entertainments：The Writing of History in Twelfth-Century England (Chicago, 1977), 62 - 65；and Gerald of Wales, The Journey through Wales and the Description of Wales, ed. Lewis Thorpe (Harmondsworth, 1978), 117 - 118, 280。兰纳夫·希格登是下一位注意到杰弗里解释中的问题的历史学家，但是像威尔士的杰拉德一样，他也很愉快地将之当作资料来源。该世纪末，希格登的中古英语翻译者，康沃尔郡人约翰·特拉维萨甚至因质疑杰弗里而谴责希格登：Given-Wilson, Chronicles, 4 - 5。

真实的。他们所说的每一件事情都是谎话，因为除了道听途说，他们什么都不知道。"①

　　一个非常引人注目的观点是，这些贵族庇护者——他们中大部分人在英、法两王冲突中支持 1214 年布汶战役（Bouvines）决战的失败方——选择用散文呈现这一特定文本，目的是在"在焦虑时代使贵族文化'非问题化'"，这种焦虑是法王"奥古斯都"腓力君主权力复兴激进挑战贵族自治威望所带来的。② 然而转向散文体可能更多与作者的情感有关，与读者无关。尼古拉·德·森利斯说得很清楚，毕竟，不仅不应该相信韵律，更不应该相信复述它的表演者。他和翻译同伴们也许只是认为，信史属于有学问的、学究式的学者而非宫廷艺人。③ 不信任诗体也许给时下教育带来了副产品，即强调一种崭新且简洁的修辞，在某些领域逻辑重于修辞。④ 最后，转向俗语散文可能显示出俗语作为学术语言和传递信息媒介越来越自信。

　　不论这些历史学家或他们的庇护者动机如何，毫无疑问，由平信徒所写，为平信徒所作的俗语历史写作在 13 世纪早期稳稳站住了脚跟。在法国，俗语散文成为古典和民族历史的媒介。12 世纪学术人文主义对古典时代有着鲜明而浓厚的兴趣，特洛伊神话和古代传奇（romans d'antiquité）曾经极大地满足了贵族读者，如今却

---

① 引自 Spiegel, *Romancing the Past*, 55。

② 同上，77。

③ Damien-Grint, *New Historians*, 172 - 177; R. I. Moore, *The Formation of a Persecuting Society*: *Authority and Deviance in Western Europe 950 - 1250*, 2nd edn (Oxford, 2007), 126 - 132, 166 - 169; Alexander Murray, *Reason and Society in the Middle Ages* (Oxford, 1978), 213 - 281。

④ 1200 年，彭冈巴诺（Boncompagno da Signa）曾就散文相对诗歌的优势表达了跟尼古拉相似的观点；而这个时期在法国北部的学校，逻辑学在文艺课程中处绝对重要地位。Peter F. Dembowski, 'Learned Latin Treatises in French: Inspiration, Plagiarism, and Translation', *Viator*, 17(1986), 255 - 269, at 258; Hastings Rashdall, *The Universities of Europe in the Middle Ages*, ed. F. M. Powicke and A. B. Emden, 3 vols. (Oxford, 1936), ii. 141 - 142。

都让位给改编古典历史的俗语散文新体裁。这类文本，有着比如《恺撒统治前的古代历史》（*Histoire ancienne jusqu'à César*，1211—1230 年）、《罗马人的功业》（*Faits des Romains*，1213—1214 年）这样的书名，将骑士感投射到了过往的古希腊和罗马，因此将"完美的古老属性和令人高度回味的谱系"赋予因之激发的感觉、生活方式和地位。[①] 他们还以此作为标榜自己权力的手段。罗马人终究征服了世界；这些史学家解释他们是如何做到的，更重要的是，展现了其之所以成功的特性、品质。因此这些历史学家尽管偏移主旨，却远非娱乐。他们作为"帝国迁移"媒介，具有实用价值，以古代骑士精神为榜样强化了当代骑士制度，同时还建立了古代罗马和当前骑士之间的系谱连续性。而且，通过向受众介绍古罗马的历史文学，他们实现了某种"文化转移"。比如说《罗马人的功业》为读者提供了苏维托尼乌斯（Suetonius）、萨鲁斯特、恺撒和卢坎（Lucan）的资料。[②]

　　散文俗语历史也成为王室宣传的重要工具。比如上文提到，从 12 世纪上半叶开始，圣丹尼斯的修士通过撰写亲王室的历史，促进卡佩君主统治。1217—1237 年之间的某个时间，一位无法确认名姓的作者利用丹尼斯和位于巴黎的圣日尔曼德佩（Saint-Germain-des-Prés）修道院所藏文献，撰写了一本上起特洛伊下至"奥古斯都"腓力的《法国诸王编年史》（*Chronique des rois de France*）。该著作包括一篇腓力在布汶打败对手取得决定性胜利的颂词。这段历史几十年之后被圣丹尼斯修士普里马在《法国大编年史》（*Grandes Chroniques de France*）中采用。普里马及其修道院的继承人吉约姆·德·朗伊（Guillaume de Nangis，1300 年去世）、理查·莱斯科（Richard Lescot，14 世纪中期）、米歇尔·平托（Michel Pintoin，15 世纪早期），以及让·卡蒂尔（Jean Chartier，15 世纪中期）以国王为中心确立了法国的整体民族认同，在他们胸中跳动着法兰西民族

---

① M. Keen, *Chivalry* (New Haven, 1984),102.

② Keen, *Chivalry*, 102‐113; Spiegel, *Romancing the Past*, 99‐213.

之心①。在初生的民族国家，"信仰比其他制度更能支撑起政权那并不稳固的桁架"，俗语历史在创造和传播一个围绕王权的团结、延续和共同体的故事方面发挥了关键性作用。②

　　法国国王不是唯一利用历史写作支持王权的。在卡斯提尔（Castile），"智者"阿方索十世（Alfonso X，1252—1284 年在位）将俗语历史写作作为其语言改革和政权集中政策的关键因素。卡斯提尔的王室历史撰述发端于阿方索的父亲费迪南三世（Ferdinand III）在位期间（1217—1252 年），编年史家与王室宫廷合作撰写了一部伊比利亚历史，展露了在纳瓦斯德托洛萨（Las Navas de Tolosa，1212 年）取得对穆斯林阿尔摩哈德斯（Almohads）的伟大胜利后国家新获的信心。③ 在一个反思卡斯提尔统治之性质的时代，这些拉丁作品每一部都表达着不一样的政治目的，一些推崇与教会密切合作的强势王权，另一些则推崇与贵族配合的温和统治。④ 阿方索本人则以探讨法律和科学那样的方法来从事历史编纂，即作为一项集中管理、亲自指导的俗语事业。阿方索主持一个由学者和抄书吏组成的工作坊，非常类似博韦的文森特几十年前在巴黎组织的机构，他由此监督民族历史（《西班牙史》〔Estoria de Espanna，1270—1284 年〕和《通史》〔General Historia，13 世纪 70 年代—1284 年〕）的编纂，并开始撰写一部十字军历史（《海外大征服》〔Gran Conquista de Ultramar〕）。阿方索看到了历史编纂中潜在的巨大宣传作用，在这些历史著作中，为他本人在卡斯提尔实施绝对制度的伟大抱负，将统治范围推进到整个伊比利亚（不包含地中

409

---

① Spiegel，*The Past as Text*，195 - 212；Guenée，*Histoire et culture historique*，340 - 342.

② Beaune，*Birth of an Ideology*，10.

③ 这就是律修会教士卢卡斯·德鲁伊（Lucas de Túy）的《世界纪事》和托莱多主教罗德里戈·希梅内兹·拉达（Rodrigo Ximénez de Rada）所著的《西班牙历史》（*Historia de rebus Hispanie*，1243）。

④ Georges Martin，'Alphonse X et le pouvoir historiographique'，in Genet（ed.），*L'histoire et les nouveaux publics*，229 - 240，at 232 - 233.

海),攫取罗马帝国皇冠等进行辩护。尽管他的政治抱负最终落空,却确立了伊比利亚半岛俗语历史写作传统,巩固了卡斯提尔起源和延续的神话,使之上溯至古罗马,经历西哥特和加洛林王朝,一直延续到他自己的世系获得王权,并领导了西班牙基督教的"收复失地运动"(reconquista)。①

"收复失地运动"是拉丁基督世界扩张运动的前线之一,使它与伊斯兰和拜占庭等邻居发生了关系(基本上都是敌对的);这种对抗刺激了十字军历史编纂的井喷,起始于对第一次十字军东征必胜信心的暴涨和充满奇迹的记叙,其中包括沙特尔的富尔彻(Fulcher of Chartres)、吉贝尔·德·诺让(Guibert of Nogent)、阿奎拉的雷蒙德(Raymond of Aguilers)。② 然而第一波胜利之后,12 和 13 世纪的战役获胜者寥寥,而且十字军国家日益平淡的管理和生活事务促使历史学家更加审慎和深思熟虑地看待这些国家与基督教世界其他地区的关系,及其在普世的、民族和教会的历史中所扮演的角色。这些史著中,提尔的威廉(William of Tyre)的著作最为敏锐,充满智慧。③ 威廉在耶路撒冷出生长大,在巴黎、奥尔良、博隆纳等学校经过 20 年的学习获得无可挑剔的学位证书,继而回到东方,先是做了提尔主教堂的一名教士,接着 1175 年荣任该地主教。他在教堂的地位、几次作为出使团成员所扮演的政治角色,以

410

① Martin, 'Alphonse X', 229 - 240; Ludwig Vones, 'Historiographie et politique: l'historiographie castillane aux abords du XIVe siècle ', in Genet (ed.), *L'historiographie médiévale*, 177 - 188; Raymond McCluskley, ' Malleable Accounts: Views of the Past in Twelfth-Century Iberia ', in Magdalino (ed.), *Perception of the Past*, 211 - 225.

② 富尔彻编年史和其他著作选编的翻译参见 *The First Crusade: The Chronicles of Fulcher of Chartres and Other Source Materials*, ed. Edward Peters, 2nd edn (Philadelphia, 1998)。

③ 威廉的编年史既可以被称为《大海彼岸以往的历史》(*Historia rerum in partibus transmarinis gestarum*),也可以被称为《耶路撒冷历史》(*Historia Ierosolymitana*),两者之间存在一些争议。有关观点以及威廉及其历史参见 Peter W. Edbury and John Gordon Rowe, *William of Tyre: Historian of the Latin East* (Cambridge, 1988)。

及作为耶路撒冷王国大臣，令他置身于非常好的观察和反思拉丁东方历史的位置。

　　然而，由于绝大部分的十字军编年史是骑士事功录，所以毫不奇怪拉丁东方的功绩成为俗语史诗历史写作的主题。第一本这类著作是盎格鲁-诺曼诗体历史，安布罗斯的《圣战史》（Estoire de la guerre sainte，1190—1192 年），作者是其英雄英王理查一世（Richard I）辉煌事迹的见证者，以及无名氏的《安条克历史》（Estoire d'Antioche，1100 年代后期），它史诗般地复述了第一次十字军东征；紧随其后的是乔弗里·德·维勒哈杜（Geoffroi de Villehardouin）、罗伯特·德·克莱瑞（Robert de Clari）、亨利·德·瓦朗谢纳（Henri de Valenciennes）描绘第四次十字军东征及"拉丁帝国"早期的散文体编年史。[1]

　　尽管随着 1291 年东方最后一个拉丁据点阿克（Acre）被马穆鲁克征服，十字军编年史的撰写落下了帷幕，但是，法国路易九世（Louis IX）的东征，成为老贵族让·德·儒安维尔（Jean de Joinville）回忆其国王朋友生平的著作《圣路易传》（Vie de Saint Loius，1309 年）的核心主题，而且对抗马穆鲁克和奥斯曼土耳其的战争持续吸引了 14 世纪最伟大的骑士编年史家让·傅华萨（Jean Froissart）的关注。尽管如此，我们必须说，占据傅华萨及其前辈让·勒贝（Jean le Bel）头脑的，是英法之间的战争。与 12 世纪同行盖玛和韦斯一样，列日的勒贝和汉诺尔特的傅华萨都是在俗教士，同情英国国王；并且像他们一样，任务就是歌颂"崇高的事业，高贵的冒险，武功事迹"以迎合"想读和想听……真实历史的人"。[2]尽管他们的叙述文学性很强，但这些晚期史家的法语散文却没有什

---

[1]　Peter Noble, 'The Importance of Old French Chronicles as Historical Sources of the Fourth Crusade and the Early Latin Empire of Constantinople', *Journal of Medieval History*, 27(2001), 399 - 416.

[2]　Jean Froissart, *Chronicles*, ed. and trans. Geoffrey Brereton (Harmondsworth, 1968), 37; Diana B. Tyson, 'Jean le Bel: Portrait of a Chronicler', *Journal of Medieval History*, 12(1986), 315 - 332, at 328.

么是虚构的,他们将自己的叙述限定在当前历史和那些他们亲眼看到或者从其他可靠目击者那里知道的事迹。^① 而且,虽然无论勒贝还是傅华萨都不是我们当今意义上的职业史学家,但他们毕生致力于履行一个史学家的职责,而且他们同时代的人也是这样认为的。他们构建历史真实性的理念与我们相差无几。他们检验资料,比较不同文本,因为这个时代逐渐倾向文献证据,史学家和被记录事迹的人不想陷入谎言。^②

411

到 14 世纪结束时,几乎没有一个共同体不生产和消费史学著作。大部分史著叙述当代史,由修士(并且,从 14 世纪开始增加了修女)、在俗教士、使节、公务人员和商人用拉丁文和俗语写作。^③针对一个战争、饥荒、瘟疫危机以及因之而出现剧烈的政治、社会和文化变化特别突出的世纪,历史学家有很多东西可以写。欧洲中世纪晚期发展出令人惊奇的多样性、灵活性和通俗性的史学编纂,讲述着个人和群体的故事,记录并保存记忆,赋予过去、现在、未来以意义。它成为明白无误的史学文化。

大事年表/关键日期

公元 1066 年	哈斯丁之战
公元 1075—1122 年	主教叙任权之争
公元 1095—1099 年	第一次十字军东征

---

① 勒贝的编年史涵盖了 1326—1361 年;傅华萨编年史的第一部分大量来自勒贝,但是从 1361 年直到 1400 年结束,这段历史是傅华萨独立编写的。

② Peter F. Ainsworth, *Jean Froissart and the Fabric of History*:*Truth*,*Myth*,*and Fiction in the 'Chroniques'* (Oxford, 1990), 23 - 50; Christine Marchello-Nizia, 'L'historien et son prologue: forme littéraire et strategies discursives', in Poirion (ed.), *La chronique et l'histoire*, 13 - 25.

③ 14 世纪德意志几所修道院的多明我修女创作了"姐妹书"(Sister-Books)。既不是年录也不算编年体,姐妹书结合修道院的历史,以圣徒传记的方式描述模范姐妹生活,参见 Gertrud Jaron Lewis, *By Women*,*for Women*,*about Women*:*The Sister-Books of Fourteenth-Century Germany* (Toronto, 1996),32 - 57。

公元 1147—1148 年　　　第二次十字军东征

公元 1152—1190 年　　　腓特烈一世在位

公元 1154—1189 年　　　英国亨利二世在位

公元 1189—1192 年　　　第三次十字军东征

公元 1201—1204 年　　　第四次十字军东征

公元 1212 年　　　　　　纳瓦斯德托洛萨战役

公元 1214 年　　　　　　布汶战役

公元 1215 年　　　　　　第四次拉特兰大公会议

公元 1250 年　　　　　　腓特烈二世去世

公元 1252—1284 年　　　卡斯提尔的"智者"阿方索十世在位

公元 1282—1283 年　　　英王爱德华一世征服威尔士

公元 1303 年　　　　　　教宗卜尼法八世在阿纳尼遭到攻击

公元 1309—1372 年　　　阿维农教宗

公元 1337 年　　　　　　百年战争开始

公元 1347—1351 年　　　黑死病

公元 1358 年　　　　　　扎克雷起义

公元 1378—1415 年　　　大分裂

公元 1381 年　　　　　　英国农民暴动

412

主要历史文献

Froissart, Jean, *Chronicles*, ed. and trans. Geoffrey Brereton (Harmondsworth, 1968).

Fulcher of Chartres, *The First Crusade: The Chronicle of Fulcher of Chartres and Other Source Materials*, 2nd edn, ed. Edward Peters (Philadelphia, 1998).

Geoffrey of Monmouth, *The History of the Kings of Britain*, trans. Lewis Thorpe (London, 1966).

Grandes Chroniques de France, ed. Jules Viard, 10 vols. (Paris, 1920-1953).

Higden, Ranulf, *John Trevisa's Translation of the 'Polychronicon' of Ranulf Higdenx*, *Book VI*—, ed. Ronald Waldron (Heidelberg, 2004).

Joinville, Jean de, *Chronicles of the Crusades*, trans. Margaret R. B. Shaw (Harmondsworth, 1963).

Le Bel, Jean, *Chronique de Jean le Bel*, ed. Jules Viard and Eugene Déprez, 2 vols. (Paris, 1904 – 1905).

Otto of Freising, *The Deeds of Frederick Barbarossa by Otto of Freising and His Continuator*, *Rahewin*, trans. Charles C. Mierow (New York, 1953).

——*The Two Cities*: *A Chronicle of Universal History to the Year 1146 A. D.* by Otto, Bishop of Freising, trans. Charles C. Mierow, ed. Austin P. Evans and Charles Knapp (New York, 1966).

Paris, Matthew, *Chronicles of Matthew Paris*: *Monastic Life in the Thirteenth Century*, ed. and trans. Richard Vaughn (Gloucester, 1984).

Suger, *Vie de Louis VI le Gros*, ed. and trans. Henri Waquet (Paris, 1964).

Symeon of Durham, *On the Origin and Progress of this the Church of Durham*, ed. and trans. David Rollason (Oxford, 2000).

Villani, Giovanni, *Villani's Chronicle*, trans. Rose E. Selfe, ed. P. H. Wicksteed (London, 1906).

Villehardouin, Geoffroi de, *Chronicles of the Crusades*, trans. Margaret R. B. Shaw (Harmondsworth, 1963).

William of Jumièges, *The 'Gesta Normannorum ducum' of William of Jumièges*, Orderic Vitalis, and Robert of Torigni, ed. and trans. Elisabeth van Houts, 2 vols. (Oxford, 1992 – 1995).

William of Malmesbury, *Gesta regum Anglorum*: *the History of the English Kings*, ed. and trans. R. A. B. Mynors, R. M. Thomson, and M. Winterbottom, 2 vols. (Oxford, 1998 – 1999).

William of Poitiers, *The 'Gesta Guillelmi' of William of Poitiers*, ed. and trans. R. H. C. Davis and Marjorie Chibnall (Oxford, 1998).

William of Tyre, *A History of the Deeds Done beyond the Sea*, by William, Archbishop of Tyre, trans. Emily Atwater Babcock and A. C. Krey, 2 vols. (New York, 1943).

Vitalis, Orderic, *The Ecclesiastical History of Orderic Vitalis*, ed. and trans. Marjorie Chibnall, 6 vols. (Oxford, 1969 – 1980).

Wace, *The History of the Norman People: Wace's 'Roman de Rou'*, trans. G. S. Burgess and Elisabeth van Houts (Woodbridge, 2004).

—— *'Le Roman de Brut': The French Book of Brutus*, trans. Arthur Wayne Glowka (Tempe, 2005).

参考书目

Ainsworth, Peter F., *Jean Froissart and the Fabric of History: Truth, Myth, and Fiction in the 'Chroniques'* (Oxford, 1990).

Bartlett, Robert J. (ed.), *History and Historians: Selected Papers of R. W. Southern* (Oxford, 2004).

Breisach, Ernst, *Historiography: Ancient, Medieval, and Modern*, 2nd edn (Chicago, 1994).

Damien-Grint, Peter, *The New Historians of the Twelfth-Century Renaissance: Inventing Vernacular Authority* (Woodbridge, 1999).

Davis, R. H. C. and Wallace-Hadrill, J. M. (eds.), *The Writing of History in the Middle Ages: Essays Presented to Richard William Southern* (Oxford, 1981).

Deliyannis, Deborah Mauskopf (ed.), *Historiography in the Middle Ages* (Leiden, 2003).

413

Genet，Jean-Philippe（ed.），*L'historiographie médiévale en Europe* （Paris，1991）.

—— *L'histoire et les nouveaux publics dans l'Europe médiévale* （XIIIe-XVe siècles）（Paris，1997）.

Given-Wilson，Chris，*Chronicles：The Writing of History in Medieval England*（London，2004）.

Gransden，Antonia，*Historical Writing in England c. 550 to c. 1307*（Ithaca，1974）.

—— *Historical Writing in England II，c. 1307 to the Early Sixteenth Century*（Ithaca，1982）.

Guenée，Bernard，*Histoire et culture historique dans l'Occident médiévale*（Paris，1980）.

Hay，Denys，*Annalists and Historians：Western Historiography from the Eighth to the Eighteenth Centuries*（London，1977）.

Magdalino，Paul（ed.），*The Perception of the Past in Twelfth-Century Europe*（London，1992）.

Partner，Nancy，*Serious Entertainments：The Writing of History in Twelfth-Century England*（Chicago，1977）.

Poirion，Daniel（ed.），*La chronique et l'histoire au Moyen Age* （Paris，1984）.

Smalley，Beryl，*Historians in the Middle Ages*（London，1974）.

Spiegel，Gabrielle M.，*Romancing the Past：The Rise of Prose Historiography in Thirteenth-Century France*（Berkeley，1993）.

——*The Past as Text：The Theory and Practice of Medieval Historiography*（Baltimore，1997）.

Taylor，John，*English Historical Literature in the Fourteenth Century*（Oxford，1987）.

414

汪丽红 译 赵立行 校

第二十章　斯堪的纳维亚历史撰述：
1100—1400 年

斯韦勒·巴格

斯堪的纳维亚的历史写作始于 12 世纪初，显然是通过皈依基督教而受欧洲影响的结果；没有证据表明这类著作或其他稍长的文献是在信奉基督教之前的时代完成的，尽管这时已经有了鲁纳字母（the runic alphabet）。接下来，在三个斯堪的纳维亚王国和冰岛诞生了相当多的著作，多数与王国的形成相关。皈依基督教不仅引入了文本而且因为新宗教对传统文化提出了挑战，这都刺激了历史写作。因此，10—11 世纪，因西方基督教世界扩张出现的新王国，大部分都发展出本民族的历史写作，民族或王朝起源成为其中的关键主题。在因皈依基督教、大王国或公国的形成、引进读写、拉丁语以及有着悠久历史的学术文化而产生剧烈变化的背景下，这是自然而然的事。

起源

对拉丁语及其文化的熟悉，系中世纪最伟大的丹麦历史学家萨克索·格拉玛提库斯（Saxo Grammaticus）工作的起点：丹麦人悠久而荣耀的过去依然不为人知，因为没有人用适当的语言文字——拉丁文写作。尽管能力不足且资格不够，萨克索觉得还是有必要担当起这一职责。^① 因此诞生了一部丹麦民族史《丹麦人行迹》(*Gesta Danorum*)，这是一部直到 1185 年为止的丹麦史，同时上溯到同名创建者丹(Dan)的史前史，总共探讨了 77 位国王，囊括了大量戏剧化的故事，其中就包括著名的哈姆莱特的故事。萨克索的讲述很多地方与罗马史并行，但他从未提到罗马人，^②因为丹麦从来不是罗马帝国的组成部分。所以，当时罗马帝国尽管边境直达丹麦南部，但没有对丹麦主张宗主权。萨克索不是第一个撰写该国古代史的人；约从 1170 年写起的雷尔(Lejre)编年史，稍晚斯文·艾格森(Sven Aggesen)的著作都包含了有关内容，但是萨克索的著作要广泛得多。他的资料在一定程度上来自古诗和口述——他明确提到冰岛人——然而显然他处理随意，可能还编造了部分故事。他的灵感可能来自广泛阅读罗马作者的作品，也许受到蒙茅斯的杰弗里稍早一些对早期英国史的记述，即《不列颠诸王史》的影响，后者在当时非常流行。

与萨克索相似，匿名作者编于 12 世纪后半叶的《挪威史》(*Historia Norwegie*)，将王朝历史追溯至遥远的过去，将历史与异教诸神联系起来，他认为后代所崇拜的神就是国王。该谱系的资料来自现存的诗歌《英格林族诗》(*Ynglingatal*)，该诗可能完成于维京时代，保存在斯诺里·斯图鲁松(Snorri Sturluson)的《挪威王列传》(*Heimskringla*，原意为"地球圈"，约 1230 年)中，后者的名称来自其开篇的词句。整个史前谱系囊括 28 代约 840 年(如果接受普遍的说法以 30 年为一代的话)，把王朝起源追溯到基督诞生的时代，尽管这个时间点并不明确。有关早期国王的故事主要讲述他们的死亡，通常非常怪诞，因为许多国王以奇异且羞耻的方式被杀。王系一直延续到第一位统治挪威全境的"美发王"哈拉尔

---

① *Gesta Danorum*，Prologus I. I.

② Karsten Friis-Jensen，'Saxo Grammaticus's Study of the Roman Historiographers and his Vision of History'，in Carlo Santini (ed.)，*Saxo Grammaticus: tra storiografia e letteratura: Bevagna, 27–29 settembre 1990 (Rome, 1992)*，61–81.

（Harald Finehair）。

　　长长的王系可以提供将之与古代国王或王朝，比如特洛伊人和罗马人联系起来的可能性，许多其他民族史就是这样做的，[①]但是作者没有这样做。后来，斯诺里·斯图鲁松在《挪威王列传》里给出了更详细叙述的非常类似的王朝早期历史，从《英格林族诗》中引述了大量内容。斯诺里把奥丁神（Odin）描绘成王朝的创立者：奥丁确实是一位国王，死后被人们敬为神。他生活在罗马人正征服地中海的时代，明白自己不得不在北方建立自己的王国。这样，斯诺里像萨克索一样，在保持王朝的独立性的同时，成功创造了与罗马史并行的历史。相比萨克索，斯诺里这样做的政治因素更少些；挪威离德意志太遥远，构不成威胁。从文化上看，更有可能是出于加强本土传统的意愿，而不是从古罗马的过去追寻源起。

　　但是即便聚焦特定的北欧传统，这些著作还有将民族历史与有关拯救的普遍历史结合的目标，其方式是将王朝历史向前推至基督诞生，或者如萨克索那样呈现丹麦和罗马平行的历史。另一部大约创作于 1180 年的拉丁文挪威史，其作者西奥多里库斯·摩纳库斯（Theodoricus Monachus），在该方向上更进一步。他没有将王朝历史追溯到"美发王"哈拉德以前，因为他发现找不到早期历史的可信证据，于是他偏移主题，以类型学方式将挪威历史与关于拯救的普遍历史联系起来。[②]几乎半数的叙述都集中于挪威皈依时代，目的是为了将事件置于宏观背景下，也就是上帝与黑暗势力伟大的对抗阶段。其余大部分讲述，则依据福音书在世界末日来临前对全世界宣布的神圣预言，指向了世界末日。由于挪威位于地球的最边缘，该预言看上去就要实现了。

　　冰岛人的起源与其他北欧国家完全不同，但是似乎更需要一部

416

---

①　Norbert Kersken, *Geschichsschreibung im Europa der 'nationes'*: *Nationalge-schichte im Mittelalter* (Cologne, 1995), 797 - 799.

②　Sverre Bagge, 'Theodoricus Monachus — Clerical Historiography in Twelfth-Century Norway', *Scandinavian Journal of History*, 14 (1989), 113 - 133, on 116 - 119.

历史。早在 12 世纪初，冰岛人就像挪威人一样撰写自己的历史。赛姆德（Sæmundr）的著作已经遗失，但是与他同时代更年轻的阿里（Ari）的《冰岛人之书》（*Islendingabók*）保存了下来。[①] 阿里描写了该岛被发现和定居以及一直到 1118 年的历史。在将本民族历史与关于拯救的普遍历史相结合方面，他的主要贡献在于其大事年表和关于皈依的记述。如同晚期的萨迦作者，阿里主要采用始于挪威第一任国王"美发王"哈拉德和冰岛第一代移民的相对年表，在某些关键点上，则将这些事件与基督诞生的"绝对"年表连接：在"美发王"哈拉德统治期间，挪威人移居冰岛。它是哈拉德 16 岁时发生的，同年英国国王圣埃德蒙（Edmund）被杀，也是基督诞生后的第 870 年。这样，冰岛历史就有了自己的年表，在一定程度上与挪威关联，继而又与基于基督诞生的普遍历史关联。通过这一方式，阿里强调了冰岛历史内在的连贯性，同时又将它与作者周围的世界联系起来。

417

皈依基督教体现出的挑战，远远大于与罗马帝国的关系。皈依意味着从黑暗走向光明，但同时也意味着这些来自海外代表新信仰的人认为他们的祖先都是错误的。在丹麦的案例中，外国传教士的重要性无法否认；皈依史的关键性事件是德意志教士玻泊（Poppo）经过磨难证明基督教之真理。[②] 因此，引入基督教的，不仅是外国人，而且还是现居德意志的罗马帝国代表。然而在萨克索那里，故事的背景是丹麦人自己努力追寻真上帝。奉国王高姆（Gorm）之命，索克尔（Thorkel）前往世界的北部边缘进行探险，在面临巨大危险时他向宇宙之上帝祈祷并得救了，之后他前往刚刚皈依的德意志，学习了基督教基本教义。[③]

萨克索的挪威和冰岛同行们任务更容易些。似乎曾有一种传

---

① 后人大量参考赛姆德和阿里两人的成果，正表明了他们影响甚大，但是，这种影响的真正本质却是难以追溯且尚无定论的。

② Saxo，X. 11. 3 - 4.

③ Saxo，VIII. 14. 2 - 15. 10.

统认为，是本土国王们令挪威皈依基督教的，这可能还有一定的事实根据。历史著作提到奥拉夫·特里格瓦松（Olav Tryggvason，995—1000 年在位）和圣奥拉夫·哈罗德森（St Olav Haraldsson，1015—1030 年在位）两位国王，采用布道、祈祷、与国内领袖们结盟、对按上述方式无法皈依的反抗者采用武力等方法，改变挪威人的信仰。根据历史著作的总体思路，强调的重点有所不同。在不同的文献中，都不同程度上赋予两位国王圣徒传记的性质。

冰岛的本土皈依更加明显。根据阿里记载，1000 年全体冰岛会议（Allthing）作出皈依的决议。[①] 当时，几位重要人物已经皈依了基督教，但其他人都强烈反对。双方在会议上会晤试图达成协议，最终一致同意将裁决权交给一位极受尊重的人索戈尔·索科尔森（Thorgeir Thorkellsson），后者是一位异教徒。索戈尔思量之后，认为避免社会严重分裂的唯一办法就是接受基督教。但是一些异教风俗，尤其是暴露新生儿等习俗仍然可以保留，异教献祭只要私下举行就不应受到惩罚。改变信仰由此成为一个务实的决定，主要考虑的是维护民族团结。这其中既没有奇迹，也没有宗教辩论。冰岛人自己作决定，而且决定的方式克服了分裂，加强了民族统一。

面对这样的背景，早期瑞典史记录的缺失令人吃惊。该国流传下来唯一一部此类著作是来自瑞典大陆东岸外哥特兰岛的《哥特史》（Gutasagan）。该萨迦作为附录保存在某法律汇编里，年代为 1285 年之前，可能早至 1220 年。《哥特史》保存了该岛从异教时代到基督时代的简短记述。哥特兰人自愿接受基督教，瑞典国王长期征伐该岛无果之后，哥特兰人与之达成互惠协议。哥特兰人也有辉煌的过去，因为古代哥特人从他们而来。因此《哥特史》极大地表现出与上文讨论著作相同的特征，着重于哥特兰民族古代史，与外部力量保持独立或相对独立性。由于哥特兰当时与瑞典联系松散，该书没有告诉我们很多瑞典人对于过去的大致理解。

418

---

① Ari froði, *Islendingabók*, ed. Jakob Benediktsson（Reykjavík, 1968），ch. 7.

也许还有其他作品，但已经遗失，这些作品也许同《哥特史》一样是地域性的而非国家性的，因为瑞典的地方独立性很强。直到 1250年左右之前，都没有出现真正意义上的统一王国。

拉丁语和方言历史撰述

尽管直到中世纪晚期拉丁文都是丹麦历史撰述的文字，但挪威和冰岛写作主要用方言。这种差别并不局限于历史撰述；公文写作和其他文类都表现出同样的差异，远甚于欧洲其他地区，在后者那里，从 12 世纪开始方言也变得日益重要。方言的文学通常与平信徒相关。尽管我们发现著名的历史写作者中既有教士也有平信徒，但可能大部分受众是平信徒。在挪威，最重要的文学背景是王室；在冰岛，身为平信徒的大部落首领的宅邸扮演着与之相近的角色。一定程度上，这种关联表现在方言历史撰述更为世俗化的观点上。虽然尊重基督准则和教义，偶尔提及上帝对历史的干预，但是其撰述的重点还是人的行动和冲突；成功或失败大都被解释成个人能力或运气。拉丁语与方言的差别因此不仅是用不同媒介传递实质上相同的信息问题，而且是关乎截然不同的历史撰述传统。

通过比较两个传统的杰出代表萨克索和斯诺里描述的同一个故事，就可以说明两者的差别。故事说圣奥拉夫因为礼拜日不小心从棍子上砍下碎片，于是在手中燃烧碎片以自我惩罚。斯诺里在故事之外编造了一个场景。他讲奥拉夫因陷入思考忘记了是什么日子，于是让仆人用这样的话提醒他："主人，明天是星期一。"然后，国王要来蜡烛，在手中点燃碎片。斯诺里在结尾简短评论奥拉夫主观上想正确行事。① 萨克索没有另设场景，没有仆人也没有语言交流，而是通过充分叙述故事阐明其道德观，接着用比斯诺里详细的细节阐述这一道德观。奥拉夫相信地狱里罪人会受到惩罚，因此他宁愿在世暂时受苦而不愿受到地狱的永罚。他还考虑树立

① *Heimskringla*: Olav's Saga, ch. 190.

好榜样的重要性，拒绝以疏忽为借口原谅自己的错误。最后，萨克索用熟练的拉丁修辞讲述该故事，引出罗马英雄穆西乌斯·斯凯沃拉（Mucius Scaevola），此人将手放在火中燃烧以向敌人展示罗马人的品质，同时引出《圣经》中有关如果一只手引诱你犯罪就砍掉它的语句。[①]

《挪威王列传》版本展现了经典的萨迦叙述。就作者保持中立不予评论而言，它是客观的；就它栩栩如生地描绘人和事件而言，它也是生动的；它用简洁明了、极富感染力的句子描述人物正面冲突，以平静的语气，往往是轻描淡写地就加强了戏剧性，就此而言，它又是富有戏剧性的。与古典拉丁文的婉转迂回相反，萨迦通常更喜欢直接对话。这样，戏剧的人物在舞台上的表现不受作者干涉。拉丁传统则恰恰相反，作者一直亲临，时时评论、解释，或像萨克索那样直接进行特性描述，或者像西奥多里库斯以插叙的方式给出类型学解释，而这样做通常缺乏戏剧感，缺少视觉化追求。

斯堪的纳维亚式的拉丁语撰述构成了欧洲共同传统的一部分。从风格上，它表现出在欧洲其他地区也可以发现的变动和差异，从萨克索以瓦莱里乌斯·马克西姆斯（Valerius Maximus）为模型的复杂夸张的白银时代拉丁语，到西奥多里库斯叙述中的训谕（*sermo humilis*），另外《挪威史》及其插叙方式则处于两者之间。很难找到与萨迦相似的风格。《福音书》的训谕和圣徒传可能是灵感的源泉，但是民间的叙述同样重要，甚至更加重要，尽管我们在此不探讨直接转化为书面的口传叙述，这一点，通过追溯萨迦从早期到晚期风格的变化，尤其是作者在其中的隐退，就可以看出来。

然而，甚至在英文中也惯用的"萨迦"一词，可能掩盖了古代挪威本地历史撰写与同时代欧洲历史或编年史之间实际上的相似性。诚然，该词本身并不专指历史撰述。望文生义，它指的是无论书面或口头，无论长短的任何故事。它被现代学术用于冰岛家族萨迦和国王萨迦，还用于许多在遥远时空发生的奇异故事，而它们

420

---

① Saxo X. 16. 2

大部分编于中世纪晚期（*fornaldarsögur*，原意是"古代的故事"——译者注）。我们不清楚当时人是否区分比如"国王"萨迦在内的"历史"萨迦和虚构萨迦，但在当时欧洲该问题本质上与"历史"和"小说"的差别是同一问题。虽然有许多相似之处，我们还是可以注意到，与家族萨迦相比，国王萨迦有特殊之处：它们往往有序言，或多或少地讨论信息的可靠性，多少有确切的年表，一般以国王统治为序，还按照欧洲模式创作演说。所以，"国王"萨迦与本章讨论的其他著作有相同程度的历史性，名词"萨迦"很容易被"历史"或"编年史"代替。

从这一观点出发，最重要的是，与同时代的拉丁著作相比，作者的隐退和对戏剧性叙事的专注，都没有使萨迦更"通俗"或缺少"学识"。大部分萨迦有比萨克索著作更准确的年表。尽管萨克索和西奥多里库斯两位著名的拉丁历史学家都对自己的文献进行了评价，但斯诺里在《挪威王列传》和《国王圣奥拉夫萨迦》（*Saga Óláfs konungs hins Helga*）序言中对该问题的讨论是目前为止最为老到的，特别是他对游吟诗篇的评价，其中介绍了同时代诗歌的重要原则以及传统的稳定性。游吟诗人在国王及其大臣面前作诗，因为格律的原因，这些诗歌从最初创作出来流传至今，可能都没变过。尽管游吟诗人不是客观报道者——他们的任务是赞美襄助者——但他们不太可能叙述这些人没有做过的事，因为这将是责备而不是赞美。因此，除了赞美和修饰，他们表达出的事实性的信息应当被视为真实的。这些结论当然都可以放开讨论，而且实际上，斯诺里对资料的态度完全不同于现代历史学家，在中世纪背景下他的观察无疑不同寻常。

注重戏剧性叙事并不意味着萨迦只关心个别情节；仔细阅读就会发现，为了情节的连续，他们在创作过程中深思熟虑。这一点在《斯维里萨迦》（*Sverris saga*，约 1220 年）和《挪威王列传》中表现得特别明显，而其他著作，特别是早期作品相较就片段化了。创作连贯性的最佳案例是上文提到的斯诺里的圣奥拉夫萨迦，该作品原本是一部独立作品，后被收入《挪威王列传》中。书中斯诺里广泛组织素材——现代版本中该萨迦约占 250 页——既有口头的也有书面的，在严格编年和细致描绘奥拉夫行动的基础上加以连续叙述。他将奥拉夫的人生大体划分为两个阶段，成功的头十年和日益艰难的后五年，最终招致流放直至在返回途中死于斯蒂克莱斯塔德（Stiklestad）战役（1030 年）。特别是这后半部，斯诺里将各种各样的事件整合成一些连贯的情节，展现大多数情况下奥拉夫如何因为自己不愿妥协而相继失宠于几任挪威首领，直至在该国待不下去。①

421

看上去萨迦的编纂与叙事有紧密联系。戏剧性事件和重要事件所占篇幅更大，且他倾向于将之联合起来解释成功或失败。更具抽象性的模式，比如拯救史或数字象征意义，尽管有一些倾向，但相对不那么突出。不同的是，这种模式很大程度上决定着萨克索著作的编写。该书共 16 卷，7 卷异教时代，7 卷基督教时代，2 卷讲从异教向基督教的过渡。这样，在编纂中拯救史就强有力地呈现出来了。数字 12 特别重要。整个异教时代可按 12 国王分期，更晚近的基督教时代却缺乏这一规律性——共同记忆束缚住了萨克索。尽管特定国王统治时期也有主要冲突的示例，在描述与挪威圣奥拉夫命运相似的圣克努特（St Cnut）时，尽管与斯诺里不同，将所有指责都归于圣克努特的敌人，但萨克索对他的垮台还是进行了细致描绘，然而，其叙事本身似乎还是不如萨迦那样连贯，主要原因在于缺乏精确的编年。

后期发展：从《海康·海康森萨迦》到瑞典韵文编年史

萨克索和斯诺里的著作代表了中世纪斯堪的纳维亚历史文学的高峰。从 13 世纪中期到 1400 年左右，无论在数量还是质量上，历史文学通常都被认为处于衰落期。丹麦编了一系列的年代记，

---

① Sverre Bagge, *Society and Politics in Snorri Sturluson's Heimskringla* (Berkeley, 1991), 34 - 43, 66 - 70.

14 世纪还有一部萨克索著作缩写本，然而没有一部能比得上萨克索著作本身。在挪威和冰岛，冰岛人斯诺里的子侄斯图拉·托达森（Sturla Thordarson）是两部重要著作的作者，即成书于 1264—1265 年，也就是 1263 年国王去世后不久的《海康·海康森萨迦》（*Hákonar saga*）以及成书于 1270 年代，正是 13 世纪冰岛内乱时期的《冰岛萨迦》（*Islendinga saga*），现作为《斯图隆嘎萨迦》（*Sturlunga saga*）的一部分被保留下来。斯图拉还描绘了国王海康之子修法者玛格努斯（Magnus the Lawmender），但只流传下来一些片段。这是最后一部国王萨迦。接下来，几部国王萨迦被重写——大部分手稿成书日期都在中世纪晚期——而且对早期萨迦进行了各种编辑和补充，但是没有编写新的王室传记。然而 14 世纪上半叶诞生了几部详细的冰岛主教传记。

在这些著作中，《冰岛萨迦》与古典萨迦最相似，描写了各个首领之间的权力之争，包含若干戏剧性和值得记忆的场景。然而，其巨量的信息，有些过于凝练，往往令晦涩艰难的叙事纠缠不清。其他萨迦在一定程度上可以用贝里尔·斯莫利（Beryl Smalley）的"行政历史编纂"概括其特征，反映更官僚化的环境，更关注内政管理。[①] 这些作品的典型特征是其内含一定数量来自书面文献的引文或参考资料。14 世纪早期的阿尼·索拉克森（Arni Thorlaksson）——冰岛萨克霍尔特（Skálholt）的主教（1268—1298 年在位）——萨迦特别符合此例，海康·海康森萨迦也一定程度上符合。对后来的历史学家来说，这部萨迦是提供细节信息的宝藏，只是与早期萨迦相比，因为缺乏萨迦本应擅长的正面戏剧冲突，通常认为它枯燥无味。特别是，其主人翁海康显得苍白无力。他被描写成一个好基督徒、好统治者，却很少展现他的行为及其与他人的关系。原因可能在于该时期王室威望日隆和基督教"正义之王"（rex iustus）思想影响日渐加深。与先辈相比，海康与其他显贵没有争端，也没有用个人魅力和雄辩吸引信徒；他凭借属于该王朝的

---

① Beryl Smalley，*Historians in the Middle Ages*（London，1974），107-119.

成员而进行统治，被上帝选做其人间代表。

　　这一时期历史编纂学的巨大革新在于瑞典的韵文编年史。尽管散文早期作为历史和其他叙述的通用媒介——即便法国传奇诗歌也被翻译成了古老的挪威散文——但大部分中世纪晚期瑞典编年史是用诗体编写的，这一特征可能受到德意志模式的影响。根据多数学者的意见，从文学角度讲，第一部使用该体例的最优秀作品是编于 1322—1332 年之间的《艾里克编年史》（*Erikskrönikan*），但是从 1430 年代起，一系列其他的此类编年史编纂完成，最终形成了从 1250 年左右到 1520 年代连续的瑞典历史。①

　　《艾里克编年史》的前言一定程度上似乎呼应了"起源"（origo gentis）传统。赞颂上帝创造整个世界之后，作者介绍位于世界之北一个优秀骑士的国度瑞典，那里是伯尔尼的迪里克（Didrik of Bern）曾经生活过的地方。他接着转向 13 世纪中期，讲述了直至 1319 年或 1320 年的瑞典历史。四分之三的篇幅讲述国王比格尔·玛格努松（Birger Magnusson，1290—1319 年在位）统治时期，着重强调 1304 年开始的比格尔与其两个弟弟，大公艾里克（Erik）和瓦尔德玛（Valdemar）之间爆发的冲突。叙述的高潮是两个戏剧性事件。一个是 1306 年的"海图纳（Håtuna）游戏"，当时两个大公在海图纳庄园俘虏了兄长，逼迫其分国而治。第二个是 11 年后比格尔的报复。他邀请两个兄弟到尼奎平（Nyköping）城堡庆祝圣诞节，比格尔非常友好热情地予以接待，接着一天半夜带着士兵冲入房间，不怀好意地对他们说："还记得海图纳游戏吗？"（Minnes ider nakot aff Hatuna lek?）然后把他们扔进监狱，任其饿死。编年史作者将比格尔的背信弃义比作犹大出卖基督，然后以比格尔的垮台、艾里克大公三岁的儿子玛格努斯（Magnus）即位结束叙述："也许天

423

---

① 晚期瑞典的韵文编年史参见 Karen Skovgaard-Petersen, 'Historical Writing in Scandinavia', in José Rabasa, Masayuki Sato, Edoardo Tortarolo, and Daniel Woolf (eds.), *The Oxford History of Historical Writing*, vol. 3: 1400 - 1800 (Oxford, 2012), 450 - 473。

堂的上帝认为他肖其父而授其权柄"（Wil Gud innan himmerike/han ma wel werda faders like）。①

《艾里克编年史》因其贵族特征显著不同于其他萨迦。萨迦的贵族基本由平民领袖构成，而该编年史中相对应的人物却构成一个排他性的阶层，该书表述了这个阶层的理念和价值，特别集中在浮华、壮丽和骑士制度上。这符合当时瑞典实际的状况。另一方面，该编年史与晚期萨迦的官僚要素缺少共同之处，因此体现了向古典萨迦回潮的倾向。它生动直接地表现战争和戏剧性事件，而作者大多数时候隐身在后。大公们不仅是骑士英雄，还是精明的政治家；作者喜欢他们聪明地隐匿自己的动向，从而在海图纳完全出乎意料地抓住比格尔。

历史编纂与社会

诞生于不同时代的历史文学差异很大。12世纪丹麦历史编纂因为萨克索的著作而达到高峰，挪威冰岛历史编纂的高峰则在13世纪上半叶。只有瑞典历史撰述繁荣于中世纪晚期，15世纪完成了整个系列的编年史。尽管许多著作已经散失，而且历史著作在一定程度上源于个体创造，但在这一分布背后寻找一些普遍模式还是很诱人的。

最明显的是起源方面的动机，即追溯本民族皈依基督教之前的缘起，并为此提供合理解释。除了最早期的作品外，这一动机在萨克索和斯诺里那里都很突出。同样重要的是，还应当注意到斯堪的纳维亚历史编纂大部分都是十足王朝式的；篇幅较长的著作通常都是根据国王的统治进行编排的。② 这类王朝历史编纂在王朝早期稳固阶段十分重要，但在王朝确立时期就没那么重要了。这在12世纪后期的丹麦和13世纪中期的挪威都有发生。萨克索是

① *Erikskrönikan*, 157, 179.

② Kersken, *Geschichtsschreibung im Europa der 'nationes'*, 788–789.

统治王朝有力的批判性辩护者,也是针对德意志和斯拉夫人维护丹麦利益的人,后者正是丹麦在 12 世纪下半叶发动十字军远征的对象。他与统治王朝还有密切联系,一方面与王室同宗,另一方面则在于他的赞助者隆德(Lund)大主教。

王朝的延续也是萨迦的一个重要特征,但是作者与王朝的关系并不紧密。必须承认,一些著作是挪威国王直接授予的任务。《斯维里萨迦》前半部分奉斯维里本人之命而做,其余部分同样强烈赞许斯维里及其派系,尽管该书应当被看作对一位伟大英雄的纪念之作,而不是保王党的宣传。虽然《海康·海康森萨迦》在形式上更加节制且就事论事,但它也表现出强烈的意识形态,将海康树立为实行公正统治的榜样。探讨过去国王们的较长的萨迦,如《挪威王列传》,稍早的《霉烂羊皮卷》(Morkinskinna)和《完好羊皮卷》(Fagrskinna)都表达了挪威的爱国主义,但是它们对挪威君主的态度各不相同。《完好羊皮卷》可能由挪威国王直接授命写作,表达了与当时君主相似的观念,但是另外两部却表现了冰岛首领的态度,他们试图从与挪威国王的联盟中获益但不失其独立性。《挪威王列传》在这一点上尤为突出,该书作者本身就是冰岛首领。这里必须补充的是,冰岛人自身对颂扬挪威王朝感兴趣。他们承自挪威,如阿里的编年史所表现的那样将自己的历史与挪威历史联系起来,为挪威国王提供或长或短的服役都为冰岛首领带来财富和声望。不管是否受命于国王,冰岛首领都有足够理由去颂扬挪威王朝,但也并非没有批判。他们专注于个人利益以及最优秀者获胜的竞技,他们这种独有的风格更适用于 13 世纪中期的竞争型社会,而不是接下来一个时期有序的等级社会。而且,冲突时代比和平时期更易于激发历史写作。

在这样的背景下,瑞典似乎是个例外。然而,由于瑞典王朝较晚时期才稳固下来,《艾里克编年史》表现出与其他国家早期作品的一些相似之处。该编年史主要叙述比格尔伯爵(Birger Jarl,约 1210—1266)传承下来的王朝,后者大约在 1250 年成为瑞典的真正统治者,1266 年去世后其后代即位成为国王。另外,14 世纪早

425

期的戏剧性事件当然构成历史写作的巨大动力，但也必须承认中世纪晚期斯堪的纳维亚很多戏剧性事件并不是以这样的方式处理的。编年史也展现了处于上升期的贵族统治理念。晚期瑞典编年史中意识形态同样突出，这些编年史产生于动乱不安的 15 世纪，当时瑞典与卡尔马同盟（Kalmar Union）作对，后者是 1397 年在丹麦主导下由三个斯堪的纳维亚王国结盟而成的。这是斯堪的纳维亚把历史写作当作宣传的最明确的例证。

结论

斯堪的纳维亚历史文学数量虽然不多，但是表现出相当的多样性，而且一些著作品质很高。拉丁传统既有宗教的也有仿古典著作的，后者的典型代表是萨克索的《丹麦人行迹》。在冰岛以及某种意义上在挪威发展出的方言传统与通俗叙事有些相似，但同样包含学术成分，尤其是精确的年表。它的文学理念与拉丁传统截然相反，以形象化和展现戏剧性场面为己任，而作者的主体性退居幕后。虽然隐身幕后，但是作者长于编排技巧，将场景串成连贯的情节，凸显政治利益和策略。最后，14 世纪早期瑞典发展起来用方言诗体编纂的宫廷贵族的历史编纂，与贵族统治日渐增强的排他性以及与相似的海外环境，特别是德意志的联系相互呼应。12—13 世纪早期，斯堪的纳维亚大部分地区的历史写作都早早繁荣起来，而在瑞典却迟迟到来，这种对比特别明显，但也可以通过瑞典王朝巩固较晚得到解释。因此，历史写作似乎与国家和王朝的形成，以及试图将民族的过去与总体历史建立联系有着某种关系。

大事年表／关键日期

公元 870—930 年　　　冰岛定居
公元 965 年　　　　　丹麦皈依
公元 995—1030 年　　　挪威皈依

公元 1000 年	冰岛皈依
公元 11 世纪早期	基督教被引进瑞典，在接下来的时间里逐渐皈依
公元 1013—1017 年	丹麦征服英国
公元 1030 年	斯蒂克莱斯塔德战役，圣奥拉夫阵亡
公元 1086 年	丹麦的圣克努特去世
公元 1104 年	丹麦隆德北欧教区建立
公元 1152/1153 年	尼达洛斯（Nidaros）建立挪威教区
公元 1160 年	瑞典圣艾里克去世
公元 1164 年	乌普萨拉（Uppsala）建立瑞典教区
公元 1262—1264 年	冰岛向挪威国王臣服
公元 1304—1319 年	瑞典比格尔国王与其兄弟的冲突
公元 1319 年	挪威和瑞典结盟
公元 1380 年	挪威和丹麦结盟
公元 1397 年	丹麦、挪威、瑞典建立卡尔马同盟

426

主要历史文献

Ari froði, *Islendingabók*, ed. Jakob Benediktsson (Reykjavík, 1968); trans. Siân Grønlie as *Íslendingabók：The Book of the Icelanders* (London, 2006).

Erikskrönikan, ed. Sven-Bertil Jansson (Stockholm, 1992); ed. Corinne Péneau (Paris, 2005).

Gutalag och Guta Saga, ed. H. Pipping (Copenhagen, 1905 - 1907), 62 - 69.

Hákonar saga, ed. Guðbrandur Vigfusson (London, 1857, repr. 1964); trans. G. W. Dasent (London, 1894, repr. 1964).

Historia Norwegie, ed. Inger Ekrem and Lars Boje Mortensen, trans. Peter Fisher (Copenhagen, 2003).

Morkinskinna, trans. T. M. Andersson and K. E. Gade (Ithaca,

2000）．

Saxo Grammaticus, *Gesta Danorum*, ed. Karsten Friis-Jensen (Copenhagen, 2005); trans. Hilda Davidson, Peter Fisher, and Eric Christiansen as *The History of the Danes*, 3 vols. (Cambridge, 1979 – 1980).

Snorri Sturluson, *Heimskringla*, ed. F. Jónsson, 4 vols. (Copenhagen, 1893 – 1901); trans. Lee M. Hollander as *Heimskringla*: *History of the Kings of Norway* (Austin, 1964).

Svend Aggesen, *Brevis Historia regum Dacie*, in *Scriptores minores historiæ Danicæ medii ævi*, vol. 1, ed. M. Cl. Gertz (Copenhagen, 1917 – 1918).

—— *The Works of Sven Aggesen*, trans. Eric Christiansen (London, 1992).

Sverris saga, ed. Gustav Indrebø (Kristiania, 1920); trans. John Sephton as *The Saga of King Sverre of Norway* (London, 1899).

Theodoricus Monachus, *Historia de antiquitate regum Norwagiensium*, in *Monumenta Historica Norvegiæ*, ed. Gustav Storm (Christiania 1880), 1 – 68; trans. David and Ian McDougall as *Historia de antiquitate regum Norwagiensium*: *An Account of the Ancient History of the Norwegian Kings*, introd. Peter Foote (London, 1998).

427

参考文献

Andersson, Theodore M. , ‘Kings Sagas’, in Carol J. Clover and John Lindow (eds.), *Old Norse-Icelandic Literature*: *A Critical Guide* (Ithaca, 1985), 197 – 238.

——*The Growth of the Medieval Icelandic Sagas* (1180 – 1280) (Ithaca, 2006), 1 – 101.

Bagge, Sverre, 'Theodoricus Monachus – Clerical Historiography in Twelfth-Century Norway', *Scandinavian Journal of History*, 14 (1989), 113 – 133.

——*Society and Politics in Snorri Sturluson's Heimskringla* (Berkeley, 1991).

——*From Gang Leader to the Lord's Anointed: Kingship in Sverris saga and Hákonar saga Hákonarsonar* (Odense, 1996).

Friis-Jensen, Karsten, 'Saxo Grammaticus's Study of the Roman Historiographers and his Vision of History', in Carlo Santini (ed.), *Saxo Grammaticus: tra storiografia e letteratura: Bevagna, 27 – 29 settembre 1990* (Rome, 1992), 61 – 81.

Kersken, Norbert, *Geschichsschreibung im Europa der 'nationes': National geschichte im Mittelalter* (Cologne, 1995).

Kristjánsson, Jónas, *Eddas and Sagas: Iceland's Medieval Literature*, 4th edn (Reykjavík, 2007).

Mitchell, Stephen, 'On the Composition and Function of Guta Saga', *Arkiv för nordisk filologi*, 99(1984), 151 – 174.

Mortensen, Lars Boje, 'Højmiddelalderen 1100 – 1300', in *Dansk litteraturs historie 1100 – 1800* (Copenhagen, 2007), 63 – 82.

Skovgaard-Petersen, Inge, *Da tidernes herre var nær: Studier i Saxos historiesyn* (Copenhagen, 1987).

Whaley, Diana, *Heimskringla: An Introduction* (London, 1991).

汪丽红　译　赵立行　校

第二编

体现过去的方式

第二十一章　基督教世界和伊斯兰世界的通史：约700—约1400年

安德鲁·马沙姆

前言：一神论的通史[①]

所谓"通史"或者"普世编年史"就是一份始于创世，或其他一个初始时间，以线性叙述涵盖后续世界历史的文本，经常将当前的君主和团体置于其神意计划的末尾。本卷涵盖时期——通常依然可标记为"中世纪"[②]的时段，在一神教的欧亚大陆西部（比如犹太-基督教和伊斯兰教），这种文学形式一直比较流行。唯一创世上帝，有代理人合法地统治地上世界，还对这个世界持续干涉，直到

① 感谢编者们邀请我参与本卷工作，同时也感谢他们所给予的有益的批评与建议。关于接下来讨论的 700—1400 年的三个"地区"，我首先要感谢"三个地区的政治文化"（the Political Culture in Three Spheres project）项目的组织者们，即凯瑟琳·霍姆斯（Catherine Holmes）、乔纳森·谢巴德（Jonathan Shepard）、乔·范·斯滕贝根（Jo Van Steenbergen）和本乔·维勒（Björn Weiler）。我也要感谢本乔·维勒在拉丁文材料方面的各种纠正。2008 年 9 月圣安德鲁斯研究所（the St Andrews Institute）的中东、中亚和高加索系列研讨会的参与者们也提供了建议与评论，同样感谢他们。以及要感谢提姆·格林伍德（Tim Greenwood）邀请我在那个系列中作报告。最后必须要强调的是，我将对依然存在的各种不足担负全责。
② 相似名词在伊斯兰历史中的适用性参见 Marshall G. S. Hodgson, *The Venture of Islam: Conscience and History in a World Civilization*, 3 vols. (Chicago, 1974), ii. 3-4。

末世来临，这种观念有助于对过去进行总体记述。事实上，通史体裁可以看作一神教世界共同宗教遗产在历史编纂中的体现。

自 7 世纪伊斯兰征服之后，主要由基督教或伊斯兰教一神论者统治的那部分世界，由政治、宗教、语言文化上相互重叠的三个主要地带构成：第一，西方基督教各王国，其北部或东部与斯堪的纳维亚、德意志、土耳其、斯拉夫世界接壤；第二，以君士坦丁堡为中心的基督教拜占庭帝国，以及主要由分布于斯拉夫和土耳其欧亚部分的附属国和商业外交联络点组成的广阔外缘；第三，巨大的伊斯兰哈里发帝国，以及 9—10 世纪持续分裂之后伊斯兰"诸继承王朝"的"联合体"。每个地区的文学精英都使用其通用语：基督教西方用拉丁语，拜占庭用希腊语，伊斯兰世界用阿拉伯语。在西欧和基督教世界前沿，方言文学同样获得发展。10 世纪伊朗地区出现一种书面语言——新波斯语，在一定意义上是第二种伊斯兰通用语，但它只在伊斯兰东方使用，作为一种宗教和学术语言与阿拉伯语共同存在。

这种政治和语言上的三重分裂很大程度上反映了主要教义的不同：在西方，日益独断的罗马教宗塑造了拉丁罗马基督教，而在拜占庭发展出独特的希腊正教。然而，到目前为止最大的宗教和文化分化贯穿了整个地中海和小亚细亚：①阿拉伯-伊斯兰世界坚持一种相异的、更纯粹的一神教宗教传统，有与《圣经》相对的《古兰经》经文基础（尽管两份文本共享许多共同遗产）。而且，在"经典"伊斯兰教（即 10 世纪后）的各种展现方面，宗教权威既不在修士也不在祭司等级制度中，而是在各种各样的宗教学者团体中，他们的地位更像犹太拉比，而不是基督教神父。

直到 10 世纪前伊斯兰教都仅仅是少数统治阶层的宗教传统（在城市之外的地方更是如此），就此而言伊斯兰教是个特例。广泛容忍很多非穆斯林宗教团体成为穆斯林精英的低等臣民，同时，

---

① 这并不是否定这条边境上极其重要的政治、经济和文化的交换与互动，而仅仅是去研究它在语言、宗教和政治文化方面的重要性。

在"信奉天经之人"（People of the Book）的社会中有法定且神定的位置，是上述伊斯兰特定传统的结果，也是其原因。当然，西方和拜占庭也有宗教少数派：都有数量可观的犹太人口，两个地区的统治政权都无力强加清一色的基督教信仰和实践。但伊斯兰世界各地区的宗教多样性基于完全不同的规模，并寻求建立在更稳固的文化和法律基础上：大量的非迦克敦派基督徒、犹太教徒、琐罗亚斯德教徒及其他宗教群体都生活在穆斯林统治下。从本章讨论主题的视角看，世界主义的最重要后果就是在伊斯兰境内存在大量的基督教历史传统：尤其是叙利亚和阿拉伯的基督教传统，以及——在拜占庭和伊斯兰争议地区——亚美尼亚基督教传统。与被局限在中东相对有限区域的叙利亚和亚美尼亚基督徒不同的是，犹太大离散意味着三个地区都存在希伯来文的犹太历史编纂传统。

433

　　这里讨论的每一个主要传统的文献都可以被归到"通史"或"普世编年史"体裁名下。例如《普世编年史》（Chronicon mundi，拉丁文）、《编年史》（Chronographia，希腊文）、《编年史》（Makhtabhanuth Zabhne，叙利亚文）、《神圣世界历史》（Ta'rikh sini al-'alam，阿拉伯文）、《史集》（Jami'al-tavarikh，波斯文）[①]。但不是所有的著作都文如其名，甚至有些作品有着完全不同的名字，但

---

① 希腊语的通史著作参见 Paul Halsall, *Byzantine Historiography* (1997) at http：//www. fordham. edu/halsall/byzantium/texts/byzhistorio. asp（accessed 26 April 2012）. 拉丁文的参见 Karl Heinz Krüger, *Die Universalchroniken* (Turnhout, 1976)；Jean-Philippe Genet（ed.），*L'Historiographie médiévale en Europe* (Paris, 1991)，section III, 235 – 340. 伊斯兰通史著作参见 Franz Rosenthal, *A History of Muslim Historiography*, 2nd edn (Leiden, 1968)，133 – 150；Bernd Radtke, *Weltgeschichte und Weltbeschreibung im mittelalterlichen Islam* (Beirut, 1992)；Julie Scott Meisami, *Persian Historiography to the End of the Twelfth Century* (Edinburgh, 1999)；Chase F. Robinson, *Islamic Historiography* (Cambridge, 2003)，134 – 138. 叙利亚文著作参见 Sebastian Brock, 'Syriac Historical Writing：A Survey of the Main Sources', in *Studies in Syriac Christianity：History, Literature, and Theology* (Aldershot, 1992)，I. 犹太史学参见 Adolf Neubauer, *Mediaeval Jewish Chronicles and Chronological* （转下页）

事实上从地理和编年角度讲都是世界性的。因此，这里讲的"通史"不仅是那些自己标榜为通史的（不论其实际界限），还指那些从内容看符合定义的著作，其主要的法定性特征是采用编年体：必须以创世为开端，或至少从古代开始（例如亚伯拉罕或者亚述人），[①]意图考察过去绝大部分时段。另外，续写过去的通史著作也是中世纪三个地区的历史编纂特征；它们虽然不以古代开端，但是自觉地按照通史的写作传统，因此可以被当成通史对待。通史的第二个特征（与第一个没有必然的联系）是试图在广泛地理范围内搜索素材，并将其整合到编年的框架中。这不是严格的先决条件，但却是许多文献的共同特征，特别是受所谓地理学和人种学"人文主义传统"影响的著作。

　　和所有文学体裁的区分一样，这样的定义远远谈不上精确。[②]体裁是一系列相互交叠的特点关联而成的，其中，一些文本只有某些必要的特征，许多具有相同基本结构的文本却差异很大，以至于人们争议性地将其完全归入不同的体裁。有些作品展现出对通史所处理问题的兴趣，但其本身不能归为通史著作，包括比德的《时间推算》（*De temporibus ratione*）、阿尔-比鲁尼的《古代民族编年史》（*Al-Athar al-baqiya*）等编年体文本，或像巴塞罗那的亚伯拉

（接上页）Notes（*Oxford*, 1887）；Norman Roth, 'Chronicles, Jewish', in Roth（ed.）, *Medieval Jewish Civilization：An Encyclopaedia*（London and New York, 2003）,157‐162. 亚美尼亚传统参见 Krikor H. Maksoudian, 'Historiography, Armenian', in Joseph R. Strayer（ed.）, *Dictionary of the Middle Ages*, 13 vols.（hereafter *DMA*）（New York, 1985）, vi. 238‐242；Jean-Pierre Mahé, 'Entre Moïse et Mahomet：Réflexions sur l'historiographie arménienne', *Revue des études arméniennes*, 23（1992）,121‐153。

① 正如优西比乌斯和米利都的赫西基乌斯（Hesychius of Miletus）一样。耶稣时代对于一些基督教编年史而言是另一个起点，一般在范围上被看作是"通史的"（如赖兴瑙的赫尔曼）。

② 拉丁西方的文类问题参见 Hans-Werner Goetz, 'On the Universality of Universal History', in Genet（ed.）, *L'Historiographie médiévale en Europe*, 247‐261。参见 Rosenthal, *A History of Muslim Historiography*, 148，on 'truncated world histories' and 'sham world histories' in Islam。

罕·本·哈亚（Abraham ben Hayya）①写的《启示者之卷》（*Megillat ha-megalleh*）等启示录文本。还有一些文本接近通史编年范围的要求，只是在地理上狭窄地聚焦于某一城市、地区或者民族。比德的《英吉利教会史》、迈格迪西（al-Maqdisi）的《耶路撒冷的美德》（*Fada'il Bayt al-Maqdis*），或弗拉维尼的于格（Hugh of Flavigny）的《编年史》（*Chronicon*），基于其关注相当狭窄的地域，相对处于我们讨论的外缘。②

地理范围的问题因现代名词"通史"而成为混乱的重要源头：几乎所有按常规称为通史的中世纪编年史和历史，从地理范围而论③没有一个（它们的作者通常如此描述）是真正世界性的。这一方面由其可获得的素材导致，更重要的还是因为作者相当狭窄的"世界观"，由此，某一被神青睐的民族、王国、帝国往往成为著作后面部分的叙事焦点。其形式是目的论的，历史走其他道路的可能性很难得到支持：历史在神圣且命定的现在达到顶峰。因此，可以证明，这一时期没有"真正"的通史写作；在一定意义上，所有的历史编纂都只是地方性历史编纂。

然而，狭隘地看待世界历史与缺乏世界历史观念完全不同；毫无疑问，编年性的世界历史的"理念"，就是将所有已知的过去聚拢为一个叙事，这在拉丁西方与在拜占庭和伊斯兰一样都非常重要。接下来对比讨论西方、拜占庭、东方基督教世界和伊斯兰世界通史

---

① 分别参见 Calvin B. Kendall and Faith Wallis, Bede: *On the Nature of Things and On Times* (Liverpool, 2010); D. J. Boilot, 'al-Biruni', in P. Bearman, Th. Bianquis, C. E. Bosworth, E. van Donzel, and W. P. Heinrichs (eds.), *Encyclopaedia of Islam*, 2nd edn, 11 vols. (hereafter *EI²*) (Leiden, 1978), i. 1236‑1238;以及 Roth, 'Chronicles, Jewish'.

② Andrew H. Merrills, *History and Geography in Late Antiquity* (Cambridge, 2005),234‑235; Ofer Livne-Kafri, *Fada'il Bayt al-Maqdis wa-al-Khalil wa-Fada'il al-Sham* (Shfaram, 1995), pp. iv-v; Goetz, 'On the Universality', 260‑261 and n. 47.

③ 同上;以及 R. S. Humphreys, 'Historiography, Islamic', in *DMA*, vi. 249‑255。

编纂的一些最重要的方面。我们首先讨论古典晚期所有这些传统的直接起源,然后考察建构这些文本的三个维度——空间、时间和圣神。考察文本的起源和体裁后,我们然后可以转向赞助和创作的问题。这里,第一个要提出的问题是通史作者的训练和背景;第二和第三个问题与赞助和意图有关。本章第二部分要讨论的是,基于两个原因,一神之下的普世帝国理念(像通史编纂一样,也根源于古典晚期事件)是这些文本创作的核心。第一,无论作者有如何精准的世界观,反映(或至少与之相关)天堂神圣秩序的选民及其在尘世领导的观念,是所有通史背后的组织原则。第二,统治精英正如所料的那样有时资助这类文本的创作。然而,世界历史编纂者也通常在无王室或帝国直接赞助的情况下写作,或为了批评现存统治,或为了神学甚至"人文主义的"目的。第三,人们论证说帝国——或者说它所带来或促成的贸易和文化交流网络——是产生总体世界观的关键:中世纪文本突破对世界历史的狭隘理解,转成真正总体性诠释的场合,都是征服和贸易促成更广阔的文化和科学视野的结果。

世界历史的起源和发展

在所有基督教传统中,很大程度上也在伊斯兰教传统中,所采用的通史体例,大都归功于 3—5 世纪罗马帝国基督教化时代所写的文本。第一批一神论通史利用了时间记录法、地理学和历史编纂的古典传统,但使其符合普世主义的基督教世界观,即将《圣经》看成优先且权威的历史资料来源。[①] 尤利乌斯·阿夫里卡努斯可能是第一位基督教通史编年史家。他的作品影响了优西比乌斯的《编年史》(*Chronicle*)和《教会史》(*Ecclesiastical History*)。这些历

---

① "通史"当然也是一种前一神论形式。参见例如西西里的狄奥多罗斯的通史:Diodorus of Sicily, *Diodorus of Sicily*, ed. and trans. Charles H. Oldfather *et al.* (London, 1933 - 1967)。

史被哲罗姆翻译成拉丁文，并建立起编年框架，在该框架下建构世界历史，为神意基督教史学树立了大量有影响力的范例。[1] 在西方，奥古斯丁和追随他的世界史家奥罗修斯的拉丁著作，以及他们各自对包括异教和基督教的所有人类社会神圣计划的解释，也持续影响了几个世纪。[2] 优西比乌斯的通史模式同样极大地影响了美索不达米亚古典晚期的叙利亚基督教文学。[3] 同一时期还见证了"编年史"体裁的诞生——年代记的历史形式，它奠定了中世纪世界史编纂的基础。

436

　　古典晚期，随着犹太-基督教理念向阿拉伯半岛渗透，有关时间和世界历史的一些相同观点也随之传播；7 世纪的《古兰经》将一神论的历史视为一系列镜鉴，强调上帝是普世君王和末世裁判者，都是上述遗产的表现。但是直到 7、8 世纪阿拉伯-穆斯林征服中东之后，真正阿拉伯文的历史写作传统才发展起来。很明显，在早期穆斯林世界内，叙利亚历史编纂仍在继续创作，对最早的伊斯兰历史编纂有着直接影响；重构的埃德萨的提奥菲鲁斯的历史著作，就是早期穆斯林化的近东内部思想和材料交换的例证；伊斯兰现存第一部"百科全书式"通史的作者雅库比，似乎就从叙利亚的素材中获取了很多材料。[4]

　　无论如何，归功于阿拔斯哈里发时代（Abbasid Caliphate，750—1258 年）对萨珊伊朗和帝国旧地中心区域的征服，诸多早期

---

[1]　Brian Croke，'The Origins of the Christian World Chronicle'，in Croke and Alanna M. Emmett（eds.），*History and Historians in Late Antiquity*（Sydney，1983），116-131；William Adler and Paul Tuffin，*The Chronography of George Synkellos*（Oxford，2002），pp. xxx-xxxv.

[2]　Jocelyn Nigel Hillgarth，'L'Influence de la Cité de Dieu de saint Augustin au Haut Moyen Âge'，*Sacris Erudiri*，28(1985)，5-34. 弗莱辛的奥托对奥古斯丁的引用参见 Charles Christopher Mierow *et al.*，*The Two Cities*：*A Chronicle of Universal History to the Year 1146 A. D.*（New York，1966），23-32，61-72。

[3]　Brock，'Syriac Historical Writing'.

[4]　Robinson，*Islamic Historiography*，49-50，他在书中提出要警惕将"借用"的概念过于简化的做法，认为现实更是一个"文本和经典共享的世界"。

伊斯兰历史编纂者也得以接触伊朗历史传统。伊朗历史编纂同样具有从创世到末世的线性进程,并同犹太-基督教传统一样期盼弥赛亚(Sošyant),只不过置之于多神论的神学框架下,是其中不同等级的神与恶魔对抗①(这一对抗是尘世事件的反映,伊朗国王声称他们被琐罗亚斯德的最高神阿胡拉玛兹达(〔Ahura Mazda〕委以权力)。尽管伊斯兰历史编纂中的宗教维度更多归功于前伊斯兰犹太教和基督教理念,而非琐罗亚斯德教和伊朗,但是伊朗王朝的历史,关注国王及其王朝之间神授权力的转移,其内容和结构从很早阶段就融入了伊斯兰历史写作。② 伊斯兰世界里亚历山大大帝矛盾的地位——总体而言,在希腊基督教传统中是英雄,在伊朗是敌人——是穆斯林两种历史传统融合的反映。③ 应当指出的是,口头流传的波斯宫廷英雄史诗传统,时间涵盖自创世开始的所有时代,只是在稍加伊斯兰化后,便再现于新波斯的《列王纪》(shahnamas)中,后者由 11 世纪之后统治伊朗的各王朝宫廷所创作。④

三个地区从过去继承的另一遗产是宇宙论、地理学和百科全书作品的"人文主义传统"。该传统为更具综合性的真正通史编纂奠定了基础。在西方基督教世界,来自古典的传承首先因西罗马帝国皈依而恶化,后随帝国崩溃,又缩小了可获得古典传统的范围(最早也要到 12 世纪"人文主义复兴")。拜占庭的境况要好些,它保留了直接接触古典希腊传统的渠道,至少在基督教学者那里保存了下来。⑤

---

① Ehsan Yarshater, 'Iranian Common Beliefs and World-View', in Yarshater (ed.), *The Cambridge History of Iran*, vol. 3(1): *The Seleucid*, *Parthian and Sasanian Periods* (Cambridge, 1983), 343 - 358; Yarshater, 'Iranian National History', 同上, 359 - 477。

② 同上, 359 - 363; Josef Wiesehöfer, *Ancient Persia*, trans. Azizeh Azodi (London, 1996), 158, 224 - 225。

③ A. Abel, 'Iskandar Nama', in *EI²*, iv. 127 - 128。

④ Meisami, *Persian Historiography*, 19 - 45。

⑤ Paul Lemerle, *Byzantine Humanism*: *The First Phase*: *Notes and Remarks on Education and Culture in Byzantium from its Origins to the 10th Century* (Canberra, 1986)。

还有,伊斯兰世界是个明显的例外,通过征服萨珊伊朗继承波斯中部(巴拉维语)的学问,而且通过希腊文、叙利亚文和巴拉维文的译本继承了许多古典文献。[①] 而且,早期伊斯兰世界还包括阿富汗和印度北部边缘,8 世纪中晚期该地区的梵语知识传统进入阿拉伯传统中。[②] 在伊斯兰头几个世纪,使各种不同的哲学和人文传统相互融合以及与一神教信仰协调,是在古典晚期和中世纪早期一神教世界特有的知识努力氛围下所进行的一种充满活力、从不间断的进程,这会对伊斯兰著作的视野和抱负产生重要影响。

中世纪通史编纂的坐标：年代学、地理学和圣神

在犹太-基督教和伊斯兰教的一神论中,通史的主要编排原则是时间的直线性质：世界从创世朝向末世方向发展[③](所有线性模式中都可能发生循环模式,但它们都服从于从开始到结束的更宏观的运动模式[④])。圣典是该远景的基础。在一定意义上希伯来《圣经》的摩西五经本身就是一部普世编年史,它由创世纪开始,讲述了上帝选民的历史,以期盼弥赛亚的末日。在翻译并引入大量希伯来《圣经》的基督教《圣经》里,弥赛亚被理解为已经降临,他的出现是对历史最关键的神圣干预。弥赛亚的返回和世界终结也是可以预见的。《古兰经》与《圣经》的区别在于它呈非线性结构(就

438

---

① Dimitri Gutas, *Greek Thought*, *Arabic Culture*：*The Graeco-Arabic Translation Movement in Baghdad and Early ʿAbbāsid Society*（*2nd - 4th/8th - 10th Centuries*）（London, 1998）.

② Kevin van Bladel, 'The Bactrian Background of the Barmakids', in Anna Akasoy, Charles Burnett, and Ronit Yoeli-Tlalim（eds.）, *Islam and Tibet*：*Interactions along the Musk Routes*（London, 2010）, 43 - 88.

③ 早期伊斯兰通史中关于时间的论述参见 Monika Springberg-Hinsen, *Die Zeit vor dem Islam in arabischen Universalgeschichten des 9. Bis 12. Jahrhunderts*（Würzburg, 1989）.

④ 参见 Paul E. Walker, 'Eternal Cosmos and the Womb of History：Time in Early Isma'ili Thought', *IJMES*, 9（1978）, 355 - 366。

像《新约》中的《保罗书信》那样,其114章〔suras〕把最长和最短的内容粗糙地编排在一起)①,然而这只是表面结构的不同:《古兰经》一开篇就宣称神凌驾于宇宙之上的最高统治权,及其作为末世裁判者的角色,结尾再次宣告其对人类的最高统治权(1.2-4,114.1-3);此外,《古兰经》呈现出的世界观具有历史性,创世作为开端,通过神以预言形式不断对历史进行神圣干预而向前发展,其中《古兰经》本身——不断警告末日审判即将来临——就是确定性例证。伊斯兰传统同样保留了即将来临的救世主马哈迪(Mahdi)的概念。虽然《古兰经》没有提到,但他出现在其他同样重要的启示文献,即穆罕默德的圣训中,而且,他在伊斯兰政治思想和末世论方面,特别是什叶派传统里,占据重要地位。②

　　由此,三个经文传统都提出了通史编纂直接探讨的问题,即世界的年龄以及将持续多长时间。犹太教和基督教回答这些问题的计算根源于《诗篇》90:4的注解("千年于你如一日"),以及《创世记一》(六天创世)。这使古典晚期的人们普遍相信,世界将持续6 000年,当时就处于最后一个千禧年。③ 这一解释在中世纪时期同时进入到拉丁和希腊基督教世界。然而,世界的持续存在令"六个时代"越来越长。在东方,世界的年龄有时被估计为7 000或8 000年,这样对多数时期而言,终结都相应地离现在更远(9世纪早期后,人们广泛认为道成肉身可能发生在5508年)。④ 整个中世纪,西方编年史通常将基督道成肉身的时间定为元年,"六个时代"的

439

---

① Neal Robinson, *Discovering the Qur'an: A Contemporary Approach to a Veiled Text* (London, 1996), 259-260.

② 关于伊斯兰末世论,参见 David Cook, *Studies in Muslim Apocalyptic* (Princeton, 2002);以及 Jean-Pierre Filiu, *Apocalypse in Islam*, trans. M. B. DeBevoise (Berkeley, 2011).

③ Croke, 'The Origins of the Christian World Chronicle', 121 and n. 61 with references; cf. 2 Pet. 3:8.

④ Alexander Kazhdan, 'Chronology', in Kazhdan (ed.), *The Oxford Dictionary of Byzantium*, 3 vols. (hereafter *ODB*) (Oxford, 1991), i. 448-449; Kazhdan, 'Time', in *ODB*, iii. 2085-2086.

第二十一章　基督教世界和伊斯兰世界的通史：约 700—约 1400 年

理论价值随之降低，人们认为，相对于现在，即最后的时代，该理论对基督道成肉身前的时代更有价值。①

虽然伊斯兰估算世界年龄的动因是类似的，但结果却大不相同——这又是通向更宽泛的传统而较少关注经文记述的结果。早期计时系统使用太阴历（hijri），以穆罕默德在麦地那创立首个穆斯林团体为元年，反映其中断了与东方基督教习惯的联系，也反映了其早期意识到编年对一神教认同的重要性。但由于经文所奠定的基础，神圣时间与尘世时间同样重要的观念被广为接受。阿尔-塔巴里（Al-Tabari）在《历代先知和帝王史》的一开始就考察了该问题，其中他考察了 6 000 年和 7 000 年计算的相对价值，引证先知《圣训》以支持 7 000 年的理论。② 后来，阿尔-比鲁尼就世界年龄和各王朝编年方面分歧的观点进行了更系统的比较，其中包括波斯估计世界年龄是 12 000 年的说法。③

除了经文启示的以及源自波斯和希腊传统的年代学外，一些穆斯林学者注意到一个体系完全不同的计时刻度。"直接观察那些只有在海边的洼地和峡谷才能发现的贝壳及其他东西"表明，亚里士多德之后，世界已经存在"数千年"，而且在遥远的古代，世界发生了巨大的变化和灾难。印度天文观点更是挑战人的智慧，它暗示宇宙的寿命被估算为数十亿年。④ 好在这些挑战性的年代学对通史编纂的形式和内容没什么影响，通史编纂仍然在《古兰经》和其他中东传统提出的框架内估算历史时间。中世纪社会固有的保

---

① Ernst Breisach, *Historiography: Ancient, Medieval and Modern*, 2nd edn (Chicago, 1994), 91 - 93, 131 - 132.

② Michael Whitby, 'Al-Tabari: The Period before Jesus', in Hugh Kennedy (ed.), *Al-Tabari: A Medieval Muslim Historian and His Work* (Princeton, 2008), 17 - 18.

③ Abu al-Rayhan Al-Biruni, *The Chronology of Ancient Nations: An English Version of the Arabic Text of the Athâr ul-bâkiya of Albîrûnî*, ed. and trans. C. Eduard Sachau (London, 1879), 16 - 42.

④ Tarif Khalidi, *Arabic Historical Thought in the Classical Period* (Cambridge, 1994), 121, 160.

守主义使得天文学估算时间的方式只是偶尔引起注意，有时还被反驳，其影响不外如此。①

继时间之后，通史写作的第二个（尽管很少连贯性地展开）建构维度是空间。虽然优西比乌斯和哲罗姆在其通史著作中没有单独进行地理学讨论，但平行时间线的使用就是历史写作对于时空之间不可分割关系的结构性表达。奥古斯丁向基督教表明了研习时间和空间非常重要。② 在所有三个区域中，他们的后继者都在他们著作中纳入大量的地理学资料，当然他们很少使用"地理"这个词（希腊文和拉丁文，geographia；阿拉伯文，jughrāfīya），而是根据他们明确要讨论的内容而使用不同标签：地理写作的拉丁名词包括 cosmographia、chorographia 和更长一些的名称，比如 totius orbis diversarumque regionis situs（全世界的位置及其不同区域）；③阿拉伯词汇包括ʿilm al-ṭuruq（路程的科学），Ṣūrat al-arḍ（希腊地理学的早期翻译词）和 al-masālik（地形的科学）。④

在拉丁西方，奥古斯丁的论点，奥罗修斯的《反异教史》（*Historiarum adversum paganos libri VII*）惯常在地理介绍中表现历史，都直接或间接地影响了许多之后的通史。⑤ 据估计，450—1350 年之间编写的西方编年史，四分之一都内含地理描述或地图。12 世纪之后，拉丁基督教世界范围扩张，地图在历史编纂中似乎获得了新的重要地位；⑥马修·帕里斯在他的历史中提供了详尽的世界地图；到该时期结束，兰纳夫·希格登以一幅世界地图和一长篇

---

① al-Biruni, *The Chronology of Ancient Nations*, 29 - 31。
② Natalia Lozovsky, 'The Earth Is Our Book': *Geographical Knowledge in the Latin West, ca. 400 - 1000* (Ann Arbor, 2000), 10 - 14。
③ 同上，10。
④ Fr. Taeschner, 'Djughrafīya', in *EI²*, ii. 581.
⑤ Merrills, *History and Geography*, 3.
⑥ 基督教世界的"扩张"参见 J. R. S. Phillips, *The Medieval Expansion of Europe*, 2nd edn (Oxford, 1998), 特别是 182 - 199。

世界的描述开始他的《世界全史》。① 拜占庭尽管没有地图保存下来，但很可能存在；9 世纪之后描述性的地理内容也保留了下来。②

在伊斯兰传统中，雅库比在其著作第一部分就不拘一格地纵览了前伊斯兰历史；他还编写了一部可以被认为是该史书副产品的地理学。③ 两代之后，马苏迪将法兰克等其他地区加入其历史从而拓展了这一宽阔的地理范围。该时代晚期，拉施德丁（Rashid al-Din）《史集》（*Jami'al-tavarikh*）的地理附录"各地形态"（*Suvar al-aqalim*）（现已遗失），展示了七个区域的地形，重要地点的经纬度和庞大的蒙古邮政体系。④ 阿布·阿尔-菲达编写了一部既是通史又是地理学的著作《诸国梗概》（*Taqwin al-Buldan*），综合了 10 世纪翻译的托勒密学说和比鲁尼、萨义德·阿尔-玛格布里比（Sa'id al-Maghribi）的著作，并指出了其差异。⑤

441

中世纪所有历史编纂的第三个也是最重要的建构维度是宗教。正如所见，该时期所有通史编纂的形式和内容都建立在神圣造物主及其对世界的干预理念之上，他对选民的选择决定了一切对空间进行总体考察的地理中心，终极原因也归于上帝——暗示与此相反都是危险的异端。然而，这为用多种方法表述人间事务与神圣之间的关系留下了较大空间，也为或含蓄或直接地阐释人类代理角色和事件的意义提供了很大可能性。正因如此，三个传统都为古老的过去提供了非常宏大的意义。事实上，在一个被神圣意志

---

① Patrick Gautier Dalché, 'L'Espace de l'Histoire: Le rôle de la géographie dans les chroniques universelles', in Genet (ed.), *L'Historiographie médiévale en Europe*, 287, 293 – 295.

② Alexander Kazhdan, 'Cartography', in *ODB*, i. 385 – 388; Kazhdan, 'Geography', in *ODB*, ii. 833 – 834.

③ 参见 Rosenthal, *A History of Muslim Historiography*, 26；参见 Abd Al-Aziz Duri, *The Rise of Historical Writing Among the Arabs*, ed. and trans. Lawrence I. Conrad (Princeton, 1983), 21。

④ Thomas T. Allsen, *Culture and Conquest in Mongol Eurasia* (Cambridge, 2001), 103 – 107。

⑤ H. A. R. Gibb, 'Abu al-Fida', in *EI²*, i. 118.

规定的世界,时间倾向崩溃成为某种永恒现在;在基督教和伊斯兰教里,犹太传统中的先知诸王都是重要原型,所有通史都将这些人物看作与现世相关的范例而赋予其突出地位。

然而,尽管通史的形式强调自创世以来世界的连续性和模式,但基督教和伊斯兰教都是在时间之流决定性中断的理念上建立的:分别是基督的一生和穆罕默德的使命。在基督教世界,人类生活在拯救的时代并预知末世来临。在基督教西方,历史学家从道成肉身开始不断计算他们的时代,拜占庭历史学家当然将它和创世本身看作编年史中最重要的里程碑:9世纪拜占庭人试图理性规划编年框架时,最重要的两点就是创世和道成肉身。[1] 伊斯兰教的时间观和拯救观——至少在理论上——与基督教完全不同,既没有"拯救进程",也没有规定时间内的个人出现。[2] 但在实践中,穆罕默德作为真主的最后一位先知,其地位与基督道成肉身一样都是关键点;伊斯兰通史试图将注意力集中在622年之后获救的共同体,同样,基督通史将关注点转移到基督时代之后。

442　如此理解历史天意的重要性,一方面导致对上帝选民及其尘世统治者必胜之义的颂扬,一方面导致今不如昔的讽刺性对比。在这两者之间出现一系列观点。在拉丁西方,奥古斯丁区分上帝之城和人类之城的遗产,即意味着针对上帝和帝国之间的关系人们摇摆不定,通常反映在通史著作中;真正的"上帝之城"——教会——与王室的"人类之城"没有必然的关系。但西方通史中王权和帝国依然是最优先的主题。在拜占庭,天佑(pronoia)观念奠定了拜占庭的历史概念。随着拜占庭力量的削弱,上帝关照"选民"以及命运反转系上帝暂时惩罚的观念变得越来越无人相信。[3]

早期伊斯兰历史编纂最重要的设计,是创世之时与人类的原始

[1]　Adler and Tuffin, *The Chronography of George Synkellos*, pp. xxxi, xxxv-xlviii.

[2]　Claude Gilliot, 'Al-Tabari and the "History of Salvation"', in Kennedy (ed.), *Al-Tabari*, 131.

[3]　拜占庭对天意的分歧,参见 C. J. G. Turner, 'Pages from Late Byzantine Philosophy of History', *Byzantinische Zeitschrift*, 57(1964), 346-373。

盟约,该盟约随着穆罕默德传教得以巩固并完成,随后被不虔诚的统治者背叛。[①] 在这种情况下,通史得到了伊斯兰统治者的赞助,它们将王权及王朝置于君权神授的长计划中;过去的国王作为先驱、榜样,警醒当代。我们假设,如果伊本·伊斯哈格(Ibn Ishaq)在8 世纪中叶确实创作了一部世界历史,他很可能遵循必胜主义模式,其中阿拔斯革命标志着倭马亚背叛之后救赎的胜利;150 年之后,塔巴里写了一部更具讽刺性的史书,其中,伊斯兰王权被表述成从正确道路上堕落,比如该隐和亚伯等古代垂范者预兆了当代的混乱。[②] 9—10 世纪的历史编纂尤其关心末世将临的可能性;事实上,东方波斯的一些通史部分地批驳了千禧年观念。[③] 由宫廷环境之外的学者编纂的晚期史学依然是实现上帝世界计划的故事,但呈现出焦点向具有重大宗教意义的点转移的趋势,转向学术性团体"乌力马"(ulama,或译乌里玛)的历史。

　　然而值得指出的是,针对神因的流行性理解,有一些重要的例外。比如非常晚期的拜占庭历史学家卡尔科康迪斯(Chalcocondyles)就很少对此进行关注。[④] 伊斯兰世界一些最伟大的通史家关心对过去和人类社会作人文主义的和科学的解释,其中暗含了对上帝影响世界的微妙理解。事实上,该思想的传统可上溯至叶耳古比,经过 9、10、11 世纪马苏迪和比鲁尼的分别发展,以及短暂中断后,结束于 14 世纪拉施德丁独特的综合历史观和伊本·卡尔敦创新且成熟的历史理论。

443

---

① R. S. Humphreys, 'Qur'anic Myth and Narrative Structure in Early Islamic Historiography', in Frank M. Clover and Humphreys (eds.), *Tradition and Innovation in Late Antiquity* (Madison, 1989), 271 - 290.

② Tayeb El-Hibri, *Reinterpreting Islamic Historiography*: *Harun al-Rashid and the Narrative of the Abbasid Caliphate* (Cambridge, 1999), 173 - 174.

③ Elton Daniel, 'The Samanid "Translations" of al-Tabari', in Kennedy (ed.), *Al-Tabari*, 294 - 296. But cf. Andrew Peacock, *Medieval Islamic Historiography and Political Legitimacy*: *Bal'ami's Tārikhnāma* (Abingdon and New York, 2007), 80 - 81, 153 - 154.

④ Turner, 'Pages from Late Byzantine Philosophy of History', 358 - 361.

创作：教育和训练

如果说时间、空间和至高无上的唯一神共同建构了通史写作的框架坐标,那还有必要更仔细地考察是谁写了这些文本,以及要达到什么目的。三个一神教地区都没有专门的历史学训练。撰写通史的技巧和概念性框架是宗教、行政训练和经验的伴生品。当然也有一些重要的特例,然而俗人历史学家大都是晚期的产物,职业历史学家更是如此。教权精英垄断了三个地区的文学和教育资源。

在我们所讨论时期的前三分之二时段,西方基督教世界是农业主导的社会,其中,修士和教士掌控文学,因此也把持了历史编纂。[①] 12 世纪之后,随着大学和城镇学校兴起,文化创作模式经历了重大转变;历史编纂领域变化的结果表现为从"编年"讲述转向更综合性的著作,以可接受的形式致力于展现当时的"知识爆炸"。[②] 这些文本作者大部分依然是作为教会精英的教职人员和学者;不同的是,此时他们接受了更专业的课程训练,在更城镇化且交互联系更多的环境里工作。在拜占庭,修道院是基础教育的重要来源;格奥尔吉奥斯·辛克罗斯的著作复兴了 9 世纪拜占庭的世界历史,从我们对其早期生涯零星的了解可知,他与巴勒斯坦的圣查里顿(St Chariton)修道院有关,是一位游历范围甚广的修士。[③] 拜占庭世界的学校和学校教师仍然重要,至少一直到 12 世纪,其文化修养仍高于拉丁西方。[④] 大约从 9 世纪开始,皇帝开始资助高层次的教育,由此君士坦丁堡宫廷成为拜占庭的学习中心,

---

① Goetz, 'On the Universality', 248.

② Breisach, *Historiography*, 144 – 149.

③ Adler and Tuffin, *The Chronography of George Synkellos*, p. xxx.

④ Athanasios Markopoulos, 'Education'; Michael Jeffreys, 'Literacy', in Elizabeth Jeffreys, John Haldon, and Robin Cormack (eds.), *The Oxford Handbook of Byzantine Studies* (Oxford, 2008),785 – 795,796 – 802.

在主教学校取代它之前持续存在了近 200 年。[1] 该时期许多重要
的拜占庭编年史就是由帝国宫廷侍臣撰写的。[2]

　　在文化修养更高而且在许多地方更加城镇化的伊斯兰世界，历
史学家拥有较多样化的教育背景。虽然如此，与拉丁基督教世界
和拜占庭一样，宗教训练在伊斯兰仍然是教育的一个普遍特征。
伊斯兰学问机构中心发育相当迟缓，本章所论时段的头两个或三
个世纪，伊斯兰宗教教育的基础是由宗教学者组成的非正式网络。
虽然清真寺和（11 世纪之后是）穆斯林学校在训练绝大多数前近代
穆斯林历史学家方面起着重要作用，但通常在宗教培养结束后可
能还有"世俗的"培训；高级官员（diwan）的职业结构也使他们能够
进入纯粹宗教背景之外的宫廷文化，贵族与生俱来的权利亦然。
阿布·艾萨·艾尔-穆纳吉姆（Abu 'Isa al-Munajjim），一位影响世界
的历史学家，就是由宫廷侍臣兼书吏组成的阿拔斯王朝中的一员，
其著作已经遗失。[3]

　　伴随着阿拔斯王朝的分裂所出现的伊斯兰王室宫廷的分散，催
生了一大批官方学习中心。第一位较综合性的穆斯林通史编纂者
和地理学家叶耳古比，生活、写作起初都在塔希尔（Tahirids）宫
廷——忠于阿拔斯哈里发的呼罗珊（Khurasani）朝廷——倒台之
后，到了图伦王朝（Tulunids）统治下的埃及。值得注意的是该书中
包括一个关于"人们适应时代"的短篇历史论文，强调统治精英在
辖区内设定文化基调的重要性。[4] 后来，10 世纪萨曼王朝元老巴

---

① R. Browning, 'Universities, Byzantine', in *DMA*, xii. 300.

② 拜占庭对"修道院纪事"观念的批评，参见 Hans-Georg Beck, 'Zur byzantinischen "Mönchschronik"', in *Ideen und Realitaeten in Byzanz* (London, 1972), XVI。

③ S. M. Stern, 'Abu 'Isa Ibn al-Munajjim's Chronography', in Stern, Albert Hourani, and Vivian Brown (eds.), *Islamic Philosophy and the Classical Tradition: Essays Presented by his Friends and Pupils to Richard Walzer on his Seventieth Birthday* (Columbia, 1972), 437 - 466.

④ William G. Millward, 'The Adaptation of Men to Their Time: An Historical Essay by al-Ya'qūbī', *JAOS*, 83(1964), 329 - 344.

拉米改编了塔巴里的《历代先知和帝王史》①。晚期阿拉伯和波斯的许多重要著作，都是在王室赞助下撰写的：伊本·阿西尔（Ibn al-Athir）服务摩苏尔（Mosul）赞吉（Zangid）王朝期间编纂了《全史》（*al-Kamil fial-ta'rikh*）；②拉施德丁服务于大不里士（Tabriz）合赞汗（Ghazan）宫廷；③广为接受的伊本·阿西尔的续写者阿布·阿尔-菲达是一位阿尤布（Ayyubid）贵族，是马穆鲁克王朝的军事指挥官和省督。④

445　赞助和创作：帝国统治的合法化

整个这一时期的通史编纂作品，都与作为其源头的优西比乌斯的著作一致，与帝国休戚相关——即在政治上努力统御一个以上的国家或民族。帝国对通史编纂的重要性体现在我们所论时代的前夕，即 7 世纪即将结束的几十年，并无通史性作品。主要的文明传统中除去一个例外，通史创作不是完全中止就是尚未开始。这一断裂与加洛林王朝试图在西方复兴古罗马帝国结构之前的状况，以及拜占庭先后被波斯和阿拉伯人占领造成灾难性损失以至 7 世纪危机爆发相一致；⑤希伯来的历史撰述早在几个世纪之前随着犹太政权结束就已终结；⑥阿拉伯的历史写作当然尚未开始。唯有叙利亚传统在"世界性危机"中得以延续；也许是因为叙利亚基督徒已经习惯在罗马和伊朗两大帝国中间保持弱者

---

① 参见 Peacock, *Medieval Islamic Historiography*。

② Franz Rosenthal, 'Ibn al-Athir', in *EI*², iii. 273.

③ D. O. Morgan, 'Rashid al-Din Tabib', in *EI*², viii. 443 – 444.

④ Robinson, *Islamic Historiography*, 148.

⑤ Michael Whitby, 'Greek Historical Writing after Procopius: Variety and Vitality', in Averil Cameron and Lawrence I. Conrad (eds.), *The Byzantine and Early Islamic Near East*, vol. 1: *Problems in the Literary Source Material* (Princeton, 1992), 66 – 74; Warren Treadgold, *Early Byzantine Historians* (Basingstoke, 2007), p. xxx.

⑥ Noth, 'Chronicles, Jewish'.

地位。① 正如 7 世纪叙利亚保存了通史撰述，并在阿拉伯通史写作开始之初发挥了重要作用，它也为拜占庭通史的复兴埋下了种子。②

　　帝国崩溃导致拉丁和希腊世界的通史创作断层。它的复兴以及阿拉伯同样文类的出现伴随着帝国的复兴与形成。拉丁西方通史撰述的重新出现与加洛林帝国的兴起密切相关：《741 年普世编年史》（*Chronicon Universale - 741*）和利西厄的弗赫加夫（Freculf of Lisieux）的《编年史》，就是在加洛林宫廷为帝国精英创作的。③ 尽管宫廷赞助没有如西方加洛林王朝那样发挥作用，但在拜占庭成功地对抗伊斯兰而存活下来后，9 世纪早期通史通过塞奥法内斯（Theophanes）和格奥尔吉奥斯·辛克罗斯复兴了。拉丁西方通史再一次复兴，与 11、12 世纪萨利克日耳曼帝国时代以及在西方基督教世界整个边境地带进行征服并殖民的时代相契合——通常紧紧伴随着教宗权力和威望的主张和扩展。④ 同样，许多通史的写作没有获得王室赞助，但是其中一些表现出对帝国的真切关怀；让布卢的西吉贝特（Sigeburt of Gembloux）主要关注萨利克皇帝在位期间延续罗马帝国，并为皇帝反对教宗主张进行辩护；⑤13 世纪，博韦的文森特百科全书式著作的编纂，得到了卡佩王朝路易九世的

446

---

① 关于名词"世界性危机"，参见 James Howard-Johnston, *Witnesses to a World Crisis: Historians and Histories of the Middle East in the Seventh Century* (Oxford, 2010)。

② 拜占庭通史复兴，参见 Cyril A. Mango and Roger Scott, *The Chronicle of Theophanes Confessor: Byzantine and Near Eastern History AD 284 - 813* (Oxford, 1997), pp. liv-lv; and Adler and Tuffin, *The Chronography of George Synkellos*, pp. lxix, lxxxii-lxxxiii。

③ Rosamond McKitterick, *Perceptions of the Past in the Early Middle Ages* (Notre Dame, 2006), 22 - 28; and Matthew Innes and McKitterick, 'The Writing of History', in McKitterick (ed.), *Carolingian Culture: Emulation and Innovation* (Cambridge, 1993), 212 - 213.

④ Goetz, 'On the Universality', 248, 256, 259.

⑤ 同上, 255 - 256; and Breisach, *Historiography*, 124.

资助。①

有证据表明，伊斯兰传统扎根于伊斯兰早期普遍的甚至帝国的抱负，但它的繁盛却是在征服了希腊、叙利亚和位于中东的波斯中部地区，以及阿拉伯语作为文学语言在帝国穆斯林精英中间获得发展之后。8 世纪就有了开创先河的人，比如伊本·伊斯哈格，他为了使新阿拔斯哈里发合法化，撰写了一部今天已遗失的通史。②然而，从 9 世纪晚期开始的阿拉伯文通史编纂，现存的也只有迪奈瓦里（al-Dinawari）和叶耳古比的著作。它繁盛于 10 世纪名义上忠于巴格达哈里发的东方"继任政权"（successor states）的宫廷。伊斯兰通史写作（继 9、10 世纪的第一次繁荣之后）到 14 世纪再次进入第二个成功时代，即东方蒙古帝国和帖木儿帝国时代，和新波斯真正的通史时代。

普世君权的理念在转变时期尤其重要。如同加洛林王朝和阿拔斯王朝开端时期一样，新王朝成功篡夺帝国权力使得通史成为证实其正统性的工具。某入侵者进行帝国征服时渴望在已有的正统权力世系中宣称拥有合法地位，具有类似的效果，类似于阿拉伯 7—8 世纪征服之后阿拉伯-伊斯兰历史传统初步形成时期，以及 14 世纪处于蒙古治下的波斯历史编纂的伟大时代。③确实，阿拉伯入侵和蒙古征服都给现有的通史编纂文化带来了新的普世性眼光。同样，《历史故事集》（*Mujmal al-tavarikh va-al-qisas*，可能撰写于 1126 年之后）就是为塞尔柱亲王——大约 80 年前在伊朗掌握权力的一位上层精英——编写的。④第三个变化因素至少与篡夺

447

---

① Joseph M. McCarthy, *Humanistic Emphases in the Educational Thought of Vincent of Beauvais* (Leiden, 1976), 4 - 6.

② Robinson, *Islamic Historiography*，135. 其他早期"世界历史"汇编者据说还有瓦哈布·本·穆纳比（Wahb b. Munabbih）和伊本·阿尔-穆格法（Ibn al-Muqaffa'），有趣的是，两者都是伊朗的遗产。

③ Fred M. Donner, *Narratives of Islamic Origins*：*The Beginnings of Islamic Historical Writing* (Princeton, 1998), 112 - 117；and Allsen, *Culture and Conquest*，196 - 197.

④ Meisami, *Persian Historiography*，188 - 209.

第二十一章　基督教世界和伊斯兰世界的通史：约 700—约 1400 年

帝国或异民族入侵和征服同样重要，就是在现有帝国世界边缘形成新政权和文学。因此，10 世纪在西部欧亚的两端分别出现了《爱尔兰世界编年史》(Irish World Chronicle) 和迈格迪西同巴拉米的中亚河中地区 (Transoxianan) 世界历史。[①] 在一定程度上，东西斯拉夫、斯堪的纳维亚和西欧俗语传统都符合这一模式。[②]

　　然而，尽管通史创作有这些可确认的高潮和低谷（甚至可以解释存世和传播的变迁），但也应当指出，它作为一个文类，一旦牢固确立或重建，便难以消失。整个中世纪，拜占庭和东方基督教世界的通史创作速度相当稳定，早期普世编年史家著作的"续编"是创作中特别的固定模式。从 10、11 世纪，之后到 12 世纪，伊斯兰和西方各自继续创作了大量通史作品。讽刺的是，尽管蒙古征服促成了第二次，即 14 世纪波斯-伊斯兰历史编纂在伊儿汗国 (Ilkhans) 统治下的繁荣，但征服最终摧毁了拜占庭和叙利亚持续的历史写作传统；后伊儿汗最终出现的奥斯曼和萨法维 (Safavid) 伊斯兰政权征服了拜占庭帝国，并且终结了希腊和叙利亚的通史编纂。[③]

---

① 分别参见 David N. Dumville, 'A Millennium of Gaelic Chronicling', in Erik Kooper (ed.), *The Medieval Chronicle*, vol. 1: *Proceedings of the 1st International Conference on the Medieval Chronicle* (Amsterdam, 1999), 108 - 109; ed., 'al-Mutahhar b. Tahir', *EI²*, vii. 762; and Peacock, *Medieval Islamic Historiography*, 170.

② 斯堪的纳维亚的内容，参见 Inge Skovgaard-Petersen, 'Saxo Grammaticus: A National Chronicler Making Use of the Genre Chronica Universalis', in Genet (ed.), *L'Historiographie médiévale en Europe*, 331 - 340. 俄罗斯的内容，参见 Dimitri Obolensky, 'Early Russian Literature', in Robert Auty and Obolensky (eds.), *An Introduction to Russian Language and Literature* (Cambridge, 1977), 特别是 60 - 61, 69 - 71. 匈牙利的内容，参见 Lázló Veszprémy, 'Historical Past and Political Present in the Latin Chronicles of Hungary (12th and 13th Centuries)', in Kooper (ed.), *The Medieval Chronicle*, 260 - 269.

③ 艾卜勒·法赖吉·伊本·伊卜里 (Barhebraeus) 可能是最后用古代叙利亚文撰写通史的伟大历史学家，他利用了早期伊儿汗的史料：Allsen, *Culture and Conquest*, 83 - 84. 13 世纪瓦尔丹 (Vardan Vardapet) 还创作了最后一部亚美尼亚通史，参见 Maksoudian, 'Historiography, Armenian'.

赞助和创作:"帝王批判"和世界历史的其他用途

448   帝国和通史创作的关系不能简单地概括为王权和赞助通史编纂之间的直接因果关系。在所有三个区域,我们都发现许多学者或多或少独立于直接的上层赞助。对于他们而言,通常重要的是世界帝国理念,不必颂扬任何当代统治者。确实,我们可能会对宫廷资助之外的历史编纂留下这样的印象,即通史编写的动机几乎与写作者的数量一样多。然而,我们还是可以从中辨识出某些重要模式:绝大多数作者主要关注教士或宗教,表现在许多方面——释经或神学主题,直接或间接批评王权;另外,由于都是在典型的一神教框架下写作,他们表现出更"百科全书式"或者"人文主义"的旨趣。

这些著作的作者往往都接受了作为基督教修士或者穆斯林宗教学者的训练,这就意味着多数情况下,占据主导地位的宗教兴趣促使他们编写的历史,是在神创论的框架下记录所在宗教共同体的历史。在伊斯兰,经济独立的富裕宗教学者比如塔巴里有时可能与哈里发宫廷合作,但他不是以统治集团的委托人,而是以有影响力的法理学家和《古兰经》的解经家身份写作。① 如上文所述,塔巴里记录从创世到其所在时代的事件,其大部分纲要都是在重复一个主题:履行或背叛神圣契约——通常以富于讽刺的模式展开材料,发展成对其所在时代和近代的帝王批判(*Kaiserkritik*)。后期的穆斯林历史学家,比如伊本·阿尔-贾伍兹(Ibn al-Jawzi)及其孙子斯伯特(Sibt)在某些方面相似;尽管两人都隶属阿拔斯和阿尤布宫廷,但他们的通史著作更热衷于为同行宗教学者和传教士立传,而非渴望赞美政治势力。②

---

① Al-Tabari, *The History of al-Ṭabarī*, vol. 1: *General Introduction and From the Creation to the Flood*, introd. and trans. Franz Rosenthal (Albany, 1989), 21-22, 44-78, 80-134.

② H. Laoust, 'Ibn al-Djawzi, 'Abd al-Rahman', in *EI²*, iii. 751-752; and Cl. Cahen, 'Ibn al-Djawzi, Shams al-Din', in *EI²*, iii. 752-753.

第二十一章 基督教世界和伊斯兰世界的通史:约 700—约 1400 年

通史作者中存在的这一明显的神职人员的动机,在基督教世界也非常显著。在后伊斯兰-叙利亚环境下尤其如此,其中,在缺少国家赞助的情况下,修士和教士维系了通史编纂。在西方基督教世界,绝大多数的通史作者都是修士。教会为作者的忠诚提供了可供选择的焦点,众多通史作者是以教会人员而非宫廷官吏的身份写作:11 世纪博学的赖兴瑙的赫尔曼(Hermann of Reichenau)就是出身贵族的修士,他创作《编年史》似乎并不是为了某个具体的资助者;[①]奥拉的埃克哈德(Ekkehard of Aura)在主教叙任权之争中站在教宗一边;[②]圣维克多的休(Hugh of St Victor)撰写通史是为了向学习艺术和神学的学生阐发系统学习的规范;[③]与统治的萨利克王族有亲缘关系的弗莱辛的奥托(Otto of Freising),在其通史著作中就人间之城与上帝之城的关系阐释的观点十分矛盾;[④]圣维克多的让(Jean of St Victor)所作通史断言教会将在 1245 年之后的几十年间战胜帝国。[⑤]

449

与拉丁西方一样,拜占庭的王权与通史创作之间也没有直接的推动关系。普世编年史通常由隶属拜占庭帝国宫廷的人士撰写。然而,极少有历史学家真正为皇帝或其家族写作。事实上,拜占庭拥有批评当代统治集团的深厚传统,其经常采用的方式是讽刺地将其与理想的前代统治者并列——尤其是被人们记为理想基督徒君王的君士坦丁。拜占庭历史学家另一个主要兴趣点是神学。因此,这一时段第一位通史编纂者格奥尔吉奥斯·辛克罗斯,是一位修士和君士坦丁堡牧首塔拉西奥斯的"私人秘书"(syncellus),但他

---

① Breisach, *Historiography*, 122.

② 同上,123 - 124。

③ Beryl Smalley, *Historians in the Middle Ages* (London, 1974), 97 - 98; R. W. Southern, 'Aspects of the European Tradition of Historical Writing 2: Hugh of St Victor and the Idea of Historical Development', in R. J. Bartlett (ed.), *History and Historians: Selected Papers of R. W. Southern* (Oxford, 2004), 41 - 42.

④ 同上,44。

⑤ Mireille Schmidt-Chazan, 'L'Idée d'Empire dans le *Memoriale historiarum* de Jean Sain-Victor', in Genet (ed.), *L'Historiographie médiévale en Europe*, 301 - 319.

的通史至戴克里先统治（284—305 年在位）结束，因此他并没有明确为颂扬当代皇帝写作的想法；相反该书却展现了作者热衷于谴责异端邪说和如何在希腊《圣经》证据的基础上确立年代。[①] 他的续作者"忏悔者"塞奥法尼斯与其说是为王室赞助者而写，不如说是听从乔治的嘱咐。[②] 更晚一些的约翰·佐纳拉斯是侍卫队队长以及大法庭的资深书记官，但是他编写综合性的《历史概要》（*Epitome Historion*）却是在从宫廷政治中退出成为修士之后；这部历史批评统治王朝并且反映了佐纳拉斯的共和倾向。[③] 与他同时代的米哈伊尔·格里卡斯的生活和工作都在拜占庭宫廷，但同样猛烈批评统治王朝，并且表现出一位神学家对创世故事以及谴责异教和巫术的热衷。[④]

450 还有一些人物既不符合上层资助之外（或边缘）的宗教和神职人员的通史写作模式，也不符合宫廷通史编纂者的模式。与塔巴里几乎同时代的马苏迪是一位经济独立的学者，身在阿拔斯宫廷抑或伊赫什德宫廷（可能）的边缘地带。他足迹广泛，博学多识，是本时段最后一个世纪之前全面倡导真正通史的人。[⑤] 其写作框架是宗教的——确实在官方统治者崇奉逊尼派的情况下编写了一部明白无误的什叶派的历史。但马苏迪的创作似乎没有赞助人，他也没有局限于狭隘的神学兴趣，而是真正出于人文主义学者（adib's）对过去和伊斯兰以外世界的兴趣，特别对讨论遥远的法兰克人蛮族世界（即西方基督教世界）感兴趣，从而撰写了一部优美且有趣的著作，这是现存的第一部阿拉伯文的此类探讨。该时段

---

① Adler and Tuffin, *The Chronography of George Synkellos*, pp. xxx-lv.

② Mango and Scott, *The Chronicle of Theophanes Confessor*, pp. lv, 1 - 2.

③ Paul Magdalino, 'Aspects of Twelfth-Century Byzantine *Kaiserkritik*', *Speculum*, 58(1983), 326 - 346; and Zonaras, *The History of Zonaras: From Alexander Severus to the Death of Theodosius the Great*, trans. Thomas M. Banchich and Eugene N. Lane (Abingdon and New York, 2009), 2 - 7.

④ Alexander Kazhdan, 'Glykas', in *ODB*, ii. 855 - 856.

⑤ Ahmad M. H. Shboul, *Al-Mas'udi and His World: A Muslim Humanist and His Interest in Non-Muslims* (London, 1979), 1 - 2, 17.

另一端,伊本·卡尔敦作为书吏和宫廷吏员,服务于一连串不同的北非主人,同时作为一名历史学者追求自己的兴趣,在没有人资助的情况下以通史形式撰写了《世界历史》(ʿIbar)。

范围和视野

除了作者的个人动机和来自赞助人的压力外,所谓的"连通性"决定了通史的地理和智识广度。这就是就所在地区以外世界大小和性质的知识,作者目前所能够了解的限度。这可以通过远距离交流达到,通常是贸易和帝国构成的网络,也可以通过接触不同素材,这本身通常就是过去和现在建立的有效交流网络的产物。值得注意的是,中世纪犹太历史写作复兴于法蒂玛帝国、拜占庭帝国和拉丁基督教世界的交界处;中世纪第一部可以被称为通史的希伯来编年史写于 12 世纪的托莱多,在基督徒们从伊斯兰手里夺回该城约百年之后。① 然而,中世纪犹太历史编纂学压倒性的重点在于拉比的承继以及其他宗教主题。只有高度连通性,加上政治和军事成功(两者有因果关系),才是创作通史作品的完美条件。

这既解释了基督教通史编纂写作的模式,又解释了该时期历史编纂相对贫乏的原因。拉丁西方的通史编纂发展可以划分为三个重要阶段:8 和 9 世纪的"加洛林文艺复兴","12 世纪文艺复兴"和 13、14 世纪的"知识爆炸"。尽管每一阶段界限都在扩张,但依然受到局限。加洛林历史几乎只关注北欧,聚集于罗马和日耳曼基督教帝国绝对统治(imperium)的历史。到 11 世纪中叶,赖兴瑙的赫尔曼选取历史素材的范围已经比其北欧前辈要广得多。让布卢的西吉贝特和弗莱辛的奥托的著作引领了 12 世纪通史的繁荣。但过去的罗马和现在的日耳曼仍然是他们主要的关注点;他们所知的东方仅仅是十字军东征产生的功效。②

451

① Neubauer, *Mediaeval Jewish Chronicles*, p. xiii; and Noth, 'Chronicles, Jewish'.
② Goetz, 'On the Universality', 249-259.

从 13、14 世纪出现的编年史向百科全书式历史的转变,可以再一次发现界限扩张的迹象,在马修·帕里斯和博韦的文森特的著作中可以看到示例。但亚洲和非洲的知识依然相对有限,即便晚期著作,例如希格登的《世界全史》仍然将重点放在基督教的历史和当下从创世开始的古代史经过罗马历史直到自己王国的历史。同样,拜占庭通史在地理范围上也远不那么全面:它总是将自己局限在拜占庭控制下的地域——即,主要是巴尔干和地中海东部。其实它在某些方面比西方写作更封闭,部分可能因为模仿古典传统的结果,这使讨论拜占庭以外的"蛮族世界"变成一个有点令人讨厌的主题。

相比拉丁和希腊基督教世界,本时段大部分时间阿拉伯和波斯历史编纂以其特别广阔的地理范围和编年视野引人注目。虽然真正统一的穆斯林帝国持续时间相对来说很短暂(约 700—800 年),然而它却将大量不同的文学和科学传统融合进同一个语言和文化区域,在其中新的智识综合成为可能。而且,伊斯兰世界乐于进行大规模形形色色的长距离贸易联系,获得巨大经济成就,并由此成就了高度的城市化和文明。700—1000 年之间的 300 年是阿拉伯文翻译的伟大时代。这一进程最优秀的成果就在叶耳古比、马苏迪和迈格迪西的著作中,他们为处于亚洲十字路口的阿拔斯和后阿拔斯东方的统治王朝撰述。此后,为阿拉伯语接受的素材开始传播,只是偶尔从其他语言传统中进行补充。尽管如此,长距离贸易和旅行习惯对学术交流和提高的重要性,以及每年的麦加朝觐(hajj)和军事统治集团成熟的邮政系统等跨越本土界限的伊斯兰制度,都有利于学者们拓宽地理视域。[①]

伊斯兰通史写作的第二个大繁荣时代是在波斯时期,它的出现

---

① 邮政系统,参见 Adam J. Silverstein, *Postal Systems in the Pre-Modern Islamic World* (Cambridge, 2007)。联系和交流的其他形式,参见 Ian Richard Netton (ed.), *Golden Roads: Migration, Pilgrimage and Travel in Medieval and Modern Islam* (Richmond, 1995)。

是因为伊斯兰伊朗与大蒙古帝国融合，伊斯兰世界即伊儿汗国的蒙古统治者们皈依了伊斯兰教后，渴望保留并合法化过去的草原文化。[①] 由此再次导致对复杂翻译运动的支持，同时遥远区域的知识融合进伊斯兰统治者宫廷的文化产品中。其杰出代表就是中世纪一神论世界第一位真正的通史家拉施德丁的《史集》。拉施德丁确实注意到了一神论历史传统视野狭隘。如其所言，虽然伊斯兰传统是"所有传统中最可靠的一个……但不能依靠它创作他族历史"。他能够利用蒙古征服带来的新世界性领域，询问来自已知世界之外的当地人："我咨询并质疑来自上述民族的学者和知名人士，并节录古代书籍的内容。"他的书里包括从穆罕默德时代开始伊斯兰历史遵循的古代圣经历史，土耳其人和蒙古人的历史，中国、印度、犹太以及法兰克人的历史。[②] 他似乎还采用了中国朝廷历史编纂所用的系统方法——可能模仿中国王朝实践而形成的伊儿汗宫廷的起居注，构成伊朗后半部分纪事的基础。[③] 相较其不太知名的世界历史，伊本·卡尔敦在著名的《导论》(*Muqaddimah*)中展现出非同寻常的历史视域，[④]这一定程度上可能也是中亚强大势力向全球再度延伸的结果；马格里布的伊本·卡尔敦和中亚河中地区的强人帖木儿在大马士革的著名会面，反映了14世纪伊斯兰政治文化的新高度。[⑤]

结论

453

　　通史只是中世纪西部欧亚大陆的小众口味。证据就是只有相

---

① 保留蒙古传统的必要性，参见 Allsen, *Culture and Conquest*, 85。

② 同上，83 - 102 (quotations on 84)。

③ 同上，100 - 101。

④ Muhsin Mahdi, *Ibn Khaldun's Philosophy of History：A Study in the Philosophic Foundations of the Science of Culture* (London, 1957).

⑤ 两人的会面，参见 Walter J. Fischel, *Ibn Khaldun and Tamerlane：Their Historic Meeting in Damascus, 1401 A. D.（803 A. H.）*(Berkeley, 1952)。

对匮乏的手稿传统供当代编纂从中采撷。很多一神教的文学都是仪式用或解经用的。然而，小众或精英口味并不一定不重要；它可以反映文化的关键方面。通史是中世纪世界不同政治、文化和经济结构的产物。它直接源于古典晚期普遍化的哲学趋势，在罗马帝国基督教和伊斯兰教兴起中达到高潮；这一风格的第一次转变发生在中世纪晚期，起因于 13 世纪蒙古征服所产生的新伊斯兰世界；继而 1492 年欧洲发现美洲新大陆之后发生了更决定性的转变。在君士坦丁和哥伦布之间，从创世到晚近的历史风格始终很流行。这一时期，世界相对容易地被纳入单一叙述中："我们看到的结尾清楚得就像开头一样。"①无限和跨界只发生在精神领域，该领域的事实是几乎所有智识活动的起点。因此，经文解释用人类标准衡量世界寿命，总计只有两百代左右，而贸易和旅行的局限又把地理知识限制在一个被海洋圈定的大陆块。与此相左的其他评估宇宙大小和寿命的方法令人不安，则被置于传统的边缘。

通史记述将某个民族、地方或人物置于整体历史视野当中。既然上帝的意志通过过去的人类代理人施行，因此人们认可，在一定意义上当下仍然如此。在西方和拜占庭，尽管不直接接受王室赞助的历史学家对上帝之城和人间之城的关系有疑问，对王权表现出矛盾态度，但是罗马帝国皈依在基督教传播中的中心地位，还是使君权神授的思想在历史编纂中占据了中心位置。拜占庭的通史比西方更紧密地系于帝国的持久；然而，批评现任统治者成为许多拜占庭文献的特点。在伊斯兰世界，许多通史都蒙君主资助——宗教集团则青睐其他文类。伊斯兰世界也得益于其世界性和国际性特征：除遥远的西北外，该时期持续四处开拓疆界的广大伊斯兰世界，在一定程度上统合了不同的智识传统，能够促成更真实的通史作品。然而东西方的相似性大于其相异性。在三个区域，《圣经》式地记录过去发生的古代历史事件，为当下确立了样板和范式，而且在两者的记述细说中都能看到上帝意志。

---

① Southern, 'Aspects of the European Tradition', 31.

第二十一章　基督教世界和伊斯兰世界的通史：约 700—约 1400 年

主要历史文献

Bal'ami, Abu 'Ali Muhammad, *Tarikh-i Bal 'ami*, ed. Muhammad Taqi Bahar and Muhammad Parvin Gunabadi (Tehran, 1974); trans. Hermann Zotenberg as *La chronique*: *histoire des prophètes et des rois* (Arles, 2001).

Barhebraeus, Gregory, *The Chronography of Bar Hebraeus*, ed. and trans. E. A. Wallis Budge (Oxford, 1932; Piscataway, 2003).

Chronicon Universale—741, 'Monumenta Germaniae Historica, Scriptores, 13', ed. Georg Waitz (Hanover, 1881), 1 - 19.

Freculf of Lisieux, *Chronicorum Tomi Duo*, 'Patrologia Latina, 106', ed. Jacques-Paul Migne (Paris, 1864).

George Synkellos, *Georgii Syncelli Ecloga Chronographica*, ed. Alden A. Mosshammer (Leipzig, 1984); trans. William Adler and Paul Tuffin as *The Chronography of George Synkellos* (Oxford, 2002).

Hermann of Reichenau, *Chronicon*, 'Monumenta Germaniae Historica Scriptores 5', (Hanover, 1844), 67 - 133.

Ibn al-Athir, *al-Kamil fi ʾ l-ta ʾ rikh*, ed. C. J. Tornberg (Leiden, 1851 - 1876; repr. Beirut, 1965 - 1967).

Ibn Khaldun, Wali al-Din 'Abd al-Rahman, *Kitab al -'Ibar* (Bulaq, 1867; repr. Cairo, 1967); trans. Franz Rosenthal as *The Muqaddimah*: *An Introduction to History* (Princeton, 1958).

al-Maqdisi, Mutahhar ibn Tahir, *Kitab al-Bad ʾ wa-l-tar ʾ ikh / Livre de la creation et de l'histoire*, ed. and trans. Clément Huart (Paris, 1899 - 1918).

al-Mas'udi, Abu al-Hasan, *Muruj al-dhahab wa-ma ʿadin al-jawhar*, ed. C. Pellat (Paris, 1966 - 1979); trans. Barbier de Meynard, Pavet de Courteille, and Charles Pellat as *Les praires d'or* (Paris, 1962 - 1997).

Michael the Syrian, *Chronique de Michel le Syrien*, *Patriarche Jacobite d'Antioche（1166 - 1199）*, ed. and trans. Jean-Baptiste Chabot（Paris, 1899 - 1924）.

Otto of Freising, *Chronik, oder, Die Geschichte der zwei Staaten*, ed. and trans. Walther Lammers and Adolf Schmidt（Darmstadt, 1990）.

—— *The Two Cities: A Chronicle of Universal History to the Year 1146 A. D. ,* trans. Charles Christopher Mierow, ed. Austin P. Evans and Charles Knapp（New York, 1966）.

Ranulph Higden, *Polychronicon Ranulphi Higden monachi Cestrensis*, 'Chronicles and Memorials of Great Britain and Ireland during the Middle Ages, 41', ed. Churchill Babington（London, 1865 - 1886）.

Rashid al-Din, Fadl Allah, *Rashiduddin Fazlullah's Jami 'u't-tawarikh/Compendium of Chronicles: A History of the Mongols*, ed. and trans. W. M. Thackston（Cambridge, Mass. , 1998 - 1999）.

Sigeburt of Gembloux, *Sigeberti Gemblacensis monachi opera omnia*, 'Patrologia Latina, 160', ed. J. -P. Migne（Paris, 1880）.

al-Tabari, Abu Ja'far, *Ta' rikh al-rusul wa-l-muluk*, ed. M. A. F. Ibrahim（Cairo, 1961 - 1969）.

—— *History of al-Tabari*, ed. Ehsan Yarshater, various translators, 40 vols.（Albany, 1985 - 2007）.

Theophanes, *Theophanes Chronographia*, ed. J. Classen（Bonn, 1839 - 1841）; trans. Cyril A. Mango and Roger Scott as *The Chronicle of Theophanes Confessor: Byzantine and Near Eastern History AD 284 - 813*（Oxford, 1997）.

Vardan Vardapet, *Hawak'umn Patmut'ean Vardanay Vardapeti*, ed. L. Ališan（Venice, 1862）; trans. R. W. Thomson, 'The Historical Compilation of Vardan Arewelc'i', *Dumbarton Oaks*

Papers, 43(1989), 125 - 226.

Vincent of Beauvais, *Speculum quadruplex*, *sive*, *Speculum maius*: *naturale*, *doctrinale*, *morale*, *historiale* (Graz, 1964 - 1965 〔facsimile edn〕).

Zonaras, Epitome historion, ed. Ludwig A. Dindorf (Leipzig, 1869 - 1874).

—— *The History of Zonaras*: *From Alexander Severus to the Death of Theodosius the Great*, trans. Thomas M. Banchich and Eugene N. Lane (Abingdon and New York, 2009).

参考书目

Brock, Sebastian, 'Syriac Historical Writing: A Survey of the Main Sources', in *Studies in Syriac Christianity*: *History*, *Literature*, *and Theology* (Aldershot, 1992), I.

Brincken, Anna-Dorothee von den, *Studien zur Universalkartographie des Mittelalters*, ed. Thomas Szabó (Göttingen, 2008).

Croke, Brian, 'The Origins of the Christian World Chronicle', in Croke and Alanna M. Emmett (eds.), *History and Historians in Late Antiquity* (Sydney, 1983), 116 - 131.

Donner, Fred M., *Narratives of Islamic Origins*: *The Beginnings of Islamic Historical Writing* (Princeton, 1998).

Genet, Jean-Philippe (ed.), *L'Historiographie médiévale en Europe* (Paris, 1991).

Hillgarth, Jocelyn Nigel, 'L'Influence de la Cité de Dieu de saint Augustin au Haut Moyen Âge', *Sacris Erudiri*, 28(1985), 5 - 34.

Khalidi, Tarif, *Arabic Historical Thought in the Classical Period* (Cambridge, 1994).

Krüger, Karl Heinrich, *Die Universalchroniken* (Turnhout, 1976).

Lozovsky, Natalia, 'The Earth Is Our Book': Geographical Knowledge in the Latin West, ca. 400 – 1000 (Ann Arbor, 2000).

Magdalino, Paul, 'Aspects of Twelfth-Century Byzantine Kaiserkritik', Speculum, 58(1983), 326 – 346.

——(ed.), The Perception of the Past in Twelfth-Century Europe (London, 1992).

Meisami, Julie Scott, Persian Historiography to the End of the Twelfth-Century (Edinburgh, 1999).

Peacock, Andrew, Medieval Islamic Historiography and Political Legitimacy: Bal'amī's Tārīkhnāma (Abingdon and New York, 2007).

Radtke, Bernd, Weltgeschichte und Weltbeschreibung im mittelalterlichen Islam (Beirut, 1992).

Robinson, Chase F., Islamic Historiography (Cambridge, 2003).

Roth, Norman, 'Chronicles, Jewish', in Roth (ed.), Medieval Jewish Civilization: An Encyclopaedia (London and New York, 2003), 157 – 162.

Springberg-Hinsen, Monika, Die Zeit vor dem Islam in arabischen Universalgeschichten des 9. Bis 12. Jahrhunderts (Würzburg, 1989).

Turner, C. J. G., 'Pages from Late Byzantine Philosophy of History', Byzantinische Zeitshrift, 57(1964), 346 – 373.

汪丽红　译　赵立行　校

第二十二章　地方历史

约翰·哈德森

正如地方事务占据了中世纪大部分生活一样，地方史写作也因此在中世纪历史编纂中占据主要地位。但地方历史这一术语和范畴都属于现代，而不是中世纪。而且，即便是作为现代分析范畴，地方历史也会存在问题。什么才算是地方？难道这一范畴应当包括重要的强势公爵领和郡县而不包括弱小的王国吗？难道分析当中应当包括带有地方划分或简要地区要素的民族历史吗？英国的《盎格鲁-撒克逊编年史》主要关注民族事务，但也用许多篇幅描写作为不同文本撰写之地的修道院的事情。这会造成奇特的并列叙述，强调地方和民族的不同看法。因此彼得伯勒（Peterborough）的编年史家如此描写斯蒂芬（Stephen）统治时期的政治分裂：

> 不管在哪里栽种，土地都颗粒无收，因为这些行为彻底毁了土地，而且他们公开说基督和圣徒们都睡着了。诸如此类，罄竹难书，我们因自身的罪过受难 19 年。在举目皆罪恶的时代，马丁院长（Martin）主持彼得伯勒修道院 21 年半零 8 天，活力充沛，为修士和客人提供所需要的一切，在修道院里举办盛大的纪念庆日，尽管如此，还在教堂里操劳，为它处置土地和收入，获得丰厚捐赠并完成封顶，在圣彼得日举行盛大仪式带领他们进入新修道院——那是公元 1140 年。①

———————————

① *Anglo-Saxon Chronicle*, version 'E', *s. a.* 1137, trans. in *English*　　（转下页）

也有一些地方历史记录不只限于本地事件的例子,比如迪诺·康帕尼(Dino Compagni)的佛罗伦萨编年史讲述了教宗和帝国的事件,《布哈拉史》(*Tarikh-ī Bukhara*)讲述了穆盖奈尔起义(al-Muqanna'),一场反对阿拔斯统治的千禧年叛乱。[1] 盎格鲁-撒克逊修士奥多里克·维塔利斯(Orderic Vitalis)开始是要写圣埃弗鲁尔(Saint-Évroult)修道院的历史,却最终编成一部从基督诞生一直到自己所在时代的宽广的《教会史》(*Historia Ecclesiastica*)。[2] 还有一些临时完成或计划完成的著作构成聚焦地方的历史,它们或由独立作者完成,比如马尔姆斯伯里的威廉的《英国主教行迹》(*Gesta pontificum Anglorum*),或几个人共同完成,比如伯纳德·圭(Bernard Gui)发起的多明我修会史。[3]

此外,对地方历史进行描绘,并不限于我们认为是历史的那些著作。[4] 大部分历史保留在圣徒"传记"中,就如历史当中有圣徒传

(接上页)*Historical Documents*,vol. 2:*1042 - 1189*,ed. D. C. Douglas and G. W. Greenaway,2nd edn(London,1981),211. 感谢伊丽莎白·范·霍茨(Liesbeth van Houts)、罗伯特·霍伊兰(Robert Hoyland)和克里斯·吉文-威尔逊(Chris Given-Wilson)给本文初稿提供的意见。

[1] Dino Compagni,*Chronica*,bk. iii. c. 23,ed. Davide Cappi(Rome,2000),119 - 120;*Dino Compagni's Chronicle of Florence*,trans. Daniel E. Bornstein(Philadelphia,1986),85 - 86;以及 *The History of Bukhara*,c. 27,trans. Richard N. Frye(Cambridge,Mass. ,1954),65 - 73. 波斯文和阿拉伯文的文本只有翻译后才会使用。

[2] *The Ecclesiastical History of Orderic Vitalis*,ed. and trans. Marjorie Chibnall,6 vols. (Oxford,1969 - 1980);and Chibnall,*The World of Orderic Vitalis* (Oxford,1984). 关于通史日益地方化,关注 Sibt ibn al-Jawzi;R. Stephen Humphreys,*Islamic History*:*A Framework for Inquiry*,rev. edn(London,1991),240。

[3] William of Malmesbury,*Gesta pontificum Anglorum*,ed. and trans. M. Winterbottom and R. M. Thomson,2 vols. (Oxford,2007). For Bernard Gui 参见 Elisabeth van Houts,*Local and Regional Chronicles*(Typologies des sources du Moyen Age occidental,74;Turnhout,1995),20。

[4] 本文中,我按通常意思使用"历史"和"编年史"这两个词。如果想知道中世纪两者之间的区别以及这种区别的局限性,请参见比如 van Houts,*Local Chronicles*,13 - 14。

因素。① 吉贝尔·德·诺让（Guibert de Nogent）的自传《回忆录》（*Monodiae*）中含有浓厚的地方史色彩。② 特许登记簿就其格式而言可以被当成历史著作，或者说含有记述部分。③ 个别特许状可能也包含地方历史写作成分。阿宾登（Abingdon）修道院历史版本的最初形式就在 10 世纪后期的特许状中。④ 伊斯兰传记辞典是记载地方过去历史的典型文体。

　　我脑中将带着这些问题，开始探寻不同类型地方历史的缘起；它们的架构；作者、作者的素材、语言和风格；写作目的；文献的保存和发展。我区分出三种类型的地方历史，一种隶属教会机构，一种隶属贵族家庭，一种隶属城市。三种类型并不完全分离。教会编年史可能涵盖家族编年史，如北英格兰安尼克（Alnwick）编年史的标题：《安尼克修道院的创立者和支持者系谱》（*Genealogy of the Founders and Advocates of the Abbey of Alnwick*）。⑤ 教会史，特别是那些关注主教教区的教会史可能含

459

---

① 参见如 Samantha Kahn Herrick，*Imagining the Sacred Past*：*Hagiography and Power in Early Normandy*（Cambridge，Mass.，2007）；and William of Malmesbury，*Gesta pontificum*。

② Guibert de Nogent，*Autobiographie*，ed. and trans. Edmond-René Labande（Paris，1981）．

③ 参见如 Robert F. Berkhofer，*Day of Reckoning*：*Power and Accountability in Medieval France*（Philadelphia，2004）；and Jean-Philippe Genet，'Cartulaires，registres et histoire：l'exemple Anglais'，in Bernard Guenée（ed.），*Le métier d'historien au Moyen Age*（Paris，1977），95－138。

④ *Historia ecclesie Abbendonensis*，ed. and trans. John Hudson，2 vols.（Oxford，2002，2007），i．pp. lxxxi-lxxxiii．亦可参见 Marjorie Chibnall，'Charter and Chronicle'，in Christopher Brooke，David Luscombe，Geoffrey Martin，and Dorothy Owen（eds.），*Church and Government in the Middle Ages*（Cambridge，1976），1－17。

⑤ 'Cronica monasterii de Alnewyke'，ed. W. Dickson，*Archaeologia Aeliana*，1st ser. 3（1844），33－44；discussed in Chris Given-Wilson，*Chronicles*（London，2004），83－84. Note also Given-Wilson，'Chronicles of the Mortimer Family，c. 1250－1450'，in Richard Eales and Shaun Tyas（eds.），*Family and Dynasty in Late Medieval England*（Donington，2003），81－101。

有很多城市史成分。① 同样，城市史可能和家族史结合，比如乌尔马·斯特霍默（Ulman Strömer）的编年史，成书于 14 世纪末 15 世纪初的纽伦堡，相当程度上专注于作者家族：它是"一本关于我的家族和冒险的小书"。②

在考察大量文献的同时，我主要通过四部著作考察地方史：12 世纪英格兰拉丁语修道院特许编年史《阿宾登教会史》（*Historia ecclesie Abbendonensis*）；13 世纪早期法国北部的一部同样用拉丁文写成的贵族家族编年史，阿德尔的兰伯特（Lambert of Ardres）的《吉尼斯伯爵史》（*Historia comitum Ghisnensium*）；③迪诺·康帕尼（Dino Compagni）用意大利语写的一部 14 世纪早期佛罗伦萨城市史；以及 12 世纪一部波斯语版本的 10 世纪阿拉伯城市史《布哈拉史》。

超越时空的发展

独立的修道院历史出现于 6 世纪早期。从汝拉省（Jura）的孔达（Condat）和阿格奈（Agaune）修道院演化出《汝拉教父传》（*Vita patrum Iurensium*）和《阿格奈修道院长传》（*Vita abbatum*

---

① 参见例如 the comments of Michel Sot，*Gesta episcoporum*，*Gesta abbatum*（Typologies des sources du Moyen Age occidental，37；Turnhout，1981），46，52。

② 参见 F. R. H. Du Boulay，'The German Town Chroniclers'，in R. H. C. Davis and J. M. Wallace-Hadrill（eds.），*The Writing of History in the Middle Ages：Essays presented to Richard William Southern*（Oxford，1981），445 - 469，at 449 -450。Note also Franz Rosenthal，*A History of Muslim Historiography*，2nd edn（Leiden，1968），157 - 158，on Salih ibn Yahya's *History of Beirut and the Family of Buhtur*.

③ *Lamberti Ardensis historia comitum Ghisnensium*，ed. J. Heller（*MGH Scriptores*，24；Hanover，1879），550 - 642；and Lambert of Ardres，*The History of the Counts of Guines and Lords of Ardres*，trans. Leah Shopkow（Philadelphia，2001）.兰伯特对过去和时代错置感知见 Jean Dunbabin，'Discovering a Past for the French Aristocracy'，in Paul Magdalino（ed.），*Perceptions of the Past in Twelfth-Century Europe*（London，1992），1 - 14，at 13 - 14。

Acaunensium)。8 世纪早期诺森布里亚的比德写了韦尔茅斯（Wearmouth）和杰诺（Jarrow）两地修道院长的传记。9 世纪上半叶出现圣万佐耶（Saint-Wandrille）院长《言行录》（Gesta），从此修道院修史变得越来越普遍。教区历史方面，罗马《历代教宗传》（Liber Pontificalis）出现于 615—630 年之间。6 世纪末，图尔的格列高利的《法兰克人史》（Historia Francorum）末卷包含一部分关于图尔主教的描写。8 世纪末，执事保罗撰写梅斯主教行迹，继而又有多种关于主教的著作。[1]

相当于口传贵族家族史的韵文可能很早就有了，但国王之下的 460 贵族家史最早出现于 11 世纪早期的诺曼底，即圣昆丁的都铎的《第一代诺曼大公行录》。有时候，特别是在中世纪晚期，这类著作就像统治家族历史一样成为一个地区的主要历史。[2]

有关城镇的历史创作，当然出现于 900 年左右的伊斯兰；早期的著作可能很短小，或许已遗失。[3] 如我们所知，基督教世界一些《主教行迹》（Gesta episcoporum）中包含城镇历史。[4] 关注城镇甚于主教的编年史首先出现于意大利。最早的一部城市史真正始于热那亚。该书作者卡斯奇费罗奈（Caschifellone）的卡法罗·迪·卢斯提科（Caffaro di Rustico）12 世纪上半叶开始动笔，1152 年完成献给热那亚市镇。执政官将该书作为官方的城市编年史，开始

---

[1] 此中发展见 van Houts, *Local Chronicles*, 17 - 20；以及 Sot, *Gesta episcoporum*, 13 - 14,16,32 - 33。

[2] 此中发展见 van Houts, *Local Chronicles*, 20 - 24；亦见 Dunbabin,'Discovering a Past', 4, 关于佛兰德斯编年史的兴趣转移见 *Flandria Generosa*, in the twelfth century。

[3] Rosenthal, *Muslim Historiography*, 152 - 172; Chase F. Robinson, *Islamic Historiography* (Cambridge, 2003),139 - 140. Note also *History of Bukhara*, trans. Frye, xi: 'It seems that every large city in the Muslim East had one or more local histories.' 关于前伊斯兰的地方史参见 Rosenthal, *Muslim Historiography*, 151 - 152。

[4] 同样也要注意赞颂城镇的诗歌，其中可能包含历史因素；van Houts, *Local Chronicles*, 25.

由卡法罗本人后来由其他人续编，一直延续到 13 世纪最后 10 年。[1]

没人能全面分析出不同形式地方史的地理分布。在伊斯兰世界，创作地方史是伊朗的典型特色。[2] 而基督教世界，有人提出《主教行迹》(Gesta episcoporum) 是加洛林社会、奥托复兴时期和这些君主家族统治区域特有的文类。[3] 在英格兰，至少在 11 世纪到 13 世纪，修道院结合记述和特许状编写的集子可能在英格兰尤其普遍，原因可能在于从特许状本身孵化出了史学成分。[4] 从 13 世纪之后，开始在德意志、意大利和匈牙利出现贵族家族编年史。[5] 英格兰却明显缺失；当英国贵族家庭需要作为宫廷家谱证据的历史时，他们就利用修道院编年史。[6] 正如所见，伊斯兰城镇创作历史十分普遍，在意大利也传播很快。14、15 世纪德意志创作了许多城镇编年史。[7] 欧洲其他地方的城市史不怎么普遍。在英格兰，伦敦可能是唯一写编年史的城市，第一部编年史《伦敦市长和郡长编年史》(Cronica maiorum et vicecomitum Londoniarum) 作于 1258 年到 1272 年之间，作者可能是布瑞基沃德 (Bridgeward) 的市议员阿诺德·菲茨·泰玛 (Arnold fitz Thedmar)。[8]

461

---

① 参见 Chris Wickham，'The Sense of the Past in Italian Communal Narratives'，in Magdalino (ed.)，*Perceptions of the Past*，173 – 189，at 173。

② 参见 Rosenthal，*Muslim Historiography*，特别是 160—162。

③ Sot，*Gesta episcoporum*，7，and also 33 – 41.

④ *Historia ecclesie Abbendonensis*，ed. Hudson，i. pp. xvii-xviii.

⑤ Van Houts，*Local Chronicles*，23.

⑥ Given-Wilson，*Chronicles*，79 – 85.

⑦ 参见 Du Boulay，'German Town Chroniclers'.

⑧ *De antiquis legibus liber*：*Cronica maiorum et vicecomitum Londoniarum*，ed. T. Stapleton (Camden Society，34；1846). Note also Martin Brett，'The Annals of Bermondsey，Southwark and Merton'，in David Abulafia，Michael Franklin，and Miri Rubin (eds.)，*Church and City 1000 – 1500：Essays in Honour of Christopher Brooke* (Cambridge，1992)，279 – 310；Mary-Rose McLaren，*The London Chronicles of the Fifteenth Century* (Woodbridge，2002).

结构

作者可能选择从序言着手。我所举的 4 个例子，阿德尔的兰伯特的《布哈拉史》序言极长，迪诺·康帕尼的很短，《阿宾登教会史》则没有序言，或者至少没保留下来。地理性描述同样可能出现于著作开头或紧接开头之后。[①] 这类描述可能很长，像不来梅的亚当（Adam of Bremen）的《汉堡教堂诸主教行迹》（*Gesta Hammaburgensis ecclesiae pontificum*）[②]就长达两章，也可能简短，像《阿宾登教会史》现存的第一版："阿宾登山位于泰晤士河北岸，河在那里流经牛津城的桥，不远处山上坐落着同名的修道院。"[③]

接下来通常是编年式的。作者必须选择一个开头，有时可能追溯到与当地无关的遥远过去[④]，或采取普世编年史的形式，[⑤]或选择平淡无奇的开头，比如修道院房舍的建造。在另外的情况下可能需要更多选择。作者有可能回顾对当地或更大区域有意义的事件。因此卡法罗以此为开端："就在远征恺撒里亚（即第一次十字军东征中 1099 年围攻恺撒里亚）之前不久，在热那亚人的城市，开始了为期 3 年 6 位执政的公社（compagna）时期。他们的名字分别是……"克里莫纳（Cremona）的年代记同样从第一次十字军东征开始，而比萨的年代记回溯到 11 世纪早期的海上战役。[⑥] 13 世纪，

462

---

① 亦可参见 Rosenthal, *Muslim Historiography*, 166；以及 Humphreys, *Islamic History*, 238。

② Adam von Bremen, *Hamburgische Kirchengeschichte*, ed. B. Schmeidler (*MGH Scriptores rerum Germanicarum*, 2; Hanover, 1917), 4 - 5; and Adam of Bremen, *History of the Archbishops of Hamburg-Bremen*, trans. Francis J. Tschan with a new introduction and bibliography by Timothy Reuter (New York, 2002), 6 - 7.

③ *Historia ecclesie Abbendonensis*, ed. Hudson, i. 2.

④ 参见同上，i. 232。

⑤ 参见 van Houts, *Local Chronicles*, 15, 28 - 29; Du Boulay, 'German Town Chroniclers', 462.

⑥ Wickham, 'Italian Communal Narratives', 173, 187.

至少在意大利有人不满意这样的开端，于是将历史追溯至特洛伊神话或罗马起源。热那亚最后一位官方编年史作者雅各布·多利亚（Jacopo Doria）就曾加入这样的段落以补卡法罗之不足。①

　　编年史的结构不必由单一线索组成。阿德尔的兰伯特讲述吉尼斯（Guines）伯爵历史一直追溯到早年的阿诺德二世（Arnold II），在叙述如今并为吉尼斯郡的历史与阿德尔领地的历史之前，他回顾了 11 世纪中期，讲述阿诺德四世时期（1148—1176 年在位）阿德尔的领主们。② 14 世纪末在坎特伯雷的圣奥古斯丁修道院，威廉·索恩（William Thorne）重编了托马斯·司伯洛特（Thomas Sprott）的编年史，其中一个目的就是"砍掉多余的旁枝末节"。司伯洛特编年史有两个编年序列，首先按修道院院长的事迹，后按坎特伯雷大主教事迹。索恩按照单一编年序列重新组织了材料。③其他案例中，基本编年格式也可以中断。在康布雷（Cambrai）主教的《行迹》中，第一卷按照编年形式讲述主教事迹，第三卷编写杰拉德（Gerard）主教（1012—1051 年在任）事迹，第二卷却依次讲述各修道院。④

　　四部著作中，最让人费解的是《布哈拉史》。其前二分之一到三分之二的篇幅都关注重要人物、建筑、地产及其特征和历史，皈依伊斯兰等时间事件却没有特别关注。⑤ 该书余下部分更关注军事和政治，这里的编排基本都是编年式的。

　　历史学家是如何建构其编年史的呢？某些修道院著作可能只关注房舍建设。⑥ 其他著作只写作者生活时代发生的事件。自传

---

① 可参见如 Du Boulay，'German Town Chroniclers'，464。

② Note the comments of Shopkow in Lambert of Ardres, *History*, 4.

③ Given-Wilson, *Chronicles*, 86 - 87.

④ *Gesta pontificum Cameracensium*, ed. L. C. Bethmann（*MGH Scriptores*，7；Hanover, 1846），393 - 488. 也要注意不来梅的亚当在《汉堡教堂历史》中描述性的终章第四卷，题为"北方诸岛描述"。

⑤ *History of Bukhara*, c. 20, trans. Frye, 48；关于这一点比较其他伊斯兰文献参见 Rosenthal, *Muslim Historiography*, 169 - 170。

⑥ 参见如 Elizabeth Freeman, *Narratives of a New Order*：*Cistercian Historical Writing in England*, *1150 -1250*（Turnhout, 2002），特别是 125 - 168。

性质的著作确实如此，例如圣丹尼的絮热和格拉斯顿伯里
(Glastonbury)院长布卢瓦的亨利(Henry of Blois)的著作，都讲述
他们如何管理教堂。① 迪诺·康帕尼《编年史》叙述的几乎全部是
他那个时代的事件，他——像其他一些作者一样——允许自己以事
件亲历者的面目出现。② 其他著作，比如布鲁日的盖伯特(Galbert
of Bruges)写"好人"查理(Charles the Good)的谋杀，也可以看作地
方当代史。③ 但更多地方史延展时间长度，至少囊括三代掌权者或
领主，回溯教堂、家族或城市的创立或起源，通常一直讲述到写作
年代。不管是一个家族还是教会的职位，似乎三"代"是此类著作
涵盖的最短期限，原因可能与未成文的记忆所限有关。④

463

　　家史可能从已知最早祖先开始——真实的或者虚构的——虽
然有些作者不得不留下空白，宣布对晚近之前的事一无所知。⑤ 教
堂历史可追溯至其建立，获赠第一块土地，最早建造的房舍，或再
往上追溯建立者家谱。某个奇迹可能标志其创立，如创立者是一
位圣徒，该书开头部分就相当于圣徒传。⑥

　　此后，历史可以采取多种形式。一些按年编排，即在确切年代

---

① *Oeuvres Complètes de Suger*, ed. A. Lecoy de la Marche (Paris, 1865), 151 -
209; 以及 *English Episcopal Acta VIII*: *Winchester 1070 - 1204*, ed. M. J.
Franklin (Oxford, 1993), 202 - 213。

② 参见如 Compagni, bk. ii. c. 7, ed. Cappi, 51 - 52, trans. Bornstein, 38. 记录亦
可参见 Lambert, c. 149, ed. Heller, 638, trans. Shopkow, 186。

③ *Galbertus notarius Brugensis de multro, traditione, et occisione gloriosi Karoli
comitis Flandriarum*, ed. Jeff Rider (Corpus Christianorum continuatio
mediaevalis, 131; Turnhout, 1994); *The Murder of Charles the Good*, trans.
James Bruce Ross (New York, 1959). 也请注意同时代历史维克海姆的评论，
'Italian Communal Narratives', 183; and Du Boulay, 'German Town
Chroniclers', 453. 埃及以事件为中心撰写的历史请见 Rosenthal, *Muslim
Historiography*, 155.

④ 参见如 Dunbabin, 'Discovering a Past', 3. 亦可参见 van Houts, *Local
Chronicles*, 28, on church histories。

⑤ 同上, 35。

⑥ 同上, 28 - 29。

下列举事项。10 世纪阿兹迪的《摩苏尔历史》(*Ta'rikh al-Mawsil*)和蒙斯的基尔伯特(Gilbert of Mons)的《埃诺编年史》(*Chronicon Hanoniense*)就采用这一形式。[1] 克里莫纳年代记大部分由确切年代下短小的事项组成,其他年份则无事项。[2] 正如阿宾登的伍斯特的约翰(John of Worcester)和伯里圣埃德蒙兹(Bury St Edmunds)抄本那样,地方事务也可以被补充进去或加入逐年编排的非地方性编年史的空白处。[3]

代替编年的,可以根据官员或领主来编排。这种形式的历史著作仅仅是评论列表。在伊斯兰,逝于 822 年的哈塞姆·伊本阿迪(al-Haytham ibn ʿAdi)写下了许多著作,基本都是注解不同城市或地区的统治者、法官、军官列表。[4] 基督教世界有主教和修道院院长名录,伴有简单条目,富尔达修道院就是这样。[5] 有时平信徒家谱同样在名录上附有简短的补充信息。[6]

同样风格但体量稍大的编年史通常称某某"行迹"或"事迹"。即使题目中没有出现该词,但依然是《阿宾登教会史》之类著作的典型特征。该书第一卷和第二卷的分界同样证明了其前篇中修道

---

[1] Robinson,*Islamic Historiography*,140;and *La chronique de Gislebert de Mons*,ed. L. Vanderkindere (Brussels,1904).

[2] *Annales Cremonenses*,ed. O. Holder-Egger,(*MGH Scriptores*,31;Hanover,1903),1-21.记录亦可参见如 Du Boulay,'German Town Chroniclers',454.

[3] John of Worcester,*Chronicle*,ed. R. R. Darlington and P. McGurk,2 vols. (Oxford,1995,1998).修道院和主教区历史青睐《行迹》,采用年代记形式,见 *Annales Argentinenses fratrum Predicatorum*,ed. H. Bloch (*MGH Scriptores rerum Germanicarum*,9;Hanover,1907),126-133。

[4] Rosenthal,*Muslim Historiography*,162 - 163;and Robinson,*Islamic Historiography*,140.

[5] *Catalogus abbatum Fuldensium*,ed. G. Waitz (*MGH Scriptores*,13;Hanover,1881),272-274.亦可参见 Sot,*Gesta episcoporum*,15,23。

[6] 参见如 *Genealogiae comitum Flandriae*,ed. L. C. Bethmann (*MGH Scriptores*,9;Hanover,1851),302-304。亦可关注 Dunbabin,'Discovering a Past',3-4. L. Genicot,*Les Généalogies* (Typologies des sources du Moyen Age occidental,15;Turnhout,1975).

院院长任期对全书框架所具有的意义,该分界不是 1066 年诺曼征服,而是 1071 年诺曼底第一位修道院院长的来临。[①]"行迹"方式对主教同样适用,比如洛布斯的海里格(Heriger of Lobbes)和列日的安瑟伦(Anselm)的列日主教史和不来梅的亚当所写有关汉堡大主教的著作。[②] 世俗的历史结构相似,比如阿德尔的兰伯特讲述历任领主事迹,虽然有时根据需要也转向其他事务。[③]《布哈拉史》后面部分围绕某位埃米尔(amirs)的统治架构。[④] 即便历史主要不在于呈现官员事迹,世俗官职也被用来建构时间。卡法罗的热那亚史将执政官任期作为编年史的参考坐标。[⑤]

在伊斯兰,近乎地方史的传记很明确地表现为另一种类型,那就是传记辞典。编写这类传记辞典出于各种目的,其中较突出的是为了赋予那些负责传播传统,特别是宗教传统的人以合理地位。他们涵盖包括城市人群在内的各种类型群体。据估算,13 世纪阿勒颇历史可能多达 8000 页,包括多达 8000 个的传记条目。[⑥] 体量

465

---

① *Historia ecclesie Abbendonensis*, ed. Hudson, ii. 2.《历史》的修订版将 1066 年作为第二卷和第三卷的分界,尽管有些含糊;*Historia ecclesie Abbendonensis*, i. pp. lxix, 370. 12 世纪其他的阿宾登抄本通常称为 *De abbatibus*,同样将院长任期作为框架,最晚从艾森沃德时期开始;*Chronicon monasterii de Abingdon*, ed. J. Stevenson, 2 vols. (London, 1858), ii. 268 - 295. 其他地区以院长行迹形式撰写的历史可参见 Sigebert of Gembloux, *Gesta abbatum Gemblacensium*, ed. G. H. Pertz (*MGH Scriptores*, 8; Hanover, 1848),523 - 542。

② 关于列日参见 *Gesta episcoporum Tungrensium*, *Traiectensium et Leodiensium*, ed. R. Koepke (*MGH Scriptores*, 7; Hanover, 1846),134 - 234. 马尔姆斯伯里的威廉的《英国主教行迹》正是通过描述他对各个教区的处理管治从而架构文章的。

③ 亦可参见如 *Chronica de gestis consulum Andegavorum*, in *Chroniques des comtes d'Anjou et des seigneurs d'Amboise*, ed. L. Halphen and R. Poupardin (Paris, 1913),25 - 73;以及 van Houts, *Local Chronicles*, 36。

④ *History of Bukhara*, cc. 30 - 37, ed. Frye, 77 - 100.

⑤ 参见 Wickham, 'Italian Communal Narratives', 174 - 176,卡法罗的历史在利用执政官任期方面尤其早。亦可关注有关官员任职的正规资料 *Cronica maiorum et vicecomitum Londoniarum*, ed. Stapleton。

⑥ Robinson, *Islamic Historiography*, 68,以及更概括的,68 - 72,140;以及 Rosenthal, *Muslim Historiography*, 150 - 172。

特别庞大又著名的例子就是伊本·阿萨吉尔（Ibn'Asakir）编写的关于大马士革（Damascus）的著作。[①]

地方史，特别是有关教堂的著作，其建构的另一个成分就是收录文献。所选著作中，《阿宾登教会史》采用了这一形式，而从英格兰到波兰都可以发现其他例证。[②] 这类特许状编年史也许可以构成《修道院长行迹》（*Gesta abbatum*）和《主教行迹》传统的分支，当然即便特许状编年史也相当不同，比如文献相对数量不同，讲述不同，包含其他成分例如奇迹的多寡也不相同。[③]

作者

这些著作的作者通常是所描述地区的居民。教堂历史的许多作者系无名氏，为自己的团体提供记录。《阿宾登教会史》的编纂者和修订者都未留下姓名，但前者可能被确定与圣器室有关。[④] 我们从名字上了解到，其他人包括那些曾经是或成为相关修道院院长的人。[⑤] 这些著作包括自传，著名的有上文提到的絮热和布卢瓦的亨利。有少数的女性作者，比如罗斯维沙（Hrosvitha），她编写了有关甘德谢姆（Gandersheim）的韵文编年史。[⑥] 我们已知还有少数

---

① Humphrey, *Islamic History*, 238.

② 波兰的资料参见 Piotr Górecki, *A Local Society in Transition*：*The Henryków Book and Related Documents* (Studies and Texts, 155；Toronto, 2007)。亦可参见 *Cartulaire de l'abbaye de Saint-Bertin*, ed. B. E. C. Guérard (Paris, 1841)；以及 *Historia Compostellana*, ed. Emma Falque Rey (*Corpus Christianorum continuatio mediaevalis 70*；Turnhout, 1988). Note Sot, *Gesta episcoporum*, 20-21。

③ 参见 John Hudson, 'The Abbey of Abingdon, its *Chronicle* and the Norman Conquest', *Anglo-Norman Studies*, 19(1997), 181-202, at 185-187。

④ *Historia ecclesie Abbendonensis*, ed. Hudson, i. pp. xv-xvii, xxxviii.

⑤ 例如中世纪晚期英国修道院历史的署名作者见 Given-Wilson, *Chronicles*, 84。不来梅的亚当便是其中一部《主教行迹》的著名作者。更深入则见 van Houts, *Local Chronicles*, 31。

⑥ 同上。

作者从其他地方被邀请过来编写修道院历史，比如马尔姆斯伯里的威廉为格拉斯顿伯里编写历史。①

　　有些王朝史的作者是俗人，有些则是教士或修士。② 就前者而言，福尔克四世（Fulk le Réchin）创作的安茹伯爵编年史之所以著名，因其作者是领主中的一员。③《吉尼斯伯爵史》（*Historia comitum Ghisnensium*）的作者兰伯特是阿德尔的教堂神父，可能与阿德尔领主存在亲戚关系。由写作风格可推测他在 12 世纪的大学校接受过广泛教育。④ 城市编年史作者可能也是教士或俗人。比如 12 世纪米兰的作者出现了从教士向俗人的转换。⑤ 其他地方，托钵修会神职人员、城镇抄写员和公证员都出现在历史作者当中。进而一群人比如阿诺德·菲茨·泰玛在伦敦、卡法罗在热那亚、迪诺·康帕尼在佛罗伦萨，是重要的城镇俗人和官员。后者是成功的商人，在城市担任几任执政官或其他重要职位。⑥

　　很难说是什么触发了地方史的写作。可能的情形是，比如 12世纪的英格兰，特许状编年史源于某教会意识到文献的效用，便抄写另一个教会的文本。人们也认为，可能大范围的政治分裂推动了历史写作作为保存记录的方式，尽管建立严格的编年联系实际上很难。⑦ 更重要的可能是教会内部冲突。其他还有可能是为了纪念或庆祝某个特殊场合或事件，或至少是由类似事件促成的。乌尔班二世（Urban II）访问安茹号召十字军东征促成了福尔克伯

466

---

① 　John Scott, *The Early History of Glastonbury* (Woodbridge，1981).

② 　参见 van Houts, *Local Chronicles*，39 - 40。

③ 　参见 *Chroniques des comtes d'Anjou*，ed. Halphen and Poupardin。

④ 　参见 the comments of Shopkow in Lambert of Ardres, *History*，2 - 3。

⑤ 　参见 the comments of Wickham, 'Italian Communal Narratives'，181。记录亦见 Du Boulay, 'German Town Chroniclers'，446。

⑥ 　参见 van Houts, *Local Chronicles*，47 - 48；Compagni, trans. Bornstein, pp. xx-xxi。

⑦ 　建议参见 Antonia Gransden, *Historical Writing in England c. 550 to c. 1307* (London，1974)，269。

爵撰写《历史》。[1]《伯尔尼编年史》出于 1418 年阿尔高（Aargaus）胜利后的市政会议。[2]

素材

作者写作使用多种素材。我所举的四个例子都利用了作者个人的知识和经验。他们还使用亲眼所见的所谓考古学或建筑学素材，例如建筑和陵墓。作者还采纳来自传统、老人、旅行者及其他人的口头信息。有些作者给出信息提供者的名字或名单，并对口头证据予以笼统的评论。[3] 其他人则强调信息提供者的立场和权威性。阿德尔的兰伯特尤其强调这一点，他将《历史》中有关阿德尔领主的内容表现为勒克鲁德的沃尔特（Walter of Le Clud）向听众详细讲述的形式："他把右手放在头上，就像老年人常作的那样，用手指头爬梳头发；在我和所有听这件事的人面前张嘴说：……"[4] 不来梅的亚当同样论证瑞典和挪威记录说："关于这些王国，丹麦人很有见识（scientissimus）的国王斯文·艾斯特里森（Swein Estrithson）告诉我，一个月的时间几乎不可能穿越挪威，两个月横跨瑞典不轻松。'我自己查明了这一点，'他说，'截至刚刚，在詹姆士国王治下，我在这些地区战斗了 12 年。'"[5]

此外，作者们使用书面材料。[6] 通常是编年史或其他历史文献，例如家谱或关于同一所教堂、城市或家族的一览表。[7] 因此在 13 世纪的圣阿尔班，马修·帕里斯与 12 世纪中叶某位叫亚当的仓储管理员合作，在《修道院长编年史》中采用或至少在一定程度上

---

① *Chroniques des comtes d'Anjou*, ed. Halphen and Poupardin, 237‑238.

② Du Boulay, 'German Town Chroniclers', 466.

③ 参见 Sot, *Gesta episcoporum*, 26‑27；以及 van Houts, *Local Chronicles*, 41。

④ Lambert, c. 96, ed. Heller, 607, trans. Shopkow, 130.

⑤ Adam of Bremen, bk. iv. c. 21, ed. Schmeidler, 250, trans. Tschan, 202.

⑥ 西格蒙德·迈斯特林（Sigmund Meisterlin）四处旅行进行研究，见 Du Boulay, 'German Town Chroniclers', 468。

⑦ 有关家谱和清单，见例如 Dunbabin, 'Discovering a Past', 4。

重写了一部现已遗失的"古卷"。另一位修士将马修的著作续写到 14 世纪早期,后又被托马斯·沃兴翰接手。[①]《布哈拉史》的波斯语译者同样指出对早期文献的修改:"每当阿拉伯手稿中提及不重要的事项,令人产生阅读疲劳,就不再保留该记述。"[②]

　　不同作者也不同程度地使用其他种类文献。城市编年史作者可能采用城市日记和德意志的"城市之书"(*Stadtbucher*)。[③] 还可以使用圣徒传、文学作品和非本地的地区史。[④] 昂布瓦斯领主的《行迹》和修订版的《阿宾登教会史》同样都采用杰弗里·蒙茅斯的《不列颠诸王史》的内容。[⑤] 其实比较原本和修订版的《阿宾登教会史》,能够很清楚地看到作者或多或少采用了多种文献。修改者而不是原编写者从杰弗里、比德、温彻斯特的沃尔夫斯坦(Wulfstan of Winchester)的《艾森沃德传》(*Vita S. Æthelwoldi*)以及殉教者爱德华《受难剧》(*Passio*)和《传记》(*Vita*)中摘取段落。[⑥]

　　《阿宾登教会史》修订者还在原本基础上添加了更多特许状。[⑦] 如前文所述,教会历史也经常这样添加文献,也可能收录信件或会议记录。[⑧] 其他类型的编年史也收录文献。兰伯特加了两项阿德尔教堂的权利,[⑨] 而《布哈拉史》收录了某份记录中的大量条款。[⑩]

468

---

① Given-Wilson, *Chronicles*,86. 马修采用的一些关于 12 世纪的法律语言表明他对"古卷"进行了改写。

② *History of Bukhara*,c. 1,trans. Frye,4. 亦可参见 *History of Bukhara*,pp. xii-xiii. 纳尔沙希使用的其他资料。深入了解见 Rosenthal,*Muslim Historiography*,154,阿兹迪的《摩苏尔历史》包括从不同的书本当中搜集来的材料。

③ 参见 van Houts,*Local Chronicles*,49。

④ 参见 Sot,*Gesta episcoporum*,18,28 - 29。

⑤ Dunbabin,'Discovering a Past',9.

⑥ *Historia ecclesie Abbendonensis*,ed. Hudson,i. pp. xli-xlii.

⑦ *Historia ecclesie Abbendonensis*,ed. Hudson,i. pp. xliv-xlviii.

⑧ 参见 Sot,*Gesta episcoporum*,49。关于伪造文献收录见同上,28,49 - 50。

⑨ Lambert,cc. 116,137,ed. Heller,617 - 618,631,trans. Shopkow,148 - 149,173 - 174.

⑩ *History of Bukhara*,c. 23,trans. Frye,54.

其余历史提及作者所占有的文献，却不在行文中收录它们。① 作者也可能将研究引入文献，得出自己的历史结论。因《修道院长记》（De abbatibus）知名的阿宾登文本提到 9 世纪院长中有一位厄尔哈德（Ealhhard）。尽管一位不知所属修道院的厄尔哈德院长亲眼目睹阿宾登保存着一份特许状，但其他文献没有提及这位院长。《修道院长记》作者可能利用了该特许状，因此为修道院虚构了一位院长。② 此类解释性研究令我们得出地方史作者的最后一类材料，即他们本人的想象。③

语言和风格

中世纪早期地方史写作使用拉丁文，但从 12 世纪开始拉丁语和俗语地方史编纂共存。④ 伊斯兰世界阿拉伯语和波斯语历史编纂也是如此。《布哈拉史》的第一章就申明："本书以阿拉伯语优雅的风格撰写 332—943 年间的岁月。但多数人对阅读阿拉伯文的书没有什么兴趣，朋友们请我将本书翻译成波斯文。"⑤

作者风格的精细程度各有不同。阿德尔的兰伯特的拉丁文无论形式还是用典都极其老练。⑥ 在英国的文献编年史中，《伊利郡登记册》（Liber Eliensis）使用复杂的拉丁文，而相比之下阿宾登《历史》第一版风格更直截了当。的确，《历史》的修订者清楚地考虑到

469

---

① 参见如 *Compagni*，bk. ii. c. 7，ed. Cappi，51 - 52，trans. Bornstein，38。文献文本的缺失见 *Chronicle of Battle Abbey*，ed. and trans. Eleanor Searle（Oxford，1980），可与其他有些类似的英国修道院编年史相比较。

② *Historia ecclesie Abbendonensis*，ed. Hudson，i. p. xciv；记录亦见 ibid.，i. p. xci 另一份特许状中的一个边界条款提到某个 Abbendun 不在现修道院的位置。

③ 亦可见 van Houts，*Local Chronicles*，35 - 36。

④ 参见同上，《盎格鲁-撒克逊编年史》中的地区因素可视为部分例外。

⑤ *History of Bukhara*，c. 1，trans. Frye，3。

⑥ 参见肖普考的评论，Lambert of Ardres，*History*，2 - 9；例见 Lambert，Prologue，ed. Heller，558。见邓巴宾的评论'Discovering a Past'，10，洛什的托马斯风格见 *Gesta consulum Andegavorum*。

原稿风格太直白,试图使之更精致。①

为了使读者或听众身临其境,作者还使用一些叙述和其他技巧。我举的所有案例都使用了至少是小段的直接演说。《布哈拉史》写到某个村庄的宫殿被毁:"埃米尔伊斯玛仪·萨曼尼(Amir Ismāʿil Sāmānī)召集村民说:'我会拿出 20 000 迪拉姆(dirhams)和木材,并关心重建。有部分建筑仍在矗立。你们将在这个宫殿上造出一座宏伟的清真寺。'"②作者们也会编写更长的演说,有时还适量引经据典,就像阿德尔的兰伯特。③ 作者可能向其中一位亲历者讲话,就像迪诺·康帕尼写道:"哦,多纳托(Donato),命运对你多么不公! 他们先是抓到了你的儿子,你为此付出 3 000 里拉赎金,接着他们又俘虏了你。"④作者可能采用更多其他设计,比如插入梦境得出更多道德说教,篡改叙述顺序。⑤

目的

那么,地方史的目的是什么? 有关这些著作针对的受众,或者他们如何阅读,我们仅有有限的线索。⑥ 明显面向的受众之一是资助人。阿德尔的兰伯特写作至少一部分原因是为了"重新获得资助人吉尼斯的阿诺德(Arnold of Guines)的爱和恩惠"。⑦ 然而,资助人是如何充分地阅读聆听这部著作,以及他关注什么,我们不是

---

① *Liber Eliensis*, ed. E. O. Blake (Camden Society, 3rd ser., 92;1962); *Historia ecclesie Abbendonensis*, ed. Hudson, i. pp. xxxiii-xxxvii, liii-lv.

② *History of Bukhara*, c. 4, trans. Frye, 17.

③ 参见如 Lambert, c. 18, ed. Heller, 571, trans. Shopkow, 66.

④ Compagni, bk. ii. c. 31, ed. Cappi, 81, trans. Bornstein, 58.

⑤ 参见如 *Historia ecclesie Abbendonensis*, ed. Hudson, i. 358 – 360, ii. 328 – 330。关于伊斯兰地方历史中的道德反思和典型故事见例如 Rosenthal, *Muslim Historiography*, 157,伊本·萨斯拉(Ibn Sasra)的著作奠基于大马士革。

⑥ Note Du Boulay, 'German Town Chroniclers', 461,雅各布·特林格(Jakob Twinger)为受过教育的平信徒写作。

⑦ Lambert, Prologue, c. 149, ed. Heller, 557,638, trans. Shopkow, 43,186.

很清楚。当然能读出来的著作都是节略本,《布哈拉史》开头说得很明白,①为了俗人,历史学家的拉丁文写作也许要改写成地方口语版本。② 而且我们也知道哈提卜·巴格达迪在巴格达朗读自己写的书。③

书名可以提供写作目的的线索。中世纪晚期英格兰,伯顿的托马斯(Thomas of Burton)为其著作冠名:"美尔萨(Meaux)修道院编年史;关注其创建和发展,属于它的宅地的获得、失去和受封,与它有关的请求、议程和控诉和其他内容;根据每位院长依次轮流管理该修道院的次序和任期进行讲述。"④但是在考察书名的时候必须牢记手稿之间互不相同,并不必然是作者本人的。比较而言,"序"或"跋"当属于作者,因此尽管其倾向于包括很多"论题"(topoi),但非常重要。阿德尔的兰伯特讲述了各种比较普遍的看法:

> 我知道天下所有的事都如白驹过隙,转瞬即逝,除非用文字记录下来……而且我记得一些著名和杰出的人物,即吉尼斯伯爵,还有阿德尔的领主们,他们的盛名和光辉业绩,因为作家们小小的嫉妒(或也有可能是忽略)几乎完全彻底地——真令人羞愧! ——从一般人记忆里消失了。因此我着手尽我所能,而且就真实的记述证据所能证明的,纪念和撰写那些光荣的、值得尊敬的和必需的内容,以赞美和荣耀那些贵族和他们值得纪念的承继者,我们当代的人也不可或缺,尤其是在你们所有人之上的最可爱的君主和主人吉尼斯的阿诺德,我的工作是为了他。

接着,他以此结束:"我将在合适的时候以及合适的地方插叙

---

① *History of Bukhara*,c. 1,trans. Frye,4.
② 参见 van Houts,*Local Chronicles*,51。
③ Robinson,*Islamic Historiography*,109.
④ *Chronica monasterii de Melsa*,ed. E. A. Bond,3 vols.(London,1866 - 1868),i. 1.

有关教堂创建的资料，即包括吉尼斯的教堂和临近地区的教堂。"①

主题和内容可以进一步揭示写作目的。作者和读者的部分动机可能仅仅是地方性的，可称得上文物研究兴趣。例如，它本身体现在阿德尔的兰伯特对地名的解释和对建筑的描绘中，②他描述了阿德尔城堡的建筑，总结说：

> 神父和领主们，我让你们想起了你们看见且居住的这所房子有关的事情，与其说为您，不如说为那些来自外地与我们在一起的人们。客人和外人无疑不知道这座房子的所有房间，即便自幼在这座房子里长大且继承遗产的许多人也不可能都知道和了解的门、大门、小入口以及窗户的数量。③

此处，自豪和解释的必要，共同促成了这一描述。其他语境中记录类似的细节是为了给朝圣者保留或提供信息。④

471

此外，与中世纪历史写作的其他形式一样，地方史也展示了上帝的事工和干预。⑤指明神恩是使历史主题合理化且增辉的一条途径，这种合理化和美化又是著作的主要目的。例如，在描述主题的缘起时，这一点就表现得很鲜明，描述缘起可用超自然或更实用的措辞。⑥在《朱尔柬历史》(*Ta'rikh Jurjan*)前言中，作者讲了三个关键点：先知住在朱尔柬；词源上该名可以上溯至诺亚后裔约尔

---

① Lambert，Preface，ed. Heller，559，trans. Shopkow，47 - 48. 亦可参见如 Compagni，Proemio，bk. i. c. 1，ed. Cappi，3 - 4，trans. Bornstein，3,5。

② 地方和建筑的名字见例如 Lambert，cc. 57,83，ed. Heller，589 - 590,599，trans. Shopkow，98,116。编年史作者只是为自我满足而写作，同样见例如 Du Boulay，'German Town Chroniclers'，459 - 461。

③ Lambert，c. 127，ed. Heller，624，trans. Shopkow，161。

④ 关注如 Rosenthal，*Muslim Historiography*，164 - 166。

⑤ 参见如 Compagni，bk iii. cc. 1, 12, 37，ed. Cappi，87, 104, 142，trans. Bornstein，63,75,98。

⑥ 后者参见如 *History of Bukhara*，c. 2，trans. Frye，6。

丹（Jurdan）；被伟大的哈里发"欧麦尔·本·卡塔布"征服。① 意大利城市可能会强调它们比罗马还古老，比如提出与特洛伊的关系。② 一些主教辖区追溯使徒起源，其他主教辖区和修道院则寻求王室起源。③ 阿宾登的《历史》第一卷在提到地理位置后立刻说：

> 我们从过去事件的记录得知，一位历史上的人是这座修道院的最初创建者：西萨克森国王齐萨（Cissa）将该地赐给某位亥哈（Hæha），一位修道人和院长，及其叫西拉（Cilla）的姊妹，修建修道院以供奉全能的上帝，同时还为此赐下相当多的款项和财物作为王室礼物，为生活在那里的人们提供生活所需。

家族史则追溯知名先祖，因此兰伯特强调一位姓名显赫，叫作齐弗里都斯或齐格弗里德（Sifridus 或 Siegfried）的丹麦人的重要性。④ 瓦格纳（Wagnerian）也有同样的共鸣，他提及布伦（Boulogne）领主的先祖遵照神意被一只真正神圣的天鹅带到布伦（而不是幻影）。⑤

除起源外，历史的其他方面可能就是展现自豪感。⑥ 14 世纪佛罗伦萨银行家和编年史家乔万尼·维兰尼利用数据论证该城之富庶。⑦ 更普遍的则是对宗教和世俗建筑的兴趣。兰伯特描写吉尼斯的阿诺德用以包围阿德尔的伟大工程，"在吉尼斯以前从未做过也从未见过类似圣奥梅尔（Saint-Omer）那样坚固的伟大工程"。⑧

472

---

① Robinson, *Islamic Historiography*，141；朱尔柬曾是伊朗东北部的一座城市。

② 参见 van Houts, *Local Chronicles*，45 - 46。

③ 参见如 Sot, *Gesta episcoporum*，16 - 17，34 - 35。

④ Lambert, cc. 7 - 11, ed. Heller, 566 - 568, trans. Shopkow, 58 - 61；见肖普考的评论 Shopkow, 26, Dunbabin, 'Discovering a Past', 7。

⑤ Lambert, c. 16, ed. Heller, 570, trans Shopkow, 65；例如见肖普考的评论 Shopkow, 217 n. 72, Dunbabin, 'Discovering a Past', 12。

⑥ 亦可关注 Rosenthal, *Muslim Historiography*，150, on local pride。

⑦ Van Houts, *Local Chronicles*，46.

⑧ Lambert, c. 152, ed. Heller, 640, trans. Shopkow, 190 - 191. 亦可参见如 Dunbabin, 'Discovering a Past', 8 on the *Gesta* of the lords of Amboise.

兰伯特还提到教堂建筑,《布哈拉史》则描述了清真寺。①

　　所有作者都看重过去的名人。家族史着重战功,修道院史强调院长的虔诚。《布哈拉史》记录了伟大的学者伊玛目阿布·哈兹(Khwaja Imam Abu Hafs)的荣耀:

> 　　该地没有与他比肩的人。他是布哈拉受人尊敬的教师之一。他既是禁欲者又是有知识的人。因为他,布哈拉成为"伊斯兰的屋脊"。因为布哈拉人民接受教育,在那里知识得以传播,伊玛目和智者受人尊敬。②

　　地方传记辞典包括了著名学者;反过来,他们学问的正统及所学与先知间的关系又有助于地方政治体制的合法化。③

　　这类著名人物为阅读或听取历史的人们树立了道德楷模(exempla)。④《布哈拉史》第二章关注城市法官,还评论萨义德·伊本·卡拉夫·阿尔-巴尔希(Saʿid ibn Khalaf al-Balkhi):"他树立了公平、公正,且亲近崇高真主子民的榜样,由此完善了法制功能。他用公平和公正创建了良法,使强不凌弱。"⑤乱世和恶人也可提供借鉴,这在迪诺·康帕尼的《编年史》中特别明显,他谴责了派系和错误信仰。⑥

　　教会历史记录先人的另一个原因是其有助于确保礼拜仪式。

---

① 参见如 Lambert, c. 30, ed. Heller, 576 - 577, trans. Shopkow, 76;以及 History of Bukhara, cc. 4,21, trans. Frye, 14 - 15,48 - 52。

② *History of Bukhara*, c. 23, trans. Frye, 56. 亦可参见 Rosenthal, *Muslim Historiography*, 166。

③ Robinson, *Islamic Historiography*, 141 - 142;以及 Rosenthal, *Muslim Historiography*, 166。

④ 亦可关注 Dunbabin, 'Discovering a Past', 7. 洛什的托马斯的教育学见其安茹伯爵《行迹》。参见例如 *History of Bukhara*, c. 23, trans. Frye, 55,其中一个寓意明确的故事。

⑤ *History of Bukhara*, c. 2, trans. Frye, 5.

⑥ 对坏人的谴责可见如 Lambert, c. 18, ed. Heller, 571, trans. Shopkow, 66。

12 世纪英格兰雷姆斯修道院（Ramsey Abbey）的历史名为《赞助人之书》（*Liber benefactorum*）。[1] 15 世纪沃克索普小修道院历史注意记录赞助人埋葬之地。[2] 而且家族史保存了大量的家谱材料，可能是为庆祝仪式准备，也可能是为了防止近亲婚姻，还可能有助于展现潜在联姻的吸引力。[3]

历史，尤其是修道院历史，可以当作法律记录。正如所见，一些收录大量文献的编年史涉及房屋相关权利。例如，圣里基耶的哈利乌尔夫（Hariulf of Saint-Riquier）说为了防止原件毁坏，他收录了文件副本。[4] 有些编年史即便没有收入很多文献但讲述了争端，也可视为主教裁判权豁免等问题的法律记录。[5]

历史通过所有这些方法寻求解释、强化主题并使之合法化。王朝关系中有问题的继承或变化可以讲述得特别温和。以兰伯特讲述吉尼斯伯爵和阿德尔领主之间建立友好关系为例：

> 伯爵向臣服于他的人屈尊其领主身份，而那人不再继续反叛吉尼斯伯爵的老路，在任何地方任何时候都不再耻于尊重他的领主、大人（his prince）和伯爵以及为他应尽的臣下义务……在吉尼斯所有地方，他们之间在尊严上没有差别，只是一个称为伯爵，一个称为领主。尽管在领地之外，伯爵往往被简称为领主，但出于名字的完整性和尊严，他坚称他一直是，人们也

---

[1] *Chronicon abbatiæ Rameseiensis*, ed. W. D. Macray (London, 1886), 3.

[2] 参见 Given-Wilson, *Chronicles*, 81 - 82。

[3] 参见 Dunbabin, 'Discovering a Past', 3. 海量的家谱材料例见 Lambert, cc. 48, 133, ed. Heller, 584 - 585, 627 - 628, trans. Shopkow, 90, 167。

[4] Hariulf, *Chronique de l'abbaye de Saint-Riquier*, ed. F. Lot (Paris, 1894), 2. 亦可参见 Sot, *Gesta episcoporum*, 27 - 28。

[5] 奇切斯特主教和战斗修道院（Battle Abbey）见 *Battle Chronicle*, ed. Searle, 特别是 146 - 210; 以及 Nicholas Vincent, 'King Henry II and the Monks of Battle: The Battle Chronicle Unmasked', in Richard Gameson and Henrietta Leyser (eds.), *Belief and Culture in the Middle Ages: Studies Presented to Henry Mayr-Harting* (Oxford, 2001), 264 - 286。

说是,而且确实是一位伯爵。①

正如这段最后一句所示,历史学家经常写作反驳他人的主张。② 在阿宾登甚至可能产生对抗性的历史写作,《修道院长记》的立场更倾向修道院,《历史》则倾向于修女。③

保存和发展

由于关注点比较具体,所以地方史只保存了少量的手稿。④ 兰伯特《历史》最早版本出自 15 世纪,是其他抄本的基础。阿宾登的《历史》可能存于一份原始的修订本,但是只有一份补充的校订本手稿存世。⑤ 其他,比如安茹伯爵《行迹》,则经常被抄录,抄本更多。⑥

很多地方史都被续写或修订。其主题使续写和修订有必要,其形式——无论年代记还是行迹——则使之易行。城市和教会编年史通常在同一地点续写或修订,但家谱并不必然如此,部分原因在于其地域重心可能不太具体。⑦ 修订可能出于多种原因,比如更新文本至最近时期,根据最近的进展修改早期事件的描述,或改进文本文学质量。此外,获得补充信息也会促成重编。修订安茹伯爵《行迹》的洛什的托马斯(Thomas of Loches)就补录了福尔克二世

474

---

① Lambert,c. 70,ed. Heller,595,trans. Shopkow,108. 亦可参阅如 van Houts,*Local Chronicles*,23 - 24,on historians and the succession to the duchy of Bavaria。

② 这一点在兰伯特那里特别清楚,Lambert,cc. 4,15,101,139,ed. Heller,565,569,610,632,trans. Shopkow,56,63,135 - 136,176。

③ 参见 *Historia ecclesie Abbendonensis*,ed. Hudson,ii. pp. xxii-xxiii. 关于内部冲突与历史写作例如见 Du Boulay,'German Town Chroniclers',456 - 458。

④ 亦可参见 van Houts,*Local Chronicles*,54 - 55. 手稿中保存历史见同上,56。

⑤ Lambert,trans. Shopkow,34;*Historia ecclesie Abbendonensis*,ed. Hudson,i. pp. xv,xxxvii. 亦可参见 Compagni,trans. Bornstein,p. xxvii,*History of Bukhara*,trans. Frye,pp. xi,xiv-xvii。

⑥ Van Houts,*Local Chronicles*,55 - 56。

⑦ 参见 van Houts,*Local Chronicles*,53 - 54;以及 Sot,*Gesta episcoporum*,50 - 52。

未曾掌握的伯爵家谱。[1] 口传证据令阿宾登重新考虑地名起源，还有修道院创建者的身份。《历史》的修订本对修道院创建重新进行了叙述：

> 那时有一位叫做阿本（Abben）的虔诚修士，从爱尔兰来到不列颠，依据信仰布道上帝之言，而圣灵赐予其辩才。一段时间过后，此人来到不列颠最伟大国王的宫廷，那里人们以值得称道的方式接纳了他，他受到大家的衷心尊敬，国王的宠爱令他享有很大特权，因此国王欣喜于他在阿本身上发现了另一位约瑟。而且，作为对其祷告的回报，阿本从不列颠国王那里得到伯克郡（Berkshire）大部分地区。在此地，经过国王和王国律师同意，他愉快地建立了一座修道院，赋予它阿宾登之名，同时暗指他自己和这个地方的名字。从我们同时代人那里可知，根据爱尔兰语言，阿宾登解释为"阿本的房子"；但是根据英格兰语，阿宾登的通常意谓"阿本山"。[2]

该案例包含鲜明的爱尔兰因素，我们这一次发现新的建造故事如何演变为一座修道院。1180 年都柏林大主教劳伦斯·奥图尔（Lawrence O'Toole）在阿宾登待了 3 周。劳伦斯的信徒之一阿尔比努斯·奥姆罗（Albinus O'Mulloy）可能跟随他到了阿宾登。可确认阿尔比努斯是《阿班传》（*Vita of Abbán*）的作者，该书提到圣徒莅临阿宾登。因此劳伦斯的莅临可能就是阿本的故事传到阿宾登的时候，同时启动了对其创建历史的修订。[3] 由此，我们可以以非常中肯的提醒结束本文：中世纪地方史不仅仅是写作的事，无疑还是非常生动的交谈。

---

① Dunbabin, 'Discovering a Past', 7.
② *Historia ecclesie Abbendonensis*, ed. Hudson, i. 234.
③ 同上，i. p. xliii。

主要历史文献

Dino Compagni，*Dino Compagni's Chronicle of Florence*，trans. Daniel E. Bornstein（Philadelphia，1986）.

Historia ecclesie Abbendonensis，ed. and trans. John Hudson，2 vols.（Oxford，2002，2007）.

Lambert of Ardres，*The History of the Counts of Guines and Lords of Ardres*，trans. Leah Shopkow（Philadelphia，2001）.

Liber Eliensis：A History of the Isle of Ely，trans. Janet Fairweather（Woodbridge，2005）.

Tarikh-i Bukhara；trans. Richard N. Frye as *The History of Bukhara*（Cambridge，Mass.，1954）.

William of Malmesbury，*Gesta pontificum Anglorum*，ed. and trans. M. Winterbottom and R. M. Thomson，2 vols.（Oxford，2007）.

参考书目

Given-Wilson，Chris，*Chronicles*（London，2004）.

Gransden，Antonia，*Historical Writing in England c. 550 to c. 1307*（London，1974）.

Linehan，Peter，*History and the Historians of Medieval Spain*（Oxford，1993）.

Magdalino，Paul（ed.），*Perceptions of the Past in Twelfth-Century Europe*（London，1992）.

Robinson，Chase F.，*Islamic Historiography*（Cambridge，2003）.

La storiografia altomedievale，2 vols.（Settimane di studio del Centro Italiano sull alto medioevo，17；Spoleto，1970）.

Sot，Michel，*Gesta episcoporum*，*Gesta abbatum*（Typologies des sources du Moyen Age occidental，37；Turnhout，1981）.

van Houts，Elisabeth，*Local and Regional Chronicles* （Typologies des sources du Moyen Age occidental，74；Turnhout，1995）．

汪丽红　译　赵立行　校

第二十三章　制度史

彼得·罗格

制度史撰写在中国和欧洲形成了显然不同的两条道路,主要因为写史者和其探讨的机构十分不同。中世纪欧洲大多数受过教育的人是职业宗教人士,因其阶级和教育卷入王室或贵族宫廷,而同时期的中国大多数受过教育的人追求学而优则仕。而且无论文学还是算学,中国的教育层次相对高于欧洲和世界其他地方,从而形成一个以微妙又高度体系化方式进行内部交流且与统治者沟通的帝国官僚机构。唐朝(618—907 年)和宋朝(960—1279 年)拥有数以万计的官员,更不用说数量更庞大的吏员,他们在一个靠不间断的文件往来而联系起来的正式等级结构中进行运作。中国之外的政府要小得多,缺乏凝聚力,缺少连续性,文化程度低。即便基督教会内部或相关机构,比如修道院,文化程度通常非常低,对正规机构结构的理解也有限。

中国制度史写作同样与唐朝和宋朝强大的政治议程直接相关。专门的制度史首现于 9 世纪,而最重要的制度史成书于 14 世纪,两者并不同步。在以上两例中,作者都各自在兵燹和政治灾难之后寻求唐或宋统治的合法性。他们所认定的制度史允许作者将所有的改变放到应对新局势所产生的自然演变的叙事之中。军政事件由此被纳入机构传记而不是损害或降低其合法性。机构即便产生了些许变化,也因其合法性而存在。

置身于长达千百年变化的全方位著作,几乎每样改变都是微小的。在中国,王朝的兴衰标志着最大的改变,即便一个王朝内部的重大事件都退居次席。中国制度史的纯粹广度和深度理顺了政治合法性的任何棘手问题,其尺度也允许简化历史和排除挑战作者政治观点的不必要的政治机构,只有重要王朝及其制度史被纳入其中,而那些不合法的或蛮族机构则被排除在外。

中世纪欧洲史学家没有牢牢地把握这些历史功能,但是抽象制度史的力量无疑是存在的,因此制度史写作首先出现于天主教会。不像贵族和王室宫廷,教会不可能声称从其合法源头而来的直线血统传承(尽管某些家族不断提供教宗)。缺少真正的血统传承,使机构要承受会危及或中断许多世系的变化莫测的联姻和出生。但是由于没有与某位合法创立者的实际联系,超出凡人生死的教会的抽象存在,就必须要有理由。于是讽刺的是,教会最初创造制度史的形式是要强调教宗的生平。虽然具有讽刺性,但合理地平衡了中世纪欧洲的个人统治和合法存续概念。列举陆续统治教会的所有合法人名的行为,肯定了统治体系的正确性以及超出血统之外的教会存在的正确性。

这一时期世界其他地区几乎没有可以称得上制度史的存在,中东有一些中心城市的历史。然而我们不清楚在抽象组织意义上一座城市是否可以被看成机构,或事实上是否是某个具体人为的产物。同样,某个特定的教堂或者宗教场所的历史,更多是某地点随着时间推移产生的变化,而不是机构历史。通过排除这类记录和历史,我将制度史定义聚焦到某组织功能和管理的编年描述。我的目的是强调历史编纂的抽象过程,以及强调历史化"制度"这种抽象管理形式的意图。这无意中将下面要考察的内容限定在中国和欧洲,但我相信这仍然是一次有意义的尝试。

将中国和欧洲的制度史写作进行比较是有意义的,因为这强调了这一历史形式的政治价值。教会制度史介于纯粹的世俗和宗教管理叙事之间。从这方面而言,它与中国帝国政府有相似之处,同样呼吁更高的裁断,即天意。然而也不能对此过分夸大,欧洲与中国的历史编纂成熟度处于非常不同的层次,使得任何细节讨论都毫无意义。中国历史学家在任何历史写作领域都远远超前于中世纪欧洲数量稀少的同行。因此,我将重点讨论的欧洲中世纪制度

478

史写作与中国史料分开，同时描绘出所有部分之间的一些联系。

在接下来的第一部分，我将描述多种类型的中国制度史著作，特别是 801 年的第一部作品。继而在讨论 10—14 世纪中国历史的功用之后转向欧洲。包括如何撰写某些事件的一些具体案例。其中一些案例涉及军事。由此可反驳人们的普遍看法，即认为中国文化和历史，尤其是制度史只与内政相关。

制度史的诞生

中国历史写作通常由政府官员完成，无论是职责所系还是个人目的，而且，中国的史家对政府机构总是保持着一贯的兴趣。只有近代，特别是随着西式大学的建立，历史专业才从政府中剥离出来，历史学家脱离了官吏的旨趣。但是中国历史学家的兴趣不止于当时的机构，他们还着迷于机构在以往时代的不同形制，以及那些机构因时而变的方式。该兴趣部分根源于从往昔寻求最佳政府机构的智识传统。孔子极其关心远古三皇五帝时代的统治形制，其他诸多思想家同样关注政府如何进行最优组建和运转的问题，因此机构和体制总是受过教育的中国人关心的重点。

尽管中国早期最伟大的史学家——司马迁在《史记》中辟出章节讲机构，并为接下来 2 000 年的官修史学所延续，但专门的制度史始于 801 年杜佑的《通典》，1149 年郑樵的《通志》予以继承，接下来是 1319 年马端临的《文献通考》。① 郑樵概括了杜佑书中的材料，对制度史增色较少，让我们把焦点集中于杜佑和马端临。同时

---

① 《文献通考》奏之于朝后，马端临的纪念文章写于 1319 年 4 月或 5 月。恩底弥翁·威尔金森(Endymion Wilkinson)错将这个时间作脚注为 1224 年，明显是印刷有误。参见 Endymion Wilkinson, *Chinese History: A Manual* (Cambridge, Mass. , 1998), 524n. 5. 托马斯·李的英雄主义倾向使他试图从郑樵那里得出点有趣的东西，Thomas H. C. Lee, 'History, Erudition and Good Government: Cheng Ch'iao and the Encyclopedic Historical Thinking', in Lee (ed.), *The New and the Multiple* (Hong Kong, 2003), 163 - 200。

期还编纂出独特的制度史形式《会要》，即将政府文件汇编勾勒出某王朝行政体系的发展。[①] 王溥编纂了《唐会要》和《五代会要》。《宋会要》重编于 19 世纪，其现存样式归功于徐松，名为《宋会要辑稿》。[②] 这三部著作所包含的丰富文献证据在档案和其他文献中已经佚失，构成了这一时期所有历史材料的主要来源之一，而不仅仅是制度史。

众所周知，历史写作是中华帝国政府的基本职能。不仅皇帝身边有两位官员负责记录在御前的所有言行，而且宫廷官吏还定期为史馆提供起居注。[③] 第一部历史草稿就是从这些日常记录中诞生的，并且构成了将来下一个王朝撰写前朝历史之基础。撰写刚刚被推翻王朝的正史是证明本朝合法性的途径。首先，这表明它已经获得失败王朝的统治地位以及在那里获得了所有资料；其次，这证实其是中国传统之中文明正统的王朝。修撰历史是政治和文化合法性的基本构成。

然而中国政府保留如此大量的行政管理和历史记录还有非常现实的原因。管理中国庞大的领土和机构，不保存数量庞大的记录是不现实的。欧洲政府由近乎不识字也不识数的官员管理，而中国政府则由广受教育的人构成，往往在管理的专业领域有特长，比如财政。[④] 每个决策都被记录下来以备将来的查询，这不仅是一个王朝内部关注前任皇帝确立的先例问题，而且记录还保证了政

[①] 第一部会要由苏弁和苏冕两兄弟于 803 年编纂而成，但已散佚。参见 Denis Twitchett, *The Historian, His Readers, and The Passage of Time* (Taibei, 1996), 61。

[②] 书是汇编而成的，包括散佚的日录和实录，以及六部和地方监察机构的材料。参见 Wilkinson, *Chinese History*, 810。

[③] 现存有 11 世纪的政治家和史学家司马光所写的起居注片段。参见司马光：《司马光日记校注》，李裕民（北京，1994 年）。

[④] Robert Hartwell, 'Financial Expertise, Examinations, and the Formulation of Economic Policy in Northern Sung China', in *Journal of Asian Studies*, 30：2 (1971), 281–314.

策的有效性和连续性。简单地说,记录是控制系统的一部分,而且 480
每位能吏都知晓这一点。确实,牢牢掌握政府机构框架,就是区分
了纯粹有文化的官员和真正发挥功能的官员。

从公元前 221 年到公元 1911 年,一位皇帝统治中央集权官僚
体制的大体图景不变,但每个王朝的机构大不相同。保留早期名
称但功用不同常常令人困惑。唐朝政府在统治进程中进行了大幅
度改变,但名称并不因此更改。宋朝重建帝国大一统统治后,采用
了官衔与职署双轨制,也就是官员的级别和薪俸与实际职署不直
接对应。某个任命的职位本应由某特定级别的官员担任,但取决
于该职位是否非常有吸引力,或者位于某个非常有吸引力的地点,
可能由某位高级别的官员充任。相反,低于所征召职位的官员可
能充任边远省份不具吸引力的职位。任何官员都不可能在不参考
文书的情况下完全掌握这样一个整体系统。

杜佑决定撰写一部更详细的行政管理著作的动力之一,可能是
由于通过考试体系进入政府的官员数量日益增长。唐朝自始明显
是士族控制官僚体系,将强大的氏族放到了与皇室竞争的位置。
科举教育制度,是通过迫使那些有志于为政府服务的人证明自己
的教育程度,而成为削弱士族势力的工具。即便某人希望蒙祖荫
保留官位,也不得不先证实自己有能力这样做。这为先辈并不显
赫的人们打开了通过科举验证其能力的大门。如果任何士族官员
不忠实或者不听命令,皇帝就有一个非士族的储备库为其服务。
安禄山之乱(755—763 年)几乎彻底摧毁了士族势力,当时叛乱者
的目标特别是要灭亡主要的氏族贵族。政府内部人员发生如此彻
底的变化之后,拥有一部行政管理实践指南尤为关键。

杜佑三任宰相之职,因此对制度史的任务有丰富的经验和理
解。《通典》不仅是一部抽象的历史,更是一部具体的实践指南。
因此,至少针对政府的总体运行,它提供了非政治性地讨论政策的
可能性。相反,官修朝代史沉湎于历史撰述中的政论和惯例。然
而众所周知,写作一部制度史对唐朝历史地位本身具有重要的政
治意义。但同时,对杜佑来说危险的是,一部行政管理指南会被

481 误认为规章制度和法律制度,或支持与道德无关的行政架构。① 因此他不得不在序中将该书置于广义的良治之中:

> 佑少尝读书,而性且蒙固,不达术数之艺,不好章句之学。所纂通典,实采群言,征诸人事,将施有政。夫理道之先在乎行教化,教化之本在乎足衣食。易称聚人曰财。洪范八政,一曰食,二曰货。管子曰:"仓廪实知礼节,衣食足知荣辱。"
>
> 夫子曰"既富而教"②,斯之谓矣。夫行教化在乎设职官,设职官在乎审官才,审官才在乎精选举,制礼以端其俗,立乐以和其心,此先哲王致治之大方也。故职官设然后兴礼乐焉,教化堕然后用刑罚焉,列州郡俾分领焉,置边防遏戎敌焉。
>
> 是以食货为之首,选举次之,职官又次之,礼又次之,乐又次之,刑又次之,州郡又次之,边防末之。或览之者庶知篇第之旨也。③

正如杜佑所言,职官是儒家基本"教化"目标的具体表达,任何较大文化或道德提升的先决条件都是基础的物质财富,④由此他证明以从食货这样看上去有些可疑的兴趣点入手具有合理性。务实482 的治国才能与儒家理念在基础的教育层次上冲突。知识分子研习

---

① 尽管法家的作品与政策有助于公元前 221 年秦朝首次建立起统一的帝国,然而公元前 206 年秦朝灭亡不久后,大部分官员都明确指责政府在思想方面重法治而轻德治的偏颇。毫无疑问,轮到杜佑,他作为一个主流官员是不可能为纯粹的法家思想而与政府争辩的。

② "既富而教"是《论语》第十三章第九条所载轶事的简化说法:子适卫,冉有仆。子曰:"庶矣哉!"冉有曰:"既庶矣,又何加焉?"曰:"富之。"曰:"既富矣,又何加焉?"曰:"教之。"在杜佑之前这个短语的确切成文例证不甚明晰,我所知道的仅有一例,即范晔所著《后汉书》(台北,1999 年)的第 35 卷第 1196 页。

③ 杜佑:《通典》,王文锦等点校 5 卷本,北京,1988 年第 1 卷第 1 页。

④ 然而,孔子却认为取信于民比仓廪充实更重要。参见《论语》当中他对弟子子贡的回答。《论语》,第十二章第七节,谢冰莹编《四书读本》(台北,1995 年)第 198 页。

的文献相当狭窄，其强调有修养之人的正确道德观。即便历史、诗歌和文学等更宽泛的著作，也不能提供任何关于实践管理工具方面的东西。因此官员享有共同的文化和思想体系背景，但除此以外，甚至缺乏用来解决政府政策问题的语言。并不是儒家意识形态一定与务实治国方法发生冲突，而只是教育体系忽略了后者。杜佑在呈现管理指南方面迈出的第一步，就是要将这两者联系起来。

杜佑的序在儒家学问与官吏日复一日的现实考量之间的意识形态鸿沟上搭建起桥梁，但《通典》主体更契合中国知识的学术传统。正如中国典籍和历史的注经传统，《通典》从遵循释经和注经的相关文献中引经据典。中国历史学家深刻意识到政府机构因时而异，早前王朝的机构框架和名称都需要适当的解释。帝国统治要素保持不变的同时，实行统治的方法却不相同。对比前朝机构，不仅解释了当代王朝体制的来由，而且为透视机构整体运转提供了视角。

中世纪欧洲

中世纪欧洲历史撰述的情形相当不同。中国历史学家深刻意识到机构本质上的独立性，以及王朝管理的独特性，在这方面，如《历代教宗传》所体现的，只有教会史家自觉地将制度当作值得讨论的实体对待。欧洲修道院和修会，如果我们认为它们以某种方式独立于教会，也保留了某种制度独立存在的意识，但这并没有拓展为撰写制度自身的历史。负责修道院文档记录，就是要保有所有那些支持该机构主张财产权和特权的文件。修道院的登记簿是现代历史学家极好的素材，但却没有编纂成正式历史。中国宗教机构遵循了同样的做法，往往将帝国赠予的文辞刻在石柱上，突出地展示在该机构的场地上。[1]

----

[1]　例如，少林寺著名的碑文（《唐太宗赐少林寺主教碑》）记载了唐太宗因其汗马功劳而赠地的历史。碑文拓本和翻译见 Tonami Mamoru, *The Shaolin Monastery Stele on Mount Song*, trans. P. A. Herbert（Kyoto, 1990）。

483　　　将《历代教宗传》与中国历史中即便最平庸的作品进行任何比较都是很不公平的。《历代教宗传》是一部不属于某个特定作者的合成之作，几个世纪以来历经数位作者之手逐渐增补而成。它的第一部分可能完成于 5 或 6 世纪，可能只是简单的教宗宗座列表。至于制度史，6 或 7 世纪的一位作者为每位教宗添加了教会仪式活动，一直到 15 世纪后半叶。① 每位教宗因此根据其对罗马教会的贡献而赢得一定程度的尊重。这些贡献几乎都是伪造的，给当代读者留下的印象不像是制度史，而是一部制度虚构史。虽然如此，重要的是，《历代教宗传》表明欧洲人意识到这样一种观念，即因教宗的个人决定，教会仪式会随时变化。

　　《历代教宗传》虚构的历史，努力将罗马主教的首席地位渲染到制度、授神品和建筑工程的编年史中。但不清楚的是，该书的目标受众是谁，或是否真的有这样的受众。负责创作《历代教宗传》的多位作者教育水平不一，对教会历史和仪式的熟悉程度不同。其罗马首席地位的信息可能对罗马教会内部自主交流有用，向神职人员确认和再确认这一"事实"，同时对外部宣传也有用处。它作为文本核心服务于罗马教廷的身份认同。也许它是众多功能交织，以致清晰的目的和显见的学术智慧都没有必要。在制度史语境中这是个讽刺，因为通常撰写制度史就是澄清和解释原本复杂且不清晰的现存制度的办法。

　　修会修规清晰得多地阐明了制度结构，尽管这些修规并非历史。写于 530 年左右的《本笃修规》（*Regula Benedicti*）为体制化的共同宗教生活提供了潜在的组织和宗教基础。它在一些方面与杜佑的《通典》非常相似。本笃在序言中证明修道主义实践是服务上帝乃至达到天堂的方法，由此明确修道生活遵循的广泛架构符合基督教信仰。《通典》白描性地历史叙述了中国政府统治的方式，而《本笃修规》则是规定性文本，规划了修道实践的纪律和守则。

---

① Louis Ropes Loomis（trans.），*The Book of the Popes*（Merchantville, NJ, 2006），p. xvi.

在实用性上，两者功能相似。都为在某些方面偏移从前规定的后续实践提供检验。

将《本笃修规》和《大宪章》(*Magna Carta*)进行对比会非常有趣。像《本笃修规》一样，尽管《大宪章》是规定性的，从功能上说创造了一些制度(议会原型，大臣头衔)，但它最关注的还是明确英王的法律限制。1215年约翰王被迫同意它的条款，但在贵族们离开伦敦之后立即将之否决了。教宗英诺森三世(Innocent III)支持约翰的否决，因为该协定，特别是第61条，规定了一个贵族会议，其权力凌驾于国王之上，国王需向它宣誓效忠，这会实质性地损害约翰的至上君权。教宗反对限制王权，尤其在于它会分化削弱教会在国王之上的宗教权威。1216年约翰去世后《大宪章》得以修改，去掉了包括令人不快的第61条在内的一些内容，于1217年重新颁布。1225年再次修订。然而所有这些文献没有一份自觉讲述从1215年版到1225年版之间的发展过程，更不用说收录1100年亨利一世颁布的《自由宪章》。《大宪章》在宪政法律起源方面的重要性，在于其说明英国政府内部合法权力的等级次序，而不是为权力运用创造体制框架。中华帝国体系无论理论上还是实践当中都从未承认加诸皇帝之上的任何律法限制。

总体而言，很难将《历代教宗传》乃至《本笃修规》纳入制度史撰写轨道。一定意义上，《本笃修规》比《历代教宗传》更接近于制度史，因为它精确描述了一些修会为何和如何按照其实践的方面构建其组织，以及为什么按其特定的方式运作。像《大宪章》一样，《本笃修规》作为欧洲立宪史上最有影响力的形成期文献之一，它极其重要。此后，中世纪欧洲似乎没有称得上的制度史编纂。

即使罗马教会内部，对教会是一种制度的意识也很有限。《历代教宗传》证明某些教会史家认识到教会是以与王室或贵族宫廷不同的方式存在并持续。与短暂的宫廷不同，教会维持了由各宗教/管理部门构成的一个相对复杂的架构，各部门拥有数种权力，但因时而异。短暂的宫廷结构相对不够整齐，更多是书吏层面之上的不正式的职责平衡。惯习的程序和权利，比任何类似官僚体

484

系的东西都更重要，保持得更好，至少会为此而争吵。确实，没有制度史作品，似乎成了中世纪欧洲缺乏真正官僚体系的标志。

中国的政府制度既不是为了证明王朝正统，也不是为了限制君权，政府制度是帝国权力与价值的表达。统治者和大臣的关系存在相当大的争论，而同时在用来控制帝国意识形态的道德基础上，专门从制度角度阐述那些决策并不重要。中国甚至从秦朝（公元前221—前207年）第一次以帝国形式统一中国之前，就偏离了欧洲中世纪的那种封建宫廷。任何有效政府都会维持一个规范的制度结构，留下更重要的问题是谁来担任这些职位。

比较中国和欧洲中世纪的制度史撰写，或比较我们所了解的中国历史上中世纪（750—1550年）的内容，就会使我们面对两个地方完全不同的社会、政府和历史方法。即便最接近制度史的文献《历代教宗传》，无论就其内部设想还是外部设想而言，都更像一部宣传著作，而非严肃历史。《本笃修规》是个非常有力的证据，证明了清晰制度设计所具有的工具价值，与《通典》更为相似。双方主要的不同不是历史与"规章"的区别，而是历史本身的差异：杜佑有几个世纪的制度要解释，圣本笃没有。同样，在《大宪章》中，我们发现列举了政府内部的各种权力和各种关系，其中一些有助于开启后来的规范制度，但只是有限地承认和接受了业已存在的政府架构。因此，杜佑在《通典》上的努力，表现了对历史和制度的成熟理解；而同时欧洲在这两个领域能够进行的有限努力，均处于初级阶段。

10—14 世纪

讨论制度史首先要求制度显示出一定程度的凝聚力和延续性。9世纪中华帝国政府的这些条件就已经被破坏了。杜佑编纂《通典》处于唐朝衰落期，社会还未从安禄山叛乱中恢复过来。黄巢起义（875—884年）等后续混乱结束了唐朝王室的实际统治，尽管直到907年唐朝才正式灭亡。唐帝国灭亡后出现了大小不同的王国,许多都宣称其帝国地位。该时期中国领土上多政权并存的局面,给 10—11 世纪宋朝史家们造成了大量严肃的历史编纂问题。这些问题不仅反复产生,而且被随后 12 世纪的政治事件放大,一直到 1245 年之后蒙古统一中国才得以结束。

制度史是论证宋朝正统性的辅助线。官修中国史基于这样一个理念:即在一定时期只有一个家族或统治者拥有天意,是中国合法的统治者(尽管可能是地区性的)。如果某个家族或统治者失德丢掉天命,天命就传给一位堪配的统治者。这一合法继承,或者说"正统"在一定意义上要求从一个朝代转换到另一个朝代。确实,杜佑也许以这样的方式,通过撰写制度史维护了唐朝继承的合法性。然而宋代的情况就有点不明确了,因为它虽然在兴起的时候征服了一大半的政权,却没能打败北方的契丹辽国。

至于被宋朝征服的其他政权,正统性问题并不特别令人担心。那些政权已经被击败就毫无疑问证明宋朝拥有了天命。通过支持统治中国中央平原的五个系列政权——后梁、后唐、后金、后汉、后周,哪一个政权有充分的理由拥有天命和如何传到宋代手里的历史编纂问题得以解决。在 11 世纪政治家和史学家欧阳修的《五代史记》中这些政权称为"代",剩下的政权则称为"国"。欧阳修的立场被普遍接受,反映在后来的历史和制度史当中,比如我们下面会看到,《文献通考》讨论的是五代的制度史。

宋朝无力将契丹草原帝国赶出十六州(今北京周围地区),如何让人们接受宋朝优于契丹的辽朝就成为历史编纂中的大问题。①历经几年节节失利的战争之后,双方于 1005 年缔结澶渊之盟。澶渊之盟因两个统治王室建立了虚假的亲密关系而省去了谁是实际上的天命之主的问题。马端临在《文献通考》中没有认可这一点,只是简单地省去了关于辽朝制度的一切讨论,从而否认辽主张天命的合法性。他这样做无需担心后果,因为此时辽帝国已亡,而那

_____

① 契丹统治者在定国号一事上几经周折。简单起见,我以"辽"指称时代和政府,但同时仍会对契丹族及其政府进行区分。

486

些有志于维护其天道的人,则可用缺乏资料无法纳入这一冠冕堂皇的理由搪塞掉。比较而言,11 世纪欧阳修在其历史中将辽编进蛮族,引发了直接的外交抗议。同样,当与之有利害关系的前女真金的官员们在正统王朝继承中支持辽的地位时,辽就在蒙元的历史编纂中重新获得了一定的合法地位。

487　　中国制度史编纂包含政治动机,政治动机也以同样的方式影响了历史编纂的诸多方面。现代史学家往往认为制度史是干巴枯燥但必要的研究领域,除了偏爱史料外什么都没有。当然,仅仅是某项制度,即便是政府制度,其发展和演变的简单事实,对某一特定史家而言并不关系到政治。但我们必须牢记大部分中国史家也同时是政府官员。因此,制度史与政治史关系密切。政治史可能因此枯燥,甚至具有管理方面的实际价值,但它们同样也是高度政治化的文献。

现代史学家,甚至前现代史学家也不得不使用后来的历史去编纂前代历史。中国历史最有力也是最值得质疑的一面,就是它不是以未经整理的形式传到现在的。这就是说我们读到的是对自身角色有很强自觉意识的真正历史学家们的著作。我们能够从其再创作的历史中抽取未经加工的文献,却不能读到他们没有进行再创作的文献。

10—13 世纪中国复杂的政治和军事史深刻影响了同时期的所有历史编纂,而不仅仅是制度史。宋、辽、金的官修朝代史编于蒙元差不多同一时期。[①] 14 世纪关于前几个世纪的看法对史学编纂产生了深远影响。同样,11 世纪关于以往制度的看法也影响了史学编纂。与其抽象讨论,我们接下来还不如通过三个特别案例澄清这些问题:高平之战、11 世纪对唐和五代史的建构,以及蒙元对宋辽金史的建构。

954 年高平之战是 10 世纪历史的转折点,直接导致了 960 年

---

① Hok-lam Chan, 'Chinese Official Historiography at the Yuan Court: The Composition of the Liao, Chin, and Sung Histories', in John D. Langlois, (ed.), *China under Mongol Rule* (Princeton, 1981), 56 - 106.

宋朝的诞生。战争期间,被后周皇帝柴荣打败后,步兵和骑兵统领各自指挥的北汉和契丹部队,或溃散或向敌军投降。柴荣不仅将敌军的高级将领斩首,还重组了后周军队,去掉了一大批老弱。后开创宋朝的赵匡胤掌握了数量少战力弱的禁卫军,他提升了该支军队的数量和质量。[1] 这样形成的行政结构坚持到了 1127 年。

488

　　由于宋朝军队源于后周帝国军队,高平之战后施行的管理变化,对有效解释宋朝防御建设为何如此架构以及如何支持了开国皇帝的正统性都很重要。这些改变被《五代会要》和《文献通考》记了下来。[2] 这同样还反映在官修朝代史中。朝代史详细描写了宋朝军队的演变,提供了每支军队的创建日期。[3] 虽然极其错综复杂,但这些资料非常有利于我们从制度的角度理解宋朝军事。

　　同一时期的欧洲军事远没有宋朝军事那么复杂,而且这还不能简单地反映所有中国制度更全面的复杂性。相比唐朝,宋朝政府和军队制度要复杂得多。在 11 世纪,个中原因被认为是纯政治的。这里,我们必须把塑造了宋朝军队的组织演变和众多权宜之计,与后来人认为的构成这些变化的根本原因以及它们对宋朝的影响区分开来。简单来说,11 世纪的历史学家相信唐朝的主要政治和军事问题来自过度军事化的政府,以及将太多军事力量分散到了边境和各藩镇军事统领手里。宋代解决问题的办法就是集中所有权力,无论是民事的还是军事的,以保证文官牢牢控制政府。[4] 虽然

---

[1]　为了更广泛地讨论高平之战,包括战争缘起和重要的人事变动,可以参见 Peter Lorge, 'The Entrance and Exit of the Song Founders', The Journal of *Sung-Yuan Studies*, 30(1999), 43 - 62。

[2]　分别参见王溥:《五代会要》(上海, 1978 年), 12.206;马端临:《文献通考》(北京, 1986 年), 152.1325。

[3]　脱脱(编):《宋史》(北京, 1990 年)。

[4]　宋代政治以"强干弱枝"(Strengthen the trunk and weaken the branches)著称。由于 20 世纪中国历史学家方豪的误解,明代小说《二刻拍案惊奇》中提到的"重文轻武"(Emphasize the Civil, De-emphasize the Martial)的政策常常被错认为是宋朝的,尽管它可以追溯到宋朝。这个错误可见于 Peter Lorge, 'The Northern Song Military Aristocracy and the Royal Family', *War and Society*, 18: 2(2000), 37。

创造了一个更为稳定的帝国，但也削弱了宋朝的整体军事力量。

一直到今天为止，几乎所有后来的历史学家，基本上都接受了有关宋代政府性质的这些制度论。① 然而对于 10 世纪的看法产生于 11 世纪政治对抗时期。《五代会要》编于 10 世纪晚期，而将这一重要的制度和政治事件与展开性记述宋朝结构性军事脆弱相匹配，则是下个世纪的事情。党争在 11 世纪成为宫廷的严重问题，它始于 1005 年澶渊之盟期间 25 年的和平时期以及 1038 年爆发的西夏入侵。11 世纪政治家的政治问题很简单：说服皇帝赋予一位官员或一群官员掌控政府的广泛权力。在没有危机的时候，除了一个平衡的政府严格限制官员的权力外，不需要维护什么。事实上，宋代早期统治者不仅寻求辖制对政府构成直接和明显威胁的将军们的势力，还限制个体文官的权力。

确立政府剧烈改革方案，并因此赋予一位或多位官员完成改革的权力，第一步肇始于对澶渊之盟的攻击。尽管最初似乎是为了良好地解决对现存王朝严重的，甚至某些人错误臆断的现实威胁，很快地，澶渊之盟被攻击成威逼之下缔结的一份羞辱之约。这非常有效地败坏了因澶渊之盟而获得宠信和奖赏的寇准的名声。由于对通过外交手段结束宋辽之战有挥之不去的不安定感，加上寇准打破传统的行为，都为开展政治攻讦提供了绝佳的口实。再者，宋真宗在冲突结束后对朝廷事务越来越不感兴趣，长时间和平到来之时，朝廷里就不再需要寇准这样的人了。

尽管攻击寇准和澶渊之盟容易，但攻击开国皇帝创建的基本制度架构就困难得多了。在某种意义上，争议朝代开创者的行为错误从文化上来说是不可能的。至少从周朝开始，中国就呈现为循环的政治王朝，有睿智、英雄一样的开创者，道德越来越匮乏的继承者；终于，下一个朝代的英雄开创者推翻这些无德的后代。与此同时，在社会的任一方面，孝顺行为都很重要，社会不能接受对其

---

① 英语资料中的最佳例证是王赓武的代表作《五代时期北方中国的权力结构》(*The Structure of Power in North China during the Five Dynasties*)（吉隆坡，1963 年）。

父母和祖先的直接攻击。对皇帝来说更是如此，他不仅是国家之父，更被当作道德楷模。因此名义上开国皇帝的行为都是正确的，无可指摘。政府制度可以说是传到开国皇帝后代手里的章程。

　　然而就是在制度史领域，可以提出进行改变的主张。制度史，至少是制度史的解释，允许官员将朝廷体制描绘为有根本缺陷，不会因此犯批评开国皇帝的叛逆罪。政府结构与其说是一套由开国皇帝建立的章程，毋宁说是根源于因时因地便宜行事而成的系列实践。赵匡胤创建制度史是为了应对之前的问题。这是明智的抉择，但也为整个王朝留下了困难局面。长期看来开国皇帝的决策也并非完全错误，他为将文官精英恰当地置于将军之上奠定了基础。赵匡胤的总体原则正确，而且为宋朝确立了真正的祖制。

　　关于制度的更为复杂的讨论，直至军事危机使得朝廷内部产生危机意识时才开始出现。澶渊之盟后数十年的和平制约了党派政治之害；党派政治当然存在，只是尚未充分发展。1038 年爆发宋夏之战，宋朝军队最初糟糕的表现短暂地打开了改革之窗。庆历新政，有时又被称为小改革，短命且无效。政府的剧烈改变是皇帝带来的，他赋予一小派官员掌控政策，这确实为达成取代皇帝全面控制政府的手段指明了路径。其中欧阳修的参与同样意义非凡，他是政治家、著名的散文家（这只是其众多天赋中的一部分），后来撰写了五代十国史。[1] 事实上，正是得益于欧阳修，我们得到了公认的五代十国的记录。

　　解释 11 世纪制度史的编纂，关键在于欧阳修，如同时代所有其他史学家一样，他是积极参与政治的政府官员。由于编纂了宋朝之前刚刚发生的那一段历史，加之参与了《唐书》的编纂，他直接影响了对宋朝如何以及为何如此发展的理解。这很难是一种中立的立场。欧阳修坚定相信宋朝的文化成就和文官控制政府的正确性。他

490

---

[1]　理查德·戴维斯（Richard Davis）据他自己估计已经翻译了《新五代史》的约百分之七十。参见 Ouyang Xiu, *Historical Records of the Five Dynasties*, trans. Richard L. Davis (New York, 2004)。

把早期阶段的问题明确归因于军人当道。11 世纪的军事问题是宋朝开国皇帝适当妥协的结果：为了内部稳定和总体和平牺牲了一定的军事效力。

欧阳修对 10 世纪中国历史的解释一直保留到了今天，但是并不意味着 10 世纪宋朝官吏也接受他的观点。这样的观点持续存在有三个原因。首先，多数卷入从政治上控制政府争斗的官员们都促成了宋朝军事上脆弱的观点，因为这是说服皇帝赋予某人无争议权力的唯一办法。第二，1127 年女真族人的进攻使中国北方相继失陷，这有效强化了军事脆弱的观点。第三，19、20 世纪中国的历史观批评中国所有朝代，不包括非汉族背景的朝代，都过于关注内政以害军事，并把这种批评深深植入对中国文化的叙述中。最后一点超出当前讨论范畴，因此我将重点放在第一和第二点。

庆历新政虽然未取得什么成就，却为宋神宗（1067—1085 年在位）时期的王安石新政指明了方向。王安石虽然确实在庆历新政数位成员的指导和支持下开始了他的事业，但他的改革计划却让此前的支持者均走向了对立面。王安石劝服皇帝相信他的政治计划可以富国强兵，使宋足以打败辽国并收复十六州。然而我们不清楚这是否是王安石的借口，因为他一再推迟军事行动，或者是否只是因为他没有时间了。但是神宗相信了，让他放开手脚推介一揽子激进新政。新党遭到了以司马光为中心的旧党的反对，旧党却实实在在囊括了宋朝所有活着的文化名流。

很难客观评估王安石对制度的变革。它们遭到激烈反对，政治意味太浓，因此每份现存史料都带有强烈偏见。至少他的一些设计有问题，而且当然也不如王安石预想的那样有效。① 这些改革没有明显改善朝廷的军事命运。1085 年神宗去世，司马光进入政府，彻底取消变法。但是后来的皇帝不仅回归王安石的政策，还禁止旧党执政。当朝廷遭遇了最大的军事灾难，1127 年丢失都城，皇帝

---

① 关于茶马机构的讨论见 Paul Smith, *Taxing Heaven's Storehouse* (Cambridge, Mass. , 1991)。

和退位的太上皇被女真人俘获时,改革派执掌了权力。

在朝廷和多数知识分子的眼里,北方的领土丢给了女真,这进一步加剧了宋朝军事的屡弱。澶渊之盟和收复十六州的失利现在与丢失中国北方领土联系起来。尽管此后一个半世纪边境稳定,但即使到蒙古反过来灭掉女真,宋朝也从未收复中原。郑樵和马端临编纂制度史的环境与杜佑相似,但他们所在朝代的命运极其糟糕,统治家族的正统性存在疑问。蒙古花了半个世纪彻底打败宋,在 1279 年剪灭了宋王室残余。

轮到蒙元史家编纂宋、辽、金的正史了。忠于亡金和宋的人十分关心元对他们王朝的看法。中国被分而治之,因此谁承天命的问题成为首要问题。金认为其根在辽朝,将辽承接天命作为金承天命的重要论据。忠于宋的人同样坚定地认为宋从后周继承天命直至宋结束。元朝据有天命这一点没有疑问,但元朝史学家为之工作的朝廷是蒙古的,而不是中国的。因此他们需要平衡非中国的皇家对天命的申张与宋的强势文化主张。这一平衡仅通过编纂三个朝代的历史,就从历史的角度得以完成了。

但是宋、辽、金的正史难以比较。如果仅考虑可获史料数量而不考虑其他理由,宋朝历史的篇幅应轻松超过辽或金史的十倍。金本身没有编纂辽史,在功能上该历史可以论证辽和金的正统性。辽政府可能从未像宋那样系统性地编写和保存行政文献,被金攻陷后其保存的大部分文献都遗失了。金的幸运在于它的王朝稍晚,遗失的较少。当然,北宋被女真占据都城后也遗失了大量文献,但宋的历史机构成熟庞大得多,足以补编。

真正将宋朝制度史编纂与金和辽分开的,是《文献通考》和《宋会要》所包含的制度史。中国政府制度最有特色的详尽信息,没有什么比科举考试更清楚的了。现代几代学者挖掘这一资源,极度准确地勾画考试内容和实践方面的变化。[①] 宋朝制度史没有哪个

① 最近的例子见 Hilde De Weerdt, *Competition over Content*: *Negotiating Standards for the Civil Service Examinations in Imperial China* (1127–1279) (Cambridge, 2007).

方面像科举考试体系那样得到如此全面的研究。这反映出无论官修私修的所有历史资料，以及现代学者所聚焦的内容，都缘于文人应试者的痴迷。

回到本章开始的问题，中国前现代学者以与现代史家迥异的方法，密切关注政府的制度功能。元代制度史编纂反映了宋朝官吏的两个关切，一是功能性的，二是历史编纂。以唐代杜佑为榜样，马端临考察其能获得的大量史料，精心撰写一部异常详尽的中国政府制度的历史。即便如此，马端临的历史是一种概要，用以解释控制王朝全面功能的各种制度的总体演化和范围。读者因此可以知道传统上这些功能是什么，历史上是如何对待的，到了宋代它们又为何和如何以这样的方式运作。没有对这些进行抽象解释，历史叙述就解释了体系。

《文献通考》的政治意味更浓厚：只有真正正统的王朝有制度史。文明开化的政府为历史目的而编写并保存了官方文献；正统王朝以非正统政府所不能的方式与政府制度史契合。这是杜佑开始撰写独立制度史时的部分意蕴。正确运作的政府证实其正统性。在其前言和将作品献给皇帝的纪念文中，马端临自然而然地将《文献通考》与古代传说中的贤明统治者和杜佑的《通典》相联系。[①] 正如杜佑在书中连接至安禄山叛乱，马端临的著作桥接了从杜佑到宁宗（1194—1224 年在位）的时代，跨越了华北陷落给女真后的分裂，维持了宋朝的正统性。从传说的三皇五帝到宋朝，每项制度都未曾间断地延续着。

结论

中国和欧洲的制度史编纂都是滋生历史错误信息的沃土。对官僚机构的演化进行解释，客观而又枯燥，与这种印象不同的是，对以冷冰冰方式呈现的行政文献进行选择，实则允许史学家形成

---

① Ma Duanlin, *Wenxian tongkao*，3 - 11（自序），13（进文献通考表）。

所选制度始终正统的持续感觉。但其在欧洲没什么发展，因为教会之外几乎没有制度史以这种方式存在。然而即便编纂《历代教宗传》的教会史家教育程度低，也在一定程度上认识到了制度史的力量。尽管很初级但存在。相反，中国长期以来就对制度有兴趣，史学文化高度发达，官僚体制传统充分发展，而且有庞大的受过教育的官员群体在政府中服务。

杜佑的《通典》将制度史从朝代史的整体框架中分离出来，开辟了新天地。他的创新有可能只是灵光一闪的产物。然而抽象的灵感很难证明，从其编纂时间推测有两种可能。一是到 9 世纪初唐朝制度成长演化得十分复杂，需要一些指导。这时不可能再依赖士族世家的一套经验施行不规范的统治，他们集体的身份认同无视具体规章和制度的需求。换句话说，官僚政府的发展超出惯习式管理。更何况，贵族世家不但失势一段时间，而且几乎被安禄山叛乱摧毁。

第二个可能性是杜佑看到了安禄山叛乱半个世纪之后重申唐朝正统性的必要性。他不能在朝廷依然存续的时候编写官修唐史，但是可以创作一部指南，将唐朝与中国以往正统朝代连接起来。他没有去承认唐朝朝廷日益削弱的政权，而是以行政为媒介创作了一部其统治权柄的历史。如果不是秉承天命，唐朝不可能在本可毁灭它的叛乱之后显然继续存在。李唐王室历经政治和军事干扰，作为一个机构继续存在。

两种可能性可能同时存在。当然像杜佑这样的唐朝官吏代表不需要区分这些功能。行政手段具有功能性和象征性。发布命令是政府的工作，也是其正统性的明证。作为宰相，杜佑从服务正统王朝获得史学合法性，并通过善治保持其正统性。那些在唐朝时期进入政府的新阶层是基于所受教育而不是阶级背景，他们为了自身的合法性更仰仗朝廷。唐朝初年，贵族世家将自己，而不是皇家看成中国文化的保持者。安禄山叛乱之后，政府是唯一真正意义上的文化机构。现在官员需要政府，同样政府也需要他们。他们相互的兴趣在政治制度的形式上相交。对这些制度进行补充的

494

人，构成了上溯至三皇五帝的正统政治史中的一部分。

在宋朝，那些通过科举考试获得职位的人向职业官僚阶层的转化，进一步加速并固定下来。宋朝制度与唐朝十分不同，并经历了一系列尝试性的改革、改革、反改革，与唐朝一样，也经历了全面的灾难和重组。马端临创作的时间是14世纪，他发现自己与杜佑的情境非常相似。他仅仅是将杜佑的历史续到宋朝，重申了宋朝的正统性，漠视了辽和金的存在。虽然马端临不能掌控王朝历史的写作，但是他可以而且事实上也把控了制度史的编写，该历史很好地明确了宋是元之前的正统王朝。

制度史编纂需要专业史学家自己意识到庞大的官僚机构、历史和政治正统性之间的联系。这需要某种智识的飞跃，个人识别超越个体范畴的抽象实体。在中世纪欧洲，只是在基督教会有这方面的萌芽，在其他地方并不存在。很少有人具有历史意识，去理解某项制度的存在，或重视撰写其历史所能提供的现实性。但中国的史学家和官吏对此却有深刻意识。杜佑更进了一步，从实用和政治因素出发建构了一部以制度为中心的历史。王溥按序编排的行政文献，同样承担起通常的政府重负，创建正统性和具体制度现实。因此制度的终极命题也许是"我记录固我在"。

主要历史文献

Benedict，Saint，*Regula Benedicti*，trans. Cardinal Gasquet as *The Rule of Saint Benedict*（New York，1966）.

杜佑：《通典》（801年）；王文锦等点校，五卷本（北京，1988年）。

Loomis, Louis Ropes（trans.），*The Book of the Popes*（Merchantville, NJ，2006）.

马端临：《文献通考》（北京，1986年）。

欧阳修：《五代史记》（1072；北京，1974年）；trans. Richard L. Davis as *Historical Records of the Five Dynasties*（New York，2004）.

司马光:《司马光日记校注》,李裕民编(北京,1994 年)。

《唐会要》(北京,1955 年)。

脱脱:《宋史》(北京,1990 年)。

王溥:《五代会要》(上海,1978 年)。

徐松:《宋会要辑要》(北京,1976 年)。

郑樵:《通志》(北京,1990 年)。

参考书目

Chan, Hok-lam, 'Chinese Official Historiography at the Yuan Court: The Composition of the Liao, Chin, and Sung Histories', in John D. Langlois, (ed.), *China under Mongol Rule* (Princeton, 1981).

Hartwell, Robert, 'Financial Expertise, Examinations, and the Formulation of Economic Policy in Northern Sung China', in *Journal of Asian Studies*, 30: 2(1971), 281 - 314.

Lee, Thomas H. C., 'History, Erudition and Good Government: Cheng Ch'iao and the Encyclopedic Historical Thinking', in Lee (ed.), *The New and the Multiple* (Hong Kong, 2003).

Twitchett, Denis, *The Historian, His Readers, and The Passage of Time* (Taibei, 1996).

Wilkinson, Endymion, *Chinese History: A Manual* (Cambridge, Mass., 1998).

汪丽红　译　赵立行　校

第二十四章 王朝史的写作

查尔斯·韦斯特

　　研究王朝史的书写就是要考察一种关键的方法,这一方法被用于将不同的家族概念,包括其概念所承载的丰富含义,逐渐强加到书面历史的记述中去,并通过后者表现出来。其潜在问题的重要性是不言而喻的,因为家族和历史书写的交集涉及两个基本的方法,所有人都通过这两种基本方法来定位自己在世界中的位置:或通过亲属关系,或通过与过去的联系。王朝史的编纂将对家族的忠诚与对过去的敏感相结合,代表着创造一种特殊的而且特别展现的处在内在于社会和游离于社会的夹缝中间的知识形式。①

　　考察亲属关系和历史在不同时间和地点结合的方式,有可能进一步揭示出人类经验中那些重要领域的异同,尤其是揭示出亲属在体现正统政治活动方面所发挥的作用。因此,对这一主题的研究特别适用广泛的比较分析法,本章即在编年和地域上采用比较的视角。本章着眼的重点仍是西欧地区。但是,为了确保适当的比较范围,本章节也会考察拜占庭和中国的文献资料。为了突出比较的成分,文章分析的中心点主要围绕朱密日的威廉、米哈伊

---

① Frank Pieke, 'The Genealogical Mentality in Modern China', *The Journal of Asian Studies*, 62(2003),101‑128,虽然本书107页中表达的主要观点来源于系谱学,但同样也适用于王朝史的编纂。当然,王朝史的书写只是过去与亲属关系交集中的一种,对于这种交集在中世纪欧洲存在情况的更广泛研究,参见 Elisabeth van Houts, *Memory and Gender in Medieval Europe 900 ‑ 1200* (Basingstoke, 1999)。

尔·普塞洛斯和欧阳修三个同时代的具有"王朝史"倾向的史学家进行。虽然,没有任何理由假定他们三人之间或他们的著作之间存在着联系,但是,将三个人并列在一起讨论,可以让我们避免将为一个传统而编制的历史编纂时间表强加于另一个传统的问题,避开中国是否有"中世纪"之类的令人厌烦的讨论。[1] 聚焦于单独的史学家个体也有助于提示我们,王朝史编纂甚或整个历史编纂,只是对个体历史学家的史学实践进行一些有益的提炼而已。

497

西欧的王朝史编纂:一项调查

乍看起来,在中世纪早期(400—900 年)西欧的历史编纂活动中,亲属关系与编写史书远没有得到很好的整合。甚至,生物学意义上的血亲关系的构建也有意识地被避开了。早在我们现在关注的时代之前就在西欧负有盛名的"普世的"或"普世编年史"就是这方面的例子:它放弃了以世系传承为时间顺序的模式,而从末世论的角度出发,支持线性直进的时间观念,将每一年都视为从创世向世界末日进发的一个过程。这些编年史之所以都被视为普世性的,并不仅仅因为其试图使所记录的内容全面,即记载从时间开始到末日的整体历史,而且因为它们记载的历史已经超越了尘世历史的范围,开始从描述整个宇宙的向度来寻找落脚点。[2]

---

[1] Tanigawa Michio, *Medieval Chinese Society and the Local 'Community'*, trans. Joshua Fogel (Berkeley, 1985)是对中国"中世纪"问题的有益讨论,更广泛的讨论参见 Dipesh Chakrabarty, *Provincializing Europe: Postcolonial Thought and Historical Difference* (Princeton, 2000); and Jack Goody, *The Theft of History* (Cambridge, 2007)。欧洲是否有"中世纪"同样具有争议,参见 Timothy Reuter, 'Medieval: Another Tyrannous Construct?' *The Medieval History Journal*, 1 (1998), 25 - 45, 还可以参见 Janet Nelson (ed.), *Medieval Polities and Modern Mentalities* (Cambridge, 2006), 19 - 37。

[2] 有关普世性编年史的基本信息,参见 Sarah Foot, 'Finding the Meaning of Form: Narrative in Annals and Chronicles', in Nancy Partner (ed.), *Writing Medieval History* (London, 2005), 88 - 108;另外,还可以参见本卷安德鲁·马沙姆在本卷第二十一章的研究。

这种宇宙观在中世纪早期如何适用和付诸实践方面有了明显的改变，但这些改变并没有使宇宙观本身受到任何质疑。① 特别是，8 世纪晚期以后大量严格意义上的编年史著作在西欧的快速出现，很容易解释为这种对历史的宽泛理解被广泛传播和运用到对刚刚逝去的历史的解释中，其节奏不再是世代的相继和特定时间序列的更替，而是神的干预，虽然其难以掌控、难以破译，但在塑造人类事务中发挥着决定性的作用。②

当然，中世纪早期历史著作的形式并不仅限于编年史和年代记，有些著作接近于公认的王朝史的编纂形式，如历代罗马教宗的传记合集《历代教宗传》和在其影响下产生的一系列的主教传记。但是，这些著作都无意记述家族或亲属关系。③ 在这一时期，只有在那些描述政治共同体的起源和历史即解释民族起源（origio gentis）的史学作品形式中，才明显和详尽地将家族或亲属关系和历史记述混合起来。④ 在中世纪一些著名的史学家如比德、执事保罗和约达尼斯那里，民族起源著作类型的成功，无疑是因为它与这个时期出现的以民族形成为基础的集体身份认同进程有关，而身份认同正是罗马帝国解体之后西欧社会的典型特征，这些历史著作本身又在这种身份认同的构建中发挥了重要作用。⑤ 在 11、12

---

① 普世性编年史的编纂在 9 世纪的变化，参见 Rosamond McKitterick, *Perceptions of the Past in the Early Middle Ages* (Notre Dame, 2006), 7 - 34。

② 对于编年史的最新研究，参见 Jo Story, 'The Frankish Annals of Lindisfarne and Kent', *Anglo-Saxon England*, 34 (2005), 59 - 109；关于编年史的总体性研究，参见 Rosamond McKitterick, *History and Memory in the Carolingian World* (Cambridge, 2004), 97 - 119。

③ 关于教宗的系列传记，参见 Michel Sot, *Gesta episcoporum, gesta abbatum* (Typologie des sources du moyen age occidental 37; Turnhout, 1981)。

④ 关于民族起源类作品的描述和解释，参见 Walter Goffart, *The Narrators of Barbarian History*, 2nd edn (Notre Dame, 2005)。

⑤ Matthew Innes, 'Land, Freedom and the Making of the Medieval West', *Transactions of the Royal Historical Society*, 16 (2006), 39 - 74. 具有启发性的比较研究和评论，参见 Patricia Ebrey, 'Surnames and Han Chinese Identity', in Melissa J. Brown (ed.), *Negotiating Ethnicities in China and Taiwan* （转下页）

世纪,这种民族起源类型著作的编纂越来越注重统治者的血统或世系以及特定的统治区域,由此,开始不知不觉地走向了王朝史编纂的模式。[①]

然而,这种趋势在中世纪早期就已经隐性存在着。事实上,人们通常认为,完全成熟的王朝史编纂发展于 10 世纪,在 11—12 世纪达到鼎盛,而且,尽管此后王朝史的编纂实际上逐步被边缘化了,但其仍然延续至中世纪晚期(1300—1500 年)。它产生的广泛影响更是不容置疑:一些历史学家甚至认为,王朝史编纂中出现的以家族世系为基础的叙事倾向,可以将历史叙事从前代编年史叙事采用的各种类比启示或概念意含中解救出来,如图尔的格列高利的《法兰克人史》,其特征是人物主题占据压倒一切的地位。[②]

王朝史的编纂之所以在此时出现,与中世纪西欧历史中两种影响巨大的“元叙事”有很大关系。第一个即是统一帝国的政治分裂,尤其是 888 年之后,查理曼所复兴的罗马帝国的分裂,在其后留下了诸多的继承国。持久分裂割据的政治形态的出现,使得当

499

（接上页）（Berkeley, 1996）, 19‐36。对民族起源类型的史学作品在身份认同构建中的贡献的论述,参见 Patrick Wormald, ‘Bede, the Bretwaldas, and the Origin of the Gens Anglorum’, in Wormald（ed.）, *Ideal and Reality in Frankish and Anglo-Saxon Society*（Oxford, 1983）, 99‐129,还可以参见 Stephen Baxter（ed.）, *The Times of Bede*, 625‐865: *Studies in Early English Christian Society and Its Historian*（Oxford, 2006）, 106‐134.

① Alheydis Plassmann, *Origo gentis*: *Identitäts-und Legitimitätsstiftung in früh-und hochmittelalterlichen Herkunftserzählungen*（Berlin, 2006）.

② Gabrielle Spiegel, ‘Genealogy: Form and Function in Medieval Historical Narrative’, *History and Theory*, 22(1983), 43‐53; and Spiegel, *Romancing the Past*: *The Rise of Vernacular Prose Historiography in Thirteenth-Century France*（Berkeley, 1993）, 224‐225. 斯皮格尔的观点是对埃里希·奥尔巴赫观点的发展, Erich Auerbach, *Mimesis*: *The Representation of Reality in Western Literature*, trans. Willard Trask（Princeton, 1968）;还可以参见 Joaquin Martinez Pizarro, *A Rhetoric of the Scene*: *Dramatic Narrative in the Early Middle Ages*（Toronto, 1989）。关于家族世袭作为一种思维方式的论述,参见 Kilian Heck and Bernhard Jahn（eds.）, *Genealogie als Denkform im Mittelalter und Früher Neuzeit*（Tübingen, 2000）。

代历史与从世界的角度出发的神意历史的结合变得更加复杂，因此结果不如人意。虽然，哲罗姆创建的普世编年史范式能够运用平行栏目记载同时代各个帝国的命运，追溯它们融入罗马帝国的历史，而且这种编年史技巧也能直观地展现如何由分裂走向统一，但是，当没有一个统一的政治史可遵循时，这就不再合情合理，或者不能用图形来表示了。①

第二，这种分裂的全新的政治秩序，与强大权贵家族的政治功绩密切相关。一个著名的论点把这种新的政治形态的出现，与公元1000年左右的几个世纪中家族意识开始更多强调纵向的父子传承联系起来，比较而言，中世纪早期更加强调开放的、横向的血缘共同体。尽管这个模式已经细致入微而且变得越来越复杂，但是将新的家族结构和政治结构相结合，仍然会保持相当的解释力；而且，把新的发展与新的历史编纂类型的成长联系起来，并不算很大的跨度。②

朱密日的威廉的历史著作提供了一个范例。③ 威廉是塞纳河

---

① McKitterick, *Perceptions of the Past in the Early Middle Ages*, 14 - 15. 更为广泛的研究参见 Anthony Grafton and Megan Williams, *Christianity and the Transformation of the Book：Origen, Eusebius, and the Library of Caesarea* (Cambridge, Mass. , 2006)。

② Karl Schmidt, *Geblüt, Herrschaft, Geschlechterbewusstsein：Grundfragen zum Verständnis des Adels im Mittelalter* (Sigmaringen, 1998)；最新的更为细致的研究参见 Constance Bouchard, *Those of My Blood：Constructing Noble Families in Medieval Francia* (Philadelphia, 2001)； and Joseph Morsel, *L'aristocratie medievale：la domination sociale en Occident (Ve-Xve siecle)* (Paris, 2004)。概要性的总结参见 Janet Nelson, 'Family, Gender and Sexuality in the Middle Ages', in Michael Bentley (ed.), *Companion to Historiography* (London, 1997), 143 - 165. 关于新的历史编纂类型，参见 Georges Duby, 'French Genealogical Literature', in Duby, *The Chivalrous Society*, trans. Cynthia Postan (London, 1977), 149 - 157。

③ *The Gesta Normannorum Ducum of William of Jumièges, Orderic Vitalis and Robert of Torigni*, ed. and trans. Elisabeth van Houts, 2 vols. (Oxford, 1995). 另外还可以参见范•霍茨介绍性的评论 Leah Shopkow, *History and Community：Norman Historical Writing in the Eleventh and Twelfth* （转下页）

谷地带一所著名修道院的僧侣,其与当地的公爵有着密切的联系。这一地区从 10 世纪开始便逐渐成为了斯堪的纳维亚人侵者的文化殖民区,很快演变成了大家所熟知的诺曼底(北方人的土地)。诺曼底的维持与自治主要依靠其领导者的天赋,他们在 11 世纪中期取得了公爵爵位。大约在 1066 年左右,威廉着笔写作《诺曼公爵史》(*Gesta Normannorum ducums*)。这部作品涵盖的范围非常广泛,记述了从人们公认的 10 世纪早期诺曼底的建立者维京人罗洛(Viking Rollo)一直到威廉同时代的威廉一世公爵("征服者"威廉)。从某种意义上说,本书是一系列传记的集合。威廉的历史将每一位诺曼公爵最重要的功绩都用一卷的篇幅记载下来。但威廉编纂本书的整体框架非常明显地体现了其意图,即描述一个家族的世系传承,这种目的非常容易实现,因为所有公爵都相互有关系。

500

　　然而,威廉对诺曼公爵家族史的记述不需要从零开始,因为在他之前,生活在 11 世纪的圣昆廷主教都铎已经编纂了一部诺曼人史,威廉的著作正是在这部作品的基础之上创作的。都铎也因此成了首位促使从着眼民族起源角度编史转向王朝史编纂的历史学家。而威廉对都铎作品的修正凸显了这 50 年间民族史向王朝史编纂的进一步转变。[①] 在威廉的作品中,他缩减了都铎著作中关于诺曼底的维京起源的篇幅,即压缩了前诺曼公爵时代或诺曼人处于公社时代的历史,同样公爵与前基督时代祖先的联系也被压缩了。威廉比都铎更关心从一个公爵到下一个公爵的世袭问题,这有时会受到外部的觊觎者,主要是法国国王的威胁。威廉的历史详细叙述了公爵联姻恰当与否,而且只提及"嫡生的"孩子,反映了

(接上页)*Centuries* (Washington,DC,1997),特别是 ch. 2. 关于对威廉本人的最新研究参见 David Bates, 'The Conqueror's Earliest Historians and the Writing of His Biography', in David Bates, Julia Crick, and Sarah Hamilton (eds.), *Writing Medieval Biography 750 -1250* (Woodbridge, 2006),129 - 141.
①　关于都铎转向王朝史编纂的论述,参见 Plassmann, *Origo gentis*, 264,370 - 373.

11 世纪诺曼公国显著的王朝性质。①

事实证明,威廉对都铎著作的修订本比最初的版本更受欢迎。威廉著作的流行体现在 12 世纪出现的修订本,其编纂者是两个盎格鲁-诺曼僧侣,奥尔德里克·维塔利斯和托里尼的罗伯特(Robert of Torigni)。② 托里尼的罗伯特的续编和修改,在 1151 年他写给当时一位刚刚崭露头角的历史学家圣塞纳里的僧侣热尔韦斯(Gervaise of Saint-Céneri)的信中进行了很好的说明,他建议热尔韦斯要多关注家族、血统和继承的问题。罗伯特不仅提醒我们王朝史著作直接关涉政治问题,而且他强调通过他们的作品所能积累的材料优势。③ 罗伯特的修订本在威廉原始文本的基础上增加了更多的王朝史材料,强调有多少权贵家族与公爵联系密切。④

正如我们从其他的记述中所了解的那样,王朝史著作同样是在与统治宫廷密切的联系中创作的。11 世纪 90 年代,有一个安茹伯爵甚至给自己写作了历史,都铎的类王朝史著作都是在公爵家族成员的直接委派下编纂的。⑤ 尽管没有任何特定的证据证明,威廉一开始对都铎著作的重修是出于委任,但仍然有一些迹象表明,这部作品在创作的过程中受到一些权贵赞助人的关注。在 1066 年诺曼征服之后,威廉匆忙修订了自己的作品,这不单单可以合理地解释为一种证

501

---

① 参见 van Houts, *The Gesta Normannorum Ducum of William of Jumièges*, p. xxxviii. 关于诺曼公国的王朝特征,参见问题的提出者埃莉诺·瑟尔的论述,*Predatory Kinship and the Creation of Norman Power*, 840 - 1066 (London, 1988)。

② 范·霍茨(van Houts)的 *The Gesta Normannorum Ducum of William of Jumièges* 又对本著作进行了编辑。

③ Shopkow, *History and Community*; and van Houts, *The Gesta Normannorum Ducum of William of Jumièges*, p. lxxix.

④ Elisabeth van Houts, 'Robert of Torigni as Genealogist', in Christopher Harper-Bill, Christopher J. Holdsworth, and Janet Nelson (eds.), *Studies in Medieval History Presented to R. Allen Brown* (Wolfbero, 1989), 215 - 233.

⑤ 关于富尔克的《安茹史》(*Fragmentum*)的最新研究,参见 Jane Martindale, 'Secular Propaganda and Aristocratic Values: The Autobiographies of Count Fulk le Réchin of Anjou and Count William of Poitou, Duke of Aquitaine', in Bates, Crick, and Hamilton (eds.), *Writing Medieval Biography*, 143 - 160.

据,证明威廉为了学术的原因想要更新自己的历史,因为威廉还暗示,作品的修订其实是受人之命,而且,整个作品也献给了"征服者"威廉。①

后续继任的公爵们、盎格鲁-诺曼国王们(尤其是亨利二世)以及其他人都对都铎创立和威廉加工的编纂范式保留着巨大的兴趣。但是,在12世纪末,托里尼的罗伯特开始将主要精力转向编年史的创作,其对威廉著作的修订工作既没有完成,也没有广泛传播开来。威廉的王朝史编纂模式似乎在此时失去了在盎格鲁-诺曼宫廷中占据的优势地位。至于其中缘由,最令人信服的解释是,这种史学编纂模式已经不再适合描绘盎格鲁-诺曼和安茹王朝日益庞杂的政治体系。而当诺曼公国和英格兰王国落入不同的统治者手中时,盎格鲁-诺曼的国王们越来越清晰地认识到自己身处一个大帝国,而诺曼只是其中的一个组成部分,对诺曼的依附性开始不可避免地变弱时,这种史学编纂模式的缺陷就显得更严重了。②

王朝史编纂在这一特殊背景下的失宠,远甚于反过来在其他地方的不断壮大。一些在政治上相对不太重要的家族开始日益青睐这种史学编纂类型,最好的例证就是与南部和北部德意志的威尔夫家族有关的大量资料:确实威尔夫家族非常强大,但从来没有像诺曼公爵或国王们那样获得政治独立。在12和13世纪,在威尔夫宫廷中和围绕宫廷逐渐产生了大量文本,它们以不同的形式详细记载了威尔夫家族的历史。③ 这种已经不适用于描述源于罗洛的跨国公爵们的王朝史编纂模式,却在描述这种具有牢固政治结构的(尽管并非静态的)小公国时保持了它的价值。

诸如此类文本的作品实际上即将成为中世纪晚期,特别是14世纪以后神圣罗马帝国的特色,反映着诸多权贵家族在这个松散

---

① Elisabeth van Houts, 'Historical Writing', in van Houts and Christopher Harper-Bill (eds.), *A Companion to the Anglo-Norman World* (Woodbridge, 2003), 103 – 121.

② 同上。关于此时政治的研究参见 John Le Patourel, *The Norman Empire* (Oxford, 1976)。

③ 对威尔夫家族及其家族史的论述,参见 Bernd Schneidmüller, *Die Welfen —— Herrschaft und Erinnerung* (Stuttgart, 2000)。

502 的政治结构中为确立自己的地位而进行的各种斗争。这些文本不仅证明了某个家族对某个地域的统治权,而且证明了体制本身的合法性。[①] 最初,这一史学编纂类型与这些家族建立的修道院有关,11世纪埃佐尼德斯家族（Ezzonids）的历史就是在布劳魏莱尔（Brauweiler）修道院记载的,虽然,这一家族也经常直接通过其他形式如绣花挂毯来表现王朝的庆典活动,[②]但是,贵族血统开始越来越由君主的宫廷自身撰写,其中穿插进关于家族故事的叙述,有时甚至会从创世写起。这些文献的编纂并不是神圣罗马帝国所仅有的:虽然,弗莱芒人阿德尔的兰伯特于1200年编纂的有关阿德尔和吉尼斯家族的史著也许是所有的中世纪王朝史著作中最有名的,但是在盎格鲁-诺曼王国内的人们也创作了类似的作品。[③]

从12世纪开始,同样是在神圣罗马帝国外部,用俗语写作的王朝史著作大量出现,主要是用各种形式的古法语写成,不同寻常地

---

① 彼得·约翰内克的文章对此进行了丰富的调查研究。Peter Johanek, 'Die Schreiber und die Vergangenheit: Zur Entfaltung einer dynastischen Geschichtsschreibung an den Fürstenhöfen des 15. Jahrhunderts', in *Pragmatische Schriftlichkeit im Mittelalter: Erscheinungsformen und Entwicklungsstufen* (Munich 1992), 195 - 209。

② 例如,11世纪晚期哈姆兰德的阿德拉（Adela of Hameland）编织的龙挂毯,参见 Reuter, *Medieval Polities*, 142。关于家族庆典活动更广泛的历史背景的介绍,参见 van Houts, *Memory and Gender in Medieval Europe*。关于布劳魏莱尔修道院建立情况的论述,参见 Jonathan Rotondo-McCord, 'Locum sepulturae meae ... elegi: Property, Graves, and Sacral Power in Eleventh-Century Germany', *Viator*, 26(1995), 77 - 106。

③ 关于阿德尔的兰伯特可以参见本卷约翰·哈德森在22章的研究。有关盎格鲁-诺曼贵族的王朝史书写参见 Peter Damian-Grint, *The New Historians of the Twelfth-Century Renaissance: Authorising History in the Vernacular Revolution* (Woodbridge, 2000)。兰伯特名声的建立主要归因于乔治·杜比在其著作《中世纪的婚姻》中的凸显,参见 Georges Duby, *Medieval Marriage: Two Models from Twelfth-Century France*, trans. Elborg Foster (Baltimore, 1978). 关于英国的更新的例子参见 Gudrun Tscherpel, *The Importance of Being Noble: Genealogie im Alltag des englischen Hochadels in Spätmittelalter und Früher Neuzeit* (Husum, 2004)。

远离了作为宗教和信仰真理语言的拉丁语，无论就其内容解释和可读性都有重要意义。朱密日的威廉的历史又一次成了史学家们效仿的典范。即使其与王国的政治关联已经消退，威廉的文本仍然被改编成了盎格鲁-诺曼王国的诗歌。诺曼作家韦斯于 1175 年创作的《罗洛传奇》(*Roman de Rau*)便是这种改编的首例。[①] 韦斯在其作品的前言《追溯的编年史》(*Chronique Ascendante*)中，综合了威廉的故事，甚至更进一步强调了王朝：读者的思路被韦斯推动着顺着时间的轨道向前回溯，韦斯从与他同时代的诺曼国王也是他的资助人亨利二世开始写起，并把他的血统一直追溯到罗洛。韦斯转而运用俗语，说明他心中考虑到了听众，就我们对中世纪文学类型的研究可知，这大大拓展了潜在的听众面。

　　威廉还为另一部由"贝蒂讷的匿名者"(Anonymous of Béthune)创作于 13 世纪 20 年代的俗语史著《诺曼公爵和英格兰国王史》(*Histoire des ducs de Normandie et des rois d'Angleterre*)提供了灵感。[②] 这是一种不同的改编，如同当时的许多其他改编一样，其用的是散文体。这一进展受到一种新观念的启示，即诗歌本质上是一种虚构的媒介，所以不适合用于历史编纂。尽管事实上，这些散文形式的再创作作品包括了改编自维吉尔的诗作和《罗兰之歌》(所谓伪特平编年史)的内容。[③]

　　虽然，俗语译本的出现暗示着读者转而为社会底层的群众，但是被改编成诗歌或散文却大都有效提升了王权。[④] 韦斯利用史诗的形式改编的威廉的史著就是如此，尽管它受国王(亨利二世)的

503

----

①　Wace：*The Roman de Rou*，ed. Anthony J. Holden，trans. Glyn S. Burgess，notes by Elisabeth van Houts (St Helier，2002)。

②　Spiegel，*Romancing the Past*，224 - 236。

③　关于俗语史著的论述，参见本卷理查德·布里格斯在 19 章的研究。

④　关于俗语散文史学编纂的兴起以及原始手稿证据所表现出来的复杂性的论述，参见 Gabrielle Spiegel，*Romancing the Past*. 关于皇族的自我意识的研究参见 Andrew Lewis，*Royal Succession in Capetian France：Studies on Familial Order and the State* (Cambridge，Mass. ，1982)。

委托,意在供贵族消遣。不过,这一观点最典型的体现还是要数 13 世纪编纂的《法国大编年史》。这部作品基于法国各位国王的承袭,以及当时所有最著名的散文体方言的王朝史著作,本部著作在中世纪晚期取得了巨大成功,虽然它具有非常强烈的保皇党倾向,但还是在很多贵族家庭中被传抄使用,也许在一定程度上有助于王权的稳固复兴。

类型问题:中世纪早期西欧文本

上述内容,对当前研究西欧王朝史编纂兴起的正统论点进行了总结:它产生于适应政治共同体历史以反映新政治现实的文本,它为西欧新王朝所提供的历史不断增多,而且经历了从拉丁文首先向俗语诗体继而向散文体的转变。这一章节剩下的部分主要是想将这一画面与在中国和拜占庭发现的史学编纂传统进行比较,勾画出我从这些比较中获得的一些启示。

但是,我们首先应当花点篇幅,重新认真考察一下中世纪早期、中期和晚期上述历史编纂之间的差别。正如上述我们所讨论的,中世纪早期并没有产生严格意义上的王朝史著作,其特征是如约达尼斯的《哥特人史》那样与描述民族起源的史著相混合,像图尔的格列高利的《法兰克人史》一样,突出系列的戏剧性事件而没有清晰的历史情节,以及普世性年代记与编年史。因此,违反这一背景而对王朝史编纂的兴起进行的传统解释,是一种基于风格和形式分类的论证。但是,如果对这些分类进行细致考察,对它产生怀疑和肯定都非常容易。我们如果采用新近提出的关于王朝史的定义,认为王朝史编纂就是"其组织原则为一系列统治者的统治或者一个家族的世代",那么,我们就必须尝试超越其外在的形式,而去鉴别其内在逻辑。①

504

---

① 对"王朝史"的定义,参见 Leah Shopkow, 'Dynastic History', in Deborah Deliyannis (ed.), *Historiography in the Middle Ages* (Leiden, 2003),217-248, at 217 n. 1.

因此,当前许多讨论中世纪历史编纂的著作,强调其潜在的要旨通常围绕着聚焦于特定家族的社会政治体系的进步,而非仅仅是其形式和风格上所显见的东西。例如,18 世纪中期,对神秘的弗莱德嘉的普世编年史的修订,就已经赞同了这一点。其修订本虽仍保留了普世性编年史的形式,但却精心挑出了有关加洛林家族崛起的内容。[①] 类似的论点对中世纪诸多关于加洛林王朝的编年史都成立。尽管许多此类年代记都暗示自己是普世性的,但是它们都创作于加洛林宫廷之中,也许通过将其嵌入时间的自然进程中来精确强调加洛林家族的政治主导地位,以一种只能被描绘为王朝史的方式,将一个政治共同体的认同与一个家族的统治联系起来,或者那些能够保存权贵家族记忆和身份的年代记所反映的信息与皇室编年史在某些方面有出入,但其同样在一定意义上发挥着同王朝史著作一样的功用。[②]

此类观点同样适用于描写民族起源的历史文本,其明显区别于王朝史文本的独特性是在抽象层面上而非具体经验上,甚至最早期的此类著作也是如此。一些以描写民族为导向的历史文献,在深处总能看到潜伏着的显赫家族。最好的例证就是墨洛温家族,即法兰克国王们的最早期王朝,在现存的诸多关于早期法兰克历史的文献中,该家族都处于核心地位。这些文本所承载的王朝信息并没有被读者遗忘,因为我们能够检测到动摇或颠覆它的企图:把海怪内容插入墨洛温王朝的文本中,至少是看似有道理的,但也因此致使以墨洛温的名字命名的父系变得模糊不清,从而削弱了

---

①　Roger Collins, *Die Fredegar Chronik* (Hannover, 2007); and McKitterick, *History and Memory*, 138 - 140. 一些相似争论的比较,参见 Alexandr Rukavishnikov, 'Tale of Bygone Years: The Russian Primary Chronicle as a Family Chronicle', *Early Medieval Europe*, 12(2003), 53 - 74。

②　对承担这种信息的年代记的研究,参见 McKitterick, *Perceptions of the Past in the Early Middle Ages*, 81 - 89。王朝与政治共同体的联系在《法兰克王室年鉴》中体现得非常清楚,参见 McKitterick, *History and Memory*, 113 - 119。

王朝的影响。①

505 　　以上所述并无意去否认新的政治史表达方式的出现或兴起对于塑造王朝史编纂的重要性。在这里，我仅想指出，王朝史著作的分类问题并不是我们所必须关注的唯一问题。编纂类型是作者编写或塑造他们著作的一种方式，但是它赋予文本的含义，以及读者对所阅读或所聆听内容的解释，不应该被认为是理所当然的：毕竟，即使是维吉尔的《埃涅阿斯纪》也可以被当作历史著作来读。②手稿出现的历史语境，以及作为反映王朝信息的潜在载体，这些文献的组织方式值得进行考虑，通过这种方式所反映出的王朝信息并不是单纯的印刷文本可以轻易复原的。③ 因此，在考察王朝史著作时，我们不能满足于仅仅依据其形式而进行分类，尤其是因为许多王朝史著作不能依据互斥的类型进行分类。④ 我们也应力图去探究历史著作背后是否隐藏着王朝的意图，我想这是一个非常精细的也是很困难的任务。

传统问题：拜占庭帝国的王朝史编纂

　　如果说一些史学著作暗含着王朝的意图，反过来也是正确的：一些历史著作，乍看之下浸透着王朝史的编纂原则，但在更细致的观察下，就能发现其在结构上缺乏对家族进行关注的倾向。这正是拜占庭史学编纂所体现的状况，可以以米哈伊尔·普塞洛斯创作的著名的《编年史》（Chronographia）作为例证。⑤ 从表面上看，

---

① Helmut Reimitz，' Die Konkurrenz der Ursprünge in der fränkischen Historiographie'，in Walter Pohl（ed.），Die Suche nach den Ursprüngen：Von der Bedeutung des frühen Mittelalters（Forschungen zur Geschichte des Mittelalters 8；Wien，2004），191-209.

② McKitterick，History and Memory，15.

③ 同上，13-18,121-123。

④ 例如地方志，这方面的研究，参见 van Houts 'Local and Regional Chronicles'；还可以参见本卷约翰·哈德森在第22章的研究。

⑤ Psellos，Chronographia，ed. Emile Renauld，Chronographie ou histoire （转下页）

普塞洛斯的著作与同时代的朱密日的威廉的著作具有很大的相似之处。像威廉一样,普塞洛斯也是按照统治者来编排其历史,以这样的方式,有前后相继的 14 位君士坦丁堡的皇帝,他们大部分之间相互具有关系,而且普塞洛斯也在帝国王位的继承问题上颇费笔墨,例如那些相继与女皇佐伊(Zoe)成婚而出现的皇位继承。这些特征赋予他的著作以明显的王朝史气息。

　　但事实上,这并不是王朝史写作,而只不过是根据有时碰巧发生联系的统治者的统治时期而编排的历史著作。这种史著的框架结构确实突出了那些相互联系的家族的重要性,而且普塞洛斯也非常关注其描述对象的血统。不过,普塞洛斯还是不断地暗示,他优先关注的是帝国政府的重要性。不论其史学实践,还是其主观愿望,普塞洛斯都没有将关注的焦点集中于一个特定的家族,或者为这个家族创作历史著作,从中也看不出他提升某个家族意识的意图。正是由于普塞洛斯聚焦宫廷,而缺乏王朝史的编纂倾向,才在身后遭到后来的拜占庭历史学家斯基里茨的责备。①

　　同样,我们如果仔细考察拜占庭帝国其他一些表面上看起来很像王朝史的著作,结果也没有那么乐观。② 实际上,在拜占庭帝国中是缺乏成熟的王朝史编纂传统的,这与它特殊的政治和社会特

506

（接上页）*d'un siècle de Byzance* (*976 - 1077*), 10 *vols.* (Paris, 1926 - 1928); trans. Edgar R. Sewter as *Fourteen Byzantine Rulers* (Harmondsworth, 1966). Anthony Kaldellis, *The Argument of Psellos' Chronographia* (Leiden, 1999)针对上本书的观点,提出了更多具有争论性质的解释;对普塞洛斯的总体性研究,参见 Kaldellis, *Hellenism in Byzantium*: *The Transformations of Greek Identity and the Reception of the Classical Tradition* (2008),特别是 191 - 224。

①　Bernard Flusin (trans.) and Jean-Claude Cheynet (ed.), *Jean Skylitzès*: *Empereurs de Constantinople* (Paris, 2004).

②　例如尼克塔斯·乔尼亚特斯的《历史》(*History*)从表面上看是从王朝史的角度解释了科穆宁王朝,但他的实际目的是为了揭穿王朝的虚荣。*Historia*, ed. Jan Louis van Dieten (Berlin, 1975); trans. Harry Magoulias, *O City of Byzantium*, *Annals of Niketas Choniates* (Detroit, 1984).

征有很大关系。① 不可否认的是，早在 11 世纪，拜占庭帝国就已经出现了与我们讨论的西欧相似的家族结构。② 在此同样突出祖先和家族纽带在政治发展中的重要性，已经成了帝国总体历史发展的特征，此时兴起于小亚细亚的军事家族的地位不断提高，加上在命名上暗示性增强——如在贵族的铅制印章上出现了其家族名字——都构成了拜占庭帝国历史同等重要的经典叙事内容。然而，导致阿列克西奥斯·科穆宁统治时期出现了家族主导帝国政权观念的思想，最近受到质疑。③ 最重要的是，没人能够否认，在整个 11 世纪和 12 世纪，甚至在此之后，拜占庭国家作为帝国宫廷和帝国收税人的形式，仍然保持着支配地位。国家和贵族竞争的模式并没有什么益处，明显的是，甚至直到拜占庭帝国中期，贵族的利益仍然通过国家表达出来，而非弃后者于不顾。④

507

在拜占庭帝国，造成王朝史编纂的不利条件，除了国家在财政和政治上的主导地位之外，拜占庭的知识传统也扮演了同样重要

---

① 对拜占庭政治中王朝的各种细致问题做出研究的最新、最好的著作是 Gilbert Dagron, *Empereur et prêtre*：*Etude sur le 'césaropapisme' byzantine* (Paris, 1996)；trans. Jean Birrell as *Emperor and Priest*：*The Imperial Office in Byzantium* (Cambridge, 2003), particularly c. 1。与王朝史编纂最为接近的拜占庭史学著作是产生于 10 世纪中期的塞奥法内斯(Theophanes Continuatus)的《编年史》，参见 *Chronographia*, ed. I. Bekker (Corpus Scriptorum Historiae Byzantinae；Bonn, 1838)，这是一个被忽略的孤立文本。

② 最新的解释参见 Michael Angold, *The Byzantine Empire*，*1025 - 1204*：*A Political History*, 2nd edn (London, 1997)；and Jean-Claude Cheynet, 'The Byzantine Aristocracy, 8th - 13th Centuries', in Cheynet, *The Byzantine Aristocracy and Its Military Function* (Ashgate, 2006), ch. 1.

③ Peter Frankopan, 'Kinship and the Distribution of Power in Komnenian Byzantium', *English Historical Review*, 495(2007), 1 - 34.

④ 对贵族的总体性研究，参见 Michael Angold (ed.), *The Byzantine Aristocracy 9th to 13th Centuries* (Oxford, 1984)；对贵族在国家中地位的研究，参见 Catherine Holmes, 'Political Elites in the Reign of Basil II', in Paul Magdalino (ed.), *Byzantium in the Year 1000* (Leiden, 2003), 38 - 56. 对国家结构持续占据支配地位的研究，参见 Angelika Laiou and Cécile Morrisson, *The Byzantine Economy* (Cambridge, 2007)。

的角色。拜占庭帝国没有像西欧那样将一个族群历史化的传统，而族群可以针对王朝史编纂设为标题。[①] 相反，普塞洛斯特别倚重回溯至希罗多德和修昔底德的史学遗产，这些遗产在 11 世纪的拜占庭还能够普遍感知到。除此之外，普塞洛斯还受到这时正在复兴的传记传统的影响，这是 10—11 世纪的拜占庭著名的人文主义传统的一部分，其特征是重视人的个性，而普塞洛斯本人正是这方面的典型代表。[②] 但这并不是意味着应该复活拜占庭一成不变、不合时宜的陈词滥调，而只是说，历史编纂的发展是以富有创意但不受置疑的方式通过与古代传统对话进行的，这种方式与西欧殊异。[③]

在这一点上，关于这一发展所起的作用，普塞洛斯的著作提供了一个很好的例证。普塞洛斯的著名不仅在于他的记述，而且在复兴希腊的政治思想传统为超越一切的目标方面，他是当时引领性的思想者。[④] 就目前我们所能探知的普塞洛斯的写作意图来看，他致力于哲学探索，运用其历史作为一种手段，圆满达成超越王朝兴衰为中心的论点。在这一系列传记背后的逻辑，决不是王朝的承继，甚至也不是普塞洛斯度过动荡生涯的宫廷的政治。他更多去关注造就公正和明智的统治者的因素以及重塑帝国统治的传统。民族起源类的历史著作模式并不是那种传统的一部分，而且历史写作也不聚焦于家族史。因此之故，拜占庭帝国也没有为从文学精英的语言转向大众俗语提供空间。大多数书面希腊文仍然符合古典标准（阿提卡希腊文），如同这些著作记述的内容基

---

① Kaldellis，*Hellenism in Byzantium*，87‐96.

② 对于传记的研究，参见 Paul Alexander，'Secular Biography at Byzantium'，*Speculum*，15(1940)，194‐209。

③ Roger Scott，'The Classical Tradition in Byzantine Historiography'，in Margaret Mullett and Scott（eds.），*Byzantium and the Classical Tradition*（Birmingham，1981），61‐74；and Steven Runciman，'Historiography'，in Anthony R. Littlewood（ed.），*Originality in Byzantine Literature，Art and Music：A Collection of Essays*（Exeter 1995），59‐66.

④ Kaldellis，*The Argument of Psellos' Chronographia*，178.

本上都明确是对古代文本的发展，然而，这些使用古希腊共同语书写的著作，包括《狄吉尼斯·阿克里特》（*Digenis Akritis*）之类的史诗，并非整体上致力于以真正的语体描绘历史解释。尽管普塞洛斯历史著作的言语限于文化人，但是这并不代表着潜在的交流障碍，对当时讲罗曼语和日耳曼语的人而言，反而是拉丁语造成了这种障碍。

508　　政治结构和知识遗产这两种因素在这里表现为互补性，但两者似乎联系更加紧密，拜占庭的思想遗产并没有为表现家族为导向的持久的政治势力留出什么空间。在罗马的传统中，代表政治共同体而运用权力的重点不是继承问题，尽管在实际的操作过程中，通常以此种方式转移权力。就像发展到 12 世纪的拜占庭帝国，也会被 2 世纪的罗马人以某种方式所认可，这种方式是西欧组织所没有的，植根于共和国的思想模式讨论权力的方式同样也不存在。① 这是罗马的政治思想影响拜占庭帝国的又一个重要表现，但是希腊和基督教统治理论的联合影响通常不公正地遮蔽了它的光彩。②

家族问题：王朝史编纂与谱牒

　　王朝史的编纂在拜占庭产生的影响好像非常有限。乍看之下，中国的情况与拜占庭有一些相似之处。在中国，自从唐代以后，新的正统王朝为前朝修史逐渐成为惯例（这种行为自然是为了宣称本朝的正统性）。在西方学术传统中，这些著作或文献经常被视作"王朝史录"。在这里没有篇幅去讨论这些非凡文献的

---

① 对于罗马帝国的公权与私权传统的具有启发性的、详细的讨论，参见 Kate Cooper，'Closely Watched Households: Visibility, Exposure and Private Power in the Roman Domus', *Past and Present*, 197(2007), 3 - 33。

② 除了可以参见本卷安东尼·卡尔德里斯在第 10 章的研究外，还可以参见他的著作 *Hellenism in Byzantium*，特别是第 49—51 页。

内容,因为有很多著作都对这个问题进行过充分的论证。① 在这里,我的重要目的是想强调它们并不是朱密日的威廉的著作意义上的王朝史。

欧阳修的《五代史记》比朱密日的威廉的著作早几年完成,它为我们理解这些著作提供了一个很好的路径。像朱密日的威廉一样,欧阳修的《五代史记》也是在已有著作的基础之上重修的,而且与威廉相同且更甚于普塞洛斯,欧阳修因其文采而著名,并周旋于高贵的朝廷圈:此非粗野之人,亦非粗野之人之历史。② 欧阳修的历史创作深植于如雷贯耳的司马迁在公元 1 世纪开创的史学编纂传统,除了将编年体与诸多王侯将相的传记相结合外,还特别增加了一些特定制度或研究领域的微观历史“志”。但是,尽管司马迁的著作致力于将中国历史的全貌扩展到他创作的时期,但欧阳修和司马迁大多数的继承者一样选择了有限的范围,将自己著作的研究范围限制在一个明确的王朝时期。

这一选择遵循根深蒂固的中国正统论传统,其中一条有影响力的线索是将神授权力(天命)赋予相继的王朝。尽管传统的天命概念在这个混乱的时代遇到了一些问题,受到了冷落,欧阳修仍然热心于传统皇权的美德,但是,欧阳修史著的潜在逻辑并没特别指向在过去或政治进程中占主导地位的血统观念。早在欧阳修之前,在确定帝国合法性方面,血统观念已经边缘化了,尤其是因为每位皇帝都会与嫔妃生下诸多的皇子,他们中的所有人都是潜在的皇位继承人,因此父子关系并不能缩减皇位继承人的广泛。③ 与普塞

---

① 参见本卷蔡涵墨和邓百安在第一章以及蔡涵墨在第二章的研究。

② 关于欧阳修著作的整体性研究,参见 Ronald Egan, *The Literary Works of Ouyang Hsiu* (Cambridge, 1984)。

③ 对于“天命”的讨论和“正统”的定义,参见 Hok-lam Chan, *Legitimation in Imperial China: Discussions Under the Jurchen-Chin Dynasty* (Washington, DC, 1984),9(此书专门提及了欧阳修的贡献)。关于欧阳修的历史哲学的研究,参见 On-cho Ng and Q. Edward Wang, *Mirroring the Past: The Writing and Use of History in Imperial China* (Honolulu, 2005),136 - 139。

洛斯一样,欧阳修也是当时非常有声望的文学和哲学上的领袖,而且与普塞洛斯类似,欧阳修的头脑中更多的是哲学或抽象动机。事实上,虽然欧阳修也参与了官修史书《新唐书》(1060 年)的编纂,但是《五代史记》并不是由皇帝或朝廷官方直接下诏编纂的,其也不是在自唐以后设立的史馆中编著的,因此,欧阳修的《五代史记》是中国历史上私修王朝史的一部分。① 欧阳修修史的目的是撰写思想上更令人满意的历史,以促进特定的中华文化视角,而不是为某个具体家族唱赞歌。

面对这一问题,这些观察从某种经验主义的意义上可以总体确定如下的观点:导致中世纪西欧大部分历史编纂都以王朝史为中心的编纂传统及其社会条件,无论在拜占庭和中国都不存在。但是,实际的事情要比我们直接肯定差异更加复杂一些。另一部奠定欧阳修名声的著作是其在 1055 年左右重修的谱牒,书面记录了其家族几代人的谱系。②

510 　谱牒就其本身来说并没有任何创新之处,因为唐代之前和唐代早期的中国已经编纂了诸多记载贵族和帝王家族谱系的谱牒,其中有些甚至是国家诏令编修的。然而,从 8 世纪中期开始,谱牒编纂传统出现了断裂,到 11 世纪又重新开始受到关注,并且出现了某些新转向。欧阳修编纂的谱牒一开始刻在石头之上(对谱牒的接受具有重要意义),但不幸的是,它并没有被保存下来:虽然谱牒

---

① 对于官修史书的研究,参见本卷蔡涵墨和邓百安在第一章的研究。

② 对于中国谱牒的整体性研究,参见 Endymion Wilkinson, *Chinese History*:*A Manual*, 2nd edn (Cambridge, Mass., 2000),113 - 116。还可以参见 Patricia Ebrey, 'The Early Stages in the Development of Descent Group Organisation', in Ebrey and James L. Watson (ed.), *Kinship Organization in Late Imperial China*, *1000 -1940* (Berkeley, 1986),16 - 61; and Peter Bol, '*This Culture of Ours*': *Intellectual Transitions in T'ang and Sung Culture* (Stanford, 1992). Hugh R. Clark, 'Reinventing the Genealogy: Innovation in Kinship Practice in the Tenth to Eleventh Centuries', in Thomas H. C. Lee (ed.), *The New and the Multiple*: *Sung Senses of the Past* (Hong Kong, 2004),237 - 286,此书将欧阳修的谱牒放在了一个更为广阔的语境之中,而不是将其看作一种创新或新发展。

在中国非常流行，但因为其要不断更新，所以，现存的中国明清之
前编纂的谱牒实际上都没有以原本形式留存下来。① 但是，欧阳修
为这本谱牒写的序还是被保存了下来，其中他解释了自己编修谱
牒的原则和意图。② 正是这个序充分证明了欧阳修在谱牒学复兴
中发挥的重要作用，尽管他的谱牒编纂模式也在后世被大幅修正
并得到拓展。

　　11 世纪中国对谱系的关注，与同时代的西欧惊人地同步，这证
明了书面谱牒的传播，超出了过去曾经促进谱牒的有限社会组织
的范畴。③ 不同于欧洲那些说凯尔特语的族群谱系文本，其构成完
全不同的传统（关于其形成的日期现在学术界有很大的争议），也
不同于 8 世纪晚期盎格鲁-撒克逊的诺森布里亚简单的王表，它只
是反映了口头诵读传统。在公元 800 年左右为法兰克王国加洛林
统治者所编纂的谱牒，尽管其可能不是由加洛林王室自身诏命编
纂的，却明确反映了从记忆向书面形式的过渡。④ 这种王室的文本
更广泛地为贵族所用，始于 10 世纪的西法兰克佛兰德斯，以及 12
世纪欧洲的其他地区及其殖民地。加洛林王朝的谱牒范式从字面

---

① 对中国铭文学传统的研究，参见 Edward L. Shaughnessy, 'History and Inscriptions,
China', in Andrew Feldherr and Grant Hardy (eds.), *The Oxford History of
Historical Writing*, vol. 1: *Beginnings to AD 600* (Oxford, 2011), 371 - 393。欧阳修
本人也非常热衷于铭文学，参见 Ng and Wang, *Mirroring the Past*, 145。

② 欧阳修：《欧阳氏谱图序》，《欧阳修全集·居士外集》，第 21 卷(1983)。克拉克
摘录了其中一部分内容并翻译成了英文，参见 Clark, 'Reinventing the
Genealogy', 245, 267。

③ Duby, 'French Genealogical Literature'; and Léopold Genicot, *Les généalogies*
(Typologie des sources du moyen âge 15; Turnhout 1975). 可与本卷第 19 章中论
述的"特洛伊谱牒"进行比较。

④ 关于加洛林谱牒的研究，参见 Otto Gerhard Oexle, 'Die Karolinger und die Stadt
des heiligen Arnulf', *Frühmittelalterliche Studien*, I (1967), 249 - 364, 此书仍是
本研究领域的基础性著作。盎格鲁-撒克逊的王表，参见 David Dumville, 'The
Anglian Collection of Royal Genealogies and Regnal Lists', *Anglo-Saxon England*,
5(1976), 23 - 50。关于爱尔兰的传统，参见 Donncha O'Corráin, 'Creating the
Past: The Early Irish Genealogical Tradition', *Peritia*, 12(1998), 177 - 208。

511　上结合进贵族的血统范式中,因为许多权贵家族开始把自己的谱系嫁接到加洛林王朝的谱系传统之中。① 在这个时期,表示亲属关系的图谱也出现了重大的创新,即这时候的人们试验利用树状图,图示性地呈现亲属关系,这种发展或多或少迎合了同一时期用耶西树表现基督世系的转变。(参见图 24.1)②

512

图 24.1　盎格鲁-诺曼手抄本《沙夫茨伯里的诗篇》(*Shaftesbury Psalter*)中的耶西树(British Library Lansdowne 383)。这类图片描绘的是基督世系,从 11 世纪起开始在西欧出现,通常与人们对书面谱牒和王朝史编纂兴趣逐渐加强有关。

　　谱牒的编写并不是毫无用处的消遣,它有着现实的功用。在受乱伦规则影响的亲属圈确实受到广泛关注的时期,西欧谱牒的发展与关注避免近亲结婚有关,尽管只有相当小的一部谱牒是出于

----

① 对叙利亚和巴勒斯坦的殖民地以及《海外血统》(*Lignages d'Outremer*)的研究,参见 Shopkow, 'Dynastic History', 222 - 223。

② 对于是否能够将耶西树与家族树的出现联系在一起,以及在哪种程度上耶西树可以代表谱牒的观念,参见 Christiane Klapisch-Zuber, *L'ombre des ancêtres: essai sur l'imaginaire médiéval de la parenté* (Paris, 2000), 51 - 56。

防止近亲结婚的目的而编纂的。① 虽然不能肯定，但是，谱牒的编纂还可能与这个时期识字率的变化，以及家庭神父等精于文学活动的人的分布有关。但最重要的是，它显然是与家族结构和前述政治权力的广泛变化相关，也与更为复杂的王朝史的编纂有关：其实，谱牒也经常被解释为本身就是王朝史编纂的一种形式。②

与中国和西欧形成鲜明的对比，此类谱牒作为王朝史编纂的一种子类型，从来没有成为拜占庭文学的特征。在其他历史素材中也确实有少数提到，以显然虚构的形式把权贵家族与古罗马人，甚或一些杰出人物联系在一起。如拜占庭学者米哈伊尔·伊塔利考斯（Michael Italikos）在论述一些宗教信仰时，就把一些著名家族的血统追溯到宙斯，这与盎格鲁-撒克逊人吸收沃登（Woden）神如出一辙。但是，在拜占庭并没有此类谱牒真正留世，而且谱牒类的作品在拜占庭帝国中似乎也没有像在中国和西欧那样广为传播。③ 当然，这并不是因为拜占庭史家对家族史缺乏兴趣，如普塞洛斯就是一个很好的例证，他写了大量关于自己家族的作品，但关键的是他从来没有创建自己家族的谱牒。④

此外，有关亲属关系文本表现方面的这些变化，在欧亚大陆的两端非常明显，但在拜占庭那里并没有发生，它们似乎与家庭结构的转变有关。中国谱牒编修的变化与士家大族结构的崩溃以及新的家族意识和组织形式的出现有关。这些新因素的出现最终导致

513

---

① Gerd Althoff, 'Genealogische und andere Fiktionen in mittelalterlicher Historiographie', in *Fälschungen im Mittelalter*, 3 vols.（Schriften der MGH 33, 1; Hannover, 1988）, i. 417-441. 拜占庭帝国出现的相似立法促进了亲属关系列表图的出现，但这显然不是谱牒，参见 Angelika Laiou, *amour et parenté à Byzance aux XIe-XIIe siècles*（Paris, 1992）。

② Shopkow, 'Dynastic Historiography', 非常专业地表达出了它们之间的联系。

③ Michael Italikos, *Michael Italikos*, *Lettres et Discours*, ed. and trans. Paul Gauthier（Paris, 1972）, 148. 对这些曾经存在但已经大部分散失的谱牒的简洁讨论，参见 Kaldellis, *Hellenism in Byzantium*, 89-90。

④ 对普塞洛斯家族的研究，参见 Anthony Kaldellis, *Mothers and Sons*, *Fathers and Daughters*：*The Byzantine Family of Michael Psellos*（Notre Dame, 2006）。

了我们所知的宗族结构的产生。这或多或少也同样适用于欧洲的谱牒。

然而，这些转变尽管从表面上看有很多相似之处，但却有着本质的不同。在中国，新的家族意识并不像西欧那样用于证明贵族血统的纯正以支持对特权的要求，而且也没有促进对继承进行限定。恰恰相反，它强调横向联系，为有抱负的文人提供支持网络，强调仪式和崇拜活动，并使主张家族土地成为可能，它最终也延伸到了社会的下层。① 事实上，历史学家把这两种转变都与"血统"的出现联系在一起完全是一种误导，因为，在中国的学术界，传统上主要将这一词汇用来描述共同享有田产、居住在一个特定的区域，经常或多或少与农业社区共存的合作团体。这种亲属关系的组织形式在西欧从来没有发展起来，而且在中世纪学术传统中血统的含义与中国几乎是相反的。②

这些新变化的政治意涵在中国和西欧也大不相同。像在欧洲一样，尽管细节有待争议，中国家族结构的变化也与向地方的转向有关。③ 不过清楚的是，在中国并没有像西欧那样，随之发生同样的政治变化。尽管有时令人怀疑，但是中国的血统实际上并没有成为取代国家的政治权力源头。这是因为，中国政治权力的观念从根本上与相对的公权和私权无关。与儒家（和新儒家）传统相

---

① 参见 Bol，'*This Culture of Ours*'。为家族研究奠定基础的是伊佩霞（Patricia Ebrey）的著作，特别是'Conceptions of the Family in the Sung Dynasty'，*Journal of Asian Studies*，43(1984)，219–245。

② Patricia Ebrey and James Watson（eds.），*Kinship Organisation in Late Imperial China*，*1000–1940*（Berkeley，1986）；and Zhenman Zheng，*Family Lineage Organization and Social Change in Ming and Qing Fujian*，trans. Michael Szonyi（Honolulu，2001）。

③ 这种地方化的理论与郝若贝（Robert Hartwell）的著作相关，特别是他这篇开创性的文章'Demographic，Political and Social Transformations of China，750–1550'，*Harvard Journal of Asiatic Studies*，42(1982)，365–445。最新的更加客观的评论，参见 Beverley Bossler，*Powerful Relations：Kinship，Status，and the State in Sung China*（*960–1279*）（Cambridge，Mass.，1998）。

适,在中国人的观念中,家族关系与政治关系只是相对有些不同,但并不是彻底不同。[①] 因此,在或多或少受到古希腊罗马遗产深刻影响的地区,这种对立仍然很强烈,以家族为中心的历史书写的有无,在一定程度上描绘了政治权力的分布,但当进入以完全不同的前提而运作的传统中时,这一点就不是那么清晰了。

514

结语

事实证明,所谓家族与历史写作结合的方式因时因地差异甚大的陈词滥调,完全可以超越。对这个问题做细致的考察,亲属关系如何与历史叙述结合的问题,就会明白地呈现出复杂的异同模式。在现代西方编纂传统中所理解的王朝史写作传统,只能有限地应用到拜占庭和中国的历史编纂中,而且也许还忽略了西欧自身更早期的历史。不过,中国编修历史的传统还是为家族史的写作留下了充足的空间。似乎只有在拜占庭帝国,没有为家族和历史成熟的交汇留出什么空间。

在亲属与政治权力如何联系方面,其中的差异可以参考三个变量进行说明,即实际的政治结构、思想遗产、潜在的政治思想假设。忽略某些家族的政治作用并非西欧的选项,西欧见证了主要王朝治下合法和有效独立权威的激增。而且,西欧还有现成的工具营造这种局面,使得王朝史写作能够而且确实从民族起源类型的史学著作中顺利发展出来。

相比之下,尽管拜占庭帝国在 10 世纪、11 世纪也出现了相应的贵族权力崛起的局面,但其政治权威从未陷入如此支离破碎的状态。6—7 世纪的拜占庭帝国知识精英尽管也积极地参与了为西

[①] Michel Cartier, 'En Chine, la famille, relais du pouvoir', in André Burguière *et al*. (eds.), *Histoire de la Famille*, 2 vols. (Paris, 1988), i. 445 - 477. 关于中国家族和政府的政治伦理相互渗透的最新分析,参见 Christian Lamouroux and Deng Xiaonan, 'Les règles familières des ancètres', *Annales—Histoire*, *Sciences sociales*, 3(2004), 491 - 518.

方精英编写民族起源类史著，但这些模式并没有在拜占庭国内得到系统应用。这个时期，拜占庭帝国史家编史的目标是以复兴的活力返回到古典传统中，该传统关注公共事务的重要性，而且使以家族为基础的私人性与以官方为基础的公共性形成鲜明对比。在这种政治文化中，传记写作能够而且确实蓬勃发展，但是无法繁荣王朝史著作。从某种意义上说，拜占庭的政治不可能被描绘成王朝式的，因为王朝原则在拜占庭的政治思想传统中价值有限。

中国的情况同样不同。唐代的政治改革大大加强了官僚系统，自此开始，家庭结构从没有像西方那样深深地渗透到官僚系统中。不过，更为重要的是，中国的古典传统不愿在亲属关系和官僚系统之间设置不可逾越的鸿沟，相反只是将这两者视为神圣统治秩序的不同语境。一方面，这意味着王朝史写作这个术语并不适合中国，因为它假定了一个并不恰当的区分，凡是正式的历史编纂都是围绕着王朝更替的；但另一方面，它又为与西方同等意义的谱牒文学的发展留下了空间，尽管其中所包含的意义有很大不同。

总之，对王朝史编纂的研究在很多层面上都有着重要的意义。如在传统的中世纪研究中，它揭示了中世纪政治结构、政治意识以及特定知识形式传播的变化。但是，从更宽广的比较研究的视角出发，它通过利用不同史学编纂和文化传统，不仅可以揭示出政治结构的差别，而且也揭示出政治动力的差异，同时，对作为前现代世界特征的不同经验和观点给予了适当重视。

主要历史文献

Dudo of Saint-Quentin, *De moribus et actis primorum Normanniæ ducum*, ed. Jules Lair (Caen, 1865); trans. Eric Christiansen as *History of the Normans* (Woodbridge, 1998).

Lambert of Ardres, *Historia comitum Ghisnensium*, ed. Johann Heller (MGH Scriptores 24; Hannover, 1879), 550–642; trans. Leah Shopkow as *The History of the Counts of Guines and Lords of Ardres* (Philadelphia，2001).

Les grandes chroniques de France，ed. Jules Viard，10 vols.（Paris，
1920 - 1953）.

欧阳修：《五代史记》（北京，1974 年）；trans. Richard Davis as
Historical Records of the Five Dynasties（New York，2004）.

Psellos，*Chronographie ou histoire d'un siècle de Byzance*（976 -
1077），ed. and French trans. Emile Renauld，2 vols.（Paris，
1926 - 1928）；trans. Edgar R. Sewter as *Fourteen Byzantine
Rulers*（Harmondsworth，1966）.

Wace，*Wace：The Roman de Rou*，ed. Anthony J. Holden，trans.
Glyn S. Burgess，notes by Elisabeth van Houts（St Helier，
2002）.

William of Jumièges，*The Gesta Normannorum Ducum of William
of Jumièges，Orderic Vitalis and Robert of Torigni*，ed. and
trans. Elisabeth van Houts（Oxford，1995）.

参考书目

Bol，Peter，'*This Culture of Ours'：Intellectual Transitions in
T'ang and Sung China*（Stanford，1992）.

Bouchard，Constance，*Those of My Blood：Constructing Noble
Families in Medieval Francia*（Philadelphia，2001）.

Clark，Hugh，'*Reinventing the Genealogy：Innovation in Kinship
Practice in the Tenth to Eleventh Centuries*'，in Thomas Lee
（ed.），*The New and the Multiple：Sung Sense of the Past*（Hong
Kong，2004），237 - 286.

Cheynet，Jean-Claude，' The Byzantine Aristocracy，8th - 13th
centuries '，in Cheynet，*The Byzantine Aristocracy and its
Military Function*（Ashgate，2006），ch. 1.

Dagron，Gilbert，*Emperor and Priest：The Imperial Office in*

Byzantium, trans. Jean Birrell (Cambridge, 2003).

Duby, Georges, 'French Genealogical Literature', in Duby, *The Chivalrous Society*, trans. Cynthia Postan (London, 1977), 149 - 157.

Dunbabin, Jean, 'Discovering a Past for the French Aristocracy', in Paul Magdalino (ed.), *The Perception of the Past in Twelfth-Century Europe* (London, 1992), 1 - 14.

Ebrey, Patricia, 'The Early Stages in the Development of Descent Group Organisation', in Ebrey and James Watson (eds.), *Kinship organisation in Late Imperial China*, 1000 - 1940 (Berkeley, 1986), 16 - 61; repr. in Ebrey, *Women and the Family in Chinese History* (London, 2003), 107 - 143.

Foot, Sarah, 'Finding the Meaning of Form: Narrative in Annals and Chronicles', in Nancy Partner (ed.), *Writing Medieval History* (London, 2005), 88 - 108.

Genicot, Léopold, *Les généalogies* (Typologie des sources du moyen âge 15; Turnhout, 1975).

Kaldellis, Anthony, *Hellenism in Byzantium: The Transformations of Greek Identity and the Reception of the Classical Tradition* (Cambridge, 2008).

Klapisch-Zuber, Christiane, *L'ombre des ancêtres: essai sur l'imaginere médiéval de la parenté* (Paris, 2000).

Lamouroux, Christian and Xiaonan, Deng, 'Les règles familières des ancêtres', *Annales—Histoire, Sciences sociales*, 3 (2004), 491 - 518.

McKitterick, Rosamond, *History and Memory in the Carolingian World* (Cambridge, 2004).

Ng, On-cho and Wang, Q. Edward, *Mirroring the Past: The Writing and Use of History in Imperial China* (Honolulu, 2005).

Oexle, Otto Gerhard, 'Die Karolinger und die Stadt des heiligen Arnulf', *Frühmittelalterliche Studien*, I (1967), 249 - 364.

Plassmann, Alheydis, *Origo gentis: Identitäts-und Legitimitätsstiftung in früh-und hochmittelalterlichen Herkunftserzählungen* (Berlin, 2006).

Reimitz, Helmut, 'Die Konkurrenz der Ursprünge in der fränkischen Historiographie', in Walter Pohl (ed.), *Die Suche nach den Ursprüngen: Von der Bedeutung des frühen Mittelalters* (Forschungen zur Geschichte des Mittelalters 8; Wien, 2004).

Schneidmüller, Bernd, *Die Welfen—Herrschaft und Erinnerung* (Stuttgart, 2000).

Shopkow, Leah, *History and Community: Norman Historical Writing in the Eleventh and Twelfth Centuries* (Washington, DC, 1997).

Spiegel, Gabrielle, 'Form and Function in Medieval Historical Narrative', *History and Theory*, 22(1983), 43 - 53.

—— *Romancing the Past: The Rise of Vernacular Prose Historiography in Thirteenth - Century France* (Berkeley, 1993).

Tscherpel, Gudrun, *The Importance of Being Noble: Genealogie im Alltag des englischen Hochadels in Spatmittelalter und Früher Neuzeit* (Husum, 2004).

van Houts, Elisabeth, *Memory and Gender in Medieval Europe, 900 -1200* (Basingstoke, 1999).

卢 镇 译 赵立行 校

第二十五章　阿拔斯王朝与拜占庭帝国的宫廷

纳迪亚·玛利亚·谢赫

　　对宫廷文化的研究是文化史和心态史转向抑或是"历史人类学"发展的一部分。[①] 史学编纂的发展，主要体现在首先关注作为政治体制中一部分的统治权的仪式和象征的内容；其次关注统治者身处的个人和家庭世界。如一位学者所言："宫廷与国家被视为同时出现、难以区分甚至相互等同，二者不再是两个世界。"[②]然而，许多宫廷史家的写作凸显了这个问题的复杂性，约翰·拉纳（John Larner）注意到"任何对总体考察的尝试，都会轻而易举地分化为对其部分内容的讨论……或化作对君主或其主导的政策的总体叙述"。[③] 任何针对宫廷的历史考察还面临着如何界定"宫廷"的问题，因为宫廷的类型很多，而且任何统治者的宫廷也会因时而异。[④]

　　这或许在某种程度上解释了为什么不存在对伊斯兰各个时期

---

① Gerard Nijsten, *In the Shadow of Burgundy: The Court of Guelders in the Late Middle Ages* (Cambridge, 2004), 5.

② Trevor Dean, 'The Courts', *The Journal of Modern History*, 67(1995), 136 - 151.

③ John Larner, 'Europe and the Courts', *The Journal of Modern History*, 55 (1983), 669 - 681.

④ Steven Gunn and Antheun Janse, 'Introduction', in Gunn and Janse (eds.), *The Court as a Stage: England and the Low Countries in the Later Middle Ages* (Woodbridge, 2006), 1 - 12.

的宫廷研究。[1] 同样在在拜占庭研究领域，直到 1994 年的敦巴顿橡树园学会会议，学者们才第一次认真尝试对拜占庭宫廷的各个方面进行研究。[2] 在保罗·马格达里诺（Paul Magdalino）看来，学者们不愿研究拜占庭的宫廷的主要原因，与同样可以适用于阿拔斯社会的一项事实有关：阿拔斯与拜占庭人并没有将宫廷独立为一个值得进行文学关注的社会和文化现象；相反，宫廷文化是一种生活事实，生活于其中的人们没感到有必要将其清楚表现出来。因此，它们并没有"宫廷"一词——这个词来自中世纪的西方。[3]

518

拜占庭与阿拔斯王朝的宫廷有着诸多的相似之处，所以若尝试讨论有关宫廷史学编纂，完全有理由将它们放在一个章节。两个社会的共同性之一就是它们都没有将宫廷和宫廷礼仪独立为值得文学关注的现象。另一个方面是奥列格·格雷巴（Oleg Grabar）提出的。利用了成书于 11 世纪论述礼物和宝藏的书籍《礼物和奇珍异宝之书》（*Kitab al-dhakhaʾir wa al-tuhaf*）中的资料，格雷巴指出，拜占庭和阿拔斯王朝的宫廷对这些东西的利用和鉴赏方面是相同的。而这种"共享对象的文化暗示着在宫廷行为和实践方面有某种共通之处"。[4] 与

---

① 关于穆斯林宫廷的探讨从最近出版的这两本书中受益很多：Jeroen Duindam, Tulay Artan, and Metin Kunt (eds.)，*Royal Courts in Dynastic States and Empires：A Global Perspective* (Leiden, 2011)；以及 Albrecht Fuess and Jan-Peter Hartung (eds.)，*Court Cultures in the Muslim World：Seventh to Nineteenth Centuries* (New York, 2011)。

② Henry Maguire (ed.)，*Byzantine Court Culture from 829 to 1204* (Washington, DC, 1997)。

③ Paul Magdalino, 'In Search of the Byzantine Courtier: Leo Choirosphaktes and Constantine Manasses', in Maguire (ed.)，*Byzantine Court Culture from 829 to 1204*, 14 - 65.

④ Oleg Grabar, 'The Shared Culture of Objects',同上，115 - 129。最近的学术研究促进了存在一种具有共同的价值观的国际宫廷文化观念的深化，参见 Anthony Cutler, 'Gift and Gift Exchange as Aspects of Byzantine, Arab, and Related Economies'，*Dumbarton Oaks Papers*，55 (2001)，247 - 278。也可以参见 Leslie Brubaker, 'The Elephant and the Ark: Cultural and Material Interchange across the Mediterranean in the Eighth and Ninth Centuries'，*Dumbarton Oaks Papers*，58 (2004)，175 - 195。

这两个宫廷都相关的适合提出的问题有：历史资料中用来指称"宫廷"和"廷臣"的术语是什么？谁是廷臣？是出入宫廷的任何人吗？是否有什么条件？统治者周围的环境——或空间是怎样布置的？谁在其中？它如何体现自身，要用何种程度的礼仪和排场？宫廷和王室中的官员又拥有什么权利和义务、职责和特权？

来自阿拔斯王朝和拜占庭帝国的各种史料以各自方式为上述问题提供了一些答案。10—11世纪期间（回历4—5世纪），阿拔斯王朝编年史著作和其他文学作品急剧增多，为我们提供了多样化的信息。我将拣选显著描绘宫廷主题的文献资料，来讨论宫廷礼仪的术语、某些阿拔斯王朝廷臣的角色和地位、后宫和宫廷之间的关系。本章将考虑有关文本创作的问题，特别是，其是否直接或间接得到宫廷的赞助。虽然本章重点关注的是阿拔斯宫廷，但会在比较的框架内，根据资料和制度模式，常常提到拜占庭宫廷。本章的每一部分，我都会对分别来自阿拔斯和拜占庭传统的一两个文本进行探讨，目的是反映风格和主题方面的相似性和差异性。

宫廷的定义

先知穆罕默德逝世于公元632年（回历11年），在此之后穆斯林的军队征服了叙利亚、伊拉克和埃及。到公元720年（回历101年）阿拉伯帝国的疆域达到极盛，囊括了北非、西班牙、河中地区（即中亚）以及信德。帝国的首都也从汉志的麦地那移到了叙利亚的大马士革。从此，倭马亚王朝一直定都在大马士革，直到在公元750年（回历132年）被阿拔斯王朝推翻为止。阿拔斯王朝在伊拉克的巴格达建立了新都，而且在那里，阿拔斯王朝作为穆斯林世界最大地区的首脑，统治了约5个世纪。公元9世纪晚期到10世纪（回历3世纪晚期到4世纪）阿拔斯王朝经历了政治的动荡，结果导致了权力的散落。公元945年（回历334年）布维希人（Buyids）占领了巴格达，在此后的百年间，哈里发们不得不向他们称臣。继承国不断出现。公元1055年（回历447年）塞尔柱占领巴格达，建

519

立起了持续一个世纪的苏丹统治。从公元 10 世纪（回历 4 世纪）
始，阿拔斯王朝的哈里发与布维希王朝和塞尔柱突厥王朝相比已
非常孱弱。然而，他们在当时的文化和政治事务中仍然保持自身
是主要参与者的角色。①

　　尽管哈里发的权力出现了波动，但是宫廷还在。通过宫廷，他
们靠不断展示自己的声望弥补其在权力方面的失落。现代的学者
将宫廷对译为"balat"，但并没有对这个词汇的意思和术语中隐含
的意义，尤其是用其指代 10 世纪（回历 4 世纪）阿拔斯王朝的宫廷
时的含义，进行评估。"dar"这个词或许最接近于"宫廷"概念。虽
然伊本·曼苏尔（Ibn Manzur）于公元 13 世纪（回历 7 世纪）编著的
《阿拉伯语词典》（Lisan al -'arab）中，并没有在"dar"的释义中纳入
任何含有"宫廷"观念的含义，但是阿拔斯王朝的作家们却经常用
"dar"这个词来指代哈里发的宫殿群。"dar"有时候单独出现，有时
经常与一些限定性的词连用，如"Dar al-Khilafa"或"Dar al-Sultan"
（哈里发的宫殿或者苏丹的宫殿）。"dar"这一词汇与希腊语词汇
"to-palation"（宫殿）相似，②也许最接近于公元 10 世纪（回历 4 世
纪）时的宫殿的具体实际，因为当时的文献资料用它实际地或隐喻
地指称哈里发宫殿群。在拜占庭，牧首尼古拉斯·米斯提库斯
（Nicholas Mysticus）提到了宫廷的特殊意义，在他的一封信件中讲
到统治阶层和他的"宫廷"官员，在另一封信中则讲"神圣宫殿的
高贵主人"。③

　　10 世纪（回历 4 世纪）时的阿拔斯宫廷奉行多元主义和折衷主
义，似乎构成了对大量外来影响开放的空间。同样地，拜占庭研究

① Eric J. Hanne, *Putting the Caliph in his Place: Power Authority and the Late Abbasid Caliphate* (Madison, 2007), 21.
② Alexander P. Kazhdan and Michael McCormick, 'The Social World of the Byzantine Court', in Maguire (ed.), *Byzantine Court Culture from 829 to 1204*, 167 - 197.
③ Nicholas I, patriarch of Constantinople, *Letters*, 希腊文本和英译 R. J. H. Jenkins and L. Westerink (Washington, DC, 1973), 216, 312。

者们也关注定义的复杂性,指出"贵族""统治阶层"和"精英"等概念相互重叠。公元 10 世纪(回历 4 世纪)的巴格达和君士坦丁堡的统治阶层的人员在构成上模糊不清,不乏精英政治的特性。这个结构不稳定的精英阶层主要包含"高级军事指挥官、帝国官员、廷臣,但他们之间的区别并不明显"。① 多米尼克·苏代尔(Dominique Sourdel)对阿拔斯王朝的精英下的定义是,"围绕在哈里发周围,有机会接近哈里发的所有人,他们也是哈里发朝廷或者管理机构的一部分,是哈里发派往军队和司法机构的钦差"。在这里面没有真正意义上的贵族,决定一个人能否伴随在哈里发身边、进入玛扎里穆(Mazalim)法庭、位居向新统治者宣誓效忠者之列的,不是出身,而是其承担的职责。② 也有一些人因为其出身地位而在宫廷担任礼仪性的角色,尤其是那些王子和先知的后裔。

亚历山大·卡日丹(Alexander Kazhdan)和迈克尔·麦考密克(Michael McCormick)在研究拜占庭宫廷时指出:"所谓的宫廷就是实际上最接近皇帝的一个小集团,是皇帝的家庭与政府在其中交叉重叠,并根据皇帝的决定组建的社交圈。"③作者推测,这个小的社交圈主要包含皇帝的朋友、中层官员、管家、男仆以及一些守门人,无论从字面还是象征意义上,这些守门人主要负责皇帝接见时升起帷幕、宫内浴室热水的供应以及宫门的开关等。此外,这个小集团还包括各个宫殿的卫戍长、皇室金匠、掌灯官、钟表匠等。此外是皇帝和皇后的侍餐者。④

要想弄清阿拔斯王朝所使用的描绘廷臣的术语,伊本·米斯凯韦的书是必读的。他编纂的史著《各民族的经验》(*Tajarib al-umam*)是了解这一阶段历史的最重要文献资料,这部著作是在布

---

① Kazhdan and McCormick, 'The Social World of the Byzantine Court', 168.

② Dominique Sourdel, *L'état imperial des caliphes abbasides: VIIIe-Xe siècle* (Paris, 1999), 212-213.

③ Kazhdan and McCormick, 'The Social World of the Byzantine Court', 167.

④ 同上,181.

维希王朝的氛围下编纂的,所涵盖的内容上溯至公元983—984年(回历373年)。用塔里夫·哈立迪(Tarif Khalidi)的话说,"本书是一本论述统治艺术的长篇寓言故事",写给统治者和统治阶层,为他们提供成功政府的范例。① 米斯凯韦接续著名阿拉伯编年史家塔巴里的内容,一直叙述到10世纪(回历4世纪)早期他自己的时代,此后的年代则转向第一手资料和目击者的汇报。作为一本以综合和分析见长的史著,米斯凯韦对历史事件和历史人物都有具有批判性的评价。他为我们提供了一个官僚的视野,即将主要的行政管理人员置于舞台中央。② 这一视角有助于我们辨明宫廷和廷臣。确实,作为布维希王朝多位维齐尔和君主阿杜德·道莱('Adud al-Dawla,回历372年/公元983年去世)的秘书,米斯凯韦的史学创作"受到作为廷臣角色的严格限制"。③

521

最常用来描绘廷臣的词汇是 al-hashiya/alhawashi。在其著作《各民族的经验》中,米斯凯韦提到维齐尔阿里·伊萨('Ali b. 'Isa)颁布了限薪令,并将其适用范围扩展到各级军官、宦官(al-khadam)、廷臣(al-hashiya)、书记员(al-kuttab)和雇工(al-mutasarrifin)。米斯凯韦在另一段文献中又提到,伊本·富拉特当上维齐尔开始,便就廷臣的薪俸问题调查阿里·伊萨:"他说,在你管理的五年内,你削减了女院(harim)、王公、卫队(al-hasham)和骑兵的薪俸。"在辩护中,阿里·伊萨回击道:"你弥补财政的计划是将从私人那里得来的财产转到国库,从而取悦廷臣。"从这段话的

---

① Tarif Khalidi, *Arabic Historical Thought in the Classical Period* (Cambridge, 1994),171–174. 根据 R. Stephen Humphreys, *Islamic History: A Framework for Inquiry* (Princeton, 1991),130,从10世纪(回历4世纪)中期开始,历史主要变成了"一种政治审慎和道德训诫的资源"。

② Claude Cahen, 'History and Historians', in M. J. L. Young, J. D. Latham, and R. B. Serjeant (eds.), *Religion, Learning and Science in the Abbasid Period* (Cambridge, 1990),188–233; Hugh Kennedy, *The Prophet and the Age of the Caliphates* (London, 2006),363.

③ Joel L. Kraemer, *Humanism in the Renaissance of Islam: The Cultural Revival during the Buyid Age* (Leiden, 1988),210.

描述可以看出廷臣包括了女院、王公、卫队和骑兵。①

米斯凯韦还提供了另一份清单，其中他陈述说，阿里作为维齐尔在第二个任期内，他采取了更为严厉的措施，削减宦官、宫廷侍从、廷臣、食客（al-nudama'）、宫廷诗人（al-mughannin）、食物承办商（al-tujjar）、代祷者（ashab al-shafaʿat）、家臣（ghilman）以及宫廷各衙署长官家眷（asbab ashab al-dawawin）的薪俸。② 显然，大量不同的人卷入其中，使得决定不同范畴廷臣、随从和官员的界限非常困难。③

另外一个至少用于界定某一类廷臣的术语是"khassa/khawass"。从那些不愿参与伊本·阿尔-穆阿塔兹（Ibn al-Muʿtazz）企图推翻年轻哈里发阴谋的人中，穆格台迪尔（al-Muqtadir）的 khawass 被剥离出来。米斯凯韦记述道："除了阿布·本·阿尔-哈桑·本·阿尔-富拉特（Abu al-Hasan b. al-Furat）以及穆格台迪尔的 khawass 之外，到场的有军队的指挥官、各个衙署的长官……法官和权贵（wujuh al-nas）。"④界定这个词语的一个方法就是使用排除法：该词可以因此排除那些出现在这份名单上的团体。在萨比（al-Sabiʾ）公元 11 世纪（回历 5 世纪）所写的文本中，khawass 和 hawashi 用于界定不同范畴的人，这一点很清楚，其中他记述说 al-khawass 和 al-hawashi 正式拜访了维齐尔。⑤ 这些人真是不同范畴、截然不同的人吗？特别是在我们作者的心目中是这样吗？在一些归为君主镜鉴类的文献中，下面的这些词语或许都是指称廷臣的同义词：hashiya、khassa、bitana、aʿwan、atbaʿ、khassat-al-khassa。这些文献的作者并没有表现出从概念上去解释这些术语的兴趣，因为他们没能阐明每

522

---

① Ahmad b. Muhammad Miskawayh, *Tajarib al-umam*, ed. H. F. Amedroz, 7 vols. (Oxford, 1920), i. 108; trans. H. F. Amedroz and D. S. Margoliouth as *The Eclipse of the Abbasid Caliphate* (Oxford, 1921), i. 120 - 121.

② Miskawayh, *Tajarib*, i. 152, trans. Amedroz and Margoliouth, i. 170 - 171.

③ David B. J. Marmer, 'The Political Culture of the Abbasid Court, 279 - 324 (A. H.)', Ph. D. dissertation, Princeton University, 1994, p. 183.

④ Miskawayh, *Tajarib*, i. 5.

⑤ Hilal Al-Sabiʾ, *Kitab tuhfat al-umaraʾ fi tarikh al-wuzaraʾ*, ed. H. F. Amedroz (Beirut, 1904), 268.

一职位或职责的任务性质。[①] 同理，阿梅德罗兹（H. F. Amedroz）和马戈柳思（D. S. Margoliouth）在翻译《各民族的经验》时，经常使用不同的词语如"家臣""侍从""宫廷侍从"和"宫廷"等来翻译在著作中重复出现的"hashiya"一词。[②] 因此，我们无法清楚这些词语在各种语境中出现时所蕴含的意思。这些词语在文中所运用的方式，以及它们被翻译的方式，掩盖了对这些词语及其所指的范畴在概念上混乱和不精确的理解。

　　拜占庭帝国以几乎完全不同的方式，早就建立了非常精确的规则和官僚序列。研究拜占庭的学者得益于拜占庭帝国保存下来的序列表，这些列表提供了帝国政府官员的登记，其中最有价值的是菲洛塞乌斯编纂于 900 年的《官府图谱》（Kleterologion）。这些官员的头衔或称呼可以归为以下几类：皇宫的宦官、人事部门、帝国总理大臣、邮驿和外交事务、财政管理、司法和皇宫守卫。[③] 但是，正如尼古拉斯·伊科诺米基斯（Nicholas Oikonomides）所指出的，由于每一职责的管辖权并没有清楚界定，因此，每个官员除了承担他相应的职责，他们要对与其行政措施有关或者与他在宫廷中的地位相关的事务承担财政和法律责任。[④] 我们也知道，他们的官阶和官职也给他们带来了收入。950 年 3 月 24 日，西部帝国的使节克雷莫纳的利乌特普兰德（Liutprand of Cremona）在君士坦丁堡参与了帝国官员发放年薪的活动。拜占庭帝国的文献证实，皇帝亲自给这些官员发放薪俸，"目的是加强王权与帝国官员之间的联系，让后者彻底依附于前者"。[⑤]

---

① 'Izz al-Din al-ʿAllam, *al-Sulta wa al-siyasa fi al-adab al-sultani* (n. p. , 1991), 95 – 99.

② Miskawayh, *Tajarib*, i. 5 – 6, 29, trans. Amedroz and Margoliouth, i. 6, 32. *hasham* 看起来像 *hashiya* 的子类别，但并没有得到清晰的界定。

③ 这些分类的详细情况，参见 Nicholas Oikonomides, *Les listes de preséance byzantines des IXe et Xe siècles* (Paris, 1972), 305 – 340。

④ 同上, 302。

⑤ Oikonomides, 'Title and Income at the Byzantine Court', in Maguire (ed.), *Byzantine Court Culture from 829 to 1204*, 199 – 215, on 201.

在阿拔斯王朝的情境下，没有像拜占庭帝国那样的排名列表。我们能得到的最接近的此类列表是预算表，它提供了一些宫廷人员的范围。迄今为止，最完整的预算表发现于希拉勒·阿尔-萨比（Hilal al-Sabiʼ）撰写的《维齐尔之书》（Kitab al-wuzaraʼ），他是布维希王朝的秘书并一度担任档案馆的长官。希拉勒出身于书香门第，他的家族阐释了"年代记录和统治王朝之间的密切关系"，因为他们受布维希王朝统治者之名撰写王朝史。[1] 希拉勒的职责让他有机会接触官方档案资料，如哈里发穆塔迪德（al-Muʻtadid，回历279/公元892—回历289/公元901）在位期间编制的892年（回历279年）的无比珍贵的财政预算。在预算中涉及到了以下几类宫廷人员：宫廷卫队，其中包括白人或黑人守门人；供从中招募管家的自由人；不同军种的护卫队，如骑兵、弓箭手、成建制的保镖护卫（al-mukhtarin）；私人（御用）秘书、《古兰经》的诵经人；领诵人；天文观测员；运水工；鼓乐手；各种工匠如金匠、木匠、裁缝以及鞋匠等；医生；后宫女人；清洁工；御厨、御用船夫、掌灯人，等等。[2]

希拉勒·萨比写过关于阿拔斯王朝礼仪的书，关于这本书我们后面再详细讲述，书中收录了稍晚由阿里·伊萨编写的有关918年（回历306年）的财政预算报表：私人和公共厨房中土耳其厨子的用度，哈里发的母亲、大臣、女眷、仆人的月度津贴，各畜舍管理动物管理员的津贴，河道船工的薪资，付给侍臣的薪水以及这些人的其他费用。[3]

根据希拉勒的记述，哈里发的行宫也包含有农场及农夫、私人

---

① Chase F. Robinson，*Islamic Historiography*（Cambridge，2003），164 – 166，at 166.

② Al-Sabiʼ，*Kitab tuhfat al-umaraʼ fi tarikh al-wuzaraʼ*，11 – 22. 赫里伯特·布塞在他的一篇文章中分析了这篇文献，在里面区分出了39种不同的费用，参见'Das Hofbudget des Chalifen al-Muʻtadid billah（279/892 – 289 – 902）'，*Der Islam*，43（1967），11 – 36。

③ Hilal al-Sabiʼ，*Rusum dar al-khilafa*，ed. M. ʻAwwad（Baghdad，1964），21 – 25；trans. Elie A. Salem as *Rusum dar al-khilafa：The Rules and Regulations of the Abbasid Court*（Beirut，1977），23 – 25.

禽畜,还有 400 个浴室供居住的成员(ahliha)和扈从(hawashiha)洗浴。[①] 因此,这里区分了家庭成员与扈从。另一个重要的区分,即一方是家庭成员和随从(服务于统治者),另一方是帝国官员(服务于国家)。然而,为哈里发服务还是为国家服务的界限往往是模糊的。职权的重叠使得难以在管理人员和那些侍奉哈里发本人的人员之间进行区分。这两类人员之间的纠缠与这样一个事实有关,即哈里发和拜占庭的皇帝一样,在理论上(通常也在实际上)都是帝国所有权力的源出之处,而且因此大部分政府事务都决定于"亲密政治学"。宫廷成员的真正准则是接近哈里发和皇帝。一部宫廷史在很大程度上就是能够接近的人的历史。接近的回报是什么? 闻名于宫廷的人有多大的影响力? 他们在提拔人员和左右政治的派系斗争中发挥了什么作用? 阿拔斯王朝有丰富的资料描绘了此类廷臣的个性和角色,其中包括侍臣、管家和宦官。

近身的特权：侍臣与管家

524

　　阿拔斯王朝缺少像拜占庭帝国那样的官员序列表,就使得人们不得不在浩如烟海的资料,尤其是涉及君主政府的论著中,通过尽可能多地参考有关宫廷人员的资料进行筛选。但值得注意的是,我们在拜占庭帝国却没有发现这一类的著作——忠告统治者的著作,或者君主镜鉴类的著作。这些著作构成了古典阿拉伯和波斯一种独具特色的文学类型。尽管这些著作有着某些共同特征,但不同的君主镜鉴著作在所强调的内容和主题上是不同的。这种伊斯兰文学类型指向这样一个群体,他们围绕在统治者周边,通过谋取一个职位或者政治或宗教职务,或间接地通过参加统治者的马吉利斯(majlis),在政治生活中发挥一定的作用。[②] 正是在马吉利斯中,出现了阿拔斯王朝的思想、文化和社会生活。马吉利斯的成员有些致

---

① Al-Sabiʾ, *Rusum*, 7 - 8, trans. Salem, 13.

② AlᶜAllam, *al-Sulta wa al-siyasa fi al-adab al-sultani*, 95.

力于音乐,有些致力于诗歌和文学探讨,有些专注于语法、法理学和经院神学,还有一些则热衷于酌饮。这些也经常以混合的形式出现,如音乐表演、诗歌和阿拉伯各个部落的历史。[①]

君主咨询书这种文学类型提供了有关侍臣(nadim/nudama')的信息,即一些满腹经纶、智慧而又举止优雅的人,他们因为自身的天赋而被遴选为哈里发的挚友,在哈里发独处、举办狩猎聚会、举行棋类比赛以及饮酒和文学讲习时陪伴其左右。[②] 这些侍臣们构成了统治者宫廷里一个很重要的群体,其也是宫廷中一个明确界定的机构。这个颇具影响的机构有一套严格的要求和详细的礼仪规定。在 9 世纪(回历 3 世纪),由穆罕默德·哈里斯·萨拉比(Muhammad b. al-Hatith al-Tha'labi)所写的《帝王行为指南》(此前因贾希兹〔al-Jahiz〕所写的《皇冠之书》〔*Kitab al-taj*〕而为人所知)一书中,包含了一些如何处理统治者和侍臣之间关系的准则。在他为本书写的导论中,萨拉比声称本书搜罗了诸多的皇家礼仪规则,其可以作为教育大众和精英的典范和指南。[③] 本书还强调了在统治者的侍臣中间建立一种等级制度的必要性。本书的很多章节都涉及到统治者和侍从之间互动时的礼仪细节,并探讨了一些主题,诸如饮酒礼、幕帘的使用、跟统治者讲话的方式、统治者起身说话时应该怎样表现、统治者入睡时该遵循什么规矩,等等。[④] 公元 10 世纪(回历 4 世纪)汉达尼德(Hamdanid)王朝宫廷(最初在摩苏尔〔Mosul〕,后在阿勒颇)的朝臣库沙金(Kushajim),在他创作的《侍臣礼仪》(*Adab al-nadim*)中包含着一部分内容,根据必需的特征、必备的知识类型以及衣着服饰,描绘了侍臣的特

525

---

① George Dimmitri Sawa, *Music Performance Practice in the Early 'Abbasid Era 132 - 320/750 - 932* (Toronto, 1989),111.

② Anwar G. Chejne, 'The Boon-Companion in Early 'Abbasid Times', *Journal of the American Oriental Society*, 85(1965),332 - 335.

③ Muhammad b. al-Harith al-Tha'labi, *Akhlaq al-muluk*, ed. J. 'Atiyya(Beirut, 2003),32.

④ 同上,49 - 152。

点。①《阿拔斯宫廷的规章制度》(Rusum)描述了哈里发赠予侍臣们象征荣耀长袍,并提到为哈里发的侍臣们所作的预算。②

　　尽管一些侍臣能够成为哈里发政府的官员,但大多数涉及该制度的文学作品中,这样的双重职责(doubling up)都被认为是不明智的。最为人所熟知的此类著作便是 Siyasatnama,意思是"管理之书或国王治理",本书是由塞尔柱突厥的宰相尼扎姆·阿尔-穆尔克(Nizam al-Mulk)(回历 408/公元 1018—回历 485/公元 1092 年在任)在公元 1091 年(回历 484 年)用波斯语创作的。在某一章中,阿尔-穆尔克认为国王需要侍臣,因为"在侍臣的陪伴下,国王可以享受完全的自由和亲密行为"。但是,他明确地排除了以下情况:"一般情况之下,一个人在履任了政府官职后就不应该再被招纳为侍臣,而那些国王身边的侍臣也不应该再在政府机构中任职。"侍臣除了在一个熟悉而又轻松的环境中陪伴国王外,也可以充任国王的保镖,听取国王严肃而琐屑的喋喋不休,同时也要向国王汇报所有事务。阿尔-穆尔克特别指出:"所有侍臣都应有相应的等级和地位;其中一些人有入席就座的地位,而另一些人就只有在旁站立的资格……所有侍臣都需给予薪俸,并在所有的扈从中享有最高的尊荣。"③

　　除了这些规范性的文献外,在阿布·贝克尔·阿尔-苏利的著作中,还对侍臣成员有了更加个人的思考,他本人就曾经是数个哈里发的侍臣。阿布·贝克尔·阿尔-苏利在其创作的《对开书》(Kitab al-awraq)中,通过一手资料为读者提供了一幅独特的哈里发宫廷的生活画面,本书完全由历史资料、个人的回忆和见证人的叙述所构成。按照马吕斯·卡纳尔(Marius Canard)的说法,由于作者能近距离接触哈里发拉迪(al-Radi,回历 322/公元 934—回历

---

① Kushajim, *Adab al-nadim*(Bulaq, 1298),7 - 12.

② Al-Sabi', *Rusum*, 23, trans. Salem, 24.

③ Nizam al-Mulk, *Book of Government or Rules for Kings*: *The Siyasatnama or Siyar al-Muluk*, trans. Hubert Darke(London, 1960),92 - 94.

329/公元 940 年在位)的宫廷,所以其能够让该书的这一部分定名为"侍臣回忆录"(memoirs d'un courtisan)。① 作为见证者,阿尔-苏利描述了第一次组织和实施哈里发拉迪的伴餐者聚会的方式。哈里发给阿尔-苏利捎去信息,询问前几任哈里发的侍臣中哪些还适合出席他的招待会。阿尔-苏利回答说,这些侍臣中现在唯一还在世的就是伊斯哈格·本·阿尔-穆塔米德(Ishaq b. al-Mu'tamid),但他建议了另外一些有资格出席的人员,尤其是穆罕默德·本·阿卜杜拉·本·汉姆顿(Muhammad b. 'Abdallah b. Hamdun)和伊本·穆纳吉姆。这些人(al-jama'a)随后到达哈里发的宫殿,出席哈里发的招待会,并严格按照顺序就坐:右侧首座的贵宾是伊斯哈格·穆塔米德,然后是阿尔-苏利,接着是一个语言学者,即王子的私人导师和伊本·汉姆顿。左边坐着来自穆纳吉姆家族的三位精通文学的朝臣,以及高级官员家族的后裔比里迪斯(Biridis)。② 阿尔-苏利报告了这种招待会上主要的两大活动:朗诵诗歌和饮酒。③ 这份名单似乎是由多个小组组成,每个小组有四个侍臣,轮流每隔一天出席一次招待会。④ 这种说法也在一件逸闻趣事中得到了确认,这一趣闻说拉迪对其侍臣伊本·汉姆顿渐生不满,然后禁止其出席。阿尔-苏利对此评论道:"我们的小组人数减少了;我们曾经是四个人,其中包括伊本·汉姆顿,现在这个小组只有伊斯哈格·本·阿尔-穆塔米德、阿鲁迪('Arudi)和我了。"⑤

　　作为哈里发拉迪的侍臣,阿尔-苏利与哈里发的接近使他有机会为政府高官,尤其是作为宰相进行调停。发生在公元 935 年(回

---

① Abu Bakr al-Suli, *Akhbar al-Radi billah wa'l Muttaqi billah*, trans. Marius Canard (Algiers, 1946),39.

② Al-Suli, *Akhbar al-Radi billah wa'l Muttaqi billah*, ed. H. Dunne (Cairo, 1935),8 - 9, trans. Canard, 60 - 62. 关于这段描写还可以参见 Adam Mez, *The Renaissance of Islam*, trans. S. Khuda Bukhsh and D. S. Margoliouth (London, 1937),143。

③ Al-Suli, *Akhbar al-Radi*, ed. Dunne, 9,19,55.

④ 同上,137。

⑤ 同上,102。

历 323 年）的重要例证就有他为维齐尔阿里·伊萨的辩护。哈里发遣责后者侵吞了 5 000 第纳尔。阿尔-苏利就对哈里发说："亲爱的陛下，希望您仔细调查这件事情的原委，考虑一下阿里不是那种会被 5 000 第纳尔所诱惑的人，即使所有的人都这样做了，阿里也是最后一个这样做的人。"①然而，阿尔-苏利的干预事与愿违，因为宫内某些竞争对手说了他的坏话。最后，哈里发剥夺了一直以来赠予他的奖赏。② 拜占庭的证据告诫了这种阴谋诡计。10 世纪的一位见证者塞奥多里·达夫诺佩特斯（Theodore Daphnopates）考察了宫廷中诸多寻欢作乐的事情，同时他认为皇宫里充斥了嫉妒、奉承、欺骗和恐惧："每一件事……都是游戏和一场戏……所提供的仅仅是模糊的真相线索。"狄奥多西在谈论到宫廷中说谎者的另一封信件中就抱怨道，这些说谎者是在怨恨和嫉妒的驱使下进行虚假指控的。③ 相似的是，11 世纪的米哈伊尔·普塞洛斯在写到狄奥多拉（Theodora，1055—1056 年在位）的统治时说："我受到狄奥多拉的邀请进行拜访，这引起了嫉妒。"④普塞洛斯通过自己的著作，经常提到拜占庭宫廷的这种状态。尽管我们上面的例子提到阿尔-苏利与阿里·伊萨的接近而暂时被解职，但是，阿尔-苏利与维齐尔法德尔·本·贾法尔（al-Fadl b. Jaʿfar）的友谊却在公元 937—938 年（回历 326 年）给他带来了一些益处。法德尔很欣赏阿尔-苏利为大臣们所写的行为指南《大臣之书》（Kitab al-kuttab），给了他 300 第纳尔，并将他纳入自己亲密同僚（al-hasham）的津贴名单中。⑤

527

宫廷中另一种能够亲密接触统治者的人就是总管大臣。贾希兹在公元 9 世纪（回历 3 世纪）所写的书信集《总管大臣论》（Kitab

---

① Al-Suli, *Akhbar al-Radi*, 65 - 66。

② 同上，66。

③ Theodore Daphnopates, *Theodore Daphnopates: Correspondance*, ed. J. Darrouzes and L. G. Westerink(Paris, 1978), 227 - 231, 215 - 225.

④ Michael Psellus, *Fourteen Byzantine Rulers*, trans. E. R. A. Sewter(New York, 1984), 267.

⑤ Al-Suli, *Akhbar al-Radi*, ed. Dunne, 90.

al-Hujjab）中强调了总管大臣与生俱来的敏感和所扮演的权力角色。有一个逸闻趣事提到哈里发对他的总管（hajib）说："你是我看东西的眼睛，是我所依赖的护盾。我安排你掌管我的大门，然而现在，我好奇的是，你是怎么对待我的臣民的。"总管回答说："我通过您的眼睛看着他们，我依照他们对您的忠心程度给予他们不同的奖励……我根据您给他们安排的职位决定他们的次序。"①事实上，这就是总管大臣的主要职责，即组织民众，决定不同种类的高官和廷臣的准确位置。然而，总管大臣又是一个非常敏感的职位，正如一个埃米尔（amir）在吩咐总管大臣时所说：

> 在荣誉之事上履行信任比在金钱之事上更有必要。那是因为金钱可以保护荣誉，但荣誉却不能保护金钱。我以我门下所有门人一贯的荣誉委任你；这种荣誉是他们的头衔，因此为了他们去保护荣誉吧……从而保护我的荣誉。②

这一段落反映了等级制度的重要性，这种等级制度在拜占庭帝国组织更加严密，正如菲洛塞乌斯在其著作前言所表达的一样："一些人在其一生中所拥有的杰出地位以及所拥有的头衔的价值，都仅仅表现为其参加帝国御膳时的座次而已。"次序因此变得异常重要。③ 在拜占庭帝国和阿拔斯王朝的宫廷中，总管大臣都在管理礼仪上发挥关键性作用。

在这样的体制中，宫廷礼仪的重要性无需再强调。君士坦丁七世在创作于 10 世纪的《典仪论》（*Book of Ceremonies*）中坚持认为，庆典礼仪使得皇帝的权威显得更加优雅和更有秩序，并赐予头衔

---

① Abu 'Uthman ' Amr al-Jahiz, ' Kitab al-Hujjab', *Rasa'il al-Jahiz*, ed. ' Abd al-Salam Harun (Beirut, 1991),33.

② 同上,34。

③ Oikonomides, *Les lists de preseance Byzantines*, 21.

及应得津贴额外的价值。[①] 公元 11 世纪（回历 5 世纪）的阿拔斯王朝也留下了一些关于阿拔斯仪式的诗文。希拉勒在哈里发卡伊姆（al-Qaʾim，回历 423/公元 1031—回历 468/公元 1075 年在位）当政早期编纂完成了《阿拔斯宫廷的规章制度》，描述了阿拔斯宫廷中的规则与规定。该著作包含了大量材料，从维齐尔、秘书、侍臣及其他一些官员如何穿着、就坐，怎样与哈里发交谈等方面的建议，到对拜会哈里发的描绘。

这两本著作在编撰方式和提供的具体内容上很不相同。拜占庭的那本著作由官方编辑，是在拜占庭皇帝的命令下组织汇编的，因此内容比较丰富。书中提供的信息，既包括宗教礼仪也有世俗皇家仪式。[②] 阿拔斯王朝的这本著作则是由一位作者完成的单一著作，作者之所以决定出版这本书，是基于"唯恐这剩下的知识会被遗忘"的理念。[③] 这两本书都是涉及礼仪的书，而不是对历史事件的记述。《阿拔斯宫廷的规章制度》是基于作者从他祖父那里获得的第一手资料创作的，他的祖父见证了帝国光辉的典礼仪式。

《典仪论》和《阿拔斯宫廷的规章制度》中的规定以及对仪式场合的描述，都表明了成熟而又严格的宫廷仪式。这些仪式的特性在于增加皇帝和哈里发的荣耀。首先，有一个巨大而复杂的宫殿，提供舞台以及其他各种装饰。紧接着，有一大批廷臣和仆人，这些人同时既是表演者又是临时演员，还要充当第一排观众。皇帝和哈里发分别是表演中的巨星。然而，需要指出的重要一点是，与拜占庭的仪式相比，阿拔斯王朝的仪式只是到公元 10 世纪（回历 4

528

---

① Jonathan Shepard, 'Courts in East and West', in Peter Linehan and Janet Nelson (eds.), *The Medieval World* (London, 2001), 14 - 36.

② Averil Cameron, 'The Construction of Court Ritual: The Byzantine Book of Ceremonies', in David Cannadine and Simon Price(eds.), *Rituals of Royalty: Power and Ceremonial in Traditional Societies* (Cambridge, 1987), 106 - 136.

③ Al-Sabiʾ, *Rusum*, 6, trans. Salem, 12.

世纪)才达到精巧的程度。①

　　在哈里发面前如何出场和如何举止方面的规则,构成了一系列的约束,其中还混杂着不同范畴的廷臣与哈里发保持何种距离方面的规则。正是总管大臣负责监管这些规则的运行,确保拜见哈里发的人能够穿着颜色合适的盛装;同时,他还负责监视在走廊和门厅中的人群行为是否得当,头巾是否得体,是否有人跷二郎腿。②总管大臣是仪式的主持者,负责组织出席人员。而对于总管大臣在宫廷仪式中的角色,希拉勒是这样描述的:

> 　　在举行列队仪式的日子里,总管大臣坐在幕帘后面的走廊中,其他的管家们以及他们的副官则行进在他前面,……假如哈里发要接见群臣,他就会派他的负责送信的私人奴仆把总管大臣叫来。总管大臣一个人进来,站在庭院中,接着亲吻地面。然后,他根据大臣或官员的头衔安排接见……维齐尔会在管家们的陪同下进入……③

529　　在拜占庭帝国,掌管礼仪事务的权力也掌握在总管大臣(praipositos)手中。到 10 世纪早期,总管大臣负责设计皇帝仪式性的露面和接触。仪式的组织落入帝国最高官员之手,反映出典礼仪式在帝国宫廷中的重要性。④

　　维齐尔、大小官员以及其他人要想觐见哈里发,只能通过总管大臣才行,并且经常不得不在他的内廷中等候接见。很多不同的

---

① Dominique Sourdel, 'Questions de cérémonial abbaside', *Revue des études islamiques*, 28(1960), 121 - 148; Marius Canard, 'Le cérémonial fatimide et le cérémonial byzantin', *Byzantion*, 219(1955), 355 - 420; and al-Sabiʾ, *Rusum*, 11 - 12, trans. Salem, 16 - 17; Miskawayh, *Tajarib*, i. 55.

② Al-Sabiʾ, *Rusum*, 76 - 77, trans. Salem, 62.

③ Al-Sabiʾ, *Rusum*, 78, trans. Salem, 63 - 64.

④ Michael McCormick, *Eternal Victory*: *Triumphal Rulership in Late Antiquity*, *Byzantium and the Early Medieval West* (Cambridge, 1990), 222 - 225.

传闻都叙述说,到宫廷觐见哈里发的人首先要被带到总管大臣的住处。例如,一个女人想要报告伊本·富拉特之子穆哈辛(al-Muhassin)的藏身处,她会"马上进入宫殿,然后继续走,直到来到总管大臣的住处,向总管大臣解释这件事"。[①] 哈卡尼(Al-Khaqani)预感到有人想要阴谋取代他,求见哈里发之前,他要先从总管大臣纳斯尔(Nasr)那获得觐见哈里发的许可,最终,纳斯尔为他求得了这种许可。[②]

　　宫廷中不同的等级制度都试图从概念上区分仆人和主人。[③] 维齐尔、总管大臣和不同种类的朝臣,无论他们的特权、职责和头衔是多么的不同,都根本上是哈里发的仆人。作为哈里发仆从的职责是以对哈里发履行个人义务为基础的,这就意味着对他们而言,在服务中最有价值的品质就是忠诚。进而,这意味着取悦哈里发是必要目的。在陪伴哈里发方面,那些几乎经常出席的人,尤其是总管大臣,必须留意他的性情,随时对任何满意或者不满意的信号保持警觉。任性、反复无常是与极权相关联的,这一点在伊本·屈底波(Ibn Qutayba)的著作中有所反映,他的著作中有一个章节专门讨论皇家的任性和反复无常。[④] 这样,总管大臣的地位也就在哈里发的宠爱与不宠爱之间变幻不定。《阿拔斯宫廷的规章制度》在描绘随从哈里发举行御前会议中突出了这一点:

　　　　当苏丹生气的时候,小心不要和他进行争论,在他固执的
　　时候也不要催促他宽容……当你发现他正在愤怒中,要试着避

---

① Miskawayh, *Tajarib*, i. 132.

② Al-Sabi', *Kitab tuhfat al-umara' fi tarikh al-wazara'*, 269.

③ Daud Ali, *Courtly Culture and Political Life in Early Medieval India* (Cambridge, 2004), 104 – 106.

④ Aziz al-Azmeh, *Muslim Kingship: Power and the Sacred in Muslim, Christian and Pagan Polities* (London, 1997), 125; Ibn Qutayba, '*Uyun al-akhbar*, ed. Yusif Tawil (Beirut, 1985), i. 73 – 82.

开他。等待机会去陈述你的理由……直到他的怒火消退……谨防说话的冲动……不要抱怨……不要坚持……要多感激……要有耐性。[①]

530

女性和宦官的宫廷

在公元 10 世纪（回历 4 世纪）早期，哈里发宫殿是由若干小宫殿组成的庞大的综合性建筑。我们无从知晓这些宅邸的外形和内部结构。[②] 不仅是考古资料不充分，而且文本资料也不足，因为"我们无从读到可算作建筑形式的描绘"。从考古学者对阿拔斯王朝公元 9 世纪（回历 3 世纪）的临时首都——萨马拉哈里发宫殿的发掘中可以推知，巴格达哈里发宫殿群的建筑特征是，公共空间和私人空间、外部空间和内部空间、男性空间和女性空间、王室空间和非王室空间泾渭分明；由巨大的扶垛墙所包围的萨马拉宫殿城（Al-Jawsaq al-Khaqani），是哈里发及其嫔妃的私人住所。[③]

位于巴格达的哈里发宫殿，既是哈里发展示权力的舞台，又是庞大帝国的行政中心和哈里发家族的居住场所。地位显著的女性在宫殿群中有着自己的私人住所，或许正是从此时开始，宫殿中首次分离出了单独的后宫。[④] 在公元 10 世纪（回历 4 世纪）早期的阿拔斯后宫中，主要居住着王室成员和管理阶层或者服务阶层。王室成员即指哈里发的母亲、妻子、嫔妃、子嗣及其家族中未婚、丧夫或离异的姊妹和姑姨们。管理者即指身居高位的后宫管理者，主

---

① Al-Sabiʾ，*Rusum*，87‐88，trans. Salem，70‐71.

② Oleg Grabar，*The Formation of Islamic Art*（New Haven，1987），158.

③ Alastair Northedge，'An Interpretation of the Palace of the Caliph at Samarra（Dar al-Khilafa or Jawsaq al-Khaqani）'，*Ars Orientalis*，23（1993），143‐170. 最新的研究参见 Northedge，*The Historical Topography of Samarra*（London，2005），133‐150.

④ Hugh Kennedy，*The Court of the Caliphs*（London，2004），165.

要包括女管家、太监、管理家务的女性以及女奴。

在阿拔斯王朝后宫中，权力最大的当属哈里发的母亲。在公元10世纪（回历4世纪），随着年轻的穆格台迪尔登上王位，情况尤其如此。穆格台迪尔的母亲即乌姆·阿尔-穆格台迪尔（Umm al-Muqtadir），是此时编年史中的著名人物，她参与政治，为国聚财，广施恩泽。乌姆·阿尔-穆格台迪尔的经济实力基于拨付给她的农业领地。拥有的大量财产是她权力的源头，并反过来使她培育了一系列臣属庇护网络。她还拥有私人扈从、秘书和其他官员。各种资料都突出了哈里发和其母之间的密切关系，称哈里发经常待在他母亲的宫殿中。①

乌姆·阿尔-穆格台迪尔在当时的宫廷各派系内部以及各种派系间的权力斗争中扮演了重要角色。然而，哈里发的母亲的影响尽管重要但却是非正式的，而在拜占庭帝国，女性则会成为事实上的统治者。普塞洛斯记述了公元1042年帝国如何传到佐伊和狄奥多拉两姐妹手中，且"我们生平第一次看到女性的宫闺成为帝国的议事厅"。普塞洛斯进一步叙述说，"宫廷程序制定出来，遵照前人之治"。② 和阿拔斯王朝的治理模式不同，在拜占庭帝国，并不绝对禁止男性进入女皇的宫闺。普塞洛斯描绘说，约在公元1049年或1050年，廷臣波伊拉斯（Boilas）在佐伊和狄奥多拉的宫闺内取悦了两位年长共治女皇。普塞洛斯还强调了该廷臣表演的成功以及随后得到的特权，其中就包括允许他无限制地进入女性后宫："好吧，我们这个小丑取得了两位女皇的喜爱……这两个蠢女人被这个小丑的故事俘获了，于是允许他通过暗门随意进出。"③

《典仪论》告诉我们，女皇负责自己的庆典和社交圈，这个圈子

531

---

① Miskawayh, *Tajarib*, i. 118. 关于乌姆·阿尔-穆格台迪尔，参见 Nadia Maria El Cheikh, 'Gender and Politics: The Harem of al-Muqtadir', in Leslie Brubaker and Julia M. H. Smith (eds.), *Gender in the Early Medieval World: East and West, 300 - 900* (Cambridge, 2004),147 - 161.

② Psellus, *Fourteen Byzantine Rulers*, 155 - 156.

③ 同上，231。

由帝国显贵人员的妻子组成。① 此书还记载道，在大教堂举行五旬节仪式期间，索菲娅（Sophia）女皇接见了帝国显贵的妻子，并且给予她们平安之吻。② 在拜占庭宫廷，对女皇的颂词采用了和男性皇帝相似的套路：赞美她们出身高贵、品格高尚、样貌完美。③ 但在阿拔斯的背景下，我们看到的却是另一番情景：没有文献记载后宫中的庆典活动——不过我们对那一空间知之甚少。而且，阿拔斯王朝为重要女性所作的颂词常常毁誉参半。例如，在公元 10 世纪（回历 4 世纪），阿勒颇地区汉达尼德（Hamdanid）公国首领萨法·阿尔-达拉（Sayf al-Dawla）的姐姐豪莱（Khawla）去世，著名诗人穆太奈比（al-Mutanabbi）为其作了挽歌，结果遭受批评。穆太奈比的诗作也遭受了一些中世纪批评家的指责，这些批评家常被严格的礼节意识所指导。他们认为，宫廷诗人不能像穆太奈比那样，以个人名义对去世的王妃致辞。因此，有必要仅仅让她的名字在公众口中流传而确保避免使挽歌中的妇女成为丑闻中心。

阿拔斯王朝和拜占庭帝国的史料各不相同，而且反映了巴格达和君士坦丁堡女性宫廷的构成和角色也各不相同。然而，材料共同的地方是都对女性统治指责颇多。普塞洛斯说道："佐伊和狄奥多拉对后宫琐事和国家大事区分不清。"他谴责她们的慷慨是"全面腐败和财政崩溃的唯一原因"。④ 对乌姆·阿尔-穆格台迪尔的批评，也在总体上符合史料所秉持的对女性干政的批评态度。乌姆·阿尔-穆格台迪尔的干政使她成为各种史料猛烈抨击的对象。尽管史料展示了女性当政的现实，但是其中暗含的意识形态以及鲜明的评论仍在强调人们期望女性在那一领域应该怎么做。因

532

---

① *Le livre des ceremonies*, ed. A. Vogt, 2 vols. (Paris, 1935 - 1940), i. 61.

② 同上，i. 61 - 62。参见 Liz James, *Empresses and Power in Early Byzantium* (Lexington, 2001), 52 - 58。

③ Henry Maguire, 'Images of the Court', in Helen C. Evans and William D. Wixom (eds.), *The Glory of Byzantium: Art and Culture of the Middle Byzantine Era, A. D. 843 -1261* (New York, 1997), 182 - 191.

④ Psellus, *Fourteen Byzantie Rulers*, 157.

此,塔巴里的续写者阿里伯('Arib),出于对阿尔-穆格台迪尔的维护,指出"如果他没有在多数事务上被支配的话,人们会生活得更幸福。但他的母亲及他手下的其他人阻碍了他的计划"。①

后宫的主要管理者是宦官。他们由于在皇宫的组织和运转方面所承担的角色,以及作为统治者的知己,在阿拔斯王朝和拜占庭帝国的历史、编年史和政治史中成为主角。菲洛塞乌斯的《官府图谱》一书总结了留给宦官的头衔。如果按照名望以升序的方式来排列,最底层的称为 nipsistianos,掌管洗碗;最高的官职被称为 praepositos,即王室太监仆人的头领,负责财政、管理和庆典事务。② 除了头衔之外,还有一些留给宦官的职责明确的职位,其中最为显著的是 papiai,他们负责守卫城门,因而控制着帝国皇宫的入口。③ 因此,在拜占庭帝国,某些宫廷职位专为宦官把持。在阿拔斯王朝,并不存在这些界定明确的职位,并没有服务于后宫的太监和履行行政和军事职责的太监之分。同样的太监可能在两个阵营中有关系和影响。④

总体而言,拜占庭皇帝热衷于任用宦官的两个主因,一是太监肯定不会觊觎王位,二是他们不近女色。尽管在肖恩·图赫(Shaun Tougher)看来,这种解释"正确了一半",但基思·霍普金斯(Keith Hopkins)则认为,宦官的真正作用在于其可以吸收批评,并因而充当润滑剂,从而缓解帝王和其他各方力量间的摩擦。⑤ 尽管在阿拔斯的宫廷中,宦官的后一种作用也许同样非常重要,但是宦

533

① 'Arib, *Silat tarikh al-Tabari*, ed. M. J. De Goeje (Leiden, 1965),24.

② 论述宫廷中宦官的部分,参见 Oikonomides, *Les listes de présance*, 124 – 134。

③ Kathryn M. Ringrose, *The Perfect Servant: Eunuchs and the Social Construction of Gender in Byzantium* (Chicago, 2003),168.

④ David Ayalon, *Eunuchs, Caliphs and Sultans: A Study in Power Relationships* (Jerusalem, 1999),197.

⑤ Shaun F. Tougher, 'Byzantine Eunuchs: An Overview, with Special Reference to their Creation and Origin', in Liz James (ed.), *Women, Men and Eunuchs: Gender in Byzantium* (London, 1997),168 – 184, at 170; and Keith Hopkins, *Conquerors and Slaves* (Cambridge, 1978),174 – 180.

官在这里的出现要与哈里发后宫的性质清晰联系起来。由于穆斯林妇女独特的隐居生活，使得使用宦官难以避免。尽管事实上伊斯兰法律禁止伊斯兰地区有宦官，但这种特殊的性别在功能上被接受为合法团体，而且得以繁荣。[①]

主要归于宦官的各种角色和功能，集中于跨界进行调停和协商。米歇尔·汉密尔顿（Michelle Hamilton）强调了这些廷臣作为协商者和调停者的作用，指出他们可在不同的阈限、空间之间自由游走，消除差异，并成功地跨越不同语言、宗教、文化以及临时的边界。[②] 宦官充当信使，因为他们可以进入任何对其他人禁止的性别空间。宦官接近女性，使他们有机会通过后宫内的女性关系网影响身居高位的人。确实，正是他们的私人接近使得宦官具有颇大影响力，这反映在有关黑人宦官穆夫利赫（Muflih）的有趣故事中。宰相哈密德（Hamid）被免职之后，试图拜见哈里发，923 年（回历311 年），哈密德来到皇宫并见了总管纳斯尔。然而，仰仗穆夫利赫是无法避免的，因为"当穆格台迪尔住在他的私人住所中时，他是请求许可会见穆格台迪尔的官员"。[③] 这得益于他的宦官身份——换言之，他作为"无性之人"的特殊性别阈归属——赋予他进入哈里发住所的珍贵机会。宦官的权力直接源于这个特征：当任何其他人——也就是所有其他男人——做不到时，他能在私人住处的空间，在后宫中接近哈里发。

确实，阿里伯声称，在公元923 年（回历311 年），"所有的事务都掌控在穆夫利赫这位黑人宦官手中"。[④] 穆夫利赫的权势已经大大超过了哈密德，在一次相互谩骂中，哈密德回击说："我将买100

---

① Cristina de la Puente, 'Sin linaje, sin alcurnia, sin hogar: eunucos en el Andalus en época Omeya', in de la Puente (ed.), *Identidades Marginales* (Madrid, 2003),147 – 193.

② Michelle M. Hamilton, *Representing Others in Medieval Iberian Literature* (New York, 2007),6 – 8.

③ Miskawayh, *Tajarib*, i. 87, trans. Amedroz and Margoliouth, i. 96.

④ 'Arib, *Silat*, III.

个黑奴，都起名穆夫利赫，把他们送给我的家臣。"①这一插曲反映
了社会上对待宦官的态度。哈密德的言辞既带有种族主义色彩，
因为攻击了黑奴；也带有反对宦官的色彩，因为攻击了穆夫利赫的
身体特征。据信，对宦官进行身体上的阉割会使他们在性情和道
德品质上发生变化。贾希兹描述了宦官在被进行最彻底阉割，即
"吉巴卜"(al-jibab)之后，他们在身体和性格上呈现的变化，他们的
性情堪比妇幼；易于哭泣，暴饮暴食，贪恋玩乐，迷恋性；喜好操持
家务；贪财、轻率、嫉妒、残酷。其结果是，他们就像女人一样，据信
不能控制对食物、酒精和身体享乐的欲望。② 拜占庭历史学者用诸
如脆弱、不诚实、贪婪、女人气和缺乏自控之类的词汇形容宦官；不
仅如此，他们通常音调颇高，举止如同妇女，喜爱唠叨，暴饮暴食，
等等。③ 因此，尽管宦官手握权力，但阿拔斯和拜占庭的史料都同
样总体上对"第三性别"充满敌意，因他们无力控制自己的胃口和
情感，而把他们与女性和儿童联系起来。

534

结论

我们之所以在理解阿拔斯王朝和拜占庭帝国的宫廷时面临诸
多困难，部分因为这一事实："尽管宫廷有着某些机构上的特征，但
它又不仅仅是一种机构……制约它的东西，远逊于非正式的和通
过私人关系完成的事情。"④在公元 10 世纪（回历 4 世纪），由于统
治方式的改变，侍臣特别是总管大臣和宦官变得更具影响力。具
体而言，由于哈里发日益成为一小撮人的统治者而非更多人的统

---

① Miskawayh, *Tajarib*, i. 87.
② Al-Jahiz, *al-Hayawan*, ed. A. Harun, seven volumes (Cairo, 1945), i. 106 - 118.
③ Kathryn M. Ringrose, 'Passing the Test of Sanctity: Denial of Sexuality and Involuntary Castration', in Liz James (ed.), *Desire and Denial in Byzantium* (Aldershot, 1999), 123 - 137; Ringrose, 'Eunuchs as Cultural Mediators', *Byzantinische Forshungen*, 23(1996), 75 - 93. 圣徒传记类的文集不会包含关于宦官的这类消极性的修辞。
④ Larner, 'Europe and the Courts', 669.

治者,因而,亲近哈里发更加困难。[1] 为了在宫廷确立权力基础,亲近哈里发是必经之路。进入的权利保留给了一些特别选择的人,而且总管和宦官掌握着觐见的钥匙。觐见使他们具有了影响力,因为请求权被哄骗到了他们手里。能够觐见的廷臣以及维持宫廷典礼的人都是有职位的人,通过哈里发和君主的任免权任命。"他们不是宫廷上无所事事的世袭贵族",[2]相反,他们的地位主要依靠其所担任的官职及其与统治者的密切关系。

535

阿拔斯王朝的文献资料对我们了解宫廷和后宫的人物个性以及他们之间的关系非常有用。确实,这些文献资料的一个特点是过分强调个人的作用。这方面有利于我们考察阿拔斯王朝中特定"廷臣"的角色和地位。然而,尚有许多东西不甚明了。初步查阅阿拔斯王朝的文献资料,并未能提供阿拔斯宫廷的清晰定义,反而解释出有关"宫廷"概念的模糊性。在 hashiya、hasham、khassa 等词汇中游弋,它们在不同场合分别意指侍从、宫廷侍从、廷臣和仆人,但这一词汇并不能确切地翻译成任何宫廷和廷臣的清晰定义。因此,这就需要依赖语汇索引对阿拔斯(和拜占庭术语)进行全面研究。

马格达利诺提出,另一种途径"是考察与宫廷关系密切的个人的著作"。[3] 阿尔-苏利、米斯凯韦、希拉勒·萨比等人都与阿拔斯王朝的宫廷有关。他们的作品是否是在宫廷中创作的? 是否为统治的宫廷而作? 蔡斯·罗宾逊(Chase Robinson)曾经思考过穆斯林统治者在多大程度上支持历史编纂的问题,他总结说,仅在公元 12 世纪(回历 6 世纪)初期,委任编撰王朝历史才成为穆斯林史学编纂的特点。虽然这方面也有先例,但是,"尽管穆斯林国家有多种途径拥抱学问……但是它们从来没有完全吸收……。甚至在伊本·米斯凯韦所处的官僚史家全盛期也是如此"。[4] 不过,通过

---

①   Marmer, *The Political Culture of the Abbasid Court*, 220.

②   Cameron, 'The Construction of Court Ritual', 122.

③   Magdalino, 'In Search of the Byzantine Courtier', 145.

④   Robinson, *Islamic Historiography*, 119 - 120.

第二十五章　阿拔斯王朝与拜占庭帝国的宫廷

考察与宫廷有关的个人的作品,本章精确探明了个人的类型和作品的类型,他们最能代表宫廷心态或宫廷意识形态。确实,学问的网络"与推动中世纪伊斯兰国家发展的行政和军事网络是重叠的",著名史学家的论著往往依靠他们所从属的宫廷圈子中所使用的史料。① 阿尔-苏利是哈里发拉迪的侍臣,撰写了一本他作为侍臣时期的充满个人色彩的回忆录;米斯凯韦在布维希王朝任职多年,记录了他曾经历过和从亲身经历过的人那里听到的事情;希拉勒·萨比生在秘书家庭,祖辈数代人与宫廷关系密切。因此,我们在试图理解阿拔斯王朝的宫廷历史时,必须回看这些学者的著作。这不仅因为他们的地位使他们能接触到宫廷信息,包括口头的和官方档案,而且这些作者还有兴趣收集有关宫廷内部组织和管理的信息。

本章集中探讨了阿拔斯王朝和拜占庭帝国文本共有的几个有关宫廷的主题,尤其是等级意识、官衔、亲近国王、服务、统治者对亲近者的恩赐、宫廷典礼的重要性以及宫廷中的女性存在等。这两个社会有着不同的历史发展轨迹。巴格达日渐失去了对实际上自称独立的省份和地区的控制;相反,拜占庭帝国却在不断扩张,忙于编撰整理早期文献资料。但是,两者都发展出了复杂精致的宫廷结构和宫廷礼仪。这时期的文献反映了这一发展,因此,我们看到了诸如 10 世纪(回历 4 世纪)和 11 世纪(回历 5 世纪)的礼仪指南之类的精致阐述。这些著作似乎在某种程度上表明,来自这两种文化背景的学者,在某种程度上以可以媲美的方式理解和编撰着历史。显然,本章只讨论了两个传统的一小部分文献。目的是突出两种背景下所共有的宫廷主题的共通性。让-弗朗索瓦·索洛诺于 1987 年撰写了一本有关法兰西宫廷的著作,其中指出,在宫廷历史的比较研究领域,我们仍然任重而道远。② 20 年过去了,情况依旧,尤其是在阿拔斯王朝和拜占庭研究领域。

---

① 　同上,120,124。

② 　Jean-François Solnon, *La Cour de France* (Paris, 1987),9.

大事年表[①]

公元 133/750 年	阿拔斯革命
公元 145/762 年	巴格达建立
公元 222/836 年	哈里发迁都萨马拉
公元 279/892 年	哈里发重返巴格达
公元 295/908 年	穆克塔菲去世
公元 295/908 年	向穆格台迪尔效忠宣誓
公元 305/917 年	拜占庭大使抵达巴格达
公元 309/922 年	神秘主义者哈拉智（al-hallaj）被处以死刑
公元 311/923 年	卡拉米塔（Qaramita）进入巴士拉
公元 312/924 年	维齐尔伊本·拉特被处以死刑
公元 313/926 年	卡拉米塔攻击朝圣的商旅和洗劫船队
公元 317/929 年	穆格台迪尔被废黜，卡希尔（al-Qahir）成为哈里发
公元 317/929 年	穆格台迪尔复位
公元 317/929 年	卡拉米塔从克尔白带回黑石
公元 320/932 年	穆格台迪尔去世
公元 320/932 年	卡希尔再次成为哈里发
公元 934—940 年	拉迪为哈里发

主要历史文献

al-Hamadani, Muhammad b. ʿAbd al-Malik, *Takmilat taʾrikh al-Tabari*, ed. Albert Kanʿan (Beirut, 1959).

Ibn ʿAbd Rabbih, Ahmad b. Muhammad, *Kitab al-ʿiqd al-farid*, ed. Ahmad Amin et al. (Cairo, 1940-1953).

Ibn al-Athir, ʿIzz ad-Din, *Al-Kamil fi al-tarikh*, ed. Carolus

---

① 年表中的年代记录中，"/"前为回历，后为公历。

Johannes Tornberg (Beirut, 1979).

Ibn al-Jawzi, Abu al-Faraj Abd al-Rahhman b. Ali, *Al-Muntazam fi tarikh almuluk wa al-umam*, ed. Muhhammad 'Abd al-Qadir 'Ata and Mustafa 'Abd al-Qadir 'Ata (Beirut, 1992 – 1993).

al-Jahiz, Abu 'Uthman 'Amr, *Rasa' il al-Jahiz*, ed. 'Abd al-Salam Harun (Beirut, 1991).

Kushajim, *Adab al-nadim* (Bulaq, 1298).

al-Mas 'udi, Abu-al-Hasan 'Ali b. al-Husayn, *Kitab al-tanbih wa al-ishraf*, ed. M. J. De Goeje (Leiden, 1893).

——*Muruj al-dhahab wa-ma 'adin al-jawhar*, ed. Charles Pellat (Beirut, 1962 – 1979).

Miskawayh, Abu 'Ali Ahmad b. Muhammad, *Tajarib al-umam*, ed. H. F. Amedroz, 7 vols. (Oxford, 1920); trans. H. F. Amedroz and D. S. Margoliouth as *The Eclipse of the Abbasid Caliphate* (Oxford, 1921).

Porphyrogenitus, Constantine, *Le livre des ceremonies*, ed. A. Vogt, 2 vols. (Paris, 1935 – 1940).

Psellus, Michael, *Fourteen Byzantine Rulers*, trans. E. R. A. Sewter (New York, 1984).

al-Qurtubi, 'Arib b. Sa 'd, *Silat tarikh al-Tabari*, ed. M. J. De Goeje (Leiden, 1965).

al-Sabi', Hilal b. al-Muhassin, *Tuhfat al-umara' fi ta' rikh al-wuzara'*, ed. H. F. Amedroz (Beirut, 1904).

——*Rusum dar al-khilafa*, ed. Mikha' il 'Awwad (Baghdad, 1964), trans. Elie A. Salem (Beirut, 1977).

al-Suli, Abu Bakr, *Akhbar al-Radi bi-llah wa'l-Muttaqi li-llah*, ed. J. Heyworth Dunne (Beirut, 1934 – 1936).

——*Ma lam yunshar min awraq al-Suli: akhbar al-sanawat 295 – 315*, ed. Hilal Naji (Beirut, 2000).

al-Tabari, *Ta' rikh al-rusul wa' l-muluk*, ed. M. J. De Goeje et al.

（Leiden，1879－1901）．

al-Tanukhi，Abu ʿAli al-Muhassin，*Nishwar al-muhadara wa-akhbar al-mudhakara*，ed. ʿAbbud al-Shalji（Beirut，1975）．

——*Al-Faraj ba ʿda al-shidda*，ed. ʿAbbud al-Shalji（Beirut，1978）．

al-Tha ʿlabi，Muhammad b. al-Harith，*Akhlaq al-muluk*，ed. J. ʿAtiyya（Beirut，2003）．

al-Washsha ʾ，Abu Tayyib Muhhammad b. Yahhya，*Kitab al-Muwashsha*，ed. Karam al-Bustani（Beirut，1965）．

参考文献

al -ʿAllam，ʿIzz al-Din，*Al-Sulta wa al-siyasa fi al-adab al-sultani*（n. p. ，1991）．

al-Azmeh，Aziz，*Muslim Kingship: Power and the Sacred in Muslim，Christian and Pagan Polities*（London and New York，1997）．

Ayalon，David，*Eunuchs，Caliphs and Sultans: A Study in Power Relationships*（Jerusalem，1999）．

Bowen，Harold，*The Life and Times of Ali b. Isa, the ʿGood Vizierʾ*（Cambridge，1928）．

Chejne，Anwar，ʿThe Boon-Companion in Early ʿAbbasid Timesʾ，*Journal of the American Oriental Society*，85（1965），327－335．

al-Duri，ʿAbd al-ʿAziz，*Dirasat fi al-ʿusur al-ʿabbasiyya al-mutaʾakhira*（Baghdad，1945）．

Kennedy，Hugh，*The Courts of the Caliphs*（London，2004）．

Kraemer，J. ，*Humanism in the Renaissance of Islam: The Cultural Revival during the Buyid Age*（Leiden，1986）．

Le Strange，Guy，*Baghdad during the Abbasid Caliphate: From Contemporary Arabic and Persian sources*（Oxford，1900）．

Maguire，Henry（ed. ），*Byzantine Court Culture from 829 to 1204*（Washington，DC，1997）．

Marmer, David Bruce Jay, 'The Political Culture of the Abbasid Court, 279 - 324(A. H.)', Ph. D. dissertation, Princeton University, 1994.

Massignon, Louis, *La passion de Hallaj martyr mystique de l'islam* (Paris, 1975).

Mez, Adam, *The Renaissance of Islam* (London, 1937).

Mottahedeh, Roy, *Loyalty and Leadership in an Early Islamic Society* (London, 2001).

Northedge, Alastair, *The Historical Topography of Samarra* (London, 2005).

Robinson, Chase F. , *Islamic Historiography* (Cambridge, 2003).

Sabari, Simha, *Mouvements Populaires à Bagdad à l'Époque 'Abbasside IXe-XIe siècles* (Paris, 1981).

Sourdel, Dominique, *Le vizirat ʿabbāside de 749à 936* (Damascus, 1959 - 1960).

——*L'état impérial des califes abbassides*, *VIIIe-Xe siècle* (Paris, 1999).

Young, M. J. L. , Latham, J. D. , and Serjeant, R. B. (eds.), *Religion, Learning and Science in the Abbasid Period* (Cambridge, 1990).

卢　镇　译　赵立行　校

第二十六章 历史写作、种族与民族认同：中世纪欧洲与拜占庭的比较

马修·英尼斯

种族与民族认同：概念与定义难题

　　修道院的僧侣雷吉诺公元 900 年稍后的作品，反映出人类社会由许多民族（nationes）组成，其人口因血缘、习俗、语言和法律而各不相同。[①] 雷吉诺曾担任过位于阿登（Ardennes）的普吕姆皇家修道院的院长。在其生活的时代，法兰克人在 751 年建立的加洛林王朝正因为严重的政治危机而摇摇欲坠。雷吉诺关于民族认同的思考来自其最有影响的著作《论宗教会议判决与教会训诫》（*De Synodalibus Causis et Disciplinis Ecclesiasticus*）的献词，该著作是中世纪主要的教会法汇编之一。人类社会之中区分各个民族的世俗标记颇如普世教会中区分各个不同习俗一样。雷吉诺的著作部分意在协调上述不同或差异，以确保教会能够在祈祷上保持一致，建立权威文本作为文本"校正"的基础以及为负责管理忏悔和救赎的僧侣提供实际的指导。雷吉诺关于音乐的先河之作《论谐音原理》（*De harmonica institutione*）依靠的正是类似的逻辑，即他利用古典音乐理

---

① *Reginonis abbatis Prumiensis Chronicon cum continuation Treveresi*, ed. Friedrich Kurze（MGH SRG；Hanover, 1890）, p. xx: *diversae nationes popularum inter se discrepant genere moribus lingua legibus.*

论"纠正"礼拜时所唱的圣歌。我们会看到，雷吉诺的历史著作《编年史》也明确表达了相同的世界观，以此来定位和阐释自己所处时代的历史。在这段历史中，他既是参与者，又是评说者。①

　　中世纪的欧洲对民族差异的感知是普遍存在的，主要通过雷吉诺所列出的一系列的标记。在这里要提到雷吉诺的主要主张，是因为他第一个将成文法纳入未标识族群：我们将看到这并非偶然，而是反映了加洛林国家的意识形态。尽管如此，他的观点已被大量引用为西方中世纪民族和种族观念的实用检查表，有时甚至接近于词典的释义。而现代的西方史学家也对这些概念有诸多讨论与探究，在这些史学家看来，近代民族国家的出现——以及随后民族国家形态向非欧洲世界的传播，加上随之而来的所有误解和紧张——构成了激发历史考察的潜在的宏大叙事。因此，对于研究欧洲中世纪的史学家来说，同时对研究中世纪欧洲史编纂的人来说，种族和民族认同就成了他们分析和探询的关键概念。

　　本章由一位研究欧洲中世纪史的学者撰写，并且相关内容也反映了就有关现代民族主义的前现代起源所进行争论的广泛回响。本章考察直到13世纪早期的西方历史书写以及同时期的拜占庭史学编纂，是以何种不同的方式阐释起源和认同问题的。其出发点是，探讨前现代的民族和国家认同有特定的话语，其根植于西方的现代性之中。因此，我们用来讨论前现代的"种族"（ethnicity）和"民族认同"（national identity）的概念和问题是根植于欧洲中心论的框架的，不论我们在何时、何地用它们来探讨欧亚大陆国家的情况时，都有将"民族"和"国家"认同的模式脱离语境而曲解其意的危险。这些问题的出现不仅仅是解释的问题，而且是根源于现代历史学家组织和接触前现代欧洲历史资料的方式，即在适合早期

---

① Simon Maclean, *History and Politics in Late Carolingian and Ottonian Europe*: *The Chronicle of Regino of Prum and Adalbert of Magdeburg* (Manchester, 2009); Wilfried Hartmann (ed.), *Das Sendhandbuch des Regino vom Prum* (Darmstadt, 2004).

政治实体和社会认同的不同民族国家所确定的框架中，按照"欧洲民族"来构建历史以及它们寻求政治自决的努力。[①]

在讨论这些问题时，一些直接的定义问题自身就显现出来了。"身份认同"在近来的历史学界成为热点话题，该词经常被用作分析工具，揭示历史动机和观念中的主观因素；我们需要牢记一些观念，就广泛的文化和社会现象而言，"身份认同"是全方位的，"身份"是被多种定义和语境所塑造的，是"不但……而且……"，而非"或……或……"。"种族"逐渐成了一个流行术语，用来指示有着共同的起源和经历的群体，其部分原因是它没有"人种"（race）所隐含的许多更为困难的寓意，也没有"民族"（nationality）那样潜在的不合时代性，同时也没有与"部落"（tribe）一词有关的解释性累赘。尽管如此，现代我们对"种族"一词的解释和分析恰恰是在现代国家的语境中形成的，其中，主张各自历史的主体民族身份和少数民族群体之间的关系是问题的关键，但在前现代历史上，"种族"只是用来指称主张共同祖先的团体身份的普通术语。另外，正如罗布·巴特利特（Rob Bartlett）所指出的，在欧洲中世纪语境下，将"种族"想象为文化现象，将"人种"想象为生物学现象是错误的，它们的关系类似于"性别"（gender）和"性"（sex）的关系：这两个术语在中世纪和现代的用法，同样都包含着某些主张的或认知的共同祖先因素，以及一系列潜在的相同文化、语言或政治标志。[②] 但是"民族"（nation）一词仍然问题多多。已有诸多的社会科学著作或历史著作试图准确地描述近代民族主义是如何兴起的，这些著作大都聚焦于相信具有共同历史的知识发现和随之而来的文化传播，相信具有共同历史，尤其是通过支持一套确定的区域边界和政

[①] Patrick Geary, *The Myth of Nations: The Medieval Origins of Europe* (Princeton, 2001); and Timothy Reuter, 'Whose Race? Whose Ethnicity? Recent Medievalists' Discussions of Identity', in Reuter, *Medieval Polities and Modern Mentalities* (Cambridge, 2006), 100 - 109.

[②] Rob Bartlett, 'Medieval and Modern Concepts of Race and Ethnicity', *Journal of Medieval and Early Modern Studies*, 31, (2001), 39 - 56.

治体制，界定了民族的关键特征及其当前的抱负；在现代国家形态出现的语境下，这种信仰通过构建"想象的共同体"①（imagined community）又成为进行大众政治动员的强大媒介。相信"原初的民族"（primordial ethnicity）根源于共同的祖先和相同的远古起源，因此成为现代民族身份认同的重要因素，而这一因素通常是历史编纂构建的产物。然而，当有关共同起源和共同历史的类似主张出现在前现代的历史编纂中时，如何将这些现代现象与它们联系起来，仍然是件难事。现代性的大众传播和教育体制真的在社会内部根本上改变了这些信仰的功能和穿透力了吗？在中世纪和现代群体认同的表现方面，我们可以觅到多少连续性？

　　尽管我们的分析术语主要基于对根植于现代经验的生物血缘、政治身份和社会动员的敏感性，但是，如果谨慎使用和检验我们使用的资源类型，还是能够帮助我们理解一系列现象的。在分析种族和民族的传统时，关键要区分用以表达自我的历史文本和各种源自古代历史编纂的人种志范本，在前者中，特定群体的成员借助书写共同的历史来界定他们的集体身份认同，定位自己在当下的位置；在后者，文明开化的"我们"将自身与野蛮的"他者"区别开来，通常主张等级世界秩序、纯正宗教，以及帝国在历史进程中扮演的角色。从中国到罗马的诸多古代政体都发展出了十分相似的关于蛮族"他者"的修辞，它通常将一个地理上的中心区定为文明社会的摇篮，然后，通过描述处于这一地域之外的民族偏爱使社会处于混乱和无序之中的极端行为，以此确定这一地理区域的历史谱系。这些修饰策略并非完全都是外向的：文化和政治精英们或许会以上述展现"蛮族"特征的方式，来看待自己社会中的文盲、专业军人或狂热的宗教信徒，而人种志的论述也许因此能够使其作

542

---

① 在众多的参考文献中，有两部里程碑式的著作：Benedict Anderson, *Imagined Community*: *Reflections on the Origin and Spread Nationalism* (rev. edn, London, 1991)；Anthony D. Smith, *The Ethnic Origins of Nations* (Oxford, 1988)。

者考察和阐释他们要解释和治理的社会中的各种紧张矛盾。但是,在后古典时代,至少在西欧,我们越来越遇到这样的历史编纂传统,其并不基于文明"秩序"和野蛮的"他者"的两分法,相反,如雷吉诺所提到的,而是关注描述自己民族在众多组成人类社会的各民族中的历史和身份认同。那些怪异的和未开化的人种在这一设计中仍然有自己的位置——通常处在已知世界的边缘或出现在界定正统信徒和未皈依者的时候——但是,他们支撑了一个与古典人种志所维持的帝国等级秩序有巨大差异的世界秩序。

雷吉诺世界中的种族话语结构

让我们回到雷吉诺。人们在引用雷吉诺的评论时,往往会忽略他的历史语境或其直接功用。事实上,他的民族区分范畴不是出自其编著的《编年史》,而是在他的教会法论集导言中:他要写作普世的教会史,就需要确保简单的地域差异不会危害到统一的祈祷方式。作为一种普世编年史,雷吉诺的历史编纂同样针对基督教普世史的背景解释了其所处时代和区域的事件。因此,作为《旧约》和古代世界历史的续篇,雷吉诺详细叙述了自己亲身经历的政治创伤,沿用了优西比乌斯、哲罗姆和奥罗修斯等创建的历史框架。① 雷吉诺异乎寻常地将耶稣道成肉身(Incarnation)作为自己总体史的开端,并且他假定自己的读者们都了解基督诞生前的时期;雷吉诺的这一选择很可能出于 9 世纪时人们越来越热衷于将基督本人视为现世君王的模范,而且道成肉身在加洛林王朝时期迅速

---

① 关于雷吉诺对政治参与的研究,参见 Simon Maclean, 'Insinuation, Censorship and the Struggle for late Carolingian Lotharingia', *English Historical Review*, 124 (2009),1 - 28;对他所写著作中运用的框架的研究,参见 Michael Allen, 'Universal History, 300 - 1000: Origins and Western Developments', in D. Deliyannis (ed.), *Historiography in the Middle Ages* (Leiden and Boston, 2003),17 - 42。

成为被认可的衡量时间的标志。在解释其写作动机时，雷吉诺暗示了其为自己的历史所设置的总体史结构："因为希伯来的、希腊的、罗马的以及其他种族的历史学家通过他们描绘的他们那个时代所发生的事情，向我们传递了知识，有关我们自己的时代，那应该是一片死寂，在我看来这没有什么价值。"①西蒙·麦克莱恩（Simon Maclean）对雷吉诺的写作理论和历史编纂目的有过精彩的阐发。他的两卷本著作的第一卷是对现有文字史料的精心选编，这些史料"依据道成肉身的编年揭示了统治者的年代和事迹，彰显了圣徒、殉道者和忏悔者的胜利"。②第二卷始于741年，涵盖了加洛林王朝统治下的法兰克世界的历史，即"我们自己的时代"。雷吉诺也引用了一些比较罕见的古典文献，如优士丁努斯（Justinus）的著作，主要是想将其作为令人印象深刻的文学标签，从而将他描述的情节与古代世界的伟大历史含蓄地比照和联系。然而，雷吉诺比较谨慎，没有在罗马和加洛林世界之间划等号，他明确评论说，"罗马之名因其不可战胜的力量在以前成为四方霸主"，但现在"因为使徒彼得和保罗的临在而为所有圣教会尊奉，拥有特殊地位"。③尽管罗马人预示着他会在叙述法兰克人的事迹和力量时有所节制，但他的重点放在了使徒时代的罗马和教宗对信仰的捍卫：这源于雷吉诺对教会法的阅读，而且这支持他对教宗在过去和现在评判道德的问题上持积极态度。从结构和设计上来说，雷吉诺的历史著作讲述了加洛林诸王兴衰的故事及其在基督教世界史上的地位，而不是关于皇权转移（translatio imperii）和教权增长的论著。

对雷吉诺而言，历史讨论或论述的基本单元是组成普世教会的各个民族及其史前史。描述这些基本单元的词汇并不稳定，和我们现在的分析范畴也不一致。雷吉诺将他自己定位为研究法兰克

---

① Renigo, *Chronicle*, preface, trans. Maclean, *History and Politics*, 61.
② Renigo, *Chronicle*, epilogue to book I, trans. Maclean, *History and Politics*, 119 - 120.
③ Renigo, *Chronicle*, s. a. 842, trans. Maclean, *History and Politics*, 132（第23 - 28页有麦克莱恩的精彩分析）。

人以及其他部族（gentes）的历史学家，采用了中世纪拉丁文最普遍的用法。从词源来看，Gens 指共同的起源，该词有着较为宽泛的语义场，其指代的范围从家族（尤其是统治王朝）到组成特定政治单位（可能为省或王国）的"民族"（people），再到具有共同历史的更广泛的群体；"异邦人"的概念或许利用了《旧约》中以色列人的模式，但总的来说，中世纪早期的各个种族团体没有以独一无二的方式来利用对比，以宣示自己是唯一的"选民"。① 虽然并不常见，但 natio 一词——从词源上源于出身——可能也用于表示个人的从属关系，尤其是他们的法律身份；正如雷吉诺在教会法作品导言中所示，当该词被普遍用于称呼"外人"和"他者"时，也可以用来指称文化和政治团体。雷吉诺意识到，古代和《圣经》中的种族话语可以临时用来强调他自己社会的基督教秩序——例如，他仔细讨论了马扎尔人，然后得出结论，认为马扎尔人与古典史学家所描述的西徐亚民族有共同的特征，因而是野蛮"他者"的最新表现——但他对此比较保守（如他从未提及各路北欧海盗，这些海盗很快成为加洛林精英的一部分，而且时而还是政治秩序的刺激因素）。② 这些种族志的虚构，在基督教和法兰克世界界定族群身份方面只是扮演边缘的角色，这与它们在古典话语中发挥的中心作用及其在拜占庭社会中持续的效用形成鲜明对比。

雷吉诺写了一部历史著作《法兰克人史》（gens Francorum），但他并没有将法兰克人的历史追溯到祖源之地、神话中的统治者和部落的迁徙：从克洛维（约 481—511 年在位）受洗开始，法兰克人

544

---

① 关于后一种观点，参见 Mary Garrison, 'The Frank as New Israel? Education for an Identity from Pippin to Charlemagne', in Yitzhak Hen and Matthew Innes (eds.), *Uses of the Past in the Early Middle Ages* (Cambridge, 2000), 114 - 161。

② 马扎尔人像西徐亚人的论述，参见 Regino, *Chronicle*, s. a. 889, trans. Maclean, *History and Politics*, 202 - 204. 对加洛林王国中的"他者"——维京人的描述，参见 Simon Coupland, 'The People of God's Wrath' or the Rod of God's Wrath: The Carolingian Theology of the Viking Invasions', *Journal of Ecclesiastical History*, 42(1991), 535 - 554。

进入了他的叙述中，此时，他们以西罗马帝国继承者的身份进入了基督教世界。雷吉诺最关注的是加洛林王朝统治的正统性，尽管现实中它已经分崩离析，但在雷吉诺的思想世界中其正统性仍然毋庸置疑，所以他对加洛林王朝的前朝墨洛温王朝保持缄默。他的历史叙述将 9 世纪末期的政治危机情节化，描绘其根源和先前发生的类似事件：作为一名历史学家，他试图解释帝国的不同区域各自如何"从自己的内部"培育了国王，而不是认可"他们是天然的加洛林主人"。对于一位在普吕姆长大的历史学家——普吕姆是加洛林家族修建的皇家修道院，而且其创建与加洛林家族新近赢得王权有密切关系，加洛林家族诸多反叛的子嗣皆被流放和软禁于此——以加洛林为重没什么奇怪的，但雷吉诺的王朝叙事框架还是有自己的绝对特色，它对整个加洛林世界的法兰克史进行了广泛的重新编排：到雷吉诺所处的时代，法兰克人的身份已经和特殊的政治秩序以及规定这一秩序的王朝同义，且在其中居支配地位。①

在加洛林王朝的统治秩序内，有一系列的族群和政治单元，没有两个是完全相同的。② 雷吉诺本人一直坚持认为，法兰克诸王统治的帝国是由许多种族和王国（regna）组成的。③ 法兰克的身份或许在其中居于支配地位，在于它为确立当前政治安排的过往历史提供了一种元叙事，但是它不是排外的；它包容而不是排斥了帝国

545

---

① Stuart Airlie，'"Sad Stories of the Deaths of Kings"：Narrative Patterns and Structures of Authority in Regino's Chronicon'，in Elizabeth Tyler （ed.），*Narrative and History in the Early Medieval West*（Turnhout，2006），105 – 131；quotations trans. Maclean，*History and Politics*，199. 关于编史记忆的加洛林化，参见 Rosamond McKitterick，*History and Memory in the Carolingian World*（Cambridge，2004）。

② 对种族与统治之间关系的思考孕育了大部分的德意志史学编纂，参见 Hans-Werner Goetz，Jörg Jarnut，and Walter Pohl（eds.），*Regna and Gentes：The Relationship between Late Antique and Early Medieval Peoples and Kingdoms in the Transformation of the Roman World*（Leiden，2001）。

③ 参见两篇反映加洛林王朝衰落的重要文献，s. a. 880（trans. Maclean，*History and Politics*，182 – 183）and 882（同上，186 – 187）。

内的其他种族身份。因此,与雷吉诺几乎同时代的圣加朗的诺特克尔(Notker of St-Gallen)把自己、家族和其所在修道院的认同与加洛林王朝连为一体——但诺特克尔自己在法律身份上无疑是阿勒曼尼人,且生活在阿勒曼尼人统治的地方,他们有自己的加洛林国王,他们事实上"独立的"过去也可以在王朝元叙事中被忽略。[①]对雷吉诺自己而言,他的修道院位于一个在 9 世纪的王朝斗争中被人为创立的王国中,但这个王国的贵族和教会精英们却为王国编造了一个共同的身份即"洛林人"(Lotharingians):该词得名自国王罗退尔二世(Lothar II,855—869 年在位),他们统治的区域目前成为了东西法兰克的国王们争夺的对象。因为洛林贵族和洛林教会仍然是发挥功能的集体,被理解为代表和统治,所以他们的统治在某种意义上仍然可以说是由种族构成的。[②] 从民族和法律层面上来说,"洛林人"明显是法兰克人,但雷吉诺的普吕姆的法兰克性(Frankishness)却不能从语言的角度来界定,因为普吕姆正位于说罗曼语的西法兰克人和说日耳曼语的东法兰克人的语言边界上。共同的语言的确在东法兰克人自我意识中扮演着某种角色,因为其统治期间共同组成东法兰克王国的各个族群(诺特克尔笔下的阿勒曼尼人、巴伐利亚人、萨克森人、图林根人和东法兰克人)都将"拉丁化的日耳曼语"(lingua theodisca)作为共同的方言。但是,东法兰克王国并不是靠其语言的日耳曼性而结合在一起或具有合法性的。[③]

① Notker, *Gesta Karoli Magni*, ed. Hans Haefele as *Notker der Stammler:Täten Karls des Grossen* (MGH SRG; Hannover, 1959), trans. David Ganz as *Two Lives of Charlemagne* (London, 2008); Matthew Innes, 'Memory, Orality and Literacy in an Early Medieval Society', *Past and Present*, 158(1998),3 - 38.

② Bernd Schneidmuller, 'Regnum und ducatus:Identität und Integration in der lothringische Geschicte des 9. bis II. Jahrhunderts', *Rheinische Vierteljahrsblätter*, 51(1987),81 - 114.

③ Heinz Thomas, '*frenkisk*: Zur Geschichte von *theodiscus* und *teutonicus* im Frankenreich des 9. Jahrhunderts', in Rudolf Schieffer (ed.), *Beiträge zur Geschichte des Regnum Francorum:Festschrift Eugen Ewig* (Beihefte der Francia 22; Sigmaringen 1990),67 - 95.

　　和语言一样，法律也可能成为种族的标示，不过法律（lex）和种族之间的关系既非二元共存，也非独一排他。艾因哈德极诚挚地将查理曼（768—814 年在位）塑造成统治者的模范，尽管从根本上说，后者并没有完备地为自己治下的民族"修订"法律，并把曾经未成文的东西第一次结集成文，就如同把"大多数传唱国王事迹的粗鄙和古老的诗歌"第一次记录下来，并把日耳曼俗语加上了语法。[①] 艾因哈德写作的时代，是在一个漫长而又复杂的历史进程末尾，其中罗马的顾问为蛮族国王们所制定的法律汇编和法律条例，逐渐被用作罗马之后西方各民族的特定的种族法，因此到查理曼的时代，人们就希望一个国王——更何况是一位皇帝——有责任确保其治下的民族有正确的法律校正本。当雷吉诺将拥有特定的种族法律视为界定组成人类社会的"民族"特征之一时，他无疑吸收了这种观念。但是在艾因哈德和雷吉诺所处的世界，种族法律和王室敕令均非特有的体系：法律从根本上是上帝的法律，在一系列重要的问题上也包括教会的规则，这证实了雷吉诺的教会法手册所涵盖的实践主题。同样，雷吉诺对上帝的律法的解释，塑造着其《编年史》的叙述，及其对上帝、法兰克人以及法兰克统治者之间关系的呈现。雷吉诺对加洛林王朝衰落的描写与他对有关婚姻法的解读缠绕在一起，并在有关罗退尔二世离婚案丑闻的迂回辗转中纠缠着向前推进。因此洛林王朝最终的命运与其统治者没能遵守教会和教宗的正确规则联系起来，这些规则在《编年史》前面部分的某些段落中已经强调过，而且这些段落已经预示了结局，并构成他在教会法手册中所尝试的有关离婚法解释的历史范例。雷吉诺确实将这个离婚案看成"引起瘟疫的病灶，其让使徒时代以来的救赎成为徒劳"，因此发展成为"致命疾病"，这注定了

546

---

①　Einhard, *Vita Karoli*, ed. Oswald Holder-Egger (MGH SRG; Hannover, 1911), c. 29, p. 33; trans. Ganz, *Two Lives*; Matthew Innes, 'Charlemagne, Justice and Written Law', in Alice Rio (ed.), *Law, Custom, and Justice in Late Antiquity and the Early Middle Ages* (London, 2011), 153 – 203; Dieter Geuenich, 'Die volkssprachige Überlieferung der Karolingerzeit aus der Sicht des Historikers', *Deutsches Archiv*, 39(1983), 104 – 130.

洛林王国的命运，并营造了一种形势，其中"全能的上帝已经对洛林王国充满了愤怒，从而通过不断增加灾难反对洛林王国，将王国彻底摧毁"；教宗尼古拉斯一世已经预言到这种情形，但是他对罗退尔二世的裁决却遭忽视，从而成为了对王国的诅咒。面对这种毁灭性的诅咒，雷吉诺到处违心否认洛林王国的世系开始于罗退尔二世，而是错误地宣称这个王国是因与他齐名的父亲而得名的。[①]

547　　在雷吉诺的世界史著作中，国王、民族和王国是以《圣经》和普世教会为标准设定的历史框架中的基本单元，这些最终都由上帝决定。这些有关民族和统治的基本单元很快变得具有多元性和多样性。规定雷吉诺叙事的原则并不是狭隘的世俗种族法律，而是国王要对上帝负责以获取支持的道德秩序，如果王室发生了丑闻和混乱，就会立即与王国之内的大灾难密切联系起来。我们希望将这种话语结构标注为根植于种族认同的结构，但是它并不基于由原生种族和原始历史传统所界定的独有或独立的单元。

中世纪欧洲的王国、民族和历史

　　雷吉诺的《编年史》体现了从加洛林时代到中世纪盛期的西方史学编纂文化的一些重要特征。尽管"民族"是界定历史叙述主题的基本类型，但叙述本身可能有一系列的表现形式，并且利用了源于基督教和古典范型的一系列所期望的类型。取决于记载的主要内容是国王及其各种活动，这时的历史叙述严格按照不间断的编年史的发展顺序进行，同时还部分利用教会感兴趣的年表和快速发展的逐年记

---

① Regino, *Chronicle*, 866 (trans. Maclean, 151), 883 (trans. Maclean, 189), 842 (trans. Maclean, 132). 非常感谢西蒙·麦克莱恩与我分享这个观点。洛塔尔·博内坎普也持相似的观点，参见 Lothar Bohnenkamp, 'Regino von Prüm und die religiose Bedeutung der Geschichtsschreibung im Frühmittelalter', *Concilium medii aevi*, 14(2011), 289 - 317。关于这次丑闻的研究，参见 Stuart Airlie, 'Private Bodies and the Body Politic in the Divorce Case of Lothar II', *Past and Present*, 161 (1998), 3 - 38。

载的年代记,作为保存记录的基本形式。这种方式很容易与编年史的范式结合在一起,并将当时发生的历史事件置于普世的教会史这一更宽广的架构之中,这一点在雷吉诺那里就很明显。在这种更为宽广的历史架构中,《旧约》中涉及的以色列人、列王纪,以及以色列人与上帝的关系构成的旧约历史,就提供了一种意识形态的和解释的模板。国王可以是历史叙述的焦点,但各种尘世事件的展开都基于国王与上帝的关系,并构成其民族的历史,则是一条不成文的假设。[①] 在这种方案之中,作为一个集合体的"民族"是基督教王权的必要联系体,为了这个团体国王要对上帝负责;种族单元因此而被植入有关基督教过去以及基督教当下统治权的特定普世史观中,由此,种族单元即成了通常凌乱且棘手的现实的意识形态的投影,而不是根植于生物学、历史或政治团体的有机单元。

从雷吉诺之后的时代一直经过中世纪盛期,历史编纂日益复杂,卷帙浩繁,但这些特征仍将为西方的历史叙述提供支撑。雷吉诺对法兰克人及其国王在普世的基督教史中地位的理解,为我们展现了12 世纪之前正在形成中的法兰克、日耳曼诸王国及其精英们的自我认知:十字军在圣地的行动被描述为"法兰克人的业绩"。[②] 确实,12、13 世纪法兰西王国行政王权(administrative kingship)的塑造,利用了法兰克人的传统,其中加洛林诸王被视为恰当的政治秩序的模板,并用来为王权的不断扩张提供合法性。与这种新的政治秩序有

548

---

① Karl-Ferdinand Werner, 'Gott, Herrscher und Historiograph: Der Geschichtschreiber als Interpret des Wirkens Gott in der Welt und Ratgeber der Könige, 4. - 12. Jhts', in Ernst-Dieter Hehl (ed.), *Deus qui mutat tempora: Festschrift Alfons Becker* (Stuttgart, 1987),1 - 31.

② 从"法兰克特性"到法兰西和德国的身份认同,参见 Carl-Richard Brühl, *Deutschland—Frankenreich: Die Geburt zweier Völker* (2nd edn, Cologine 1995); Brühl and Bernd Schneidmuller (eds.), *Beiträge zur mittelalterliche Reichs-und Nationsbildung in Deutschland und Frankreich* (Munich, 1997). "法兰克特性"与十字军,参见 Alan V. Murray, 'Ethnic Identity in the Crusader States';法兰克种族充及其海外据点,见 Simon Forder, Lesley Johnson, and Murray (eds.), *Concepts of National Identity in the Middle Ages* (Leeds, 1995),59 - 73。

关的机构,也用这个传统来实现自己的目的:从絮热(1122—1151 年
在任)时代开始,圣丹尼斯(St-Denis)修道院的僧侣们勤奋纂写编年
史,不仅为王国提供了一部王朝史,而且还确立了修道院在王国的中
心地位。这样的历史著作之所以获得垂青,是因为它并非出于上层
的压力所作。在 10、11 两个世纪复杂的文化、社会和政治变革中,查
理曼的世界被描述为现世的模范。而在 11、12 世纪,诸多贵族王朝
开始编纂维系他们自身的家族历史和谱系传统,他们这样做,是想利
用加洛林王朝的过去为其现在新形成的贵族身份提供历史根据;查
理曼及其宗室同样享受这些历史著作给他们带来的荣耀地位,这些
著作都源自教会机构的编排,用以宣扬古代的自由,并告知贵族和国
王们与这些圣地之间的恰当关系。皇家编年史传统的这些主张,在
12、13 世纪开始受到质疑,并受到挑战。这并非偶然,这种挑战来自
于对另外一些反映加洛林王朝秩序的文本的编纂,其经常利用武功
歌(chansons de geste)。当然,直到 13 世纪,在贵族、教会和国王协商
他们当前的主张和争端之时,充满传奇色彩的加洛林时代的"过去"
仍然是他们的基础;俗语历史编纂传统的发展,又在很大程度上促进
了共享特洛伊和法兰克起源的政治团体对这些传统的理解和接受。
《法国大编年史》中就夹杂着这种"过去",该编年史是为 13 世纪以后
的王室资助者编纂的,它为我们提供了阐释详尽的、毫无断裂地从特
洛伊时代演进到墨洛温时代、加洛林时代,再到当前卡佩时代的圣丹
尼斯修道院编年史传统的俗语版本。①

549 　　在法兰克世界的东部,政治认同仍旧植根于源于查理曼时代的

---

① Gabrielle Speigel, *The Past as Text: The Theory and Practice of Medieval Historiography* (Baltimore, Md. , 1997); Speigel, *Romancing the Past: The Rise of Vernacular Prose Historiography in Thirteenth Century France* (Berkeley, Calif. , 1995); Pat Geary, *Phantoms of Remembrance: Memory and Oblivion at the End of the First Millennium* (Princeton, 1994); Amy Remensynder, *Remembering Kings Past: Monastic Foundation Legends in Medieval Southern France* (Ithaca, 1995); Claudette Beaune, *The Birth of Ideology: Myths and Symbols of the Nation in Late Medieval France* (Berkeley, Calif. , 1991).

帝国主张,奥托三世(Otto III,983—1002年)和腓特烈·巴巴罗萨
(1152—1190年)等统治者都热衷于此。帝国的历史著作是由聚焦
于统治者个人的传记和编年史组成的,当它们被理论化时,就会在帝
国主张上增添末世论式的色彩,正如弗莱辛的奥托在其著作中所论
述的。这些帝国的主张意味着并不需要发展出主体身份,来容纳总
的说来高于地方忠诚的政治体;这个政治体是一个帝国,由各个按族
群界定的组成部分构成,如阿勒曼尼人、巴伐利亚人、法兰克人、洛林
人、萨克森人等。正是由于帝国内部缺乏主体身份,才使教宗格列高
利七世(1073—1085年在位)试图剥夺帝国统治者对帝国权力的主
张,并杜撰出侮辱人的"条顿王国"(kingdom of the Teutons)。界定
这一政治体的,不是能够解读其统治者主张的显赫"过去",而是民众
所使用的俗语;这一政治体的帝国地位,大致自格列高利七世起就间
或与教宗们产生强烈的意识形态冲突,这一事实不仅阻碍了为更宽
广的政治团体衍生出帝国的身份,而且还为帝国统治者内部的竞争
对手提供意识形态外衣来充当人民"古代自由"的捍卫者,从而加剧
了政治分裂。法兰克王国的各个地区都有其代表性的集会与司法习
惯,但其均处于植根于王室历史的、统领一切的君主身份之内;而在
德意志地区,非常欠缺的恰是后一种因素。尽管如此,普遍的历
史编纂文化都会效仿加洛林时代的范式和民族大迁徙时代的半
传奇性的统治者,后者的传说至今游离于所有历史背景之外。因
此,同法兰西一样,撰写于12世纪的贵族诸侯的历史,都重新加
工了加洛林时代的"过去"来为贵族们眼下的权力提供合法性,如
生活在12世纪的威尔夫家族,就很自豪地将其家族的起源追溯
到查理曼的继承人"虔诚者"路易的妻子、朱迪思皇后(Empress
Judith)那里,而为了证明其对南部德意志的统治权力,他们还将
自己与"金犁亨利"(Henry of the Golden Plough)的传奇故事联系
在一起。后者在皇帝午睡时,于正午时分一小时内用犁在地上圈
画出的所有土地均被授予了所有权。德意志地区同法兰西一样
的是,13世纪俗语历史编纂传统开始兴起,其大多数都是以编年
史的形式书写出来的,主要记载贵族家庭和城市的历史;但这些

俗语历史编纂传统也经常与口述传统互动，重构那些发生于阿提拉和提奥多里克时代已经模糊的记述英雄们事迹的传说，这些现在开始被人们阅读和聆听的故事。[①]

550 　　在法兰克世界的南部边缘，在西地中海，尽管查理曼仍旧是中世纪盛期身份认同叙事的核心，但在加洛林模式中发展出的"民族"历史，被证明吸引力并不强。在意大利北部地区，受加洛林王朝的占领所激发，执事保罗重述了伦巴底人的历史，最终为这类民族史编纂提供了范本，但这个地区随着政治分裂为诸多城市及其乡村腹地，历史书写的形式也呈现出同样的形式：尽管查理曼以神话缔造者的身份赫然显现，但"种族"或"民族"史与这个公社的世界基本上毫不相关。[②] 在意大利南部，文化上已经融合的地方社团屈从于君士坦丁堡与罗马之间断断续续的敌对以及动荡的政治平衡，而且帝国需要回旋的余地，因此避免了潜在的分裂叠加的叙述：由于这个统治区域的文化、种族以及宗教的差异，11世纪和12世纪诺曼对南部的征服并未促成"民族的"或"王国的"历史编纂。[③] 在西班牙，在此前深受加洛林影响的比利牛斯山区或之外的地区，传奇式的加洛林时代的历史，是贵族封国建立者以及焦虑的教会

---

① Tim Reuter, 'Past, Present and No Future in the Twelfth-Century *Regnum Teutonicum*', in Paul Magdalino (ed.), *Perception of the Past in Twelfth-Century Europe* (Woodbridge, 1992), 15 - 36; Reuter, 'The Making of England and Germany, 850 - 1050: Points of Comparison and Difference', in Alfred P. Smyth (ed.), *Medieval Europeans: Studies in Ethnic Identity and National Perspectives in Medieval Europe* (Basingstoke, 1998), 53 - 70. 上述文章又在下面两个著作中重新出版 Reuter, *Medieval Politics and Modern Mentalities* (Cambridge, 2006); and Dennis H. Green, *Medieval Reading and Listening: The Primary Reception of German Literature 800 - 1300* (Cambridge, 1994).

② Chris Wickham, 'Lawyer's Time: History and Memory in Tenth-and Eleventh-Century Italy', in Henry Mayr-Harting and Robert I. Moore (eds.), *Studies in Medieval History presented to R. H. C. Davis* (London, 1985), 53 - 71; and Wickham, 'The Sense of the Past in Italian Communal Narratives', in Magdalino (ed.), *Perception of the Past*, 173 - 190.

③ Tom Brown, 'The Political Use of the Past in Norman Sicily', 同上，191 - 210。

机构取得合法性的关键所在，但其所编织出的王权光环（regalian aura）缺乏现实的含义。在实践层面，这种所谓的历史，在远未进入历史叙事之前，可能在有关修道院创立的传奇故事和立法声明中找到。比如，历任巴塞罗那伯爵，都主张统治加泰罗尼亚（Catalonia），所依据的正是这种在 12 世纪被正式写入王朝史之前很久就早已亡故的加洛林国王们所授予的特权。[①] 在西班牙的其他地方，在从杜罗河（Duero）向北延伸的基督教王国中，查理曼没能提供一个共享的或者有益的历史：在这些地方，有关抵抗穆斯林侵略者的英雄的故事发生在并不太遥远的过去，它们为 11、12 世纪充满野心的王国提供了起源的传说，并且为新杜撰的"收复"观念奠定了基础，而这种观念又依次为更北部的植根于宗教冲突的不同类型的"民族历史"奠定了基础。[②]

在加洛林帝国的北部和东部边界以外的地区，10、11 世纪是皈依基督教的时代，也是王权作为主要的政治组织形式建立的时代。到了 12 世纪，国王们需要用历史著作来解释新的安排，这种历史著作——跟众多王国要推到合法性"过去"一样——是要输出这一全欧洲的政治与宗教文化的基本形式，并使其与地方的文化环境相适应。由"12 世纪文艺复兴"所带来的文学界的自信和欧洲世界文化的一致性，促进了中欧和东欧的"民族"历史的写作。如布拉格的科斯马斯在其书写的《捷克编年史》中，就以 11 世纪理想化的黄金时代，映照当下的内斗，在序言中，传奇地叙述了波希米亚人的起源、早期历史及皈依基督教，为波希米亚人构造了共同的历

551

---

① Tom Bisson，'Unheroed Pasts：History and Commemoration in South Frankland before the Albigensian Crusades'，*Speculum*，65（1990），281 - 308；Paul Freedman，'Cowardice，Heroism and the Legendary Origins of Catalonia'，*Past and Present*，121(1988)，3 - 28.

② *The World of El Cid：Chronicles of the Spanish Reconquest*，ed. and trans. Simon Barton and Richard Fletcher（Manchester，2000）；Fletcher，'Reconquest and Crusade in Spain，c. 1050 - 1150'，*Transactions of the Royal Historical Society*，37(1987)，31 - 47；Peter Linehan，*History and Historians of Medieval Spain*（Oxford，1993）.

史，并将该历史与统治王朝的主张结合在一起。[①] 科斯马斯是一个思想形成于西欧的教士，而且他注重维持欧洲整体的联系；西欧的历史编纂模式同样塑造着他的匈牙利和波兰同行的历史写作，如《波兰王公编年史及大事记》（所谓的佚名加卢斯，约创作于 1115 年）和《匈牙利大事记》（贝拉国王的见证人〔notary of King Bela〕，约创作于 1200 年，后又由科扎人西蒙于 1275 年左右续写）的匿名作者。[②] 萨克索·格拉玛提库斯那本令人难以置信的《丹麦人行迹》是最接近中欧与东欧的民族神话的北欧作品，像中欧和东欧的作品一样，这部作品也利用和吸收了西欧的文学传统和经典模式，来取悦宫廷赞助人。尽管丹麦的民族史书写吸收了拉丁历史编纂传统中常见的形式，但在更北部的冰岛，为王室主张披上以王朝为中心的民族史外衣的欲望，又导致俗语史话传统更为广泛的使用。其中，冰岛的民族传统在 12 世纪早期首先得以预演，因为他们的岛屿后来臣服于挪威的统治，冰岛人在随后的 1170—1230 年间又开始负责编写挪威国王们的萨迦。[③]

　　在政治上使用"民族"史来合法化新政体的最显著例证，来自于此前加洛林世界的边缘，即诺曼底和英格兰。诺曼底是斯堪的纳维亚军事贵族于 10 世纪在西北法兰克所开创的领地，创建后三代之内出现了第一位历史学家：大约公元 1000 年，圣昆廷修道院的神职人员都铎在理查二世（Richard II）的母亲京诺（Gunnor）的赞助下写了《诺曼公爵史》。在这本著作中，都铎将当前的政治共同体，这一 10 世纪文化移入的产物，引向了久远的过去。诺曼人的

552

[①] *The Chronicle of the Czechs by Cosmas of Prague*, trans. Lisa Wolverton (Washington, DC, 2009).

[②] *The Deeds of the Princes of the Poles*, ed. and trans. Paul Knoll and Frank Schaer (Budapest, 2003); Martin Rady, 'The Gesta Hungarorum of Anonymus, the Anonymous Notary of King Béla: A Translation', *Slavonic and East European Review*, 87(2009), 681-727; Simon of Kéza: *Deeds of the Hungarians*, ed. and trans. László Vesprémy and Frank Schaer (Budpest, 1999).

[③] Birgit and Peter Sawyer, 'Adam and the Eve of Scandinavian History', in Magdalino (ed.), *Perception of the Past*, 37-51.

起源神话离开了斯堪的纳维亚——毕竟在都铎的时代,维京人是很笼统的——可以让都铎将这些新来者同法兰克人联系在一起。他宣称丹麦人起源于达契亚(Dacia)——在那里,他们经历了人殉和人祭,经历了地区性的战争以及开放、乱伦的婚姻——而达契亚人是特洛伊人的后裔:这样他们就能与法兰克人平起平坐了,法兰克人的特洛伊起源传说是众所周知的。都铎历史书写的笔触很快就进入了公元900年左右,他将诺曼底的创建描述成了罗洛个人的功业,并以此为其继承者的主张奠定了基础。都铎有意戏剧性地描述了罗洛与法兰克国王之间的会晤,这成为诺曼底的"创建宪章":罗洛要求法王赋予他本人及其继任者拥有从艾普特(Epte)到大海这一片土地的权力,并"如同这块土地是永远的不动产和自主地(allod)"。当法王同意了罗洛的要求时,主教们劝罗洛亲吻国王的脚,以此作为对这一馈赠的认可。然而,罗洛拒绝了,他说:"我永远不会向其他人下跪,也不会亲吻其他人的脚。"相反罗洛派出了自己的一个随从替代他,这个随从在国王还站着时就抓住了国王的脚,强行把国王的脚放在了自己的嘴上,导致国王摔倒,一旁的众人也因此开怀大笑。都铎的叙述削弱了诺曼公爵正式臣服于西法兰克国王的主张,同时确定了这样的观点——法兰克人发誓严肃确认的——罗洛"可以将指定的王国传给他的继承人,因为他拥有并占有了它,而且此后千秋万代,他的子孙们应当拥有并开发它"。[①]

　　西北欧其他地区的维京定居者,并没有建立起一个集权的或稳定持久的政治共同体,而只有这种政治环境才能催生持续的历史

① Dudo of St-Quentin, *History of the Normans*, trans. Eric Christiansen (Woodbridge, 1998),特别是 i. 1 - 3 and ii. 28 - 29; trans. Elisabeth van Houts as *The Normans in Europe* (Manchester, 2000), 27 - 30; Eleanor Searle, 'Fact and Pattern in Heroic History: Dudo of St-Quentin', *Viator*, 15 (1984), 119 - 137; Leah Shopkow, 'The Carolingian World of Dudo of St-Quentin', *Journal of Medieval History*, 15(1989), 19 - 37; Cassandra Potts, 'Atque unum ex diversis gentibus populum effecit: Historical Tradition and the Norman Identity', *Anglo-Norman Studies*, 18(1995), 139 - 152。

叙述。另一方面,威塞克斯的阿尔弗雷德大帝(871—899 年在位)的继任者们有能力驾驭凶猛的维京人,并塑造了一个新的"盎格鲁-撒克逊王国"。[①] 阿尔弗雷德大帝雄心勃勃的文化规划,就是将基础的基督教经典文献译成古英语,这一规划缔造了使这一新秩序合法化的身份认同。9 世纪 90 年代早期编纂的《盎格鲁-撒克逊编年史》同这一计划有着深刻的关联,这部编年史并非局限于阿尔弗雷德一朝的历史:其叙述有意识地兼容并包,通过谱系追溯而囊括了所有的盎格鲁-撒克逊人,正如《阿尔弗雷德法典》的序言宣称从所有盎格鲁-撒克逊王国早期的王室法律中都汲取了灵感。和这些法律一样,这部编年史也是用俗语写成的。它因此而使阿尔弗雷德强力主张对"盎格鲁-撒克逊王国"的统治,成为共同历史的自然结果。当然,将盎格鲁-撒克逊史当作一个整体,其本身并不是创新之举:它见证了比德里程碑式的著作《英吉利教会史》——恰在此时期被翻译了成了古英语——强调了"英吉利民族"(gens Anglorum)与英吉利教会的统一性。阿尔弗雷德时代的编年史吸收了比德作品中的术语,在一些常用词汇的使用中,一定程度上逐步淡化了其王国的撒克逊特征,将其人民称为"英格兰人"(Angelcynn)——并由此将民族语地名与在其成员之间明确主张的王权结合起来。

　　真正引人注目而且被大量研究的是,阿尔弗雷德的英国历史很快就越出了他的朝廷,而被广泛接受和改编,成为主导性的叙事,10—11 世纪的英国历史学家们正是在这一范围内进行创作的。[②]

---

① Sarah Foot, 'The Making of Angelcynn: English Identity before the Norman Conquest', *Transactions of the Royal Historical Society*, 6(1996), 25 - 49; Foot, 'Remembering, Forgetting and Inventing: Attitudes to the Past in England after the First Viking Age', *Transactions of the Royal Historical Society*, 9(1999), 185 - 200; Patrick Wormald, 'Engla Lond: The Making of an Allegiance', *Journal of Historical Sociology*, 7(1994), 1 - 24; Alfred Smyth, 'The Emergence of English Identity, 700 - 1000', in Smyth (ed.), *Medieval Europeans*, 24 - 52.

② 参见 Pauline Stafford, 'The Anglo-Saxon Chronicles, Identity and the Making of England', *Haskins Society Journal*, 19(2007), 第 28 - 50 页和前面的目录。

第二十六章　历史写作、种族与民族认同：中世纪欧洲与拜占庭的比较

不仅这部编年史的基础文本得以迅速传播，而且 10—11 世纪整个王国的历史记述也采用了对基础文本增补与续编的形式：这时期的作品有统治者的传记、圣徒传以及直接面向民众宣传的政治小册子，除了偏远的北部的一些地区之外，这时期的作品大都没有尝试用其他形式撰写王国的历史。部分原因是这部编年史极具包容性，且它允许 10 世纪的英格兰以类似于同时代东法兰克的方式发展分部结构："盎格鲁-撒克逊的国王们"承认其王国是由麦西亚人、西撒克逊人和诺森布里亚人组成的，而且正是盎格鲁-撒克逊的国王们，接受并确保了那些"再征服"后臣服于斯堪的纳维亚君主的那些区域的"丹麦人"身份。但与东法兰克王国不同，英格兰国王培养了一批同质化的贵族精英，并铸就了一个范围遍及全王国的教会。举例来说，如果要书写对诺森布里亚在王国中的复杂地位带有同情态度的记述，那么就会在一种共同的历史编纂框架中撰写，正是这一框架保障了英格兰王国的身份认同。这不仅是编纂体裁的问题：因为圣徒传记文本同样诉诸共同的王国框架，如阿尔弗里克（Ælfric）于公元 1000 年左右用古英语编纂的关于东盎格利亚最后一任国王埃德蒙的传记，就将其呈现为"英国人"的庇护者。① 这些价值观成为 11 世纪英国政治文化的典型特征，如根据一部编年史的续编本的记述，在 1052 年的一场战争中，当战士们意识到战争双方的阵营中绝大部分都是英国人之时，他们宣称不愿同族（cynnes mannum）之间相互残杀而让自己的祖国暴露给外来人（utlendiscum þeodum），于是战争得以避免。②

如果说，11 世纪的政权更迭有助于强调普遍的政治认同意识的话，诺曼对英格兰的征服则使其达到了顶峰。它直接推动了人们对诺曼公爵领地史的阐释，这种阐释由圣昆廷的都铎开创，一

---

① *Ælfric's Lives of Saints*，ed. and trans. W. W. Skeat，4 vols.（London，1881 -
1900），ii. 314 - 335. 在编纂的过程中利用了弗勒里的阿博（Abbo of Fleury）早年的拉丁传记。

② *The Anglo-Saxon Chronicle 5*：*MS C*，ed. Katharine O'Brien O'Keefe（Cambridge，2000），s. a. 1052.

直延续到 11 世纪 60 年代，在 1070 年由朱密日的威廉重新定义。另外一些编年史家诸如普瓦提埃的威廉（在 11 世纪 70 年代撰文）、奥尔德里克·维塔利斯（于大约 1115—1142 年撰文）以及托里尼的罗伯特（于 12 世纪 30 年代—1186 年撰文）等，试图书写新的诺曼身份认同，这一身份认同与这一混杂的贵族联盟惊人的政治成功和宽阔的视野形成一致，在这一身份认同下形成的政治体在 12 世纪期间跨越海峡两岸。① 尽管《盎格鲁-撒克逊编年史》的叙述在后征服时代的几个中心区域得以延续，尤其是在彼得伯勒，但快速放弃古英语作为官方记录语言，正是撰写全新的"民族史著"的动力。到 12 世纪，也即威廉征服之后的第二代、第三代人的时候，按照证明新形成的盎格鲁-诺曼政治体身份认同的方式，来重新讲述盎格鲁-撒克逊历史的主要叙事，促使了大量拉丁文历史著作的出现，像马尔姆斯伯里的威廉和亨丁顿的亨利（Henry of Huntingdon）等人重新回顾了比德并确立了连续的民族叙事；这些传统甚至被杰弗里·盖玛等人改编为供贵族消遣的娱乐文学，盖玛在 12 世纪 30 年代出版了诺曼-法语诗作《英吉利史》（L'estoire des Engleis）。

对英格兰人历史的重构是一个更广泛运动的一部分，明显表现在修订法律证书和教会传统方面，而且部分也是回应亨利一世在位时期（1100—1135 年）更加专业化的法律和王室行政管理以及继后斯蒂芬时期内战所带来的精神创伤。即使新的民族史叙事已经建立起来，但是当时也受到许多学者的质疑，尤其是蒙茅斯的杰弗里的《不列颠诸王史》。该著作描述了英国的历史，其中传说中的人物亚瑟王是主角，同时还有据信创建了不列颠的特洛伊人布鲁图斯；两者在俗语的传奇故事中都非常流行。不列颠和英格兰

---

① Leah Shopkow, *History and Community*：*Norman Historical Writing in the Eleventh and Twelfth Centuries*（Washington, DC, 1997）；Emily Albu, *The Normans in Their Histories*：*Propaganda*，*Myth and Subversion*（Woodbridge, 2001）.

历史文本的关系是尚处于争论中的问题，正是因为 12 世纪的国王和贵族既是征服者又是治理者，一定程度上来说，盎格鲁-诺曼人统治阶层也是在对非英格兰的不列颠地区进行军事扩张中形成的：这个军事征服过程可能会导致"凯尔特边缘地区"（Celtic fringe）的野蛮化，最能代表这种观点的是杰弗里著作的评论者威尔士的杰拉德。①

这些有关"种族"和"民族的"历史著作并未形成独特的文学类型。相反，围绕国王以及"他们的"臣民而进行历史书写的趋势，则基于对历史叙述恰当次序的一系列常规的假设。社会和政治的变革——尤其是法律、政府以及权力地方化——与一个具有欧洲视野的新文化阶层的兴起，共同致力于新的文化和教育模式交织在一起，因此 12 世纪这种历史编纂模式继续流行，并伴随着荒诞的历史和历史小说的发展。"种族的"和"民族的"的历史典型地回溯到了《圣经》或者古典神话以及遥远故乡的祖先以及先祖的迁徙，而这些又提供了一种起源神话，既合法化又定位了当前的政治团体。② 然而，典型的是，19 世纪和 20 世纪早期的历史学界极力列出这些叙述中的文学成分，而非探求有关原始种族叙述中的碎片。因此对法兰克身份认同的"日耳曼式"解读——它迟疑地、滞后地产生于查理曼宫廷的特殊政治环境中——通常显得比特洛伊传说更加"流行"，尽管后者不仅流传的范围更为广泛，而且传播的过程也更为连续，且明显更早；相似的是，12 世纪的文人对开始吸纳进其历史中的关于远古传奇统治者的材料，自觉"难以置信"，经常要

555

---

① Laura Ashe, *History and Fiction in England*, *1066 -1200* (Cambridge, 2007); John Gillingham, *The English in the Twelfth Century*: *Imperialism*, *National Identity and Political Values* (Woodbridge, 2000); Peter Damian-Grint, *The New Historians of the Twelfth-Century Renaissance* (Woodbridge, 1999).

② Susan Reynolds, 'Medieval *Origines Gentium* and the Community of the Realm', *History*, 68(1983), 375 - 390; Adelheys Plassman, *Origo gentis*: *Identitäts-und Legitimitätsstiftung in früh-und hochmittelalterlichen Herkunftserzählungen* (Berlin, 2006).

进行严格审查,希望挖掘出"未被污染的"民间传统。①

　　这样的态度,正是 19 世纪民族主义假定和意识形态的产物,这些假定和意识形态也塑造了 19 世纪的历史学界;他们被打上了反教权主义的色彩,而这正是现代民族建构过程中的重要因素之一,它有助于明显区分神权文学传统和大众意识。事实上,任何中世纪神话起源的读者,试图寻找流行的民族大迁徙时代之前的传统,都注定会徒劳无功。可能最接近的是关于伦巴第人起源的各种叙述,最早的版本与 7 世纪各位国王发布的法律相关,最完整的版本是执事保罗的《伦巴第人史》。保罗的故事——充满了幽默——确实考虑了日耳曼神话的性格和动机,尽管其写作时伦巴第人已经从意大利的定居点被驱逐了两个世纪之久,而且保罗与查理曼宫廷的接触,说明他对日耳曼人所共享的历史感兴趣。② 不管我们如何阅读这些残存的碎片化的材料,也不管它们所考虑的性格和动机的源头,它们明显是很孤立的:总体来说,"民族史"的书写不可能忽略皈依、定居的时刻,而去描述早已失去故乡的原始团体。在法兰克人那里,一个广为流传的说法宣称他们是特洛伊人的后裔,也有传说认为他们的国王是由海怪奎诺陶(Quinotaur)所生,这些都植根于古典的人种志:从根本上来说,这两者都在古代世界的文化地理中定位了法兰克人,为他们的政体提供了一个 6、7 世纪的前罗马行省的人都能理解的谱系。③ 与此类似的是,5、6 世纪勃艮第国王及其罗马顾问无法利用在帝国行省中短暂建立的王国之前

---

① Matthew Innes, 'Trojans or Teutons? The Carolingians and the Germanic Past', in Hen and Innes (eds.), *Uses of the Past*, 227 - 249.

② Walter Pohl, 'Memory, Identity and Power in Lombard Italy', in Hen and Innes (eds.), *Uses of the Past*, 9 - 28.

③ Ian Wood, 'Defining the Franks: Frankish Origins in Early Medieval Historiography', in Forde et al. (eds.), *Concepts of National Identity in the Middle Ages*, 47 - 57; Alexander Callendar Murray, 'Post vocantur Merohingii: Fredegar, Merovech and "Sacral Kingship"', in Murray (ed.), *After Rome's Fall: Narrators and Sources of Early Medieval History* (Toronto, 1998), 121 - 156.

的任何历史，而进入 7 世纪之后，他们的历史就用完全非历史的故事重述了，这些故事通过回溯到定居时代，来为目前的财政与军事规划提供合法化的依据。[①] 约达尼斯在 6 世纪中期所写的《哥特史》也利用古典的种族志来为东哥特提奥多里克的统治以及后继的哥特国王与查士丁尼的部队争夺意大利的战争提供框架，这同塞维利亚的伊西多尔于 7 世纪早期所写的《哥特史》形成了鲜明的对比。[②] 在英格兰，比德并没有记录横跨北海而留存下来的传统，他利用三个民族，即盎格鲁人、撒克逊人和弗里斯人（Frisians）构建的框架，解释了当时比较新的地缘政治，这一地缘政治产生自后罗马时代的不列颠，而非基于大陆完整移植而来的部落认同感；现存的王室族谱所阐明的同样是盎格鲁-撒克逊时期英格兰诸王同王国之间的关系，而非部落时代的历史。[③] 这种中世纪西欧王国与"蛮荒的故土"之间认同感的中断，是比较普遍的。在罗马帝国以外的地方也存在一些例外。比如爱尔兰，它通过谱系虚构将神话英雄的复杂循环故事映射到现在；还有冰岛，其历史一片空白，移居这里的人没有国王，也不存在征服，人们同样利用殖民者的传说来定义当下族群间的关系。[④]

　　罗马崩溃后西方继任王国的历史学家，因此就像"身份政治"的导演，为王室庇护人按照次序"剪裁"出新的历史。这种模式确实为近期的主流研究所拥护，因为历史学家开始强调罗马边界的渗透性，以及罗马帝国同周边邻国之间不断加强的互动，他们慢慢

557

---

① Ian Wood, 'Misremembering the Burgundians', in Walter Pohl (ed.), *Die Suche nach den Ursprüngen* (Vienna, 2004), 139 - 150.

② Patrick Amory, *People and Identity in Ostrogothic Italy 489 - 554* (Cambridge, 1997); Kenneth Baxter Wolf, *Conquerors and Chroniclers of Early Medieval Spain* (Liverpool, 1999).

③ Matthew Innes, *An Introduction to Early Medieval Western Europe*, 300 - 900; *The Sword*, *the Plough and the Book* (London, 2007), 346 - 349.

④ Kim McCone, *Pagan Past and Christian Present in Early Irish Literature* (Maynooth, 1990); Chris Callow, 'Reconstructing the Past in Medieval Iceland', *Early Medieval Europe*, 14(2006), 297 - 324.

剥离了罗马古典文献资料中蛮族化日耳曼民族的修辞性民族志理论,认为"日耳曼民族"的出现要归功于罗马的影响。日耳曼民族间的种族或族群划分实际上是一种文化上的构建,而非出于先天的血统,因此,"大迁徙时代"这种传统叙述模式应该由更为复杂的对"人种学"的分析所取代。[①] 当然,我们应当把中世纪的起源神话和民族史解读为古典民族志、罗马式史学以及基督教意识形态发展的结果,而避免那种陈旧的学术假设,将它们视为关于恒久部落记忆的朴实的重述。[②] 尽管如此,在一些至关重要的方面,与他们的古典的和基督教的前辈们相比,我们上述讨论的那些中世纪的作者们是在一个完全不同的背景中写作的。 即便是在公元 400 年左右,西罗马帝国面临危机的时刻,罗马的历史和民族志也是由专业的文人为城市中广大闲适的文化阶层而写;即便当时的罗马主要是一个文化象征而不是一个国际化的大都市,这些历史也被构建为关于罗马,关于其起源和历史的叙事;而且将罗马身份描述为开放的和可判断的,而不是一种封闭的,或者仅仅将其归结为一条关于公民权或者法律的准则。这种叙事方式在某种程度上是为了在文明的、开化的、以法律为基础的罗马秩序与罗马边界以外蛮族任性的、不受控制而且暴力的行为之间建立一种对比。这种陈词滥调,即使在实践中会表现得模糊不清,也是罗马人自我认同的基础。基督教的历史书写将历史叙事重新安放于《圣经》和教会史的架构中,并且提出了帝国在末世论中的角色问题,这个问题曾经由希波的奥古斯丁和他的弟子奥罗修斯谨慎地应对过。但是,基督教的历史书写也同样继承了罗马的一些基本分类方法,尤其是在

---

① 更多的带有争论性的参考文献,参见 Geary, *The Myth of Nations*;Adrew Gillet (ed.), *On Barbarian Identity*:*Critical Approaches to Ethnicity in the Early Middle Ages* (Turnhout, 2002);以及 Walter Pohl and Helmut Reimnitz (eds.), *Strategies of Distinction*:*The Construction of Ethnic Communities*, 300 - 800 (Leiden, 1998)。

② Walter Goffart, *The Narrators of Barbarian History*, 554 - 800 (Princeton, 1988).

描写对抗罗马秩序的蛮族"他者"时，这也见证了基督教对 410 年罗马沦陷的回应。[①] 罗马身份是五光十色的，行省、城市甚至军事单位都有自己身份的主张，都可以包含在这个支配性的讨论之内，然后嫁接到这个包罗万象的罗马叙事中；但是，种族划分却是一个与罗马秩序之外的东西相关的现象。在西欧，这种变化在后罗马时代立即显现出来了。新的统治者，例如哥特和勃艮第的国王们都在利用传统的民族志的分类法来定义自己王国内的军事扈从与各行省的土地贵族之间的关系，并且宣称他们的王权统治基于服从他们命令的多元化的军队与他们罗马的平民"东道主"之间的社会契约；在这样的话语体系中，野蛮的"他者"这一滥调陈词同样可以选择性地用来对付来自外部的对这种不稳定妥协的威胁。但到了 7 世纪，作为此类话语基础的持续的平民罗马秩序崩溃了。统治者们之前试图用来调动他们的军事追随者忠诚的种族主张，变成了新身份认同的基础，把军事土地所有者团体联合起来，从而成为新兴社会和政治秩序的基石。[②] 关于起源的神话也在试图书写一种新的秩序，服务于一种不同的身份认同，发挥着一种与古典世界的民族志传统不同的社会功用：他们界定了一个以军事土地贵族为基础的新群体。

依据国王和臣民之间的关系，以及借由教会英雄作为中介显示的上帝意志的影响，来理解过去的历史著作，证明了这种新的社会规则。7—11 世纪，西方最关键的发展就是对于历史的建构，尽管它包含很多虚构的成分，但对于需要它们的政治共同体来说，则有着直接的功用。随着 12—13 世纪专业化的法律以及更为正式的行政系统的发展，这些政治共同体变得比贵族、教会和贯穿于雷吉

① 例如 Stefan Rebenich, 'Christian Asceticism and Barbarian Incursion: The Making of a Christian Catastrophe', *Journal of Late Antiquity*, 2 (2009), 49 - 59; Theodore de Bruyn, 'Ambivalence within in a "Totalizing Discourse": Augustine's Sermons on the Sack of Rome', *Journal of Early Christian Studies*, 1 (1993), 405 -421。

② Matthew Innes, 'Land, Freedom and the Making of the Early Medieval West', *Transactions of the Royal Historical Society*, 6 (2006), 39 - 74.

诺著作中的扈从之间组成的同盟更加紧密,这意味着关于起源的神话和传统也许在广泛孕育的"王国团体"内引起共鸣,后者是正式代议制制度的观念性成分,它在 13 世纪开始出现,替代了加洛林和后加洛林时代的集合政治与商议决策。这一时期,西方基督徒自我意识的不断增长和基督教信仰的严格限定,意味着在基督教王国的道德和地理疆界之外虚构的"他者",开始更为频繁地出现在学术著作之中:但他们对应的是一种基于宗教认同的"想象的共同体",而并非宣称是所有秩序源泉的帝国体系。无可争议的是,基督教王国本身就是由有着各自历史的国王和臣民构成的。

559　拜占庭世界的罗马人和"种族"

　　东罗马帝国——或曰拜占庭,大多数现代历史编纂都如此称呼——的经历,指出了另外一种古典民族志论述的演进。拜占庭的身份首先基于其是罗马帝国直接继承者的主张,这一主张与君士坦丁堡被视作"新罗马"的地位联系在一起。不过,这种身份认同在后古典时代的历史发展中经历了深刻的改变,这要归因于基督教在古代晚期的崛起,以及 7 世纪时帝国在近东、巴尔干和西地中海地区的边界的崩溃。人们不再从领土、行省以及边界的角度来理解帝国,而是将其作为以新罗马的皇帝个人为中心形成的等级,皇帝这个静态的中心——用现代的用语即"头"——赋予了整体的含义和方向。[1] 但是,就帝国的统治者来说,拜占庭的皇帝依然是"罗马人的皇帝";其居民仍然是罗马人(Rhomaioi)。[2] 尽管西部批

---

[1]　David Olster, 'From Periphery to Centre: The Transformation of Late Roman Self-Definition in the Seventh Century', in Ralph Mathisen and Hagith Sivan (eds.), *Shifting Frontiers in Late Antiquity* (Aldershot, 1996),93-102.

[2]　关于拜占庭身份认同的研究,参见 Dion Smythe, 'Insiders and Outsiders', in Liz James (ed.), *Companion to Byzantium* (Oxford, 2011), 67-80; Paul Magdalino, 'Constantinople = Byzantium',同上, 43-54;以及 Evelynne Patlagean, 'Byzance, le barbare, le heretique et le loi universelle', in Patlagean, *Sociale Structure, Famille, Chrétienité à Byzance* (London, 1980), no. XV。

第二十六章 历史写作、种族与民族认同：中世纪欧洲与拜占庭的比较

评拜占庭的人试图通过指出拜占庭是"希腊的"，来削减其帝国主张。但是，在帝国内部，其实并不存在官方的罗马身份与希腊文化、语言遗产之间的紧张关系：同样是"罗马"这个术语，所指代的是通俗的、口语的希腊语，用以区别希腊化的文学语言。① 界定罗马人和他者族群的术语是截然不同的：用来界定非罗马人的词汇是"民族"（gene）、"部落"（ethne——文学用语是 ethnics）、"外邦人"或者"外来者"（phyla，xenoi）等。罗马人是一个用来指称"我们自己"的集合性名词，用来区别与自己不同的外来者，这些区别主要在于他们拥有的族群特征，即这些人通常被一种"野蛮的"语言来集体指称，这是重新使用古典的人种志标签和模式来指称当时的事实。因此，安娜·科穆宁在曼努埃尔一世·科穆宁（1143—1180年在位）统治的早期，创作了一部记录其父亲阿列克西奥斯·科穆宁（1081—1119 年在位）英勇事迹的著作，西部帝国的人经常会被贴上"拉丁人"这个广义性的标签，但是有时她也会用一些具体的标签（如"法兰克人""日耳曼人"），不过运用最普遍的还是"凯尔特人"这个民族名称，这是对古代文学素材的再运用，在同时代的西部用语中并没有这样的词根，但是这很适合某种人种志论文，探讨他们的大男子主义和因鸡毛蒜皮的小事就发誓的令人困惑的习性。②

　　与蛮族的"他者"特征相比，代表罗马"我们"的标志在定型化　560
的讨论中不太可能显现出来，其原因恰恰是因为它们利用了未成文的原型，这种原型体现的是当某时某地被人突破时才仅仅进入评论的某些公认准则，甚至这些边界都不是固定的，并且是可以协

---

① 如意大利的加洛林皇帝路易二世，参见 Paul Kehr（ed.），*Monumenta Germaniae Historica Epistolae 7*（Berlin，1928），386-394。

② Anna Komnene，*Alexiad*，trans. E. Sewter（London，1969）；with Alexander Kazhdan，'Latins and Franks in Byzantium：Perceptions and Reality from the Eleventh to the Twelfth Century'，in Angeliki Laiou and Roy Mottehdeh（eds.），*The Crusades from the Perspective of Byzantium and the Muslim World*（Washington，DC，2001），83-100，at 86-87。

商的,因为罗马人的身份是由政治(他们的帝国是新罗马,古罗马的直接继承者)和宗教(他们是基督教帝国的子民,他们的皇帝代替上帝维护尘世的秩序)这两种因素共同起作用的。虽然,对于我们来说,成为"罗马人"这个概念也许听起来像是族群的范畴,但对于拜占庭的作家们来说,"罗马人"这个词并不像"法兰克人"或"伦巴第人"对于我们讨论的西部帝国学者那样,是一个族称。拜占庭学者都在避免使用"希腊人"这一词,而西部帝国的学者则在使用,恰恰因为这是一个剥去了帝国主张的种族称谓。共同血统的观念在拜占庭人对自身的罗马身份的感知中发挥的作用并不大,正如我们将要看到的,他们共同的历史是基督教罗马帝国的历史。这种历史最先从基督教皇帝的新罗马即君士坦丁堡发源,这座城市在帝国文化、政治和社会中的主导地位是毋庸置疑的。从某种象征意义上来说,君士坦丁堡依然是帝国的中心,它的名声和身份决定了它作为天命帝国之地而宣示的世界历史地位。更为重要的是,帝国宫廷和君士坦丁堡城对于文化的资助和在政治上的任免权,对那些才能突出又野心勃勃的行省总督们来说,都有着不可抗拒的吸引力,因此,这些人经常接受提供社会和政治秩序话语的官方意识形态的教诲。对于统治帝国的各色有能量的行省居民和野蛮的边民来说,各派系的忠诚都体现在对基督荣宠的皇帝的忠诚,而且强调不同传统的种族身份在帝国内部会造成不和,且是要避免的。

行省身份依然存在,即便是在发生了 7 世纪危机,帝国最大和最有凝聚力的地方实体——如埃及和叙利亚之类——已经摆脱了帝国的控制之后。[①] 不过,我们很难从现存的史料中探知这些情况。我们最能接近行省身份认同的材料就是军事手册的实践领域——其要早于 11—12 世纪主教们的书信集,这些信件往往只围于以君士坦丁堡为中心的放逐或损失等方面的辞令,只是在其中

---

① Catharine Holmes, 'Provinces and Capital', in James (ed.), *Companion to Byzantium*, 55 - 66.

有时隐含着对行省及其历史的地方自豪感。在其中我们感知到帝国政府或官员与行省社会之间的交互作用，日常的行军路线、部队集合的方位以及社会仪式，正是凭此，军团从每个省份（theme）召集起来，这些活动也暗含或锻造了一种集体身份认同。但是在这里，我们也察觉到了另一种互动结构，每一个军团都有各自确定的行省的风俗习惯和来源，其状态清晰区分出了"罗马人"的军团和边境之外的"人种"，后者或是罗马的同盟者、雇佣兵和对手。这种组织分类与雷吉诺的世界有很大的不同，在那里，评论者们非常喜欢依据法兰克帝国内部万花筒般的种族军团，列出某一军队的行省类型；在雷吉诺看来，法兰克人、洛林人等都可以想象成实质上类似现象的重叠表现，因此创作了对种族的补充性记录。但是，在拜占庭帝国，人们却以不同的方式相互理解罗马人的身份认同与行省的忠诚。西部帝国历史学家的世界观设想帝国是由差不多同等重要的一系列基督教子民组成的，即使有些统治者欣赏政治霸权的形式并因此承担起超越种族范畴的责任；但是，拜占庭历史学家思考的依据则是罗马帝国是神命的历史媒介，因此罗马国家被视为尘世秩序（taxis）的保障，以等级和静态的方式构成：受到基督恩宠的皇帝处在这个稳定秩序的中心，通过他赋予世界以基督教的秩序，而在他的统治范围之外，则环绕着一些首先以无序（ataxia）为特征的万花筒般的种族。

　　这一世界秩序得以明确表达的机制，生动地出现在君士坦丁七世皇帝书写的著作中。君士坦丁既是好古主义者，同时也是政治家，创作了大量文献汇编和作品集。他的《典仪论》收录了诸多的宫廷礼节与仪式规范。该著作描述了一套特别正式的礼仪，安排精心设计的典礼仪式，吸收了一些成文的文献和宫廷礼仪传统。实际上，呈现定义明确的礼仪和规则及其确定的内涵，是一种误导：君士坦丁在编纂方面的努力，也是试图将一系列具有延展性的、给即兴表演和解释留有余地的期望和仪式固定化，以管控对某些特定历史事件的创新——尽管通常是匿名的。^① 尽管如此,即使考虑到《典仪论》是由君士坦丁编辑,帝国的典礼仪式在向访问的要人、官员和君士坦丁堡民众传播帝国的政治和宗教主张中发挥的作用,还是在著作中清楚地呈现了出来:这篇文献是在构建向四周延伸出等级秩序的稳定的帝国中心。^②

562

君士坦丁七世编纂的《帝国行政论》(*De Adminstrando Imperio*)也渗透着同样的等级秩序观念。本书编纂于948—952年间,是君士坦丁为儿子罗曼努斯(Romanus)写的劝谕性著作,其核心是拜占庭边境外各民族的民族志。君士坦丁在该书的序言中阐明了他创作的目的:

> 首先,每一个民族以何种方式有能力帮助罗马人,以何种方式有能力伤害罗马人,以及如何和通过什么方式分别遭遇和征服周边每一个武装起来的其他民族;然后关注他们的贪婪欲望和欲索无度的脾性以及他们对礼物的过分要求;接下来,要关注其他民族之间的差异,他们的起源、习俗、生活方式以及他们居住地的位置和气候,其地理类型和大小,此外,关注不同时代发生在罗马和其他民族之间的事件;其后,我们还要关注我们的国家以及整个罗马帝国不时出现过哪些改革。^③

---

① Averil Cameron, 'The Construction of Court Ritual: The Byzantine *Book of Ceremonies*', in David Cannadine and Simon Price (eds.), *Rituals of Royalty: Power and Ceremonial in Traditional Societies* (Cambridge, 1987), 106 - 136; Mike McCormick, 'Analyzing Imperial Ceremonies', *Jahrbuch der Osterreichischen Byzantinistik*, 35(1985), 1 - 20.

② Dion Smythe, 'Why do Barbarians Stand Around the Emperor at Diplomatic Receptions?' in Jonathan Shepard and Simon Franklin (eds.), *Byzantine Diplomacy* (Aldershot, 1992), 305 - 312; George Ostrogorsky, 'The Byzantine Emperor and the Hierarchical World Order', *Slavonic and East European Review*, 35(1956), 1 - 14.

③ Constantine Porphyrogenitus, *De Administrando Imperio*, ed. and trans. Romilly Jenkins and Gyula Moravscik (Washington, DC, 1967), proem, 44 - 47, 我已经避开他们使用的"民族"这个术语;关于这本书的结构和构成的研究,参见 J. B. Bury, 'The Treatise De Administrando Imperio', *Byzantinische Zeitschrift*, 15 (1906), 517 - 577.

第二十六章　历史写作、种族与民族认同：中世纪欧洲与拜占庭的比较

在君士坦丁的叙述中，罗马人与边境外的"种族"之间看似清晰的界限开始模糊。帝国的一些行省地区，如克里米亚和达尔马提亚，被置于了论述"种族"的部分进行叙述，同时，对上述行省在事关帝国历史和地理的主题中的记述，以及这些行省管理间或混杂的人口的机制及其职能的描述，又都指向了行省的身份认同，指向了对地方古典历史的自豪。同《典仪论》中一样，君士坦丁七世也进行了编纂分类，如概述了处理与帝国北部塞西亚民族外交关系的"原则"，试图使得这个更加特殊的、不连续的政治关系系统化。君士坦丁在书中同样阐述了赐予哪个蛮族统治者何种礼物、授予他们何种贵族头衔和特权的复杂礼仪，而以人种志和历史知识传说作为判断理由。事实上，君士坦丁这些人种族志的判断理由需要谨慎对待：其不能被看成对中欧和北欧种族和社会地图的历史记述，而是在某些方面故意扭曲或全部虚构，目的是为拜占庭的政策铺路。[①]

君士坦丁七世在讨论历史上与周边的统治者联姻的先例时，不 563 经意间进入了揭示罗马帝国身份认同基础的讨论。通过概述赐予蛮族首领各式各样的厚礼与特权，君士坦丁七世尝试了一些方法，向接收者们解释这些礼物和特权的含义，从而重申了君士坦丁大帝的传奇和他创建的新罗马的地位。但是，他最后恳求他的儿子罗曼努斯一定要遵守皇室不得与任何外族人联姻的禁令。这项禁令源于君士坦丁大帝——据说尽管非常不合时宜，但充分考虑到与西欧统治者的关系——他特意单独豁免了法兰克人，因为他们和罗马人之间关系密切。如果遇到其他民族恳求与皇室联姻，君士坦丁七世一再向罗曼努斯强调，他应该予以拒绝，如果先前经罗马皇帝罗曼努斯·利卡潘努斯（Romanus Lecapenus，920—944 年在位）促成的与保加利亚的联姻被重新提起，那么应该予以驳回。读者

---

① 参见 Francesco Borri，'White Croatia and the Arrival of the Croats：An Interpretation of Constantine Porphyrogenitus on the Oldest Dalmatian History'，*Early Medieval Europe*，19(2011)，204 - 231。

们应该可以感受到君士坦丁七世在解释其中的原因之时，其语气是在不断加重的。他解释道，利卡潘努斯来自于普通的文盲阶层，长在宫廷之外，没有接受过罗马人的习俗教育；由于利卡潘努斯既没有王室血统，也没有贵族血统，他一旦地位提升，就变得骄傲自大、暴虐专横，以至于忽视了宗教教义及君士坦丁大帝的垂范。君士坦丁七世接着强调说，罗马人与其他种族的联姻应该被禁止，因为联姻会削弱区分各个民族的特有标记，包括他们的风俗、法律、制度，这里所列举的正好有趣地补充了雷吉诺。① 君士坦丁七世发怒的真正原因来自政治及个人方面。因为在军事危机时期，罗曼努斯·利卡潘努斯曾通过强权登上王位，与年轻且实际上是象征性的君士坦丁七世成为共治皇帝。不过就在君士坦丁七世开始创作的前几年，罗曼努斯·利卡潘努斯就被废黜了。但是，君士坦丁七世在吐露自己的愤恨时，也道出了拜占庭身份认同的文化和社会基础：罗马人默默地无意识地将其身份认同与皇室和皇宫里的全体人员联系在一起，通过继续遵守君士坦丁大帝确立的范式，承担起了维护新罗马和上帝在人间的秩序的责任。这种身份认同由帝国的精英们所书写，反过来，又为他们服务。但是，他们关于帝国社会做了一系列宽泛的要求。

这种身份认同逐步成了支撑 9 世纪起再现的拜占庭历史书写的基础。7 世纪的危机见证了古代晚期古典历史编撰学的萎靡，而9—12 世纪的拜占庭历史编纂一直为普世编年史范式所主导。这样的叙述将古代及《圣经》中的事件视作历史展开的不证自明的框架，然后不停顿地从古代的旧罗马演进到新罗马以及皇帝们的业绩。② 不断复兴的对古典学问的兴趣促进了史学编纂类型的精致化——特别是 11 世纪和 12 世纪从古代哲学到希腊化文学的一系

564

---

① *De Adminstrando Imperio*, ed. Jenkins and Moravscik, c. 13, 72 - 75.

② Elizabeth Jeffreys, 'The Attitude of Byzantine Chroniclers towards Ancient History', *Byzantion*, 49（1979）, 199 - 238；and Ruth Macrides and Paul Magdalino, 'The Fourth Kingdom and the Rhetoric of Hellenism', in Magdalino（ed.）, *Perception of the Past*, 117 - 156, at 120 - 136.

列复兴——这促使一些作者——如 11 世纪的米歇尔·普塞洛斯，
12 世纪的安娜·科穆宁、约翰·基纳摩斯、尼克塔斯·乔尼亚特
斯——更加以当代为中心并采用古典化的形式来书写历史，聚焦于
对统治者个人及其行为进行评价。但是即便在他们的作品中，这
种标准化的世界史背景也无需讨论，古代和《圣经》的范例一定会
将当代的主题置于远景之下。

　　在这个框架之内，没有为古典文化，不管是希腊文化还是罗马文
化的深入讨论留下空间。历史的参照物开始的时候是古代世界和
《旧约》中的伟大统治者，但是其关注点迅速从基督、早期教会和作为
世界帝国的罗马转移到了君士坦丁大帝——编年史作家们和君士坦
丁七世关注的关键人物，因为正是在他的统治之下，基督教和罗马的
历史合流了，新罗马也始于他创建的君士坦丁堡——和古代晚期的
伟大皇帝们身上，也许其还顺带关注到了 5 世纪时期"旧罗马"的"陷
落"及这个城市在查理曼治下实际脱离了帝国。① 历史叙事的主题是
帝国，而不是一个特殊的族群或民族群体，而且罗马身份认同的是其
在世界历史中的作用，而不是种族特征。这种对过去历史的特定解释
暗含着某种身份认同，即罗马人的帝国是上帝挑选出来传播真信仰的
工具，这是拜占庭政治神学的中心主题之一，其主要体现在奥古斯都与
基督的天意同在，并在君士坦丁大帝统治期间实际建立了新罗马城而
达到完善。教会学和史学编纂同样都注入了末世论，这就或明或暗地
激励人们将新罗马帝国视为但以理预言中的第四个世界帝国。

　　拜占庭文化母体同时也为 11、12 世纪出现的东欧新政治共同
体的历史构建提供了有效的范式，虽然他们并不宣称自己是"新罗
马"，但是他们确实努力采用和引进拜占庭帝国意识形态的关键因
素。这种进程在俄罗斯的历史中表现得最为明显，虽然其安全地
处在君士坦丁堡的政治势力范围之外，但其绝对在拜占庭文化圈
之内。就在公元 1000 年前，在宗教皈依和政治稳定之后，基辅罗

---

① 　关于君士坦丁的拜占庭性，参见 Paul Magdalino（ed.），*New Constantines*
（Aldershot，1994）。

565 斯实际上重新构建为"第聂伯河上的新罗马"，基辅的神父们忙于利用旧斯拉夫教堂中的早期拜占庭传教文献，编译教会和世俗的法典，同时发展世俗的文化，来神化皇家王朝并全面在意识形态上模仿帝国（imitation imperii）。这种主动的行动与历史构建携手而行，历史编纂采用传统的编年史形式，现存最早的证据——《往年纪事》——成书于 12 世纪早期，是在皇家王朝后裔的吩咐下编纂的。诚如西蒙·富兰克林（Simon Franklin）所表明的，该文本引入帝国历史，是用来建构种族和民族的合法性，证明罗斯在上帝神圣人类计划中的地位。在这其中便包括一个关于罗斯起源的传说，即从罗斯人说的语言来推断，他们来源于诺亚的儿子雅弗，这样便通过《创世记》将罗斯的历史嫁接到了《圣经》的历史之上。《往年纪事》有选择地使用拜占庭的编年史，忽视拜占庭四个世界帝国演进和罗马帝国是神命角色的传统观念，但是挖掘了《圣经》和古代的历史作为范例；它甚至让圣安德鲁（St Andrew）访问俄罗斯，让基辅的历史提前到使徒时代，以为当前的主张做铺垫；在这个背景之上的是基辅的斯堪的纳维亚领袖的故事，其可以追溯到传说中的 9 世纪留里克的形象，他们之间由宗族系谱联系在一起，从而创建了一个衔接留里克王朝和弗拉基米尔王朝的线性叙事，后者是第一位基督徒统治者，现在的王朝声称是他的后代。家族谱系的主张还经常被用来衔接 11 世纪时罗斯人的城市与居住在内地的斯拉夫人部落之间的故事，将各种潜在的不同和冲突的历史通过王朝祖先的传统连接起来。如同此类型的所有谱系历史一样，这一记述反映了当下的优先性：它为基辅大主教区的卓越奠定了基础，在各城市和行省的统治者之间声称的家族关系中，从理论上将杂乱无章和分裂割据的罗斯整合为了一体。①

---

① S. Franklin, 'Borrowed Time: Perceptions of the Past in Twelfth-Century Rus', in Magdalino (ed.), *Perceptions of the Past*, 157 - 171; A. Rukavishnikov, '*Tale of Bygone Years*: The *Russian Primary Chronicle* as a Family Chronicle', *Early Medieval Europe*, 12 (2003), 53 - 73; *Russian Primary Chronicle*, trans. S. H. Cross and O. Sherbowitz-Wetzor (Cambridge, Mass., 1953).

拜占庭身份危机和"新罗马"的"衰落"

到 11、12 世纪晚期，拜占庭历史学家们见证了历史编纂的显著发展，他们同时也发现自己的视野同样需要去适应新的现实。　566由于与西方冒险家以及意大利、巴尔干半岛地区、近东地区的统治者的政治冲突日益加剧，同时为了回应西部帝国的统治者重塑罗马历史的企图，不管是神圣罗马帝国皇帝利用罗马法还是意大利城市利用罗马共和制的模式进行拓展，此时的拜占庭比任何时候都更需要重申新罗马的罗马性。这也是曼努埃尔·科穆宁（Manuel Komnenus，1143—1180 年在位）统治时期出现大批历史学家，并热衷于书写关于曼努埃尔统治历史的原因。[①] 在这些叙述中，9 世纪末到 11 世纪初征战的皇帝们重塑了一个不断拓展和复兴的帝国体系，他们的业绩使他们的地位可与古代晚期的前辈比肩。诸如在对尼基弗鲁斯二世（Nikephoras Phokas，963—969 年在位）、约翰一世（John Tzimiskes，969—976 年在位），尤其是"保加利亚屠夫"巴西尔二世等皇帝们胜利事迹的重述中，详细描述了被击败的"部落"，他们似乎在帝国胜利的画卷中扮演被吓坏的蛮族人的角色。对民族志的利用也许带有传统色彩，但是，在变化的政治和军事环境中它们也获得了新的力量，不过也使扩张中的帝国陷入了一种两难的境地，其中，某些省份例如新近占领的保加利亚就没有被视为完的罗马人。[②] 其中的大部分陈述都是面向当下

---

① Paul Magdalino，'The Phenomenon of Manuel I Komnenos'，in J. Howard-Johnston (ed.)，*Byzantium and the West*，c. 850 – c. 1200（Amsterdam，1988），171-199；了解西部帝国对罗马的运用，参见 Robert Benson，'Political Renovatio: Two Models from Antiquity'，in Benson and Giles Constable（eds.），*Renaissance and Renewal in the Twelfth Century*（Cambridge，Mass.，1982），340-359。

② Elisabeth Malamut，'L'image byzantine des Petchénègues'，*Byzantinische Zeitschrift*，88（1995），105-147；Paul Stephenson，'Byzantine Conceptions of Otherness After the Annexation of Bulgaria（1018）'，in Smythe (ed.)，*Strangers to Themselves*，245-257.

的：瓦西里二世军人皇帝的名声，醉心于消灭保加利亚人，残暴镇压对抗罗马秩序的蛮族且毫无愧意的形象，其实都是 11 世纪末和 12 世纪的产物，这扭曲了拜占庭当时执行的更加谨慎的、不好战的边疆政策。[①] 此类记述的动力部分源于需要找到一个征战皇帝作为军界楷模，因为在科穆宁王朝时期，帝国依赖新生代军人皇帝们的军事行动，以及他们所提拔的新贵和亲属。

这个新的统治阶级的价值观有时可能与君士坦丁七世所处世界的价值观迥然相异，反而与粗野的西方冒险者之价值观颇多契合，后者与拜占庭的关系在相互提防的同盟与任意的声明之间摇摆，但后者的军事行动在 11 世纪和 12 世纪处于拜占庭军事行动的中心。这些西方人通常被冠以"法兰克人"这一通用标签，在 11 世纪中后期往往处于最高军事指挥层，他们的到来与帝国常胜的传统叙事所暗示的民族志假想形成了一种张力，这种民族志的假想还进一步受到第一次十字军东征及其余波的挑战。鉴于传统的拜占庭史学编纂中没有表示"西方人"这一集体身份的术语，正如希罗多德笔下的"西徐亚人"可能被用来表示多瑙河和黑海地区之外的所有民族，到 12 世纪时，"拉丁人"才被视为一个具有他们自身民族特性的特定群体。例如，安娜·科穆宁就倾向于用"拉丁人"表示敌人，而对于"我们的"法兰克人（实际上通常是诺曼底人）则要更正面：拉丁人对武力的崇尚及其对财富和权力的贪婪符合蛮族的模式，安娜甚至说文明的拉丁人像希腊化的西徐亚人一样稀少。[②] 在这一论述中，宗教差异显然扮演着极小的角色。

通过"他者化"拉丁人，像安娜一样的拜占庭学者，可以将他们的英雄们，即科穆宁王朝的皇帝们及其随从们的行为，与那些跟他们价值观相像、崇尚骑士精神的西方人区分开来。的确，考虑到拜占庭的将军和常常兼任拜占庭将军的"法兰克"军事贵族存在着明确的联系和相似之处，细致讨论"蛮族的"男性气概和军事策略可

---

① Paul Stephenson, *The Legend of Basil the Bulgar-Slayer* (Cambridge, 2003).

② Kazhdan, 'Latins and Franks', 87.

以替代由于国内社会变化与军事精英阶层的兴起而引起的紧张关系，在一些重要方面，这些军事精英阶层的价值观已经与米哈伊尔·普塞洛斯的编年史中所记载的帝国宫廷的王朝平民传统分道扬镳。例如，在曼努埃尔·科穆宁的统治下，尽管西方人为帝国服务的现象非常普遍，但却很少像在 11 世纪那样被提拔到最高位置上——但是，尼克塔斯·乔尼亚特斯也批判曼努埃尔对半野蛮人滥施特权，却忽视罗马人，即使后者是经验丰富的战士。[①] 对这一或那一帝国仆臣们西方出身的评论，是选择性的而非透明的，并且与政治忠诚感紧密相联：将某人贴上"拉丁人"或是"法兰克人"的标签，就调动起人们约定俗成的对他们行为的期望。控制性地比较罗马秩序和拉丁蛮族人的蛮勇，可以用来构建复杂的叙述议程：尼克塔斯可能一方面是传统价值观的支持者，以及有时是其主人的曼努埃尔的批评者，但是随着 1204 年君士坦丁堡陷落于十字军之手后他的著作完成，拉丁人男子气概与拜占庭衰落的对比，呈现出了关于辉煌与衰败的引人入胜的情节。[②]

我们不仅在 12 世纪的现实社会中可以看到越来越多的种族或族群和军事边界的困惑，而且也可以在这个时期的史学编纂中越来越多地审视到这种现象：这段时期同样也见证了对"宗教他者"的巨大关注，尤其是对各种被官方认定为存在潜在威胁的"异端"的各种宗教实践的诋毁和迫害。"迫害的社会的崛起"是一个泛欧洲的现象，[③]但是在拜占庭，"教会"和"国家"的关系并没有像西方那样成为意识形态的焦虑不安或政治的冲突，它直接与皇帝的自

568

---

① Kazhdan, 'Latins and Franks', 95 - 100。

② Alicia Simpson, 'Before and After 1204: The Versions of Nicetas Choniates' *Historia*', *Dumbarton Oaks Papers*, 60 (2006), 189 - 221; Jonathan Harris, 'Distortion, Divine Providence and Genre in Nicetas Choniates' *Historia*', *Journal of Medieval History*, 26 (2000), 19 - 32; Alicia Simpson and Stefanos Efthymiadis (eds.), *Nicetas Choniates: A Historian and Writer* (Geneva, 2009).

③ 借用了罗伯特·莫尔的著作 *The Formation of a Persecuted Society: Power and Deviance in Western Europe*, 950 - 1250 (Oxford, 1987)的题名。

我呈现和帝国身份认同相关联。在安娜·科穆宁看来，正是由于阿列克西奥斯对异教徒的迫害剥夺了他作为君士坦丁这位"第十三个使徒"的真正后代的身份，在《阿列克西奥斯纪》(The Alexiad)的结尾安娜公主使用了一系列的插曲，并且将叙述的中心从一个颇为模糊不清的政治局势转移到帝国政府的宗教政策方面，从而得出了一个鼓舞人心的结论。此时，种族的标签能够与宗教范畴以及社会对无知大众的诋毁相互重合，从而营造出拜占庭世界已四面楚歌的感觉，其核心信仰正在被外部力量瓦解。安娜叙述了米哈伊尔·普塞洛斯的学生约翰·伊塔卢斯（John Italus）遭到的谴责，约翰·伊塔卢斯试图复兴古典哲学研究，导致人们指控说他的教学正在瓦解正统基督教，这一叙述在他出身于帝国之外上做文章，他的姓氏表现了这一点：尽管伊塔卢斯声称其曾教授希腊哲学并在宫廷中学习，但他并不能用希腊语进行演讲，并且缺乏特有的"罗马"教育；而且，每当他受到挑战，他就会立刻诉诸暴力，这暴露了他野蛮的本性。[1] 同样，鲍格米勒派教徒不仅是因为其行为和穿着而被视为违反社会规范的群体（尤其是在食物和性方面），而且他们的政治忠诚也值得怀疑，由于源起的地域及其与新近被征服且忠诚又受怀疑的省份的密切关系，再加上其值得怀疑的历史，鲍格米勒派往往与"野蛮特性"联系在一起。[2]

12 世纪的文化、社会和政治等变化，使得界定罗马人身份认同的一系列尝试更加紧迫，而且前所未有地与内部和外部的外来人紧密杂处。[3] 并且，帝国的官方身份认同首次以多种方式进行阐释，这使得当代统治者的行为与界定帝国历史的古代秩序之间产生了重大间隙。从古代晚期开始，在帝国的史学编纂、官方文件和

---

[1] Anna, *Alexiad*, 5：8-9；and Smythe, 'Insiders and Outsiders', 76.

[2] Dion Smythe, 'Alexios I and the Heretics：The Account of Anna Komnene's Alexiad', in Margeret Mullett and Dion Smythe（eds.），*Alexios I Komnenos*（Belfast, 1996），232-259；Patlagean, 'Byzance, le barbare, le heretique'.

[3] Dion Smythe, 'Outsiders by Taxis：Perceptions of Nonconformity in Eleventh-and Twelfth-Century Literature', *Byzantinische Forschungen*，24(1997)，229-249.

文学的其他分支中已经避免使用希腊术语：这些希腊术语被认为
受到过异教哲学的污染，因此与帝国的基督教身份不相容。而且
考虑到缺少对希腊古代的关注是帝国官方意识形态的主要特征，
因此，无论在何种情况下，这些希腊的术语都很少能够给帝国带来
有用的主张。但是，从 12 世纪中期开始，尽管官方文件坚持帝国
的罗马属性，但尼克塔斯·乔亚特斯等一批历史学家们也在不
断宣称希腊历史是拜占庭身份认同的一部分；的确，尼克塔斯的兄
弟米哈伊尔作为雅典的主教，不仅会赞美古典雅典的毁灭及其统
治者的事迹，而且也试图依据那段历史理解他的城市及其目前的
组织机构。[1] 从某种程度来说，这是修辞学的繁荣，是广泛的文化
和政治复兴运动以及古典研究的强化所带来的副产品。但它并不
仅仅是个文学泡沫，大量遭受希望幻灭、耻辱和国内流放的帝国大
臣们的编年史和历史生动地表现了这一点：约翰·佐纳拉斯在自
愿接受的岛屿流放期间创作的作品，颠覆了传统拜占庭编年史的
模式，将焦点放在了共和制的罗马身上，强烈批判那些他认为使罗
马共和国演变为现代暴君专制的那些因素，同时，米哈伊尔·格里
卡斯在被强制隐退期间写成的著作，则将研究的焦点放在了更加
安全的圣经史领域，对当代帝国的荒淫无度提出了含蓄的道德批
评。[2] 希腊化的繁荣并非天生具有"对抗性"，反而有时它更容易将
帝国的行为置于人们赞许的光线下。但是，它们确实确证了这样
一个世界，其中，传统知识分子精英与新政体结盟时感到不安。尼
克塔斯和其他人所表达的希腊身份认同，从某种程度来说，都是在
试图表达知识分子精英——精英的定义是掌握希腊文学语言和一
系列的古典文学范式——的集体价值，同时，他们还试图确立他们

569

---

[1]　Macrides and Magdalino, 'The Fourth Kingdom'，特别是 139 - 156；Roderick
　　Beaton, 'Antique Nation? "Hellenes" on the Eve of Greek Independence and in
　　Twelfth-Century Byzantium', *Byzantine and Modern Greek Studies*, 31(2007), 76
　　- 95；以及 Anthony Kaldellis, *Hellenism in Byzantium: The Transformations of
　　Greek Identity and the Reception of the Classical Tradition* (Cambridge, 2007)。

[2]　Macrides and Magdalino, 'The Fourth Kingdom', 120 - 136.

与帝国自我呈现的世界之间的临界距离：见证着尼克塔斯自己利用与古典的对比来质疑当代皇帝们的行为。

当 12 世纪最后 20 年的国内政治危机被 1204 年十字军对君士坦丁堡的洗劫盖过时，拜占庭所继承的身份本身失去了源泉：这种创伤育成了尼克塔斯复杂而又多面的记述。希腊的古代史和修辞学扮演了一个重要的新角色，它使得宣称是君士坦丁的继承者和新罗马的看守人这个主张，听起来很空洞。例如，在尼克塔斯看来，拉丁人对君士坦丁堡的掠夺，变成了对被西方人拆掉、运走，并作为战利品或者熔化为金条的雕塑和建筑物进行修辞学意义上思考的时机。在尼克塔斯所著的历史中，君士坦丁堡的街景成为无时不在的标志。在其描述 1204 年之后发生的对文化"财产的剥夺"中，尼克塔斯展示了其内行的古典主义，重新考察了定义城市地貌的这些历史地标的解释及其与之相关的神话，来剥夺城市和帝国的主张和要求。① 既然罗慕路斯和雷穆斯已经被西方征服者带回了意大利，那么这还是新罗马吗？他作品的倒数第二段的情节——毁了特洛伊的海伦的雕塑——引发了对拉丁和拜占庭身份的进一步思考："白胳膊、美脚踝、鹅颈的海伦又能怎样呢，是谁召集了一大批希腊人推翻了特洛伊？……她能够抚慰那些无法安慰的人么？她能够软化那些铁石心肠的人么？"尼克塔斯这些修辞性问题的答案显然是否定的。但是，他以如下的方式提醒其读者，海伦是特洛伊战争爆发的原因：正是由于她的美貌，古希腊人才洗劫了特洛伊，那么，现在可以说，西方人自身的学术传统使他们成为埃涅阿斯和特洛伊幸存者的后代，他们对海伦雕像的破坏，构成了特洛伊人对古希腊人的复仇。"啊，海伦，廷达瑞俄斯的女儿，爱的精华、厄洛斯的后代、阿佛洛狄忒保护的人、大自然完美的礼物，特洛伊人和古希腊人的角逐的奖品……据说，这些埃涅阿斯的后代为了报复将你付之一炬，因为你丢人的奸情使那些放火者将特洛

---

① *O City of Byzantium*, trans. Harry Magoulias, Jr. （Michigan, 1984），特别是 347—352。

伊城化为焦土。"尼克塔斯就这样利用了讽刺,将君士坦丁堡的劫难视为特洛伊人以其当代西方人后代的形式,向古希腊人复仇。但是,他立即以这样的方式放弃了自己的文学幻想,即有效地重复这一指控,并使出了种族污点的绝招:拉丁人被定义为没受过教育的蛮族,因此,他们几乎不可能对古典了解很多,从而领会他们行为背后的历史。尼克塔斯总结道,相反,他们一定是受那种最典型的野蛮特征贪婪所驱使:"毕竟,你怎么能期望那些完全不懂得基本读写技能的文盲野蛮人去阅读和掌握歌唱你的那些史诗呢?"

即使在1204年以后,尽管拜占庭的身份认同仍然与帝国要求紧密联系,但是在废墟上出现的大量后继国家,其中也包括尼克塔斯谋求高位的尼西亚帝国,都不再受"新罗马"统治。在1204年之前的几十年就出现的"希腊文化",在这些小型拜占庭国家的意识形态认同中,成为强有力的要素,甚至1261年君士坦丁堡光复之后,在巴列奥略王朝统治下所产生的新帝国身份认同中,希腊文化也始终是一个重要的成分。但是在拜占庭,甚至是帝国的生死危机都没能彻底粉碎帝国种族论的基本假设。①

欧亚大陆的比较与西方的特殊性

将在拜占庭和中世纪西方显见的不同身份认同的史学编纂,置于一系列更广泛的欧亚对比下,或能更好地去理解它们。在这样的计划下,与拜占庭同时期的中国唐朝及其后继王朝,就成为帝国 571 种族志方面的代表性案例,后者通过使粗俗野蛮的"他者"与文明

---

① Dimitri Angelov, 'Byzantine Ideological Reactions to the Latin Conquest of Constantinople', in Angeliki Laiou (ed.), *Urbs Capta*: *The Fourth Crusade and its Consequences* (Paris, 2005), 293 - 310; Michael Angold, 'Byzantine "Nationalism" and the Nicaean Empire', *Byzantine and Modern Greek Studies*, 51 (1975), 49 - 70; Gillian Page, *Being Byzantine*: *Greek Identity before the Ottomans* (Cambridge, 2008).

秩序之间的对立而使国家合法化。唐初一直将"正史"的编修视为帝国官僚机构的一种责任。这样,目前的政治格局被表现为唐承汉统的结果,用历史来显示决定王朝正统的"天命"。正史还创制出清晰的正统帝国秩序模式,朝臣们通过这套秩序来竭力掌控帝国政策。因此,即使某段历史其时局呈现为政治分裂、地方割据,或者"中国"和亚洲内陆草原政权间呈现出复杂的相互关系,中国历史仍被认为是线性和一元的。更重要的是,此时帝国发展出的一套选拔官员的科举制度,在晚唐及其后继诸朝迅速发展,为这一认同的政治延续性和文化正当性叙事的传播提供了一种有效机制:11 世纪出现的自觉的文人阶层,成了帝国历史的捍卫者。[①] 在19 世纪和 20 世纪,这一叙事被用来构建了主导性的"汉族",作为中国民族主义的基础。[②] 但是,在我们所描述的时代,主流的帝国身份认同通常并不冠以民族之名:术语是"华"或"夏",表示文明的、定居世界的"秩序",与国家的结构相一致或以之为基础;与这一界定相对的是以"胡"和"番"表示的部落以及尚武的和游牧的"他者"民族。这种叙述并非基于不同团体之间的严格界限,而是基于"核心"品性的表现,这些品性与将其展示为某种特定典型的内容相匹配,因此无论在社会实践中还是历史编纂的呈现中都可以进行操纵:当藩镇和边兵对抗正统王朝时,他们会被描绘为蛮族"他者";而在承平之世,他们就会被纳入社会秩序。[③] 在 11 世纪,宋政权(960—1279 年)逐渐被限制于长江以南,与辽竞争正统,后者统治着传统的北方中心区域,宋宣称独承帝国之历史,非常类似

---

① 参见本卷蔡涵墨和邓百安在第一章的研究。

② Frank Dikotter (ed.), *The Construction of Racial Identities in China and Japan* (London, 1997).

③ Marc Abramson, *Ethnic Identity in Tang China* (Philadelphia, 2008); Jonathan Skaff, 'Survival in the Frontier Zone: Comparative Perspectives on Identity and Political Allegiance in China's Inner Asian Borderlands during the Sui-Tang Dynastic Transition (617 - 630)', *Journal of World History*, 15(2004), 117 - 153; Skaff, 'Barbarians at the Gates? The Tang Frontier Military and the An Lushan Rebellion', *War and Society*, 18(2000), 23 - 35.

尼克塔斯等将 1204 年后的政权与拜占庭的历史结合在一起：结果,尽管辽依据传统帝国的意识形态来呈现自己,但他们仍被人们用截然不同于唐朝的词汇记忆为非汉族的"征服王朝",因为其本身身份混杂,主要依靠游牧的支持。这样的记述无论对后世的影响如何,但对于个体政治角色的忠诚并无显著效果,尽管它经常被用来事后对某个个人进行辩护或进行抹黑。[①]

572

　　而伊斯兰世界则完全指向了另外一种可能性：创造了一种宗教团体,其中我们意识中的种族忠诚在历史话语中只起到有限的作用。伊斯兰教初创之时,着手处理的是按照血统、宗族和部落组织的社会,所创造文学的基础,也是迄今为止还是口语化的阿拉伯语和文化。这些基本的忠诚被接受为所有社会组织的基础,但是这种对于家族和部落的绝对忠诚被等同于前伊斯兰时代的愚昧和宗派主义(jāhiliyah),而在先知的训诫中,这种忠诚被视为是新生的信仰团体乌玛(umma)的潜在威胁。伴随着萨珊波斯帝国、从叙利亚到西班牙的前罗马诸行省相继被征服,伊斯兰迅速扩张,在伊斯兰教发展最初的数十年间认为不必谈论的阿拉伯文化认同,现在将新的、分散的统治阶层整合在一起。与此同时,随着非阿拉伯社群改宗了征服者的宗教,甚至有些成为阿拉伯部落的依附者,或亲自参与到进一步的征服活动,围绕伊斯兰共同体的身份认同,初代皈依者的显著地位以及其中的阿拉伯部落,出现了越来越紧张的关系。然而,所谓团体忠诚,也是这些冲突所围绕的对象,不能用基于相同血缘、习俗和历史的"种族"来理解,特定的王朝或个人反而是政治宗教运动——其本身就包含着使政治领袖和真正宗教信仰合法化的要求——得以成型的集结点。[②]

---

① 参见 Maurice Rossabi (ed.), *China among Equals：The Middle Kingdom and its Neighbours*, *10th -14th Centuries* (Berkeley, 2002),特别是由陶晋生和王赓武写作的章节。亦见 Naomi Standen, *Unbounded Loyalty：Frontier Crossings in Liao China* (Honolulu, 2007)。

② Patricia Crone, *Slaves on Horses：The Evolution of the Islamic Polity* (Cambridge, 1980); Crone, Medieval Islamic Political Thought (Edinburgh, 2005)。

　　当然，伊斯兰社会内部不同种族群体间的张力确实存在，他们都能通过特定的文学形式来表现，特别是当政治日益区域化和各地王朝衍生出自己的历史认同时。公元 8 世纪（回历 2 世纪）至 10 世纪（回历 4 世纪）的舒欧比亚运动（shuʿūbiyah）成为这一发展情势的关键节点。这种文辞论战肇始于对《古兰经》49 章 16 节的解释："众人啊！我确已从一男一女创造你们，我使你们成为许多民族和宗族，以便你们互相认识。在真主看来，你们中最尊贵者，是你们中最敬畏者。真主确是全知的，确是彻知的。"对此节经文的主流解释认为，本段经文是确立性别和宗族的神圣起源，是伊斯兰社会唯一合法的分化，将民族（shuʿūb）和宗族（qabāʾil）解读为宗族本位的部落组织的不同层级。那些对阿拉伯统治地位质疑的人则强调本节的后半部分，强调真主面前的平等；而一些学者也将此段经文的前半部分解释为指"民族"与"宗族"，即阿拉伯人和非阿拉伯人的基本平等；这些主张有时会伴随着针对皈依前阿拉伯游牧习俗的激烈辩论。① 在公元 9 世纪（回历 3 世纪）至公元 11 世纪（回历 5 世纪）的政局更替中，进一步孕育出这样一种文化和社会土壤，即非阿拉伯人的历史可以融入伊斯兰的文学传统之中。这一趋势在阿拔斯哈里发及其继任者的新统治中心表现得最为显著。在那里，垄断官职的新"翎毛贵族"（aristocracy of the quill）来自波斯贵族的后代，例如，塔巴里就在其《历代先知和帝王史》的框架之中，综合了前伊斯兰时代的波斯及其统治者的材料。从公元 10 世纪（回历 4 世纪）到公元 11 世纪（回历 5 世纪），半独立的地方王朝越来越多，在这种情况下波斯的统治模式被选择性地唤起，同时，由于诸多前伊斯兰时期的波斯神话成分在全新的伊斯兰语境中得以重述，所以波斯语也应运而成为一种文学语言，最为典型的表现就是菲尔多西的史诗

① Roy Mottehdeh, 'The Shuʿūbiyah Controversy and the Social History of Early Islamic Iran', *International Journal of Middle Eastern Studies*, 7 (1976), 161 - 182.

《列王之书》。①

　　我们如何在拜占庭、中国以及伊斯兰世界一系列明显的可能性之中去定位西欧种族和民族的历史？拜占庭和中国都表现出如何将帝国身份认同变形为"民族"历史并使之相互作用，而在伊斯兰共同体内部产生地方政治分裂之际，即使他们强调王朝和血统是最基本的社会纽带，伊斯兰历史学家同样有选择性地将"民族"传统编织进入他们的叙事之中。唯有在西方中世纪，普世史——这一定义当然是依据宗教传统界定的——被理解为是由一系列有着各自独特历史的"民族"所构成的。罗马虽是至关重要之标尺，知识之源、历史样板，但中世纪的欧洲人没有自认为是罗马人的意识，或将他们的王国视为罗马帝国的直接延续。在这一点上，希波的奥古斯丁提出并由其弟子奥罗修斯所尝试的独特教义学非常关键。虽然奥古斯丁生活在罗马帝国，并毫不迟疑地接受了帝国，但他拒绝将基督信仰与帝国的身份认同直接联系或等同起来，或是把帝国视为上帝用以传播真正信仰而选取的工具。② 在罗马危机之后的西方社会中，无论是国家的延续性还是具备信仰的共同体，都不能垄断合法的权力：这其中蕴含了西方史学编纂的独特性。

574

主要历史文献

The Anglo-Saxon Chronicle: *A Collaborative Edition* (Cambridge, 1980 -), to date vols. 1, 3, 4 - 8, 10, 17; trans. Dorothy

---

① 举例来说，如 Cyril Bosworth, 'The Heritage of Rulership in Early Islamic Iran and the Search for Dynastic Connections with the Past', *Iran*, 11(1973), 51 - 62; Sarah Savant, '"Persians" in Early Islam', *Annales Islamologiques*, 42(2008), 73 -92; Mohamad Tavakoli-Targhi, 'Contested Memories: Narrative Structures and Allegorical Meanings of Iran's Pre-Islamic History', *Iranian Studies*, 29 (1996), 149 - 175。

② Robert Markus, *Saeculum*: *History and Society in the Theology of St Augustine* (Cambridge, 1970).

Whitelock, David Douglas, and Susan Tucker as *The Anglo Saxon Chronicle* (London, 1961).

Anna Komnene, *Alexiad*, trans. E. R. A. Sewter (London, 1969).

Constantine VII Porphyrogenitus, *On Governing the Empire and the Surrounding Peoples*, ed. and trans. Gyula Moravscik and Romilly Jenkins as *De Adminstrando Imperio* (Washington, DC, 1967).

Dudo of St Quentin, *Deeds of the Norman Dukes*, ed. and trans. Eric Christiansen (Woodbridge, 1998).

Nicetas Choniates, *History*, ed. Johannes van Dieten (Corpus Fontes Historiae Byzantinae; Berlin, 1975); trans. Harry Magoulias, Jr. , as *O City of Byzantium: The Annals of Nicetas Choniates* (Michigan, 1984).

Povest' Vremennykh Let, ed. and trans. Sherwin H. Cross and Olga Sherbowitz-Wetzor as *Russian Primary Chronicle* (Cambridge, Mass. , 1953).

Regino of Prüm, *Chronicle*, ed. Friedrich Kurze (MGH SRG; Hanover, 1890); trans. Simon Maclean as *History and Politics in Late Carolingian and Ottonian Europe: The Chronicle of Regino of Prum and Adalbert of Magdeburg* (Manchester, 2009).

参考文献

Bartlett, Rob, 'Medieval and Modern Concepts of Race and Ethnicity', *Journal of Medieval and Early Modern Studies*, 31 (2001), 39 – 56.

Beaune, Claudette, *The Birth of Ideology: Myths and Symbols of the Nation in Late Medieval France* (Berkeley, Calif. , 1991).

Davies, Rees, 'The Peoples of Britain and Ireland, 1100 – 1400',

Presidential Addresses to the Royal Historical Society, *Transactions of the Royal History Society*, 4 – 7(1994 – 1997).

Geary, Pat, *The Myth of Nations: The Medieval Origins of Europe* (Princeton, 2001).

Gillingham, John, *The English in the Twelfth Century: Imperialism, National Identity and Political Values* (Woodbridge, 2001).

Kazhdan, Alexander, 'Latins and Franks in Byzantium: Perceptions and Reality from the Eleventh to the Twelfth Century', in Angeliki Laiou and Roy Mottehdeh (eds.), *The Crusades from the Perspective of Byzantium and the Muslim World* (Washington, DC, 2001), 83 – 100.

McKitterick, Rosamond, *History and Memory in the Carolingian World* (Cambridge, 2004).

Magdalino, Paul (ed.), *The Perception of the Past in Twelfth-Century Europe* (Woodbridge, 1992).

Patlagean, Evelynne, 'Byzance, le barbare, le heretique et le loi universelle', in her *Sociale Structure, Famille, Chrétienité à Byzance* (London, 1980), XV.

Plassman, Adelheys, *Origo gentis: Identitäts und Legitimitä tsstiftung in früh und hochmit telalterlichen Herkunftserzählungen* (Berlin, 2006).

Reynolds, Susan, 'Medieval Origines Gentium and the Community of the Realm', *History*, 68(1983), 375 – 390.

Smyth, Alfred (ed.), *Medieval Europeans: Studies in Ethnic Identity and National Perspectives in Medieval Europe* (Basingstoke, 1998).

Smythe, Dion (ed.), *Strangers to Themselves: The Byzantine Outsider* (Aldershot, 2000).

Spiegel, Gabrielle, *The Past as Text: The Theory and Practice of Medieval Historiography* (Baltimore, Md. , 1997).

Werner, Karl-Ferdinand, 'Gott, Herrscher und Historiograph: Der Geschichtschreiber als Interpret des Wirkens Gott in der Welt und Ratgeber der Könige, 4. - 12. Jhts', in E. D. Hehl (ed.), *Deus qui mutat tempora: Festschrift Alfons Becker* (Stuttgart, 1987), 1 - 31.

Wood, Ian, 'Barbarians, Historians, and the Construction of National Identities', *Journal of Late Antiquity*, 1(2008), 61 - 81.

卢　镇　译　赵立行　校

第二十七章　历史写作与战争

梅瑞迪斯·L.D.里德尔

　　相对于西方而言，中世纪东方文化在对战争血腥细节的描述上更为审慎。因为战争是涉及大规模人口伤亡的事件，因此，所有的战争都是人类惨痛的经历，这也阻碍了对战争进行创造性的文学描述。本章探讨的三种文化在处理战争记录方面相差很大。中国唐朝时期的历史是公式化的，抽象为统计数据；他们只提供了姓名及伤亡人数。拜占庭的战争写作是实用主义型的，提供了一些战争细节，并且关注指挥官的特征，但又避免盛赞他们。阿拔斯的战争诗篇和编年史则歌颂穆斯林指挥官道德崇高，特别是相对于非穆斯林对手而言，但以警醒的方式呈现出战争的残暴面。所有这三种文化都将战争描述与宗教的迫切需要相结合，这就影响了他们战前的目标以及战后的纪念方式。

　　为了达到此章的目的，我们把"中世纪"限定在7世纪至13世纪。通过采取明确的比较研究法，这一研究旨在阐明早期中世纪文化在战争决策上的某些共同原则，同时，揭示一些用于区分自己与对手的宗教偏见。本章将要探讨如下三种文化：中国唐朝时期（618—907年）、拜占庭马其顿王朝时期（867—1057年），以及中东的阿拔斯哈里发时期（750—1258年）。这三个王朝皆通过暴力方式夺取政权，且在各自文化中都发起文学变革，而且出于种种原因，每个王朝都在其各自民族历史中被后继王朝视为重要且辉煌的"黄金时代"。

历史书写与战争所面临的问题

正如其他人所描述的那样，军事史写作在历史编纂中属于不稳定的写作类型。[①] 因为战争决策涉及文化影响、现实考量，且经常涉及道德正义，因此，并不存在一种妥贴地被认同为纯粹"军事历史"的写作方法。相反，人们能够发现不同风格的多种战争史著作，例如编年史、年代记、兵法、圣徒传、君主宝鉴、法律文件、外交文件、演讲、颂歌或悼词，以及礼拜仪式纪念等。通过这些，有心的读者将能探知作者的文化偏好和态度，并能发现作者认为哪些值得记录、原因何在。

对历史的记录特别是对战争的描述，取决于作者的立场、教育以及语言水平。例如，在中国，绝大多数历史著作由朝廷的大学士，即受过教育的文官书写，他们被委派核对以及誊写从各种途径汇集而来的信息。最具声望的历史编纂类型是编年体，即一种摘要性的记录，有时欧洲人认为，相对于扣人心弦的前线战事叙事，这种记录简单且信息量较少。拜占庭人同样长久维持了编年记录的历史编纂传统，大都由学者而非政府官员完成，但是在中世纪拜占庭人也开始创作能够更多展示作者个人观点的历史叙事。[②] 这两种文化都尽力避免详述残酷的战争细节，正如他们的将军力图通过使用包括欺诈在内的机智策略取胜，而避免激战一样。同样，阿拔斯王朝也力图避免激战，但是他们以更加进攻的姿态进行战争，定期袭击拜占庭帝国，后来人们以多种文学形式对此进行赞颂。

战争方式通常是军事史学家最感兴趣的内容，包括探讨战术策略、装备技术、组织及后勤保障。但是该如何评估战争史学？著者

---

① 参见本卷托马斯·斯佐瑞奇在第二十八章的研究。

② 更多的关于拜占庭史学编纂的研究，参见本卷保罗·马格达里诺在第十一章和安东尼·卡尔德里斯在第十章的研究。

认同的哪些社会因素影响了中世纪文化喜好使用武力？事关历史写作与战争分析的核心问题，我们必须要问：当时的作家如何解读战争？他们认为什么值得被铭记与记录下来，为什么？本章的主张是，宗教义务通常不仅影响战争的决定，以及使用致命暴力的终极目标，而且影响纪念战事的方式，所有这些因素都反映在中世纪早期东方文化记录战争的方式中。拜占庭人主要从基督徒的视角进行著述，阿拔斯人从穆斯林的视角，中国唐朝则从道教的视角。每种文化都对战争正义性问题给出了不同的答案。①

马其顿王朝（867—1057 年）

拜占庭史学究竟意味着什么？它与中国或伊斯兰史学有何不同？拜占庭是一种有意识"向后看"的文化，它崇拜希腊古典文化。因此，纵观拜占庭 11 世纪的历史，拜占庭史学家在连续不断的历史创作中，在选择语言和筛选事件方面，经常展现出一种自觉依赖修昔底德和希罗多德的意识。战争与外交成为他们历史著作的主要内容，通常以皇帝活动为中心，后来的史学家也通常接着续写先前史家的历史著作。例如，尽管写作风格完全不同，但牧首尼基弗鲁斯在 9 世纪早期的几十年间一直在寻求续写塞奥菲拉克特写到602 年的历史著作；米哈伊尔·普塞洛斯是 11 世纪一位受过良好教育的学者，他承担了续写执事列奥的著作的任务，列奥的著作非常优雅，涵盖了 959—976 年的历史。当然，这些历史学家的目的未必客观。在 10 世纪，君士坦丁七世命令继续编纂、续写塞奥法内斯终于 811 年的《编年史》，此举目的明确，就是为了赞美他自己王朝的世系——马其顿王朝。如《塞奥法内斯·康提努阿图斯》的第五卷就呈现了一个露骨颂扬君士坦丁七世的祖父巴西尔一世生平的版本，书中将其描述为一名英勇无敌的君王，甚至进而宣称他是君士坦丁大帝的直系后裔。

---

① 拜占庭最显著的例外是佐西摩斯（Zosimos），他是从异教的视角写作的。

9 世纪著名的牧首兼学者佛提奥斯区分了拜占庭两种不同的历史编纂：历史(historia)和编年史(chronographia)。[1] 可以说，这两种史学编纂类型可依据结构、篇幅和最为重要的目的进行区分。相对于 chronographia，"historia 的特点是记述的内容比较丰富、明晰及优雅，忠于历史事实，且理性诚实，chronographia 则以简略、精炼，但忽略事件的整体为特点。佛提奥斯指责年代史编撰者对语言的使用，他们缺乏审美，而且平庸。"[2]佛提奥斯进一步依据在多大程度上能够识别作者，来区分这两种编史类型；历史学家通常显露出其个性特征，而编年史的作者则不然，这使得在现代学者眼中，后者即使欠缺美感，也显得似乎更加"客观"。"每一位受到良好教育的拜占庭人都知道，历史要么是当代叙事，要么是学术型汇编，相对于商业或日常生活，战争与政治是更适合历史写作的主题，历史学家应该扬善贬恶，历史的真相与不偏不倚至少在原则上是一种美德。"[3]简言之，拜占庭史学是严肃学者的恰当追求，这些学者期待为子孙后代提供有用的，有时甚至带有愉悦性的历史叙事，为子孙后代保存古人知识，而且能在某种程度上提供恰如其分的并能使人印象深刻的语言。战争叙事因此成了拜占庭史学家青睐的主题，他们为君主和将军们的选择进行编年叙述，不亚于描绘不可控的命运和神意力量。

尽管拜占庭人持续不断地编写历史著作，但是在历史巨变或动荡时期，他们的历史书写就会急剧增多，这些显示出拜占庭人意识到了历史作为宣传工具的重要性。6 世纪的历史学家阿加提亚斯

[1] 佛提奥斯因其创作了附有文献注释的《书目》(Bibliotheca)而成为了拜占庭文学史中非常独特的关键性人物，书中包含有 279 条对古代文本的摘要，而其中许多文本已经流失了。

[2] 参见季米特里奥斯·康斯坦特劳斯(Demetrios Constantelos)的著作和阿波斯托洛斯·卡波兹劳斯(Apostolos Karpozilos)的评论：Demetrios Constantelos, *Byzantine Historians and Chronographers*, vol. 2：(8th - 10th c.), review of Apostolos Karpozilos, *Speculum*, 80：1(2005), 244-246.

[3] Warren T. Treadgold, *The Early Byzantine Historians* (Basingstoke, 2007), 21.

开始认为，相对于历史，诗歌是不切实际的，历史"最显著的优点就是鼓励人们怀着被铭记的意愿来完成伟大的壮举"。[1] 因而，对那些渴望维持权力的人们来说，解释和呈现战斗及战争就变得相当重要。马其顿王朝的君士坦丁七世统治时期是这一类型文学创作的顶峰时期。

马其顿王朝被学者誉为拜占庭的"黄金时代"，该王朝创作了百科全书式的文献，扩大了正教传教运动，最重要的是，发展了反映当时社会需要的战争革新。[2] 马其顿王朝是一个帝国主动精神所引燃的"军事扩张的传奇时代"。[3] 在伊斯兰教兴起后，拜占庭帝国的领土曾一度急剧收缩，在 10 世纪这几个君主统治下又显著扩张，但在 11 世纪中期又再次丧失。这一独特的光复时代，只是在没有参加过作战的列奥六世（Leo VI，886—912 年在位）决定亲自编纂一本军事手册来更新拜占庭所掌握的军事科学后，才开始到来。在这本军事手册中，他明确表明此书的目的是为了对抗他所谓的萨拉森人。列奥六世是马其顿王朝的几位君主中第一个不被视为战争领袖的君主，他将书写战争看成了其皇帝职责的一部分，说明在哈里发帝国的敌对压力下出现了文化日益军事化的结果。

列奥六世的《战术学》（*Taktika*）约成书于 900 年，是一部重要的长篇军事手册，尽管其没有具体描述拜占庭发生的战争或者其他冲突，但是它仍然非常重要，因为它有意识地提出了在对抗穆斯林遇到持续挫折的情况下士气的问题，为我们了解拜占庭人自己如何思考战争开启了一个窗口。为了首次清晰地阐述两个以前被忽略的问题，列奥不得不打破拜占庭人拒绝编辑新史料的传统：如

580

---

① Warren T. Treadgold, *The Early Byzantine Historians*, 284.
② 在本卷的第十章提及卡尔德里科（Kaldellis）在这段时期认为其文化的活力配不上"复兴时期"这个说法。
③ Eric McGeer, 'Military Texts', in Elizabeth Jeffreys, John Haldon, and Robin Cormack (eds.), *The Oxford Handbook of Byzantine Studies* (Oxford, 2009), 911.

何与穆斯林作战以及如何进行海战。[①] 对于第一个问题,他建议要进行细致的模仿,认为拜占庭基督徒军队应该像其敌人那般带着宗教狂热进行战斗。对于第二个问题,他只提供了一些策略上的建议,其中很多都被现代学者视为荒谬之谈。[②] 在整部军事手册中,他都敦促将军们利用基督徒祈祷文和其他的仪式来鼓舞士气,并提醒士兵们:"要用我们虔诚而正统的信仰来与这种不虔诚(即伊斯兰)作战。"[③]确实,他们被劝告要把所有与真正上帝的敌人作战的人视为自己的兄弟。[④] 这与拜占庭人传统上对待战争的态度稍微有些不同,传统上将战争看成必要之恶,虽然被教会所允许,但并未被教会鼓励。

列奥的方法为后来的将军们所仿效。尼基弗鲁斯二世(963—969 在位)是一位最能代表列奥六世在《战术学》中描述的理想型将领的皇帝将军,他所写的几部手册提供了有关拜占庭战争艺术的有用信息,因为它们基于特定的地形,针对特定的敌人,且根据特定的军事力量部署而展开。[⑤] 这些手册对近期发生但著名的小规模战争进行了描述,并将它们设定为效仿的模板。例如,10 世纪时一本有关游击战的手册《前哨战》(De velitatione bellica),就赞扬了拜占庭将领列奥·弗卡斯(Leo Phokas)的战术,并建议罗马(即拜占庭)军队伏击在回撤过程中已经非常疲惫而且满载战利品的萨拉森人的攻击队,为的是以少胜多。执事列奥,这位 10 世纪晚期的当代史学家,就充满钦佩地记述了这样一个例子:

---

① 该书的第十八章第二部分论述了与穆斯林作战,整个第十九章都在论述海战。这两章论述的内容在拜占庭的军事文献中是绝无仅有的。

② 参见 John H. Pryor and Elizabeth Jeffreys, *The Age of the Dromon*: *The Byzantine Navy*, ca. 500 -1204 (Leiden, 2006)。

③ *Taktika*, XVIII. 111.

④ Jean-René Vieillefond, 'Les pratiques religieuses dans l'armée byzantine d'après les traités militaires', *REA*, 37(1935),323.

⑤ 军事手册《前哨战》和《军事格言》都是 10 世纪后半叶的著作,都提到了 10 世纪50 年代和 60 年代的战争状况。

他在路上不时地设置埋伏，上面是陡峭的山崖，处处是悬崖，到处布满坑穴，山脚下都是大峡谷、茂密的树林以及各种各样的灌木丛……那些野蛮人（穆斯林）不得不挤在狭窄且崎岖不平的地方，打破队形并拼尽全力依次穿过陡峭部分。然后将军命令号手吹响作战集结号，让部队从埋伏地点冲出来，袭击野蛮人……通过这样的胜利和策略，将军战胜了数量庞大的野蛮人队伍，并消灭了他们，挫败了傲慢无礼的哈姆丹，让他卑贱得如懦夫般逃走。①

581

这一生动描述不仅反映了拜占庭人对正确战术策略的强调，而且表明了击败穆斯林入侵者的正义性。这种宣传的变化也标志着拜占庭早期军事史编纂的方法和目标发生了转变。

普罗科庇乌斯是拜占庭最伟大的战争史家，其6世纪的著作有意效仿修昔底德的作品。在其著作的前言中，他评论说："雄辩需要机智，诗歌需要创造力，但历史需要的是真实。"②拜占庭人如何决定历史的真实？在列奥六世的例子中，是通过研究历史文献，然而对于普罗科庇乌斯而言，历史的真实则是来源于对历史事件的剖析。列奥六世并非普罗科庇乌斯那样是拜占庭军队作战的见证者；他关于战争的知识来源于他作为君主接触到的文件——来自将军的急件、既往的历史记录以及来源于其父的战争故事。但是，两位作者都有意识地试图拯救拜占庭的知识使之不被湮没。在普罗科庇乌斯那里，是将查士丁尼战争记录下来，"以便使一些有重大价值的事件不因为缺乏历史记录，而湮没于流逝的时光之中"，而列奥六世则是要保存（并唤醒）罗马历史中继承下来的战争艺术。③

---

① *The History of Leo the Deacon*：*Byzantine Military Expansion in the Tenth Century*，trans. Alice-Mary Talbot and Denis F. Sullivan（Washington，DC，2005），74 - 75. 这次战争爆发于 960 年 11 月 8 日，被记载在 *De velitatione* XVII. 2.

② *Wars* I. 1 - 5.

③ Preface of Book 1. *Wars* I. 1. 1.

6世纪之后,拜占庭帝国就没有了为战斗或者行军中的军队部署提供图解的军事指南。一些早期的信息都是不准确的,列奥六世的军事手册,就是有意让阅读游击战手册的人援引熟悉的资料。

列奥试图恢复拜占庭军事智慧的做法,似乎在10世纪尼基弗鲁斯二世领导的对东方领土的收复中结出了果实,这被当时的历史学者记录了下来。历史学家执事列奥将尼基弗鲁斯描述为"强大且意志坚强的人":

> 他以迅雷之势摧毁周边区域,掠夺土地并将整座城镇数以千计的居民掳为奴隶。当他用火与剑摧毁了途中的一切后,他袭击了要塞,这些要塞大部分都在他的第一次进攻中就被攻克……因而在很短时间内,他夺取并摧毁了超过六十座阿格里奈(Agarene)的堡垒,获得了无数战利品,并以胜利为自己加冕,荣耀超过其他人。[①]

582 　执事列奥的《历史》(History)首要关注的便是战争,编年记录了拜占庭两任最有权力、最成功的勇武的皇帝尼基弗鲁斯二世和约翰一世的统治时期。列奥在记述他们功业的同时,也对这时的拜占庭帝国的军队、兵器、战术策略、训练、装备、兵营、战斗以及敌人等有详细的描述。其主题与当时的军事手册中的信息是紧密相扣的,但是列奥通常借用修昔底德时代的古代语言,例如他将海船称为"triremes"而非"dromons"。而且列奥还在其历史的开篇描绘了作为一个历史学家的目的:

> 在那些受用一生的善事中,历史不是最无关轻重的,反而是最至关重要的,因为它的本质就是有用和有益的……,由于它给逝去的事物以生命,或者给予其新的活力,不让其失去踪

---

① *The History of Leo the Deacon*, II. 9, 81 - 82.

影或被深深淹没。①

然而，列奥不仅希望为后人记录下这些事件，而且希望将它们作为上帝的训诫进行展示。他写道：

> 许多人认为我们的生活现在正经历着巨大的变革，所期待的救世主和上帝的再次降临正在临近，迫在眉睫。由于这些原因，我决意不对这些充满惊骇和恐怖的事件默默地置之不理，而是要公开地叙述它们，这些事件对后世的人来说，或许是一种教训。②

他淋漓尽致地记录下了军事活动的细节，描述重点集中在每场战役中的英雄人物，通常是弗卡斯（Phokas）的某个兄弟。例如，他详细地描述了对查达克斯（Chandax）的围攻③，并借用 6 世纪希腊历史学家阿加提阿斯的语言，竭心尽力地刻画尼基弗鲁斯二世的军事天赋和他作为基督徒的仁慈善行："他约束士兵们的攻击，劝说士兵不要屠杀那些已经放下武器的人，也不要残忍地和无人性地去攻击那些没有盔甲或武器的人，还说像对敌人一样砍杀和残杀那些缴械投降的人，是不人道的表现。"④

非常值得关注的事情是，在这场重大的胜利之前，围绕着对克里特岛的收复有许多迷信在流传。如当君士坦丁七世向拜占庭的圣徒小保罗询问是否可以在 949 年起驾远征克里特岛时，保罗告诉这位君王，这件事不在"上帝的考量中"。⑤ 而另一个传说则是，克里特岛的征服者会成为皇帝，这一传说被用来让罗曼努斯二世

---

① *The History of Leo the Deacon*，I. 1（p. 55）.

② 同上，I. 1（pp. 56 - 57）。

③ 同上，I. 3 - 9（pp. 60 - 69），II. 6 - 8（pp. 76 - 81）。

④ 同上，II. 7（pp. 78 - 79）。

⑤ Hippolyte Delehaye（ed.），'Vita S. Pauli Junioris in monte Latro'，*Analecta Bollandiana*，11（1892），71 - 74.

(Romanos II)放弃了领导960年的远征的机会,而这次远征最终给尼基弗鲁斯二世带来了荣耀。[①] 执事狄奥多西(Theodosios),同时也是一位不知名的诗人,创作了一首赞美诗庆祝远征的胜利,在诗中他们将这次收复描绘为一次光明战胜黑暗的胜利。[②] 与之相反,阿拉伯的历史学家雅赫亚·伊本·萨义德则详细地叙述了在埃及发生的暴动,特别记述了为给克里特岛死去的穆斯林教徒复仇而屠杀基督徒的事件。[③] 对拜占庭人来说,这次胜利的意义重大,因此,值得在历史著作中进行详细探讨。[④] 然而,不仅如此,当时拜占庭的作家还都非常强调主将个性的重要性。在很大程度上,就像列奥六世在他的《战术学》中所坚持的,在没有违背基督教信仰承诺的情况下,将军的美德对于拜占庭人追求战争的胜利来说是必要的。

尼基弗鲁斯二世是拜占庭人理想中的基督教勇武皇帝的缩影。他是"个人德行和帝王美德的典范"。[⑤] 其在军事指挥上的天赋也证明了他配得上自己从战争中——961年收复克里特岛,969年征服安条克——得来的名号("带来胜利的人"),并因此获得了他指挥的士兵们的尊重。此外,尼基弗鲁斯二世还以严守禁欲主义和对基督忠诚而闻名,他力图把自己塑造成拜占庭理想的皇帝牧师。

---

① TC, 474. 23 - 475. 1. Skylitzes, 250. *Jean Skylitzes：Empereurs de Constantinople*, ed. Jean Claude Cheynet, trans. Bernard Flusin (Paris, 2003), 210.

② Hugo Criscuolo (ed.), *De Creta Capta* (Leipzig, 1979), verses 182 - 183, 224 - 225, 443 - 444, 617 - 640, 654 - 655.

③ I. Kratchkovsky and A. A. Vasiliev (ed. and trans.), *Histoire de Yahya-ibn-Saïd d'Antioche continuateur de Saʿid-ibn-Bitriq*, *Patrologia Orientalis*, 18(1924), 782 - 783.

④ 最新的记述参见斯基里茨著作的最新英译本 Skylitzes, *Synopsis Historion* by John Wortley, *John Skylitzes：A Synopsis of Byzantine History*, 811 - 1057 (Cambridge, 2010).

⑤ Rosemary Morris, 'The Two Faces of Nikephoros Phokas', *BMGS*, 12(1988), 84.

他被称为"为基督徒而战的虔诚战士的缩影"[1]和"钟爱修道士"的皇帝,他经常带着祷告者和修道士进行战斗。[2] 执事列奥也称赞尼基弗鲁斯二世"向上帝祷告时严格坚定和彻夜不眠地站着为上帝守夜""在唱圣歌的时候,他能使自己集中精神,从未让自己的精神在世俗思想的旋涡中游荡"。[3] 显然,仰慕皇帝的历史学家不能够确定皇帝的内心在祷告期间关注些什么,如此坚决地把这样的赞美放在赞颂词中,并不能证实这就是历史的真相。因此,尼基弗鲁斯二世被视为拜占庭宗教与战争独特融合的体现,他是一个有着战争天赋的禁欲的苦行者。尼基弗鲁斯二世死后,他在修道院圈子里被赞为殉道者,将其纪念为未来登基的皇帝效仿的虔诚纯洁的典范。[4]

对于拜占庭的基督教史学家来说,战争是写作中一个非常棘手的主题。为了保持宗教的承诺,同时致力于战争,他们选择去强调其所从事的事业的正义性以及这些将军的美德,这就使得拜占庭关于战争的历史书写成为一个更加个性化的事务,而非中国唐朝史家们的精炼作品。

唐朝(618—907 年)

战争在中国的史学编纂中的地位是有限的,但是战争在中国历史上的地位并非如此。直到秦统一中国,中国所经历的战争都是内战。但战争并没有随着公元前 221 年中国的统一而停止,这时的战争开始转变成与边疆非华夏族群的冲突。唐朝之所以被认为

---

[1] Angeliki Laiou, 'The Just War of Eastern Christians and the Holy War of the Crusaders', in Richard Sorabji and David Rodin (eds.), *The Ethics of War: Shared Problems in Different Traditions* (Aldershot, 2006),35.

[2] Angeliki Laiou, 'The General the Saint: Michael Maleinos and Nikephoros Phokas', *Byzantina Sorbonensia*, 16(1998),399.

[3] *Leo the Deacon*, V. 8 (pp. 139 – 140).

[4] Joseph A. Munitiz (ed.), *Theognosti Thesaurus* (Corpus Christianorum, Series Graeca, no. 5; Turnhout-Leuven, 1979),196 – 203.

是中国历史上最辉煌荣耀的朝代之一，部分是因为它所拥有的强大军事力量。[①] 唐朝的建立者是李渊（566—635 年），后被尊为唐高祖。他出身于西北的军事贵族集团，是一位经验丰富的将军，其在文化和宗谱上都与北方边界的游牧部落有密切的关系。李渊对帝国的接管和统治得到了突厥可汗的大力支持，可汗为他提供了马匹和人力。李渊的次子李世民在废黜其父、杀害其兄之后，于626 年宣布自己为皇帝，这一行为冲击了传统的儒家观念。儒家学说认为子女孝悌是最高的美德，而残杀兄弟则是违反人性的罪行。正如托马斯·巴菲尔德（Thomas Barfield）正确指出的，"草原政治，特别是暴力的使用标志着唐朝的开始"。[②] 从一开始，唐朝就是一个多民族的帝国，它不惧接受出自草原的战争传统，并在这个过程中创造了自己独特的军事精神。[③] 尽管战争在中国被视为文化中的次要部分，但就连孔子都承认军事技艺在历史上发挥着积极的作用，并且将军被视为治理三要素之一。[④] 尚武的目的是为了建立和平。

　　这种对于战争的消极看法是如何影响战争以及中国的战争史写作的呢？ 在中国，有关战争的资料主要来源于官方（带有反战争偏见）编写的王朝史和一些将军写的兵法（有关于如何发动战争的信息，但并不一定有关于为什么要发动战争的信息）。王朝史（官方正史）中有时会结合"露布"，露布的写作都非常简洁而且公式化，上面只列出战争的时间、地点、敌军的规模、交战双方著名将领

① 唐朝的整个统治时期都在西方所称的"中世纪"这个历史时段之内，所以选择唐朝时，我一直避免时段划分的问题，中国的史学家并不用"中世纪"这个概念来指称这段时期。

② Thomas J. Barfield, *The Perilous Frontier*：*Nomadic Empires and China* (Oxford, 1989), 141.

③ 更多关于唐朝是多民族帝国的研究，参见 Marc S. Abrahamson, *Ethnic Identity in Tang China* (Philadelphia, 2008).

④ *The Analects of Confucius*, trans. Burton Watson (New York, 2007), 81. 政府治理的三要素：人民的食物、军队的武器、统治者的自信，三者相较，最重要的是武器。

的姓名以及敌军的伤亡。露布不描写战争的细节,如果描写也仅仅是记述一项聪明的计策、战争独特的性质,或者甚至是借鉴的文学惯用语句。① 因此,在中国的历史编纂中战争的信息仅限于一闪而过的战前以及战后的情况;在历史记载中对战争进行详尽的叙述有些过分敏感。在一种文化中,拒绝给战争以荣耀,战争的细节就会被故意省略。根据一位学者的研究,在"实录"和王朝史中,军事的"受关注度很小而且经常以否定的色彩呈现"。②

585

　　在帝制时期的中国,史学编纂的主要价值在于说教。公元前2000 年出现的《易经》,是中国最古老的经典文献,它揭示了"在人类历史发展的长河中有规律可循的观念,人们可以从中吸取经验教训,制约自己和掌控不断变化的世界"。③ 这种观念很快就与古代中国人致力于寻找的"道"结合起来,接着,它便发展为一种史学编纂方法,强调为了道德说教的目的而构建历史,包括实际的善恶教训,然而这是"中国历史编纂基于完全是客观的假设"。④ 人们常说,中国有着比西方更长、更连续的历史记录,然而,中国绝大多数的历史著作都是由官方史家编纂而成。而且,中国官方史家在编纂完成反映当时政治和文化价值的官方版本的历史后,有破坏或丢弃原始文献的习惯,所以在中国只有极少的原始文献能留存下来。⑤

　　唐朝为历史编纂的实践带来了巨大的创新。《唐六典》指出:

---

① David A. Graff, *Medieval Chinese Warfare*, *300 - 900* (New York, 2002),7.

② Denis Twitchett, 'Introduction', in Twitchett (ed.), *The Cambridge History of China*, vol. 3: *Sui and T'ang China 589 - 906*, Part 1 (Cambridge, 1979),41 - 42.

③ Daniel Woolf, 'Historiography', in Maryanne Cline Horowitz (ed.), *The New Dictionary of the History of Ideas*, vol. 1: *Abolitionism to Common Sense* (Farmington Hills, Mich., 2005), p. xxxviii.

④ Charles S. Gardner, *Chinese Traditional Historiography* (Harvard, 1938),17.

⑤ Denis Twitchett, *The Historian*, *His Readers*, *and the Passage of Time* (Taipei, 1997),58.

"贞观之初（627—649 年），别置史馆于禁中，专掌国史。"①史馆被指定记载各位皇帝统治时期的实录；这些实录随后会汇编进不断丰富的"国史"中，成为王朝史的基础。② 承担这些史书编修工作的史学家都是受过高等教育的文人，是国家的官员，虽然他们编纂了很多官方实录（如编年、志、列传等），但是他们也编纂了一些非官方的编年史、私人传记、家谱、诗歌、奇闻轶事和其他一些文学作品。

唐代著名的史家刘知几，写作了中国第一部关于撰史的著作《史通》。③ 这本书代表了对在史馆中升至高位的职业官僚历史写作的评论以及理论，而且揭示了他个人对官方纂史的失望之情。④ 官修史书的意图在于"实录直书……记功司过彰善惩恶，申以为戒，树之风声"。⑤ 刘知几完全将此作为撰史的目标，他所不满的主要是规则和措辞。当然，刘知几还有其他一些具有争议的建议。例如，他反对在历史写作中记载天象（他认为这些是不合适的），反对在书中列出参考文献（著名的作品可以列出，没必要每一本现存的书籍都列出）和征兆之事（因为它们有时是事后诸葛）。刘知几喜欢利用人事来解释历史，反对"诉诸天命"。他说："夫论成败者，当以人事为主，必推命而言，则其理悖矣。"⑥刘知几最看重的是清晰的语言、简明的信息，认为历史学家的准则是记录真实。他特别

① *Tang liu-tien*（30 chuan, ca. 739；Konoe Ishiro, collated edition，1724；Kyoto Imperial University photolithographic reproduction，1935）。

② Twitchett，*The Historian*，*His Readers*，*and the Passage of Time*，62.

③ 完整的德文译本，参见 Byongik Koh，'Zur Werttheorie in der chinesischen Historiographie auf Grund des Shih-T'ung des Liu Chih-Chi（661 - 721）'，*Oriens Extremus*，5(1957)，125 - 181。

④ 这些批评的详细内容，参见 Edwin G. Pulleyblank，'Chinese Historical Criticism：Liu Chih-chi and Ssu-ma Kuang'，in W. G. Beasley and Pulleyblank（eds.），*Historians of China and Japan*（London，1961)，142 - 148。

⑤ 同上，143。

⑥ *Shi-t'ung t'ung-shih*，16. 9b. Quoted by Pulleyblank，'Chinese Historical Criticism'，15.

586

关注的是扭曲和压抑真相,这有时是当时史家在政治的压力下所惯常的行为。刘知几在当时以批判先辈史家而著名,包括一些经典著作,将它们视为平庸之作。[①] 虽然中国传统史学的固有的保守性使得国史的编纂形成了惯有的形式,但它们并非唯一的写作素材。

为了理解唐朝是如何看待战争的,读者必须到王朝史之外去寻找,这些王朝史充满了儒家传统思想中对军事技艺的厌恶。[②] 1078年,宋朝的一群学者将中国古代最经典的七部兵书汇编成"武经七书",其中最著名的可能就是《孙子兵法》。这些兵书被收集、编辑、编纂之后,主要用于"为武科举提供基础文本"。除了这些兵书之外,很少军事著作被允许作为文化流通物,因为"中国的官方往往蔑视与军事和行伍职业相关的一切"。[③] 事实上,8世纪中期的安禄山叛乱(又名安史之乱)之后,兵书早就被藏匿起来,以此尽力避免实际发生军事暴动。只有皇帝本人和为数不多的政府官员有机会接近官方藏书,尤其是兵书。对军事史细节的疏离,成为中国编年史整体的特征。

587

"武经七书"中成书最晚的文本,推测是公元7世纪,其是初唐时期政府主持编纂的系列问答。本书被归在了唐朝杰出名将李靖名下,而且据说详述了李靖和篡夺王位后的李世民之间的讨论,李世民本人也是经验丰富的将领。[④] 书中的讨论回顾了早期兵书中古人的策略,或用当代的例子说明它们,或者将这些策略应用到当前的情势中。本书不注重记录军事决策而注重决策背后的思考。例如,皇帝提到李靖讨厌选择占卜的吉利时日出兵。李靖详述了其观点,他解释道,历史上有位皇帝在被称为"行将毁灭之日"凶日起兵,但却赢得了战争。对此,这位皇帝说道:"我往彼亡。"所以他

---

① *Shi-t'ung t'ung-shih*,147.

② Ralph D. Sawyer(trans.),*The Seven Military Classics of Ancient China*(Oxford,1993),377 - 378.

③ 同上,2。

④ 这个文本普遍被认为是在晚唐或宋朝伪造的,关于其作者和成书日期仍有争议,参见同上,488—490,在这两页中作者阐明了争论的概要。

也经常嘲笑占卜的力量。① 李靖在这里是要提醒读者时时记住孙子著名的格言：兵者，诡道也。

这则格言仍然是中国有关战争经典的精华部分。唐朝的官方史学家遵循古代的惯例将战争定义为"只是最大的惩罚形式"，最终暗示了战争要控制在一定的合法范围之内；通过军事征服来扩张领土是不被允许的。② 对战争的这种认识，实际上是将战争视为一种失败，把战争看成不到万不得已不得采用的手段。李靖的兵书中详细讲述了如何开战，但却没有阐述为何要开战。他在兵书中提出的建议，与同时代拜占庭的一本兵书即皇帝莫里斯（Maurice，582—602 年在位）的《战略学》（Strategikon）有很多的相似之处。③ 虽然不是严格意义上的历史著作，但这些军事手册还是揭示了中国和拜占庭对战争的文化态度以及对发动战争的人的关注。它们也揭示出了其他一些隐藏在各自历史传统中的东西，如军事技术的细节、战术阵型和战斗目标。此外，两种文化都非常尊崇古代的军事传统，都有某些探讨战争的实用主义方法，表明两个国家都不愿进行激战。

588

这种倾向非常有趣，因为经典的中国兵书都在政治和战争中强调诡计。④ 不仅是源于古代的儒家学说，就是唐朝的道家思想也认同，成功的战争在于"不战而屈人之兵"。但是，这并不意味着"不发动战争"。在整个中国历史上战争非常普遍，特别是在早期（称为"战国"时代）和唐朝时期（以叛乱、外敌和文化交流为特征），这表明尽管记录战争的历史著作都将战争看成反常的事物，然而为

---

① *Qestions and Replies*，Book III，357。

② D. L. McMullen，'The Cult of Ch'i Tai-kung and T'ang Attitudes to the Military'，*Tang Studies*，7(1989)，65.

③ 更多的比较，参见 Graff，*Medieval Chinese Warfare*，254‑255；也可以参见格拉夫的另一本著作 *The Eurasian Way of War：Military Practice in Seventh Century China and Byzantium*（Oxford，2011）。

④ 孙子言："兵者，诡道也。"比较 *The Art of War*，trans. S. B. Griffith（Oxford，1963），66。

了保家卫国仍需要采取复杂的反应。相较于西方对战争的看法，中国的反应视野更加广阔全面；也就是说，中国文化认为战争是一个过程，一方必须要在战前就建立起最大限度的优势条件，从而在实际战斗中，通过势不可当的暴力而赢得胜利。

因此，在古代中国的"武经七书"中关于战争的主导观点都是"备战范式"。换句话说，非暴力的或妥协的策略，如退让或诡计，被认为是使用暴力的一种必要前奏。在道教术语中，人们要以弱胜强（如太极）、以柔克刚（如水滴石穿）。因此，胜利虽然可期，但不能强求。这些思想对于拜占庭的将军来说并不陌生。虽然两者在战术上有着明显的差异——唐人善用步兵团和弩，拜占庭人喜用骑兵和弓箭手——但是他们在战争的心理上有很多相似之处，比如使用武力是为了避免最大的损失，而不是为了取得完全胜利。

唐朝皇帝的姓氏又给唐代的军事精神增加了一种宗教动力。或许意识到自己缺少纯正的皇族血统，唐朝的皇帝们成功地利用自己的"李"姓，这一姓氏据说与道教的创始人老子正好相同。他们利用了这种可能纯属巧合的东西，声称自己是著名圣贤的后裔，并赞助道教，利用宗教来提高家族的威望。巴雷特（T. H. Barrett）认为："唐朝对道教的支持，或许可以被看作一个起源于北方的王朝，要控制比过去几个世纪都要广阔得多的帝国所面临的问题，在意识形态和文化领域给出的一个合乎逻辑的答案。"①唐朝对中国的控制不能只停留在军事上，虽然其军事实力很强大；它也要采用道教带来的文化上的庄严。唐朝统治期间"道教对中国政治生活的影响达到了高潮"。②

到 8 世纪中叶，唐朝为选拔文官而设置了一种教育体系，这个教育体系基于的经典书籍都是道教而非儒家。③ 但无论怎样，儒家思想都没有被取代掉或排挤掉。相反，及至 10 世纪晚期，儒家学

---

① T. H. Barrett, *Taoism under the T'ang* (London，1996)，21.
② 同上，19。
③ 同上，61。

589

说看起来不再像一种哲学理念,而成为了"一种教育课程,即中国古典的教育理想,研究儒家经典及其附属的相关文学作品,借此获得文学素养,培养精英人士"。[1] 而另一方面,道教代表各种各样的信条和原则,而非一个统一的宗教或哲学体系。道教关于战争的看法可以在《道德经》的第六十八章中找到:"善战者,不怒……是谓不争之德。"[2] 从战略的层面上讲,可以证实这一点的是,它强调速度和快速的机动性,面对正面进攻和激战采用侧翼进攻等间接迂回的方法,这保证给对方带来高伤亡率,但未必能保证取得胜利。

虽然中国有很深厚的儒家传统,并接纳了从印度传来的佛教,但是道教还是"中国本土产生的高级宗教"。[3] 它的起源可追溯到公元 2 世纪,其教规到 5 世纪早期才最终成形。[4] 就目前所考察的内容而言,道教最重要的一个思想特征是它具有这样的观念:"由于'道'通过从其中直接散发出来的精神可以影响到人类社会的各个方面,所以道教应该深入到社会各个阶层,甚至那些最低汉化的人和文盲。"[5] 正是道教对所有人开放,包括"蛮夷",才使这一宗教得到唐朝统治者的喜爱。道教的目标是与永恒的道相融合,因此一些人可能会认为道教是一种长生不老的宗教,但它的不朽并非不变,因为变也是道最主要的特征之一。转化而非不变的永恒才是道教的本质,因此它"吸收了许多流行的神学

---

[1] S. A. M. Adshead, *T'ang China*: *The Rise of the East in World History* (Basingstoke, 2004), 134.

[2] Frederic H. Balfour, *Taoist Texts*: *Ethical, Political, and Speculative* (Shanghai and London, 1884), 42.

[3] Peter N. Gregory and Patricia Buckley Ebrey, 'The Religious and Historical Landscape', in Gregory and Ebrey (eds.), *Religion and Society in T'ang and Sung China* (Honolulu, 1993), 23.

[4] Ninji Ofuchi, 'The Formation of the Taoist Canon', in Holmes Welch and Anna Seidel (eds.), *Facets of Taoism*: *Essays in Chinese Religion* (New Haven, 1979), 253 - 267.

[5] Stephen R. Bokenkamp, *Early Daoist Scriptures* (Berkeley, 1997), 14.

和仪式"。① 这也把唐朝的思想方法与许多西方哲学立场区别开来,西方哲学大部分都是借由永恒的原则为指导,对人类社会的环境持更加静态的观念。

中国传统文化往往对战争持消极否定的态度,但是,中国又不得不经常被迫应对紧急的战争状态。"中国军事思想从道教哲学的发展中受益颇多",因为道教为中国长期存在的武与文的争论提供了一种解决方案。② 这两个词所涉及的涵义非常广泛。"武"通常被理解为"止戈";换句话说,即兵法的最高的目标就是有不战而屈人之兵的能力。这个理想化的概念要归功于一位将军在597年的做法,他"拒绝造成敌人尸体堆积如山的局面"。③ 所以,它代表了某种程度的军事能力,其足以遏制进一步交战。"文"体现的价值观是要使文官成为精英阶层:精通文学、具备文德、从事学术活动。显然是后者承担了史书的编修工作。

早在唐朝之前,中国历史上一直就"治乱之正道是文、是武还是文武兼备"进行过长期的争论,"武包括炫耀武力到蛮横征伐,文包括和平道德楷模、有意退让和道德说教"。④ 在初唐时期,这两种方法被视为相互补充的统治的手段,其中著名将领担任文官职位。⑤ 这些人也非常期待能够"出将入相",这有效地促使他们忠诚于官僚等级。⑥ 尽管这对于一个因注重军事而著称的王朝来说,似

590

----

① Rolf A. Stein,'Religious Taoism and Popular Religion', in Welch and Seidel (eds.), *Facets of Taoism*, 81.

② Christopher Rand, ' Chinese Military Thought and Philosophical Taoism ', *Monumenta Serica*, 34(1979 - 1980),171.

③ Edwin G. Pulleyblank,'The An Lu-shan Rebellion and the Origins of Chronic Militarism in Late T'ang Society', in John Curtis Perry and Bardwell L. Smith (eds.), *Essays on T'ang Society* (Leiden, 1976),33 - 34; Mark Edward Lewis, *Sanctioned Violence in Early China* (Albany, NY, 1990),65.

④ Christopher Rand,'Li Ch'uan and Chinese Military Thought', *Harvard Journal of Asiatic Studies*, 39:1(1979),107 - 108.

⑤ D. L. McMullenn,'The Cult of Ch'i T'ai-kung and T'ang Attitudes to the Military', *Tang Studies*, 7(1989),75.

⑥ 同上,76。

乎是矛盾的,但这表明唐朝不太关注战略或战术上的智慧,而是关注国家合法拥有的政治和道德地位。这两种态度所需的价值观之间似乎存在着争论,这一事实表明,在中国的历史资料中承认上古的儒家思想与反映新情势的道家观念之间存在着张力。

为了减少职业军人阶层的影响力,作为所涉及的军队体制的一部分,唐朝"保持了传统的对战争与农耕关系的看法,即要保证有三个季节用于农业生产,一个季节用于军事训练"。[1] 需要重点指出的是,全民都有义务保证每年有一个季节的军事训练,这样就能保证较低水平的军队在紧急的情况也能够被征召,而他们的大部分时间都花费在农耕主业上。正如《道德经》中所描述的,这些人既能很好地使用"耕作工具",又能熟练地使用军事武器。[2] 这种平衡必定要达成,但是传统的重心,甚至道教的传统,也要求更大的美德是给予生命而不是剥夺生命。如在唐朝未获得政权之前的隋末的农民起义期间,强制性的兵役"沉重到迫使人们折断自己的四肢来逃避这种强制性征兵。他们称呼自己的手臂和腿为'吉祥手'和'幸运足'"。[3] 及至 642 年,这种现象已变得非常普遍,唐朝的皇帝不得不颁布诏令,对那些自残之人施以严刑。人们的这种反应可以看出一般民众对于战争是如此厌恶。[4]

在 8 世纪中叶,一位叫李筌的逍遥派道家隐士,将军事将领和开明文官的品质,即文和武结合成一种理想典范。像前人一样,他也摒弃了在军事计划中依赖预兆和占星的做法,他主张"战事中的某种行动独立性,在生活中一般也是如此"。[5] 不过,他还是强调文比武更优越。"善师者不阵,善阵者不战,善战者不败,善败者不

591

---

[1] *Tang Studies*,7,68.

[2] Lewis, *Sanctioned Violence in Early China*,65.

[3] C. Benn, *China's Golden Age：Everyday Life in the Tang Dynasty*（Oxford,2002）,2.

[4] 在唐帝国军役要服到 60 岁。

[5] Rand,'Li Chuan and Chinese Military Thought',114.

亡。"①李筌的理想将领观是道家圣贤的观点,并表明"文武之争在中国军事思想中的重要性,以及道家传统在构建应对激变的军事哲学方面的重要性"。② 他的观点在许多方面都涵盖了唐朝探讨战争的方法,即将战争与寻求道或道德秩序联系起来。虽然,从这一时期的官修史书中很难辨别出这一点,但其还是在其他的一些著作中反映了出来。与中国一样,同一时期伊斯兰教对于战争的态度也可以在史学著作之外的许多不同类型的著作中辨别出来。

阿拔斯哈里发王朝(750—1258 年)

在伊斯兰世界中,历史写作源于口述和书写的结合;大量伊斯兰的史学著作"由演讲和学生的课堂笔记构成(在得到批准的情况下),会在'作者'的有生之年编辑成书,如果没有得到批准,则在其完成后汇集起来"。③ 学者们关于口述与成书之间的关系有很多的争论。④ 但是,本章不打算介入此争论中,而是要将关注点集中于

---

① Rand,'Li Chuan and Chinese Military Thought',118.

② 同上,130。

③ Chase F. Robinson, *Islamic Historiography* (Cambridge, 2003),174.

④ 更多关于这个争论的研究,参见:Gregor Schoeler,'Schreiben und Veroffentlichen:zu Verwendung und Funktion der Schrift in den ersten islamischen Jahrhunderten', *Islamica*, 49 (1992), 1 – 43; M. C. A. Macdonald, 'Literacy in an Oral Environment', in Piotr Bienkowski, Christopher Mee, and Elizabeth Slater (eds.), *Writing and Ancient Near Eastern Society: Papers in Honour of Alan R. Millard*, *Journal for the Study of the Old Testament*, supp. series 423 (Harrisburg, Penn., 2005),45 – 118; Beatrice Gruendler, *The Development of the Arabic Scripts: From the Nabataean Era to the First Islamic Century According to Dated Texts* (Atlanta, 1993); Macdonald (ed.), *The Development of Arabic as a Written Language* (Oxford, 2010); Abd al-Aziz Duri, *The Rise of Historical Writing Among the Arabs*, ed. and trans. Lawrence I. Conrad (Princeton, 1983); Jan Vansina, *Oral Tradition as History* (London, 1985); Rina Drory, 'The Abbasid Construction of the Jahiliyya: Cultural Authority in the Making', *Studia Islamica*, 83(1996),33 – 49; and Schoeler, *The Oral and the Written in Early Islam*, trans. Uwe Vagelpohl, ed. James E. Montgomery (London, 2006)。

阿拔斯时期的书面历史资料中对于战争都说了些什么。

592　　　伊斯兰教的历史写作始于穆罕默德传记,也包括其他一些或许能被更确切地称为律法或神学的文本,这是意料中的事。因此,这一文学类型在头两个世纪的伊斯兰文学中界限有些含混不清。人们姑且可以说,在 9 世纪之前,历史写作并没有成为一个独立的文学类型。[①] 在阿拔斯王朝时期关注战争的著作有多种多样的类型:袭击(maghāzī)、先知传记(sīra)、征战(futuh)、诗歌(shi),还有历史著作即通常意义或字面意义上的"塔里克"(taʾrīkh)。"塔里克"作为一个术语首次确认是在公元 8 世纪,用以表示"指定日期",这种理解是有道理的,因为希吉拉历(hijra calendar)是一种阴历,不设置闰日闰月。所以,至少在理论上,相关作品的材料都是依据编年而呈现。

　　在阿拉伯语中,诗歌也是记录历史的一种工具,特别是在书写战争时。中世纪最著名的诗人是穆太奈比,他创作了一首赞美诗,来纪念 10 世纪中期阿勒波的赛义夫·阿尔-达乌拉(Sayf al-Dawla)。953 年的夏天,在从埃德萨到萨摩沙塔(Samosata)的一系列成功的战役中,赛义夫·阿尔-达乌拉收到的消息称,他最近刚重建起来的要塞城镇马拉什(Marʿash),遭到了拜占庭人的攻击。在只有 600 名骑兵的陪同下,他们与撤退中的拜占庭人相遇,并发动了猛攻,冲散了拜占庭人大规模的重装部队。这一天,他获得了很多战利品和俘虏,其中包括拜占庭总司令巴尔达斯·弗卡斯(Bardas Phokas)的儿子康斯坦丁。当达乌拉带着胜利的喜悦回到阿勒波后,穆太奈比创作了一首诗,尽情嘲笑巴尔达斯的懦弱逃跑,嘲笑他抛弃自己受伤的儿子——现在是达乌拉的俘虏,他甚至描述说,尽管康斯坦丁脚上戴了镣铐,但对达乌拉"充满了赞赏"。这首诗中嘲笑拜占庭高级指挥官的部分占据了整个诗作的四个双行,这表明穆太奈比在巴尔达斯的懦弱这一无可争辩的事实前,所显

---

① 更多关于阿拉伯史学编纂的研究,参见 Lawrence I. Conrad, 'Theophanes and the Arabic Historical Tradition', *Byzantinische Forschungen*, 15(1990), 1 - 44。

示出的愉悦感。除了修辞外，其对敌人的嘲笑也不仅仅是为了表达因敌人的战败而带来的快乐。它特别指出巴尔达斯作为父亲抛弃儿子而必然的道德低下，这样不仅能够突出埃米尔的军事实力，也突出了赛义夫·阿尔–达乌拉不可争辩的人格优势。穆太奈比写道："当狮子只能捕猎一只猎物果腹时，那么只有一头象才能满足它。"①

对埃米尔的战术，这首诗歌也有所描写。在战斗开始之后，赛义夫先佯装撤退，让拜占庭人误以为自己是安全的。然而，在夜幕降临时，赛义夫发动了更加猛烈的二次进攻："埃米尔的骑手投入敌人的血海，好像他们必须对每一个没有流血的敌人进行清点。大火陪伴着他们踏上死亡之路，房屋成为一片废墟。"②这首诗有力地点出了进攻的残酷，这里重点突出的是赛义夫的军队在敌众我寡时表现出的狂暴。诗歌用蓬勃华丽的语言形容了这样一条尸体遍布、营帐垮塌、火焰冲天的小径，这些都是来强调赛义夫的胜利之大。如此生动的语言在阿拉伯语的历史记载中很难找到。

叙述了伊斯兰教兴起的征服文学包括"传记"和"先知之战"，为穆斯林在阿拉伯半岛的军事远征提供了资料，如战斗的日期、目的、指挥官或某些参与者的名字、战争结果以及战士的数量。③ 然而，许多对细节的描述都是习惯用语，用其复述原本不适宜的局面，这常常扩大了偏见。④ 遗憾的是，"先知之战"并没有提供太多战争运作的细节，只列举了数据、姓名和一些轶事。最著名的"先知之战"的作者是瓦奇迪，在他众多的著作中只有一本依然留存：《袭击纪》，这本书叙述了穆罕默德在麦地那统治期间的战争活动。

590

---

① R. Blachère, *Un poete arabe du IVe siècle de l'Hègire (Xe siecle de J. -C.) About Tayyib al-Motanabbi* (Paris, 1935), 170.

② 同上，170。

③ 第三种可以被看成史学编纂的文本类型是谱牒（al - tabaqat），这种文本在奥马尔哈里发开始依据与先知的亲属关系发放抚恤金的时候开始变得重要起来。

④ Albrecht Noth, *The Early Arabic Historical Tradition: A Source-Critical Study*, trans. Michael Bonner, ed. Lawrence I. Conrad (Princeton, 1994), ch. 3 on topoi, 109 - 172.

或许此书成书于哈伦·阿尔-拉施德(Harun al-Rashid)统治期间(786—809 年),这一时期被公认为是阿拔斯王朝权力的顶峰,所以先知和他的跟随者也作为战争领导者在书中呈现出来。有学者相信"这个主题一直贯彻到当今的穆斯林史学中"。[①] 不论是否这样,读者不必对拉施德统治时期对征服文学的极大兴趣感到惊讶,他是第一位勇士哈里发,也是第一位致力于追求每年都对拜占庭人进行袭击的伊斯兰统治者,而且这种袭击一直持续了整个 9 世纪和以后的时期;伴随着海盗行为的增多,这种消耗战成为接下来两个世纪拜占庭-阿拉伯冲突的主要特征。

阿拔斯王朝的统治者们是先知穆罕默德叔叔的后裔,他们在 8 世纪中期开始当权执政,宣称由于他们与先知的亲属关系,神赐予他们权威,并用军事力量维持这一主张。推翻了倭玛亚王朝的革命基于这样的理念,即只有先知家族的成员才必然能在神的指引下来领导穆斯林,解决他们之间的分歧。[②] 到 8 世纪 60 年代,曼苏尔(al-Mansur)将哈里发的首都向东迁到哈兰(Harran),随后又迁到了伊拉克南部的库法,他在那里建造了巴格达"圆城",命令屠杀了那些可能会成为他对手的著名将领,并将呼罗珊军(Khurasani troops)确立为自己的王室卫队。阿拉伯《一千零一夜》的故事大部分都来源于拉施德统治下的巴格达,也正是在这位哈里发的统治下,穆斯林历史著作开始出现。

因为这些故事是描述历史事件的,而且其确实构成了伊斯兰教起源的记述,所以中世纪伊斯兰教的历史编纂都在一定程度上与战争有关。这些历史最初主要是口述,而且经常与《圣训》之类的其他文学体裁结合在一起,其首次被记载下来或者进一步编辑,是在阿拔斯王朝时期。人们已经注意到,伊斯兰世界的历史书写以

594

---

① John Walter Jandora, *Militarism in Arab Society*: *An Historiographical and Bibliographical Sourcebook* (London, 1997), 7.
② Hugh Kennedy, *The Prophet and the Age of the Caliphates* (London, 2004), 123.

惊人的速度快速发展。[1] 阿拉伯的文化以往（而且继续如此）都是靠口口相传；诗歌具有巨大的声望。散文创作和传播的技巧很大程度上受到口述（听讲）传统的影响。不过，发生在 9 世纪的翻译运动有助于保持书写记录。希腊的作品，特别是科学和哲学作品，被翻译成阿拉伯文，因此对阿拉伯的书写文化贡献巨大。这相继扩展了图书，也培养了对图书的兴趣，这一目标随着造纸术的发展而获得了动力。[2] 造纸知识是作为阿拔斯王朝与唐朝之间战争的结果而同步传入阿拉伯世界的。

公元 751 年，一支穆斯林的武装力量与一支中国的军队在怛罗斯河（Talas river，阿拉伯的塔拉兹，即现代塔什干河）间地区的另一侧发生了冲突。比起阿拉伯方面，中国的史料提供了更多关于这场战役的信息，但是交战的具体细节仍然不明。[3] 唐朝的损失似乎是由唐军中的一名突厥士兵叛逃到阿拉伯军队带来的，而且这场战争是"在中国和阿拉伯军队之间进行的唯一一场主要的战役……完全没有后续的战争"。[4] 穆斯林战胜唐军的重要意义，可能是通过唐军的俘虏，将造纸术传播到阿拉伯帝国的统治范围之内。纸的生产成本随之下跌，书籍很容易获得，这加速了 9 世纪的翻译运动，这场运动对阿拔斯王朝的文化包括史学的发展都影响巨大。

公元 9 世纪，图书贸易在巴格达繁荣起来，收藏着数以千计图书的私人图书馆似乎并不少见。由于纸张而不是纸莎草纸或羊皮纸的广泛使用，让这样的机构成为可能，在哈伦·阿尔-拉施德统治时期，造纸业成为巴格达的官营手工业。这一点，连同蓬勃发展的翻译运动，增强了阿拉伯帝国的读写能力，而且确实也促使了阿拉伯帝国书写和编辑文献的激增，包括第一本成文的《古兰经》和

---

[1]　D. S. Margoliouth, *Lectures on Arabic Historians* (Calcutta, 1930), 4.

[2]　W. Barthold, *Turkestan down to the Mongol Invasion*, 2nd edn (London, 1958), 195 - 196; H. A. R. Gibbs, *The Arab Conquests in Central Asia* (London, 1923).

[3]　D. M. Dunlop, 'A New Source of Information on the Battle of Talas or Atlakh', *Ural-altaische Jahrbucher*, 36(1965), 326 - 330.

[4]　Graff, *Medieval Chinese Warfare*, 215.

阿拉伯帝国中各种各样的历史编纂类型的确立。

595　　　艾哈迈德·本·亚哈亚·拜拉祖里是创作穆斯林征服史的最著名作者之一,他结合征服史的叙事创作了名著《征服诸地》。① 拜拉祖里的叙述有点类似警句的特征:"他们进攻……征服了……"但总体而言,本书很少记载关于军事策略或战争具体运作方面的细节。偶尔,他也叙述诗歌的花絮或政治领袖的简短发言,或者有时拟写一些民众公告,所有这些增加了拜拉祖里历史叙述的生动性。不过,他的故事都非常简短,难以扣人心弦,呈现的信息非常简短,采用的方式是重复人人都已经知道的传说。

在征服文学中,军事交战的作用与穆斯林宗教的历史难解难分地纠缠在一起。同样,这种类型的历史写作旨在"表明是神明保证了胜利,全体穆斯林执行了他的旨意"。② 但这些历史记录往往很少描写战斗或军事行动的细节,而是记录一次交战的梗概。举个例子,9世纪的塔巴里记录637年在耶尔穆克河(Yarmuk river)的著名战役,但只是报告说这次战斗很激烈,穆斯林的阵营被突破了,甚至女人也参与了战斗。他的结论是:"真主安拉保证了战争的胜利。罗马人和希拉克略率领的军队被打败了。被杀的亚美尼亚人和被阿拉伯同化的人共计7万。安拉杀死了萨阔拉(al-Saqalar)和巴汉(Bahan)。"③阿拉伯人似乎不愿对战争运作细节进行描述,与其他文化如中国唐朝和拜占庭的文化中对战争的编年史记述有一定的相似性。然而,与中国和拜占庭帝国的皇帝不同,哈里发期望去扩大或至少捍卫住伊斯兰教的边疆。实际上,扮演这个角色一直是早期阿拔斯王朝"自我形象"的重要内容。④ 就如

---

① 最新的英文修订本是 P. K. Hitti, *The Origins of the Islamic State*(Piscataway, 2002),其以一个非常古老的译本作为底本。

② Jandora, *Militarism in Arab Society*, 22.

③ Al-Tabari, *Ta'rikh al-Rusul wa al-Muluk*, 1. 2349; trans. Y. Friedmann as *The History of al-Tabari*, vol. 12: *The Battle of al-Qadisiyya and the Conquest of Syria and Palestine*(Albany, NY, 1992),133 - 134.

④ Jandora, *Militarism in Arab Society*, 44.

同 10 世纪晚期的拜占庭皇帝尼基弗鲁斯二世一样,8 世纪晚期的哈里发哈伦·阿尔-拉施德视自己为这样的统治者,即致力于战争是宗教义务的一部分。

　　阿拉伯的史学就这样反映了阿拉伯帝国的政治、宗教和军事形势。阿拔斯王朝时期最伟大的历史学家塔巴里,定期记录冬季和夏季袭击拜占庭领土的情况,揭示出阿拉伯帝国的地缘政治观,他们不再发动以征服为目的的远程入侵,而是一种消耗战,受圣战鼓舞的神圣勇士对拜占庭进行频繁袭击。这种类型的战争史编纂最好的例子是关于公元 838 年对阿摩利奥(Amorion)的围攻。

　　1234 年的叙利亚编年史,虽然成书较晚,但其使用的资料都来自阿拉伯帝国早期,据其记载,838 年许多穆斯林都不愿去攻击阿摩利奥,因为阿拉伯的"古代史书"预言,若哈里发攻陷了这个城市,那么其必将垮台。① 这些匿名预言并未被确认,但所经之处都被人提及,致使人们不得不疑心,这些预言已经达到了众所周知的程度,很可能是当时广为流传的占星预言。罗马人为了维持古老帝国的边界而建造起来的罗马大道,也被阿拉伯的突袭部队利用。实际上,9 世纪的阿拉伯地理学家表明他们对这种道路系统越来越了解。② 阿拉伯人以前曾六次进攻阿摩利奥,皇帝列奥三世也因此认识到这座城市战略地位的重要性,随后加强了防御。③ 阿拉伯人对罗马道路系统的熟悉显著表现在,阿拔斯王朝的哈里发穆塔西

596

---

① *Chronicon ad* 1234,II,34;*Michael the Syrian* IV,ed. Chabot,538. 鉴于穆斯林曾经六次试图攻下此城市,这时提到这样的预言是非常奇怪的。这说明叙利亚传统开始借鉴伊斯兰传统,著名的诗人艾布·泰马姆在诗作中说道,伊斯兰传统中有拜占庭人因为他们的预言书而对他们的城防很有信心的说法。

② André Miquel,*La géographie humaine du monde musulman jusqu'au milieu du IIe siècle：Géographie et géographie humaine dans la littérature arabe des origines à 1050* (Paris,1967),35 - 66,87 - 92.特别是伊本·库达德本很好地证明了这种熟悉。关于连接安卡拉和边境线的路,参见 Friedrich Hild,*Tabula imperii byzantini*,vol. 2：*Das Byzantinische Strassensystem in Kappadokien* (Wien,1977),34 - 41,55;关于连接阿摩利奥和边境线的路,参见同上,60 - 63。

③ 阿摩利奥城分别在 645 年、666 年、669 年、716 年、779 年和 797 年受到过攻击。

姆（Mu'tasim）在 838 年入侵拜占庭时使用了三支部队。

　　阿拉伯的编年史学家认为穆塔西姆这次入侵拜占庭是对失去萨帕塔拉（Zapetra）的报复行动。837 年，拜占庭皇帝塞奥弗鲁斯洗劫了萨帕塔拉，这是阿拉伯最具传奇色彩的哈里发哈伦·阿尔-拉施德的家乡，而哈伦·阿尔-拉施德正是穆塔西姆的父亲。[①] 萨帕塔拉位于梅利泰内的东南部，是塞奥弗鲁斯在这次战役中占领的三个城市之一，根据塔巴里的记载，这次战役是由一支 10 万人的军队完成的，这个数字很可能被夸大了，以证明这次重大损失的合理性。城市被烧毁，城里的男人被屠杀，妇女和儿童被抓做奴隶。同样的命运也降临在幼发拉底河另一侧的城市阿尔萨姆奥萨塔（Arsamosata）头上，不过，梅利泰内打开了城门、释放了所有的拜占庭囚犯，因而避免了全城毁灭的命运。[②] 哈里发听到对萨帕塔拉野蛮进攻的报告后，立即跳上马，率领阿拉伯人进行反攻，传奇大致就是这样展开的。[③]

　　根据塔巴里记录的故事，穆塔西姆问道："哪一座希腊的城池最固若金汤、坚不可摧？"人们回答说："阿摩利奥。自从伊斯兰教建立以来，没有穆斯林能进入那里。那里是基督教的根基，它甚至比君士坦丁堡还著名。"[④]这种夸张的反应以及模糊的事实，让人们得出结论，这些对话非常可能是讲故事的人虚构出来的。不论哈里发商议的情况如何，很显然，他都决定以极大的热情和决心进攻

597

---

① Paul A. Hollingsworth 'Hārūn al-Rashīd', in Alexander P. Kazhdan (ed.), *The Oxford Dictionary of Byzantium*, e-reference edn (Oxford, 1991, 2005)，所列出的哈伦出生地是德黑兰附近的一座小城。然而，穆塔西姆对应攻击塞奥弗鲁斯父亲出生的城市来报复塞奥弗鲁斯对其父亲出生城市的攻击，则似乎又诱使年代记编者来反对上面那种说法。

② Alexander A. Vasiliev, *Byzance et les arabes*, trans. Marius Canard, vol. 1 (Brussels, 1935), 140.

③ Al-Tabari, Ibn-al-Athir VI, 339-340；Vasiliev, *Byzance et les arabes*, 142.

④ Al-Tabari, *The History of al-Tabari*, vol. 33: *Storm and Stress along the Northern Frontiers of the 'Abbasid Caliphate*, trans. C. E. Bosworth (Albany, NY, 1991), 97.

塞奥弗鲁斯父辈的城市,尽管这座城市很有名且距离遥远。这次袭击使可能最大规模的穆斯林军队前所未有地深入到拜占庭的领土内部。这次袭击不仅仅在阿拉伯文献中可见,而且在当时多种语言的历史中都详细提到过。

希腊历史学家提到,穆塔西姆的军队打的旗子上面写着此次进攻的目标"阿摩利奥"。[①] 这支武装力量的人数,或许不准确,估计有 20 万人或更多。[②] 不到一周的时间,穆塔西姆的人就走过了安纳托利亚(Anatolia)160 多千米的地方,并在 7 月底到达阿摩利奥。在 8 月的第一天,穆斯林的军队就开始围攻这座城市,一开始,面对这座城市的 44 座塔、高墙和防御工事,穆斯林军队并没有取得胜利。[③] 12 天之后,正当进攻者考虑撤退计划时,守军投降了,尽管他们之前进行了顽强的抵抗。他们被住在城中的一名皈依基督教的阿拉伯人出卖了,他告知哈里发高墙上防守最薄弱的地方,他们集中火力发动了进攻。拜占庭和希腊的资料都证明了这个阿拉伯皈依者的存在及其在这座城市陷落中所发挥的作用。围城战中的武器包括居民的饥饿以及缺水,但是在城墙之内阿摩利奥装备

---

① 耶尼修斯和斯基里茨。

② Warren Treadgold, *The Byzantine Revival 780 - 842* (Stanford, 1988),297,认为阿拉伯军队的人数接近 8 万,但是他注意到拜占庭从来没有迎战过如此数量的阿拉伯军队。阿拉伯地理学家伊本·胡尔达兹比赫(Ibn Khurdadbeh)估计拜占庭军队的人数在 10 世纪中期包括马其顿和色雷斯地区在内接近 12 万。参见 Mark Whittow, *Making of Orthodox Byzantium*, *600 - 1025* (London, 1996),184 - 189。因为伊斯兰的军队数量被一致说成非常庞大,入侵的军队人数到达 20 万在理论上是可能的。然而,因为从逻辑上来说,中世纪早期军队在行军中的数量只能达到三四万人,由此穆塔西姆三路入侵力量加起来不可能多于 12 万。参见 John Haldon, 'Roads and Communications in the Byzantine Empire: Wagons, Horses, and Supplies', in John Pryor (ed.), *Logistics of Warfare in the Age of the Crusades* (Aldershot, 2006)。

③ 阿拉伯的地理学家伊本·胡尔达兹比赫在其著作《阿拉伯舆地丛刊》中描写了城市的防御,参见 Ibn Khordadbeh, *Bibliotheca geographorum arabicorum*, ed. Michael Jean de Goeje, vol. 6(1899),77 - 80。

了许多水井,而八月份又会有一场粮食的丰收。① 即使城墙被突破,这座城市或许会坚持更长的时间,但是它又一次被出卖了,因为塞奥弗鲁斯的增援部队没来,他撤退到了君士坦丁堡去平息关于他死亡的报告,而不是驰援阿摩利奥城。

598　　　穆斯林的军队将这座城市置于刀剑之下,摧毁了城墙和城门,杀死了成千上万的居民,烧毁了他们的家园。虽然这次围攻事后被描述成一场大屠杀,但是大多数人都活了下来,因为在不包括驻防部队的情况下,阿摩利奥城市的人口也不可能少于2万人。② 沃伦·特里高德估算在8世纪晚期这座城市的居民有3万人,考虑到9世纪中期的一支部队的平均人数有4 000到1.2万人不等,而且还配有至少千人规模的骑兵部队,这一数据看起来是合理的。③ 这座城市有完整的主力军队防守,再加上三支骑兵部队,一共有大约3万名士兵,其中的大部分被入侵者杀死。塔巴里尽管没有给出具体的人口数量,但他描写了战斗之后在阿摩利奥建立了奴隶交易市场,提到这座城市大部分的居民都被卖为奴隶。④

---

① Margaret A. V. Gill, *Amorium Reports*, *Finds I*（Oxford，2002），1；参见 *Kazı Sonuçları Toplantısı*，23：2(2002)，245 and pl. 9。"当地的火山灰土壤可以保证许多粮食作物的丰收,像大麦、小麦、蔬菜、果树和葡萄。考古发掘中出土的植物还表明生活在阿摩利奥地区的拜占庭农民还培育了相当多的农作物。"参见 R. M. Harrison and N. Christie, 'Excavations at Amorium：1992 Interim Report', *Anatolian Studies*，43（1993），152－153；C. S. Lightfoot and E. A. Ivison, 'Amorium Excavations 1994：The Seventh Preliminary Report', *Anatolian Studies*，45(1995)，124－127。

② 由阿摩利奥的发掘报告可以得知城墙覆盖了大约75公顷土地,相当于一个巨大的城镇,比安卡拉还要大。参见 Gill, *Amorium Reports*, 5。此外,阿摩利奥还有一个石坎,也为城市添加了一道额外的防线。参见 Ch. Bouras, 'Aspects of the Byzantine City Eighth-Fifteenth Centuries', *The Economic History of Byzantium*，ed. Angeliki E. Laiou, vol. 2（Washington，DC，2002），506－507 and n. 97。

③ Warren T. Treadgold, *The Byzantine Revival*，780－842（Stanford，1988），41。

④ Al-Tabari, *The History of al-Tabari*, vol. 33，116－119. 买者几乎都是凯旋的阿拉伯士兵,从城市劫掠来的战利品也在战场市场上销售。

穆斯林史学家

　　大部分阿拉伯史学家都是官方的法学家和秘书，他们都把书写或口述历史作为业余爱好。[①]　阿拔斯王朝的历史著作都是由诗人如穆太奈比，法学家如塔巴里和伊本·卡尔敦以及哲学家创作的。塔巴里被称为"圣训史学的伊玛目"，[②]他对《古兰经》的大量评论比他的历史著作更著名。[③]　阿拉伯的历史著作并不是为商业目的而创作的，其更像是一种有教养人的消遣。"怎么也不会想到，会有被称为历史科学的这一独立和备受尊敬学科的实践者。"[④]

　　不同于中国或拜占庭的历史写作，伊斯兰史学优先考虑的不是客观性，而主要是其资料权威的完整性。在 9 世纪，关于"历传"（isnād）或权威链的争论在圣训学者中广泛展开。对历史学家而言，这种讨论的结果是历史写作方法更加聚焦："一种持久的传统正统的形象……其背后是对伊斯兰教和伊斯兰社区史一种特定和逐步固化的解释。"[⑤]这个传统基于一致同意、先知布道的集合以及伊斯兰教民族的经历而形成的真理。伊斯兰教历史写作的发展不仅包括原始资料和权威链，还包括"从事学术事业的每个人，都要将自己的研究附加到他老师们的研究上，以这样的方法共同保存所从属学派的学问，同时将其研究附加到他开始关注的材料上"。"塔巴里的历史想表达神的意志，他也是据此来写作的。因此他的历史著作是对应其《古兰经》评注的：正如后者通过真主的语言阐

599

① Robinson, *Islamic Historiography*, 180.

② Tarif Khalidi, *Arabic Historical Thought in the Classical Period* (Cambridge, 1994), 73.

③ 关于塔巴里的更多研究，参见 Franz Rosenthal, 'Translator's Foreword', in al-Tabari, *The History of al-Tabari*, vol. 1：*General Introduction and From the Creation to the Flood*, trans. Rosenthal (Albany, NY, 1989)。

④ Jacob Lassner, *The Shaping of 'Abbasid Rule* (Princeton, 1980), 23.

⑤ Khalidi, *Arabic Historical Thought in the Classical Period*, 43.

明了真主的意志，前者则通过人类的行为来阐明真主的意志。"[①]一位学者在调查了阿拔斯王朝对权力的诉求之后，评论说中世纪伊斯兰的史学并不能用真或假来判断，它呈现的不是现代西方人所要界定的"真相"，而是"通过表现比现实本身更真实的东西，呈现一种超越真正现实细节的元真实"。[②]

结论

这三种中世纪的文化——马其顿王朝统治下的拜占庭、中国的唐朝以及阿拔斯王朝统治下的阿拉伯帝国——展示出他们在战争策略上的一致性，他们都试图通过计谋而不是蛮力来确保胜利。然而，他们的方法和动机有很大的差异，而且对政治领袖所需的素质有着迥然不同的观点。拜占庭的战争方法包括游击战、固定战以及经典的围城战术；为了取得不战而屈人之兵的胜利，唐朝寻求将正规与非正规的战争结合起来；阿拔斯王朝则依靠快马进行跨境突袭，中世纪几乎没有大支部队进行长距离作战的例子。

它们纪念这些冲突的动机和考虑重点也有所不同。拜占庭的史学关注战争的正义性、强调将军的基督教美德以及神的祝福对于战争胜利的重要性。唐朝的历史著作不关注这些，而是呈现完全真实的总结报告。阿拔斯王朝，利用新发展出来的历史著作，将战争，尤其是对非穆斯林的战争，视为宗教责任和获得荣耀的机会。这三种文化中历史著作的编纂者，并不是所谓的专业历史学家。在中国负责历史记录的人主要是些官僚，他们的目的是保存那些有助于朝廷顺利运转的信息，因此，在他们的历史著作中一直带有努力贬低战争价值的色彩。这些都建立在他们对自身文化魅力的自信上，"凭借建立在美德之上且以丰富的物质文明成就为依

600

---

① Duri, *The Rise of Historical Writing*, 26, 159.

② Lassner, *The Shaping of 'Abbasid Rule*, 31.

托的极为优越的中华文明,能够很容易地压制住蛮族的敌对趋势"。[1] 尽管这样,中国还是发展出一套关于战争的复杂的哲学,这套哲学以诡计和全面性为特征,强调总体的最终目标,除了战场上的胜利之外,还包括经济和文化的优势。不同于拜占庭,中国唐朝没有由显赫家族构成的军事贵族;也不同于阿拔斯王朝的阿拉伯帝国,他们没有在政治的层面上赞美对军事的追求。人们普遍认为,唐朝在李世民的统治下达到一个黄金时期。唐朝也是一个文学和军事力量发展的时期,而这个局面一直维持到 8 世纪中期的安禄山叛乱之前。[2] 在那之后,唐朝军事化的日益增强表明,对于军队是危险的意识也大大增强。唐朝没有再一次出现大的军事叛乱,这归因于中国人将战争视作解决问题的最后一种手段,并且故意隐藏了军事文本。

拜占庭的马其顿王朝,也被认为是文学和军事力量发展的黄金时代,但是他们主要将注意力集中于军事战略的复苏,特别是对萨拉森人的战争上。虽然,他们声称自己的文化传统非常厌恶战争,但是,这种厌恶确实存在于高度军事化的中世纪文化之中,其中 10 世纪晚期东方的军事贵族家族还占据了主导地位。拜占庭的文学强调战前的准备和优良的军事训练,然而也极力将战争视为损害精神的东西而避免它。拜占庭的编年史家和史学家大都是学者、外交家和执事列奥那样的牧师,他们都自觉地模仿希罗多德和修昔底德,通过记录历史达到贬斥恶行和赞美高尚行为的目的。有关尼基弗鲁斯二世的故事表明,拜占庭在对武力的崇尚和武力不被基督教接纳之间,经历了严峻的紧张关系。因此,拜占庭人一直在试图强调军事领袖虔诚、仁慈基督徒的特性,献身于保护拜占庭的领土而对抗穆斯林埃米尔的袭击等,以此来调和这种紧张关系。

阿拔斯王朝统治时期的阿拉伯帝国,被公认为是一个黄金时

---

[1]　Sawyer (trans.), *The Seven Military Classics of Ancient China*, 2.

[2]　Charles Benn, *China's Golden Age*: *Everyday Life in the Tang Dynasty* (Oxford, 2002).

代,尤其是在哈伦·阿尔-拉施德的统治之下,培育了阿拉伯文学的发展和其军事力量,一直持续到 9 世纪晚期突厥奴隶兵的崛起。他们的力量预示着阿拉伯帝国瓦解为小的酋长国,尤其是在边疆地区,中心地区变得虚弱。边境城市如塔尔苏斯(Tarsus)等因此也成了每年突袭拜占庭的前沿阵地。征服文学的不断增多,尤其是描写战争的诗歌不仅美化了战争,而且强调战争的地位,将其视为一种对荣耀的追求。穆太奈比的诗歌,尤其为了纪念阿勒颇的埃米尔赛义夫·阿尔-达乌拉创作的作品,代表了阿拉伯战争纪念文学的最高水准。这一时期的编年史几乎没有就文化态度方面提供多少细节,但其确实透露了阿拉伯对拜占庭规律性的袭击,以及预言某一天征服君士坦丁堡的重要性。

在战争和政治之间的互动方面,这三种文化明显不同。中国皇帝很少领兵上阵,但是拜占庭的大多数皇帝是久经沙场的将军。至少直到 8 世纪晚期,阿拔斯王朝的哈里发还被认为是一个宗教权威,而且伟大的战士通过他们在战场上的功绩形成或显示出道德优越感。中国的历史著作往往用公式化的几乎是象征性的模式来呈现战争,而拜占庭历史书写更为稳健,阿拔斯王朝的写作与两者皆不相同。不论是拜占庭还是唐代的中国都有悠久的文化史、相似的军事技术和战术,而且两者都面临着草原游牧民族的入侵,迫使他们发展新的防御方式。[①] 伊斯兰的阿拉伯帝国,在文化传承上更年轻,更富有活力,在阿拔斯王朝时期仍在发展自己的文化认同和书写传统,他们的历史著作反映出符合早期征服时代初始叙事的伦理关怀。

主要历史文献

al-Bukhari, *Kitāb al-Jāmi as-Sahīh* : *Muhammad ibn Ismail al-Bukhārī*, ed. and trans. Ludolf Krehl, vol. 2 (Leiden, 1864).

---

① Graff, *Medieval Chinese Warfare*, 252 - 257.

Confucius, *The Analects of Confucius*, trans. Burton Watson (New York, 2007).

The History of Leo the Deacon: Byzantine Military Expansion in the Tenth Century, trans. and ed. A. M. Talbot and D. Sullivan (Washington, DC, 2005).

Skylitzes, John, *Ioannes Scylitzae synopsis historiarum*, ed. Hans Thurn (CFHB; Berlin, 1973).

—— *Jean Skylitzes: Empereurs de Constantinople*, ed. Jean Claude Cheynet, trans. Bernard Flusin (Paris, 2003).

Leo VI, *Tactical Constitutions*, trans. George T. Dennis (Washington, DC, 2010).

Maurice, *Maurice's Strategikon: Handbook of Byzantine Military Strategy*, trans. George T. Dennis (Philadelphia, 1984).

Sawyer, Ralph D. (trans.), *The Seven Military Classics of Ancient China* (Oxford, 1993).

al-Tabari, *Kitab ad-Din wad-Daulah (Book of Religion and Empire): A Semi-official Defence and Expostion of Islam written by Order at the Court and with the Assistance of the Caliph Mutawakkil (AD 847 – 861) by 'Alī Tabarī*, ed. A. Mingana (Manchester, 1923).

—— *The History of al-Tabari*, ed. Ehsan Yarshater with various translators, 40 vols. (Albany, 1985 – 2007).

Tao te Ching, trans. Frederic H. Balfour, in *Taoist Texts: Ethical, Political, and Speculative* (Shanghai and London, 1884).

Theophanes, *The Chronicle of Theophanes Confessor: Byzantine and Near Eastern History, A. D. 284 – 813*, trans. C. Mango and R. Scott (Oxford, 1997).

Yahya ibn Said, *Histoire de Yahya-ibn-Sa'id d'Antioche continuateur de Sa'id-ibn-Bitriq*, ed. I. Kratchkovsky and A. A. Vasiliev (Patrologia Orientalis, 18; Brepols, 1924).

参考文献

Abrahamson, Marc S. , *Ethnic Identity in Tang China* (Philadelphia, 2008).

Benn, Charles, *China's Golden Age: Everyday Life in the Tang Dynasty* (Oxford, 2002).

Barfield, Thomas J. , *The Perilous Frontier: Nomadic Empires and China* (Oxford, 1989).

Barrett, T. H. , *Taoism under the T'ang* (London, 1996).

Conrad, Lawrence I. , ' Theophanes and the Arabic Historical Tradition', *Byzantinische Forschungen*, 15(1990),1 - 44.

Drory, Rina, 'The Abbasid Construction of the Jahiliyya: Cultural Authority in the Making', *Studia Islamica*, 83(1996),33 - 49.

Gardner, Charles S. , *Chinese Traditional Historiography* (Harvard, 1938).

Graff, David A. , *The Eurasian Way of War: Military Practice in Seventh Century China and Byzantium* (Oxford, 2011).

Kennedy, Hugh, *The Prophet and the Age of the Caliphates* (London, 2004).

Laiou, Angeliki, 'The General and the Saint: Michael Maleinos and Nikephoros Phokas', in Héléne Ahrweiler and Michel Balard (eds.), *Eupsychia: mélanges offerts à Hélène Ahrweiler*, vol. 2 (Paris, 1998),399 - 412.

Macdonald, M. C. A. (ed.), *The Development of Arabic as a Written Language* (Oxford, 2010).

McGeer, Eric, *Sowing the Dragon's Teeth: Byzantine Warfare in the Tenth Century* (Washington, DC, 1995).

McMullen, D. L. , 'The Cult of Ch'i T'ai-kung and T'ang Attitudes to the Military', *Tang Studies*, 7(1989),59 - 103.

Pulleyblank, Edwin G. , 'The An Lu-shan Rebellion and the Origins of Chronic Militarism in Late T'ang Society', in John Curtis Perry and Bardwell L. Smith (eds.), *Essays on T'ang Society* (Leiden, 1976).

Pryor, John H. and Jeffreys, Elizabeth, *The Age of the Dromon: The Byzantine Navy ca. 500 – 1204* (Leiden, 2006).

Rand, Christopher, 'Chinese Military Thought and Philosophical Taoism', *Monumenta Serica*, 34(1979 – 1980),171 – 218.

Robinson, Chase F. , *Islamic Historiography* (Cambridge, 2003).

Treadgold, Warren T. , *The Early Byzantine Historians* (Basingstoke, 2007).

Vieillefond, Jean-René, 'Les pratiques religieuses dans l'armée byzantine d'aprés les traites militaires', *Revue des études anciennes*, 36(1935),322 – 330.

Wortley, John, *John Skylitzes: A Synopsis of Byzantine History, 811 – 1057* (Cambridge, 2010).

卢 镇 译 赵立行 校

第二十八章　宗教史

托马斯·斯佐瑞奇

在公元 4 世纪初的几十年,君士坦提乌斯的儿子君士坦丁通过暴力与政治铁腕的有力结合,显著改变了罗马国家的政治生活。如此一来,君士坦丁终结了一再发生的极具破坏性的内战,结束了戴克里先皇帝先前几十年在帝国统治方面的激进改革,使罗马帝国广阔的领土再次统一在一位皇帝的治下。虽然,不管罗马的社会、经济以及文化传统如何未曾中断,君士坦丁对政治对手的清除和对罗马统治模式的重建,都代表了其与最近的罗马过去的彻底明确的决裂。而且,不论对罗马帝国本身如何具有破坏性,君士坦丁对敌人的征服,都是通过骄人的军事技艺获得的,这些技艺曾令罗马的历史学家、传记作者和诗人长久迷恋。然而重要的是,他同时代的最具影响力的历史学家开始纪念他的生涯时,君士坦丁一生和行动的世俗影响退居次席,人们将这位伟大人物发动的战役和颁布的法令视为上天安排的剧作,它包括了罗马世界的所有事件,而且从亚伯拉罕一神论的角度出发,包括了创世以来的每一事件和人物。[①] 因此,君士坦丁流传后世的形象是由一种重新获得地位并迅速发展的史学著作类型精心塑造出来的,这种史学著作类型诠释历史的解释框架源自具有很强影响力的传统,它是以启示、

---

① 参见 Cameron,‘Eusebius’ *Vita Constantini* and the Construction of Constantine’, in M. J. Edwards and Simon Swain (eds.), *Portraits*:*Biographical Representation in the Greek and Latin Literature of the Roman Empire* (Oxford, 1997), 145 - 171,特别是 157 - 163。

先知和救赎构成的元叙事。与这一章的写作目的相符,下面将要详细介绍的史学编纂类型往往被称作"宗教史",其定义性特征将在下面仔细考察。

正如任何一位深深卷入其时代重大事件的有雄心的罗马显贵一样,君士坦丁在建立起自己的统治世界之后,似乎也很快开始思考自己能留下什么遗产。据说,君士坦丁为此在自己身边安排了很多特别得力的、善于叙述重大事件和塑造人物的人员。在这些人员中最著名的两位是恺撒利亚的主教优西比乌斯和基督教学者拉克坦提乌斯(Firmianus Lactantius)。这些人开始编纂君士坦丁降临所承担的历史使命,这种做法在罗马世界早有先例。罗马的编史传统塑造了各种各样的人物原型,足够在罗马帝国广泛的历史记忆中寻找到适合君士坦丁的原型;这个人物原型可能显现为罗马政治秩序及和平稳定的恢复者、残暴篡位者的推翻者,或是罗马共和的卓越军事领袖。在之前的四个世纪中,从罗马内战的鲜血与恐怖中走出来的强人,在罗马公民面前,也只是将自己呈现为秩序的维护者、暴君的推翻者及共和的维护者。所有这些人中最成功的就是罗马元首制的开创者奥古斯都。

当奥古斯都面对满目疮痍、一片散沙的罗马帝国而获取权力之后,像提图斯·李维、维吉尔等一些学者都在努力地将奥古斯都和他的革命地位依据旧有的罗马道德典范定位到罗马国家中,而稍后的历史学家和哲学家如塞涅卡(Seneca)、苏维托尼乌斯(Suetonius)和卡西乌斯·狄奥(Cassius Dio)①则重点强调奥古斯都在国家的重新联合、秩序的重建以及罗马帝国国力恢复方面的能力。同时,此后的皇帝,如哈德良,尤其是更著名的图拉真,他们都在自己的身边安排了一批文人学者,精心阐释奥古斯都时代的作家们最初阐发的帝国主题,来赞誉自己作为贤帝的作为和功绩,他们都以自身和自己的统治为顶点。这些皇帝最受赞誉的美德是:

①　参见 Christopher Pelling, 'Biographical History? Cassius Dio on the Early Principate',同上,117 - 144。

605

强大的军事力量、仁慈、公义、尊贵、正统，最重要的是对罗马国家、罗马传统和神明的无私奉献，在皇帝个人和这种奉献所承担的职责中间，容不得半点讨价还价。

例如，正是出于这样的原因，奥古斯都的血统或世系能够从尤利乌斯·恺撒追溯到罗马的创建者埃涅阿斯，[1]最终溯源到女神维纳斯。他在争夺权力的过程中所打败的敌人，也必会被描绘成被私欲而非罗马共和国的职责所驱使的人。这些后来在罗马内战中获胜的君主如戴克里先等人，他们的正统性经常会同罗马起源的古老传说，尤其是与罗马人之前的诸王朝以及奥林匹斯诸神的永恒王朝联系在一起。[2]

606

现在那些叙述君士坦丁作为帝国统治者降临的故事的人，也不能完全忽视这些散乱存在的、神圣化的先例。他们最终会依据回顾过去的新模式塑造一个永恒难忘的君士坦丁形象，其描述旨趣以及分析使用的资料，在很多方面都大大不同于对以前罗马皇帝的功业和特征的记述及解释。事实上，当优西比乌斯和拉克坦提乌斯在着手向读者描述君士坦丁统治罗马世界的历史这一工程时，他们利用了《圣经》解释学的模式，这与以前历史学家的模式有重大不同。这样，他们就帮助确立了一种史学编纂类型，它最终不仅在罗马基督教团体中间，而且在人们无从想象其特征的其他团体中间，提供标准的回顾历史的模式。

由于没有更好的概念，我们姑且可以将这种回顾历史的范式称为"宗教史"。简而言之，在古典时代结束的几个世纪和中世纪开始的几个世纪期间，也就是当宗教史写作在文化上取得无与伦比的重要性的时候，对宗教史特征的定义如下：宗教史依据某种宏大

---

[1] 卢克莱修的《物性论》中已经记述了维纳斯是埃涅阿斯后代的母亲，参见 Lucretius, *De Rerum Natura* 1.1，但是，在维吉尔的《埃涅阿斯纪》中奥古斯都是埃涅阿斯的众多后代之一，他的功绩被画在了他的盾牌上，参见 Virgil, *Aeneid* 8.731。

[2] 参见 Elizabeth DePalma Digeser, *The Making of a Christian Empire*: *Lactantius and Rome* (Ithaca, NY, 2000), 19-42。

叙事,整合了包括人类主角和各种制度在内的杂乱无章的历史记忆,这一宏大叙事本身起源于神启的《圣经》文献以及围绕这些文献而出现的大量的注解和评论;①宗教史通常将历史解释所基于的基本真相,定位于可观测的现实世界之外,处在一种只有通过与神的启示性联系才可理解和认知的现实系统之中,无论所讨论的启示是个人性的还是依据《圣经》的;宗教史还特别关注在历史中确定的某些时刻,在这些时刻,个人、社会和制度会因与超自然相遇而被触动和改变。

　　显而易见的是,此类历史著作类型的创作者和读者,对可获得的任何历史读物进行解释的基础,都基于其他先前的文本,更可能基于其他先前的文献集,包括启示文本本身和对文本的权威注释和评述。因此,我们必须注意的是,起初的"宗教史"(如其他的史学流派一样),是一种强烈的文本交互式的写作风格。那些可以使历史著作恰当地描述为"宗教性的"史著的倾向,与大多数其他史学流派的区别在于,其进行注解所基于的可靠的真理和本初真实,外在于它所解释的事件所处的可见世界(例如,存在于一个或多个人性神的意志中)。而且,在这些历史著作之中,尘世的事件只有依据超自然的启示真理才能被恰当理解,因为在神圣文献以及在人们理解这些神圣文献据以诞生的元叙事中,这些事件变得神圣了。

607

　　到公元 4 世纪初,分布在地中海周围、贯穿整个中东和美索不达米亚地区的犹太和基督教群体已经形成了一种史学书写范式,即以叙事的形式将神示的影响和结果投射到古代世界的社会、政治和文化结构中。这种历史书写体裁采用的是教会史和高度公式化的圣徒传的写作形式,内容包括皇帝传记、殉道故事以及"圣人"的"生平",尤其是那些具有超凡魅力的禁欲苦修者和具有一定权

---

① 参见 Glenn F. Chesnut, *The First Christian Histories*: *Eusebius*, *Socrates*, *Sozomen*, *Theodoret*, *Evagrius* (Théologie Historique 46; Paris, 1977); G. W. Trompf, *Early Christian Historians*: *Narratives of Retribution* (London, 2000)。

威的神职人员。① 就其主要的特定表现而言，这种历史写作模式围绕狭隘的记述性和解释性选项而进行构建，而且通常充满可预见的和高度图示化的人物阵容。因此，对于许多现在的评论家而言，古代晚期和中世纪早期的宗教史著，缺乏成熟的《圣经》解释，也缺乏与塔西佗、阿米亚努斯·马赛里努斯和普罗科庇乌斯等古典史家的著作联系在一起的丰富可靠的"历史"细节。

然而，事实上，到公元7世纪伊斯兰教出现的时期，这种宗教史编纂已经为时人提供了对各种忏悔团体的过去、现在和将来进行引人注目的元叙事的基础。依据这种叙事，皇帝和农民的活动可以用相同的价值尺度来衡量和评价。然而，或许更重要的是，通过对某些核心主题进行细致化的地方性解释，例如宗教迫害或抵抗由异教或"异端"的帝国官员实施的宗教强迫，地方社团体验到了与这些元叙事更深厚的联系。这些主题在地方上反复出现，呈现为将地方殉道者当作社团创始人和庇护者而加以纪念和赞美的形式。更重要的是，这种史学编纂模式中的注经和符号学成分，以古典历史著作所没有的方式，为罗马帝国以教养为基础的文化传统

---

① 安东尼这位"圣人"的"生平"，参见 Athanasius, *Vie d'Antoine*, ed. G. J. M. Bartelink (Paris 1994)；Syriac version, *La vie primitive de S. Antoine conservée en syriaque*, ed. René Draguet (Louvain, 1980)；Gregory of Tours, *Liber in gloria martyrum*, ed. B. Krusch (Hanover, 1885)；trans. R. Van Dam as *The Glory of the Martyrs* (Liverpool, 1999)；John of Ephesus, *Lives of the Eastern Saints*, ed. Ernest Walter Brooks, 3 vols. (Louvain, 1924–1925)；and Palladius, *La storia lausiaca*, ed. Christine Mohrmann (Milan, 1974)；trans. Robert T. Meyer as *Lausiac History* (Mahwah, NJ, 1964)，together with Hipolyte Delehaye, *The Legends of the Saints: An Introduction to Hagiography* (London, 1907; New York, 1962; Dublin, 1998)；Charles Plummer, *Lives of Irish Saints*, 2 vols. (Oxford, 1922)；Sergei Hackel (ed.), *The Byzantine Saint* (Oxford, 1981)。对殉道故事的研究，参见 Herbert Musurillo, *Acts of the Christian Martyrs* (Oxford, 1972)。对皇帝传记的研究，参见 Averil Cameron and Stuart G. Hall, *Eusebius, Life of Constantine: Introduction, Translation and Commentary* (Oxford, 1999)。《历代教宗传》(*Liber Pontificalis*)则把圣人和统治者结合在了一起。优西比乌斯被怀疑(或许不公平)有按照基督教的兴趣伪造文献的嫌疑，但是，《伪伊西多尔教令集》则是中世纪伪造历史文献的最高峰。

未触及的个人和团体所熟知。事实上,无论是在帝国的统治中心,还是在帝国最远的边疆,相互敌对的宗教社团几个世纪以来都对这些狭隘的共同叙述要素进行阐释,以此来回顾历史,并主张地方对具体教义和教条解释的正统性。

　　因此,随着伊斯兰作为一支宗教、文化和政治力量在 7 世纪的兴起,古代晚期宗教史学典型的特征要素将在古代晚期最新的信仰团体典型的记述中安营扎寨,一点也不令人感到惊讶。而且,在接下来的四个世纪中,这些因素还将逐步渗入其他形式的基督教和伊斯兰教的史学书写中,包括波斯帝国与罗马帝国之间最新战争的历史、7 世纪阿拉伯的征服史,[①]以及初生的穆斯林乌玛与屈居穆斯林统治下的基督教团体之间所蔓延的政治宗教敌对史。此外,地方穆斯林市民团体(例如大马士革、科尔多瓦和巴格达等地穆斯林市民团体)、知识团体及理论学派(*madhāhib*)的历史,也采用了混合类型的历史书写进行叙事,其中结合了伊斯兰之前宗教史所阐述的符号、象征和叙事方式的慷慨帮助。结果形成了有所拓展但亲缘相近的历史编纂,可适用于人类经验的所有领域,而且为从君士坦丁堡到科尔多瓦(Cordoba)这一广阔弧形地理区域内的穆斯林和基督徒群体共同采用。[②]

　　尽管我们讲了这么多,但事实上,并没有令所有读者满意的"宗教史"定义。一方面,界定宗教史类型的固有困难是该类型自身的问题;在被我们认定为宗教史范例的那些文本的任何专有的特征,几乎都会在其他类型的历史写作中出现,这就导致用任一种类型来界定宗教史的特性、关注点或写作策略,都特别困难。同时,如果想要严肃地定位和分离称为"宗教史"的某种典型特征,我们必须同时承认,这种定位和分离根本上是以主观标准为基础而

---

① 更深入的论述,参见 James Howard-Johnston, *Witness to a World Crisis:Historians and Histories of the Middle East in the Seventh Century*(Oxford,2010)。

② 穆斯林史学编纂的整体性研究,参见 Franz Rosenthal, *A History of Muslim Historiography*, 2nd edn(Leiden,1968)。

进行的活动,这种标准源于或最终存在于读者的世界观及思想议题之中。我们也可以将这种说法用在政治史、军事史和思想史中,这里列举的仅是一些不稳定的历史写作类型例子而已。

当我们将注意力转向产生于如下社会的历史文本时,这种困难就愈发严重,例如在这种社会中,创作者获得的有关往事文化回忆的解释性素材,并没有采取用于认知或解释的"科学""宗教"二分法。当然,这并不是一种因为这些回顾历史的模式中存在着任何特定的缺失而产生的困难;相反,这些都是因忠诚于某种特定的认识论而产生的困难,启蒙时代之后的历史著作的读者和作者通常从这些认识论出发来想象过去,并经常指望通过阅读而了解过去。换句话说,能够让现代西方读者承认"宗教史"为某种独特风格范例的特性——即诠释学,承认神介入人类事务中,如出现神迹、奇迹或圣人——只有当把它们从创作了这些文本并让人们遇到这些成分的作者所持有的认识论、末世论和诠释体系中分离出来,进行提取和考察时,才明显成为历史叙述和分析的特定"宗教"因素。

因此,长期受到"语言学转向"的影响,历史学家们在处理"宗教史"方面的困扰之处是意识到(或应该意识到),从多个方面来看,宗教史范畴是在阅读某些文本时产生的一种范畴,而这些文本却违背了人们能够接受的关乎解释现代或过去人类事件之模式的后启蒙运动的标准预期——如通过实证的、科学的证据和人类理性的运用。例如,在古代中东或者欧洲中世纪,那些创作了被现在的历史学家视为"宗教"史著作的学者,常常试图回答的问题,与曾经激发了或激发着"政治史""军事史"或者"思想史"的历史学家们的问题非常相近。而且在这种情况下,他们并不认为自己书面记录的历史,严重背离了他们所处环境中的本体论或认识论前提。在一个教士与国王的角色或者教堂与帝国的功能未曾分化的世界里,解释在宫廷、战场或清真寺和教堂中的国王、贵族或农民的事迹,不参照神意是不可能的。而且,继之而来的是,在这样的世界里,写作一部不是"政治史""军事史"或者"思想史"的"宗教史"是同样不可能的。我要通过简要回顾优西比乌斯和拉克坦提乌斯的历史叙述中呈现的君士坦丁形象,来说明这个问题的复杂性。

对于优西比乌斯、拉克坦提乌斯和其他古代晚期或者中世纪的基督教作家来说,君士坦丁一生的伟大意义并不在于这位新皇帝军事上的勇敢,正是这种勇敢让他在罗马人对罗马人的血战中站到最后,也不在于君士坦丁让罗马回归到久远以前的和平时代的能力,帝国的支持者们通常都坚持认为,那时罗马的美德主导着罗马民众的心,罗马的国家机构如罗马的神和伟大创建者所愿而运转,而是在于君士坦丁作为罗马世界的统治者而降临,是无形且不可抗拒的神意的作用与象征,这些可以通过在当时的罗马历史中清晰可见的标记与奇迹来确证。在优西比乌斯看来,基督教上帝 610 的意志,通过战役前夜的一个异象召唤君士坦丁履行他的职责,其中,君士坦丁获得了胜利的许诺和取得胜利的手段——一个神秘的标记。[①] 优西比乌斯将君士坦丁写进古代晚期基督教团体的记忆之中,在君士坦丁那里,上帝激动人心地结束了长达几个世纪的针对基督教团体进行迫害和施加暴力的旧叙事,而且是以哪怕最狂热的基督信徒也无法预测的方式完成的。现在,站在罗马世界眼前的是一个通过上帝之手取得权力的君主,一个虔诚且坚定的基督教君主,在他那里,无论基督徒还是异教徒,都认识到了得到唯一上帝佑护的明白无误的标志,而且彻底了解了基督教经文与教义的力量与真理。

此外,在君士坦丁身上,优西比乌斯不仅发现他是通过迫害异教徒的方式以抵御他们对基督徒与基督教信仰攻击的卫道士,而且,他还是主动不宽容非基督徒的代表,尤其不宽容传统的宗教典礼与仪式的参与者。尽管君士坦丁针对传统宗教政策的具体特征,已经成了现代历史学者争论的热点,但清楚无误的是,如哈尔·德雷克(Hal Drake)及其他一些学者指出的那样,在优西比乌斯看来,君士坦丁在他自己的世界与此后的基督教社团记忆中的地位,始终与君士坦丁积极、狂热的迫害非基督徒的形象紧密联系

---

① *Life of Constantine* 1. 27 - 32.

在一起。①

在拉克坦提乌斯那里，君士坦丁出现的意义，也与罗马帝国境内的基督教团体在其前任手里遭受迫害的历史联系在一起。的确，在其著作《迫害者之死》（*De mortibus persecutorum*）中，拉克坦提乌斯将君士坦丁的皈依与取得战役的胜利作为司空见惯的情节中的插曲进行解释。其中，亚伯拉罕的上帝最后都会通过一个勇武的战士的出现，而赋予其追随者对敌战斗的胜利。拉克坦提乌斯写道，在君士坦丁取得最后的胜利之前，上帝已经通过可怕的疾病与灾祸秘密惩罚了迫害基督徒的人，但在3世纪后期与4世纪初期"大迫害"的恐怖之后，正是随着基督教罗马皇帝的出现，上帝的意志才在世间最大的政治权力事务上清晰显现。②

611 尽管本章的目的不是追溯君士坦丁的皈依和其作为罗马统治者降临的具体历史编纂，但这些叙事却简明扼要地勾勒了我所界定的宗教史的几个特点。与罗马帝国早期历史学家如塔西佗、苏维托尼乌斯或者普鲁塔克的著作不同，在这个时期的历史著作中，新皇帝的一生并不被理解为罗马国家政治文化的反映或象征，也没有给古典式道德思考留下空间。对于优西比乌斯、拉克坦提乌斯以及他们著作的续编者和对话者而言，君士坦丁的一生及其皈依的重要性就在于其证明了从亚伯拉罕的上帝的意志开始的上天的安排所发挥的影响。③ 在上天的剧本里，演员不只是君士坦丁和他的对手，也包括分散在罗马帝国各处的地方教会的神圣殉道者，保留在基督教神职人员和普通信徒记忆中的几个世代的圣徒与迫害者，接受和证实了君士坦丁皈依的主教们，以及君士坦丁遵循的

---

① Hal A. Drake, 'Constantine and Consensus', *Church History*, 64(1995), 1-15.

② 参见 Lactantius, *De mortibus persecutorum*, ed. and trans. J. L. Creed (Oxford 1984), with Digeser, *The Making of a Christian Empire*.

③ 比较 Eusebius, *Ecclesiastical History* 1.4, with Cameron, 'Eusebius' *Vita Constantini* and the Construction of Constantine', 157-163. 对君士坦丁和优西比乌斯的研究，通常参见 Timothy D. Barnes, *Constantine and Eusebius* (Cambridge, Mass., 1981).

强大又可怕道路的开创者——《旧约》中的先知们。这个剧作表演的舞台也不仅限于罗马帝国的疆界之内，这部戏剧的表演如巨大霹雳回响在天地之间。这些事件的重要性只能用那些评价先知、天使和殉道者的尺度来衡量。

如此巨大的盛会当然需要广阔的舞台，优西比乌斯又一次在宗教史学的发展过程中成为一座灯塔。他头绪繁多的《教会史》是其综合性的通史留存下来的部分，将《旧约》、近东史和希腊罗马史的诸多材料，整合到一种宏大的叙事中，其中心则是基督教的出现。因此，根据这种叙述，全部的世界历史只是基督的使命和建立普世教会的序言。此外，在优西比乌斯的思考里，一起事件的类型也可以在非基督徒的历史中发现，那充其量不过是幸运地为基督教铺平了道路。优西比乌斯之后的编年史家，如索佐门、苏格拉蒂斯、狄奥多里特、菲洛斯托吉乌斯（Philostorgius）以及鲁菲努斯（Rufinus）①等作者，包括叙利亚、亚美尼亚与科普特的许多作者，似乎都接受了这种历史诠释模式，将同时代与刚刚发生的事件忠实地置于正在演进的基督教史元叙事之中。然而，更有意义的是，4 世纪和之后，个别基督教社团倾向于把优西比乌斯和其他人的宗

612

---

① 参见 Sozomen, *Kirchengeschichte*, ed. G. C. Hanson (Turnhout, 2004)；trans. in P. Schaff (ed.), *The Nicene and Post-Nicene Fathers*, series 2. 2 (Grand Rapids, often reprinted)；Socrates Scholasticus, *Kirchengeschichte*, ed. Hansen (Berlin, 1995)；trans. in Schaff (ed.), *The Nicene and Post-Nicene Fathers*；Theodoret, *Kirchengeschichte*, ed. L. Parmentier and Hansen (Berlin, 1998)；trans. in Schaff (ed.), *The Nicene and Post-Nicene Fathers*；Philostorgius, *Kirchengeschichte*, ed. J. Bidez and F. Winkelmann (1913；Berlin, 1972)；trans. Philip Amidon as *Philostorgius: Church History* (Atlanta, 2007)；Rufinus, *Kirchengeschichte*, ed. Theodor Mommsen (1909；Berlin, 1999)；and Evagrius Scholasticus, *Ecclesiastical History*, ed. J. Bidez and L. Parmentier (London 1898；Turnhout, 2007)；trans. Michael Whitby (Liverpool, 2000)；with Pauline Allen, *Evagrius Scholasticus the Church Historian* (Louvain, 1981). 在中世纪，这种传统最杰出的继承者是以弗所的约翰和比德，对于他们的研究，参见 J. M. Wallace-Hadrill, *A Historical Commentary to Bede's Ecclesiastical History* (Oxford, 1988)。

教史出现的 4 世纪，这个宗教史的形成期所明确的元叙事，自行精心阐释为大型社团庆典的媒介，这一点我们在下文将会看到。

优西比乌斯或者拉克坦提乌斯并不是这种史学编纂类型的发明者，但正是他们的具体运用，使得这种先前只是在宗教团体中运用的诠释范式，第一次演化成了记述罗马帝国过去历史的权威和认可的叙事。也即是说，就像这些作者以及后来的一些教会史、圣徒传的作者和其他一些具体"宗教"史模式中所叙述的一样，君士坦丁的一生和作为罗马帝国统治阶级宗教的基督教的出现，被转化为更大历史情节中的一连串情节，通过这些情节，人类和上帝的关系得以为罗马帝国的基督教社团所理解。

正如君士坦丁一生的形象被充分理解为一系列炫目的证据，证明了基督教信仰的真理和力量，从而被写入了罗马历史，一些不那么知名的善男信女也出现在了历史著作中和基督徒的想象中，正是通过他们，上帝在世上实现自己的意志，而且在他们身上，时人可以充分理解过去、现在、未来是正在演变中的基督教历史叙述的独特篇章。在这些人里面，最著名的例子便是伟大的安东尼，一个在埃及沙漠中创造奇迹的苦修隐士。在亚历山大里亚主教阿塔那修（Alexandrian bishop Athanasius）所写的影响巨大的《安东尼传》（*Life of St. Antony*）中，[①]读者们会遇到一个与优西比乌斯和拉克坦提乌斯文本中的君士坦丁类似的人物，其不仅是宗教转变和皈依的伟大典范，而且在其身上明显感受到了基督教上帝的意志和力量。

安东尼年纪轻轻就离开了他的埃及村庄，从此之后，他在埃及的旷野中力图摆脱自己肉体的欲望，实现精神的完善，据说他将欲望视为自己进入天堂的障碍。君士坦丁为了帝国的权力而与恶魔般的对手战斗，安东尼则直接与恶魔本身斗争，这些恶魔经常伪装成美女和可爱的男孩。当安东尼采取进一步的措施控制自己的行

---

① 正如主要的历史文献资料表明的那样，尽管考虑到希腊和叙利亚版本有优先权，冲突的观点依然存在，但是，作者的身份还是被普遍接受。

为和欲望时,阿塔那修写道,随着安东尼的苦行日益严苛,他获得了施行奇迹或者与天使甚至上帝直接交流的精神力量。[①] 当然,在所有这些方面,安东尼的前辈们是前几十年甚至几百年间的基督教殉道者。这第一批基督教的超级英雄与名人,塑造了一种在尘世中实现精神完美的范本——在面对残暴和受到魔鬼影响的迫害者时,这批最完美的基督徒为了天堂之位而放弃了舒适、财富、安全以及自己的生命。但是,当针对基督徒的大规模的迫害活动停止时,就需要对这一范本进行修改了。阿塔那修从当时自己世界中普遍存在的圣徒的故事中抽取想象的材料来构建安东尼时,他最主要的依赖是特别来自犹太和基督教元叙事的诠释,他为以这种方式来刻画历史(同时现在和将来也是如此)的进一步可能性,作出了重要贡献。

613

　　确实,通过把安东尼描写成一个有追求的殉道者和经历精神磨难的巨人,为了基督而日渐老去,阿塔那修阐释了一种和罗马世界中的犹太社团一样的社团叙事模式。当别的学者在讨论由犹太教和基督教共享的如马卡比式的殉道狂热的复杂性时,丹尼尔・博雅林(Daniel Boyarin)已经令人信服地强调了殉道的场景和戏剧所起的重大作用,因为犹太和基督教社团把自己塑造成自觉独特而又审慎的上帝团体。[②] 或许,并不令人感到意外的是,最近关于阿塔那修主教的著作和安东尼作为文学形象出现的研究,大都强调安东尼在亲缘密切但又相互敌对的基督教社团的论战中所发挥的作用,这些社团论争的问题主要有关正统性、大主教职位以及亚历山大里亚周围的地方势力。

　　事实上,我们在这里遇到了在古代晚期和中世纪的历史中对宗教史的一种主要用途,即作为宗教团体之间论争的资源。特别是

---

① 特别参见 chs. 9 - 14,22 - 43,51,66,82, with David Brakke, *Athanasius and the Politics of Asceticism* (Oxford, 1995),201 - 265。

② Daniel Boyarin, *Dying for God*:*Martyrdom and the Making of Christianity and Judaism* (Stanford, 1999).

古代晚期的基督教社团，在针对犹太"异教"，特别是在 5 世纪末以后针对其他基督教社团的论战中，完善了宗教史编纂的主题和修辞。这种论战性质的史学编纂所关注的，是就基督教典型信仰相对古老以及目前研究所证明的基督徒作为一个独特"种族"而提出的带有进步性和挑战性的主张，否定和盖过了犹太教和罗马传统宗教的信徒的主张。例如，亚伦·约翰逊（Aaron Johnson）最近指出，除了其关于君士坦丁的著作外，优西比乌斯在其著作《福音的准备》（*Praeparatio Evangelica*）中力图证明，当时的基督徒事实上是直接继承古代希伯来人的种族，因此这个民族为忠于亚伯拉罕的唯一上帝这一祖传习俗所规定："正是这种特殊的希伯来生活方式，使基督徒成为一个新的——然而也是最古老的——民族。"[1]

614　　另外，这种追忆过去的新方法，有助于重新解读从古代罗马城到新罗马首都君士坦丁堡的古代世界晚期的地志学，其中，在北非希波的奥古斯丁主教的解读中，古代罗马城仅仅成了历史长河中的诸多城市之一，而君士坦丁建立的君士坦丁堡，现今被奥古斯丁理解为基督徒的上帝对其虔诚信徒的赐福之一："上帝允诺君士坦丁，他将要发现一座城，这城将有助于罗马帝国，并可以说是罗马的女儿，但这城中没有魔鬼的庙宇或偶像。"[2]

　　在罗马城中，当激烈敌对的基督教派别，因竞相主张圣彼得的宝座（See of St. Peter）而爆发血腥的街头战争时，对地方基督教社团古代和近代史的不同记述就成为他们的着力点。这些争论主要聚焦的地方史的内容，是英雄殉道者的时代：掌控人们对罗马殉道者的记忆，成为 4 世纪在罗马基督徒内战中最终获胜的达马苏斯（Damasus）所发动战役的关键成分。与之相似的是，4 世纪的米兰，安布罗斯主教努力界定自己的信仰，与对手阿里乌斯教会斗

---

① Aaron Johnson，'Identity，Descent，and Polemic：Ethnic Argumentation in Eusebius' *Praeparatio Evangelica* '，*Journal of Early Christian Studies*，12（2004），23 - 56，at 55.

② Clifford Ando，*A Matter of the Gods*：*Religion and the Roman Empire*（Berkeley，2008），160

争,其中,他也把殉道士盖尔瓦西乌斯(Gervasius)和普罗泰西乌斯(Protasius)化作自己的资源,把尼西亚会众界定为米兰城唯一真正的基督徒团体。[①] 的确,纵观古代晚期和中世纪早期的世界,当地方基督教社团意识到自己是上帝独特的、离散的社团,连同将地方圣徒的世系看作自己与上帝的维系时,作为社团建立者和社团卫士的殉道者开始发挥越来越重要的作用。以殉道者传记和圣徒生平事迹的形式来记述圣徒的一生,是当地社团身份认同过程的必要条件,而且,对这些圣徒传记进行书写和诵念,成了古代晚期和中世纪早期两种典型的文化现象。

随着时间的推移,像奥古斯丁、米兰的安布罗斯和埃德萨的拉布拉(Rabbula of Edessa)这样的主教都会成为自己圣徒传记的中心。有时,这些主教被铭记为具有超凡能力的行奇迹者,而其他人则被描写成默默无闻地履行自己职责的主教,在大部分情况下,他们的工作并没有被神意外介入。不过总的来说,这些人物都如沙漠中闪耀的圣徒,被视为上帝在尘世事务中的前哨。通过这些人,上帝在他的信徒中行使他的意志,给那些遭受压迫者带来意想不到的救济,同时让这个世界不信上帝之人感到畏惧。

此外,随着关于基督论的论争挑起地方基督教社团与罗马帝国政府在 5—6 世纪间的分裂,地方主教、神学家和知名的苦修者,作为社团保护者和重要神圣真理的传达者开始出现在圣徒传和史学编纂中。尤其是在埃及和叙利亚那些最普遍反对卡尔西顿派(anti-Chalcedonian)的基督教社团中,对这几个世纪的历史叙述逐渐成为地方社团对抗罗马帝国政府的一种表现,编年史和圣徒传记旨在记录后卡尔西顿时代的事件,在我们从中所看到的历史中,罗马帝国总是作为暴力而残忍的异己力量出现,它专制、骄横,而且疏远

615

[①]　参见 Ernst Dassmann, 'Ambrosius und die Märtyrer', *Jahrbuch für Antike und Christentum*, 18(1975), 49-68; with Peter Brown, *The Cult of Saints: Its Rise and Function in Latin Christianity* (Chicago, 1981), 35-37; Thomas Sizgorich, *Violence and Belief in Late Antiquity* (Philadelphia, 2008), 58-61。

唯一真神。例如在阿米达城内和周边,罗马帝国的代理人在当地反卡尔西顿派的基督教徒记忆中就曾残酷迫害他们,他们使用麻风病患者来恐吓基督徒,并残害当地的教士。可想而知,面对这种可明确感知的侵犯,主教、僧侣和普通人都会揭竿而起。在一个特别生动的场景中,一队修道士面对罗马特遣部队在战场上列队,后者被派来迫害当地基督教社团,因为他们不肯接受卡尔西顿教义。在看到修道士都如巨人一般,罗马军队撤退了。尽管在这一场合,冲突得以避免,但到7世纪初,处于崩溃之中的罗马世界所创作的宗教史,越来越多地描绘受神示的圣徒所造就的奇迹事件,事件的结局往往是流血和以基督教上帝的名义进行的征服。①

的确,当回忆起7世纪早期古代世界的两大强国波斯和罗马之间的战争,生活在10世纪的亚历山大里亚默基特派的主教优提齐奥斯便将罗马皇帝希拉克略塑造成一个富于激情的神圣战士,向基督及其教会的敌人施加基督上帝的愤怒。

将罗马皇帝同大卫和以上帝之名发动战争的恐怖联系在一起,可能要追溯到希拉克略自己宫廷的辞令。如希拉克略的宫廷诗人皮西迪亚的乔治(George of Pisidia)参考《诗篇》中的章节,②将皇帝同波斯人的战争塑造成代表神的战争。③ 在某种意义上,优提齐奥斯对希拉克略性格的描述,显而易见仅仅是10世纪对罗马基督教和史学修辞的再现,而这种修辞在7世纪时已发展了几个世纪之久。事实上,在对基督教历史更长远、更深刻的叙述中,利用《旧约》原型来描绘信奉基督教的罗马皇帝一点也不新鲜——例如,优西比乌斯在4世纪的时候就将君士坦丁塑造成新摩西,他带领众

616

---

① *Zuqnin Chronicle*, trans. A. Harrak as *The Chronicle of Zuqnin*, *Parts III and IV*, *AD 488 - 775* (Rome, 1999), 65 - 66.

② *Eutychii patriarchae Alexandrini Annales*, *pars prior* [*posterior*], ed. L. Cheikho, B. Carra de Vaux, and H. Zayyat, 2 vols. (Paris, 1906 - 1909), 51. 2 - 3.

③ *Expedito Persica* II, 113 - 115. 诗篇的章节在皮西迪亚的乔治诗作中的出现,参见 *Poemi*, ed. A. Pertusi, vol. 1 (Ettal, 1959), 84 - 136.

人摆脱压迫,进入充满宽容、甚至是帝国佑护的应许之地;同样,安布罗斯主教曾把狄奥多西一世改编成热诚的新雅各,他"抛弃异教徒的偶像,实际上他的信仰是抛弃所有的偶像崇拜,抹去所有的偶像崇拜仪式"。①

　　优提齐奥斯对希拉克略创造的那些方面,对考察古代晚期和中世纪早期地中海地区处在变化、传承和文化传播进程之中的宗教史特别具有吸引力,解读这位希拉克略的作者可以表现出这一点。一方面,优提齐奥斯在许多方面可以被认为是更久远的基督教史家传统的继承者,他严格遵循我们前面所考察过的方式编纂了特定宗教化的历史文本。例如,他与之前的编年史学家一致,记录一样的重大事件,用同样的方式进行解释,而且他的记述中充满了人们熟悉的人物剧,所有这些人都演绎着熟悉的角色,不管这些角色是殉道者、创造奇迹的人还是好战的基督教统治者。然而,尽管其历史著作与古代晚期和中世纪早期宗教史上的例子有诸多相同之处,但优提齐奥斯是在早期的基督教作家如优西比乌斯、阿塔那修或者安布罗斯等人永远无法预见的背景下创作的。首先也是最重要的是,优提齐奥斯是在穆斯林统治下生活和进行创作的(用阿拉伯语)。另外,就其历史的关键部分来评判,优提齐奥斯所搜集的整合进文本中的材料,不仅出自早期的基督教历史著作,也有阿拉伯穆斯林的资料。

　　这种情况在优提齐奥斯文本中描写7世纪穆斯林征服的部分表现得尤为清楚。事实上,优提齐奥斯对让他的家乡亚历山大里亚主教区(See of Alexandria)成为非穆斯林帝国前哨基地等事件的分析,与早期和同时期穆斯林史学家的记述并无二致,如阿兹迪的著作《叙利亚征服史》(*Ta'rikh futuh al-Sham*)所记述的事件和塔巴里的《历代先知和帝王史》(*Ta'rikh al-rusul wa-l-muluk*)中的资料,后者是对截至公元9世纪(回历3世纪)的世界史的宏大叙事。在这些文本中,亚伯拉罕的上帝被罗马人的骄傲和罪孽以及萨珊

---

① Ambrose of Milan (De *obitu Theodosii* 4).

波斯帝国的偶像崇拜行为激怒，所以，穆罕默德的同伴和继承者带领阿拉伯军队来到这里是上帝的旨意。用阿拉伯文、古叙利亚文、古希腊文和亚美尼亚文写作的基督徒和穆斯林一致认为，碾压世界最强大的两个帝国的衣衫褴褛的阿拉伯军队，是上帝之鞭，他们的胜利显而易见只是上帝意志的体现。

617

从这个意义上说，优提齐奥斯隶属于跨越中东和地中海的各个宗教社团的史学编纂传统。例如，在 7 世纪后期从事写作的亚美尼亚基督徒作者赛贝奥斯（Sebēos）就认为穆斯林征服是神启之战，作为罗马和波斯帝国最不可能的继承者，阿拉伯奇迹般地建立起属于他们自己的广袤的大帝国。[①] 13 世纪由一位匿名的作者编纂的叙利亚编年史也有类似的记述，将征服活动描述为两种力量的对抗，一方是世俗力量，另一方是来自阿拉伯半岛的荒废之地，是得神援助但军事力量微弱的游牧民。[②] 不可避免地，在上述这些文本以及我马上要谈到的阿拉伯穆斯林的文本中，罗马和波斯帝国的官员在战场上对阵阿拉伯军队时，对他们所卷入的历史事件感到震恐和惊愕。自信的帝国官员们所震惊的是超验活动的力量，而这些力量代表的是为上帝意志而战的人们。但是，不光是远离罗马帝国权力中心的历史学家创作的历史认为阿拉伯军队的胜利是上帝对罗马的不满意。例如，在 8 世纪从事写作活动的拜占庭历史学家尼基弗鲁斯，也宣称征服源于上帝的震怒，而震怒源于罗马人的罪恶。[③]

为何在穆斯林征服之后的几十年和几个世纪，处于不同教派、生活在不同区域、属于不同帝国、持不同的语言以及代表不同文化

---

① Sebēos, *Armenian History*, 47, trans. Robert W. Thomson as *The Armenian History Attributed to Sebeos*, vol. 1 (Liverpool, 1999), 132 - 134.

② *Chronicle of 1234* in Andrew Palmer with Sebastian Brock, and Robert Hoyland, *The Seventh Century in the West-Syrian Chronicles* (Liverpool, 1993), 162. 比较同上，45 - 48。

③ 更深入的研究参见 Paul J. Alexander, *The Patriarch Nicephorus of Constantinople* (Oxford, 1953), 157 - 162。

传统的作者们,对中世纪早期最重要的、影响最深远的政治和军事事件的阐释是如此和谐一致? 换言之,这些世界观及经历大相径庭的作者们,当他们试图解释、理解这样一个重要的,对政治合法性、社会等级以及宗教真理等问题有重要影响的事件时,他们的观点为何以及如何会如此趋向一致? 最简单也许是最令人信服的答案是,到 7 世纪后期,当这些社团回顾过去几十年的创伤性剧变时,尽管他们有着不同的文化、政治和宗教立场,他们所能获得的阐释学资料几乎是一样的。在 4—7 世纪之间,偏重因果律的历史解释和正式记忆模式,主要依赖《圣经》叙事,这些叙事固定了不朽的真理,与这些真理相协调,社会、政治和军事事件的分析和解释,可以推进到人类经验领域之外而进入超验和神圣的领域,而且其最关心的通常是识别和解释人类历史上一些时刻,人们相信神在其中显现了自己,让人们清楚地看到亚伯拉罕之上帝的意志和意图。

618

　　每一次天灾人祸都有助于这种历史解释风格。到 7 世纪的时候,这种历史推理模式变得异常强大和盛行,以至于即使那些在征服的幌子下遭受损失和羞辱的人,也只能按照天命的逻辑理解过去几十年所发生的事。公元 5 世纪,罗马遭劫,促使基督徒痛苦反省,因为他们遭遇到异教徒的主张,说帝国的不幸是由忽视旧神造成的。对这些指控最强有力的回应来自希波的奥古斯丁,他要求彻底反思罗马在基督徒宇宙论中的地位,重新评估市民权、团体等罗马(以及基督教)核心概念,以及个人在该世界中的位置。[①] 一个世纪后,在遥远的西方,当纪达斯神父考察随撒克逊人入侵而出现的"英国的毁灭"时,他通过《旧约》的棱镜解读英国基督徒的命运,并且用人类犯罪与上帝惩罚这样的套话来塑造这些事件。[②] 到了 8

---

① Augustine, *City of God* 1. 1 - 7, with R. A. Markus, *Saeculum: History and Society in the Theology of St Augustine* (Cambridge, 1970).

② 参见 *De Excidio Britanniae*, chs. 37 - 65, ed. and trans. Michal Winterbottom (London, 1978), 36 - 52, 104 - 118。

世纪,当穆斯林作家们把阿拉伯征服塑造成对罗马和波斯帝国的虚荣自负、对罗马基督徒未能坚守对亚伯拉罕上帝的信仰,以及对波斯琐罗亚斯德教徒偶像崇拜的责罚时,基督作家们几乎都同意。[①] 例如,在 8 世纪的基督徒护教文章中,叙利亚大主教提摩太称赞穆罕默德,因为他征服了不合格的拜占廷基督徒和崇拜偶像的波斯帝国。[②] 就像传统上安布罗斯和皮西迪亚的乔治塑造的狄奥多西和希拉克略一样,现在是穆罕默德被描述成奉行《旧约》的道路、用武力捍卫一神教的卫士。[③] 同时期的一本叙利亚基督教编年史显示,一个全副武装的波斯骑兵在一个贫穷的、缺乏供应的阿拉伯穆斯林勇士面前恐惧而无望地逃跑。[④] 对于基督教和穆斯林的作者而言,这种解释和理解从南部沙漠中出现并取得巨大成功的阿拉伯一神论者的方式,是由一种理解推理模式所提供的,这种模式慢慢取代了(如果不是完全消失了)其他所有叙述和解释历史的模式。虽然这种历史编纂模式所带来的分析结果不能立刻令人满意,但它们确实有一种优势,将阿拉伯征服所造成的灾难置于一种熟悉的叙事之中,其仍然承诺对真正的信徒进行拯救,且给 7 世纪的混乱施加了一种易于理解的人类犯罪和神给予惩罚的语境。

对在征服时期取得胜利的阿拉伯穆斯林来说,打败世界上最强大的两个国家的军事奇迹很快就融入了一个更长的先知历史进程中,其与上古世界诸帝国的历史相吻合,以与罗马(或波斯)战士和阿拉伯战士在叙利亚、埃及以及美索不达米亚战场上的决定性会

619

---

① 更深入的研究参见 Sebastian Brock, 'Syriac Views of Emergent Islam', in G. H. A. Juynboll (ed.), *Studies on the First Century of Islamic Society* (Edwardsville, 1982), 9 - 21.

② Timothy Catholicos, *Apology for Christianity before the Caliph Mahdi*, trans. A. Mingana (Cambridge, 1928), 50 - 52.

③ 特别参见 *Heraclias*, in George of Pisidia, *Poemi*, ed. Pertusi, vol. 1 (Ettal, 1959), 240 - 261。

④ *Chronicle of 1234* in Palmer *et al*, *The Seventh Century in the West-Syrian Chronicles*, 152.

战为顶点。这些回忆"征服"（*futuh*，字面意义是通道）的文献，结合了被解读为传统部落集体记忆的模式和神命阿拉伯统治的叙事，前者包括英雄史诗和部落战争叙事，后者则是由于在本为异教徒的阿拉伯人中间出现了上帝最后的使者。

有趣的是，所有这些都是运用一种历史编纂的工具完成的，其中包括许多叙事与解释的因素，几乎与之前和同时期基督教作者们所采用的一致。这些因素包括一些叙述策略，借以将早期伊斯兰教的历史事件同对古代地中海、美索不达米亚和《圣经》的更为久远的历史叙述编织在一起，而这些叙述早在几个世纪前就是基督教徒书写编年史、圣徒传及历史的依据。

有些最引人注目的文本采用了近期发生的一些特定的重大事件，来为新兴的关于乌玛早期历史的历史叙事服务。例如，7世纪罗马与波斯之战，就被视同现在20世纪的世界大战；这些战争都是军事巨人之间的交锋，战争动摇了遍及东地中海、中东以及美索不达米亚的人们的政治以及宗教生活。也许并不奇怪，早期《古兰经》注释就将穆斯林最初在麦加的社团描述为这些事件至关重要的参加者，即使只是一次重要的地理迁移，而且是以当时只有上帝和他的先知才可见的方式。我们得知，麦加的穆斯林在信奉一神教的罗马人同信奉多神的波斯人的战争中同情并支持罗马，而他们强大的、信奉多神的阿拉伯对手则把注压在波斯人身上。尽管战争初期罗马人遭遇惨败时，这一选择似乎需要进行辩护，但上帝向穆罕默德保证罗马人最终会取得胜利。例如，在公元8世纪（回历2世纪）木加陶·本·苏莱曼（Muqatil b. Sulayman）的《五百节诗评》（*Tafsir Khams-mi'at aya*）中就包含以下一段话：

> 罗马攻打波斯，罗马战败。先知及其同伴们意识到这件事后深受其扰。那时他们在麦加。但那些不信唯一神的人［如古莱氏人与他们的同盟］很高兴，他们幸灾乐祸并杀害了先知的同伴。［麦加的不信唯一神者］对他们说："你们是圣书之民，罗马人也是圣书之民。但我们的兄弟，波斯人，已经打败了你

620

们的兄弟，罗马人。"①

当然，最终罗马取得了胜利。穆罕默德的启示被证明是正确的，穆斯林解经家们所解释的这一启示也成了《古兰经》的第 30 章的基础。② 在接下来的几个世纪，当他们努力地为第 30 章寻找历史定位时，早期的穆斯林解经家与传统主义者都坚持声称，基督教罗马人同不信唯一神的波斯人的战争，要被理解成麦加的穆斯林与其不信唯一神的阿拉伯对手的战争的复制品——在这些战役中，被围困的但敬畏上帝的团体奇迹般地战胜了骄傲的、强大的不信唯一神者。因此，这些文本表明，7 世纪早期，罗马人与波斯人的战争和穆斯林同阿拉伯不信唯一神者的战争，是上帝的孪生军队取得的孪生胜利。

因此，麦加地区社团之间的冲突，在拜占廷、叙利亚和亚美尼亚历史学家记忆中优先考虑的那场斗争中，成为另一个前线，而且也是宗教史作者在他们所考察和记录的时间中热心寻求的另一个神圣明清的时刻：在这里，在世界的关注下，罗马出人意料地战胜了一个强大的、不信唯一神的敌人，在当代基督徒的眼中，其重要性不亚于君士坦丁对基督教的皈依，它让人们明白了上帝的意志以及上帝支配下的宇宙的基本真理。

同样，当需要解释穆斯林军队和他们的一神论同道罗马人之间的对抗之时，深奥的先知历史叙事就轻易为穆斯林作家和历史学家所接手。早期穆斯林资料声称，是以扫和雅各之间的远古仇恨加上罗马帝国传承下来的傲慢，导致了罗马和伊斯兰之间的战争。特别是，以扫的一个后代，一个叫鲁姆·本·鲁姆（Rum b. Rum）的人因为帝国的傲慢，抛弃了他祖先的一神教。作为回应，上帝派遣了一批勇武的先知来到世间，大卫和穆罕默德就在其中。在伊

---

① *Tafsir*, III. 3, 5 - 6.
② 更深入的研究参见 Abdullah Yusuf Ali, *The Meaning of the Glorious Koran*, 11th edn (Beltsville, Md. , 2001), 1006 - 1032.

本·阿萨吉尔(Ibn ʿAsakir)编纂的关于中世纪大马士革的历史中，同样将基督教罗马同伊斯兰教的对抗，描绘成以扫和雅各敌对的结果：阿拉伯人在叙利亚遇到一个罗马军官，他们便向这个军官解释说，罗马人从以扫那里获得的遗产和阿拉伯人从雅各那里获得的遗产，现在到了重组的时刻了。因此，他们要求罗马人向阿拉伯人交出他们合法继承的东西，可想而知，罗马人拒绝了。几个世纪以前，当7世纪亚美尼亚基督教历史学家赛贝奥斯在编纂他自己的征服史时，其中包含了这同一故事的大部分内容，这正好说明了这种历史所基于的解释方式具有跨族群的吸引力。[①]

　　在穆斯林与基督徒对征服时代历史的叙述中，除了共享《旧约》人物外，我们还可以看到某些可能的历史人物，到7世纪末甚至更早的时候呈现出象征性的共鸣，对穆斯林和基督教征服史所要求的解释过程进行解释的人而言，这种共鸣是非常关键的。比如，在穆斯林关于征服以及略早于那段时期的记录中，我们看到了熟悉的描绘，将罗马皇帝希拉克略描述为代表亚伯拉罕之唯一神的狂热武士。又如，在公元10世纪(回历4世纪)的穆斯林创作的征服史中，我们发现希拉克略向叙利亚基督徒的演讲：

> 信仰这一宗教的人们……面对过去的民族，以及无知的(他们都不知道亚伯拉罕的上帝)基斯拉(Kisra)、袄教徒、突厥人和诸如此类的其他所有民族，上帝针对这一宗教而眷顾你们并且给你们以慰藉和恩惠。这是因为你们知道上帝之书，知道先知的"逊奈"，先知的诫命是理性的，其行为得到正确指导。[②]

　　正如8世纪的穆斯林作家所回忆的那样，希拉克略时期的罗马帝国是个好战的一神教帝国，它与麦加的穆罕默德社团并肩作战，

① Sebēos, *Armenian History* 47.162, trans. Thomson, 133.
② Ibn Aʾtham al-Kufi, *Kitab al-futuh*, ed. M. A. Khan, 8 vols. (Hyderabad, 1968–1975), i. 131.

共同对抗偶像崇拜与错误。罗马人在亚伯拉罕的上帝的帮助下打败了他们的对手，而穆斯林社团也在同一上帝的支持下，拿起武器并着手将多神论的错误从阿拉伯半岛这片土地上清除。于是，希拉克略皇帝这个代表上帝神启的勇士，经常出现在皮西迪亚的乔治的诗歌里，也为尼基弗鲁斯和听告解者塞奥法内斯这样的拜占廷历史学家所熟知，他还完整地出现在我们最早的穆斯林文本中。考虑到希拉克略后来在涉及穆斯林问题上所扮演的角色，这当然是一个非凡的选择：随着穆罕默德继任者们的军队的逼近，他在战场上遭遇了阿拉伯人并与之战斗（尽管没有占到什么便宜）。

　　事实上，这些故事的解释机制取决于人物阵容，这些人物以极其相似又可以预知的方式在穆斯林与基督徒的文本中产生特别限定的意义。在这些人物中最重要的是基督教修士，他们是古代晚期文学作品中最常见又最能引起深刻共鸣的人。如根据早期的穆斯林传说，正是一位基督教修士最早承认年轻的穆罕默德是先知。在这种角色中，基督教修士几个世纪都占据优势。长久以来，基督徒和非基督徒社团正是向神启的超凡的基督教苦行者寻求一般人不具备的神圣洞察力和识别事物的能力。另外，在伊斯兰教的一些基本记叙中，正是一名基督教修士把亚伯拉罕的一神信仰带到阿拉伯半岛南部城市奈季兰（Najran），而基督教修士萨尔曼，则是第一个接受伊斯兰教信仰的波斯人。[①]

　　再者，在早期的穆斯林历史中，那些把真主的正义之怒降到罪恶滔天的罗马人头上的阿拉伯穆斯林勇士，也被描述成极其虔诚的苦行者，在一个个文本中，这些沿着"真主之路"前进的狂热勇士们，被描述为"晚上虔诚如修士，日间勇猛如雄狮（或骑士）"。如在阿兹迪所编纂的8世纪的叙利亚征服史中，诸如此类的最早期的

622

---

① al-Tabari, *Ta'rikh*, i. 1465, 1467–1469, trans. Michael Fishbein as *The History of al-Tabari*, vol. 8: *The Victory of Islam*: *Muhammad at Medina A. D. 626–630/A. H. 5–8*, ed. Ehsan Yarshater (Albany, 1997), 6, 10–12; with Irfan Shahid, *The Martyrs of Najran*: *New Documents* (Brussels, 1971).

描述依然存在。我们发现对早期的穆斯林勇士们的钦羡之辞也是借一位基督教苦修者之口来表述的，他在集合的执行圣战的人（*mujahidun*）身上认识到类似的精神。在被派去侦察穆斯林的营地之后，这位基督徒返回后如此进行汇报："我是从这样一个民族中间返回您身边的。他们终夜作祷告，白日仍节制，宣扬正道，禁止犯错，夜间是修士，日间为雄狮。君王若行窃，百姓断其手，君王若犯奸，百姓掷以石。"[①]

这似乎说明了，像阿兹迪和首位《古兰经》的阐释者这样的早期作者，都采用了先知式的叙述手法来定位征服事件。因此，当他们叙述他们可能熟悉的我描述为"宗教史"的著作时，他们不仅采用了宗教史的解释学手法，还采用了许多具体的修辞、人物以及过去几个世纪由著名的、不著名的犹太、基督徒宗教史家发展起来的叙述手法。《古兰经》的早期解经作品中，有时不仅会采用出自《新约》或者希伯来《圣经》的人物与故事，还会采用当地流行的关于受到神启的殉道者和上帝之友的基督教故事以解释《古兰经》中令人疑惑的部分，这说明早期的穆斯林思想家在一定程度上了解伊斯兰教历史与古代晚期基督教社团史具有相似性。

如很早以前，穆斯林释经者就理解，公元 6 世纪也门城市奈季兰的基督教殉道者是神秘的"掘坑之人"（*Ashab al-Ukhdud*），这在《古兰经》第 85 章中有提及。[②] 当这些早期的穆斯林评论家试图把《古兰经》第 85 章中描写的事件放在对阿拉伯半岛过去的合理的历史叙述中时，采用了描绘审判奈季兰殉教者（Najran martyrs）的基督教圣徒传成分。此外，《古兰经》第 8 章提到的同样神秘的"洞穴中的勇士们"（*Ashab al-Kahf*）则被早期穆斯林学者们认为是"以弗所的 7 个沉睡者"，而这一故事也被古代晚期的各个团体熟知。[③]

623

---

① 　*Ta'rikh futuh al-Sham*, 115 - 116.

② 　Ali, *The Meaning of the Glorious Koran*, 1627.

③ 　第一次提及这个故事的是图尔的格列高利，参见 *Glory of the Martyrs*, 94, trans. R. Van Dam (Liverpool, 1999), 117 - 118。穆斯林读本的研究，参见 Ali, *The Meaning of the Glorious Koran*, 709。

事实上，公元 9 世纪（回历 3 世纪），穆斯林哈里发穆塔西姆曾派遣探险队深入罗马领土调查一个干尸堆，人们认为，这个干尸堆可能是"洞穴中的勇士们"留在世间的遗体，探险队找到了已经被野心勃勃的基督教守护者占据的争议地点。

在地中海沿岸和中东地区其他地方，大马士革、亚历山大里亚及巴格达等地的公民社团成员，埃及、伊斯法罕（Isbahan）和安达卢西亚等地的居民，伊拉克的穆斯林罕百里学派（Hanbalis）和叙利亚的尼西比斯教会学校这样的学者团体，用来想象和记述他们各自历史的纪念方法，一直依赖从 4 世纪起发展起来的纪念文体，依赖按照那些风格而创作的许多不同个体文本必不可少的修辞、人物和重大命题。例如，分立的穆斯林（通常也是基督徒的）群体的历史著作，不过是在地方重复 7 世纪征服奇迹的元叙事以及此前宏大的先知传说，而那些在市民和机构集体传记中记述了生平的家乡的法学家、传统主义者以及虔诚派信徒，通常都被披上神圣的外衣，很久以前圣徒传的作者也以此神圣化他们的英雄。

在接下来的几个世纪，古代晚期和早期伊斯兰宗教史学中比较常见的主题、修辞和角色将在教宗乌尔班二世号召基督徒进行十字军东征时得以再现，他非常依赖的殉道者形象，在风格和功能上与居于早期基督教历史核心的那些殉道者故事别无二致。同样的，当公元 12 世纪（回历 6 世纪）的穆斯林史学家伊本·阿萨吉尔在召集他的穆斯林追随者抵抗第二次十字军东征时，在大马士革公开朗读了阿卜杜拉·穆巴拉克（'Abd Allah b. al-Mubarak）的《圣战之书》（*Kitab al-Jibad*）。穆巴拉克是公元 8 世纪（回历 2 世纪）的传统主义者，他把从 4 世纪的基督教言论集中看到的材料纳入了自己的作品，而且他还把将吉哈德（jihad）比作基督教修道士修道的段落纳入他探讨吉哈德和放弃苦修的作品中。[①]

---

① 参见 Sizgorich, *Violence and Belief in Late Antiquity*，14 - 15，180 - 182。

结论

4—10 世纪之间,在整个地中海、中东和美索不达米亚,一种独立的、统一(即使不是完全一致)的回忆过去的手法被地方社团与权威思想家们频繁付诸作品。有关这一现象,最引人注目的是,那些利用这种共有的解释过去的方式,以及与之伴生的种种带有预言性质的修辞手法、情节、主题来写作的地方宗教团体和个体作者,都代表着通常彼此敌对的社团,服务于不同的真相主张。这些主张涉及政治和宗教合法性、神圣真理以及最后他们所唤起的敌对历史的含义。尽管如此,他们仍以这种共通的媒介来提出这些主张,以如此相似的方式发挥作用。这在很大程度上表明这些相互敌对的团体之间彼此亦享有认识论、本体论甚至文化(在最宽泛意义上的)的亲缘性。

正如我们所见,尽管"宗教史编纂"的范畴或许是人为设定的,但也可以说它不仅包含了仅仅试图叙述过去的文本,也包含了试图为当时的政治体制、圣典、宗教团体或教派冲突和共同起源赋予秩序与意义的文本。也就是说,在古代晚期或中世纪早期的"宗教史编纂"中,我们要处理的似乎不是有着明确范围的学科或范式,而是一组文化形态,尽管其具体任务各不相同。不论作者的立场多么不同,就其探寻意义的能力而言,他们能比现代最具宽容心的读者更稳定地分享当时对手的解释学资源。很久之前,人类学家克利弗德·纪尔兹(Clifford Geertz)曾提出,文化形态的功能在于"把一种独特的思维模式代入人们可见的现实世界中"。[1] 在古代晚期和中世纪早期的"宗教史编纂"中,所谓的"思维模式",自启蒙运动时期到现在的历史学家都抱以深深的怀疑。这种思维模式承认后启蒙时代的历史编纂(和科学)不承认的因果关系原理,它所

---

[1]　Clifford Geertz, 'Art as a Cultural System', *Modern Language Notes*, 91(1976), 1478.

追寻并发现的现象已被启蒙史学从可能的王国中排除了,而且,其经常赞颂的宗教虔诚与笃信模式的极端性,正是启蒙思想家试图避免和矫正的。简而言之,尽管古代晚期各种著作的作者与受众有引起共鸣的回忆历史的模式,我们从中可以识别一系列它们特有的历史编纂方法,但是,只有在假定现代性具有规范性和认识论狂妄的立场上,古代晚期或中世纪的"宗教史学"才会呈现为一种独特的分析范畴。

主要历史文献

al-Azdi, *Ta'rikh futuh al-Sham*, ed. M. J. de Goeje *et al.* (Leiden, 1879 - 1901); trans. Ehsan Yaser Shater (Albany, 1985 -).

Augustine, *De civitate Dei*, ed. B. Dombard and A. Kalb (Turnhout, 1955); trans. R. W. Dyson as *The City of God* (Cambridge, 1998).

Bede, *Historia ecclesiastica gentis Anglorum*, ed. C. Plummer (Oxford 1896); rev. edn B. Colgrave and R. B. Mynors (Oxford, 1969, 1992); trans. J. McClure, R. Collins, and B. Colgrave (Oxford, 2008).

Eusebius of Caesarea, *Ecclesiastical History, with Martyrs of Palestine and Against Hierocles*, ed. and trans. K. Lake, H. E. J. Lawlor, J. E. L. Oulton, 2 vols. (Cambridge, Mass., 1926).

Eutychois, *Annals or Nazim al-Jawhar* (10*th cent.*); *Eutychii patriarchae Alexandrini Annales, pars prior* [*posterior*], ed. L. Cheikho, B. Carra de Vaux, and H. Zayyat, 2 vols. (Paris, 1906 - 1909); trans. Michael Breydy as *Das Annalenwerk des Eutychios von Alexandrien: Ausgewählte Geschichten und Legenden kompiliert von Sa'id ibn Batriq um 935 A. D.* (Louvain, 1985).

George of Pisidia, *Poemi*, ed. A. Pertusi, vol. 1 (Ettal, 1959).

Gildas, *De Excidio Britanniae*, ed. and trans. Michal Winterbottom

(London, 1978).

Gregory of Tours, *Liber in gloria martyrum*, ed. B. Krusch (Hanover, 1885); trans. R. Van Dam as *The Glory of the Martyrs* (Liverpool, 1999).

Ibn ʿAsakir, ed. Sahah al-Din al-Munajjid (Damascus 1951).

Ibn A'tham al-Kufi, *Kitab al-futuh*, ed. M. A. Khan, 8 vols. (Hyderabad, 1968 – 1975).

[Isidore Mercator], *Decretales Pseudo-Isidorianae*, ed. P. Hinschius (Leipzig, 1863).

—— *Historiae Ecclesiasticae pars tertia*, ed. Ernest Walter Brooks (Louvain, 1936); trans. R. Payne Smith as *Ecclesiastical History of John of Ephesus* (Oxford, 1860); lost portion trans. Witold Witakowski as *Pseudo-Dionysius of Tel-Mahre*, *Chronicle Part III* (Liverpool, 1996).

Lactantius, *De mortibus persecutorum*, ed. and trans. J. L. Creed (Oxford 1984).

Liber Pontificalis, ed. L. Duchesne, 2 vols. (Paris, 1886 – 1892); trans. Raymond Davis as *The Book of Pontiffs*, 3 vols. (Liverpool, 1989 – 2000).

al-Mubarak, *Kitab al-jihad*, ed. Nazih Hammad (Beirut, 1971).

Muqatil ibn Sulayman, *Tafsir Khams-miʾat aya*, ed. ʿAbd Allah Mahmud Shahata (Beirut, 2002).

Nicephorus, *Breviarium*, ed. and trans. Cyril Mango as *The Short History of Nicephorus of Constantinople* (Washington, 1990).

[Sebēos], *History of Bishop Sebēos on Heraclius*, ed. T. Mihradatean (Constantinople, 1851); trans. Robert W. Thomson as *The Armenian History Attributed to Sebeos*, comm. James Howard-Johnston, 2 vols. (Liverpool, 1999).

al-Tabari, *Taʾrikh al-rusul wa-l-muluk*, ed. Ehsan Yarshater as *The History of al-Tabari*, various translators, 40 vols. (Albany,

1985 - 2007).

Theophanes Confessor, *Chronographia*, ed. C. De Boor, 2 vols. (Leipzig, 1883); trans. Cyril A. Mango and Roger Scott as *The Chronicle of Theophanes the Confessor: Byzantine and Near Eastern History AD 284 - 813* (Oxford, 1997).

Timothy Catholicos, *Apology for Christianity before the Caliph Mahdi*, trans. A. Mingana (Cambridge, 1928).

Zacharias Rhetor, *Historia ecclesiastica vulgo Zachariae Rhetori ascripta*, ed. E. W. Broome (Louvain, 1919 - 1924); ed. Geoffrey Greatrex and trans. Robert R. Phenix and Cornelia B. Horn as *The Chronicle of Pseudo-Zachariah Rhetor* (Liverpool, 2011).

Zuqnin Chronicle, trans. A. Harrak as *The Chronicle of Zuqnin, Parts III and IV, AD 488 - 775* (Rome 1999).

参考文献

Alexander, Paul J., *The Patriarch Nicephorus of Constantinople* (Oxford, 1953).

Allen, Pauline, *Evagrius Scholasticus the Church Historian* (Louvain, 1981).

Ando, Clifford, *A Matter of the Gods: Religion and the Roman Empire* (Berkeley, 2008).

Barnes, Timothy D., *Constantine and Eusebius* (Cambridge, Mass., 1981).

Boyarin, Daniel, *Dying for God: Martyrdom and the Making of Christianity and Judaism* (Stanford, 1999).

Brakke, David, *Athanasius and the Politics of Asceticism* (Oxford, 1995).

Brock, Sebastian, 'Syriac Views of Emergent Islam', in G. H. A.

Juynboll（ed.）, *Studies on the First Century of Islamic Society*
（Edwardsville, 1982）,9 – 21.

Brown, Peter, *The Cult of Saints: Its Rise and Function in Latin
Christianity*（Chicago, 1981）.

Cameron, Averil and Hall, Stuart G. , *Eusebius, Life of Constantine:
Introduction, Translation and Commentary*（Oxford, 1999）.

Chesnut, Glenn F. , *The First Christian Histories: Eusebius,
Socrates, Sozomen, Theodoret, Evagrius*（Théologie Historique
46; Paris, 1977）.

Dassmann, Ernst, 'Ambrosius und die Märtyrer', *Jahrbuch für
Antike und Christentum*, 18(1975),49 – 68.

Delehaye, Hippolyte, *The Legends of the Saints: An Introduction to
Hagiography*（ London, 1907; New York, 1962; Dublin,
1998）.

Digeser, Elizabeth DePalma, *The Making of a Christian Empire:
Lactantius and Rome*（Ithaca, NY, 2000）.

Frend, W. H. C. , *Martyrdom and Persecution in the Early Church*
（New York and Oxford, 1967）.

Hackel, Sergei（ed.）, *The Byzantine Saint*（Oxford, 1981）.

Johnson, Aaron, 'Identity, Descent, and Polemic: Ethnic Argumen-
tation in Eusebius' Preaparatio Evangelica', *Journal of Early
Christian Studies*, 12(2004),23 – 56.

Markus, R. A. , *Saeculum: History and Society in the Theology of
St Augustine*（Cambridge, 1970）.

Musurillo, Herbert, *Acts of the Christian Martyrs*（Oxford, 1972）.

Palmer, Andrew with Brock, Sebastian and Hoyland, Robert, *The
Seventh Century in the West-Syrian Chronicles*（Liverpool, 1993）.

Plummer, Charles, *Lives of Irish Saints*, 2 vols.（Oxford, 1922）.

Shahid, Irfan, *The Martyrs of Najran: New Documents*（Brussels,
1971）.

Sizgorich，Thomas，*Violence and Belief in Late Antiquity*（Philadelphia，2008）.

Trompf，G. W. ，*Early Christian Historians：Narratives of Retribution*（London，2000）.

卢　镇　译　赵立行　校

索　引

说明：页码所指为边码。斜体页码指示图表。通常只为相关学科中的历史学家和学者标注关键生卒年（也包括那些已知直接参与或直接影响历史撰写的政治人物）。只是偶尔提及的个人不标注生卒年。在早期，有时关键年份（尤其是出生年代）并不确定，若出生年代全然不明或纯赖推测，则只标注死亡时间；有时则标出可供选择的生卒年。对那些我们只知其历史编纂或职业活动年代的个人，则使用"活跃于"标示。

通常只是对作者未知或属于集体创作的著作，才单列历史著作名，其他历史著作参见其作者的条目。

图书在版编目（CIP）数据

牛津历史著作史. 第二卷／（加）丹尼尔·沃尔夫总
主编；（英）萨拉·福特，（美）蔡斯·F.罗宾逊主编；
赵立行等译. —上海：上海三联书店，2021.12
ISBN 978-7-5426-6437-2

Ⅰ.①牛… Ⅱ.①丹…②萨…③蔡…④赵…
Ⅲ.①世界史 Ⅳ.①K1

中国版本图书馆 CIP 数据核字（2018）第 181431 号

牛津历史著作史（第二卷）

总 主 编／［加］丹尼尔·沃尔夫
主　　编／［英］萨拉·福特　［美］蔡斯·F.罗宾逊
译　　者／赵立行　刘招静　陈　勇　汪丽红　卢　镇　等

责任编辑／吴　慧
装帧设计／夏艺堂
监　　制／姚　军
责任校对／王凌霄

出版发行／上海三联书店
　　　　　（200030）中国上海市漕溪北路 331 号 A 座 6 楼
邮　　箱／sdxsanlian@sina.com
邮购电话／021-22895540
印　　刷／商务印书馆上海印刷有限公司

版　　次／2021 年 12 月第 1 版
印　　次／2021 年 12 月第 1 次印刷
开　　本／640 mm×960 mm　1/16
字　　数／752 千字
印　　张／58.5
书　　号／ISBN 978-7-5426-6437-2/K·491
定　　价／268.00 元

敬启读者，如发现本书有印装质量问题，请与印刷厂联系 021-56324200